∷ 中華文化促進會主持編纂

∷ 國家"十一五"重點圖書出版規劃項目

∷ 中國社會科學院哲學社會科學創新工程學術出版資助項目

出品人 王石 段先念

今注本二十四史

新五代史

宋 歐陽脩 撰　宋 徐無黨 注

紀雪娟 主持校注

陳智超 審訂

一　紀（一）

中國社會科學出版社

圖書在版編目（CIP）數據

新五代史／（宋）歐陽脩撰；紀雪娟主持校注．—北京：中國社會科學出版社，2020.11

（今注本二十四史）

ISBN 978-7-5203-7498-9

Ⅰ．①新… Ⅱ．①歐… ②紀… Ⅲ．①中國歷史—五代（907-960）—紀傳體 ②《新五代史》—注釋 Ⅳ．①K243.104.2

中國版本圖書館 CIP 數據核字（2020）第 222701 號

出 版 人	趙劍英
項目統籌	王 茵
責任編輯	顧世寶
特約編輯	徐林平 常文相 許微微
責任校對	李凱凱 王仁霞 韓 悦
封面設計	蔡易達
責任印製	王 超

出 版	中國社會科學出版社		
社 址	北京鼓樓西大街甲 158 號	郵 編	100720
網 址	http://www.csspw.cn		
發行部	010-84083685	門市部	010-84029450
經 銷	新華書店及其他書店	印刷裝訂	三河弘翰印務有限公司
版 次	2020 年 11 月第 1 版	印 次	2020 年 11 月第 1 次印刷
開 本	1/16	成品尺寸	228mm×152mm
印 張	121.25	字 數	1475 千字
定 價	899.00 元（全 6 册）		

凡購買中國社會科學出版社圖書，如有質量問題請與本社營銷中心聯繫調換

電話：010-84083683

版權所有　侵權必究

《今注本二十四史》工作委員會

主　　任　許嘉璐
副 主 任　高占祥　王　石　段先念　于友先
委　　員　金堅範　董亞平　孫　曉　胡梅林
　　　　　張玉文　趙劍英
秘 書 長　張玉文(兼)

《今注本二十四史》編纂委員會

領導小組	何茲全	林甘泉	伍　傑	陳高華	陳祖武
	卜憲群	趙劍英			

總編纂　張政烺
執行總編纂　賴長揚　孫　曉
委　　員（按姓氏筆畫排列）

卜憲群	王玉哲	王　茵	王毓銓	王榮彬	王鑫義
毛佩琦	毛　蕾	史爲樂	朱大渭	朱紹侯	朱淵壽
伍　傑	李天石	李昌憲	李祖德	李錫厚	李　憑
吳松弟	吳樹平	何茲全	何德章	余太山	汪福寶
林甘泉	林　建	周天游	周偉洲	周　群	段志洪
施　丁	紀雪娟	馬俊民	華林甫	晁福林	高榮盛
陳久金	陳長琦	陳祖武	陳時龍	陳高華	陳得芝
陳智超	崔文印	商　傳	梁滿倉	張玉興	張　欣
張博泉	萬繩楠	程妮娜	童　超	曾貽芬	游自勇
靳　寶	楊志玖	楊　軍	楊際平	楊翼驤	楊耀坤
趙　凱	趙劍英	蔣福亞	鄭學檬	漆　俠	熊清元
劉中玉	劉迎勝	劉鳳壽	薄樹人	戴建國	韓國磐
魏長寶	蘇　木	龔留柱			

秘　書　長　宗月霄　趙　凱

《今注本二十四史》編輯部

主　　任　王　茵　趙　凱
副 主 任　孫　萍　徐林平　劉艷强
成　　員（按姓氏筆畫排列）
　　王仁霞　王沛姬　王思桐　石　珹　李凱凱　郝玉明
　　郝輝輝　紀雪娟　高文川　郭清霞　陳　穎　常文相
　　崔芝妹　許微微　張沛林　張　欣　張雲華　張　潛
　　彭　麗　靳　寶　趙　威　韓　悦　韓國茹　顧世寶

《今注本二十四史·新五代史》項目組

主 持 人　紀雪娟
審　　訂　陳智超
成　　員（按姓氏筆畫排列）
　　　　　王榮彬　朱義群　李　森　紀雪娟　陳久金
　　　　　孫方圓　黃曉巍

《今注本二十四史》出版説明

　　二十四史，是中國古代二十四部史書的統稱，包括《史記》《漢書》《後漢書》《三國志》《晋書》《宋書》《南齊書》《梁書》《陳書》《南史》《魏書》《北齊書》《周書》《北史》《隋書》《舊唐書》《新唐書》《舊五代史》《新五代史》《宋史》《遼史》《金史》《元史》和《明史》。其成書時間自公元前二世紀下半葉至十八世紀中葉，前後相距約兩千年，總卷帙（不含複卷）達3213卷，共4000餘萬字。它們采用本紀、列傳、表、志等形式，構成了一個完整地記述清朝以前中國古代社會的著作體系。二十四史上起傳説時代的黄帝，下迄明朝滅亡，包容了我國古代的政治、軍事、經濟、思想、文化、天文、地理、民風、民俗等廣闊的社會内容，形成了一套展現中華民族起源和發展的最重要的核心典籍，被後人稱爲"正史"。世界上没有任何一個國家有如此内容涵蓋宏富、時間接續綿延、體例基本統一的歷史記載。

共同的歷史文化是一個民族賴以整體維繫的基本條件之一。而對歷史著作的不斷整合和續修，顯然有利於促進國家的統一、民族的團結、社會的進步。從《史記》到《明史》，不同地位、不同民族的史家和政治家，以同一體例連續不斷地編纂我們祖國發展演進的歷史，本質上反映了我國人民尋求構建多民族國家共同歷史的强烈願望。歷史上隨時把正史歸爲"三史""十三史""十七史""廿一史""廿二史""廿四史"，不僅反映了人們對正史的認同，更重要的是反映了對共同歷史文化的認同，即民族的認同。而對正史進行大規模的整理，在另一個層面上，更有利於妥善保存民族文化遺産，豐富民族文化内涵，陶鑄民族文化精神，從而强化民族的尊嚴與自信心，提升國家的榮譽和國人對國家的歸屬感。

對二十四史進行整理，在此次之前規模較大的有三次。第一次是清朝乾隆年間，其成果是殿本；第二次是二十世紀三十年代張元濟先生組織的整理，其成果是百衲本；第三次即毛澤東同志倡議，由中華書局出面進行的整理，其成果是中華書局標點本。這一次是由張政烺先生等史學家倡議，由中華文化促進會主持編纂的今注，其成果是《今注本二十四史》。應當充分地注意到，這四次整理的發動，都有與其所處時代社會歷史息息相關的背景。乾隆朝的武英殿大量刊刻文化典籍，尤其是對二十四史的選本、校勘都經"欽定"，絶不是僅僅要製造盛世氣象；張元濟先生奔走於國難深重的二十世紀初的中國，"當中華文化存亡絕續之交", 有更深刻的原動力; 毛澤東同志指示標點正史, 倡議於中華人民共和國成立、百廢待舉之初; 而我們如今正在進行的今注, 則發軔於改革開放、萬象更新之時。這絕不是歷史的偶然。可以説, 每每針對二十四史的重大舉措, 都是應社會對具有主體性的統一的歷史文化需求而展開的。

當今世界, 文化的融合過程逐漸加快, 在共生的基礎上融合, 在融合中保持共生, 互補互融直至趨一。因此, 各種文化都面臨着選擇。面臨選擇, 充分展示本民族的歷史文化是學者們義不容辭的職責。而作爲歷史文化直接守護者的歷史學者, 有責任爲世界提供對本民族歷史文化文本的正確詮釋, 有責任努力爲民衆爭取對民族歷史文化解讀的話語權。

《今注本二十四史》1994 年 8 月由中華人民共和國文化部批准立項, 2005 年被中華人民共和國新聞出版總署列入"十一五"期間 (2006—2010) "國家重點圖書出版規劃"。自 1994 年起, 迄今已經進行了二十餘年。

《今注本二十四史》總編纂張政烺先生爲本書做了奠基性的工作。在他學術生命的最後時期, 不僅親自審訂了最初的《今注本二十四史編纂總則》, 還逐一遴選了各史主編。

《今注本二十四史》編纂委員會主要由各史主編與相關同仁組成。張政烺先生逝世後, 根據多位主編的建議, 我們陸續邀請了何兹全、林甘泉、伍傑、陳高華、陳祖武、卜憲群、趙劍英七位編委成立領導小組, 全面指導編纂出版工作。他們爲本項目的編纂出版, 付出了大量心血與智慧，沒有他們的支持，本項目難以玉成。

本項目動員了全國三十餘所科研機構和高等學府的中國古史專家共襄其事。全書設總編纂一人，執行總編纂二人，各史設主編一人或二人；某些特殊的"志（書）"如律曆、天文、五行（靈徵）等歸類單列，各設主編一人。各史主編自選作者，全書作者總計約三百人。多年來，他們薄利求義、任勞任怨、兢兢翼翼，惟敬業畢功是務，繼承和發揚了我國史學家捨身務實的優良傳統，爲本書的完成做出了不可磨滅的貢獻！

本項目啓動之初，老一輩的歷史學家王玉哲、王毓銓、陳可畏、張博泉、萬繩楠、楊志玖、楊翼驤、漆俠、薄樹人、韓國磐等先生不僅從道義上給予全力支援，而且主動承擔各史（志）主編。何茲全、林甘泉先生更是不厭其煩，爲編纂工作提出具體建議，爲項目立項奔走呼籲。執行總編纂賴長揚先生鞠躬盡瘁，承擔了大量繁雜的組織工作。現在，雖然以上先生已經辭世，但他們學術生涯的最後抉擇所表現出的對民族、對國家的崇高責任感，永遠值得我們銘記和學習！

本項目自動議始就得到了中華文化促進會及社會各界的回應與傾力支持。中華文化促進會主席王石先生、副主席段先念先生及前任領導人蕭秧先生在本項目立項、推動、經費籌措等方面辛勤奔走，起到了關鍵作用。

香港企業家黃丕通、劉國平先生在項目前期曾給予慷慨資助。

國家出版基金與中國社會科學院也給予本項目一定的出版資助。

四川省出版集團及巴蜀書社曾在編纂和出版方面起了重要的推動作用，已出版今注本《三國志》《梁書》。

《今注本二十四史》編纂出版工作，自1994年立項以來，一波三折、幾經沉浮。2017年深圳華僑城集團予以鼎力襄助，全面解決了編纂出版經費拮据的問題，編纂出版工作方步入正軌。在此，編委會全體成員向深圳華僑城集團謹表達深深敬意和感謝！

鑒古知今，學史明智。中國社會科學出版社歷來重視歷史學及中國古代典籍的整理與出版工作，爲本項目組織專門團隊，秉持專業、嚴謹、高效的原則，爲項目整體的最終出版提供了重要保障。中國社會科學出版社將與各相關單位通力協作，努力將《今注本二十四史》打造成一部具有思想穿透力與廣泛影響力的精品力作，從而爲講好中國歷史、推動中國歷史研究做出貢獻。

謹以本書紀念爲弘揚中華文化而做出貢獻的歷史學家們！
謹以本書感謝爲傳承中華文化而支援和幫助我們的人們！

《今注本二十四史》編纂委員會
中國社會科學出版社
2020年6月

凡　例

　　《今注本二十四史》在編纂過程中一共產生了四個總體規範性質的文件。這就是：《今注本二十四史編纂總則》（1995年，2005年4月修改，2017年8月修訂）、《關於〈編纂總則〉的修改和補充意見》（2006年3月）、《關於編纂工作若干問題的決定》（2007年1月）、《關於〈今注本二十四史編纂總則〉幾點重要的補充説明》（2017年10月）。它們確定了全書編纂的目的、特點及其具體操作規則。綜其要概述如下。

　　本書的基本特點是史家注史。工作主要集中在三個方面：版本的改誤糾謬；史實的正義疏通；史料的補充增益。由各史主編撰寫《前言》，扼要介紹該史所涉及的時代背景、作者生平、寫作過程、著作特點、史料價值、在史學史上的地位和研究概況。

本書的學術目標有兩個。一個是通過校勘，得到一套善本；一個是通過今注，得到一套最佳的注釋本。即完成由史家校勘並加以注釋的二十四史的新校勘新注釋本。它從史家的角度出發，集數百年以來學界的研究成果，采取有圖有文的注釋形式，力圖以新的角度、新的内容、新的形式，爲二十四史創造出一整套代表當代學術水準的、權威的現代善本。

一 校勘

1. 底本：原則上以商務印書館百衲本爲底本；因百衲本並非善本的另行確定底本。

2. 校勘：充分吸收包括中華書局標點本在内的前人的校勘成果，全面參校，以形成一個全新的校勘本。

各史采用的底本和參校本，在各史序言中寫出全稱和簡稱。整套書統一規定的簡稱有六個：武英殿本簡稱"殿本"；國子監本，相應簡稱"南監本""北監本"；毛氏汲古閣本簡稱"汲古閣本"；同治五書局本簡稱"局本"；商務印書館百衲本簡稱"百衲本"。

校勘成果反映在原文中，即依據有充分把握的校勘結果，將底本中的衍、脱、誤、倒之處全部改正；刊正底本的理由，全部在相應注釋中加以說明。對無十分把握之處，不改原文，祇出校勘記質疑。

采用中華書局標點本爲工作本的史書，不錄入原校勘記。直接吸收其校勘成果者則加以說明，對其提出商榷者在相應注釋中加以辨證。

二 注釋

1. 對有古注並已與原書集合行世的前四史，原則上保留古注，視同原文並加注。

2. 注釋程度：以幫助具有大專文化水準以上的讀者讀懂爲限；以給研究者提供簡要索隱爲限。注文力求做到：準確、質樸、簡練、嚴謹、規範。

3. 出注（除一些專志外）以卷（篇）爲單位。即對應當加注者，在每卷（篇）第一次出現時加注。此後即使該卷（篇）中再出現，如意義完全等同者，不再加注；而在別卷（篇）再出現時，仍另行加注。有多卷的同類志書出注時視爲同卷，即同類志書對應當加注者在首次出現時加注，其後再現如意義完全等同，亦不再加注。

4. 注釋範圍：冷僻的字音、字義、詞義，成語典故；不易理解的名物制度、地名、人名、別號、謚號、廟號；有爭議或原作記述有歧誤的史實等。

（1）字音、字義、詞義的注釋祇限於生僻字、異體字、避諱字、破讀和易生歧義及晦澀難懂的語辭。對多音字，在文中必讀某音的，以漢語拼音出注。避諱字的注文應說明避諱原因，原文原則上不改，出注。字音標注采用漢語拼音。

（2）對原文中的古體、通假、異體字的處理：古體、通假字不作改動，對其中罕見或疑難者，在注中說明其今體或正體字。全書原文和古注保留異體字，今注除人名、地名、書名和職官（署）名之外，原則上不使用異體字。

（3）成語典故，出注祇限於冷僻的成語典故，注文僅簡單説明成語典故來源、内容和意義。常見的詞語一般不出注，包括常見的古漢語虛詞與實詞，但某些不注會産生歧義者除外。

（4）人名、别號、謚號等，凡係本部書中没有專傳（或紀）的人物一般出注説明係何時、何地之人，姓、氏、名、字一般不出注，有特殊來源者，可出注。常見的歷史人物名號與某些不注無礙於全文理解者不必出注；對暫不可考者則説明未詳。

（5）地名注釋：一般僅注明今地；如須説明沿革方可解讀者，則簡述其沿革。本史有《地理志》者，地名出注從簡；若古今地名相同，所治地區大致相同者，則不出注。

（6）官名、官署名及職官制度和爵位制度名稱出注，遵循以下三個原則：常見者（如丞相、太尉、太守、縣令等），若其意義與通常理解無顯著變化，一般不出注；不常見者（如太阿、決曹、次等司等），應説明品秩、職掌範圍，需叙述沿革等方能理解原文意義者，則説明沿革變化、上下級關係、置廢時間；若本史有相應專志者，此類出注即從簡略；無相應專志者，可稍詳盡。

（7）原文與史實不符處，前後文不符處，則予以辯明。考證力求言之有據，簡明扼要。

（8）紀、傳注文以疏通原文爲目的，一般不采取補注、匯注形式。力求不枝不蔓，緊扣原文。各志（書）注文可采取補注、匯注形式，以求内容豐富、全面。

（9）對有争議的問題，客觀公允地羅列諸説，反映歧見；同時指出帶傾向性的意見。盡量不作價值評論性質的分析。

（10）今注出注各有重點："紀"（"世家""載記"）着重歷史事件；"傳"着重人物事迹及人際關係；"志"着重制度内容及沿革；"表"着重疏理時序。除《史記》外，注文内容貫徹詳本朝略前代的原則。

（11）注釋以段爲單位，統一順次編碼。出注（校）標碼與注文標碼一致，均采用［1］［2］［3］……標示。

校注側重學術性，努力吸收前人的研究成果，尤其是現代學者的研究成果，充分準確地反映當代二十四史學術研究現狀；爲相關專業的學者提供足資利用的準確原文和内容索引，亦爲一般文史讀者搭建起提高水準的階梯。

《今注本二十四史》編纂委員會
2017 年 10 月

目 録

前　言 …………………………………………………… (1)
例　言 …………………………………………………… (1)
主要參考文獻 …………………………………………… (1)

卷一　梁本紀第一
　　太祖朱溫上 ………………………………………… (1)

卷二　梁本紀第二
　　太祖朱溫下 ………………………………………… (27)

卷三　梁本紀第三
　　末帝朱友貞 ………………………………………… (45)

卷四　唐本紀第四
　　莊宗李存勗上 …………………………………（59）

卷五　唐本紀第五
　　莊宗李存勗下 …………………………………（87）

卷六　唐本紀第六
　　明宗李嗣源 ……………………………………（117）

卷七　唐本紀第七
　　愍帝李從厚 ……………………………………（157）
　　廢帝李從珂 ……………………………………（164）

卷八　晉本紀第八
　　高祖石敬瑭 ……………………………………（177）

卷九　晉本紀第九
　　出帝石重貴 ……………………………………（209）

卷一〇　漢本紀第十
　　高祖劉知遠 ……………………………………（235）
　　隱帝劉承祐 ……………………………………（248）

卷一一　周本紀第十一
太祖郭威 ……………………………………（261）

卷一二　周本紀第十二
世宗柴榮 ……………………………………（281）
恭帝柴宗訓 …………………………………（302）

卷一三　梁家人傳第一
太祖母文惠皇后王氏 ………………………（310）
太祖元貞皇后張氏 …………………………（311）
 昭儀陳氏 …………………………………（313）
 昭容李氏 …………………………………（314）
末帝德妃張氏 ………………………………（314）
次妃郭氏 ……………………………………（314）
太祖兄廣王全昱 ……………………………（317）
 全昱子友諒 ………………………………（318）
  友能 ……………………………………（318）
  友誨 ……………………………………（319）
太祖兄朗王存 ………………………………（319）
 存子友寧 …………………………………（319）
  友倫 ……………………………………（320）
太祖子彬王友裕 ……………………………（322）
 博王友文 …………………………………（325）
  友珪 ……………………………………（325）
  康王友孜 ………………………………（329）

卷一四　唐太祖家人傳第二

太祖正室劉氏 …………………………………… (331)

次妃曹氏 ………………………………………… (331)

莊宗神閔敬皇后劉氏 …………………………… (334)

淑妃韓氏 ………………………………………… (343)

德妃伊氏 ………………………………………… (343)

太祖弟克讓 ……………………………………… (344)

克脩 ……………………………………………… (346)

　克脩子嗣弼 …………………………………… (347)

　　嗣肱 ………………………………………… (347)

克恭 ……………………………………………… (349)

克寧 ……………………………………………… (350)

　太祖子存美 …………………………………… (352)

　　存霸 ………………………………………… (352)

　　存禮 ………………………………………… (352)

　　存渥 ………………………………………… (352)

　　存乂 ………………………………………… (352)

　　存確 ………………………………………… (352)

　　存紀 ………………………………………… (352)

　莊宗子繼岌 …………………………………… (356)

　　繼潼 ………………………………………… (356)

　　繼嵩 ………………………………………… (356)

　　繼蟾 ………………………………………… (356)

　　繼嶢 ………………………………………… (356)

卷一五　唐明宗家人傳第三

明宗和武憲皇后曹氏 …………………………………（363）
　昭懿皇后夏氏 ……………………………………（363）
　宣憲皇后魏氏 ……………………………………（364）
　淑妃王氏 …………………………………………（365）
愍帝哀皇后孔氏 ……………………………………（370）
　明宗子從璟 ………………………………………（371）
　　秦王從榮 ………………………………………（372）
　明宗姪從璨 ………………………………………（381）
　　從璋 ……………………………………………（382）
　　從温 ……………………………………………（383）
　　從敏 ……………………………………………（384）

卷一六　唐廢帝家人傳第四

廢帝皇后劉氏 ………………………………………（387）
　廢帝子重吉 ………………………………………（389）
　　重美 ……………………………………………（390）

卷一七　晉家人傳第五

高祖皇后李氏 ………………………………………（393）
　太妃安氏 …………………………………………（403）
出帝皇后馮氏 ………………………………………（403）
高祖從弟敬威 ………………………………………（407）
敬贇 …………………………………………………（408）
韓王敬暉 ……………………………………………（409）

高祖子楚王重信 …………………………………… (410)
　　　壽王重乂 ………………………………………… (411)
　　　重睿 ……………………………………………… (411)
　　　重杲 ……………………………………………… (412)
　　出帝子延煦 ………………………………………… (412)
　　　延寶 ……………………………………………… (412)

卷一八　漢家人傳第六
　高祖皇后李氏 ………………………………………… (417)
　高祖弟崇 ……………………………………………… (420)
　　高祖子承訓 ………………………………………… (420)
　　　承祐 ……………………………………………… (420)
　　　承勳 ……………………………………………… (420)
　　崇子贇 ……………………………………………… (420)
　高祖從弟蔡王信 ……………………………………… (425)

卷一九　周太祖家人傳第七
　太祖皇后柴氏 ………………………………………… (427)
　淑妃楊氏 ……………………………………………… (428)
　貴妃張氏 ……………………………………………… (430)
　德妃董氏 ……………………………………………… (431)
　　太祖子侗 …………………………………………… (433)
　　　信 ………………………………………………… (433)
　　太祖姪守筠 ………………………………………… (433)
　　　奉超 ……………………………………………… (433)

遜 ··(433)

卷二〇　周世宗家人傳第八

　　柴守禮··(437)
　　世宗貞惠皇后劉氏··(439)
　　　宣懿皇后符氏··(440)
　　　後立皇后符氏··(441)
　　　世宗子誼··(442)
　　　　誠··(442)
　　　　諴··(442)
　　　　熙讓 ···(442)
　　　　熙謹···(442)
　　　　熙誨···(442)

卷二一　梁臣傳第九

　　敬翔··(445)
　　朱珍··(452)
　　　李唐賓···(456)
　　龐師古··(457)
　　葛從周··(459)
　　霍存··(465)
　　張存敬··(467)
　　符道昭··(468)
　　劉捍··(470)
　　寇彥卿··(471)

卷二二　梁臣傳第十

康懷英 ……………………………………（475）

劉鄩 ………………………………………（480）

牛存節 ……………………………………（488）

張歸霸 ……………………………………（493）

弟歸厚 ……………………………………（495）

歸弁 ………………………………………（497）

王重師 ……………………………………（497）

徐懷玉 ……………………………………（499）

卷二三　梁臣傳第十一

楊師厚 ……………………………………（503）

王景仁 ……………………………………（509）

賀瓌 ………………………………………（513）

王檀 ………………………………………（516）

馬嗣勳 ……………………………………（518）

王虔裕 ……………………………………（519）

謝彥章 ……………………………………（522）

卷二四　唐臣傳第十二

郭崇韜 ……………………………………（525）

安重誨 ……………………………………（538）

卷二五　唐臣傳第十三

周德威 ……………………………………（553）

符存審 …………………………………………（561）
　　　子彥超 ………………………………………（566）
　　　　彥饒 ………………………………………（566）
　　　　彥卿 ………………………………………（566）
　　史建瑭 …………………………………………（571）
　　　子匡翰 ………………………………………（573）
　　王建及 …………………………………………（574）
　　元行欽 …………………………………………（576）
　　安金全 …………………………………………（580）
　　袁建豐 …………………………………………（582）
　　西方鄴 …………………………………………（583）

卷二六　唐臣傳第十四
　　符習 ……………………………………………（587）
　　烏震 ……………………………………………（591）
　　孔謙 ……………………………………………（592）
　　張延朗 …………………………………………（596）
　　李嚴 ……………………………………………（598）
　　李仁矩 …………………………………………（602）
　　毛璋 ……………………………………………（604）

卷二七　唐臣傳第十五
　　朱弘昭 …………………………………………（607）
　　馮贇 ……………………………………………（610）
　　劉延朗 …………………………………………（613）

康思立 …………………………………（622）
　　康義誠 …………………………………（624）
　　藥彥稠 …………………………………（630）

卷二八　唐臣傳第十六
　　豆盧革 …………………………………（633）
　　盧程 ……………………………………（640）
　　任圜 ……………………………………（644）
　　趙鳳 ……………………………………（650）
　　李襲吉 …………………………………（655）
　　張憲 ……………………………………（657）
　　蕭希甫 …………………………………（661）
　　劉贊 ……………………………………（665）
　　何瓚 ……………………………………（667）

卷二九　晉臣傳第十七
　　桑維翰 …………………………………（669）
　　景延廣 …………………………………（675）
　　吳巒 ……………………………………（681）

卷三〇　漢臣傳第十八
　　蘇逢吉 …………………………………（685）
　　史弘肇 …………………………………（692）
　　楊邠 ……………………………………（699）
　　王章 ……………………………………（701）

劉銖 …………………………………（703）
　　李業 …………………………………（706）
　　聶文進 ………………………………（708）
　　後贊 …………………………………（709）
　　郭允明 ………………………………（710）

卷三一　周臣傳第十九
　　王朴 …………………………………（713）
　　鄭仁誨 ………………………………（719）
　　扈載 …………………………………（721）

卷三二　死節傳第二十
　　王彥章 ………………………………（725）
　　裴約 …………………………………（731）
　　劉仁贍 ………………………………（733）

卷三三　死事傳第二十一
　　張源德 ………………………………（740）
　　夏魯奇 ………………………………（743）
　　姚洪 …………………………………（745）
　　王思同 ………………………………（746）
　　張敬達 ………………………………（751）
　　翟進宗 ………………………………（754）
　　　張萬迪 ……………………………（754）
　　沈斌 …………………………………（755）

王清 …………………………………………（756）

　　史彥超 ………………………………………（758）

　　孫晟 …………………………………………（760）

卷三四　一行傳第二十二

　　鄭遨 …………………………………………（768）

　　　張薦明 ……………………………………（770）

　　石昂 …………………………………………（771）

　　程福贇 ………………………………………（773）

　　李自倫 ………………………………………（774）

卷三五　唐六臣傳第二十三

　　張文蔚 ………………………………………（781）

　　楊涉 …………………………………………（782）

　　張策 …………………………………………（783）

　　趙光逢 ………………………………………（786）

　　薛貽矩 ………………………………………（787）

　　蘇循 …………………………………………（788）

　　杜曉 …………………………………………（790）

卷三六　義兒傳第二十四

　　李嗣昭 ………………………………………（796）

　　李嗣本 ………………………………………（806）

　　李嗣恩 ………………………………………（807）

　　李存信 ………………………………………（808）

李存孝 …………………………………………（810）
　李存進 …………………………………………（815）
　李存璋 …………………………………………（817）
　李存賢 …………………………………………（818）

卷三七　伶官傳第二十五
　周匝 ……………………………………………（823）
　敬新磨 …………………………………………（824）
　景進 ……………………………………………（825）
　史彥瓊 …………………………………………（827）
　郭從謙 …………………………………………（829）

卷三八　宦者傳第二十六
　張承業 …………………………………………（833）
　張居翰 …………………………………………（837）

卷三九　雜傳第二十七
　王鎔 ……………………………………………（845）
　羅紹威 …………………………………………（857）
　王處直 …………………………………………（866）
　劉守光 …………………………………………（875）

卷四〇　雜傳第二十八
　　李茂貞 …………………………………………（885）
　　韓建 ……………………………………………（896）
　　李仁福 …………………………………………（902）
　　韓遜 ……………………………………………（906）
　　楊崇本 …………………………………………（907）
　　高萬興 …………………………………………（909）
　　溫韜 ……………………………………………（912）

卷四一　雜傳第二十九
　　盧光稠 …………………………………………（915）
　　譚全播 …………………………………………（915）
　　雷滿 ……………………………………………（918）
　　鍾傳 ……………………………………………（922）
　　趙匡凝 …………………………………………（924）

卷四二　雜傳第三十
　　朱宣 ……………………………………………（929）
　　弟瑾 ……………………………………………（932）
　　王師範 …………………………………………（937）
　　李罕之 …………………………………………（941）
　　孟方立 …………………………………………（947）
　　王珂 ……………………………………………（950）
　　趙犨 ……………………………………………（955）
　　馮行襲 …………………………………………（963）

卷四三　雜傳第三十一

氏叔琮 …………………………………………（967）
李彥威 …………………………………………（970）
李振 ……………………………………………（974）
裴迪 ……………………………………………（979）
韋震 ……………………………………………（981）
孔循 ……………………………………………（983）
孫德昭 …………………………………………（987）
王敬蕘 …………………………………………（990）
蔣殷 ……………………………………………（992）

卷四四　雜傳第三十二

劉知俊 …………………………………………（995）
丁會 ……………………………………………（1000）
賀德倫 …………………………………………（1004）
閻寶 ……………………………………………（1008）
康延孝 …………………………………………（1010）

卷四五　雜傳第三十三

張全義 …………………………………………（1017）
朱友謙 …………………………………………（1025）
袁象先 …………………………………………（1030）
朱漢賓 …………………………………………（1035）
段凝 ……………………………………………（1038）
劉玘 ……………………………………………（1041）

周知裕 …………………………………（1042）

陸思鐸 …………………………………（1044）

卷四六　雜傳第三十四

趙在禮 …………………………………（1047）

霍彥威 …………………………………（1051）

房知溫 …………………………………（1056）

王晏球 …………………………………（1062）

安重霸 …………………………………（1067）

王建立 …………………………………（1069）

康福 ……………………………………（1074）

郭延魯 …………………………………（1077）

卷四七　雜傳第三十五

華溫琪 …………………………………（1079）

萇從簡 …………………………………（1083）

張筠 ……………………………………（1085）

弟籛 ……………………………………（1087）

楊彥詢 …………………………………（1090）

李周 ……………………………………（1092）

劉處讓 …………………………………（1095）

李承約 …………………………………（1098）

張希崇 …………………………………（1100）

相里金 …………………………………（1102）

張廷蘊 …………………………………（1104）

馬全節 …………………………………（1106）
皇甫遇 …………………………………（1109）
安彥威 …………………………………（1112）
李瓊 ……………………………………（1114）
劉景巖 …………………………………（1115）

卷四八　雜傳第三十六

盧文進 …………………………………（1119）
李金全 …………………………………（1123）
楊思權 …………………………………（1127）
尹暉 ……………………………………（1130）
王弘贄 …………………………………（1131）
劉審交 …………………………………（1134）
王周 ……………………………………（1137）
高行周 …………………………………（1138）
弟行珪 …………………………………（1140）
白再榮 …………………………………（1144）
安叔千 …………………………………（1145）

卷四九　雜傳第三十七

翟光鄴 …………………………………（1149）
馮暉 ……………………………………（1152）
皇甫暉 …………………………………（1156）
唐景思 …………………………………（1159）
王進 ……………………………………（1161）

常思 …………………………………………（1162）
孫方諫 ………………………………………（1164）

卷五〇　雜傳第三十八

王峻 …………………………………………（1167）
王殷 …………………………………………（1175）
劉詞 …………………………………………（1179）
王環 …………………………………………（1182）
折從阮 ………………………………………（1185）

卷五一　雜傳第三十九

朱守殷 ………………………………………（1189）
董璋 …………………………………………（1193）
范延光 ………………………………………（1197）
婁繼英 ………………………………………（1208）
安重榮 ………………………………………（1210）
安從進 ………………………………………（1216）
楊光遠 ………………………………………（1220）

卷五二　雜傳第四十

杜重威 ………………………………………（1229）
李守貞 ………………………………………（1236）
張彥澤 ………………………………………（1243）

卷五三　雜傳第四十一

王景崇 …………………………………（1253）

趙思綰 …………………………………（1258）

慕容彥超 ………………………………（1261）

卷五四　雜傳第四十二

馮道 ……………………………………（1271）

李琪 ……………………………………（1279）

兄珽 ……………………………………（1279）

鄭珏 ……………………………………（1290）

李愚 ……………………………………（1293）

盧導 ……………………………………（1297）

司空頲 …………………………………（1299）

卷五五　雜傳第四十三

劉昫 ……………………………………（1301）

盧文紀 …………………………………（1307）

馬胤孫 …………………………………（1311）

姚顗 ……………………………………（1314）

劉岳 ……………………………………（1316）

馬縞 ……………………………………（1319）

崔居儉 …………………………………（1323）

崔棁 ……………………………………（1324）

李懌 ……………………………………（1329）

卷五六　雜傳第四十四

- 和凝 …………………………………………………（1333）
- 趙瑩 …………………………………………………（1338）
- 馮玉 …………………………………………………（1341）
- 盧質 …………………………………………………（1343）
- 呂琦 …………………………………………………（1348）
- 薛融 …………………………………………………（1353）
- 何澤 …………………………………………………（1354）
- 王權 …………………………………………………（1357）
- 史圭 …………………………………………………（1358）
- 龍敏 …………………………………………………（1359）

卷五七　雜傳第四十五

- 李崧 …………………………………………………（1363）
- 李鏻 …………………………………………………（1371）
- 賈緯 …………………………………………………（1376）
- 段希堯 ………………………………………………（1379）
- 張允 …………………………………………………（1381）
- 王松 …………………………………………………（1383）
- 裴皥 …………………………………………………（1384）
- 王仁裕 ………………………………………………（1386）
- 裴羽 …………………………………………………（1388）
- 王延 …………………………………………………（1390）
- 馬重績 ………………………………………………（1391）
- 趙延義 ………………………………………………（1394）

卷五八
　　司天考第一 …………………………………（1397）

卷五九
　　司天考第二 …………………………………（1453）

卷六〇
　　職方考第三 …………………………………（1469）

卷六一　吴世家第一
　　楊行密 ………………………………………（1516）
　　　子渥 ………………………………………（1526）
　　　隆演 ………………………………………（1529）
　　　溥 …………………………………………（1536）
　　徐温 …………………………………………（1542）

卷六二　南唐世家第二
　　李昪 …………………………………………（1547）
　　　子景 ………………………………………（1556）
　　　景子煜 ……………………………………（1575）

卷六三　前蜀世家第三
　　王建 …………………………………………（1581）
　　　子衍 ………………………………………（1600）

卷六四　後蜀世家第四

孟知祥 ………………………………………（1611）

子昶 …………………………………………（1626）

卷六五　南漢世家第五

劉隱 …………………………………………（1637）

弟龑 …………………………………………（1641）

龑子玢 ………………………………………（1649）

玢弟晟 ………………………………………（1651）

晟子鋹 ………………………………………（1656）

卷六六　楚世家第六

馬殷 …………………………………………（1663）

子希聲 ………………………………………（1674）

希範 …………………………………………（1675）

希廣 …………………………………………（1678）

劉言 …………………………………………（1682）

周行逢 ………………………………………（1684）

子保權 ………………………………………（1686）

卷六七　吳越世家第七

錢鏐 …………………………………………（1689）

子元瓘 ………………………………………（1703）

元瓘子佐 ……………………………………（1704）

佐弟俶 ………………………………………（1706）

卷六八　閩世家第八
王審知 …………………………………………（1711）
　子延翰 ………………………………………（1715）
　　鏻 …………………………………………（1716）
　　鏻子繼鵬 …………………………………（1721）
　　延羲 ………………………………………（1725）
　　延政 ………………………………………（1726）

卷六九　南平世家第九
高季興 …………………………………………（1731）
　子從誨 ………………………………………（1737）
　　從誨子保融 ………………………………（1740）
　　　保勗 ……………………………………（1742）
　　　保融子繼沖 ……………………………（1742）

卷七〇　東漢世家第十
劉旻 ……………………………………………（1745）
　子承鈞 ………………………………………（1754）
　　承鈞子繼恩 ………………………………（1759）
　　繼元 ………………………………………（1760）

卷七一
十國世家年譜第十一 …………………………（1763）

卷七二

　　四夷附録第一 …………………………………（1781）

卷七三

　　四夷附録第二 …………………………………（1815）

卷七四

　　四夷附録第三 …………………………………（1835）

附　　録

　　五代史記序　建安陳師錫 …………………………（1875）

　　徐無黨曰：凡諸國名號，《梁本紀》自封梁王以後始稱梁，《唐本紀》自封晉王以後始稱晉，自建國號唐以後始稱唐，各從其實也。自傳而下，於未封王建國之前，或稱梁、稱晉、稱唐者，史官從後而追書也。唐嘗稱晉，而石敬瑭又稱晉，李昇又稱唐；劉龑已稱漢，而劉旻又稱漢；王建已稱蜀，而孟知祥又稱蜀。石晉自爲一代，不待別而可知；唐、漢、蜀則加東、南、前、後，以別其世家。梁初嘗封沛、東平，南唐初嘗稱齊，三號當時已不顯著，故皆略而不道。五代亂世，名號交雜而不常，史家撰述，隨事爲文，要於理通事見而已，覽者得以詳焉。[1]

[1]此徐無黨注附在原本目録之後，今照録於此。

前　言

　　《新五代史》是"二十四史"的重要組成部分。作爲紀傳體史書，《新五代史》雖然篇幅不大，僅記述了五代十國短短數十年的歷史，却是唐代設館修史以後唯一的私修正史，在編修宗旨、成書經過等方面均有别於其他正史，因而具有獨特的文化意義和歷史研究價值。

一　《新五代史》成書經過

　　《新五代史》，北宋歐陽脩撰，共七十四卷，計本紀十二卷、列傳四十五卷、世家十卷、十國世家年譜一卷、考三卷、四夷附録三卷，記述了自後梁開平元年（907）至後周顯德七年（960）共五十四年的歷史。初名《五代史記》，後人爲區别於薛居正《五代史》，故而稱歐史爲《新五代史》，薛史爲《舊五代史》。

開寶六年（973），宋太祖命薛居正監修五代史，盧多遜、扈蒙、張澹、劉兼、李昉、李穆、李九齡等同修。此次編修多取材於五代實錄及范質《五代通錄》，編纂方法仿照《三國志》，內容按照後梁、後唐、後晉、後漢、後周次序各由本紀、列傳兩部分組成，一朝一史；以五代時期諸割據政權入《世襲列傳》《僭僞列傳》，契丹、吐蕃、回鶻等入《外國列傳》。另有天文、曆、五行、禮、樂、食貨、刑法、選舉、職官、郡縣等志。薛史修成後，時人對其"實多漏略""義例無次"多有不滿，要求重新修定或別加撰著的意願愈發強烈。

歐陽脩於宋仁宗景祐年間任館閣校勘期間開始編撰《新五代史》，約成書於皇祐五年（1053）。歐陽脩采取的編修方法，柴德賡稱爲"既仿《春秋》，又學《史記》。仿《春秋》是指褒貶議論，學《史記》是指編纂方法"（《柴德賡點校新五代史》前言）。歐陽脩不僅改變了薛史五代分書的寫法，而且打破了朝代界限，按照時間順序將本紀、列傳分別排序，列傳分立《家人傳》《臣傳》；同時別立《死節傳》《死事傳》《一行傳》《唐六臣傳》《義兒傳》《伶官傳》《宦者傳》，其餘一人事多朝者入《雜傳》。十國史事入《世家》，並年譜一卷。契丹、奚、吐谷渾、達靼、党項、突厥、吐蕃、回鶻、于闐、高麗、渤海、新羅、黑水靺鞨、南詔、牂牁蠻、昆明、占城等入《四夷附錄》。歐陽脩改"志"爲"考"，僅作《司天考》《職方考》，記叙天文地理，他認爲"五代禮樂文章，吾無取焉"（《新五代史》卷五八），故其他典章制度則付闕如。

宋神宗熙寧五年（1072），歐陽脩去世後，其家人將《五代史記》奏上朝廷。宋人晁公武稱，"永叔没後，朝廷聞之，取以付國子監刊行"，熙寧十年五月，"詔以歐陽脩《五代史》藏秘閣"（《郡齋讀書志》卷二上）。當代學者尾崎康、唐雯等皆認爲，熙寧十年後，《新五代史》即被刊刻，此後大抵有刻本、國子監校勘本、抄本盛行於世。

鑒於對薛史"繁猥失實"的批評，歐陽脩對於五代"非干大體"之史實，"盡宜删削，存其大要"（《文忠集》卷六九）。歐陽脩重修五代史旨在發微《春秋》明義，書寫取法《春秋》之"寓褒貶，别善惡"，如别立《死節傳》《死事傳》《義兒傳》《唐六臣傳》等，另外他在叙述戰争時使用"攻""伐""征""討"等字，嚴格區分，皆體現了"褒貶善惡"。書中注文闡明了歐陽脩對於史實的選擇標準：如帝紀，"自即位以後，大事則書，變古則書，非常則書，意有所示則書，後有所因則書。非此五者，則否"；兵事，"五代亂世，兵無虚日，不可悉書。故用兵無勝敗，攻城無得失，皆不書"（《新五代史》卷二）；命官，不書，"非常而有故則書"（《新五代史》卷三）。州縣廢置，見《職方考》，"惟京都則書"（《新五代史》卷二）；遊幸宴樂，"遊幸若不過度，則小事也，皆不書，惟莊宗及晋出帝之世則書者，著其過度耳"（《新五代史》卷六）。文末論贊，以"嗚呼"開頭，發表議論。

歐史以薛史爲藍本，一方面儘量簡化薛史之文，另一方面雜采諸書，如《五代會要》《五代史補》《五代史闕文》《九國志》等，特别是筆記小説，如《北夢瑣言》《玉堂閒話》《洛陽搢紳舊聞記》《南唐近事》《江南别錄》

《江南野史》等，增加新内容的同時，做到事增文省。另外，據胡嶠《陷虜記》、高居誨《使于闐記》等補充了契丹、于闐的史實。清人王鳴盛曾就采擇史料方面比較新、舊《五代史》，"歐史喜采小説，薛史多本實錄"，"大約實錄與小説互有短長，去取之際，貴考核斟酌，不可偏執"（《十七史商榷》卷九三）。比如，《梁太祖實錄》與薛史《全昱傳》均未載朱全昱博戲詆斥之語，歐史據小説補入。王鳴盛評曰："歐公采小説補入最妙，然則采小説未必皆非，依實錄未必皆是。"（《十七史商榷》卷九三）

《新五代史》成書並流行於世後，逐漸取代了《舊五代史》的地位。金章宗泰和七年（1207）詔"新定學令内，削去薛居正《五代史》，止用歐陽脩所撰"（《金史》卷一二），《舊五代史》的地位更趨下降。明代以降，《舊五代史》罕有流傳。清乾隆年間編纂《四庫全書》之時，邵晉涵等館臣從《永樂大典》中將《舊五代史》輯出。此後二書並行於世。

《新五代史》成書後，因删繁就簡，法言詞約，受到學者好評。如王鳴盛贊揚《新五代史·職方考》"雖簡略，然提綱挈領，洗眉刷目，此則歐公筆力，非薛史所能及"（《十七史商榷》卷九六）。清人趙翼亦稱贊《新五代史》選材"雖多據薛史舊本，然采證極博，不專恃薛本也"，敘事"則直書其事……薛史全據各朝實錄，而不復參考事之真偽，此歐史之所以作也"，文字"歐史書法謹嚴"，"歐史紀傳各贊，皆有深意"，總體上"雖不及薛史之半，而訂正之功倍之，文直事核，所以稱良史也"（《廿二史劄記校證》卷二一）。

二 《新五代史》現存版本

《新五代史》自問世後屢被刊印，目前現存宋元本十部，關於《新五代史》宋元版本的研究成果可參考尾崎康《正史宋元版之研究》、唐雯《〈新五代史〉宋元本溯源》、魯明《點校本〈新五代史〉修訂本初稿芻議》等。宋元版本系統現存五種：

1. 國家圖書館藏南宋初刊本（存卷一至卷一四），其中卷一至卷一二原係傅增湘舊藏，卷一三、卷一四係周叔弢舊藏，後二本皆歸國家圖書館，今合爲一本。

2. 臺灣"國家圖書館"所藏南宋初刊明清配補本，係楊守敬自日本訪得。

3. 南宋慶元年間刊曾三異校本。因卷一八後有"慶元五年魯郡曾三異校定"一行，另有數卷後刊"魯郡曾三異校定"一行，係南宋慶元間曾三異校訂本。百衲本據傅增湘所藏該本影印。

4. 國家圖書館藏元大德間宗文書院刊明修本。此本係大德九路儒學刻本之一，傳世有五本，皆係元明遞修本。《中華再造善本》曾據以影印。

5. 北京大學圖書館藏南宋刊元修本（存卷四三至卷四五，卷四八至卷五〇）。尾崎康考證該本係南宋中期刊本。

《新五代史》明清本版本系統主要有：
1. 明萬曆四年（1576）南監刊本；
2. 明萬曆二十八年（1600）北監刊本；
3. 明嘉靖汪文盛刊本；

4．明崇禎三年（1630）毛晋汲古閣刊本；

5．清乾隆四年（1739）武英殿刊本；

6．清同治十一年（1872）湖北崇文書局刊本；

7．清宣統三年（1911）貴池劉世珩玉海堂影刻南宋刊本；

8．清四庫全書諸本。

目前，《新五代史》的各個版本分藏於海内外諸多機構。域外所藏機構中，日本國立公文書館内閣文庫的藏本數量較爲豐富，且已對外公開，包括元宗文書院刊本、南監本、北監本、汪文盛本等，爲我們開展工作提供了便利。此外，日本還藏有和刻本《五代史》七十四卷，爲明楊慎評、鍾名臣訂，日本堀正修校、村瀨之熙重訂，安永二年（1773）刊、文化十年（1813）大阪前川嘉七等補刊。

目前學界通用版本爲中華書局點校本。20 世紀 50 至 70 年代，中華書局承擔了點校本二十四史的組織和編輯工作。1964 年 4 月，柴德賡從江蘇師範學院（今蘇州大學）借調至北京，協助陳垣點校《新五代史》。1971 年，《新五代史》點校工作轉由華東師範大學承擔，於 1974 年 12 月出版。原點校本以百衲本影印元覆宋慶元本爲底本，同時參校了明清諸本。2015 年，由陳尚君爲修訂主持人，復旦大學承擔的中華書局修訂本《新五代史》出版。此次修訂，仍采用百衲本爲底本，以國家圖書館藏宋本、臺灣"國家圖書館"藏宋本、北京大學圖書館藏宋本、宗文書院本爲通校本，同時參校南監本、北監本。

三　今注本《新五代史》的編纂特点

其一，今注本《新五代史》集標點、校勘、考訂、注文爲一體，是一部具有全新特點的整理本。在校勘方面，今注本以百衲本爲底本，以中華書局點校修訂本、宗文書院本、殿本爲通校本，在充分尊重並吸收中華點校本校勘成果的基礎上，補充中華點校本未出校記之處。如卷三九《王處直傳》，底本作"閉門不復出"，宗文本、殿本皆作"閉城不復出"，今注本據宗文本、殿本出校；卷四四《劉知俊傳》，底本作"攻興元"，宗文本、殿本皆作"使攻興元"，今注本據宗文本、殿本出校；卷四六《安重霸傳》，底本、宗文本作"秦川花木"，殿本作"秦州花木"，今注本據殿本出校；卷四八《高行珪傳》，底本作"軍兵于佗所"，宗文本、殿本皆作"庫兵于佗所"，今注本據宗文本、殿本出校。

其二，今注本《新五代史》發現了以往工作中的點校失誤，並據實糾正。如中華點校本《新五代史》卷二四《安重誨傳》："重誨怒，未有以發，乃遣其嬖吏韓玫、副供奉官烏昭遇復使於鏐。"不確。唐五代"供奉官"泛指侍奉皇帝左右的臣僚，亦爲東、西頭供奉官通稱，無"副供奉官"之説。又烏昭遇使還，爲韓玫譖於安重誨而死，《新五代史》卷六《唐明宗紀》載天成四年（929）"九月癸巳，殺供奉官烏昭遇"。因此，此行當以供奉官烏昭遇爲正使，韓玫爲副，故"韓玫副供奉官烏昭遇"不當點斷。又如中華點校本《新五代史》卷四一《雷滿傳》："是時，澧陽人向瓌殺刺史吕自牧據澧州，而溪洞諸蠻宋鄴昌、師益等，皆起兵剽掠湖外。"此處"宋鄴昌、師益"恐誤。據《新五代史》卷六六《楚世家》："朗州雷彦恭召吳人攻平江，許德勳擊敗之。（馬）殷遣秦彦暉攻朗州，彦恭奔於吳，執其弟彦雄等七人送于梁。於是澧州向瓌、辰州宋鄴、溆州昌師益等率溪洞諸蠻皆附于殷。"《通鑑》卷二六七開平四年（910）十一月壬午條注引《湖湘故事》："呂師周斬潘金晟於武岡，其年十月十一日，辰州宋鄴、叙州昌師益一時歸投馬氏。"同書卷二六八乾化二年（912）正月戊寅條："辰州蠻酋宋鄴、昌師益皆帥衆降於楚，楚王殷以鄴爲辰州刺史，師益爲溆州刺史。"可見，中華點校本"宋鄴昌、師益"當爲"宋鄴、昌師益"之誤。今注本已據實糾正。

其三，今注本《新五代史》工作重點爲名物、典章制度的疏解注釋與史實的糾謬補闕。今注本對五代時期人名、地名、職官、禮制、風俗等專有名詞作出注解，特別是對過去未有注釋、難以理解、極易出錯的名詞進行了箋注考證。在此過程中，參考了《中國官制大辭典》《中國歷代職官辭典》《中國歷代官制大辭典》《中國歷史大辭典》《資治通鑑大辭典》《宋代官制辭典》《中國歷史地名大辭典》《中國古今地名大詞典》《敦煌學大辭典》等，並吸收了學界對《新五代史》的校勘和研究成果，特別是近三十年來國内外五代史研究成果，在保證校注學術性的同時，爲讀者提供了閱讀與研究的學術索引之便。如《新五代史》卷四"落落"，今注作"人名。李克用之子。時爲鐵林軍使，將鐵林小兒三千騎薄於洹水，與葛從周部作戰失敗，爲葛從周部將張歸霸所擒，朱温命將落落送於羅弘信斬之。事見《舊唐書》卷一八一、《舊五代史》卷二六、本書卷二二"。《新五代史》卷八"廣評侍郎"，今注作"高麗王朝官名。廣評省（仿唐尚書省）副長官，協助廣評侍中總領百官。品秩不詳。詳見龔延明《高麗國初與唐宋官制之比較——關於唐宋官制對高麗官制影響研究之一》，《韓國研究》第一輯，杭州大學出版社1994年版，第124頁"。再如《新五代史》卷五四"起居"，今注作"朝會禮名。即'群臣五日一隨宰相入見內殿'，或稱'內殿起居''五日起居'。後唐時於洛陽中興殿舉行。按，後唐明宗天成元年（926）四月即位，五月初三下詔設立五日起居。參見《册府》卷一〇八"。

四　今注本《新五代史》的校注分工

本書由紀雪娟主持校注工作，朱義群、黃曉巍、孫方圓、王榮彬、陳久金等共襄其事。全書由陳智超先生審訂。

紀雪娟，博士，任職於中國社會科學院古代史研究所。研究方向爲宋史、域外漢籍。在本書中承擔的部分爲：《梁本紀》（卷一至卷三）、《梁家人傳》（卷一三）、《梁臣傳》（卷二一至卷二三）、《死節傳》（卷三二）、《死事傳》（卷三三）、《一行傳》（卷三四）、《義兒傳》（卷三六）、《伶官傳》（卷三七）、《宦者傳》（卷三八）、《四夷附錄》（卷七二至卷七四），共16卷。同時負責全書的統稿工作。

朱義群，博士，任職於福建師範大學社會歷史學院，研究方向爲宋史。在本書中承擔的部分爲：《漢本紀》（卷一〇）、《周本紀》（卷一一、卷一二）、《漢家人傳》（卷一八）、《周太祖家人傳》（卷一九）、《周世宗家人傳》（卷二〇）、《漢臣傳》（卷三〇）、《周臣傳》（卷三一）、《雜傳》（卷三九至卷五〇，卷五六至卷五七）、《職方考》（卷六〇），共 23 卷。

黃曉巍，博士，任職於湖南大學嶽麓書院。研究方向爲宋史、中國禮制史。在本書中承擔的部分爲：《唐本紀》（卷四至卷七）、《晋本紀》（卷八、卷九）、《唐太祖家人傳》（卷一四）、《唐明宗家人傳》（卷一五）、《唐廢帝家人傳》（卷一六）、《晋家人傳》（卷一七）、《唐臣傳》（卷二四至卷二八）、《晋臣傳》（卷二九）、《唐六臣傳》（卷三五）、《雜傳》（卷五一至卷五五），共 22 卷。

孫方圓，博士，任職於中國社會科學院邊疆史研究所。研究方向爲宋史。在本書中承擔的部分爲：《十國世家》（卷六一至卷七〇）、《十國世家年譜》（卷七一），共 11 卷。

王榮彬，博士，研究員，任職於中國民主同盟中央委員會。研究方向爲中國古代數理天文學史。在本書中承擔的部分爲：《司天考一》（卷五八），共 1 卷。

陳久金，研究員，中國科學院自然科學研究所原副所長。研究方向爲中國古代曆法、天文學史。在本書中承擔的部分爲：《司天考二》（卷五九），共 1 卷。

陳智超，研究員，曾任職於中國社會科學院古代史研究所，歷史文獻學專業博士生導師。研究方向爲宋至明代歷史、歷史文獻學等。主要著作有《解開〈宋會要〉之謎》（社會科學文獻出版社 1995 年版）、《美國哈佛大學哈佛燕京圖書館藏明代徽州方氏親友手札七百通考釋》（安徽大學出版社 2001 年版）、《宋史十二講》（清華大學出版社 2010 年版）等。

同時，感謝李森編輯爲本書稿的底本核對所付出的辛苦勞動。游自勇、康鵬、張吉寅、周永傑等諸位學者對本書稿的完善提出了寶貴的修改意見。謹致謝忱！

《今注本二十四史·新五代史》項目組
2020 年 10 月

例 言

在嚴格遵循今注本二十四史編輯委員會制訂的《〈今注本二十四史〉編纂總則》（2017）的基礎上，今注本《新五代史》項目組針對本書特點作補充規定，形成本書校注細則。

一、今注本《新五代史》以百衲本二十四史影印元覆宋慶元五年（1199）建陽刊曾三異校訂本爲底本，以2015年中華書局點校修訂本（簡稱"中華點校本"）、中華再造善本影印中國國家圖書館藏元宗文書院刊明修本（簡稱"宗文本"）、清武英殿本（簡稱"殿本"）爲通校本，以日本國立公文書館内閣文庫藏元刊本（簡稱"元刊本"）、日本國立公文書館内閣文庫藏南監本（簡稱"南監本"）、日本國立公文書館内閣文庫藏北監本（簡稱"北監本"）、日本國立公文書館内閣文庫藏汪文盛本（簡稱"汪本"）爲參校本。爲方便讀者閲讀，中華點校本所采納諸本如中國國家圖書館藏南宋初撫州刊本（中華點校本稱"宋甲本"）簡稱"撫州刊本"，北京大學圖書館藏南宋刊宋元遞修本（中華點校本稱"宋乙本"）簡稱"遞修本"，臺灣"國家圖書館"藏南宋初浙江刊宋修本（中華點校本稱"宋丙本"）簡稱"浙江本"，中華再造善本影印中國國家圖書館藏元宗文書院刊明修本（中華點校本稱"宗文本"）簡稱"宗文本"。

　　二、底本有誤，有版本依據者，可以改動，出校説明。無版本依據者，雖誤，亦不改動原文，祇出校説明。各本異同，本校、他校後，仍不能定其是非者，出異文校。充分吸收中華點校本的校勘成果，爲尊重版權，校勘記有借鑒采納者，出注説明。中華點校本有疑誤處，如有必要，則提出商榷，加以辨證。

　　三、注文以卷爲單位，統一次序編碼。編碼的位置一律標於標點符號之後的右上角。出注（校）標碼與注文標碼一致，均采用［1］［2］［3］……標示。對應當加注者，在每卷的第一次出現時出注。此後如在該卷中再次出現，不再出注。如在別卷出現，則另行出注。

　　四、注釋的範圍包括冷僻的字音、詞語、成語典故、人名、地名、職官、年號以及有爭議或原作記述有歧義的史實。注釋由概括部、説明部、羅列部、校勘部組成。概括部一般爲"人名""地名""職官名""年號"等。每一注文視其情況包含不一，若含上述兩部分及以上的内容，則按照此順序出注。同一個標號中如包含不同的義項，則在不同詞頭之間加空格以示區別。

　　五、底本中的生僻字和多音多義字須注音。行文中的注音，用圓括號標識，拼音前不加"音"字。出注形式爲"洹（huán）"，兩字以上的注音，逐字標注。出注形式爲"蚳（chí）蝝（yuán）"。

六、人名有傳（紀）者，注明某書某卷有傳。無傳者，儘可能注明籍貫、官職，事見某書某卷。本書僅此一見者，也予以注明。

七、地名、山名、水名，注明位於今某地、某山、某水，或大體方位。說法不一者，摘其要者列舉。如需說明沿革方可解讀者，則簡述其沿革。古代地名涉及行政區劃的，通常也區分爲州名、縣名、軍鎮名等類別，並加注今地名及其屬的行政區劃，且以2017年地圖出版社出版的《中華人民共和國行政區劃簡册》爲準。封爵中的地名，如"晋王"之"晋"、"建平郡公"之"建平"，則不出注。

八、官名、官署名、職官名，需出注說明品秩、執掌範圍，如需要叙述沿革等方能理解原文文意者，則說明沿革變化、上下級關係、廢置時間等。

九、年號需注明年號屬何帝以及相應的公元紀年。注文中若具體到某一年，公元紀年衹需標阿拉伯數字，不需加"公元""年"等字。

十、引用古籍一般標書名、卷次，不標作者。書目信息詳見參考文獻。卷次數字一律使用中文，"十""百"一律不用，如"卷二〇""卷三一二"。古籍類書名的省稱，衹限於以下幾種書名較長或不易混淆的常引用書，如省《資治通鑑》爲《通鑑》，《太平御覽》爲《御覽》，《册府元龜》爲《册府》、《續資治通鑑長編》爲《長編》等。

十一、今人學術成果，在每卷首次引用時需標明姓名、書名、出版社、出版年，如"李全德《唐宋變革期樞密院研究》，北京圖書館出版社 2009 年版"；期刊論文格式爲"黃純艷《宋代水上信仰的神靈體系及其新變》，《史學集刊》2016 年第 6 期"。同卷之後的引用，祇需標明作者、篇名即可。

十二、本書所列主要參考文獻，涉及古籍的按年代排序，涉及今人的則按姓氏拼音排序，兼顧内容邏輯順序。

主要參考文獻

一 古籍

漢·司馬遷:《史記》,點校本,中華書局 1959 年版。

漢·班固:《漢書》,點校本,中華書局 1962 年版。

晋·陳壽:《三國志》,點校本,中華書局 1959 年版。

南朝宋·范曄撰,唐·李賢等注:《後漢書》,點校本,中華書局 1965 年版。

南朝梁·沈約:《宋書》,點校本,中華書局 1974 年版。

北齊·魏收:《魏書》,點校本,中華書局 1974 年版。

唐·房玄齡等:《晋書》,點校本,中華書局 1974 年版。

唐·李延壽:《北史》,點校本,中華書局 1974 年版。

後晋·劉昫等:《舊唐書》,點校本,中華書局 1975 年版。

宋·薛居正等:《舊五代史》,點校本(修訂版),中華書局 2015 年版。

宋·王溥:《五代會要》,點校本,上海古籍出版社 2006 年版。

宋·王欽若等編纂,周勛初等校訂:《册府元龜》,鳳凰出版社 2006 年版。

宋·歐陽脩、宋祁:《新唐書》,點校本,中華書局 1975 年版。

宋·歐陽脩撰,宋·徐無黨注:《新五代史》,點校本(修訂版),中華書局2015年版。

宋·宋敏求纂修：《長安志》，影印明成化四年（1468）郃陽書堂刻本，國家圖書館出版社2012年版。

宋·司馬光編著，元·胡三省音注：《資治通鑑》，點校本，中華書局1956年版。

宋·馬令、陸游撰，胡阿祥點校：《南唐書》（二種），南京出版社2010年版。

宋·李燾撰，上海師範大學古籍整理研究所、華東師範大學古籍整理研究所點校：《續資治通鑑長編》，中華書局2004年版。

元·脫脫等：《遼史》，點校本，中華書局1974年版。

元·脫脫等：《宋史》，點校本，中華書局1977年版。

清·王鳴盛撰，黃曙輝點校：《十七史商榷》，上海古籍出版社2013年版。

清·趙翼著，王樹民校證：《廿二史劄記校證》，中華書局2013年版。

清·阮元校刻：《十三經注疏》，影印清嘉慶間刻本，中華書局2009年版。

清·徐松輯，劉琳、刁忠民、舒大剛、尹波等校點：《宋會要輯稿》，上海古籍出版社2014年版。

[朝鮮]鄭麟趾等原編，孫曉主編：《高麗史》（標點校勘本），西南師範大學出版社、人民出版社2014年版。

二 學術專著

白玉冬：《九姓達靼遊牧王國史研究》，中國社會科學出版社2017年版。

畢德廣：《奚族文化研究》，科學出版社2016年版。

卞孝萱、鄭學檬：《五代史話》，北京出版社1985年版。

才讓：《吐蕃史稿》，人民出版社2010年版。

陳序經：《匈奴史稿》，中國人民大學出版社2007年版。

戴欽祥、陸欽、李亞麟：《中國古代服飾》，商務印書館1998年版。

[日本]渡邊信一郎：《天空の玉座——中國古代帝國の朝政と儀禮》，柏書房1996年版。

杜文玉：《南唐史略》，陝西人民教育出版社2001年版。

杜文玉：《五代十國制度研究》，人民出版社2006年版。

杜文玉：《五代十國經濟史》，學苑出版社2011年版。

段連勤：《丁零、高車與鐵勒》，廣西師範大學出版社 2006 年版。
段連勤：《隋唐時期的薛延陀》，三秦出版社 1988 年版。
馮漢驥：《前蜀王建墓發掘報告》，文物出版社 2002 年版。
郭武雄：《五代史輯本證補》，臺灣商務印書館 1976 年版。
郭武雄：《五代史料探源》，臺灣商務印書館 1987 年版。
賈敬顏：《五代宋金元人邊疆行記十三種疏證稿》，中華書局 2004 年版。
李大龍：《都護制度研究》，黑龍江教育出版社 2003 年版。
李全德：《唐宋變革期樞密院研究》，北京圖書館出版社 2009 年版。
周振鶴主編，李曉傑著：《中國行政區劃通史·五代十國卷》，復旦大學出版社 2017 年版。
劉後濱：《唐代中書門下體制研究——公文形態·政務運行與制度變遷》，齊魯書社 2004 年版。
劉浦江：《松漠之間——遼金契丹女真史研究》，中華書局 2008 年版。
馬一虹：《靺鞨、渤海與周邊國家、部族關係史研究》，中國社會科學出版社 2011 年版。
邱志誠：《國家、身體、社會：宋代身體史研究》，科學出版社 2018 年版。
榮新江：《歸義軍史研究——唐宋時代敦煌歷史考索》，上海古籍出版社 2015 年版。
沈從文編著：《中國古代服飾研究》，上海書店出版社 2005 年版。
孫進己、孫泓：《契丹民族史》，廣西師範大學出版社 2010 年版。
湯開建：《党項西夏史探微》，商務印書館 2013 年版。
田餘慶：《拓跋史探》（修訂本），生活·讀書·新知三聯書店 2011 年版。
［日本］尾崎康著，喬秀岩、王鏗編譯：《正史宋元版之研究》，中華書局 2018 年版。
吳玉貴：《突厥汗國與隋唐關係史研究》，中國社會科學出版社 2017 年版。
辛德勇：《古代交通與地理文獻研究》，商務印書館 2018 年版。
閻步克：《服周之冕——〈周禮〉六冕禮制的興衰變異》，中華書局 2009 年版。
楊軍：《高句麗民族與國家的形成和演變》，中國社會科學出版社 2006 年版。

楊蕤：《回鶻時代——10—13世紀陸上絲綢之路貿易研究》，中國社會科學出版社2015年版。

楊若薇：《契丹王朝政治軍事制度研究》，中國社會科學出版社1991年版。

張廣達、榮新江：《于闐史叢考》（增訂本），中國人民大學出版社2008年版。

張久和：《原蒙古人的歷史：室韋—達怛研究》，高等教育出版社1998年版。

趙貞：《唐宋天文星占與帝王政治》，北京師範大學出版社2016年。

周偉洲編著：《吐谷渾資料輯錄》（增訂本），商務印書館2017年版。

朱和平：《中國服飾史稿》，中州古籍出版社2001年版。

三　學術論文

畢德廣：《唐代奚族居地的變遷》，《中國歷史地理論叢》2014年第1期。

畢德廣：《遼代奚境變遷考論》，《中國歷史地理論叢》2014年第3期。

蔡家藝：《沙陀族歷史雜探》，《民族研究》2001年第1期。

杜文玉：《晚唐五代都指揮使考》，《學術界》1995年第1期。

杜文玉：《唐五代的助禮錢與諸司禮錢》，《陝西師範大學學報》2004年第2期。

杜文玉：《五代起居制度的變化及其特點》，《陝西師範大學學報》2005年第3期。

杜文玉、王鳳翔：《唐宋時期牢城使考述》，《陝西師範大學學報》2006年第2期。

樊文禮：《沙陀的族源及其早期歷史》，《民族研究》1999年第6期。

馮永謙：《遼史地理志考補——上京道、東京道失載之州軍》，《社會科學戰綫》1998年第4期。

龔延明：《高麗國初與唐宋官制之比較——關於唐宋官制對高麗官制影響研究之一》，《韓國研究》第一輯，杭州大學出版社1994年版。

何天明：《唐代單于大都護府探討》，《北方文物》2001年第2期。

侯旭東：《從朝宿之舍到商鋪——漢代郡國邸與六朝邸店考論》，《清華大學學報》2011年第5期。

黃純艷：《宋代水上信仰的神靈體系及其新變》，《史學集刊》2016年第

6期。

鞠賀：《遼朝惕隱研究》，《西北民族大學學報》2019年第1期。

來可泓：《五代十國牙兵制度初探》，《學術月刊》1995年第11期。

黎國韜：《唐五代參軍戲演出形態轉變考》，《民族藝術》2008年第4期。

李樹輝：《突厥原居地"金山"考辨》，《中國邊疆史地研究》2009年第3期。

林鵠：《遼世宗朝史事考》，《中華文史論叢》2012年第4期。

林鵠：《遼穆宗草原本位政策辨——兼評宋太祖"先南後北"戰略》，《中國史研究》2016年第1期。

劉安志：《唐五代押牙（衙）考略》，《魏晉南北朝隋唐史資料》，1998年。

劉復生：《"雲南八國"辨析——兼談北宋與大理國的關係》，《四川大學學報》2002年第6期。

劉凱：《九錫淵源考辨》，《中國史研究》2018年第1期。

魯明：《點校本〈新五代史〉修訂本初稿芻議》，《中國典籍與文化》2019年第2期。

錢宗武、楊飛：《蜀岡得名新解》，《揚州大學學報》2006年第3期。

邱靖嘉：《遼太宗朝的"皇太子"名號問題——兼論遼代政治文化的特徵》，《歷史研究》2010年第6期。

孫方圓：《兵道尚詭：試說宋代的軍用蠟丸》，《軍事歷史》2018年第2期。

譚蟬雪：《襤褸探析》，《敦煌研究》2006年第3期。

譚其驤：《〈遼史〉訂補三種》，收入《長水集》上冊，人民出版社1987年版。

唐雯：《〈新五代史〉宋元本溯源》，《文史》2017年第2期。

王春陽、周加林：《"騶虞"考》，《古籍整理研究學刊》2014年第1期。

王靜、李青分：《鐵勒拔野古部研究》，《內蒙古大學學報》2016年第2期。

王凱：《20世紀80年代以來奚族研究綜述》，《東北史地》2011年第1期。

王麗娟：《奚族文獻史料探究》，《宋史研究論叢》2015年第2期。

王永平：《論唐代宣徽使》，《中國史研究》1995年第1期。

王孫盈政：《再論唐代的宣徽使》，《中華文史論叢》2018年第3期。
王軼英：《中國古代排陣使述論》，《西北大學學報》2010年第6期。
吳麗娛：《試論晚唐五代的客將、客司與客省》，《中國史研究》2002年第4期。
謝元魯：《隋唐五代的特殊貴族——二王三恪》，《中國史研究》1994年第2期。
徐三見：《江瀆、淮瀆封號考》，《社會科學戰綫》1989年第2期。
嚴國榮、劉昌安：《"驪虞"考辨》，《西北大學學報》2004年第6期。
閏建飛：《唐後期五代宋初知州制的實施過程》，《文史》2019年第1期。
楊富學：《僕固部的興起及其與突厥、回鶻的關係》，《西域研究》2000年第3期。
楊連民、馬曉雪：《"歸寧父母"與"歸寧"制度考略》，《聊城大學學報》2003年第6期。
揚之水：《幡與牙旗》，《中國歷史文物》2002年第1期。
楊智：《參軍戲探源》，《社科縱橫》1991年第6期。
袁本海：《沙陀的形成及其與北方民族關係探究》，博士學位論文，中央民族大學，2010年。
袁剛：《延英奏對制度初探》，《北京大學學報》1989年第5期。
曾昭燏、張彬：《南唐二陵發掘簡略報告》，《文物參考資料》，1951年。
詹堅固：《試論蜑名變遷與蜑民族屬》，《民族研究》2012年第1期。
張方：《鐵勒同羅部的盛衰和遷徙》，《河南教育學院學報》2006年第1期。
趙雨樂：《從武德司到皇城司——唐宋政治變革的個案研究》，《唐研究》第6卷，北京大學出版社2000年。
朱東根：《唐參軍戲蒼鶻角色考論》，《戲曲藝術》2003年第3期。

新五代史　卷一

梁本紀第一

本紀，因舊以爲名，本原其所始起而紀次其事以時也。即位以前，其事詳，原本其所自來，故曲而備之，見其起之有漸有暴也。即位以後，其事略，居尊任重，所責者大，故所書者簡，惟簡乃可立法。

太祖神武元聖孝皇帝，姓朱氏，宋州碭山午溝里人也。[1]其父誠，以《五經》教授鄉里，生三子，曰全昱、存、溫。[2]變諱某書名，義在稱王注中。誠卒，三子貧，不能爲生，與其母傭食蕭縣人劉崇家。[3]全昱無他材能，然爲人頗長者。存、溫勇有力，而溫尤兇悍。

[1]宋州：州名。治所在今河南商丘市睢陽區。　碭（dàng）山：縣名。治所在今安徽碭山縣。

[2]全昱：人名。即朱全昱，朱溫的兄長。傳見《舊五代史》卷一二、本書卷一三。　存：人名。即朱存，朱溫的兄長。傳見本書卷一三。

[3]母：朱溫的母親文惠皇后王氏。傳見本書卷一三。　蕭縣：縣名。治所在今安徽蕭縣。　劉崇：人名。事迹不詳。

唐僖宗乾符四年，[1]黃巢起曹、濮，[2]存、溫亡入賊中。巢攻嶺南，存戰死。巢陷京師，以溫爲東南面行營先鋒使。[3]攻陷同州，以爲同州防禦使。[4]是時，天子在蜀，[5]諸鎮會兵討賊。諸鎮，記當時語也。唐謂節度使所治軍州爲藩鎮，故有赴鎮、移鎮語。溫數爲河中王重榮所敗，[6]屢請益兵於巢，巢中尉孟楷抑而不通。[7]溫客謝瞳說溫曰：[8]"黃家起於草莽，幸唐衰亂，直投其隙而取之爾，非有功德興王之業也，此豈足與共成事哉！今天子在蜀，諸鎮之兵日集，以謀興復，是唐德未厭於人也。且將軍力戰於外，而庸人制之於內，此章邯所以背秦而歸楚也。"[9]溫以爲然，乃殺其監軍嚴實，[10]自歸于河中，因王重榮以降。都統王鐸承制拜溫左金吾衛大將軍、河中行營招討副使，[11]天子賜溫名全忠。

　　[1]唐僖宗：即李儇。873年至888年在位。紀見《舊唐書》卷一九下、《新唐書》卷九。　乾符：唐僖宗李儇年號（874—879）。

　　[2]黃巢：人名。曹州冤句（今山東菏澤市）人。唐末農民起義領袖。傳見《舊唐書》卷二〇〇下、《新唐書》卷二二五下。　曹：州名。治所在今山東曹縣西北。　濮：州名。治所在今山東鄄城縣。

　　[3]東南面行營先鋒使：官名。負責打探敵情、勘測地形、衝鋒陷陣等。品秩不詳。

　　[4]同州：州名。治所在今陝西大荔縣。　防禦使：官名。唐代始置，設有都防禦使、州防禦使兩種。常由刺史或觀察使兼任，實際上爲唐代後期州或方鎮的軍政長官。

　　[5]天子在蜀：黃巢起義後，於唐廣明元年（880）攻占洛陽，

逼近長安，唐僖宗及少數宗室逃離京城，逃至四川。

[6]河中：府名。治所在今山西永濟市蒲州鎮。　王重榮：人名。太原祁（今山西祁縣）人。唐末藩鎮將領。傳見《舊唐書》卷一八二、《新唐書》卷一八七。

[7]中尉：官名。品秩不詳。　孟楷：人名。籍貫不詳。唐末黃巢起義軍將領。事見《舊唐書》卷二〇〇下、《新唐書》卷二二五下。

[8]謝瞳：人名。福州（今福建福州市）人。朱溫謀士。傳見《舊五代史》卷二〇。原作"謝曈"，中華點校本據撫州刊本、浙江本及《册府》改爲"瞳"，今從。

[9]章邯：人名。秦朝將領，後投奔項羽。事見《史記》卷六至卷八。

[10]監軍：官名。爲臨時差遣，代表朝廷協理軍務、督察將帥。唐、五代時常以宦官爲監軍。品秩不詳。　嚴實：人名。本書僅此一見。

[11]王鐸：人名。太原晉陽（今山西太原市）人。官至唐朝宰相。傳見《舊唐書》卷一六四、《新唐書》卷一八五。　左金吾衛大將軍：官名。原爲左候衛，唐龍朔二年（662），采用漢執金吾舊名，改稱左右金吾衛，設大將軍、將軍及長史、諸曹參軍，與其他各衛相同。以後又增設上將軍，掌宮中及京城日夜巡查警戒，隨從皇帝出行。正三品。　招討副使：官名。爲招討使副將，多以大臣、將帥或地方軍政長官兼任，掌管鎮壓起義、抗禦外敵、討伐叛亂等事。

中和三年三月，拜全忠汴州刺史、宣武軍節度使。[1]四月，諸鎮兵破巢，復京師，巢走藍田。[2]七月丁卯，全忠歸于宣武。是歲，黃巢出藍田關，陷蔡州。[3]節度使秦宗權叛附于巢，遂圍陳州。[4]徐州時溥凡稱某州某人者，皆其節度使。爲東南面行營兵馬都統，會東諸鎮兵以救陳。[5]陳州刺史趙犨亦乞兵于全忠。[6]溥雖爲都統而不親兵，四年，全忠乃自將救犨，率諸鎮兵擊敗巢將黃鄴、尚讓等。[7]犨以全忠爲德，始附屬焉。是時，河東李克用下兵太行，度河，出洛陽，與東兵會擊巢。[8]巢已敗去，全忠及克用追敗之于鄆城。[9]巢走中牟，又敗之于王滿。[10]巢走封丘，又大敗之。[11]巢挺身東走，至泰山狼虎谷，爲時溥追兵所殺。[12]九月，天子以全忠爲檢校司徒、同中書門下平章事，封沛郡侯。[13]光啓二年三月，進爵王。[14]義成軍亂，逐其節度使安師儒，推牙將張驍爲留後，師儒來奔，殺之。[15]遣朱珍、李唐賓陷滑州，以胡真爲留後。[16]十二月，徙封吳興郡王。

[1]中和：唐僖宗李儇年號（881—885）。　汴州：州名。治所在今河南開封市。　刺史：官名。州一級行政長官。漢武帝時始置，總掌考核官吏、勸課農桑、地方教化等事。唐中期以後，節度使、觀察使轄州而設，刺史爲其屬官，職任漸輕。從三品至正四品下。　宣武軍：方鎮名。唐舊鎮，治所在汴州（今河南開封市）。後梁開平元年（907）升汴州爲東京開封府。開平三年（909）置宣武軍於宋州（今河南商丘市睢陽區）。後唐同光元年（924）改宋州宣武軍爲歸德軍。廢東京開封府，重建宣武軍於汴州。後晉天福三年（938），改爲東京開封府。除天福十二年（947）、十三年（948）短暫改爲宣武軍外，汴京均爲東京開封府。　節度使：官名。唐時在重要地區所設掌握一州或數州軍、民、財政的長官。

[2]藍田：縣名。治所在今陝西藍田縣。

[3]蔡州：州名。治所在今河南汝南縣。

[4]秦宗權：人名。河南郡許州（今河南許昌市）人。唐末軍

閥。傳見《舊唐書》卷二〇〇下、《新唐書》卷二二五下。　陳州：州名。治所在今河南淮陽縣。

[5]徐州：州名。治所在今江蘇徐州市。　時溥：人名。徐州彭城（今江蘇徐州市）人。唐末地方武裝首領。平定了黃巢之亂，後割據徐州。傳見《舊唐書》卷一八二、《新唐書》卷一八八。　兵馬都統：官名。唐朝中後期所置總諸道兵馬專征伐之最高長官，不賜旌節，兵罷則省。

[6]趙犨（chōu）：人名。陳州宛丘（今河南淮陽縣）人。唐末將領，鎮守陳州，抵禦了黃巢起義軍。傳見《新唐書》卷一八九。

[7]黃鄴：人名。曹州冤句（山東菏澤市）人。黃巢堂弟，爲黃巢部將。事見《舊五代史》卷一、卷一二、卷二五。　尚讓：人名。黃巢部將，後被時溥所殺。事見《舊唐書》卷二〇〇下、《新唐書》卷二二五下。

[8]李克用：人名。沙陀族，神武川新城（一説今山西山陰縣附近，一説今山西代縣）人。唐末軍閥，後唐太祖。紀見《舊五代史》卷二五。

[9]郾城：縣名。治所在今河南漯河市郾城區。

[10]中牟：縣名。治所在今河南中牟縣。　王滿：汴河渡口。位於今河南中牟縣。《通鑑》作"王滿渡"。

[11]封丘：縣名。治所在今河南封丘縣。

[12]泰山狼虎谷：地名。位於泰山東麓，屬於今山東萊蕪市。

[13]檢校司徒：官名。爲散官或加官，以示恩寵，無實際執掌。　同中書門下平章事：官名。簡稱"同平章事"。唐高宗以後，凡實際任宰相之職者，常在其本官後加同平章事的職銜。後成爲宰相專稱。

[14]光啓：唐僖宗李儇年號（885—888）。

[15]義成軍：方鎮名。治所在滑州（今河南滑縣）。　安師儒：人名。籍貫不詳。唐末軍閥。事見《舊五代史》卷一、卷一

三、卷一九。　牙將：官名。古代軍隊中的中低級軍官。品秩不詳。　張驍：人名。籍貫不詳。本書僅此一見。　留後：官名。原非正式命官，唐朝節度使入朝或宰相、親王遙領節度使不臨鎮則置。安史之亂後，節度使多以子弟或親信爲留後，以代行節度使職務，亦有軍士、叛將自立爲留後者。掌一州或數州軍政。北宋始爲朝廷正式命官。

[16]朱珍：人名。徐州豐（今江蘇豐縣）人，後梁朱溫部將。傳見《舊五代史》卷一九、本書卷二一。　李唐賓：人名。陝州（今河南三門峽市）人。後梁朱溫部將。傳見《舊五代史》卷二一、本書卷二一。　滑州：州名。治所在今河南滑縣。　胡真：人名。江陵（今湖北荆州市）人。後梁朱溫部將。傳見《舊五代史》卷一六。

自黃巢死，秦宗權稱帝，陷陝、洛、懷、孟、唐、許、汝、鄭州，[1]遣其將秦賢、盧瑭、張晊攻汴。[2]賢軍板橋，晊軍北郊，瑭軍萬勝，環汴爲三十六柵。[3]王顧兵少，不敢出。始而稱名，既而稱爵，既而稱帝，漸也。爵至王而後稱，著其逼者。乃遣朱珍募兵於東方，而求救于兗、鄆。[4]三年春，珍得萬人、馬數百匹以歸。乃擊賢板橋，拔其四柵。又擊瑭萬勝，瑭敗，投水死。宗權聞瑭等敗，乃自將精兵數千，柵北郊。五月，兗州朱瑾、鄆州朱宣來赴援。[5]流俗本宣從王者，非。王置酒軍中，中席，王陽起如廁，以輕兵出北門襲晊，而樂聲不輟。晊不意兵之至也，兗、鄆之兵又從而合擊，遂大敗之，斬首二萬餘級。宗權與晊夜走，過鄭，屠其城而去。宗權至蔡，復遣張晊攻汴。王聞晊復來，登封禪寺後岡，[6]望晊兵過，遣朱珍躡之，戒曰："晊見吾兵必止。望其止，當速返,毋與之鬭也。"已而晊見珍在後,果止。珍即馳還。王令珍引兵蔽大林,而自率精騎出其東,伏大冢間。晊止而食,食畢,拔旗幟,馳擊珍。珍兵小却,王引伏兵横出,斷晊軍爲三而擊之。晊大敗,脱身走。宗權怒,斬晊。而河陽、陝、洛之兵爲宗權守者,[7]聞蔡精兵皆已殱於汴,因各潰去。故諸葛爽將李罕之取河陽、張全義取洛陽以來附。[8]十月,天子使來,賜王紀功碑。[9]朱宣、朱瑾兵助汴,已破宗權東歸,王移檄兖、鄆,誣其誘汴亡卒以東,乃發兵攻之,取其曹州、濮州。遂遣朱珍攻鄆州,大敗而還。十二月,天子使來,賜王鐵券及德政碑。[10]

　　[1]陝:州名。治所在今河南三門峽市陝州區。　洛:即河南府,治所在今河南洛陽市。　懷:州名。治所在今河南沁陽市。　孟:州名。治所在今河南孟州市。　唐:州名。治所在今河南泌陽縣。　許:州名。治所在今河南許昌市。　汝:州名。治所在今河南汝州市。　鄭州:州名。治所在今河南鄭州市。

　　[2]秦賢:人名。籍貫不詳。秦宗權部將。事見本書卷二一。　盧瑭:人名。籍貫不詳。秦宗權部將。事見本書卷二一。　張晊:人名。籍貫不詳。秦宗權部將。事見本書卷二一、卷二二。

　　[3]板橋、北郊、萬勝:地名。均在汴州開封城外。板橋在開封城南,北郊在開封城北,萬勝在開封城西。　柵:營寨。

　　[4]兖(yǎn):州名。治所在今山東濟寧市兖州區。　鄆(yùn):州名。治所在今山東東平縣。

　　[5]朱瑾:人名。宋州下邑(今河南夏邑縣)人。唐末將領。傳見本書卷四二。　朱宣:人名。宋州下邑人。朱瑾堂兄,唐末軍閥,後爲天平軍節度使。傳見《舊唐書》卷一八二、《新唐書》卷

一八八、《舊五代史》卷一三、本書卷四二。

[6]封禪寺：寺名。初建於北齊天寶十年（559），名獨居寺。唐玄宗開元十七年（729）詔改爲封禪寺，宋太祖開寶三年（970）改爲開寶寺。今爲河南開封市鐵塔公園。

[7]河陽：縣名。治所在今河南孟州市。

[8]諸葛爽：人名。青州博昌（今山東博興縣）人。唐末軍閥，時爲河陽軍節度使。傳見《舊唐書》卷一八二、《新唐書》卷一八七。　李罕之：人名。陳州項城（今河南項城市）人。唐末軍閥，後依附於諸葛爽。傳見《新唐書》卷一八七、《舊五代史》卷一五、本書卷四二。　張全義：人名。後因犯諱，改名張宗奭。亦作"張言"。濮州臨濮（今山東鄄城縣）人。唐末將領，降於諸葛爽。傳見《舊五代史》卷六三、本書卷四五。

[9]紀功碑：記述人物功德業績的碑志。

[10]鐵券：皇帝頒賜給功臣的鐵製詔令文書，功臣本人及後世如有犯罪，以此券爲證，即可推念其功而予以赦減。　德政碑：表彰官吏政績的碑刻。

　　淮南節度使高駢死，楊行密入揚州，[1]天子以王兼淮南節度使。王乃表行密爲副使，以行軍司馬李璠爲留後。[2]璠之揚州，行密不納。文德元年正月，[3]王如淮南，至宋州而還。是時，秦宗權陷襄州，以趙德諲爲節度使。[4]德諲叛于宗權以來附。天子因以王爲蔡州四面行營都統，[5]以德諲爲副。

[1]淮南：方鎮名。治所在揚州（今江蘇揚州市）。　高駢：人名。幽州（今北京市）人。唐末軍閥。傳見《舊唐書》卷一八二、《新唐書》卷二二四下。　楊行密：人名。廬州合淝（今安徽合肥市）人。唐末軍閥，五代十國吳國政權奠基者，後被追尊爲吳

國太祖。傳見《新唐書》卷一八八、《舊五代史》卷一三四、本書卷六一。　揚州：州名。治所在今江蘇揚州市。

[2]行軍司馬：官名。出征將領及節度使的屬官。掌軍籍符伍、號令印信，是藩鎮重要的軍政官員。品秩不詳。　李璠（fán）：人名。籍貫不詳。唐末將領。事見《舊五代史》卷一、本書本卷。

[3]文德：唐僖宗李儇年號（888）。

[4]襄州：州名。治所在今湖北襄陽市。　趙德諲（yīn）：人名。蔡州（今河南汝南縣）人。唐末軍閥。傳見《新唐書》卷一八六。

[5]行營都統：官名。唐末設諸道行營都統，作爲各道出征兵士的統帥。品秩不詳。

三月庚子，僖宗崩。天雄軍亂，[1]因其節度使樂彥真，[2]其子相州刺史從訓攻魏，[3]來乞兵。遣朱珍助從訓攻魏。而魏軍殺彥真，從訓戰死，魏人立羅弘信，[4]珍乃還。張全義取河陽，逐李罕之。罕之奔于河東。李克用遣兵圍河陽，全義來求救，遣丁會、牛存節救之，[5]擊敗河東兵于沇河。[6]

[1]天雄軍：方鎮名。治所在魏州（今河北大名縣）。唐天祐元年（904）始以魏博節度使號天雄軍，則此時不當有魏州之天雄軍。《舊唐書》卷一八一《樂彥禎傳》載朝廷以彥禎爲魏博節度觀察處置等使，此時樂彥禎爲魏博節度使。此處言"天雄軍亂"不確，當爲"魏博軍亂"。錢大昕以爲"蓋史家追稱之"，見《考異》卷六一。

[2]樂彥真：人名。即樂彥禎。魏州（今河北大名縣）人。唐末軍閥。傳見《舊唐書》卷一八一、《新唐書》卷二一〇。

[3]相州：州名。治所在今河南安陽市。　從訓：人名。即樂

從訓。樂彥禎之子，唐末軍閥。傳見《舊唐書》卷一八一、《新唐書》卷二一〇。

[4]羅弘信：人名。魏州貴鄉（今河北大名縣）人。唐末、五代軍閥。傳見《舊唐書》卷一八一、《新唐書》卷二一〇。

[5]丁會：人名。壽春（今安徽壽縣）人。唐末將領。傳見《舊五代史》卷五九、本書卷四四。　牛存節：人名。青州博昌（今山東博興縣）人。唐末將領。傳見《舊五代史》卷二二、本書卷二二。

[6]沇（yǎn）河：河名。當爲今山西垣曲縣東之沇西河。

五月，行營討蔡州，圍之百餘日，不克。是時，時溥已爲東南面都統，又以王統行營而溥猶稱都統，王乃上書，論溥討蔡無功而不落都統，且欲激怒溥以起兵端。初，高駢死，淮南亂，楚州刺史劉瓚來奔，[1]納之，及王兵攻蔡不克，還，欲攻徐，乃遣朱珍將兵數千以東，聲言送瓚還楚州。溥怒論己，又聞珍以兵來，果出兵拒之。珍戰于吳康，[2]大敗之，取其豐、蕭二縣。[3]遂攻宿州，[4]下之。珍屯蕭縣，別遣龐師古攻徐州。[5]龍紀元年正月，師古敗溥于呂梁。[6]淮西牙將申叢執秦宗權，折其足，將檻送京師；[7]別將郭璠殺叢，[8]篡宗權以來獻。王遣行軍司馬李璠獻俘于京師，表郭璠淮西留後。三月，天子封王爲東平王。七月，朱珍殺李唐賓，王如蕭縣，執珍殺之，遂攻徐州。冬，大雨，水，不能軍而旋。

[1]楚州：州名。治所在今江蘇淮安市。　劉瓚：人名。籍貫不詳。唐末將領。事見《舊五代史》卷一九。

［2］吳康：地名。在今江蘇豐縣。

［3］豐：縣名。治所在今江蘇豐縣。

［4］宿州：州名。治所在今安徽宿州市。

［5］龐師古：人名。曹州（今山東曹縣西北）人。唐末將領。傳見《舊五代史》卷二一、本書卷二一。

［6］龍紀：唐昭宗李曄年號（889）。　呂梁：山名。即今江蘇徐州市城南呂梁山。

［7］申叢：人名。籍貫不詳。事見本書本卷、卷二〇。

［8］郭璠：人名。籍貫不詳。事見本書本卷、卷四三。

初，秦宗權遣其弟宗衡掠地淮南，[1]是歲，宗衡爲其將孫儒所殺，[2]儒攻楊行密于揚州。淮南大亂，行密走宣州，[3]儒入揚州。大順元年春，[4]遣龐師古攻孫儒于淮南，大敗而還。四月，宿州將張筠以宿州復歸于時溥，[5]王自將攻之，不克。

［1］宗衡：人名。即秦宗衡。蔡州上蔡（今河南上蔡縣）人。唐末軍閥。事見本書卷六一、卷六六。

［2］孫儒：人名。河南府（今河南洛陽市）人。唐末軍閥。傳見《新唐書》卷一八八。

［3］宣州：州名。治所在今安徽宣城市。

［4］大順：唐昭宗李曄年號（890—891）。

［5］張筠：人名。海州（今江蘇連雲港市海州區）人。唐末及五代後梁、後唐將領。傳見《舊五代史》卷九〇、本書卷四七。

初，黃巢敗走，李克用追之，至于冤朐，[1]不及而旋。過汴，駐軍于北郊，王邀克用置酒上源驛，[2]夜以兵攻之。克用踰城而免，訟其事于京師，天子知曲在汴而和解之。至是，宰相張濬私與汴交，[3]王厚之以賂，濬爲汴請伐河東。唐諸大臣皆以爲不可興師。濬挾汴力，請益堅。天子不得已，許之。五月，以濬爲太原四面行營都統，王爲東南面招討使。然王不親兵，以兵二千屬濬而已。濬屯于陰地。[4]河東叛將馮霸殺潞州守將李克恭來降，[5]遣葛從周入潞州。[6]李克用遣康君立攻之，從周走河陽。[7]九月，王如河陽。十月，天子以王兼宣義軍節度使，[8]遂如滑州，假道于魏，以攻河東，且責其軍須，亦所以怒魏爲兵端也。魏人果以謂非兵所當出，而辭以糧乏，皆不許。於是攻魏。十一月，張濬之師大敗于陰地。二年正月，王及魏人戰于內黃，[9]大敗之，屠故元城，羅弘信來送款。[10]十月，克宿州。十一月，曹州將郭紹賓殺其刺史郭饒來降。[11]十二月，丁會敗朱瑾于金鄉。[12]景福元年二月，攻鄆州，前軍朱友裕敗于斗門，[13]王軍後至，又敗而還。冬，友裕取濮州，遂攻徐州。二年四月，龐師古克徐州，殺時溥。王如徐州，以師古爲留後，遂攻兗、鄆。

[1]冤朐：縣名。治所在今山東菏澤市西南。

[2]上源驛：地名。位於今河南開封市內。

[3]張濬：人名。宿州符離（今安徽宿州市埇橋區）人。唐僖宗時爲户部侍郎、同中書門下平章事，唐昭宗時爲尚書左僕射。後被朱溫所殺。傳見《舊唐書》卷一七九、《新唐書》卷一八五。

[4]陰地：關隘名。位於今山西靈石縣西南。

[5]馮霸：人名。籍貫不詳。唐末軍閥。事見《舊五代史》卷

二五、卷五〇、卷五三。　潞州：州名。治所在今山西長治市。李克恭：人名。沙陀人。李克用之弟。唐末將領。傳見《舊五代史》卷五〇、本書卷一四。

[6]葛從周：人名。濮州鄄城（今山東鄄城縣）人。唐末、五代將領。傳見《舊五代史》卷一六、本書卷二一。

[7]康君立：人名。蔚州興唐（今河北蔚縣）人。唐末將領。傳見《舊五代史》卷五五。

[8]宣義軍：方鎮名。治所在滑州（今河南滑縣）。

[9]內黃：縣名。治所在今河南內黃縣。

[10]元城：縣名。治所在今河北大名縣。　送款：投誠、投降。

[11]郭紹賓：人名。籍貫不詳。唐末將領。事見《舊五代史》卷九、卷一六、卷二一。　郭饒：人名。籍貫不詳。本書僅此一見。

[12]金鄉：縣名。治所在今山東金鄉縣。

[13]景福：唐昭宗李曄年號（892—893）。　朱友裕：人名。朱溫長子。傳見《舊五代史》卷一二。　斗門：地名。位於今河南濮陽縣東南。

乾寧元年二月，王及朱宣戰于漁山，[1]大敗之。二年八月，又敗宣于梁山。[2]十一月，又敗之于鉅野。[3]兗、鄆求救于河東，李克用發兵救之，假道于魏。既而魏人擊之，克用怒，大舉攻魏。羅弘信來求救，遣葛從周救魏。是歲，李克用封晉王。三年五月，戰于洹水，擒克用子落落，[4]送于魏，殺之。七月，鳳翔李茂貞犯京師，天子出居于華州。[5]王請以兵赴難，天子優詔止之。又請遷都洛陽，不許。四年正月，龐師古克鄆州，王如鄆州，以朱友裕爲留後。遂攻兗州。朱瑾奔于淮南，以葛從周爲兗州留後。九月，攻淮南，龐師古出清口，葛從周出安豐，王軍屯于宿州。[6]楊行密遣朱瑾先擊清口，師古敗死。從周亟返兵，至于淠河，瑾又敗之。[7]王懼，馳歸。

[1]乾寧：唐昭宗李曄年號（894—898）。　漁山：地名。當爲魚山。王鳴盛《十七史商榷》卷九八以爲"漁"當爲"魚"，是。《舊五代史》卷一《梁太祖紀》載，唐乾寧元年（894）二月，朱溫"親領大軍由鄆州東路北次於魚山"。魚山位於今山東東阿縣西南。

[2]梁山：地名。在今山東梁山縣。

[3]鉅野：縣名。治所在今山東巨野縣。

[4]洹（huán）水：縣名。治所在今河北魏縣。因境有洹水，故名。　落落：人名。李克用之子。時爲鐵林軍使，將鐵林小兒三千騎薄於洹水，與葛從周部作戰失敗，爲葛從周部將張歸霸所擒，朱溫命將落落送於羅弘信斬之。事見《舊唐書》卷一八一、《舊五代史》卷二六、本書卷二二。

[5]鳳翔：方鎮名。治所在鳳翔府（今陝西鳳翔縣）。　李茂貞：人名。深州博野（今河北蠡縣）人。唐末、五代軍閥。傳見《舊五代史》卷一三二、本書卷四〇。　華州：州名。治所在今陝西渭南市華州區。

[6]清口：地名。原爲泗水入淮之口，位於今江蘇淮安市淮陰區。　安豐：地名。位於今安徽壽縣西南。

[7]淠（pài）河：水名。流經今安徽六安、壽縣一帶，注入淮河。

光化元年三月，天子以王兼天平軍節度使。[1]四月，遣葛從周攻晉之山東，取邢、洺、磁三州。[2]襄州趙匡凝自其父德諲時來附，[3]匡凝又與楊行密、李克用通，而其事泄。七月，遣氏叔琮、康懷英攻匡凝，[4]取其泌、隨、鄧三州。[5]曾三異校定曰：三異案，唐書地理志：唐州，天祐三年朱全忠徙治泌陽，表更乞泌州。則是天祐二年唐州舊名猶在，至三年始更爲泌。光化之初，未嘗有泌州之名。今書爲泌，則誤也。匡凝請和乃止。十二月，李罕之以潞州來降。二年，幽州劉仁恭攻魏，羅紹威來求救。[6]王救魏，敗仁恭于内黄。四月，遣氏叔琮攻晉太原，不克。七月，李克用取澤、潞。[7]十一月，保義軍亂，殺其節度使王珙，推其牙將李璠爲留後，其將朱簡殺璠來降。[8]以簡爲保義軍節度使。三年四月，遣葛從周攻劉仁恭之滄州，取其德州，及仁恭戰于老鴉堤，[9]大敗之。八月，晉取洺州。王如洺州，復取之。是時，鎮、定皆附于晉。[10]遂攻鎮州，破臨城，王鎔來送款。[11]進攻定州，王郜奔于晉，其將王處直以定州降。[12]

[1]光化：唐昭宗李曄年號（898—901）。　天平軍：方鎮名。治所在鄆州（今山東東平縣）。

[2]晉：封國名。時河東節度使李克用爲晉王，故稱。　邢：州名。治所在今河北邢臺市。　洺：州名。治所在今河北邯鄲市永年區。　磁：州名。治所在今河北磁縣。

[3]趙匡凝：人名。蔡州（今河南汝南縣）人。趙德諲之子，唐末將領。傳見《舊五代史》卷一七、本書卷四一。

[4]氏叔琮：人名。河南尉氏（今河南尉氏縣）人。唐末將領。傳見《舊五代史》卷一九、本書卷四三。　康懷英：人名。兗州（今山東濟寧市兗州區）人。唐末、五代將領。本名懷貞，避後

梁末帝朱友貞諱改懷英。傳見《舊五代史》卷二三、本書卷二二。

[5]泌：州名。治所在今河南唐河縣。　隨：州名。治所在今湖北隨州市。　鄧：州名。治所在今河南鄧州市。

[6]幽州：州名。治所在今北京市。　劉仁恭：人名。深州（今河北深州市）人。唐末、五代軍閥。傳見《新唐書》卷二一二。　羅紹威：人名。魏州貴鄉（今河北大名縣）人。唐末、五代軍閥。傳見《舊五代史》卷一四、本書卷三九。

[7]澤：州名。治所在今山西澤州縣。

[8]保義軍：方鎮名。治所在陝州（今河南三門峽市陝州區）。王珙：人名。唐河中節度使王重盈之子。傳見《新唐書》卷一八七。　朱簡：人名。即朱友謙。許州（今河南許昌市）人。朱溫養子，唐末、五代軍閥。傳見《舊五代史》卷六三、本書卷四五。

[9]滄州：州名。治所在今河北滄州市。　德州：州名。治所在今山東德州市。　老鴉堤：地名。位於今河北青縣東南。

[10]鎮：州名。治所在今河北正定縣。　定：州名。治所在今河北定州市。

[11]臨城：縣名。治所在今河北臨城縣。　王鎔：人名。回鶻人。唐末、五代軍閥，朱溫後封趙王。傳見《舊五代史》卷五四、本書卷三九。

[12]王郜：人名。京兆萬年（今陝西西安市）人。唐末軍閥。事見《舊五代史》卷二六、卷五二。　王處直：人名。京兆萬年人。唐末、五代軍閥。傳見《舊五代史》卷五四、本書卷三九。

唐宦者劉季述作亂，[1]天子幽于東宮。天復元年正月，護駕都頭孫德昭誅季述，[2]天子復位。封王爲梁王。遣張存敬攻王珂于河中，出含山，下晉、絳二州。[3]王珂求救于晉，晉不能救，乃來降。三月，大舉攻晉。氏叔琮出太行，取澤、潞。葛從周、張存敬、侯言、張歸厚及鎮、定之兵，[4]皆會于太原，圍之，不克，遇雨而還。五月，天子以王兼河中尹、護國軍節度使。[5]六月，晉取慈、隰。[6]

[1]劉季述：人名。籍貫不詳。唐末宦官。顯於唐僖宗、唐昭宗時期，累遷至樞密使。傳見《新唐書》卷二○八。

[2]天復：唐昭宗李曄年號（901—904）。　護駕都頭：無此官名。《舊五代史》卷一五記孫德昭此時官職為右神策軍都指揮使。又本書卷四三《孫德昭傳》載其父孫惟最曾"分判神策軍，號'扈駕都'"，而非德昭。王鳴盛《十七史商榷》卷九八引徐葆光曰："'都'下當有'頭'字"。　孫德昭：人名。鹽州五原（今陝西定邊縣）人。唐末、五代軍閥。傳見《舊五代史》卷一五、本書卷四三。原闕"昭"字，中華點校本據《舊五代史》卷二、《通鑑》卷二六二補，今從。

[3]張存敬：人名。譙郡（今河南商丘市）人。唐末、五代將領。傳見《舊五代史》卷二○、本書卷二一。　王珂：人名。王重榮兄王重簡之子，出繼王重榮。唐末、五代軍閥。傳見《舊唐書》卷一八二、《新唐書》卷一八七、《舊五代史》卷一四、本書卷四二。　含山：又作峆山、峇山。在今山西聞喜縣東南。　絳：州名。治所在今山西新絳縣。

[4]侯言：人名。籍貫不詳。唐末將領。事見本書卷四、卷二一。　張歸厚：人名。清河（今河北清河縣）人。唐末、五代將領。傳見《舊五代史》卷一六。

[5]護國軍：方鎮名。治所在河中府（今山西永濟市）。

[6]慈：州名。治所在今山西吉縣。　隰（xí）：州名。治所在今山西隰縣。

自劉季述等已誅，宰相崔胤外與梁交，[1]欲假梁兵盡誅宦者。而鳳翔李茂貞、邠寧王行瑜等皆遣子弟以精兵宿衛天子，宦官韓全誨等亦因恃以爲助。[2]天子與胤計事，宦者屬耳，頗聞之。乃選美女，內之宮中，陰令伺察其實。久之，果得胤奏謀所以誅宦者之說，全誨等大懼，日夜相與涕泣，思圖胤以求全。胤知謀泄，事急，即矯爲制，召梁兵入誅宦者。十月，王以宣武、宣義、天平、護國兵七萬，至于河中，取同州，遂攻華州，韓建出降。[3]全誨等聞梁王兵且至，即以岐、邠宿衛兵劫天子奔于鳳翔。[4]王乃上書言胤所以召之之意。天子怒，罷胤相，責授工部尚書，詔梁兵還鎮。王引兵去，攻邠州，屯于三原。[5]邠州節度使楊崇本以邠、寧、慶、衍四州降。[6]崔胤奔于華州。二年春，王退軍于河中。晉攻晉、絳。遣朱友寧擊敗晉軍于蒲縣，[7]取汾、慈、隰，[8]遂圍太原，不克而還，汾、慈、隰復入于晉。四月，友寧引兵西，至興平，及李茂貞戰于武功，[9]大敗。王兵犯鳳翔，茂貞數出戰，輒敗，遂圍之。十一月，鄜坊李周彝以兵救鳳翔，王遣孔勍襲鄜州，[10]虜周彝之族，徙于河中，周彝乃降。是時，岐兵屢敗，而圍久，城中食盡，自天子至後宮，皆凍餒。三年正月，茂貞殺韓全誨等二十人，囊其首，示梁軍，約出天子以爲解。甲子，天子出幸梁軍。[11]遣使者馳召崔胤，胤託疾不至。王使人戲胤曰："吾未識天子，懼其非是，子來爲我辨之。"天子還至興平，胤率百官奉迎。王自爲天子執轡，且泣且行，行十餘里，止之。人見者，咸以爲忠。己巳，天子至自鳳翔，素服哭于太廟而後入，殺宦者七百餘人。二月甲戌，天子賜王"回天再造竭忠守正功臣"，以輝王祚爲諸道兵馬元帥，[12]王爲副元帥。王乃留子友倫爲護駕指揮使，[13]曾三異校定曰：三異案，家人傳友倫乃王兄存之子，其後中書上議，亦皆謂之皇姪。以爲天子衞，引兵東歸。天子餞于延喜樓，賜《楊柳枝》五曲。[14]

[1]崔胤：人名。清河武城（今山東武城縣）。唐末宰相。傳見《舊唐書》卷一七七、《新唐書》卷二二三下。

[2]邠寧：方鎮名。治所在今陝西彬縣。　王行瑜：人名。邠州（今陝西彬縣）人。唐末軍閥。傳見《舊唐書》卷一七五、《新唐書》卷二二四下。　韓全誨：人名。籍貫不詳。唐末宦官。傳見《新唐書》卷二〇八。

[3]韓建：人名。許州長社（今河南許昌市）人。唐末、五代軍閥。傳見《舊五代史》卷一五、本書卷四〇。

[4]岐：封國名。時鳳翔節度使李茂貞爲岐王，故稱。

[5]工部尚書：官名。尚書省工部長官。掌百工、屯田、山澤之政令。正三品。　三原：縣名。治所在今陝西三原縣。

[6]楊崇本：人名。籍貫不詳。李茂貞義子，唐末、五代軍閥。傳見《舊五代史》卷一三、本書卷四〇。　慶：州名。治所在今甘肅慶城縣。　衍：州名。治所在今甘肅寧縣。

[7]朱友寧：人名。朱温之姪，唐末、五代將領。傳見本書卷一三。　蒲縣：縣名。治所在今山西蒲縣。

[8]汾：州名。治所在今山西汾陽市。

[9]興平：縣名。治所在今陝西興平市。　武功：縣名。治所在今陝西武功縣。

[10]鄜（fū）坊：方鎮名。渭北鄜坊的簡稱，又名保大軍。治所在鄜州（今陝西富縣）。　李周彞：人名。籍貫不詳。唐末軍閥。

事見本書卷二一、卷二二、卷四〇。　孔勍（qíng）：人名。兗州（今山東濟寧市兗州區）人。唐末軍閥。傳見《舊五代史》卷六四。

[11]甲子：原闕"子"，中華點校本據撫州刊本、《舊五代史》卷二補"子"，今從。

[12]輝王祚：即唐哀帝李柷。904 年至 907 年在位。紀見《舊唐書》卷二〇下、《新唐書》卷一〇。　諸道兵馬元帥：官名。唐末臨時設置的高級軍事指揮官。品秩不詳。

[13]友倫：人名。即朱友倫，朱溫之侄。傳見《舊五代史》卷一二、本書卷一三。　護駕指揮使：官名。掌衛宫護駕。品秩不詳。

[14]延喜樓：唐長安皇城東面偏北門樓。　楊柳枝：唐代歌舞曲，屬黄鐘商調。

　　初，梁兵已西，青州王師範遣其將劉鄩襲據梁兗州。[1]王已還梁，四月，如鄆州，遣朱友寧攻青州。師範敗之于石樓，[2]友寧死。九月，楊師厚敗青人于臨朐，取其棣州，[3]師範以青州降，而鄩亦降。友倫擊鞠，墮馬死。王怒，以爲崔胤殺之，遣朱友謙殺胤于京師。[4]曾三異校定曰：三異案，家人傳殺崔胤者朱友謀，非友謙。其與友倫擊鞠者，皆殺之。

[1]青州：州名。治所在今山東青州市。　王師範：人名。青州（今山東青州市）人。唐末、五代軍閥。傳見《舊五代史》卷一三、本書卷四二。　劉鄩：人名。密州安丘（今山東安丘市）人。唐末、五代將領。傳見《舊五代史》卷二三、本書卷二二。

[2]石樓：地名。在今山東青州市西。

［3］楊師厚：人名。潁州斤溝（今安徽太和縣阮橋鎮斤溝集）人。唐末、五代後梁將領。傳見《舊五代史》卷二二、本書卷二三。　臨朐：縣名。治所在今山東臨朐縣。　棣州：州名。治所在今山東惠民縣。

［4］朱友謙：人名。許州（今河南許昌市）人。朱溫養子，唐末、五代軍閥。傳見《舊五代史》卷六三、本書卷四五。中華點校本校勘記云："本書卷一三《梁家人傳》、《舊五代史》卷二《梁太祖紀二》、《舊唐書》卷二〇上《昭宗紀》、卷一七七《崔胤傳》、《通鑑》卷二六四皆云殺崔胤者乃朱友諒。"朱友諒乃朱溫（全忠）侄，朱全昱子。初封衡王，後襲封廣王。曾任宣武軍節度使。

　　自天子奔華州，王請遷都洛陽，雖不許，而王命河南張全義修洛陽宮以待。天祐元年正月，王如河中，遣牙將寇彥卿如京師，[1]請遷都洛陽，并徙長安居人以東。天子行至陝州，王朝于行在，先如東都。是時，六軍諸衛兵已散亡，其從以東者，小黃門十數人，打毬供奉、內園小兒等二百餘人。[2]行至穀水，王教醫官許昭遠告其謀亂，[3]悉殺而代之，然後以聞。由是，天子左右皆梁人矣。四月甲辰，天子至自西都。[4]是時，晉王李克用、岐王李茂貞、楚王趙匡凝、蜀王王建、[5]吳王楊行密曾三異校定曰：三異案，克用本紀及茂貞傳，建、行密世家，皆書其在唐所授，獨匡凝不書其在唐，此乃闕文。聞梁遷天子洛陽，皆欲舉兵討梁，王大懼。六月，楊崇本復附于岐。王乃以兵如河中，聲言攻崇本，遣朱友恭、氏叔琮、蔣玄暉等行弒，昭宗崩。[6]十月，王朝于京師，殺朱友恭、氏叔琮。十一月，攻淮南，取其光州，攻壽州，[7]不克

21

而旋。二年二月，遣蔣玄暉殺德王裕等九王于九曲池。[8]六月，殺司空裴贄等百餘人。[9]七月，天子使來，賜王"迎鑾紀功碑"。

[1]天祐：唐昭宗李曄開始使用的年號（904—907）。唐哀帝李柷沿用。唐亡後，河東李克用、李存勗仍稱天祐，沿用至天祐二十年（923）。五代十國其他政權亦有行此年號者，如南吳、吳越等。　寇彥卿：人名。開封（今河南開封市）人。唐末、五代將領。傳見《舊五代史》卷二〇、本書卷二一。

[2]小黃門：官名。東漢始置，由宦官擔任，掌侍皇帝左右。品秩不詳。　打毬供奉：官名。專侍擊毬、玩樂的人員。

[3]穀水：水名。即今河南澠池縣南澠水及其下游澗水。東流至洛陽市西注入洛河。　許昭遠：人名。籍貫不詳。本書僅此一見。

[4]四月：中華點校本校勘記云，《舊五代史》卷二《梁太祖紀二》、《舊唐書》卷二〇上《昭宗紀》、《新唐書》卷一〇《昭宗紀》、《通鑑》卷二六四皆繫此事於閏四月。

[5]王建：人名。許州舞陽（今河南舞陽縣）人。唐末軍閥、前蜀開國皇帝。傳見《舊五代史》卷一三六、本書卷六三。

[6]朱友恭：人名。壽春（今安徽壽縣）人。本姓李，朱溫養子。傳見《新唐書》卷二二三下、《舊五代史》卷一九。　蔣玄暉：人名。籍貫不詳。唐末大臣。傳見《新唐書》卷二二三下。昭宗：即唐昭宗李曄，888年至904年在位。紀見《舊唐書》卷二〇上、《新唐書》卷一〇。

[7]光州：州名。治所在今河南潢川縣。　壽州：州名。治所在今安徽壽縣。

[8]德王裕：人名。即李裕，唐昭宗太子。劉季述軟禁唐昭宗，擁李裕為帝。昭宗復位後，李裕復降為德王。傳見《新唐書》卷

八二。

　　[9]裴贄：人名。絳州聞喜（今山西聞喜縣）人。唐末大臣。傳見《新唐書》卷一八二。

　　王欲代唐，使人諭諸鎮，襄州趙匡凝以爲不可。遣楊師厚攻之，取其唐、鄧、復、郢、隨、均、房七州。[1]王如襄州，軍于漢北。九月，師厚破襄州，匡凝奔于淮南。師厚取荊南，荊南留後趙匡明奔于蜀。[2]遂出光州，以攻壽州，不克。天子卜祀天于南郊，王怒，以爲蔣玄暉等欲祈天以延唐。天子懼，改卜郊。十一月辛巳，天子封王爲魏王、相國，總百揆。以宣武、宣義、天平、護國、天雄、武順、佑國、河陽、義武、昭義、武寧、保義、忠義、武昭、武定、泰寧、平盧、匡國、鎮國、荊南、忠武二十一軍爲魏國，備九錫。[3]王怒，不受。十二月，天子以王爲天下兵馬元帥。[4]王益怒，遣人告樞密使蔣玄暉與何太后私通，殺玄暉而焚之，遂弒太后于積善宮。[5]又殺宰相柳璨，太常卿張廷範車裂以徇。[6]天子詔以太后故停郊。

　　[1]復：州名。治所在今湖北天門市。　郢：州名。治所在今湖北鍾祥市。　均：州名。治所在今湖北丹江口市。　房：州名。治所在今湖北房縣。

　　[2]趙匡明：人名。蔡州（今河南汝南縣）人。趙匡凝之弟，唐末、五代將領。傳見《舊五代史》卷一七。原作"趙明"，據中華點校本補。

　　[3]武順：方鎮名。唐天祐二年（905）改成德軍置，治所在恒州（今河北正定縣）。　佑國：方鎮名。文德元年（888）置，

治所在河南府（今河南洛陽市）。天祐元年（904）徙治至京兆府（今陝西西安市）。　義武：方鎮名。建中三年（782）置，治所在定州（今河北定州市）。　昭義：方鎮名。又稱澤潞。至德元年（756）置澤潞沁節度使，治所在潞州（今山西長治市）。廣德元年（763）又置相、衛六州節度使，治所在相州（今河南安陽市）。　武寧：方鎮名。唐元和二年（807）置，治所在徐州（今江蘇徐州市）。　保義：方鎮名。龍紀元年（889）以陝虢節度使爲保義軍，治所在陝州（今河南三門峽市陝州區）。　忠義：方鎮名。至德二年（757）升襄陽防禦使爲山南東道節度使，文德元年（888）號爲忠義軍，治所在襄州（今湖北襄陽市）。原闕"義"，據《舊五代史》卷二補。　武昭：方鎮名。唐代無武昭軍，中華點校本校勘記云，《舊唐書》卷二〇下《哀帝紀》、《通鑑》卷二六五作"戎昭"。戎昭軍，光化元年（898）升昭信軍防禦使爲節度使，初治所在金州（今陝西安康市）。天祐二年（905）改昭信節度置，治所在均州（今湖北丹江口市）。　武定：方鎮名。光啓元年（885）置，治所在洋州（今陝西洋縣）。　泰寧：方鎮名。乾寧四年（897）以沂海節度使號泰寧軍，治所在兗州（今山東濟寧市兗州區）。　平盧：方鎮名。開元七年（719）升平盧軍置，治所在青州（今山東青州市）。　匡國：方鎮名。乾寧二年（895）升同州爲匡國軍節度使，治所在同州（今陝西大荔縣）。　鎮國：方鎮名。上元二年（761）置，治所在華州（今陝西渭南市華州區）。　荆南：方鎮名。治所在荆州（今湖北荆州市）。　忠武：方鎮名。貞元十年（794）以陳許節度使爲忠武軍，治所在許州（今河南許昌市）。天復元年（901）移治陳州（今河南淮陽縣）。　九錫：中國古代皇帝賜給有功諸侯、大臣的九種禮器，是最高禮遇的表示。參見劉凱《九錫淵源考辨》，《中國史研究》2018年第1期。

[4]天下兵馬元帥：官名。唐代朝廷有重大軍事行動，則置，統率天下軍隊。

[5]樞密使：官名。樞密院長官。唐代宗時始以宦官掌機密，

至昭宗時借朱温之力盡誅宦官，始改以士人任樞密使。備顧問，參謀議，出納詔奏，權侔宰相。品秩不詳。參見李全德《唐宋變革期樞密院研究》，北京圖書館出版社2009年版。　何太后：人名。梓州（今四川三臺縣）人。唐昭宗李曄的皇后，唐哀帝之母。傳見《舊唐書》卷五二、《新唐書》卷七七。　積善宫：宫殿名。位於洛陽，爲何太后居住的宫殿。

[6]柳璨：人名。河東（今山西永濟市）人。唐末宰相、文學家、史學家。傳見《舊唐書》卷一七九、《新唐書》卷二二三下。太常卿：官名。太常寺長官。掌祭祀禮儀等事。正三品。　張廷範：人名。清河（今河北清河縣）人。唐末大臣。傳見《新唐書》卷二二三下。原作"張延範"，中華點校本據本書卷四三、《舊唐書》卷二○下、《新唐書》卷一○、《通鑑》卷二六五改，今從。

　　三年春，魏州羅紹威謀殺其牙軍，[1]來假兵以虞變，王爲發兵北攻劉仁恭之滄州，兵過魏而紹威已殺牙軍，其兵之在外者皆叛，據貝、衛、澶、博州，[2]王以兵悉殺之。遂攻滄州，軍于長蘆。[3]劉仁恭求救于晉。晉人取潞州，王乃旋軍。

[1]魏州：州名。治所在今河北大名縣。

[2]貝：州名。治所在今河北清河縣。　衛：州名。治所在今河南衛輝市。　澶：州名。唐大曆七年（772）移治今河南清豐縣，後晉天福四年（939）移治今河南濮陽縣。　博州：州名。治所在今山東聊城市。

[3]長蘆：縣名。治所在今河北滄州市。

新五代史　卷二

梁本紀第二

　　開平元年春正月壬寅，[1]天子使御史大夫薛貽矩來勞軍。[2]宰相張文蔚率百官來勸進。[3]

　　[1]開平：後梁太祖朱溫年號（907—911）。
　　[2]御史大夫：官名。秦始置，與丞相、太尉合稱三公。至唐代，在御史中丞之上設御史大夫一人，爲御史臺長官，專掌監察、執法。正三品。　薛貽矩：人名。河東聞喜（今山西聞喜縣）人。唐末、後梁大臣。傳見《舊五代史》卷一八、本書卷三五。
　　[3]張文蔚：人名。瀛洲河間（今河北河間市）人。唐末、後梁大臣。傳見《舊五代史》卷一八、本書卷三五。

　　夏四月壬戌，更名晃。甲子，皇帝即位。自即位以後，大事則書，變古則書，非常則書，意有所示則書，後有所因則書。非此五者，則否。戊辰，大赦。赦文皆曰大赦天下，此書大，見其志之欲遠及也，不曰天下，實有所不及也。改元，國號梁。封唐主爲濟陰王。謂天子爲唐主，錄其本語如此。升汴州爲開封府，建爲東都，以唐東都爲西都。廢京兆府爲雍州。州縣廢置，見職方考，惟京都則書。賜東都酺一日。契丹阿保機使袍笏梅老來。[1]夷狄來，不言朝，不責其禮；不言貢，不貴其物。故書曰來。五代亂世，著其屢來，以見夷狄之來不來，不因治亂。而亂世屢來，不足貴也。

[1]契丹：古部族、政權名。公元4世紀中葉宇文部爲前燕攻破，始分離而成單獨的部落，自號契丹。唐貞觀中，置松漠都督府，以其首領爲都督。唐末强盛，916年迭剌部耶律阿保機建立契丹國（遼）。先後與五代、北宋並立，保大五年（1125）爲金所滅。參見張正明《契丹史略》，中華書局1979年版。　阿保機：人名。姓耶律。契丹迭剌部人。唐末契丹族首領、遼開國皇帝。紀見《遼史》卷一、卷二。　袍笏梅老：人名。契丹使者。事見本書卷四二、《契丹國志》卷一、《通鑑》卷二六六、《册府》卷九七二。梅老，官名。遥輦時有官稱"梅録"，也作"梅落""梅老"，此即回鶻的"媚禄""密禄"，不同時期不同民族轉寫方式不同，職掌也有變化，或總兵爲指揮官，或爲"皇家總管"。品秩不詳。參見李桂芝《遼金簡史》，福建人民出版社1996年版，第19至20頁。

五月丁丑朔，以唐相張文蔚、楊涉爲門下侍郎、御史大夫薛貽矩爲中書侍郎：同中書門下平章事。[1]戊寅，渤海、契丹遣使者來。[2]夷狄君臣姓名、官爵，或書或否，不必備，或因其舊史之詳略，但書其來以示意爾。乙酉，兄全昱爲廣王，子友文博王，友文非子而書子，語在家人傳。友珪郢王，友璋福王，友貞均王，友徽建王，姪友諒衡王，友能惠王，友誨邵王。[3]甲午，改樞密院爲崇政院，太府卿敬翔爲使。[4]是月，潞州行營都指揮使李思安及晋人戰，[5]敗績。我敗曰敗績，彼敗曰敗之，文理宜然。已見行營，故戰不言地。

［1］楊涉：人名。同州馮翊（今陝西大荔縣）人。唐宰相楊收之孫，吏部尚書楊嚴之子。唐哀帝時拜中書侍郎、同中書門下平章事。傳見本書卷三五。　門下侍郎：官名。門下省副長官。唐後期三省長官漸爲榮銜，中書、門下侍郎却因參議朝政而職位漸重，常常用爲以"同三品"或"同平章事"任宰相者的本官。正三品。　中書侍郎：官名。中書省副長官。唐後期三省長官漸爲榮銜，中書侍郎、門下侍郎却因參議朝政而職位漸重，常常用爲以"同三品"或"同平章事"任宰相者的本官。正三品。　同中書門下平章事：官名。簡稱"同平章事"。唐高宗以後，凡實際任宰相之職者，常在其本官後加同平章事的職銜，後成爲宰相專稱。後梁沿置。

［2］渤海：唐時靺鞨等族所建政權名。武則天聖曆元年（698）粟末靺鞨首領大祚榮建立政權。唐玄宗先天二年（713），唐派崔忻封大祚榮爲左驍衛大將軍、渤海郡王，設置忽汗州，加授大祚榮爲忽汗州都督，從此其政權即以渤海爲號。傳見《舊五代史》卷一三八、本書卷七四。

［3］"兄全昱爲廣王"至"友誨邵王"：以上諸人詳見本書卷一三《梁家人傳》。中華點校本據撫州刊本、宗文本於"兄全昱爲廣王"前補"封"字。

［4］敬翔：人名。同州馮翊（今陝西大荔縣）人。五代後梁大臣。傳見《舊五代史》卷一八、本書卷二一。

［5］潞州：州名。治所在今山西長治市。　行營都指揮使：官名。唐末五代統兵將領，掌行營兵馬。品秩不詳。　李思安：人名。河南陳留（今河南開封市陳留鎮）人。五代後梁將領。傳見《舊五代史》卷一九。

六月甲寅，平盧軍節度使韓建守司徒、同中書門下平章事。[1]

[1]平盧軍：方鎮名。治所在青州（今山東青州市）。　韓建：人名。許州長社（今河南許昌市）人。唐末、五代軍閥。傳見《舊五代史》卷一五、本書卷四〇。　司徒：官名。與太尉、司空並爲三公，唐後期、五代多爲大臣、勛貴加官。正一品。

秋七月己亥，追尊祖考爲皇帝，妣爲皇后：皇高祖黯謐曰宣元，廟號肅祖，祖妣范氏謐曰宣僖；曾祖茂琳謐曰光獻，廟號敬祖，祖妣楊氏謐曰光孝；祖信謐曰昭武，廟號憲祖，祖妣劉氏謐曰昭懿；考誠謐曰文穆，廟號烈祖，妣王氏謐曰文惠。

八月丁卯，同州蚜蚄蟲生。[1]隰州黄河清。[2]於此書，見不爲瑞也。

[1]同州：州名。治所在今陝西大荔縣。　蚜蚄蟲：一種吃莊稼葉的害蟲，今稱"黏蟲"。
[2]隰州：州名。治所在今山西隰縣。

九月，括馬。[1]
冬十月己未，講武于繁臺。[2]
十一月壬寅，赦亡命背軍、髡黥刑徒。[3]於好殺之世，小赦必書，見其亦有愛人之意也。

[1]括馬：徵集民馬。
[2]繁（pó）臺：古臺名。相傳爲春秋時師曠吹樂之臺，漢梁孝王增築。位於今河南開封市東南禹王臺公園內。
[3]背軍：逃兵。　髡（kūn）黥（qíng）：刑罰名稱。髡，剃髮之刑；黥，在臉上刺字並塗墨之刑。

二年春正月丁酉，渤海遣使者來。己亥，卜郊于西都。弒濟陰王。弒，臣子之大惡也，書濟陰王，從其實，書弒，正梁罪名。

二月辛未，契丹阿保機遣使者來。

三月壬申朔，如西都。幸，已至也。如，往而未至之辭。書如，則在道。有事，可以書。丙子，如懷州。[1]五代亂世，兵無虛日，不可悉書。故用兵無勝敗，攻城無得失，皆不書。其命大將與天子有所如，自著大事爾。此如懷、澤者，以兵方攻潞州也。丁丑，如澤州。[2]戊寅，封鴻臚卿李崧萊國公，[3]爲二王後。[4]梁嘗更"戊"曰"武"，而舊史悉復爲"戊"。壬午，匡國軍節度使劉知俊爲潞州行營招討使。[5]癸巳，改卜郊。張文蔚薨。

[1]懷州：州名。治所在今河南沁陽市。

[2]澤州：州名。治所在今山西澤州縣。

[3]李崧：原作"李崧"，中華點校本引《舊五代史》卷四、《五代會要》卷五，"李崧"作"李崧"。李崧爲後晉宰相，此處疑字形近而訛，今據改。李崧，唐朝宗室。事見《册府》卷二一一。萊國公：原作"介國公"，中華點校本引《舊五代史》卷四、《五代會要》卷五，"介國公"作"萊國公"。按此兩書記載，"以周宇文氏子孫爲介國公"。今據改。

[4]二王後：中國古代新王朝建立後封前朝的皇室後裔，給以爵位，以示敬重。參見謝元魯《隋唐五代的特殊貴族——二王三恪》，《中國史研究》1994年第2期。

[5]匡國軍：方鎮名。治所在同州（今陝西大荔縣）。劉知俊：人名。徐州沛縣（今江蘇沛縣）人。五代將領。傳見《舊五代史》卷一三、本書卷四四。

夏四月癸卯，楊涉罷。吏部侍郎于兢爲中書侍郎，[1]翰林學士承旨、禮部侍郎張策爲刑部侍郎：[2]同中書門下平章事。壬子，至自澤州。[3]

五月己丑，潞州行營都虞候康懷英及晉人戰于夾城，[4]敗績。築城圍潞，戰于城中，故書地。戊戌，立唐三廟。契丹遣使者來。

[1]吏部侍郎：官名。尚書省吏部次官，協助吏部尚書掌文選、勳封、考課之政。正四品上。 于兢：人名。京兆高陵（今陝西西安市高陵區）人。唐宰相于志寧之後，後梁宰相。善畫牡丹。事見《舊五代史》卷四、本書卷三。

[2]禮部侍郎：官名。尚書省禮部次官。協助禮部尚書掌禮儀、祭享、貢舉之政。正四品下。 張策：人名。河西敦煌（今甘肅敦煌市）人。後梁宰相。傳見《舊五代史》卷一八、本書卷三五。刑部侍郎：官名。尚書省刑部次官，協助刑部尚書掌天下刑法及徒隸、勾覆、關禁之政令。正四品下。

[3]至自澤州："自"原闕，中華點校本據撫州刊本補。中華點校本校勘記云"按本卷上文已云三月丁丑如澤州，又《舊五代史》卷四《梁太祖紀四》、《通鑑》卷二六六叙其事皆云丙午離澤州，壬子至東都"，今從。

[4]行營都虞候：官名。五代時期出征軍隊高級統率官。品秩不詳。 康懷英：人名。兗州（今山東濟寧市兗州區）人。本名懷貞，避後梁末帝朱友貞諱改懷英。唐末、五代將領。傳見《舊五代史》卷二三、本書卷二二。

六月壬寅，忠武軍節度使劉知俊爲西路行營招討使，[1]以伐岐。[2]用兵之名有四：兩相攻曰攻，以大加小曰伐，加有罪曰討，天子自往曰征。隨事爲文，不得不異，非有褒貶也。己酉，殺右金吾衛上將軍王師範，[3]滅其族。當殺曰伏誅，不當殺者，以兩相殺爲文。丙辰，劉知俊及岐人戰于漠谷，[4]敗之。

[1]忠武軍：方鎮名。治所在許州（今河南許昌市）。　行營招討使：官名。唐始置。戰時任命，兵罷則省。常以大臣、將帥或地方軍政長官兼任。掌招撫、討伐等事務。品秩不詳。
[2]岐：封國名。時鳳翔節度使李茂貞爲岐王，故稱。李茂貞劫唐昭宗至此。
[3]右金吾衛上將軍：官名。唐置，掌宮禁宿衛。唐代置十六衛，即左右衛、左右驍衛、左右武衛、左右威衛、左右領軍衛、左右金吾衛、左右監門衛、左右千牛衛，各置上將軍，從二品；大將軍，正三品；將軍，從三品。　王師範：人名。青州（今山東青州市）人。唐末軍閥。傳見《舊五代史》卷一三、本書卷四二。
[4]漠谷：地名。一作"幕谷"。位於今陝西乾縣西北。

秋九月丁丑，如陝州。[1]以晉人攻晉、絳故也。博王友文留守東都。
冬十月丁未，至自陝州。
十一月癸巳，張策罷，左僕射楊涉同中書門下平章事。
十二月己亥，以介國公爲三恪，[2]鄘國公、萊國公爲二王後。[3]

[1]陝州：州名。治所在今河南三門峽市陝州區。
[2]三恪：中國古代新王朝建立後封前朝的皇室後裔，給以爵

位，以示敬重。參見謝元魯《隋唐五代的特殊貴族——二王三恪》。據《册府》卷二一一，此介國公爲北周宇文氏子孫。

［3］鄭國公：《册府》卷二一一稱，隋朝楊氏子孫被封爲鄭國公。　萊國公：據《册府》卷二一一及前文可知，萊國公爲唐宗室子孫李嵸。

三年春正月甲戌，如西都。復然燈以祈福。然燈，風俗相傳，自天子至于庶人，舉天下同其奢樂，而風俗敝之大者，故錄其詔意，則其失可知。庚寅，享于太廟。辛卯，有事于南郊，祀天于南郊，書曰有事，錄當時語。大赦。丙申，羣臣上尊號曰睿文聖武廣孝皇帝。

二月壬戌，講武于西杏園。[1]甲子，延州高萬興叛于岐，來降。[2]唐末之亂，彊弱相并，或去彼來此，不可爲常，難於遽責。至此乃書曰叛，始正其定分也。

三月辛未，渤海國王大諲譔遣使者來。[3]甲戌，如河中。以高萬興降，劉知俊兵攻鄜、延故也。山南東道節度使楊師厚爲潞州四面行營招討使。[4]劉知俊取丹州。[5]

［1］西杏園：地名。位於今陝西西安城南。

［2］延州：州名。治所在今陝西延安市。　高萬興：人名。延州（今陝西延安市）人。五代將領，高懷遷之子。傳見《舊五代史》卷一三二、本書卷四〇。

［3］大諲譔：唐末五代渤海第十五代國王。906年至926年在位。五次遣使朝後梁。天顯元年（926），契丹攻克扶餘，進圍渤海上京，大諲譔出降，渤海遂亡。

［4］山南東道：方鎮名。治所在襄州（今湖北襄陽市）。　楊師厚：人名。潁州斤溝（今安徽太和縣阮橋鎮斤溝集）人。唐末、

五代後梁將領。傳見《舊五代史》卷二二、本書卷二三。

[5]丹州：州名。治所在今陝西宜川縣。

夏四月丙午，知俊克延、鄜、坊三州。[1]易得曰取，難得曰克，文理宜然爾。

五月己卯，至自河中，殺佑國軍節度使王重師。[2]

六月庚戌，劉知俊執佑國軍節度使劉捍，[3]叛附于岐。以身歸曰降，以地歸曰附，亦文理宜然爾。知俊爲忠武軍節度使，以同州附岐，今直書知俊叛，而不言地，蓋忠武已見上文。辛亥，如陝州。以劉知俊叛故也。乙卯，冀王朱友謙爲同州東面行營招討使。[4]劉知俊奔于岐。丹州軍亂，逐其刺史宋知誨。[5]

[1]鄜：州名。治所在今陝西富縣。 坊：州名。治所在今陝西黃陵縣。

[2]佑國軍：方鎮名。治所在河南府（今河南洛陽市）。 王重師：人名。潁州長社（今河南許昌市）人。五代後梁將領。傳見《舊五代史》卷一九、本書卷二二。

[3]劉捍：人名。開封（今河南開封市）人。五代後梁將領。傳見《舊五代史》卷二〇、本書卷二一。

[4]朱友謙：原作"宋友謙"，中華點校本據撫州刊本、浙江本、宗文本改，今從。

[5]宋知誨：人名。籍貫不詳。本書僅此一見，另事見《通鑑》卷二六七。

秋七月，商州軍亂，逐其刺史李稠，[1]稠奔于岐。乙丑，克丹州，執其首惡王行思。[2]初不知首惡之人，故直曰軍亂,既克而推得之也。克丹州,無主將姓名,行思無官爵,又不見伏誅曰,皆舊史失亡。乙亥,至自陝州。甲申,襄州軍亂,[3]殺其留後王班。[4]智不足以衛身,才不足以治衆而見殺,不書死之,而以被殺爲文,見死得其死者,士之大節,不妄以予人。房州刺史楊虔叛附于蜀。[5]

[1]商州:州名。治所在今陝西商洛市商州區。　刺史:官名。州一級行政長官。漢武帝時始置,總掌考核官吏、勸課農桑、地方教化等事。唐中期以後,節度使、觀察使轄州而設,刺史爲其屬官,職任漸輕。從三品至正四品下。　李稠:人名。籍貫不詳。本書僅此一見。

[2]王行思:人名。籍貫不詳。本書僅此一見。

[3]襄州:州名。治所在今湖北襄陽市。

[4]留後:官名。原非正式命官,唐朝節度使入朝或宰相、親王遙領節度使不臨鎮則置。安史之亂後,節度使多以子弟或親信爲留後,以代行節度使職務,亦有軍士、叛將自立爲留後者。掌一州或數州軍政。北宋始爲朝廷正式命官。　王班:人名。籍貫不詳。故河陽將領,累以軍功爲郡守,主留事於襄陽,被小將王求所殺。事見《舊五代史》卷四、卷二七、卷六四及《通鑑》卷二六七。

[5]房州:州名。治所在今湖北房縣。　楊虔:人名。籍貫不詳。事見《舊五代史》卷五。

八月辛亥,降死罪囚。辛酉,均州刺史張敬方克房州,[1]執楊虔。

閏月癸酉,契丹遣使者來。己卯,閱稼于西苑。

九月壬寅,行營招討使、左衛上將軍陳暉克襄州,[2]執其首惡李洪。[3]命暉討亂,舊史失不書,至此始見。既克而推得其首惡，故初亦且書軍亂。丁未，保義軍節度使王檀爲潞州東面行營招討使。[4]辛亥，韓建、楊涉罷。太常卿趙光逢爲中書侍郎、[5]翰林學士奉旨，工部侍郎杜曉爲戶部侍郎：[6]同中書門下平章事。辛酉，李洪、楊虔伏誅。

[1]均州：州名。治所在今湖北丹江口市。　張敬方：人名。籍貫不詳。本書僅此一見。

[2]左衛上將軍：官名。唐置十六衛之一，掌宮禁宿衛。從二品。　陳暉：人名。籍貫不詳。事見《舊五代史》卷五。

[3]李洪：人名。籍貫不詳。事見《舊五代史》卷四、卷五。

[4]保義軍：方鎮名。治所在陝州（今河南三門峽市陝州區）。王檀：人名。京兆（今陝西西安市）人。後梁將領。傳見《舊五代史》卷二二、本書卷二三。

[5]趙光逢：人名。京兆奉天（今陝西乾縣）人。後梁大臣。傳見《舊五代史》卷五八、本書卷三五。

[6]奉旨：中華點校本引撫州刊本、浙江本、《舊五代史》卷五作"奉旨"。輯本《舊五代史》卷四《梁太祖紀四》注："梁代避諱，改'承旨'爲'奉旨'。"今據改。　工部侍郎：官名。尚書省工部次官。協助尚書掌管百工山澤水土之政令，考其功以昭賞罰，總所統各司之事。正四品下。　杜曉：人名。京兆杜陵（今陝西西安市）人。祖、父皆爲唐宰相。傳見《舊五代史》卷一八、本書卷三五。

冬十一月甲午，日南至，告謝于南郊。南至不必書，因其以至日告謝而書。告謝主用至日，故書之。不曰有事于南郊，亦從其本語。蓋比南郊禮差簡。己酉，搜訪賢良。鎮國軍節度使康懷英伐岐。[1]

十二月，懷英克寧、慶、衍三州。[2]及劉知俊戰于昇平，[3]敗績。

[1]鎮國軍：方鎮名。後梁開平二年（908），改保義軍爲鎮國軍，治所在陝州（今河南三門峽市陝州區）。後唐同光元年（923）改感化軍爲鎮國軍，治所在華州（今陝西渭南市華州區）。
[2]寧：州名。治所在今甘肅寧縣。　慶：州名。治所在今甘肅慶城縣。　衍：州名。治所在今甘肅寧縣。
[3]昇平：縣名。治所在今陝西宜君縣。

四年春正月壬辰朔，始用樂。自唐末之亂，禮樂亡，至此始用樂，故書。丁未，講武于榆林。[1]

二月己丑，閱稼于穀水。[2]

秋八月丙寅，如陝州。以岐人、晋人攻夏州故也。河南尹張宗奭留守西都。[3]辛未，護國軍節度使楊師厚爲西路行營招討使以伐岐。[4]

九月己丑，至自陝州。辛亥，搜訪賢良。

冬十一月己丑，寧國軍節度使王景仁爲北面行營招討使以伐趙。[5]趙王王鎔、北平王王處直叛附于晋，晋人救趙。[6]

十二月癸酉，頒律令格式。

[1]榆林：地名。即榆林坡。位於今河南洛陽市一帶。
[2]穀水：水名。即今河南澠池縣南澠水及其下游澗水。東流至洛陽市西注入洛河。

［3］張宗奭：人名。原名張全義。濮州臨濮（今山東鄄城縣臨濮鎮）人。後梁將領。傳見《舊五代史》卷六三、本書卷四五。

［4］護國軍：方鎮名。治所在河中府（今山西永濟市）。中華點校本引清人吴蘭庭《五代史記纂誤補》卷一云："《師厚傳》無徙鎮河中事，此時鎮河中者爲朱友謙，師厚無由爲護國節度也。《通鑑》作'鎮國節度使'，此'護國'當是'鎮國'之誤。"

［5］寧國軍：方鎮名。治所在宣州（今安徽宣城市）。　王景仁：人名。合淝（今安徽合肥市）人。後梁將領。傳見《舊五代史》卷二三、本書卷二三。

［6］王鎔：人名。回鶻人。唐末、五代軍閥，朱温後封趙王。傳見《舊五代史》卷五四、本書卷三九。　王處直：人名。京兆萬年（今陝西西安市）人。唐末、五代軍閥，北平國政權建立者。傳見《舊五代史》卷五四、本書卷三九。

乾化元年春正月丁亥，[1]王景仁及晋人戰于柏鄉，[2]敗績。庚寅，赦流罪以下囚，求危言正諫。癸巳，天雄軍節度使楊師厚爲北面行營招討使。[3]

夏四月壬申，契丹阿保機遣使者來。

五月甲申朔，大赦，改元。癸巳，幸張宗奭第。

秋八月戊辰，閱稼于榆林。渤海遣使者來。戊寅，大閲于興安鞠場。

九月辛巳朔，御文明殿，[4]入閤。御殿而云入閤，録其本語。書之以見禮失。事在李琪列傳。此禮，其後屢行，皆不書，一書以見其失足矣。庚子，如魏州。[5]以晋人攻魏故也。張宗奭留守西都。

冬十月丙子，大閲于魏東郊。

十一月，高萬興取鹽州。[6]壬辰，至自魏州。乙未，回鶻、吐蕃遣使者來。[7]

[1]乾化：五代後梁太祖朱溫年號（911—912）。末帝朱友貞沿用（913—915）。

[2]柏鄉：縣名。治所在今河北柏鄉縣。

[3]天雄軍：方鎮名。亦稱"魏博軍"。唐天祐元年（904）以魏博節度使號爲天雄軍，治所在魏州（今河北大名縣）。

[4]文明殿：五代後梁開平三年（909）以貞觀殿改名，故址在今河南洛陽市。

[5]魏州：州名。治所在今河北大名縣。

[6]鹽州：州名。治所在今陝西定邊縣。

[7]回鶻：古部族名。原係突厥鐵勒部的一支。唐天寶三載（744）建立回紇汗國，9世紀中葉，回鶻汗國瓦解。其中一支爲甘州回鶻。11世紀初，甘州回鶻爲西夏所滅。參見楊蕤《回鶻時代：10—13世紀陸上絲綢之路貿易研究》，中國社會科學出版社2015年版。　吐蕃：唐朝時藏族先民在青藏高原建立的政權。自7至9世紀，共歷九主，二百餘年。

二年春二月丁巳，光祿卿盧玭使于蜀。[1]甲子，如魏州。亦以晉人及鎮、定攻相、魏也。張宗奭留守西都。次白馬，[2]殺左散騎常侍孫騭、右諫議大夫張衍、兵部郎中張儁。[3]戊寅，如貝州。[4]

三月丙戌，屠棗彊。[5]書"屠"，著其酷之甚者。丁未，復如魏州。

夏四月己巳，至自魏州。下書"如西都"，則此至東都可知。戊寅，如西都。

五月丁亥，德音降死罪已下囚。"德音"，赦之小者。

從其本名，以著其實。罷役徒，禁屠及捕生。渤海遣使者來。是月，薛貽矩薨。

六月，疾革，郢王友珪反。叛者，背此而附彼，猶臣於人也。反，自下謀上，惡逆之大者也。日月之書不書，雖無義例，而事亦有不得而日，反非一朝一夕，不能得其日，故反者皆不日。戊寅，皇帝崩。年六十一。不書崩處，以異於得其終者。乾化二年十一月，友珪葬之河南伊闕縣，號宣陵。以不得其死，故不書葬。

[1]光祿卿：官名。南朝梁天監七年（508）改光祿勳置，隋唐沿置。掌宮殿門戶、帳幕器物、百官朝會膳食等。從三品。　盧玭：人名。籍貫不詳。此事另見於本書卷六三。

[2]白馬：縣名。治所在今河南滑縣。

[3]左散騎常侍：官名。門下省屬官。掌侍奉規諷，備顧問應對。《新唐書》記正三品下。　孫騭：人名。滑臺（今河南滑縣）人。唐末、後梁大臣。傳見《舊五代史》卷二四。　右諫議大夫：官名。唐置左右諫議大夫，左屬門下省，右屬中書省。掌諫諭得失，侍從贊相。正四品下。　張衍：人名。張宗奭之子。唐末、後梁大臣。傳見《舊五代史》卷二四。　兵部郎中：官名。唐高祖改兵曹郎置，二人，一掌武官階品、衛府名數、校考、給告身之事；一掌軍籍、軍隊調遣名數、朝集、祿賜、告假等事。高宗、武則天、玄宗時，一度隨本部改名司戎大夫、夏官郎中、武部郎中。五代因之。從五品上。　張儁：人名。籍貫不詳。唐末、後梁大臣。傳見《舊五代史》卷二四。

[4]貝州：州名。治所在今河北清河縣。

[5]棗彊：縣名。治所在今河北棗強縣。

嗚呼，天下之惡梁久矣！自後唐以來，皆以為僞也。至予論次五代，獨不偽梁，而議者或譏予大失《春秋》之旨，以謂："梁負大惡，當加誅絕，而反進之，是獎篡也，非《春秋》之志也。"予應之曰："是《春秋》之志爾。魯桓公弒隱公而自立者，[1]宣公弒子赤而自立者，[2]鄭厲公逐世子忽而自立者，[3]衛公孫剽逐其君衎而自立者，[4]聖人於《春秋》，皆不絕其爲君。此予所以不偽梁者，用《春秋》之法也。""然則《春秋》亦獎篡乎？"曰："惟不絕四者之爲君，於此見《春秋》之意也。聖人之於《春秋》，用意深，故能勸戒切，爲言信，然後善惡明。夫欲著其罪於後世，在乎不沒其實。其實嘗爲君矣，書其爲君。其實篡也，書其篡。各傳其實，而使後世信之，則四君之罪，不可得而掩爾。使爲君者不得掩其惡，然後人知惡名不可逃，則爲惡者庶乎其息矣。是謂用意深而勸戒切，爲言信而善惡明也。桀、紂，[5]不待貶其王，而萬世所共惡者也。《春秋》於大惡之君不誅絕之者，不害其褒善貶惡之旨也，惟不沒其實以著其罪，而信乎後世，與其爲君而不得掩其惡，以息人之爲惡。能知《春秋》之此意，然後知予不偽梁之旨也。"

[1]魯桓公：人名。名軌，魯惠公之子，魯國國君。公元前711年至前694年在位，謐號桓公。事見《史記》卷三二《齊太公世家第二》、卷三三《魯周公世家第三》。　隱公：人名。即魯隱公。名息姑，魯桓公庶兄，魯國國君。公元前722年至前712年在位，謐號隱公。事見《史記》卷三二《齊太公世家第二》、卷三三《魯周公世家第三》。

［2］宣公：人名。名俀，魯文公庶子，魯國國君。公元前608年至前589年在位。事見《史記》卷三三《魯周公世家第三》。子赤：人名。魯文公死後，大夫東門遂殺嫡長子子赤而立宣公，魯宣公掌握了魯國政權。事見《漢書》卷二七上。

　　［3］鄭厲公：人名。名突，鄭莊公之子，鄭國國君。公元前701年至前697年、前680年至前673年在位。諡號厲公。事見《史記》卷四二《鄭世家第十二》。　世子忽：人名。即鄭昭公。名忽，鄭莊公長子，鄭國國君。公元前701年、前697年至前695年在位。諡號昭公。事見《史記》卷四二《鄭世家第十二》。

　　［4］衛公孫剽：人名。衛穆公之孫，春秋時衛國大夫，後爲衛殤公。公元前558年至前547年在位。《左傳》稱其爲衛定公弟公子黑背之子。　衎：人名。即衛獻公。衛定公之子，衛殤公之兄。公元前576年至前559年、前546年至前544年在位。事見《史記》卷三七《衛康叔世家第七》。

　　［5］桀：人名。即夏桀。夏朝末代君主。事見《史記》卷二《夏本紀第二》。　紂：人名。即帝辛。商朝末代君主。事見《史記》卷三《殷本紀第三》。

新五代史　卷三

梁本紀第三

末帝，太祖第三子友貞也。"末"非謚號，從其本語。爲人美容貌，沈厚寡言，雅好儒士。太祖即位，封均王，爲左天興軍使、東京馬步軍都指揮使。[1]

[1]左天興軍使：官名。左天興軍，禁軍名，後梁置。《五代會要》卷一二《京城諸軍》記後梁開平元年（907）九月置左右天興軍，爲禁軍中的兩軍，以親王爲軍使。品秩不詳。　東京：地名。即今河南開封市。　馬步軍都指揮使：官名。五代時侍衛親軍長官。多由皇帝親信擔任。品秩不詳。

乾化二年六月，太祖遇弑，友珪自立，[1]殺博王友文，[2]以弑帝之罪歸之。以王爲東京留守、開封尹，[3]敬翔爲中書侍郎、同中書門下平章事，[4]户部尚書李振爲崇政院使。[5]

[1]乾化：五代後梁太祖朱温年號（911—912）。末帝朱友貞沿用（913—915）。　友珪：人名。朱温次子，後勾結韓勍殺朱温。傳見《舊五代史》卷一二、本書卷一三。

[2]博王友文：人名。朱温養子，後被朱友珪所殺。傳見《舊

《五代史》卷一二、本書卷一三。

〔3〕開封尹：官名。即開封府尹。五代除後唐外均都汴州，升汴州爲開封府，置開封尹或知開封府事。執掌京師政務。從三品。

〔4〕敬翔：人名。同州馮翊（今陝西大荔縣）人。後梁大臣。傳見《舊五代史》卷一八、本書卷二一。　中書侍郎：官名。中書省副長官。唐後期三省長官漸爲榮銜，中書侍郎、門下侍郎却因參議朝政而職位漸重，常常用爲以"同三品"或"同平章事"任宰相者的本官。正三品。　同中書門下平章事：官名。簡稱"同平章事"。唐高宗以後，凡實際任宰相之職者，常在其本官後加同平章事的職銜。後成爲宰相專稱。

〔5〕户部尚書：官名。尚書省户部長官。掌管全國土地、户籍、賦税、財政收支諸事。正三品。　李振：人名。西州（今新疆吐魯番市）人。五代後梁大臣。祖居西域，祖、父在唐皆官郡守。傳見《舊五代史》卷一八、本書卷四三。　崇政院使：官名。崇政院長官。備顧問，參謀議。五代後梁開平元年（907）改樞密院置崇政院，設院使、副使各一人。後唐同光元年（923）復改崇政院爲樞密院，崇政院使亦改爲樞密使。

明年，友珪改元曰鳳曆。[1]二月，駙馬都尉趙巖至東都，[2]王私與之謀，遣馬慎交之魏州，[3]見楊師厚計事。[4]師厚遣小校王舜賢至洛陽，[5]告左龍虎統軍袁象先使討賊。[6]是時懷州龍驤屯兵叛，[7]方捕索之，王乃僞爲友珪詔書，發左右龍驤在東都者皆還洛陽，因激怒之曰："天子以懷州屯兵叛，追汝等欲盡坑之。"諸將皆泣，莫知所爲。王曰："先皇帝經營王業三十餘年，今日尚爲友珪所殺，[8]汝等安所逃死乎！"因出太祖畫像示諸將而泣曰："汝能趨洛陽擒逆賊，則轉禍爲福矣。"軍士皆呼萬歲，請王爲主，王乃遣人趣象先等。庚寅，象先等以禁兵討賊，友珪死，杜曉見殺。[9]象先遣趙巖持傳國寶至東都，請王入洛陽，王報曰："夷門，[10]太祖所以興王業也，北拒并汾，[11]東至淮海，國家藩鎮，多在東方，命將出師，利於便近。"

[1]鳳曆：後梁郢王朱友珪年號（913）。

[2]駙馬都尉：漢武帝始置，魏晋以後，公主夫婿多加此稱號。從五品下。　趙巖：人名。陳州宛丘（今河南淮陽縣）人。朱温女婿，忠武軍節度使趙犨次子。事見《舊五代史》卷一四、本書卷四二。

[3]馬慎交：人名。籍貫不詳。後梁大臣。事見《舊五代史》卷二、卷八、卷一六、卷二〇。　魏州：州名。治所在今河北大名縣。

[4]楊師厚：人名。潁州斤溝（今安徽太和縣阮橋鎮斤溝集）人。唐末、五代後梁將領。傳見《舊五代史》卷二二、本書卷二三。

[5]小校：官名。五代時期軍隊中下級軍官的別稱，可越級提拔爲副指揮使或指揮使。品秩不詳。　王舜賢：人名。籍貫不詳。後梁將領。事見《舊五代史》卷八，本書卷二三、卷四五。　洛陽：地名。即今河南洛陽市。

[6]左龍虎統軍：官名。五代後梁禁衛部隊左龍虎軍統兵官。品秩不詳。　袁象先：人名。宋州下邑（今河南夏邑縣）人。五代後梁將領，後投後唐。傳見《舊五代史》卷五九、本書卷四五。

[7]懷州：州名。治所在今河南沁陽市。　龍驤：禁軍名。後梁置左右龍驤軍，後唐沿置。

[8]今日尚爲友珪所殺："殺"，中華點校本據撫州刊本、《通鑑》卷二六八改爲"弑"。

[9]杜曉：人名。京兆杜陵（今陝西西安市）人。祖、父皆爲唐宰相。傳見《舊五代史》卷一八、本書卷三五。

[10]夷門：地名。戰國魏都大梁城東門，故址在今河南開封城內東北隅。夷門位於夷山，夷山因山勢平夷而得名，故門亦以山爲名。此處代指開封。

[11]并：州名。治所在今山西太原市。　汾：州名。治所在今山西汾陽市。

是月，皇帝即位于東都，即位大事，失其日而書"是月"，見亂之甚。"於東都"，終上文也。復稱乾化三年，[1]復博王友文官爵。

三月丁未，更名鍠。

夏五月，楊師厚取滄州。[2]

秋九月甲辰，御史大夫姚洎爲中書侍郎、同中書門下平章事。[3]

冬十二月，晉人取幽州。[4]

[1]乾化：五代後梁太祖朱溫年號（911—912）。末帝朱友貞沿用（913—915）。

[2]滄州：州名。治所在今河北滄州市。

[3]御史大夫：官名。秦始置，與丞相、太尉合稱三公。至唐代，在御史中丞之上設御史大夫一人，爲御史臺長官，專掌監察、執法。正三品。　姚洎：人名。籍貫不詳。後梁宰相。事見《舊五代史》卷四、卷八。

[4]幽州：州名。治所在今北京市。

四年夏四月丁丑，貶于兢爲萊州司馬。[1]武寧軍節度使蔣殷反，[2]天平軍節度使牛存節討之。[3]

［1］于兢：人名。京兆高陵（今陝西西安市高陵區）人。唐宰相于志寧之後，後梁宰相。善畫牡丹。事見《舊五代史》卷四、本書卷三。　萊州：州名。治所在今山東萊州市。　司馬：官名。州郡佐官，名義上紀綱衆務，通判列曹，品高俸厚，實際上無具體職事，多用以安置貶謫官員，或用作遷轉官階。上州從五品下，中州正六品下，下州從六品上。

［2］武寧軍：方鎮名。治所在徐州（今江蘇徐州市）。　蔣殷：人名。河中節度使王重盈養子。後梁官員。傳見《舊五代史》卷一三、本書卷四三。

［3］天平軍：方鎮名。治所在今鄆州（今山東東平縣）。　牛存節：人名。青州博昌（今山東博興縣）人。唐末將領。傳見《舊五代史》卷二二、本書卷二二。

貞明元年春正月，存節克徐州。[1]蔣殷自燔死，故不書伏誅。

三月丁卯，趙光逢罷。[2]平盧軍節度使賀德倫爲天雄軍節度使，[3]命官不書，非常而有故則書，此書爲天雄軍亂張本。分其相、澶、衛州爲昭德軍，[4]宣徽使張筠爲節度使。[5]己丑，天雄軍亂，賀德倫叛附于晉。軍亂書，首惡不書而書德倫叛，責貴者深也。德倫不可加以首惡，而可責其不死以叛。張彥寔首惡，而略不書。彥，微者，德倫可以誅而不誅，故以德倫獨任其責。邠州李保衡叛于岐，[6]來附。

［1］貞明：後梁末帝朱友貞年號（915—921）。　徐州：州名。治所在今江蘇徐州市。

［2］趙光逢：人名。京兆奉天（今陝西乾縣）人。後梁官員。傳見《舊五代史》卷五八、本書卷三五。

［3］平盧軍：方鎮名。治所在青州（今山東青州市）。　賀德倫：人名。其先係河西部落人，後居滑州（今河南滑縣）。後梁將領。傳見《舊五代史》卷二一、本書卷四四。　天雄軍：方鎮名。亦稱"魏博軍"，唐天祐元年（904）以魏博節度使號爲天雄軍，治所在魏州（今河北大名縣）。

［4］相：州名。治所在今河南安陽市。　澶：州名。唐大曆七年（772）移治今河南清豐縣，後晉天福四年（939）移治今河南濮陽縣。　衛州：州名。治所在今河南衛輝市。

［5］宣徽使：官名。唐後期置。宣徽院長官，初用宦官，五代以後改用士人。掌内諸司及三班内侍之名籍，郊祀、朝會、宴享供帳之儀，應内外進奉，悉檢視名物，用其印。　張筠：人名。海州（今江蘇連雲港市海州區）人。唐末及五代後梁、後唐將領。傳見《舊五代史》卷九〇、本書卷四七。

［6］邠州：州名。治所在今陝西彬縣。　李保衡：人名。楊崇本養子。事見《舊五代史》卷八、卷一三、卷六四。　岐：封國名。時鳳翔節度使李茂貞爲岐王，故稱。原作"歧"，據中華點校本改，下文同。

夏六月庚寅朔，晉王李存勖入于魏州，遂取德州。[1]

冬十月辛亥，康王友孜反，伏誅。[2]反者不日，誅反者有日，故書。

十一月乙丑，改元。耀州温昭圖叛于岐，來附。[3]

是歲，更名瑱。舊史失其日月。

［1］李存勖：人名。代北沙陀人。後唐開國皇帝。紀見《舊五

代史》卷二七至卷三四、本書卷四至卷五。　德州：州名。治所在今山東德州市。

[2]康王友孜：人名。朱溫第八子。傳見《舊五代史》卷一二、本書卷一三。中華點校本校勘記云《通鑑》卷二六九作"友敬"，《五代會要》卷二作"康王友敬"。

[3]耀州：州名。治所在今陝西銅川市耀州區。　溫昭圖：人名。華原（今陝西銅川市耀州區）人。後梁、後唐將領。事見《舊五代史》卷九、卷一〇。

二年春二月丙申，楊涉罷。[1]

三月，鎮南軍節度使劉鄩及晉人戰于故元城，[2]敗績，奔于滑州。[3]晉人取衛州、惠州。[4]捉生都將李霸反，伏誅。[5]

夏六月，捉生都將張溫叛降于晉。[6]

[1]楊涉：人名。同州馮翊（今陝西大荔縣）人。唐宰相楊收之孫，吏部尚書楊嚴之子。唐哀帝時拜中書侍郎、同中書門下平章事。傳見本書卷三五。

[2]鎮南軍：方鎮名。治所在洪州（今江西南昌市）。　劉鄩：人名。密州安丘（今山東安丘市）人。後梁將領。傳見《舊五代史》卷二三、本書卷二二。　元城：縣名。治所在今河北大名縣。

[3]滑州：州名。治所在今河南滑縣。

[4]惠州：州名。唐天祐三年（906）改磁州置，治所在今河北磁縣。

[5]捉生都將：官名。捉生，抓獲活的敵人。都將，掌所部軍事。《通鑑》有"捉生將""捉生都指揮使""捉生虞候"等。品秩不詳。　李霸：人名。籍貫不詳。後梁將領。事見《舊五代史》卷八、卷六四，本書卷四六。

[6]張溫：人名。魏州魏縣（今河北魏縣）人。五代後梁、後唐將領。傳見《舊五代史》卷五九。

秋七月，晋人取相州，張筠奔于京師，[1]安國軍節度使閻寶叛附于晋。[2]

八月丁酉，太子太保致仕趙光逢爲司空兼門下侍郎、同中書門下平章事。[3]

九月，晋人取滄州，橫海軍節度使戴思遠奔于京師。[4]晋人克貝州，[5]守將張源德死之。[6]書"死"，得其死也。

冬十月丁酉，中書侍郎鄭珏同中書門下平章事。[7]

[1]張筠：人名。海州（今江蘇連雲港市海州區）人。唐末及五代後梁、後唐將領。傳見《舊五代史》卷九〇、本書卷四七。

[2]安國軍：方鎮名。唐同光元年（923）改保義軍置，治所在邢州（今河北邢臺市）。　閻寶：人名。鄆州（今山東東平縣）人。後梁、後唐將領。傳見《舊五代史》卷五九、本書卷四四。

[3]太子太保：官名。與太子太師、太子太傅統稱太子三師。隋唐以後多作加官或贈官。從一品。　司空：官名。與太尉、司徒並爲三公，唐後期、五代多爲大臣、勛貴加官。正一品。　門下侍郎：官名。門下省副長官。唐後期三省長官漸爲榮銜，中書、門下侍郎却因參議朝政而職位漸重，常用爲以"同三品"或"同平章事"任宰相者的本官。正三品。

[4]橫海軍：方鎮名。治所在滄州（今河北滄州市）。　戴思遠：人名。籍貫不詳。後梁、後唐將領。傳見《舊五代史》卷六四。

[5]貝州：州名。治所在今河北清河縣。

[6]張源德：人名。籍貫不詳。後梁將領。傳見本書卷三三。

[7]鄭珏：人名。籍貫不詳。後梁、後唐宰相。傳見《舊五代史》卷五八、本書卷四二。

三年夏四月辛卯，右千牛衛大將軍劉璟使于契丹。[1]

冬十二月，宣義軍節度使賀瓌爲北面行營招討使。[2]己巳，如西都卜郊。[3]晉人取楊劉。[4]

[1]右千牛衛大將軍：官名。唐龍朔二年（662），改右奉宸衛大將軍而置，一員，掌侍衛宮禁及供御兵器儀仗，皇帝受朝之日，備身左右升殿列侍，親射則率屬以從。貞元二年（786）添置上將軍前，爲右千牛衛長官。正三品。　劉璟：人名。籍貫不詳。後梁官員。事見《舊五代史》卷九。　契丹：古部族、政權名。公元4世紀中葉宇文部爲前燕攻破，始分離而成單獨的部落，自號契丹。唐貞觀中，置松漠都督府，以其首領爲都督。唐末彊盛，916年迭刺部耶律阿保機建立契丹國（遼）。先後與五代、北宋並立，保大五年（1125）爲金所滅。參見張正明《契丹史略》，中華書局1979年版。

[2]宣義軍：方鎮名。治所在滑州（今河南滑縣）。　賀瓌（guī）：人名。濮陽（今河南濮陽市）人。五代後梁將領。傳見《舊五代史》卷二三、本書卷二三。　行營招討使：官名。自後梁至後周均設行營招討使，負責地方征討、招撫之事。常以大臣、將帥或地方軍政長官兼任。品秩不詳。

[3]西都：指洛陽。

[4]楊劉：地名。即今山東東阿縣東北姚寨鎮楊柳村。唐、五代時有城臨河津，爲黃河下游重鎮，今城已堙廢不可考。

四年春正月，[1]不克郊，己卯，至自西都。

夏四月己酉，尚書吏部侍郎蕭頃爲中書侍郎、同中書門下平章事。[2]己巳，趙光逢罷。

冬十二月庚子朔，賀瓌殺其將謝彥章、孟審澄、侯温裕。[3]癸亥，瓌及晉人戰于胡柳，敗績。[4]

是歲，泰寧軍節度使張守進叛附于晉，[5]亳州團練使劉鄩爲兗州安撫制置使以討之。[6]舊史不書，亡其月日，故書于歲末，爲明年克兗州張本。

[1]四年春正月："春"字原闕，中華點校本據撫州刊本補，今從。

[2]吏部侍郎：官名。尚書省吏部次官。協助吏部尚書掌文選、勛封、考課之政。正四品上。　蕭頃：人名。京兆萬年（今陝西西安市）人。後梁、後唐大臣。傳見《舊五代史》卷五八。

[3]謝彥章：人名。許州（今河南許昌市）人。後梁將領。傳見《舊五代史》卷一六、本書卷二三。　孟審澄：人名。籍貫不詳。後梁將領。事見《舊五代史》卷九、卷一六、卷二三。　侯温裕：人名。籍貫不詳。後梁將領。事見《舊五代史》卷九、卷一六、卷二三。

[4]胡柳：地名。位於今河南濮陽市東南五十里。

[5]泰寧軍：方鎮名。治所在兗州（今山東濟寧市兗州區）。張守進：人名。籍貫不詳。後梁將領。事見《舊五代史》卷九、卷一〇。

[6]亳州：州名。治所在今安徽亳州市。　團練使：官名。唐代中期以後，於不設節度使的地區設團練使，掌本區各州軍事。品秩不詳。　兗州：州名。治所在今山東濟寧市兗州區。　安撫制置使：官名。唐後期臨時差遣官，用兵時爲控制地方秩序而設。品秩不詳。

五年春正月，晋軍于德勝。[1]用兵無勝敗不書，此梁、晋得失所繫，故書也。

　　秋八月乙未朔，開封尹王瓚爲北面行營招討使。[2]

　　冬十月，劉鄩克兗州，張守進伏誅。

　　十二月，晋人取濮陽。[3]天平軍節度使霍彦威爲北面行營招討使。[4]

　　[1]德勝：地名。原爲德勝渡，黄河重要渡口之一。李存勖部將李存審築於黄河津要處德勝口，有南北二城。南城在今河南濮陽市東南五里，北城在今河南濮陽市區。

　　[2]王瓚：人名。太原祁（今山西祁縣）人。唐河中節度使王重盈之子。五代後梁將領，官至開封尹。傳見《舊五代史》卷五九。

　　[3]濮陽：地名。今河南濮陽市。

　　[4]霍彦威：人名。洺州曲周（今河北曲周縣）人。後唐將領。傳見《舊五代史》卷六四、本書卷四六。

　　六年夏四月己亥，降死罪以下囚。乙巳，尚書左丞李琪爲中書侍郎、同中書門下平章事。[1]河中節度使朱友謙襲同州，[2]殺其節度使程全暉，[3]叛附于晋，泰寧軍節度使劉鄩討之。

　　秋七月，陳州妖賊毋乙自稱天子。[4]

　　九月庚寅，供奉官郎公遠爲契丹歡好使。[5]

　　冬十月，母乙伏誅。

　　[1]尚書左丞：官名。尚書省佐貳官。唐中期以後，與尚書右丞實際主持尚書省日常政務，權任甚重。正四品上。　李琪：人

名。河西敦煌（今甘肅敦煌市）人。後梁、後唐官員。傳見《舊五代史》卷五八、本書卷五四。

[2]河中：方鎮名。治所在河中府（今山西永濟市）。 朱友謙：人名。許州（今河南許昌市）人。朱温養子，唐末、五代軍閥。傳見《舊五代史》卷六三、本書卷四五。 同州：州名。治所在今陝西大荔縣。

[3]程全暉：人名。籍貫不詳。後梁將領。事見《舊五代史》卷一〇、本書卷四五。中華點校本校勘記云："周壽昌《纂誤補續》：'薛史云河中朱友謙襲陷同州，節度使程全暉遂單騎奔京師。本書《朱友謙傳》云友謙遣其子令德襲同州，逐節度使程全暉。《通鑑》亦云逐。皆未云殺也。此歐隨筆改逐字爲殺之誤。'"

[4]陳州：州名。治所在今河南淮陽縣。 母乙：人名。籍貫不詳。此事另見《舊五代史》卷一〇。

[5]供奉官：官名。泛指侍奉皇帝左右的臣僚，亦爲東、西頭供奉官通稱。品秩不詳。 郎公遠：人名。籍貫不詳。後梁大臣。事見《舊五代史》卷一〇、本書卷七二。

龍德元年春，[1]趙將張文禮殺其君鎔來乞師，[2]不許。文禮初爲鎔養子，號王德明，此書張文禮者，從舊史。

三月丁亥朔，禁私度僧尼。陳州刺史惠王友能反。[3]

夏五月丙戌朔，德音改元，降流罪已下囚。

秋，赦友能，降封房陵侯。天平軍節度使戴思遠爲北面行營招討使。

冬十月，思遠及晉人戰于戚城，[4]敗績。

[1]龍德：後梁末帝朱友貞年號（921—923）。

［2］張文禮：人名。燕（今河北北部）人。後唐將領。傳見《舊五代史》卷六二。　鎔：即王鎔。回鶻人。唐末、五代軍閥，朱溫後封趙王。傳見《舊五代史》卷五四、本書卷三九。

［3］惠王友能：人名。朱全昱之子。傳見《舊五代史》卷一二、本書卷一三。

［4］戚城：地名。位於今河南濮陽市區。

二年春正月，思遠襲魏州，取成安。[1]

秋八月，滑州兵馬留後段凝攻衛州，[2]執其刺史李存儒。[3]戴思遠克淇門、共城、新鄉。[4]

［1］成安：縣名。治所在今河北成安縣。

［2］留後：官名。原非正式命官，唐朝節度使入朝或宰相、親王遥領節度使不臨鎮則置。安史之亂後，節度使多以子弟或親信爲留後，以代行節度使職務，亦有軍士、叛將自立爲留後者。掌一州或數州軍政。北宋始爲朝廷正式命官。　段凝：人名。開封（今河南開封市）人。其妹爲朱溫美人，因其妹而爲朱溫親信。五代後梁將領，後投後唐。傳見《舊五代史》卷七三、本書卷四五。

［3］李存儒：人名。籍貫不詳。後唐將領。李存儒本俳優，後唐莊宗以其有膂力，故用爲衛州刺史，既而誅斂無度，人皆怨之，故爲後梁所襲。事見《舊五代史》卷一〇、卷二九。

［4］淇門：地名。位於今河南浚縣。　共城：縣名。治所在今河南輝縣市。　新鄉：縣名。治所在今河南新鄉市。

三年春三月，潞州李繼韜叛于晋，[1]來附。

夏閏四月，唐人取鄆州。[2]晋未即位，已自與梁爲敵國，至其建號，於梁無所利害，故不書。唐建號而書"唐人"者，因事而見爾。

五月庚申，宣義軍節度使王彥章爲北面行營招討使，[3]取德勝南城。

秋八月，段凝爲北面行營招討使。先鋒將康延孝叛降于唐。[4]

冬十月甲戌，宣義軍節度使王彥章及唐人戰于中都，[5]敗績，死之。凡官皆不重書，此書者，嫌彥章已罷招討使而與唐戰，蓋罷使而別將兵以戰也。唐人取曹州。[6]盜竊傳國寶奔于唐。戊寅，皇帝崩。年三十六。梁亡。書曰"梁亡"，見唐莊宗之立速也。四月，莊宗立，稱唐，十月，梁始亡，見唐不待滅梁而立。

[1]潞州：州名。治所在今山西長治市。　李繼韜：人名。李嗣昭之子。後唐將領。傳見《舊五代史》卷五二、本書卷三六。

[2]鄆州：州名。治所在今山東東平縣。

[3]王彥章：人名。鄆州壽張（今山東梁山縣）人。後梁將領。傳見《舊五代史》卷二一、本書卷三二。

[4]康延孝：人名。代（今山西代縣）人。後唐將領。傳見《舊五代史》卷七四、本書卷四四。

[5]中都：縣名。治所在今山東汶上縣。

[6]曹州：州名。治所在今山東曹縣西北。

新五代史　卷四

唐本紀第四

莊宗光聖神閔孝皇帝，其先本號朱邪，蓋出於西突厥，至其後世，別自號曰沙陀，而以朱邪爲姓。[1]

[1]沙陀：部族名。原意爲沙漠。沙陀部源出西突厥。隋文帝開皇二年（582），突厥汗國分裂爲東、西突厥。處月部爲西突厥所屬部落，朱邪是處月的別部。唐初，處月部居於大磧（今蒙古高原大沙漠），因稱沙陀突厥。唐中期時西突厥、處月部均已衰落，朱邪部遂自號沙陀，其首領以朱邪爲姓。事見《新唐書》卷二一八《沙陀列傳》、《舊五代史》卷二五、本書本卷末歐陽脩考證。參見樊文禮《沙陀的族源及其早期歷史》，《民族研究》1999年第6期。

唐德宗時，有朱邪盡忠者，[1]居於北庭之金滿州。[2]貞元中，[3]吐蕃贊普攻陷北庭，[4]徙盡忠於甘州而役屬之。[5]其後贊普爲回鶻所敗，[6]盡忠與其子執宜東走，[7]贊普怒，追之，及于石門關，[8]盡忠戰死，執宜獨走歸唐，居之鹽州，[9]以隸河西節度使范希朝。[10]希朝徙鎮太原，執宜從之，居之定襄神武川之新城。[11]其部落萬騎，皆驍勇善騎射，號"沙陀軍"。

［1］朱邪盡忠：人名。沙陀人。唐中葉沙陀部首領。事見《新唐書》卷二一八、本書本卷。

［2］北庭：唐代北庭都護府的簡稱。長安二年（702）始置，治所在金滿州（今新疆吉木薩爾縣）。　金滿州：州名。治所在今新疆吉木薩爾縣。

［3］貞元：唐德宗李适年號（785—805）。貞元六年（790）五月，吐蕃攻陷北庭、朱邪盡忠投降吐蕃。參見《通鑑》卷二三三。

［4］吐蕃：部族、政權名。唐朝時藏族先民在青藏高原建立吐蕃政權。自7至9世紀，共歷九主，二百餘年。　贊普：吐蕃王朝君主。《新唐書》卷一九六上《吐蕃傳》："其俗謂雄彊曰贊，丈夫曰普，故號君長曰贊普。"

［5］甘州：州名。治所在今甘肅張掖市甘州區。

［6］回鶻：部族、政權名。又作回紇。原係突厥鐵勒部的一支。唐天寶三載（744）建立回鶻汗國，8世紀末、9世紀初，回鶻與吐蕃爭奪北庭和安西並最終取勝，統治西域。9世紀中葉，回鶻汗國瓦解。參見楊蕤《回鶻時代：10—13世紀陸上絲綢之路貿易研究》，中國社會科學出版社2015年版。

［7］執宜：人名。即朱邪執宜。沙陀人。唐中葉沙陀部首領。事見《新唐書》卷二一八、本書本卷。唐憲宗元和三年（808），朱邪盡忠、執宜父子率沙陀部歸唐。參見《通鑑》卷二三七。

［8］石門關：關隘名。位於今寧夏固原市原州區。

［9］鹽州：州名。治所在今陝西定邊縣。

［10］河西：方鎮名。治所在涼州（今甘肅武威市）。　節度使：官名。唐時在重要地區所設掌握一州或數州軍政、民政、財政的長官。品秩不詳。　范希朝：人名。河中虞鄉（今山西永濟市）人。唐朝將領，唐德宗時累有戰功，先後爲振武節度使、河西節度使、河東節度使。傳見《舊唐書》卷一五一、《新唐書》卷一七〇。

［11］定襄：縣名。治所在今山西定襄縣。　神武川新城：地

名。位於今山西代縣雁門關一帶。

執宜死，其子曰赤心。懿宗咸通十年，[1]神策大將軍康承訓統十八將討龐勛於徐州，[2]以朱邪赤心爲太原行營招討、沙陀三部落軍使。[3]以從破勛功，拜單于大都護、振武軍節度使，[4]賜姓名曰李國昌，以之屬籍。沙陀素彊，而國昌恃功益橫恣，懿宗患之。十三年，徙國昌雲州刺史、大同軍防禦使，[5]國昌稱疾拒命。

[1]咸通：唐懿宗李漼年號（860—874）。

[2]神策大將軍：官名。唐代神策軍長官。安史之亂時神策軍平亂有功，改爲禁軍，設左、右神策大將軍各一。掌衛兵及内外八鎮兵。正二品。　康承訓：人名。靈州（今寧夏吳忠市）人。唐朝將領。事見《舊唐書》卷一九上。　龐勛：人名。籍貫不詳。唐末桂州（今廣西桂林市）戍卒起義軍首領。唐懿宗咸通九年（868）、十年，率久戍不歸的桂州戍卒起義北歸，兵敗死。事見《舊唐書》卷一九上、《新唐書》卷九。

[3]行營招討：官名。行營招討使的省稱。唐始置。戰時任命，兵罷則省。常以大臣、將帥或地方軍政長官兼任。掌招撫、討伐等事務。品秩不詳。　沙陀三部落：或即沙陀、薩葛、安慶。《舊唐書》卷一九下載，中和元年（881）"二月，代州北面行營都監押陳景思率沙陀、薩葛、安慶等三部落與吐渾之衆三萬赴援關中"。參見蔡家藝《沙陀族歷史雜探》，《民族研究》2001年第1期。軍使：官名。掌領本軍軍務，或兼理地方政務。品秩不詳。《新唐書》卷五〇《兵志》載："唐初，兵之戍邊者，大曰軍，小曰守捉，曰城，曰鎮……武德至天寶以前邊防之制，其軍、城、鎮、守捉皆有使。"

[4]單于大都護：官名。唐置。單于都護府長官。掌西域突厥

軍民政令。唐末已無實際執掌。從二品。參見何天明《唐代單于大都護府探討》，《北方文物》2001年第2期。　振武軍：方鎮名。後梁貞明二年（916）以前，治所位於單于都護府城（今内蒙古和林格爾縣）。貞明二年，單于都護府城爲契丹占據。此後至後唐清泰三年（936），治所位於朔州（今山西朔州市）。後漢隨燕雲十六州割予契丹，改名順義軍。

[5]雲州：州名。治所在今山西大同市。　大同軍：方鎮名。治所在雲州（今山西大同市）。　防禦使：官名。唐代始置，設有都防禦使、州防禦使兩種。常由刺史或觀察使兼任，實際上爲唐代後期州或方鎮的軍政長官。品秩不詳。

　　國昌子克用，尤善騎射，能仰中雙鳧，[1]爲雲州守捉使。[2]國昌已拒命，克用乃殺大同軍防禦使段文楚，[3]據雲州，自稱留後。[4]唐以太僕卿盧簡方爲振武節度使，[5]會幽、并兵討之。[6]簡方行至嵐州，[7]軍潰，由是沙陀侵掠代北爲邊患矣。[8]

[1]鳧（fú）：水鳥，似鴨能飛，俗稱"野鴨"。

[2]守捉使：官名。唐代邊防區守捉一級的長官。掌領本軍軍務。品秩不詳。

[3]段文楚：人名。汧陽（今陝西千陽縣）人。唐末將領。事見《舊唐書》卷一九上。

[4]留後：官名。原非正式命官，唐朝節度使入朝或宰相、親王遙領節度使不臨鎮則置。安史之亂後，節度使多以子弟或親信爲留後，以代行節度使職務，亦有軍士、叛將自立爲留後者。掌一州或數州軍政。北宋始爲朝廷正式命官。

[5]太僕卿：官名。西漢置太僕，南朝梁始置太僕卿。爲太僕寺長官。掌管車馬及牲畜之政令。從三品。　盧簡方：人名。籍貫

不詳。唐末將領。傳見《新唐書》卷一八二。

[6]幽：州名。治所在今北京市。　并：州名。治所在今山西太原市。

[7]嵐州：州名。治所在今山西嵐縣。原作"鳳州"。中華點校本引《舊唐書》卷一九上、《通鑑》卷二五三叙其事作"嵐州"；清人吳蘭廷《五代史記纂誤補》卷一謂"鳳"當作"嵐"；錢大昕《廿二史考異》卷六一稱："惟《五代史》以嵐州爲鳳州，則轉寫之訛耳。"今據改。

[8]代北：方鎮名。治所在代州（今山西代縣）。

　　明年，僖宗即位，以謂前太原節度使李業遇沙陀有恩，[1]而業已死，乃以其子鈞爲靈武節度使、宣慰沙陀六州三部落使，[2]六州三部落，皆不見其名處，據《唐書》除使有此語爾。以招緝之。拜克用大同軍防禦使。

[1]李業：人名。籍貫不詳。唐後期大臣。時任鴻臚卿，宣宗大中元年（847）受詔爲册黠戛斯英武誠明可汗使，往漠北册立，完命而歸。李業遇沙陀有恩，或在此次出使之時。事見《舊唐書》卷一八下。

[2]鈞：人名。即李鈞。李業之孫。唐末將領。事見《舊唐書》卷一九上。　靈武：郡名。治所在今寧夏吳忠市。乾元元年（758），改名靈州。此處代指治所在靈州的方鎮朔方軍。　宣慰沙陀六州三部落使：官名。取宣撫、慰問之意，爲臨時特遣之使。掌巡視沙陀六州三部落，宣揚政令，慰撫各部。品秩不詳。

　　居久之，國昌出擊党項，[1]吐渾赫連鐸襲破振武。[2]克用聞之，自雲州往迎國昌，而雲州人亦閉關拒之。國昌父子無所歸，因掠蔚、朔間，[3]得兵三千，國昌入保蔚州，克用還據新城。僖宗乃拜鐸大同軍使，以李鈞爲代北招討使，以討沙陀。

[1]党項：部族名。源出羌族，時活躍於今甘肅東部、寧夏、陝西北部一帶。參見湯開建《党項西夏史探微》，商務印書館2013年版。

[2]吐渾：部族名。吐谷渾的省稱。源出鮮卑，後游牧於今甘肅、青海一帶。參見周偉洲《吐谷渾資料輯錄》（增訂本），商務印書館2017年版。　赫連鐸：人名。唐末代北吐谷渾首領。咸通九年（868）隨唐軍鎮壓龐勛起義。與李國昌父子爭奪代北，官至唐雲州刺史、大同軍防禦使，守雲州十餘年。後爲李克用擒殺。事見《舊唐書》卷一九下。

[3]蔚：州名。治所在今河北蔚縣。　朔：州名。治所在今山西朔州市朔城區。

乾符五年，[1]沙陀破遮虜軍，[2]又破岢嵐軍，[3]而唐兵數敗，沙陀由此益熾，北據蔚、朔，南侵忻、代、嵐、石，[4]至于太谷焉。[5]

[1]乾符：唐僖宗李儇年號（874—879）。

[2]遮虜軍：軍（政區單位）名。治所在今山西嵐縣。

[3]岢嵐軍：軍（政區單位）名。治所在今山西岢嵐縣。

[4]忻：州名。治所在今山西忻州市。　石：州名。治所在今山西呂梁市離石區。

[5]太谷：縣名。治所在今山西太谷縣。

廣明元年，[1]招討使李琢會幽州李可舉、雲州赫連鐸擊沙陀，[2]克用與可舉相拒雄武軍。[3]其叔父友金以蔚、朔州降于琢，[4]克用聞之，遽還。可舉追至藥兒嶺，[5]大敗之，琢軍夾擊，又敗之于蔚州，沙陀大潰，克用父子亡入達靼。[6]

[1]廣明：唐僖宗李儇年號（880—881）。
[2]李琢：人名。洮州臨潭（今甘肅臨潭縣）人。唐中期將領李晟之孫。唐末將領。事見《舊唐書》卷一九、《通鑑》卷二五三。 李可舉：人名。回鶻阿不思族人。唐幽州節度使李茂勛之子。襲父位爲唐幽州節度使，累官至檢校太尉。傳見《舊唐書》卷一八〇。
[3]雄武軍：方鎮名。治所在今天津薊州區。
[4]友金：人名。即李友金。沙陀族首領，李克用叔父。事見《舊唐書》卷一九下。
[5]藥兒嶺：地名。位於今北京市平谷區。
[6]達靼：部族名。其名始見於唐開元二十年（732）突厥文《闕特勤碑》。唐末活躍於陰山一帶。參見白玉冬《九姓達靼游牧王國史研究》，中國社會科學出版社2017年版。

克用少驍勇，軍中號曰"李鴉兒"，其一目眇，及其貴也，又號"獨眼龍"，其威名蓋於代北。其在達靼，久之，鬱鬱不得志，又常懼其圖己，因時時從其群豪射獵，或掛針于木，或立馬鞭，百步射之輒中，群豪皆服以爲神。

黃巢已陷京師，[1]中和元年，[2]代北起軍使陳景思發沙陀先所降者，[3]與吐渾、安慶等萬人赴京師，[4]行至絳州，[5]沙陀軍亂，大掠而還。景思念沙陀非克用不可將，乃以詔書召克用於達靼，承制以爲代州刺史、雁門以北行營節度使。[6]率蕃漢萬人出石嶺關，[7]過太原，求發軍錢。節度使鄭從讜與之錢千緡、米千石，[8]克用怒，縱兵大掠而還。

[1]黃巢：人名。曹州冤句（今山東菏澤市）人。唐末農民起義領袖。傳見《舊唐書》卷二〇〇下、《新唐書》卷二二五下。

[2]中和：唐僖宗李儇年號（881—885）。

[3]起軍使：官名。文獻中僅見"代北起軍使陳景思"。職掌、品秩不詳。　陳景思：人名。籍貫不詳。唐末將領。事見《舊唐書》卷一九下。

[4]安慶：古部落名。或爲沙陀三部落之一。《舊唐書》卷一九下載："二月，代州北面行營都監押陳景思率沙陀、薩葛、安慶等三部落與吐渾之衆三萬赴援關中。"

[5]絳州：州名。治所在今山西新絳縣。

[6]雁門：方鎮名。治所在代州（今山西代縣）。

[7]石嶺關：關隘名。位於今山西陽曲縣北。

[8]鄭從讜：人名。滎陽（今河南滎陽市）人。唐僖宗時宰相，曾任太原尹、宣武軍節度使、嶺南節度使等職。傳見《舊唐書》卷一五八、《新唐書》卷一六五。

二年十一月，景思、克用復以步騎萬七千赴京師。三年正月，出于河中，[1]進屯乾坑。[2]巢黨驚曰："鴉兒軍至矣！"二月，敗巢將黃鄴於石隄谷；[3]三月，又敗趙璋、尚讓于良田坡，[4]橫尸三十里。是時，諸鎮兵皆會長安，大戰渭橋，[5]賊敗走入城，克用乘勝追之，自光泰門先入，[6]戰望春宫昇陽殿，[7]巢敗，南走出藍田關，[8]京師平，克用功第一。天子拜克用檢校司空、同中書門下平章事、河東節度使，[9]以國昌爲雁門以北行營節度使。十月，國昌卒。

[1]河中：府名。治所在今山西永濟市。
[2]乾（gān）坑：地名。位於今陝西大荔縣。
[3]黄鄴：人名。曹州寃句（山東菏澤市）人。黄巢堂弟、部將。事見《舊唐書》卷一九下。　石隄谷：地名。位於今陝西渭南市華州區。
[4]趙璋：人名。籍貫不詳。唐末黄巢謀士。事見《新唐書》卷二二五下。　尚讓：人名。籍貫不詳。唐末黄巢部將，後被時溥所殺。事見《舊唐書》卷二〇〇下、《新唐書》卷二二五下。　良田坡：地名。位於今陝西渭南市臨渭區。
[5]渭橋：漢、唐時長安渭水上所建橋梁。參見辛德勇《古代交通與地理文獻研究》，商務印書館2018年版。
[6]光泰門：宫門名。唐長安城禁苑二東門之一。位於今陝西西安市東北。
[7]望春宫昇陽殿：宫殿名。位於今陝西西安市。
[8]藍田關：關隘名。位於今陝西藍田縣東南。
[9]檢校司空：官名。爲散官或加官，以示恩寵，無實際執掌。司空，與太尉、司徒並爲三公。品秩不詳。　同中書門下平章事：官名。簡稱"同平章事"。唐高宗以後，凡實際任宰相之職者，常在其本官後加同平章事的職銜。後成爲宰相專稱。品秩不詳。

　　十一月，遣其弟克脩攻昭義孟方立，[1]取其澤、潞二州。[2]方立走山東，[3]以邢、洺、磁三州自别爲昭義軍。[4]昭義軍在唐時跨山東、西，管五州，至是澤、潞入于晉，邢、洺、磁孟氏據之，故當時有兩昭義。黃巢南走至蔡州，[5]降秦宗權，[6]遂攻陳州。[7]四年，克用以兵五萬救陳州，出天井關，[8]假道河陽，[9]諸葛爽不許，[10]乃自河中渡河。四月，敗尚讓於太康，[11]又敗黃鄴于西華。[12]巢且走且戰，至中牟，[13]臨河未渡，而克用追及之，賊衆驚潰。比至封丘，[14]又敗之，巢脫身走，克用追之，一日夜馳二百里，至于冤朐，[15]不及而還。

[1]克脩：人名。即李克脩。沙陀人。李克用之弟，唐末將領。傳見《舊五代史》卷五〇、本書卷一四。　昭義：方鎮名。治所在潞州（今山西長治市）。　孟方立：人名。邢州平鄉（今河北平鄉縣）人。唐末將領。傳見《新唐書》卷一八七、《舊五代史》卷六二、本書卷四二。

[2]澤：州名。治所在今山西澤州縣。　潞：州名。治所在今山西長治市。

[3]山東：太行山以東。昭義軍所管五州，澤、潞二州在太行山以西，邢、洺、磁三州在太行山以東。此處山東特指邢、洺、磁三州。

[4]洺：州名。治所在今河北邯鄲市永年區。　磁：州名。治所在今河北磁縣。

[5]蔡州：州名。治所在今河南汝南縣。

[6]降：使動用法，使秦宗權降。　秦宗權：人名。許州（今河南許昌市）人。唐末軍閥。傳見《舊唐書》卷二〇〇下、《新唐書》卷二二五下。

[7]陳州：州名。治所在今河南淮陽縣。

[8]天井關：關隘名。又稱太行關。位於今山西晉城市南太行

山頂。

[9]河陽：縣名。治所在今河南孟州市。

[10]諸葛爽：人名。青州博昌（今山東博興縣）人。唐末軍閥，時爲河陽節度使。傳見《舊唐書》卷一八二、《新唐書》卷一八七。

[11]太康：縣名。治所在今河南太康縣。

[12]西華：縣名。治所在今河南西華縣。

[13]中牟：縣名。治所在今河南中牟縣。

[14]封丘：縣名。治所在今河南封丘縣。

[15]冤朐：縣名。即冤句。治所在今山東菏澤市。

過汴州，[1]休軍封禪寺，[2]朱全忠饗克用於上源驛，[3]夜，酒罷，克用醉臥，伏兵發，火起，侍者郭景銖滅燭，[4]匿克用牀下，以水醒面而告以難。會天大雨滅火，克用得從者薛鐵山、賀回鶻等，[5]隨電光，縋尉氏門出還軍中。[6]七月，至于太原，訟其事于京師，請加兵於汴，遣弟克脩將兵萬人屯于河中以待。僖宗和解之，用破巢功，封克用隴西郡王。

[1]汴州：州名。治所在今河南開封市。

[2]封禪寺：寺名。位於今河南開封市鐵塔公園。初建於北齊天寶十年（559），名獨居寺。唐玄宗開元十七年（729），詔改爲封禪寺。

[3]上源驛：地名。位於今河南開封市。

[4]郭景銖：人名。籍貫不詳。唐末李克用侍者。本書僅此一見。

[5]薛鐵山、賀回鶻：人名。籍貫不詳。唐末李克用從者。本

書僅此一見。

[6]尉氏門：城門名。位於今河南開封市。因南通尉氏縣而名。

光啓元年，[1]河中王重榮與宦者田令孜有隙，[2]徙重榮兖州，[3]以定州王處存爲河中節度使，[4]詔克用以兵護處存之鎮。克用不僭號，故不稱王。重榮使人紿克用曰："天子詔重榮，俟克用至，與處存共誅之。"因僞爲詔書示克用曰："此朱全忠之謀也。"克用信之，八上表請討全忠，僖宗不許，克用大怒。

[1]光啓：唐僖宗李儇年號（885—888）。
[2]王重榮：人名。太原祁（今山西祁縣）人。唐末將領、軍閥。傳見《舊唐書》卷一八二、《新唐書》卷一八七。　田令孜：人名。本姓陳。蜀人。唐末宦官。傳見《舊唐書》卷一八四、《新唐書》卷二〇八。
[3]兖州：州名。治所在今山東濟寧市兖州區。
[4]定州：州名。治所在今河北定州市。　王處存：人名。京兆萬年（今陝西西安市）人。唐末將領、軍閥。傳見《舊唐書》卷一八二、《新唐書》卷一八六。

重榮既不肯徙，僖宗遣邠州朱玫、鳳翔李昌符討之。[1]克用反以兵助重榮，敗玫于沙苑，[2]遂犯京師，縱火大掠。天子出居于興元，[3]克用退屯河中。朱玫亦反以兵追天子，不及，得襄王熅，迫之稱帝，屯于鳳翔。[4]僖宗念獨克用可以破玫而不能使也，當破黃巢長安時，天下兵馬都監楊復恭與克用善，[5]乃遣諫議大夫劉崇望以詔書召克用，[6]且道復恭意，使進兵討玫等。

克用陽諾而不行。

　　[1]邠州：州名。治所在今陝西彬縣。　朱玫：人名。邠州（今陝西彬縣）人。唐末軍閥。傳見《舊唐書》卷一七五、《新唐書》卷二二四下。　鳳翔：方鎮名。治所在鳳翔府（今陝西鳳翔縣）。　李昌符：人名。籍貫不詳。唐末軍閥，接替其兄李昌言任鳳翔軍節度使。事見《舊唐書》卷一九下、《通鑑》卷二五六。

　　[2]沙苑：地名。位於今陝西大荔縣東南。

　　[3]興元：府名。治所在今陝西漢中市。

　　[4]襄王熅（yūn）：即李熅。唐肅宗曾孫，受封襄王。朱玫擁之稱帝，改元建貞，兩個月後各路節度使攻入長安，李熅被廢爲庶人，後爲王重榮所殺。傳見《舊唐書》卷一七五。　鳳翔：府名。治所在今陝西鳳翔縣。

　　[5]天下兵馬都監：官名。掌總護天下諸軍，實即監軍之職。品秩不詳。《舊唐書》卷一八四、《新唐書》卷二〇七記載楊復光曾出任此職。疑此處或誤將楊復光所任官職冠於楊復恭。　楊復恭：人名。閩（今福建）人。唐末宦官、將領，與李克用相善。傳見《舊唐書》卷一八四、《新唐書》卷二〇八。

　　[6]諫議大夫：官名。秦始置，掌朝政議論。隋、唐仍置，有左、右諫議大夫各四人，分屬門下、中書二省。掌諫諭得失，侍從贊相。唐後期、五代多以本官領他職。正四品下。　劉崇望：人名。祖籍代郡（今山西大同市），後徙居洛陽（今河南洛陽市）。唐末宰相。傳見《舊唐書》卷一七九。

　　明年，孟方立死，弟遷立。[1]大順元年，[2]克用擊破孟遷，取邢、洺、磁三州，乃遣安金俊攻赫連鐸於雲州。[3]幽州李匡威救鐸，[4]戰於蔚州，金俊大敗。於是匡威、鐸及朱全忠皆請因其敗伐之。昭宗以克用破黃巢功高，不可伐，下其事臺、省四品官議，[5]議者多言不可。宰相張濬獨以謂沙陀前逼僖宗幸興元，[6]罪當誅，可伐。軍容使楊復恭，[7]克用所善也，亦極諫以爲不可，昭宗然之，詔諭全忠等。全忠陰賂濬，使持其議益堅，昭宗不得已，以濬爲太原四面行營兵馬都統，[8]韓建爲副。[9]

[1]遷：人名。即孟遷。邢州平鄉（今河北平鄉縣）人。唐末將領。傳見《新唐書》卷一八七。

[2]大順：唐昭宗李曄年號（890—891）。

[3]安金俊：人名。籍貫不詳。唐末李克用部將。事見《舊唐書》卷二〇上、卷一八七及《舊五代史》卷二五。

[4]李匡威：人名。范陽（今河北涿州市）人。幽州節度使李全忠之子，襲父位爲節度使。唐末軍閥。傳見《舊唐書》卷一八〇、《新唐書》卷二一二。

[5]昭宗：即唐昭宗李曄，888年至904年在位。紀見《舊唐書》卷二〇上、《新唐書》卷一〇。臺、省四品官議：集議的一種。臺指御史臺，省指中書、門下、尚書三省。御史臺、三省四品以上官員集議，討論國家相關政務，商定後上奏皇帝裁斷。集議是漢、唐決策制度的重要組成部分。參見〔日〕渡邊信一郎《天空の玉座——中國古代帝國の朝政と儀禮》，柏書房1996年版。

[6]張濬：人名。宿州符離（今安徽宿州市埇橋區）人。唐僖宗時爲戶部侍郎、同中書門下平章事，唐昭宗時爲尚書左僕射，後爲朱溫所殺。傳見《舊唐書》卷一七九、《新唐書》卷一八五。

[7]軍容使：官名。"天下觀軍容宣慰處置使"之省稱。唐代後期禁軍的最高軍職，以宦官充任。原爲節制、監察出征軍隊而設，後專掌神策軍。

[8]兵馬都統：官名。唐朝中後期所置總諸道兵馬專征伐之最高長官，不賜旌節，兵罷則省。

[9]韓建：人名。許州長社（今河南許昌市）人。唐末、五代軍閥。傳見《舊五代史》卷一五、本書卷四〇。　韓建爲副："副"，原作"副使"，中華點校本據撫州刊本、遞修本、宗文本改，今從。《舊五代史》卷二五、《通鑑》卷二五八叙此事皆云以韓建爲都虞候。

是時，潞州將馮霸叛降于梁，[1]梁遣葛從周入潞州。[2]唐以京兆尹孫揆爲昭義軍節度使，[3]克用遣李存孝執揆于長子，[4]又遣康君立取潞州。[5]十一月，潛及克用戰于陰地，[6]潛軍三戰三敗，潛、建遯歸。克用兵大掠晉、絳，[7]至于河中，赤地千里。克用上表自訴，其辭慢侮，天子爲之引咎，優詔荅之。

[1]馮霸：人名。籍貫不詳。唐末將領。事見《舊五代史》卷五〇、本書卷一四。

[2]葛從周：人名。濮州鄄城（今山東鄄城縣）人。唐末、五代將領。傳見《舊五代史》卷一六、本書卷二一。

[3]孫揆：人名。潞州涉縣（今河北涉縣）人。唐末進士、官員，昭宗時歷任中書舍人、刑部侍郎、京兆尹、昭義軍節度使。傳見《新唐書》卷一九三。

[4]李存孝：人名。本名安敬思。代州飛狐（今河北淶源縣）人。唐末李克用養子、部將。傳見《舊五代史》卷五三、本書卷三六。　長（zhǎng）子：縣名。治所在今山西長子縣。

[5]康君立：人名。蔚州興唐（今河北蔚縣）人。唐末將領。傳見《舊五代史》卷五五。

[6]陰地：關隘名。位於今山西靈石縣西南。

[7]晉：州名。治所在今山西臨汾市。

二年二月，復拜克用河東節度使、隴西郡王，加檢校太師兼中書令。[1]四月，攻赫連鐸于雲州，圍之百餘日，鐸走吐渾。八月，大蒐于太原，出晉、絳，掠懷、孟，[2]至于邢州，遂攻王鎔于鎮州。[3]克用柵常山西，[4]以十餘騎渡滹沱覘敵，[5]遇大雨，平地水深數尺。鎮人襲之，克用匿林中，禱其馬曰："吾世有太原者馬不嘶。"馬偶不嘶以免。前軍李存孝取臨城，[6]進攻元氏。[7]李匡威救鎔，克用還軍邢州。景福元年，[8]王鎔攻邢州，李存信、李嗣勳等敗鎔于堯山。[9]二月，會王處存攻鎔，戰于新市，[10]爲鎔所敗。八月，李匡威攻雲州，以牽克用之兵，克用潛入于雲州，返出擊匡威，匡威敗走。十月，李存孝以邢州叛。二年，存孝求援於王鎔，克用出兵井陘擊鎔，[11]且以書招鎔，而急攻其平山，[12]鎔懼，遂與克用通和，獻帛五十萬匹，出兵助攻邢州。乾寧元年三月，[13]執存孝，殺之。冬，攻幽州，李匡儔棄城走，[14]追至景城，[15]見殺，以劉仁恭爲留後。[16]

[1]檢校太師：官名。爲散官或加官，以示恩寵，無實際執掌。太師，與太傅、太保並爲三師。品秩不詳。　中書令：官名。漢代始置，隋、唐前期爲中書省長官，屬宰相之職；唐後期多爲授予元勳大臣的虛銜。正二品。

[2]懷：州名。治所在今河南沁陽市。　孟：州名。治所在今河南孟州市。

[3]王鎔：人名。回鶻人。唐末、五代軍閥，朱溫後封趙王。傳見《舊五代史》卷五四、本書卷三九。　鎮州：州名。治所在今

河北正定縣。

［4］常山：山名。位於今河北正定縣東北。

［5］滹沱：河流名。發源於今山西繁峙縣，東流入今河北省，過正定縣，向東流入渤海。

［6］臨城：縣名。治所在今河北臨城縣。

［7］元氏：縣名。治所在今河北元氏縣。

［8］景福：唐昭宗李曄年號（892—893）。

［9］李存信：人名。本姓張。回鶻人。唐末、五代後唐將領。傳見《舊五代史》卷五三、本書卷三六。　李嗣勳：人名。籍貫不詳。唐末李克用部將。事見《通鑑》卷二五九。　堯山：縣名。治所在今河北隆堯縣。

［10］新市：縣名。治所在今河北正定縣。

［11］井陘（xíng）：關隘名。位於今河北井陘縣。

［12］平山：縣名。治所在今河北平山縣。

［13］乾寧：唐昭宗李曄年號（894—898）。

［14］李匡儔：人名。兩《唐書》作"李匡籌"。范陽（今河北涿州市）人。幽州節度使李全忠之子、李匡威之弟。唐末軍閥。傳見《舊唐書》卷一八〇、《新唐書》卷二一二。

［15］景城：縣名。治所在今河北滄縣。

［16］劉仁恭：人名。深州（今河北深州市）人。唐末、五代軍閥。傳見《新唐書》卷二一二。

二年，河中王重盈卒，[1]其諸子珂、珙爭立，[2]克用請立珂，鳳翔李茂貞、邠寧王行瑜、華州韓建請立珙。[3]昭宗初兩難之，乃以宰相崔胤爲河中節度使，[4]既而許克用立珂。茂貞等怒，三鎮兵犯京師，聞克用亦起兵，乃皆罷去。六月，克用攻絳州，斬刺史王瑤。瑤，珙弟，助珙以爭者。七月，至于河中，同州王行約奔于京師，[5]陽言曰："沙陀十萬至矣！"謀奉天子幸邠州，茂貞假子閻圭亦謀劫幸鳳翔，[6]京師大亂，昭宗出居于石門。[7]

[1]王重盈：人名。太原祁（今山西祁縣）人。河中節度使王重榮之兄。唐末軍閥。事見《舊唐書》卷一八二、《新唐書》卷一八七。

[2]珂：人名。即王珂，王重榮兄王重簡之子，出繼王重榮。唐末、五代軍閥。傳見《舊唐書》卷一八二、《新唐書》卷一八七、《舊五代史》卷一四、本書卷四二。 珙：人名。即王珙，王重盈之子。唐末、五代軍閥。傳見《新唐書》卷一八七。

[3]李茂貞：人名。深州博野（今河北蠡縣）人。唐末、五代軍閥。傳見《舊五代史》卷一三二、本書卷四〇。 邠寧：方鎮名。治所在邠州（今陝西彬縣）。 王行瑜：人名。邠州（今陝西彬縣）人。唐末軍閥。傳見《舊唐書》卷一七五、《新唐書》卷二二四下。 華州：州名。治所在今陝西渭南市華州區。

[4]崔胤：人名。清河武城（今山東武城縣）人。唐末宰相。傳見《舊唐書》卷一七七、《新唐書》卷二二三下。

[5]同州：州名。治所在今陝西大荔縣。 王行約：人名。邠州（今陝西彬縣）人。王行瑜之弟。唐末軍閥，時爲匡國軍節度使。事見《舊唐書》卷一七五、《新唐書》卷二二四下。

[6]閻圭：人名。籍貫不詳。唐末將領。事見《舊唐書》卷二〇上。

[7]石門：地名。位於今陝西三原縣。

克用軍留月餘不進，昭宗遣延王戒丕、丹王允兄事克用，[1]且告急。八月，克用進軍渭橋，以爲邠寧四面行營都統。昭宗還京師。十一月，克用擊破邠州，王行瑜走至慶州,[2]見殺。克用還軍雲陽,[3]請擊茂貞,昭宗慰勞克用,使與茂貞解仇以紓難,拜克用"忠正平難功臣",封晉王。是時,晉軍渭北,遇雨六十日,或勸克用入朝,克用未決,都押衙蓋寓曰:[4]"天子還自石門,寢未安席,若晉兵渡渭,人情豈復能安?勤王而已,何必朝哉?"克用笑曰:"蓋寓猶不信我,況天子乎!"乃收軍而還。

[1]延王戒丕、丹王允:人名。即李戒丕、李允,唐末宗室。事見《通鑑》卷二六〇。

[2]慶州:州名。治所在今甘肅慶城縣。

[3]雲陽:縣名。治所在今陝西涇陽縣。

[4]都押衙:官名。"押衙"即"押牙"。唐、五代時期節度使辟署的屬官,有稱左、右都押衙或都押衙者。掌領方鎮儀仗侍衛、統率軍隊。品秩不詳。參見劉安志《唐五代押牙(衙)考略》,《魏晉南北朝隋唐史資料》第16輯,1998年。 蓋寓:人名。蔚州(今河北蔚縣)人。唐末、五代李克用部將。傳見《舊五代史》卷五五。

三年正月,昭宗復以張濬爲相,克用曰:"此朱全忠之謀也。"乃上表曰:"若陛下朝以濬爲相,則臣將暮至闕廷!"[1]京師大恐,濬命遽止。朱全忠之攻兖、鄆也,克用遣李存信假道魏州以救朱宣等,[2]存信屯于莘縣,[3]軍士侵掠魏境,羅弘信伏兵攻之,[4]存信敗走洺州。[5]克用自將擊魏,戰于洹水,[6]亡其子落落。[7]六月,破魏成安、洹水、臨漳等十餘邑。[8]十月,又敗魏人于白龍潭，[9]進攻觀音門，[10]全忠救至，乃解。

[1]闕廷：代指朝廷、京城。闕，宮門、城門兩側的高臺，中間有道路，臺上起樓觀。

[2]魏州：州名。治所在今河北大名縣。　朱宣：人名。宋州下邑（今河南夏邑縣）人。唐末、五代軍閥，後爲天平軍節度使。傳見《舊唐書》卷一八二、《新唐書》卷一八八、《舊五代史》卷一三、本書卷四二。

[3]莘縣：縣名。治所在今山東莘縣。

[4]羅弘信：人名。魏州貴鄉（今河北大名縣）人。唐末、五代軍閥。傳見《舊唐書》卷一八一、《新唐書》卷二一〇。

[5]洺州：州名。治所在今河北邯鄲市永年區。

[6]洹（huán）水：縣名。治所在今河北魏縣。因境有洹水，故名。

[7]落落：人名。李克用之子。時爲鐵林軍使，將鐵林小兒三千騎薄於洹水，與葛從周部作戰失敗，爲葛從周部將張歸霸所擒，朱温命將落落送於羅弘信斬之。事見《舊唐書》卷一八一、《舊五代史》卷一、本書卷二二。

[8]成安：縣名。治所在今河北成安縣。　臨漳：縣名。治所在今河北臨漳縣。

[9]白龍潭：地名。位於今河北魏縣西南。

[10]觀音門：城門名。爲魏州城羅城西門。位於今河北大名縣。

四年，劉仁恭叛晉，克用以兵五萬擊仁恭，戰于安塞，[1]克用大敗。

[1]安塞：地名。位於今河北蔚縣。

光化元年，[1]朱全忠遣葛從周攻下邢、洺、磁三州。克用遣周德威出青山口，[2]遇從周于張公橋，[3]德威大敗。冬，潞州守將薛志勤卒，[4]李罕之據潞州，[5]叛附于朱全忠。

[1]光化：唐昭宗李曄年號（898—901）。
[2]周德威：人名。朔州馬邑（今山西朔州市朔城區）人。唐末、五代李克用、李存勗部將。傳見《舊五代史》卷五六、本書卷二五。　青山口：地名。位於今河北內丘縣西南。
[3]張公橋：地名。位於今河北邢臺市西北。
[4]薛志勤：人名。蔚州奉誠（今河北蔚縣）人。唐末李克用部將。傳見《舊五代史》卷五五。
[5]李罕之：人名。陳州項城（今河南項城市）人。唐末、五代軍閥。傳見《新唐書》卷一八七、《舊五代史》卷一五、本書卷四二。

二年，全忠遣氏叔琮攻破承天軍，[1]又破遼州，[2]至于榆次，[3]周德威敗之于洞渦。[4]秋，李嗣昭復取澤、潞。[5]三年，嗣昭敗汴軍于汴河，復取洺州，朱全忠自將圍之，嗣昭走，至青山口，遇汴伏兵，嗣昭大敗。秋，嗣昭取懷州。[6]是歲，汴人攻鎮、定，[7]鎮、定皆絕晉以附于朱全忠。

[1]氏叔琮：人名。河南尉氏（今河南尉氏縣）人。唐末將領。傳見《舊五代史》卷一九、本書卷四三。　承天軍：方鎮名。治所在今山西平定縣。
[2]遼州：州名。治所在今山西左權縣。

［3］榆次：縣名。治所在今山西晉中市榆次區。
［4］洞渦：地名。即洞渦驛。位於今山西清徐縣。
［5］李嗣昭：人名。汾州（今山西汾陽市）人。唐末、五代李克用義子、部將。傳見《舊五代史》卷五二、本書卷三六。
［6］懷州：州名。治所在今河南沁陽市。
［7］定：州名。治所在今河北定州市。

　　天復元年，[1]全忠封梁王。梁王攻下晉、絳、河中，執王珂以歸。晉失三與國，乃下意爲書幣聘梁以求和。梁王以爲晉弱可取，乃曰：“晉雖請盟，而書辭慢。”因大舉擊晉。四月，氏叔琮入天井，張文敬入新口，[2]葛從周入土門，[3]王處直入飛狐，[4]侯言入陰地。[5]叔琮取澤、潞，其別將白奉國破承天軍，[6]遼州守將張鄂、汾州守將李瑭皆迎梁軍降，[7]晉人大懼。會天大雨霖，梁兵多疾，皆解去。五月，晉復取汾州，誅李瑭。六月，周德威、李嗣昭取慈、隰。[8]二年，進攻晉、絳，大敗于蒲縣，[9]梁軍乘勝破汾、慈、隰三州，遂圍太原。克用大懼，謀出奔雲州，又欲奔匈奴，未決，梁軍大疫，解去，周德威復取汾、慈、隰三州。

　　［1］天復：唐昭宗李曄年號（901—904）。李克用沿用至天復七年（907）。
　　［2］張文敬：人名。《通鑑》《舊五代史》皆作“張文恭”。籍貫不詳。唐末朱溫部將。本書僅此一見。　新口：地名。位於今河北武安市。
　　［3］土門：關隘名。即井陘關。位於今河北井陘縣北井陘山上。
　　［4］王處直：人名。京兆萬年（今陝西西安市）人。唐末、五

代軍閥，長期爲義武軍節度使。傳見《舊五代史》卷五四、本書卷三九。　飛狐：道名。北起今山西大同市，南抵今河北定州市。

[5]侯言：人名。籍貫不詳。唐末將領。事見本書本卷、卷二一。

[6]白奉國：人名。籍貫不詳。唐末將領。事見本書本卷、卷五。

[7]張鄂：人名。籍貫不詳。唐末李克用部將，遼州刺史，後投降朱溫。事見《舊五代史》卷二。　李瑭：人名。籍貫不詳。唐末李克用部將，汾州刺史，後投降朱溫，爲李嗣昭擒斬。事見《舊五代史》卷二六、本書本卷。

[8]慈：州名。治所在今山西吉縣。　隰（xí）：州名。治所在今山西隰縣。

[9]蒲縣：縣名。治所在今山西蒲縣。

　　四年，梁遷唐都於洛陽，改元曰天祐。[1]克用以謂劫天子以遷都者梁也，天祐非唐號，不可稱，乃仍稱天復。

[1]天祐：唐昭宗李曄開始使用的年號（904—907）。唐哀帝李柷沿用。唐亡後，河東李克用、李存勖仍稱天祐，沿用至天祐二十年（923）。五代十國其他政權亦有行此年號者，如南吴、吴越等。

　　五年，會契丹阿保機於雲中，[1]約爲兄弟。

[1]契丹：古部族、政權名。公元4世紀中葉宇文部爲前燕攻破，始分離而成單獨的部落，自號契丹。唐貞觀中，置松漠都督府，以其首領爲都督。唐末彊盛，916年迭刺部耶律阿保機建立契

丹國（遼）。先後與五代、北宋並立，保大五年（1125）爲金所滅。參見張正明《契丹史略》，中華書局1979年版。　阿保機：人名。姓耶律。契丹迭剌部人。唐末契丹族首領、遼開國太祖。紀見《遼史》卷一、卷二。　雲中：縣名。治所在今山西大同市。

　　六年，梁攻燕滄州，[1]燕王劉仁恭來乞師。克用恨仁恭反覆，欲不許，其子存勖諫曰："此吾復振之時也。今天下之勢，歸梁者十七八，彊如趙、魏、中山，[2]莫不聽命。是自河以北，無爲梁患者，其所憚者惟我與仁恭耳，若燕、晉合勢，非梁之福也。夫爲天下者不顧小怨，且彼常困我而我急其難，可因以德而懷之，是謂一舉而兩得，此不可失之機也。"克用以爲然，乃爲燕出兵攻破潞州，梁圍乃解去。以李嗣昭爲潞州留後。[3]

　　[1]滄州：州名。治所在今河北滄州市。
　　[2]趙：封國名。此處代指唐末河北方鎮成德軍。時王鎔爲成德軍節度使、趙王。　魏：州名。此處代指唐末河北方鎮魏博軍。時羅弘信爲魏博軍節度使。　中山：地名。此處代指唐末河北方鎮義武軍（治所在定州）。時王處直任義武軍節度使。
　　[3]潞州留後：原作"潞州留後後"，衍一"後"字。中華點校本將"後"字下連，據宗文本刪校"後七年"爲"七年"。今據宗文本、中華點校本刪一"後"字。

　　七年，梁兵十萬攻潞州，圍以夾城。遣周德威救潞州，軍于亂柳。[1]冬，克用疾。是歲，梁滅唐，克用復稱天祐四年。

[1]亂柳：地名。位於今山西沁縣。

五年正月辛卯，克用卒，年五十三。子存勖立，葬克用於雁門。[1]

[1]雁門：山名。位於今山西代縣西北。

嗚呼，世久而失其傳者多矣，豈獨史官之繆哉！李氏之先，蓋出于西突厥，本號朱邪，至其後世，別自號曰沙陀，而以朱邪爲姓，拔野古爲始祖。[1]其自序云：沙陀者，北庭之磧也。[2]當唐太宗時，破西突厥諸部，分同羅、僕骨之人於此磧，[3]置沙陀府，而以其始祖拔野古爲都督，其傳子孫，數世皆爲沙陀都督，故其後世因自號沙陀。

[1]拔野古：部族名。亦作拔曳固。隋、唐鐵勒十五部之一。唐末、五代時，沙陀人誤以拔野古爲人名，尊之爲始祖。參見王静、李青分《鐵勒拔野古部研究》，《内蒙古大學學報》（哲學社會科學版）2016年第2期。
[2]磧（qì）：淺水中的沙石，引申爲沙漠。
[3]同羅：部族名。屬西突厥鐵勒部。參見張方《鐵勒同羅部的盛衰和遷徙》，《河南教育學院學報》（哲學社會科學版）2006年第1期。　僕骨：部族名。又譯作僕固，屬西突厥鐵勒部。參見楊富學《僕固部的興起及其與突厥、回鶻的關係》，《西域研究》2000年第3期。

然予考于傳記，其説皆非也。夷狄無姓氏，朱邪，部族之號耳，拔野古與朱邪同時人，非其始祖，而唐太宗時，未嘗有沙陀府也。

　　唐太宗破西突厥，分其諸部，置十三州，以同羅爲龜林都督府，[1]僕骨爲金微都督府，[2]拔野古爲幽陵都督府，[3]未嘗有沙陀府也。當是時，西突厥有鐵勒、延陀、阿史那之類爲最大；[4]其別部有同羅、僕骨、拔野古等以十數，蓋其小者也；又有處月、處密諸部，[5]又其小者也。朱邪者，處月別部之號耳。太宗二十二年，[6]已降拔野古，其明年，阿史那賀魯叛。[7]至高宗永徽二年，[8]處月朱邪孤注從賀魯戰于牢山，[9]爲契苾何力所敗，[10]遂没不見。後百五六十年，憲宗時，有朱邪盡忠及子執宜見於中國，而自號沙陀，以朱邪爲姓矣。

　　[1]龜林都督府：唐羈縻都督府名。唐貞觀二十一年（647）以鐵勒同羅部置，屬燕然都護府。位於今蒙古國色楞格省東境。

　　[2]金微都督府：唐羈縻都督府名。唐貞觀二十一年以鐵勒僕骨部置，屬燕然都護府。其地在今蒙古國肯特山以北、鄂嫩河上游至俄羅斯奇科依河一帶。總章二年（669）屬安北都護府。

　　[3]幽陵都督府：唐羈縻都督府名。唐貞觀二十一年以鐵勒拔野古部置，屬燕然都護府。約在今俄羅斯、蒙古國鄂嫩河以東及蒙古國克魯倫河南北地區。永淳、垂拱時突厥、鐵勒相繼叛唐後，内遷於夏州以北河套内地。屬安北都護府。

　　[4]鐵勒：部族名。又作敕勒、高車、丁零。北周至隋唐的史書中指廣義的突厥各部。參見段連勤《丁零、高車與鐵勒》，廣西師範大學出版社2006年版。　延陀：部族名。後與薛部合一，組成薛延陀部。參見段連勤《隋唐時期的薛延陀》，三秦出版社1988年版。　阿史那：突厥氏族之一。突厥原有十姓，所生子皆以母族

爲姓。阿史那爲十姓之一。突厥之始祖即出於此姓，號阿賢設。此後歷代突厥可汗及貴族多出於此姓。

［5］處月：部族名。屬西突厥五咄陸部。　處密：部族名。屬西突厥五咄陸部。

［6］太宗二十二年：指唐太宗貞觀二十二年（648）。

［7］阿史那賀魯：人名。突厥人。唐朝將領、西突厥可汗。事見《舊唐書》卷一九四下、《新唐書》卷二一五。

［8］永徽：唐高宗李治年號（650—655）。

［9］朱邪孤注：人名。突厥人。朱邪部首領。朱邪爲處月之別部，處月屬西突厥五咄陸部。事見《通鑑》卷一九九。

［10］契苾何力：人名。突厥人。鐵勒契苾部首領，唐太宗朝將領。傳見《舊唐書》卷一〇九、《新唐書》卷一一〇。

　　蓋沙陀者，大磧也，[1]在金莎山之陽，[2]蒲類海之東，[3]自處月以來居此磧，號沙陀突厥，而夷狄無文字傳記，朱邪又微不足錄，故其後世自失其傳。至盡忠孫始賜姓李氏，李氏後大，而夷狄之人遂以沙陀爲貴種云。

［1］大磧：今蒙古高原大沙漠。

［2］金莎山：山名。即今博格達山，屬於天山東支。參見李樹輝《突厥原居地"金山"考辨》，《中國邊疆史地研究》2009年第3期。

［3］蒲類海：湖泊名。即今巴里坤湖。位於今新疆巴里坤哈薩克自治縣。

新五代史　卷五

唐本紀第五

存勖，克用長子也。初，克用破孟方立于邢州，[1]還軍上黨，[2]置酒三垂崗，[3]伶人奏百年歌，[4]至于衰老之際，聲甚悲，坐上皆悽愴。時存勖在側，方五歲，克用慨然捋鬚，指而笑曰："吾行老矣，此奇兒也，後二十年，其能代我戰于此乎！"存勖年十一，從克用破王行瑜，[5]遣獻捷于京師，昭宗異其狀貌，賜以鸂鶒卮、翡翠盤，[6]而撫其背曰："兒有奇表，後當富貴，無忘予家。"及長，善騎射，膽勇過人，稍習春秋，通大義，尤喜音聲歌舞俳優之戲。

[1]孟方立：人名。邢州平鄉（今河北平鄉縣）人。唐末將領。傳見《新唐書》卷一八七、《舊五代史》卷六二、本書卷四二。　邢州：州名。治所在今河北邢臺市。

[2]上黨：縣名。治所在今山西長治市。

[3]三垂崗：山名。一作"三垂岡"，又名三垂山。位於今山西長治市潞城區。

[4]伶人：古代樂人。《國語·周語下》載："鐘成，伶人告和。"韋昭注："伶人，樂人也。"　《百年歌》：樂府詩篇名。寫於魏晉時期，陸機所作。全詩共十段，每段依次概述人生一個十年。

[5]王行瑜：人名。邠州（今陝西彬縣）人。唐末軍閥。傳見《舊唐書》卷一七五、《新唐書》卷二二四下。

[6]鸂(xī)鶒(chì)卮(zhī)：酒器名。鸂鶒，水鳥名。類鴛鴦而大，色紫。卮，酒器。該器乃皇宮中物。

天祐五年正月，[1]即王位于太原。叔父克寧殺都虞候李存質，[2]倖臣史敬鎔告克寧謀叛。[3]二月，執而戮之，且以先王之喪、叔父之難告周德威，德威自亂柳還軍太原。[4]梁夾城兵聞晉有大喪，德威軍且去，因頗懈。王謂諸將曰："梁人幸我大喪，謂我少而新立，無能爲也，宜乘其怠擊之。"乃出兵趨上黨，行至三垂崗，歎曰："此先王置酒處也！"會天大霧晝暝，兵行霧中，攻其夾城，破之，梁軍大敗，凱旋告廟。九月，蜀王王建、岐王李茂貞及楊崇本攻梁大安，[5]晉亦遣周德威攻其晉州，[6]敗梁軍于神山。[7]

[1]天祐：唐昭宗李曄開始使用的年號（904—907）。唐哀帝李柷沿用。唐亡後，河東李克用、李存勖仍稱天祐，沿用至天祐二十年（923）。五代十國其他政權亦有行此年號者，如南吳、吳越等。

[2]克寧：人名。即李克寧。沙陀人。李克用之弟。唐末、五代後唐將領。傳見《舊五代史》卷五〇、本書卷一四。　都虞候：官名。唐、五代方鎮高級軍官。品秩不詳。　李存質：人名。回鶻人。本姓張，名汙落。唐末晉王李克用部將。初爲李國昌親信，後從李克用入關征戰，始補軍職，賜姓名，收爲義子。事見《舊唐書》卷一四二、《舊五代史》卷二七、《通鑑》卷二七一。

[3]史敬鎔：人名。太原（今山西太原市）人。五代後唐將

領。傳見《舊五代史》卷五五。

［4］周德威：人名。朔州馬邑（今山西朔州市朔城區）人。唐末、五代李克用、李存勖部將。傳見《舊五代史》卷五六、本書卷二五。　亂柳：地名。位於今山西沁縣。

［5］王建：人名。許州舞陽（今河南舞陽縣）人。唐末軍閥、前蜀開國皇帝。傳見《舊五代史》卷一三六、本書卷六三。　李茂貞：人名。深州博野（今河北博野縣）人。唐末、五代軍閥，長期割據鳳翔，受封岐王。傳見《舊五代史》卷一三二、本書卷四〇。　楊崇本：人名。籍貫不詳。李茂貞義子。唐末、五代軍閥。傳見《舊五代史》卷一三、本書卷四〇。　大安：縣名。位於今陝西西安市。五代後梁改長安爲大安，後唐復爲長安。

［6］晉州：州名。治所在今山西臨汾市。

［7］神山：縣名。治所在今山西浮山縣。

六年，劉知俊叛梁，[1]來乞師，王自將至陰地關，[2]遣周德威攻晉州，敗梁軍于蒙阬。[3]七年冬，梁遣王景仁攻趙，[4]趙王王鎔來乞師，[5]諸將皆疑鎔詐，未可出兵，王不聽，乃救趙。八年正月，敗梁軍于柏鄉，[6]斬首二萬級，獲其將校三百人，馬三千匹。進攻邢州，不下，留兵圍之，去，攻魏。[7]別遣周德威徇梁夏津、高唐，[8]攻博州，[9]破東武、朝城，[10]遂擊黎陽、臨河、淇門，[11]掠新鄉、共城。[12]

［1］劉知俊：人名。徐州沛縣（今江蘇沛縣）人。唐末、五代將領。先後隸時溥、朱温、李茂貞、王建。傳見《舊五代史》卷一三、本書卷四四。

［2］陰地關：關隘名。位於今山西靈石縣西南。

［3］蒙阬：地名。又作蒙坑。位於今山西曲沃縣蒙城村、襄汾縣蒙亨村一帶。

［4］王景仁：人名。廬州合淝（今安徽合肥市）人。本名王茂章。五代後梁將領。傳見《舊五代史》卷二三、本書卷二三。　趙：封國名。唐末成德軍節度使王鎔受封趙王。

［5］王鎔：人名。回鶻人。唐末、五代軍閥，朱溫後封趙王。傳見《舊五代史》卷五四、本書卷三九。

［6］柏鄉：縣名。治所在今河北柏鄉縣。

［7］魏：州名。治所在今河北大名縣。

［8］夏津：縣名。治所在今山東夏津縣。　高唐：縣名。治所在今山東高唐縣。後梁開平二年（908）改高唐縣爲魚丘縣，後唐同光二年（924）復名高唐縣。

［9］博州：州名。治所在今山東聊城市。

［10］東武：地名。位於朝城縣（今山東莘縣）境内。　朝城：縣名。治所在今山東莘縣。

［11］黎陽：縣名。治所在今河南浚縣。　臨河：縣名。治所在今河南浚縣東北。　淇門：地名。位於今河南浚縣。是衛河與淇河的交匯處。

［12］新鄉：縣名。治所在今河南新鄉市。　共城：縣名。治所在今河南輝縣市。

燕王劉守光聞晉攻梁深入，[1]乃大治兵，聲言助晉，王患之，乃旋師。七月，會趙王王鎔于承天軍。[2]劉守光稱帝于燕。九年正月，遣周德威會鎮、定以攻燕，[3]守光求救於梁，梁軍攻趙，屠棗彊，[4]李存審擊走之。[5]八月，朱友謙以河中叛于梁來降，[6]梁遣康懷英討友謙，[7]友謙復臣于梁，而亦陰附于晉。十年十月，劉守光請降，王如幽州，[8]守光背約不降，攻破之。十一年，殺燕王劉守光于太原，用其父仁恭于雁門。[9]剖心以祭墓也。於是趙王王鎔、北平王王處直奉册推王爲尚書令，[10]始建行臺。[11]七月，攻梁邢州，戰于張公橋，[12]晋軍大敗。

[1]劉守光：人名。深州樂壽（今河北獻縣）人。唐末幽州節度使劉仁恭之子。劉守光囚父自立，後號大燕皇帝，爲晋王李存勗俘殺。傳見《舊五代史》卷一三五、本書卷三九。

[2]承天軍：方鎮名。治所在今山西平定縣。

[3]鎮：州名。治所在今河北正定縣。　定：州名。治所在今河北定州市。

[4]棗彊：縣名。治所在今河北棗强縣。"彊"原誤作"疆"，據《舊五代史》卷二八《莊宗紀二》改。

[5]李存審：人名。陳州宛丘（今河南淮陽縣）人。原姓符名存。五代後唐將領。傳見《舊五代史》卷五六、本書卷二五。

[6]朱友謙：人名。許州（今河南許昌市）人。唐末、五代軍閥。傳見《舊五代史》卷六三、本書卷四五。　河中：方鎮名。治所在河中府（今山西永濟市）。

[7]康懷英：人名。本名懷貞，避後梁末帝朱友貞諱改懷英。兗州（今山東濟寧市兗州區）人。唐末、五代將領。傳見《舊五代史》卷二三、本書卷二二。

[8]幽州：州名。治所在今北京市。

[9]仁恭：人名。即劉仁恭。深州樂壽（今河北獻縣）人。唐末方鎮將領、軍閥，割據幽州，受封燕王。傳見《新唐書》卷二一二。　雁門：地名。位於今山西代縣西北。

[10]王處直：人名。萬年（今陝西西安市）人。唐末、五代軍閥，長期爲義武軍節度使，受封爲北平王。傳見《舊五代史》卷五四、本書卷三九。　尚書令：官名。秦始置。隋、唐前期爲尚書

省長官，與中書令、侍中並爲宰相。唐後期多爲大臣加銜，不參與政務。正二品。

[11]行臺：官署名。尚書省在京城稱中臺、内臺，在外稱行臺。自魏晉至唐初，天子、大臣在外征討，或置行臺隨軍。

[12]張公橋：地名。位於今河北邢臺市西北。

十二年，魏州軍亂，賀德倫以魏、博二州叛于梁來附。[1]王入魏州，行至永濟，[2]誅其亂首張彦，[3]以其兵五百自衛，號帳前銀槍軍。[4]六月，王兼領魏博節度使。[5]取德州。[6]七月，取澶州。[7]劉鄩軍于洹水，[8]王率百騎覘其營，遇鄩伏兵圍之數重，決圍而出，亡七八騎。八月，梁復取澶州，晉軍與鄩對壘于莘，[9]晉軍數挑戰，鄩閉壁不出。十三年正月，王留李存審于莘，聲言西歸。鄩聞晉王且去，即引兵擊魏，攻城東。王行至貝州，[10]返擊鄩，大敗之，追至于故元城，[11]又敗之，鄩走黎陽。三月，攻梁衛州，降其刺史米昭；[12]克磁州，殺其刺史靳昭。[13]四月，克洺州。[14]八月，圍邢州，降其節度使閻寶。[15]梁張筠棄相州、戴思遠棄滄州而逃，[16]遂取二州，而貝州人殺梁守將張源德，[17]以城降。

[1]賀德倫：人名。先世爲河西部落人，後居滑州（今河南滑縣）。五代後梁、後唐將領。傳見《舊五代史》卷二一、本書卷四四。　博：州名。治所在今山東聊城市。

[2]永濟：縣名。治所在今河北臨西縣。

[3]張彦：人名。籍貫不詳。唐末魏博軍校，後梁貞明元年（915）魏州軍亂，張彦囚禁節度使賀德倫，叛梁降晉，爲晉王李存勖所誅。事見《舊五代史》卷八。

[4]帳前銀槍軍：部隊番號。原爲魏博牙兵銀槍効節軍，李存勖將其編組爲帳前銀槍軍。後唐建立以後，爲侍衛親軍的一支。掌宿衛宫禁，護衛皇帝出行。

[5]魏博：方鎮名。治所在魏州貴鄉縣（今河北大名縣）。節度使：官名。唐時在重要地區所設掌握一州或數州軍、民、財政的長官。品秩不詳。

[6]德州：州名。治所在今山東陵縣。

[7]澶州：州名。唐、五代初，治所在今河南清豐縣。後晋天福四年（939）移治於今河南濮陽縣。

[8]劉鄩（xún）：人名。密州安丘（今山東安丘市）人。唐末、五代將領。傳見《舊五代史》卷二三、本書卷二二。 洹水：水名。即今河南北部衛河支流安陽河。

[9]莘：縣名。治所在今山東莘縣。

[10]貝州：州名。治所在今河北清河縣。

[11]元城：縣名。治所在今河北大名縣。

[12]衛州：州名。治所在今河南衛輝市。 刺史：官名。官名。州一級行政長官。漢武帝時始置，總掌考核官吏、勸課農桑、地方教化等事。唐中期以後，節度使、觀察使轄州而設，刺史爲其屬官，職任漸輕。從三品至正四品下。 米昭：人名。籍貫不詳。唐末將領。本書僅此一見。

[13]磁州：州名。治所在今河北磁縣。原作"礠州"，據本書卷三三改。 靳昭：人名。籍貫不詳。唐末將領。事見本書卷三三。

[14]洺州：州名。治所在今河北邯鄲市永年區。

[15]閻寶：人名。鄆州（今山東東平縣）人。五代後唐將領。傳見《舊五代史》卷五九、本書卷四四。

[16]張筠：人名。海州（今江蘇連雲港市海州區）人。唐末及五代後梁、後唐將領。傳見《舊五代史》卷九〇、本書卷四七。 相州：州名。治所在今河南安陽市。 戴思遠：人名。籍貫不

詳。五代後梁、後唐將領。傳見《舊五代史》卷六四。　滄州：州名。治所在今河北滄州市。

[17]張源德：人名。籍貫不詳。五代後梁將領。傳見本書卷三三。

契丹寇蔚州，[1]執振武節度使李嗣本。[2]十四年，契丹寇新州，[3]遂寇幽州，李嗣源擊走之。[4]

[1]契丹：古部族、政權名。公元4世紀中葉宇文部爲前燕攻破，始分離而成單獨的部落，自號契丹。唐貞觀中，置松漠都督府，以其首領爲都督。唐末彊盛，916年迭剌部耶律阿保機建立契丹國（遼）。先後與五代、北宋並立，保大五年（1125）爲金所滅。參見張正明《契丹史略》，中華書局1979年版。　蔚州：州名。治所在今河北蔚縣。

[2]振武：方鎮名。後梁貞明二年（916）以前，治所位於單于都護府城（今内蒙古和林格爾縣）。貞明二年，單于都護府城爲契丹占據。此後至後唐清泰三年（936），治所位於朔州（今山西朔州市）。後漢隨燕雲十六州割予契丹，改名順義軍。　李嗣本：人名。雁門（今山西代縣）人。李克用義子，本姓張。五代後唐將領。傳見《舊五代史》卷五二、本書卷三六。

[3]新州：州名。治所在今河北涿鹿縣。

[4]李嗣源：人名。沙陀人。原名邈佶烈，李克用養子。五代後唐明宗，926年至933年在位。紀見《舊五代史》卷三五至卷四四、本書卷六。

冬，梁謝彥章軍于楊劉。[1]十二月，攻楊劉，王自負芻以堙塹，遂破之。十五年正月，梁、晉相距于楊劉，彥章決河水以隔晉軍。六月，渡水擊彥章，破其四寨。八月，大閱于魏，合盧龍、橫海、昭義、安國及鎮、定之兵十萬、馬萬匹，軍于麻家渡。[2]謝彥章軍于行臺。十二月，進軍臨濮，[3]梁軍追之，戰于胡柳，[4]晉軍大敗，周德威死之。梁軍暮休于土山，[5]晉軍復擊，大敗之，遂軍德勝，爲夾寨。[6]十六年正月，王兼領盧龍軍節度使。梁王瓚攻德勝南城，[7]不克。十月，廣德勝北城。十二月，敗梁軍于河南。[8]十七年，朱友謙襲同州，[9]梁遣劉鄩擊友謙，李存審敗梁軍于同州。

[1]謝彥章：人名。許州（今河南許昌市）人。五代後梁將領。傳見《舊五代史》卷一六、本書卷二三。　楊劉：地名。唐、宋時期黃河渡口。位於今山東東阿縣。

[2]大閱：古代軍禮。用以檢閱部隊、炫耀武力。《左傳·桓公六年》載："秋，大閱，簡車馬也。"又《周禮·夏官·大司馬》載："中冬，教大閱。"西漢正式形成大閱禮，後世沿用。　盧龍：方鎮名。治所在幽州（今北京市）。　橫海：方鎮名。治所在滄州（今河北滄州市）。　昭義：方鎮名。治所在潞州（今山西長治市）。　安國：方鎮名。治所在邢州（今河北邢臺市）。　麻家渡：地名。五代黃河渡口。位於今山東鄆（juàn）城縣。

[3]臨濮：縣名。治所在今山東鄆城縣。

[4]胡柳：地名。即胡柳陂。位於今河南濮陽縣。

[5]土山：地名。位於今河南濮陽縣。

[6]德勝：地名。原爲黃河渡口，晉軍築德勝南、北二城於此，遂爲城名。位於今河南濮陽縣。

[7]王瓚：人名。太原祁（今山西祁縣）人。唐河中節度使王重盈之子。五代後梁將領，官至開封尹。傳見《舊五代史》卷五九。

[8]河南：黃河之南，此處指德勝南城附近的黃河南岸。參見《通鑑》卷二七一。

[9]同州：州名。治所在今陝西大荔縣。

十八年正月，魏州僧傳真獻唐受命寶一。[1]趙將張文禮弑其君鎔，[2]文禮來請命。二月，以文禮爲鎮州兵馬留後。[3]三月，河中節度使朱友謙、昭義軍節度使李嗣昭、橫海軍節度使李存審、義武軍節度使王處直、安國軍節度使李嗣源、鎮州兵馬留後張文禮、領天平軍節度使閻寶、大同軍節度使李存璋、振武軍節度使李存進、匡國軍節度使朱令德，[4]請王即皇帝位，王三辭，友謙等三請，王曰："予當思之。"

[1]傳真：人名。籍貫不詳。五代僧人。本書僅此一見。　受命寶：皇帝印璽。八寶之一。帝王受命於天，故製受命寶，修封禪、禮神祇用之。

[2]張文禮：人名。燕（今河北北部）人。五代將領。傳見《舊五代史》卷六二。

[3]兵馬留後：官名。唐五代時，代行方鎮長官之職者稱留後。代行州兵馬使之職者，即爲兵馬留後。掌本州兵馬。品秩不詳。

[4]李嗣昭：人名。汾州（今山西汾陽市）人。唐末、五代李克用義子、部將。傳見《舊五代史》卷五二、本書卷三六。　義武軍：方鎮名。治所在定州（今河北定州市）。　天平軍：方鎮名。治所在鄆州（今山東東平縣）。　大同軍：方鎮名。治所在雲州（今山西大同市）。　李存璋：人名。雲中（今山西大同市）人。五代後唐將領。傳見《舊五代史》卷五三、本書卷三六。　李存進：人名。振武（今內蒙古和林格爾縣）人。本姓孫，名重進，李

克用以之爲義兒軍使，賜姓名。五代後唐將領。傳見《舊五代史》卷五三、本書卷三六。　匡國軍：方鎮名。治所在同州（今陝西大荔縣）。　朱令德：人名。許州（今河南許昌市）人。五代後唐將領。朱友謙之子。事見《舊五代史》卷六三《朱友謙傳》、本書卷四五《朱友謙傳》。

　　八月，遣趙王王鎔故將符習及閻寶、史建瑭等攻張文禮於鎮州。[1]建瑭取趙州。[2]張文禮卒，其子處瑾閉城拒守。[3]九月，建瑭戰死。十月，梁戴思遠攻德勝北城，[4]李嗣源敗之于戚城。[5]王處直叛附于契丹，其子都幽處直以來附。[6]十二月，契丹寇涿州，[7]遂寇定州。

[1]符習：人名。趙州（今河北趙縣）人。五代後唐將領。傳見《舊五代史》卷五九、本書卷二六。　史建瑭：人名。雁門（今山西代縣）人。唐九府都督史敬思之子。五代後唐將領。傳見《舊五代史》卷五五、本書卷二五。

[2]趙州：州名。治所在今河北趙縣。

[3]處瑾：人名。即張處瑾。燕（今河北北部）人。五代後唐將領。事見《舊五代史》卷六二。

[4]戴思遠：人名。籍貫不詳。五代後梁、後唐將領。傳見《舊五代史》卷六四。

[5]戚城：地名。位於今河南濮陽市。

[6]都：人名。即王都。中山陘邑（今河北定州市）人。本姓劉，後爲義武軍節度使王處直養子。五代軍閥。傳見《舊五代史》卷五四。

[7]涿州：州名。治所在今河北涿州市。

十九年正月，敗契丹于新城、望都，[1]追奔至于幽州。三月，閻寶敗于鎮州，以李嗣昭代之。四月，嗣昭戰死，以李存進代之。八月，梁取衛州。[2]九月，存進敗鎮人于東垣，[3]存進戰死。十月，李存審克鎮州。王兼領成德軍節度使。[4]

[1]新城：縣名。治所在今河北高碑店市。　望都：縣名。治所在今河北望都縣。
[2]衛州：州名。治所在今河南衛輝市。
[3]東垣：縣名。治所在今河北石家莊市。
[4]成德軍：方鎮名。治所在鎮州（今河北正定縣）。

同光元年春三月，[1]李繼韜以潞州叛附于梁。[2]

[1]同光：後唐莊宗李存勖年號（923—926）。
[2]李繼韜：人名。汾州（今山西汾陽市）人。李嗣昭之子。五代後唐將領。傳見《舊五代史》卷五二、本書卷三六。　潞州：州名。治所在今山西長治市。

夏四月己巳，皇帝即位，大赦，改元，國號唐。行臺左丞相豆盧革爲門下侍郎、右丞相盧程爲中書侍郎，同中書門下平章事；[1]中門使郭崇韜、昭義監軍張居翰爲樞密使。[2]樞密使，唐故以宦者爲之，其職甚微，至此始參用士人，而與宰相權任鈞矣，故與宰相並書。以魏州爲東京，太原爲西京，鎮州爲北都。

[1]豆盧革：人名。先世爲鮮卑慕容氏，後改豆盧氏。唐同州刺史豆盧籍之孫、舒州刺史豆盧瓚之子。五代後唐宰相。傳見《舊五代史》卷六七、本書卷二八。　門下侍郎：官名。門下省副長官。唐後期三省長官漸爲榮銜，中書、門下侍郎却因參議朝政而職位漸重，常常用爲以"同三品"或"同平章事"任宰相者的本官。正三品。　盧程：人名。范陽盧氏族人。唐末進士，五代後唐宰相。傳見《舊五代史》卷六七、本書卷二八。　中書侍郎：官名。中書省副長官。唐後期三省長官漸爲榮銜，中書侍郎、門下侍郎却因參議朝政而職位漸重，常常用爲以"同三品"或"同平章事"任宰相者的本官。正三品。　同中書門下平章事：官名。簡稱"同平章事"。唐高宗以後，凡實際任宰相之職者，常在其本官後加同平章事的職銜。後成爲宰相專稱。品秩不詳。

[2]中門使：官名。五代時晋王李存勖所置，爲節度使屬官。執掌同於朝廷之樞密使。品秩不詳。　郭崇韜：人名。代州雁門（今山西代縣）人。五代後唐大臣。傳見《舊五代史》卷五七、本書卷二四。　監軍：官名。爲臨時差遣，代表朝廷協理軍務、督察將帥。唐、五代時常以宦官爲監軍。品秩不詳。　張居翰：人名。籍貫不詳。唐末五代宦官。傳見《舊五代史》卷七二、本書卷三八。　樞密使：官名。樞密院長官。唐代宗時始以宦官掌機密，至昭宗時借朱温之力盡誅宦官，始改以士人任樞密使。備顧問，參謀議，出納詔奏，權侔宰相。品秩不詳。參見李全德《唐宋變革期樞密院研究》，北京圖書館出版社2009年版。

閏月，追尊祖、考爲皇帝，妣爲皇后：[1]曾祖執宜、祖妣崔氏皆謚曰昭烈，[2]廟號懿祖；祖國昌、祖妣秦氏皆謚曰文景，廟號獻祖；考謚曰武，廟號太祖。立廟于太原，自唐高祖、太宗、懿宗、昭宗爲七廟。追尊祖考，則立廟可知，故皆不書"廟"，此書者，以立高祖已下四廟故也。

此大事也，舊史失其日。壬寅，李嗣源取鄆州。[3]後唐太祖置義兒軍如李嗣昭等甚衆，初皆賜姓名，而不全若子，故書李嗣源者，書其所賜姓名爾，不以子書也，與友文、從珂異。

[1]考、妣：親屬稱謂。多指已去世的父母。《禮記·曲禮》載："生曰父，曰母，曰妻；死曰考，曰妣，曰嬪。"
[2]昭烈：後唐懿祖朱邪執宜的謚號。原作"照烈"，中華點校本據撫州刊本、宗文本、《舊五代史》卷二九、《五代會要》卷一改，今從。
[3]鄆州：州名。治所在今山東東平縣。

五月辛酉，梁人取德勝南城。
六月，及王彥章戰于新壘，[1]敗之。是月，盧程罷。

[1]王彥章：人名。鄆州壽張（今山東梁山縣西北壽張集）人。五代後梁將領。傳見《舊五代史》卷二一、本書卷三二。 新壘：地名。位於今山東聊城市。

秋八月，梁人克澤州，[1]唐末，澤、潞皆屬晉，梁初已得澤州，至此又屬晉，而梁克之，中間不見晉得澤州年月，蓋舊史闕不書。五代之亂，戰爭攻取，彼此得失不常，多類此也。守將裴約死之。[2]

[1]澤州：州名。治所在今山西晉城市。
[2]裴約：人名。籍貫不詳。初爲潞州牙將，五代後唐將領。傳見《舊五代史》卷五二、本書卷三二。

九月戊辰，李嗣源及王彥章戰于遞坊，[1]敗之。

[1]遞坊：地名。即遞坊鎮，隸鄆州。位於今山東東平縣。

冬十月壬申，如鄆州以襲梁。掩其不備，疾馳而入之，故曰"襲"，文理宜然，無褒貶也。甲戌，取中都。[1]丁丑，取曹州。[2]己卯，滅梁。敬翔自殺。[3]翔爲梁臣，梁所以亡唐，翔之謀爲多。梁之亡也，翔雖死之，不書"死"而書"自殺"，死，大節也，見不輕予人也。丙戌，貶鄭珏爲萊州司戶參軍，蕭頃登州司戶參軍；[4]殺李振、趙巖、張漢傑、朱珪，[5]滅其族。己丑，德音降死罪囚，流已下原之。[6]

[1]中都：縣名。治所在今山東汶上縣。
[2]曹州：州名。治所在今山東曹縣西北。
[3]敬翔：人名。同州馮翊（今陝西大荔縣）人。唐末朱溫謀士，後梁大臣。傳見《舊五代史》卷一八、《新五代史》卷二一。
[4]鄭珏：人名。滎陽（今河南滎陽市）鄭氏族人。唐末進士，五代後梁、後唐宰相。傳見《舊五代史》卷五八、本書卷五四。　萊州：州名。治所在今山東萊州市。　蕭頃：人名。京兆萬年（今陝西西安市）人。唐末進士，五代後梁宰相、後唐大臣。傳見《舊五代史》卷五八。　司戶參軍：官名。簡稱"司戶"。州級政府僚佐。掌本州屬縣之戶籍、賦稅、倉庫受納等事。上州從七品下，中州正八品下，下州從八品下。　登州：州名。治所在今山東蓬萊市。
[5]李振：人名。西州（今新疆吐魯番市）人。唐潞州節度使李抱真曾孫。五代後梁大臣。傳見《舊五代史》卷一八、本書卷四三。　趙巖：人名。陳州宛丘（今河南淮陽縣）人。唐忠武軍節度

使趙犨之子。五代後梁大臣。事見《舊五代史》卷一四、本書卷四二。　　張漢傑：人名。清河（今河北清河縣）人。張歸霸之子。五代後梁將領。傳見《舊五代史》卷一四。　　朱珪：人名。籍貫不詳。五代後梁將領，時爲後梁檢校太傅、匡國軍節度觀察留後、行營諸軍馬步都虞候。事見《舊五代史》卷九。

[6]德音：詔書的一種。唐、宋時期皇帝發佈德政時所用，如大赦囚徒、賑救災荒等。　　流：即流刑，五刑之一。即將犯人流放、遣送到邊遠地方服勞役。唐律規定，流刑分三等：二千里、二千五百里、三千里。

　　十一月乙巳，復北都爲鎮州，太原爲北都。丙辰，復汴州爲宣武軍。[1]丁巳，尚書左丞趙光胤爲中書侍郎，[2]禮部侍郎韋説同中書門下平章事。[3]戊午，新羅國王金朴英遣使者來。[4]辛酉，復永平軍爲西都。[5]甲子，如洛京。洛京，從當時語。

[1]汴州：州名。治所在今河南開封市。　　宣武軍：方鎮名。唐舊鎮，治所在汴州（今河南開封市）。後梁開平元年（907）升汴州爲東京開封府。開平三年（909）置宣武軍於宋州（今河南商丘市睢陽區）。後唐同光元年（924）改宋州宣武軍爲歸德軍。廢東京開封府，重建宣武軍於汴州。後晉天福三年（938），改爲東京開封府。除天福十二年（947）、十三年（948）短暫改爲宣武軍外，汴京均爲東京開封府。

[2]尚書左丞：官名。尚書省佐貳官。唐中期以後，與尚書右丞實際主持尚書省日常政務，權任甚重。正四品上。　　趙光胤：人名。京兆奉天（今陝西乾縣）人。唐末宰相趙光逢之弟。唐末進士，五代後梁大臣、後唐宰相。傳見《舊五代史》卷五八。

[3]禮部侍郎：官名。尚書省禮部次官。協助禮部尚書掌禮儀、

祭享、貢舉之政。正四品下。　韋説：人名。京兆萬年（今陝西西安市）人。唐福建觀察使韋岫之子。唐末進士，後梁大臣、後唐宰相。傳見《舊五代史》卷六七。

[4]新羅：朝鮮半島古國。4世紀以後逐漸強大。935年爲王氏高麗所取代。傳見《舊五代史》卷一三八、本書卷七四。　金朴英：人名。新羅國王。事見本書卷七四《四夷附録·新羅》。

[5]永平軍：方鎮名。治所在大安府（今陝西西安市）。

十二月庚午朔，至自汴州。辛巳，李繼韜伏誅。繼韜之弟繼達殺其兄繼儔于潞州。[1]繼儔以被殺書，非不予其死，蓋繼達殺兄，自當著其罪爾。與書弑君者同。壬辰，畋于伊闕。[2]

[1]繼達、繼儔：人名。即李繼達、李繼儔。汾州（今山西汾陽市）人。李嗣昭之子，李繼韜之兄弟。事見本書卷三六。

[2]畋：打獵遊樂。《廣韻》載："畋，取禽獸也。"　伊闕：一爲山名。又名闕塞山、龍門山，位於今河南洛陽市。一爲縣名。治所在今河南伊川縣西南。

二年春正月，河南尹張全義及諸鎮進暖殿物。[1]己酉，求唐宦者。凡書過惡辭無譏貶者，直書其實而自見也。庚戌，新羅國王金朴英及其泉州節度使王逢規皆遣使者來。[2]乙卯，渤海國王大諲譔使大禹謨來。[3]庚申，如河陽。[4]迎皇太后也。太后曹氏，莊宗母也。莊宗即位，遣盧程奉册爲皇太后。舊史、實録皆無奉册月日，故不書。辛酉，至自河陽。丁卯，七廟神主至自太原，祔于太廟。[5]朝獻于太微宫。[6]戊辰，享于太廟。[7]

[1]河南尹：官名。唐開元元年（713）改洛州爲河南府，治所在今河南洛陽市，由河南府尹總其政務。從三品。　張全義：人名。後因犯諱，改名張宗奭。亦作"張言"。濮州臨濮（今山東鄄城縣）人。唐末、五代將領。傳見《舊五代史》卷六三、本書卷四五。

[2]泉州：州名。新羅國地名。高麗時稱"晋州"。治所在今韓國慶尚南道晋州市。《五代會要》卷三〇作"康州"。　王逢規：人名。新羅國節度使。事見《册府》卷九七二。

[3]渤海國：古國名。武周聖曆元年（698），粟末靺鞨首領大祚榮建立政權。先天二年（713），唐朝册封大祚榮爲渤海郡王，其國遂以渤海爲名。傳見《舊五代史》卷一三八、本書卷七四。　大諲譔：人名。唐末、五代渤海國第十五代國王。906年至926年在位。事見本書卷七四《四夷附録·渤海》。　大禹謨：人名。渤海國大臣、使者。事見本書本卷。

[4]河陽：縣名。治所在今河南孟州市。

[5]七廟：帝王宗廟。中國古代禮制中有"四親"之廟、"二祧"之廟以及"始祖"之廟；《禮記·王制》載："天子七廟，三昭三穆，與太祖之廟而七。"　祔：祭禮名。《儀禮·既夕禮》載："明日以其班祔。"鄭玄注："祔，猶屬也。"行祔禮以將七廟神主牌位附屬於太廟。　太廟：帝王的祖廟。用以供奉、祭祀皇帝先祖。

[6]朝獻：祭禮名。《周禮·春官·司尊彝》載："其朝獻用兩著尊。"鄭玄注："朝獻謂尸卒食，王酳之。"　太微宮：廟名。唐天寶元年（742）於東都積善坊建玄元皇帝廟，次年更名太微宮。位於今河南洛陽市洛河南岸。

[7]享：祭禮名。享，意爲上供、奉獻祭品。《詩·小雅·楚茨》載："以爲酒食，以享以祀。"鄭玄箋："享，獻也。以黍稷爲酒食，獻之以祀先祖。"

二月己巳朔，有事于南郊，大赦。[1]癸酉，群臣上尊號曰昭文睿武光孝皇帝。戊寅，幸李嗣源第。癸未，立劉氏爲皇后。[2]五代十三君，立后者七，辭有不同：立得其正者，曰"以某妃、某夫人某氏爲皇后"，[3]其不正者，直曰"立某氏爲皇后"。嫌與得正同爾，無褒貶也。

[1]南郊：意爲都城南面之郊。代指南面郊區之祭天場所（圜丘），亦指祭天之禮（郊天）。古人用"郊""南郊""有事於南郊"指代在南郊之圜丘舉行的郊天典禮。

[2]劉氏：指後唐莊宗劉皇后。魏州成安（今河北成安縣）人。傳見《舊五代史》卷四九、本書卷一四。

[3]某夫人："某"字原闕，中華點校本據撫州刊本、宗文本補，今從。

三月己酉，党項來。[1]庚戌，賜從平汴州及入洛南郊立仗軍士等功臣。庚申，工部郎中李塗爲檢視諸陵使。[2]唐諸帝陵也。潞州將楊立反。[3]

[1]党項：部族名。源出羌族，時活躍於今甘肅東部、寧夏、陝西北部一帶。參見湯開建《党項西夏史探微》，商務印書館2013年版。

[2]工部郎中：官名。尚書省屬官。位在侍郎之下、員外郎之上。主持尚書省工部工部司事務。從五品上。　李塗：人名。籍貫不詳。五代後唐官員。本書僅此一見。　檢視諸陵使：官名。負責檢視唐朝皇帝陵寢。品秩不詳。

[3]楊立：人名。籍貫不詳。五代後唐潞州將領，歷事李嗣昭、李繼韜。傳見《舊五代史》卷七四。

夏五月壬寅，教坊使陳俊爲景州刺史，[1]內園栽接使儲德源爲憲州刺史。[2]命官不書，此書其甚也。丙辰，渤海國王大諲譔遣使者來。丙寅，李嗣源克潞州。不書命將，舊史闕。

[1]教坊使：官名。唐於京都置左右教坊，掌俳優雜技，以宦官爲教坊使。五代沿置。品秩不詳。　陳俊：人名。籍貫不詳。五代後梁、後唐教坊使。事見本書卷三七。　景州：州名。治所在今河北東光縣。

[2]內園栽接使：官名。執掌、品秩不詳。始置於後梁，《五代會要》卷二四《諸使雜録》載"梁朝諸使司名目"，有"內園栽接使"。底本原作"內園裁接使"，中華點校本據撫州刊本、宗文本、本書卷三七、《御覽》卷二五引《五代史·後唐書》、《通鑑》卷二七三改，今從。　儲德源：人名。籍貫不詳。五代後唐伶官。事見本書卷三七。　憲州：州名。治所在今山西婁煩縣。

六月丙子，楊立伏誅。己丑，封回紇王仁美爲英義可汗。[1]

[1]回紇：部族名。又作回鶻。原係突厥鐵勒部的一支。唐天寶三載（744）建立回鶻汗國，9世紀中葉，回鶻汗國瓦解。其中一支爲甘州回鶻。11世紀初，甘州回鶻爲西夏所滅。參見楊蕤《回鶻時代：10—13世紀陸上絲綢之路貿易研究》，中國社會科學出版社2015年版。　仁美：人名。即藥羅葛仁美。爲甘州回鶻首任可汗，尊號烏母主可汗汗（Ormuzd），後唐封賜英義可汗。事見本書卷七四《四夷附録·回鶻》。

秋七月己酉，如雷山賽天神。[1]夷狄之事也。

[1]雷山：山名。位於今河南洛陽市。《舊五代史》卷三二《唐莊宗本紀六》載："乙酉，幸龍門之雷山，祭天神，從北俗之舊事也。" 賽天神：祭名。係塞北民族的祭祀風俗，儀式不詳。

八月，大雨霖，河溢。

九月壬子，置水于城門，以禳熒惑。[1]本紀書災不書異，熒惑爲置水，非禮書爾，見其有懼禍之意，而不知畏天以修德。水、旱、風、蝗之類害物者，災也，故書；其變逆常理不知所以然者，異也，以其不可知，故不書爾。甲寅，幸郭崇韜第。丙辰，黑水遣使者來。[2]

[1]禳：祭禮名。祭禱鬼神以消除災禍。《周禮·天官·女祝》載："掌以時招、梗、繪、禳之事，以除疾殃。" 熒惑：天文學名詞。即火星。熒惑意爲眩惑，因火星位置、隱現不定，令人迷惑，故名。
[2]黑水：部族名。即黑水靺鞨。隋、唐時靺鞨七大部之一，居於今黑龍江中下游。傳見《舊五代史》卷一三八、本書卷七四。

冬十月癸未，左熊威軍將趙暉妻一產三男子。[1]此亦變異，而書者，重人事，故謹之。後世以此爲善祥，故於亂世書，以見不然。

[1]左熊威軍：部隊番號。中華點校本謂五代無熊威軍，疑爲"雄威軍"之訛，是。左雄威軍係後唐中央禁軍。 趙暉：人名。澶州（今河南濮陽市）人。五代後唐至後周將領。傳見《舊五代

107

史》卷一二五。

十一月癸卯，畋于伊闕。丙午，至自伊闕。書"至"，見其留四日而荒甚。丁巳，回鶻使都督安千想來。[1]

[1]都督：回鶻部落首領和軍官的稱號。鄂爾渾突厥文碑銘寫作 tutuq 或 totoq，爲漢語"都督"的借詞。　安千想：人名。回鶻都督、使者。事見本書卷七四《四夷附錄·回鶻》。

十二月庚午，及皇后幸張全義第。
三年春正月庚子，如東京，毁即位壇爲鞠場。[1]

[1]即位壇：皇帝立壇祭天，宣告承天命即位。其壇故名即位壇。　鞠場：蹴鞠場地。

二月己巳，聚鞠于新場。乙亥，射雁于王莽河。[1]辛巳，突厥渾解樓、渤海國王大諲譔皆遣使者來。[2]射雁于北郊。乙酉，射鴨于郭泊。[3]庚寅，射雁于北郊。

[1]王莽河：河道名。東漢以後，對西漢時黃河自濮陽（今河南濮陽市）以下故道的俗稱。因改徙於王莽時，故名。
[2]突厥：部族名。公元 6 至 8 世紀活躍於北亞和中亞，稱雄於漠北、西域。隋文帝開皇二年（582），突厥汗國分裂爲東、西突厥。唐中期時西突厥、東突厥均已衰落。此處的突厥當爲其某一餘部。　渾解樓：人名。突厥部族首領。事見本書卷七四《四夷附錄·突厥》。
[3]郭泊：地名。其地不詳，疑位於洛陽城外。

三月乙未，寒食，望祭于西郊。[1]俚俗之祭也，非禮，故書。庚申，至自東京。辛酉，改東京爲鄴都，以洛京爲東都。[2]

[1]寒食：節令名。時間多在清明節前一至三日，農曆三月之中。寒食日禁火寒食，故名。 望祭：祭禮名。君臣遥望祝祭山川之禮。

[2]鄴都：地名。治所在今河北大名縣。五代後唐同光元年（923），改魏州爲興唐府，建號東京。三年，改東京爲鄴都。

夏四月乙亥，及皇后幸郭崇韜、朱漢賓第。[1]旱。庚寅，趙光胤薨。

[1]朱漢賓：人名。亳州譙縣（今安徽亳州市）人。五代後梁、後唐將領。傳見《舊五代史》卷六四、本書卷四五。

五月丁酉，皇太妃薨，廢朝五日。[1]太祖正室，於莊宗爲嫡母，書"太妃"及"輟朝"，見亂世禮壞而恩薄。己酉，黑水、女真皆遣使者來。[2]

[1]皇太妃：指李克用正妻劉氏。代北（今山西代縣）人。莊宗即位，以嫡母劉氏爲皇太妃。傳見《舊五代史》卷四九、本書卷一四。 廢朝：又稱輟朝。古代帝王遇親喪或文武大臣病故，停止視朝數日，以示哀悼。

[2]女真：部族名。源自肅慎部，五代時始稱女真。分佈於今松花江、黑龍江下游，東至海。以漁獵爲生，兼有農業。參見孫進己、孫泓《女真民族史》，廣西師範大學出版社2010年版。

六月辛未，宗正卿李紓爲昭宗少帝改卜園陵使。[1]少帝，濟陰王也。梁嘗謚曰"哀皇帝"，唐人謂之"少帝"，從其本語。[2]括馬。[3]

[1]宗正卿：官名。秦始置宗正，南朝梁始有宗正卿之官。由宗室充任。掌皇族外戚屬籍。正三品。　李紓：人名。五代後唐宗室。歷任太僕卿、宗正卿。天成三年（928）七月除名。後敕配隴州，徒一年。事見《舊五代史》卷三九《明宗本紀五》。　昭宗少帝改卜園陵使：官名。負責爲唐昭宗、少帝擇山陵、改葬事宜。係臨時差遣，品秩不詳。

[2]從其本語："本語"，原作"本意語"，中華點校本據撫州刊本、遞修本、宗文本改，今從。

[3]括馬：徵集、搜括民間馬匹。

秋七月壬寅，皇太后崩。[1]不書"册皇太后"，已見上注。

[1]皇太后：指莊宗生母曹太后。太原人。傳見《舊五代史》卷四九、本書卷一四。

八月癸未，殺河南縣令羅貫。[1]

[1]河南縣：縣名。治所在今河南洛陽市。　令：官名。爲縣的行政長官，掌治本縣。唐代之縣，分京、畿、上、中、中下、下六等。河南縣令爲京縣令，正五品上。　羅貫：人名。籍貫不詳。後唐官員，進士及第。傳見《舊五代史》卷七一。

九月庚子，魏王繼岌爲西川四面行營都統，郭崇韜爲招討使以伐蜀。[1]自六月雨至于是月。丁巳，射雁于尖山。[2]

[1]繼岌：人名。即李繼岌。後唐莊宗長子。傳見《舊五代史》卷五一、本書卷一四。　行營都統：官名。唐末設諸道行營都統，作爲各道出征兵士的統帥。品秩不詳。　招討使：官名。唐始置。戰時任命，兵罷則省。常以大臣、將帥或地方軍政長官兼任。掌招撫、討伐等事務。品秩不詳。

[2]尖山：地名。其地不詳，疑位於洛陽城外。

冬十月壬午，奚、吐渾、突厥皆遣使者來。[1]戊子，葬貞簡太后於坤陵。[2]

[1]奚：部族名。源出鮮卑宇文部。原稱庫莫奚，後省稱奚。參見畢德廣《奚族文化研究》，科學出版社2016年版。　吐渾：部族名。吐谷渾的省稱。源出鮮卑，後游牧於今甘肅、青海一帶。參見周偉洲《吐谷渾資料輯錄》（增訂本），商務印書館2017年版。

[2]坤陵：後唐莊宗之母曹太后陵墓。位於壽安縣（今河南宜陽縣）。

十一月丁未，高麗遣使者來。[1]己酉，王衍降。[2]唐兵入蜀，不攻不戰，君臣迎降，故直書其實，以見下書"殺衍"爲殺降。郭崇韜殺王宗弼及其弟宗渥、宗訓，滅其族。[3]

[1]高麗：朝鮮古國。即王氏高麗。918年，後三國（即朝鮮新羅、後百濟、泰封）之一泰封國武將王建自立爲王，改國號爲高

麗，935年滅新羅，次年滅後百濟，再次統一朝鮮。參見〔朝〕鄭麟趾等《高麗史》，西南師範大學出版社2014年版。

［2］王衍：人名。許州舞陽（今河南舞陽縣）人。王建幼子，五代十國前蜀皇帝。傳見《舊五代史》卷一三六、本書卷六三。

［3］王宗弼：人名。五代十國前蜀宗室、大臣。王建養子。傳見本書卷六三。　宗渥、宗訓：人名。即王宗渥、王宗訓。本書僅此一見。

十二月己卯，畋于白沙。[1]癸未，至自白沙。

［1］白沙：地名。位於今河南洛陽市。《通鑑》卷二七四胡三省注："自白沙至龕澗，其地皆在洛陽東。"

閏月辛亥，封弟存美爲邕王，存霸永王，存禮薛王，存渥申王，存乂睦王，存確通王，存紀雅王。[1]

［1］存美、存霸、存禮、存渥、存乂、存確、存紀：人名。皆李克用之子，莊宗李存勖之弟。傳見《舊五代史》卷五一、本書卷一四。

四年春正月壬戌，降死罪以下囚。甲子，魏王繼岌殺郭崇韜及其二子于蜀。[1]實皇后劉氏作教與繼岌使殺崇韜，而書"繼岌殺"者，繼岌將兵在外，后教非天子命，可止而不止。戊寅，契丹使梅老鞋里來。[2]庚辰，殺其弟睦王存乂及河中護國軍節度使李繼麟，[3]滅其族。乙酉，沙州曹義金遣使者來。[4]丙戌，回鶻阿咄欲遣使者來。[5]丁亥，殺李繼麟之將史武、薛敬容、周唐殷、楊師太、王景、來仁、白奉國，[6]皆滅其族。

[1]魏王繼岌殺郭崇韜及其二子于蜀："二子"，原作"三子"，各本皆同。中華點校本校勘記云，《薛史》卷五七《郭崇韜傳》及《通鑑》卷二七四，郭崇韜子從死於蜀者，止廷信、廷誨二人。本書卷二四《郭崇韜傳》亦云"崇韜有五子，其二從死於蜀"。今據改。

[2]梅老鞋里：人名。契丹使者。事見本書卷七二《四夷附錄·契丹》。梅老，官名。遙輦時有官稱"梅錄"，也作"梅落""梅老"，此即回鶻的"媚祿""密祿"，不同時期不同民族轉寫方式不同，職掌也有變化，或總兵爲指揮官，或爲"皇家總管"。品秩不詳。參見李桂芝《遼金簡史》，福建人民出版社1996年版，第19至20頁。

[3]河中護國軍：方鎮名。護國軍原爲河中軍。治所在河中府（今山西永濟市）。　李繼麟：人名。即朱友謙。許州（今河南許昌市）人。唐末、五代軍閥。傳見《舊五代史》卷六三、《新五代史》卷四五。

[4]沙州：州名。治所在今甘肅敦煌市。　曹義金：人名。即曹議金。祖籍亳州（今安徽亳州市），世居敦煌。五代歸義軍節度使。參見榮新江《歸義軍史研究——唐宋時代敦煌歷史考索》，上海古籍出版社2015年版。

[5]阿咄欲：人名。又名"仁裕"。回鶻可汗仁美之弟。後唐同光二年（924），仁美卒後繼位爲甘州回鶻可汗。事見本書卷七四《四夷附錄·回鶻》。

[6]史武、薛敬容、周唐殷、楊師太、王景、來仁、白奉國：人名。籍貫皆不詳。五代軍閥朱友謙部將，隨朱友謙事後梁、後唐。本書皆僅此一見。

二月己丑，宣徽南院使李紹宏爲樞密使。[1]癸巳，鄴都軍將趙在禮反于貝州。[2]反者皆不書日，獨在禮書日，推迹其心可知爾。其事具本傳。蓋在禮初無亂心，以是日見迫而反爾。雖加以大惡之名，猶原其本心而異於他反者。於此見凡書人善惡，不妄加之也如此。甲午，畋于冷泉。[3]趙在禮陷鄴都，武寧軍節度使李紹榮討之。[4]邢州軍將趙太反，東北面招討使李紹真討之。[5]甲辰，成德軍節度使李嗣源討趙在禮。

[1]宣徽南院使：官名。唐始置。宣徽南院長官。初用宦官，五代以後改用士人。與宣徽北院使通掌内諸司及三班内侍之名籍，郊祀、朝會、宴享供帳之儀，檢視内外進奉名物。品秩不詳。參見王永平《論唐代宣徽使》，《中國史研究》1995年第1期；王孫盈政《再論唐代的宣徽使》，《中華文史論叢》2018年第3期。 李紹宏：人名。籍貫不詳。後唐莊宗近臣。事見《舊五代史》卷二九、卷三四、卷三五、卷五七。

[2]趙在禮：人名。涿州（今河北涿州市）人。五代後唐、後晉將領。傳見《舊五代史》卷九〇、本書卷四六。

[3]冷泉：宫名。即冷泉宫。其地不詳，疑位於洛陽城外。《舊五代史》卷三八載，天成二年七月"癸亥，幸冷泉宫"。

[4]武寧軍：方鎮名。治所在徐州（今江蘇徐州市）。 李紹榮：人名。即元行欽。幽州（今北京市）人。五代後唐將領。傳見《舊五代史》卷七〇、本書卷二五。

[5]趙太：人名。籍貫不詳。五代後唐將領。事見《舊五代史》卷三四、本書本卷。 李紹真：人名。即霍彦威。洺州曲周（今河北曲周縣）人。五代後梁將領霍存養子，後梁、後唐將領。傳見《舊五代史》卷六四、本書卷四六。

三月，趙太伏誅。李嗣源反。博州守將翟建自稱刺史。[1]甲子，殺王衍，滅其族。許其不死，降而殺之，又滅其族，於殺非罪此爲甚，而書無異辭者，前書"衍降"，義自見也。乙丑，如汴州。壬申，次滎澤。[2]龍驤指揮使姚彥溫以前鋒軍叛降于李嗣源。[3]嗣源入于汴州。甲戌，至自萬勝。[4]帝至萬勝鎮，聞嗣源已入汴州，乃還。從馬直指揮使郭從謙反。[5]

[1]翟建：人名。籍貫不詳。五代將領。本書僅此一見。
[2]滎澤：縣名。治所在今河南鄭州市。
[3]龍驤指揮使：官名。所部統兵將領。龍驤爲五代禁軍番號。品秩不詳。　指揮使：原作"指揮軍使"，中華點校本據撫州刊本、浙江本、宗文本、《通鑑》卷二七四改，今從。　姚彥溫：人名。籍貫不詳。五代將領。本書僅此一見。
[4]萬勝：地名。位於今河南中牟縣北大孟鎮萬勝村。
[5]從馬直：部隊番號。五代後唐親軍。後唐明宗李嗣源創置。其兵丁選自諸軍驍勇敢戰者，没有額定兵員。平時宿衛，戰時隨駕親征。　郭從謙：人名。籍貫不詳。後唐將領、伶人。傳見本書卷三七。

夏四月丁亥朔，皇帝崩。年四十三。帝尸爲伶人焚之，明宗入洛，得其骨燼。天成元年七月，葬之河南新安縣，[1]號雍陵，至晉避廟諱，更曰伊陵。其不書"葬"，與梁太祖同。

[1]新安縣：縣名。治所在今河南新安縣。原作"新縣"，中華點校本據撫州刊本、浙江本、宗文本、《五代會要》卷一改，今從。

新五代史　卷六

唐本紀第六

　　明宗聖德和武欽孝皇帝，世本夷狄，無姓氏。父霓，爲雁門部將，[1]生子邈佶烈，以騎射事太祖，爲人質厚寡言，執事恭謹，太祖養以爲子，賜名嗣源。

　　[1]霓：人名。沙陀人。世事李克用，爲雁門部將。事見《舊五代史》卷三五。原作"電"，中華點校本據撫州刊本、宗文本、《舊五代史》卷三五、《五代會要》卷一改，今從。另可參見清人吳光耀《五代史記纂誤續補》卷一。　雁門：方鎮名。治所在代州（今山西代縣）。

　　梁攻兗、鄆，[1]朱宣、朱瑾來乞師，[2]太祖遣李存信將兵三萬救之。[3]存信留莘縣不進，[4]使嗣源別以兵三千先擊梁兵，梁兵解去。存信留莘縣久之，爲羅弘信所襲，[5]存信敗走，嗣源獨殿而還，太祖以嗣源所將騎五百號"橫衝都"。[6]

　　[1]兗：州名。治所在今山東濟寧市兗州區。　鄆：州名。治所在今山東東平縣。
　　[2]朱宣：人名。一作朱瑄。宋州下邑（今河南夏邑縣）人。

117

唐末、五代軍閥，後爲天平軍節度使。傳見《舊唐書》卷一八二、《新唐書》卷一八八、《舊五代史》卷一三、本書卷四二。　朱瑾：人名。宋州下邑（今河南夏邑縣）人。唐末將領。傳見《舊唐書》卷一八二、本書卷四二。

［3］李存信：人名。本姓張。回鶻人。唐末、五代後唐將領。傳見《舊五代史》卷五三、本書卷三六。

［4］莘縣：縣名。治所在今山東莘縣。

［5］羅弘信：人名。魏州貴鄉（今河北大名縣）人。唐末、五代軍閥。傳見《舊唐書》卷一八一、《新唐書》卷二一〇。

［6］橫衝都：部隊番號。五代部隊以都名者，如黑雲都、銀槍都，取衣服器用爲號；如效節都、橫衝都，則取古人嘉名爲號。

　　光化三年，[1]李嗣昭攻梁邢、洺，[2]出青山，[3]遇葛從周兵，[4]嗣昭大敗走，梁兵追之。嗣源從間道後至，謂嗣昭曰："爲公一戰。"乃解鞍礪鏃，憑高爲陣，左右指畫，梁追兵望之莫測。嗣源急呼曰："吾取葛公，士卒可無動！"乃馳騎犯之，出入奮擊，嗣昭繼進，梁兵解去。嗣源身中四矢，太祖解衣賜藥以勞之，由是李橫衝名重四方。

［1］光化：唐昭宗李曄年號（898—901）。

［2］李嗣昭：人名。汾州（今山西汾陽市）人。唐末、五代李克用義子、部將。傳見《舊五代史》卷五二、本書卷三六。　邢：州名。治所在今河北邢臺市。　洺：州名。治所在今河北邯鄲市永年區。

［3］青山：山名。因山上建有楚霸王項羽祠而著名，位於今山東菏澤市曹縣城東北二十五里古營集鎮境內的青山堌堆遺址。

［4］葛從周：人名。濮州鄄城（今山東鄄城縣）人。唐末、五代將領。傳見《舊五代史》卷一六、本書卷二一。

梁、晋相拒于柏鄉，[1]梁龍驤軍以赤、白馬爲兩陣，[2]旗幟鎧仗皆如馬色，晋兵望之皆懼。莊宗舉鍾以飲嗣源曰："卿望梁家赤、白馬懼乎？雖吾亦怯也。"嗣源笑曰："有其表爾，翌日歸吾厩也。"莊宗大喜曰："卿當以氣吞之。"因引鍾飲釂，[3]奮檛馳騎，犯其白馬，挾二裨將而還。梁兵敗，以功拜代州刺史。[4]

［1］柏鄉：縣名。治所在今河北柏鄉縣。
［2］龍驤軍：禁軍名。後梁置左右龍驤軍，後唐沿置。
［3］引鍾飲釂（jiào）：舉起酒鍾，一飲而盡。
［4］代州：州名。治所在今山西代縣。　刺史：官名。州一級行政長官。漢武帝時始置，總掌考核官吏、勸課農桑、地方教化等事。唐中期以後，節度使、觀察使轄州而設，刺史爲其屬官，職任漸輕。從三品至正四品下。

莊宗攻劉守光，[1]嗣源及李嗣昭將兵三萬別出飛狐，[2]定山後，[3]取武、嬀、儒三州。[4]莊宗已平魏州，[5]因徇下磁、相，[6]拜相州刺史、昭德軍節度使。[7]久之，徙鎮安國。[8]契丹攻幽州，[9]莊宗遣嗣源與閻寶等擊走之。[10]

［1］劉守光：人名。深州樂壽（今河北獻縣）人。唐末幽州節度使劉仁恭之子。劉守光囚父自立，後號大燕皇帝，爲晋王李存勖俘殺。傳見《舊五代史》卷一三五、本書卷三九。

［2］飛狐：道名。北起今山西大同市，南抵今河北定州市。

［3］山後：地區名。五代時稱今北京、河北軍都山、燕山以北地區爲山後。

［4］武：州名。治所在今河北張家口市宣化區。　媯：州名。治所在今官廳水庫下廢懷來縣城。　儒：州名。治所在今北京延慶區。

［5］魏州：州名。治所在今河北大名縣。

［6］磁：州名。治所在今河北磁縣。　相：州名。治所在今河南安陽市。

［7］昭德軍：方鎮名。治所在相州（今河南安陽市）。　節度使：官名。唐時在重要地區所設掌握一州或數州軍、民、財政的長官。品秩不詳。

［8］安國：方鎮名。治所在邢州（今河北邢臺市）。

［9］契丹：古部族、政權名。公元4世紀中葉宇文部爲前燕攻破，始分離而成單獨的部落，自號契丹。唐貞觀中，置松漠都督府，以其首領爲都督。唐末彊盛，916年迭剌部耶律阿保機建立契丹國（遼）。先後與五代、北宋並立，保大五年（1125）爲金所滅。參見張正明《契丹史略》，中華書局1979年版。　幽州：州名。治所在今北京市。

［10］閻寶：人名。鄆州（今山東東平縣）人。五代後唐將領。傳見本書卷四四。

同光元年，徙鎮橫海。[1]是時，梁、唐相拒于河上，李繼韜以潞州叛降梁，[2]莊宗有憂色，召嗣源帳中，謂曰："繼韜以上黨降梁，[3]而梁方急攻澤州，[4]吾出不意襲鄆州，以斷梁右臂，可乎？"嗣源對曰"夾河之兵久矣，苟非出奇，則大計不決，臣請獨當之。"乃以步騎五千涉濟，至鄆州，[5]鄆人無備，遂襲破之，即拜天平軍節度使、蕃漢馬步軍副都總管。[6]

　　[1]同光：後唐莊宗李存勖年號（923—926）。　橫海：方鎮名。治所在滄州（今河北滄州市）。
　　[2]李繼韜：人名。汾州（今山西汾陽市）人。李嗣昭之子。五代後唐將領。傳見《舊五代史》卷五二、本書卷三六。　潞州：州名。治所在今山西長治市。
　　[3]上黨：縣名。治所在今山西長治市。
　　[4]澤州：州名。治所在今山西澤州縣。
　　[5]濟：河流名。發源於今河南境內，經今山東入渤海。今黃河下游河道即濟水故道。
　　[6]天平軍：方鎮名。治所在鄆州（今山東東平縣）。　蕃漢馬步軍副都總管：官名。五代後唐置，爲蕃漢馬步軍副總指揮官。品秩不詳。

　　梁軍攻破德勝南柵，[1]莊宗退保楊劉，[2]王彥章急攻鄆州，[3]莊宗悉軍救之，嗣源爲前鋒擊敗梁軍，[4]追至中都，[5]擒彥章及梁監軍張漢傑。[6]

　　[1]德勝：地名。原爲黃河渡口，晋軍築德勝南、北二城於此，遂爲城名。位於今河南濮陽縣。
　　[2]楊劉：地名。唐宋時期黃河渡口。位於今山東東阿縣。
　　[3]王彥章：人名。鄆州壽張（今山東梁山縣）人。五代後梁將領。傳見《舊五代史》卷二一、本書卷三二。
　　[4]擊敗梁軍："敗"字原闕，中華點校本據撫州刊本、宗文本、宋人吳縝《五代史纂誤》卷下引《五代史》補，今從。
　　[5]中都：縣名。治所在今山東汶上縣。
　　[6]監軍：官名。爲臨時差遣，代表朝廷協理軍務、督察將帥。

唐、五代時常以宦官爲監軍。品秩不詳。　張漢傑：人名。清河（今河北清河縣）人。張歸霸之子。五代後梁將領。傳見《舊五代史》卷一四。

彥章雖敗，而段凝悉將梁兵屯河上，[1]莊宗未知所嚮，諸將多言乘勝以取青、齊，[2]嗣源曰："彥章之敗，凝猶未知，使其聞之，遲疑定計，亦須三日。縱使料吾所向，亟發救兵，必渡黎陽，[3]數萬之衆。舟楫非一日具也。此去汴州，[4]不數百里，前無險阻，方陣而行，信宿可至，汴州已破，段凝豈足顧哉！"而郭崇韜亦勸莊宗入汴，[5]莊宗以爲然，遣嗣源以千騎先至汴州，攻封丘門，[6]王瓚開門降。[7]莊宗後至，見嗣源大喜，手攬其衣，以頭觸之曰："天下與爾共之。"拜中書令。[8]

[1]段凝：人名。開封（今河南開封市）人。其妹爲朱溫美人，因其妹而爲朱溫親信。五代後梁將領，後投後唐。傳見《舊五代史》卷七三、本書卷四五。

[2]青：州名。治所在今山東青州市。　齊：州名。治所在今山東濟南市。

[3]黎陽：縣名。治所在今河南浚縣。

[4]汴州：州名。治所在今河南開封市。

[5]郭崇韜：人名。代州雁門（今山西代縣）人。五代後唐大臣。傳見《舊五代史》卷五七、本書卷二四。

[6]封丘門：城門名。位於今河南開封市。

[7]王瓚：人名。太原祁（今山西祁縣）人。唐河中節度使王重盈之子。五代後梁將領，官至開封尹。傳見《舊五代史》卷五九。

[8]中書令：官名。漢代始置，隋、唐前期爲中書省長官，屬宰相之職；唐後期多爲授予元勛大臣的虛銜。正二品。

二年，莊宗祀天南郊，賜以鐵券。[1]五月，破楊立于潞州。[2]六月，徙鎮宣武，兼蕃漢内外馬步軍總管。[3]冬，契丹侵漁陽，嗣源敗之于涿州。[4]

[1]南郊：意爲都城南面之郊。代指南面郊區之祭天場所（圜丘），亦指祭天之禮（郊天）。古人用"郊""南郊""有事於南郊"指代在南郊之圜丘舉行的郊天典禮。　鐵券：皇帝頒賜給功臣的鐵製詔令文書，功臣本人及後世如有犯罪，以此券爲證，即可推念其功而予以赦減。

[2]楊立：人名。籍貫不詳。五代後唐潞州將領，歷事李嗣昭、李繼韜。傳見《舊五代史》卷七四。　潞州：州名。治所在今山西長治市。

[3]宣武：方鎮名。治所在汴州（今河南開封市）。　蕃漢内外馬步軍總管：官名。五代後唐置，爲蕃漢馬步軍總指揮官。品秩不詳。

[4]漁陽：縣名。治所在今天津薊州區。　涿州：州名。治所在今河北涿州市。

三年，徙鎮成德。[1]莊宗幸鄴，請朝行在，不許。[2]貞簡太后疾，[3]請入省，又不許。太后崩，請赴山陵，[4]許之，而契丹侵邊，乃止。十二月，遂朝于洛陽。

[1]成德：方鎮名。治所在鎮州（今河北正定縣）。
[2]鄴：地名。即鄴都。治所在今河北大名縣。五代後唐同光

元年（923），改魏州爲興唐府，建號東京。三年，改東京爲鄴都。
行在：即行在所。指帝王行幸所在之地。

［3］貞簡太后：即後唐莊宗生母曹太后。貞簡，謐號。傳見《舊五代史》卷四九、本書卷一四。

［4］山陵：古代帝王墳墓的代稱。

天成元年，[1]實同光四年，而書"天成元年"者，大赦改元文見下可知。莊宗本紀自書"同光四年"，各從其所稱，既曰改元，不嫌二號也。郭崇韜、朱友謙皆以讒死，[2]嗣源以名位高，亦見疑忌。趙在禮反於魏，[3]大臣皆請遣嗣源討賊，莊宗不許，群臣屢請，莊宗不得已，遣之。

［1］天成：後唐明宗李嗣源年號（926—930）。
［2］朱友謙：人名。許州（今河南許昌市）人。唐末、五代軍閥。傳見《舊五代史》卷六三、本書卷四五。
［3］趙在禮：人名。涿州（今河北涿州市）人。五代後唐、後晉將領。傳見《舊五代史》卷九〇、本書卷四六。

三月壬子，嗣源至魏，屯御河南，[1]在禮登樓謝罪。甲寅，軍變，嗣源入于魏，與在禮合，夕出，止魏縣。[2]丁巳，以其兵南，遣石敬瑭將三百騎爲先鋒。[3]嗣源行過鉅鹿，[4]掠小坊馬二千匹以益軍。壬申，入汴州。

［1］御河：河流名。即永濟渠、衛河，流經魏州（今河北大名縣），至今天津市入海。《宋史》卷九五《河渠志》載，"御河源出衛州共城縣百門泉"，百門泉位於今河南輝縣市蘇門山。
［2］魏縣：縣名。治所在今河北魏縣。

[3]石敬瑭：人名。沙陀人。五代後唐將領、後晉開國皇帝。紀見《舊五代史》卷七五至卷八〇、本書卷八。

[4]鉅鹿：縣名。治所在今河北巨鹿縣。

四月丁亥，莊宗崩。己丑，入洛陽。甲午，監國，朝群臣于興聖宫。[1]乙未，中門使安重誨爲樞密使。[2]殺元行欽及租庸使孔謙。[3]壬寅，左驍衛大將軍孔循爲樞密使。[4]丙午，始奠于西宫，[5]曰"始奠"，見其緩也。自己丑入洛，至此二十日矣。皇帝即位于柩前，柩前即位，嗣君之禮也。反逆之臣自立，而用嗣君之禮，書從其實而不變文者，蓋先已書反，正其罪矣。此書其實者，見其猶有自愧之心，而欲逃大惡之名也。易斬縗以衮冕。[6]既用嗣君之禮矣，遽釋縗而服冕，故書以見其情詐。壬子，魏王繼岌薨。[7]諸王薨不書，此書者，見明宗舉兵實反，會從謙弒逆，遂託赴難爲名。及即位時，莊宗元子猶在，則其辭屈矣。甲寅，大赦，改元。渤海國王大諲譔使大陳林來。[8]是月，張居翰罷。[9]

[1]監國：代表皇帝行使權力稱監國。軍國大事全權處置。興聖宫：宫殿名。位於今河南洛陽市。

[2]中門使：官名。五代時晉王李存勖所置，爲節度使屬官，執掌同於朝廷之樞密使。品秩不詳。　安重誨：人名。應州（山西應縣）人。五代後唐大臣。傳見《舊五代史》卷六六、本書卷二四。　樞密使：官名。樞密院長官。唐代宗時始以宦官掌機密，至昭宗時借朱温之力盡誅宦官，始改以士人任樞密使。備顧問，參謀議，出納詔奏，權侔宰相。品秩不詳。參見李全德《唐宋變革期樞密院研究》，北京圖書館出版社2009年版。

[3]元行欽：人名。幽州（今北京市）人。五代後唐將領。傳

見《舊五代史》卷七〇、本書卷二五。　租庸使：官名。唐代爲主持催徵租庸地税的財政官員。五代後梁、後唐時，租庸使取代鹽鐵、度支、户部，爲中央財政長官。品秩不詳。　孔謙：人名。魏州（今河北大名縣）人。後唐大臣，善聚斂錢財，爲李存勗籌畫軍需。傳見《舊五代史》卷七三、本書卷二六。

[4]左驍衛大將軍：官名。唐置，掌宫禁宿衛。唐代置十六衛，即左右衛、左右驍衛、左右武衛、左右威衛、左右領軍衛、左右金吾衛、左右監門衛、左右千牛衛。各置上將軍，從二品；大將軍，正三品；將軍，從三品。　孔循：人名。籍貫不詳。五代後唐大臣。傳見本書卷四三。

[5]奠：對死者的祭祀。原意爲"停放"。在喪祭中，奠與祭屬不同階段：在殯之祭叫奠，如殯奠、祖奠；出殯之後稱祭，如練祭、祥祭。　西宫：宫殿名。指洛陽上陽宫，因其位於宫城之西，故名。位於今河南洛陽市。

[6]斬縗（cuī）：喪禮五服中最重的一種，用最粗的生麻布製成，衣旁和下邊不縫邊。凡喪服，上衣爲縗，下衣爲裳。"斬"指斬布製成喪服。　袞冕：袞服和冠冕。皇帝、王公大臣的禮服。參見閻步克《服周之冕——〈周禮〉六冕禮制的興衰變異》，中華書局2009年版。

[7]魏王繼岌：人名。即李繼岌。後唐莊宗長子，時封魏王。傳見《舊五代史》卷五一、本書卷一四。

[8]渤海：古國名。武周聖曆元年（698），粟末靺鞨首領大祚榮建立政權。先天二年（713），唐朝册封大祚榮爲渤海郡王，其國遂以渤海爲名。傳見《舊五代史》卷一三八、本書卷七四。　大諲譔：人名。唐末五代渤海國第十五代國王。906年至926年在位。事見本書卷七四《四夷附録·渤海》。　大陳林：人名。渤海國使者。本書僅此一見。《五代會要》卷三〇《渤海》載，"天成元年四月，遣使大陳林等一百十六人來朝貢"。

[9]張居翰：人名。籍貫不詳。唐末五代宦官。傳見《舊五

史》卷七二、本書卷三八。

五月丙辰朔，太子賓客鄭珏、工部尚書任圜爲中書侍郎，同中書門下平章事。[1]戊辰，趙在禮爲義成軍節度使。[2]在禮始亂宜誅，而明宗因之以反，命以方鎮，報其功也，故書。

[1]太子賓客：官名。爲太子官屬。唐高宗顯慶四年（659）始置。掌侍從規諫，贊相禮儀。正三品。　鄭珏：人名。滎陽（今河南滎陽市）鄭氏族人。唐末進士，五代後梁、後唐宰相。傳見《舊五代史》卷五八、本書卷五四。　工部尚書：官名。尚書省工部長官。掌百工、屯田、山澤之政令。正三品。　任圜：人名。京兆三原（今陝西三原縣）人。五代後唐將領、大臣。傳見《舊五代史》卷六七、本書卷二八。　中書侍郎：官名。中書省副長官。唐後期三省長官漸爲榮銜，中書侍郎、門下侍郎却因參議朝政而職位漸重，常常用爲以"同三品"或"同平章事"任宰相者的本官。正三品。　同中書門下平章事：官名。簡稱"同平章事"。唐高宗以後，實際任宰相之職者，常在其本官後加同平章事的職銜。後成爲宰相專稱。品秩不詳。
[2]義成軍：方鎮名。亦稱永平軍。治所在滑州（今河南滑縣）。

六月丁酉，汴州控鶴軍亂，[1]指揮使張諫殺其權知州事高逖。[2]己亥，諫伏誅。

[1]控鶴軍：部隊番號。五代後唐始置，爲禁軍之一部。
[2]指揮使：官名。即控鶴軍指揮使，所部統兵將領。品秩不

詳。　張諫：人名。籍貫不詳。五代後唐將領。事見《通鑑》卷二七五。　權知州事：官名。簡稱爲"知州"。州級行政長官。品秩不詳。參見閆建飛《唐後期五代宋初知州制的實施過程》，《文史》2019年第1期。　高迻：人名。籍貫不詳。五代後唐官員。事見《通鑑》卷二七五。

秋七月庚申，安重誨殺殿直馬延于御史臺門。[1]御史臺所以糾百官之不法，殺人于臺門，惡其甚。契丹使梅老述骨來，渤海使大昭佐來。[2]己卯，貶豆盧革爲辰州刺史，韋説叙州刺史。[3]甲申，流革于陵州，説于合州。[4]

[1]殿直：官名。五代後唐始置，爲皇帝侍從之官。後晉高祖天福五年（940）又改殿前承旨爲殿直。品秩不詳。　馬延：人名。籍貫不詳。五代後唐將領。事見《舊五代史》卷二四。　御史臺：官署名。秦漢始置。爲古代國家的監察機構。掌糾察官吏違法，肅正朝廷綱紀。大事廷辨，小事奏彈。

[2]梅老述骨：人名。契丹使者。事見本書本卷。梅老，官名。遥輦時有官稱"梅録"，也作"梅落""梅里"，此即回鶻的"媚禄""密禄"，不同時期不同民族轉寫方式不同，職掌也有變化，或總兵爲指揮官，或爲"皇家總管"。品秩不詳。參見李桂芝《遼金簡史》，福建人民出版社1996年版，第19至20頁。　大昭佐：人名。渤海國使者。事見本書本卷。《五代會要》卷三〇《渤海》載，天成元年（926）"七月，遣使大昭佐等六人朝貢"。

[3]豆盧革：人名。先世爲鮮卑慕容氏，後改豆盧氏。唐同州刺史豆盧籍之孫，舒州刺史豆盧瓚之子。五代後唐宰相。傳見《舊五代史》卷六七、本書卷二八。　辰州：州名。治所在今湖南沅陵縣。　韋説：人名。京兆萬年（今陝西西安市）人。唐福建觀察使韋岫之子。唐末進士，五代後梁大臣、後唐宰相。傳見《舊五代

史》卷六七。　叙州：州名。治所在今湖南洪江市。

[4]陵州：州名。治所在今四川仁壽縣。　合州：州名。治所在今重慶合川區。

八月乙酉朔，陝州硤石縣民高存妻一産三男子。[1]丁酉，以象笏三十二賜百官之無笏者。[2]是時朝廷衰弱之甚，故書。閲稼于冷泉宫。[3]己亥，契丹犯邊。丁未，平盧軍節度使霍彦威殺其登州刺史王公儼。[4]甲寅，醫官張志忠爲太原少尹。[5]

[1]陝州硤石縣："州硤"二字原闕。中華點校本據宗文本補，今從。陝州，州名。治所在今河南三門峽市陝州區。硤石縣，縣名。治所在今河南三門峽市陝州區硤石鄉。

[2]象笏：象牙所製的笏版。

[3]閲稼：查看農作物生長情況。　冷泉宫：宫名。其地不詳，疑位於洛陽城外。

[4]平盧軍：方鎮名。治所在青州（今山東青州市）。　霍彦威：人名。洺州曲周（今河北曲周縣）人。五代後梁將領霍存之養子。後梁、後唐將領。傳見《舊五代史》卷六四、本書卷四六。　登州：州名。治所在今山東蓬萊市。　王公儼：人名。籍貫不詳。五代後唐將領。事見《舊五代史》卷三七。

[5]醫官：翰林醫官的省稱，以醫術待詔於翰林者。　張志忠：人名。籍貫不詳。五代後唐醫官。本書僅此一見。　少尹：官名。爲府尹的副職，協助府尹掌理行政事務。從四品下。

九月己未，幸至德宫及袁建豐第。[1]

[1]至德宮：宮名。五代後唐天成元年（926）築。位於今河南洛陽市。　袁建豐：人名。籍貫不詳。唐末、五代後唐將領。傳見《舊五代史》卷六一、本書卷二五。

冬十月丁亥，雲南山後雨林百蠻都鬼主、右武衛大將軍李卑晚使大鬼主傅能何華來。[1]辛丑，契丹使沒骨餒來告阿保機哀，[2]廢朝三日。[3]旱，辛亥雨。

[1]雲南：古地區名。唐開元末以後的南詔、五代後唐時長和國、兩宋時大理國諸政權及其區域，統稱雲南。位於今雲南、貴州、四川南部一帶。　都鬼主：唐宋時期，西南諸蠻首領的稱號。以其俗尚鬼，祭祀爲大事，故稱主祭者爲鬼主。因勢力大小不同，有鬼主、大鬼主、都鬼主之分。　右武衛大將軍：官名。唐置，掌宮禁宿衛。唐代十六衛之一。正三品。　李卑晚：人名。嶲州（今四川西昌市）蠻族首領。事見《舊五代史》卷三七。　傅能何華：人名。嶲州（今四川西昌市）蠻族首領，赴中原朝貢的使者。事見本書卷七四。

[2]沒骨餒：人名。契丹使者。本書僅此一見。　告阿保機哀：告哀，國有大喪，遣使赴周邊政權通告噩耗。阿保機，人名。姓耶律。契丹迭剌部人。唐末契丹族首領、遼開國太祖。紀見《遼史》卷一、卷二。

[3]廢朝：又稱輟朝。古代帝王遇親喪或文武大臣病故，停止視朝數日，以示哀悼。

二年春正月癸丑朔，更名亶。癸亥，端明殿學士兵部侍郎馮道、太常卿崔協爲中書侍郎，同中書門下平章事。[1]

[1]端明殿學士：官名。後唐明宗始置，以翰林學士充任，負責誦讀四方書奏。品秩不詳。　兵部侍郎：官名。尚書省兵部次官。協助兵部尚書掌武官銓選、勛階、考課之政。正四品下。　馮道：人名。瀛州景城（今河北滄州市）人。五代時官拜宰相，歷仕後唐、後晉、後漢、後周，亦曾臣服於契丹。傳見《舊五代史》卷一二六、本書卷五四。　太常卿：官名。西漢置太常，南朝梁始置太常卿。太常寺長官。掌宗廟祭祀禮樂及教育等。正三品。　崔協：人名。清河（今河北清河縣）崔氏子弟。唐末進士，五代後梁、後唐官員，仕至宰相。傳見《舊五代史》卷五八。

二月壬午朔，新羅使張芬來。[1]西川節度使孟知祥殺其兵馬都監李嚴。[2]丙申，赦京師囚。郭從謙爲景州刺史，[3]既而殺之。從謙弑君，不討而命以官，故書。與在禮同罪宜誅，而書"殺"者，明宗亦同罪，不得行誅，故以兩相殺書之。戊戌，山南東道節度使劉訓爲南面招討使，以伐荊南。[4]是時，荊南自絶於中國而附吳，不足以有罪，不書"討"而書"伐"，見非内臣，不責其叛。

[1]新羅：朝鮮半島古國。4世紀以後逐漸强大。935年爲王氏高麗所取代。傳見《舊五代史》卷一三八、本書卷七四。　張芬：人名。新羅使者。本書僅此一見。

[2]西川：方鎮名。治所在成都府（今四川成都市）。　孟知祥：人名。邢州龍岡（今河北邢臺市）人。李克用女婿，五代十國後蜀開國皇帝。傳見《舊五代史》卷一三六、本書卷六四。　兵馬都監：官名。唐代中葉命將出征，常以宦官爲監軍、都監。後爲臨時委任的統兵官，稱都監、兵馬都監。掌屯戍、邊防、訓練之政令。品秩不詳。　李嚴：人名。幽州（今北京市）人。五代後唐將領。初事劉守光，後事後唐莊宗。傳見《舊五代史》卷七〇、本書

卷二六。

　　[3]郭從謙：人名。籍貫不詳。後唐將領、伶人。傳見本書卷三七。　景州：州名。治所在今河北東光縣。

　　[4]山南東道：方鎮名。治所在襄州（今湖北襄陽市）。　劉訓：人名。隰州永和（今山西永和縣）人。五代藩鎮將領。傳見《舊五代史》卷六一。　招討使：官名。唐始置。戰時任命，兵罷則省。常以大臣、將帥或地方軍政長官兼任。掌招撫、討伐等事務。品秩不詳。　荆南：又稱南平。五代十國之一。後梁開平元年（907）朱溫命高季興爲荆南節度使，梁末帝時封季興爲渤海王。同光二年（924）受後唐封爲南平王。

　　三月壬子朔，幸會節園，群臣買宴。[1]遊幸若不過度，則小事也，皆不書。惟莊宗及晋出帝之世則書者，[2]著其過度耳。明宗於五代爲勤儉之君，遊幸無過度，此書以著買宴，見君臣之失矣。盧臺軍亂，殺其將烏震。[3]新羅使林彦來。[4]

　　[1]會節園：五代後唐時洛陽城内園林。位於今河南洛陽市。　買宴：唐五代時皇帝賜宴，群臣、方鎮獻納錢帛，謂之買宴。實質是臣下向皇帝獻納。

　　[2]惟莊宗及晋出帝之世則書者："出"字原闕。中華點校本據撫州刊本、宗文本補，今從。

　　[3]盧臺軍："軍"字原闕。中華點校本據撫州刊本、浙江本、宗文本補，今從。軍（政區）名。治所在今天津寧河區盧臺鎮。參見余蔚《中國行政區劃通史》（遼金卷），復旦大學出版社2012年版，第326頁。　烏震：人名。冀州信都（今河北衡水市冀州區）人。五代後唐將領。傳見《舊五代史》卷五九、本書卷二六。

　　[4]林彦：人名。新羅使者。本書僅此一見。

夏四月庚寅，盧臺軍將龍晊等伏誅。[1]

[1]龍晊（zhì）：人名。籍貫不詳。五代後唐時作亂戍兵首領。事見《舊五代史》卷三八。

六月丙戌，任圜罷。庚子，幸白司馬坡，祭突厥神。[1]夷狄之事也。

[1]白司馬坡：地名。位於今河南洛陽市。

秋七月甲子，隨州刺史西方鄴取夔、忠、萬州。[1]癸酉，殺豆盧革、韋説。

[1]隨州：州名。治所在今湖北隨州市。　西方鄴：人名。定州滿城（今河北保定市滿城區）人。五代後唐將領。傳見《舊五代史》卷六一、本書卷二五。　夔：州名。治所在今重慶奉節縣。忠：州名。治所在今重慶忠縣。　萬州：州名。治所在今重慶萬州區。

八月乙酉，牂牁使宋朝化及昆明使者來。[1]

[1]牂（zāng）牁（kē）：地名、部族名。位於今貴州境内。傳見本書卷七四。　宋朝化：人名。牂牁使者。事見本書卷七四。昆明：地名、部族名。位於今雲南境内。傳見本書卷七四。

九月庚午，党項使如連山來。[1]壬申，契丹使梅老來。

[1]党項：部族名。源出羌族，時活躍於今甘肅東部、寧夏、陝西北部一帶。參見湯開建《党項西夏史探微》，商務印書館2013年版。　如連山：人名。党項使者。本書僅此一見。

冬十月乙酉，如汴州。宣武軍節度使朱守殷反，[1]馬步軍都指揮使馬彥超死之。[2]己丑，守殷自殺。不書克汴州者，天子自以兵討，未嘗攻戰，直入其城也。他"自殺"不書，爲書克州；此不書克州，故書"自殺"。乙未，殺太子少保致仕任圜。[3]實安重誨矯詔殺之，不書重誨殺者，明宗知而不責，又下詔書誣圜以罪，故以明宗自殺書之。辛丑，德音釋繫囚。[4]是月，傳箭于霍彥威。[5]夷狄之事也。

[1]朱守殷：人名。籍貫不詳。五代後唐將領。傳見《舊五代史》卷七四、本書卷五一。

[2]馬步軍都指揮使：官名。五代時侍衛親軍長官。多由皇帝親信擔任。品秩不詳。　馬彥超：人名。籍貫不詳。五代後唐將領。事見本書卷五一。

[3]太子少保：官名。與太子少師、太子少傅統稱太子三少。隋唐以後多作加官或贈官。從二品。　致仕：官員告老辭官。

[4]德音：詔書的一種。唐宋時期皇帝發佈德政時所用，如大赦囚徒、賑救災荒等。　釋繫囚：釋放在押囚犯。爲皇帝的德政表現。

[5]傳箭：少數民族風俗，爲徵兵的象徵。《遼史》卷三七載"合符傳箭於諸部"。《遼史拾遺》卷三載，"或傳徵兵率以箭爲號，每一部落傳箭一雙"。

十一月乙亥，契丹使梅老來。

十二月己丑，回鶻西界吐蕃遣使者來。[1]甲辰，畋于東郊。[2]丙午，追尊祖考爲皇帝，妣爲皇后：高祖聿諡曰孝恭，廟號惠祖，祖妣劉氏諡曰孝恭昭；曾祖敖諡曰孝質，廟號毅祖，祖妣張氏諡曰孝質順；[3]祖琰諡曰孝靖，廟號烈祖，祖妣何氏諡曰孝靖穆；考諡曰孝成，廟號德祖，妣劉氏諡曰孝成懿。立廟于應州。[4]

[1]回鶻：部族名。又作回紇。原係突厥鐵勒部的一支。唐天寶三載（744）建立回鶻汗國，9世紀中葉，回鶻汗國瓦解。其中一支爲甘州回鶻。11世紀初，甘州回鶻爲西夏所滅。參見楊蕤《回鶻時代：10—13世紀陸上絲綢之路貿易研究》，中國社會科學出版社2015年版。　吐蕃：部族、政權名。唐朝時藏族先民在青藏高原建立吐蕃政權。自7至9世紀，共歷九主，二百餘年。五代時，吐蕃政權已經瓦解，此處指回鶻西面的吐蕃一部。參見才讓《吐蕃史稿》，人民出版社2010年版。

[2]畋：打獵游樂。《廣韻》載："畋，取禽獸也。"

[3]祖妣張氏諡曰孝質順："質"，原作"毅"，中華點校本據撫州刊本、浙江本、宗文本、《舊五代史》卷三五、《册府》卷三一改，今從。

[4]應州：州名。治所在今山西應縣。

三年春正月丁巳，契丹陷平州。[1]

[1]平州：州名。治所在今河北盧龍縣。

二月辛巳，吐渾都督李紹虜來。[1]乙未，孔循罷。戊戌，回鶻使李阿山來。[2]

[1]吐渾：部族名。吐谷渾的省稱。源出鮮卑，後游牧於今甘肅、青海一帶。參見周偉洲《吐谷渾資料輯錄》（修訂本），商務印書館 2017 年版。　都督：吐渾部落首領和軍官的稱號，鄂爾渾突厥文碑銘寫作 tutuq 或 totoq，爲漢語辭彙"都督"的借詞。　李紹虞：人名。原名白承福。吐渾首領。後唐莊宗以吐谷渾部落置寧朔、奉化兩府，以承福爲都督。賜姓名爲李紹魯，訛作李紹虞。事見本書卷七四。

[2]李阿山：人名。回鶻使者。事見《舊五代史》卷一三八、本書卷七四。

三月丁未朔，御札求直言。[1]己未，鄭珏罷。癸亥，成德軍節度使王建立爲尚書右僕射、同中書門下平章事。[2]西方鄴克歸州。戊辰，宣徽南院使范延光爲樞密使。[3]

[1]御札：又作"御劄"。皇帝手劄、手詔。　求直言：向臣僚徵求直言朝政缺失的奏疏，以改過弭灾。

[2]王建立：人名。遼州榆社（今山西榆社縣）人。五代後唐、後晉大臣。傳見《舊五代史》卷九一、本書卷四六。　尚書右僕射：官名。秦始置。隋、唐前期以左、右僕射佐尚書令總理六官，綱紀庶務；如不置尚書令，則總判省事，爲宰相之職。唐後期多爲大臣加銜。從二品。

[3]宣徽南院使：官名。唐始置。宣徽南院使、北院使通稱宣徽使。初用宦官，五代以後改用士人。通掌內諸司及三班內侍之名籍，郊祀、朝會、宴享供帳之儀，檢視內外進奉名物。品秩不詳。參見王永平《論唐代宣徽使》，《中國史研究》1995 年第 1 期；王孫盈政《再論唐代的宣徽使》，《中華文史論叢》2018 年第 3 期。　范延光：人名。鄴郡臨漳（今河北臨漳縣）人。五代後唐、後晉將

領。傳見《舊五代史》卷九七。

夏四月戊寅，延光罷。乙酉，達靼遣使者來。[1]義武軍節度使王都反。[2]壬寅，歸德軍節度使王晏球爲北面行營招討使。[3]

[1]達靼：部族名。其名始見於唐開元二十年（732）突厥文《闕特勤碑》。唐末活躍於陰山一帶。參見白玉冬《九姓達靼游牧王國史研究》，中國社會科學出版社2017年版。

[2]義武軍：方鎮名。治所在定州（今河北定州市）。　王都：人名。中山陘邑（今河北定州市）人。本姓劉，後爲義武軍節度使王處直之養子。五代軍閥。傳見《舊五代史》卷五四。

[3]歸德軍：方鎮名。治所在宋州（今河南商丘市）。本後梁宣武軍，後唐改名歸德軍。　王晏球：人名。洛陽（今河南洛陽市）人。五代將領。傳見《舊五代史》卷六四、本書卷四六。行營招討使：官名。唐始置。戰時任命，兵罷則省。常以大臣、將帥或地方軍政長官兼任。掌招撫、討伐等事務。品秩不詳。

五月，契丹禿餒入于定州。[1]辛酉，右衛上將軍趙敬怡爲樞密使。[2]封回鶻可汗王仁裕爲順化可汗。[3]

[1]禿餒：人名。奚人。契丹將領。事見《通鑑》卷二七六。定州：州名。治所在今河北定州市。

[2]右衛上將軍：官名。唐置，掌宫禁宿衛。唐代十六衛之一。從二品。　趙敬怡：人名。籍貫不詳。五代後唐大臣。事見《舊五代史》卷四〇。

[3]仁裕：人名。一作仁喻，本名阿咄欲。甘州回鶻英義可汗

仁美之弟。繼位爲甘州回鶻可汗。事見本書卷七四。

秋七月己未，殺齊州防禦使曹廷隱。[1]

[1]防禦使：官名。唐代始置，設有都防禦使、州防禦使兩種。常由刺史或觀察使兼任，實際上爲唐代後期州或方鎮的軍政長官。品秩不詳。　曹廷隱：人名。魏州（今河北大名縣）人。五代後唐將領。傳見《舊五代史》卷七一。

八月，盧龍軍節度使趙德鈞執契丹首領惕隱赫邈。[1]慶州防禦使竇廷琬反。[2]

[1]盧龍軍：方鎮名。治所在幽州（今北京市）。　趙德鈞：人名。幽州（今北京市）人。初爲幽州節度使劉守光部將，再爲後唐將領，後投降遼國。傳見《舊五代史》卷九八。　惕隱：官名。出自契丹語。遼朝惕隱主要分爲兩類。中央惕隱掌管皇族教化和皇族户籍；地方惕隱，即遼朝在各部族及屬國屬部設置的惕隱，各部族的惕隱配合部族節度使管理部族事務，屬國屬部惕隱一般爲該部酋長。品秩不詳。參見鞠賀《遼朝惕隱研究》，《西北民族大學學報》2019年第1期。　赫邈：人名。契丹使者，遼國大臣。事見《遼史》卷三。

[2]慶州：州名。治所在今甘肅慶城縣。　竇廷琬：人名。籍貫不詳，世爲青州（今山東青州市）牙將。五代後梁、後唐將領。傳見《舊五代史》卷七四。

冬十月，靜難軍節度使李敬周討之。[1]丁巳，突厥使張慕晉來。[2]

[1]静難軍：方鎮名。治所在邠州（今陝西彬縣）。 李敬周：人名。避後晉高祖石敬瑭諱改名李周。邢州內丘（今河北內丘縣）人。五代後唐、後晉將領。傳見《舊五代史》卷九一、本書卷四七。

[2]突厥：部族名。6 至 8 世紀活躍於北亞和中亞，稱雄於漠北、西域。隋文帝開皇二年（582），突厥汗國分裂爲東、西突厥。唐中期時西突厥、東突厥均已衰落。此處的突厥當爲其某一餘部。張慕晉：人名。突厥使者。事見本書卷七四。

十一月壬午，吐渾使念九來。[1]甲午，王建立罷。

[1]念九：人名。吐渾使者。本書僅此一見。

十二月，李敬周克慶州，竇廷琬伏誅。辛亥，幸康義誠第。[1]

[1]康義誠：人名。沙陀人。五代後唐將領。傳見《舊五代史》卷六六、本書卷二七。

四年春正月壬辰，回鶻使掣撥都督來。[1]

[1]掣撥：人名。回鶻使者。事見《舊五代史》卷一三八。

二月癸卯，王晏球克定州。王都自焚，故不書伏誅。辛酉，晏球獻馘俘。[1]趙敬怡薨。丁卯，崔協薨。庚午，至自汴州。

139

[1]馘（guó）俘：泛指俘虜。馘，割取敵方戰死者左耳。

三月丙戌，殺姪從璨。[1]

[1]從璨（càn）：人名。即李從璨。後唐明宗李嗣源之侄。因不屈從權臣安重誨，被重誨奏劾，貶謫賜死。傳見《舊五代史》卷五一、本書卷一五。

夏四月，契丹寇雲州。[1]癸丑，契丹使撩括梅里來求禿餒，[2]殺之。甲寅，端明殿學士、尚書兵部侍郎趙鳳爲門下侍郎兼工部尚書、同中書門下平章事。[3]

[1]雲州：州名。治所在今山西大同市。
[2]撩括梅里：人名。契丹使者。事見《舊五代史》卷四〇。梅里，官名。遙輦時有官稱"梅錄"，也作"梅落""梅老"，此即回鶻的"媚禄""密禄"，不同時期不同民族轉寫方式不同，職掌也有變化，或總兵爲指揮官，或爲"皇家總管"。品秩不詳。參見李桂芝《遼金簡史》，福建人民出版社1996年版，第19至20頁。
[3]趙鳳：人名。幽州（今北京市）人。五代後唐大臣。傳見《舊五代史》卷六七、本書卷二八。　門下侍郎：官名。門下省副長官。唐後期三省長官漸爲榮銜，中書、門下侍郎却因參議朝政而職位漸重，常常用爲以"同三品"或"同平章事"任宰相者的本官。正三品。

五月己巳，朝群臣，賀朔。[1]不曰"視朝"，而曰"賀朔"，著非禮。視朝常事，自不書爾。五月賀朔，出於道家之説，自唐以來用之，書之見亂世舉非禮之不急者。此禮其後屢行，皆不復書者，與入閤同。乙酉，追謚少帝曰昭宣光烈孝皇帝。[2]契丹寇雲州。

[1]賀朔：每年五月朔舉行的大朝會典禮。五月朔大朝會，唐德宗朝創置，唐憲宗朝廢止，五代後唐明宗朝復置。

[2]少帝：即唐哀帝李柷。唐昭宗之子。904年至907年在位，年號天祐。爲朱溫所殺。紀見《舊唐書》卷二〇下、《新唐書》卷一〇。

秋七月壬申，殺右金吾衛上將軍毛璋。[1]

[1]右金吾衛上將軍：官名。唐置，掌宫禁宿衛。唐代十六衛之一。從二品。　毛璋：人名。滄州（今河北滄州市）人。五代後唐將領。傳見《舊五代史》卷七三、本書卷二六。

八月乙巳，黑水使骨至來。[1]丁未，吐渾首領念公山來。[2]乙卯，党項折遇明來，[3]己未，高麗王建使張彬來。[4]

[1]黑水：部族名。即黑水靺鞨。隋唐時靺鞨七大部之一，居於今黑龍江中下游。傳見《舊五代史》卷一三八、本書卷七四。骨至：人名。黑水使者。事見《舊五代史》卷四〇。

[2]念公山：人名。吐渾首領。事見《舊五代史》卷四〇。

[3]折遇明：人名。党項使者。事見《五代會要》卷二九《党項羌》。

[4]高麗：朝鮮半島古國。即王氏高麗。918年，後三國（即朝鮮新羅、後百濟、泰封）之一泰封國武將王建自立爲王，改國號

爲高麗，935年滅新羅，次年滅後百濟，再次統一朝鮮。參見〔朝〕鄭麟趾等《高麗史》，西南師範大學出版社2014年。　王建：人名。朝鮮王氏高麗開國國王，廟號太祖。參見〔朝〕鄭麟趾等《高麗史》卷一。　張彬：人名。高麗使者。本書僅此一見。

九月癸巳，殺供奉官烏昭遇。[1]

[1]供奉官：泛指侍奉皇帝左右的臣僚，亦爲東、西頭供奉官通稱。　烏昭遇：人名。籍貫不詳。五代後唐供奉官。事見《舊五代史》卷四〇。

冬十二月辛丑，殺西平縣令李商。[1]

[1]西平：縣名。治所在今河南西平縣。　縣令：官名。爲縣的行政長官，掌治本縣。唐代之縣，分京、畿、上、中、中下、下六等，統稱縣令，但品級不同。　李商：人名。籍貫不詳。五代後唐官員。本書僅此一見。

長興元年春正月丁卯，閲馬于苑。[1]辛卯，宣徽南院使朱弘昭爲大内留守。[2]

[1]長興：後唐明宗李嗣源年號（930—933）。　閲馬：校閲軍馬，引申爲檢閲部隊。

[2]朱弘昭：人名。太原（今山西太原市）人。後唐明宗朝樞密使、宰相。傳見《舊五代史》卷六六、本書卷二七。　大内留守：官名。凡有郊廟、朝獻等大禮，皇帝合當齋戒於祭所，則差大内留守，禮畢即罷。《舊五代史》卷四一載，"中書奏郊天有日，

合差大内留守"。品秩不詳。

二月戊戌，黑水兀兒遣使者來。[1]乙巳，天雄軍節度使石敬瑭爲御營使。[2]癸丑，朝獻于太微宫。[3]甲寅，享于太廟。[4]乙卯，有事于南郊，大赦，改元。

[1]兀兒：人名。黑水靺鞨某部首領。漢籍中有時以此爲部名。後唐同光二年（924）、長興元年（930）遣使或親自來朝。事見本書卷七四。

[2]天雄軍：方鎮名。治所在魏州（今河北大名縣）。 御營使：官名。五代皇帝多親自率兵征戰，故設御營使負責行營守衛，多由親信將領、寵臣充任。品秩不詳。

[3]朝獻：祭禮名。《周禮·春官·司尊彝》："其朝獻用兩著尊。"鄭玄注："朝獻謂尸卒食，王酳之。" 太微宫：廟名。唐天寶元年（742）於東都積善坊建玄元皇帝廟，次年更名太微宫。位於今河南洛陽市洛水南岸。

[4]享：祭禮名。享，意爲上供、奉獻祭品。《詩·小雅·楚茨》："以爲酒食，以享以祀。"鄭玄箋："享，獻也。以黍稷爲酒食，獻之以祀先祖。" 太廟：古代帝王的祖廟。供奉、祭祀皇帝先祖。

三月庚寅，立淑妃曹氏爲皇后。[1]

[1]曹氏：即後唐明宗曹皇后。籍貫不詳。愍帝時封皇太后。後唐亡，與廢帝一同自焚而死。傳見《舊五代史》卷四九、本書卷一五。

夏四月戊戌，安重誨使河中衙內指揮使楊彥溫逐其節度使從珂。[1]壬寅，西京留守索自通、侍衛步軍指揮使藥彥稠討之。[2]辛亥，自通執彥溫殺之。彥溫雖有罪，有命獲而勿殺，自通擅殺之，故不書"誅"而書"殺"。戊午，群臣上尊號曰聖明神武文德恭孝皇帝。辛酉，吐蕃首領于撥葛來。[3]

[1]河中：方鎮名。治所在河中府（今山西永濟市）。 衙內指揮使：官名。唐五代時期，衙內指揮使爲節度使府衙內之牙將，統最親近衛兵。品秩不詳。 楊彥溫：人名。汴州（今河南開封市）人。後唐將領。傳見《舊五代史》卷七四。 從珂：人名。即李從珂。鎮州（今河北正定縣）人。本姓王，後唐明宗李嗣源擄其母魏氏，遂養爲己子。應順元年（934）四月，李從珂入洛陽即帝位。清泰三年（936）五月，石敬瑭謀反，廢帝自焚死，後唐亡。紀見《舊五代史》卷四六至卷四八、本書卷七。

[2]西京：指京兆府（今陝西西安市）。 留守：官名。古代皇帝出巡或親征時指定親王或大臣留守京城，綜理國家軍事、行政、民事、財政等事務，稱京城留守。在陪都或軍事重鎮也常設留守，以地方長官兼任。品秩不詳。 索自通：人名。太原清源（今山西清徐縣）人。五代後唐將領。傳見《舊五代史》卷六五。 侍衛步軍指揮使：官名。當爲"侍衛步軍都指揮使"。五代時皇帝親軍侍衛步軍司最高長官。品秩不詳。 藥彥稠：人名。沙陀人。五代後唐將領。傳見《舊五代史》卷六六、本書卷二七。

[3]于撥葛：人名。吐蕃首領。事見本書本卷。

五月丁丑，回鶻使孽栗祖來。[1]庚辰，回鶻使安黑連來。[2]

[1]孽栗祖：人名。回鶻使者。事見本書本卷。
[2]安黑連：人名。回鶻使者。事見本書本卷。

秋七月壬午，訪莊宗子孫瘞所。[1]莊宗子孫而不知瘞所，見明宗舉兵不順，禍害所罹者可哀也。於此始求之，見事緩而無恩也。

[1]瘞（yì）：掩埋、埋葬。

八月乙未，忠武軍節度使張延朗爲三司使。[1]三司使始于此，而今遂因之。壬寅，殺捧聖都軍使李行德、十將張儉，[2]滅其族。吐渾來附。封子從榮爲秦王。[3]戊申，海州將王傳極殺其刺史陳宣，叛于吴來降。[4]乙卯，吐渾康合畢來。[5]丙辰，封子從厚爲宋王。[6]

[1]忠武軍：方鎮名。治所在陳州（今河南淮陽縣）。 張延朗：人名。汴州（今河南開封市）人。五代後唐大臣，歷任三司使、宰相。傳見《舊五代史》卷六九、本書卷二六。 三司使：官名。五代後唐明宗天成元年（926）將晚唐以來的户部、度支、鹽鐵三部合爲一職，設三司使統之。主管國家財政。品秩不詳。
[2]捧聖都軍使：官名。所部統兵將領，位次於都指揮使。捧聖爲部隊番號。品秩不詳。 李行德：人名。籍貫不詳。五代後唐將領。事見《舊五代史》卷四一。 十將：官名。五代低級軍職。品秩不詳。 張儉：人名。籍貫不詳。五代後唐將領。事見《舊五代史》卷四一。
[3]從榮：人名。即李從榮。沙陀人。五代後唐明宗李嗣源次子。傳見《舊五代史》卷五一、本書卷一五。

[4]海州：州名。治所在今江蘇連雲港市海州區。　王傳極：人名。一作王傳拯。吴江（今江蘇蘇州市吴江區）人。初事楊溥。五代後唐、後晉將領。傳見《舊五代史》卷九四。　陳宣：人名。籍貫不詳。五代十國吴國將領。事見《舊五代史》卷四一。　吴：五代十國之吴國。

[5]康合畢：人名。吐渾使者。本書僅此一見。

[6]從厚：人名。即李從厚。後唐明宗李嗣源第三子。後唐閔帝，934年在位。紀見《舊五代史》卷四五、本書卷七。

　　九月壬戌，吐蕃使王滿儒來。[1]東川節度使董璋反。[2]甲申，成德軍節度使范延光爲樞密使。丁亥，石敬瑭爲東川行營都招討使。[3]

[1]王滿儒：人名。吐蕃使者。本書僅此一見。

[2]東川：方鎮名。治所在梓州（今四川三臺縣）。　董璋：人名。籍貫不詳。五代後梁、後唐將領。傳見《舊五代史》卷六二、本書卷五一。

[3]行營都招討使：官名。五代時掌一方招撫、討伐等事務。戰時任命，兵罷則省。常以大臣、將帥或地方軍政長官兼任。品秩不詳。

　　冬十月丁酉，始藏冰。甲辰，驍衛上將軍致仕張筠進助軍粟。[1]乙巳，董璋陷閬州，殺節度使李仁矩，指揮使姚洪死之。[2]孟知祥反。

[1]驍衛上將軍：官名。唐置，掌宫禁宿衛。唐代十六衛之一。從二品。　張筠：人名。海州（今江蘇連雲港市海州區）人。唐末

及五代後梁、後唐將領。傳見《舊五代史》卷九〇、本書卷四七。

[2]閬州：州名。治所在今四川閬中市。　李仁矩：人名。籍貫不詳。後唐明宗舊將。傳見《舊五代史》卷七〇、本書卷二六。姚洪：人名。籍貫不詳。五代後唐將領。傳見《舊五代史》卷七〇、本書卷三三。

　十一月庚申朔，秦王從榮受册，[1]謁于太廟。册禮廢於亂世，至此始一行之，故書。丙戌，契丹東丹王突欲來奔。[2]夷狄不可以禮義責，故不曰叛于契丹。

[1]册：文書名。屬命令體文書。凡皇帝上尊號、追謚，帝與皇后發訃告，立后妃，封親王、皇子、大長公主，拜三師、三公、三省長官等，用册。

[2]東丹王突欲：人名。本名耶律倍，小名突欲。遼太祖耶律阿保機長子，封東丹王。其弟耶律德光即位，是爲遼太宗。突欲憤而降後唐，明宗賜名李贊華。傳見《遼史》卷七二。

　十二月丁未，二王後、祕書丞、鄶國公楊仁矩卒，[1]廢朝一日。丁巳，回鶻順化可汗王仁裕使翟末斯來。[2]安重誨討董璋。不命將名，直以樞密使往。沙州曹義金遣使者來。[3]

[1]二王後：新王朝成立後，封前兩個王朝的後裔，賜以爵位，以示尊敬。　祕書丞：官名。三國魏始置。秘書省長官。掌圖書文籍。從五品上。　鄶國公：五代二王三恪制度下，隋朝楊氏後裔受封的爵名。　楊仁矩：人名。隋朝楊氏後裔。五代後唐官員。事見《舊五代史》卷四〇。

［2］順化可汗王仁裕："仁"字原闕。中華點校本據撫州刊本、宗文本改。今從。　翟末斯：人名。回鶻使者。本書僅此一見。

［3］沙州：州名。治所在今甘肅敦煌市。　曹義金：人名。即曹議金。祖籍亳州（今安徽亳州市），世居敦煌。五代歸義軍節度使。參見榮新江《歸義軍史研究——唐宋時代敦煌歷史考索》，上海古籍出版社2015年版。

二年春正月戊辰，党項使折七移來。[1]庚辰，達靼使列六薛孃居來。[2]

［1］折七移：人名。党項首領、出使後唐的使者。事見《五代會要》卷二九《党項羌》。

［2］列六薛孃居：人名。達靼使者。本書僅此一見。

二月丁酉，幸安元信第。[1]戊戌，突厥使杜阿熟、吐渾使康萬琳來。[2]辛丑，安重誨罷。

［1］安元信：人名。代北（今山西代縣）人。五代後唐、後晉將領。事見《舊五代史》卷三二。

［2］杜阿熟：人名。突厥使者。事見本書卷七四。　康萬琳：人名。吐渾使者。本書僅此一見。

三月，趙鳳罷。丁亥，太常卿李愚爲中書侍郎、同中書門下平章事。[1]

［1］李愚：人名。渤海無棣（今山東慶雲縣）人。唐末進士，唐末五代大臣。傳見《舊五代史》卷六七、本書卷五四。

夏四月甲辰，宣徽北院使趙延壽爲樞密使。[1]甲寅，董璋陷遂州，武信軍節度使夏魯奇死之。[2]乙卯，以旱赦流罪以下囚。

［1］宣徽北院使：官名。唐始置。宣徽北院的長官。初用宦官，五代以後改用士人。與宣徽南院使通掌內諸司及三班內侍之名籍，郊祀、朝會、宴享供帳之儀，檢視內外進奉名物。品秩不詳。參見王永平《論唐代宣徽使》，《中國史研究》1995年第1期；王孫盈政《再論唐代的宣徽使》，《中華文史論叢》2018年第3期。　趙延壽：人名。常山（今河北正定縣）人。本姓劉，爲後唐將領趙德鈞養子。仕至後唐樞密使，遼朝幽州節度使、燕王。傳見《舊五代史》卷九八。

［2］遂州：州名。治所在今四川遂寧市。　武信軍：方鎮名。治所在遂州（今四川遂寧市）。　夏魯奇：人名。青州（今山東青州市）人。後唐將領。傳見《舊五代史》卷七〇、本書卷三三。

閏五月丁酉，殺太子太師致仕安重誨及其妻張氏、子崇贊、崇緒。[1]

［1］太子太師：官名。與太子太傅、太子太保統稱太子三師。隋唐以後多作加官或贈官。從一品。　致仕：官員告老辭官。　崇贊、崇緒：人名。即安崇贊、安崇緒。五代後唐大臣安重誨之子。事見《通鑑》卷二七七。

秋八月己未，契丹使邪姑兒來。[1]

［1］邪姑兒：人名。契丹使者。本書僅此一見。

九月丁亥，放五坊鷹隼。[1]

[1]五坊：官署名。《新唐書·百官志》載："閑廐使押五坊，以供時狩：一曰鵰坊，二曰鶻坊，三曰鷂坊，四曰鷹坊，五曰狗坊。"五坊各以奉御爲長官，初由閑廐使兼領，後總領於五坊使。

冬十一月戊申，吐蕃遣使者來。辛丑，旌表棣州民邢釗門閭。[1]干戈之世，王道息而禮義亡，民猶有自知孝悌，而時君旌表，猶有勸民之意，故兩善而書之。

[1]旌表：朝廷對忠孝節義之人，以立牌坊、賜匾額等方式加以表彰。　棣州：州名。治所在今山東惠民縣。　邢釗：人名。棣州（今山東惠民縣）人。五代後唐時人。本書僅此一見。

十二月甲寅朔，除鐵禁，初税農具錢。至今因之，故書。己未，西涼府遣使者來。[1]己巳，回鶻使安求思來。[2]辛未，渤海使文成角來。[3]党項寇方渠。[4]

[1]西涼府：府名。五代以涼州爲西涼府。治所在今甘肅武威市。時西涼府爲吐蕃部落占據。
[2]安求思：人名。一作安末思。回鶻使者。事見《册府》卷九七二。
[3]文成角：人名。渤海使者。本書僅此一見。
[4]方渠：縣名。治所在今甘肅環縣。

三年春正月庚子，契丹使拽骨來。[1]己酉，渤海、回鶻皆遣使者來。

[1]拽骨：人名。契丹使者。本書僅此一見。

二月己卯，静難軍節度使藥彦稠及党項戰于牛兒谷，[1]敗之。

[1]牛兒谷：地名。今地不詳。《舊五代史》卷四三作"白魚谷"，本書卷二七載"彦稠等自牛兒族入白魚谷"。

三月甲申，契丹遣使者來。
夏四月庚申，新羅遣使者來。
五月己丑，二王後、詹事司直楊延紹襲封酅國公。[1]丙午，孟知祥攻董璋，陷綿州。[2]

[1]詹事司直：官名。唐五代太子詹事府屬官。掌糾劾官僚及率府之兵。正七品上。　楊延紹：人名。隋朝楊氏後裔。五代後唐官員。事見《舊五代史》卷四三。
[2]綿州：州名。治所在今四川綿陽市。

六月甲寅，封王建爲高麗國王、大義軍使。[1]孟知祥殺董璋，陷東川。達靼首領頡哥以其族來附。[2]

[1]大義軍使：官名。掌領本軍軍務，兼理地方政務。品秩不詳。
[2]頡哥：人名。達靼首領。事見本書卷七四。

秋八月己卯，吐蕃遣使者來。

冬十月庚申，幸石敬瑭第。

四年春正月庚寅，端明殿學士、兵部侍郎劉昫爲中書侍郎、同中書門下平章事。[1]

[1]劉昫（xù）：人名。涿州歸義縣（今河北容城縣）人。五代大臣，曾任宰相、監修國史，領銜撰進《舊唐書》。傳見《舊五代史》卷八九、本書卷五五。"昫"，原作"煦"，據殿本、南監本、北監本、汪本、元刊本改。

二月戊午，孟知祥使朱滉來。[1]十國外而不書，此書者，知祥本唐臣而反，至此改過自歸，絶之則嫌不許其自新，錄之則尚冀其遷善，然其來也，臣禮不備，故如夷狄書之。

[1]朱滉：人名。籍貫不詳。孟知祥部將。五代十國後唐、後蜀將領。事見本書卷六四。

三月甲辰，追册晉國夫人夏氏爲皇后。[1]

[1]夏氏：即後唐明宗夏皇后。秦王李從榮及愍帝之生母。後唐莊宗朝病卒。明宗朝追封爲皇后。傳見《舊五代史》卷四九、本書卷一五。

夏五月戊寅，封子從珂爲潞王，從珂非子，而書"子"，與梁博王友文同。從益許王，姪從温兗王，從璋洋王，從敏涇王。[1]丙戌，契丹使述骨卿來。[2]

[1]從益：人名。即李從益。沙陀人。後唐明宗李嗣源幼子，

封許王。契丹滅後晉，蕭翰北歸，以其爲傀儡統治中原地區。傳見《舊五代史》卷五一。　從溫、從璋、從敏：人名。即李從溫、李從璋、李從敏。皆爲後唐明宗之侄。傳見《舊五代史》卷八八、本書卷一五。

[2]述骨卿：人名。契丹使者。本書僅此一見。

秋七月乙未，回鶻都督李末來，獻白鶻，命放之。[1]

[1]李末：人名。回鶻使者。事見《舊五代史》卷一三八。

八月戊申，大赦。

九月戊戌，趙延壽罷。山南東道節度使朱弘昭爲樞密使。

冬十月庚申，范延光罷。三司使馮贇爲樞密使。[1]壬申，幸士和亭，[2]得疾。書"得疾"，爲從榮事詳之。

[1]馮贇：人名。太原（今山西太原市）人。五代後唐明宗朝宰相、三司使。傳見本書卷二七。

[2]士和亭：地名。在洛陽宫城之西。位於今河南洛陽市。

十一月壬辰，秦王從榮以兵入興聖宫，不克，伏誅。君病不侍疾，以兵求立，罪當誅，故書"伏誅"。其意以謂帝崩矣，懼不得立，而舉兵自助，非反，故不書反。乙未，侍衛親軍都指揮使康義誠殺三司使孫岳。[1]戊戌，皇帝崩于雍和殿。[2]年六十七。清泰元年，葬河南洛陽縣，號徽陵。雖得其死，而爲賊所葬，故亦不書葬。

[1]侍衛親軍都指揮使：官名。五代時侍衛親軍長官。多由皇帝親信擔任。品秩不詳。　康義誠：人名。沙陀人。五代後唐將領。傳見《舊五代史》卷六六、本書卷二七。　孫岳：人名。稷州（今陝西武功縣）人，一本作冀州（今河北衡水市冀州區）人。五代後唐大臣。傳見《舊五代史》卷六九。

[2]雍和殿：宮殿名。位於今河南洛陽市。

嗚呼，自古治世少而亂世多！三代之王有天下者，皆數百年，其可道者，數君而已，況於後世邪！況於五代邪！

予聞長老爲予言：[1]"明宗雖出夷狄，而爲人純質，寬仁愛人。"於五代之君，有足稱也。嘗夜焚香，仰天而祝曰："臣本蕃人，豈足治天下！世亂久矣，願天早生聖人。"自初即位，減罷宮人、伶官；[2]廢內藏庫，四方所上物，悉歸之有司。[3]廣壽殿火灾，[4]有司理之，請加丹臒，喟然歎曰："天以火戒我，豈宜增以侈邪！"歲嘗旱，已而雪，暴坐庭中，詔武德司宮中無得掃雪，[5]曰："此天所以賜我也。"數問宰相馮道等民間疾苦，聞道等言穀帛賤，民無疾疫，則欣然曰："吾何以堪之，當與公等作好事，以報上天。"吏有犯贓，輒寘之死，曰："此民之蠹也！"以詔書褒廉吏孫岳等，以風示天下。其愛人恤物，蓋亦有意於治矣。

[1]長老：對年高者的尊稱。

［2］伶官：古代樂人。後唐莊宗朝用伶人爲官，故稱伶官。事見本書卷三七。

［3］内藏庫：倉庫名。爲皇帝内庫。掌藏御用財物。

［4］廣壽殿：宫殿名。位於今河南洛陽市。

［5］武德司：官署名。五代後唐始置。掌宫城禁令。　無得掃雪："得"字原闕，中華點校本據撫州刊本、宗文本補，今從。

其即位時，春秋已高，不邇聲色，不樂遊畋。在位七年，於五代之君，最爲長世，兵革粗息，年屢豐登，生民實賴以休息。

然夷狄性果，仁而不明，屢以非辜誅殺臣下。至于從榮父子之間，不能慮患爲防，而變起倉卒，卒陷之以大惡，帝亦由此飲恨而終。

當是時，大理少卿康澄上疏言時事，[1]其言曰："爲國者有不足懼者五，深可畏者六：三辰失行不足懼，天象變見不足懼，小人訛言不足懼，山崩川竭不足懼，水旱蟲蝗不足懼也；賢士藏匿深可畏，四民遷業深可畏，上下相徇深可畏，廉恥道消深可畏，毁譽亂真深可畏，直言不聞深可畏也。"識者皆多澄言切中時病。若從榮之變，任圜、安重誨等之死，可謂上下相徇，而毁譽亂真之敝矣。然澄之言，豈止一時之病，凡爲國者，可不戒哉！

［1］大理少卿：官名。爲大理寺的副長官。協助大理卿負責本寺的具體事務。從四品上。　康澄：人名。籍貫不詳。五代後唐官員。事見《舊五代史》卷四三。

新五代史 卷七

唐本紀第七

愍皇帝，明宗第五子從厚也。爲人形質豐厚，寡言好禮，明宗以其貌類己，特愛之。天成二年，以檢校司徒拜河南尹、判六軍諸衞事，加檢校太保、同中書門下平章事。[1]從厚妃，孔循女也，安重誨怒循以女妻從厚，三年，罷循樞密使，出從厚爲宣武軍節度使。[2]明年，徙鎮河東。[3]長興元年，封從厚宋王，徙鎮成德。[4]二年，徙鎮天雄，累加兼中書令。[5]

[1]天成：後唐明宗李嗣源年號（926—930）。　檢校司徒：官名。爲散官或加官，以示恩寵，無實際執掌。司徒，與太尉、司空並爲三公。品秩不詳。　河南尹：官名。唐開元元年（713）改洛州爲河南府，治所在今河南洛陽市，由河南府尹總其政務。從三品。　判六軍諸衞事：官名。後唐沿唐代舊制，置六軍諸衞，以判六軍諸衞事爲禁軍六軍與諸衞的最高統帥。品秩不詳。　檢校太保：官名。爲散官或加官，以示恩寵，無實際執掌。太保，與太師、太傅合稱三師。品秩不詳。　同中書門下平章事：官名。簡稱"同平章事"。唐高宗以後，凡實際任宰相之職者，常在其本官後加同平章事的職銜。後成爲宰相專稱。品秩不詳。

[2]孔循：人名。籍貫不詳。五代後唐大臣。傳見本書卷四三。

安重誨：人名。應州（今山西應縣）人。五代後唐大臣。傳見《舊五代史》卷六六、本書卷二四。　樞密使：官名。樞密院長官。唐代宗時始以宦官掌機密，至昭宗時借朱溫之力盡誅宦官，始改以士人任樞密使。備顧問，參謀議，出納詔奏，權侔宰相。品秩不詳。參見李全德《唐宋變革期樞密院研究》，北京圖書館出版社2009年版。　宣武軍：方鎮名。唐舊鎮，治所在汴州（今河南開封市）。後梁開平元年（907）升汴州爲東京開封府。開平三年（909）置宣武軍於宋州（今河南商丘市睢陽區）。後唐同光元年（924）改宋州宣武軍爲歸德軍。廢東京開封府，重建宣武軍於汴州。後晉天福三年（938），改爲東京開封府。除天福十二年（947）、十三年（948）短暫改爲宣武軍外，汴京均爲東京開封府。

節度使：官名。唐時在重要地區所設掌握一州或數州軍、民、財政的長官。品秩不詳。

[3]河東：方鎮名。治所在太原（今山西太原市）。

[4]長興：後唐明宗李嗣源年號（930—933）。　成德：方鎮名。治所在鎮州（今河北正定縣）。

[5]天雄：方鎮名。治所在魏州（今河北大名縣）。　中書令：官名。漢代始置，隋、唐前期爲中書省長官，屬宰相之職；唐後期多爲授予元勳大臣的虛銜。正二品。

四年十一月，秦王從榮伏誅。[1]明宗病甚，遣宦者孟漢瓊召王于鄴，[2]而明宗崩，祕其喪六日。十二月癸卯朔，發喪于西宮，[3]皇帝即位于柩前，群臣見於東階，復于喪位。丙午，成服于西宮。[4]二代五君，於此始見嗣君即位服喪之事，先君得其終，嗣君得其始，而免禍亂於臣民，於篡亂之世，稀見之事也，故特詳言之。庚戌，登光政門樓，[5]存問軍民。辛亥，殺司衣王氏。[6]癸丑，始聽政。乙卯，殺司儀康氏。[7]丁巳，馮道爲大行皇帝山陵使，户部尚書韓彥惲爲副，中書舍人王延爲判官，禮部尚書王權爲禮儀使，兵部尚書李鏻爲鹵簿使，御史中丞龍敏爲儀仗使，左僕射權判河南府盧質爲橋道頓遞使。[8]丁卯，襢。[9]

[1]從榮：人名。即李從榮。沙陀人。五代後唐明宗李嗣源次子。傳見《舊五代史》卷五一、本書卷一五。

[2]孟漢瓊：人名。籍貫不詳。五代後唐宦官，時任宣徽南院使。傳見《舊五代史》卷七二。　鄴：地名。即鄴都。治所在今河北大名縣。五代後唐同光元年（923），改魏州爲興唐府，建號東京。三年，改東京爲鄴都。

[3]西宮：宮名。指洛陽上陽宮，因其位於宮城之西，故名。位於今河南洛陽市。

[4]成服：喪禮儀式。大斂之後，死者親屬按五服次序，穿着相應的喪服。

[5]光政門：宮城門名。唐、五代洛陽宮城南面三門之一。位於今河南洛陽市。

[6]司衣：女官名。掌後宮衣服首飾，以供后妃之用。正六品。

[7]司儀：女官名。掌宮中禮儀起居。品秩不詳。

[8]馮道：人名。瀛州景城（今河北滄州市）人。五代時官拜宰相，歷仕後唐、後晉、後漢、後周，亦曾臣事契丹。傳見《舊五代史》卷一二六、本書卷五四。　大行皇帝：古代對已死而停棺未葬的皇帝的諱稱。"大行"意爲一去不復返。　山陵使：官名。亦稱山陵儀仗使。唐貞觀中始置。掌議帝后陵寢制度、監造帝后陵寢。品秩不詳。　户部尚書：官名。尚書省户部長官。掌管全國土地、户籍、賦稅、財政收支諸事。正三品。　韓彥惲：人名。籍貫不詳。五代後唐大臣。本書僅此一見。　中書舍人：官名。中書省屬官。掌起草文書、呈遞奏章、傳宣詔命等。正五品上。　王延：

人名。鄭州（今河南鄭州市）人。五代大臣，歷仕五代各朝。傳見《舊五代史》卷一三一、本書卷五七。　判官：官名。爲長官的佐吏，協理政事，或備差遣。此處蓋爲山陵判官。掌佐山陵使副監造後唐明宗陵寢。品秩不詳。　禮部尚書：官名。尚書省禮部長官。掌禮儀、祭享、貢舉之政。正三品。　王權：人名。太原（今山西太原市）人。五代官員。傳見《舊五代史》卷九二、本書卷五六。　禮儀使：官名。有重大禮儀事務則臨時置使，掌禮儀事務，事畢即罷。品秩不詳。　兵部尚書：官名。尚書省兵部長官。掌兵衛、武選、車輦、甲械、廄牧之政令。正三品。　李鏻：人名。唐朝宗室。五代大臣。傳見《舊五代史》卷一○八、本書卷五七。原作"李璘"，中華點校本據浙江本、宗文本、《舊五代史》卷四五改，今從。　鹵簿使：官名。掌帝后出行車駕儀仗。品秩不詳。　御史中丞：官名。如不置御史大夫，則爲御史臺長官。掌司法監察。正四品下。　龍敏：人名。幽州永清（今河北永清縣）人。五代大臣。傳見《舊五代史》卷一○八、本書卷五六。　儀仗使：官名。皇帝大駕出行時設置。非常設官，均由他官兼代。掌總儀仗事務。品秩不詳。　左僕射：官名。秦始置。隋、唐前期以左、右僕射佐尚書令總理六官，綱紀庶務；如不置尚書令，則總判省事，爲宰相之職。唐後期多爲大臣加銜。從二品。　權判河南府：官名。河南府長官。以高官任低職爲"判"，臨時任命爲"權"。總掌本府政務。品秩不詳。　盧質：人名。河南（今河南洛陽市）人。五代大臣。傳見《舊五代史》卷九三、本書卷五六。　橋道頓遞使：官名。頓，即宿食之所。掌出行所經道路橋梁，安排食宿，運送禮儀器物等。臨時差遣，事畢即罷。品秩不詳。

[9]禫：喪祭禮名。除喪服之祭禮。《説文解字》載："禫，除服祭也。"禫意爲淡，謂凶喪之事已遠，從此淡然平安。

應順元年春正月壬申朔，視朝于廣壽殿。[1]著非禮也。乙亥，契丹使都督没辢于來。[2]戊寅，大赦，改元，用樂。[3]回鶻可汗王仁美遣使者來。[4]沙州、瓜州遣使者來。[5]乙未，朱弘昭、馮贇獻錢助作山陵。[6]

[1]應順：後唐愍帝李從厚年號（934）。　視朝：指天子臨朝聽政。此處正月朔日舉行的視朝，爲元正大朝會。依禮例，前一年有國喪，則次年元正大朝會宜停。愍帝却依然舉行大朝會，故注謂"著非禮也"。　廣壽殿：宫殿名。在洛陽宫城内。位於今河南洛陽市。

[2]契丹：古部族、政權名。公元4世紀中葉宇文部爲前燕攻破，始分離而成單獨的部落，自號契丹。唐貞觀中，置松漠都督府，以其首領爲都督。唐末强盛，916年迭刺部耶律阿保機建立契丹國（遼）。先後與五代、北宋並立，保大五年（1125）爲金所滅。參見張正明《契丹史略》，中華書局1979年版。　都督：契丹無都督制度，此處或泛指契丹部族首領和軍官。鄂爾渾突厥文碑銘寫作tutuq或totoq，爲漢語辭彙"都督"的借詞。　没辢于：人名。契丹官員、使者。事見本書本卷。

[3]改元：改長興五年爲應順元年。

[4]回鶻：部族名。又作"回紇"。原係突厥鐵勒部的一支。唐天寶三載（744）建立回鶻汗國，9世紀中葉，回鶻汗國瓦解。其中一支爲甘州回鶻。11世紀初，甘州回鶻爲西夏所滅。參見楊蕤《回鶻時代：10—13世紀陸上絲綢之路貿易研究》，中國社會科學出版社2015年版。　仁美：人名。即藥羅葛仁美，爲甘州回鶻首任可汗，尊號烏母主可汗（Ormuzd），後唐封賜英義可汗。事見本書卷七四《四夷附録·回鶻》。

[5]沙州：州名。治所在今甘肅敦煌市。　瓜州：州名。治所在今甘肅瓜州縣。

[6]朱弘昭：人名。太原（今山西太原市）人。五代後唐明宗

朝樞密使、宰相。傳見《舊五代史》卷六六、本書卷二七。　馮贇：人名。太原（今山西太原市）人。五代後唐明宗朝宰相、三司使。傳見本書卷二七。

閏月丙午，册皇太后。不書姓氏，不曰册某人爲太后者，母尊不可斥，其事自見於傳也。甲寅，册太妃王氏。北京留守石敬瑭獻銀絹助作山陵。[1]

[1]北京：指五代後唐的北都太原。本書卷五《莊宗紀》載，同光元年（923）"十一月乙巳，復北都爲鎮州，太原爲北都"。留守：官名。在都城、陪都或軍事重鎮設留守，由地方行政長官兼任。品秩不詳。　石敬瑭：人名。沙陀人。五代後唐將領、後晉開國皇帝。紀見《舊五代史》卷七五至卷八〇、本書卷八。

二月庚寅，視作山陵。鳳翔節度使潞王從珂反。[1]辛卯，西京留守王思同爲西面行營都部署，静難軍節度使藥彦稠爲副。[2]

[1]鳳翔：方鎮名。治所在鳳翔府（今陝西鳳翔縣）。　潞王從珂：即後唐廢帝李從珂，又稱末帝。鎮州平山（今河北平山縣）人。本姓王氏，爲後唐明宗養子，改名李從珂。明宗入洛陽，李從珂率兵追隨，以功拜河中節度使，封潞王。愍帝李從厚即位，李從珂據城發動兵變，改鳳翔節度使。清泰元年（934）率軍東攻洛陽，廢黜愍帝，自立爲帝。清泰三年（936），石敬瑭與契丹合兵攻陷洛陽，李從珂自焚而死。紀見《舊五代史》卷四六至卷四八、本書卷七。

[2]西京：指京兆府（今陝西西安市）。　王思同：人名。幽

州（今北京市）人。王敬柔之子。五代後唐將領。傳見《舊五代史》卷六五、本書卷三三。　行營都部署：官名。凡行軍征討，掛帥率軍戰鬥，總管行營事務。品秩不詳。　靜難軍：方鎮名。治所在邠州（今陝西彬縣）。　藥彥稠：人名。沙陀人。五代後唐將領。傳見《舊五代史》卷六六、本書卷二七。原作"藥彥儔"，中華點校本據撫州刊本、宗文本、《舊五代史》卷四五改，今從。本卷下文清泰元年（934）四月條同。

三月丙辰，思同兵潰，嚴衛指揮使尹暉、羽林指揮使楊思權以其軍叛降于從珂。[1]辛酉，殺侍衛親軍馬軍都指揮使朱弘實。[2]癸亥，河陽三城節度使康義誠爲鳳翔行營都招討使，王思同爲副。[3]西京副留守劉遂雍叛降于從珂，[4]思同奔歸于京師，不克，死之。丁卯，京城巡檢使安從進叛，[5]殺馮贇，朱弘昭自殺，從進傳其二首于從珂。戊辰，如衛州。[6]不書帝崩者，當於《廢帝紀》書弒鄂王也。

[1]嚴衛指揮使：官名。所部統兵將領。嚴衛爲部隊番號。後唐明宗長興三年（932），改在京左右羽林四十指揮爲嚴衛左右軍。品秩不詳。　尹暉：人名。魏州大名（今河北大名縣）人。五代後唐、後晉將領。傳見《舊五代史》卷八八。　羽林指揮使：官名。所部統兵將領。羽林爲部隊番號。品秩不詳。　楊思權：人名。邠州新平（今陝西彬縣）人。五代後唐、後晉將領。傳見《舊五代史》卷八八、本書卷四八。

[2]侍衛親軍馬軍都指揮使：官名。爲侍衛親軍馬軍司長官。後梁始置侍衛親軍，爲禁軍的一支，後唐沿置並成爲禁軍主力，下設馬軍、步軍。品秩不詳。"馬軍"二字原闕，中華點校本據宗文

本補，今從。《舊五代史》卷四五、卷六六及《通鑑》卷二七九皆記朱弘實爲"馬軍都指揮使"。　朱弘實：人名。一作"朱洪實"。籍貫不詳。五代後唐將領，爲後唐明宗愛將，歷任捧聖指揮使、侍衛親軍馬軍都指揮使等職。傳見《舊五代史》卷六六。

［3］河陽三城：方鎮名。簡稱"河陽"。治所在孟州（今河南孟州市）。　康義誠：人名。沙陀人。五代後唐將領。傳見《舊五代史》卷六六、本書卷二七。　都招討使：官名。唐始置。戰時任命，兵罷則省。常以大臣、將帥或地方軍政長官兼任。掌招撫、討伐等事務。品秩不詳。

［4］劉遂雍：人名。籍貫不詳。五代將領。事見本書本卷。

［5］京城巡檢使：官名。五代始設巡檢於京師、陪都、重要的州及邊防重鎮。設於都城的稱京城巡檢使、都巡檢、都巡檢使。掌京城治安。品秩不詳。　安從進：人名。沙陀三部之一索葛部人。五代後唐、後晉將領。傳見《舊五代史》卷九八、本書卷五一。

［6］衛州：州名。治所在今河南衛輝市。

　　廢帝，鎮州平山人也，[1]本姓王氏，其世微賤，母魏氏，少寡，明宗爲騎將，過平山，掠得之。魏氏有子阿三，已十餘歲，明宗養以爲子，名曰從珂。及長，狀貌雄偉，謹信寡言，而驍勇善戰，明宗甚愛之。自晉兵戰梁于河上，從珂常立戰功，莊宗呼其小字曰："阿三不徒與我同年，其敢戰亦類我。"

　　［1］鎮州：州名。治所在今河北正定縣。　平山：縣名。治所在今河北平山縣。

　　同光二年，爲衛州刺史、突騎指揮使，戍于石門。[1]明宗討趙在禮,[2]自魏反兵而南,[3]從珂率成兵自曲陽、孟縣馳出常山以追明宗。[4]明宗之南也,兵少,得從珂兵在後,而軍聲大振。明宗入立,拜從珂河中節度使,[5]封潞王。是時,明宗春秋已高,王於諸子次最長,樞密使安重誨患之,乃矯詔河中裨將楊彥溫使圖之。[6]王閲馬于黄龍莊,彥温即閉門拒之,王止於虞鄉。[7]以聞,明宗召王還京師,居之清化里第。[8]重誨數請行軍法,明宗不聽,後重誨見殺,乃起王爲左衛大將軍、西京留守。[9]

[1]同光:後唐莊宗李存勖年號(923—926)。 突騎指揮使:官名。所部統兵將領。突騎爲部隊番號。品秩不詳。 石門:地名。即石門鎮,唐時爲横水栅。《讀史方輿紀要》卷四四:"横水栅,在府(大同府)北。"即今山西大同市北。

[2]趙在禮:人名。涿州(今河北涿州市)人。五代後唐、後晉將領。傳見《舊五代史》卷九〇、本書卷四六。

[3]魏:州名。治所在今河北大名縣。

[4]曲陽:中華本校勘記云:"據《舊五代史》卷四六《唐末帝紀上》、《通鑑》卷二七三,末帝同光三年三月謫戍石門鎮,胡注云其地即唐之横水寨,顧祖禹《讀史方輿紀要》卷四四謂其在雲州北,由由横水栅南下,逕孟縣出娘子關往常山,陽曲爲必經之地。吴光耀《纂誤續補》卷一:'按新舊唐書《地理志》、《太平寰宇記》、《元豐九域志》,并州有陽曲、有孟,此作"曲陽",仍薛史誤也。'按曲陽在河北定州。"陽曲,縣名。治所在今山西太原市。見《舊五代史》卷四六《唐末帝紀上》同光三年(925)條、《通鑑》卷二七四天成元年(926)三月條及考異。 孟縣:縣名。治所在今山西孟縣。 常山:山名。位於今河北正定縣東北。

［5］河中：方鎮名。治所在河中府（今山西永濟市）。

［6］裨將：官名。即副將的統稱，相對主將而言。亦稱裨將軍。品秩不詳。　楊彥溫：人名。汴州（今河南開封市）人。後唐將領。傳見《舊五代史》卷七四。

［7］閲馬：校閲軍馬，引申爲檢閲部隊。　黄龍莊：地名。其地不詳，疑位於虞鄉縣（今山西永濟市）一帶。　虞鄉：縣名。治所在今山西永濟市。

［8］清化里：里名。位於洛陽城（今河南洛陽市）内。

［9］左衛大將軍：官名。唐置，掌宫禁宿衛。唐代置十六衛，即左右衛、左右驍衛、左右武衛、左右威衛、左右領軍衛、左右金吾衛、左右監門衛、左右千牛衛。各置上將軍，從二品；大將軍，正三品；將軍，從三品。

　　長興三年，爲鳳翔節度使。王子重吉自明宗時典禁兵，爲控鶴指揮使，[1]愍帝即位，朱弘昭、馮贇用事，乃罷重吉兵職，出爲亳州團練使。[2]又徙王爲北京留守，不降制書而宣授，又以李從璋爲代。[3]初，安重誨得罪罷河中，以從璋爲代，而重誨見殺，故王益自疑，遂據城反。愍帝遣王思同會諸鎮兵討之，思同戰敗走，諸鎮兵皆潰。

　　［1］重吉：人名。即李重吉。後唐廢帝長子。傳見《舊五代史》卷五一、本書卷一六。　控鶴指揮使：官名。所部統兵將領。控鶴爲禁軍番號。品秩不詳。

　　［2］亳州：州名。治所在今安徽亳州市。　團練使：官名。唐代中期以後，於不設節度使的地區設團練使，掌本區各州軍事。品秩不詳。

[3]制書：帝王命令的一種。唐制，凡行大賞罰，授大官爵，釐革舊政，赦宥慮囚，皆用制書。由中書舍人起草擬定。禮儀等級較高。　宣授：帝王命令的發佈方式。唐制，封授三品以上官用册，爲册授，五品以上制授，六品以下敕授。册授、制授有相應的禮儀，敕授則宣而授之。　李從璋：人名。後唐明宗從子。五代後唐、後晉將領。傳見《舊五代史》卷八八、本書卷一五。

清泰元年三月丁巳，[1]王以兵東。庚申，次長安，西京副留守劉遂雍叛于唐，來降。甲子，次華州，[2]執藥彦稠。丙寅，次靈寶，河中安彦威、陝州康思立叛于唐，來降。[3]己巳，次陝州。[4]康義誠叛于唐，來降。殺宣徽使孟漢瓊。[5]愍帝出居于衞州。

[1]清泰：五代後唐廢帝李從珂年號（934—936）。

[2]華州：州名。治所在今陝西渭南市華州區。

[3]靈寶：縣名。治所在今河南靈寶市。　安彦威：人名。崞縣（今山西原平縣）人。五代後唐、後晉將領。傳見《舊五代史》卷九一、本書卷四七。　陝州：州名。治所在今河南三門峽市陝州區。　康思立：人名。晉陽（今山西太原市）人。五代後唐將領。傳見《舊五代史》卷七〇、本書卷二七。

[4]陝州：州名。治所在今河南三門峽市陝州區。"州"字原闕，中華點校本據宗文本、宋人吴縝《五代史纂誤》卷上引《五代史》補，今從。

[5]宣徽使：官名。唐始置。宣徽南院使、北院使通稱宣徽使。初用宦官，五代以後改用士人。通掌内諸司及三班内侍之名籍，郊祀、朝會、宴享供帳之儀，檢視内外進奉名物。品秩不詳。參見王永平《論唐代宣徽使》，《中國史研究》1995年第1期；王孫盈政《再論唐代的宣徽使》，《中華文史論叢》2018年第3期。

夏四月壬申，入京師，馮道率百官迎王于蔣橋，[1]王辭不見。入哭于西宮，遂見群臣，道拜，王荅拜。入居于至德宮。[2]癸酉，以太后令降天子爲鄂王，命王監國。[3]乙亥，皇帝即位。丙子，率河南民財以賞軍。丁丑，借民房課五月以賞軍。戊寅，弑鄂王，義與"弑濟陰王"同。慈州刺史宋令詢死之。[4]乙酉，大赦，改元。戊子，殺康義誠及藥彥稠。義誠叛于愍帝，罪宜曰"誅"，而廢帝同惡相殺，故書曰"殺"。

[1]蔣橋：地名。位於洛陽城（今河南洛陽市）外。
[2]至德宮：宮名。五代後唐天成元年（926）築。位於今河南洛陽市。
[3]監國：古代皇帝外出，由太子、諸王或其他宗室、重臣留守京師，處理國政，稱爲監國。
[4]磁州：州名。治所在今河北磁縣。原作"慈州"，中華點校本據撫州刊本、《舊五代史》卷四六、《通鑑》卷二七九改，今從。《舊五代史》卷四五《唐愍帝紀》載："以元從都押衙宋令詢爲磁州刺史。"　宋令詢：人名。籍貫不詳。後唐愍帝元從親信。傳見《舊五代史》卷六六。

五月丙午，端明殿學士、左諫議大夫韓昭胤爲樞密使，莊宅使劉延朗爲樞密副使。[1]庚戌，馮道罷。天雄軍節度使范延光爲樞密使。[2]甲寅，賜勸進選人、宗子官。[3]

[1]端明殿學士：官名。後唐明宗始置，以翰林學士充任，負責誦讀四方書奏。品秩不詳。　左諫議大夫：官名。隸門下省。唐

代置左、右諫議大夫各四人，分隸門下省、中書省。掌諫諭得失，侍從贊相。正四品下。　韓昭胤：人名。籍貫不詳。五代後唐大臣，廢帝親信。歷任鳳翔節度判官、樞密使、同平章事，官至尚書左僕射。事見《舊五代史》卷四六。　莊宅使：官名。唐始置。掌管兩京地區官府掌握的莊田、磨坊、店鋪、菜園等產業。品秩不詳。　劉延朗：人名。宋州虞城（今河南虞城縣）人。五代後唐大臣。傳見《舊五代史》卷六九、本書卷二七。　樞密副使：官名。樞密院副長官。品秩不詳。

[2]天雄軍：方鎮名。治魏州（今河北大名縣）。　范延光：人名。鄴郡臨漳（今河北臨漳縣）人。五代後唐、後晉將領。傳見《舊五代史》卷九七、本書卷五一。

[3]勸進：勸説掌握實權的人做皇帝。　選人：候選官員。唐制，凡以科舉、門蔭、雜色入流等資格參加吏部銓選官吏的人，通稱爲選人。　宗子：宗室子弟。皇帝近屬後裔，包括大宗、小宗之後，入宗枝屬籍者。

六月庚辰，幸范延光及索自通第。[1]

[1]索自通：人名。太原清源（今山西清徐縣）人。五代後唐將領。傳見《舊五代史》卷六五。

秋七月辛亥，太常卿盧文紀爲中書侍郎、同中書門下平章事。[1]丁巳，立沛國夫人劉氏爲皇后。

[1]太常卿：官名。西漢置太常，南朝梁始置太常卿。爲太常寺長官。掌宗廟祭祀禮樂及教育等。正三品。　盧文紀：人名。京兆萬年（今陝西西安市）人。唐末進士，五代宰相。傳見《舊五代史》卷一二七、本書卷五五。　中書侍郎：官名。中書省副長

官。唐後期三省長官漸爲榮銜，中書侍郎、門下侍郎却因參議朝政而職位漸重，常常用爲以"同三品"或"同平章事"任宰相者的本官。正三品。

八月辛未，尚書左丞姚顗爲中書侍郎、同中書門下平章事。[1]許御署官選。"御署官"，疑是廢帝初舉兵時所置之官，以其非吏部正授，故須有旨方得選。此於事無勸戒，不必書，以舊史不詳，故存所不知，慎傳疑也。

[1]尚書左丞：官名。尚書省佐貳官。轄吏、户、禮三部，協助僕射綜理省事。正四品。　姚顗：人名。京兆萬年（今陝西西安市）人。唐末進士，五代後梁、後唐、後晋大臣。傳見《舊五代史》卷九二、本書卷五五。

九月，契丹寇邊。
冬十月戊寅，李愚、劉昫罷。[1]

[1]李愚：人名。渤海無棣（今山東慶雲縣）人。唐末進士，唐末五代大臣。傳見《舊五代史》卷六七、本書卷五四。　劉昫（xù）：人名。涿州歸義（今河北容城縣）人。五代大臣，曾任宰相、監修國史，領銜撰進《舊唐書》。傳見《舊五代史》卷八九、本書卷五五。

十二月乙亥，雄武軍節度使張延朗爲中書侍郎、同中書門下平章事。[1]契丹寇雲州。[2]庚寅，幸龍門。[3]旱。

[1]雄武軍：方鎮名。治所在秦州（今甘肅天水市）。　張延

朗：人名。汴州（今河南開封市）人。五代後唐大臣，歷任三司使、宰相。傳見《舊五代史》卷六九、本書卷二六。

［2］雲州：州名。治所在今山西大同市。

［3］龍門：地名。位於今河南洛陽市。因兩山相對如闕，伊河從中流過，又名伊闕。唐以後習稱龍門。

二年春二月甲戌，范延光罷。己丑，追尊魯國太夫人魏氏爲皇太后。非嫡母，故詳其爵氏。

三月辛丑，忠武軍節度使趙延壽爲樞密使。[1]

［1］忠武軍：方鎮名。治所在陳州（今河南淮陽縣）。 趙延壽：人名。常山（今河北正定縣）人。本姓劉，爲後唐將領趙德鈞養子。仕至後唐樞密使，遼朝幽州節度使、燕王。傳見《舊五代史》卷九八。

夏五月辛卯，宣徽南院使劉延皓爲樞密使。[1]契丹寇邊。

［1］劉延皓：人名。應州渾元（今山西渾源縣）人。後唐大臣，後唐廢帝劉皇后之弟。傳見《舊五代史》卷六九、本書卷一六。

六月癸未，群臣獻添都馬。"都"者，軍伍之名。

秋七月丁酉，回鶻可汗王仁美使其都督陳福海來。[1]劉延皓罷。

［1］都督：回鶻部落首領和軍官的稱號，鄂爾渾突厥文碑銘寫

作 tutuq 或 totoq，爲漢語"都督"的借詞。　陳福海：人名。回鶻都督、使者。事見《舊五代史》卷一八三。

九月己酉，刑部尚書房暠爲樞密使。[1]乙卯，渤海遣使者來。[2]

[1]刑部尚書：官名。尚書省刑部長官。掌天下刑法及徒隸、勾覆、關禁之政令。正三品。　房暠：人名。京兆長安（今陝西西安）人。五代後唐、後晋大臣。傳見《舊五代史》卷九六。

[2]渤海：古國名。武周聖曆元年（698），粟末靺鞨首領大祚榮建立政權。先天二年（713），唐朝册封大祚榮爲渤海郡王，其國遂以渤海爲名。傳見《舊五代史》卷一三八、本書卷七四。

三年春正月乙未，百濟遣使者來。[1]丁未，封子重美爲雍王。[2]

[1]百濟：朝鮮古國。此處指後百濟。892年，新羅國將領甄萱叛亂，900年稱王，建立百濟國，史稱後百濟。936年，爲高麗所滅。

[2]重美：人名。即李重美。後唐廢帝李從珂之子。傳見《舊五代史》卷五一、本書卷一六。

三月丙午，翰林學士、禮部侍郎馬胤孫爲中書侍郎、同中書門下平章事。[1]河東節度使石敬瑭反。

[1]翰林學士：官名。由南北朝始設之學士發展而來，唐玄宗改翰林供奉爲翰林學士，備顧問，代王言，掌拜免將相、號令征伐

等詔令的起草。品秩不詳。　禮部侍郎：官名。尚書省禮部次官。協助禮部尚書掌禮儀、祭享、貢舉之政。正四品下。　馬胤孫：人名。棣州滴河（今山東商河縣）人。後唐進士、宰相。傳見《舊五代史》卷一二七、《新五代史》卷五五。《舊五代史》作"馬裔孫"，或避宋太祖諱改"胤"爲"裔"。中華修訂本《舊五代史》從《輯本舊五代史》作"馬裔孫"。

夏五月乙卯，建雄軍節度使張敬達爲太原四面都招討使，義武軍節度使楊光遠爲副。[1]戊申，先鋒指揮使安審信叛降於石敬瑭。[2]己酉，振武戍將安重榮叛降於石敬瑭。[3]壬子，天雄軍屯駐捧聖都虞候張令昭逐其節度使劉延皓。[4]

[1]建雄軍：方鎮名。後唐同光元年（923）改建寧軍爲建雄軍。治所在晉州（今山西臨汾市）。　張敬達：人名。代州（今山西代縣）人。五代後唐將領。傳見《舊五代史》卷七〇、本書卷三三。　義武軍：方鎮名。治所在定州（今河北定州市）。　楊光遠：人名。沙陀人。五代後唐、後晉將領。傳見《舊五代史》卷九七、本書卷五一。原作"楊光達"，中華點校本據撫州刊本、宗文本、《舊五代史》卷四八改，今從。

[2]先鋒指揮使：官名。先鋒，即先鋒部隊。指揮使，爲所部統兵將領。品秩不詳。　安審信：人名。沙陀人。五代將領安審琦從兄。五代後唐至後周將領。傳見《舊五代史》卷一二三。

[3]振武：方鎮名。後梁貞明二年（916）以前，治所位於單于都護府城（今内蒙古和林格爾縣）。貞明二年，單于都護府城爲契丹占據。此後至後唐清泰三年（936），治所位於朔州（今山西朔州市）。後漢隨燕雲十六州割予契丹，改名順義軍。　安重榮：人名。朔州（今山西朔州市朔城區）人。五代後唐、後晉將領。傳見

《舊五代史》卷九八、本書卷五一。

[4]捧聖都虞候：官名。捧聖爲五代禁軍番號，因全爲騎兵，故又稱"捧聖馬軍"。都虞候，五代時期部隊統兵官。品秩不詳。張令昭：人名。籍貫不詳。五代後唐將領。事見《舊五代史》卷四八。

六月癸亥，以令昭爲右千牛衛將軍，權知天雄軍府事。[1]他命官不書"以"，此書"以"者，明令昭猶可"以"。甲戌，宣武軍節度使范延光爲天雄軍四面招討使。

[1]右千牛衛將軍：官名。唐置十六衛之一，掌宮禁宿衛。從三品。　權知天雄軍府事：官名。以原天雄軍節度使被逐，張令昭不足以任節度使，遂以權知軍府事爲名，地位亞於節度使，爲天雄軍實際長官。品秩不詳。原闕"府"字，中華點校本據撫州刊本、浙江本、宗文本、《舊五代史》卷四八、本書卷一六、《通鑑》卷二八〇補，今從。

秋七月戊申，克魏州。壬子，張令昭伏誅。癸丑，彰聖指揮使張萬迪叛降于石敬瑭。[1]

[1]彰聖指揮使：官名。所部統兵將領。彰聖爲禁軍番號，後唐清泰元年（934）六月，改捧聖左右軍爲彰聖左右軍。品秩不詳。張萬迪：人名。籍貫不詳。五代後唐、後晉將領。傳見本書卷三三。

八月戊午，契丹使梅里來。[1]

[1]梅里：人名。契丹使者。此乃以官名代人名。事見本書卷七二《四夷附錄·契丹》。梅里，官名。遙輦時有官稱"梅錄"，也作"梅落""梅老"，此即回鶻的"媚禄""密禄"，不同時期不同民族轉寫方式不同，職掌也有變化，或總兵爲指揮官，或爲"皇家總管"。品秩不詳。參見李桂芝《遼金簡史》，福建人民出版社1996年版，第19至20頁。

九月甲辰，張敬達及契丹戰于太原，敗績，契丹圍敬達于晉安。[1]戊申，如河陽。[2]

[1]晉安：地名。即晉安寨。位於今山西太原市。
[2]河陽：縣名。治所在今河南孟州市。

冬十月壬戌，括馬，籍民爲兵。[1]

[1]括馬：徵集、搜括民間馬匹。　籍民爲兵：按户籍徵發百姓從軍。

十一月戊子，盧龍軍節度使趙德鈞爲行營都統。[1]丁酉，契丹立晉。

[1]盧龍軍：方鎮名。治所在幽州（今北京市）。　趙德鈞：人名。幽州（今北京市）人。初爲幽州節度使劉守光部將，再爲後唐將領，後又投降遼國。傳見《舊五代史》卷九八。　行營都統：官名。唐末設諸道行營都統，作爲各道出征兵士的統帥。品秩不詳。

閏月甲子，楊光遠殺張敬達，以其軍叛降于契丹。敬達不書死之而書"殺"者，敬達大將，宜以義責光遠而誅之，雖不果而見殺，猶爲得死，乃諷光遠殺己以叛，故書之如其志。甲戌，契丹及晉人至于潞州。[1]丁丑，至自河陽。辛巳，皇帝崩。年五十一，帝自焚死，晉高祖命葬其燼骨於徽陵域中。

[1]潞州：州名。治所在今山西長治市。

嗚呼，君臣之際，可謂難哉！蓋明者慮於未萌而前知，暗者告以將及而不懼，故先事而言，則雖忠而不信，事至而悔，其可及乎？重誨區區獨見潞王之禍，而謀之不臧，至於殞身赤族，其隙自兹。及愍帝之亡也，穴于徽陵，[1]其土一壠，路人見者，皆爲之悲。使明宗爲有知，其有愧於重誨矣，哀哉！

[1]徽陵：五代後唐明宗李嗣源陵墓。位於今河南新安縣。後晉石敬瑭將後唐愍帝、李從榮、李重吉皆祔葬於此。

新五代史　卷八

晋本紀第八

高祖聖文章武明德孝皇帝，其父臬捩鷄，本出於西夷，自朱邪歸唐，從朱邪入居陰山。[1]其後，晋王李克用起於雲、朔之間，[2]臬捩鷄以善騎射，常從晋王征伐有功，官至洺州刺史。[3]臬捩鷄生敬瑭，其姓石氏，不知其得姓之始也。[4]

[1]臬（niè）捩（liè）鷄：人名。即石紹雍。沙陀人。李克用部將、五代後唐將領。後晋高祖石敬瑭之父。事見《舊五代史》卷七五。　朱邪：部族名。源出西突厥。隋文帝開皇二年（582），突厥汗國分裂爲東、西突厥。處月部爲西突厥所屬部落，朱邪是處月的别部。唐初，處月部居於大磧（今蒙古高原大沙漠），因稱沙陀突厥。唐中期時西突厥、處月部均已衰落，朱邪部遂自號沙陀，其首領以朱邪爲姓。事見《新唐書》卷二一八、《舊五代史》卷二五、本書卷四末歐陽脩考證。參見樊文禮《沙陀的族源及其早期歷史》，《民族研究》1999年第6期。　陰山：山名。即今内蒙古陰山山脉。

[2]李克用：人名。沙陀族，神武川新城（一説今山西山陰縣附近，一説今山西代縣）人。唐末軍閥，受封晋王。五代後唐太祖。紀見《舊五代史》卷二五、本書卷四。　雲：州名。治所在今

山西大同市。　朔：州名。治所在今山西朔州市朔城區。

［3］洺州：州名。治所在今河北邯鄲市永年區。　刺史：官名。州一級行政長官。漢武帝時始置，總掌考核官吏、勸課農桑、地方教化等事。唐中期以後，節度使、觀察使轄州而設，刺史爲其屬官，職任漸輕。從三品至正四品下。

［4］不知其得姓之始也："其得"，原作"得其"，中華點校本據浙江本、宗文本乙正，今從。

敬瑭爲人沈厚寡言，明宗愛之，妻以女，是爲永寧公主，[1]由是常隸明宗帳下，號左射軍。[2]

［1］明宗：即李嗣源。沙陀人。原名邈佶烈，李克用養子。五代後唐明宗，926年至933年在位。紀見《舊五代史》卷三五至卷四四、本書卷六。　永寧公主：後唐明宗李嗣源之女，後晋高祖石敬瑭之妻。晋出帝即位，尊爲皇太后。與晋出帝一同被俘至遼國。傳見《舊五代史》卷八六、本書卷一七。

［2］左射軍：部隊番號。又作"三討軍"。五代後唐時石敬瑭所部。

莊宗已得魏，[1]梁將劉鄩急攻清平，[2]莊宗馳救之，兵未及陣，爲鄩所掩，敬瑭以十餘騎橫槊馳擊，取之以旋。莊宗拊其背而壯之，手啗以蘇，啗蘇，夷狄所重，由是名動軍中。十五年，莊宗戰于胡柳，前鋒周德威戰死，[3]敬瑭以左射軍從明宗復擊敗梁兵。明宗戰胡盧套、楊村，[4]爲梁兵所敗，敬瑭常脱明宗於危。

［1］莊宗：即後唐莊宗李存勖。沙陀人。五代後唐王朝的建立

者。紀見《舊五代史》卷二七至卷三四、本書卷五。　魏：州名。治所在今河北大名縣。此處蓋以魏州代指方鎮魏博軍。

［2］劉鄩：人名。密州安丘（今山東安丘市）人。唐末、五代將領。傳見《舊五代史》卷二三、本書卷二二。　清平：縣名。治所在今山東臨清市。

［3］胡柳：地名。即胡柳陂。位於今河南濮陽縣。　周德威：人名。朔州馬邑（今山西朔州市朔城區）人。唐末五代李克用、李存勖部將。傳見《舊五代史》卷五六、本書卷二五。

［4］胡盧套：地名。當位於今河南濮陽縣。　楊村：地名。位於今河南濮陽縣西南。

趙在禮之亂，[1]明宗討之，至魏而兵變，明宗初欲自歸于天子，明己所以不反者。敬瑭獻計曰："豈有軍變於外，上將獨無事者乎？且猶豫者兵家大忌，不如速行。願得騎兵三百先攻汴州，夷門天下之要害也，[2]得之可以成事。"明宗然之，與之驍騎三百，渡黎陽爲前鋒，[3]明宗遂入汴。莊宗自洛後至，[4]不得入，而兵皆潰去。莊宗西還，明宗以敬瑭爲前鋒趣汜水，[5]且收其散卒。莊宗遇弑，明宗入立，拜敬瑭保義軍節度使，[6]賜號"竭忠建策興復功臣"，兼六軍諸衛副使。[7]

［1］趙在禮：人名。涿州（今河北涿州市）人。五代後唐、後晉將領。傳見《舊五代史》卷九〇、本書卷四六。

［2］汴州：州名。治所在今河南開封市。　夷門：地名。故址在今河南開封城內東北隅。夷門位於夷山，夷山因山勢平夷而得名，門亦以山爲名。

［3］黎陽：縣名。治所在今河南浚縣。

[4]洛：地名。即洛陽。今河南洛陽市。

[5]氾水：縣名。治所在今河南滎陽市氾水鎮。

[6]保義軍：方鎮名。唐龍紀元年（889）以陝虢節度使爲保義軍節度使，治所在陝州（今河南三門峽市陝州區）。　節度使：官名。唐時在重要地區所設掌握一州或數州軍、民、財政的長官。品秩不詳。

[7]六軍諸衛副使：官名。後唐沿唐代舊制，置六軍、諸衛。以判六軍諸衛事爲禁軍六軍與諸衛的最高統帥，六軍諸衛副使爲其貳。品秩不詳。

　　在陝爲政以廉聞。[1]是時，諸侯多不奉法，鄧州陶玘、亳州李鄴皆以贓汙論死，[2]明宗下詔書褒廉吏普州安崇阮、洺州張萬進、耀州孫岳等以諷天下，[3]而以敬瑭爲首。

[1]陝：州名。治所在今河南三門峽市陝州區。

[2]鄧州：州名。治所在今河南鄧州市。　陶玘：人名。籍貫不詳。五代後唐官員。事見《舊五代史》卷三六、卷三八、卷三九。　亳州：州名。治所在今安徽亳州市。　李鄴：人名。魏州（今河北大名縣）人。五代後唐官員。傳見《舊五代史》卷七三。

[3]普州：州名。治所在今四川安岳縣。中華點校本謂《册府》卷六五作"晋州"；《舊五代史》卷三六載安崇阮爲"晋州留後"。當是。晋州，治所在今山西臨汾市。　安崇阮：人名。一作安重阮。潞州上黨（今山西長治市）人。五代後唐、後晋將領。傳見《舊五代史》卷九〇。　張萬進：人名。突厥人。五代後唐、後晋將領。傳見《舊五代史》卷八八。中華點校本謂《册府》卷六五作"張進"；《册府》卷一二八有"洺州團練使張進"，即其人。當是。　耀州：州名。治所在今陝西銅川市耀州區。　孫岳：人

名。稷州（今陝西武功縣）人，一本作冀州（今河北衡水市冀州區）人。五代後唐大臣。傳見《舊五代史》卷六九。

天成二年十月，[1]從幸汴州，爲御營使，拜宣武軍節度使、侍衛親軍馬步軍都指揮使，[2]六軍副使如故；改賜"耀忠匡定保節功臣"。三年四月，徙鎮天雄，拜同中書門下平章事、興唐尹。[3]五月，拜駙馬都尉。[4]董璋反東川，爲行營都招討使，[5]不克而還。復兼六軍諸衛副使。徙鎮河陽三城，[6]未行，而契丹、吐渾、突厥皆入寇，[7]是時，秦王從榮統六軍，[8]敬瑭疑其必及禍，不欲爲其副，乃自請行。及制出，不落副使，輒復辭行。明宗數責大臣問誰可行者，范延光、趙延壽等卒以敬瑭爲請，[9]乃拜河東節度使、大同彰國振武威塞等軍蕃漢馬步軍總管，[10]落六軍副使，乃行。

[1]天成：後唐明宗李嗣源年號（926—930）。

[2]御營使：官名。五代皇帝多親自率兵征戰，故設御營使負責行營守衛，多由親信將領、寵臣充任。品秩不詳。　宣武軍：方鎮名。唐舊鎮，治所在汴州（今河南開封市）。後梁開平元年（907）升汴州爲東京開封府。開平三年（909）置宣武軍於宋州（今河南商丘市睢陽區）。後唐同光元年（924）改宋州宣武軍爲歸德軍。廢東京開封府，重建宣武軍於汴州。後晉天福三年（938），改爲東京開封府。除天福十二年（947）、十三年（948）短暫改爲宣武軍外，汴京均爲東京開封府。　侍衛親軍馬步軍都指揮使：官名。五代時侍衛親軍長官。多由皇帝親信擔任。品秩不詳。

[3]天雄：方鎮名。治所在魏州（今河北大名縣）。　同中書門下平章事：官名。簡稱"同平章事"。唐高宗以後，實際任宰相

之職者，常在其本官後加同平章事的職銜。後成爲宰相專稱。品秩不詳。　興唐尹：官名。五代後唐同光元年（923），改魏州爲興唐府。以興唐尹總其政務。從三品。

［4］駙馬都尉：官名。漢武帝時始置，魏晉以後，公主夫婿多加此稱號。從五品下。

［5］董璋：人名。籍貫不詳。五代後梁、後唐將領。傳見《舊五代史》卷六二、本書卷五一。　東川：方鎮名。唐至德二載（757）分劍南節度使東部地區置劍南東川節度使。治所在梓州（今四川三臺縣）。　都招討使：官名。唐始置。戰時任命，兵罷則省。常以大臣、將帥或地方軍政長官兼任。掌招撫、討伐等事務。品秩不詳。

［6］河陽三城：方鎮名。簡稱"河陽"。治所在孟州（今河南孟州市）。

［7］契丹：古部族、政權名。公元4世紀中葉宇文部爲前燕攻破，始分離而成單獨的部落，自號契丹。唐貞觀中，置松漠都督府，以其首領爲都督。唐末彊盛，916年迭剌部耶律阿保機建立契丹國（遼）。先後與五代、北宋並立，保大五年（1125）爲金所滅。參見張正明《契丹史略》，中華書局1979年版。　吐渾：部族名。全稱吐谷渾。源出鮮卑，後游牧於今甘肅、青海一帶。參見周偉洲《吐谷渾資料輯錄》（增訂本），商務印書館2017年版。突厥：部族名。6至8世紀活躍於北亞和中亞，稱雄於漠北、西域。隋文帝開皇二年（582），突厥汗國分裂爲東、西突厥。唐中期時西突厥、東突厥均已衰落。此處的突厥當爲其某一餘部。

［8］秦王從榮：人名。即李從榮。沙陀人。五代後唐明宗李嗣源次子。傳見《舊五代史》卷五一、本書卷一五。

［9］范延光：人名。相州臨漳（今河北臨漳縣）人。五代後唐、後晉將領。傳見《舊五代史》卷九七、本書卷五一。　趙延壽：人名。常山（今河北正定縣）人。本姓劉，爲後唐將領趙德鈞養子。仕至後唐樞密使，遼朝幽州節度使、燕王。傳見《舊五代

史》卷九八。

[10]河東：方鎮名。治所在太原（今山西太原市）。　大同：方鎮名。治所在雲州（今山西大同市）。　彰國：方鎮名。治所在應州（今山西應縣）。　振武：方鎮名。後梁貞明二年（916）以前，治所位於單于都護府城（今內蒙古和林格爾縣）。貞明二年，單于都護府城爲契丹占據。此後至後唐清泰三年（936），治所位於朔州（今山西朔州市）。後漢隨燕雲十六州割予契丹，改名順義軍。威塞：方鎮名。治所在新州（今河北涿鹿縣）。　蕃漢馬步軍總管：官名。五代後唐置，爲蕃漢馬步軍總指揮官。品秩不詳。

　　明年，明宗崩，愍帝即位，加中書令。[1]三月，徙鎮成德。[2]清泰元年五月，[3]復鎮太原，來朝京師。潞王從珂反於鳳翔，[4]愍帝出奔，遇敬瑭于道，敬瑭殺帝從者百餘人，幽帝于衛州而去。[5]

[1]愍帝：即後唐愍帝李從厚。小名菩薩奴，明宗第三子。長興四年（933）十二月，李從厚即皇帝位。應順元年（934）四月，李從珂入洛陽即帝位，令人毒殺愍帝。紀見《舊五代史》卷四五、本書卷七。　中書令：官名。漢代始置，隋、唐前期爲中書省長官，屬宰相之職；唐後期多爲授予元勛大臣的虛銜。正二品。

[2]成德：方鎮名。治所在鎮州（今河北正定縣）。

[3]清泰：五代後唐廢帝李從珂年號（934—936）。

[4]潞王從珂：即後唐廢帝李從珂，又稱末帝。鎮州平山（今河北平山縣）人。本姓王氏，爲後唐明宗養子，改名李從珂。明宗入洛陽，李從珂率兵追隨，以功拜河中節度使，封潞王。閔帝李從厚即位，李從珂據城發動兵變，改鳳翔節度使。清泰元年（934）率軍東攻洛陽，廢黜愍帝，自立爲帝。清泰三年（936），石敬瑭與契丹合兵攻陷洛陽，李從珂自焚而死。紀見《舊五代史》卷四六至

卷四八、本書卷七。　鳳翔：方鎮名。治所在鳳翔府（今陝西鳳翔縣）。

[5]衛州：州名。治所在今河南衛輝市。

廢帝即位，疑敬瑭必反。天福元年五月，徙鎮天平，[1]敬瑭果不受命，謂其屬曰："先帝授吾太原使老焉，[2]今無故而遷，是疑吾反也。且太原地險而粟多，吾當内檄諸鎮，外求援於契丹，可乎？"桑維翰、劉知遠等共以爲然。[3]乃上表論廢帝不當立，請立許王從益爲明宗嗣。[4]廢帝下詔削奪敬瑭官爵，命張敬達等討之，[5]敬瑭求援於契丹。

[1]天福：五代後晉高祖石敬瑭年號（936—942），出帝石重貴沿用至天福九年（944）。　天平：方鎮名。治所在鄆州（今山東東平縣）。

[2]先帝授吾太原使老焉："授"，原作"受"，據殿本、南監本改。

[3]桑維翰：人名。洛陽（今河南洛陽市）人。五代後唐進士，後晉宰相、樞密使。傳見《舊五代史》卷八九、本書卷二九。

劉知遠：人名。太原（今山西太原市）人。其先西突厥沙陀人。五代後唐、後晉將領，後漢高祖。紀見《舊五代史》卷九九至卷一〇〇、本書卷一〇。

[4]許王從益：人名。即李從益。後唐明宗幼子，封許王。947年，契丹滅後晉，立從益爲中原皇帝，國號梁。旋即爲後漢高祖所殺。傳見《舊五代史》卷五一、本書卷一五。

[5]張敬達：人名。代州（今山西代縣）人。五代後唐將領。傳見《舊五代史》卷七〇、本書卷三三。

九月，契丹耶律德光入自雁門，[1]與唐兵戰，敬達大敗。敬瑭夜出北門見耶律德光，約爲父子。

[1]耶律德光：人名。契丹族。遼太祖耶律阿保機次子。遼朝太宗皇帝。927年至947年在位。紀見《遼史》卷三至卷四。　雁門：關名。位於今山西代縣西北。

十一月丁酉，皇帝即位，於廢帝本紀書"契丹立晋"，據所見也，於此書"皇帝即位"，以自立爲文，原其心也。晋高祖之反，無契丹之助，亦必自立，蓋其志在於爲帝，故使自任其惡也。國號晋。以幽、涿、薊、檀、順、瀛、莫、蔚、朔、雲、應、新、媯、儒、武、寰州入于契丹。[1]己亥，大赦，改元。掌書記桑維翰爲翰林學士、尚書禮部侍郎，知樞密使事。[2]

[1]幽、涿、薊、檀、順、瀛、莫、蔚、朔、雲、應、新、媯、儒、武、寰州：皆州名。此即"幽雲十六州"。幽州，治所在今北京市。涿州，治所在今河北涿州市。薊州，治所在今天津薊州區。檀州，治所在今北京密雲區。順州，治所在今北京順義區。瀛州，治所在今河北河間市。莫州，治所在今河北任丘市鄚州鎮，"莫"，原作"漠"，中華點校本據宗文本、《通鑑》卷二八〇改，今從。蔚州，治所在今河北蔚縣。朔州，治所在今山西朔州市。雲州，治所在今山西大同市。應州，治所在今山西應縣。新州，治所在今河北涿鹿縣。媯州，治所在今河北懷來縣。儒州，治所在今北京延慶區。武州，治所在今河北張家口市宣化區。寰州，治所在今山西朔州市。

[2]掌書記：官名。唐五代方鎮僚屬，位在判官下。掌表奏書

檄、文辭之事。品秩不詳。　翰林學士：官名。由南北朝始設之學士發展而來，唐玄宗改翰林供奉爲翰林學士，備顧問，代王言，掌拜免將相、號令征伐等詔令的起草。品秩不詳。　尚書禮部侍郎：官名。尚書省禮部次官。協助禮部尚書掌禮儀、祭享、貢舉之政。正四品下。　知樞密使事：官名。又作"知樞密院事"。五代後晉天福元年（936）始置，主管樞密院政務。品秩不詳。

閏月丙寅，翰林學士承旨、尚書户部侍郎趙瑩爲門下侍郎，桑維翰爲中書侍郎：同中書門下平章事，兼樞密使。[1]甲戌，趙德鈞及其子延壽叛于唐，來降，[2]契丹鏁之以歸。己卯，次河陽，節度使萇從簡叛于唐，來降。[3]是日廢帝猶在。[4]辛巳，至自太原。盧文紀、姚顗罷。[5]甲申，大赦，殺張延朗、劉延朗，赦房暠。[6]

[1]翰林學士承旨：官名。爲翰林學士之首。掌拜免將相、號令征伐等詔令的起草。品秩不詳。《舊唐書・職官志二・翰林院》："例置學士六人，内擇年深德重者一人爲承旨，所以獨承密令故也。"　尚書户部侍郎：官名。尚書省户部次官。協助户部尚書掌天下田户、均輸、錢穀之政令。正四品下。　趙瑩：人名。華州華陰（今陝西華陰市）人。五代後晉宰相。傳見《舊五代史》卷八九、本書卷五六。　門下侍郎：官名。門下省副長官。唐後期三省長官漸爲榮銜，中書侍郎、門下侍郎却因參議朝政而職位漸重，常常用爲以"同三品"或"同平章事"任宰相者的本官。正三品。

中書侍郎：官名。中書省副長官。唐後期三省長官漸爲榮銜，中書侍郎、門下侍郎却因參議朝政而職位漸重，常常用爲以"同三品"或"同平章事"任宰相者的本官。正三品。　樞密使：官名。樞密院長官。唐代宗時始以宦官掌機密，至昭宗時借朱温之力盡誅宦官，始改以士人任樞密使。備顧問，參謀議，出納詔奏，權侔宰相。品秩不詳。參見李全德《唐宋變革期樞密院研究》，北京圖書館出版社2009年版。

［2］趙德鈞：人名。幽州（今北京市）人。初爲幽州節度使劉守光部將，再爲後唐將領，後來投降遼國。傳見《舊五代史》卷九八。

［3］萇從簡：人名。陳州（今河南淮陽縣）人。五代後唐、後晉將領。傳見《舊五代史》卷九四、本書卷四七。

［4］是日廢帝猶在："猶"，原作"由"。中華點校本據撫州刊本、浙江本、宗文本改，今從。

［5］盧文紀：人名。京兆萬年（今陝西西安市）人。唐末進士，五代宰相。傳見《舊五代史》卷一二七、本書卷五五。　姚顗：人名。京兆萬年（今陝西西安市）人。唐末進士，五代後梁、後唐、後晉大臣。傳見《舊五代史》卷九二、本書卷五五。

［6］張延朗：人名。汴州（今河南開封市）人。五代後唐大臣，歷任三司使、宰相。傳見《舊五代史》卷六九、本書卷二六。劉延朗：人名。宋州虞城（今河南虞城縣）人。五代後唐大臣。傳見《舊五代史》卷六九、本書卷二七。　房暠：人名。京兆長安（今陝西西安市）人。五代後唐、後晉大臣。傳見《舊五代史》卷九六。

十二月乙酉，如河陽。追降王從珂爲庶人。"王從珂"，從晉人本語。丁亥，司空馮道兼門下侍郎、同中書門下平章事。[1]己丑，曹州指揮使石重立殺其刺史鄭玩。[2]辛卯，御札求直言。[3]癸巳，鎮州牙內都虞候祕瓊逐其節度副使李彥琦。[4]同州裨將門鐸殺其將楊漢賓。[5]庚子，天平軍節度使王建立殺其副使李彥贇。[6]旱。

［1］司空：官名。與太尉、司徒並爲三公。唐後期、五代多爲

大臣、勳貴加官。正一品。　馮道：人名。瀛州景城（今河北滄州市）人。五代時官拜宰相，歷仕後唐、後晉、後漢、後周，亦曾臣事契丹。傳見《舊五代史》卷一二六、本書卷五四。

　　[2]曹州：州名。治所在今山東曹縣西北。　指揮使：官名。唐末五代軍隊、州軍多置都指揮使、指揮使，爲統兵將領。品秩不詳。　石重立：人名。籍貫不詳。五代後晉將領。事見《通鑑》卷二八〇。　鄭玩：人名。《舊五代史》本傳、《通鑑》卷二八〇作"鄭阮"。洺州（今河北邯鄲市永年區）人。五代後唐、後晉官員。傳見《舊五代史》卷九六。

　　[3]御札：指皇帝的手劄、手詔。

　　[4]鎮州：州名。治所在今河北正定縣。　牙內都虞候：官名。唐末五代藩鎮衙內之牙將。品秩不詳。　祕瓊：人名。鎮州平山（今河北平山縣）人。五代後晉將領。事見《舊五代史》卷七六、《通鑑》卷二八〇至卷二八二。　節度副使：官名。唐五代方鎮屬官。位於行軍司馬之下、判官之上。品秩不詳。　李彥琦：人名。籍貫不詳。五代後晉將領。事見《舊五代史》卷七六。

　　[5]同州：州名。治所在今陝西大荔縣。　裨將：指副將。　門鐸：人名。籍貫不詳。五代後晉將領。事見《舊五代史》卷七六。　楊漢賓：人名。籍貫不詳。五代後唐、後晉將領。事見《通鑑》卷二七七、卷二八〇。

　　[6]王建立：人名。遼州榆社（今山西榆社縣）人。五代後唐、後晉大臣。傳見《舊五代史》卷九一、本書卷四六。　李彥贇：人名。籍貫不詳。五代後晉將領。事見《舊五代史》卷九一。

　　二年春正月癸亥，安遠軍節度使盧文進叛，降于吳。[1]丁卯，天雄軍節度使范延光殺齊州防禦使祕瓊。[2]戊寅，兵部侍郎李崧爲中書侍郎、同中書門下平章事、樞密使。[3]封唐宗室子爲公，及隋酅公爲二王後，[4]以周介公備三恪。[5]唐宗室子，史失其名，書之以見二王後、三恪猶存，不必著其人也。

[1]安遠軍：方鎮名。治所在安州（今湖北安陸市）。　盧文進：人名。范陽（今河北涿州市）人。五代後唐、後晉、吳國、南唐將領。傳見《舊五代史》卷九七、本書卷四八。　吳：五代十國之吳國。後晉天福二年（937），吳主楊溥禪位於徐知誥，知誥即皇帝位於金陵，史稱南唐。

[2]齊州：州名。治所在今山東濟南市。　防禦使：官名。唐代始置，設有都防禦使、州防禦使兩種。常由刺史或觀察使兼任，實際上爲唐代後期州或方鎮的軍政長官。品秩不詳。

[3]兵部侍郎：官名。尚書省兵部次官。協助兵部尚書掌武官銓選、勛階、考課之政。正四品下。　李崧：人名。深州饒陽（今河北饒陽縣）人。後晉宰相，歷仕後唐至後漢。傳見《舊五代史》卷一〇八、本書卷四五。

[4]酇公：即酇國公。五代二王三恪制度下，隋朝楊氏後裔受封的爵名。　二王後：新王朝成立後，封前兩個王朝的後裔，賜以爵位，以示尊敬。

[5]周介公：五代二王三恪制度下，北周宇文氏後裔受封的爵名。　三恪：新王朝成立後，封前三個王朝的後裔，賜以爵位，以示尊敬。

二月丁酉，契丹使皇太子解里來。[1]

[1]皇太子解里：按《冊府》卷九八〇載："契丹太子解里、舍利梅老等到闕見。"然《遼史》卷三《太宗本紀上》天顯十一年（936）十二月辛卯條載："聞晉帝入洛，遣郎君解里德撫問。"則"皇太子解里"當即"郎君解里德"。皇太子云云，應爲本書及

《册府》誤記。可參見譚其驤《〈遼史〉訂補三種》,《長水集》上册,人民出版社1987年版;邱靖嘉《遼太宗朝的"皇太子"名號問題——兼論遼代政治文化的特徵》,《歷史研究》2010年第6期。解里,人名。即耶律解里。《遼史·太宗紀》作"解里德"。契丹突吕不部人。遼國將領。傳見《遼史》卷七六。

三月庚辰,如汴州。

夏四月丁亥,赦囚,蠲民租賦。趙瑩使于契丹。辛卯,宣武軍節度使楊光遠進助國錢。[1]契丹使宫苑使李可興來。[2]

[1]宣武軍:方鎮名。唐舊鎮,治所在汴州(今河南開封市)。後梁開平元年(907)升汴州爲東京開封府。開平三年(909)置宣武軍於宋州(今河南商丘市睢陽區)。後唐同光元年(924)改宋州宣武軍爲歸德軍。廢東京開封府,重建宣武軍於汴州。後晉天福三年(938),改爲東京開封府。除天福十二年(947)、十三年(948)短暫改爲宣武軍外,汴京均爲東京開封府。 楊光遠:人名。沙陀人。五代後唐、後晉將領。傳見《舊五代史》卷九七、本書卷五一。

[2]宫苑使:官名。唐始置,以宦官充任,五代改用士人。掌京師地區宫苑和宫苑所屬的莊田管理事務。品秩不詳。 李可興:人名。契丹使者。本書僅此一見。

五月壬戌,御札求直言。丁丑,追尊祖考爲皇帝,妣爲皇后:高祖璟謚曰孝安,廟號靖祖,祖妣秦氏謚曰孝安元;[1]曾祖郴謚曰孝簡,廟號肅祖,祖妣安氏謚曰孝簡恭;祖昱謚曰孝平,廟號睿祖,祖妣米氏謚曰孝平獻；[2]考紹雍謚曰孝元，廟號憲祖，[3]妣何氏謚曰孝元懿。

[1]祖妣秦氏謚曰孝安元："元"字原闕，中華點校本據宗文本、《舊五代史》卷七五、《五代會要》卷一補，今從。
[2]祖妣米氏謚曰孝平獻："米氏"，原作"來氏"，中華點校本據浙江本、宗文本、《舊五代史》卷七五、《册府》卷三一、《五代會要》卷一改，今從。
[3]廟號憲祖："憲祖"，原作"獻祖"，中華點校本據宗文本、《舊五代史》卷七五、《五代會要》卷一改，今從。

六月癸未，契丹使夷離畢來。[1]天雄軍節度使范延光反。丁酉，傳箭于義成軍節度使符彦饒。[2]丁未，楊光遠爲魏府四面行營都部署。[3]東都巡檢張從賓反，留守判官李遐死之，奉國都指揮使侯益、護聖都指揮使杜重威討之。[4]從賓寇河陽，殺皇子重義；寇河南，殺皇子重信。[5]

[1]夷離畢：官名。遼國夷離畢院長官。掌刑獄。品秩不詳。
[2]傳箭：少數民族風俗，爲徵兵的象徵。《遼史》卷三七載"合符傳箭於諸部"。《遼史拾遺》卷三載："或傳徵兵率以箭爲號，每一部落傳箭一雙。" 義成軍：方鎮名。亦稱永平軍。治所在滑州（今河南滑縣）。 符彦饒：人名。陳州宛丘（今河南淮陽縣）人。符存審次子。五代後唐、後晋將領。傳見《舊五代史》卷九一、本書卷二五。
[3]魏府：地名。即魏州。治所在今河北大名縣。 行營都部署：官名。凡行軍征討，掛帥率軍戰鬥，總管行營事務。品秩

不詳。

[4]東都：即洛陽。　巡檢：官名。又稱"巡檢使"。五代始設巡檢，設於京師、陪都、重要的州及邊防重鎮。品秩不詳。　張從賓：人名。籍貫不詳。五代後唐、後晉將領。傳見《舊五代史》卷九七。　留守判官：官名。留守司僚屬，分掌留守司各曹事，並協助留守通判陪都事。品秩不詳。　李遐：人名。兖州（今山東濟寧市兖州區）人。五代後唐、後晉官員。傳見《舊五代史》卷九三。　奉國都指揮使：官名。奉國爲五代後晉禁軍名。唐末五代軍隊皆置都指揮使、指揮使，爲領兵將領。品秩不詳。　侯益：人名。汾州平遥（今山西平遥縣）人。五代後唐至宋初將領。傳見《宋史》卷二五四。　護聖都指揮使：官名。護聖爲五代後晉禁軍名。品秩不詳。　杜重威：人名。其先朔州（今山西朔州市朔城區）人，後徙居太原（今山西太原市）。五代後晉、後漢將領。傳見《舊五代史》卷一〇九、本書卷五二。

[5]重乂：人名。即石重乂。後晉高祖石敬瑭之子。傳見《舊五代史》卷八七、本書卷一七。中華點校本謂《舊五代史》卷七六、卷九七及《通鑑》卷二八一皆云於河陽被殺者爲重信，於河南被殺者爲重乂，是。本書卷一七亦記重乂於河南被殺。　河南：府名。治所在今河南洛陽市。　重信：人名。即石重信。後晉高祖石敬瑭之子。傳見《舊五代史》卷八七、本書卷一七。本書卷一七記重信時爲河陽三城節度使，當被殺於河陽。

秋七月，從賓陷汜水關，殺巡檢使宋廷浩。[1]壬子，右衛大將軍尹暉叛，奔于吴，[2]不克，伏誅。右監門衛大將軍婁繼英叛，降于張從賓。[3]義成軍亂，殺戍將侍衛馬軍都指揮使白奉進。[4]甲寅，戍將奉國指揮使馬萬執符彦饒歸于京師，命殺之于赤岡。[5]彦饒雖有縱軍之罪，被誣以反而見殺，故不書誅，曰"命殺"，嫌萬擅殺。乙卯，楊光遠爲魏府行營都招討使。辛酉，杜重威克汜水關。張從賓投河死，故不書伏誅。壬申，楊光遠克博州。[6]丙子，安州屯防指揮使王暉殺其節度使周瓌，右衛上將軍李金全討之。[7]金全未至而暉走，見殺，故不書暉反，不書克安州，不書伏誅。

[1]汜水關：關隘名。位於今河南滎陽市汜水鎮。　宋廷浩：人名。籍貫不詳。五代後晋將領。事見《通鑑》卷二八一。

[2]右衛大將軍：官名。唐置，掌宮禁宿衛。唐代置十六衛，即左右衛、左右驍衛、左右武衛、左右威衛、左右領軍衛、左右金吾衛、左右監門衛、左右千牛衛。各置上將軍，從二品；大將軍，正三品；將軍，從三品。　尹暉：人名。魏州大名（今河北大名縣）人。五代後唐、後晋將領。傳見《舊五代史》卷八八、本書卷四八。

[3]右監門衛大將軍：官名。唐置，掌宮禁宿衛。唐代十六衛之一。正三品。　婁繼英：人名。籍貫不詳。五代後梁、後唐、後晋將領。傳見本書卷五一。

[4]侍衛馬軍都指揮使：官名。爲侍衛親軍馬軍司長官。後梁始置侍衛親軍，爲禁軍的一支，後唐沿置並成爲禁軍主力，下設馬軍、步軍。品秩不詳。"馬軍"，原作"馬步軍"，中華點校本據宗文本、《舊五代史》卷七六改，今從。　白奉進：人名。雲州清塞軍（今山西陽高縣）人。五代後唐、後晋將領。傳見《舊五代史》卷九五。

[5]馬萬：人名。澶州（今河南濮陽市）人。五代後唐、後晋、後漢將領。傳見《舊五代史》卷一〇六。　赤岡：地名。今名霍赤岡。位於今河南開封市東北。

[6]博州：州名。治所在今山東聊城市。

[7]安州：州名。治所在今湖北安陸市。　屯防指揮使：官名。

唐末五代軍隊多置都指揮使、指揮使，爲所部統兵將領。屯防爲屯駐、防禦之意。品秩不詳。　王暉：人名。籍貫不詳。五代將領，曾以代州刺史而叛歸契丹。事見《舊五代史》卷九九。　周瓌：人名。晉陽（今山西太原市）人。五代後晉將領。傳見《舊五代史》卷九五。　右衛上將軍：原作"右衛大將軍"。中華點校本據撫州刊本、浙江本、宗文本、本書卷四八、《舊五代史》卷七六、《册府》卷一二三改。今從。　李金全：人名。吐谷渾族，早年爲後唐明宗李嗣源奴僕，驍勇善戰，因功升遷。後晉時封安遠軍節度使，後投奔南唐。傳見《舊五代史》卷九七、本書卷四八。

　　八月丙申，靜難軍節度使安叔千進添都馬。[1]乙巳，赦非死罪囚及張從賓、符彥饒、王暉餘黨。

　　[1]靜難軍：方鎮名。治所在邠州（今陝西彬縣）。　安叔千：人名。沙陀人。五代後唐至後周將領。傳見《舊五代史》卷一二三、本書卷四八。　添都馬：本書卷七〇《東漢世家》："五臺當契丹界上，（劉）繼顒常得其馬以獻，號添都馬。"

　　九月，楊光遠進粟。
　　冬十月辛巳，禁造甲兵。
　　三年春二月戊戌，諸鎮皆進物以助國。殘民以獻其上，君臣同欲，賄賂公行，至此而不勝其多矣！故總言"諸鎮"，此後不復書矣。
　　三月壬戌，回鶻可汗王仁美使翟全福來。[1]丁丑，禁私造銅器。

　　[1]回鶻：部族名。原係突厥鐵勒部的一支。唐天寶三載

（744）建立回鶻汗國，9世紀中葉，回鶻汗國瓦解。其中一支爲甘州回鶻。11世紀初，甘州回鶻爲西夏所滅。參見楊蕤《回鶻時代：10—13世紀陸上絲綢之路貿易研究》，中國社會科學出版社2015年版。　仁美：人名。即藥羅葛仁美。甘州回鶻首任可汗，尊號烏母主可汗（Ormuzd），後唐封賜英義可汗。事見本書卷七四。　翟全福：人名。回鶻使者。本書僅此一見。

秋七月辛酉，以皇業錢作受命寶。[1]作寶不必書，"皇業錢"者私錢也，天子畜私錢，故書。

[1]受命寶：皇帝印璽。八寶之一。帝王受命於天，故製受命寶，修封禪、禮神祇用之。

八月戊寅，馮道及左僕射劉昫爲契丹册禮使。[1]壬午，澶州刺史馮暉降。[2]丙戌，許御署官選。[3]己丑，蠲水旱民税。辛丑，歸伶官于契丹。[4]高祖以父事契丹，其有所求不曰與而曰"歸"者，若輸之也。

[1]左僕射：官名。秦始置。隋、唐前期以左、右僕射佐尚書令總理六官，綱紀庶務；如不置尚書令，則總判省事，爲宰相之職。唐後期多爲大臣加銜。從二品。　劉昫（xù）：人名。涿州歸義（今河北容城縣）人。五代大臣，曾任宰相、監修國史，領銜撰進《舊唐書》。傳見《舊五代史》卷八九、本書卷五五。　册禮使：官名。舉行册封典禮時臨時設置的官職，册封儀式結束即罷。品秩不詳。

[2]澶州：州名。唐、五代初，治所在河南清豐縣。後晉天福四年（939），移治於今河南濮陽縣。　馮暉：人名。魏州（今河北大名縣）人。五代後唐至後周將領。傳見《舊五代史》卷一二五、

本書卷四九。

［3］御署官：據本書卷七注："'御署官'，疑是廢帝初舉兵時所置之官，以其非吏部正授，故須有旨方得選。此於事無勸戒，不必書，以舊史不詳，故存所不知，慎傳疑也。"

［4］伶官：古代樂人。後唐莊宗朝用伶人爲官，故稱伶官。事見本書卷三七。

九月己酉，赦范延光。初，延光請降，高祖不許，延光遂堅壁，攻之，久不克，卒悔而赦之，故不書降。己未，歸靜鞭官劉守威、金吾勘契官王殷、司天雞叫學生殷暉于契丹。[1]于闐使馬繼榮來，回鶻使李萬金來。[2]己巳，赦魏州，蠲民稅。是月，宣徽南院使劉處讓爲樞密使。[3]

［1］靜鞭官：官名。爲皇帝儀仗隊成員。掌振鞭發聲，使人肅靜。品秩不詳。　劉守威：人名。籍貫不詳。五代後晋官員。事見本書卷七七。　金吾勘契官：官名。隸金吾衛。爲皇帝儀仗隊成員。掌出入殿門時，勘驗核對符契。品秩不詳。　王殷：人名。《舊五代史》卷七七作"王英"，或係避宋太祖父趙弘殷之諱而改。籍貫不詳。五代後唐官員。事見《舊五代史》卷七七。　司天雞叫學生：官名。隸司天監。掌報昏曉。品秩不詳。　殷暉：人名。《舊五代史》卷七七作"商暉"，注云："宋避'殷'作'商'"，蓋避宋太祖父趙弘殷之諱而改。籍貫不詳。五代後晋官員。事見《舊五代史》卷七七。

［2］于闐：西域古國名。都城在今新疆和田地區。參見張廣達、榮新江《于闐史叢考》（增訂本），中國人民大學出版社 2008 年版。　馬繼榮：人名。于闐使者。事見本書卷七四。　李萬金：人名。回鶻使者。事見《舊五代史》卷七七。

［3］宣徽南院使：官名。唐始置。宣徽南院長官。初用宦官，

五代以後改用士人。與宣徽北院使通掌内諸司及三班内侍之名籍，郊祀、朝會、宴享供帳之儀，檢視内外進奉名物。品秩不詳。參見王永平《論唐代宣徽使》，《中國史研究》1995年第1期；王孫盈政《再論唐代的宣徽使》，《中華文史論叢》2018年第3期。　劉處讓：人名。滄州（今河北滄州市）人。五代後唐、後晉將領。傳見《舊五代史》卷九四、本書卷四七。

冬十月戊寅，契丹使中書令韓潁來奉册曰英武明義皇帝。[1]庚辰，升汴州爲東京，以洛陽爲西京，雍州爲晉昌軍。[2]戊子，右金吾衛大將軍馬從斌使于契丹。[3]己未，契丹使梅里來。[4]戊戌，大赦。庚子，封李聖天爲大寶于闐國王。[5]

[1]中書令：官名。遼國初置政事省，興宗重熙十三年（1044）改中書省。後晉天福三年（938）時尚無中書令，此當爲政事令。《遼史》卷七四《韓延徽傳》載，"太宗朝封魯國公，仍爲政事令。使晉還，改南京三司使"。政事令爲政事省長官，爲宰相之職。品秩不詳。　韓潁：人名。即韓延徽。幽州安次（今河北安次縣）人。初仕於劉仁恭、劉守光父子。出使契丹時爲遼太祖所留，歷任遼國左僕射、政事令等官。傳見《遼史》卷七四。"潁"，原作"頗"，中華點校本據浙江本、宗文本、本書卷七二改，今從。有關"韓潁"考證，參見齊心《金代韓詥墓誌考》，《考古》1984年第8期。

[2]雍州：州名。治所在今陝西西安市。　晉昌軍：方鎮名。治所在雍州、京兆府（今陝西西安市）。

[3]右金吾衛大將軍：官名。唐置，掌宫禁宿衛。唐代十六衛之一。正三品。　馬從斌：人名。籍貫不詳。五代後晉官員。事見《舊五代史》卷七七。

[4]梅里：人名。契丹使者。此乃以官名代人名。事見本書卷七二《四夷附録・契丹》。梅里，官名。遥輦時有官稱"梅録"，也作"梅落""梅老"，此即回鶻的"媚禄""密禄"，不同時期不同民族轉寫方式不同，職掌也有變化，或總兵爲指揮官，或爲"皇家總管"。品秩不詳。參見李桂芝《遼金簡史》，福建人民出版社1996年版，第19至20頁。

[5]李聖天：人名。出身於于闐王族尉遲氏。于闐國王。事見本書卷七四。參見張廣達、榮新江《于闐史叢考》（增訂本）。

十一月辛亥，升廣晉府爲鄴都。[1]壬戌，除鑄錢令。

[1]廣晉府：府名。五代後晉天福二年（937）改興唐府置廣晉府，治元城、廣晉二縣（今河北大名縣）。　鄴都：地名。後晉陪都。治所在今河北大名縣。

十二月丙子，封子重貴爲鄭王。[1]

[1]重貴：人名。即石重貴。沙陀人。後晉高祖石敬瑭從子，後晉少帝。紀見《舊五代史》卷八一至卷八五、本書卷九。

四年春正月，盜發唐愍皇帝墓。愍帝祔于明宗徽陵域中，無陵名，故曰"墓"，晉高祖即位，追諡爲愍皇帝。五代諸帝諡號不可爲法，皆不足道，惟愍帝宜書者，嫌嘗降爲鄂王也。而國亡禮闕，舊史、實録皆無奏諡上册月日，故雖當書而不得，因事而見於此爾。[1]辛亥，澶州防禦使張從恩爲樞密副使。[2]旌表深州民李自倫門閭。[3]

［1］因事而見於此爾："事"，原作"書"，中華點校本據浙江本、宗文本改，今從。

［2］張從恩：人名。太原（今山西太原市）人。五代後晉外戚、將領。仕至宋初。傳見《宋史》卷二五四。　樞密副使：官名。樞密院副長官。品秩不詳。

［3］旌表：朝廷對忠孝節義之人，以立牌坊、賜匾額等方式加以表彰。　深州：州名。治所在今河北深州市。　李自倫：人名。深州（今河北深州市）人。五代後晉時人。傳見本書卷三四。

三月乙巳，回鶻使其都督拽里敦來。[1]丙辰，頒《調元曆》。[2]靈州戍將王彥忠以懷遠城反。[3]己未，彥忠降，供奉官齊延祚殺之。[4]

［1］都督：回鶻部落首領和軍官的稱號，鄂爾渾突厥文碑銘寫作 tutuq 或 totoq，爲漢語"都督"的借詞。　拽里敦：人名。回鶻使者。事見本書卷一三八。

［2］《調元曆》：曆法名。後晉時，司天監馬重績等所撰新曆，以雨水正月朔爲歲首，晉高祖賜名爲《調元曆》。"曆"，原作"歷"，據文意改。

［3］靈州：州名。治所在今寧夏吳忠市。　王彥忠：人名。籍貫不詳。五代後晉將領。事見《舊五代史》卷七八。　懷遠：縣名。治所在今寧夏銀川市。

［4］供奉官：泛指侍奉皇帝左右的臣僚，亦爲東、西頭供奉官通稱。　齊延祚：人名。籍貫不詳。五代後晉官員。事見《舊五代史》卷七八。

夏四月辛巳，封回鶻可汗王仁美爲奉化可汗。甲申，廢樞密使。

秋七月丙辰，復禁鑄錢。

閏月壬申，桑維翰罷。

八月己亥朔，河決博平。[1]西戎寇涇州，彰義軍節度使張彥澤敗之，執其首領野離羅蝦獨。[2]

[1]博平：縣名。治所在今山東茌平縣博平鎮。

[2]西戎：西方草原部落的泛稱。此處當指党項族，蓋野離（野利）爲党項大姓。党項源出羌族，時活躍於今甘肅東部、寧夏、陝西北部一帶。參見湯開建《党項西夏史探微》，商務印書館2013年版。　涇州：州名。治所在今甘肅涇川縣。　彰義軍：方鎮名。治所在涇州（今甘肅涇川縣）。　張彥澤：人名。突厥人，徙居太原。五代後晋將領，後投降於契丹。傳見《舊五代史》卷九八、本書卷五二。　野離羅蝦獨：人名。党項部族首領。野離爲党項大姓野利氏。事見本書本卷。

九月丁丑，契丹使粘木孤來。[1]癸未，封李從益爲郇國公以奉唐後。[2]丙戌，高麗王建使其廣評侍郎邢順來。[3]

[1]粘木孤：人名。契丹使者。事見《舊五代史》卷七八。

[2]郇（xún）國公：五代二王三恪制度下，後唐李氏後裔受封的爵名。

[3]高麗：朝鮮半島古國。即王氏高麗。918年，後三國（即朝鮮新羅、後百濟、泰封）之一泰封國武將王建自立爲王，改國號爲高麗，935年滅新羅，次年滅後百濟，再次統一朝鮮。參見〔朝〕鄭麟趾等《高麗史》，西南師範大學出版社2014年。　王建：人名。高麗開國皇帝，廟號太祖。參見〔朝〕鄭麟趾等《高麗史》

卷二。　廣評侍郎：高麗王朝官名。廣評省（仿唐尚書省）副長官，協助廣評侍中總領百官。品秩不詳。詳見龔延明《高麗國初與唐宋官制之比較——關於唐宋官制對高麗官制影響研究之一》，《韓國研究》第1輯，杭州大學出版社1994年版，第124頁。　邢順：人名。高麗使者。事見《五代會要》卷三〇《高麗》。

冬十一月乙亥，[1]立唐高祖、太宗、莊宗、明宗、愍帝廟于西京。戊子，契丹使遥折來，[2]吐蕃罷延族來附。[3]

[1]冬十一月乙亥："十一月"，原作"十二月"，中華點校本據浙江本、宗文本、《舊五代史》卷八七、《册府》卷一七四改，今從。

[2]遥折：人名。契丹使者。事見本書本卷。

[3]吐蕃罷延族：青藏高原地區的藏族部落。《五代會要》卷三〇《吐番》載，"晋天福四年十月，罷延族大首領聶褒郎、彝磨標、昌訶、尤羅衹褒等率其屬朝貢"。

五年春正月丁卯朔，德音除民公私債。[1]己丑，回鶻使石海金來。[2]

[1]德音：詔書的一種。唐宋時期皇帝發佈德政時所用，如大赦囚徒、賑救灾荒等。

[2]石海金：人名。回鶻使者。事見《舊五代史》卷一三八。

夏四月甲子，契丹興化王來。[1]

［1］興化王：契丹使者。本書僅此一見。

五月丙戌，安遠軍節度使李金全叛附于唐。[1]

［1］唐：指南唐。五代十國時期李昪建立的政權，都城在今江蘇南京，後遷都今江西南昌。

六月癸卯，李昪遣其將李承裕入于安州，[1]金全奔于唐，安遠軍節度使馬全節及承裕戰，[2]敗之。丁巳，克安州，承裕奔于雲夢，[3]全節執而殺之。

［1］李昪：人名。徐州（今江蘇徐州市）人。五代十國南唐國建立者。傳見《舊五代史》卷一三四、本書卷六二。　李承裕：人名。籍貫不詳。五代十國南唐將領。事見《舊五代史》卷七九、《通鑑》卷二八二。

［2］馬全節：人名。魏郡元城（今河北大名縣）人。五代後唐、後晉將領。傳見《舊五代史》卷九〇、本書卷四七。

［3］雲夢：縣名。治所在今湖北雲夢縣。

秋八月丁酉，閱稼于西郊。[1]己未，西京留守楊光遠殺太子太師范延光。[2]

［1］閱稼：指查看農作物生長情況。

［2］留守：官名。古代皇帝出巡或親征時指定親王或大臣留守京城，綜理國家軍事、行政、民事、財政等事務，稱京城留守。在陪都或軍事重鎮也常設留守，以地方長官兼任。品秩不詳。　太子太師：官名。與太子太傅、太子太保統稱太子三師。隋唐以後多作

加官或贈官。從一品。

九月丁卯，翰林學士承旨、户部侍郎和凝爲中書侍郎、同中書門下平章事。[1]辛巳，閲稼于沙臺。[2]

[1]和凝：人名。鄆州須昌（今山東東平縣）人。歷仕後梁至後周，五代官員、詞人。傳見《舊五代史》卷一二七、本書卷五六。

[2]沙臺：地名。位於今河南開封市。

冬十月丁未，契丹使舍利來。[1]

[1]舍利：人名。契丹使者。此以官稱（或專名）代人名。事見《舊五代史》卷七九。舍利，官名。又作"沙里"，即"郎君"。隸著帳郎君院，屬北面官。管理宮中雜役等。品秩不詳。

十一月丙子，冬至，始用二舞。[1]

[1]二舞：指文、武二舞。西周樂制，後代帝王亦多沿用。

六年春正月戊寅，封唐叔虞爲興安王，臺駘爲昌寧公。[1]

[1]唐叔虞：人名。姓姬名虞。西周成王之弟。受封於唐，故稱唐叔虞。後代改國號曰晉。爲周代晉國的始祖。傳見《史記》卷三九。　臺駘：人名。上古神話、傳説人物。《左傳·昭公元年》："昔金天氏有裔子曰昧，爲玄冥師，生允格、臺駘。臺駘能業其官，

宣汾、洮，障大澤，以處大原。帝用嘉之，封諸汾川，沈、姒、蓐、黃，實其守祀。"

二月戊申，停買宴錢。[1]

[1]買宴：唐五代時皇帝賜宴，群臣、方鎮獻納錢帛，謂之買宴。實質是臣下向皇帝獻納。

三月，除民二年至四年以前稅。見時斂重而民不堪。
夏四月己未，契丹使述括來。[1]

[1]述括：人名。契丹使者。事見本書本卷。

五月，吐渾首領白承福來。[1]

[1]白承福：五代時北吐谷渾首領。吐谷渾族。後唐同光元年（923），被莊宗任爲寧朔、奉化兩府都督，賜姓名爲李紹魯。事見本書卷七四《四夷附錄·吐渾》。

秋七月壬午，突厥使薛同海來。[1]

[1]薛同海：人名。突厥使者。事見本書卷七四。

八月壬辰，如鄴都，開封尹鄭王重貴留守東京，[1]宣徽南院使張從恩東京內外兵馬都監。[2]壬寅，大赦。甲寅，光祿卿張澄使于契丹。[3]

[1]開封尹：官名。五代除後唐外均都汴州，升汴州爲開封府，置開封尹或知開封府事。執掌京師政務。從三品。

[2]內外兵馬都監：官名。唐代中葉命將出征，常以宦官爲監軍、都監。後爲臨時委任的統兵官，稱都監、兵馬都監。掌屯戍、邊防、訓練之政令。品秩不詳。

[3]光祿卿：官名。南朝梁天監七年（508）改光祿勳置，隋唐沿置。掌宮殿門户、帳幕器物、百官朝會膳食等。從三品。　張澄：人名。籍貫不詳。五代後晉官員。事見《通鑑》卷二八二。

九月乙亥，前安國軍節度使楊彦詢使于契丹。[1]丁丑，吐渾使白可久來。[2]河決中都，入于沓河。[3]

[1]安國軍：方鎮名。治所在邢州（今河北邢臺市）。　楊彦詢：人名。河中寶鼎（今山西萬榮縣西南）人。五代後唐、後晉將領。傳見《舊五代史》卷九〇、本書卷四七。

[2]白可久：人名。吐渾使者。事見本書卷七四。

[3]中都：縣名。治所在今山東汶上縣。　沓河：河流名。《五代會要》卷一一《水溢》載，天福六年（941）九月，"兗州又奏：'河水東流，闊七十里，水勢南流入沓河及揚州河。'"據此，沓河當流經今山東、江蘇境内。

冬十月，河決滑、濮、鄆、澶州。[1]山南東道節度使安從進反。[2]

[1]滑：州名。治所在今河南滑縣。　濮：州名。治所在今山東鄄城縣。　鄆：州名。治所在今山東東平縣。

[2]山南東道：方鎮名。治所在襄州（今湖北襄陽市）。　安從進：人名。沙陀三部之一索葛部人。五代後唐、後晉將領。傳見

《舊五代史》卷九八、本書卷五一。

十一月丁丑，西京留守高行周爲南面軍前都部署以討之。[1]

[1]高行周：人名。媯州懷戎（今河北懷來縣）人。五代後唐至後周將領。傳見《舊五代史》卷一二三、本書卷四八。　軍前都部署：官名。凡行軍征討，掛帥率軍戰鬥，總管行營軍前事務。品秩不詳。

十二月丙戌朔，鄭王重貴爲廣晉尹，[1]徙封齊王。先鋒都指揮使郭海金及安從進戰于唐州，[2]敗之。成德軍節度使安重榮反。[3]天平節度使杜重威爲鎮州行營招討使。[4]丙申，契丹遣使者來。戊戌，杜重威及安重榮戰于宗城，[5]敗之。

[1]廣晉尹：官名。五代後晉天福二年（937）改興唐府（魏州、鄴都）置廣晉府，治元城、廣晉二縣（今河北大名縣）。府尹爲最高長官，總其政務。從三品。

[2]先鋒都指揮使：官名。先鋒，即先鋒部隊。都指揮使，爲所部統兵將領。品秩不詳。　郭海金：人名。中華點校本謂本書卷五一、《舊五代史》卷八〇及卷九八、《冊府》卷一二三、《通鑑》卷二八二作"郭金海"，當是。郭金海，突厥族人。五代後唐、後晉將領。傳見《舊五代史》卷九四。　唐州：州名。治所在今河南唐河縣。

[3]成德軍：方鎮名。治所在鎮州（今河北正定縣）。　安重榮：人名。朔州（今山西朔州市朔城區）人。五代後唐、後晉將

領。傳見《舊五代史》卷九八、本書卷五一。

　　[4]行營招討使：官名。唐始置。戰時任命，兵罷則省。常以大臣、將帥或地方軍政長官兼任。掌招撫、討伐等事務。品秩不詳。

　　[5]宗城：縣名。治所在今河北威縣。

　　七年春正月丁巳，克鎮州，安重榮伏誅，赦廣晋。庚午，契丹使達刺來。[1]

　　[1]達刺：人名。契丹使者。事見本書本卷。

　　三月，歸德軍節度使安彦威塞決河于滑州。[1]

　　[1]歸德軍：方鎮名。治所在宋州（今河南商丘市）。　安彦威：人名。代州崞縣（今山西原平市）人。五代後唐、後晋將領。傳見《舊五代史》卷九一、本書卷四七。

　　閏月，天興蝗食麥。
　　夏五月乙巳，尊皇太妃劉氏爲皇太后。[1]高祖所生母也。

　　[1]皇太妃劉氏：即後晋高祖石敬瑭生母劉氏。事見本書卷一七。　皇太后：“皇”字原闕，中華點校本據宗文本補，今從。

　　六月丙辰，吐渾使念醜漢來。[1]乙丑，皇帝崩于保昌殿。[2]年五十一。

[1]念醜漢：人名。吐渾使者。事見本書本卷。

[2]保昌殿：宮殿名。位於今河南開封市。原作"寳昌殿"，據《舊五代史》卷八〇《晋高祖本紀六》、《五代會要》卷一《帝號》改。

新五代史　卷九

晋本紀第九

　　出帝父敬儒,[1]高祖兄也,爲唐莊宗騎將,早卒,高祖以其子重貴爲子。高祖六子,五皆早死,而重睿幼,[2]故重貴得立。

　　[1]敬儒:人名。即石敬儒。沙陀人。後晉高祖石敬瑭之兄,出帝石重貴之父。傳見本書卷一七。
　　[2]重睿:人名。即石重睿。後晉高祖石敬瑭之子。傳見本書卷一七。

　　重貴少而謹厚,善騎射,高祖使博士王震教以《禮記》,[1]久之,不能通大義,謂震曰:"此非我家事也。"高祖爲契丹所立,[2]謀以一子留守太原,契丹使盡出諸子自擇之,指重貴曰:"此眼大者可也。"遂拜金紫光祿大夫,行太原尹、北京留守,知河東節度事。[3]

　　[1]博士:官名。起於先秦。古代學官。品秩不詳。　王震:人名。瑯琊王氏族人。後晉官員。本書僅此一見。博士王震,《舊五代史》卷八一作"瑯琊王震"。
　　[2]契丹:古部族、政權名。公元4世紀中葉宇文部爲前燕攻

破，始分離而成單獨的部落，自號契丹。唐貞觀中，置松漠都督府，以其首領爲都督。唐末强盛，916年迭剌部耶律阿保機建立契丹國（遼）。先後與五代、北宋並立，保大五年（1125）爲金所滅。參見張正明《契丹史略》，中華書局1979年版。

[3]金紫光禄大夫：官名。本兩漢光禄大夫。魏晉以後，光禄大夫之位重者，加金章紫綬，因稱金紫光禄大夫。北周、隋爲散官。唐貞觀後列入文散官。正三品。　太原尹：官名。唐開元十一年（723）改并州爲太原府，治所在今山西太原市。由太原尹總其政務。從三品。　北京：指五代後唐的北都太原。本書卷五《莊宗紀》載，同光元年（923）"十一月乙巳，復北都爲鎮州，太原爲北都"。　留守：官名。古代皇帝出巡或親征時指定親王或大臣留守京城，綜理國家軍事、行政、民事、財政等事務，稱京城留守。在陪都或軍事重鎮也常設留守，以地方長官兼任。品秩不詳。　知河東節度事：官名。執掌同河東節度使，爲河東軍、民、財政的長官。河東，方鎮名，治所在太原（今山西太原市）。品秩不詳。

天福二年九月，召拜左金吾衛上將軍。[1]三年冬，爲開封尹，封鄭王，加太尉，同中書門下平章事。[2]六年，高祖幸鄴，留守東京，已而爲廣晉尹，徙封齊王。[3]

[1]左金吾衛上將軍：官名。唐置，掌宮禁宿衛。唐代置十六衛，即左右衛、左右驍衛、左右武衛、左右威衛、左右領軍衛、左右金吾衛、左右監門衛、左右千牛衛。各置上將軍，從二品；大將軍，正三品；將軍，從三品。

[2]開封尹：官名。五代除後唐外均都汴州，升汴州爲開封府，置開封尹或知開封府事。執掌京師政務。從三品。　太尉：官名。與司徒、司空並爲三公，唐後期、五代多爲大臣、勳貴加官。正一

品。　同中書門下平章事：官名。簡稱"同平章事"。唐高宗以後，凡實際任宰相之職者，常在其本官後加同平章事的職銜。後成爲宰相專稱。品秩不詳。

　　[3]鄴：地名。即鄴都。治所在今河北大名縣。五代後唐同光元年（923），改魏州爲興唐府，建號東京，三年改東京爲鄴都。東京：指後晉都城開封府（今河南開封市）。　廣晉尹：官名。五代後晉天福二年（937）改興唐府（魏州、鄴都）置廣晉府，治元城、廣晉二縣（今河北大名縣）。府尹爲最高長官，總其政務。從三品。

　　七年六月乙丑，高祖崩，皇帝即位于柩前。庚午，使右驍衛將軍石德超以御馬二，撲祭于相州之西山。[1]夷狄之禮也。如京使李仁廓使于契丹，契丹使梅里來。[2]丙子，馮道爲大行皇帝山陵使，門下侍郎竇貞固爲副，太常卿崔梲爲禮儀使，户部侍郎呂琦爲鹵簿使，御史中丞王易簡爲儀仗使。[3]舊史、實錄無橋道頓遞使，疑不置，或闕書。漢高祖亦然。己卯，四方館使朱崇節、右金吾衛大將軍梁言使于契丹。[4]

　　[1]右驍衛將軍：官名。唐置十六衛之一，掌宫禁宿衛。從三品。　石德超：人名。籍貫不詳。五代後晉將領。事見本書本卷。撲祭：祭禮名。殺馬祭祀。爲沙陀等塞北部族的祭祀禮儀。　相州：州名。治所在今河南安陽市。

　　[2]如京使：官名。唐五代諸司使之一。如京使取《詩經·小雅·甫田》"如砥如京"之意，其職任相當於倉監督。品秩不詳。李仁廓：人名。籍貫不詳。五代後晉官員。本書僅此一見。　梅里：人名。契丹使者。此乃以官名代人名。事見本書卷七二《四夷

附錄·契丹》。梅里，官名。遥輦時有官稱"梅錄"，也作"梅落""梅老"，此即回鶻的"媚禄""密禄"，不同時期不同民族轉寫方式不同，職掌也有變化，或總兵爲指揮官，或爲"皇家總管"。品秩不詳。參見李桂芝《遼金簡史》，福建人民出版社1996年版，第19至20頁。原作"梅李"，中華點校本據撫州刊本、浙江本、宗文本改，今從。

[3]馮道：人名。瀛州景城（今河北滄州市）人。五代時官拜宰相，歷仕後唐、後晉、後漢、後周，亦曾臣事契丹。傳見《舊五代史》卷一二六、本書卷五四。　大行皇帝：古代對已死而停棺未葬的皇帝的諱稱。"大行"意爲一去不復返。　山陵使：官名。亦稱山陵儀仗使。唐貞觀中始置，掌議帝后陵寢制度、監造帝后陵寢。品秩不詳。　門下侍郎：官名。門下省副長官。唐後期三省長官漸爲榮銜，中書、門下侍郎却因參議朝政而職位漸重，常常用爲以"同三品"或"同平章事"任宰相者的本官。正三品。　竇貞固：人名。同州白水（今陝西白水縣）人。五代後唐至宋初大臣，後唐進士，後漢宰相。傳見《宋史》卷二六二。　太常卿：官名。西漢置太常，南朝梁始置太常卿。太常寺長官。掌宗廟祭祀禮樂及教育等。正三品。"太"，原作"大"，據本書卷五五《崔梲傳》改。　崔梲（zhuō）：人名。博陵安平（今河北安平縣）人。後梁進士，歷仕後梁、後唐、後晉。傳見《舊五代史》卷九三、本書卷五五。

禮儀使：官名。有重大禮儀事務則臨時置使，掌禮儀事務，事畢即罷。品秩不詳。　户部侍郎：官名。尚書省户部次官。協助户部尚書掌天下田户、均輸、錢穀之政令。正四品下。　吕琦：人名。幽州安次（今河北廊坊市）人。五代後唐、後晉官員。傳見《舊五代史》卷九二、本書卷五六。　鹵簿使：官名。掌帝后出行車駕儀仗。品秩不詳。　御史中丞：官名。如不置御史大夫，則爲御史臺長官。掌司法監察。正四品下。　王易簡：人名。京兆（今陝西西安市）人。五代後梁進士，五代、宋初大臣。傳見《宋史》卷二六二。　儀仗使：官名。皇帝大駕出行時，總掌儀仗事務。品秩不詳。

[4]四方館使：官名。唐、五代無四方館使。《舊五代史》卷八一作"判四方館事朱崇節"，當是。隋始置四方館，以通事謁者爲長官。唐、五代沿置，以通事舍人或判四方館事爲長官。掌四方往來及互市事務。品秩不詳。　朱崇節：人名。籍貫不詳。五代後梁官員。事見《舊唐書》卷一七九、《舊五代史》卷八一。《舊五代史》卷八一、《遼史》卷四皆載朱崇節之官爲"判四方館事"。　右金吾衛大將軍：官名。唐置十六衛之一，掌宮禁宿衛。正三品。　梁言：人名。籍貫不詳。五代官員。本書僅此一見。

秋七月壬辰，皇祖母劉氏崩，輟視朝三日。[1]高祖所生母也，高祖時尊爲皇太后矣，其崩也，喪葬不用后禮，見恩禮之薄。不書曰皇太后者，於帝爲祖母也，曰"崩"，正其名也。丁酉，使石德超撲馬于相州之西山。前已備見，故文省。庚子，大赦。甲辰，契丹使通事來。[2]

[1]輟視朝：又稱輟朝、廢朝。古代帝王遇親喪或文武大臣病故，停止視朝數日，以示哀悼。

[2]通事：官名。契丹（遼）建國後，置通事一職以處理漢人事務。《通鑑》卷二八一胡三省注："契丹置通事以主中國人，以知華俗、通華言者爲之。"品秩不詳。

八月戊午，高行周克襄州。[1]安從進自焚死，故不書伏誅。庚申，天平軍節度使景延廣、義成軍節度使李守貞、彰德軍節度使郭謹，[2]進錢粟助作山陵。甲子，契丹使郎五來。庚午，葬皇祖母於魏縣。[3]癸酉，契丹使其客省使張九思來。[4]

　　[1]高行周：人名。嬀州懷戎（今河北懷來縣）人。五代後唐至後周將領。傳見《舊五代史》卷一二三、本書卷四八。　襄州：州名。治所在今湖北襄陽市。

　　[2]天平軍：方鎮名。治所在鄆州（今山東東平縣）。　節度使：官名。唐時在重要地區所設掌握一州或數州軍、民、財政的長官。品秩不詳。　景延廣：人名。陝州（今河南三門峽市陝州區）人。五代後晉將領。傳見《舊五代史》卷八八、本書卷二九。　義成軍：方鎮名。亦稱永平軍。治所在滑州（今河南滑縣）。　李守貞：人名。河陽（今河南孟州市）人。五代後晉、後漢將領。傳見《舊五代史》卷一〇九、本書卷五二。　彰德軍：方鎮名。治所在相州（今河南安陽市）。　郭謹：人名。晉陽（今山西太原市）人。五代後晉、後漢將領。傳見《舊五代史》卷一〇六。

　　[3]魏縣：縣名。治所在今河北魏縣。

　　[4]客省使：契丹官名。客省，唐代宗時始置，遼太宗會同元年（938）沿置。客省使爲客省長官。品秩不詳。　張九思：人名。籍貫不詳。契丹官員。本書僅此一見。

　　九月辛丑，李守貞爲大行皇帝山陵都部署。[1]

　　[1]山陵都部署：官名。掌營建、保衛皇室陵墓諸事。品秩不詳。

　　冬十月己未，契丹使舍利來。庚午，回鶻遣使者來。[1]

[1]回鶻：部族名。原係突厥鐵勒部的一支。唐天寶三載（744）建立回鶻汗國，九世紀中葉，回鶻汗國瓦解。其中一支爲甘州回鶻。11世紀初，甘州回鶻爲西夏所滅。參見楊蕤《回鶻時代：10—13世紀陸上絲綢之路貿易研究》，中國社會科學出版社2015年版。

十一月，契丹使大卿來。庚寅，葬聖文章武孝皇帝于顯陵。[1]陵在河南壽安縣。五代之亂，至此七君，而不得其死者五，明宗雖善終，而愍帝不克葬，至廢帝時始克葬，故皆不書。至此始見子得葬其父，故并祔廟詳書之。己亥，牛羊使董殷使于契丹。[2]庚子，祔高祖神主于太廟。[3]辛丑，蠲高祖靈車所過民租之半。[4]

[1]聖文章武孝皇帝：謚號。古代帝王死後所追封。此爲後晉高祖石敬瑭謚號。　顯陵：五代後晉高祖石敬瑭陵墓。位於今河南宜陽縣。
[2]牛羊使：官名。唐五代諸司使之一。掌祭祀及宴享用牲。品秩不詳。　董殷：人名。籍貫不詳。五代後晉官員。事見本書本卷。
[3]祔：祭禮名。《儀禮·既夕禮》載："明日以其班祔。"鄭玄注："祔，猶屬也。"行祔禮以將帝王神主牌位附屬於太廟。　太廟：古代帝王的祖廟。供奉、祭祀皇帝先祖。
[4]蠲（juān）：去除、減免。　靈車：運送靈柩的車駕。

十二月庚午，北京留守劉知遠進百頭穹廬。[1]穹廬，夷狄之用也。契丹于越使令骨支來。[2]辛未，又使野里巳來。丙子，于闐使都督劉再昇來，沙州曹元深、瓜州曹元忠皆遣使附再昇以來。[3]旱，蝗。

[1]劉知遠：人名。太原（今山西太原市）人。其先西突厥沙陀人。五代後唐、後晉將領，後漢高祖。紀見《舊五代史》卷九九至卷一〇〇、本書卷一〇。　穹廬：古代游牧民族所居氈帳。

[2]于越：官名。契丹大臣的榮譽頭銜。位在北、南院大王之上。地位崇高，無具體職掌，非功高德劭者不授。品秩不詳。

[3]于闐：西域古國名。治所在今新疆和田。參見張廣達、榮新江《于闐史叢考》（增訂本），中國人民大學出版社 2008 年版。　都督：于闐軍官的稱號。鄂爾渾突厥文碑銘寫作 tutuq 或 totoq，爲漢語"都督"的借詞。　沙州：州名。治所在今甘肅敦煌市。　曹元深：人名。祖籍亳州（今安徽亳州市），世居敦煌。五代歸義軍節度使曹議金次子，後繼兄曹元德之位爲歸義軍節度使。參見榮新江《歸義軍史研究——唐宋時代敦煌歷史考索》，上海古籍出版社 2015 年版。　瓜州：州名。治所在今甘肅瓜州縣。　曹元忠：人名。祖籍亳州（今安徽亳州市），世居敦煌。五代歸義軍節度使曹議金三子，後繼兄曹元深之位爲歸義軍節度使。參見榮新江《歸義軍史研究——唐宋時代敦煌歷史考索》。

八年春正月，契丹于越使烏多奧來。[1]

[1]烏多奧：人名。契丹使者。事見本書本卷。

二月壬子，景延廣爲御營使。[1]己未，如東京，赦廣晉府囚。庚申，次澶州，[2]赦囚。乙丑，至自鄴都。庚午，寒食，望祭顯陵于南莊，焚御衣、紙錢。[3]焚衣野祭之類，皆閭巷人之事，用之天子，見禮樂壞甚。

[1]御營使：官名。五代皇帝多親自率兵征戰，故設御營使負責行營守衞，多由親信將領、寵臣充任。品秩不詳。

[2]澶州：州名。唐、五代初，治所在今河南清豐縣。後晋天福四年（939）移治於今河南濮陽縣。

[3]寒食：節令名。時間多在清明節前一至三日，農曆三月之中。寒食日禁火寒食，故名。　望祭：祭禮名。君臣遥望祝祭之禮。　南莊：地名。其地不詳，疑位於開封城外。

三月己卯朔，趙瑩罷。[1]晋昌軍節度使桑維翰爲侍中。[2]辛丑，引進使、太府卿孟承誨使于契丹。[3]蝗。

[1]趙瑩：人名。華州華陰（今陝西華陰市）人。五代後晋宰相。傳見《舊五代史》卷八九、本書卷五六。

[2]晋昌軍：方鎮名。治所在京兆府（今陝西西安市）。後晋改永平軍置晋昌軍，後漢改爲永興軍。　桑維翰：人名。洛陽（今河南洛陽市）人。五代後唐進士，後晋宰相、樞密使。傳見《舊五代史》卷八九、本書卷二九。　侍中：官名。秦始置。隋、唐前期爲門下省長官。唐後期多爲大臣加銜，不參與政務，實際職務由門下侍郎執行。正二品。

[3]引進使：官名。五代後梁始置，爲引進司長官，五代諸司使之一。掌臣僚及外國與少數民族進奉禮物諸事。品秩不詳。　太府卿：官名。南朝梁始置。太府寺長官。掌國家財帛庫藏出納、關市税收等事。從三品。　孟承誨：人名。大名（今河北大名縣）人。後晋官員。傳見《舊五代史》卷九六。

夏四月庚午，董殷使于契丹。供奉官張福率威順軍捕蝗于陳州。[1]

[1]供奉官：官名。泛指侍奉皇帝左右的臣僚，亦爲東、西頭供奉官通稱。品秩不詳。　張福：人名。籍貫不詳。後晋宦官。本書僅此一見。　威順軍：部隊番號。五代中央禁軍之一。　陳州：州名。治所在今河南淮陽縣。

五月，泰寧軍節度使安審信捕蝗于中都。[1]丁亥，追封皇伯敬儒爲宋王。癸卯，馮道罷。甲辰，以旱、蝗大赦。

[1]泰寧軍：方鎮名。治所在兖州（今山東濟寧市兖州區）。安審信：人名。沙陀人。五代將領安審琦從兄。五代後唐至後周將領。傳見《舊五代史》卷一二三。　中都：縣名。位於今山東汶上縣。

六月庚戌，祭蝗于皋門。[1]癸亥，供奉官七人帥奉國軍捕蝗于京畿。[2]辛未，括借民粟，[3]殺藏粟者。

[1]皋門：地名。位於今河南開封市。
[2]奉國軍：部隊番號。五代中央禁軍之一。
[3]括借：搜刮徵求。

秋七月甲午，册皇太后。[1]丁酉，射于南莊。契丹使梅里等來。甲辰，供奉官李漢超帥奉國軍捕蝗于京畿。[2]

[1]皇太后：指後唐明宗之女、後晋高祖石敬瑭之妻李皇后。代北沙陀人。傳見《舊五代史》卷八六、本書卷一七。

[2]李漢超：人名。籍貫不詳。後晉宦官。本書僅此一見。

八月丁未朔，募民捕蝗，易以粟。辛亥，檢民青苗。

九月戊寅，尊秦國夫人安氏爲皇太妃。[1]丙申，幸大年莊及景延廣第。[2]

[1]皇太妃：指後晉高祖石敬瑭之兄石敬儒之妻安氏，出帝之母。代北（今山西代縣）人。傳見《舊五代史》卷八六、本書卷一七。

[2]大年莊：地名。其地不詳，疑位於開封城外。

冬十月戊申，立馮氏爲皇后。[1]馮氏於帝爲叔母。壬子，畋于近郊，幸沙臺。[2]丙寅，契丹使通事劉胤來。[3]庚午，括借民粟。

[1]皇后：此處指後晉出帝皇后馮氏。傳見《舊五代史》卷八六、本書卷一七。

[2]畋：打獵。《廣韻》載："畋，取禽獸也。" 沙臺：地名。位於今河南開封市。

[3]劉胤：人名。籍貫不詳。契丹使者。事見本書本卷。

十一月己卯，董殷使于契丹。甲申，幸八角，[1]閱馬牧。乙未，契丹使梅里來。戊戌，齊州刺史楊承祚奔于青州。[2]辛丑，高麗使其廣評侍郎金仁逢來。[3]

[1]八角：地名。即八角鎮。位於今河南開封市。

[2]齊州：州名。治所在今山東濟南市。　刺史官名。州一級行政長官。漢武帝時始置，總掌考核官吏、勸課農桑、地方教化等事。唐中期以後，節度使、觀察使轄州而設，刺史爲其屬官，職任漸輕。從三品至正四品下。　楊承祚：人名。籍貫不詳。五代後晉官員，後晉高祖石敬瑭女婿。事見《舊五代史》卷七九、卷八二。青州：州名。治所在今山東青州市。

[3]高麗：朝鮮半島古國。即王氏高麗。918年，後三國（即朝鮮新羅、後百濟、泰封）之一泰封國武將王建自立爲王，改國號爲高麗，935年滅新羅，次年滅後百濟，再次統一朝鮮。參見〔朝〕鄭麟趾等《高麗史》，西南師範大學出版社2014年版。　廣評侍郎：高麗王朝官名。廣評省（仿唐尚書省）副長官，協助廣評侍中總領百官。品秩不詳。詳見龔延明《高麗國初與唐宋官制之比較——關於唐宋官制對高麗官制影響研究之一》，《韓國研究》第1輯，杭州大學出版社1994年版，第124頁。

　　十二月癸丑，給事中邊光範、登州刺史郭彥威使于契丹。[1]甲寅，高麗使太相來。平盧軍節度使楊光遠反，淄州刺史翟進宗死之。[2]

[1]給事中：官名。秦始置。隋唐以來，爲門下省屬官。掌讀署奏抄，駁正違失。正五品上。　邊光範：人名。并州陽曲（今山西太原市）人。歷仕五代後唐、後晉至宋代。傳見《宋史》卷二六二。　登州：州名。治所在今山東蓬萊市。　郭彥威：人名。籍貫不詳。五代後晉官員。本書僅此一見。

[2]平盧軍：方鎮名。治所在青州（今山東青州市）。　楊光遠：人名。沙陀人。五代後唐、後晉將領。傳見《舊五代史》卷九七、本書卷五一。　淄州：州名。治所在淄川縣（今山東淄博市）。　翟進宗：人名。籍貫不詳。歷仕後唐、後晉，爲淄州刺史。傳見本

書卷三三。

開運元年春正月甲戌朔，契丹寇滄州。[1]己卯，陷貝州。[2]庚辰，歸德軍節度使高行周爲北面行營都部署。[3]契丹入雁門，寇代州。[4]辛巳，殿直王班使于契丹，[5]至于鄴都，不得進而復。晉自高祖以父事契丹甚謹，而歲時遣使，舊史、實錄皆不書。至出帝立，使者旁午不絕，不可勝數，故其官卑者皆略而不書，班以不得進，故書。大饑。壬午，前靜難軍節度使李周留守東京，[6]景延廣爲御營使。乙酉，北征。丙戌，契丹寇黎陽。[7]辛卯，講武于澶州。[8]契丹屯于元城，趙延壽寇南樂。[9]甲午，劉知遠爲幽州道行營招討使。[10]括馬。[11]丙申，契丹寇黎陽。辛丑，劉知遠及契丹偉王戰于秀容，[12]敗之。博州刺史周儒叛降于契丹。[13]

[1]開運：後晉出帝石重貴年號（944—946）。 滄州：州名。治所在今河北滄州市。

[2]貝州：州名。治所在今河北清河縣。

[3]歸德軍：方鎮名。治所在宋州（今河南商丘市）。本後梁宣武軍，後唐改名歸德軍。 行營都部署：官名。凡行軍征討，掛帥率軍戰鬥，總管行營事務。品秩不詳。

[4]雁門：方鎮名。治所在代州（今山西代縣）。 代州：州名。治所在今山西代縣。

[5]殿直：官名。五代後晉改殿前承旨爲殿直，爲皇帝的侍從官。品秩不詳。 王班：人名。籍貫不詳。五代後晉武官。事見本書本卷。

[6]靜難軍：方鎮名。治所在邠州（今陝西彬縣）。 李周：

人名。邢州内丘（今河北内丘縣）人。五代後唐、後晉將領。傳見《舊五代史》卷九一、本書卷四七。原作"李同"，中華點校本據撫州刊本、浙江本、宗文本、《舊五代史》卷八二改，今從。

[7]黎陽：縣名。治所在今河南浚縣。

[8]講武：演習武事，即大閲、閲兵。

[9]元城：縣名。治所在今河北大名縣。　趙延壽：人名。常山（今河北正定縣）人，本姓劉，爲後唐將領趙德鈞養子。仕至後唐樞密使，遼朝幽州節度使、燕王。傳見《舊五代史》卷九八。南樂：縣名。治所在今河南南樂縣。

[10]幽州：州名。治所在今北京市。　招討使：官名。唐始置。戰時任命，兵罷則省。常以大臣、將帥或地方軍政長官兼任。掌招撫、討伐等事務。品秩不詳。

[11]括馬：徵集、搜括民間馬匹。

[12]偉王：即遼朝皇室耶律安端。又作耶律阿敦。遼太祖阿保機弟。遼大同元年（947）四月，太宗耶律德光卒，耶律安端擁耶律阮繼位，與淳欽皇太后兵戰泰德泉，大勝。九月，封"明王"，或作"偉王"，主持東丹國事。事見《遼史》卷五《世宗紀》。秀容：縣名。治所在今山西忻州市。

[13]博州：州名。治所在今山東聊城市。　周儒：人名。籍貫不詳。五代後晉官員。事見《舊五代史》卷八二。

　　二月戊申，前軍都虞候李守貞及契丹戰于馬家渡，敗之。[1]癸丑，北面行營都虞候馬全節及契丹戰于北平，敗之。[2]

[1]前軍都虞候：官名。爲唐末、五代時期前軍統兵官。品秩不詳。　馬家渡：地名。五代黄河渡口。位於今山東鄆城縣一帶。

[2]馬全節：人名。魏郡元城（今河北大名縣）人。五代後

唐、後晉將領。傳見《舊五代史》卷九〇、本書卷四七。　北平：封國名。此處代指方鎮義武軍。五代後梁、後唐時，王處直受封爲義武軍節度使、北平王。王處直養子王都殺王處直，繼位爲義武軍節度使。天成四年（929），後唐攻破定州城，王都自焚死。

　　三月癸酉，及契丹戰于戚城，[1]契丹去。戰而兩各傷失，收兵徐去，晉不能追，故以自去爲文。己丑，冀州刺史白從暉及契丹戰于衡水，[2]敗之。癸巳，籍民爲武定軍。[3]

　　[1]戚城：地名。位於今河南濮陽市。
　　[2]冀州：州名。治所在今河北衡水市冀州區。　白從暉：人名。吐谷渾人。五代後晉將領。傳見《十國春秋》卷一〇七。　衡水：縣名。治所在今河北衡水市。
　　[3]籍民：按户籍徵發百姓從軍。　武定軍：部隊番號。《通鑑》卷二八四載，後晉出帝石重貴"詔諸州所籍鄉兵，號武定軍，凡得七萬餘人"。

　　夏四月，契丹陷德州，沿河巡檢使梁進敗之，取德州。[1]甲寅，至自澶州，赦京師。己未，馬全節及契丹戰于定豐，敗之。[2]辛酉，率借民財。

　　[1]德州：州名。治所在今山東陵縣。　巡檢使：官名。五代始設巡檢於京師、陪都、重要的州及邊防重鎮。品秩不詳。　梁進：人名。籍貫不詳。五代後晉將領。本書僅此一見。
　　[2]定豐：地名。疑位於今山東菏澤市定陶區、江蘇豐縣一帶。

　　五月戊寅，李守貞討楊光遠。丁亥，鄴都留守張從恩爲貝州行營都部署。[1]辛卯，李守貞爲青州行營都部署。

[1]留守：官名。此處指在陪都或軍事重鎮所設的留守，由地方行政長官兼任。　張從恩：人名。太原人。五代後晉外戚、將領。仕至宋初。傳見《宋史》卷二五四。

六月，克淄州。丙午，復置樞密使。[1]丁未，侍中桑維翰爲中書令，[2]充樞密使。丙辰，河決滑州，環梁山，入于汶、濟。[3]

[1]樞密使：官名。樞密院長官。唐代宗時始以宦官掌機密，至昭宗時借朱溫之力盡誅宦官，始改以士人任樞密使。備顧問，參謀議，出納詔奏，權侔宰相。品秩不詳。參見李全德《唐宋變革期樞密院研究》，北京圖書館出版社2009年版。
[2]中書令：官名。漢代始置，隋、唐前期爲中書省長官，屬宰相之職；唐後期多爲授予元勳大臣的虛銜。正二品。
[3]滑州：州名。治所在今河南滑縣。　梁山：山名。位於今山東梁山縣。　汶：河流名。即今山東大汶河。　濟：河流名。發源於今河南境内，經山東入渤海。今黄河下游河道即濟水故道。

秋七月辛未朔，大赦，改元。[1]己丑，太子太傅劉昫守司空兼門下侍郎、同中書門下平章事。[2]

[1]改元：改天福九年爲開運元年（944）。
[2]太子太傅：官名。與太子太師、太子太保統稱太子三師。隋唐以後多作加官或贈官。從一品。　劉昫（xù）：人名。涿州歸

義（今河北容城縣）人。五代大臣，曾任宰相、監修國史，領銜撰進《舊唐書》。傳見《舊五代史》卷八九、本書卷五五。　司空：官名。與太尉、司徒並爲三公。唐後期、五代多爲大臣、勛貴加官。正一品。　門下侍郎：官名。門下省副長官。唐後期三省長官漸爲榮銜，中書侍郎、門下侍郎却因參議朝政而職位漸重，常常用爲以"同三品"或"同平章事"任宰相者的本官。正三品。

　　八月辛丑朔，劉知遠爲北面行營都統，順德軍節度使杜威爲都招討使。[1]戊辰，旌表陳州項城民史仁翊門閭。[2]

　　[1]行營都統：官名。唐末設諸道行營都統，作爲各道出征兵士的統帥。品秩不詳。　順德軍：方鎮名。治所在恒州（今河北正定縣）。後晉改成德軍置，後漢復名成德軍。　杜威：人名。即杜重威，避後晉出帝石重貴諱稱杜威。其先朔州（今山西朔州市）人，後徙居太原。五代後晉、後漢將領。傳見《舊五代史》卷一〇九、本書卷五二。　都招討使：官名。唐始置。戰時任命，兵罷則省。常以大臣、將帥或地方軍政長官兼任。掌招撫、討伐等事。品秩不詳。

　　[2]旌表：朝廷對忠孝節義之人，以立牌坊、賜匾額等方式加以表彰。　陳州：州名。治所在今河南淮陽縣。　項城：縣名。治所在今河南項城市。　史仁翊：人名。陳州項城（今河南項城市）人。五代時人。本書僅此一見。

　　九月丙子，契丹寇遂城、樂壽，代州刺史白文珂及契丹戰于七里烽，敗之。[1]

[1]遂城：縣名。治所在今河北徐水縣。　樂壽：縣名。治所在今河北獻縣。　白文珂：人名。太原（今山西太原市）人。五代後唐至後周將領。傳見《舊五代史》卷一二四。　七里烽：地名。位於今河北獻縣。

冬十月庚戌，武寧軍節度使趙在禮爲北面行營副都統，鄴都留守馬全節爲副招討使。[1]

[1]武寧軍：方鎮名。治所在徐州（今江蘇徐州市）。　趙在禮：人名。涿州（今河北涿州市）人。五代後唐、後晉將領。傳見《舊五代史》卷九〇、本書卷四六。　副招討使：官名。行營統兵官。位次行營都統、招討使。掌招撫、討伐事。品秩不詳。"副"字原闕，中華點校本據浙江本、宗文本、本書卷四七、《舊五代史》卷八三及卷九〇補，今從。

十二月己亥朔，射兔于皋門。丁巳，楊承勳囚其父光遠以降，[1]殺之。出帝已許其不死，既而命李守貞自殺之，故不書伏誅。

[1]楊承勳：人名。沙陀人。平盧軍節度使楊光遠之子。歷任後晉萊州刺史、汝州防禦使、鄭州防禦使。事見《舊五代史》卷八三、卷八五。

閏月乙酉，德音赦青州囚。[1]契丹寇恒州。[2]

[1]德音：詔書的一種。唐宋時期皇帝發佈德政時所用，如大赦囚徒、賑救災荒等。

[2]恒州：州名。即鎮州。治所在今河北正定縣。

二年春正月，契丹陷泰州。[1]壬子，馬全節及契丹戰于榆林，兩軍皆潰。[2]戊午，幸南莊，張從恩留守東都。[3]辛酉，高行周爲御營使。乙丑，北征，契丹去。

[1]泰州：州名。治所在今河北保定市。原作"秦州"，中華點校本據宗文本改，今從。
[2]榆林：地名。即榆林店。位於今河北臨漳縣西南四十里。
[3]東都：地名。即後晉都城東京開封府（今河南開封市）。

二月己巳，幸黎陽。橫海軍節度使田武爲東北面行營都部署，[1]以備契丹。曰"以備契丹"，嫌契丹去而命將。丙子，大閱于戚城。[2]丙戌，閱馬於鐵丘。[3]丙申，端明殿學士、尚書户部侍郎馮玉爲户部尚書、樞密使。[4]

[1]橫海軍：方鎮名。治所在滄州（今河北滄州市）。 田武：人名。元城（今河北大名縣）人。五代後唐、後晉將領。傳見《舊五代史》卷九〇。
[2]大閱：古代軍禮。用以檢閱部隊、炫耀武力。《左傳·桓公六年》載："秋，大閱，簡車馬也。"又《周禮·夏官·大司馬》載："中冬，教大閱。"西漢正式形成大閱禮，後世沿用。
[3]鐵丘：地名。位於今河南濮陽市。
[4]端明殿學士：官名。五代後唐天成元年（926）明宗初即位，每有四方書奏，多令樞密使安重誨進讀，重誨不曉文義。於是孔循獻議，設端明殿學士，命馮道等爲之，位在翰林學士之上。此後沿置。品秩不詳。 馮玉：人名。定州（今河北定州市）人。五

代後晋外戚、宰相。傳見《舊五代史》卷八九、本書卷五六。　戶部尚書：官名。尚書省戶部長官。掌管全國土地、戶籍、賦稅、財政收支諸事。正三品。

三月戊戌，契丹陷祁州，刺史沈斌死之。[1]丁未，敗于戚城。庚戌，馬全節克泰州。辛亥，易州戍將孫方諫及契丹諧里戰于狼山，[2]敗之。甲寅，杜威克滿城。[3]乙卯，克遂城。庚申，杜威及契丹戰于陽城，敗之，追奔至于衛村，又敗之。[4]

[1]祁州：州名。治所在今河北無極縣。　沈斌：人名。一作"沈贇"。徐州下邳（今江蘇邳州市）人。五代後梁至後晋將領。傳見《舊五代史》卷九五、本書卷三三。

[2]易州：州名。治所在今河北易縣。　孫方諫：人名。初名方簡，避後周太祖之父諱改名。中山（今河北定州市）人，一説莫州清苑（今河北保定市清苑區）人。五代後晋至後周將領。傳見《舊五代史》卷一二五、本書卷四九。　諧里：人名。契丹將領。事見本書卷七二《四夷附録·契丹》。　狼山：地名。位於今河北易縣。

[3]滿城：縣名。治所在今河北保定市滿城區。

[4]陽城：地名。位於今河北保定市清苑區陽城鎮。五代營壘之地。《通鑑》卷二八四載："晋軍至陽城，庚申，契丹大至。晋軍與戰，逐北十餘里，契丹逾白溝而去。"　衛村：地名。位於今河北保定市清苑區魏村鎮。

夏四月戊寅，勞旋于戚城。己卯，勞旋於王莽河。[1]甲申，至自澶州，赦左右軍囚。庚寅，大賞軍功。

［1］王莽河：河道名。東漢以後，對西漢時黃河自濮陽（今河南濮陽市）以下故道的俗稱。因改徙於王莽時，故名。

五月丙申朔，大赦。丙午，幸南莊。
六月丁卯，射于繁臺，[1]幸杜威第。旱。

［1］繁臺：地名。又稱禹王臺。位於今河南開封市。

秋八月甲子朔，廢二舞。[1]丙寅，和凝罷。[2]馮玉爲中書侍郎、同中書門下平章事。[3]辛未，閱馬于茂澤陂。[4]丁丑，括馬。

［1］二舞：指文、武二舞。西周樂制，後代帝王亦多沿用。本書卷八《晉高祖紀》載："十一月丙子，冬至，始用二舞。"至是廢止。
［2］和凝：人名。鄆州須昌（今山東東平縣）人。歷仕後梁至後周，五代官員、詞人。傳見《舊五代史》卷一二七、本書卷五六。
［3］中書侍郎：官名。中書省副長官。唐後期三省長官漸爲榮銜，中書侍郎、門下侍郎却因參議朝政而職位漸重，常常用爲以"同三品"或"同平章事"任宰相者的本官。正三品。
［4］茂澤陂：地名。其地不詳，疑位於開封城外。

九月己亥，閱馬于萬龍岡，幸李守貞第。[1]

［1］萬龍岡：地名。位於今河南開封市。

冬十月丁丑，高麗使其廣評侍郎韓玄珪、禮賓卿金廉等來。[1]戊寅，射兔于硯臺。[2]戊子，高麗使其兵部侍郎劉崇珪、內軍卿朴藝言來。[3]

[1]禮賓卿：高麗官名。執掌、品秩不詳。本書僅此一見。
[2]硯臺：地名。位於今河南開封市。
[3]兵部侍郎：高麗官名。執掌、品秩不詳。本書僅此一見。　劉崇珪：人名。高麗官員、使者。事見本書本卷。　內軍卿：高麗官名。執掌、品秩不詳。本書僅此一見。　朴藝言：人名。高麗官員、使者。事見本書本卷。

十一月戊戌，封王武爲高麗國王。[1]己巳，射兔于皋門，幸沙臺。

[1]王武：人名。高麗太祖王建之子。高麗國王，廟號惠宗。

十二月丁丑，臘，畋于郊。丁亥，桑維翰罷。開封尹趙瑩爲中書令，李崧守侍中、樞密使。[1]

[1]李崧：人名。深州饒陽（今河北饒陽縣）人。後晉宰相，歷仕後唐至後漢。傳見《舊五代史》卷一〇八、本書卷四五。

三年春二月丙子，回鶻使突厥陸來。壬午，射鴨于板橋，[1]幸南莊。

[1]板橋：地名。位於汴州（今河南開封市）城西。

夏六月，孫方諫以狼山叛附于契丹。丙寅，契丹寇邊。己丑，李守貞爲行營都部署，義成軍節度使皇甫遇爲副。[1]河決漁池。[2]大饑，群盜起。

[1]皇甫遇：人名。常山（今河北正定縣）人。五代後唐、後晉將領。傳見《舊五代史》卷九五、本書卷四七。
[2]漁池：地名。或作"魚池"。位於今河南滑縣。

秋七月，大雨，水，河決楊劉、朝城、武德。[1]

[1]楊劉：地名。唐宋時期黃河渡口。位於今山東東阿縣。朝城：縣名。治所在今山東莘縣。　武德：縣名。治所在今河南溫縣。

八月辛酉，河溢歷亭。[1]

[1]歷亭：縣名。治所在今山東武城縣。

九月，河決澶、滑、懷州。[1]辛丑，行營馬軍排陣使張彥澤及契丹戰于新興，敗之。[2]癸卯，劉知遠及契丹戰于朔州，[3]敗之。大雨霖，河決臨黃。[4]

[1]懷州：州名。治所在今河南沁陽市。
[2]排陣使：官名。唐節度使所屬武官中有排陣使，五代後梁以後設於諸軍，爲先鋒之職。品秩不詳。參見王軼英《中國古代排陣使述論》，《西北大學學報》2010年第6期。　張彥澤：人名。突厥人，徙居太原。五代後晉將領，投降於契丹。傳見《舊五代

史》卷九八、本書卷五二。　新興：地名。位於今河北定州市。

[3]朔州：州名。治所在今山西朔州市朔城區。

[4]臨黃：縣名。治所在今河南范縣。

冬十月，河決衛州，丙寅，河決原武。[1]辛未，杜威爲北面行營都招討使，李守貞爲兵馬都監。[2]

[1]衛州：州名。治所在今河南衛輝市。　原武：縣名。治所在今河南原陽縣。

[2]兵馬都監：官名。唐代中葉命將出征，常以宦官爲監軍、都監。後爲臨時委任的統兵官，稱都監、兵馬都監。掌屯戍、邊防、訓練之政令。品秩不詳。

十一月，永静軍節度使梁漢璋及契丹戰于瀛州，敗績。[1]契丹寇鎮、定。[2]

[1]永静軍：中華點校本校勘記云，《舊五代史》卷九五、《通鑑》卷二八五、《册府》卷四二五叙其事皆作"永清軍"，且《舊五代史》卷八五載，"貝州節度使梁漢璋戰死"，按貝州置永清軍。其説是。永清軍，方鎮名，後晋天福三年（938）置，治所在貝州（今河北清河縣）。　梁漢璋：人名。應州（今山西應縣）人。五代後唐、後晋將領。傳見《舊五代史》卷九五。　瀛州：州名。治所在今河北河間市。

[2]鎮：州名。治所在今河北正定縣。　定：州名。治所在今河北定州市。

十二月己未，杜威軍于中渡。[1]壬戌，奉國都指揮使王清及契丹戰于滹沱，敗績，[2]死之。戰將歿於陣、守將歿於城而不書死者，以其志未可知也。或欲走而不得，或欲降而未暇，遽以被殺爾。若不走、不降而死節明者，自書"死"，如清是已。杜威、李守貞、張彥澤以其軍叛降于契丹。庚午，射兔于沙臺。壬申，張彥澤犯京師，殺開封尹桑維翰。契丹滅晉。出帝雖存，而晉則亡已，故書"滅"。

[1]中渡：地名。滹沱河渡口。位於今河北正定縣。
[2]都指揮使：官名。五代軍隊編制，五百人爲一指揮，設指揮使、副指揮使；十指揮爲一軍，設都指揮使、副都指揮使。品秩不詳。　王清：人名。洺州曲周（今河北曲周縣）人。五代後晉將領。傳見《舊五代史》卷九五、本書卷三三。　滹沱：河流名。發源於今山西繁峙縣，東流入今河北省，過正定縣，再向東流入渤海。

　　嗚呼，余書"封子重貴爲鄭王"，又書"追封皇伯敬儒爲宋王"者，豈無意哉！禮："兄弟之子猶子也"。重貴書"子"可矣，敬儒，出帝父也，書曰"皇伯"者，何哉？出帝立不以正，而絶其所生也。蓋出帝於高祖得爲子而不得爲後者，高祖自有子也。方高祖疾病，抱其子重睿實於馮道懷中而託之，出帝豈得立邪？晉之大臣，既違禮廢命而立之，以謂出帝爲高祖子則得立，爲敬儒子則不得立，於是深諱其所生而絶之，以欺天下爲真高祖子也。禮曰："爲人後者，爲其父母報。"[1]使高祖無子，出帝得爲後而立以正，則不待絶其所生以爲欺也。故余書曰"追封皇伯敬儒爲宋王"者，以見其立不以正，而滅絶天性，臣其父而爵之，以欺天下也。

　　[1]報：祭禮名。古代爲報答先祖、神靈舉行的祭祀。原作"服"，中華點校本據宗文本、《儀禮·喪服》改，今從。

新五代史　卷一〇

漢本紀第十

　　高祖睿文聖武昭肅孝皇帝，姓劉氏，初名知遠，其先沙陀部人也，[1]其後世居于太原。知遠弱不好弄，嚴重寡言，面紫色，目多白睛，凛如也。

　　[1]沙陀：唐、五代時部族名。西突厥別部，即沙陀突厥。五代李克用、石敬瑭、劉知遠均爲沙陀人。

　　與晉高祖俱事明宗爲偏將，[1]明宗及梁人戰德勝，[2]晉高祖馬甲斷，[3]梁兵幾及，知遠以所乘馬授之，復取高祖馬殿而還，高祖德之。高祖留守北京，[4]以知遠爲押衙。[5]

　　[1]晉高祖：即後晉高祖石敬瑭。五代後晉王朝的建立者。紀見《舊五代史》卷七五至卷八〇、本書卷八。　明宗：即後唐明宗李嗣源。紀見《舊五代史》卷三五至卷四四、本書卷六。　偏將：即副將，泛指將佐等武官。
　　[2]德勝：地名。即德勝城，又名德勝渡，爲黄河重要渡口之一。有南、北二城，皆位於今河南濮陽市。
　　[3]馬甲：亦稱"馬鎧"。古代用於戰馬的防護裝具。

[4]北京：地名。後唐同光元年（923）十一月改西京太原府爲北京，亦稱北都。治所在今山西太原市。沿至後晉、後漢不改。

[5]以知遠爲押衙："以"字原闕，中華點校本據撫州刊本、宗文本補，今從。押衙，官名。即"押牙"。唐、五代時期節度使辟署的屬官。掌領方鎮儀仗侍衛。品秩不詳。參見劉安志《唐五代押牙（衙）考略》，《魏晉南北朝隋唐史資料》第16輯，1998年。

潞王從珂反，[1]愍帝出奔，[2]高祖自鎮州朝京師，[3]遇愍帝于衛州，[4]止傳舍，[5]知遠遣勇士石敢袖鐵槌侍高祖以虞變。[6]高祖與愍帝議事未決，左右欲兵之，知遠擁高祖入室，敢與左右格鬥而死，知遠即率兵盡殺愍帝左右，留帝傳舍而去。

[1]從珂：人名。即後唐末帝李從珂。又稱廢帝。鎮州平山（今河北平山縣）人。後唐明宗養子。明宗入洛陽，他率兵追隨，以功拜河中節度使，封潞王。紀見《舊五代史》卷四六至卷四八、本書卷七。

[2]愍帝：即後唐皇帝李從厚。明宗李嗣源第三子。紀見《舊五代史》卷四五、本書卷七。

[3]鎮州：州名。治所在今河北正定縣。

[4]衛州：州名。治所在今河南衛輝市。

[5]傳舍：古代設於交通綫上之旅舍、客舍，供官員和行人休息之所。

[6]石敢：人名。五代衛兵。有勇力。事見《通鑑》卷二七九。

廢帝入立，高祖復鎮河東，已而有隙，高祖將舉兵，知遠與桑維翰密爲高祖謀畫，[1]贊成之。高祖即位於太原，以知遠爲侍衛親軍都虞候，[2]領保義軍節度使。[3]契丹耶律德光送高祖至潞州，[4]臨決，指知遠曰："此都軍甚操刺，世俗謂勇猛爲"操刺"，録其本語。無大故勿棄之。"

[1]桑維翰：人名。洛陽（今河南洛陽市）人。初爲石敬瑭節度掌書記，石敬瑭稱帝後出任翰林學士、知樞密院事等職。傳見《舊五代史》卷八九、本書卷二九。
[2]侍衛親軍都虞候：武官名。五代時期侍衛親軍的高級統率官，判六軍諸衛事。品秩不詳。原作"侍衛親軍都軍虞候"，中華點校本據撫州刊本、宗文本改，今從。
[3]保義軍：方鎮名。治所在今河南三門峽市。
[4]耶律德光：人名。遼朝皇帝，契丹族，遼太祖耶律阿保機次子。謚號太宗。927年至947年在位。紀見《遼史》卷三至卷四。　潞州：州名。治所在今山西長治市。

天福二年，[1]遷侍衛馬步軍都指揮使，[2]領忠武軍節度使。[3]已而以杜重威代知遠領忠武，[4]徙知遠領歸德，[5]知遠恥與重威同制，杜門不出。高祖怒，欲罷其兵職，宰相趙瑩以爲不可，[6]高祖乃遣端明殿學士和凝就第宣諭，[7]知遠乃受命。五年，徙鄴都留守。[8]九月，朝京師，高祖幸其第。六年，拜河東節度使、北京留守。[9]七年，高祖崩。

[1]天福：五代後晉高祖石敬瑭年號（936—942），出帝石重貴沿用至天福九年（944）。

[2]侍衛馬步軍都指揮使：官名。五代時侍衛親軍長官。多由皇帝親信擔任。品秩不詳。

[3]忠武軍：方鎮名。治所在許州（今河南許昌市）。

[4]杜重威：人名。後晉將領。朔州（今山西朔州市）人。五代將領、石敬瑭妹婿。傳見《舊五代史》卷一〇九、本書卷五二。

[5]歸德：方鎮名。治所在宋州（今河南商丘市）。

[6]趙瑩：人名。華州華陰（今陝西華陰市）人。後晉高祖時曾任門下侍郎、同平章事。傳見《舊五代史》卷八九、本書卷五六。

[7]和凝：人名。鄆州須昌（今山東東平縣）人。後晉宰相。傳見《舊五代史》卷一二七、本書卷五六。

[8]鄴都留守：官名。後唐同光元年（923）初改魏州爲興唐府，建號東京，不久又改東京爲鄴都。後晉亦曾以此爲鄴都。治所在今河北大名縣。時鄴都爲陪都，常設留守以守衛京師，以地方長官兼任。

[9]河東：方鎮名。治所在太原府（今山西太原市）。

知遠從高祖起太原，有佐命功，自出帝立，[1]與契丹絕盟，用兵北方，常疑知遠勳位已高，幸晉多故而有異志，每優尊之。拜中書令，[2]封太原王、幽州道行營招討使，[3]又拜北面行營都統。[4]開運二年四月，[5]封北平王。三年五月，[6]加守太尉。[7]然王未嘗出兵。契丹寇澶州，[8]別遣偉王攻雁門，[9]王敗之于秀容。[10]八月，殺吐渾白承福等族，[11]取其貲鉅萬，良馬數千。

[1]出帝：即後晉少帝石重貴。石敬瑭從子。紀見《舊五代史》卷八一至卷八五、本書卷九。

〔2〕中書令：官名。漢代始置，隋唐前期爲中書省長官，屬宰相之職；唐後期多爲授予元勛大臣的虛銜。正二品。

〔3〕行營招討使：官名。唐始置。戰時任命，兵罷則省。常以大臣、將帥或地方軍政長官兼任。掌招撫、討伐等事務。品秩不詳。

〔4〕行營都統：官名。唐末設諸道行營都統，作爲各道出征兵士的統帥。品秩不詳。

〔5〕開運：後晋出帝石重貴年號（944—946）。

〔6〕三年五月：中華點校本校勘記云："本書卷九《晋本紀》、《舊五代史》卷九九《漢高祖紀上》、《册府》卷八、《通鑑》卷二八三皆繫其事於開運元年正月。"據此，此處繫年或誤。

〔7〕太尉：官名。與司徒、司空並爲三公，唐後期、五代多爲大臣、勛貴加官。正一品。

〔8〕澶州：州名。唐、五代初，治所在河南清豐縣。後晋天福四年（939），移治於今河南濮陽縣。

〔9〕偉王：即遼朝皇室耶律安端。又作耶律阿敦。遼太祖阿保機弟。遼大同元年（947）四月，太宗耶律德光卒，耶律安端擁耶律阮繼位，與淳欽皇太后兵戰泰德泉，大勝。九月，封"明王"，或作"偉王"，主政東丹國。事見《遼史》卷五《世宗紀》。

〔10〕王敗之于秀容："王"字原闕，中華點校本據撫州刊本、浙江本、宗文本補，今從。秀容，縣名。治所在今山西忻州市。

〔11〕白承福：五代時北吐谷渾首領。吐谷渾族。後唐同光元年（923），被莊宗任爲寧朔、奉化兩府都督，賜姓名爲李紹魯。事見本書卷七四《四夷附録·吐渾》。

四年，契丹犯京師，出帝北遷，[1]王遣牙將王峻奉表契丹，[2]耶律德光呼之爲兒，賜以木栵一。[3]木栵，[4]虜法貴之，如中國几杖，[5]非優大臣不可得。峻持栵歸，虜人望之皆避道。[6]峻還，爲王言契丹必不能有中國，乃議建國。

[1]出帝北遷：後晉出帝石重貴嗣位後與契丹交惡。開運三年（946）十二月，契丹攻入大梁（今河南開封市），後晉亡。次年（947）契丹俘押出帝北遷。

[2]牙將：官名。古代軍隊中的中低級軍官。品秩不詳。　王峻：人名。相州安陽（今河南安陽市）人。五代將領，後周時任樞密使兼宰相。傳見《舊五代史》卷一三〇、本書卷五〇。

[3]賜以木柺一："一"字原闕，中華點校本據撫州刊本、浙江本、宗文本、《舊五代史》卷九九《漢高祖紀上》補，今從。

[4]木柺：二字原闕，中華點校本據撫州刊本、浙江本、宗文本補，今從。

[5]中國：此處指華夏族、漢族地區。含義與中土、中原、華夏、中華同。

[6]虜：此處指代契丹。

二月戊辰，河東行軍司馬張彥威等上箋勸進。[1]辛未，皇帝即位，稱天福十二年。天福，晉高祖年號也。天福止八年，改元開運，至此四年矣。漢雖建國，而未有國號，又稱晉年號，捨開運而追續天福爲十二年，初無義理，但書其實爾。磁州賊首梁暉取相州來歸。[2]變來降曰"來歸"，哀斯人也。是時天下無主，得其主則往歸之，與乎叛于彼而來於此者異矣。漢高祖非有德之君，惶惶斯人之無所歸者，猶得而歸也，故曰"歸"。武節都指揮使史弘肇取代州，[3]殺其刺史王暉。[4]晉州將藥可儔殺其守將駱從朗及括錢使、諫議大夫趙熙來歸。[5]辛巳，陝州留後趙暉、潞州留後王守恩來歸。[6]

[1]行軍司馬：官名。出征將領及節度使的屬官。掌軍籍符伍、號令印信，是藩鎮重要的軍政官員。品秩不詳。　張彦威：人名。又名張彦成。潞州潞城（今山西長治市潞城區）人。五代將領。傳見《舊五代史》卷一二三《張彦成傳》。

[2]磁州：州名。治所在今河北磁縣。　梁暉：人名。磁州滏陽（今河北磁縣）人。五代河朔地區酋豪。曾率兵奪相州，後爲契丹主耶律德光攻滅。事見《舊五代史》卷九九《漢高祖紀上》。相州：州名。治所在今河南安陽市。

[3]武節都指揮使：官名。所部統兵將領。武節爲部隊番號。品秩不詳。　史弘肇：人名。鄭州滎澤（今河南鄭州市）人。五代時後漢將領。傳見《舊五代史》卷一〇七、本書卷三〇。　代州：州名。治所在今山西代縣。

[4]王暉：人名。籍貫不詳。五代將領，曾以代州刺史而叛歸契丹。事見《舊五代史》卷九九《漢高祖紀上》。

[5]晉州：州名。治所在今山西臨汾市。　藥可儔：人名。籍貫不詳。五代晉州大將。事見《舊五代史》卷九九《漢高祖紀上》。　駱從朗：人名。籍貫不詳。五代將領。時建雄軍留後劉在明朝於契丹，以節度副使駱從朗知晉州事。事見《舊五代史》卷九九《漢高祖紀上》、《通鑑》卷二八六。　括錢使：官名。契丹派往州縣徵調錢物的官員。品秩不詳。　諫議大夫：官名。秦始置，掌朝政議論。隋唐仍置，有左、右諫議大夫各四人，分屬門下、中書二省。掌諫諭得失，侍從贊相。唐後期、五代多以本官領他職。正四品下。　趙熙：人名。京兆奉天（今陝西乾縣）人。後梁、後唐宰相趙光遠侄。於晉州爲契丹搜刮錢財嚴急，爲百姓所殺。傳見《舊五代史》卷九三。

[6]陝州：州名。治所在今河南三門峽市陝州區。　留後：官名。原非正式命官，唐朝節度使入朝或宰相、親王遥領節度使不臨鎮則置。安史之亂後，節度使多以子弟或親信爲留後，以代行節度使職務，亦有軍士、叛將自立爲留後者。掌一州或數州軍政。北宋

始爲朝廷正式命官。　趙暉：人名。澶州（今河南濮陽市）人。五代將領。傳見《舊五代史》卷一二五。　王守恩：人名。太原（今山西太原市）人。後晉潞州節度使王建立子，後漢時曾任宰相。傳見《舊五代史》卷一二五。

三月丙戌朔，蠲河東雜稅。[1]辛卯，延州軍亂，[2]逐其節度使周密。[3]壬辰，丹州指揮使高彥詢以其州來歸。[4]壬寅，契丹遁，聞漢起太原，畏而去，故與自去異其文，"遁"者，退避之稱。以其將蕭翰爲宣武軍節度使守汴州。[5]

[1]蠲（juān）：免除。

[2]延州：州名。治所在今陝西延安市。

[3]周密：人名。應州神武川（今山西山陰縣）人。五代將領。傳見《舊五代史》卷一二四。

[4]丹州：州名。治所在今陝西宜川縣。　高彥詢：一作"高彥珣"。人名。籍貫不詳。五代將領。事見《舊五代史》卷九九。

[5]蕭翰：人名。一名"敵烈"，原名"小漢"。契丹族。遼初將領，述律太后之姪，太宗耶律德光妻之兄。傳見《遼史》卷一一三。　宣武軍：方鎮名。唐舊鎮，治所在汴州（今河南開封市）。後梁開平元年（907）升汴州爲東京開封府。開平三年（909）置宣武軍於宋州（今河南商丘市睢陽區）。後唐同光元年（924）改宋州宣武軍爲歸德軍。廢東京開封府，重建宣武軍於汴州。後晉天福三年（938），改爲東京開封府。除天福十二年（947）、十三年（948）短暫改爲宣武軍外，汴京均爲東京開封府。

夏四月己未，右都押衙楊邠爲樞密使，[1]蕃漢兵馬都孔目官郭威權樞密副使。[2]契丹陷相州，殺梁暉。癸亥，立魏國夫人李氏爲皇后。[3]甲子，河東節度判官蘇逢吉、觀察推官蘇禹珪爲中書侍郎、同中書門下平章事。[4]乙丑，侍衛親軍步軍都指揮使史弘肇取潞州。[5]戊辰，奉國指揮使武行德以河陽來歸。[6]史弘肇取澤州。[7]丙子，契丹耶律德光卒於欒城，[8]契丹入于鎮州。

［1］右都押衙：官名。"押衙"即"押牙"。唐、五代時期節度使辟署的屬官，有稱左、右都押衙或都押衙者。掌領方鎮儀仗侍衛，統率軍隊。品秩不詳。　楊邠：人名。魏州冠氏（今山東冠縣）人。後漢時任樞密使、宰相。傳見《舊五代史》卷一〇七、本書卷三〇。　樞密使：官名。樞密院長官。唐代宗時始以宦官掌機密，至昭宗時借朱溫之力盡誅宦官，始改以士人任樞密使。備顧問，參謀議，出納詔奏，權侔宰相。品秩不詳。參見李全德《唐宋變革期樞密院研究》，北京圖書館出版社2009年版。

［2］蕃漢兵馬都孔目官：官名。五代藩鎮幕府僚佐，掌蕃漢兵馬、軍機要事。品秩不詳。　郭威：人名。邢州堯山（今河北隆堯縣）人。五代時後周王朝的建立者，即後周太祖。紀見《舊五代史》卷一一〇至卷一一三、本書卷一一。　樞密副使：官名。樞密院副長官。品秩不詳。

［3］李氏：即後漢高祖劉知遠皇后。晉陽（今山西太原市）人。傳見《舊五代史》卷一〇四《漢后妃列傳》、本書卷一八《漢家人傳》。

［4］節度判官：官名。唐末、五代藩鎮僚佐，位行軍司馬下。品秩不詳。　蘇逢吉：人名。京兆長安（今陝西西安市）人。劉知遠爲河東節度時的屬官，後漢初任宰相。傳見《舊五代史》卷一〇八、本書卷三〇。　觀察推官：官名。唐肅宗以後置，五代沿置。觀察使屬官，掌理刑案之事。品秩不詳。　蘇禹珪：人名。高密

（今山東高密市）人。劉知遠爲河東節度時的屬官，後漢初任宰相。傳見《舊五代史》卷一二七。　中書侍郎：官名。中書省副長官，唐後期三省長官漸爲榮銜，中書侍郎、門下侍郎却因參議朝政而職位漸重，常常以"同三品"或"同平章事"任宰相實職。正三品。

同中書門下平章事：官名。簡稱"同平章事"。唐代高宗以後，凡實際任宰相之職者，常在其本官後加同平章事的職銜，後成爲宰相專稱。品秩不詳。

[5]侍衛親軍步軍都指揮使：官名。五代始置，爲侍衛親軍步軍統兵長官。品秩不詳。

[6]奉國：方鎮名。治所在蔡州（今河南汝南縣）。　指揮使：官名。唐末、五代藩鎮皆置都指揮使、指揮使，爲領兵將領。品秩不詳。　武行德：人名。并州榆次（今山西晋中市榆次區）人。五代、宋初將領。傳見《宋史》卷二五二。　河陽：縣名。治所在今河南孟州市。

[7]澤州：州名。治所在今山西澤州縣。

[8]欒城：縣名。治所在今河北石家莊市欒城區。

五月甲午，太原尹劉崇爲北京留守。[1]丙申，如東京。[2]蕭翰遯歸于契丹，以郇國公李從益知南朝軍國事。[3]戊申，次絳州，[4]刺史李從朗來歸。[5]

[1]尹：官名。唐、五代時府的長官稱尹。

[2]東京：後晋天福三年（938）升汴州爲開封府（今河南開封市），建爲東京。後漢、後周及北宋皆都此，俗稱汴京。

[3]李從益：人名。沙陀部人。後唐明宗李嗣源幼子。契丹蕭翰北歸，以其爲傀儡統治中原地區。傳見《舊五代史》卷五一。

[4]絳州：州名。治所在今山西新絳縣。

[5]李從朗：人名。籍貫不詳。時爲絳州刺史。事見《舊五代

史》卷一〇〇《漢高祖紀下》。

六月丙辰，次河陽，[1]殺李從益及其母于京師。甲子，至自太原。戊辰，改國號漢，高祖初建國無國號，蓋其制詔皆無明文，故闕不書。然稱天福十二年，則國仍號晉可知，但無明據，故慎於所疑爾。此書"改國號漢"，則未改之前宜有所稱，此可以推知也。赦罪人、蠲民税。于闐遣使者來。[2]是夏，劉昫薨。[3]

[1]河陽：中華點校本校勘記云："《舊五代史》卷一〇〇《漢高祖紀下》、《通鑑》卷二八七作'洛陽'"。
[2]于闐（tián）：古西域國名。位於今新疆和田縣一帶。又作于寘、于遁、谿旦、屈丹、五端、兀丹、忽炭、斡端、瞿薩旦那等。事見本書卷七四《四夷附錄》。
[3]劉昫（xù）：人名。涿州歸義（今河北容城縣）人。後唐、後晉宰相，曾奉敕修撰《舊唐書》。傳見《舊五代史》卷八九、本書卷五五。　薨（hōng）：古代有一定地位的人去世稱薨。周時諸侯去世稱薨，唐代二品以上官去世稱薨。

秋閏七月乙丑，禁造契丹服器。[1]天雄軍節度使杜重威反，[2]杜重威於晉出帝時避出帝名去"重"，至漢而復之。天平軍節度使高行周爲鄴都行營都部署以討之。[3]庚辰，追尊祖考爲皇帝，[4]妣爲皇后：[5]高祖湍諡曰明元，[6]廟號文祖，[7]祖妣李氏諡曰明貞；[8]曾祖昂諡曰恭僖，[9]廟號德祖，祖妣楊氏諡曰恭惠；[10]祖僎諡曰昭憲，[11]廟號翼祖，祖妣李氏諡曰昭穆；[12]考琠諡曰章聖，[13]廟號顯祖，妣安氏諡曰章懿。[14]以漢高皇帝爲高祖，[15]光武皇帝爲世祖,[16]皆不祧。[17]

　　[1]服器：即器服。指器物和衣服。

　　[2]天雄軍：方鎮名。治所在魏州（今河北大名縣）。

　　[3]天平軍：方鎮名。治所在鄆州（今山東東平縣）。　高行周：人名。幽州（今北京市）人。五代名將。仕多朝。傳見《舊五代史》卷一二三、本書卷四八。　行營都部署：官名。凡行軍征討，挂帥率軍戰鬥，總管行營事務。品秩不詳。

　　[4]祖考：指過世的祖先。

　　[5]妣（bǐ）：指過世的母親、祖母及以上的女性祖先。

　　[6]湍：人名。即劉湍。沙陀部人。劉知遠的高祖（四代祖）。事見《舊五代史》卷九九《漢高祖紀上》。　諡：即諡號。古代帝王、貴族、大臣等死後加給的表示褒貶的稱號。

　　[7]廟號：專指皇帝死後升祔太廟奉祀時所特立的名號。如某祖、某宗。

　　[8]李氏：即劉知遠高祖劉湍的夫人。隴西（泛指今甘肅地區）人。事見《舊五代史》卷九九《漢高祖紀上》。

　　[9]昂：人名。即劉昂。沙陀部人。劉知遠曾祖，後晉時追贈太保。事見《舊五代史》卷九九《漢高祖紀上》。

　　[10]楊氏：即劉知遠曾祖劉昂的夫人。曾追贈虢國太夫人。事見《舊五代史》卷九九《漢高祖紀上》。

　　[11]僎：人名。即劉僎。沙陀部人。劉知遠祖父。後晉時追贈太傅。事見《舊五代史》卷九九《漢高祖紀上》。

　　[12]李氏：即劉知遠祖母。曾追贈魯國太夫人。事見《舊五代史》卷九九《漢高祖紀上》。

　　[13]琠：人名。即劉琠。沙陀部人。劉知遠父。事李克用爲列校，後晉時追贈太師。事見《舊五代史》卷九九《漢高祖紀上》。

　　[14]安氏：即劉知遠母。曾追封吳國太夫人。事見《舊五代史》卷九九《漢高祖紀上》。

史》卷九九《漢高祖紀上》。

　　[15]漢高皇帝：即劉邦。沛（今江蘇沛縣）人。西漢王朝建立者。紀見《史記》卷八。

　　[16]光武皇帝：即劉秀。南陽郡蔡陽（今湖北棗陽市）人。東漢王朝建立者。紀見《後漢書》卷一。

　　[17]不祧（tiāo）：古代帝王家廟中祖先的神主，除始祖外，世數遠的要依次遷於祧廟中合祭；不遷移的叫作"不祧"。

　　八月，護聖指揮使白再榮逐契丹，以鎮州來歸。[1]丙申，安國軍節度使薛懷讓殺契丹之將劉鐸，入于邢州。[2]

　　[1]護聖指揮使：官名。所部統兵將領。護聖爲部隊番號。品秩不詳。　白再榮：人名。蕃部（北方少數民族）人。五代將領。傳見《舊五代史》卷一〇六、本書卷四八。　鎮州：州名。治所在今河北正定縣。

　　[2]安國軍：方鎮名。治所在邢州（今河北邢臺市）。　薛懷讓：人名。祖先爲戎人，徙居太原（今山西太原市）。五代將領。傳見《宋史》卷二五四。　劉鐸：人名。籍貫不詳。契丹將領，時爲安國軍節度副使、知邢州事。事見《舊五代史》卷一〇〇《漢高祖紀》。　邢州：州名。治所在今河北邢臺市。

　　九月甲戌，吏部尚書竇貞固守司空兼門下侍郎，[1]翰林學士、中書舍人李濤爲中書侍郎：同中書門下平章事。[2]庚辰，北征。

　　[1]吏部尚書：官名。尚書省吏部最高長官，與二侍郎分掌六

品以下文官選授、勛封、考課之政令。正三品。　竇貞固：人名。同州白水（今陝西白水縣）人。後漢宰相。傳見《宋史》卷二六二。　司空：官名。與太尉、司徒並爲三公，晚唐、五代多爲大臣、勛貴加官。正一品。　門下侍郎：官名。門下省次官，常加"同中書門下平章事"銜爲宰相。正二品。

[2]翰林學士：官名。由南北朝始設之學士發展而來，唐玄宗改翰林供奉爲翰林學士，備顧問，代王言。掌拜免將相、號令征伐等詔令的起草。品秩不詳。　中書舍人：官名。中書省屬官。掌起草文書、呈遞奏章、傳宣詔命等。正五品上。　李濤：人名。京兆萬年（今陝西西安市長安區）人。唐敬宗子郇王瑋後裔，後漢宰相。傳見《宋史》卷二六二。

冬十月甲申，次韋城，[1]赦河北。[2]十一月壬申，杜重威降。

[1]韋城：縣名。治所在今河南滑縣。
[2]河北：泛指今黃河以北地區。

十二月癸巳，至自鄴都。
乾祐元年春正月乙卯，[1]大赦，改元。己未，更名暠。丁丑，皇帝崩于萬歲殿。[2]年五十四。

[1]乾祐：後漢高祖劉知遠、隱帝劉承祐年號（948—950）。
[2]萬歲殿：後梁、後漢東京開封城内宮殿。

隱帝，高祖第二子承祐也。高祖即位，拜右衛上將軍、大内都點檢。[1]魏王承訓長而賢。[2]高祖愛之，方屬以爲嗣，承訓薨，高祖不豫，[3]悲哀疾劇，乃以承祐屬諸將相。宰相蘇逢吉曰："皇子承祐未封王，請亟封之。"未及封而高祖崩，祕不發喪，殺杜重威。

[1]右衛上將軍：官名。唐置，掌宮禁宿衛。唐代置十六衛，即左右衛、左右驍衛、左右武衛、左右威衛、左右領軍衛、左右金吾衛、左右監門衛、左右千牛衛，各置上將軍，從二品；大將軍，正三品；將軍，從三品。

[2]承訓：人名。即劉承訓。劉知遠長子，死後追封魏王。傳見《舊五代史》卷一〇五、本書卷一八。

[3]不豫：婉稱帝王有病。

乾祐元年二月辛巳，封承祐周王。是日，皇帝即位于柩前。壬辰，右衛大將軍、鳳翔巡檢使王景崇及蜀人戰于大散關，[1]敗之。癸巳，大赦。

[1]右衛大將軍：官名。唐置，掌宮禁宿衛。唐代置十六衛，各置上將軍，從二品；大將軍，正三品；將軍，從三品。　鳳翔：方鎮名。治所在鳳翔府（今陝西鳳翔縣）。　巡檢使：官名。唐末、五代置。掌巡邏重鎮、要地。品秩不詳。　王景崇：人名。邢州（今河北邢臺市）人。後漢時升任鳳翔節度使。傳見本書卷五三。　蜀：即後蜀。五代十國政權之一。後唐清泰元年（934），蜀王孟知祥稱帝於成都（今四川成都市），國號蜀，史稱後蜀。轄境相當於今四川和陝西南部、甘肅東南部、湖北西南部地區。事見《舊五代史》卷一三六《僭僞列傳》、本書卷六四《後蜀世家》。　大散關：地名。即散關。位於今陝西寶雞市西南大散嶺上。秦嶺著名關隘之一。

三月壬戌，竇貞固爲大行皇帝山陵使，[1]吏部侍郎段希堯爲副，[2]太常卿張昭爲禮儀使，[3]兵部侍郎盧價爲鹵簿使，[4]御史中丞邊蔚爲儀仗使。[5]丁丑，李濤罷。護國軍節度使李守貞反，[6]陷潼關。[7]

[1]大行皇帝：古代對已逝而停棺未葬的皇帝的諱稱。　山陵使：官名。唐貞觀中始置，掌議帝后陵寢制度、監造帝后陵寢。品秩不詳。

[2]吏部侍郎：官名。尚書省吏部次官，協助吏部尚書掌文選、勛封、考課之政。正四品上。　段希堯：人名。河內（今河南沁陽市）人。五代大臣。傳見《舊五代史》卷一二八、本書卷五七。

[3]太常卿：官名。太常寺長官，掌宗廟禮儀。正三品。　張昭：人名。世居濮州范縣（今河南范縣）。五代、宋初大臣。傳見《宋史》卷二六三。　禮儀使：官名。掌禮儀政令。品秩不詳。

[4]兵部侍郎：官名。尚書省兵部次官。協助兵部尚書掌武官銓選、勛階、考課之政。正四品下。　盧價：人名。祖籍范陽（今河北涿州市），世居懷州河內（今河南沁陽市）。五代大臣。事見羅火金《五代時期盧價墓誌考》，《中國歷史文物》2009年第2期。

鹵簿使：官名。掌帝后車駕儀仗事。品秩不詳。

[5]御史中丞：官名。如不置御史大夫，則爲御史臺長官。掌司法監察。正四品下。　邊蔚：人名。京兆長安（今陝西西安市）人。五代大臣。傳見《舊五代史》卷一二八。　儀仗使：官名。皇帝大駕出行時設置。非常設官，均由他官兼代。掌總儀仗事務。品秩不詳。

[6]護國軍：方鎮名。治所在蒲州（今山西永濟市）。　李守貞：人名。河陽（今河南孟州市）人。五代將領。傳見《舊五代史》卷一〇九、本書卷五二。

[7]潼關：地名。關隘重地。位於今陝西潼關縣東北。

夏四月辛巳，陝州兵馬都監王玉克潼關。[1]壬午，永興軍將趙思綰叛附于李守貞，[2]客省使王峻帥師屯于關西。[3]峻不命爲將，又不令討賊，但令以兵實關西，下文乃見命將。楊邠爲中書侍郎兼吏部尚書、同中書門下平章事，郭威爲樞密使，鎮寧軍節度使郭從義爲永興軍兵馬都部署。[4]戊子，保義軍節度使白文珂爲河中兵馬都部署。[5]河決原武。[6]

[1]兵馬都監：官名。唐代中葉命將出征，常以宦官爲監軍、都監。後爲臨時委任的統兵官，稱都監、兵馬都監。掌屯戍、邊防、訓練之政令。品秩不詳。　王玉：人名。籍貫不詳。五代時期統兵官。本書僅此一見。

[2]永興軍：方鎮名。治所在京兆府（今陝西西安市）。　趙思綰：人名。魏州（今河北大名縣）人。五代將領。傳見《舊五代史》卷一〇九、本書卷五三。

[3]客省使：官名。客省長官。唐代宗時始置，五代沿置。掌接待四方奏計及外族使者。品秩不詳。　關西：地區名。漢、唐時泛指函谷關或潼關以西的地區。

[4]鎮寧軍：方鎮名。治所在澶州（今河南濮陽市）。　郭從義：人名。沙陀部人。五代、宋初大臣。傳見《宋史》卷二五二。
兵馬都部署：官名。爲臨時委任的大軍區統帥。品秩不詳。

[5]保義軍：方鎮名。治所在陝州（今河南三門峽市陝州區）。　白文珂：人名。太原（今山西太原市）人。五代將領。傳見《舊五代史》卷一二四。　河中：府名。治所在今山西永濟市。

[6]河：即黃河。　原武：縣名。位於今河南原陽縣。

五月己未，回鶻遣使者來。[1]乙亥，魏州内黃民武進妻一産三男子。[2]河决滑州魚池。[3]旱，蝗。

[1]回鶻：古部族名。原係突厥鐵勒部的一支。唐天寶三載（744）建立回鶻汗國，9世紀中葉，回鶻汗國瓦解。其中一支爲甘州回鶻。11世紀初，甘州回鶻爲西夏所滅。參見楊蕤《回鶻時代：10—13世紀陸上絲綢之路貿易研究》，中國社會科學出版社2015年版。

[2]内黄：縣名。治所在今河南内黄縣。　武進：人名。内黄（今河南内黄縣）人。本書僅此一見。

[3]滑州：州名。治所在今河南滑縣。　魚池：地名。位於今河南滑縣境古黄河邊。

秋七月戊申朔，彰德軍節度使王繼弘殺其判官張易。[1]鸜鵒食蝗。[2]丙辰，禁捕鸜鵒。庚申，郭威同中書門下平章事。癸亥，契丹鄚州刺史王彦徽來奔。[3]庚午，殺成德軍副使張鵬。[4]乙亥，王景崇叛附于李守貞。

[1]彰德軍：方鎮名。治所在相州（今河南安陽市）。　王繼弘：人名。南宫（今河南南宫市）人。五代將領。傳見《舊五代史》卷一二五。　判官：官名。唐、五代方鎮僚屬，位在行軍司馬下。分掌使衙内各曹事，並協助使職官員通判衙事。品秩不詳。　張易：人名。籍貫不詳。時爲彰德軍節度判官，因切諫節度使王繼弘被殺。事見《舊五代史》卷一〇一《漢隱帝紀》、卷一二五《王繼弘傳》。

[2]鸜（qú）鵒（yù）：一種鳥類。又名八哥。

[3]鄚（mào）州：州名。治所在今河北任丘市鄚州鎮。　王彦徽：人名。籍貫不詳。本書僅此一見。

[4]成德軍：方鎮名。治所在鎮州（今河北正定縣）。　張鵬：

人名。鎮州鼓城（今河北晉州市晉州鎮鼓城村）人。時爲成德軍節度副使，因言論失當爲節度使高行周奏殺。傳見《舊五代史》卷一〇六。

八月壬午，郭威討李守貞。
九月，西面行營都虞候尚洪遷及趙思綰戰，[1]敗績。

[1]西面行營都虞候：官名。五代時期出征軍隊高級統兵官。品秩不詳。　尚洪遷：人名。籍貫不詳。五代將領。原作"尚弘遷"。中華點校本據《舊五代史》卷一〇一《漢隱帝紀上》、《通鑑》卷二八八、《尚洪遷墓誌》（拓片刊《晉陽古刻選·隋唐五代墓誌卷》）改，今從。

冬十月甲申，吐蕃使斯漫篤繭氈藥斯來。[1]

[1]吐蕃：青藏高原地區的藏族部落政權。自7至9世紀，共歷九主，二百餘年。參見才讓《吐蕃史稿》，人民出版社2010年版。　斯漫篤繭氈藥斯：人名。吐蕃使者。本書僅此一見。

十一月甲寅，殺太子太傅李崧，[1]滅其族。壬申，葬睿文聖武昭肅孝皇帝于睿陵。[2]在河南告成縣。

[1]太子太傅：官名。與太子太師、太子太保統稱太子三師。隋唐以後多作加官或贈官。從一品。　李崧：人名。深州饒陽（今河北饒陽縣）人。五代大臣。傳見《舊五代史》卷一〇八、本書卷五七。

[2]睿陵：後漢高祖劉知遠之陵，位於河南告成縣（今河南登

封市告成鎮）。

十二月己卯，彰武軍節度使高允權殺太子太師致仕劉景巖。[1]

[1]彰武軍：方鎮名。治所在延州（今陝西延安市）。 高允權：人名。延州（今陝西延安市）人。五代將領。傳見《舊五代史》卷一二五。 太子太師：官名。與太子太傅、太子太保統稱太子三師。隋唐以後多作加官或贈官。從一品。 致仕：即告老辭官。 劉景巖：人名。延州（今陝西延安市）人。高允權妻之祖父，家富於財，爲高允權誣殺。傳見本書卷四七。

二年隱帝即位至此，宜改元而不改元，具周顯德二年注。而帝名承祐，年名乾祐，舉國臣民共稱而不改避，當時莫大之失，本紀無譏者，但書其實，後世自見也。春正月乙巳朔，赦囚。
二月丙子，蠲民紐配租。
夏五月，李守貞之將周光遜降。[1]乙丑，趙思綰降。

[1]周光遜：人名。太原（今山西太原市）人。周德威之子、周光輔之弟，時爲李守貞之驍將。事見《舊五代史》卷九一《周光輔傳》。

六月辛卯，回鶻首領楊彥珣來。[1]西凉府遣使者來。[2]蝗。

[1]楊彥珣：人名。回鶻人。本書僅此一見。
[2]西凉府：府名。治所在今甘肅武威市。

秋七月丁巳，郭威殺華州留後趙思綰于京兆。甲子，克河中。守貞自焚死，故不書伏誅。

八月，郭從義殺前永興巡檢喬守溫。[1]丙戌，郭威使來獻俘。

[1]巡檢：官名。負責地方治安。品秩不詳。　喬守溫：人名。籍貫不詳。後漢地方武官。事見《舊五代史》卷一〇二《漢隱帝紀》。

冬十月，契丹寇趙、魏，[1]群臣進添都馬。契丹陷內丘。[2]己丑，郭威及宣徽南院使王峻伐契丹。[3]

[1]趙：州名。治所在今河北趙縣。　魏：州名。治所在今河北大名縣。
[2]內丘：縣名。治所在今河北內丘縣。
[3]宣徽南院使：官名。唐始置。宣徽南院的長官。初用宦官，五代以後改用士人。與宣徽北院使通掌內諸司及三班內侍之名籍，郊祀、朝會、宴享供帳之儀，檢視內外進奉名物。品秩不詳。參見王永平《論唐代宣徽使》，《中國史研究》1995年第1期；王孫盈政《再論唐代的宣徽使》，《中華文史論叢》2018年第3期。

十一月，契丹遯。

三年春正月，西面行營都部署趙暉克鳳翔。景崇自焚死，故不書伏誅。丙午，郭威進添都馬。壬子，趙暉獻馘俘。[1]

[1]馘（guó）俘：古代戰爭割取敵人之左耳稱馘，故馘俘即

俘虜。

二月甲戌，旌表潁州汝陰民麴温門閭。[1]

[1]潁州：州名。治所在今安徽阜陽市。　汝陰：縣名。治所在今安徽阜陽市。　麴温：人名。潁州汝陰（今安徽阜陽市）人。時爲潁州麴場官，爲史弘肇所殺。事見本書卷三〇《史弘肇傳》。

三月己酉，寒食，[1]望祭于南御園。[2]

[1]寒食：節令名。在清明前一或二日。
[2]望祭：祭禮名。君臣遥望祝祭之禮。　南御園：皇家園林。位於東京汴梁（今河南開封市）城南南薫門外御道兩旁。

夏四月壬午，郭威以樞密使爲天雄軍節度。
六月癸卯，河決原武。
秋八月，達靼來附。[1]

[1]達靼：古代北方民族名。又譯爲達怛、達旦、達達、塔塔兒等。族名始見於唐末，原爲突厥的一族，後依附於回鶻。回鶻衰亡後，其族始强，占據陰山以北的蒙古草原，建有韃靼國。傳見本書卷七四《四夷附錄》。

冬十一月丙子，殺楊邠及侍衛親軍都指揮使史弘肇、三司使王章，皆滅其族。[1]郭威反。庚辰，義成軍節度使宋延渥叛附于威。[2]壬午，威犯封丘，[3]泰寧軍節度使慕容彥超軍于七里店。[4]癸未，勞軍于北郊。[5]甲申，勞軍于劉子陂。[6]慕容彥超及郭威戰，敗績，開封尹侯益叛降于威。[7]郭允明反。[8]乙酉，皇帝崩，年二十。周廣順元年葬之許州陽翟縣，號潁陵，爲賊所葬，故不書。蘇逢吉自殺。漢亡。自隱帝崩後四十二日，周太祖始即位，而斷自帝崩書"漢亡"者，見帝崩而漢亡矣。其太后臨朝，湘陰公嗣立，皆周所假託，非誠實，所以破其姦，故書曰"漢亡"，見周之立遲也，遲而難於自立，則猶有自愧之心焉。

[1]三司使：官名。五代後唐明宗天成元年（926）將晚唐以來的户部、度支、鹽鐵三部合爲一職，設三司使統之。主管國家財政。品秩不詳。　王章：人名。大名南樂（今河南南樂縣）人。五代後漢三司使、同平章事，以聚斂刻急著稱。傳見《舊五代史》卷一〇七、本書卷三〇。

[2]義成軍：方鎮名。治所在滑州（今河南滑縣）。　宋延渥：人名。洛陽（今河南洛陽市）人。五代、宋初將領，後漢高祖劉知遠婿。入宋後改名偓。傳見《宋史》卷二五五《宋偓傳》。

[3]封丘：縣名。治所在今河南封丘縣。

[4]泰寧軍：方鎮名。治所在兗州（今山東濟寧市兗州區）。慕容彥超：人名。沙陀人（一説"吐谷渾部人"）。五代後漢將領，後漢高祖劉知遠同母弟。傳見《舊五代史》卷一三〇、本書卷五三。　七里店：地名。一名"七里寨"。位於今河南開封市北二十里，後圮於水。

[5]北郊：古時稱都城北門外爲北郊。

[6]劉子陂：地名。位於今河南封丘縣南。

[7]開封尹：官名。即開封府尹。五代除後唐外均都汴州，升汴州爲開封府，置開封尹或知開封府事，執掌京師政務。從三品。　侯益：人名。汾州平遥（今山西平遥縣）人。五代將領。傳見《宋史》卷二五四。

[8]郭允明：人名。河東（今山西）人。五代將領。隨隱帝率軍於京師北郊抵禦郭威軍，兵敗，殺死隱帝後又自殺。傳見《舊五代史》卷一〇七、本書卷三〇。

嗚呼！人君即位稱元年，[1]常事爾，古不以爲重也。孔子未修《春秋》其前固已如此，[2]雖暴君昏主，妄庸之史，其記事先後遠近，莫不以歲月一二數之，乃理之自然也。其謂一爲元，亦未嘗有法，蓋古人之語爾。古謂歲之一月，亦不云一，而曰正月。《國語》言六呂曰元間大呂，[3]《周易》列六爻曰初九。大抵古人言數，多不云一，不獨謂年爲元也。及後世曲學之士，始謂孔子書"元年"爲《春秋》大法，遂以改元爲重事。

[1]元年：帝王即位或改元的第一年。
[2]《春秋》：書名。儒家五經之一。相傳爲孔子依據魯國史官所編的史書加以修訂整理而成的魯國史大事記。
[3]六呂：原作"六品"，中華點校本據撫州刊本、浙江本、宗文本及《通鑑》卷二八六胡注改，今從。

自漢以後，又名年以建元，而正僞紛雜，稱號遂多，不勝其紀也。五代，亂世也，其事無法而不合於理者多矣，皆不足道也。至其年號乖錯以惑後世，則不可以不明。梁太祖以乾化二年遇弑，[1]明年，末帝已誅友珪，[2]黜其鳳曆之號，[3]復稱乾化三年，尚爲有說。至漢高祖建國，黜晉出帝開運四年，復稱天福十二年者，何哉？蓋以其愛憎之私爾。方出帝時，漢高祖居太原，常憤憤下視晉，而晉亦陽優禮之，幸而未見其隙。及契丹滅晉，漢未嘗有赴難之意。出帝已北遷，方陽以兵聲言追之，至土門而還。及其即位改元，而黜開運之號，則其用心可知矣。蓋其於出帝無復君臣之義，而幸禍以爲利者，其素志也，可勝歎哉！夫所謂有諸中必形於外者，其見於是乎！

［1］乾化：五代後梁太祖朱温年號（911—912）。末帝朱友貞沿用（913—915）。

［2］末帝：即朱友貞。朱温第三子。鳳曆元年（913）殺其兄友珪自立。即位後連年與河東李存勗争戰，龍德三年（923），後唐軍陷洛陽，友貞自殺，後梁亡。紀見《舊五代史》卷八至卷一〇、本書卷三。　友珪：人名。即朱友珪。後梁太祖朱温次子，殺朱温自立。後追廢爲庶人。事見《舊五代史》卷八《梁末帝紀》、本書卷三《梁本紀三》。

［3］鳳曆：五代後梁朱友珪年號（913）。

∷ 中華文化促進會主持編纂

∷ 國家"十一五"重點圖書出版規劃項目

∷ 中國社會科學院哲學社會科學創新工程學術出版資助項目

出品人 王石 段先念

今注本二十四史

新五代史 二 紀〔二〕傳〔一〕

宋 歐陽脩 撰 宋 徐無黨 注
紀雪娟 主持校注
陳智超 審訂

中國社會科學出版社

新五代史　卷一一

周本紀第十一

太祖聖神恭肅文武孝皇帝，[1]姓郭氏，邢州堯山人也。[2]父簡，[3]事晉爲順州刺史。[4]劉仁恭攻破順州，[5]簡見殺，子威少孤，依潞州人常氏。[6]

[1]太祖聖神恭肅文武孝皇帝："孝"字原闕，中華點校本據宗文本、宋人吳縝《五代史纂誤》卷上引《五代史》補，今從。

[2]邢州：州名。治所在今河北邢臺市。　堯山：縣名。治所在今河北隆堯縣。

[3]簡：人名。即郭簡。郭威父，後漢贈太師，郭威稱帝後追尊爲章肅皇帝，廟號慶祖，陵曰欽陵。事見《舊五代史》一一〇《後周太祖紀》。

[4]順州：州名。治所在今北京順義區。　刺史：官名。州一級行政長官。漢武帝時始置，總掌考核官吏、勸課農桑、地方教化等事。唐中期以後，節度使、觀察使轄州而設，刺史爲其屬官，職任漸輕。從三品至正四品下。

[5]劉仁恭：人名。深州（今河北深州市）人。唐末、五代軍閥，時爲幽州節度使。傳見《新唐書》卷二一二。

[6]潞州：州名。治所在今山西長治市。　常氏：其名不詳。潞州（今山西長治市）人。郭威養父。本書僅此一見。

潞州留後李繼韜募勇敢士爲軍卒,[1]威年十八,以勇力應募。爲人負氣,好使酒,繼韜特奇之。威嘗游于市,市有屠者,常以勇服其市人。威酒醉,呼屠者,使進几割肉,割不如法,叱之,屠者披其腹示之曰:"爾勇者,能殺我乎?"威即前取刀刺殺之,一市皆驚,威頗自如。爲吏所執,繼韜惜其勇,陰縱之使亡,已而復召置麾下。[2]繼韜叛晉附于梁,後莊宗滅梁,[3]繼韜誅死,其麾下兵悉隸從馬直,[4]威以通書筭補爲軍吏。好讀《閫外春秋》,[5]略知兵法,後爲侍衛軍吏。漢高祖爲侍衛親軍都虞候,[6]尤親愛之,後高祖所臨鎮,嘗以威從。契丹滅晉,漢高祖起兵太原,[7]即皇帝位,拜威樞密副使。[8]

[1]留後:官名。原非正式命官,唐朝節度使入朝或宰相、親王遥領節度使不臨鎮則置。安史之亂後,節度使多以子弟或親信爲留後,以代行節度使職務,亦有軍士、叛將自立爲留後者。掌一州或數州軍政。北宋始爲朝廷正式命官。 李繼韜:人名。汾州太谷(今山西太谷縣)人。後唐重臣李嗣昭子,囚長兄繼儔,迫莊宗任其爲安義軍兵馬留後。傳見本書卷三六《李嗣昭傳》。

[2]麾下:指將帥的部下。

[3]莊宗:即後唐莊宗李存勖。五代後唐王朝的建立者。紀見《舊五代史》卷二七至卷三四、本書卷五。

[4]從馬直:部隊番號。五代後唐親軍名。後唐明宗李嗣源創。其兵丁悉選自諸軍驍勇善戰者,無額定兵員。平時宿衛,戰時隨駕親征。分置四指揮使統率。

[5]《閫(kǔn)外春秋》:書名。唐李筌撰。十卷。約取史文,記叙西周武王克殷至唐武德四年(621)擒寶建德,共一千七

百餘年間軍事戰爭史迹概略。原書已佚。有敦煌卷子殘本。

[6]漢高祖：即後漢高祖劉知遠。紀見《舊五代史》卷九九至卷一〇〇、本書卷一〇。　侍衛親軍都虞候：武官名。五代時期侍衛親軍的高級統率官，判六軍諸衛事。品秩不詳。

[7]太原：府名。治所在今山西太原市。

[8]樞密副使：官名。樞密院副長官。品秩不詳。

乾祐元年正月，[1]高祖疾大漸，以隱帝託威及史弘肇等。[2]隱帝即位，拜威樞密使。[3]是歲三月，河中李守貞、永興趙思綰、鳳翔王景崇相次反，[4]隱帝遣白文珂、郭從義、常思等分討之，[5]久皆無功。隱帝謂威曰："吾欲煩公可乎？"威對曰："臣不敢請，亦不敢辭，惟陛下命。"乃加拜威同中書門下平章事，[6]使西督諸將。

[1]乾祐：後漢高祖劉知遠、隱帝劉承祐年號（948—950）。

[2]隱帝：即後漢隱帝劉承祐。後漢高祖劉知遠次子。紀見《舊五代史》卷一〇一至一〇三、本書卷一〇。　史弘肇：人名。鄭州滎澤（今河南鄭州市）人。五代時後漢將領。傳見《舊五代史》卷一〇七、本書卷三〇。

[3]樞密使：官名。樞密院長官。唐代宗時始以宦官掌機密，至昭宗時借朱温之力盡誅宦官，始改以士人任樞密使。備顧問，參謀議，出納詔奏，權侔宰相。品秩不詳。參見李全德《唐宋變革期樞密院研究》，北京圖書館出版社2009年版。

[4]河中：府名。治所在今山西永濟市。　李守貞：人名。河陽（今河南孟州市）人。五代將領。傳見《舊五代史》卷一〇九、本書卷五二。　永興：方鎮名。治所在京兆府（今陝西西安市）。趙思綰：人名。魏州（今河北大名縣）人。五代將領。傳見《舊五代史》卷一〇九、本書卷五三。　鳳翔：方鎮名。治所在鳳翔府

（今陝西鳳翔縣）。　王景崇：人名。邢州（今河北邢臺市）人。後漢時升任鳳翔節度使。傳見本書卷五三。

[5]白文珂：人名。太原（今山西太原市）人。王章岳父，後漢隱帝時宰相。傳見《舊五代史》卷一二四。　郭從義：人名。沙陀部人。五代、宋初大臣。傳見《宋史》卷二五二。　常思：人名。太原（今山西太原市）人。五代將領。傳見《舊五代史》卷一二九、本書卷四九。

[6]同中書門下平章事：官名。簡稱"同平章事"。唐代高宗以後，凡實際任宰相之職者，常在其本官後加同平章事的職銜，後成爲宰相專稱。品秩不詳。

　　威居軍中，延見賓客，褒衣博帶，[1]及臨陣行營，幅巾短後，[2]與士卒無異；上所賜予，與諸將會射，恣其所取，其餘悉以分賜士卒，將士皆懽樂。

[1]褒衣博帶：省作"褒博"。文官和儒生的裝束，衣服寬大，衣帶廣博。亦代指儒雅文士。
[2]幅巾：原指一種束髮的絹巾，後古人不戴冠以巾束髮皆可稱作幅巾。一些做官之人常以不戴冠而束以幅巾，視爲雅舉。

　　威至河中，自柵其城東，[1]思柵其南，文珂柵其西，調五縣丁二萬人築連壘以護三柵。諸將皆謂守貞窮寇，破在旦夕，不宜勞人如此，威不聽。已而守貞數出兵擊壞連壘，威輒補之，守貞輒復出擊，每出必有亡失。久之，城中兵食俱盡，威曰："可矣！"乃治攻具，爲期日，四面攻之，破其羅城，[2]守貞與妻子自焚死，思綰、景崇相次降。

［1］栅：指營寨。
［2］羅城：古代爲加强防守，在城牆外加建的凸出形小城圈。

隱帝勞威以玉帶，加檢校太師兼侍中，[1]威辭曰："臣事先帝，見功臣多矣，未嘗以玉帶賜之。"因言："臣幸得率行伍，假漢威靈以破賊者，豈特臣之功，皆將相之賢，有以安朝廷，撫内外，而饋餉以時，故臣得以專事征伐。"隱帝以威爲賢，於是悉召楊邠、史弘肇、蘇逢吉、禹珪、竇貞固、王章等皆賜以玉帶，[2]威乃受。威又推功大臣，請加爵賞，於是加貞固司空，逢吉司徒，禹珪、邠左右僕射。[3]已而又曰："此特漢廷親近之臣耳！漢諸宗室、天下方鎮，外暨荆、浙、湖南，皆未及也。"由是濫賞遍于天下。

［1］檢校太師：官名。爲散官或加官，以示恩寵加此官，無實際執掌。品秩不詳。　侍中：官名。秦始置。隋、唐前期爲門下省長官。唐後期多爲大臣加銜，不參與政務，實際職務由門下侍郎執行。正二品。
［2］楊邠：人名。魏州冠氏（今山東冠縣）人。後漢時任樞密使、宰相。傳見《舊五代史》卷一〇七、本書卷三〇。　蘇逢吉：人名。京兆長安（今陝西西安市）人。後漢初任宰相。傳見《舊五代史》卷一〇八、本書卷三〇。　禹珪：人名。即蘇禹珪。高密（今山東高密市）人。後漢初任宰相。傳見《舊五代史》卷一二七。　竇貞固：人名。同州白水（今陝西白水縣）人。後漢宰相。傳見《宋史》卷二六二。　王章：人名。大名南樂（今河南南樂縣）人。五代後漢三司使、同平章事，以聚斂刻急著稱。傳見《舊五代史》卷一〇七、本書卷三〇。

［3］左右僕射：官名。秦始置。隋、唐前期以左、右僕射佐尚書令總理六官，綱紀庶務，如不置尚書令，則總判省事，爲宰相之職。唐後期多爲大臣加銜。從二品。

是冬，契丹寇邊，威以樞密使北伐，至魏州，[1]契丹遯。三年二月，師還。四月，拜威鄴都留守、天雄軍節度使，[2]仍以樞密使之鎮，宰相蘇逢吉以謂樞密使不可以藩鎮兼領，與史弘肇等固争。久之，卒以樞密使行，詔河北諸州皆聽威節度。[3]

［1］魏州：州名。治所在今河北大名縣。
［2］鄴都留守：官名。後唐同光元年（923）初改魏州爲興唐府，建號東京，不久又改東京爲鄴都。後晉亦曾以此爲鄴都。治所在今河北大名縣。時鄴都爲陪都，常設留守以守衛京師，以地方長官兼任。　天雄軍：方鎮名。治所在魏州（今河北大名縣）。
節度使：官名。唐時在重要地區所設掌握一州或數州軍事、民事、財政的長官。品秩不詳。
［3］河北：泛指今黄河以北地區。

隱帝與李業等謀，[1]已殺史弘肇等，詔鎮寧軍節度使李弘義殺侍衛步軍指揮使王殷于澶州，[2]又詔侍衛馬軍指揮使郭崇殺威及宣徽使王峻于魏。[3]詔書先至澶州，弘義恐事不果，反以詔書示殷，殷與弘義遣人告威。已而詔殺威、峻使者亦馳騎至，威匿詔書，召樞密使院吏魏仁浦謀於卧内。[4]仁浦勸威反，教威倒用留守印，[5]更爲詔書，詔威誅諸將校以激怒之，將校皆憤然效用。

[1]李業：人名。晉陽（今山西太原市）人。後漢高祖李皇后弟。隱帝時受信任，掌宫廷財務。傳見《舊五代史》卷一〇七、本書本卷。

[2]鎮寧軍：方鎮名。治所在澶州（今河南濮陽市）。 李弘義：人名。一作"李洪義"。并州晉陽（今山西太原市）人。李洪信弟，五代、宋初將領。傳見《宋史》卷二五二《李洪信傳附李洪義傳》。 侍衛步軍指揮使：官名。皇帝親軍侍衛步軍司之最高長官。品秩不詳。 王殷：人名。瀛州（今河北河間市）人。一作大名（今河北大名縣）人。五代將領，從郭威推翻後漢，後因功高震主爲郭威所殺。傳見《舊五代史》卷一二四、本書卷五〇。 澶州：州名。唐、五代初，治所在河南清豐縣。後晉天福四年（939），移治於今河南濮陽縣。

[3]侍衛馬軍指揮使：官名。即侍衛馬軍都指揮使。統領侍衛馬軍。品秩不詳。 郭崇：人名。應州金城（今山西應縣）人。五代、宋初將領。傳見《宋史》卷二五五。 宣徽使：官名。唐始置。宣徽南院使、北院使通稱宣徽使。初用宦官，五代以後改用士人。通掌内諸司及三班内侍之名籍，郊祀、朝會、宴享供帳之儀，檢視内外進奉名物。品秩不詳。詳見王永平《論唐代宣徽使》，《中國史研究》1995年第1期；王孫盈政《再論唐代的宣徽使》，《中華文史論叢》2018年第3期。 王峻：人名。相州安陽（今河南安陽市）人。五代將領，後周時任樞密使兼宰相。傳見《舊五代史》卷一三〇、本書五〇。 魏：州名。即魏州。治所在今河北大名縣。

[4]樞密使院：官署名。唐代宗曾設樞密使，以宦官充任。五代時，後梁設置崇政院，掌管軍國大政；後唐改稱樞密院，與宰相分理朝政。 魏仁浦：人名。後周、宋初宰相。衛州汲（今河南衛輝市）人。傳見《宋史》卷二四九。

[5]留守：官名。古代皇帝出巡或親征時指定親王或大臣留守京城，綜理國家軍事、行政、民事、財政，稱京城留守。在陪都或

軍事重鎮也常設留守。品秩不詳。

十一月丁丑，威遂舉兵渡河，隱帝遣開封尹侯益、保大軍節度使張彥超、客省使閻晉卿等率兵拒威，[1]又遣内養鸑脱覘威所嚮。[2]鸑脱爲威所得，威乃附脱奏請縛李業等送軍中。隱帝得威奏，以示業等，業等皆言威反狀已白，乃悉誅威家屬于京師。庚辰，威至滑州，[3]義成軍節度使宋延渥叛于漢，來降。[4]壬午，犯封丘。[5]甲申，[6]及泰寧軍節度使慕容彥超戰于劉子陂，[7]彥超敗，奔于兖州。[8]郭允明反，[9]弑隱帝于趙村。[10]丙戌，威入京師，縱火大掠。戊子，率百官朝太后于明德門，[11]請立嗣君。太后下令：文武百寮、六軍將校，議擇賢明，以承大統。庚寅，威率百官詣明德門，請立武寧軍節度使贇爲嗣。[12]遣太師馮道迎贇于徐州。[13]辛卯，請太后臨朝聽政，以王峻爲樞密使，翰林學士、尚書兵部侍郎范質爲副使。[14]

[1]開封尹：官名。即開封府尹。五代除後唐外均都汴州，升汴州爲開封府，置開封府尹或知開封府事。執掌京師政務。從三品。　侯益：人名。汾州平遙（今山西平遙縣）人。五代將領。傳見《宋史》卷二五四。　保大軍：方鎮名。治所在鄜州（今陝西富縣）。　張彥超：人名。沙陀部人。五代將領，後唐明宗養子。傳見《舊五代史》卷一二九。　客省使：官名。客省長官。唐代宗時始置，五代沿置。掌接待四方奏計及外族使者。品秩不詳。　閻晉卿：人名。忻州（今山西忻州市）人。後漢將領。傳見《舊五代史》卷一〇七。

[2]内養：指宦官。　鸑脱：人名。一作"鷟脱"。後漢隱帝

時宦官。事見《舊五代史》卷一〇三《後漢隱帝紀下》。

[3]滑州：州名。治所在今河南滑縣。

[4]義成軍：方鎮名。治所在滑州（今河南滑縣）。 宋延渥：人名。洛陽（今河南洛陽市）人。五代、宋初將領，後漢高祖劉知遠婿。入宋後改名偓。傳見《宋史》卷二五五《宋偓傳》。

[5]封丘：縣名。治所在今河南封丘縣。

[6]甲申：原作"甲辰"，中華點校本據宗文本、本書卷一〇《漢本紀》、《舊五代史》卷一〇三《漢隱帝紀下》、《通鑑》卷二八九改，今從。

[7]泰寧軍：方鎮名。治所在兗州（今山東濟寧市兗州區）。慕容彥超：人名。沙陀人（一説"吐谷渾部人"）。五代後漢將領，後漢高祖劉知遠同母弟。傳見《舊五代史》卷一三〇、本書卷五三。 劉子陂：地名。位於今河南封丘縣南。

[8]兗州：州名。治所在今山東濟寧市兗州區。

[9]郭允明：人名。河東（今山西）人。五代將領。隨隱帝率軍於京師北郊抵禦郭威軍，兵敗，殺死隱帝後又自殺。傳見《舊五代史》卷一〇七、本書卷三〇。

[10]趙村：在今河南開封市西南六里，後漢隱帝死於此。

[11]太后：即後漢高祖劉知遠皇后李氏。晉陽（今山西太原市）人。傳見《舊五代史》卷一〇四《漢后妃列傳》、本書卷一八《漢家人傳》。 明德門：東京（今河南開封市）城内宫城南面中門。

[12]武寧軍：方鎮名。治所在徐州（今江蘇徐州市）。 贇：人名。即劉贇。後漢宗室。其父劉崇爲後漢高祖劉知遠弟，贇過繼爲劉知遠養子。傳見《舊五代史》卷一〇五《漢宗室列傳》、本書卷一八《漢家人傳》。

[13]太師：官名。與太傅、太保合稱三師，唐後期、五代多爲大臣、勛貴加官。正一品。 馮道：人名。瀛州景城（今河北滄州市）人。五代時官拜宰相，歷仕後唐、後晉、後漢、後周，亦曾臣

服於契丹。傳見《舊五代史》卷一二六、本書卷五四。　徐州：州名。治所在今江蘇徐州市。

[14]翰林學士：官名。由南北朝始設之學士發展而來，唐玄宗改翰林供奉爲翰林學士，備顧問，代王言。掌拜免將相、號令征伐等詔令的起草。品秩不詳。　尚書兵部侍郎：官名。尚書省兵部次官。協助兵部尚書掌武官銓選、勛階、考課之政。正四品下。　范質：人名。大名宗城（今河北威縣）人。後周、宋初宰相。傳見《宋史》卷二四九。

十二月甲午朔，威北伐契丹，軍于滑州。癸丑，至澶州而旋。王峻遣郭崇以騎七百逆劉贇于宋州，殺之，其將鞏廷美、楊溫爲贇守徐州。[1]戊午，次皋門，[2]漢宰相竇貞固、蘇禹珪來勸進。庚申，太后制以威監國。[3]

[1]鞏廷美：人名。籍貫不詳。劉贇部將，時爲右都押牙。後爲後周將領王彥超所殺。事見《通鑑》卷二九〇。　楊溫：人名。籍貫不詳。劉贇部將，時爲教練使。後爲後周將領王彥超所殺。事見《通鑑》卷二九〇。

[2]皋門：即王宮的郭門。古代天子宮城有五門，自內而外，第五道門稱皋門。

[3]監國：代表皇帝行使權力稱監國。軍國大事全權處置。

廣順元年春正月丁卯，[1]皇帝即位，大赦，改元，國號周。己巳，上漢太后尊號曰昭聖皇太后。戊寅，漢劉崇自立于太原。[2]吳、蜀諸國自立，皆絕而不書，此書，與其不屈于周，語在《十國年譜》論。己卯，馮道爲中書令。[3]

[1]廣順：五代後周太祖郭威年號（951—953）。

[2]劉崇：人名。即劉旻。太原（今山西太原市）人。後漢高祖劉知遠從弟。後漢時任太原尹，專制一方。後周代漢，他稱帝於太原，國號漢，史稱北漢。傳見《舊五代史》卷一三五、本書卷七〇。

[3]中書令：官名。漢代始置，隋、唐前期爲中書省長官，屬宰相之職；唐後期多爲授予元勛大臣的虛銜。正二品。

二月辛丑，西州回鶻使都督來。[1]丁未，契丹兀欲遣使裹骨支來。[2]癸丑，寒食，[3]望祭于蒲池。[4]蒲池，佛寺名也。丁巳，尚書左丞田敏使于契丹。[5]回鶻使摩尼來。[6]

[1]西州回鶻：又稱北庭回鶻、和州回鶻、高昌回鶻、阿厮蘭回鶻。指古代西遷後的回鶻人及其政權。原居別失八里（今新疆吉木薩爾縣境内），後移都哈喇和卓（今新疆吐魯番市東南）。參見楊蕤《回鶻時代：10—13世紀陸上絲綢之路貿易研究》，中國社會科學出版社2015年版。　都督：回紇部落首領和軍官的稱號，鄂爾渾突厥文碑銘寫tutuq或totoq，爲漢語"都督"的借詞。所以漢文直譯爲原詞的形式。

[2]兀欲：人名。即遼世宗耶律阮。契丹族，遼太祖耶律阿保機孫，人皇王耶律倍長子，遼朝第三代皇帝。紀見《遼史》卷五。裹骨支：人名。籍貫不詳。契丹使者。本書僅此一見。《通鑑》卷二九〇作"裦骨支"。

[3]寒食：節令名。在清明前一或二日。

[4]望祭：祭禮名。古代君臣遥望祝祭之禮。也稱爲望祀、望祠、望衍。

[5]尚書左丞：官名。尚書省佐貳官。唐中期以後，與尚書右

丞實際主持尚書省日常政務，權任甚重。正四品上。　田敏：人名。淄州鄒平（今山東鄒平縣）人。五代、宋初大臣、學者。傳見《宋史》卷四三一。

[6]摩尼：人名。籍貫不詳，回鶻使者。本書僅此一見。

三月甲戌，武寧軍節度使王彦超克徐州。[1]鞏廷美、楊温不書死之，語在《贇傳》。

[1]王彦超：人名。大名臨清（今河北臨西縣）人。五代、宋初將領。傳見《宋史》卷二五五。

夏四月甲午，立夫人董氏爲德妃。[1]

[1]董氏：即後周太祖郭威德妃。鎮州靈壽（今河北靈壽縣）人。傳見《舊五代史》卷一二一《周后妃列傳》、本書卷一九《周太祖家人傳》。　德妃：內命婦名。爲夫人之一。正一品。

五月辛未，追尊祖考爲皇帝，妣爲皇后：[1]高祖璟謚曰睿和，[2]廟號信祖，[3]祖妣張氏謚曰睿恭；[4]曾祖諶謚曰明憲，[5]廟號僖祖，祖妣申氏謚曰明孝；[6]祖蘊謚曰翼順，[7]廟號義祖，祖妣韓氏謚曰翼敬；[8]考謚曰章肅，[9]廟號慶祖，妣王氏謚曰章德。[10]

[1]祖考：指過世的祖先。　妣（bǐ）：指過世的母親、祖母及以上的女性祖先。

[2]璟：即郭璟。郭威高祖。本書僅此一見。　謚：即謚號。古代帝王、貴族、大臣等死後加給的表示褒貶的稱號。

［3］廟號：專指皇帝死後升祔太廟奉祀時所特立的名號。如某祖、某宗。

［4］祖妣張氏謚曰睿恭："祖"字原闕，據殿本、南監本、北監本、汪本、元刊本補。張氏，郭璟妻，郭威高祖母。本書僅此一見。

［5］諶：即郭諶。郭威曾祖。本書僅此一見。

［6］申氏：即郭威曾祖母。本書僅此一見。

［7］藴：即郭藴。郭威祖父。本書僅此一見。

［8］韓氏：郭威祖母。本書僅此一見。

［9］考：父親。

［10］王氏：郭簡妻，郭威母。本書僅此一見。

六月辛亥，范質及户部侍郎判三司李穀爲中書侍郎、同中書門下平章事。[1]竇貞固、蘇禹珪罷。癸丑，范質參知樞密院事。[2]丁巳，宣徽北院使翟光鄴爲樞密副使。[3]

［1］户部侍郎：官名。尚書省户部次官。協助户部尚書掌天下田户、均輸、錢穀之政令。正四品下。　三司：官署名。五代後唐明宗天成元年（926）合鹽鐵、度支、户部爲一職，始稱三司，爲中央最高之理財機構。　李穀：人名。潁州汝陰（今安徽阜陽市）人。後周宰相。傳見《宋史》卷二六二。　中書侍郎：官名。中書省副長官。唐後期三省長官漸爲榮銜，中書侍郎、門下侍郎却因參議朝政而職位漸重，常常用爲以"同三品"或"同平章事"任宰相者的本官。正三品。

［2］樞密院：官署名。唐代宗曾設樞密使，以宦官充任。五代時，後梁設置崇政院，掌管軍國大政；後唐改稱樞密院，與中書分理朝政。

[3]翟光鄴：人名。濮州鄄城（今山東鄄城縣）人，五代將領。傳見《舊五代史》卷一二九、本書卷四九。

秋七月戊寅，幸王峻第。[1]

[1]幸：古代帝王到達某地稱幸。

八月壬寅，契丹來歸趙瑩之喪。[1]

[1]趙瑩：人名。華州華陰（今陝西華陰市）人。後晉宰相。後晉被滅，隨出帝北遷契丹，卒於幽州。傳見《舊五代史》卷八九、本書卷五六。

冬十月丙午，漢人來討，討加有罪，漢之於周，義所得討。[1]攻自晉州。[2]云"自晉州"者，見漢兵當誅罪人于京師，自晉州而入耳。攻城無得失不書，此書者，許漢來討。

[1]討：原作"誅"，中華點校本據撫州刊本、浙江本、宗文本改，今從。
[2]晉州：州名。治所在今山西臨汾市。

十一月，王峻及建雄軍節度使王彥超拒之。[1]

[1]建雄軍：方鎮名。治所在晉州（今山西臨汾市）。

十二月，慕容彥超反。
二年春正月甲子，侍衛步軍都指揮使曹英爲兗州行營都部署。[1]庚午，高麗王昭使其廣評侍郎徐逢來。[2]

[1]曹英：人名。常山真定（今河北正定縣）人。後周將領。傳見《舊五代史》卷一二九。　行營都部署：官名。凡行軍征討，挂帥率軍戰鬥，總管行營事務。品秩不詳。

[2]高麗：即王氏高麗。10世紀至14世紀在朝鮮半島興起的封建政權。公元918年，由泰封國武將王建創建。後剪除新羅、百濟等群雄，實現"三韓一統"。　王昭：人名。高麗王朝第四任君主。高麗太祖王建第四子、惠宗王武弟。乾祐二年（949）受禪即位，廣順三年（953）被後周册封爲高麗國王。死後廟號光宗。參見〔朝〕鄭麟趾等《高麗史》卷二，西南師範大學出版社2014年版。　廣評侍郎：高麗王朝官名。廣評省（仿唐尚書省）副長官，協助廣評侍中總領百官。品秩不詳。詳見龔延明《高麗國初與唐宋官制之比較——關於唐宋官制對高麗官制影響研究之一》，《韓國研究》第一輯，杭州大學出版社1994年版，第124頁。　徐逢：人名。高麗王朝大臣。本書僅此一見。

二月庚寅，府州防禦使折德扆克岢嵐軍。[1]

[1]府州：州名。治所在今陝西府谷縣。　防禦使：官名。唐代始置，設有都防禦使、州防禦使兩種。常由刺史或觀察使兼任，實際上爲唐代後期州或方鎮的軍政長官。品秩不詳。　折德扆（yǐ）：人名。党項族。五代、宋初將領。後周靜難軍節度使折從阮子。傳見《宋史》卷二五三。　岢嵐軍：軍（政區單位）名。治所在今山西岢嵐縣。

三月丁巳朔，[1]寒食，望祭于郊。戊辰，內客省使鄭仁誨爲樞密副使，翟光鄴罷。[2]

[1]三月：原作"二月"，中華點校本據撫州刊本、浙江本、宗文本改，今從。

[2]內客省使：官名。中書省內客省長官。品秩不詳。　鄭仁誨：人名。晉陽（今山西太原市）人。後周太祖時樞密使、宰相。傳見《舊五代史》卷一二三、本書卷三一。

夏五月庚申，東征，李穀留守東都，[1]鄭仁誨爲大內都點檢。[2]癸亥，次曹州，[3]赦流罪以下囚。[4]乙亥，克兗州。彥超投井死，故不書伏誅。壬午，赦兗州。

[1]東都：即汴京開封府。
[2]大內都點檢：官名。五代後唐置，凡車駕行幸及出征則置。後周世宗顯德中選驍勇之士充殿前諸班，改稱殿前都點檢。品秩不詳。
[3]曹州：州名。治所在今山東曹縣西北。
[4]流罪：隋朝確定死、流、徒、杖、笞爲"五刑"。唐律規定，流刑分三等：二千里、二千五百里、三千里。直至明清相沿不變。

六月乙酉朔，幸曲阜，[1]祠孔子。庚子，至自兗州。

[1]曲阜：縣名。治所在今山東曲阜市。

秋九月乙丑，大僕少卿王演使于高麗。[1]契丹寇邊。

[1]大僕少卿：官名。太僕寺副長官。協助太僕卿管理車輿廄牧，審計籍帳，通判本寺事務。從四品上。　王演：人名。籍貫不

詳。後周大臣，卒於顯德年間。事見《册府》卷一四〇《帝王部·旌表第四》。

三年春正月乙卯，麟州刺史楊重訓叛于漢，[1]來附。

[1]麟州：州名。治所在今陝西神木市。　楊重訓：人名。籍貫不詳。北漢麟州刺史，歸順後周，被授予本州防禦使、檢校太傅。事見《舊五代史》卷一一七《周世宗紀》。

閏月丙戌，回鶻使獨呈相温來。[1]

[1]獨呈相温：人名。回鶻使者。本書僅此一見。

二月甲子，貶王峻爲商州司馬。[1]

[1]商州：州名。治所在今陝西商洛市商州區。　司馬：官名。州軍佐官，名義上紀綱衆務，通判列曹，品高俸厚，實際上無具體職事，多用以安置貶謫官員，或用作遷轉官階。上州從五品下，中州正六品下，下州從六品上。

三月甲申，封榮爲晉王。[1]不書子者，榮於禮不得爲子，不書子則當書其本姓，又不書者，周人所共諱。丙戌，鄭仁誨罷。己丑，棣州團練使王仁鎬爲右衛大將軍、樞密副使。[2]

[1]榮：人名。即柴榮。邢州龍岡（今河北邢臺市）人。後周太祖郭威養子，顯德元年（954）繼郭威爲帝，廟號世宗。紀見

《舊五代史》卷一一四至卷一一九、本書卷一二。

[2]棣州：州名。治所在今山東惠民縣。　團練使：官名。唐代中期以後，於不設節度使的地區設團練使，掌本區各州軍事。品秩不詳。　王仁鎬：邢州龍岡（今河北邢臺市）人。五代、宋初將領。傳見《宋史》卷二六一。　右衛大將軍：官名。唐置，掌宮禁宿衛。唐代置十六衛，即左右衛、左右驍衛、左右武衛、左右威衛、左右領軍衛、左右金吾衛、左右監門衛、左右千牛衛，各置上將軍，從二品；大將軍，正三品；將軍，從三品。

夏六月，大雨，水。
秋七月，契丹盧臺軍使張藏英來奔。[1]

[1]盧臺：軍（政區）名。治所在今天津寧河區盧臺鎮。參見余蔚《中國行政區劃通史》（遼金卷），復旦大學出版社2012年版，第326頁。　張藏英：人名。涿郡范陽（今河北涿州市）人。五代、宋初將領。傳見《宋史》卷二七一。

九月，吐渾党富達等來。[1]

[1]吐渾：即吐谷渾。　党富達：吐谷渾人。本書僅此一見。

冬十月庚申，馮道爲奉迎神主使。[1]

[1]神主：爲已死的君主、諸侯設的牌位。

十一月癸未，党項使吳恬磨五等來。[1]

[1]吳怙磨五：人名。党項族使臣。本書僅此一見。

十二月戊申，四廟神主至自西京，[1]迎之于西郊，祔于太廟。[2]壬申，殺天雄軍節度使王殷。乙亥，享于太廟。

[1]西京：地名。治所在今河南洛陽市。
[2]祔（fù）：即祔廟。指祔祭後死者於先祖之廟。歷代安放已故皇帝神主於太廟均稱祔廟，屬吉禮。　太廟：又稱大廟。祭祀帝王祖宗之廟。

顯德元年春正月丙子朔，[1]有事于南郊，[2]大赦，改元，群臣上尊號曰聖明文武仁德皇帝。戊寅，罷鄴都。丙戌，鎮寧軍節度使鄭仁誨爲樞密使。壬辰，端明殿學士、户部侍郎王溥爲中書侍郎、同中書門下平章事，[3]王仁鎬罷。是日，皇帝崩于滋德殿。[4]年五十一。書"是日"，連上文，嫌無崩日。

[1]顯德：五代後周太祖郭威年號（954）。世宗柴榮、恭帝柴宗訓沿用（954—960）。
[2]南郊：意爲都城南面之郊。代指南面郊區之祭天場所（圜丘），亦指祭天之禮（郊天）。古人用"郊""南郊""有事於南郊"指代在南郊之圜丘舉行的祭天典禮。
[3]端明殿學士：官名。後唐明宗始置，以翰林學士充任，負責誦讀四方書奏。品秩不詳。　王溥：人名。并州祁（今山西祁縣）人。後周、宋初宰相。傳見《宋史》卷二四九。
[4]崩：古代天子、帝王及其皇后等去世的代稱。　滋德殿：五代東京宮殿。位於今河南開封市。

新五代史　卷一二

周本紀第十二

　　世宗睿武孝文皇帝，本姓柴氏，邢州龍岡人也。[1]柴氏女適太祖，[2]是爲聖穆皇后。[3]后兄守禮子榮，[4]幼從姑長太祖家，以謹厚見愛，太祖遂以爲子。太祖後稍貴，榮亦壯，而器貌英奇，善騎射，略通書史黄老，[5]性沈重寡言。太祖爲漢樞密使，[6]榮爲左監門衛將軍，[7]太祖鎮天雄，[8]榮領貴州刺史、天雄軍牙內都指揮使。[9]

　　[1]邢州：州名。治所在今河北邢臺市。　龍岡：縣名。治所在今河北邢臺市。
　　[2]適：出嫁。　太祖：即後周太祖郭威。邢州堯山（今河北隆堯縣）人。五代後周王朝的建立者。紀見《舊五代史》卷一一○至卷一一三、本書卷一一。
　　[3]聖穆皇后：即後周太祖郭威的皇后柴氏。傳見《舊五代史》卷一二一、本書卷一九。
　　[4]守禮：人名。即柴守禮。邢州堯山（今河北隆堯縣）人。後周太祖郭威皇后柴氏之兄，世宗柴榮生父。後周時官至太傅。傳見本書卷二○。
　　[5]黄老：指黄帝與老子李耳。道家以黄老爲祖師，因而借指道家。

[6]樞密使：官名。樞密院長官。唐代宗時始以宦官掌機密，至昭宗時借朱温之力盡誅宦官，始改以士人任樞密使。備顧問，參謀議，出納詔奏，權侔宰相。品秩不詳。參見李全德《唐宋變革期樞密院研究》，北京圖書館出版社2009年版。

[7]左監門衛將軍：原作"左監門衛大將軍"，中華點校本據宗文本、本書卷二〇、《舊五代史》卷一一四改，今從。左監門衛將軍，官名。唐置，掌宫禁宿衛。唐代置十六衛，即左右衛、左右驍衛、左右武衛、左右威衛、左右領軍衛、左右金吾衛、左右監門衛、左右千牛衛，各置上將軍，從二品；大將軍，正三品；將軍，從三品。

[8]天雄：方鎮名。治所在魏州（今河北大名縣）。

[9]貴州：州名。治所在今廣西貴港市。 刺史：官名。州一級行政長官。漢武帝時始置，總掌考核官吏、勸課農桑、地方教化等事。唐中期以後，節度使、觀察使轄州而設，刺史爲其屬官，職任漸輕。從三品至正四品下。 牙内都指揮使：官名。即衙内都指揮使。唐、五代時期衙内指揮使爲節度使府衙内之牙將，統最親近衛兵，高一級的稱衙内都指揮使。品秩不詳。

乾祐三年冬，[1]周兵起魏，[2]犯京師，留榮守魏。太祖入立，拜澶州刺史、鎮寧軍節度使，[3]檢校太傅、同中書門下平章事。[4]榮素爲樞密使王峻所忌，[5]廣順三年正月來朝，[6]不得留。既而峻有罪誅，三月，拜榮開封尹，[7]封晉王。是冬，卜以來年正月朔旦有事于南郊，[8]而太祖遇疾，不能視朝者久之。[9]

[1]乾祐：後漢高祖劉知遠、隱帝劉承祐年號（948—950）。

[2]魏：州名。又稱鄴都。治所在今河北大名縣。時郭威爲鄴都留守、天雄軍節度使。

[3]澶州：州名。唐、五代初，治所在河南清豐縣。後晉天福四年（939），移治於今河南濮陽縣。　鎮寧軍：方鎮名。治所在澶州（今河南濮陽市）。　節度使：官名。唐時在重要地區所設掌握一州或數州軍、民、財政的長官。品秩不詳。

[4]檢校太傅：官名。爲散官或加官，以示恩寵，無實際執掌。品秩不詳。　同中書門下平章事：官名。簡稱"同平章事"。唐高宗以後，凡實際任宰相之職者，常在其本官後加同平章事的職銜。後成爲宰相專稱。品秩不詳。

[5]王峻：人名。相州安陽（今河南安陽市）人。五代將領，後周時任樞密使兼宰相。傳見《舊五代史》卷一三〇、本書卷五〇。

[6]廣順：五代後周太祖郭威年號（951—953）。

[7]開封尹：官名。即開封府尹。五代除後唐外均都汴州，升汴州爲開封府，置開封尹或知開封府事，執掌京師政務。從三品。

[8]南郊：意爲都城南面之郊。代指南面郊區之祭天場所（圜丘），亦指祭天之禮（郊天）。古人用"郊""南郊""有事於南郊"指代在南郊之圜丘舉行的祭天典禮。

[9]視朝：指天子臨朝聽政。時群臣皆列班行禮恭候，然後陳奏天下事。天子視政事之繁簡，或每日視朝，或朔、望日視朝，或逢五日視朝等。

顯德元年正月丙子，[1]郊，僅而成禮，即以王判内外兵馬事。[2]壬辰，太祖崩，[3]祕不發喪。丙申，發喪，皇帝即位于柩前。於書"封晉王"，正其非子矣。其餘假竊嗣君之禮，不待譏貶而可知，故皆無異辭。右監門衛大將軍魏仁浦爲樞密副使。[4]

[1]顯德：五代後周太祖郭威年號（954）。世宗柴榮、恭帝柴

宗訓沿用（954—960）。

［2］判：官制用語。即以他官兼代某職，稱判某職或判某職事。始於北齊。唐、五代以高官兼掌低職曰判。

［3］崩：古代天子、帝王及其皇后等去世的代稱。

［4］右監門衛大將軍：官名。唐置，掌宮禁宿衛。唐代置十六衛，各置上將軍，從二品；大將軍，正三品；將軍，從三品。　魏仁浦：人名。後周、宋初宰相。衛州汲（今河南衛輝市）人。傳見《宋史》卷二四九。　樞密副使：官名。樞密院副長官。品秩不詳。

二月庚戌，回鶻遣使者來。[1]丁卯，馮道爲大行皇帝山陵使，[2]太常卿田敏爲禮儀使，[3]兵部尚書張昭爲鹵簿使，[4]御史中丞張煦爲儀仗使，[5]開封少尹權判府事王敏爲橋道頓遞使。[6]漢人來討，[7]攻自潞州。[8]

［1］回鶻：古部族名。原係突厥鐵勒部的一支。唐天寶三載（744）建立回鶻汗國，9世紀中葉，回鶻汗國瓦解。其中一支爲甘州回鶻。11世紀初，甘州回鶻爲西夏所滅。參見楊蕤《回鶻時代：10—13世紀陸上絲綢之路貿易研究》，中國社會科學出版社2015年版。

［2］馮道：人名。瀛州景城（今河北滄州市）人。五代時官拜宰相，歷仕後唐、後晉、後漢、後周，亦曾臣服於契丹。傳見《舊五代史》卷一二六、本書卷五四。　大行皇帝：古代對已逝而停棺未葬的皇帝的諱稱。　山陵使：官名。唐貞觀中始置，掌議帝后陵寢制度、監造帝后陵寢。品秩不詳。

［3］太常卿：官名。太常寺長官，掌宗廟禮儀。正三品。　田敏：人名。淄州鄒平（今山東鄒平縣）人。五代、宋初大臣、學者。傳見《宋史》卷四三一。　禮儀使：官名。掌禮儀政令。品秩不詳。

[4]兵部尚書：官名。尚書省兵部長官。掌兵衛、武選、車輦、甲械、廐牧之政令。正三品。　張昭：人名。世居濮州范縣（今河南范縣）。五代、宋初大臣。傳見《宋史》卷二六三。　鹵簿使：官名。掌帝后車駕儀仗事。品秩不詳。

[5]御史中丞：官名。如不置御史大夫，則爲御史臺長官。掌司法監察。正四品下。　張煦：人名。籍貫不詳。後周時擔任散騎常侍、刑部尚書、兵部尚書等職。事見《舊五代史》卷一一一至一一三《周太祖紀》、卷一一四《周世宗紀》。　儀仗使：官名。皇帝大駕出行時設置。非常設官，均由他官兼代。掌總儀仗事務。品秩不詳。

[6]開封少尹：官名。協助開封府尹處理京城政務。品秩不詳。　權：官員任用類別之一。與攝相近，是一種暫時的委任。唐、五代時，知、判、兼等類的任用，往往冠以"權"字，稱爲權知、權判、權兼，以表示其爲暫任。　王敏：人名。單州金鄉（今山東金鄉縣）人。後周時曾任刑部侍郎、司農卿等職。傳見《舊五代史》卷一二八。　橋道頓遞使：官名。頓，即宿食之所。大禮時置，以知開封府事充任，掌事先周知皇帝郊祀時所要經過的道路橋梁，安排皇帝居息之所，並運送郊祀需用之物至舉行郊祀之處。品秩不詳。

[7]漢人：此處指北漢政權的軍隊。

[8]潞州：州名。治所在今山西長治市。

　　三月辛巳，大赦。癸未，鄭仁誨留守東京。[1]乙酉，如潞州以攻漢。不曰伐，曲在周，不可以大小爲言，故用兩相攻爲文。壬辰，次澤州，[2]閱兵于北郊。[3]癸巳，及劉旻戰于高原，[4]敗之，與其不屈于周，不與其稱帝，故書姓名。追及于高平，[5]又敗之。丁酉，幸潞州。己亥，侍衛馬軍都指揮使樊愛能、步軍都指揮使何徽伏誅。[6]壬寅，天雄軍節度使符彥卿爲河東行營都部署。[7]

[1]鄭仁誨：人名。晉陽（今山西太原市）人。後周太祖時樞密使、宰相。傳見《舊五代史》卷一二三、本書卷三一。　留守：官名。古代皇帝出巡或親征時指定親王或大臣留守京城，綜理國家軍事、行政、民事、財政，稱京城留守。在陪都或軍事重鎮也常設留守。品秩不詳。　東京：後晉天福三年（938）升汴州爲開封府（今河南開封市），建爲東京。後漢、後周及北宋皆都此，俗稱汴京。

[2]澤州：州名。治所在今山西澤州縣。

[3]北郊：古時稱都城北城爲北郊。

[4]劉旻：人名。初名崇，西突厥沙陀部人。後漢高祖劉知遠從弟，五代十國北漢王朝的建立者。傳見《舊五代史》卷一三五、本書卷七〇。　高原：指廣闊且相對平坦的高地。

[5]高平：縣名。治所在今山西高平市。

[6]侍衛馬軍都指揮使：官名。爲侍衛親軍馬軍司長官。後梁始置侍衛親軍，爲禁軍的一支，後唐沿置並成爲禁軍主力，下設馬軍、步軍。品秩不詳。　樊愛能：人名。籍貫不詳。後周將領，高平之戰中不戰而逃，後被周世宗處死，以正軍法。事見《通鑑》卷二九一。　步軍都指揮使：官名。爲侍衛親軍步軍司長官。後梁始置侍衛親軍，爲禁軍的一支，後唐沿置並成爲禁軍主力，下設馬軍、步軍。品秩不詳。　何徽：人名。籍貫不詳。後周將領，高平之戰中不戰而逃，後被周世宗處死，以正軍法。事見《通鑑》卷二九一。

[7]符彥卿：人名。陳州宛丘（今河南淮陽縣）人。後周、宋初將領。周世宗宣懿皇后、宋太宗懿德皇后，皆符彥卿女。傳見《宋史》卷二五一。　河東：方鎮名。治所在太原府（今山西太原市）。　行營都部署：官名。凡行軍征討，挂帥率軍戰鬥，總管行

營事務。品秩不詳。

夏四月乙卯，葬聖神文武恭肅孝皇帝于嵩陵。[1]在鄭州新鄭縣。汾州防禦使董希顔叛于漢，來附。[2]丙辰，遼州刺史張漢超叛于漢，來附。[3]辛酉，取嵐、憲州。[4]壬戌，立衛國夫人符氏爲皇后。[5]取石、沁州。[6]乙丑，馮道薨。庚午，赦潞州流罪以下囚。[7]如太原。[8]忻州監軍李勍殺其刺史趙皋，[9]叛于漢，來附。

[1]聖神：原作"神聖"，中華點校本據宋人吳縝《五代史纂誤》卷上引用《五代史》乙正，今從。　嵩陵：後周太祖郭威陵墓，位於今河南新鄭市。

[2]汾州：州名。治所在今山西汾陽市。　防禦使：官名。唐代始置，設有都防禦使、州防禦使兩種。常由刺史或觀察使兼任，實際上爲唐代後期州或方鎮的軍政長官。品秩不詳。　董希顔：人名。籍貫不詳。北漢將領。本書僅此一見。

[3]遼州：州名。治所在今山西左權縣。　張漢超：人名。籍貫不詳。北漢將領。本書僅此一見。

[4]嵐：州名。治所在今山西嵐縣。　憲州：州名。治所在今山西婁煩縣。

[5]衛國夫人符氏：即後周世宗宣懿皇后符氏。陳州宛丘（今河南淮陽縣）人。符彦卿女。傳見《舊五代史》卷一二一、本書卷二〇。

[6]石：州名。治所在今山西呂梁市離石區。　沁州：州名。治所在今山西沁源縣。

[7]流罪：隋朝確定死、流、徒、杖、笞爲"五刑"。唐律規定，流刑分三等：二千里、二千五百里、三千里。直至明清，相沿不變。

［8］太原：府名。治所在今山西太原市。

［9］忻州：州名。治所在今山西忻州市。　監軍：官名。爲臨時差遣，代表朝廷協理軍務、督察將帥。唐、五代時常以宦官爲監軍。品秩不詳。　李勍（qíng）：人名。籍貫不詳。北漢忻州監軍，後歸順後周，授忻州刺史。事見《舊五代史》卷一一四。　趙皋：人名。籍貫不詳。北漢將領。本書僅此一見。

五月丙子，代州守將鄭處謙叛于漢，來附。[1]契丹救漢。丁酉，回鶻使因難敵略來。[2]符彥卿及契丹戰于忻口，敗績，先鋒都指揮使史彥超死之。[3]六月乙巳，班師。乙丑，次新鄭，[4]遂拜嵩陵。庚午，至自太原。秋七月庚辰，閲稼于南御莊。[5]癸巳，樞密院直學士、工部侍郎景範爲中書侍郎、同中書門下平章事，[6]魏仁浦爲樞密使。冬十月甲辰，殺左羽林大將軍孟漢卿。[7]

［1］代州：州名。治所在今山西代縣。　鄭處謙：人名。籍貫不詳。北漢防禦使，降周後爲靜塞軍節度使。事見《通鑑》卷二九二。

［2］因難敵略：人名。回鶻使者。本書僅此一見。

［3］忻口：地名。位於今山西忻州市北四十五里忻口村，兩山相夾，滹沱河流經其間。　先鋒都指揮使：官名。先鋒，即先鋒部隊。都指揮使，爲所部統兵將領。品秩不詳。　史彥超：人名。雲州（今山西大同市）人。後周將領。傳見《舊五代史》卷一二四、本書卷三三。

［4］新鄭：縣名。治所在今河南新鄭市。

［5］閲稼：指查看農作物生長情況。　南御莊：地名。位於今河南開封市。

[6]樞密院直學士：官名。五代後唐同光元年（923），改直崇政院置，選有政術文學者充任。充皇帝侍從，備顧問應對。品秩不詳。　工部侍郎：官名。尚書省工部次官。協助尚書掌管百工山澤水土之政令，考其功以昭賞罰，總所同各司之事。正四品下。　景範：人名。淄州長山（今山東鄒平縣）人。後周宰相。傳見《舊五代史》卷一二七。　中書侍郎：官名。中書省副長官。唐後期三省長官漸爲榮銜，中書侍郎、門下侍郎却因參議朝政而職位漸重，常常用爲以"同三品"或"同平章事"任宰相者的本官。正三品。

[7]左羽林大將軍：官名。羽林軍統帥，與右羽林大將軍共掌北衙禁兵。正三品。　孟漢卿：人名。籍貫不詳。後周將領，因監納厚取耗餘賜死。事見《舊五代史》卷一一四。

二年五代亂世，以嗣君即位者五，而改元不依古者四，梁末帝、晉出帝即位踰年，宜改元而不改，又明年然後改，漢隱帝、周世宗皆仍稱先帝年號，終其世不改，而《本紀》無譏者，但書其實，自見其失也。春二月，御札求直言。[1]

[1]御札：指皇帝的手札、手詔。

夏五月辛未，宣徽南院使向訓、鳳翔節度使王景伐蜀。[1]甲戌，大毁佛寺，禁民親無侍養而爲僧尼及私自度者。[2]

[1]宣徽南院使：官名。唐始置。宣徽南院的長官。初用宦官，五代以後改用士人。與宣徽北院使通掌內諸司及三班內侍之名籍，郊祀、朝會、宴享供帳之儀，檢視內外進奉名物。品秩不詳。參見王永平《論唐代宣徽使》，《中國史研究》1995年第1期；王孫盈

政《再論唐代的宣徽使》，《中華文史論叢》2018年第3期。　向訓：人名。懷州河内（今河南沁陽市）人。五代、宋初將領。避周恭帝諱改名向拱。傳見《宋史》卷二五五。　鳳翔：方鎮名。治所在鳳翔府（今陝西鳳翔縣）。　王景：人名。萊州掖縣（今山東萊州市）人。五代、宋初將領。傳見《宋史》卷二五二。　蜀：即後蜀。五代十國之一。後唐清泰元年（934），蜀王孟知祥稱帝於成都（今四川成都市），國號蜀，史稱後蜀。轄境相當於今四川和陝西南部、甘肅東南部、湖北西南部地區。北宋乾德三年（965）爲宋所滅。

[2]度：即剃度。佛教信徒出家受戒的規儀之一，即剃除鬚髮。

秋九月丙寅朔，頒銅禁。閏月癸丑，向訓克秦州。[1]

[1]秦州：州名。治所在今甘肅天水市。

冬十月辛未，取成州。[1]戊寅，高麗使王子太相融來。[2]取階州。[3]

[1]成州：州名。治所在今甘肅成縣。
[2]高麗：朝鮮古國。即王氏高麗。918年，後三國（即朝鮮新羅、後百濟、泰封）之一泰封國武將王建自立爲王，改國號爲高麗，935年滅新羅，次年滅後百濟，再次統一朝鮮。參見〔朝〕鄭麟趾等《高麗史》，西南師範大學出版社2014年版。　太相融：人名。高麗王子。本書僅此一見。此人應爲高麗使者王融，職官爲大相。參見陳俊達《＜新五代史＞校正一則》，《黑河學院學報》2016年第6期。
[3]階州：州名。治所在今甘肅隴南市武都區。

十一月乙未朔，李穀爲淮南道行營都部署以伐唐。[1]戊申，王景克鳳州。[2]

[1]李穀：人名。潁州汝陰（今安徽阜陽市）人。後周宰相。傳見《宋史》卷二六二。　淮南道：道名。唐貞觀十道、開元十五道之一。唐貞觀元年（627）置，轄境相當於今淮河以南，長江以北，東至海，西至今湖北中部。開元二十一年（733）置淮南道采訪處置使，治所在揚州（今江蘇揚州市）。乾元元年（758）廢。但作爲地理區劃一直沿用至五代。　唐：即南唐。五代十國之一。後晉天福二年（937），吳主楊溥禪位於徐知誥，知誥即皇帝位於金陵，史稱南唐。

[2]鳳州：州名。治所在今陝西鳳縣。

十二月丙戌，鄭仁誨薨。[1]

[1]薨（hōng）：古代有一定地位的人去世稱薨。周時諸侯去世稱薨，唐代二品以上官去世稱薨。

三年春正月，增築京城。庚子，向訓留守東京。壬寅，南征。辛亥，侍衛親軍都指揮使李重進及唐人戰于正陽，[1]敗之。甲寅，重進爲淮南道行營都招討使。[2]

[1]李重進：人名。滄州（今河北滄州市）人。五代將領，後周太祖郭威外甥。傳見《宋史》卷四八四。　正陽：地名。位於今安徽壽縣西南、淮河南岸正陽關。

[2]行營都招討使：官名。自後梁至後周均設此職，掌同招討使，負責某一路、某一道或某一方征討、招撫之事。掌管區域較大

而且長官資深者，則委以諸道行營都招討使和副都招討使，否則爲行營招討使和副招討使。品秩不詳。

二月丙寅，幸下蔡浮橋。[1]壬申，克滁州。[2]甲戌，李景來求成，[3]不答。壬午，景使其臣鍾謨來奉表。[4]丙戌，取揚州。[5]辛卯，取泰州。[6]

[1]幸：古代帝王到達某地稱幸。　下蔡：縣名。治所在今安徽鳳臺縣。

[2]滁州：州名。治所在今安徽滁州市。

[3]李景：人名。初名景通，後改名璟，又避後周諱改爲景。五代南唐國主李昇長子。942年父亡，繼位稱帝。在位初期，據有江淮之間三十餘州，爲南方强國。後期在後周世宗進攻下，盡失江北十四州，被迫削帝號，稱臣於後周，晚年又遷都於南昌。北宋初年卒。傳見《舊五代史》卷一三四《僭僞列傳》、本書卷六二《南唐世家》。

[4]鍾謨：人名。其先會稽（今浙江紹興市）人，後徙建安（今福建建甌市。一說徙崇安，即今福建武夷山市）。未幾，又僑居金陵（今江蘇南京市）。五代十國南唐大臣、詩人。傳見馬令《南唐書》卷一九、陸游《南唐書》卷七。　表：此處指降表。帝王表示降服的表章。

[5]揚州：州名。治所在今江蘇揚州市。

[6]泰州：州名。治所在今江蘇泰州市。

三月庚子，內外馬步軍都軍頭袁彥爲竹龍都部署。[1]是月，取光、舒、常州。[2]書"是月"，見取三州不同日。

[1]内外馬步軍都軍頭：官名。禁軍軍職，掌宿衛。品秩不詳。"都軍頭"，原作"都頭"，中華點校本據撫州刊本、宗文本、《舊五代史》卷一一六《周世宗紀三》、《宋史》卷二六一《袁彦傳》改，今從。　袁彦：人名。河中河東（今山西永濟市）人。五代、宋初將領。傳見《宋史》卷二六一。　竹龍都部署：官名。據《宋史》卷二六一《袁彦傳》："（袁彦）改岳州防禦使。從征壽州，爲城北造竹龍都部署。竹龍者，以竹數十萬竿，圍而相屬，上設版屋，載甲士數百人，以攻其城。"品秩不詳。

[2]光：州名。治所在今河南潢川縣。　舒：州名。治所在今安徽潛山縣。　常州：州名。治所在今江蘇常州市。

夏四月，常、泰州復入于唐。
五月乙卯，至自淮南，[1]赦京師囚。

[1]淮南：今淮河以南、長江以北地區。時屬南唐境内。

六月壬申，德音赦淮南囚。
秋七月，皇后崩。揚、光、舒、滁州復入于唐。
八月乙丑，課民種木及韭。[1]

[1]課：指徵收賦税。

九月丙午，端明殿學士、左散騎常侍王朴爲尚書户部侍郎、樞密副使。[1]

[1]端明殿學士：官名。後唐明宗始置，以翰林學士充任，負責誦讀四方書奏。品秩不詳。　左散騎常侍：官名。門下省屬官。

掌侍奉規諷，備顧問應對。正三品下。　王朴：人名。東平（今山東東平縣）人。後周大臣，官至樞密使。曾獻《平邊策》，提出了統一全國先易後難之戰略方針，被周世宗采納。傳見《舊五代史》卷一二八、本書卷三一。　戶部侍郎：官名。尚書省戶部次官。協助戶部尚書掌天下田戶、均輸、錢穀之政令。正四品下。

冬十月辛酉，葬宣懿皇后于懿陵。[1]

[1]懿陵：周世宗宣懿皇后符氏陵墓。位於今河南新鄭市。

十一月庚寅，廢諸祠不在祀典者。乙巳，殺李景之臣孫晟。[1]書"殺景臣"而不書晟死，蓋已深罪周殺忠臣，則晟之死節自著。

[1]孫晟（shèng）：人名。密州（今山東諸城市）人。南唐宰相。傳見《舊五代史》卷一三一、本書卷三三。

四年春正月己丑朔，赦非死罪囚。
二月甲戌，王朴留守東京。乙亥，南征。
三月丁未，克壽州。[1]不書劉仁贍降，事見《死節傳》。蓋仁贍實不降，故書周自克之爾。"克"者，難取之名也，壽難取，則見仁贍之節著，不書"死之"者，仁贍自以病死，以其至死守節，故列之《死節傳》。

[1]壽州：州名。治所在今安徽壽縣。

夏四月己巳，至自壽州。己卯，放降卒八百歸于蜀。癸未，追册彭城郡夫人劉氏爲皇后。[1]

[1]劉氏：即後周世宗貞惠皇后劉氏。籍貫不詳。後漢乾祐三年（950）被隱帝誅殺。郭威即位後追册彭城郡夫人。傳見《舊五代史》卷一二一《周后妃列傳》、本書卷二〇《周世宗家人傳》。

五月丙申，殺密州防禦使侯希進。[1]

[1]密州：州名。治所在今山東諸城市。 侯希進：人名。籍貫不詳。時爲密州防禦使，一作防禦副使。因不奉朝旨被殺。事見《舊五代史》卷一一七《周世宗紀》。

秋八月乙亥，李穀罷，王朴爲樞密使。癸未，蜀人來歸我濮州刺史胡立。[1]

[1]濮州：州名。治所在今山東甄城縣。 胡立：人名。籍貫不詳。後周裨將。顯德二年（955）爲後蜀將領王環所擒。事見《舊五代史》卷一一七《周世宗紀》、卷一二九《王環傳》。

冬十月己巳，王朴留守東京，三司使張美爲大内都點檢。[1]壬申，南征。

[1]張美：人名。貝州清河（今河北清河縣）人。五代、宋初大臣。傳見《宋史》卷二五九。 大内都點檢：官名。五代後唐置，凡車駕行幸及出征則置。後周世宗顯德中選驍勇之士充殿前諸班，改稱殿前都點檢。品秩不詳。

十二月乙卯，泗州守將范再遇叛于唐，[1]以其州來降。庚申，濠州團練使郭廷謂以其州來降。[2]身居其地而來降者書"附"，再遇、廷謂雖以地降，既降而不居其地，故不書"附"而書"降"。廷謂不書"叛"，事見《南唐世家》。丁丑，取泰州。

[1]泗州：州名。治所在今江蘇泗洪縣東南，今已没入洪澤湖中。　范再遇：人名。籍貫不詳。時爲南唐泗州守將，以城降，被授予宿州團練使。傳見《舊五代史》卷一一七《周世宗紀》。

[2]濠州：州名。治所在今安徽鳳陽縣。　團練使：官名。唐代中期以後，於不設節度使的地區設團練使，掌本區各州軍事。品秩不詳。　郭廷謂：人名。徐州彭城（今江蘇徐州市）人。五代、宋初將領。傳見《宋史》卷二七一。

五年春正月丁亥，取海州。[1]壬辰，取静海軍。[2]丁未，克楚州，[3]守將張彦卿、鄭昭業死之。[4]自四年十二月辛酉攻之，彦卿等堅守四十餘日乃克之，其不走不降可知，故予其死。《本紀》書"死"者十餘人，宋令詢及李逯、彦卿、昭業皆以事迹不完不能立傳。然所貴者死爾，《本紀》著其大節可矣。

[1]海州：州名。治所在今江蘇連雲港市海州區。

[2]静海軍：方鎮名。五代時期有三"静海軍"。一是，後晋天福四年（939）吴越置。治所在溫州（今浙江溫州市）。北宋太平興國三年（978）廢。二是，後周顯德五年（958）升静海鎮置。治静海縣（今江蘇南通市）。尋改爲崇州，又改爲通州。三是，唐時舊鎮。咸通七年（866）升安南都護府置，治交州（治今越南河內市）。

[3]楚州：州名。治所在今江蘇淮安市。

[4]張彥卿：人名。籍貫不詳。時爲南唐楚州防禦使。傳見陸游《南唐書》卷一一。　鄭昭業：人名。南唐將領，與張彥卿守楚州城四十餘日，城破而死。事見本書卷六二《南唐世家》。

二月甲寅，取雄州。[1]丁卯，如揚州。癸酉，如瓜洲。[2]

[1]雄州：州名。治所在今江蘇南京市六合區。
[2]瓜洲：地名。指瓜洲渡口。位於今江蘇揚州市以南長江邊。

三月壬午朔，如泰州。丁亥，復如揚州。辛卯，幸迎鑾。[1]己亥，克淮南十有四州，以江爲界。并前所得通十四州耳，書之，見其本志所止。辛亥，[2]李景來貢宴。

[1]迎鑾：此處指迎鑾江。即揚子江。江以揚子津、揚子鎮（今江蘇儀征市）得名，揚子鎮亦名迎鑾鎮，故亦稱江爲迎鑾江。
[2]辛亥：句上原有"三月"二字，中華點校本據撫州刊本刪，今從。

夏四月庚申，[1]祔五室神主于新廟。[2]壬申，至自淮南，回鶻、達靼遣使來。[3]

[1]夏：原闕，中華點校本據撫州刊本、宗文本補，今從。
[2]祔（fù）：即祔廟。指祔祭後死者於先祖之廟。歷代安放已故皇帝神主於太廟均稱祔廟，屬吉禮。　神主：爲已死的君主、諸侯設的牌位。
[3]達靼（dá）：古代北方民族名。又譯爲達怛、達旦、達達、

塔塔兒等。族名始見於唐末，原爲突厥的一支，後依附於回鶻。回鶻衰亡後，其族始强，占據陰山以北的蒙古草原，建有韃靼國。

六月辛未，放降卒四千六百于唐。

秋七月乙酉，水部員外郎韓彦卿市銅于高麗。[1]丁亥，頒《均田圖》。[2]

[1]水部員外郎：官名。水部郎中的副職。從六品上。　韓彦卿：人名。籍貫不限。時韓彦卿以帛數千匹赴高麗買銅以鑄錢。事見本書卷七四《四夷附録・高麗》

[2]《均田圖》：周世宗欲均天下田租，以唐元稹所撰《均田圖》爲致治之本，下令頒行天下。

九月，占城國王釋利因德縵使莆訶散來。[1]

[1]占城：古國名。亦稱占婆。位於今越南中南部。漢至唐稱林邑，唐至德以後改稱環王。公元9世紀後期改稱占城。1471年，其大部分領土被越南後黎王朝所併。17世紀末亡於廣南阮氏。　釋利因德縵：人名。一作"釋利因德漫"。占城國王。事見本書卷七四《四夷附録・占城》。　莆訶散：占城國使者。時貢猛火油八十四瓶、薔薇水十五瓶。事見本書卷七四《四夷附録・占城》。

冬十月丁酉，括民租。[1]

[1]括：清查。

十一月庚戌，作《通禮》《正樂》。[1]

[1]《通禮》《正樂》：即《大周通禮》《大周正樂》。時翰林學士竇儼奏請集文學之士，撰集《大周通禮》《大周正樂》。周世宗從之。

十二月丙戌，罷州縣課户、俸户。[1]

[1]課户：凡人户中有成丁納税者，稱爲課户。　俸户：承擔官員俸禄的田户。始出現於後漢乾祐年間。

六年春正月，高麗王昭遣使者來。[1]辛酉，女真使阿辨來。[2]

[1]昭：即王昭。人名。高麗（今朝鮮）人。高麗王朝第四任君主。高麗太祖王建之子、惠宗王武弟。乾祐二年（949）受禪即位，廣順三年（953）被後周册封爲高麗國王。死後廟號光宗。參見〔朝〕鄭麟趾等《高麗史》卷二，西南師範大學出版社2014年版。
[2]女真：中國東北古代民族之一。本源於唐代之靺鞨，五代時始稱女真。分布於我國東北松花江、黑龍江中下游，東至於海。分生女真、熟女真兩大部分。11世紀，女真完顔部逐漸强大，形成以完顔部爲中心的部落聯盟。1114年，完顔部首領阿骨打發動反遼戰争，次年稱帝，建國號爲"金"。先後滅遼和北宋，成爲與南宋對峙的一代王朝。　阿辨：人名。女真使者。本書僅此一見。

三月己酉，甘州回鶻來獻玉，[1]却之。庚申，王朴薨。丙寅，宣徽南院使吴廷祚留守東京。[2]癸酉，停給銅魚。甲戌，北征。是月，吴廷祚爲左驍衛上將軍、樞密使。[3]

[1]甘州回鶻：部族名。亦稱"河西回鶻"。9世紀中遷入河西的回鶻之一支。居甘州（今甘肅張掖市），依附於吐蕃。其首領自稱可汗。後歷代可汗多受中原王朝册封，並與五代各王朝有頻繁的通貢互市關係。參見楊蕤《回鶻時代：10—13世紀陸上絲綢之路貿易研究》，中國社會科學出版社2015年版。

[2]吴廷祚：原作"吴延祚"，中華點校本據《隆平集》卷九、《東都事略》卷二三、《宋史》卷二五七《吴廷祚傳》、《吴廷祚墓誌》（拓片刊《北京圖書館藏中國歷代石刻拓本匯編》第三十七册）、其子《吴元載墓誌》（拓片刊《千唐誌齋藏誌》）改，今從。吴廷祚，并州太原（今山西太原市）人。後周、宋初將領。傳見《宋史》卷二五七。

[3]左驍衛上將軍：官名。唐置，掌宫禁宿衛。唐代置十六衛，各置上將軍，從二品；大將軍，正三品；將軍，從三品。

夏四月壬辰，取乾寧軍。[1]辛丑，取益津關，[2]以爲霸州。[3]癸卯，取瓦橋關，[4]以爲雄州。[5]州縣廢置不書，此書，重復中國故地。世宗下三關，瓦橋、益津以建州及見，淤口關止置寨，故《舊史》《實録》皆闕不書，遂不見其取得時日，今信安軍是也。

[1]乾寧軍：方鎮名。治所在永安縣（今河北青縣）。
[2]益津關：唐置，在今河北霸州市。五代後晋初地入契丹，後周顯德六年（959）收復其地，置霸州。此關與瓦橋關、淤口關合稱三關，爲五代時邊防重鎮。
[3]霸州：州名。治所在今河北霸州市。
[4]瓦橋關：唐置。位於今河北雄縣。五代後晋初地入契丹。

後周顯德六年（959）收復，建爲雄州。與益津關、淤口關合稱三關。

[5]雄州：州名。治所在今河北雄縣。

五月乙巳朔，取瀛州。[1]復中國故地，故不書"契丹"。甲戌，至自雄州。

[1]瀛州：州名。治所在今河北河間市。

六月癸未，立皇后符氏，[1]符氏無國爵，不曰立符氏爲皇后，嫌同於不正也。蓋其位先定而後娶，故書曰"立皇后符氏"，文理宜然，無褒貶也。封子宗訓爲梁王、宗讓燕國公。[2]戊子，占城使莆訶散來。己丑，范質、王溥參知樞密院事，[3]魏仁浦同中書門下平章事。癸巳，皇帝崩于滋德殿。[4]年三十九。

[1]符氏：周世宗宣懿皇后符氏妹，符彥卿女。宋初遷西宮，號周太后。傳見本書卷二〇《周世宗家人傳》。

[2]宗訓：人名。即柴宗訓。周世宗柴榮第四子。顯德六年（959）封梁王，不久即位。次年陳橋驛兵變，趙匡胤率兵回京，柴宗訓被迫禪位。後封鄭王。死後謚恭皇帝。紀見《舊五代史》卷一二〇、本書本卷。　宗讓：人名。即柴宗讓。又作熙讓。後周世宗子。傳見《舊五代史》卷一二二《周宗室列傳》、本書卷二〇《周世宗家人傳》。

[3]范質：人名。大名宗城（今河北威縣）人。後周、宋初宰相。傳見《宋史》卷二四九。　王溥：人名。并州祁（今山西祁縣）人。後周、宋初宰相。傳見《宋史》卷二四九。

［4］滋德殿：五代東京宮殿。位於今河南開封市。

恭皇帝，世宗第四子宗訓也。世宗即位，大臣請封皇子爲王，世宗謙抑久之。及北取三關，[1]遇疾還京師，始封宗訓梁王，時年七歲。

［1］三關：後周與遼朝之間邊地要隘，即瓦橋關（在今河北雄縣）、益津關（在今河北霸州市）、淤口關（在今河北霸州市）或高陽關（在今河北高陽縣）。

顯德六年六月癸巳，世宗崩。甲午，皇帝即位于柩前。癸卯，范質爲大行皇帝山陵使，翰林學士竇儀爲禮儀使，[1]兵部尚書張昭爲鹵簿使，御史中丞邊歸讜爲儀仗使，[2]宣徽南院使、判開封府事昝居潤爲橋道頓遞使。[3]

［1］竇儀：人名。薊州漁陽（今天津薊州區）人。五代、宋初大臣。傳見《宋史》卷二六三。

［2］御史中丞：官名。如不置御史大夫，則爲御史臺長官。掌司法監察。正四品下。　邊歸讜：人名。幽州薊（今天津薊州區）人。傳見《宋史》卷二六二。

［3］昝（zǎn）居潤：人名。博州高唐（今山東高唐縣）人。五代、宋初將領。傳見《宋史》卷二六二。

秋七月丁未，户部尚書李濤爲山陵副使，[1]度支郎中盧億爲判官。[2]

[1]户部尚書：官名。尚書省户部長官。掌管全國土地、户籍、賦税、財政收支諸事。正三品。　李濤：人名。京兆萬年（今陝西西安市長安區）人。五代、宋初大臣。傳見《宋史》卷二六二。山陵副使：官名。協助山陵使處理帝后陵寢制度、監造帝后陵寢。品秩不詳。

[2]度支郎中：官名。尚書省户部度支司長官。掌判天下租賦、財利收入總額，計度和供給國家支出。從五品上。　盧億：人名。懷州河内（今河南沁陽市）人。五代、宋初大臣。傳見《宋史》卷二六四。　判官：官名。此處指山陵判官。協助山陵使、副使處理帝后陵寢制度、監造帝后陵寢。品秩不詳。

八月庚寅，封弟熙讓爲曹王，[1]熙謹紀王，[2]熙誨蘄王。[3]壬寅，高麗遣使者來。

[1]熙讓：即柴宗讓。
[2]熙謹：即柴熙謹。周世宗柴榮子，北宋乾德二年（964）卒。傳見《舊五代史》卷一二二《周宗室列傳》。
[3]熙誨：即柴熙誨。周世宗柴榮子，北宋乾德二年（964）卒。傳見《舊五代史》卷一二二《周宗室列傳》。

九月丙寅，左驍衛大將軍戴交使于高麗。[1]

[1]左驍衛大將軍：官名。唐置，掌宫禁宿衛。唐代置十六衛，各置上將軍，從二品；大將軍，正三品；將軍，從三品。　戴交：人名。五代、宋初大臣。本書僅此一見。

冬十一月壬寅，葬睿武孝文皇帝于慶陵。[1]在鄭州管城縣。高麗遣使者來。

七年春正月甲辰，遜于位。宋興。五代之亡，所書不同，隨事爲文爾。"梁亡"見唐之速，"漢亡"見周之遲也。唐欺天下以討賊，周欺天下以立質。故書"梁亡"，見唐之立速，則知其志不在討賊也；"漢亡"見周之立遲，則知立質者僞也。唐亡無辭，莊宗之弒，唐已亡矣，而明宗又稱唐，愍帝之奔，唐又亡矣，而廢帝又稱唐，其亡也不可以屢書，故不書也。晋亡曰"契丹滅晋"，明言以深戒。周曰"遜于位"，遜，順也，能順乎天命也。

[1]慶陵：後周世宗柴榮陵墓。位於今河南新鄭市。

嗚呼，《五代本紀》備矣！[1]備，謂喪亂之事，無所不有。君臣之際，可勝道哉。梁之友珪反，[2]唐戕克寧而殺存乂、從璨，[3]則父子骨肉之恩幾何其不絶矣。太妃薨而輟朝，[4]立劉氏、馮氏爲皇后，[5]則夫婦之義幾何其不乖而不至於禽獸矣。寒食野祭而焚紙錢，[6]居喪改元而用樂，[7]殺馬延及任圜，[8]則禮樂刑政幾何其不壞矣。至於賽雷山、傳箭而撲馬，[9]則中國幾何其不夷狄矣。可謂亂世也歟！而世宗區區五六年間，取秦隴，[10]平淮右，[11]復三關，威武之聲震懾夷夏，而方内延儒學文章之士，考制度、修通禮、定正樂、議刑統，[12]其制作之法皆可施於後世。其爲人明達英果，論議偉然。即立之明年，廢天下佛寺三千三百三十六。是時中國乏錢，乃詔悉毁天下銅佛像以鑄錢，嘗曰："吾聞佛說以身世爲妄，而以利人爲急，使其真身尚在，苟利於世，猶欲割截，况此銅像，豈其所惜哉？"由是群臣皆不敢言。嘗夜讀書，見唐元稹《均田圖》，[13]慨然歎曰："此致治之本也，王者之政自此始！"乃詔頒其圖法，使吏民先習知之，期以一歲大均天下之田，其規爲志意豈小哉！其伐南唐，問宰相李穀以計策；後克淮南，出穀疏，使學士陶穀爲贊，[14]而盛以錦囊，嘗置之坐側，其英武之材可謂雄傑。及其虛心聽納，用人不疑，豈非所謂賢主哉！其北取三關，兵不血刃，而史家猶譏其輕社稷之重，而僥倖一勝於倉卒，殊不知其料彊弱、較彼我而乘述律之殆，[15]得不可失之機，此非明於決勝者，孰能至哉？誠非史氏之所及也！

[1]五代：即後梁、後唐、後晉、後漢、後周五朝。　本紀：亦稱"紀"。紀傳體史書中記載歷代帝王事迹的傳記。備一代史事概要，爲全書的綱領。司馬遷《史記》，即用"本紀"記述帝王，按年月排比大事。後世紀傳體史書均沿用此例。

[2]友珪：人名。即朱友珪。後梁太祖朱溫次子，殺朱溫自立。後追廢爲庶人。事見《舊五代史》卷八《梁末帝紀》、本書卷三《梁本紀》。

[3]克寧：人名。即李克寧。沙陀部人。五代將領，後唐太祖李克用季弟。後爲莊宗李存勖所殺。傳見《舊五代史》卷五〇《唐宗室列傳》、本書卷一四《唐太祖家人傳》。　存乂：人名。即李存乂。李克用子，李存勖弟。同光三年（925）封睦王。後以郭崇韜之婿故爲莊宗李存勖所殺。傳見《舊五代史》卷五一《唐宗室列傳》、本書卷一四《唐太祖家人傳》。　從璨：人名。即李從璨。後唐明宗李嗣源侄。因不屈從權臣安重誨，被重誨奏劾，貶謫賜死。傳見《舊五代史》卷五一《唐宗室列傳》、本書卷一五《唐明宗家人傳》。

［4］太妃：後唐太祖李克用正室劉氏。同光三年（925）五月卒於晉陽，莊宗廢朝五日。事見《舊五代史》卷三二《唐莊宗紀》。

［5］劉氏：即莊宗神閔敬皇后劉氏。後唐莊宗同光二年（924）二月，立劉氏爲皇后。劉氏出生低微，好興利聚財。事見《舊五代史》卷四九《唐后妃列傳》、本書卷五《唐本紀》。　馮氏：即後晉出帝皇后馮氏，天福八年（943）十月立。馮氏於出帝爲叔母。事見《舊五代史》卷八六《晉后妃列傳》、本書卷九《晉本紀》。

［6］寒食：節令名。在清明前一或二日。　野祭：此處指望祭。古代君臣遥望祝祭山川之禮。也稱爲望祀、望祠、望衍。據本書卷九《晉本紀》：“（天福八年）二月，庚午，寒食，望祭顯陵于南莊，焚御衣、紙錢。”注云：“焚衣野祭之類，皆閭巷人之事，用之天子，見禮樂壞甚。”

［7］改元：古代新君即位或在位時，以其次年或當年更爲新紀元元年，是爲改元。

［8］馬延：人名。籍貫不詳。後唐明宗天成元年（926）七月，權臣安重誨出，殿直馬延誤衝其前導，安重誨怒而於御史臺門前殺之。事見《舊五代史》卷五八《李琪傳》、本書卷六《唐本紀》。
任圜：京兆三原（今陝西三原縣）人。後唐明宗時拜同中書門下平章事，後與權臣安重誨失和，被誣與叛臣朱守殷通謀而殺。傳見《舊五代史》卷六七、本書卷二八。

［9］賽雷山：據《舊五代史》卷三二《唐莊宗紀》：“（同光二年七月）乙酉，幸龍門之雷山，祭天神，從北俗之舊事也。”

［10］秦隴：秦嶺和隴山的並稱。指陝西、甘肅一帶。

［11］淮右：即淮西地區。

［12］刑統：此處指《大周刑統》。法典名。後周顯德五年（958）侍御史知雜事張湜等奉詔編集。

［13］元稹：人名。河南（今河南洛陽市）人。唐憲宗朝宰相，著名詩人。傳見《舊唐書》卷一六六、《新唐書》卷一七四。

[14]陶穀：人名。邠州新平（今陝西彬州市）人。五代、宋初大臣。傳見《宋史》卷二六九。

[15]述律：即遼穆宗耶律璟，951年至969年在位。遼太宗耶律德光之子。紀見《遼史》卷六。

新五代史　卷一三

梁家人傳第一

文惠皇后王氏　元貞皇后張氏　昭儀陳氏　昭容李氏
德妃張氏　次妃郭氏　廣王全昱　朗王存 子友寧 友倫
郴王友裕　博王友文　康王友孜

　　嗚呼，梁之惡極矣！自其起盜賊，至於亡唐，其遺毒流于天下。天下豪傑，四面並起，孰不欲戡刃於胸，[1]然卒不能少挫其鋒以得志。梁之無敵於天下，可謂虎狼之強矣。及其敗也，因於一二女子之娛，至於洞胸流腸，刲若羊豕，[2]禍生父子之間，乃知女色之能敗人矣。自古女禍，大者亡天下，其次亡家，其次亡身，身苟免矣，猶及其子孫，雖遲速不同，未有無禍者也。然原其本末，未始不起於忽微。《易·坤》之初六曰："履霜，堅冰至。"《家人》之初九曰："閑有家，悔亡。"其言至矣，可不戒哉！梁之家事，《詩》所謂"不可道"者。至於唐、晉以後，親疏嫡庶亂矣！作《家人傳》。

[1]戡（kān）：攻克，平定。中華點校本據撫州刊本、宗文本於"胸"前補"其"字。
[2]刲（kuī）：割取之意。

文惠皇后王氏

梁太祖母曰文惠皇后王氏，單州單父人也。[1]其生三子：長曰廣王全昱，[2]次曰朗王存，[3]其次太祖。[4]

[1]單州：州名。治所在今山東單縣。
[2]全昱：人名。即朱全昱。傳見《舊五代史》卷一二、本書本卷。
[3]存：人名。即朱存。傳見本書本卷。
[4]太祖：即後梁太祖朱温。紀見本書卷一至卷二。

后少寡，攜其三子傭食蕭縣人劉崇家。[1]太祖壯而無賴，縣中皆厭苦之。崇患太祖慵墮不作業，數加笞責，獨崇母憐之，時時自爲櫛沐，[2]戒家人曰："朱三非常人也，宜善遇之！"黃巢起，[3]太祖與存俱亡爲盜，從黃巢攻廣州，[4]存戰死。居數歲，太祖背巢降唐，反以破巢，遂鎮宣武。[5]乃遣人以車馬之蕭縣，迎后於崇家。使者至門，后惶恐走避，謂劉氏曰："朱三落魄無行，作賊死矣，何以至此邪！"使者具道太祖所以然，后乃驚喜泣下，與崇母俱載以歸，封晉國太夫人。

[1]蕭縣：縣名。治所在今安徽蕭縣。　劉崇：人名。籍貫、事迹不詳。
[2]櫛沐：梳洗之意。

[3]黃巢：人名。曹州冤句（今山東菏澤市）人。唐末農民起義領袖。傳見《舊唐書》卷二〇〇下、《新唐書》卷二二五下。

[4]廣州：州名。治所在今廣東廣州市。

[5]宣武：方鎮名。中和三年（883），唐廷任朱溫爲汴州刺史、宣武軍節度使，宣武軍成爲朱溫的根據地。

太祖置酒太夫人前，舉觴爲壽，歡甚。太祖啓曰："朱五經平生讀書，[1]不登一第，有子爲節度使，無忝於先人也。"后惻然良久曰："汝能至此，可謂英特，然行義未必得如先人也！"太祖莫知其故，后曰："朱二與汝俱從黃巢，獨死蠻嶺，其孤皆在午溝，[2]汝今富貴，獨不念之乎？"太祖泣涕謝罪，乃悉召存諸子以歸。太祖剛暴多殺戮，后每誡之，多賴以全活。

大順二年秋，[3]后疾，卜者曰："宜還故鄉。"乃歸。卒於午溝。太祖即位，立四廟，追尊皇考爲文穆皇帝，[4]后曰文惠皇后。

[1]朱五經：人名。即朱溫的父親朱誠，爲村塾先生，"朱五經"爲朱溫戲謔之稱。

[2]午溝：地名。位於今安徽碭山縣。

[3]大順：唐昭宗李曄年號（890—891）。

[4]文穆皇帝：中華點校本據撫州刊本、宗文本、《五代會要》卷一、《册府》卷一八九、《通鑑》卷二六六於"穆"字前補"文"字，今從。

元貞皇后張氏

太祖元貞皇后張氏，單州碭山縣渠亭里富家子也。[1]太祖少以婦聘之,生末帝。[2]太祖貴,封魏國夫人。

[1]碭(dàng)山縣:縣名。治所在今安徽碭山縣。
[2]末帝:人名。即後梁末帝朱友貞,913年至923年在位。紀見《舊五代史》卷八至卷一〇、本書卷三。

后賢明精悍,動有禮法,雖太祖剛暴,亦嘗畏之。太祖每以外事訪之,后言多中。太祖時時暴怒殺戮,后嘗救護,人賴以獲全。太祖嘗出兵,行至中途,后意以爲不然,馳一介召之,如期而至。

郴王友裕攻徐州,[1]破朱瑾於石佛山,[2]瑾走,友裕不追,太祖大怒,奪其兵。友裕惶恐,與數騎亡山中,久之,自匿於廣王。后陰使人教友裕脱身自歸,友裕晨馳入見太祖,拜伏庭中,泣涕請死,太祖怒甚,使左右捽出,將斬之。后聞之,不及履,走庭中持友裕泣曰"汝束身歸罪,豈不欲明非反乎?"太祖意解,乃免。

[1]友裕:人名。即朱友裕。傳見《舊五代史》卷一二、本書本卷。　徐州:州名。治所在今江蘇徐州市。
[2]朱瑾:人名。宋州下邑(今河南夏邑縣)人。傳見本書卷四二。　石佛山:山名。即今雲龍山,位於今江蘇徐州市城南。

太祖已破朱瑾,納其妻以歸,后迎太祖於封丘,[1]太祖告之。后遽見瑾妻,瑾妻再拜,后亦拜,悽然泣下曰:"兖、鄆與司空同姓之國,[2]昆仲之間,以小故興干戈，而使吾姒至此；若不幸汴州失守，[3]妾亦如此矣！"言已又泣。太祖爲之感動，乃送瑾妻爲尼，后嘗給其衣食。司空，太祖時檢校官也。

[1]封丘：縣名。治所在今河南封丘縣。
[2]兗（yǎn）：州名。治所在今山東濟寧市兗州區。　鄆（yùn）：州名。治所在今山東東平縣。
[3]汴州：州名。治所在今河南開封市。

天祐元年，[1]后以疾卒。太祖即位，追册爲賢妃。初葬開封縣潤色鄉，[2]末帝立，追謚曰元貞皇太后，祔于宣陵。[3]后已死，太祖始爲荒淫，卒以及禍云。

[1]天祐：唐昭宗李曄開始使用的年號（904—907）。唐哀帝李柷沿用。唐亡後，河東李克用、李存勖仍稱天祐，沿用至天祐二十年（923）。五代十國其他政權亦有行此年號者，如南吴、吴越等。
[2]開封縣：縣名。治所在今河南開封市祥符區。
[3]宣陵：朱温的陵墓，位於今河南伊川縣白沙鎮常嶺村北的高臺地上。

昭儀陳氏

昭儀陳氏，宋州人也，[1]少以色進。太祖已貴，嬪妾數百，而昭儀專寵。太祖嘗疾，昭儀與尼數十人晝夜爲佛法，未嘗少懈，太祖以爲愛己，尤寵之。開平三年，[2]度爲尼，居宋州佛寺。

[1]宋州：州名。治所在今河南商丘市睢陽區。
[2]開平：後梁太祖朱溫年號（907—911）。

昭容李氏

昭容李氏，亦以色進。尤謹愿，未嘗去左右。太祖病，晝寢方寐，棟折，獨李氏侍側，遽牽太祖衣，太祖驚走，棟折寢上，太祖德之，拜昭容。皆不知其所終。

德妃張氏

末帝德妃張氏，其父歸霸，[1]事太祖爲梁功臣。帝爲王時，以婦聘之。帝即位，將册妃爲后，妃請待帝郊天，而帝卒不得郊。貞明五年，[2]妃病甚，帝遽册爲德妃，其夕薨，年二十四。

[1]歸霸：人名。即張歸霸。清河（今河北清河縣）人。後梁將領。傳見《舊五代史》卷一六、本書卷二二。
[2]貞明：後梁末帝朱友貞年號（915—921）。中華點校本云《舊五代史》卷八、《通鑑》卷二八九及本書本卷《康王友孜傳》，繫其事於貞明元年。

次妃郭氏

次妃郭氏，父歸厚，[1]事梁爲登州刺史。[2]妃少以色進。梁亡，唐莊宗入汴，[3]梁故妃妾，皆號泣迎拜。賀王友雍妃石氏有色，[4]莊宗召之，石氏慢罵，莊宗殺之。次以召妃，妃懼而聽命。已而度爲尼，賜名誓正，[5]居于洛陽。[6]

[1]歸厚：人名。籍貫不詳。本書僅此一見。
[2]登州：州名。治所在今山東蓬萊市。　刺史：官名。州一級行政長官。漢武帝時始置，總掌考核官吏、勸課農桑、地方教化等事。唐中期以後，節度使、觀察使轄州而設，刺史爲其屬官，職任漸輕。從三品至正四品下。
[3]唐莊宗：即李存勖。代北沙陀人，五代後唐開國皇帝。紀見《舊五代史》卷二七至卷三四、本書卷四至卷五。
[4]友雍：人名。後梁太祖之子。事見本書本卷。
[5]誓正：中華點校本引錢大昕《考異》卷六二云，"誓"當作"晉"。
[6]洛陽：地名。即今河南洛陽市。

初，莊宗之入汴也，末帝登建國樓，[1]謂控鶴指揮使皇甫麟曰："吾，晉世讎也，不可俟彼刀鋸，卿可盡我命，無使我落讎人之手！"[2]麟與帝相持慟哭。是夕，進刃於帝，麟亦自刭。莊宗入汴，命河南張全義葬其尸，[3]藏其首於太社。晉天福三年，[4]詔太社先藏罪人首級，許親屬收葬，乃出末帝首，遣右衛將軍安崇阮與妃同葬之。[5]妃卒洛陽。

[1]建國樓：後梁都城開封宮城正南門樓，位於今河南開封市。
[2]控鶴指揮使：官名。宿衛近侍之官。品秩不詳。　皇甫麟：人名。籍貫不詳。此事另見《舊五代史》卷一〇、卷三〇。　吾，晉世讎也：中華點校本據撫州刊本、宗文本改作"晉，吾世讎也"。
[3]張全義：人名。後因犯諱，改名張宗奭。亦作"張言"。

濮州臨濮（今山東鄄城縣）人。唐末將領，後降於諸葛爽。傳見《舊五代史》卷六三、本書卷四五。

[4]天福：五代後晉高祖石敬瑭年號（936—942），出帝石重貴沿用至天福九年（944）。中華點校本云《舊五代史》卷一〇、卷七六，《通鑑》卷二八一，《册府》卷四二，皆繫其事於天福二年。

[5]右衛將軍：官名。《舊五代史》卷九〇記安崇阮以右衛上將軍致仕，疑此處脱"上"字。右衛上將軍，官名。唐置，掌宫禁宿衛。唐代置十六衛，即左右衛、左右驍衛、左右武衛、左右威衛、左右領軍衛、左右金吾衛、左右監門衛、左右千牛衛，各置上將軍，從二品；大將軍，正三品；將軍，從三品。　安崇阮：人名。一作安重阮。潞州上黨（今山西長治市）人。唐代將領。傳見《舊五代史》卷九〇。

太祖二兄：曰全昱，曰存。八子：長曰友裕，次曰友珪、友璋、友貞、友雍、友徽、友孜，其一養子曰友文。

開平元年五月乙酉，封友文爲博王、友珪郢王、友璋福王、友貞均王、友雍賀王、友徽建王。友裕前即位卒，追封郴王，而康王友孜，末帝即位封。

友璋初爲壽州團練使、[1]押左右番殿直、監豐德庫，友珪時，爲鄆州留後，[2]末帝時，爲忠武軍節度使，[3]徙鎮武寧，[4]及友雍、友徽皆不知其所終。

[1]壽州：州名。治所在今安徽壽縣。　團練使：官名。唐代中期以後，於不設節度使的地區設團練使，掌本區各州軍事。品秩不詳。

[2]留後：官名。原非正式命官，唐朝節度使入朝或宰相、親王遥領節度使不臨鎮則置。安史之亂後，節度使多以子弟或親信爲留後，以代行節度使職務，亦有軍士、叛將自立爲留後者。掌一州或數州軍政。北宋始爲朝廷正式命官。

[3]忠武軍：方鎮名。治所在陳州（今河南淮陽縣）。

[4]武寧：方鎮名。治所在徐州（今江蘇徐州市）。

廣王全昱

廣王全昱，太祖即位封。太祖與仲兄存俱亡爲盗，全昱獨與其母猶寄食劉崇家。太祖已貴，乃與其母俱歸宣武，領山南西道節度使。[1]以太師致仕。

[1]山南西道：方鎮名。治所在興元府（今陝西漢中市）。中華點校本云浙江本、宗文本"山南西道"作"嶺南西道"。

太祖將受禪，有司備禮前殿，全昱視之，顧太祖曰："朱三，爾作得否？"太祖宴居宮中，與王飲博，[1]全昱酒酣，取骰子擊盆而迸之，呼太祖曰："朱三，爾碭山一百姓，遭逢天子用汝爲四鎮節度使，於汝何負？而滅他唐家三百年社稷，吾將見汝赤其族矣，安用博爲！"太祖不悦，罷會。全昱亦不樂在京師，常居碭山故里。三子皆封王：友諒衡王，友能惠王，友誨邵王。

[1]飲博：飲酒博戲。中華點校本據撫州刊本、宗文本於"王"前補"諸"字。

乾化元年，[1]升宋州爲宣武軍，[2]以友諒爲節度使。友諒進瑞麥一莖三穗，太祖怒曰："今年宋州大水，何用此爲！"[3]乃罷友諒，居京師。太祖卧病，全昱來視疾，與太祖相持慟哭；太祖爲釋友諒，使與東歸。貞明二年，全昱以疾薨。徙衡王友諒嗣封廣王。

[1]乾化：後梁太祖朱溫年號（911—912）。

[2]升宋州爲宣武軍：《太平寰宇記》載宋州"開平三年，升爲宣武軍"。《五代會要》卷二四、《舊五代史》卷四皆記爲開平三年（909）宋州升爲宣武軍。李曉傑認爲《新五代史》所記後梁置宋州節度使年誤，當從《五代會要》《舊五代史》《通鑑》之說。參見李曉傑《中國行政區劃通史・五代十國卷》，復旦大學出版社2017年版，第342頁。

[3]宋州大水：《通鑑》卷二六七、《五代會要》卷一一、《舊五代史》卷一四一所記宋州大水是在開平四年（910）。

友能爲宋、滑二州留後、陳州刺史，[1]所至爲不法，姦人多依倚之。而陳俗好淫祠左道，其學佛者，自立一法，號曰"上乘"，晝夜伏聚，男女雜亂。妖人母乙、董乙聚衆稱天子，[2]建置官屬，友能初縱之，乙等攻劫州縣，末帝發兵擊滅之。自康王友孜謀反伏誅，末帝始疏斥宗室，宗室皆反仄。貞明四年，[3]友能以陳州兵反，犯京師，至陳留，[4]兵敗，還走陳州，後數月降，末帝赦之，降爲房陵侯。

[1]滑：州名。治所在今河南滑縣。　陳州：州名。治所在今河南淮陽縣。

[2]母乙、董乙：人名。另事見《舊五代史》卷一〇、本書卷三。　晝夜伏聚：中華點校本據撫州刊本、宗文本改作"晝伏夜聚"。

[3]貞明四年：中華點校本云本書卷三、《舊五代史》卷一〇、《通鑑》卷二七一，皆叙此事於龍德元年（921）。

[4]陳留：縣名。治所在今河南開封市陳留鎮。

友誨爲陝州節度使，[1]欲以州兵爲亂，末帝召還京師，與友諒、友能皆被幽囚。梁亡，莊宗入汴，皆見殺。

[1]陝州：州名。治所在今河南三門峽市陝州區。

朗王存　子友寧　友倫

朗王存，初與太祖俱從黄巢攻廣州，存戰死。存子友寧、友倫。

友寧字安仁，幼聰敏，喜愠不形於色。太祖以爲軍校，善用弓劍。遷衙内制勝都指揮使、龔州刺史。[1]太祖圍鳳翔，[2]遣友寧東備宣武。王師範襲梁，[3]圍齊州，[4]友寧引兵擊之，奪馬千匹，斬首數千級。太祖奉昭宗還京師，[5]拜友寧建武軍節度使，[6]賜號"迎鑾毅勇功臣"。太祖復遣攻師範，圍博昌，[7]屠之，清河爲之不流。戰於石樓，[8]兵敗，友寧墮馬見殺。

[1]衙内制勝都指揮使：官名。所部統兵將領。衙内爲禁衛軍，制勝爲部隊番號。品秩不詳。　龔州：州名。治所在今廣西平

南縣。

［2］鳳翔：方鎮名。治所在鳳翔府（今陝西鳳翔縣）。

［3］王師範：人名。青州（今山東青州市）人。唐末、五代軍閥。傳見《舊五代史》卷一三、本書卷四二。

［4］齊州：州名。治所在今山東濟南市。

［5］昭宗：即唐昭宗李曄，888年至904年在位。紀見《舊唐書》卷二〇上、《新唐書》卷一〇。

［6］建武軍：方鎮名。治所在邕州（今廣西南寧市）。

［7］博昌：縣名。治所在今山東博興縣。

［8］石樓：地名。位於今山東青州市南。

友倫幼亦明敏，通《論語》、小學，曉音律。存已死，太祖以友倫爲元從馬軍指揮使，表右威武將軍。[1]燕人攻魏內黃，[2]友倫以前鋒夜渡河，奪馬千匹。李罕之以潞州降梁，[3]晉人攻潞，友倫以兵入潞州，取罕之以歸。累遷檢校司空，領藤州刺史。[4]太祖圍鳳翔，晉人襲梁，友倫以兵三萬至礬山，[5]晉人乃却，友倫西會太祖於鳳翔。昭宗還長安，拜友倫寧遠軍節度使。[6]太祖東歸，留友倫宿衛，伺察昭宗所爲。友倫擊鞠墜馬死，太祖大怒，以兵七萬至河中。昭宗涕泣，不知所爲，將奔太原，不果。宰相崔胤遣人止太祖，[7]太祖以爲友倫胤等殺之，奏請誅胤等，昭宗未從，乃遣友諒至京師，以兵圍開化坊，殺胤及京兆尹鄭元規、皇城使王建勳、飛龍使陳班、閣門使王建襲、客省使王建义、前左僕射張濬。[8]

［1］元從馬軍指揮使：官名。所部統兵將領。元從，自初始即

追隨在側的部屬。元從馬軍爲部隊番號。品秩不詳。　右威武將軍：官名。中華點校本云《舊五代史》卷一二、《册府》卷三六七"右威武將軍"作"右武衛將軍"，當是。右武衛將軍，唐置十六衛之一，掌宮禁宿衛。從三品。

[2]内黄：縣名。治所在今河南内黄縣。

[3]李罕之：人名。陳州項城（今河南項城市）人。唐末軍閥，後依附於諸葛爽。傳見《新唐書》卷一八七、《舊五代史》卷一五、本書卷四二。　潞州：州名。治所在今山西長治市。

[4]檢校司空：官名。爲散官或加官，以示恩寵，無實際執掌。品秩不詳。　藤州：州名。治所在今廣西藤縣。

[5]礬（fán）山：山名。位於今河北涿鹿縣東南。

[6]寧遠軍：方鎮名。治所在容州（今廣西容縣）。

[7]崔胤：人名。清河武城（今山東武城縣）人。唐末宰相。傳見《舊唐書》卷一七七、《新唐書》卷二二三下。

[8]京兆尹：官名。唐開元元年（713）改雍州置京兆府，治所在今陝西西安市。以京兆尹總其政務。從三品。　鄭元規：人名。籍貫不詳。唐末將領。事見《舊唐書》卷二〇上、卷一七七，《新唐書》卷一八三、卷二〇八。　皇城使：官名。唐末始置，爲皇城司長官，一般由君主的親信充任，以拱衛皇城。品秩不詳。王建勳：人名。籍貫不詳。唐末將領。事見《舊唐書》卷二〇上。飛龍使：官名。唐武則天時始置，初以宦官爲之，掌仗内飛龍廄馬，玄宗天寶時猶屬閑廄使，代宗以後閑廄御馬皆歸之。品秩不詳。　陳班：人名。籍貫不詳。唐末大臣。事見《舊唐書》卷二〇上、《新唐書》卷二二三下。　閤門使：官名。唐末置，掌管供奉乘輿、朝會游幸、大宴引贊、引接親王宰相百僚藩國朝見、糾彈失儀等。品秩不詳。　王建襲：人名。籍貫不詳。唐末大臣。事見《舊唐書》卷二〇上。　客省使：官名。客省長官。唐代宗時始置，五代沿置。掌接待四方奏計及外族使者。品秩不詳。　王建義：人名。籍貫不詳。唐末大臣。事見《舊唐書》卷二〇上。　左僕射：

官名。秦始置。隋、唐前期以左、右僕射佐尚書令總理六官，綱紀庶務，如不置尚書令，則總判省事，爲宰相之職。唐後期多爲大臣加銜。從二品。　張濬：人名。宿州符離（今安徽宿州市埇橋區）人。唐僖宗時任户部侍郎、同中書門下平章事，唐昭宗時任尚書左僕射，後被朱温所殺。傳見《舊唐書》卷一七九、《新唐書》卷一八五。

太祖即位，已封宗室，中書上議，故皇兄存，皇姪建武軍節度使友寧、寧遠軍節度使友倫，皆當封。於是追封存朗王、友寧安王、友倫密王。

郴王友裕

郴王友裕字端夫，幼善騎射，從太祖征伐，能以寬厚得士卒心。

太祖與晉圍黄鄴於西華，[1]鄴卒荷稍登城罵敵，[2]晉王使胡騎連射不能中。太祖顧友裕，一發中之，軍中皆大讙呼，晉王喜，遺友裕良弓百矢。太祖鎮宣武，以爲衙内都指揮使。[3]景福元年，[4]太祖攻鄆，友裕以先鋒次斗門，[5]鄆兵夜擊之，友裕敗走。太祖從後來，不知友裕之敗也，前軍遇敵多死。太祖至村落間，始與友裕相得。是時，朱宣在濮州，[6]太祖乃遣友裕先以二百騎前，太祖後至，與友裕相失。太祖卒與敵遇，敗而走。敵兵追之甚急，前至大溝，幾不免，賴溝中有積薪，馬乃得過，梁將李璠等死者十餘人。[7]

[1]黄鄴：人名。一作黄思鄴。曹州冤句（山東菏澤市）人。

黃巢堂弟，爲黃巢部將。事見《舊唐書》卷一九下，《舊五代史》卷一、卷一二、卷二五。　尚讓：人名。黃巢部將，後被時溥所殺。事見《舊唐書》卷二〇〇下、《新唐書》卷二二五下。　西華：縣名。治所在今河南西華縣。

[2]矟（shuò）：通"槊"。古兵器，長矛。

[3]衙内都指揮使：官名。唐五代時期衙内指揮使爲節度使府衙内之牙將，統最親近衛兵，高一級的稱衙内都指揮使。品秩不詳。

[4]景福：唐昭宗李曄年號（892—893）。

[5]斗門：地名。位於今河南濮陽縣東南。

[6]朱宣：人名。一作朱瑄。宋州下邑（今河南夏邑縣）人。朱瑾堂兄，唐末軍閥，後爲天平軍節度使。傳見《舊唐書》卷一八二、《新唐書》卷一八八、《舊五代史》卷一三、本書卷四二。　濮州：州名。治所在今山東鄄城縣。

[7]李璠（fán）：人名。籍貫不詳。唐末將領。事見《舊五代史》卷一、本書本卷。

冬，友裕取濮州，遂圍時溥於徐州。[1]朱瑾以兵二萬救溥，友裕敗瑾于石佛山，[2]瑾走。都虞候朱友恭讒之太祖，[3]以爲瑾可追而友裕不追。太祖大怒，奪其兵屬龐師古，[4]以友裕屬吏，使者誤致書於友裕，友裕惶恐，不知所爲，賴張皇后教之，得免。權知許州。[5]許州近蔡，[6]苦於大寇，居民殘破，友裕招撫流散，增户三萬餘。

[1]時溥：人名。徐州彭城（今江蘇徐州市）人。唐末地方武裝首領。平定了黃巢之亂，後割據徐州。傳見《舊唐書》卷一八

二、《新唐書》卷一八八。

　　[2]石佛山：山名。即今雲龍山。位於今江蘇徐州市城南。

　　[3]都虞候：官名。唐五代方鎮高級軍官。品秩不詳。　朱友恭：人名。壽春（今安徽壽縣）人。本姓李，朱溫養子。傳見《新唐書》卷二二三下、《舊五代史》卷一九。

　　[4]龐師古：人名。曹州南華（今山東菏澤市）人。唐末將領。傳見《舊五代史》卷二一、本書卷二一。

　　[5]許州：州名。治所在今河南許昌市。

　　[6]蔡：州名。治所在今河南汝南縣。

　　遷諸軍都指揮使，與平兗、鄆，還領許州。崔洪奔淮南，[1]友裕引兵定蔡州，市不易肆。太祖兼鎮護國軍，[2]以友裕爲留後。遷忠武軍節度使。[3]太祖攻鳳翔，未下，去攻邠州。[4]友裕破靈臺、良原，[5]下隴州，[6]楊崇本以邠州降。[7]後崇本復叛，太祖遣友裕攻之，屯于永壽。[8]友裕以疾卒。

　　[1]崔洪：人名。籍貫不詳。唐末將領。事見《舊唐書》卷二〇上，《新唐書》卷一八六、卷一八八。

　　[2]護國軍：方鎮名。治所在河中府（今山西永濟市）。

　　[3]忠武軍節度使：中華點校本云《舊五代史》卷一二叙其事作"華州節度使"，《通鑑》卷二六五作"鎮國節度使"。

　　[4]邠州：州名。治所在今陝西彬縣。

　　[5]靈臺：縣名。治所在今甘肅靈臺縣。　良原：縣名。治所在今甘肅靈臺縣西北梁原鄉。

　　[6]隴州：州名。治所在今陝西隴縣。

　　[7]楊崇本：人名。李茂貞義子，唐末軍閥。傳見《舊五代史》卷一三、本書卷四〇。

[8]永壽：縣名。治所在今陝西永壽縣。

博王友文

博王友文字德明，本姓康名勤。幼美風姿，好學，善談論，頗能爲詩，太祖養以爲子。

太祖領四鎮，以友文爲度支鹽鐵制置使。[1]太祖用兵四方，友文征賦聚斂以供軍實。太祖即位，以故所領宣武、宣義、天平、護國四鎮征賦，[2]置建昌宮總之，[3]以友文爲使，封博王。太祖幸西都，[4]友文留守東京。[5]

[1]度支鹽鐵制置使：官名。時朱友文掌四鎮財政、軍需事務。品秩不詳。

[2]宣義：方鎮名。治所在滑州（今河南滑縣）。 天平：方鎮名。治所在今鄆州（今山東東平縣）。

[3]建昌宮：宮城名。五代後梁建都開封，朱溫將原節度使衙署改建爲皇宮，命名爲建昌宮。

[4]西都：地名。五代後梁開平元年（907）建都開封府，號東都，改唐東都河南府洛陽爲西都。

[5]東京：地名。即都城開封。

庶人友珪者，太祖初鎮宣武，略地宋、亳間，[1]與逆旅婦人野合而生也。長而辯黠多智。博王友文多材藝，太祖愛之，而年又長，太祖即位，嫡嗣未立，心嘗獨屬友文。太祖自張皇后崩，無繼室，諸子在鎮，皆邀其婦入侍。友文妻王氏有色，尤寵之。太祖病久，王氏與友珪妻張氏，嘗專房侍疾。太祖病少間，謂王氏曰："吾知終不起，汝之東都，召友文來，吾與之決。"蓋心欲以後事屬之。乃謂敬翔曰：[2]"友珪可與一郡，趣使之任。"乃以友珪爲萊州刺史。[3]

[1] 亳：州名。治所在今安徽亳州市。
[2] 敬翔：人名。同州馮翊（今陝西大荔縣）人。後梁大臣。傳見《舊五代史》卷一八、本書卷二一。
[3] 萊州：州名。治所在今山東萊州市。

太祖素剛暴，既病而喜怒難測，是時左降者，必有後命，友珪大懼。其妻張氏曰："大家以傳國寶與王氏，使如東都召友文，君今受禍矣！"夫婦相對而泣。左右勸友珪曰："事急計生，何不早自爲圖？"友珪乃易衣服，微行入左龍虎軍，[1] 見統軍韓勍計事，[2] 勍夜以牙兵五百隨友珪，雜控鶴衛士而入。夜三鼓，斬關入萬春門，[3] 至寢中，侍疾者皆走。太祖惶駭起呼曰："我疑此賊久矣，恨不早殺之，逆賊忍殺父乎！"友珪親吏馮廷諤以劍犯太祖，[4] 太祖旋柱而走，劍擊柱者三，太祖憊，仆于牀，廷諤以劍中之，洞其腹，腸胃皆流。友珪以祖褥裹之，瘞之寢中，[5] 秘喪四日。乃出府庫，大賚羣臣及諸軍。遣受旨丁昭浦矯詔馳至東都，[6] 殺友文。又下詔曰："朕艱難創業，踰三十年。託于人上，忽焉六載，中外協力，[7] 期于小康。豈意友文陰畜異圖，將行大逆。昨二日夜，甲士突入大内，賴友珪忠孝，[8] 領兵勤戮，保全朕躬。然而疾恙震驚，彌所危殆。友珪克平兇逆，厥功靡倫，宜委權主軍國。"然後發喪。乾化二年六月既望，[9]友珪於柩前即皇帝位，拜韓勍忠武軍節度使，以末帝爲汴州留後，河中朱友謙爲中書令。[10]友謙不受命。而懷州龍驤軍三千，[11]劫其將劉重霸，[12]據懷州，自言討賊。三年正月，友珪祀天於洛陽南郊，改元曰鳳曆。[13]

[1]左龍虎軍：禁軍名。唐朝禁衛軍，也是唐朝最爲精鋭的軍隊之一。後梁沿置。

[2]統軍：官名。唐置六軍，分左、右羽林，左、右龍武，左、右神武等，即"北衙六軍"。興元元年（784），六軍各置統軍，以寵功勳臣。其品秩，《唐會要》卷七一、《舊唐書》卷一二記載爲"從二品"，《通鑑》卷二二九記載爲"從三品"。 韓勍（qíng）：人名。籍貫不詳。後梁將領。事見《舊五代史》卷七、本書卷四五。

[3]萬春門：宮城門。洛陽皇宮東門。

[4]馮廷諤：人名。籍貫不詳。朱友珪政變後，使其殺朱温，並假傳遺詔，助朱友珪登上帝位。後爲保護朱友珪率禁軍與袁象先等厮殺，自刎而死。事見《舊五代史》卷七。

[5]瘞之寢中："瘞之"二字原闕，《通鑑》作"瘞於寢殿"。中華點校本據宗文本補，今從。

[6]丁昭浦：人名。籍貫不詳。唐末宦官，時爲供奉官。事見《舊五代史》卷八。中華點校本云《通鑑》卷二六八、《通曆》卷一二作"丁昭溥"。

[7]中外協力："協"，原作"叶"，中華點校本據撫州刊本、宗文本改，今從。

[8]賴友珪忠孝：中華點校本據撫州刊本、宗文本、《通鑑》卷二六八於"友珪"前補"郢王"。

［9］乾化：後梁太祖朱温年號（911—913）。此時朱友珪即位未改元。

［10］朱友謙：人名。許州（今河南許昌市）人。朱温養子，唐末、五代大臣。傳見《舊五代史》卷六三、本書卷四五。　中書令：官名。漢武帝時始置，以宦官主中書，掌傳宣詔命等。隋、唐前期爲中書省長官，屬宰相之職；唐後期多爲授予元勳大臣的虚銜。正二品。

［11］懷州：州名。治所在今河南沁陽市。　龍驤軍：禁軍名。後梁置左右龍驤軍，後唐沿置。《舊五代史》卷二七《唐書·莊宗紀一》載："梁有龍驤、神威、拱宸等軍，皆武勇之士也。每一人鎧仗，費數十萬，裝以組綉，飾以金銀，人望而畏之。"

［12］劉重霸：人名。籍貫不詳。五代將領。事見《舊五代史》卷四、卷六、卷九、卷十三。

［13］鳳曆：後梁郢王朱友珪年號（913）。"曆"，原作"歷"，中華點校本據撫州刊本、宗文本改，今從。

太祖外孫袁象先與駙馬都尉趙巖等，[1]謀與末帝討賊。二月，象先以禁兵入宫，友珪與妻張氏趨北垣樓下，將踰城以走，不果，使馮廷諤進刃其妻及己，廷諤亦自殺。末帝即位，復友文官爵，廢友珪爲庶人。

［1］袁象先：人名。宋州下邑（今河南夏邑縣）人。五代後梁將領，後投後唐。傳見《舊五代史》卷五九、本書卷四五。中華點校本引《舊五代史》卷五九、本書卷四五云，袁象先爲後梁太祖朱温外孫。　駙馬都尉：漢武帝始置，魏晋以後，公主夫婿多加此稱號。從五品下。　趙巖：人名。陳州宛丘（今河南淮陽縣）人。朱温女婿，忠武軍節度使趙犨次子。事見《舊五代史》卷一四、本書卷四二。

康王友孜

康王友孜，目重瞳子，嘗竊自負，以爲當爲天子。貞明元年，末帝德妃薨，將葬，友孜使刺客夜入寢中。末帝方寐，夢人害己，既寤，聞榻上寶劍鎗然有聲，躍起，抽劍曰："將有變邪！"乃索寢中，得刺客，手殺之，遂誅友孜。明日，謂趙巖、張漢傑曰[1]："幾與卿輩不相見。"由此遂疏弱宗室，而信任趙、張，以至於敗亡。

[1]張漢傑：人名。清河（今河北清河縣）人。五代後梁大臣，張歸霸之子。事見《舊五代史》卷一〇、本書卷三二。

嗚呼，《春秋》之法，是非與奪之際，難矣哉！或問："梁太祖以臣弑君，友珪以子弑父，一也。與弑即位，踰年改元，《春秋》之法，皆以君書，而友珪不得列于本紀，何也？且父子之惡均，而奪其子，是與其父也，豈《春秋》之旨哉？"予應之曰："梁事著矣！其父之惡，不待與奪其子而後彰，然末帝之志，不可以不伸也。《春秋》之法，君弑而賊不討者，國之臣子任其責。予於友珪之事，所以伸討賊者之志也。"

新五代史　卷一四

唐太祖家人傳第二

正室劉氏　次妃曹氏　皇后劉氏　克讓　克脩　克恭　克寧　太祖子 存美 存霸 存禮 存渥 存乂 存確 存紀　莊宗五子 繼岌 繼潼 繼嵩 繼蟾 繼嶢

正室劉氏　次妃曹氏

太祖正室劉氏，代北人也；[1]其次妃曹氏，太原人也。

[1]代北：方鎮名。治所在代州（今山西代縣）。

太祖封晉王，劉氏封秦國夫人。自太祖起兵代北，劉氏常從征伐。為人明敏多智略，頗習兵機，常教其侍妾騎射，以佐太祖。太祖東追黃巢，[1]還軍過梁，館于封禪寺。[2]梁王邀太祖入城，置酒上源驛，[3]夜半以兵攻之。太祖左右有先脫歸者，以難告夫人，夫人神色不動，立斬告者，陰召大將謀保軍以還。遲明，太祖還軍,[4]與夫人相嚮慟哭,因欲舉兵擊梁。夫人曰:"公本爲國討賊,今梁事未暴,而遽反兵相攻,天下聞之,莫分曲直。不若斂軍還鎮,自訴于朝。"太祖從之。

[1]黄巢:人名。曹州冤句(今山東菏澤市)人。唐末農民起義領袖。傳見《舊唐書》卷二〇〇下、《新唐書》卷二二五下。

[2]封禪寺:寺名。位於今河南開封市鐵塔公園。初建於北齊天寶十年(559),名獨居寺。唐玄宗開元十七年(729),詔改爲封禪寺。

[3]上源驛:地名。位於今河南開封市内。

[4]太祖還軍:原闕"軍"字,中華點校本據撫州刊本、浙江本、宗文本、《詳節》卷二補,今從。

其後,太祖擊劉仁恭,[1]敗歸。梁遣氏叔琮、康懷英等連歲攻晉,[2]圍太原,晉兵屢敗,太祖憂窘,不知所爲。大將李存信等勸太祖亡入北邊,[3]收兵以圖再舉,太祖然之。入以語夫人,夫人問誰爲此謀者,曰:"存信也。"夫人罵曰:"存信,代北牧羊兒耳,安足與計成敗邪!且公嘗笑王行瑜棄邠州走,[4]卒爲人擒,今乃自爲此乎?昔公亡在達靼,[5]幾不能自脱,賴天下多故,乃得南歸。今屢敗之兵,散亡無幾,一失其守,誰肯從公?北邊其可至乎?"太祖大悟而止。已而亡兵稍稍復集。

[1]劉仁恭:人名。深州(今河北深州市)人。唐末、五代軍閥。傳見《新唐書》卷二一二。

[2]氏叔琮:人名。河南尉氏(今河南尉氏縣)人。唐末將

領。傳見《舊五代史》卷一九、本書卷四三。　康懷英：人名。兗州（今山東濟寧市兗州區）人。唐末、五代將領。本名懷貞，避後梁末帝朱友貞諱改懷英。傳見《舊五代史》卷二三、本書卷二二。

［3］李存信：人名。本姓張。回鶻人。唐末、五代後唐將領。傳見《舊五代史》卷五三、本書卷三六。

［4］王行瑜：人名。邠州（今陝西彬縣）人。唐末軍閥。傳見《舊唐書》卷一七五、《新唐書》卷二二四下。　邠州：州名。治所在今陝西彬縣。

［5］達靼：部族名。其名始見於唐開元二十年（732）突厥文《闕特勤碑》。唐末活躍於陰山一帶。參見白玉冬《九姓達靼游牧王國史研究》，中國社會科學出版社2017年版。

　　夫人無子，性賢，不妒忌，常爲太祖言："曹氏相當生貴子，宜善待之。"而曹氏亦自謙退，因相得甚歡。

　　曹氏封晉國夫人，後生子，是謂莊宗，太祖奇之，曹氏由是專寵。太祖性暴，怒多殺人，左右無敢言者，惟曹氏從容諫譬，往往見聽。及莊宗立，事曹氏尤謹，其救趙破燕取魏博，[1]與梁戰河上十餘歲，歲嘗馳歸省其母至三四，[2]人皆稱其孝。莊宗即位，册尊曹氏爲皇太后，而以嫡母劉氏爲皇太妃。[3]往謝太后，太后有慚色。太妃曰："願吾兒享國無窮，使吾獲没于地以從先君，幸矣，復何言哉！"

［1］趙：封國名。指唐末河北方鎮成德軍。成德節度使王鎔受封爲趙王。　燕：封國名。指唐末河北方鎮盧龍軍。劉仁恭、劉守光父子先後爲盧龍節度使、燕王。　魏博：方鎮名。治所在魏州貴鄉縣（今河北大名縣）。時羅弘信爲魏博軍節度使。莊宗救趙破燕

取魏博。事見本書卷五。

[2]馳歸:"歸"字原闕,中華點校本據撫州刊本、宗文本補,今從。

[3]皇太妃:"皇"字原闕,中華點校本據撫州刊本、浙江本、宗文本補,今從。

莊宗滅梁入汴,[1]使人迎太后歸洛,居長壽宮,[2]而太妃獨留晉陽。[3]同光三年五月,[4]太妃薨。七月,太后崩,謚曰貞簡,葬于坤陵。[5]而太妃無謚,葬魏縣。[6]太妃與太后甚相愛,其送太后于洛也,涕泣而別,歸而相思慕,遂至不起。太后聞之,欲馳至晉陽視疾,及其卒也,又欲自往葬之,莊宗泣諫,群臣交章請留,乃止。而太后自太妃卒,悲哀不飲食,逾月亦崩。

[1]汴:州名。治所在今河南開封市。
[2]長壽宮:宮殿名。位於洛陽(今河南洛陽市)。《册府》卷三八載莊宗詔令:"皇太后母儀天下,子視群生,當別建宮闈,顯標名號,冀因稱謂,益表尊嚴。宜以長壽宮爲名。"
[3]晉陽:縣名。治所在今山西太原市。
[4]同光:後唐莊宗李存勖年號(923—926)。
[5]太后崩:原作"太后薨",中華點校本據撫州刊本、宗文本、本書卷五、《舊五代史》卷三三、卷四九改,今從。 坤陵:後唐莊宗之母曹太后陵墓,位於壽安縣(今河南宜陽縣)。
[6]魏縣:縣名。治所在今河北魏縣。

皇后劉氏
莊宗神閔敬皇后劉氏,魏州成安人也。[1]莊宗正室曰衛國夫人韓氏，其次燕國夫人伊氏，其次后也，初封魏國夫人。

[1]魏州：州名。治所在今河北大名縣。　成安：縣名。治所在今河北成安縣。

后父劉叟，黃鬚，善醫卜，自號劉山人。后生五六歲，晉王攻魏，掠成安，裨將袁建豐得后，[1]納之晉宮，貞簡太后教以吹笙歌舞。[2]既笄，[3]甚有色，莊宗見而悅之。莊宗已爲晉王，太后幸其宮，置酒爲壽，自起歌舞，太后歡甚，命劉氏吹笙佐酒，酒罷去，留劉氏以賜莊宗。先時，莊宗攻梁軍於夾城，得符道昭妻侯氏，[4]寵專諸宮，宮中謂之"夾寨夫人"。莊宗出兵四方，常以侯氏從軍。其後，劉氏生子繼岌，[5]莊宗以爲類己，愛之，由是劉氏寵益專，自下魏博、戰河上十餘年，獨以劉氏從。劉氏多智，善迎意承旨，其佗嬪御莫得進見。[6]

[1]裨將：官名。即副將，相對主將而言。亦稱裨將軍。品秩不詳。　袁建豐：人名。籍貫不詳。唐末、五代後唐將領。傳見《舊五代史》卷六一、本書卷二五。

[2]晉宮：指晉王李克用、李存勖在太原所居的宮室。

[3]笄：首飾名。簪狀物，用以插定髮髻或弁冕。古代女子成年時，用笄結髮，是爲"及笄"。此處用笄以指女子已成年。

[4]符道昭：人名。蔡州（今河南汝南縣）人。唐末、五代後梁將領。傳見《舊五代史》卷二一、本書卷二一。

[5]繼岌：人名。即李繼岌。後唐莊宗李存勖長子，封魏王。

傳見本書本卷。

[6]嬪御：女官名。嬪與御的合稱。《周禮》有九嬪、女御，泛指後宮妃子、宮女。

其父聞劉氏已貴，詣魏宮上謁。[1]莊宗召袁建豐問之，建豐曰：“臣始得劉氏於成安北塢，時有黃鬚丈人護之。”及出劉叟示建豐，建豐曰：“是也。”然劉氏方與諸夫人爭寵，以門望相高，因大怒曰：“妾去鄉時，略可記憶，妾父不幸死於亂兵，妾時環尸慟哭而去。此田舍翁安得至此！”因命笞劉叟于宮門。

[1]魏宮：指晉王李存勖在魏州所居的宮室。

莊宗已即皇帝位，欲立劉氏爲皇后，而韓夫人正室也，伊夫人位次在劉氏上，以故難其事而未發。宰相豆盧革、樞密使郭崇韜希旨，[1]上章言劉氏當立，莊宗大悦。同光二年四月己卯，皇帝御文明殿，遣使册劉氏爲皇后。[2]皇后受册，乘重翟車，鹵簿、鼓吹，見於太廟。[3]韓夫人等皆不平之，乃封韓氏爲淑妃，伊氏爲德妃。

[1]豆盧革：人名。先世爲鮮卑慕容氏，後改豆盧氏。唐同州刺史豆盧籍之孫，舒州刺史豆盧瓚之子。五代後唐宰相。傳見《舊五代史》卷六七、本書卷二八。　樞密使：官名。樞密院長官。唐代宗時始以宦官掌機密，至昭宗時借朱温之力盡誅宦官，始改以士人任樞密使。備顧問，參謀議，出納詔奏，權侔宰相。品秩不詳。

參見李全德《唐宋變革期樞密院研究》，北京圖書館出版社2009年版。　郭崇韜：人名。代州雁門（今山西代縣）人。五代後唐大臣。傳見《舊五代史》卷五七、本書卷二四。

　　[2]四月己卯：原作"癸未"，中華點校本據宗文本、宋人吳縝《五代史纂誤》卷上引《五代史》改，今從。《舊五代史》卷三一《唐莊宗本紀五》記，同光二年（924）二月癸未，"制以魏國劉夫人爲皇后，仍令所司擇日備禮册命"，至四月己卯，"册魏國劉夫人爲皇后"。　文明殿：宮殿名。位於今河南洛陽市。爲五代洛陽宮城的正殿，大朝會、大册拜等禮儀活動在此舉行。

　　[3]册：文書名。屬命令體文書。凡皇帝上尊號、追諡，帝與皇后發訃告，立后妃，封親王、皇子、大長公主，拜三師、三公、三省長官等，用册。此處作"使受册"之意。　重翟（dí）車：皇后所乘之車。翟，雉鳥。重翟，用雙重翟鳥之羽裝飾。《周禮·春官·巾車》載："王后之五輅：重翟，錫面朱總。"原闕"重"字，中華點校本據浙江本、宗文本、《五代會要》卷一、《册府》卷五九三補，今從。　鹵簿：帝后出行時的儀仗隊。蔡邕《獨斷》卷下載："天子出，車駕次第謂之鹵簿。"　鼓吹：演奏鼓吹樂的樂隊。鼓吹樂源自北方民族，主要樂器有鼓鉦簫笳等。本用於軍中，宮廷鹵簿亦用之。　太廟：古代帝王的祖廟。供奉、祭祀皇帝先祖。

　　莊宗自滅梁，志意驕怠，宦官、伶人亂政，[1]后特用事於中。自以出於賤微，踰次得立，以爲佛力。又好聚斂，分遣人爲商賈，至於市肆之間，薪芻果茹，皆稱中宮所賣。[2]四方貢獻，必分爲二，一以上天子，一以入中宮，宮中貨賄山積。惟寫佛書，饋賂僧尼，而莊宗由此亦佞佛。

　　[1]伶人：古代樂人。莊宗朝伶人亂政，事見本書卷三七。

［2］中宫：皇后居住之處。亦用爲皇后的代稱。

有胡僧自于闐來，[1]莊宗率皇后及諸子迎拜之。僧遊五臺山，遣中使供頓，[2]所至傾動城邑。又有僧誠惠，[3]自言能降龍。嘗過鎮州，王鎔不爲之禮，[4]誠惠怒曰："吾有毒龍五百，當遣一龍揭片石，常山之人，[5]皆魚鼈也。"會明年滹沱河大水，[6]壞鎮州關城，人皆以爲神。莊宗及后率諸妃拜之，[7]誠惠端坐不起，由是士無貴賤皆拜之，獨郭崇韜不拜也。

［1］于闐：西域國名。都城在今新疆和田。參見張廣達、榮新江《于闐史叢考》（增訂本），中國人民大學出版社2008年版。

［2］五臺山：山名。位於今山西忻州市。　中使：指宮中派出的使者，多爲宦官。

［3］僧誠惠：人名。籍貫不詳。五代後唐僧人。傳見《舊五代史》卷七一。

［4］鎮州：州名。治所在今河北正定縣。　王鎔：人名。回鶻人。唐末、五代軍閥，朱温後封趙王。傳見《舊五代史》卷五四、本書卷三九。

［5］常山：山名。即明代以前的北岳恒山。位於今河北正定縣東北。

［6］滹沱河：河流名。發源於今山西繁峙縣，東流入今河北省，過正定縣，再向東流入渤海。

［7］莊宗及后率諸妃："諸妃"，宗文本、殿本、南監本、北監本、汪本、元刊本作"諸子諸妃"。

是時，皇太后及皇后交通藩鎮，太后稱"誥令"，皇后稱"教命"，兩宮使者旁午於道。許州節度使溫韜以后佞佛，[1]因請以私第爲佛寺，爲后薦福。莊宗數幸郭崇韜、元行欽等私第，[2]常與后俱。其後，幸張全義第，[3]酒酣，命后拜全義爲養父。全義日遣姬妾出入中宮，問遺不絶。

[1]許州：州名。治所在今河南許昌市。　節度使：官名。唐時在重要地區所設掌握一州或數州軍、民、財政的長官。品秩不詳。　溫韜：人名。京兆華原（今陝西銅川市耀州區）人。唐末李茂貞部將，五代後梁、後唐將領。傳見《舊五代史》卷七三、本書卷四〇。

[2]元行欽：人名。幽州（今北京市）人。五代後唐將領。傳見《舊五代史》卷七〇、本書卷二五。

[3]張全義：人名。後因犯諱，改名張宗奭。亦作"張言"。濮州臨濮（今山東鄄城縣）人。唐末、五代後梁、後唐將領。傳見《舊五代史》卷六三、本書卷四五。

莊宗有愛姬，甚有色而生子，后心患之。莊宗燕居宮中，[1]元行欽侍側，莊宗問曰："爾新喪婦，其復娶乎？吾助爾聘。"[2]后指愛姬請曰："帝憐行欽，何不賜之？"莊宗不得已，陽諾之。后趣行欽拜謝，行欽再拜，起顧愛姬，肩輿已出宮矣。[3]莊宗不樂，稱疾不食者累日。

[1]燕居：即"閒居"，退朝而處。"燕"通"宴"。出自《禮記·孔子燕居》。

[2]聘：議婚、迎娶諸禮通稱爲聘。

[3]肩輿：兩人肩抬的小轎。形製爲在二長竿中設軟椅以坐人。

同光三年秋大水，兩河之民，流徙道路，京師賦調不充，[1]六軍之士，[2]往往殍踣，[3]乃預借明年夏、秋租稅，[4]百姓愁苦，號泣于路，莊宗方與后荒于畋遊。[5]十二月己卯臘，[6]畋于白沙，[7]后率皇子、後宮畢從，歷伊闕，[8]宿龕澗，[9]癸未乃還。是時大雪，軍士寒凍，金鎗衛兵萬騎，[10]所至責民供給，壞什器，[11]徹廬舍而焚之，縣吏畏懼，亡竄山谷。

[1]賦調：田畝所出租稅爲賦，按户所徵調之稅爲調。賦調泛指稅收。

[2]六軍：泛指皇帝的禁衛軍。《周禮·夏官·司馬》載："凡制軍，萬有二千五百人爲軍。王六軍。"

[3]殍（piǎo）踣（bó）：餓死、倒斃。

[4]夏、秋租稅：唐中葉以後，實行兩稅法，分夏、秋兩次徵收，是國家的基本稅賦。

[5]畋遊：打獵游樂。《廣韻》載："畋，取禽獸也。"

[6]臘：以臘禮合祭神祇的日子。《説文解字》載："臘，冬至後三戌，臘祭百神。"

[7]白沙：地名。位於今河南洛陽市。《通鑑》卷二七四胡三省注："自白沙至龕澗，其地皆在洛陽東。"

[8]伊闕：一爲山名。又名闕塞山、龍門山，位於今河南洛陽市。一爲縣名。治所在今河南伊川縣西南。

[9]龕澗：地名。位於今河南洛陽市。《通鑑》卷二七四胡三省注："自白沙至龕澗，其地皆在洛陽東。"

[10]金鎗：部隊番號。後唐中央禁軍之一。

[11]什器：日常用的器具、雜物。

明年三月，客星犯天庫，有星流于天棓。[1]占星者言："御前當有急兵，宜散積聚以禳之。"[2]宰相請出庫物以給軍，莊宗許之，后不肯，曰："吾夫婦得天下，雖因武功，蓋亦有天命。命既在天，人如我何！"宰相論于延英，[3]后於屏間耳屬之，因取粧奩及皇幼子滿喜置帝前曰：[4]"諸侯所貢，給賜已盡，宮中所有惟此耳，請鬻以給軍！"宰相惶恐而退。及趙在禮作亂，[5]出兵討魏，始出物以賚軍，軍士負而詬曰："吾妻子已餓死，得此何爲！"

[1]客星：古代天文名詞。指忽然出現，忽隱忽現或不常見的星體。　天庫：星名。庫樓十星之一，有時亦代指庫樓全體。屬二十八宿的角宿，在半人馬座。　天棓：星名。共五星，屬紫微垣。在紫微宮右，女床星北。星占家認爲是天子的先驅，主禦兵。

[2]占星者：觀察星象並占卜吉凶的人。　禳：古代祭名。祭禱以消除殃禍。

[3]延英：宮殿名。唐五代宋時皇宮常設之便殿，宰相以下在延英殿奏事，稱爲延英奏對。參見袁剛《延英奏對制度初探》，《北京大學學報》（哲學社會科學版）1989年第5期。

[4]粧奩：亦作"妝匲"。古代盛梳妝用品的小匣。　滿喜：人名。即李滿喜，後唐莊宗幼子。本書僅此一見。

[5]趙在禮：人名。涿州（今河北涿州市）人。五代後唐、後晉將領。傳見《舊五代史》卷九〇、本書卷四六。

莊宗東幸汴州，從駕兵二萬五千，及至萬勝，[1]不得進而還，軍士離散，所亡太半。至罌子谷，[2]道路隘狹，莊宗見從官執兵仗者，皆以好言勞之曰："適報魏王平蜀，得蜀金銀五十萬，當悉給爾等。"對曰："陛下與之太晚，得者亦不感恩。"莊宗泣下，因顧內庫使張容哥索袍帶以賜之，[3]容哥對曰："盡矣。"軍士叱容哥曰："致吾君至此，皆由爾輩！"因抽刀逐之，左右救之而免。容哥曰："皇后惜物，不以給軍，而歸罪於我。事若不測，吾身萬段矣！"乃投水而死。

[1]萬勝：地名。位於今河南中牟縣大孟鎮萬勝村。

[2]罌子谷：地名。又作嬰子谷。位於今河南滎陽市。

[3]內庫使：官名。五代後唐莊宗置，爲內諸司使之一，以宦者爲之，掌內庫財物之出納。品秩不詳。　張容哥：人名。籍貫不詳。五代後唐宦官。事見本書本卷。　袍帶：錦袍和腰帶。多用於君王和貴官的常服。皇帝向臣下賜袍帶是較高的恩寵。

郭從謙反，[1]莊宗中流矢，傷甚，臥絳霄殿廊下，[2]渴欲得飲，后令宦官進飧酪，[3]不自省視。莊宗崩，后與李存渥等焚嘉慶殿，擁百騎出師子門。[4]后於馬上以囊盛金器寶帶，欲於太原造寺爲尼。在道與存渥姦，及至太原，乃削髮爲尼。明宗入立，遣人賜后死。晉天福五年，[5]追諡曰神閔敬皇后。

[1]郭從謙：人名。籍貫不詳。後唐將領、伶人。傳見本書卷三七。原作"郭從諫"，中華點校本據撫州刊本、浙江本、宗文本、《詳節》卷二、本書卷五改，今從。

[2]絳霄殿：宮殿名。位於今河南洛陽市。

[3]飧（sūn）酪：飧，指晚餐，亦指熟食。酪，用牛羊等動物的乳汁做成的半凝固或凝固的乳製品。

[4]李存渥：人名。李克用之子，後唐莊宗李存勖之弟。傳見本書本卷。　嘉慶殿：宮殿名。位於今河南洛陽市。　師子門：城門名。位於今河南洛陽市。

[5]天福：五代後晉高祖石敬瑭年號（936—942），出帝石重貴沿用至天福九年（944）。

　　自唐末喪亂，后妃之制不備，[1]至莊宗時，後宮之數尤多，有昭儀、昭容、昭媛、出使、御正、侍真、懿才、咸一、瑤芳、懿德、宣一等，[2]其餘名號，不可勝紀。莊宗遇弒，後宮散走，朱守殷入宮，[3]選得三十餘人。虢國夫人夏氏以嘗幸於莊宗，守殷不敢留。明宗立，悉放莊宗時宮人還其家，獨夏氏無所歸，乃以河陽節度使夏魯奇同姓也，[4]因以歸之，後嫁契丹突欲李贊華。[5]贊華性酷毒，喜殺人，婢妾微過，常加刲灼。[6]夏氏懼，求離婚，乃削髮爲尼以卒。而韓淑妃、伊德妃皆居太原，晉高祖反時，爲契丹所虜。

[1]后妃之制：皇帝后妃人數衆多，因此有相應的制度規定其名號、等級、人數、禮儀、待遇等。

[2]昭儀、昭容：原作"昭容、昭儀"，中華點校本據宗文本乙正，今從。昭儀、昭容並以下名號，均係宮中妃子、女官名。品秩皆不詳。

[3]朱守殷：人名。籍貫不詳。五代後唐將領。傳見《舊五代史》卷七四、本書卷五一。

[4]河陽：方鎮名。全稱"河陽三城"。治所在孟州（今河南孟州市）。 夏魯奇：人名。青州（今山東青州市）人。五代後唐將領。傳見《舊五代史》卷七〇、本書卷三三。

[5]契丹：古部族、政權名。公元4世紀中葉宇文部爲前燕攻破，始分離而成單獨的部落，自號契丹。唐貞觀中，置松漠都督府，以其首領爲都督。唐末强盛，916年迭剌部耶律阿保機建立契丹國（遼）。先後與五代、北宋並立，保大五年（1125）爲金所滅。參見張正明《契丹史略》，中華書局1979年版。 突欲李贊華：人名。本名耶律倍，小名突欲。遼太祖耶律阿保機長子，封東丹王。其弟耶律德光即位，是爲遼太宗。突欲憤而降後唐，明宗賜名李贊華。傳見《遼史》卷七二。

[6]刲（kuī）灼：刀割、火燒。

　　唐自朱邪得姓而爲李氏，[1]得國而爲晉，得天下而爲唐。其始出於夷狄，而終以亂亡，故其世次不可詳見。其可見者，曰太祖四弟、八子、五孫，三世而絶。太祖四弟曰：克讓、克脩、克恭、克寧，皆不知其父母名號。

[1]朱邪：部族名。朱邪是西突厥處月之別部。唐初，處月部居於大磧（今蒙古高原大沙漠），因稱沙陀突厥。唐中期時西突厥、處月部均已衰落，朱邪部遂自號沙陀，其首領以朱邪爲姓。事見《新唐書》卷二一八、《舊五代史》卷二五、本書卷四。參見樊文禮《沙陀的族源及其早期歷史》，《民族研究》1999年第6期。

克讓

　　克讓，少善騎射，爲振武軍校，[1]從討王仙芝，[2]以功拜金吾衛將軍，[3]留京師。李氏自憲宗時以部族歸唐，唐處之河西，[4]嘗遣一子宿衛京師，賜第於親仁坊。[5]其後太祖起兵雲中，殺唐守將段文楚。[6]唐發兵討太祖，遣王處存以兵圍親仁坊，[7]捕宿衛子克讓。克讓與其僕何相溫、石的歷等十餘騎，[8]彎弧躍馬，突圍而出。處存以千餘人追至渭橋，[9]克讓等射殺百餘人，追兵乃止，克讓奔于雁門。[10]明年，太祖復歸唐，克讓還宿衛京師。黃巢犯長安，克讓守潼關，[11]爲賊所敗，奔于南山，[12]匿佛寺，爲寺僧所殺。

[1]振武軍：方鎮名。後梁貞明二年（916）以前，治所位於單于都護府城（今內蒙古和林格爾縣）。貞明二年，單于都護府城爲契丹占據。此後至後唐清泰三年（936），治所位於朔州（今山西朔州市）。後漢隨燕雲十六州割予契丹，改名順義軍。

[2]王仙芝：人名。濮州（今山東鄄城縣）人。唐末農民軍領袖。事見《舊唐書》卷一九下、《新唐書》卷九、《新唐書》卷二二五下。

[3]金吾衛將軍：官名。唐置，掌宮禁宿衛。唐代置十六衛，即左右衛、左右驍衛、左右武衛、左右威衛、左右領軍衛、左右金吾衛、左右監門衛、左右千牛衛。各置上將軍，從二品；大將軍，正三品；將軍，從三品。

[4]河西：方鎮名。治所在涼州（今甘肅武威市）。

[5]親仁坊：長安外郭城里坊之一。參見宋人宋敏求《長安志》，國家圖書館出版社2012年版。

[6]雲中：縣名。治所在今山西大同市。　段文楚：人名。汧陽（今陝西千陽縣）人。唐中期將領段秀實之孫。唐末將領。事見《舊唐書》卷一九上。

[7]王處存：人名。京兆萬年（今陝西西安市）人。唐末神策軍將領。傳見《舊唐書》卷一八二、《新唐書》卷一八六。

[8]何相溫、石的歷：人名。籍貫不詳。唐末李克讓僕從。本書僅此一見。

[9]渭橋：漢、唐時長安渭水上建橋梁。參見辛德勇《古代交通與地理文獻研究》，商務印書館2018年版。

[10]雁門：方鎮名。治所在代州（今山西代縣）。

[11]潼關：關隘名。位於今陝西潼關縣。

[12]南山：山名。即終南山。位於今陝西西安市。

克脩

克脩字崇遠，從討龐勛，[1]以功拜朔州刺史。[2]太祖鎮雁門，以爲奉誠軍使。[3]從入關，討黄巢，爲先鋒，遷左營軍使。潞州孟方立遷于邢州，[4]晋取潞州，表克脩昭義軍節度使。[5]數出山東擊方立，[6]又與李罕之攻寇懷、孟之間。[7]其後，太祖自將擊方立，還軍過潞，克脩性儉嗇，供饋甚薄，太祖大怒，詬而擊笞之。克脩憋憤，發疾卒。二子：嗣弼、嗣肱。

[1]龐勛：人名。籍貫不詳。唐末桂州（今廣西桂林市）戍卒起義軍首領。唐懿宗咸通九年（868）、十年，率久戍不歸的桂州戍卒起義北歸，兵敗死。事見《舊唐書》卷一九上、《新唐書》卷九。

[2]朔州：州名。治所在今山西朔州市朔城區。

[3]奉誠軍使：官名。奉誠軍，隸唐末五代河東方鎮。軍使，唐末邊防將領。品秩不詳。《新唐書》卷五〇《兵志》："唐初，兵之戍邊者，大曰軍，小曰守捉，曰城，曰鎮……武德至天寶以前邊

防之制，其軍、城、鎮、守捉皆有使。"

[4]潞州：州名。治所在今山西長治市。　孟方立：人名。邢州（今河北邢臺市）人。唐末將領。傳見《新唐書》卷一八七、《舊五代史》卷六二、本書卷四二。　邢州：州名。治所在今河北邢臺市。

[5]昭義軍：方鎮名。治所在潞州（今山西長治市）。

[6]山東：太行山以東。昭義軍所管五州，澤、潞二州在太行山以西，邢、洺、磁三州在太行山以東。此處山東特指邢、洺、磁三州。

[7]李罕之：人名。陳州項城（今河南項城市）人。唐末五代軍閥。傳見《新唐書》卷一八七、《舊五代史》卷一五、本書卷四二。　懷：州名。治所在今河南沁陽市。　孟：州名。治所在今河南孟州市。

嗣弼爲涿州刺史，[1]天祐十九年，[2]契丹攻破涿州，嗣弼殁于虜。

[1]涿州：州名。治所在今河北涿州市。

[2]天祐唐昭宗李曄開始使用的年號（904—907）。唐哀帝李柷沿用。唐亡後，河東李克用、李存勗仍稱天祐，沿用至天祐二十年（923）。五代十國其他政權亦有行此年號者，如前蜀、南漢、南吳、吳越等。

嗣肱，少有膽略，從周德威數立戰功，[1]爲馬步軍都虞候。[2]李存審敗梁軍于胡壁，[3]嗣肱獲梁將一人。梁太祖圍蓨縣，[4]嗣肱從存審救蓨，梁軍解去，嗣肱功爲多，超拜蔚州刺史、雁門以北都知兵馬使。[5]累遷澤、代二州刺史。[6]新州王郁叛晋，[7]亡入契丹，山後諸州皆叛，[8]嗣肱取嬀、儒、武三州，[9]拜新州刺史、山北都團練使。[10]同光元年春，卒于官。

[1]周德威：人名。朔州馬邑（今山西朔州市朔城區）人。唐末五代李克用、李存勖部將。傳見《舊五代史》卷五六、本書卷二五。

[2]馬步軍都虞候：官名。五代侍衛親軍馬步軍統兵官，僅次於馬步軍都指揮使、副都指揮使。品秩不詳。

[3]李存審：人名。原姓符，名存。陳州宛丘（今河南淮陽縣）人。五代後唐將領。傳見《舊五代史》卷五六、本書卷二五。胡壁：地名。即胡壁堡。位於今山西萬榮縣。

[4]蓨縣：縣名。治所在今河北景縣。

[5]蔚州：州名。治所在今河北蔚縣。　都知兵馬使：官名。唐五代方鎮自置之部隊統率官，稱兵馬使，其權尤重者稱兵馬大使或都知兵馬使。掌兵馬訓練、指揮。品秩不詳。

[6]澤：州名。治所在今山西澤州縣。　代：州名。治所在今山西代縣。

[7]新州：州名。治所在今河北涿鹿縣。　王郁：人名。京兆萬年（今陝西西安市）人。唐義武軍節度使王處直之子，李克用之婿。五代、遼將領。傳見《遼史》卷七五。

[8]山後：地區名。五代時稱今北京、河北軍都山、燕山以北地區爲山後。

[9]嬀（guī）：州名。治所在今河北懷來縣。　儒：州名。治所在今北京延慶區。　武：州名。治所在今河北張家口市宣化區。

[10]都團練使：官名。亦稱都團練守捉使，大者領州十餘，小者領二三州，以保境、安民、懲奸爲務。品秩不詳。

克恭

克恭，初爲決勝軍使。[1]克脩卒，以克恭代爲昭義軍節度使。克脩爲人簡儉，潞人素安其政，且哀其見笞以死。克恭横暴不法，又不習軍事，由是潞人皆怨。克恭選後院勁兵五百人，獻于太祖，行至銅鞮，[2]其將馮霸以其徒叛。[3]太祖遣李元審討之，[4]戰于沁水，[5]元審大敗被傷，奔入潞州。牙將安居受亦叛，[6]殺克恭及元審，使人召霸，霸不受命，居受懼而出奔，行至長子，[7]爲野人所殺，傳首于霸。霸乃入潞州，自稱留後，[8]以附于梁。

[1]決勝軍：部隊番號。隸唐末、五代河東方鎮。

[2]銅鞮：縣名。治所在今山西沁縣。

[3]馮霸：人名。籍貫不詳。唐末方鎮將領。事見《舊五代史》卷五〇、本書卷一四。

[4]李元審：人名。籍貫不詳。唐末李克恭牙將。事見《舊五代史》卷五〇、本書卷一四。

[5]沁水：河流名。一名少水，即今山西東南部之沁河。源出今山西沁源縣北，南流經今安澤、沁水、陽城諸縣，入今河南濟源市境，東流至今武陟縣南入黄河。原作"泌水"，中華點校本據撫州刊本、浙江本、宗文本、《舊五代史》卷二五及卷五〇、《通鑑》卷二五八改，今從。

[6]安居受：人名。籍貫不詳。唐末方鎮將領。事見《舊五代史》卷五〇、本書卷一四。

[7]長子：縣名。治所在今山西長子縣。

[8]留後：官名。原非正式命官，唐朝節度使入朝或宰相、親王遥領節度使不臨鎮則置。安史之亂後，節度使多以子弟或親信爲

留後，以代行節度使職務，亦有軍士、叛將自立爲留後者。掌一州或數州軍政。五代沿之。北宋始爲朝廷正式命官，初爲虛銜，宋徽宗政和七年（1117）改名爲承宣使。

克寧

克寧，爲人仁孝，居諸兄弟中最賢，事太祖小心不懈。太祖與赫連鐸、李可舉戰雲、蔚間，[1]後奔達靼，入破黃巢，克寧未嘗不從行。太祖鎮太原，以爲內外都制置蕃漢都知兵馬使，[2]檢校太保、振武軍節度使，[3]軍中之事，無大小皆決克寧。

[1]赫連鐸：人名。唐末代北吐谷渾首領。咸通九年（868）隨唐軍鎮壓龐勛起義。與李國昌父子爭奪代北，官至雲州刺史、大同軍防禦使，守雲州十餘年。後爲李克用擒殺。事見《舊唐書》卷一九下、卷二〇上。 李可舉：人名。回鶻阿布思族人。唐末幽州節度使李茂勛之子。襲父位爲幽州節度副使，累官至檢校太尉。傳見《舊唐書》卷一八〇。 雲：州名。治所在今山西大同市。

[2]內外都制置蕃漢都知兵馬使：上"都"字原闕，中華點校本據撫州刊本、宗文本、《舊五代史》卷五〇補，今從。都知兵馬使，官名。唐五代方鎮自置之部隊統率官，稱兵馬使，其權尤重者稱兵馬大使或都知兵馬使。掌兵馬訓練、指揮。品秩不詳。

[3]檢校太保：官名。爲散官或加官，以示恩寵，無實際執掌。太保，與太師、太傅合稱三師。品秩不詳。

太祖病，召莊宗侍側，屬張承業與克寧曰：[1]"以亞子屬公等。"太祖崩，莊宗告於克寧曰："兒年孤稚，未通庶政，雖有先王之命，恐不足以當大事。叔父勳德俱高，先王嘗任以政矣，敢以軍府煩季父，以待兒之有立。"克寧曰："吾兄之命，以兒屬我，誰敢易之！"因下而北面再拜稱賀，[2]莊宗乃即晉王位。

[1]張承業：人名。同州（今陝西大荔縣）人。唐末五代宦官，河東監軍。傳見《舊五代史》卷七二、本書卷三八。

[2]北面：面朝北。北面是臣僚、卑者之位。天子南面，臣僚北面。　再拜：行兩次拜禮，禮節較爲隆重。

初，太祖起於雲、朔之間，所得驍勇之士，多養以爲子，而與英豪戰争，卒就霸業，諸養子之功爲多，故尤寵愛之，衣服禮秩如嫡。諸養子麾下皆有精兵，恃功自恣，自先王時常見優假。及新王立，年少，或託疾不朝，或見而不拜。養子存顥、存實干克寧曰：[1]"兄亡弟及，古之道也。以叔拜姪，理豈安乎？人生富貴，當自取之。"[2]克寧曰："吾家三世，父慈子孝，先王土宇，苟有所歸，吾復何求也！"

[1]養子存顥、存實干克寧曰："干"，原作"于"，宗文本、元刊本作"干"，殿本、南監本、北監本、汪本作"告"。中華點校本作"干"，今據改。存顥、存實，即李存顥、李存實。籍貫不詳。唐末李克用義子。事見《舊五代史》卷五〇、本書本卷。

[2]當自取之：原作"自當取之"，中華點校本據撫州刊本、宗文本乙正，今從。

克寧妻孟氏素剛悍，存顥等各遣其妻入説孟氏，孟氏數以迫克寧。克寧仁而無斷，惑於群言，遂至於禍。都虞候李存質得罪於克寧，[1]克寧殺之，而與張承業、李存璋有隙，[2]又求兼領大同軍節度使。[3]於是幸臣史敬鎔見太后，[4]告克寧與存顥謀執王及太后以降梁。莊宗召承業、存璋告之曰："季父所爲如此，奈何？然骨肉不可自相魚肉，吾當避賢路以紓禍於吾家。"承業等請誅克寧。乃伏兵於府，置酒大會，克寧既至，執而殺之。

[1]都虞候：官名。唐五代方鎮高級軍官。品秩不詳。　李存質：人名。回鶻人。本姓張，名汙落。唐末晉王李克用部將。初爲李國昌親信，後從李克用入關征戰，始補軍職，賜姓名，收爲義子。事見《舊唐書》卷一四二、《舊五代史》卷二七、《通鑑》卷二七一。

[2]李存璋：人名。雲中（今山西大同市）人。李克用義子，唐末、五代後唐將領。傳見《舊五代史》卷五三。

[3]大同軍：方鎮名。治所在雲州（今山西大同市）。

[4]史敬鎔：人名。五代後唐將領。傳見《舊五代史》卷五五。

太祖子　存美　存霸　存禮　存渥　存乂　存確　存紀

太祖子八人：[1]莊宗長子也，次曰存美、存霸、存禮、存渥、存乂、存確、存紀。同光三年十二月辛亥，詔封存美等七人爲王。蓋存霸、存渥、存紀與莊宗同母也，存美、存乂、存確、存禮不知其母名氏號位。存美封邕王，存霸永王，存禮薛王，存渥申王，存乂睦王，存確通王，存紀雅王。

[1]太祖子八人：後唐太祖李克用之子實不止八人。如乾寧三年（896）李克用之子落落，亡於洹水之戰。八人之數，蓋就同光三年（925）莊宗封存美等七人爲王而計。

存乂歷建雄、保大二軍節度使。[1]娶郭崇韜女。[2]是時，魏州妖人楊千郎用事，[3]自言有墨子術，能役使鬼神，化丹砂、水銀。[4]莊宗頗神之，拜千郎檢校尚書郎，賜紫。[5]其妻出入宮禁，承恩寵，而士或因之以求官爵，存乂及存渥等往往朋淫于其家。及崇韜被族，莊宗遣宦官陰察外議以爲如何，而宦官因欲盡誅崇韜親黨以絶後患，乃誣言："存乂過千郎家，[6]酒酣，攘臂號泣，爲婦翁稱冤，言甚怨望。"莊宗大怒，以兵圍其第而誅之，并誅千郎。

[1]建雄：方鎮名。治所在晉州（今山西臨汾市）。 保大：方鎮名。治所在鄜州（今陝西富縣）。

[2]郭崇韜：人名。代州雁門（今山西代縣）人。五代後唐大臣。傳見《舊五代史》卷五七、本書卷二四。

[3]楊千郎：人名。籍貫不詳。五代後唐方士。本書僅此一見。

[4]丹砂：礦物名。即朱砂。古代方士煉製外丹的常用原料。水銀：礦物。又名汞。爲易流動的銀白色液態金屬。有毒，中國古代作爲煉丹藥用。

[5]檢校尚書郎：官名。爲散官或加官，以示恩寵，無實際執掌。品秩不詳。 賜紫：皇帝頒賜紫色官服。唐代官員三品以上服紫。特殊情況下，京官散階未及三品者可以賜紫，以示尊寵。

[6]存乂過千郎家：原闕"家"字，中華點校本據宗文本、《詳節》卷二、《北夢瑣言》卷一八補，今從。

存霸歷昭義、天平、河中三軍節度使，[1]存渥義成、天平二軍節度使，[2]皆居京師，食其俸祿而已。趙在禮作亂，乃遣存霸於河中。李嗣源兵反，[3]嚮京師，莊宗再幸汜水，[4]徙存霸北京留守，[5]存渥河中節度使，宣麻未訖，[6]郭從謙反，攻興教門，[7]存渥從莊宗拒賊。莊宗中流矢崩，存渥與劉皇后同奔于太原，行至風谷，[8]爲部下所殺。存霸聞京師亂，亦自河中奔太原，比至，麾下皆散走，惟使下康從弁不去。[9]存霸乃剪髮、衣僧衣，謁符彥超曰：[10]"願爲山僧，冀公庇護。"彥超欲留之，爲軍衆所殺。

[1]天平：方鎮名。治所在鄆州（今山東東平縣）。 河中：方鎮名。治所在河中府（今山西永濟市）。

[2]義成：方鎮名。亦稱永平軍。治所在滑州（今河南滑縣）。

[3]李嗣源：人名。沙陀人。原名邈佶烈，李克用養子。五代後唐明宗，926年至933年在位。紀見《舊五代史》卷三五至卷四四、本書卷六。

[4]汜水：縣名。治所在今河南滎陽市汜水鎮。

[5]北京：指五代後唐的北都太原。本書卷五《莊宗紀》載，同光元年（923）"十一月乙巳，復北都爲鎮州，太原爲北都"。留守：官名。在都城、陪都或軍事重鎮設留守，由地方行政長官兼任。品秩不詳。

[6]宣麻：唐宋任命宰相等高級大臣的詔令，用黃白麻紙書寫，在朝堂或正殿宣讀，是爲宣麻。

[7]興教門：唐五代洛陽城皇宮南面三門之一。

[8]風谷：地名。即風峪。位於今山西太原市。

[9]康從弁：人名。籍貫不詳。五代後唐李存霸僕從。本書僅此一見。

[10]符彥超：人名。陳州宛丘（今河南淮陽縣）人。五代後唐將領，符存審之子。傳見《舊五代史》卷五六、本書卷二五。

存紀、存確聞郭從謙反，奔于南山，匿民家。明宗詔河南府及諸道：[1]"諸王出奔，所至送赴闕；如不幸物故者，收瘞以聞。"[2]存紀等所匿民家以告安重誨，[3]重誨謂霍彥威曰：[4]"二王逃難，主上尋求，恐其失所。今上既監國典喪，[5]此禮如何？"彥威曰："上性仁慈，不可聞奏。宜密為之所，以安人情。"乃即民家殺之。

[1]河南府：府名。治所在今河南洛陽市。

[2]物故：死亡。 收瘞：收殮埋葬。

[3]安重誨：人名。應州（今山西應縣）人。五代後唐大臣。傳見《舊五代史》卷六六、本書卷二四。

[4]霍彥威：人名。洺州曲周（今河北曲周縣）人。五代後梁將領霍存養子。後梁、後唐將領。傳見《舊五代史》卷六四、本書卷四六。

[5]監國：古代皇帝外出，由太子、諸王或其他宗室、重臣留守京師，處理國政，稱為監國。

存美素病風，[1]居太原，與存禮皆不知其所終。

[1]風：中醫名詞。即風病。患風邪引起的病症。

莊宗五子 繼岌 繼潼 繼嵩 繼蟾 繼嶢

莊宗五子：長曰繼岌，其次繼潼、繼嵩、繼蟾、繼嶢。繼岌母曰劉皇后，其四皆不著其母名號。

莊宗即位，繼岌爲北都留守，判六軍諸衛事。[1]遷檢校太尉、同中書門下平章事。[2]豆盧革爲相，建言：唐故事，皇子皆爲宮使。[3]因以鄴宮爲興聖宮，[4]以繼岌爲使。

[1]判六軍諸衛事：官名。五代後唐沿唐代舊制，置六軍諸衛，以判六軍諸衛事爲禁軍六軍與諸衛的最高統帥。品秩不詳。

[2]檢校太尉：官名。爲散官或加官，以示恩寵，無實際執掌。太尉，與司徒、司空並爲三公。品秩不詳。 同中書門下平章事：官名。簡稱"同平章事"。唐高宗以後，凡實際任宰相之職者，常在其本官後加同平章事的職銜。後成爲宰相專稱。品秩不詳。

[3]宮使：官名。某宮的主管之官。品秩不詳。

[4]鄴宮：宮殿名。位於今河南洛陽市。

同光三年，封魏王。是歲伐蜀，以繼岌爲西南面行營都統，[1]郭崇韜爲都招討使，[2]工部尚書任圜、翰林學士李愚皆參軍事。[3]九月戊申，將兵六萬自鳳翔入大散關，[4]軍無十日之糧，而所至州鎮皆迎降，遂食其粟。至興州，蜀將程奉璉以五百騎降，因以其兵修閣道，以過唐軍。[5]王衍將兵萬人屯利州，[6]分其半逆戰于三泉，[7]爲先鋒康延孝所敗，[8]衍懼，斷吉柏江浮橋，[9]奔歸成都。唐軍自文州間道以入。[10]十月己酉，繼岌至綿州，衍上牋請降。[11]丙辰，入成都。王衍乘竹輿至昇仙橋，[12]素衣、牽羊，草索繫首，肉袒、銜璧、輿櫬，[13]群臣衰絰，徒跣以降。[14]繼岌下而取璧，崇韜解縛，焚櫬。自出師至降衍，凡七十五日，兵不血刃，自古用兵之易，未有如此。然繼岌雖爲都統，而軍政號令一出崇韜。

[1]西南面：原闕"面"字，中華點校本據撫州刊本、浙江本、宗文本補，今從。　行營都統：官名。唐末設諸道行營都統，作爲各道出征兵士的統帥。品秩不詳。

[2]都招討使：官名。唐始置。戰時任命，兵罷則省。常以大臣、將帥或地方軍政長官兼任。掌招撫、討伐等事務。品秩不詳。

[3]工部尚書：官名。尚書省工部長官。掌百工、屯田、山澤之政令。正三品。　任圜：人名。京兆三原（今陝西三原縣）人。五代後唐將領、大臣。傳見《舊五代史》卷六七、本書卷二八。翰林學士：官名。由南北朝始設之學士發展而來，唐玄宗改翰林供奉爲翰林學士，備顧問，代王言，掌拜免將相、號令征伐等詔令的起草。品秩不詳。　李愚：人名。渤海無棣（今山東慶雲縣）人。唐末進士，唐末五代大臣。傳見《舊五代史》卷六七、本書卷五四。

[4]鳳翔：府名。治所在今陝西鳳翔縣。　大散關：關隘名。位於今陝西寶鷄市大散嶺上。

[5]興州：州名。治所在今陝西略陽縣。　程奉璉：人名。籍貫不詳。五代十國前蜀將領。本書僅此一見。

[6]王衍：人名。許州舞陽（今河南舞陽縣）人。王建幼子，五代十國前蜀皇帝。傳見《舊五代史》卷一三六、本書卷六三。利州：州名。治所在今四川廣元市。

[7]三泉：縣名。治所在今四川廣元市。

[8]康延孝：人名。代北（今山西代縣）人。五代後唐將領。

傳見《舊五代史》卷七四、本書卷四四。

[9]吉柏江：江名。即今四川廣元市西南昭化鎮北之嘉陵江。

[10]文州：州名。治所在今甘肅文縣。

[11]綿州：州名。治所在今四川綿陽市。　牋：古代文體。同箋。屬奏記一類，用於上行皇后太子。

[12]昇仙橋：橋名。位於今四川省成都市北。

[13]輿櫬：把棺材裝在車子上，表示有罪當死或就死之意。素衣、牽羊、草索繫首、肉袒、銜璧、輿櫬，都是古代請求投降的具體儀節。

[14]衰絰：衰，喪服的上衣。絰，服喪的人頭上或腰間繫的麻繩。　徒跣：赤脚走路。

　　初，莊宗遣宦者供奉官李從襲監中軍，[1]高品李廷安、呂知柔爲典謁。[2]從襲等素惡崇韜，又見崇韜專任軍事，益不平之。及破蜀，蜀之貴臣大將，自王宗弼已下，[3]皆爭以蜀寶貨、妓樂奉崇韜父子，而魏王所得，匹馬、束帛、唾壺、麈柄而已；[4]崇韜日決軍事，將吏賓客趨走盈庭，而都統府惟大將晨謁，牙門闃然。由是從襲等不勝其憤。已而宗弼率蜀人見繼岌，請留崇韜鎮蜀，從襲等因言崇韜有異志，勸繼岌爲備。繼岌謂崇韜曰："陛下倚侍中如衡、華，[5]尊之廟堂之上，期以一天下而制四方，必不棄元老於蠻夷之地。此事非予敢知也。"

　　[1]供奉官：官名。泛指侍奉皇帝左右的臣僚，亦爲東、西頭供奉官通稱。品秩不詳。　李從襲：人名。籍貫不詳。後唐宦官。事見《通鑑》卷二七四。

［2］高品：官名。即"内侍高品"。宦官，位次於供奉官。品秩不詳。　李廷安：人名。籍貫不詳。後唐宦官。事見《舊五代史》卷七四。　吕知柔：人名。籍貫不詳。後唐宦官。事見本書本卷。　典謁：官名。東宮屬官。掌引見賓客。從九品下。

［3］王宗弼：人名。籍貫不詳。五代十國前蜀宗室、大臣，王建養子。事見本書卷六三。

［4］束帛：捆成一束的五匹帛，用作饋贈、聘問的禮物。　唾壺：衛生用具。相當於今之痰盂。　麈（zhǔ）：即拂塵。

［5］侍中：官名。秦始置。隋、唐前期爲門下省長官。唐後期多爲大臣加銜，不參與政務，實際職務由門下侍郎執行。正二品。　衡：山名。五嶽之南嶽，位於今湖南衡陽市南嶽區。　華：山名。五嶽之西嶽，位於今陝西華陰市。

　　莊宗聞崇韜欲留蜀，亦不悦，遣宦者向延嗣趣繼岌班師。[1]延嗣至成都，崇韜不出迎，及見，禮益慢，延嗣怒，從襲等因告延嗣崇韜有異志，恐危魏王。延嗣還，具言之。劉皇后涕泣請保全繼岌，莊宗遣宦官馬彦珪往視崇韜去就。[2]是時，兩川新定，孟知祥未至，[3]所在盗賊亡聚山林，[4]崇韜方遣任圜等分出招集，恐後生變，故師未即還。而彦珪將行，見劉皇后曰："臣見延嗣言蜀中事勢已不可，禍機之作，間不容髮，安能三千里往覆稟命乎！"劉皇后以彦珪語告莊宗，莊宗曰："傳言未審，豈可便令果決？"皇后以不得請，因自爲教與繼岌，使殺崇韜。明年正月，崇韜留任圜守蜀，以待知祥之至，崇韜期班師有日。彦珪至蜀，出皇后教示繼岌，繼岌曰："今大軍將發，未有釁端，豈可作此負心事！"從襲等泣曰："今有密敕，王苟不行，使崇韜知之，則吾屬無類矣！"[5]繼岌曰："上無詔書，但皇后手教，安能殺招討使？"從襲等力爭，繼岌不得已而從之。詰旦，從襲以都統命召崇韜，繼岌登樓以避之。崇韜入，昇階，繼岌從者李環撾碎其首。[6]

[1]向延嗣：人名。籍貫不詳。後唐宦官。事見《通鑑》卷二七四。

[2]馬彥珪：人名。籍貫不詳。後唐宦官。事見《通鑑》卷二七四。

[3]孟知祥：人名。邢州龍岡（今河北邢臺市）人。李克用女婿，五代十國後蜀開國皇帝。傳見《舊五代史》卷一三六、本書卷六四。

[4]亡聚山林：原闕"亡"字，中華點校本據撫州刊本、宗文本補，今從。

[5]無類：没有分別、類別，一掃而净之意。

[6]李環：人名。籍貫不詳。五代後唐魏王繼岌從者。事見本書本卷。　撾（zhuā）：擊打、敲打，亦是兵器名。

繼岌遂班師。二月，軍至泥溪，[1]先鋒康延孝叛，據漢州，[2]繼岌遣任圜討平之。四月辛卯，至興平，[3]聞明宗反，兵入京師，繼岌欲退保鳳翔。至武功，[4]李從襲勸繼岌馳趣京師，以救内難。行至渭河，西都留守張篯斷浮橋，[5]繼岌不得度，乃循河而東，至渭南，[6]左右皆潰。從襲謂繼岌曰："大事已去，福不可再，王宜自圖。"繼岌徘徊泣下，謂李環曰："吾道盡途窮，子當殺我。"環遲疑久之，謂繼岌乳母曰："吾不忍見王，王若無路求生，當蹋面以俟。"繼岌面榻而卧，環縊殺之。

任圜從後至，葬繼岌華州之西南。[7]繼岌少病閹，無子。明宗已即位，圜率征蜀之師二萬至京師，明宗撫慰久之，問圜繼岌何在，圜具言繼岌死狀。

[1]泥溪：地名。當指泥溪河（白龍江支流）。位於今四川廣元市昭化鎮西。
[2]漢州：州名。治所在今四川廣漢市。
[3]興平：縣名。治所在今陝西興平市。
[4]武功：縣名。治所在今陝西武功縣。
[5]西都：指後唐西都京兆府（今陝西西安市）。後梁以開封爲東都，洛陽爲西都。後唐恢復唐制，以洛陽爲東都，長安爲西都。　張籛：人名。海州（今江蘇連雲港市海州區）人。五代後唐官員。事見《舊五代史》卷三六、本書卷四七。
[6]渭南：縣名。治所在今陝西渭南市。
[7]華州：州名。治所在今陝西渭南市華州區。

同光三年，詔以皇子繼嵩、繼潼、繼蟾、繼嶢皆爲光禄大夫，檢校司徒。[1]蓋其皆幼，故不封。當莊宗遇弑時，太祖子孫在者十有一人，明宗入立，其四人見殺，其餘皆不知所終，太祖之後遂絶。梁、唐家人傳，皆先兄弟而後諸子，兄弟之子，各從其父，此理之常也。至莊宗七弟所書事迹，不以長幼爲次者，各因其死之先後而書之，便於述事尔，無定法也。

[1]光禄大夫：官名。唐五代文散官。從二品。　檢校司徒：官名。爲散官或加官，以示恩寵，無實際執掌。司徒，與太尉、司空並爲三公。品秩不詳。

新五代史　卷一五

唐明宗家人傳第三

皇后曹氏　皇后夏氏　皇后魏氏　淑妃王氏　皇后孔氏
明宗子 從璟 秦王從榮　明宗姪 從璨 從璋 從溫 從敏

皇后曹氏　皇后夏氏

明宗三后一妃：和武憲皇后曹氏，生晉國公主；[1]昭懿皇后夏氏，生秦王從榮、愍帝；[2]宣憲皇后魏氏，潞王從珂母也；[3]淑妃王氏，許王從益之慈母也。[4]

[1]晉國公主：後唐明宗李嗣源之女。事見本書本卷。

[2]秦王從榮：人名。即李從榮。五代後唐明宗李嗣源次子。傳見《舊五代史》卷五一、本書本卷。　愍帝：即五代後唐愍帝李從厚。明宗李嗣源第三子。生於太原，小字菩薩奴。長興元年（930）封宋王，移鎮鄴都。明宗死後即位，改元應順（934）。潞王李從珂反於鳳翔，愍帝出逃至衛州，被廢爲鄂王，尋被縊殺。紀見《舊五代史》卷四五、本書卷七。

[3]潞王從珂：即後唐廢帝李從珂，又稱末帝。鎮州平山（今河北平山縣）人。本姓王氏，爲後唐明宗養子，改名從珂。明宗入

洛陽，李從珂率兵追隨，以功拜河中節度使，封潞王。閔帝李從厚即位，李從珂據城發動兵變，改鳳翔節度使。清泰元年（934）率軍東攻洛陽，廢黜愍帝，自立爲帝。清泰三年（936），石敬瑭與契丹合兵攻陷洛陽，自焚而死。紀見《舊五代史》卷四六至卷四八、本書卷七。

[4]許王從益：人名。即李從益。後唐明宗幼子，封許王。947年，契丹滅後晉，立從益爲中原皇帝，國號梁。旋即爲後漢高祖所殺。傳見《舊五代史》卷五一、本書本卷。

曹氏、夏氏皆不見其世家。夏氏無封爵，明宗未即位前卒。明宗天成元年，[1]封楚國夫人曹氏爲淑妃，追封夏氏晉國夫人。長興元年，[2]立淑妃爲皇后，而夏氏所生二子皆已王，乃追册爲皇后，諡曰昭懿。

[1]天成：後唐明宗李嗣源年號（926—930）。
[2]長興：後唐明宗李嗣源年號（930—933）。

皇后魏氏

魏氏，鎮州平山人也。[1]初適平山民王氏，生子十歲矣。明宗爲騎將，掠平山，得其子母以歸。居數年，魏氏卒，葬太原。其子是爲潞王從珂。明宗時，從珂已王，乃追封魏氏爲魯國夫人。廢帝即位，追尊魏氏爲皇太后，議建陵寢，而太原石敬瑭反，乃於京師河南府東立寢宮。[2]清泰三年六月丙寅，遣工部尚書崔儉奉上皇太后寶册，諡曰宣憲。[3]

[1]鎮州：州名。治所在今河北正定縣。　平山：縣名。治所

在今河北平山縣。

　　[2]石敬瑭：人名。沙陀人。五代後唐將領、後晉開國皇帝。紀見《舊五代史》卷七五至八〇、本書卷八。　京師河南府：即五代後唐的都城洛陽（今河南洛陽市）。　寢宮：帝后陵墓的宮殿。

　　[3]清泰：五代後唐廢帝李從珂年號（934—936）。　工部尚書：官名。尚書省工部長官。掌百工、屯田、山澤之政令。正三品。　崔儉：人名。籍貫不詳。五代後唐官員。事見《舊五代史》卷一四三《禮志》。

淑妃王氏

　　淑妃王氏，邠州餅家子也，[1]有美色，號"花見羞"。少賣梁故將劉鄩爲侍兒，[2]鄩卒，王氏無所歸。是時，明宗夏夫人已卒，方求別室，有言王氏於安重誨者，[3]重誨以告明宗而納之。王氏素得鄩金甚多，悉以遺明宗左右及諸子婦，人人皆爲王氏稱譽，明宗益愛之。而夫人曹氏爲人簡質，常避事，由是王氏專寵。

　　[1]邠州：州名。治所在今陝西彬縣。
　　[2]劉鄩：人名。密州安丘（今山東安丘市）人。唐末、五代將領。傳見《舊五代史》卷二三、本書卷二二。
　　[3]安重誨：人名。應州（今山西應縣）人。五代後唐大臣。傳見《舊五代史》卷六六、本書卷二四。

　　明宗即位，議立皇后，而曹氏當立，曹氏謂王氏曰："我素多病，而性不耐煩，妹當代我。"王氏曰："后，帝匹也，至尊之位，誰敢干之！"乃立曹氏爲皇后，王氏爲淑妃。妃事皇后亦甚謹，每帝晨起，盥櫛服御，皆妃執事左右，及罷朝，帝與皇后食，妃侍，食徹乃退，未嘗少懈，[1]皇后心亦益愛之。然宮中之事，皆主於妃。明宗病，妃與宦者孟漢瓊出納左右，[2]遂專用事，殺安重誨、秦王從榮，皆與焉。劉鄩諸子，皆以妃故封拜官爵。愍帝即位，册尊皇后爲皇太后，妃爲皇太妃。初，明宗後宮有生子者，命妃母之，是爲許王從益。從益乳母司衣王氏，[3]見明宗已老而秦王握兵，心欲自託爲後計，乃曰"兒思秦王"。是時從益已四歲，又數教從益自言求見秦王。明宗遣乳嫗將兒往來秦府，遂與從榮私通，從榮因使王氏伺察宮中動静。從榮已死，司衣王氏以謂秦王實以兵入宮衛天子，而以反見誅，出怨言。愍帝聞之，大怒，賜司衣王氏死，而事連太妃，由是心不悦，欲遷之至德宫，[4]以太后素善妃，懼傷其意而止，然待之甚薄。

[1]未嘗少懈："嘗"，原作"常"，據殿本改。
[2]孟漢瓊：人名。籍貫不詳。五代後唐宦官，時任宣徽南院使。傳見《舊五代史》卷七二。
[3]司衣：女官名。掌後宮衣服首飾，以供后妃之用。正六品。
[4]至德宫：宫名。五代後唐天成元年（926）築。位於今河南洛陽市。

廢帝入立，嘗置酒妃院，妃舉酒曰："願辭皇帝爲比丘尼。"[1]帝驚，問其故，曰："小兒處偶得命，若大兒不容，則死之日，何面見先帝！"因泣下。廢帝亦爲之悽然，待之頗厚。石敬瑭兵犯京師，廢帝聚族將自焚。妃謂太后曰："事急矣，宜少回避，以俟姑夫。"太后曰："我家至此，何忍獨生，妹自勉之！"太后乃與帝俱燔死，而妃與許王從益及其妹匿於鞠院以免。[2]

[1]比丘尼：佛教中受戒出家的女子，統稱比丘尼。
[2]鞠院：古代蹴鞠的場地，因四周以墻圍合如院，故名。

晋高祖立，妃自請爲尼，不可，乃遷于至德宫。晋遷都汴，[1]以妃子母俱東，置於宫中，高祖皇后事妃如母。天福四年九月癸未，詔以郇國三千户封唐許王從益爲郇國公，以奉唐祀，服色、旌旗一依舊制。[2]太常議立莊宗、明宗、愍帝三室，以至德宫爲廟；詔立高祖、太宗，爲五廟，使從益歲時主祠。

[1]汴：州名。治所在今河南開封市。
[2]天福：五代後晋高祖石敬瑭年號（936—942），出帝石重貴沿用至天福九年（944）。　郇（xún）國公：五代二王三恪制度下，後唐李氏後裔受封的爵名。　服色：朝廷禮制。每一朝代各定其車馬、衣服之顔色，以符本朝五行德運，並區分等級。

出帝即位，妃母子俱還洛陽。契丹犯京師，趙延壽所尚明宗公主已死，耶律德光乃爲延壽娶從益妹，是爲永安公主。[1]公主不知其母爲誰，素亦養於妃，妃至京師主婚禮。德光見明宗畫像，焚香再拜，顧妃曰："明宗與我約爲弟兄，[2]爾吾嫂也。"已而靳之曰："今日乃吾婦也。"乃拜從益爲彰信軍節度使，[3]從益辭，不之官，與妃俱還洛陽。

[1]契丹：古部族、政權名。公元4世紀中葉宇文部爲前燕攻破，始分離而成單獨的部落，自號契丹。唐貞觀中，置松漠都督府，以其首領爲都督。唐末彊盛，916年迭剌部耶律阿保機建立契丹國（遼）。先後與五代、北宋並立，保大五年（1125）爲金所滅。參見張正明《契丹史略》，中華書局1979年版。　趙延壽：人名。常山（今河北正定縣）人。本姓劉，爲後唐將領趙德鈞養子。仕至後唐樞密使，遼朝幽州節度使、燕王。傳見《舊五代史》卷九八。　明宗公主：即興平公主。後唐明宗李嗣源之女，趙延壽之妻。事見《舊五代史》卷九八。　耶律德光：人名。契丹人。遼太祖耶律阿保機次子，契丹名耶律堯骨。遼朝太宗皇帝。927年至947年在位。紀見《遼史》卷三至卷四。　永安公主：後唐明宗李嗣源之女，爲王淑妃所生。趙延壽之妻。事見《舊五代史》卷九八、本書本卷。

[2]明宗與我約爲弟兄："爲"字原闕，據殿本、南監本、北監本、汪本、元刊本補。

[3]彰信軍：方鎮名。此處疑誤。據本書卷六〇《職方考》：後晉開運二年（945）置威信軍於曹州（今山東曹縣西北），漢初軍廢，周廣順二年（952）復置，改名彰信軍。當此晉漢之際，無彰信軍之建制。　節度使：官名。唐時在重要地區所設掌握一州或數州軍事、民事、財政的長官。品秩不詳。

德光北歸，留蕭翰守汴州。[1]漢高祖起太原，翰欲北去，乃使人召從益，委以中國。從益子母逃於徽陵域中，[2]以避使者，使者迫之以東，遂以從益權知南朝軍國事。[3]從益御崇元殿，[4]翰率契丹諸將拜殿上，晉群臣拜殿下。群臣入謁太妃，妃曰："吾家子母孤弱，爲翰所迫，此豈福邪？禍行至矣！"乃以王松、趙上交爲左右丞相，李式、翟光鄴爲樞密使，燕將劉祚爲侍衛親軍都指揮使。[5]翰留契丹兵千人屬祚而去。

[1]蕭翰：人名。契丹人。遼朝宰相蕭敵魯之子，述律太后之侄，太宗皇后之兄。遼初將領。傳見《舊五代史》卷九八、《遼史》卷一一三。

[2]徽陵：五代後唐明宗李嗣源陵墓。位於今河南孟津縣送莊鎮。後晉石敬瑭將後唐愍帝李從厚、李從榮、李重吉皆祔葬於此。

[3]權知南朝軍國事：契丹立李從益爲中原之主，而去其帝號，以"權知南朝軍國事"爲名，示其爲契丹臣屬也。

[4]崇元殿：五代後梁開平元年（907）改汴京正殿爲崇元殿。位於今河南開封市。

[5]王松：人名。京兆（今陝西西安市）人。唐僖宗宰相王徽之子。五代後唐至後漢官員。傳見本書卷五七。　趙上交：人名。涿州范陽（今河北涿州市）人。五代、宋初大臣。本名遠，字上交，避後漢高祖劉知遠諱，遂以字爲名。傳見《宋史》卷二六二。　李式：人名。籍貫不詳。五代後晉官員。事見《舊五代史》卷七七。　翟光鄴：人名。濮州鄄城（今山東鄄城縣）人，五代將領。傳見《舊五代史》卷一二九、本書卷四九。　樞密使：官名。樞密院長官。唐代宗時始以宦官掌機密，至昭宗時借朱溫之力盡誅宦官，始改以士人任樞密使。備顧問，參謀議，出納詔奏，權侔宰相。品秩不詳。參見李全德《唐宋變革期樞密院研究》，北京圖書館出版社2009年版。　劉祚：人名。籍貫不詳。遼國將領。事見《舊五代史》卷五一。　侍衛親軍都指揮使：官名。五代時侍衛親軍長官。多由皇帝親信擔任。品秩不詳。

漢高祖擁兵而南，從益遣人召高行周、武行德等爲拒，[1]行周等皆不至，乃與王松謀以燕兵閉城自守。妃曰："吾家亡國之餘，安敢與人爭天下！"乃遣人上書迎漢高祖。高祖聞其嘗召行周而不至，遣郭從義先入京師殺妃母子。[2]妃臨死呼曰："吾家母子何罪？何不留吾兒，使每歲寒食持一盂飯洒明宗墳上。"聞者悲之。從益死時年十七。

[1]高行周：人名。嬀州懷戎（今河北懷來縣）人。五代後唐至後周將領。傳見《舊五代史》卷一二三、本書卷四八。　武行德：人名。并州榆次（今山西晉中市榆次區）人。五代、宋初將領。傳見《宋史》卷二五二。

[2]郭從義：人名。沙陀人。曾名李從義。後唐莊宗李存勖養子。五代及宋初將領。傳見《宋史》卷二五二。

皇后孔氏

愍帝哀皇后孔氏，父循，橫海軍節度使。[1]后有賢行，生四子。愍帝即位，立爲皇后，未及冊命而難作。愍帝出奔，后病子幼，皆不能從。廢帝入立，后及四子皆見殺。晉高祖立，追諡曰哀。

[1]循：人名。即孔循。籍貫不詳。五代後唐大臣。傳見本書卷四三。　橫海軍：方鎮名。治所在滄州（今河北滄州市）。始置於唐。《新唐書》卷六六《表第六·方鎮三》："貞元三年，置橫海軍節度使，領滄、景二州。"

明宗子

從璟

明宗四子，曰：從璟、從榮、從厚、從益。

從璟初名從審，爲人驍勇善戰，而謙退謹敕。從莊宗戰，數有功，爲金槍指揮使。[1]明宗軍變于魏，[2]莊宗謂從璟曰："爾父於國有大功，忠孝之心，朕自明信。今爲亂軍所逼，爾宜自往宣朕意，毋使自疑。"從璟馳至衛州，爲元行欽所執，[3]將殺之，從璟呼曰："我父爲亂軍所逼，公等不亮其心，我亦不能至魏，願歸衛天子。"行欽釋之。莊宗憐其言，賜名從璟，以爲己子。[4]

[1]金槍指揮使：官名。所部統兵將領。金槍爲五代禁軍番號。品秩不詳。

[2]魏：州名。治所在今河北大名縣。

[3]衛州：州名。治所在今河南衛輝市。 元行欽：人名。幽州（今北京市）人。五代後唐將領。傳見《舊五代史》卷七〇、本書卷二五。

[4]從璟：中華點校本作"繼璟"，當是。據本書卷一四，莊宗諸子名繼岌、繼潼、繼嵩、繼蟾、繼嶢，皆以"繼"字行。莊宗既賜從璟新名以爲子，亦當作"繼"字。

從莊宗如汴州，將士多亡於道，獨從璟不去，左右或勸其逃禍，從璟不聽。莊宗聞明宗已渡黎陽，[1]復欲遣從璟通問。行欽以爲不可，遂殺之。明宗即位，贈太保。[2]

[1]黎陽：縣名。治所在今河南浚縣。

[2]太保：官名。與太師、太傅並爲三師。唐後期、五代多爲大臣、勛貴加官。正一品。

嗚呼！無父烏生，無君烏以爲生，而世之言曰："爲忠孝者不兩全。"夫豈然哉？君父，人倫之大本；忠孝，臣子之大節。豈其不相爲用，而又相害者乎？抑私與義而已耳。蓋以其私則兩害，以其義則兩得。其父以兵攻其君，爲其子者，從父乎？從君乎？曰："身從其居，志從其義，可也。"身居君所則從君，居父所則從父。其從於君者，必辭其君曰："子不可以射父，願無與兵焉！"則又號泣而呼其父曰："盍捨兵而歸我君乎！"君敗則死之，父敗則終喪而事君。其從於父者，必告之曰："君不可以射也，盍捨兵而歸吾君乎！"君敗則死之，父敗則待罪於君，君赦己則終喪而事之。[1]古之知孝者莫如舜，知義者莫如孔、孟，其於君臣父子之際詳矣，使其不幸而遭焉，其亦如是而已矣！從璟之於莊宗，知所從而得其死矣。哀哉！

[1]君赦己則終喪而事之："君"字原闕，中華點校本據宗文本補，今從。

秦王從榮

秦王從榮，天成元年，以檢校司徒兼御史大夫，拜天雄軍節度使、同中書門下平章事。[1]三年，徙鎮河東。[2]長興元年，拜河南尹，兼判六軍諸衛事。[3]

[1]檢校司徒：官名。爲散官或加官，以示恩寵，無實際執掌。司徒，與太尉、司空並爲三公。品秩不詳。　御史大夫：官名。秦始置，與丞相、太尉合稱三公。至唐代，在御史中丞之上設御史大夫一人，爲御史臺長官，專掌監察、執法。正三品。　天雄軍：方鎮名。治所在魏州（今河北大名縣）。　同中書門下平章事：官名。簡稱"同平章事"。唐高宗以後，實際任宰相之職者，常在其本官後加同平章事的職銜。後成爲宰相專稱。品秩不詳。

[2]河東：方鎮名。治所在太原（今山西太原市）。

[3]河南尹：官名。唐開元元年（713）改洛州爲河南府，治所在今河南洛陽市。以河南府尹總其政務。從三品。　判六軍諸衛事：官名。後唐沿唐代舊制，置六軍、諸衛，以判六軍諸衛事爲禁軍六軍與諸衛的最高統帥。品秩不詳。

從璟死，從榮於諸皇子次最長，又握兵柄。然其爲人輕雋而鷹視，頗喜儒，學爲歌詩，多招文學之士，賦詩飲酒，故後生浮薄之徒，日進諛佞以驕其心。自將相大臣皆患之，明宗頗知其非而不能裁制。從榮嘗侍側，明宗問曰："爾軍政之餘，習何事業？"對曰："有暇讀書，與諸儒講論經義爾。"明宗曰："經有君臣父子之道，然須碩儒端士，乃可親之。吾見先帝好作歌詩，甚無謂也。汝將家子，文章非素習，必不能工，傳於人口，徒取笑也。吾老矣，於經義雖不能曉，然尚喜屢聞之，其餘不足學也。"

是歲秋，封從榮秦王。故事，諸王受封不朝廟，[1]而有司希旨，欲重其禮，乃建議曰："古者因禘、嘗而發爵祿，[2]所以示不敢專。今受大封而不告廟，非敬順之道也。"於是從榮朝服，乘輅車，具鹵簿，至朝堂受册，[3]出，載册以車，朝于太廟，京師之人皆以爲榮。[3]三年，加兼中書令。[4]有司又言："故事，親王班宰相下，[5]今秦王位高而班下，不稱。"於是與宰相分班而居右。

[1]朝廟：至宗廟朝拜、祭祀，示受命於祖先。
[2]禘：祭禮名。皇帝對祖先的大祭。有五年一禘之說。　嘗：祭禮名。皇帝對祖先的四時祭祀之秋季祭祀。嘗意爲品嘗。秋季農作物收穫，貢獻給祖宗品嘗。
[3]朝服：禮服的一種。君臣朝會時所服，故稱。　輅車：天子車駕。可分爲大輅、玉輅、金輅、象輅、革輅、木輅等。　鹵簿：指帝后出行時的儀仗隊。蔡邕《獨斷》卷下："天子出，車駕次第謂之鹵簿。"　朝堂：朝廷議政事之處。　册：文書名。屬命令體文書。凡皇帝上尊號、追諡，帝與皇后發訃告，立后妃，封親王、皇子、大長公主，拜三師、三公、三省長官等，用册。
[4]中書令：官名。漢代始置，隋、唐前期爲中書省長官，屬宰相之職；唐後期多爲授予元勳大臣的虛銜。正二品。
[5]班：百官上朝時排列的班次。

　　四年，加尚書令，食邑萬户。[1]太僕少卿何澤上書，請立從榮爲皇太子。[2]是時明宗已病，得澤書不悦，顧左右曰："群臣欲立太子，吾當養老於河東。"乃召大臣議立太子事，大臣皆莫敢可否。從榮入白曰："臣聞姦人言，欲立臣爲太子，臣實不願也。"明宗曰："此群臣之欲爾。"從榮出，見范延光、趙延壽等曰：[3]"諸公議欲立吾爲太子，是欲奪吾兵柄而幽之東宫耳。"延光等患之，乃加從榮天下兵馬大元帥。[4]有司又言："元帥或統諸道，或專一面，自前世無天下大元帥之名，其禮無所考按。請自節度使以下，凡領兵職者，皆具櫜鞬以軍禮庭參；[5]其兼同中書門下平章事者，初見亦如之，其後許如客禮。凡元帥府文符行天下，皆用帖。[6]又升班在宰相上。"從榮大宴元帥府，諸將皆有頒給：控鶴、奉聖、嚴衛指揮使，人馬一匹、絹十匹；[7]其諸軍指揮使，人絹十匹；都頭已下，七匹至三匹。[8]又請嚴衛、捧聖千人爲牙兵，[9]每入朝，以數百騎先後，張弓挾矢，馳走道上，見者皆震慴。從榮又命其寮屬及四方游士試作征淮檄，陳已所以平一天下之意。[10]

[1]尚書令：官名。秦始置。隋、唐前期爲尚書省長官，與中書令、侍中並爲宰相。唐後期多爲大臣加銜，不參與政務。正二品。　食邑：即封地、封邑。食邑之名，蓋取受封者不之國，僅食其租税之意。

[2]太僕少卿：官名。北魏始置。太僕卿副貳，太僕寺次官。佐太僕卿掌車馬及牲畜之政令。從四品上。　何澤：人名。廣州（今廣東廣州市）人。五代後唐、後晉官員。傳見本書卷五六。

[3]范延光：人名。相州臨漳（今河北臨漳縣）人。五代後唐、後晉將領。傳見《舊五代史》卷九七、本書卷五一。

[4]天下兵馬大元帥：官名。總掌天下兵馬。爲特設超品之官職。

[5]櫜（gāo）鞬（jiān）：藏弓箭的器具。櫜爲盛箭之器，鞬爲盛弓之器。　庭參：庭，指官廳。庭參爲下級官員謁見上級官員的禮儀。

[6]帖：官府文書。一般是上級機關下發給下級機關的公文書。

[7]控鶴、奉聖、嚴衛指揮使：官名。所部統兵將領。控鶴、

奉聖、嚴衛皆爲五代禁軍番號。品秩不詳。

[8]都頭：官名。唐末五代時，"都"爲指揮以下的軍事編制。《五代會要·京城諸軍》："凡五百人爲一指揮，其別有五都，都一百人，統以一營居之。"都的長官稱爲都頭。品秩不詳。

[9]捧聖：五代禁軍番號。因全爲騎兵，故又稱"捧聖馬軍"。牙兵：五代時期藩鎮親兵。參見來可泓《五代十國牙兵制度初探》，《學術月刊》1995年第11期。

[10]征淮檄：征討吳國的檄文。淮指唐五代藩鎮淮南軍，五代十國之吳國、南唐皆基於淮南立國。

言事者請爲諸王擇師傅，以加訓導。[1]宰相難其事，因請從榮自擇。從榮乃請翰林學士崔梲、刑部侍郎任贊爲元帥判官。[2]明宗曰："學士代予言，不可也。"從榮出而恚曰："任以元帥而不得請屬寮，非吾所諭也。"將相大臣見從榮權位益隆，而輕脫如此，皆知其禍而莫敢言者。惟延光、延壽陰有避禍意，數見明宗，涕泣求解樞密，二人皆引去，而從榮之難作。

[1]師傅："師"和"傅"的合稱。歷代多置太師、太傅、太保爲三師，東宮、諸王府亦置師傅官。《禮記·文王世子》："三王教世子……太傅在前，少傅在後，入則有保，出則有師，是以教諭，而德成也。"

[2]翰林學士：官名。由南北朝始設之學士發展而來，唐玄宗改翰林供奉爲翰林學士，備顧問，代王言，掌拜免將相、號令征伐等詔令的起草。品秩不詳。　崔梲（zhuō）：人名。博陵安平（今河北安平縣）人。後梁進士，歷仕後梁、後唐、後晉。傳見《舊五代史》卷九三、本書卷五五。　刑部侍郎：官名。尚書省刑部次

官。協助刑部尚書掌天下刑法及徒隸、勾覆、關禁之政令。正四品下。　任贇：人名。籍貫不詳。五代後唐官員。事見《舊五代史》卷四四。　判官：官名。唐中期後，凡觀察、防禦、團練、節度各使及元帥府，設判官爲其僚屬，輔助處理事務。品秩不詳。

　　十一月戊子，雪，明宗幸宮西士和亭，得傷寒疾。[1]己丑，從榮與樞密使朱弘昭、馮贇入問起居於廣壽殿，帝不能知人。[2]王淑妃告曰："從榮在此。"又曰："弘昭等在此。"皆不應。從榮等去，乃遷於雍和殿，宮中皆慟哭。[3]至夜半後，帝蹶然自興於榻，而侍疾者皆去，顧殿上守漏宮女曰："夜漏幾何？"[4]對曰："四更矣！"帝即唾肉如肺者數片，溺涎液斗餘。守漏者曰："大家省事乎？"曰："吾不知也。"有頃，六宮皆至，[5]曰："大家還魂矣！"因進粥一器。至旦，疾少愈，而從榮稱疾不朝。

　　[1]士和亭：地名。在洛陽宮城之西。位於今河南洛陽市。傷寒疾：中醫名詞。現代醫學認爲，傷寒是由傷寒杆菌經消化道侵入機體而引起的急性腸道傳染病。

　　[2]朱弘昭：人名。太原（今山西太原市）人。後唐明宗朝樞密使、宰相。傳見《舊五代史》卷六六、本書卷二七。　馮贇：人名。太原（今山西太原市）人。後唐明宗朝宰相、三司使。傳見本書卷二七。　問起居：問候生活起居是否平安。參見杜文玉《五代起居制度的變化及其特點》，《陝西師範大學學報》（哲學社會科學版）2005年第3期。　廣壽殿：宮殿名。在洛陽宮城内。位於今河南洛陽市。

　　[3]雍和殿：宮殿名。位於今河南洛陽市。

[4]夜漏：夜間用漏壺計時，指夜間時刻。
[5]六宮：皇后、妃嬪的寢宮。泛指後宮。

初，從榮常忌宋王從厚賢於己，而懼不得爲嗣。[1]其平居驕矜自得，及聞人道宋王之善，則愀然有不足之色。其入問疾也，見帝已不知人，既去，而聞宮中哭聲，以謂帝已崩矣，乃謀以兵入宮。使其押衙馬處鈞告弘昭等，[2]欲以牙兵入宿衛，問何所可以居者。弘昭等對曰："宮中皆王所可居，王自擇之。"因私謂處鈞曰："聖上萬福，王宜竭力忠孝，不可草草。"處鈞具以告從榮，從榮還遣處鈞語弘昭等曰："爾輩不念家族乎？"弘昭、贇及宣徽使孟漢瓊等入告王淑妃以謀之，[3]曰："此事須得侍衛兵爲助。"乃召侍衛指揮使康義誠，[4]謀於竹林之下。義誠有子在秦王府，不敢決其謀，謂弘昭曰："僕爲將校，惟公所使爾！"弘昭大懼。

[1]而懼不得爲嗣："得"字原闕，中華點校本據宗文本、《通鑑》卷二七八補，今從。

[2]押衙：官名。即"押牙"。唐五代時期節度使、元帥府等官署辟署的屬官。掌領儀仗侍衛。品秩不詳。參見劉安志《唐五代押牙（衙）考略》，《魏晋南北朝隋唐史資料》第16輯，1998年。馬處鈞：人名。籍貫不詳。五代後唐將領。事見《通鑑》卷二七八。

[3]宣徽使：官名。唐始置。宣徽南院使、北院使通稱宣徽使。初用宦官，五代以後改用士人。通掌内諸司及三班内侍之名籍，郊祀、朝會、宴享供帳之儀，檢視内外進奉名物。品秩不詳。參見王永平《論唐代宣徽使》，《中國史研究》1995年第1期；王孫盈政

《再論唐代的宣徽使》，《中華文史論叢》2018年第3期。

［4］侍衛指揮使：官名。當即侍衛親軍都指揮使。五代侍衛親軍長官。多爲皇帝親信。後梁始置侍衛親軍，爲禁軍的一支，後唐沿置並成爲禁軍主力，下設馬軍、步軍。品秩不詳。　康義誠：人名。沙陀人。五代後唐將領。傳見《舊五代史》卷六六、本書卷二七。

明日，從榮遣馬處鈞告馮贇曰："吾今日入居興聖宮。"[1]又告義誠，義誠許諾。贇即馳入內，見義誠及弘昭、漢瓊等坐中興殿閣議事，[2]贇責義誠曰："主上所以畜養吾徒者，爲今日爾！今安危之機，間不容髮，奈何以子故懷顧望，[3]使秦王得至此門，主上安所歸乎？吾輩復有種乎？"漢瓊曰：[4]"賤命不足惜，吾自率兵拒之。"即入見曰："從榮反，兵已攻端門。"[5]宮中相顧號泣。明宗問弘昭等曰："實有之乎？"對曰："有之。"明宗以手指天泣下，良久曰："義誠自處置，毋令震動京師。"潞王子重吉在側，[6]明宗曰："吾與爾父起微賤，至取天下，數救我於危窘。[7]從榮得何氣力，而作此惡事！爾亟以兵守諸門。"重吉即以控鶴兵守宮門。

［1］興聖宮：宮殿名。在洛陽宮城內。位於今河南洛陽市。
［2］中興殿閣：殿閣名。即中興殿之閣。在洛陽宮城內。位於今河南洛陽市。
［3］奈何以子故懷顧望："顧"字原闕，中華點校本據浙江本、宗文本、《通鑑》卷二七八補，今從。
［4］漢瓊曰："曰"字原闕，據殿本補。
［5］端門：洛陽宮城門名。位於今河南洛陽市。

[6]重吉：人名。即李重吉。後唐廢帝李從珂長子。傳見《舊五代史》卷五一、本書卷一六。

[7]數救我於危窘："於"字原闕，中華點校本據宗文本、《通鑑》卷二七八補，今從。

是日，從榮自河南府擁兵千人以出。從榮寮屬甚衆，而正直之士多見惡，其尤所惡者劉贊、王居敏，而所昵者劉陟、高輦。[1]從榮兵出，與陟、輦並轡耳語，[2]行至天津橋南，[3]指日景謂輦曰："明日而今，誅王居敏矣！"因陣兵橋北，下據胡牀而坐，使人召康義誠。而端門已閉，叩左掖門，[4]亦閉，而於門隙中見捧聖指揮使朱弘實率騎兵從北來，[5]即馳告從榮。從榮驚懼，索鐵厭心，自調弓矢。皇城使安從益率騎兵三百衝之，[6]從榮兵射之，從益稍却。弘實騎兵五百自左掖門出，方渡河，而後軍來者甚衆，從榮乃走歸河南府，其判官任贊已下皆走出定鼎門，牙兵劫嘉善坊而潰。[7]從榮夫妻匿牀下，從益殺之。

[1]劉贊：人名。魏州（今河北大名縣）人。五代後唐官員。傳見本書卷二八。　王居敏：人名。籍貫不詳。五代後唐官員。事見《舊五代史》卷四四。　劉陟：人名。籍貫不詳。五代後唐官員。事見《舊五代史》卷四四。　高輦：人名。籍貫不詳。五代後唐官員。事見本書本卷。

[2]與陟、輦並轡耳語："與"字原闕，中華點校本據宗文本、《舊五代史》卷四四補，今從。

[3]天津橋：洛陽橋名。位於今河南洛陽市。

[4]左掖門：洛陽宮城門名。位於今河南洛陽市。

[5]朱弘實：人名。一作朱洪實。籍貫不詳。五代後唐將領，爲後唐明宗愛將，歷任捧聖指揮使、侍衛親軍馬軍都指揮使等職。傳見《舊五代史》卷六六。

[6]皇城使：官名。唐末始置，爲皇城司長官，一般由君主的親信充任，以拱衛皇城。品秩不詳。　安從益：人名。籍貫不詳。五代後唐將領。事見《舊五代史》卷一三二。

[7]定鼎門：洛陽城門名。位於今河南洛陽市。　嘉善坊：洛陽坊名。位於今河南洛陽市。

明宗聞從榮已死，悲咽幾墮于榻，絕而蘇者再。馮道率百寮入見，[1]明宗曰："吾家事若此，慙見群臣！"君臣相顧，泣下沾襟。從榮二子尚幼，皆從死。後六日而明宗崩。

[1]馮道：人名。瀛州景城（今河北滄州市）人。五代時官拜宰相，歷仕後唐、後晉、後漢、後周，亦曾臣事契丹。傳見《舊五代史》卷一二六、本書卷五四。

明宗姪

從璨

明宗兄弟皆不見于世家，而有姪四人，曰：從璨、從璋、從溫、從敏。

從璨初爲右衛大將軍，[1]安重誨用事，自諸王將相皆下之，從璨爲人剛猛，不能少屈，而性倜儻，輕財好士，[2]重誨忌之。明宗幸汴州，以從璨爲大內皇城使。嘗於會節園飲，[3]酒酣，戲登御榻，重誨奏其事，貶房州司户參軍，[4]賜死。重誨見誅，詔復其官，贈太保。

[1]右衛大將軍：官名。唐置，掌宫禁宿衛。唐代置十六衛，即左右衛、左右驍衛、左右武衛、左右威衛、左右領軍衛、左右金吾衛、左右監門衛、左右千牛衛。各置上將軍，從二品；大將軍，正三品；將軍，從三品。

[2]輕財好士："士"，原作"施"，中華點校本據宗文本改，今從。

[3]會節園：五代後唐時洛陽城内園林。位於今河南洛陽市。

[4]房州：州名。治所在今湖北房縣。 司户參軍：官名。簡稱"司户"。州級政府僚佐。掌本州屬縣之户籍、賦稅、倉庫受納等事。上州從七品下，中州正八品下，下州從八品下。

從璋

從璋字子良，少善騎射。莊宗時，將兵戍常山，聞明宗兵變于魏，乃亦起兵據邢州。[1]明宗即位，以爲捧聖左廂都指揮使，改皇城使，領饒州刺史，拜彰國軍節度使，徙鎮義成。[2]明宗幸汴州，從璋欲率民爲貢獻，其從事諫以爲不可，從璋怒，引弓欲射之，坐罷爲右驍衛上將軍。[3]居久之，出鎮保義，徙河中。[4]長興四年夏，封洋王。晉高祖立，徙鎮威勝，降封隴西郡公。[5]從璋爲人貪鄙，自鎮保義，始折節自脩，在南陽頗有遺愛。[6]天福二年卒，年五十一。

[1]常山：地名。位於今河北正定縣。 邢州：州名。治所在今河北邢臺市。

[2]捧聖左廂都指揮使：官名。捧聖左廂，禁軍番號。五代軍

隊編制，五百人爲一指揮，設指揮使、副指揮使；十指揮爲一軍，設都指揮使、副都指揮使。品秩不詳。　饒州：州名。治所在今江西鄱陽縣。　刺史：官名。州一級行政長官。漢武帝時始置，總掌考核官吏、勸課農桑、地方教化等事。唐中期以後，節度使、觀察使轄州而設，刺史爲其屬官，職任漸輕。從三品至正四品下。　彰國軍：方鎮名。治所在應州（今山西應縣）。　義成：方鎮名。亦稱永平軍。治所在滑州（今河南滑縣）。

[3]從事：泛指一般屬官。　右驍衛上將軍：官名。唐置，掌宮禁宿衛。唐代十六衛之一。從二品。

[4]保義：方鎮名。治所在陝州（今河南三門峽市陝州區）。河中：方鎮名。治所在河中府（今山西永濟市）。

[5]威勝：方鎮名。治所在乾州（今陝西乾縣）。

[6]南陽：縣名。治所在今河南南陽市。

從溫

從溫字德基，初爲北京副留守。[1]歷安國、忠武、義武、成德、武寧五節度使，封兗王。[2]晋高祖立，復爲忠武軍節度使。從溫爲人貪鄙，多作天子器服以自僭，宗族、賓客諫之，不聽。其妻關氏大呼于牙門曰："從溫欲反，而造天子服器。"從溫大恐，乃悉毀之。

[1]北京副留守：官名。北京留守副官。北京，指五代後唐的北都太原。古代在都城、陪都或軍事重鎮所設留守，由地方行政長官兼任。副留守爲留守之貳。品秩不詳。

[2]安國：方鎮名。治所在邢州（今河北邢臺市）。　忠武：方鎮名。治所在陳州（今河南淮陽縣）。　義武：方鎮名。治所在定州（今河北定州市）。　成德：方鎮名。治所在鎮州（今河北正定縣）。　武寧：方鎮名。治所在徐州（今江蘇徐州市）。

明宗諸子八人，至晉出帝時六已亡歿，惟從溫、從敏在，太后常曰："吾惟有一兒，豈可繩之以法！"從溫由此益驕。嘗誣親吏薛仁嗣等爲盜，[1]悉籍没其家貲數千萬。仁嗣等詣闕自訴，事下有司，從溫具伏。出帝懼傷太后意，釋之而不問。開運二年，徙河陽三城，卒于官。[2]

　　[1]嘗誣親吏薛仁嗣等爲盜："等"字原闕，中華點校本據宗文本及本卷下文補，今從。薛仁嗣，人名。籍貫不詳。五代後唐時人，李從溫親吏。事見本書本卷。
　　[2]開運：後晉出帝石重貴年號（944—946）。　河陽三城：方鎮名。治所在孟州（今河南孟州市）。

　　是時從璋子重俊爲虢州刺史，[1]坐贓，亦以太后故，罪其判官高獻而已。[2]重俊復爲商州刺史，[3]坐與其妹姦及殺其僕孫漢榮掠其妻，賜死。[4]

　　[1]虢州：州名。治所在今河南靈寶市。
　　[2]判官：官名。唐五代方鎮僚屬，位在行軍司馬下。分掌使衙内的各曹事，並協助使職官員通判衙事。品秩不詳。　高獻：人名。籍貫不詳。五代後唐官員。事見《舊五代史》卷八八。
　　[3]商州：州名。治所在今陝西商洛市商州區。
　　[4]孫漢榮：人名。籍貫不詳。五代後唐時人。事見《舊五代史》卷八四。

　　從敏
　　從敏字叔達，爲人沉厚寡言，善騎射。初從莊宗爲馬步軍都指揮使兼行軍司馬。[1]明宗入立，遷皇城使、保義軍節度使，與討王都。[2]歷鎮橫海、義武、成德、歸德、保義、昭義、河陽，封涇王。[3]漢高祖時，爲西京留守，封秦國公。[4]周廣順元年卒，[5]贈中書令，謚曰恭惠。

[1]馬步軍都指揮使：官名。五代時藩鎮馬步軍之長官。五代軍隊編制，五百人爲一指揮，設指揮使、副指揮使；十指揮爲一軍，設都指揮使、副都指揮使。品秩不詳。　行軍司馬：官名。出征將領及節度使的屬官。掌軍籍符伍、號令印信，是藩鎮重要的軍政官員。品秩不詳。

[2]王都：人名。中山陘邑（今河北定州市）人。本姓劉，後爲義武軍節度使王處直養子。五代軍閥。傳見《舊五代史》卷五四。

[3]橫海：方鎮名。治所在滄州（今河北滄州市）。　歸德：方鎮名。治所在宋州（今河南商丘市）。　昭義：方鎮名。治所在潞州（今山西長治市）。　河陽：方鎮名。治所在孟州（今河南孟州市）。

[4]西京：指京兆府（今陝西西安市）。　留守：官名。古代皇帝出巡或親征時指定親王或大臣留守京城，綜理國家軍事、行政、民事、財政等事務，稱京城留守。在陪都或軍事重鎮也常設留守，以地方長官兼任。品秩不詳。

[5]廣順：五代後周太祖郭威年號（951—953）。

新五代史　卷一六

唐廢帝家人傳第四

皇后劉氏　李重吉　重美

皇后劉氏

廢帝皇后劉氏，父茂威，應州渾元人也。[1]后爲人彊悍，廢帝素憚之。初封沛國夫人，廢帝即位，立爲皇后。

[1]茂威：人名。即劉茂威。應州渾元（今山西渾源縣）人。五代後唐將領。《舊五代史》卷六九作"茂成"，並謂其"以軍功爲邊將"。　應州：州名。治所在今山西應縣。　渾元：縣名。治所在今山西渾源縣。

其弟延皓，少事廢帝爲牙將，廢帝即位，拜宮苑使、宣徽南院使。[1]清泰二年，爲樞密使、天雄軍節度使。[2]延皓爲人素謹厚，及貴而改節，以后故用事，受賕，掠人園宅，在鄴下不恤軍士，軍士皆怨。[3]捧聖都虞候張令昭以其屯駐兵逐延皓,延皓走相州。[4]是時,石敬瑭已反,[5]方用兵,而令昭之亂作。令昭乃閉城,遣其副使邊仁嗣請己爲節度使。[6]廢帝以令昭爲右千牛衛將軍,權知天雄軍府事。[7]已而遣范延光討之,令昭敗走邢州,追至沙河,斬之,屯駐諸軍亂者三千餘人皆死。[8]有司請以延皓行軍法,廢帝以后故,削其官爵而已。

[1]宫苑使:官名。唐始置,以宦官充任,五代改用士人。掌管京師地區宫苑和宫苑所屬莊田的管理事務。品秩不詳。　宣徽南院使:官名。唐始置。宣徽南院長官。初用宦官,五代以後改用士人。與宣徽北院使通掌内諸司及三班内侍之名籍、郊祀、朝會、宴享供帳之儀,檢視内外進奉名物。品秩不詳。參見王永平《論唐代宣徽使》,《中國史研究》1995年第1期;王孫盈政《再論唐代的宣徽使》,《中華文史論叢》2018年第3期。

[2]清泰:五代後唐廢帝李從珂年號(934—936)。　樞密使:官名。樞密院長官。唐代宗時始以宦官掌機密,至昭宗時借朱温之力盡誅宦官,始改以士人任樞密使。備顧問,參謀議,出納詔奏,權侔宰相。品秩不詳。參見李全德《唐宋變革期樞密院研究》,北京圖書館出版社2009年版。　天雄軍:方鎮名。治所在魏州(今河北大名縣)。　節度使:官名。唐時在重要地區所設掌握一州或數州軍事、民事、財政的長官。品秩不詳。

[3]賕(qiú):賄賂之意。《説文》云:"賕,以財物枉法相謝也。"　鄴:地名。即鄴都。治所在今河北大名縣。五代後唐同光元年(923),改魏州爲興唐府,建號東京,三年改東京爲鄴都。

[4]捧聖都虞候:官名。捧聖爲五代中央禁軍,因全爲騎兵,故又稱"捧聖馬軍"。都虞候,五代禁軍統兵官,位次於都指揮使、副都指揮使。品秩不詳。　張令昭:人名。籍貫不詳。五代後唐將

領。事見《舊五代史》卷四八。　相州：州名。治所在今河南安陽市。

［5］石敬瑭：人名。沙陀人。五代後唐將領、後晉開國皇帝。紀見《舊五代史》卷七五至卷八〇、本書卷八。

［6］副使：官名。即節度副使。唐五代方鎮屬官。位於行軍司馬之下、判官之上。品秩不詳。　邊仁嗣：人名。籍貫不詳。五代後唐將領，時任天雄軍節度副使。事見《舊五代史》卷四八。

［7］右千牛衛將軍：官名。唐置，掌宮禁宿衛。唐代置十六衛，即左右衛、左右驍衛、左右武衛、左右威衛、左右領軍衛、左右金吾衛、左右監門衛、左右千牛衛。各置上將軍，從二品；大將軍，正三品；將軍，從三品。　權知天雄軍府事：官名。以原天雄軍節度使被逐，張令昭不足以任節度使，遂以權知府事爲名，地位亞於節度使，爲天雄軍實際長官。品秩不詳。

［8］范延光：人名。鄴郡臨漳（今河北臨漳縣）人。五代後唐、後晉將領。傳見《舊五代史》卷九七。　邢州：州名。治所在今河北邢臺市。　沙河：水名。源於今山西靈丘縣太白山南麓，流經河北阜平、曲陽、新樂、定州、安國等地，在安國市與磁河匯合。

廢帝二子，曰重吉、重美，一女爲尼，號幼澄，皆不知其所生。

廢帝鎮鳳翔，重吉爲控鶴指揮使，與尼俱留京師。[1]控鶴，親兵也。愍帝即位，不欲重吉掌親兵，乃出重吉爲亳州團練使，居幼澄於禁中，又徙廢帝北京。[2]廢帝自疑，乃反。愍帝遣人殺重吉于宋州，幼澄亦死。[3]

[1]鳳翔：方鎮名。治所在鳳翔府（今陝西鳳翔縣）。 控鶴指揮使：官名。所部統兵將領。控鶴爲禁軍番號。品秩不詳。

[2]亳州：州名。治所在今安徽亳州市。 團練使：官名。唐代中期以後，於不設節度使的地區設團練使。掌本區各州軍事。品秩不詳。 北京：指五代後唐的北都太原。本書卷五《唐莊宗本紀》載，同光元年（923）"十一月乙巳，復北都爲鎮州，太原爲北都"。

[3]宋州：州名。治所在今河南商丘市。

重美

重美，幼而明敏如成人。廢帝即位，自左衛上將軍領成德軍節度使、兼河南尹、判六軍諸衛事，[1]改領天雄軍節度使、同中書門下平章事，[2]封雍王。

[1]左衛上將軍：官名。唐置十六衛之一，掌宮禁宿衛。從二品。 成德軍：方鎮名。治所在鎮州（今河北正定縣）。 河南尹：官名。唐開元元年（713）改洛州爲河南府，治所在今河南洛陽市。以河南府尹總其政務。從三品。 判六軍諸衛事：官名。後唐沿唐代舊制，置六軍諸衛，以判六軍諸衛事爲禁軍六軍與諸衛的最高統帥。品秩不詳。

[2]同中書門下平章事：官名。簡稱"同平章事"。唐高宗以後，凡實際任宰相之職者，常在其本官後加同平章事的職銜。後成爲宰相專稱。品秩不詳。

石敬瑭反，廢帝欲北征，重美謂宜持重，固請毋行。[1]廢帝心憚敬瑭，初不欲往，聞重美言，以爲然，而劉延皓與劉延朗等迫之不已，廢帝遂如河陽，留重美守京師。[2]京師震恐，居民皆出城以藏竄，門者禁止之。[3]重美曰："國家多難，不能與民爲主，而欲禁其避禍，可乎？"因縱民出。及晉兵將至，劉皇后積薪于地，將焚其宮室，重美曰："新天子至，必不露坐，但佗日重勞民力，取怨身後耳！"后以爲然。廢帝自焚，后及重美與俱死。

［1］固請毋行："毋"，原作"母"，宗文本、殿本作"毋"，中華點校本據此改作"毋"，今據改。
［2］劉延朗：人名。宋州虞城（今河南虞城縣）人。五代後唐大臣。傳見《舊五代史》卷六九、本書卷二七。　河陽：縣名。治所在今河南孟州市。
［3］門者：古代守城門官吏。

嗚呼！家人之道，不可不正也。夫禮者，所以別嫌而明微也。甚矣，五代之際，君君臣臣父父子子之道乖，而宗廟、朝廷、人鬼皆失其序，斯可謂亂世者歟！自古未之有也。唐一號而三姓，周一號而二姓。唐太祖、莊宗爲一家，明宗、愍帝爲一家，廢帝爲一家；周太祖爲一家，世宗爲一家。別其家而同其號者，何哉？唐從其號，見其盜而有也；周從其號，與之也。而別其家者，昭穆親疏之不可亂也。號可同，家不可以不別，所以別嫌而明微也。梁博王友文之不別，何哉？著禍本也，梁太祖之禍，自友文始，存之所以戒也。

新五代史　卷一七

晉家人傳第五

高祖皇后李氏　安太妃　出帝皇后馮氏　敬威　敬贇
韓王敬暉　高祖子　楚王重信　壽王重乂　重睿　重杲　出帝子
延煦　延寶

高祖皇后李氏

高祖皇后李氏，唐明宗皇帝女也。[1]后初號永寧公主，清泰二年封魏國長公主。[2]自廢帝立，常疑高祖必反。三年，公主自太原入朝千春節，[3]辭歸，留之不得，廢帝醉，語公主曰："爾歸何速，欲與石郎反邪？"既醒，左右告之，廢帝大悔。公主歸，以語高祖，高祖由是益不自安。

[1]唐明宗：即五代後唐明宗李嗣源。沙陀人。原名邈佶烈，李克用養子。926年至933年在位。紀見《舊五代史》卷三五至卷四四、本書卷六。

[2]清泰：五代後唐廢帝李從珂年號（934—936）。

[3]千春節：五代後唐廢帝李從珂誕節。《舊五代史》卷四六載："中書門下奏：'請以正月二十三日皇帝誕慶日爲千春節。'從之。"

高祖即位，公主當爲皇后。天福二年三月，[1]有司言："皇太妃尊號已正，請上寶册。"[2]太妃，高祖庶母劉氏也。高祖以宗廟未立，謙抑未皇。七年夏五月，高祖已病，乃詔尊太妃爲皇太后，然卒不奉册而高祖崩，故后訖高祖世亦無册命。出帝天福八年七月，册尊皇后爲皇太后。

[1]天福：五代後晋高祖石敬瑭年號（936—942），出帝石重貴沿用至天福九年（944）。
[2]皇太妃：即後晋高祖石敬瑭生母劉氏。事見本書本卷。寶册：寶璽和册書。從唐朝開始，册封皇后等用寶册。

太后爲人彊敏，高祖常嚴憚之。出帝馮皇后用事，太后數訓戒之，出帝不從，乃及于敗。

開運三年十二月，耶律德光已降晋兵，遣張彦澤先犯京師，[1]以書遺太后，具道已降晋軍，且曰："吾有梳頭妮子竊一藥囊以奔于晋，今皆在否？吾戰陽城時，亡奚車一乘，在否？"[2]又問契丹先爲晋獲者及景延廣、桑維翰等所在。[3]太后與帝聞彦澤至，欲自焚，嬖臣薛超勸止之。[4]及得德光所與書，乃滅火出止苑中。[5]帝召當直學士范質，[6]謂曰："杜郎一何相負！[7]昔先帝起太原時，欲擇一子留守，謀之北朝皇帝，[8]皇帝以屬我，我

素以爲其所知，卿爲我草奏具言之，庶幾活我子母。"質爲帝草降表曰：[9]

[1]開運：後晉出帝年號（944—946）。　耶律德光：人名。契丹人。遼太祖耶律阿保機次子。遼朝太宗皇帝。927年至947年在位。紀見《遼史》卷三至卷四。　張彥澤：人名。突厥人，徙居太原。五代後晉將領，投降於契丹。傳見《舊五代史》卷九八、本書卷五二。

[2]陽城：地名。位於今河北保定市清苑區陽城鎮。五代營壘之地。《通鑑》卷二八四載："晋軍至陽城，庚申，契丹大至。晉軍與戰，逐北十餘里，契丹逾白溝而去。"　奚車：奚族所創之車。其形制後廣前窄，大輪長轂，駕駝。宜行山路，契丹人多乘用之。

[3]契丹：古部族、政權名。公元4世紀中葉宇文部爲前燕攻破，始分離而成單獨的部落，自號契丹。唐貞觀中，置松漠都督府，以其首領爲都督。唐末彊盛，916年迭剌部耶律阿保機建立契丹國（遼）。先後與五代、北宋並立，保大五年（1125）爲金所滅。參見張正明《契丹史略》，中華書局1979年版。　景延廣：人名。陝州（今河南三門峽市陝州區）人。五代後晉將領。傳見《舊五代史》卷八八、本書卷二九。　桑維翰：人名。洛陽（今河南洛陽市）人。五代後唐進士，後晉宰相、樞密使。傳見《舊五代史》卷八九、本書卷二九。

[4]薛超：人名。籍貫不詳。五代後晉將領。事見《舊五代史》卷八五。

[5]乃滅火出止苑中："止"，原作"上"，中華點校本據宗文本改，今從。

[6]當直學士：指翰林學士輪值者。翰林學士由南北朝始設之學士發展而來，唐玄宗改翰林供奉爲翰林學士，備顧問，代王言，掌拜免將相、號令征伐等詔令的起草。　范質：人名。大名宗城

（今河北威縣）人。五代後周至北宋初年宰相。傳見《宋史》卷二四九。

[7]杜郎：即杜重威。"杜郎相負"蓋指杜重威降遼之事。杜重威，其先朔州（今山西朔州市朔城區）人，後徙居太原。五代後晉、後漢將領。傳見《舊五代史》卷一〇九、本書卷五二。

[8]留守：留屯守備，綜理軍政事務。　北朝：指遼國。

[9]降表：帝王表示降服的表章。

孫男臣重貴言：

頃者唐運告終，中原失馭，數窮否極，天缺地傾。先人有田一成，有衆一旅，兵連禍結，力屈勢孤。翁皇帝救患摧剛，[1]興利除害，躬擐甲冑，深入寇場。犯露蒙霜，度雁門之險；馳風擊電，行中冀之誅。[2]黃鉞一麾，天下大定，勢凌宇宙，義感神明。功成不居，遂興晉祚，則翁皇帝有大造於石氏也。

[1]翁皇帝：爺皇帝。指遼太宗耶律德光。清泰三年（936）五月，石敬瑭謀反，以出賣燕雲十六州、自稱兒臣的條件求得遼太宗的援助。石敬瑭稱遼太宗爲父皇帝，石重貴遂稱遼太宗爲翁皇帝。

[2]雁門：山名。位於今山西代縣西北。山頂有雁門關。　中冀：指中原。

旋屬天降鞠凶，先君即世，臣遵承遺旨，纂紹前基。諒闇之初，[1]荒迷失次，凡有軍國重事，皆委將相大臣。至於擅繼宗祧，既非稟命；[2]輕發文字，輒敢抗尊。自啓釁端，果貽赫怒；禍至神惑，運盡天亡。十萬師徒，望風束手；億兆黎庶，延頸歸心。臣負義包羞，貪生忍恥，自貽顛覆，上累祖宗，偷度朝昏，苟存視息。翁皇帝若惠顧疇昔，稍霽雷霆，未賜靈誅，不絕先祀，則百口荷更生之德，一門銜無報之恩，雖所願焉，非敢望也。臣與太后、妻馮氏於郊野面縛俟罪。[3]

[1]諒闇：指帝王居喪。原意是爲父母守喪的茅棚。
[2]宗祧：宗廟，代指江山社稷。
[3]馮氏：即後晉出帝石重貴之妻馮皇后。定州（今河北定州市）人。初爲後晉高祖石敬瑭之弟石重胤之妻。重胤早卒，石重貴遂納叔母馮氏，後立爲皇后。後晉滅亡，與石重貴一同被擄北行。傳見《舊五代史》卷八六、本書本卷。　面縛俟罪：雙手背綁，待罪投降。《左傳·僖公六年》："許男面縛銜璧。"杜預注："縛手於後，唯見其面。""罪"，原作"命"，中華點校本據浙江本、宗文本、《舊五代史》卷八五改，今從。

次又爲太后表曰：

晉室皇太后新婦李氏妾言：張彥澤、傅住兒等至，[1]伏蒙皇帝阿翁降書安撫者。妾伏念先皇帝頃在并、汾，適逢屯難，危同累卵，急若倒懸，智勇俱窮，朝夕不保。[2]皇帝阿翁發自冀北，親抵河東，跋履山川，踰越險阻。[3]立平巨孽，[4]遂定中原，救石氏之覆亡，立晉朝之社稷。不幸先帝厭代，嗣子承祧，不能繼好息民，而反虧恩辜義。兵戈屢動，馴馬難追，戚實自貽，咎將誰執！今穹旻震怒，中外攜離，上將牽羊，六師解甲。妾舉宗負纍，視景偷生，惶惑之中，撫問斯至，明宣恩旨，曲示含容，慰諭丁寧，神爽飛越。豈謂已垂之命，忽蒙更生之恩，省罪責躬，九死未報。今遣孫男延煦、延寶，[5]奉表請罪，陳謝以聞。

[1]傅住兒：人名。籍貫不詳。遼國將領。事見本書卷五二。
[2]并：州名。治所在今山西太原市。 汾：州名。治所在今山西汾陽市。 屯難：艱難。《易·屯彖》："剛柔始交而難生。"
[3]河東：方鎮名。治所在太原（今山西太原市）。
[4]巨孽：大害。
[5]延煦、延寶：人名。即石延煦、石延寶。皆後晉出帝之子。傳見本書本卷。

德光報曰："可無憂，管取一喫飯處。"
四年正月丁亥朔，德光入京師，帝與太后肩輿至郊外，德光不見，館于封禪寺，遣其將崔廷勳以兵守之。[1]是時雨雪寒凍，皆苦飢。太后使人謂寺僧曰："吾嘗於此飯僧數萬，今日豈不相憫邪？"寺僧辭以虜意難測，不敢獻食。帝陰祈守者，乃稍得食。

[1]肩輿：兩人肩抬的小轎。形制爲在二長竿中設軟椅以坐人。 封禪寺：寺名。位於今河南開封市鐵塔公園。初建於北齊天寶十年（559），名獨居寺。唐玄宗開元十七年（729），詔改爲封禪寺。 崔廷勳：人名。籍貫不詳。五代後晉將領。傳見《舊五代史》卷九八。原作"崔延勳"，中華點校本據浙江本、宗文本、《舊五代史》

卷八五、《通鑑》卷二八六改，今從。

辛卯，德光降帝爲光禄大夫、檢校太尉，封"負義侯"，遷於黄龍府。[1]德光使人謂太后曰："吾聞重貴不從母教而至于此，可求自便，勿與俱行。"太后答曰："重貴事妾甚謹。所失者，違先君之志，絶兩國之歡。然重貴此去，幸蒙大惠，全生保家，母不隨子，欲何所歸！"於是太后與馮皇后、皇弟重睿、皇子延煦、延寶等舉族從帝而北，[2]以宫女五十、宦者三十、東西班五十、醫官一、控鶴官四、御厨七、茶酒司三、儀鸞司三、六軍士二十人從，[3]衛以騎兵三百。所經州縣，皆故晉將吏，有所供饋，不得通。路傍父老，争持羊酒爲獻，衛兵擁隔，[4]不使見帝，皆涕泣而去。

[1]光禄大夫：官名。唐五代文散官。從二品。　檢校太尉：官名。爲散官或加官，以示恩寵，無實際執掌。太尉，與司徒、司空並爲三公。品秩不詳。　黄龍府：府名。治所在今吉林農安縣。

[2]重睿：人名。即石重睿。後晉高祖石敬瑭之子。傳見本書本卷。

[3]東西班：禁軍名。騎兵。隸殿前司。　醫官：翰林醫官的省稱，以醫術待詔於翰林者。　控鶴官：官名。唐末以後，皇帝的宿衛官以控鶴爲名。掌御前宿衛。品秩不詳。　茶酒司：官署名。掌宫中供酒及茶、果。　儀鸞司：官署名。掌宫廷儀仗。

[4]衛兵擁隔："擁隔"，原作"推隔"，中華點校本據浙江本、宗文本改，今從。

自幽州行十餘日，過平州，出榆關，行砂磧中，[1]

饑不得食，遣宮女、從官，採木實、野蔬而食。又行七八日，至錦州，虜人迫帝與太后拜阿保機畫像。[2]帝不勝其辱，泣而呼曰："薛超誤我，不令我死！"又行五六日，過海北州，至東丹王墓，遣延煦拜之。[3]又行十餘日，渡遼水，至渤海國鐵州。[4]又行七八日，過南海府，[5]遂至黃龍府。

[1]幽州：州名。治所在今北京市。　平州：州名。治所在今河北盧龍縣。　榆關：關隘名。即今山海關。位於今河北秦皇島市。　砂磧（qì）：即沙漠。磧，淺水中的沙石，引申爲沙漠。

[2]錦州：州名。遼置。治所在今遼寧錦州市。　阿保機：人名。姓耶律。契丹迭剌部人。唐末契丹族首領、遼開國太祖。紀見《遼史》卷一、卷二。

[3]海北州：州名。遼置。治所在今遼寧義縣。　東丹王：即耶律倍。遼太祖耶律阿保機長子，小名突欲。封東丹王。後其弟遼太宗耶律德光即位，耶律倍憤而降後唐，明宗賜名李贊華。傳見《遼史》卷七二。

[4]遼水：河流名。即今遼河。位於今遼寧中部。　渤海國：古國名。武周聖曆元年（698）粟末靺鞨首領大祚榮建立政權。先天二年（713），唐朝册封大祚榮爲渤海郡王，其國遂以渤海爲名。時渤海國已爲遼所滅，其地爲遼所有。傳見《舊五代史》卷一三八、本書卷七四。　鐵州：州名。渤海國置。治所在今吉林敦化市。

[5]南海府：府名。渤海國置。治所在今朝鮮咸興市。

是歲六月，契丹國母徙帝、太后于懷密州，[1]州去黃龍府西北一千五百里。行過遼陽二百里，而國母爲永康王所囚，永康王遣帝、太后還止遼陽，稍供給之。[2]明年四月，永康王至遼陽，帝白衣紗帽，與太后、皇后詣帳中上謁，永康王止帝以常服見。帝伏地雨泣，自陳過咎。永康王使人扶起之，與坐，飲酒奏樂。而永康王帳下伶人、從官，望見故主，[3]皆泣下，悲不自勝，爭以衣服藥餌爲遺。

[1]契丹國母：指遼太宗耶律德光之母述律太后。傳見《遼史》卷七一。　懷密州：州名。遼置。治所約在今内蒙古科爾沁右翼中旗、扎魯特旗一帶。參見馮永謙《遼史地理志考補——上京道、東京道失載之州軍》，《社會科學戰綫》1998年第4期。

[2]遼陽：府名。遼置。治所在今遼寧遼陽市。　永康王：即遼世宗耶律阮。紀見《遼史》卷五。

[3]望見故主："故主"，原作"故王"，中華點校本據浙江本、宗文本、《舊五代史》卷八五改，今從。

五月，永康王上陘，[1]取帝所從行宦者十五人、東西班十五人及皇子延煦而去。永康王妻兄禪奴愛帝小女，[2]求之，帝辭以尚幼。永康王馳一騎取之，以賜禪奴。陘，虜地，尤高涼，虜人常以五月上陘避暑，八月下陘。至八月，永康王下陘，太后自馳至霸州見永康王，求於漢兒城側賜地種牧以爲生。[3]永康王以太后自從，行十餘日，遣與延煦俱還遼陽。

[1]陘：山名。即陘頭、涼陘，又名炭山。爲遼國夏捺鉢目的地。位於今河北赤城縣獨石口外灤河上游。

[2]禪奴：人名。契丹貴族。事見《舊五代史》卷八五。

［3］霸州：州名。遼置。治所在今遼寧朝陽市。　漢兒城：地名。亦作漢城。位於今遼寧朝陽縣南五十家子古城。

明年乃漢乾祐二年，其二月，徙帝、太后于建州。[1]自遼陽東南行千二百里至建州，節度使趙延暉避正寢以館之。[2]去建州數十里外得地五十餘頃，帝遣從行者耕而食之。

［1］乾祐：後漢高祖劉知遠及隱帝劉承祐年號（948—950）。　建州：州名。遼置。治所在今遼寧朝陽市。
［2］節度使：官名。唐宋時期在重要地區所設掌握一州或數州軍事、民事、財政的長官。品秩不詳。　趙延暉：人名。籍貫不詳。遼國將領。事見《舊五代史》卷八五。

明年三月，太后寢疾，無醫藥，常仰天而泣，南望戟手罵杜重威、李守貞等曰：[1]"使死者無知則已，若其有知，不赦爾於地下！"八月疾亟，謂帝曰："我死，焚其骨送范陽佛寺，無使我爲虜地鬼也！"[2]遂卒。帝與皇后、宮人、宦者、東西班，皆被髮徒跣，扶舁其柩至賜地，焚其骨，穿地而葬焉。

［1］戟手：伸出食指和中指指人，其狀似戟。形容憤怒之情。　李守貞：人名。河陽（今河南孟州市）人。五代後晉、後漢將領。傳見《舊五代史》卷一〇九、本書卷五二。
［2］范陽：地名。位於今北京市。

周顯德中，[1]有中國人自契丹亡歸者，言見帝與皇后、諸子皆無恙。後不知其所終。

［1］顯德：五代後周太祖郭威年號（954）。世宗柴榮、恭帝柴宗訓沿用（954—960）。

安太妃

安太妃，代北人也，不知其世家，爲敬儒妻，生出帝，封秦國夫人。[1]出帝立，尊爲皇太妃。妃老而失明，從出帝北遷，自遼陽徙建州，卒於道中。臨卒謂帝曰："當焚我爲灰，南向颺之，庶幾遺魂得反中國也。"既卒，砂磧中無草木，乃毀奚車而焚之，載其燼骨至建州。李太后亦卒，遂并葬之。

［1］代北：方鎮名。治所在代州（今山西代縣）。　敬儒：人名。即石敬儒。沙陀人。後晉高祖石敬瑭之兄，出帝石重貴之父。傳見本書卷一七。

出帝皇后馮氏

出帝皇后馮氏，定州人也。[1]父濛，爲州進奏吏，居京師，以巧佞爲安重誨所喜，以爲鄴都副留守。[2]高祖留守鄴都，得濛驩甚，乃爲重胤娶濛女，後封吳國夫人。[3]重胤早卒，后寡居，有色，出帝悦之。高祖崩，梓宫在殯，[4]出帝居喪中，納之以爲后。是日，以六軍仗衛、太常鼓吹，命后至西御莊，見于高祖影殿。[5]群臣皆賀。帝顧謂馮道等曰：[6]"皇太后之命，與卿等不任大慶。"群臣出，帝與皇后酣飲歌舞，過梓宫前，酹而告曰："皇太后之命，與先帝不任大慶。"左右皆失笑，帝亦自絕倒，顧謂左右曰："我今日作新女婿，何似生？"后與左右皆大笑，聲聞于外。

[1]定州：州名。治所在今河北定州市。

[2]濛：人名。即馮濛。定州（今河北定州市）人。五代後唐官員。事見《通鑑》卷二八三。　州進奏吏：州郡在京師置進奏院，置進奏官吏，掌文書投遞承傳。　安重誨：人名。應州（今山西應縣）人。五代後唐大臣。傳見《舊五代史》卷六六、本書卷二四。　鄴都：地名。治所在今河北大名縣。五代後唐同光元年（923），改魏州爲興唐府，建號東京，三年改東京爲鄴都。　副留守：官名。古代在都城、陪都或軍事重鎮所設留守，由地方行政長官兼任。副留守爲留守之貳。品秩不詳。

[3]重胤：人名。即石重胤。後晋高祖石敬瑭之弟。事見本書本卷。

[4]梓宫：帝后所用之棺槨。以梓木爲之，故名。　殯：喪葬禮儀。屍殮於棺而待葬，稱殯。

[5]六軍仗衛：以六軍將士組成的儀仗隊、護衛隊。　太常鼓吹：太常寺鼓吹局之樂班。　西御莊：地名。當位於今河南開封市。　高祖影殿：供奉後晋高祖石敬瑭遺像的殿堂。

[6]馮道：人名。瀛州景城（今河北滄州市）人。五代時官拜宰相，歷仕後唐、後晋、後漢、後周，亦曾臣事契丹。傳見《舊五代史》卷一二六、本書卷五四。

后既立，專内寵，封拜宫官尚宫、知客等皆爲郡夫人，又用男子李彦弼爲皇后宫都押衙。[1]其兄玉執政，[2]内外用事，晋遂以亂。契丹犯京師，暴帝之惡于天下曰："納叔母於中宮，亂人倫之大典。"后隨帝北遷，哀帝之辱，數求毒藥，欲與帝俱飲以死，而藥不可得。後不知其所終。

［1］尚宫：宫中女官名。掌導引皇后，總理宫務。正五品。知客：宫中女官名。執掌不詳。品秩不詳。　郡夫人：命婦封號名。　李彦弼：人名。籍貫不詳。五代後晉時人。事見本書本卷。都押衙：官名。"押衙"即"押牙"。唐五代時期開府建衙的高官辟署的屬官，有稱左、右都押衙或都押衙者。掌領儀仗侍衛等。品秩不詳。參見劉安志《唐五代押牙（衙）考略》，《魏晉南北朝隋唐史資料》第16輯，1998年。

［2］玉：人名。即馮玉。定州（今河北定州市）人。五代後晉外戚、宰相。傳見《舊五代史》卷八九、本書卷五六。

晉氏始出夷狄而微，終爲夷狄所滅，故其宗室次序本末不能究見。其可見者曰：高祖二叔父，一兄六弟，七子二孫，而有略有詳，非惟禍亂多故而失其事實，抑亦無足稱焉者。然粗存其見者，以備其闕云。二叔父曰萬友、萬詮，兄曰敬儒，弟曰敬威、敬德、敬殷、敬贇、敬暉、重胤，子曰重貴、重信、重义、重英、重進、重睿、重杲，孫曰延煦、延寶。孝平皇帝生孝元皇帝、萬友、萬詮，孝元皇帝生高祖，萬友生敬威、敬贇，萬詮生敬暉，而敬儒、敬德、敬殷、重胤皆不知其於高祖爲親疏也。

高祖，孝元皇帝第二子也，而敬儒爲兄，疑其長子也，則於高祖屬長而親，然贈官反最後於諸弟，而高祖世獨不得追封，此又可疑也。重胤，高祖弟也，亦不知其爲親疏，然高祖愛之，養以爲子，故於名加"重"而下齒諸子。高祖叔、兄與弟敬殷、子重進，皆前即位卒，而敬威、敬德、重胤、重英，高祖反時死。高祖少子曰馮六，未名而卒，而舊説以重睿爲幼子者，非也。

石氏世事軍中，萬友、萬詮職卑不見。天福二年正月，萬友自故金紫光禄大夫、檢校司徒兼御史大夫、上柱國贈太師。[1] 萬詮亦自金紫光禄大夫、檢校司空兼御史大夫、上柱國贈太傅。[2] 出帝天福八年五月，追封皇叔祖萬友爲秦王，萬詮加贈太師，追封趙王。

[1]金紫光禄大夫：官名。本兩漢光禄大夫。魏晋以後，光禄大夫之位重者，加金章紫綬，因稱金紫光禄大夫。北周、隋爲散官。唐貞觀後列入文散官。正三品。　檢校司徒：官名。爲散官或加官，以示恩寵，無實際執掌。司徒，與太尉、司空並爲三公。品秩不詳。　御史大夫：官名。秦始置，與丞相、太尉合稱三公。至唐代，在御史中丞之上設御史大夫一人，爲御史臺長官，專掌監察、執法。正三品。　上柱國：官名。北周武帝建德四年（575），置上柱國爲高級勳官。隋唐沿置。五代後唐明宗天成三年（928）詔，今後凡加勳，先自武騎尉經十二轉方授爲上柱國。正二品。太師：官名。又名"太宰"，與太保、太傅並爲三師。始設於商周。掌邦治。唐後期、五代多爲大臣、勳貴加官。正一品。

[2]檢校司空：官名。爲散官或加官，以示恩寵，無實際執掌。司空，與太尉、司徒並爲三公。品秩不詳。　太傅：官名。三師之一。始設於周代。掌佐天子，理陰陽，經邦弘化。唐後期、五代多爲大臣、勳貴加官。正一品。

敬威

敬威字奉信，唐廢帝時爲彰聖右第三都指揮使，領常州刺史。[1]聞高祖舉兵太原，謂人曰："生而有死，人孰能免？吾兄方舉大事，吾不可偷生取辱，見笑一時。"遂自殺。敬德時爲沂州馬步軍指揮使，[2]以高祖反誅。

[1]彰聖右第三都指揮使：官名。所部統兵將領。彰聖，禁軍番號。右第三，彰聖軍的序列。五代軍隊編制，五百人爲一指揮，設指揮使、副指揮使；十指揮爲一軍，設都指揮使、副都指揮使。品秩不詳。　常州：州名。治所在今江蘇常州市。　刺史：官名。州一級行政長官。漢武帝時始置，總掌考核官吏、勸課農桑、地方教化等事。唐中期以後，節度使、觀察使轄州而設，刺史爲其屬官，職任漸輕。從三品至正四品下。

[2]沂州：州名。治所在今山東臨沂市。　馬步軍指揮使：官名。所在州軍統兵將領。品秩不詳。

天福二年正月，贈敬威、敬德皆爲太傅，并贈敬殷以檢校太子賓客，[1]亦贈太傅，而不及敬儒。七年正月，追封敬威廣王，敬德福王，敬殷通王，皆贈太尉。[2]敬儒始以故金紫光禄大夫、檢校尚書左僕射兼御史大夫、上柱國贈太傅，[3]而獨不得封。出帝天福八年五月，加贈三皇叔皆爲太師，而皇伯敬儒始追封宋王，亦加贈太師。

[1]檢校太子賓客：官名。太子賓客爲太子官屬，掌侍從規諫、贊相禮儀。檢校太子賓客爲散官或加官，以示恩寵，無實際執掌。品秩不詳。

［2］太尉：官名。與司徒、司空並爲三公，唐後期、五代多爲大臣、勛貴加官。正一品。

［3］檢校尚書左僕射：官名。尚書左僕射，隋唐宰相名號。檢校尚書左僕射爲散官或加官，以示恩寵，無實際執掌。品秩不詳。

敬瓚

敬瓚字德和，少無賴，竄身民間。高祖使人求得之，補太原牙將。即位，以爲飛龍、皇城使，累遷曹州防禦使。[1]天福五年冬，拜河陽三城節度使。[2]

［1］飛龍：官名。即飛龍使。唐置飛龍廄，以飛龍使爲長官。掌天子御馬。品秩不詳。　皇城使：官名。唐末始置，爲皇城司長官，一般由君主的親信充任，以拱衛皇城。品秩不詳。　曹州：州名。治所在今山東曹縣西北。　防禦使：官名。唐代始置，設有都防禦使、州防禦使兩種。常由刺史或觀察使兼任，實際上爲唐代後期州或方鎮的軍政長官。品秩不詳。

［2］河陽三城：方鎮名。簡稱"河陽"。治所在孟州（今河南孟州市）。

敬瓚性貪暴，高祖爲擇賢佐吏輔之，而敬瓚亦憚高祖嚴，未嘗敢犯法。歲餘，徙鎮保義。[1]出帝時，加同中書門下平章事，始漸驕恣。帝嘗遣使者至，必問曰："小姪安否？"陝人苦其暴虐，召還京師，以其皇叔不能責也，斥其元從都押衙蘇彦存、鄭温遇以警之。[2]

［1］保義：方鎮名。治所在陝州（今河南三門峽市陝州區）。

［2］元從：自初始即追隨在側的部屬。　蘇彦存：人名。籍貫

不詳。五代後晉將領。事見本書本卷。　鄭温：人名。籍貫不詳。五代後晉將領。事見本書本卷。

契丹犯邊，敬贇從出帝幸澶淵，使以兵備汶陽，守麻家渡，未嘗見敵，皆無功。[1]開運元年七月，復出爲威勝軍節度使。[2]歲餘，出帝以曹州爲威信軍，[3]授敬贇節度使。在曹貪暴尤甚，久之，召還。

[1]澶淵：古湖名。又稱繁淵。位於今河南濮陽市西北。　汶陽：縣名。治所在今山東泰安市。　麻家渡：地名。五代黃河渡口。位於今山東鄄城縣。
[2]威勝軍：方鎮名。治所在鄧州（今河南鄧州市）。
[3]威信軍：方鎮名。治所在曹州（今山東曹縣西北）。

張彥澤兵犯京師，敬贇夜走，踰城東垣，墮沙濠溺死，時年四十九。

韓王敬暉
韓王敬暉字德昭，爲人厚重剛直，勇而多智，高祖尤愛之。高祖時爲曹州防禦使，以廉儉見稱，卒於官，贈太傅。天福八年，加贈太師，追封韓王。子曦嗣。[1]

[1]曦：人名。即石曦。後晉高祖石敬瑭之侄。五代後晉至宋初將領。傳見《宋史》卷二七一。

高祖李皇后生楚王重信，其諸子皆不知其母。當高祖起太原，重英爲右衛大將軍，重胤爲皇城副使，居京師。[1]聞高祖舉事，匿民家井中，捕得誅之，並族民家。[2]天福二年正月，高祖爲二子發哀，皆贈爲太保；[3]并贈重進，以故左金吾衛將軍贈太保。[4]七年正月，皆加贈太傅，追封重英虢王，重胤郯王，重進夔王。出帝天福八年五月，皆加贈太師。

[1]右衛大將軍：官名。唐置，掌宮禁宿衛。唐代置十六衛，即左右衛、左右驍衛、左右武衛、左右威衛、左右領軍衛、左右金吾衛、左右監門衛、左右千牛衛。各置上將軍，從二品；大將軍，正三品；將軍，從三品。　皇城副使：官名。爲皇城司副長官。佐皇城使拱衛皇城。品秩不詳。

[2]並族民家："民"，原作"其"，中華點校本據浙江本、宗文本改，今從。

[3]發哀：舉行悼念儀式。　太保：官名。與太師、太傅並爲三師。唐後期、五代多爲大臣、勛貴加官。正一品。

[4]左金吾衛將軍：官名。唐置，掌宮禁宿衛。唐代十六衛之一。從三品。

楚王重信

楚王重信字守孚，爲人敏悟多智而好禮。天福二年二月，以左驍衛上將軍拜河陽三城節度使，[1]有善政，高祖下詔褒之。是歲，范延光反，詔前靈武節度使張從賓發河陽兵討延光，從賓亦反，重信見殺，時年二十。[2]高祖欲贈重信太尉，大臣引漢故事，皇子無爲三公者。高祖曰："此兒爲善被禍，吾哀之甚，自我而已，豈有例邪！"乃贈太尉。七年正月，加贈太師，追封沂王。出帝天福八年五月，易封楚王。

[1]左驍衛上將軍：官名。唐置，掌宮禁宿衛。唐代十六衛之一。從二品。
[2]范延光：人名。相州臨漳（今河北臨漳縣）人。五代後唐、後晉將領。傳見《舊五代史》卷九七、本書卷五一。　靈武：郡名。治所在今寧夏吳忠市。乾元元年（758），改名靈州。此處代指治所在靈州的方鎮朔方軍。　張從賓：人名。籍貫不詳。五代後唐、後晉將領。傳見《舊五代史》卷九七。　河陽：方鎮名。全稱"河陽三城"。治所在孟州（今河南孟州市）。

壽王重乂

壽王重乂字弘理，爲人好學，頗知兵法。高祖即位，拜左驍衛大將軍。高祖幸汴州，以爲東都留守。[1]張從賓反，攻河陽，[2]見殺，時年十九，贈太傅。天福七年正月，加贈太尉，追封壽王。出帝天福八年五月，加贈太師。皆無子。

[1]東都：即洛陽。
[2]河陽：中華點校本作"河南"，當是。據《舊五代史》卷九七《張從賓傳》："從賓時在河陽，乃起兵以應之。先害皇子重信，及入洛，又害皇子重乂。"且重乂時爲東都留守，當見殺於洛陽河南府。

重睿

重睿爲人貌類高祖。高祖卧疾，宰相馮道入見卧內，重睿尚幼，高祖呼出使拜道於前，因以宦者抱持寘道懷中，高祖雖不言，左右皆知其以重睿託道也。高祖崩，晉大臣以國家多事，議立長君，而景延廣已陰許立出帝，重睿遂不得立。出帝以重睿爲檢校太保、開封尹，以左散騎常侍邊蔚權知開封府事。[1]開運二年五月，拜重睿雄武軍節度使。[2]歲餘，徙鎮忠武，皆不之鎮。[3]契丹滅晉，重睿從出帝北遷，後不知其所終。

[1]檢校太保：官名。爲散官或加官，以示恩寵，無實際執掌。太保，與太師、太傅合稱三師。品秩不詳。　開封尹：官名。即開封府尹。五代除後唐外均都汴州，升汴州爲開封府，置開封尹或知開封府事。執掌京師政務。從三品。　左散騎常侍：官名。門下省屬官。掌侍奉規諷，備顧問應對。正三品下。　邊蔚：人名。京兆長安（今陝西西安市）人。五代大臣。傳見《舊五代史》卷一二八。　權知開封府事：官名。品秩不詳。權知，謂代掌某官職。參"開封尹"條。

[2]雄武軍：方鎮名。後唐改天雄軍置。治所在秦州（今甘肅天水市）。

[3]忠武：方鎮名。治所在陳州（今河南淮陽縣）。

重杲

陳王重杲，高祖幼子也。小字馮六，未名而卒，贈太傅，追封陳王，賜名重杲。出帝天福八年五月，加贈太師。

延煦　延寶

延煦、延寶，高祖諸孫也，出帝以爲子。

開運二年秋，以延煦爲鄭州刺史。[1]延煦少，不能視事，以一宦者從之，又選尚書郎路航參知州事。[2]宦者遂專政事，每詬辱航，出帝召航還。已而徙延煦齊州防禦使。[3]

[1]鄭州：州名。治所在今河南鄭州市。
[2]尚書郎：官名。即郎中。尚書省屬官。分曹處理政事。吏部郎中正五品下，餘司郎中皆從五品上。　路航：人名。籍貫不詳。五代後晉官員。事見《舊五代史》卷一四三。　參知州事：官名。爲州刺史佐貳官。佐刺史掌本州政務。品秩不詳。
[3]齊州：州名。治所在今山東濟南市。

三年，拜鎮寧軍節度使。[1]是時，河北用兵，天下旱蝗，民餓死者百萬計，而諸鎮爭爲聚斂，趙在禮所積鉅萬，[2]爲諸侯王最。出帝利其貲，乃以延煦娶在禮女，在禮獻絹三千匹，前後所獻不可勝數。三年五月，遣宗正卿石光贊以聘幣一百五十床迎于其第，出帝宴在禮萬歲殿，所以賜予甚厚，君臣窮極奢侈，時人以爲榮。[3]在禮謂人曰："吾此一婚，其費十萬。"十一月，徙延煦鎮保義。

[1]鎮寧軍：方鎮名。治所在澶州（今河南濮陽市）。
[2]趙在禮：人名。涿州（今河北涿州市）人。五代後唐、後晉將領。傳見《舊五代史》卷九〇、本書卷四六。
[3]宗正卿：官名。秦始置宗正，南朝梁始有宗正卿之官。由宗室充任。掌皇族外戚屬籍。正三品。　石光贊：人名。五代後晉宗室、官員。事見《舊五代史》卷七六。　萬歲殿：宮殿名。後梁、後漢東京開封城內宮殿。位於今河南開封市。

自延煦爲齊州防禦使，而延寶代爲鄭州刺史。及契丹滅晉，出帝與太后遣延煦、延寶齎降表、玉璽、金印以歸契丹，而延寶時亦爲威信軍節度使矣。契丹得璽，以爲製作非工，與前史所傳者異，命延煦等還報求真璽。出帝以狀答曰："頃王從珂自焚於洛陽，[1]玉璽不知所在，疑已焚之。先帝受命，命玉工製此璽，在位群臣皆知之。"乃已。後延煦等從出帝北遷，不知其所終。

[1]王從珂：人名。即後唐廢帝李從珂。鎮州（今河北正定縣）人。本姓王，後唐明宗李嗣源擄其母魏氏，遂養爲己子。應順元年（934）四月，李從珂入洛陽即帝位。清泰三年（936）五月，石敬瑭謀反，廢帝自焚死，後唐亡。紀見《舊五代史》卷四六至卷四八、本書卷七。原作"潞王從珂"，中華點校本據浙江本、宗文本、《舊五代史》卷八五、《通鑑》卷二八五改，今從。

　　嗚呼！古之不幸無子，而以其同宗之子爲後者，聖人許之，著之禮經而不諱也。而後世閭閻鄙俚之人則諱之，諱則不勝其欺與僞也。故其苟偷竊取嬰孩襁褓，諱其父母，而自欺以爲我生之子，曰："不如此，則不能得其一志盡愛於我，而其心必二也。"而爲其子者，亦自諱其所生，而絕其天性之親，反視以爲叔伯父，以此欺其九族，而亂其人鬼親疏之屬。一作序。凡物生而有知，未有不愛其父母者。使是子也，能忍而真絕其天性歟，曾禽獸之不若也。使其不忍而外陽絕之，是大僞也。

　　夫閭閻鄙俚之人之慮於事者，亦已深矣！然而苟竊欺僞不可以爲法者，小人之事也。惟聖人則不然，以謂人道莫大於繼絕，此萬世之通制而天下之公行也，何必諱哉！所謂子者，未有不由父母而生者也，故爲人後者，必有所生之父，有所後之父，此理之自然也，何必諱哉！其簡易明白，不苟不竊，不欺不僞，可以爲通制而公行者，聖人之法也。

又以謂爲人之後者所承重，故加其服以斬。[1]而不絕其所生之親者，天性之不可絕也，然而恩有屈於義，故降其服以期。[2]服，外物也，可以降，而父母之名不可改，故著於經曰："爲人後者，爲其父母報。"[3]自三代以來，有天下國家者莫不用之，而晉氏不用也。出帝之於敬儒，絕其父道，臣而爵之，非特以其義不當立，不得已而絕之，蓋亦習見閭閻鄙俚之所爲也。

[1]斬：即斬衰。喪禮五服中最重的一種。喪服上衣爲衰，下衣爲裳。斬衰即斬布爲衰。用最粗的生麻布製成上衣，不縫衣旁和下邊，使斷處外露。
[2]期：指服喪時間。"期"爲服喪一年。
[3]報：祭禮名。古代爲報答先祖、神靈舉行的祭祀活動。原作"服"，中華點校本據宗文本、《儀禮・喪服》、《歐陽文忠公文集》卷一二一《濮議二》改，今從。

五代，干戈賊亂之世也，禮樂崩壞，三綱五常之道絕，而先王之制度文章掃地而盡於是矣！如寒食野祭而焚紙錢，[1]天子而爲閭閻鄙俚之事者多矣！而晉氏起於夷狄，以篡逆而得天下，高祖以耶律德光爲父，而出帝於德光則以爲祖而稱孫，於其所生父則臣而名之，是豈可以人理責哉！

[1]寒食：節令名。多在清明節前一至三日。因節日期間，祇能吃涼東西，故名。又稱"冷節""禁煙節"。

新五代史　卷一八

漢家人傳第六

皇后李氏　高祖二弟 崇 信　高祖三子 承訓 承祐 承勳
蔡王信

皇后李氏

高祖皇后李氏，[1]晉陽人也，[2]其父爲農。高祖少爲軍卒，牧馬晉陽，夜入其家劫取之。高祖已貴，封魏國夫人，生隱帝。[3]

[1]高祖：即後漢高祖劉知遠。紀見《舊五代史》卷九九至卷一〇〇、本書卷一〇。

[2]晉陽：縣名。治所在今山西太原市。

[3]隱帝：即後漢隱帝劉承祐。後漢高祖劉知遠次子。紀見《舊五代史》卷一〇一至一〇三、本書卷一〇。

開運四年，[1]高祖起兵太原，[2]賞軍士，帑藏不足充，[3]欲斂於民。后諫曰："方今起事，號爲義兵，民未知惠而先奪其財，殆非新天子所以救民之意也。今後宮所有，請悉出之，雖其不足，士亦不以爲怨也。"高祖爲改容謝之。高祖即位，立爲皇后。高祖崩，隱帝册尊爲皇太后。

[1]開運：後晉出帝石重貴年號（944—946）。
[2]太原：府名。治所在今山西太原市。
[3]帑（tǎng）：指國庫。

帝年少，數與小人郭允明、後贊、李業等游戲宮中，[1]后數切責之。帝曰："國家之事，外有朝廷，非太后所宜言也。"太常卿張昭聞之，[2]上疏諫帝，請親近師傅，延問正人，以開聰明。帝益不省。其後，帝卒與允明等謀議，遂至於亡。

[1]郭允明：人名。河東（今山西）人。五代將領。隨隱帝率軍於京師北郊抵禦郭威軍，兵敗，殺死隱帝後又自殺。傳見《舊五代史》卷一〇七、本書卷三〇。 後贊：人名。兖州瑕丘（今山東濟寧市兖州區）人。後漢隱帝寵臣。傳見《舊五代史》卷一〇七、本書卷三〇。 李業：人名。晉陽（今山西太原市）人。後漢高祖李皇后弟。隱帝時受信任，掌宮廷財務。傳見《舊五代史》卷一〇七、本書卷三〇。
[2]太常卿：官名。太常寺長官。掌宗廟禮儀。正三品。 張昭：人名。世居濮州范縣（今河南范縣）。五代、宋初大臣。傳見《宋史》卷二六三。

初，帝與允明等謀誅楊邠、史弘肇等，[1]議已定，入白太后。太后曰："此大事也，當與宰相議之。"李業從旁對曰："先皇帝平生言，朝廷大事，勿問書生。"太后深以爲不可，帝拂衣而去，曰："何必謀於閨門！"邠等死，周高祖起兵嚮京師，[2]慕容彦超敗於劉子陂，[3]帝欲出自臨兵，太后止之曰："郭威本吾家人，非其危疑，何肯至此！今若按兵無動，以詔諭威，威必有說，則君臣之際，庶幾尚全。"帝不從以出，遂及於難。

[1]楊邠：人名。魏州冠氏（今山東冠縣）人。後漢時任樞密使、宰相。傳見《舊五代史》卷一〇七、本書卷三〇。　史弘肇：人名。鄭州滎澤（今河南鄭州市）人。五代時後漢將領。傳見《舊五代史》卷一〇七、本書卷三〇。

[2]周高祖：此處指周太祖郭威。邢州堯山（今河北隆堯縣）人。五代時後周王朝的建立者。紀見《舊五代史》卷一一〇至卷一一三、本書卷一一。

[3]慕容彦超：人名。沙陀人（一說"吐谷渾部人"）。五代後漢將領，後漢高祖劉知遠同母弟。傳見《舊五代史》卷一三〇、本書卷五三。　劉子陂：地名。位於今河南封丘縣南。

周太祖入京師，舉事皆稱太后誥。[1]已而議立湘陰公贇爲天子，[2]贇未至，太祖乃請太后臨朝。已而太祖出征契丹，軍士擁之以還。太祖請事太后爲母，太后誥曰："侍中功烈崇高，德聲昭著，剪除禍亂，安定邦家，[3]謳歌有歸，曆數攸屬，所以軍民推戴，億兆同歡。老身未終殘年，屬此多難，唯以衰朽，託於始終。載省來牋，如母見待，感認深意，涕泗橫流。"[4]於是遷后於太平宮，[5]上尊號曰昭聖皇太后。顯德元年春，[6]崩。隱帝，《舊史》《實録》皆無皇后。帝立三年崩，時年二十，蓋未嘗立后也。

[1]誥：中國古代君主發佈的一種文告，内容通常是對臣民的警誡或勉勵。隋唐以後，帝王授官、封贈的命令亦稱誥。

[2]贇：人名。即劉贇。後漢宗室。其父劉崇爲後漢高祖劉知遠弟，過繼爲劉知遠養子。傳見《舊五代史》卷一〇五《漢宗室列傳》、本書本卷。

[3]邦家：中華點校本改作"家邦"。

[4]侍中：官名。秦始置。隋唐前期爲門下省長官。唐後期多爲大臣加銜，不參與政務，實際職務由門下侍郎執行。正二品。

[5]太平宫：五代時北漢首都之西宫。位於今山西太原市西南。

[6]顯德：五代後周太祖郭威年號（954）。世宗柴榮、恭帝柴宗訓沿用（954—960）。

高祖二弟 崇 信　高祖三子 承訓 承祐 承勳

高祖二弟三子：弟曰崇、曰信，子曰承訓、承祐、承勳。崇子曰贇，高祖愛之，以爲己子。乾祐元年，[1]拜贇徐州節度使。[2]承訓早卒，追封魏王。承祐次立，是謂隱帝。承勳爲開封尹。[3]

[1]乾祐：後漢高祖劉知遠、隱帝劉承祐年號（948—950）。

[2]徐州：州名。治所在今江蘇徐州市。　節度使：官名。唐時在重要地區所設掌握一州或數州軍事、民事、財政的長官。品秩不詳。

[3]開封尹：官名。即開封府尹。五代除後唐外均都汴州，升汴州爲開封府，置開封尹或知開封府事。執掌京師政務。從三品。

周太祖已敗漢兵于北郊,[1]隱帝遇弒。[2]太祖入京師,以謂漢大臣必相推戴,及見宰相馮道等,[3]道殊無意,太祖不得已,見道猶下拜,道受太祖拜如平時,徐勞之曰:"公行良苦!"太祖意色皆沮,以謂漢大臣未有推立己意,[4]又難於自立,因白漢太后擇立漢嗣。而宗室河東節度使崇等在者四人,乃爲太后誥曰:"河東節度使崇、許州節度使信,皆高祖之弟,徐州節度使贇、開封尹承勳,皆高祖之子,文武百辟,其擇嗣君以承天統。"於是周太祖與王峻入見太后,[5]言開封尹承勳,高祖皇帝之子,宜立。太后以承勳久病,不任爲嗣。太祖與群臣請見承勳視起居,[6]太后命以卧榻舁承勳出見群臣,群臣視之信然,乃共奏曰:"徐州節度使贇,高祖愛之,以爲子,宜立爲嗣。"乃遣太師馮道率群臣迎贇。道揣周太祖意不在贇,謂太祖曰:"公此舉由衷乎?"太祖指天爲誓。道既行,謂人曰:"吾平生不爲謬語人,今謬語矣!"道見贇,傳太后意召之。

[1]北郊:古時稱都城北門外爲北郊。

[2]弒:古代指臣殺君,子殺父。

[3]馮道:人名。瀛州景城(今河北滄州市)人。五代時官拜宰相,歷仕後唐、後晉、後漢、後周,亦曾臣服於契丹。傳見《舊五代史》卷一二六、本書卷五四。

[4]大:原闕,中華點校本據浙江本、宗文本、本書卷五四《馮道傳》補,今從。

[5]王峻:人名。相州安陽(今河南安陽市)人。五代將領,後周時任樞密使兼宰相。傳見《舊五代史》卷一三〇、本書卷五〇。

[6]視起居：指群臣入內殿朝見皇帝。

贇行至宋州，[1]太祖自澶州爲兵士擁還京師，[2]王峻慮贇左右生變，遣侍衛馬軍指揮使郭崇以兵七百騎衛贇。[3]崇至宋州，贇登樓問崇所以來之意，崇曰："澶州軍變，懼未察之，遣崇護衛，非惡意也。"贇召崇，崇不敢進，馮道出與崇語，崇乃登樓見贇，已而奪贇部下兵。

[1]宋州：州名。治所在今河南商丘市睢陽區。

[2]澶州：州名。唐、五代初，治所在河南清豐縣。後晉天福四年（939），移治於今河南濮陽縣。

[3]侍衛馬軍指揮使：官名。即侍衛馬軍都指揮使。爲侍衛親軍馬軍司長官。後梁始置侍衛親軍，爲禁軍的一支，後唐沿置並成爲禁軍主力，下設馬軍、步軍。品秩不詳。　郭崇：人名。應州金城（今山西應縣）人。五代、宋初將領。傳見《宋史》卷二五五。

太祖以書召道先歸，留其副趙上交、王度奉贇入朝太后。[1]道乃先還，贇謂道曰："寡人此來，所恃者以公三十年舊相，是以不疑。"[2]道默然。贇客將賈正等數目道，[3]欲圖之。贇曰："勿草草，事豈出於公邪！"道已去，郭崇幽贇于外館，殺賈正及判官董裔、牙內都虞候劉福、孔目官夏昭度等。[4]

[1]趙上交：人名。涿州范陽（今河北涿州市）人。五代、宋初大臣。本名遠，字上交，避漢高祖劉知遠諱，遂以字爲名。傳見《宋史》卷二六二。　王度：人名。籍貫不詳。後漢時曾任監察御

史、樞密直學士等職。事見《舊五代史》卷一〇〇《漢高祖紀下》。

〔2〕所恃者以公三十年舊相："所"字原闕，中華點校本據浙江本、宗文本、《通鑑》卷二八九補，今從。

〔3〕客將：官名。亦稱典客。唐末、五代藩鎮負責接待使節、賓客、出使等外交職責的武官。品秩不詳。詳見吳麗娛《試論晚唐五代的客將、客司與客省》，《中國史研究》2002年第4期。　賈正：人名。籍貫不詳。劉贇客將，後被郭崇所殺。事見本書本卷。

〔4〕判官：官名。唐、五代方鎮僚屬，位在行軍司馬下。分掌使衙內各曹事，並協助使職官員通判衙事。品秩不詳。　董裔：人名。籍貫不詳。劉贇判官，後被郭崇所殺。事見本書本卷。　牙內都虞候：官名。唐末、五代藩鎮衙內之牙將。品秩不詳。　劉福：人名。籍貫不詳。劉贇牙將。本書僅此一見。　孔目官：官名。五代藩鎮幕府僚佐，掌蕃漢兵馬、軍機要事。品秩不詳。　夏昭度：人名。籍貫不詳。劉贇僚佐。本書僅此一見。

太祖已監國，[1]太后乃下誥曰："比者樞密使郭威，[2]志安宗社，議立長君，以徐州節度使贇高祖近親，立爲漢嗣，乃自藩鎮召赴京師。雖誥命已行，而軍情不附，天道在北，人心靡東。適當改卜之初，俾膺分土之命，[3]贇可降授開府儀同三司、檢校太師、上柱國，[4]封湘陰公。"贇以幽死。

〔1〕監國：代表皇帝行使權力稱監國。軍國大事全權處置。

〔2〕樞密使：官名。樞密院長官。唐代宗時始以宦官掌機密，至昭宗時借朱溫之力盡誅宦官，始改以士人任樞密使。備顧問，參謀議，出納詔奏，權侔宰相。品秩不詳。參見李全德《唐宋變革期樞密院研究》，北京圖書館出版社2009年版。

[3]俾膺分土之命："膺"，原作"應"，中華點校本據宗文本、《舊五代史》卷一〇三《漢隱帝紀下》改，今從。

[4]開府儀同三司：官名。魏晉始置，隋唐時為散官之最高官階。多授功勛重臣。從一品。　檢校太師：官名。為散官或加官，以示恩寵，無實際執掌。品秩不詳。　上柱國：官名。北周武帝建德四年（575），置上柱國為高級勛官。隋唐沿置。五代後唐明宗天成三年（928）詔，其後凡加勛，先自武騎尉經十二轉方授為上柱國。正二品。

初，贇自徐州入也，以都押牙鞏庭美、教練使楊溫守徐州。[1]庭美等聞贇不得立，乃閉城拒命。太祖拜王彥超徐州節度使，[2]下詔諭庭美等許以刺史，[3]并詔贇赦庭美等。廣順元年三月，[4]彥超克徐州，庭美等皆見殺。

承勳，廣順元年以病卒，追封陳王。

[1]都押牙：官名。"押牙"即"押衙"。唐、五代時期節度使辟署的屬官，有稱左、右都押衙或都押衙者。掌領方鎮儀仗侍衛、統率軍隊。品秩不詳。參見劉安志《唐五代押牙（衙）考略》，《魏晉南北朝隋唐史資料》第16輯，1998年。　鞏庭美：一作"鞏廷美"。人名。籍貫不詳。劉贇部將，時為右都押牙。後為後周將領王彥超所殺。事見《通鑑》卷二九〇。　教練使：官名。唐、五代方鎮使府軍將，選善兵法武藝者充任，掌教練兵法及武藝，亦或領兵出戰。品秩不詳。　楊溫：人名。籍貫不詳。劉贇部將，時為教練使。後為後周將領王彥超所殺。事見《通鑑》卷二九〇。

[2]王彥超：人名。大名臨清（今河北臨西縣）人。五代、宋初將領。傳見《宋史》卷二五五。

[3]刺史：官名。州一級行政長官。漢武帝時始置，總掌考核官吏、勸課農桑、地方教化等事。唐中期以後，節度使、觀察使轄

州而設，刺史爲其屬官，職任漸輕。從三品至正四品下。

［4］廣順：五代後周太祖郭威年號（951—953）。

　　嗚呼！予既悲湘陰公贇之事，又嘉鞏庭美、楊溫之所爲。[1]贇於漢非嫡長，特以周氏移國，畏天下而難之，故假贇以伺間爾。當是之時，天下皆知贇之必不立也，然庭美、溫之區區爲贇守孤城以死，其始終之迹，何愧於死節之士哉！然予考於《實錄》，[2]二人之死狀不明。夫二人之事，固知其無所成，其所重者死爾，然史氏不著，不知其何以死也。當王彥超之攻徐州也，周嘗遣人招庭美等，予得其詔書四，皆言庭美等嘗已送款於周，後懼罪而復叛，然庭美等款狀亦不見，是皆不可知也。夫史之闕文，可不慎哉。其疑以傳疑，則信者信矣。予固嘉二人之忠而悲其志，然不得列於死節之士者，惜哉！

　　［1］又嘉鞏庭美："鞏"字原闕，中華點校本據浙江本、宗文本、《五代史詳節》卷二補，今從。
　　［2］《實錄》：編年體史書的一種形式，是詳記一朝皇帝史實的編年史長編。唐初設史館，每一新皇帝繼位，都要詔令史官根據前代皇帝的起居注、時政記、目錄等材料重新彙總，修成前朝皇帝的實錄，以便爲日後修正史積累資料。後成爲定制。從唐至清，歷代都有實錄。

蔡王信
　　蔡王信，高祖之從弟也。[1]高祖鎮太原，以信爲興捷軍都指揮使領義成軍節度使，[2]徙領許州。[3]高祖寢疾，隱帝當立爲嗣，楊邠等受顧命，不欲信在京師，乃遣信就鎮，信涕泣而去。

[1]從弟：指堂弟。
[2]興捷軍：部隊番號。後晋天福七年（942），河東節度使劉知遠奏置興捷、武節等十餘軍以備契丹。　都指揮使：官名。唐末、五代藩鎮皆置都指揮使、指揮使，爲統兵將領。品秩不詳。義成軍：方鎮名。治所在滑州（今河南滑縣）。
[3]許州：五代方鎮忠武軍（匡國軍）治所，在今河南許昌市。

信所至黷貨，好行殺戮。軍士有犯法者，信召其妻子，對之刲剔支解，[1]使自食其肉，血流盈前，信命樂飲酒自如也。

[1]刲（kuī）剔（tī）支解：即屠殺剖解。

楊邠等死，信大喜，謂其寮佐曰："吾嘗爲天無眼，而使我鬱鬱於此者三年矣！主上孤立，幾落賊手。諸公可以勸我一杯矣。"已而聞難作，信憂不能食。周太祖軍變於澶州，王峻遣前申州刺史馬鐸以兵巡檢許州，[1]信乃自殺。周太祖即位，追封蔡王。《傳》，先贇而後信，亦便於述事爾。

[1]申州：州名。治所在今河南信陽市。　馬鐸：人名。五代將領。事見本書本卷。　巡檢：此處指巡視、巡察之意。

新五代史　卷一九

周太祖家人傳第七

皇后柴氏　淑妃楊氏　貴妃張氏　德妃董氏 子侗 信 姪 守愿 奉超 遜

皇后柴氏

太祖一后三妃。[1] 聖穆皇后柴氏，邢州堯山人也，[2] 與太祖同里，遂以歸焉。太祖微時，喜飲博任俠，不拘細行，后常諫止之。太祖狀貌奇偉，后心知其貴人也，事之甚謹。及太祖即位，后已先卒，乃下詔："故夫人柴氏，追冊爲皇后，謚曰聖穆。"

[1] 太祖：即後周太祖郭威。五代時後周王朝的建立者。紀見《舊五代史》卷一一〇至一一三、本書卷一一。

[2] 邢州：州名。治所在今河北邢臺市。　堯山：縣名。治所在今河北隆堯縣。

淑妃楊氏

淑妃楊氏,[1]鎮州真定人也。[2]父弘裕,[3]真定少尹。[4]妃幼以色選入趙王宮,事王鎔。[5]鎔爲張文禮所殺,[6]鎮州亂,妃亦流寓民間,後嫁里人石光輔,[7]居數年,光輔死。太祖柴夫人卒,[8]聞妃有色而賢,遂娶之爲繼室。太祖方事漢高祖於太原,[9]天福中妃卒,[10]遂葬太原之近郊。

[1]淑妃:內命婦名。位貴妃下,爲夫人之一。正一品。

[2]鎮州:州名。治所在今河北正定縣。 真定:縣名。治所在今河北正定縣。

[3]弘裕:人名。即楊弘裕。鎮州真定(今河北正定縣)人。淑妃楊氏父。

[4]少尹:官名。唐、五代於三京、鳳翔等府均置少尹,爲尹的副職。協助尹通判列曹諸務。從四品下。

[5]趙王宮:即後梁趙王王鎔的官邸。 王鎔:人名。回鶻人。唐末、五代軍閥,朱温後封趙王。傳見《舊五代史》卷五四、本書卷三九。

[6]張文禮:人名。燕(今河北北部)人。五代後唐將領。王鎔養子,號王德明。傳見《舊五代史》卷六二、本書卷三九《王鎔傳》。

[7]石光輔:人名。本書僅此一見。

[8]柴夫人:即聖穆皇后柴氏。

[9]漢高祖:即後漢高祖劉知遠。紀見《舊五代史》卷九九至卷一〇〇、本書卷一〇。 太原:府名。治所在今山西太原市。

[10]天福:五代後晉高祖石敬瑭年號(936—942),出帝石重貴沿用至天福九年(944)。

太祖即位，廣順元年九月，[1]追册爲淑妃。拜妃弟廷璋爲右飛龍使，[2]廷璋辭曰：「臣父老矣，願以授之。」太祖曰：「吾方思之，豈忘爾父邪！」即召弘裕，弘裕老不能行，乃就其家拜金紫光禄大夫、真定少尹。[3]

[1]廣順：五代後周太祖郭威年號（951—953）。
[2]廷璋：人名。即楊廷璋。鎮州真定（今河北正定縣）人。淑妃楊氏弟，五代、宋初將領。傳見《宋史》卷二五五。　右飛龍使：官名。掌天子御馬。品秩不詳。
[3]金紫光禄大夫：官名。本兩漢光禄大夫。魏晉以後，光禄大夫之位重者，加金章紫綬，因稱金紫光禄大夫。北周、隋爲散官。唐貞觀後列入文散官。正三品。

太祖崩，葬嵩陵，[1]一后三妃皆當陪葬，而太原未克，世宗詔有司營嵩陵之側爲虛墓以俟。[2]顯德元年，[3]世宗已敗劉旻於高平，[4]遂攻太原，太原閉壁被圍，乃遷妃喪而葬之。

[1]嵩陵：五代後周太祖郭威陵墓，在今河南新鄭市北。
[2]世宗：即後周世宗柴榮。　有司：古代官吏和官署的泛稱。
[3]顯德：五代後周太祖郭威年號（954）。世宗柴榮、恭帝柴宗訓沿用（954—960）。
[4]劉旻：人名。初名崇，西突厥沙陀部人。後漢高祖劉知遠從弟，五代十國北漢國的建立者。傳見《舊五代史》卷一三五、本書卷七〇。　高平：縣名。治所在今山西高平市。

貴妃張氏

貴妃張氏，[1]鎮州真定人也。祖記，[2]成德軍節度判官、檢校兵部尚書。[3]父同芝，[4]事趙王王鎔爲諮呈官，[5]官至檢校工部尚書。[6]鎔死，鎮州亂，莊宗遣幽州符存審以兵討張文禮，[7]裨將武從諫館於妃家，[8]見妃尚幼，憐之，而從諫家在太原，遂以妃歸，爲其子婦。

[1]貴妃：内命婦名。爲夫人之一。正一品。

[2]記：人名。即張記。本書僅此一見。

[3]成德軍：方鎮名。治所在恒州（今河北正定縣）。　節度判官：官名。唐末、五代藩鎮僚佐，位行軍司馬下。品秩不詳。檢校兵部尚書：官名。爲散官或加官，以示恩寵，無實際執掌。品秩不詳。

[4]同芝：人名。即張同芝。本書僅此一見。

[5]諮呈官：《舊五代史》卷一二一《周后妃列傳》注文引"影庫本粘籤"："諮呈官及中要，皆不見《職官志》，疑當時藩鎮所私設之官也。今無可復考，謹附識于此。"

[6]檢校工部尚書：官名。爲散官或加官，以示恩寵，無實際執掌。品秩不詳。

[7]莊宗：即後唐莊宗李存勗。五代後唐王朝的建立者。紀見《舊五代史》卷二七至卷三四、本書卷五。　幽州：州名。治所在今北京市。　符存審：人名。陳州宛丘（今河南淮陽縣）人。後唐將領。傳見《舊五代史》卷五六、本書卷二五。

[8]裨將：指副將。　武從諫：人名。太原（今山西太原市）人，符存審副將。事見《舊五代史》卷一二一及本書本卷。　館：留宿，寓居。

久之，太祖事漢高祖於太原，楊夫人卒，[1]而武氏子亦卒，乃納妃爲繼室。太祖貴，累封吳國夫人。[2]太祖以兵入京師，[3]漢遣劉銖戮其家，[4]妃與諸子皆死。太祖即位，追册爲貴妃。

[1]楊夫人：即淑妃楊氏。傳見《舊五代史》卷一二一及本書本卷。
[2]吳國夫人：外命婦名。唐制，文武官一品及國公妻封國夫人。
[3]京師：即後漢都城汴州（今河南開封市）。
[4]劉銖：人名。陝州（今河南三門峽市）人。時權知開封府事。傳見《舊五代史》卷一〇七、本書卷三〇。

德妃董氏 子侗[1] 信 姪守愿 奉超 遜

[1]侗：原作"倜"，中華點校本據浙江本及本卷下文改，今從。

德妃董氏，[1]鎮州靈壽人也。[2]祖文廣，[3]唐深州録事參軍。[4]父光嗣，[5]趙州昭慶尉。[6]妃幼穎悟，始能言，聞樂聲知其律吕。[7]

[1]德妃：内命婦名。爲夫人之一。正一品。
[2]靈壽：縣名。治所在今河北靈壽縣。
[3]文廣：人名。即董文廣。本書僅此一見。
[4]深州：州名。治所在今河北深州市。 録事參軍：官名。州府屬官。總掌諸曹事務。官品爲從六品至從八品不等。
[5]光嗣：人名。即董光嗣。本書僅此一見。

[6]趙州：州名。治所在今河北趙縣。 昭慶：縣名。治所在今河北隆堯縣。 尉：官名。即縣尉，縣之佐官，掌軍事、治安。官階從八品下至從九品下不等。

[7]律吕：泛指樂律或音律。

年七歲，鎮州亂，其家失之，爲潞州牙將所得，[1]實諸褚中以歸。[2]潞將妻嘗生女，輒不育，得妃憐之，養以爲子，過於所生。居五六年，妃家悲思，其兄瑀求之人間，[3]莫知所在。潞將仕于京師，遇瑀，欣然歸之，時年十三。[4]

[1]潞州：州名。治所在今山西長治市。 牙將：官名。古代軍隊中的中低級軍官。品秩不詳。

[2]褚（zhě）：兵卒，行伍。

[3]瑀：人名。即董瑀。

[4]時年十三："時"字原闕，中華點校本據浙江本、宗文本、《舊五代史》卷一二一補，今從。

瑀以嫁里人劉進超，[1]進超亦仕晉爲内職。[2]契丹犯闕，[3]進超殁于虜中，妃嫠居洛陽。[4]漢高祖由太原入京師，太祖從，過洛陽，聞妃有賢行，聘之。太祖建國，中宫虛位，遂册爲德妃。廣順三年卒，年三十九。

[1]劉進超：人名。鎮州靈壽（今河北靈壽縣）人。事僅見本書本卷。

[2]内職：晚唐、五代時期皇帝試圖越過現有機構和機制，依靠自己身邊的謀士和辦事人員，直接處理政務軍機。這批謀士和辦

事人員即"內職",其中較有代表性的群體是諸使和"使臣"。詳見趙冬梅《文武之間:北宋武選官研究》,北京大學出版社2010年版,第9頁。

[3]契丹犯闕:後晉開運三年(946),契丹國主耶律德光攻陷後晉都城汴梁,俘獲晉出帝石重貴,後晉亡。

[4]嫠(lí)居:寡居。

妃兄三人:瑀官至太子左贊善大夫,[1]玄之、自明皆至刺史。[2]

[1]太子左贊善大夫:官名。掌規諫太子過失,贊禮儀等事。正五品。"左",原作"右",中華點校本據浙江本、宗文本、《舊五代史》卷一二一改,今從。

[2]玄之、自明:人名。即董玄之、董自明。本書皆僅此一見。

初,帝舉兵于魏,[1]漢以兵圍帝第,[2]時張貴妃與諸子青哥、意哥,[3]姪守筠、奉超、定哥皆被誅。[4]青哥、意哥,不知其母誰氏。太祖即位,詔故第二子青哥贈太尉,[5]賜名侗;第三子意哥贈司空,[6]賜名信;皇姪守筠贈左領軍衛將軍,[7]以"筠"聲近"榮",爲世宗避,更名守愿;奉超贈左監門衛將軍;[8]定哥贈左千牛衛將軍,[9]賜名遜。

[1]魏:州名。指魏州,又稱鄴都,治所在今河北大名縣。時郭威爲鄴都留守、天雄軍節度使。

[2]帝第:指郭威的東京(今河南開封市)舊第。

[3]青哥、意哥:人名。即郭青哥、郭意哥。皆爲郭威子。事

僅見本卷。

［4］守筠、奉超、定哥：人名。即郭守筠、郭奉超、郭定哥。皆爲郭威姪。事僅見本卷。

［5］太尉：官名。與司徒、司空並爲三公，唐後期、五代多爲大臣、勛貴加官。正一品。

［6］司空：官名。與太尉、司徒並爲三公，唐後期、五代多爲大臣、勛貴加官。正一品。

［7］左領軍衛將軍：官名。唐置，掌宫禁宿衛。唐代置十六衛，即左右衛、左右驍衛、左右武衛、左右威衛、左右領軍衛、左右金吾衛、左右監門衛、左右千牛衛，各置上將軍，從二品；大將軍，正三品；將軍，從三品。

［8］左監門衛將軍：官名。唐置，掌宫禁宿衛。唐十六衛之一。從三品。

［9］左千牛衛將軍：官名。唐置，掌宫禁宿衛。唐十六衛之一。從三品。

世宗顯德四年夏四月癸未，詔曰："禮以緣情，恩以悼往，矧在友于之列，[1]尤鍾惻愴之情。故皇弟贈太保侗、贈司空信，景運初啓，大年不登，俾予終鮮，實動予懷。[2]侗可贈太傅，[3]追封鄆王；信司徒，[4]杞王。"又詔曰："故皇從弟贈左領軍衛將軍守愿、贈左監門衛將軍奉超、贈左千牛衛將軍遜等，頃因季世，不享遐齡，每念非辜，難忘有慟。守愿可贈左衛大將軍，[5]奉超右衛大將軍，[6]遜右武衛大將軍。"[7]

［1］友于：指兄弟友愛。《尚書·君陳》："惟孝友于兄弟。"
［2］動：原作"勤"，中華點校本據浙江本、宗文本、《册府》

卷二九六改，今從。

［3］太傅：官名。與太師、太保合稱三師，唐後期、五代多爲大臣、勛貴加官。正一品。

［4］司徒：官名。與太尉、司空並爲三公，唐後期、五代多爲大臣、勛貴加官。正一品。

［5］左衛大將軍：官名。唐置，掌宫禁宿衛。唐十六衛之一。正三品。

［6］右衛大將軍：官名。唐置，掌宫禁宿衛。唐十六衛之一。正三品。

［7］右武衛大將軍：官名。唐置，掌宫禁宿衛。唐十六衛之一。正三品。

新五代史　卷二〇

周世宗家人傳第八

柴守禮　皇后劉氏　皇后符氏　世宗七子

柴守禮

周太祖聖穆皇后柴氏，[1]無子，養后兄守禮之子以爲子，是爲世宗。[2]

[1]周太祖：即郭威。邢州堯山（今河北隆堯縣）人。五代後周建立者。紀見《舊五代史》卷一一〇至卷一一三、本書卷一一。
柴氏：邢州堯山（今河北隆堯縣）人。後周太祖郭威的皇后。傳見《舊五代史》卷一二一、本書卷一九。
[2]世宗：即柴榮。邢州龍岡（今河北邢臺市）人。後周太祖郭威養子，顯德元年（954）繼郭威爲帝，廟號世宗。紀見《舊五代史》卷一一四、本書卷一二。

守禮字克讓，以后族拜銀青光禄大夫、檢校吏部尚書、兼御史大夫。[1]世宗即位，加金紫光禄大夫、檢校司空、光禄卿。[2]致仕，居于洛陽，終世宗之世，未嘗至京師，而左右亦莫敢言，第以元舅禮之。而守禮亦頗恣橫，嘗殺人于市，有司以聞，[3]世宗不問。是時，王溥、王晏、王彥超、韓令坤等同時將相，[4]皆有父在洛陽，與守禮朝夕往來，惟意所爲，洛陽人多畏避之，號"十阿父"。守禮卒年七十二，官至太傅。[5]

[1]銀青光禄大夫：官名。唐、五代散官。從三品。　檢校吏部尚書：官名。爲散官或加官，以示恩寵，無實際執掌。品秩不詳。　御史大夫：官名。秦始置，與丞相、太尉合稱三公。至唐代，在御史中丞之上設御史大夫一人，爲御史臺長官，專掌監察、執法。正三品。

[2]金紫光禄大夫：官名。唐、五代散官。正三品。　檢校司空：官名。爲散官或加官，以示恩寵，無實際執掌。品秩不詳。光禄卿：官名。南朝梁天監七年（508）改光禄勛置，隋、唐沿置。掌宫殿門户、帳幕器物、百官朝會膳食等。從三品。

[3]有司：古代官吏和官署的泛稱。

[4]王溥：人名。并州祁（今山西祁縣）人，一説太原（今山西太原市）人。後周、宋初宰相。傳見《宋史》卷二四九。　王晏：人名。徐州滕（今山東滕州市）人。五代、宋初將領。傳見《宋史》卷二五二。　王彥超：人名。大名臨清（今河北臨西縣）人。五代、宋初將領。傳見《宋史》卷二五五。　韓令坤：人名。磁州武安（今河北武安市）人。五代、宋初將領。傳見《宋史》卷二五一。

[5]太傅：官名。與太師、太保合稱三師，唐後期、五代多爲大臣、勛貴加官。正一品。

嗚呼，父子之恩至矣！孟子言：舜爲天子，而瞽叟殺人，[1]則棄天下，竊負之而逃。以謂天下可無舜，不可無至公，舜可棄天下，不可刑其父，此爲世立言之説也。然事固有不得如其意者多矣！蓋天子有宗廟社稷之重、百官之衛、朝廷之嚴，其不幸有不得竊而逃，則如之何而可？予讀周史，見守禮殺人，世宗寢而不問，蓋進任天下重矣，而子於其父亦至矣，故寧受屈法之過，以申父子之道，其所以合於義者，蓋知權也。君子之於事，擇其輕重而處之耳。失刑輕，不孝重也。刑者所以禁人爲非，孝者所以教人爲善，其意一也，孰爲重？刑一人，未必能使天下無殺人，而殺其父，滅天性而絶人道，孰爲重？權其所謂輕重者，則天下雖不能棄，而父亦不可刑也。然則爲舜與世宗者，宜如何無使瞽叟、守禮至於殺人，則可謂孝矣！然而有不得如其意，則擇其輕重而處之焉。世宗之知權，明矣夫！

[1]瞽叟：人名。相傳爲舜之父。舜生母死後，其父娶後妻生象，父愛後妻及象，常欲殺舜，舜多方逃避。事見《史記》卷一。

皇后劉氏

世宗三皇后。貞惠皇后劉氏，不知其世家，蓋微時所娶也，世宗爲左監門衛將軍，[1]得封彭城縣君。世宗從太祖于魏，[2]后留京師，太祖舉兵，漢誅其族。[3]太祖即位，追封彭城郡夫人。世宗顯德四年夏四月，[4]始詔彭城郡夫人劉氏追册爲皇后，有司謚曰貞惠，陵曰惠陵。

[1]左監門衛將軍：官名。唐置，掌宮禁宿衛。唐代置十六衛，即左右衛、左右驍衛、左右武衛、左右威衛、左右領軍衛、左右金吾衛、左右監門衛、左右千牛衛，各置上將軍，從二品；大將軍，正三品；將軍，從三品。

[2]魏：州名。又稱鄴都。治所在今河北大名縣。

[3]漢誅其族：宗文本作"漢誅太祖家屬后見殺"。

[4]顯德：五代後周太祖郭威年號（954）。世宗柴榮、恭帝柴宗訓沿用（954—960）。

皇后符氏

宣懿皇后符氏，其祖秦王存審，[1]父魏王彥卿。[2]后世王家，出於將相之貴，爲人明果有大志。初適李守貞子崇訓。[3]守貞事漢爲河中節度使，[4]已挾異志。有術者善聽人聲以知吉凶，守貞出其家人使聽之，術者聞后聲，驚曰："此天下之母也！"守貞益自負，曰："吾婦猶爲天下母，吾取天下復何疑哉！"於是決反。而漢遣周太祖討之，逾年，攻破其城。崇訓知不免，手自殺其家人，次以及后，后走匿，以帷幔自蔽，崇訓惶遽求后不得，遂自殺。漢兵入其家，后儼然坐堂上，顧軍士曰："郭公與吾父有舊，汝輩無犯我！"軍士見之不敢迫。太祖聞之，以謂一女子能使亂兵不敢犯，奇之，爲加慰勉，以歸彥卿。后感太祖不殺，拜太祖爲父。其母以后夫家滅亡，而獨脫死兵刃之間，以爲天幸，欲使削髮爲尼，后不肯曰："死生有命，天也。何必妄毀形髮爲！"太祖於后有恩，而世宗性特英銳，聞后如此，益奇之。及劉夫人卒，[5]遂納以爲繼室。世宗即位，册爲皇后。世宗卞急多暴怒，而後嘗追悔，每怒左右，后必從容伺顏色，漸爲解説，世宗意亦隨解，由是益重之。世宗征淮，[6]后以帝不宜親行，切諫止之，世宗不聽。師久無功，遭大暑雨，后以憂成疾而崩。議者以方用兵，請殺喪禮，於是百官朝臨于西宮，[7]三日而釋服，[8]帝亦七日而釋，葬於新鄭，[9]陵曰懿陵。

[1]存審：人名。即符存審。陳州宛丘（今河南淮陽縣）人。五代後唐將領。傳見《舊五代史》卷五六、本書卷二五。

[2]彦卿：人名。即符彦卿。陳州宛丘（今河南淮陽縣）人。五代、宋初將領。先後以女妻周世宗、宋太宗，皆爲皇后。傳見《宋史》卷二五一。

[3]李守貞：人名。河陽（今河南孟州市）人。五代將領。傳見《舊五代史》卷一〇九、本書卷五二。　崇訓：人名。即李崇訓。河陽（今河南孟州市）人。李守貞之子。事見《舊五代史》卷一二一、本書本卷。

[4]河中：方鎮名。治所在河中府（今山西永濟市）。

[5]劉夫人：即後周世宗貞惠皇后劉氏。傳見《舊五代史》卷一二一、本書本卷。

[6]淮：地名。即淮南。今淮河以南、長江以北地區。時屬南唐。

[7]西宮：五代後周汴梁太平宮之別名，位於今河南開封市。

[8]釋服：解除喪服。

[9]新鄭：縣名。治所在今河南新鄭市。

後立皇后符氏，后妹也。國初，[1]遷西宮，號周太后。

[1]國初：指北宋建國之初。

世宗七子

世宗子七人：長曰宜哥，[1]次二皆未名，次曰恭皇帝，[2]次曰熙讓，[3]次曰熙謹，[4]次曰熙誨，[5]皆不知其母爲誰氏。宜哥與其二，皆爲漢誅。太祖即位，詔賜皇孫名：誼，贈左驍衛大將軍；[6]誠，左武衛大將軍；[7]諴，左屯衛大將軍。[8]

[1]宜哥：人名。後周世宗柴榮長子柴誼別名。乾祐三年（950）爲後漢隱帝誅殺。傳見《舊五代史》卷一二二、本書本卷。

[2]恭皇帝：即柴宗訓。後周世宗柴榮第四子。顯德六年（959）封梁王，不久即位。次年陳橋驛兵變，趙匡胤率兵回京，柴宗訓被迫禪位。後封鄭王。死後諡恭皇帝。紀見《舊五代史》卷一二〇、本書卷一二。

[3]熙讓：人名。即柴熙讓，又作宗讓。後周世宗柴榮之子。傳見《舊五代史》卷一二二、本書本卷。

[4]熙謹：人名。即柴熙謹。後周世宗柴榮之子。傳見《舊五代史》卷一二二、本書本卷。

[5]熙誨：人名。即柴熙誨。後周世宗柴榮之子。傳見《舊五代史》卷一二二、本書本卷。

[6]左驍衛大將軍：官名。唐置十六衛之一，掌宮禁宿衛。正三品。

[7]誠：人名。即柴誠。後周世宗柴榮之子。乾祐三年（950）爲後漢隱帝誅殺。傳見《舊五代史》卷一二二、本書本卷。　左武衛大將軍：官名。唐置十六衛之一，掌宮禁宿衛。正三品。

[8]諴：人名。即柴諴。後周世宗柴榮之子。乾祐三年（950）爲後漢隱帝誅殺。傳見《舊五代史》卷一二二、本書本卷。　左屯

衛大將軍：官名。唐置十六衛之一，掌宮禁宿衛。正三品。

顯德三年，群臣請封宗室，世宗以謂爲國日淺，恩信未及於人，而須功德大成，慶流于世，而後議之可也。明年夏四月癸未，先封太祖諸子。又詔曰："父子之道，聖賢不忘，再思夭閼之端，愈動悲傷之抱。故皇子左驍衛大將軍誼、左武衛大將軍諴、左屯衛大將軍諴等，載惟往事，有足傷懷，宜增一字之封，仍贈三台之秩。誼可贈太尉，追封越王；諴太傅，吳王；諴太保，韓王。"[1]而皇子在者皆不封。

[1]太尉：官名。與司徒、司空並爲三公，唐後期、五代多爲大臣、勛貴加官。正一品。　太傅：官名。與太師、太保合稱三師，唐後期、五代多爲大臣、勛貴加官。正一品。　太保：官名。與太師、太傅合稱三師，唐後期、五代多爲大臣、勛貴加官。正一品。

六年，北復三關，[1]遇疾，還京師。六月癸未，皇子宗訓，特進左衛上將軍，[2]封梁王；而宗讓亦拜左驍衛上將軍，[3]封燕國公。後十日而世宗崩，梁王即位，是爲恭皇帝。其年八月，宗讓更名熙讓，封曹王。熙謹、熙誨皆前未封爵，遂拜熙謹右武衛大將軍，[4]封紀王；熙誨左領軍衛大將軍，[5]封蘄王。[6]皇朝乾德二年十月，[7]熙謹卒。熙讓、熙誨，不知其所終。

[1]三關：後周與遼朝之間邊地要隘，即高阳關（位於今河北

高陽縣）、瓦橋關（位於今河北雄縣）、益津關（位於今河北霸州市）或淤口關（位於今河北霸州市）。

［2］左衛上將軍：官名。唐置十六衛之一，掌宮禁宿衛。從二品。

［3］左驍衛上將軍：官名。唐置十六衛之一，掌宮禁宿衛。從二品。

［4］右武衛大將軍：官名。唐置十六衛之一，掌宮禁宿衛。正三品。

［5］左領軍衛大將軍：官名。唐置十六衛之一，掌宮禁宿衛。正三品。

［6］封：原闕，中華點校本據宗文本、《舊五代史》卷一二〇《周恭帝本紀》及本卷上文補，今從。

［7］乾德：宋太祖趙匡胤年號（963—968）。

嗚呼！至公，天下之所共也。其是非曲直之際，雖父愛其子，亦或有所不得私焉。當周太祖舉兵于魏，漢遣劉銖誅其家族於京師，酷毒備至；後太祖入立，遣人責銖，銖辭不屈，太祖雖深恨之，然以銖辭直，終不及其家也。及追封妻子之被殺者，其言深自隱痛之而已，不敢有非漢之辭焉，蓋知其曲在己也。故略存其辭，以見周之有愧於其心者矣！

新五代史　卷二一

梁臣傳第九

敬翔　朱珍 李唐賓附　龐師古　葛從周　霍存　張存敬
符道昭　劉捍　寇彥卿

嗚呼！孟子謂"春秋無義戰"，予亦以謂五代無全臣。無者，非無一人，蓋僅有之耳，余得死節之士三人焉。其仕不及于二代者，各以其國繫之，作梁、唐、晉、漢、周臣傳。其餘仕非一代，不可以國繫之者，作雜傳。夫入于雜，誠君子之所羞，而一代之臣未必皆可貴也，覽者詳其善惡焉。

敬翔

敬翔字子振，同州馮翊人也，[1]自言唐平陽王暉之後。[2]少好學，工書檄，乾符中舉進士不中，[3]乃客大梁。翔同里人王發爲汴州觀察支使，[4]遂往依焉。

[1]同州：州名。治所在今陝西大荔縣。　馮翊：縣名。治所

在今陝西大荔縣。

［2］暉：人名。即敬暉。唐代大臣，曾參與神龍政變。傳見《舊唐書》卷九一、《新唐書》卷一二〇。《舊五代史》卷一八作"唐神龍中平陽王暉之後"。

［3］乾符：唐僖宗李儇年號（874—879）。

［4］王發：人名。籍貫、事迹不詳。本書僅此一見。　汴州：州名。治所在今河南開封市。　觀察支使：官名。唐置，爲觀察使佐官，地位在觀察副使之下，判官之上。掌支州、支郡考績。品秩不詳。

久之，發無所薦引，翔客益窘，爲人作牋刺，[1]傳之軍中。太祖素不知書，[2]翔所作皆俚俗語，太祖愛之，謂發曰："聞君有故人，可與俱來。"翔見太祖，太祖問曰："聞子讀《春秋》，《春秋》所記何等事？"翔曰："諸侯爭戰之事耳。"太祖曰："其用兵之法可以爲吾用乎？"翔曰："兵者，應變出奇以取勝，春秋古法，不可用於今。"太祖大喜，補以軍職，非其所好，乃以爲館驛巡官。[3]

［1］牋刺：寫給長官的信札文書。

［2］太祖：即後梁太祖朱溫。紀見《舊五代史》卷一、本書卷一。

［3］館驛巡官：官名。巡官之一種。唐代節度使、觀察使、團練使、防禦使下皆置巡官，位判官、推官下，有營田巡官、轉運巡官、館驛巡官等名目。館驛巡官下設四人，掌館驛。品秩不詳。

太祖與蔡人戰汴郊，[1]翔時時爲太祖謀畫，多中，太祖欣然，以謂得翔之晚，動静輒以問之。太祖奉昭宗自岐還長安，[2]昭宗召翔與李振升延喜樓勞之，[3]拜太府卿。[4]

[1]蔡人：即秦宗權。中和四年（884）秦宗權據蔡州稱帝，光啓三年（887）秦宗權全力進攻汴州，朱温力挫之。
[2]昭宗：即唐昭宗李曄，888年至904年在位。紀見《舊唐書》卷二〇上、《新唐書》卷一〇。　岐：封國名。時鳳翔節度使李茂貞爲岐王，故稱。李茂貞劫唐昭宗至此。　長安：地名。即今陝西西安市。
[3]李振：人名。西州（今新疆吐魯番市）人。祖、父在唐皆官郡守。五代後梁大臣。傳見《舊五代史》卷一八、本書卷四三。　延喜樓：唐長安皇城東面偏北門樓。
[4]太府卿：官名。太府寺長官。掌國家財帛庫藏出納、關市税收等務。從三品。中華點校本據宗文本於"太府卿"前補"翔"字。

初，太祖常侍殿上，昭宗意衛兵有能擒之者，乃佯爲鞵結解，以顧太祖，太祖跪而結之，而左右無敢動者，太祖流汗浹背，由此稀復進見。昭宗遷洛陽，[1]宴崇勳殿，[2]酒半起，使人召太祖入内殿，將有所託。太祖益懼，辭以疾。昭宗曰："卿不欲來，可使敬翔來。"太祖遽麾翔出，亦佯醉去。[3]

[1]洛陽：地名。即今河南洛陽市。
[2]崇勳殿：唐東都洛陽内朝殿名。
[3]亦佯醉去：中華點校本據宗文本、《舊唐書》卷二〇上於

此句前補"翔"字。

　　太祖已破趙匡凝，[1]取荊襄，[2]遂攻淮南。[3]翔切諫，以謂新勝之兵，宜持重以養威。太祖不聽。兵出光州，[4]遭大雨，幾不得進，進攻壽州，[5]不克，而多所亡失，太祖始大悔恨。歸而忿躁，殺唐大臣幾盡，然益以翔爲可信任。

　　[1]趙匡凝：人名。蔡州（今河南汝南縣）人。趙德諲之子，唐末將領。傳見《舊五代史》卷一七、本書卷四一。
　　[2]荊襄：方鎮名。即山南東道，治所在襄州（今湖北襄陽市）。時趙匡凝爲荊襄節度使。
　　[3]淮南：方鎮名。治所在揚州（今江蘇揚州市）。景福元年（892）楊行密爲節度使。
　　[4]光州：州名。治所在今河南潢川縣。
　　[5]壽州：州名。治所在今安徽壽縣。

　　梁之篡弒，翔之謀爲多。太祖即位，以唐樞密院故用宦者，[1]乃改爲崇政院，以翔爲使。遷兵部尚書、金鑾殿大學士。[2]

　　[1]樞密院：官署名。唐代宗始設樞密使，以宦官充任。五代時，後梁設置崇政院，掌管軍國大政；後唐改稱樞密院，與中書省分理朝政。
　　[2]兵部尚書：官名。尚書省兵部長官。掌兵衛、武選、車輦、甲械、厩牧之政令。正三品。　金鑾殿大學士：官名。後梁開平三年（909）正月，改思政殿爲金鑾殿。乾化元年（911）正月，置

大學士一員，命崇政院使敬翔擔任。同弘文館、集賢館、史館三館大學士，以示尊崇。品秩不詳。參見杜文玉《五代十國制度研究》，人民出版社2006年版，第255頁。

翔爲人深沉有大略，從太祖用兵三十餘年，細大之務必關之。翔亦盡心勤勞，晝夜不寐，自言惟馬上乃得休息。而太祖剛暴難近，有所不可，翔亦未嘗顯言，微開其端，太祖意悟，多爲之改易。

太祖破徐州，[1]得時溥寵姬劉氏，[2]愛幸之，劉氏故尚讓妻也，[3]乃以妻翔。翔已貴，劉氏猶侍太祖，出入臥內如平時，翔頗患之。劉氏誚翔曰："爾以我嘗失身於賊乎？尚讓，黃家宰相；時溥，國之忠臣。以卿門地，猶爲辱我，請從此訣矣！"翔以太祖故，謝而止之。劉氏車服驕侈，別置典謁，交結藩鎮，權貴往往附之，寵信言事不下於翔。當時貴家，往往効之。

[1]徐州：州名。治所在今江蘇徐州市。
[2]時溥：人名。徐州彭城（今江蘇徐州市）人。唐末地方武裝首領。平定了黃巢之亂，後割據徐州。傳見《舊唐書》卷一八二、《新唐書》卷一八八。 劉氏：人名。籍貫不詳。本書僅此一見。
[3]尚讓：人名。黃巢部將，後被時溥所殺。事見《舊唐書》卷二〇〇下、《新唐書》卷二二五下。

太祖崩，友珪立，[1]以翔先帝謀臣，懼其圖己，不欲翔居內職，乃以李振代翔爲崇政使，[2]拜翔中書侍郎、同中書門下平章事。[3]翔以友珪畏己，多稱疾，未嘗省事。

[1]友珪：人名。後梁皇帝，912年至913年在位。朱溫次子，勾結韓勍殺朱溫，即皇帝位。後被趙巖、朱友貞發動政變所殺，在位僅七個月。傳見《舊五代史》卷一二、本書卷一三。

[2]崇政使：官名。崇政院長官。備顧問，參謀議。五代後梁開平元年（907）改樞密院置崇政院，設院使、副使各一人。後唐同光元年（923）復改崇政院爲樞密院，崇政院使亦改爲樞密使。品秩不詳。

[3]中書侍郎：官名。中書省副長官。唐後期三省長官漸爲榮銜，中書侍郎、門下侍郎却因參議朝政而職位漸重，常常用爲以"同三品"或"同平章事"任宰相者的本官。正三品。　同中書門下平章事：官名。簡稱"同平章事"。唐高宗以後，凡實際任宰相之職者，常在其本官後加同平章事的職銜。後成爲宰相專稱。

末帝即位，[1]趙巖等用事，[2]頗離間舊臣，翔愈鬱鬱不得志。其後，梁盡失河北，與晉相拒楊劉，[3]翔曰："故時河朔半在，[4]以先帝之武，御貔虎之臣，猶不得志於晉。今晉日益彊，梁日益削，陛下處深宫之中，所與計事者，非其近習，則皆親戚之私，而望成事乎？臣聞晉攻楊劉，李亞子負薪渡水，[5]爲士卒先。陛下委蛇守文，以儒雅自喜，而遣賀瓌爲將，[6]豈足當彼之餘鋒乎？臣雖憊矣，受國恩深，若其乏材，願得自効。"巖等以翔爲怨言，遂不用。

[1]末帝：人名。即朱友貞。後梁皇帝，913年至923年在位。

乾化三年（913）發動政變，誅殺朱友珪，即皇帝位。在位期間，對晉王李存勖的戰爭節節失利，河北諸州悉入於晉。魏博軍又迫節度使賀德倫降晉。加之戰事頻繁，賦役不止，民生凋敝。貞明六年（920），陳州（今河南淮陽縣）發生母乙、董乙起義。龍德三年（923），後唐軍渡河進逼開封，末帝勢窮自殺。後梁遂亡。紀見《舊五代史》卷八、本書卷三。

[2]趙巖：人名。陳州宛丘（今河南淮陽縣）人。朱溫女婿，忠武軍節度使趙犨次子。事見《舊五代史》卷一四、本書卷四二。

[3]楊劉：地名。在今山東東阿縣東北姚寨鎮楊柳村。唐、五代時有城臨河津，爲黃河下游重鎮，今城已埋廢不可考。

[4]河朔：古地區名。泛指黃河以北地區。

[5]李亞子：人名。即李存勖。代北沙陀人，後唐開國皇帝。紀見《舊五代史》卷二七至卷三四、本書卷四至卷五。

[6]賀瓌（guī）：人名。濮陽（今河南濮陽市）人。五代後梁將領。傳見《舊五代史》卷二三、本書卷二三。

其後，王彥章敗于中都，[1]末帝懼，召段凝於河上。[2]是時，梁精兵悉在凝軍，凝有異志，顧望不來。末帝遽呼翔曰："朕居常忽卿言，今急矣，勿以爲懟，卿其教我當安歸？"翔曰："臣從先帝三十餘年，今雖爲相，實朱氏老奴爾，事陛下如郎君，以臣之心，敢有所隱？陛下初用段凝，臣已爭之，今凝不來，敵勢已迫，欲爲陛下謀，則小人間之，必不見聽。請先死，不忍見宗廟之亡！"君臣相向慟哭。

[1]王彥章：人名。鄆州壽張（今山東梁山縣）人。後梁將領。傳見《舊五代史》卷二一、本書卷三二。　中都：縣名。治所

在今山東汶上縣。

[2]段凝：人名。開封（今河南開封市）人。其妹爲朱溫美人，因其妹而爲朱溫親信。五代後梁將領，後投後唐。傳見《舊五代史》卷七三、本書卷四五。

翔與李振俱爲太祖所信任，莊宗入汴，[1]詔赦梁羣臣，李振喜謂翔曰："有詔洗滌，將朝新君。"邀翔欲俱入見。翔夜止高頭車坊，將旦，左右報曰："崇政李公入朝矣！"翔歎曰："李振謬爲丈夫矣！復何面目入梁建國門乎？"[2]乃自經而卒。

[1]莊宗：即李存勖。五代後唐開國皇帝。紀見《舊五代史卷二七至卷三四，本書卷四卷五。
[2]建國門：宮城門。爲開封皇城南門。

朱珍　李唐賓附

朱珍，徐州豐人也。[1]少與龐師古等俱從梁太祖爲盜。[2]珍爲將，善治軍選士，太祖初鎮宣武，[3]珍爲太祖創立軍制，選將練兵甚有法。太祖得諸將所募兵及佗降兵，皆以屬珍，珍選將五十餘人，皆可用。梁敗黃巢、破秦宗權、東并兗、鄆，[4]未嘗不在戰中，而常勇出諸將。

[1]豐：縣名。治所在今江蘇豐縣。
[2]龐師古：人名。曹州（今山東曹縣西北）人。唐末將領。傳見《舊五代史》卷二一、本書卷二一。
[3]宣武：軍鎮名。治所在汴州（今河南開封市）。宣武軍時

爲朱温的根據地。

[4]黃巢：人名。曹州冤句（今山東菏澤市）人。唐末農民起義領袖。傳見《舊唐書》卷二〇〇下、《新唐書》卷二二五下。秦宗權：人名。許州（今河南許昌市）人。傳見《舊唐書》卷二〇〇下、《新唐書》卷二二五下。　兗（yǎn）：州名。治所在今山東濟寧市兗州區。　鄆（yùn）：州名。治所在今山東東平縣。

太祖與晉王東逐黃巢，[1]還過汴，館之上源驛，[2]太祖使珍夜以兵攻之，晉王亡去，珍悉殺其麾下兵。

義成軍亂，[3]逐安師儒，[4]師儒奔梁。太祖遣珍以兵趨滑州，[5]道遇大雪，珍趣兵疾馳，一夕至城下，遂乘其城。義成軍以爲方雪，不意梁兵來，不爲備，遂下之。

[1]晉王：人名。即李克用。沙陀人。神武川新城（一説今山西山陰縣附近，一説今山西代縣）人。唐末軍閥，後唐太祖。紀見《舊五代史》卷二五、本書卷四。
[2]上源驛：地名。位於今河南開封市。
[3]義成軍：方鎮名。治所在滑州（今河南滑縣）。
[4]安師儒：人名。籍貫不詳。唐末軍閥。事見《舊五代史》卷一、卷一三、卷一九。
[5]滑州：州名。治所在今河南滑縣。

秦宗權遣盧瑭、張晊等攻梁，[1]是時梁兵尚少，數爲宗權所困。太祖乃拜珍淄州刺史，[2]募兵於淄、青。[3]珍偏將張仁遇白珍曰：[4]"軍中有犯令者，請先斬而後白。"珍曰："偏將欲專殺邪？"立斬仁遇以徇軍，軍中皆感悦。珍得所募兵萬餘以歸，太祖大喜曰："賊在吾郊，若踐吾麥，奈何！今珍至，吾事濟矣！且賊方息兵養勇，度吾兵少，而未知珍來，謂吾不過堅守而已，宜出其不意以擊之。"乃出兵擊敗晊等，宗權由此敗亡，而梁軍威大振，以得珍兵故也。

[1]盧瑭：人名。籍貫不詳。秦宗權部將。事見本書卷二一。張晊：人名。籍貫不詳。秦宗權部將。事見本書卷二一、卷二二。

[2]淄州：州名。治所在今山東淄博市淄川區。　刺史：官名。州一級行政長官。漢武帝時始置，總掌考核官吏、勸課農桑、地方教化等事。唐中期以後，節度使、觀察使轄州而設，刺史爲其屬官，職任漸輕。從三品至正四品下。

[3]青：州名。治所在今山東青州市。

[4]張仁遇：人名。籍貫不詳。事見《舊五代史》卷一九。

珍從太祖攻朱宣，[1]取曹州，[2]執其刺史丘弘禮。[3]又取濮州，[4]刺史朱裕奔于鄆州。[5]太祖乃還汴，留珍攻鄆州。珍去鄆二十里，遣精兵挑之，鄆人不出。朱裕詐爲降書，陰使人召珍，約開門爲内應。珍信之，夜率其兵叩鄆城門，朱裕登陴，開門内珍軍，珍軍已入甕城而垂門發，鄆人從城上礫石以投之，珍軍皆死甕城中，珍僅以身免，太祖不之責也。

[1]朱宣：人名。一作朱瑄。宋州下邑（今河南夏邑縣）人。朱瑾堂兄，唐末軍閥，後爲天平軍節度使。傳見《舊唐書》卷一八二、《新唐書》卷一八八、《舊五代史》卷一三、本書卷四二。

[2]曹州：州名。治所在今山東曹縣西北。

[3]丘弘禮：人名。籍貫不詳。事見《舊五代史》卷一六、《通鑑》卷二五七。

[4]濮州：州名。治所在今山東鄄城縣。

[5]朱裕：人名。籍貫不詳。事見《舊五代史》卷一、本書卷四七。

魏博軍亂,[1]囚樂彥貞。[2]太祖遣珍救魏，珍破黎陽、臨河、李固,[3]分遣聶金、范居實等略澶州,[4]殺魏豹子軍二千於臨黃。[5]珍威振河朔。魏人殺彥貞，珍乃還。梁攻徐州，遣珍先攻下豐縣,[6]又敗時溥於吳康,[7]與李唐賓等屯蕭縣。[8]

[1]魏博軍：方鎮名。亦稱"天雄軍"。唐天祐元年（904）以魏博節度使號爲天雄軍，治所在魏州（今河北大名縣）。

[2]樂彥貞：人名。又作樂彥禎、樂彥真。魏州（今河北大名縣）人，唐末軍閥。傳見《舊唐書》卷一八一、《新唐書》卷二一〇。

[3]黎陽：縣名。治所在今河南浚縣。 臨河：縣名。治所在今河南浚縣東北。 李固：地名。位於今河北魏縣西南。

[4]聶金：人名。籍貫不詳。事見《新唐書》卷一八八、《舊五代史》卷一九、《通鑑》卷二六一。 范居實：人名。絳州翼城（今山西翼城縣）人。後梁將領。傳見《舊五代史》卷一九。 澶州：州名。唐大曆七年（772）移治今河南清豐縣，後晉天福四年（939）移治今河南濮陽縣。

[5]豹子軍：魏博軍中的精鋭部隊。 臨黃：縣名。治所在今河南范縣東南臨黃集。

[6]豐縣：縣名。治所在今江蘇豐縣。

[7]吳康：地名。位於今江蘇豐縣南。

[8]李唐賓：人名。陝州（今河南三門峽市陝州區）人。後梁將領。傳見《舊五代史》卷二一、本書卷二一。　蕭縣：縣名。治所在今安徽蕭縣西北。

唐賓者，陝人也。[1]初爲尚讓偏將，與太祖戰尉氏門，[2]爲太祖所敗，唐賓乃降梁。梁兵攻掠四方，唐賓常與珍俱，與珍威名略等，而驍勇過之，珍戰每小却，唐賓佐之乃大勝。珍嘗私迎其家置軍中，太祖疑珍有異志，遣唐賓伺察之。珍與唐賓不協，唐賓不能忍，夜走還宣武，珍單騎追之，交訴太祖前。太祖兩惜其材，爲和解之。

[1]陝：州名。治所在今河南三門峽市陝州區。中華點校本據宗文本於"陝人"前補"陝州"。
[2]尉氏門：城門名。爲汴州城南門。

珍屯蕭縣，聞太祖將至，戒軍中治館厫以待。唐賓部將嚴郊治厫失期，[1]軍吏督之，郊訴于唐賓，唐賓以讓珍，珍怒，拔劍而起，唐賓拂衣就珍，珍即斬之，遣使者告唐賓反。使者晨至梁，敬翔恐太祖暴怒不可測，乃匿使者，至夜而見之，謂雖有所發，必須明旦，冀得少緩其事而圖之。既夕，乃引珍使者入見，太祖大驚，然已夜矣，不能有所發，翔因從容爲太祖畫。明日，佯收唐賓妻子下獄。因如珍軍，去蕭一舍，珍迎謁，太祖命武士執之。諸將霍存等十餘人叩頭救珍，[2]太祖大怒，舉胡牀擲之曰："方珍殺唐賓時，獨不救之邪！"存等退，珍遂縊死。

[1]嚴郊：人名。籍貫不詳。事見《舊五代史》卷一九。
[2]霍存：人名。洺州曲周（今河北曲周縣東北）人。後梁將領。傳見《舊五代史》卷二一、本書卷二一。

龐師古

龐師古，曹州南華人也，[1]初名從。梁太祖鎮宣武，初得馬五百匹爲騎兵，乃以師古將之，從破黃巢、秦宗權，皆有功。

[1]南華：縣名。治所在今山東菏澤市。

太祖攻時溥未下，留兵屬師古守之，師古取其宿遷，[1]進屯呂梁。[2]溥以兵二萬出戰，師古敗之，斬首二千級。孫儒逐楊行密，[3]取楊州，[4]淮南大亂，太祖遣師古渡淮攻儒，爲儒所敗。是時，朱珍、李唐賓已死，師古與霍存分將其兵。郴王友裕攻徐州，[5]朱瑾以兵救時溥，[6]友裕敗溥於石佛山，[7]瑾收餘兵去。太祖以友裕可追而不追，奪其兵以屬師古。師古攻破徐州，斬溥，太祖表師古徐州留後。[8]梁兵攻鄆州，臨濟水，師古徹木爲橋，夜以中軍先濟。朱宣走中都，見殺。

[1]宿遷：縣名。唐代宗寶應元年（762），爲避代宗李豫之諱，改宿豫縣爲宿遷縣。治所在今江蘇宿遷市。
[2]呂梁：山名。位於今江蘇徐州市。

[3]孫儒：人名。河南（今河南洛陽市）人。唐末軍閥。傳見《新唐書》卷一八八。　楊行密：人名。廬州合淝（今安徽合肥市）人。唐末軍閥，五代十國吳國政權奠基者，後被追尊爲吳國太祖。傳見《舊五代史》卷一三四、本書卷六一。

[4]楊州：州名。治所在今江蘇揚州市。楊，即"揚"。

[5]郴王友裕：人名。朱温長子。傳見《舊五代史》卷一二、本書卷一三。

[6]朱瑾：人名。宋州下邑（今河南夏邑縣）人。唐末將領。傳見本書卷四二。

[7]石佛山：山名。即今雲龍山。位於今江蘇徐州市城南。

[8]留後：官名。原非正式命官，唐朝節度使入朝或宰相、親王遥領節度使不臨鎮則置。安史之亂後，節度使多以子弟或親信爲留後，以代行節度使職務，亦有軍士、叛將自立爲留後者。掌一州或數州軍政。北宋始爲朝廷正式命官。

太祖已下兗、鄆，乃遣師古與葛從周攻楊行密于淮南，[1]師古出清口，[2]從周出安豐。[3]師古自其微時事太祖，爲人謹甚，未嘗離左右，及爲將出兵，必受方略以行，軍中非太祖命，不妄動。師古營清口，地勢卑，或請就高爲栅，師古以非太祖命不聽。淮人決水浸之，請者告曰："淮人決河，上流水至矣！"師古以爲摇動士卒，立斬之。已而水至，兵不能戰，遂見殺。

[1]葛從周：人名。濮州鄄城（今山東鄄城縣）人。唐末將領。傳見《舊五代史》卷一六、本書卷二一。

[2]清口：地名。原爲泗水入淮之口，位於今江蘇淮安市淮陰區。

[3]安豐：地名。位於今安徽壽縣西南。

嗚呼，兵之勝敗，豈易言哉！梁兵彊於天下，而吳人號爲輕弱，然師古再舉擊吳，輒再敗以死。其後，太祖自將出光山，[1]攻壽春，[2]然亦敗也。蓋自高駢死，[3]唐以梁兼統淮南，遂與孫、楊爭，[4]凡三十年間，三舉而三敗。以至彊遭至弱而如此，此其不可以理得也。兵法固有以寡而敗衆、以弱而勝彊者，顧吳豈足以知之哉！豈非適與其機會邪？故曰："兵者凶器，戰者危事也。"可不慎哉！

[1]光山：山名。即弋陽山。位於今河南光山縣西北。
[2]壽春：縣名。治所在今安徽壽縣。
[3]高駢：人名。幽州（今北京市）人。唐末軍閥。傳見《舊唐書》卷一八二、《新唐書》卷二二四下。
[4]孫、楊：即孫儒、楊行密。

葛從周

葛從周字通美，濮州鄄城人也。[1]少從黃巢，巢敗降梁。[2]從太祖攻蔡州，[3]太祖墜馬，從周扶太祖復騎，與敵步鬥傷面，身被數瘡，偏將張延壽從旁擊之，[4]從周得與太祖俱去。太祖盡黜諸將，獨用從周、延壽爲大將。

[1]濮州：州名。治所在今山東鄄城縣。　鄄城：縣名。治所在今山東鄄城縣。原作"甄城"，中華點校本據浙江本、宗文本、

《舊五代史》卷一六改，今從。

[2]巢敗降梁：原闕"巢"字，中華點校本據宗文本補，今從。

[3]蔡州：州名。治所在今河南汝南縣。

[4]張延壽：人名。籍貫不詳。事見《舊五代史》卷一六。

秦宗權掠地潁、亳，[1]及梁兵戰于焦夷，[2]從周獲其將王涓一人。[3]從朱珍收兵淄青，遇東兵輒戰，珍得兵歸，從周功爲多。張全義襲李罕之於河陽，[4]罕之奔晉，召晉兵以攻全義，全義乞兵於梁，太祖遣從周、丁會等救之，[5]敗晉兵於沇河。[6]潞州馮霸殺晉守將李克恭以降梁，[7]太祖遣從周入潞州，晉兵攻之，從周不能守，走河陽。太祖攻魏，從周與丁會先下黎陽、臨河，會太祖於內黃，敗魏兵於永定橋。[8]從丁會攻宿州，[9]以水浸其城，遂破之。太祖攻朱瑾于兗州，未下，留從周圍之，瑾閉壁不出，從周詐言救兵至，陽避之高吳，[10]夜半潛還城下，瑾以謂從周已去，乃出兵收外壕，從周掩擊之，殺千餘人。

[1]潁：州名。治所在今安徽阜陽市。　亳：州名。治所在今安徽亳州市。

[2]焦夷：縣名。治所在今安徽亳州市東南。

[3]王涓：人名。籍貫不詳。事見《舊五代史》卷一六。

[4]張全義：人名。後因犯諱，改名張宗奭。亦作"張言"。濮州臨濮（今山東鄄城縣）人。唐末將領，後降於諸葛爽。傳見《舊五代史》卷六三、本書卷四五。　李罕之：人名。陳州項城（今河南項城市）人。唐末軍閥，後依附於諸葛爽。傳見《新唐

書》卷一八七、《舊五代史》卷一五、本書卷四二。　河陽：縣名。治所在今河南孟州市。

［5］丁會：人名。壽春（今安徽壽縣）人。唐末將領。傳見《舊五代史》卷五九、本書卷四四。

［6］沇（yǎn）河：河名。當爲今山西垣曲縣東之沇西河。

［7］潞州：州名。治所在今山西長治市。　馮霸：人名。籍貫不詳。唐末軍閥。事見《舊五代史》卷二五、卷五〇、卷五三。　李克恭：人名。沙陀人。李克用之弟。唐末將領。傳見《舊五代史》卷五〇、本書卷一四。原作"李克脩"，中華點校本據本書卷一及《舊五代史》卷一、卷二五等改，今從。

［8］内黄：縣名。治所在今河南内黄縣。　永定橋：橋名。位於今河南安陽縣。

［9］宿州：州名。治所在今安徽宿州市。

［10］高吴：地名。即高魚。位於今山東鄆城縣北。

晋攻魏，魏人求救，太祖遣侯言救魏，[1]言築壘于洹水。[2]太祖怒言不出戰，遣從周代言。從周至軍，益閉壘不出，而鑿三闇門以待，晋兵攻之，從周以精兵自闇門出擊，敗晋兵。[3]晋王怒，自將擊從周，從周雖大敗，而梁兵擒其子落落，[4]送于魏，斬之。遂徙攻鄆州，擒朱宣於中都，[5]又攻兖州，走朱瑾。太祖表從周兖州留後，以兖、鄆兵攻淮南，出安豐，會龐師古于清口。從周行至濠州，[6]聞師古死，遽還，至淠河將渡而淮兵追之，[7]從周亦大敗。是時，晋兵出山東攻相、衛，[8]太祖遣從周略地山東，下洺州，[9]斬其刺史邢善益；[10]又下邢州，[11]走其刺史馬師素；[12]又下磁州，[13]殺其刺史袁奉滔。[14]五日而下三州。太祖乃表從周兼邢州留後。

[1]侯言：人名。籍貫不詳。後梁將領。事見《舊五代史》卷二、卷二六，本書卷一、卷四、卷四二。

[2]洹水：水名。即今河南北部衛河支流安陽河。

[3]晋兵：浙江本作"晋王兵"，宗文本作"敗晋兵"。

[4]落落：人名。李克用之子。時爲鐵林軍使，將鐵林小兒三千騎薄於洹水，與葛從周部作戰失敗，爲葛從周部將張歸霸所擒，朱温命將落落送於羅弘信斬之。事見《舊唐書》卷一八一、《舊五代史》卷二六、本書卷二二。

[5]中都：縣名。治所在今山東汶上縣。

[6]濠州：州名。治所在鍾離縣（今安徽鳳陽縣）。

[7]淠（pài）河：水名。流經今安徽六安、壽縣一帶，注入淮河。

[8]相：州名。治所在今河南安陽市。　衛：州名。治所在今河南衛輝市。

[9]洺州：州名。治所在今河北邯鄲市永年區。

[10]邢善益：人名。籍貫不詳。唐末將領。事見《舊五代史》卷二，《通鑑》卷二五八、卷二六一。

[11]邢州：州名。治所在今河北邢臺市。

[12]馬師素：人名。籍貫不詳。唐末將領。事見《舊五代史》卷二、卷二六，《通鑑》卷二五九、卷二六一。

[13]磁州：州名。治所在今河北磁縣。

[14]袁奉滔：人名。籍貫不詳。唐末將領。事見《舊五代史》卷二、《通鑑》卷二六一。

　　劉仁恭攻魏，[1]已屠貝州，[2]羅紹威求救于梁，[3]從周會太祖救魏，入于魏州。[4]燕兵攻館陶門，[5]從周以五百騎出戰，曰："大敵在前，何可返顧！"使閉門而後戰。破其八栅，燕兵走，追至于臨清，[6]擁之御河，[7]溺死者甚衆。太祖以從周爲宣義行軍司馬。[8]

[1]劉仁恭：人名。深州（今河北深州市）人。唐末、五代軍閥。傳見《新唐書》卷二一二。

[2]貝州：州名。治所在今河北清河縣。

[3]羅紹威：人名。魏州貴鄉（今河北大名縣）人。唐末軍閥。傳見《舊五代史》卷一四、本書卷三九。

[4]魏州：州名。治所在今河北大名縣。

[5]館陶門：門名。魏州城北門。由此門出，可至館陶縣，由此得名。

[6]臨清：縣名。治所在今山東臨清市。

[7]御河：水名。今河北、河南境內的衛河，即隋所開的永濟渠的一部分。

[8]宣義：方鎮名。治所在滑州（今河南滑縣）。　行軍司馬：官名。出征將領及節度使的屬官。掌軍籍符伍，號令印信，是藩鎮重要的軍政官員。品秩不詳。

太祖遣從周攻劉守文于滄州，[1]以蔣暉監其軍。[2]守文求救于其父仁恭，仁恭以燕兵救之，暉語諸將曰："吾王以我監諸將，今燕兵來，不可迎戰，宜縱其入城，聚食倉廩，使兩困而後取之。"諸將頗以爲然。從周怒曰："兵在上將，豈監軍所得言！且暉之言乃常談爾，勝敗之機在吾心，暉豈足以知之！"乃勒兵逆仁恭于乾寧，[3]戰于老鴉堤，[4]仁恭大敗，斬首三萬餘級，獲其將馬慎交等百餘人，[5]馬三千匹。是時，守文亦求救於晉，晉爲攻邢、洺以牽之，[6]從周遽還，敗晉兵于青山。[7]遂從太祖攻鎮州，[8]下臨城，[9]王鎔乞盟，[10]太祖表從周泰寧軍節度使。[11]

[1]劉守文：人名。深州（今河北深州市）人。唐末盧龍節度使劉仁恭長子。唐末軍閥。後梁開平三年（909），被其弟劉守光殺死。事見《舊五代史》卷二、卷四、卷九八，本書卷五六、卷七二。　滄州：州名。治所在今河北滄州市。

[2]蔣暉：人名。籍貫、事迹不詳。

[3]乾寧：唐昭宗李曄年號（894—898）。

[4]老鴉堤：地名。位於今河北青縣東南。

[5]馬慎交：人名。籍貫不詳。事見《舊五代史》卷二、卷八、卷一六、卷二〇，本書卷三、卷二三。

[6]邢：原作"鄴"，中華點校本據浙江本、宗文本、《舊五代史》卷一改爲"邢"，今從。

[7]青山：地名。位於今河北邢臺縣西北。

[8]鎮州：州名。治所在今河北正定縣。

[9]臨城：縣名。治所在今河北臨城縣。

[10]王鎔：人名。回鶻人。唐末、五代軍閥，朱温後封趙王。傳見《舊五代史》卷五四、本書卷三九。

[11]泰寧軍：方鎮名。治所在兗州（今山東濟寧市兗州區）。

從氏叔琮攻晉太原，[1]不克。梁兵西攻鳳翔，[2]青州王師範遣其將劉鄩襲兗州，[3]從周家屬爲鄩所得，厚遇之而不殺。太祖還自鳳翔，乃遣從周攻鄩，從周卒招降鄩。太祖即位，拜左金吾衛上將軍，[4]以疾致仕，拜右衛上將軍，[5]居于偃師。[6]末帝即位，拜昭義軍節度使、封陳留郡王，[7]食其俸于家。卒，贈太尉。[8]

［1］氏叔琮：人名。河南尉氏（今河南尉氏縣）人。唐末將領。傳見《舊五代史》卷一九、本書卷四三。

［2］鳳翔：方鎮名。治所在鳳翔府（今陝西鳳翔縣）。

［3］青州：州名。治所在今山東青州市。　王師範：人名。青州（今山東青州市）人。唐末軍閥。傳見《舊五代史》卷一三、本書卷四二。　劉鄩：人名。密州安丘（今山東安丘市）人。唐末將領。傳見本書卷二三。

［4］左金吾衛上將軍：武官名。唐貞元二年（786）置左右金吾衛上將軍，掌宮禁宿衛、京城巡邏等。從二品。

［5］右衛上將軍：官名。唐置，掌宮禁宿衛。唐代置十六衛，即左右衛、左右驍衛、左右武衛、左右威衛、左右領軍衛、左右金吾衛、左右監門衛、左右千牛衛，各置上將軍，從二品；大將軍，正三品；將軍，從三品。

［6］偃師：縣名。治所在今河南偃師市。

［7］昭義軍：方鎮名。治所在相州（今河南安陽市）。"封"字原闕，中華點校本據宗文本、《舊五代史》卷一六及《冊府》卷一九六、卷三八六補，今從。

［8］太尉：官名。與司徒、司空並爲三公，唐後期、五代多爲大臣、勛貴加官。正一品。

霍存

霍存，洺州曲周人也。[1]少從黃巢，巢敗，存乃降梁。存爲將驍勇，善騎射。秦宗權攻汴，存以三千人夜破張晊柵，又以騎兵破秦賢，殺三千人，敗晊於赤岡。[2]

從朱珍掠淄青、龐師古攻時溥，皆有功。朱珍與李唐賓俱死，乃以龐師古代珍、存代唐賓以攻溥，破碭山，[3]存獲其將石君和等五十人。[4]梁攻宿州，葛從周引水浸之，丁會與存戰城下，遂下之。從攻潞州，與晉人遇，戰馬牢川，[5]存入則當其前，出則爲其殿，晉人却，遂東攻魏，取淇門，[6]殺三千人。梁得曹州，太祖以存爲刺史，兼諸軍都指揮使。

[1]曲周：縣名。治所在今河北曲周縣。

[2]赤岡：地名。位於今河南開封市東北。今名霍赤岡。"三千人"，中華點校本引《舊五代史》卷二一、《册府》卷三四六作"五千人"。

[3]碭（dàng）山：縣名。治所在今安徽碭山縣。"破"，中華點校本云宗文本作"溥敗"，浙江本作"敗"。

[4]石君和：人名。沙陀人。時溥部將。事見《舊五代史》卷一、卷二一、卷二五。

[5]馬牢川：地名。位於今山西澤州縣。

[6]淇門：地名。位於今河南浚縣西南。

梁攻鄆州，朱瑾來救，梁諸將或勸太祖縱瑾入鄆，耗其食，堅圍勿戰，以此可俱弊。太祖曰："瑾來必與時溥俱，不若遣存邀之。"存伏兵蕭縣，已而瑾果與溥俱出迷離，存發伏擊之，遂敗瑾等於石佛山，存中流矢卒。太祖已即位，閱騎兵於繁臺，[1]顧諸將曰："使霍存在，豈勞吾親閱邪！諸君寧復思之乎？"佗日語又如此。

[1]繁（pó）臺：古臺名。相傳爲春秋時師曠吹樂之臺，漢梁孝王增築。位於今河南開封市東南禹王臺公園内。

張存敬

張存敬，譙郡人也。[1]爲人剛直有膽勇，少事梁太祖爲將，善因危窘出奇計。

[1]譙郡：地名。位於今安徽亳州市譙城區。

李罕之與晉人攻張全義於河陽，太祖遣存敬與丁會等救之，罕之解圍去。太祖以存敬爲諸軍都虞候。[1]太祖攻徐、兗，以存敬爲行營都指揮使。[2]從葛從周攻滄州，敗劉仁恭於老鴉堤。還攻王鎔於鎮州，入其城中，取其馬牛萬計。遷宋州刺史。[3]復從諸將攻幽州，[4]存敬取其瀛、莫、祁、景四州。[5]梁攻定州，[6]與王處直戰懷德驛，[7]大敗之，枕尸十餘里。梁已下鎮、定，乃遣存敬攻王珂于河中，[8]存敬出含山，[9]下晉、絳二州，[10]珂降于梁。太祖表存敬護國軍留後，[11]復徙宋州刺史，未至，卒于河中，贈太傅。[12]

[1]諸軍都虞候：官名。唐五代藩鎮高級統兵官。品秩不詳。
[2]行營都指揮使：官名。唐末五代統兵將領。掌行營兵馬。品秩不詳。
[3]宋州：州名。治所在今河南商丘市睢陽區。
[4]幽州：州名。治所在今北京市。
[5]瀛：州名。治所在今河北河間市。　莫：州名。治所在今河北任丘縣。原作"漠"，《舊五代史》卷二〇作"莫州"。今據改。　祁：州名。治所在今河北無極縣。　景：州名。治所在今河北景縣。
[6]定州：州名。治所在今河北定州市。

[7]王處直：人名。京兆萬年（今陝西西安市）人。唐末軍閥。傳見《舊五代史》卷五四、本書卷三九。 懷德驛：地名。位於今河北定州市懷德村。

[8]王珂：人名。王重榮兄王重簡之子，後出繼王重榮。唐末、五代軍閥。傳見《舊唐書》卷一八二、《新唐書》卷一八七、《舊五代史》卷一四、本書卷四二。

[9]含山：又作峆山、唅山。在今山西聞喜縣東南。

[10]晉：州名。治所在今山西臨汾市。 絳：州名。治所在今山西新絳縣。

[11]護國軍：方鎮名。治所在河中府（今山西永濟市西南蒲州鎮）。

[12]太傅：官名。與太師、太保合稱三師，唐後期、五代多爲大臣、勛貴加官。正一品。

存敬子仁穎、仁愿。仁愿有孝行，存敬卒，事其兄仁穎，出必告，反必面，如事父之禮。仁愿曉法令，事梁、唐、晉，常爲大理卿，卒，贈秘書監。[1]

[1]秘書監：官名。秘書省長官。掌圖書秘記等。從三品。

符道昭

符道昭，蔡州人也。爲秦宗權騎將，宗權敗，道昭流落無所依，後依鳳翔李茂貞，[1]茂貞愛之，養以爲子，名繼遠。梁攻茂貞，道昭與梁兵戰，屢敗，乃歸梁，太祖表道昭秦州節度使，[2]以亂不果行。太祖爲元帥，初開府，而李周彝以鄜州降，[3]以爲左司馬，[4]擇右司馬難其人，及得道昭，乃授之。

［1］李茂貞：人名。深州博野（今河北蠡縣）人。唐末、五代軍閥。傳見《舊五代史》卷一三二、本書卷四〇。　華州：州名。治所在今陝西渭南市華州區。

［2］秦州：州名。治所在今甘肅天水市。

［3］李周彝：人名。籍貫不詳。唐末軍閥。事見《舊五代史》卷二，本書卷二一、卷二二、卷四〇。　鄜州：州名。治所在今陝西富縣。

［4］左司馬：官名。即行軍左司馬。與行軍右司馬同掌弼戎政，專器械、糧糒、軍籍。品秩不詳。

羅紹威將誅其牙兵，[1]惡魏兵彊，未敢發，求梁爲助。太祖乃悉發魏兵使攻燕，而遣馬嗣勳助紹威誅牙兵。[2]牙兵已誅，魏兵在外者聞之皆亂，魏將左行遷據歷亭、史仁遇據高唐以叛，[3]道昭等從太祖悉破之。

［1］牙兵：五代時期藩鎮親兵。參見來可泓《五代十國牙兵制度初探》，《學術月刊》1995年第11期。

［2］馬嗣勳：人名。濠州鍾離（今安徽鳳陽縣）人。後梁將領。傳見《舊五代史》卷二〇、本書卷二三。

［3］左行遷：人名。籍貫不詳。唐末軍閥。事見《舊五代史》卷二一，本書僅此一見。　歷亭：縣名。治所在今山東武城縣東。史仁遇：人名。籍貫不詳。唐末軍閥。事見《舊五代史》卷二、卷一四、卷二一、卷二六。　高唐：縣名。治所在今山東高唐縣。

道昭爲將，勇於犯敵而少成筭，每戰先發，多敗，而周彝等繼之乃勝。開平元年與康懷英等攻潞州，[1]築夾城爲蚰蜒壘以圍之，逾年不能下，晉兵攻破夾城，道昭戰死。

[1]開平：後梁太祖朱溫年號（907—911）。　康懷英：人名。兗州（今山東濟寧市）人。本名懷貞，避後梁末帝朱友貞諱改懷英。唐末、五代將領。傳見《舊五代史》卷二三、本書卷二二。

劉捍

劉捍，開封人也。[1]爲人明敏有威儀，善擯贊。太祖初鎮宣武，以爲客將，使從朱珍募兵淄青。

[1]開封：地名。即今河南開封市。

太祖北攻鎮州，與王鎔和，遣捍見鎔，鎔軍未知梁意，方嚴兵，捍馳一騎入城中，諭鎔以太祖意，鎔乃聽命。梁兵攻定州，降王處直，捍復以一騎入慰城中。太祖圍鳳翔，遣捍入見李茂貞計事。唐昭宗召見，問梁軍中事，稱旨，賜以錦袍，拜登州刺史，[1]賜號"迎鑾毅勇功臣"。梁兵攻淮南，遣捍先之淮口，築馬頭下浮橋以渡梁兵。太祖出光山攻壽州，又使捍作浮橋于淮北，以渡歸師。拜宋州刺史。

[1]登州：州名。治所在今山東蓬萊市。

太祖即位，遷左天武指揮使、元從親軍都虞候、左龍虎統軍，[1]出爲佑國軍留後。[2]同州劉知俊反，[3]以賂誘捍將吏，執捍而去，知俊械之，送于李茂貞，見殺。

太祖哀之，贈捍太傅。

[1]左天武指揮使：官名。所部統兵將領。左天武爲部隊番號。品秩不詳。　元從親軍都虞候：官名。五代時期元從親軍的高級統率官。品秩不詳。　左龍虎統軍：官名。五代後梁禁衛部隊左龍虎軍統兵官。品秩不詳。

[2]佑國軍：方鎮名。治所在京兆府（今陝西西安市）。

[3]同州：州名。治所在今陝西大荔縣。　劉知俊：人名。徐州沛縣（今江蘇沛縣）人。唐末、五代軍閥。傳見《舊五代史》卷一三、本書卷四四。

寇彦卿

寇彦卿字俊臣，開封人也，世事宣武軍爲牙將。太祖初就鎮，以爲通引官，[1]累遷右長直都指揮使，[2]領洺州刺史。羅紹威將誅牙軍，太祖遣彦卿之魏計事，彦卿陰爲紹威計畫，乃悉誅牙軍。

[1]通引官：官名。負責本部門雜務。品秩不詳。

[2]右長直都指揮使：官名。所部統兵將領。長直爲部隊番號。品秩不詳。

彦卿身長八尺，隆準方面，語音如鐘，工騎射，好書史，善伺太祖意，動作皆如旨。太祖嘗曰：“敬翔、劉捍、寇彦卿皆天爲我生之。”其愛之如此。賜以所乘愛馬“一丈烏”。太祖圍鳳翔，以彦卿爲都排陣使，[1]彦卿乘烏馳突陣前，太祖目之曰：“真神將也！”

［1］都排陣使：官名。多以任節度使的武臣出任，或由軍事指揮官兼任，多側重監督軍隊。品秩不詳。參見王軼英《中國古代排陣使述論》，《西北大學學報》2010年第6期。

初，太祖與崔胤謀，[1]欲遷都洛陽，而昭宗不許。其後昭宗奔于鳳翔，太祖以兵圍之，昭宗既出，明年，太祖以兵至河中，遣彦卿奉表迫請遷都。彦卿因悉驅徙長安居人以東，[2]皆拆屋爲栰，浮渭而下，道路號哭，仰天大罵曰："國賊崔胤、朱温使我至此！"昭宗亦顧瞻陵廟，傍徨不忍去，謂其左右爲俚語云："紇干山頭凍死雀，何不飛去生處樂。"相與泣下沾襟。昭宗行至華州，[3]遣人告太祖以何皇后有娠，[4]願留華州待冬而行。太祖大怒，顧彦卿曰："汝往趣官家來，不可一日留也。"彦卿復馳至華，即日迫昭宗上道。

［1］崔胤：人名。清河武城（今山東武城縣）。四度擔任唐朝宰相。傳見《新唐書》卷二二三。
［2］長安：地名。即今陝西西安市。
［3］華州：州名。治所在今陝西渭南市華州區。
［4］何皇后：人名。梓州（今四川三臺縣）人。唐昭宗皇后。傳見《新唐書》卷七七。

太祖即位，拜彦卿感化軍節度使。[1]歲餘，召爲左金吾衛大將軍，充金吾街仗使。[2]彦卿晨朝至天津橋，[3]民梁現不避道，[4]前驅摔現投橋上石欄以死。彦卿見太祖自首，太祖惜之，詔彦卿以錢償現家以贖罪。御史司憲崔沂劾奏彥卿，[5]請論如法，太祖不得已，責授彥卿左衛中郎將。[6]復拜相州防禦使，[7]遷河陽節度使。

[1]感化軍：方鎮名。後梁置。治所在華州（今陝西渭南市華州區）。

[2]金吾街仗使：官名。掌殿內宿衛、車駕巡幸等事。品秩不詳。

[3]天津橋：橋名。位於今河南洛陽市。

[4]梁現：人名。籍貫不詳。平民。事見《舊五代史》卷二〇、卷六八。本書僅此一見。

[5]御史司憲：官名。後梁置，掌監察百官。品秩不詳。　崔沂：人名。博州（今山東聊城市）人。唐宰相崔鉉之子，後梁大臣。傳見《舊五代史》卷六八。

[6]左衛中郎將：官名。左衛爲唐置十六衛之一，掌宮禁宿衛。將軍缺員，中郎將則代之，掌貳上將軍事。品秩不詳。

[7]相州：州名。治所在今河南安陽市。　防禦使：官名。唐代始置，設有都防禦使、州防禦使兩種。常由刺史或觀察使兼任，實際上爲唐代後期州或方鎮的軍政長官。

太祖遇弒，彥卿出太祖畫像事之如生，嘗對客語先朝，必涕泗交下。末帝即位，徙鎮威勝。[1]彥卿明敏善事人，而怙寵作威，好誅殺，多猜忌。卒于鎮，年五十七。

[1]威勝：方鎮名。治所在乾州（今陝西乾縣）。後唐時罷。

新五代史　卷二二

梁臣傳第十

康懷英　劉鄩　牛存節　張歸霸 弟歸厚 歸弁　王重師
徐懷玉

康懷英

康懷英，兗州人也。[1]事朱瑾爲牙將，[2]梁兵攻瑾，瑾出略食豐、沛間，[3]留懷英守城，懷英即以城降梁，瑾遂奔于吳。[4]太祖得懷英大喜。[5]

[1]兗州：州名。治所在今山東濟寧市兗州區。
[2]朱瑾：人名。宋州下邑（今河南夏邑縣）人。唐末將領。傳見本書卷四二。　牙將：官名。古代軍隊中的中低級軍官。品秩不詳。
[3]豐：縣名。治所在今江蘇豐縣。　沛：縣名。治所在今江蘇沛縣。
[4]吳：此處指代吳國楊行密。
[5]太祖：即朱溫。宋州碭山（今安徽碭山縣）人。後梁太祖。紀見《舊五代史》卷一至卷七、本書卷一至卷二。

後從氏叔琮攻趙匡凝，下鄧州。[1]梁兵攻李茂貞于岐，[2]以懷英爲先鋒，至武功，[3]擊殺岐兵萬餘人，太祖喜曰："邑名武功，眞武功也。"以名馬賜之。是時，李周彝以鄜坊兵救岐，[4]屯于三原界，[5]懷英擊走之，因取其翟州而還。[6]岐兵屯奉天，[7]懷英柵其東北。夜半，岐兵攻之，懷英以爲夜中不欲驚它軍，獨以二千人出戰，[8]遲明，岐兵解去，身被十餘瘡。李茂貞與梁和，昭宗還京師，[9]賜懷英"迎鑾毅勇功臣"。

[1]氏叔琮：人名。河南尉氏（今河南尉氏縣）人。唐末將領。傳見《舊五代史》卷一九、本書卷四三。　趙匡凝：人名。蔡州（今河南汝南縣）人。趙德諲之子，唐末將領。傳見《舊五代史》卷一七、本書卷四一。　鄧州：州名。治所在今河南鄧州市。

[2]李茂貞：人名。深州博野（今河北蠡縣）人。唐末、五代軍閥。傳見《舊五代史》卷一三二、本書卷四〇。　華州：州名。治所在今陝西渭南市華州區。　岐：封國名。時鳳翔節度使李茂貞爲岐王，劫唐昭宗於此地。

[3]武功：縣名。治所在今陝西武功縣。

[4]李周彝：人名。籍貫不詳。唐末軍閥。事見本書卷二一、卷二二、卷四〇。　鄜坊：方鎮名。又名保大軍。治所在鄜州（今陝西富縣）。

[5]三原：縣名。治所在今陝西三原縣。原作"三界原"，中華點校本據宗文本、《舊五代史》卷二三改作"三原界"。

[6]翟州：州名。唐末李茂貞置，治所在鄜城縣（今陝西洛川縣東南鄜城）。

[7]奉天：縣名。治所在今陝西乾縣。

[8]獨以二千人出戰：中華點校本云宗文本、《册府》卷三四

六，"二千"作"三千"。

[9]昭宗：即唐昭宗李曄，888年至904年在位。紀見《舊唐書》卷二〇上、《新唐書》卷一〇。

楊行密攻宿州，[1]太祖遣懷英擊走之，表宿州刺史。[2]遷保義軍節度使。[3]

[1]宿州：州名。治所在今安徽宿州市。
[2]刺史：官名。州一級行政長官。漢武帝時始置，總掌考核官吏、勸課農桑、地方教化等事。唐中期以後，節度使、觀察使轄州而設，刺史爲其屬官，職任漸輕。從三品至正四品下。
[3]保義軍：方鎮名。治所在陝州（今河南三門峽市陝州區）。

丁會以潞州叛梁降晉，[1]太祖命懷英爲招討使，[2]將行，太祖戒之，語甚切，懷英惶恐，以謂潞州期必得，乃築夾城圍之。晉遣周德威屯于亂柳，[3]數攻夾城，懷英不敢出戰，太祖乃以李思安代懷英將，[4]降懷英爲都虞候。[5]久之，思安亦無功，太祖大怒，罷思安，以同州劉知俊爲招討使，[6]知俊未至軍，太祖自至澤州，[7]爲懷英等軍援，且督之。已而晉王李克用卒，[8]莊宗召周德威還。[9]太祖聞晉有喪，德威去，亦歸洛陽，[10]而諸將亦少弛。莊宗謂德威曰："晉之所以能敵梁，而彼所憚者，先王也。今聞吾王之喪，謂我新立，未能出兵，其意必怠，宜出其不意以擊之，非徒解圍，亦足以定霸也。"乃與德威等疾馳六日至北黃碾，[11]會天大昏霧，伏兵三垂岡，[12]直趨夾城，攻破之。懷英大敗，亡大將三百人，懷英以百騎遁歸，詣闕請死。太祖曰："去歲興兵，太陰虧食，占者以爲不利，吾獨違之而致敗，非爾過也。"釋之，以爲右衛上將軍。[13]

[1]丁會：人名。壽春（今安徽壽縣）人。唐末將領。傳見《舊五代史》卷五九、本書卷四四。　潞州：州名。治所在今山西長治市。

[2]招討使：官名。唐貞元年間始置。戰時任命，兵罷則省。常以大臣、將帥或地方軍政長官兼任。掌招撫、討伐等事務。品秩不詳。

[3]周德威：人名。馬邑（今山西朔州市）人。五代後唐大將。傳見《舊五代史》卷五六、本書卷二五。　亂柳：地名。位於今山西沁縣南。

[4]李思安：人名。陳留（今河南開封市陳留鎮）人。五代後梁將領。傳見《舊五代史》卷一九。

[5]都虞候：官名。唐五代方鎮高級軍官。品秩不詳。

[6]同州：州名。治所在今陝西大荔縣。　劉知俊：人名。徐州沛縣（今江蘇沛縣）人。五代將領。傳見《舊五代史》卷一三、本書卷四四。

[7]澤州：州名。治所在今山西澤州縣。

[8]李克用：人名。沙陀人。神武川新城（一説今山西山陰縣附近，一説今山西代縣）人。唐末軍閥，後唐太祖。紀見《舊五代史》卷二五。

[9]莊宗：即李存勖。沙陀人。後唐開國皇帝。紀見《舊五代史》卷二七至卷三四、本書卷四至卷五。中華點校本云宗文本"還"下有"太原"二字。

[10]洛陽：地名。即今河南洛陽市。

[11]北黄碾：地名。位於今山西長治市。

［12］三垂岡：地名。位於今山西屯留縣東南。

［13］右衛上將軍：官名。唐置，掌宮禁宿衛。唐代置十六衛，即左右衛、左右驍衛、左右武衛、左右威衛、左右領軍衛、左右金吾衛、左右監門衛、左右千牛衛，各置上將軍，從二品；大將軍，正三品；將軍，從三品。

劉知俊叛，奔于岐，以懷英爲保義軍節度使、西路副招討使。[1]知俊以岐兵圍靈武，[2]太祖遣懷英攻邠、寧以牽之。[3]懷英取寧、慶、衍三州，[4]還至昇平，[5]知俊掩擊之，懷英大敗。徙鎮感化。[6]其後朱友謙叛附于晉，[7]以懷英討之，與晉人戰白徑嶺，[8]懷英又大敗。徙鎮永平，卒于鎮。[9]

［1］西路副招討使：官名。爲臨時設置，兵罷則省。品秩不詳。

［2］靈武：郡名。治所在今寧夏吳忠市。乾元元年（758），改名靈州。此處代指治所在靈州的方鎮朔方軍。

［3］邠：州名。治所在今陝西彬縣。　寧：州名。治所在今甘肅寧縣。

［4］慶：州名。治所在今甘肅慶城縣。　衍：州名。治所在今甘肅寧縣。

［5］昇平：縣名。治所在今陝西宜君縣西北。

［6］感化：方鎮名。治所在華州（今陝西渭南市華州區）。

［7］朱友謙：人名。許州（今河南許昌市）人。朱溫養子，唐末、五代軍閥。傳見《舊五代史》卷六三、本書卷四五。

［8］白徑嶺：地名。位於今山西運城市東南，爲中條山支嶺。路通陝州（治今河南三門峽市陝州區西南）。

［9］永平：方鎮名。後梁改佑國軍置，治所在大安府（今陝西西安市）。

劉鄩

劉鄩，密州安丘人也。[1]少事青州王敬武，[2]敬武卒，子師範立，[3]棣州刺史張蟾叛，[4]師範遣指揮使盧洪討蟾，[5]洪亦叛，師範僞爲好辭召洪，洪至，迎於郊外，命鄩斬之坐上，因使鄩攻張蟾，破之。師範表鄩登州刺史，以爲行軍司馬。[6]

[1]密州：州名。治所在今山東諸城市。　安丘：縣名。治所在今山東安丘市。

[2]青州：州名。治所在今山東青州市。　王敬武：人名。青州（今山東青州市）人。唐末將領。傳見《新唐書》卷一八七。

[3]師範：即王師範。青州（今山東青州市）人。唐末軍閥。傳見《舊五代史》卷一三、本書卷四二。

[4]棣州：州名。治所在今山東惠民縣。　張蟾：人名。籍貫不詳。唐末將領。事見《舊五代史》卷一三、卷二三，本書卷四二。

[5]指揮使：官名。唐末五代軍隊多置都指揮使、指揮使，爲統兵將領。品秩不詳。　盧洪：人名。籍貫不詳。唐末將領。事見《舊五代史》卷一三、本書卷四二。

[6]登州：州名。治所在蓬萊縣（今山東蓬萊市）。　行軍司馬：官名。出征將領及節度使的屬官。掌軍籍符伍、號令印信，是藩鎮重要的軍政官員。品秩不詳。

梁太祖西攻鳳翔，[1]師範乘梁虛，陰遣人分襲梁諸州縣，它遣者謀多漏洩，事不成。獨鄩素好兵書，有機略。是時，梁已破朱瑾等，悉有兗、鄆，以葛從周爲兗州節度使，[2]從周將兵在外，鄩乃使人負油鬻城中，悉視城中虛實出入之所。油者得羅城下水竇可入，鄩乃以步兵五百從水竇襲破之，[3]徙從周家屬外第，親拜其母，撫之甚有恩禮。

[1]鳳翔：方鎮名。治所在鳳翔府（今陝西鳳翔縣）。

[2]葛從周：人名。濮州鄄城（今山東鄄城縣）人。唐末將領。傳見《舊五代史》卷一六、本書卷二一。

[3]鄩乃以步兵五百從水竇襲破之：中華點校本據宗文本於"水竇"後補"入"字。

太祖已出昭宗于鳳翔，引兵東還，遣朱友寧攻師範、從周攻鄩。[1]鄩以版輿置從周母城上，母呼從周曰："劉將軍待我甚厚，無異於汝。人臣各爲其主，汝可察之！"從周爲之緩攻。鄩乃悉簡婦人及民之老疾不足當敵者出之，獨與少壯者同辛苦，分衣食，堅守以待。外援不至，[2]人心頗離，副使王彥溫踰城而奔，[3]守陴者多逸。鄩乃遣人陽語彥溫曰："副使勿多以人出，非吾素遣者，皆勿以行。"又下令城中曰："吾遣從副使者得出，否者皆族。"城中皆惑，奔者乃止。已而梁兵聞之，果疑彥溫非實降者，斬之城下，由是城守益堅。

[1]朱友寧：人名。朱温之姪，唐末將領。傳見本書卷一三。

[2]外援不至：中華點校本云宗文本句前有"久之"二字。

[3]王彥溫：人名。籍貫不詳。唐末將領。事見《舊五代史》卷二二、卷二三。

師範兵已屈，從周以禍福諭鄩，鄩報曰："俟吾主降，即以城還。"[1]師範敗，降梁，鄩乃亦降。從周爲具齎裝，送鄩歸梁，鄩曰："降將蒙梁恩不誅，幸矣！敢乘馬而衣裘乎？"乃素服乘驢歸梁。太祖賜之冠帶，飲之以酒，鄩辭以量小，太祖曰："取兗州，量何大乎？"以爲元從都押衙。[2]是時，太祖已領四鎮，將吏皆功臣舊人，[3]鄩一旦以降將居其上，及諸將見鄩，皆用軍禮，鄩居自如，太祖益奇之。

　　[1]即以城還：中華點校本據浙江本、宗文本補"梁"字，作"即以城還梁"。

　　[2]都押衙：官名。"押衙"即"押牙"。唐五代時期節度使辟署的屬官，有稱左、右都押衙或都押衙者。掌領方鎮儀仗侍衛、統率軍隊。品秩不詳。參見劉安志《唐五代押牙（衙）考略》，《魏晉南北朝隋唐史資料》第16輯，1998年。

　　[3]將吏皆功臣舊人：中華點校本據宗文本、《通鑑》卷二六四於句前補"四鎮"二字。

　　太祖即位，累遷左龍武統軍。[1]劉知俊叛，陷長安，[2]太祖遣鄩與牛存節討之，[3]知俊走鳳翔，太祖乃以長安爲永平軍，拜鄩節度使。末帝即位，領鎮南軍節度使，爲開封尹。[4]

　　[1]左龍武統軍：官名。唐代左龍武軍統兵官。唐置六軍，分左、右羽林，左、右龍武，左、右神武等，即"北衙六軍"。興元元年（784），六軍各置統軍，以寵功勳臣。其品秩，《唐會要》卷七一、《舊唐書》卷一二記載爲"從二品"，《通鑑》卷二二九記載

爲"從三品"。

　　[2]長安：地名。即今陝西西安市。

　　[3]牛存節：人名。青州博昌（今山東博興縣）人。唐末將領。傳見《舊五代史》卷二二、本書卷二二。

　　[4]鎮南軍：方鎮名。治所在洪州（今江西南昌市）。　開封尹：官名。即開封府尹。五代除後唐外均都汴州，升汴州爲開封府，置開封尹或知開封府事。執掌京師政務。從三品。

　　楊師厚卒，分相、魏爲兩鎮，[1]末帝恐魏兵亂，[2]遣鄩以兵屯于魏縣。魏兵果亂，劫賀德倫降晉。[3]莊宗入魏，鄩以謂晉兵悉從莊宗赴魏，而太原可襲，[4]乃結草爲人，執以旗幟，以驢負之往來城上，而潛軍出黃澤關襲太原。[5]晉兵望梁壘旗幟往來，不知其去也，以故不追。鄩至樂平，[6]遇雨，不克進而旋，急趨臨清，[7]爭魏積粟，而周德威已先至，鄩乃屯于莘縣，[8]築甬道及河以饋軍。

　　[1]楊師厚：人名。潁州斤溝（今安徽太和縣阮橋鎮斤溝集）人。唐末、五代後梁將領。傳見《舊五代史》卷二二、本書卷二三。　相：州名。治所在今河南安陽市。　魏：州名。治所在今河北大名縣。

　　[2]末帝：人名。即朱友貞。後梁皇帝。913年至923年在位。乾化三年（913）發動政變，誅殺朱友珪，即皇帝位。在位期間，對晉王李存勖的戰爭節節失利，河北諸州悉入於晉。魏博軍又迫節度使賀德倫降晉。加之戰事頻繁，賦役不止，民生凋敝。貞明六年（920），陳州（今河南淮陽縣）發生母乙、董乙起義。龍德三年（923），後唐軍渡河進逼開封，朱友貞勢窮自殺。後梁遂亡。紀見

《舊五代史》卷八、本書卷三。

[3]賀德倫：人名。其先係河西部落人，後居滑州（今河南滑縣）。後梁將領。傳見《舊五代史》卷二一、本書卷四四。

[4]太原：府名。治所在今山西太原市。

[5]黃澤關：關隘名。位於今山西左權縣東南。

[6]樂平：地名。位於今山東省茌平縣樂平鎮。

[7]臨清：縣名。治所在今山東臨清市。

[8]莘縣：縣名。治所在今山東莘縣。

久之，末帝以書責鄩曰：“閫外事全付將軍，[1]河朔諸州一旦淪沒。今倉儲已竭，飛輓不充，將軍與國同心，宜思良畫！”鄩報曰：“晋兵甚銳，未可擊，宜待之。”末帝復遣問鄩必勝之策，鄩曰：“臣無奇術，請人給米十斛，米盡則敵破矣！”末帝大怒，誚鄩曰：“將軍蓄米，將療飢乎？將破敵乎？”乃遣使者監督其軍。鄩召諸將謀曰：“主上深居禁中，與白面兒謀，[2]必敗人事。今敵盛，未可輕動，諸君以爲如何？”諸將皆欲戰，鄩乃悉召諸將坐之軍門，人以河水一杯飲之，諸將莫測，或飲或辭，鄩曰：“一杯之難猶若此，滔滔河流可盡乎？”諸將皆失色。

[1]閫外事全付將軍：中華點校本據宗文本、《舊五代史》卷二三、《册府》卷四五〇於"事"前補"之"字。

[2]白面兒：形容紈絝子弟。

是時，莊宗在魏，數以勁兵壓鄩營，鄩不肯出，而末帝又數促鄩，使出戰。莊宗與諸將謀曰："劉鄩學

《六韜》，[1]喜以機變用兵，本欲示弱以襲我，今其見迫，必求速戰。"乃聲言歸太原，命符存審守魏，[2]陽爲西歸，潛兵貝州。[3]鄴果報末帝曰："晉王西歸，魏無備，可擊。"乃以兵萬人攻魏城東，莊宗自貝州返趨擊之。鄴忽見晉軍，驚曰："晉王在此邪！"兵稍却，追至故元城，[4]莊宗與符存審爲兩方陣夾之，鄴爲圓陣以禦晉人。兵再合，鄴大敗，南奔，自黎陽濟河，[5]保滑州。[6]末帝以爲義成軍節度使。[7]明年，河朔皆入于晉，降鄴亳州團練使。[8]

[1]六韜：中國古代著名兵書，《武經七書》之一。成書約在戰國末期至秦漢之間。1972年在山東臨沂銀雀山的西漢初期墓葬中曾有《六韜》殘簡出土。該書分《文韜》《武韜》《龍韜》《虎韜》《豹韜》《犬韜》六卷，共六十篇。

[2]符存審：人名。陳州宛丘（今河南淮陽縣）人。五代後唐將領。傳見《舊五代史》卷五六、本書卷二五。

[3]貝州：州名。治所在今河北清河縣。中華點校本據宗文本於句前補"而"字。

[4]元城：縣名。治所在今河北大名縣。

[5]黎陽：縣名。治所在今河南浚縣。

[6]滑州：州名。治所在今河南滑縣。

[7]義成軍：方鎮名。治所在滑州（今河南滑縣）。

[8]亳州：州名。治所在今安徽亳州市。　團練使：官名。唐代中期以後，於不設節度使的地區設團練使，掌本區各州軍事。品秩不詳。

　　兗州張萬進反，[1]拜鄴兗州安撫制置使。[2]萬進敗死，乃拜鄩泰寧軍節度使。[3]朱友謙叛，陷同州，末帝以鄩爲河東道招討使，[4]行次陝州，[5]鄩爲書以招友謙，友謙不報，留月餘待之。尹皓、段凝等素惡鄩，[6]乃譖之，以爲鄩與友謙親家，故其逗留以養賊。已而鄩兵數敗，乃罷鄩歸洛陽，酖殺之，年六十四，贈中書令。[7]

[1]張萬進：人名。雲州（今山西大同市）人。唐末、五代將領。傳見《舊五代史》卷一三。

[2]安撫制置使：官名。唐後期臨時差遣官，爲地方用兵時控制當地秩序而設。品秩不詳。

[3]泰寧軍：方鎮名。治所在兗州（今山東濟寧市兗州區）。

[4]河東道招討使：官名。爲河東道地區統兵官，掌招撫、討伐等事務。品秩不詳。

[5]陝州：州名。治所在今河南三門峽市陝州區。

[6]尹皓：人名。籍貫不詳。後梁將領。事見《舊五代史》卷四、卷九、卷一〇等。　段凝：人名。開封（今河南開封市）人。其妹爲朱溫美人，因其妹而爲朱溫親信。五代後梁將領，後投後唐。傳見《舊五代史》卷七三、本書卷四五。

[7]中書令：官名。漢代始置，隋、唐前期爲中書省長官，屬宰相之職；唐後期多爲授予元勳大臣的虛銜。正二品。

　　子遂凝、遂雍，事唐皆爲刺史。鄩妾王氏有美色，[1]鄩卒後，入明宗宫中，[2]是爲王淑妃。明宗晚年，淑妃用事，鄩二子皆被恩寵。

[1]王氏：人名。籍貫不詳。後唐明宗後妃。事見《舊五代史》卷五一、卷六六、卷七二、卷一二三，本書卷一五。

[2]明宗：即五代後唐明宗李嗣源。926年至933年在位。原名邈佶烈，沙陀人，爲李克用養子。同光四年（926），莊宗李存勖在兵變中被殺，李嗣源入洛陽，稱監國，後稱帝，改名亶。在位時，精減宫人伶官，廢内藏庫，百姓賴以休息。李嗣源病危時，次子李從榮作亂被殺，悲駭憂慮而死。紀見《舊五代史》卷三五、本書卷六。

潞王從珂反於鳳翔，[1]時遂雍爲西京副留守，[2]留守王思同率諸鎮兵討鳳翔，[3]戰敗東歸，遂雍閉門不内，悉封府庫以待潞王。潞王前軍至者，悉以金帛給之。潞王見遂雍，握手流涕，由是事無大小皆與圖議。廢帝入立，拜遂雍淄州刺史，[4]以鄠兄琪之子遂清代遂雍爲西京副留守。[5]

[1]潞王從珂：即後唐廢帝李從珂，又稱末帝。鎮州平山（今河北平山縣）人。本姓王氏，爲後唐明宗養子，改名從珂。明宗入洛陽，李從珂率兵追隨，以功拜河中節度使，封潞王。閔帝李從厚即位，李從珂據城發動兵變，改鳳翔節度使。清泰元年（934）率軍東攻洛陽，廢黜愍帝，自立爲帝。清泰三年（936），石敬瑭與契丹合兵攻陷洛陽，自焚而死。紀見《舊五代史》卷四六至卷四八、本書卷七。

[2]西京副留守：官名。西京留守副官。唐玄宗久住東都洛陽，天寶元年（742）以京師長安爲西京，改西都留守爲西京留守，仍掌京師軍政要務。肅宗以後稱長安爲上都，仍沿用西京留守舊稱。品秩不詳。

[3]王思同：人名。幽州（今北京市）人。後唐將領。傳見《舊五代史》卷六五、本書卷三三。

[4]淄州：州名。治所在今山東淄博市淄川區。

[5]遂清：即劉遂清。青州北海（今山東濰坊市）人。五代後梁、後唐官員。傳見《舊五代史》卷九六。

遂清歷易、棣等五州刺史，[1]皆有善政，遷鳳州防禦使、宣徽北院使，判三司。[2]晉開運中爲安州防禦使以卒。[3]遂清性至孝，居父喪哀毀，鄉里稱之。嘗爲淄州刺史，迎其母，母及郊，遂清爲母執轡行數十里，州人咸以爲榮。

[1]易：州名。治所在今河北易縣。

[2]鳳州：州名。治所在固道郡梁泉縣（今陝西鳳縣東北鳳州鎮）。 防禦使：官名。唐代始置，設有都防禦使、州防禦使兩種。常由刺史或觀察使兼任，實際上爲唐代後期州或方鎮的軍政長官。品秩不詳。 判三司：官名。通掌鹽鐵、度支、戶部三個部門事務。爲三司使之起始。品秩不詳。

[3]開運：五代後晉出帝年號（944—946）。 安州：州名。治所在今湖北安陸市。

牛存節

牛存節字贊正，青州博昌人也。[1]初名禮，事諸葛爽於河陽，[2]爽卒，存節顧其徒曰："天下洶洶，當得英雄事之。"乃率其徒十餘人歸梁太祖。存節爲人木彊忠謹，太祖愛之，賜之名字，以爲小校。[3]

[1]青州：州名。治所在今山東青州市。 博昌：縣名。治所在今山東博興縣。

[2]諸葛爽：人名。青州博昌（今山東博興縣）人。唐末軍

閥，時爲河陽節度使。傳見《舊唐書》卷一八二、《新唐書》卷一八七。　河陽：縣名。治所在今河南孟州市。

[3]小校：低級軍官。

張晊攻汴，[1]存節破其二寨。梁攻濮州，[2]戰南劉橋、范縣，[3]存節功多。李罕之圍張全義於河陽，[4]全義乞兵於梁，太祖以存節故事河陽，知其間道，使以兵爲前鋒。是時歲饑，兵行乏食，存節以金帛就民易乾葚以食軍，擊走罕之。太祖攻魏，存節下魏黎陽、臨河，[5]殺魏萬二千人，與太祖會內黃。[6]遷滑州牢城遏後指揮使。[7]

[1]張晊：人名。籍貫不詳。秦宗權部將。事見本書卷二一及本卷。　汴：地名。即今河南開封市。

[2]濮州：州名。治所在今山東鄄城縣。

[3]南劉橋：地名。位於今山東高唐縣固河鎮。　范縣：縣名。治所在今河南范縣。

[4]李罕之：人名。陳州項城（今河南項城市）人。唐末軍閥，後依附於諸葛爽。傳見《新唐書》卷一八七、《舊五代史》卷一五、本書卷四二。　張全義：人名。後因犯諱，改名張宗奭。亦作"張言"。濮州臨濮（今山東鄄城縣）人。唐末將領，後降於諸葛爽。傳見《舊五代史》卷六三、本書卷四五。

[5]臨河：縣名。治所在今河南浚縣東北。

[6]內黃：縣名。治所在今河南內黃縣。

[7]牢城遏後指揮使：官名。州鎮重要統兵官。品秩不詳。參見杜文玉、王鳳翔《唐宋時期牢城使考述》，《陝西師範大學學報》2006年第2期。"牢城"，中華點校本云宗文本、牛存節墓志作

"牢墻"，並引《册府》卷二一〇注："梁祖諱誠，故曰牢墻。"

梁兵攻鄆，存節使都將王言藏船鄆西北隅濠中，[1]期以日午渡兵踰濠急攻之。會營中火起，鄆人登城望火，言伏不敢動，與存節失期，存節獨破鄆西甕城門，奪其濠橋，梁兵得俱進，遂破朱宣。[2]從葛從周攻淮南，從周敗淠河，[3]存節收其散卒八千以歸。拜亳、宿二州刺史。朱瑾走吴，召吴兵攻徐、宿，[4]存節謀曰："淮兵必不先攻宿，然宿溝壘素固，可以禦敵。"乃夜以兵急趣徐州，比傅徐城下，瑾兵方至，望其塵起，驚曰："梁兵已來，何其速也！"不能攻而去。已而太祖使者至，授存節軍機，悉與存節意合，由是諸將益服其能。遷潞州都指揮使。[5]太祖攻鳳翔，使召存節。存節爲將，法令嚴整而善得士心，路人送者皆號泣。[6]累拜邢州團練使、元帥府左都押衙。[7]

[1]都將：官名。唐五代時節度使屬將。品秩不詳。 王言：人名。籍貫不詳。事見《舊五代史》卷二二。

[2]朱宣：人名。宋州下邑（今河南夏邑縣）人。朱瑾堂兄，唐末軍閥，後爲天平軍節度使。傳見《舊唐書》卷一八二、《新唐書》卷一八八、《舊五代史》卷一三、本書卷四二。

[3]淠（pài）河：水名。流經今安徽六安、壽縣一帶，注入淮河。

[4]徐：州名。治所在今江蘇徐州市。

[5]都指揮使：官名。唐末五代軍隊多置都指揮使、指揮使，爲統兵將領。品秩不詳。

[6]路人送者皆號泣：中華點校本據浙江本、宗文本將"路"

改作"潞"。

[7]邢州：州名。治所在今河北邢臺市。　團練使：官名。唐代中期以後，於不設節度使的地區設團練使，掌本區各州軍事。品秩不詳。　元帥府左都押衙：官名。"押衙"即"押牙"。唐五代時期節度使辟署的屬官，有稱左、右都押衙或都押衙者。掌領方鎮儀仗侍衛、統率軍隊。品秩不詳。參見劉安志《唐五代押牙（衙）考略》，《魏晉南北朝隋唐史資料》第16輯，1998年。

　　太祖即位，拜右千牛衛上將軍。[1]從康懷英攻潞州，[2]爲行營排陣使。[3]晉兵已破夾城，存節等以餘兵歸，行至天井關，[4]聞晉兵攻澤州，存節顧諸將曰："吾行雖不受命，然澤州要害，不可失也。"諸將皆不欲救之。存節戒士卒熟息，已而謂曰："事急不赴，豈曰勇乎！"舉策而先，士卒隨之。比至澤州，州人已焚外城，將降晉，聞存節至，乃稍定。存節入城，助澤人守，晉人穴地道以攻之，存節選勇士數十，亦穴地以應之，戰于隧中，敵不得入，晉人解去。遷左龍虎統軍、六軍都指揮使、絳州刺史，遷鄜州留後。[5]

[1]右千牛衛上將軍：官名。唐置十六衛之一，掌宮禁宿衛。從二品。

[2]康懷英：人名。兗州（今山東濟寧市兗州區）人。本名懷貞，避後梁末帝朱友貞諱改懷英。唐末、五代將領。傳見《舊五代史》卷二三、本書卷二二。

[3]行營排陣使：官名。唐節度使所屬武官中有排陣使，五代後梁時設於諸軍，爲先鋒之職。品秩不詳。參見王軼英《中國古代排陣使述論》，《西北大學學報》2010年第6期。

［4］天井關：關隘名。位於今山西澤州縣南太行山上。

［5］左龍虎統軍：官名。五代後梁禁衛部隊左龍虎軍統兵官。品秩不詳。　六軍都指揮使：官名。唐末五代軍隊多置都指揮使、指揮使，爲統兵將領。品秩不詳。　絳州：州名。治所在今山西新絳縣。　鄜州：州名。治所在今陝西富縣。　留後：官名。原非正式命官，唐朝節度使入朝或宰相、親王遥領節度使不臨鎮則置。安史之亂後，節度使多以子弟或親信爲留後，以代行節度使職務，亦有軍士、叛將自立爲留後者。掌一州或數州軍政。北宋始爲朝廷正式命官。

同州劉知俊叛，奔鳳翔，乃遷存節匡國軍節度使。[1]友珪立，[2]朱友謙叛附于晋，西連鳳翔，存節東西受敵。同州水鹹而無井，知俊叛梁，以渴不能守而走，故友謙與岐兵合圍持久，欲以渴疲之，存節禱而擇地鑿井八十，水皆甘可食，友謙卒不能下。

［1］匡國軍：方鎮名。後梁改忠武軍置，治所在許州（今河南許昌市）。

［2］友珪：人名。後梁皇帝。912年至913年在位。朱温次子，勾結韓勍殺朱温，即皇帝位。後被趙巖、朱友貞發動政變所殺，在位僅七個月。傳見《舊五代史》卷一二、本書卷一三。

末帝立，加同中書門下平章事，[1]徙鎮天平。[2]蔣殷反徐州，[3]遣存節攻破之，以功加太尉。[4]梁、晋相距於河上，存節病痟，而梁、晋方苦戰，存節忠憤彌激，治軍督士，未嘗言病。病革，召歸京師，將卒，語其子知業曰：[5]"忠孝，吾子也。"不及其佗。贈太師。[6]

[1]同中書門下平章事：官名。簡稱"同平章事"。唐高宗以後，凡實際任宰相之職者，常在其本官後加同平章事的職銜。後成爲宰相專稱。品秩不詳。

[2]天平：方鎮名。治所在鄆州（今山東東平縣）。

[3]蔣殷：人名。河中節度使王重盈養子。後梁太祖時官至宣徽院使。朱友珪篡位稱帝，被任爲徐州節度使。末帝時拒不免官，兵敗自殺。傳見《舊五代史》卷一三、本書卷四三。

[4]太尉：官名。與司徒、司空並爲三公，唐後期、五代多爲大臣、勳貴加官。正一品。

[5]知業：人名。即牛知業。牛存節之子。曾任房州刺史、右羽林軍統軍。事見《舊五代史》卷九。

[6]太師：官名。與太傅、太保合稱三師，唐後期、五代多爲大臣、勳貴加官。正一品。

張歸霸　弟歸厚　歸弁

張歸霸，清河人也。[1]末帝娶其女，是爲德妃。歸霸少與其弟歸厚、歸弁俱從黃巢，[2]巢敗東走，歸霸兄弟乃降梁。

[1]清河：縣名。治所在今河北清河縣。

[2]歸厚：人名。即張歸厚。清河（今河北清河縣）人。唐末將領。傳見《舊五代史》卷一六。　歸弁：人名。即張歸弁。清河人。唐末將領。傳見《舊五代史》卷一六。　黃巢：人名。曹州冤句（今山東菏澤市）人。唐末農民起義領袖。傳見《舊唐書》卷二〇〇下、《新唐書》卷二二五下。

秦宗權攻汴，[1]歸霸戰數有功。張晊軍赤岡，[2]以騎兵挑戰，矢中歸霸，歸霸拔之，反以射賊，一發而斃，奪其馬而歸。太祖從高丘望見，甚壯之，賞以金帛，并以其馬賜之。使以弓手五百人伏湟中，太祖以騎數百爲遊兵，過晊柵，晊出兵追太祖，歸霸發伏，殺晊兵千人，奪馬數十疋。

[1]秦宗權：人名。《舊唐書》稱其爲許州（今河南許昌市）人，《新唐書》稱其爲上蔡（今河南上蔡縣）人。唐末軍閥。傳見《舊唐書》卷二〇〇下、《新唐書》卷二二五下。

[2]赤岡：地名。唐末、五代汴州城北軍事要地。位於今河南開封市東北。

太祖攻蔡州，[1]蔡將蕭顥急擊太祖營，[2]歸霸不暇請，與徐懷玉分出東南壁門，[3]合擊敗之，太祖得拔營去。太祖攻兗、鄆，取曹州，[4]使歸霸以兵數千守之，與朱瑾逆戰金鄉，[5]大敗之。又破濮州。晉人攻魏，歸霸、從葛、從周救魏，戰洹水，[6]歸霸擒克用子落落以與魏人。[7]又破劉仁恭於内黄，[8]功出諸將右。光化二年，權知邢州。[9]遷萊州刺史，[10]拜左衛上將軍、曹州刺史。[11]開平元年，拜右龍虎統軍、左驍衛上將軍。[12]二年，拜河陽節度使，以疾卒。

[1]蔡州：州名。治所在今河南汝南縣。

[2]蕭顥：人名。籍貫不詳。唐末將領。事見《舊五代史》卷一六。

[3]徐懷玉：人名。亳州焦夷（今安徽亳州市）人。後梁將

領。傳見《舊五代史》卷二一、本書本卷。

[4]曹州：州名。治所在今山東曹縣西北。

[5]金鄉：縣名。治所在今山東金鄉縣。

[6]洹水：水名。即今河南北部衛河支流安陽河。

[7]落落：人名。李克用之子。時爲鐵林軍使，將鐵林小兒三千騎薄於洹水，與葛從周部作戰失敗，爲葛從周部將張歸霸所擒，朱温命將落落送於羅弘信斬之。事見《舊唐書》卷一八一、《舊五代史》卷二六、本書卷二二。

[8]劉仁恭：人名。深州（今河北深州市）人。唐末、五代軍閥。傳見《新唐書》卷二一二。

[9]邢州：州名。治所在今河北邢臺市。

[10]萊州：州名。治所在今山東萊州市。

[11]左衛上將軍：官名。唐置十六衛之一，掌宮禁宿衛。從二品。

[12]開平：後梁太祖朱温年號（907—911）。　右龍虎統軍：官名。五代後梁禁衛部隊右龍虎軍統兵官。品秩不詳。　左驍衛上將軍：官名。唐德宗貞元二年（786）初置一員，爲左驍衛長官，位大將軍上，掌宮禁宿衛。從二品。

　　子漢傑，事末帝爲顯官，以張德妃故用事。[1]梁亡，唐莊宗入汴，遂族誅。

　　弟歸厚，字德坤。爲將善用弓槊，能以少擊衆。張晊屯赤岡，歸厚與晊獨戰陣前，晊憊而却，諸將乘之，晊遂大敗。太祖大悦，以爲騎長。

[1]張德妃：人名。清河（今河北清河縣）人。唐末帝妃。張歸霸之女。傳見《舊五代史》卷一一。

梁攻時溥，[1]歸厚以麾下先進九里山，[2]遇徐兵而戰，梁故將陳璠叛在徐，[3]歸厚望見識之，瞋目大罵，馳騎直往取之，矢中其左目。

[1]時溥：人名。徐州彭城（今江蘇徐州市）人。唐末地方武裝首領。平定了黃巢之亂，後割據徐州。傳見《舊唐書》卷一八二、《新唐書》卷一八八。

[2]九里山：山名。又名九嶷山、象山。位於今江蘇徐州市西北。

[3]陳璠：人名。籍貫不詳。唐末、五代將領。事見《舊五代史》卷一三、卷一六、卷五九。

郴王友裕攻鄆，[1]屯濮州，太祖從後至，友裕徙柵，與太祖相失。太祖卒與鄆兵遇，太祖登高望之，鄆兵纔千人，太祖與歸厚以廳子軍直衝之，[2]戰已合，鄆兵大至，歸厚度不能支，以數十騎衛太祖先還。歸厚馬中矢僵，乃持槊步鬥。太祖還軍中，遣張筠馳騎第取之，[3]以爲必死矣。歸厚體被十餘箭，得筠馬乃歸，太祖見之，泣曰："爾在，喪軍何足計乎！"使异歸宣武。[4]遷右神武統軍，[5]歷洺、晉、絳三州刺史，[6]與晉人屢戰未嘗屈。乾化元年，[7]拜鎮國軍節度使，[8]以疾卒。子漢卿。[9]

[1]郴王友裕：人名。朱溫長子。傳見《舊五代史》卷一二。

[2]廳子軍：衙門裏當差的小吏組成的軍隊。

[3]張筠：人名。海州（今江蘇連雲港市海州區）人。唐末及五代後梁、後唐將領。傳見《舊五代史》卷九〇、本書卷四七。

[4]宣武：方鎮名。治所在汴州（今河南開封市）。

[5]右神武統軍：官名。唐代右神武軍統兵官。唐置六軍，分左、右羽林，左、右龍武，左、右神武等，即"北衙六軍"。興元元年（784），六軍各置統軍，以寵功勳臣。其品秩，《唐會要》卷七一、《舊唐書》卷一二記載爲"從二品"，《通鑑》卷二二九記載爲"從三品"。

[6]洺：州名。治所在今河北邯鄲市永年區。　晉：州名。治所在今山西臨汾市。　絳：州名。治所在今山西新絳縣。

[7]乾化：五代後梁太祖朱溫年號（911—912）。末帝朱友貞沿用（913—915）。

[8]鎮國軍：方鎮名。後梁開平二年（908），改保義軍爲鎮國軍，治所在陝州（今河南三門峽市陝州區）。後唐同光元年（923）改感化軍爲鎮國軍，治所在華州（今陝西渭南市華州區）。

[9]漢卿：人名。即張漢卿。張歸厚之子。事迹不詳。本書僅此一見。

歸弁，爲將亦善戰，開平初爲滑州長劍指揮使。[1]子漢融。[2]梁亡，皆族誅。

[1]長劍指揮使：官名。所部統兵將領。長劍爲部隊番號。品秩不詳。

[2]漢融：人名。即張漢融。張歸弁之子。事見《舊五代史》卷三〇、卷五九。

王重師

王重師，許州長社人也。[1]爲人沈嘿多智，善劍槊。秦宗權陷許州，重師脱身歸梁，從太祖平蔡，攻兗、鄆，爲拔山都指揮使。[2]重師苦戰齊、魯間，威震鄰敵。遷潁州刺史。[3]

[1]長社：縣名。治所在今河南許昌市。
[2]拔山都指揮使：官名。唐末、五代軍隊多置都指揮使、指揮使，爲統兵將領。品秩不詳。"拔山都"，原作"拔山軍"，據《舊五代史》影印清乾隆四十年（1775）七月四庫館臣繕寫進呈本卷一九粘簽，拔山都，原本作拔山，歐陽史作拔山。考當時軍旅以都名者，如黑雲都、銀槍都，則取衣服器用爲號；如勁節都、橫衝都，則取古人嘉名爲號。拔山都，當是取《史記》拔山蓋世之義。原本疑有脱誤，今從歐陽史改正，故改爲"拔山都"。中華點校本云宗文本作"拔山都"，《册府》卷八四五記"隸於拔山都"。
[3]潁州：州名。治所在今安徽阜陽市。

太祖攻濮州，已破，濮人積草焚之，梁兵不得入。是時，重師方病金瘡，卧帳中，諸將强之，重師遽起，悉取軍中氈毯沃以水，蒙之火上，率精卒以短兵突入，梁兵隨之皆入，遂取濮州。重師身被八九瘡，軍士負之而還。太祖聞之，驚曰："奈何使我得濮州而失重師乎！"使醫理之，逾月乃愈。王師範降，表重師青州留後，累遷佑國軍節度使、同中書門下平章事。[1]居數年，甚有威惠。

[1]佑國軍：方鎮名。治所在河南府（今河南洛陽市）。天祐元年（904）徙至京兆府（今陝西西安市）。

重師與劉捍故有隙，[1]捍嘗構之太祖，太祖疑之。

重師遣其將張君練西攻邠、鳳而不先請,[2]君練兵小敗,太祖以其擅發兵,挫失國威,將召而罪之,遣劉捍代重師。重師不知太祖怒己,捍至,重師不出迎,見之青門,[3]禮又倨,捍因馳白太祖,言重師有二志。太祖益怒,貶重師溪州刺史,[4]再貶崖州司戶參軍,[5]未行,賜死。

[1]劉捍:人名。開封(今河南開封市)人。五代後梁將領。傳見《舊五代史》卷二〇、本書卷二一。
[2]張君練:人名。籍貫不詳。五代將領。事見《舊五代史》卷一九、卷二三。
[3]青門:漢代長安城東南首的城門。後泛指京城東面城門。
[4]溪州:州名。治所在今湖南永順縣。
[5]崖州:州名。治所在今海南瓊山市。 司戶參軍:官名。簡稱"司戶"。掌本州屬縣之戶籍、賦稅、倉庫受納等事。小州之司戶,兼掌司法之獄訟斷刑等事。從七品下(上州)、正八品下(中州)或從八品下(下州)。

徐懷玉
徐懷玉,亳州焦夷人也。[1]少事梁太祖,與太祖俱起微賤。懷玉為將,以雄豪自任,而勇於戰陣。從太祖鎮宣武,為永城鎮將。[2]

[1]焦夷:縣名。治所在今安徽亳州市東南。
[2]永城:縣名。治所在今河南永城市。

秦宗權攻梁,壁金隄、靈昌、酸棗,[1]懷玉以輕騎連擊破之，俘殺五千餘人，遷左長劍都虞候。[2]又破宗權於板橋、赤岡，[3]拔其八柵。從太祖東攻兗、鄆，破徐、宿。懷玉金創被體，戰必克捷，所得賞賚，往往以分士卒，爲梁名將。本名琮，太祖賜名懷玉。

[1]金隄：堤名。位於今河南滑縣東。　靈昌：縣名。治所在今河南滑縣西南。　酸棗：縣名。治所在今河南延津縣西南。

[2]左長劍都虞候：官名。長劍爲部隊番號。都虞候，五代時期部隊統兵官。品秩不詳。

[3]板橋：地名。位於河南開封城南。

從太祖攻魏，敗魏兵黎陽，遂東攻兗，破朱瑾於金鄉。又從龐師古攻楊行密，[1]師古敗清口，[2]懷玉獨完一軍，行收散卒萬餘人以歸。遷沂州刺史，[3]屬歲屢豐，乃繕兵治壁，爲戰守具。已而王師範叛梁，攻東境，懷玉屢以州兵擊破之。遷齊州防禦使。[4]

[1]龐師古：人名。曹州（今山東曹縣西北）人。唐末將領。傳見《舊五代史》卷二一、本書卷二一。　楊行密：人名。廬州合淝（今安徽合肥市）人。唐末軍閥，五代十國吳國政權奠基者，後被追尊爲吳國太祖。傳見本書卷六一。

[2]清口：地名。原爲泗水入淮之口，位於今江蘇淮安市淮陰區。

[3]沂州：州名。治所在今山東臨沂市。

[4]齊州：州名。治所在今山東濟南市。

天復四年，[1]以州兵西迎昭宗都洛陽，遷華州觀察留後，[2]以兵屯雍州。[3]遷右羽林統軍，[4]屯于澤州，晉人攻之，爲隧以入，懷玉擊之隧中，晉人乃却。太祖時，歷曹、晉二州刺史，晉數攻之，懷玉堅守，敗晉兵于洪洞。[5]拜保大軍節度使。[6]太祖崩，友珪自立，朱友謙附于晉，以襲鄜州，執懷玉殺之。

[1]天復：唐昭宗李曄年號（901—904）。

[2]華州：州名。治所在今陝西渭南市華州區。　觀察留後：官名。唐、五代時，代行方鎮長官之職者稱留後。代行觀察使之職者，即爲觀察留後。掌一州或數州軍政。品秩不詳。

[3]雍州：地名。即京兆府，治所在今陝西西安市。

[4]右羽林統軍：中華點校本云《舊五代史》卷二一、《册府》卷三四六作"左羽林統軍"。右羽林統軍，官名。唐代右羽林軍統兵官。唐置六軍，分左、右羽林，左、右龍武，左、右神武等，即"北衙六軍"。興元元年（784），六軍各置統軍，以寵功勳臣。其品秩，《唐會要》卷七一、《舊唐書》卷一二記載爲"從二品"，《通鑑》卷二二九記載爲"從三品"。

[5]洪洞：縣名。治所在今山西洪洞縣。

[6]保大軍：方鎮名。治所在鄜州（今陝西富縣）。天復初屬李茂貞。

新五代史　卷二三

梁臣傳第十一

楊師厚　王景仁　賀瓌　王檀　馬嗣勳　王虔裕
謝彥章

楊師厚

楊師厚，潁州斤溝人也。[1]少事河陽李罕之，[2]罕之降晉，選其麾下勁卒百人獻于晉王，[3]師厚在籍中。師厚在晉，無所知名，後以罪奔于梁，太祖以爲宣武軍押衙、曹州刺史。[4]梁攻王師範，[5]師厚戰臨朐，[6]擒其偏將八十餘人，取棣州，[7]以功拜齊州刺史。[8]

[1]潁州：州名。治所在今安徽阜陽市。　斤溝：地名。位於今安徽太和縣阮橋鎮斤溝集。

[2]河陽：縣名。治所在今河南孟州市。　李罕之：人名。陳州項城（今河南項城市）人。唐末軍閥，後依附於諸葛爽。傳見《新唐書》卷一八七、《舊五代史》卷一五、本書卷四二。

[3]晉王：人名。即李克用。沙陀人，神武川新城（一說今山西山陰縣附近，一說今山西代縣）人。唐末軍閥，五代後唐太祖。

紀見《舊五代史》卷二五。

[4]宣武軍：方鎮名。唐舊鎮，治所在汴州（今河南開封市）。後梁開平元年（907）升汴州爲東京開封府。開平三年（909）置宣武軍於宋州（今河南商丘市睢陽區）。後唐同光元年（924）改宋州宣武軍爲歸德軍。廢東京開封府，重建宣武軍於汴州。後晉天福三年（938），改爲東京開封府。除天福十二年（947）、十三年（948）短暫改爲宣武軍外，汴京均爲東京開封府。　押衙：官名。"押牙"即"押衙"。唐、五代時期節度使辟署的屬官。掌領方鎮儀仗侍衛。品秩不詳。參見劉安志《唐五代押牙（衙）考略》，《魏晉南北朝隋唐史資料》第16輯，1998年。　曹州：州名。治所在今山東曹縣西北。　刺史：官名。州一級行政長官。漢武帝時始置，總掌考核官吏、勸課農桑、地方教化等事。唐中期以後，節度使、觀察使轄州而設，刺史爲其屬官，職任漸輕。從三品至正四品下。

[5]王師範：人名。青州（今山東青州市）人。唐末軍閥。傳見《舊五代史》卷一三、本書卷四二。

[6]臨朐：縣名。治所在今山東臨朐縣。

[7]棣州：州名。治所在今山東惠民縣。

[8]齊州：州名。治所在今山東濟南市。

太祖攻趙匡凝於襄陽，[1]遣師厚爲先鋒。師厚取穀城西童山木爲浮橋，[2]渡漢水，擊匡凝，敗之，匡凝棄城走。師厚進攻荊南，又走匡凝弟匡明，[3]功爲多，拜山南東道節度使、同中書門下平章事。[4]

[1]趙匡凝：人名。蔡州（今河南汝南縣）人。趙德諲之子，唐末將領。傳見《舊五代史》卷一七、本書卷四一。　襄陽：縣名。治所在今湖北襄陽市。

［2］穀城：縣名。治所在今湖北穀城縣。　童山：山名。位於湖北穀城縣西。

［3］匡明：人名。即趙匡明。蔡州（今河南汝南縣）人。唐末將領。事見《舊五代史》卷二。

［4］山南東道：方鎮名。治所在襄州（今湖北襄陽市）。　同中書門下平章事：官名。簡稱"同平章事"。唐高宗以後，凡實際任宰相之職者，常在其本官後加同平章事的職銜。後成爲宰相專稱。品秩不詳。

劉知俊叛，[1]攻陷長安，[2]劉鄩、牛存節等攻之，[3]久不克。師厚以奇兵出，旁南山入其西門，降其守者，遂克之。晉周德威攻晉州以應知俊，[4]師厚敗之于蒙坑，[5]以功遷保義軍節度使，徙鎮宣義。[6]

［1］劉知俊：人名。徐州沛縣（今江蘇沛縣）人。唐末、五代將領。傳見《舊五代史》卷一三、本書卷四四。

［2］長安：地名。即今陝西西安市。

［3］劉鄩：人名。密州安丘（今山東安丘市）人。唐末、五代將領。傳見本書卷二三。　牛存節：人名。青州博昌（今山東博興縣）人。唐末將領。傳見《舊五代史》卷二二、本書卷二二。

［4］周德威：人名。馬邑（今山西朔州市）人。五代後唐將領。傳見《舊五代史》卷五六、本書卷二五。　晉州：州名。治所在今山西臨汾市。

［5］蒙坑：地名。位於今山西襄汾縣南。

［6］保義軍：方鎮名。治所在陝州（今河南三門峽市陝州區）。宣義：方鎮名。治所在滑州（今河南滑縣）。

是時，梁兵攻趙久無功，太祖病卧洛陽，[1]少間，乃自將北擊趙。師厚從太祖至洹水，[2]夜行迷失道，明旦，次魏縣，[3]聞敵將至，梁兵潰亂不可止，久之無敵，乃定。已而太祖疾作，乃還。明年少間，而晉軍攻燕，燕王劉守光求援於梁，[4]太祖爲之擊趙以牽晉，屯于龍花，[5]遣師厚攻棗彊，[6]三月一作日。不能下。太祖怒，自往督兵戰，乃破，屠之，進圍蓨縣。[7]晉史建瑭以輕兵夜擊梁軍，[8]梁軍大擾，太祖與師厚皆棄輜重南走。太祖還東都，[9]師厚留屯魏州。[10]明年，太祖遇弒，友珪自立，[11]師厚乘間殺魏牙將潘晏、臧延範等，[12]逐出節度使羅周翰，[13]友珪因以師厚爲天雄軍節度使。[14]

[1]洛陽：地名。即今河南洛陽市。

[2]洹水：水名。即今河南北部衛河支流安陽河。

[3]魏縣：縣名。治所在今河北大名縣。

[4]劉守光：人名。深州樂壽（今河北獻縣）人。幽州節度使劉仁恭之子。唐末、五代軍閥。後自稱大燕皇帝，年號應天。被後唐莊宗擊敗，俘後被斬。傳見《舊五代史》卷一三五、本書卷三九。

[5]龍花：地名。位於今河北景縣龍華鎮。

[6]棗彊：縣名。治所在今河北棗強縣。

[7]蓨（tiáo）縣：縣名。治所在今河北景縣。

[8]史建瑭：人名。雁門（今山西代縣）人。五代將領。傳見《舊五代史》卷五五、本書卷二五。

[9]東都：地名。指代洛陽。

[10]魏州：州名。治所在今河北大名縣。

[11]友珪：人名。後梁皇帝。912年至913年在位。朱溫次子，勾結韓勍殺朱溫，即皇帝位。後被趙巖、朱友貞發動政變所殺，在

位僅七個月。傳見《舊五代史》卷一二、本書卷一三。

［12］潘晏：人名。籍貫不詳。後梁將領。事見《舊五代史》卷二二。　臧延範：人名。籍貫不詳。後梁將領。事見《舊五代史》卷二、卷二二。

［13］羅周翰：人名。籍貫不詳。後梁將領。事見《舊五代史》卷八、卷二七。

［14］天雄軍：方鎮名。亦稱"魏博軍"，唐天祐元年（904）以魏博節度使號爲天雄軍，治所在魏州（今河北大名縣）。

自太祖與晉戰河北，師厚常爲招討使，[1]悉領梁之勁兵。太祖崩，師厚遂逐其帥，而稍矜倨難制。時魏恃牙兵，[2]其帥得以倔彊。羅紹威時，[3]牙兵盡死，魏勢孤，始爲梁所制。師厚已得志，乃復置銀槍効節軍。[4]友珪陰欲圖之，召師厚入計事。其吏田溫等勸師厚勿行，[5]師厚曰："吾二十年不負朱家，今若不行，則見疑而生事，然吾知上爲人，雖往，無如我何也。"乃以勁兵二萬朝京師，留其兵城外，以十餘人自從，入見友珪，友珪益恐懼，賜與鉅萬而還。

［1］招討使：官名。唐貞元年間始置。戰時任命，兵罷則省。常以大臣、將帥或地方軍政長官兼任。掌招撫、討伐等事務。品秩不詳。

［2］牙兵：五代時期藩鎮親兵。參見來可泓《五代十國牙兵制度初探》，《學術月刊》1995年第11期。

［3］羅紹威：人名。魏州貴鄉（今河北大名縣）人。唐末軍閥。傳見《舊五代史》卷一四、本書卷三九。

［4］銀槍効節軍：五代時藩鎮的牙兵。後梁魏博節度使楊師厚

置，因其以"都"爲編制單位，亦稱銀槍効節都。

[5]田溫：人名。籍貫不詳。本書僅此一見。

已而末帝謀討友珪，[1]問於趙巖，[2]巖曰："此事成敗，在招討楊公爾。得其一言諭禁軍，吾事立辦。"末帝乃遣馬慎交陰見師厚，[3]布腹心。師厚猶豫未決，謂其下曰："方郢王弒逆時，[4]吾不能即討。今君臣之分已定，無故改圖，人謂我何？"其下或曰："友珪弒父與君，乃天下之惡，均王仗大義以誅賊，[5]其事易成。彼若一朝破賊，公將何以自處？"師厚大悟，乃遣其將王舜賢至洛陽，[6]見袁象先計事，[7]使朱漢賓以兵屯滑州爲應。[8]末帝卒與象先殺友珪。

[1]末帝：人名。即朱友貞。後梁皇帝。913年至923年在位。乾化三年（913）發動政變，誅殺朱友珪，即皇帝位。在位期間，對晉王李存勗的戰爭節節失利，河北諸州悉入於晉。魏博軍又迫節度使賀德倫降晉。加之戰事頻繁，賦役不止，民生凋敝。貞明六年（920），陳州（今河南淮陽縣）發生母乙、董乙起義。後唐軍渡河進逼開封，末帝勢窮自殺。後梁遂亡。紀見《舊五代史》卷八、本書卷三。

[2]趙巖：人名。陳州宛丘（今河南淮陽縣）人。朱溫女婿，忠武軍節度使趙犨次子。事見《舊五代史》卷八、本書卷三。

[3]馬慎交：人名。籍貫不詳。後梁大臣。事見《舊五代史》卷二、卷八、卷一六、卷二〇。

[4]郢王：即朱友珪。

[5]均王：即朱友貞。

[6]王舜賢：人名。籍貫不詳。楊師厚牙將。事見《舊五代

[7]袁象先：人名。宋州下邑（今河南夏邑縣）人。五代後梁將領，後投後唐。傳見《舊五代史》卷五九、本書卷四五。
　　[8]朱漢賓：人名。譙（今安徽亳州市）人。五代後唐將領。傳見《舊五代史》卷六四、本書卷四五。　滑州：州名。治所在今河南滑縣。

　　末帝即位，封師厚鄴王，詔書不名，事無巨細皆以諮之，然心益忌而畏之。已而師厚瘍發卒，末帝爲之受賀於宮中。由是始分相、魏爲兩鎮。[1]魏軍亂，以魏博降晉，[2]梁失河北自此始。

　　[1]相：州名。治所在今河南安陽市。
　　[2]魏博：方鎮名。唐廣德元年（763年）所置河北三鎮之一。治所在魏州（今河北大名縣）。天祐三年（904）號天雄軍。五代後梁乾化二年（912）爲梁所併。

　　王景仁
　　王景仁，廬州合淝人也。[1]初名茂章，少從楊行密起淮南。[2]景仁爲將驍勇剛悍，質略無威儀，臨敵務以身先士卒，行密壯之。

　　[1]廬州：州名。治所在今安徽合肥市。　合淝：地名。位於今安徽合肥市。
　　[2]楊行密：人名。廬州合淝（今安徽合肥市）人。唐末軍閥，五代十國吳國政權奠基者，後被追尊爲吳國太祖。傳見《新唐書》卷一八八、《舊五代史》卷一三四、本書卷六一。

梁太祖遣子友寧攻王師範于青州,[1]師範乞兵於行密,行密遣景仁以步騎七千救師範。師範以兵背城爲兩柵,[2]友寧夜擊其一柵,柵中告急,趣景仁出戰,景仁按兵不動。友寧已破一柵,連戰不已。遲明,景仁度友寧兵已困,乃出戰,大敗之,遂斬友寧,以其首報行密。

[1]友寧:人名。即朱友寧。唐末將領。傳見本書卷一三。友寧爲梁太祖姪子,而非兒子,中華點校本云《册府》卷二九九載,"友寧,太祖之姪也"。　青州:州名。治所在今山東青州市。

[2]柵:營寨。

是時,梁太祖方攻鄆州,[1]聞子友寧死,以兵二十萬倍道而至,景仁閉壘示怯,伺梁兵怠,毀柵而出,驅馳疾戰,戰酣退坐,召諸將飲酒,已而復戰。太祖登高望見之,得青州降人,問:"飲酒者爲誰?"曰:"王茂章也。"太祖歎曰:"使吾得此人爲將,天下不足平也!"梁兵又敗。景仁軍還,梁兵急追之,景仁度不可走,遣裨將李虔裕以衆一旅設覆於山下以待之,[2]留軍不行,解鞍而寢,虔裕疾呼曰:"追兵至矣,宜速走,虔裕以死遏之!"景仁曰:"吾亦戰於此也。"虔裕三請,景仁乃行,而虔裕卒戰死,梁兵以故不能及,而景仁全軍以歸。[3]

[1]鄆(yùn)州:州名。治所在今山東東平縣。

[2]李虔裕:人名。籍貫不詳。本書僅此一見。

[3]而景仁全軍以歸：中華點校本云宗文本於"全軍"後補"得"字。

景仁事行密，爲潤州團練使。[1]行密死，子渥自宣州入立，[2]以景仁代守宣州。渥已立，反求宣州故物，[3]景仁惜不與，渥怒，以兵攻之。景仁奔于錢鏐，[4]鏐表景仁領宣州節度使。梁太祖素識景仁，乃遣人召之，景仁間道歸梁，仍以爲寧國軍節度使，[5]加同中書門下平章事。久之，未有以用，使參宰相班，奉朝請而已。

[1]潤州：州名。治所在今江蘇鎮江市。 團練使：官名。唐代中期以後，於不設節度使的地區設團練使，掌本區各州軍事。品秩不詳。
[2]渥：人名。即楊渥。廬州（今安徽合肥市）人。楊行密長子，楊吳政權君主。事見《舊五代史》卷一七、本書卷四一、卷六七。 宣州：州名。治所在今安徽宣城市。
[3]反求宣州故物：中華點校本云宗文本於"故"字後補"時"字。
[4]錢鏐：人名。臨安（今浙江杭州市）人。五代時期吳越國建立者。傳見《舊五代史》卷一三三、本書卷六七。
[5]寧國軍：方鎮名。治所在宣州（今安徽宣城市）。天復三年（903）廢，五代吳復置。

開平四年，以景仁爲北面招討使，[1]將韓勍、李思安等兵伐趙，[2]行至魏州，司天監言：[3]"太陰虧，不利行師。"太祖亟召景仁等還，已而復遣之。景仁已去，太祖思術者言，馳使者止景仁於魏以待。景仁已過邢、洺，[4]使者及之，景仁不奉詔，進營於柏鄉。[5]乾化元年正月庚寅，[6]日有食之，崇政使敬翔白太祖曰：[7]"兵可憂矣！"太祖爲之旰食。[8]是日，景仁及晉人戰，大敗於柏鄉，景仁歸訴於太祖，太祖曰："吾亦知之，蓋韓勍、李思安輕汝爲客，不從節度爾。"乃罷景仁就第，後數月，悉復其官爵。

[1]開平：五代後梁太祖朱溫年號（907—911）。　北面招討使：官名。不常置，爲一路或數路地區統兵官。掌招撫、討伐等事。兵罷則省。品秩不詳。

[2]韓勍（qíng）：人名。籍貫不詳。五代後梁將領。事見《舊五代史》卷七、本書卷四五。　李思安：人名。陳留（今河南開封市陳留鎮）人。五代後梁將領。傳見《舊五代史》卷一九。

[3]司天監：官（署）名。其長官稱司天監，掌天文、曆法以及占候等事。品秩不詳。參見趙貞《唐宋天文星占與帝王政治》，北京師範大學出版社2016年版。

[4]邢：州名。治所在今河北邢臺市。　洺：州名。治所在今河北邯鄲市永年區。

[5]柏鄉：縣名。治所在今河北柏鄉縣。

[6]乾化：五代後梁太祖朱溫年號（911—912）。末帝朱友貞沿用（913—915）。　庚寅：中華點校本云本書卷五九、《舊五代史》卷六、卷一三九繫其事於丙戌。

[7]崇政使：官名。崇政院長官。備顧問，參謀議。五代後梁開平元年（907）改樞密院置崇政院，設院使、副使各一人。後唐同光元年（923）復改崇政院爲樞密院，崇政院使亦改爲樞密使。品秩不詳。　敬翔：人名。同州馮翊（今陝西大荔縣）人。後梁大臣。傳見《舊五代史》卷一八、本書卷二一。

[8]旰食：指事務繁忙以致不能按時吃飯。

末帝立,以景仁爲淮南招討使,[1]攻廬、壽,[2]軍過獨山,[3]山有楊行密祠,景仁再拜號泣而去。戰于霍山,[4]梁兵敗走,景仁殿而力戰,以故梁兵不甚敗。景仁歸京師,病疽卒,贈太尉。[5]

[1]淮南招討使:官名。戰時任命,兵罷則省。常以大臣、將帥或地方軍政長官兼任。掌招撫、討伐等事。品秩不詳。
[2]廬:州名。治所在今安徽合肥市。 壽:州名。治所在今安徽壽縣。
[3]獨山:山名。位於今安徽六安市西南獨山鎮。
[4]霍山:山名。又名天柱山。位於今安徽潛山市。
[5]太尉:官名。與司徒、司空並爲三公,唐後期、五代多爲大臣、勳貴加官。正一品。

賀瓌

賀瓌字光遠,濮州人也。[1]事鄆州朱宣爲都指揮使。[2]梁太祖攻朱瑾于兗州,[3]宣遣瓌與何懷寶、柳存等以兵萬人救兗州,[4]瓌趨待賓館,[5]欲絕梁餉道。梁太祖略地至中都,[6]得降卒,言瓌等兵趨待賓館矣!以六壬占之,[7]得"斬關",卦名。以爲吉,乃選精兵夜疾馳百里,期先至待賓以逆瓌,而夜黑,兵失道,旦至鉅野東,[8]遇瓌兵,擊之,瓌等大敗。[9]瓌走,梁兵急追之,瓌顧路窮,登塚上大呼曰:"我賀瓌也,可勿殺我!"太祖馳騎取之,并取懷寶等數十人,降其卒三千餘人。是日,大風揚沙蔽天,太祖曰:"天怒我殺人少邪?"即盡殺降卒三千人,而繫瓌及懷寶等至兗城下以招瑾,瑾不納，因斬懷寶等十餘人，而獨留瓌。瓌感太祖不殺，誓以身自効。從太祖平青州，以爲曹州刺史。太祖即位，累遷相州刺史。末帝時，遷左龍虎統軍、宣義軍節度使。[10]

[1]濮州：州名。治所在今山東鄄城縣。

[2]朱宣：人名。一作朱瑄。宋州下邑（今河南夏邑縣）人。朱瑾堂兄，唐末軍閥，後爲天平軍節度使。傳見《舊唐書》卷一八二、《新唐書》卷一八八、《舊五代史》卷一三、本書卷四二。　都指揮使：官名。唐末、五代軍隊多置都指揮使、指揮使，爲統兵將領。品秩不詳。

[3]朱瑾：人名。宋州下邑（今河南夏邑縣）人。唐末將領。傳見本書卷四二。　兗州：州名。治所在今山東濟寧市兗州區。

[4]何懷寶：人名。籍貫不詳。五代後梁將領。事見《舊五代史》卷一、卷一三、卷二三。　柳存：人名。籍貫不詳。後梁將領。事見《舊五代史》卷一。

[5]待賓館：驛站。

[6]中都：縣名。治所在今山東汶上縣。

[7]六壬：古代用陰陽五行占卜吉凶的占卜術。近代考古發掘中，有多具漢代六壬式盤出土。六壬占法的依據是陰陽五行學説。水、火、木、金、土五行之中，以水爲首；甲、乙、丙、丁、戊、己、庚、辛、壬、癸十天干中，壬、癸皆屬水，壬爲陽水，癸爲陰水，舍陰取陽，故名爲"壬"。六十甲子中，壬有六位，即壬申、壬午、壬辰、壬寅、壬子、壬戌，故名"六壬"。

[8]鉅野：縣名。治所在今山東巨野縣。

[9]瓌等大敗：此四字原闕，中華點校本據宗文本補，今從。

[10]左龍虎統軍：官名。五代後梁禁衛部隊左龍虎軍統兵官。品秩不詳。

贞明元年,[1]魏兵亂,賀德倫降晋,[2]晋王入魏州。劉鄩敗于故元城,[3]走黎陽,貝、衛、洺、磁諸州皆入于晋。[4]晋軍取楊劉,[5]末帝乃以瓖爲招討使,與謝彦章等屯于行臺。[6]晋軍迫瓖十里而栅,相持百餘日。瓖與彦章有隙,伏甲殺之,莊宗喜曰:"將帥不和,梁亡無日矣!"乃令軍中歸其老疾於鄴,以輕兵襲濮州。瓖自行臺躡之,戰于胡柳陂,[7]晋人輜重在陣西,瓖軍將薄之,晋軍亂,斬其將周德威,盡取其輜重。軍已勝,陣無石山,[8]日暮,晋兵仰攻之,瓖軍下山擊晋軍,瓖大敗,晋遂取濮州,城德勝,[9]夾河爲栅。瓖以舟兵攻南栅,不能得,還軍行臺,以疾卒,年六十二,贈侍中。[10]有子光圖。[11]凡言有子某者,皆仕皇朝有聞。

[1]貞明:後梁末帝朱友貞年號(915—921)。

[2]賀德倫:人名。其先係河西部落人,後居滑州(今河南滑縣)。後梁將領。傳見《舊五代史》卷二一、本書卷四四。

[3]元城:縣名。治所在今河北大名縣。

[4]黎陽:縣名。治所在今河南浚縣。 貝:州名。治所在今河北清河縣。 衛:州名。治所在今河南衛輝市。 磁:州名。治所在今河北磁縣。磁,原作"慈",中華點校本據宗文本改,今從。

[5]楊劉:原作"劉鄩",中華點校本據浙江本、宗文本、《舊五代史》卷二三改,今從。楊劉爲古地名,在今山東東阿縣東北姚寨鎮楊柳村。

[6]謝彦章:人名。許州(今河南許昌市)人。後梁將領。傳見《舊五代史》卷一六、本書本卷。 行臺:地名。即行臺村。位於今河南濮陽市濮城鎮東北。參見《讀史方輿紀要》卷三四、《舊五代史》卷二八。

［7］胡柳陂：地名。位於今河南濮陽市。

［8］無石山：山名。具體所指不詳。中華點校本據宗文本於"軍已勝"前補"瓌"字。

［9］德勝：地名。位於今河南濮陽縣。

［10］侍中：官名。秦始置。隋、唐前期爲門下省長官。唐後期多爲大臣加銜，不參與政務，實際職務由門下侍郎執行。正二品。

［11］光圖：人名。即賀光圖。五代後唐官員，曾爲供奉官。事見《舊五代史》卷二三。

王檀

王檀字衆美，京兆人也。[1]少事梁太祖爲小校，[2]尚讓攻梁，[3]戰尉氏門，[4]檀勇出諸將，太祖奇之，遷踏白副指揮使。[5]

［1］京兆：府名。治所在今陝西西安市。

［2］小校：低級軍官。

［3］尚讓：人名。黃巢部將，後被時溥所殺。事見《舊唐書》卷二〇〇下、《新唐書》卷二二五下。

［4］尉氏門：門名。汴州城南門，位於今河南開封市。

［5］踏白副指揮使：官名。所部統兵將領。踏白爲部隊番號。品秩不詳。

從朱珍募兵東方，戰數有功。梁與蔡兵戰板橋，[1]李重裔馬踣，[2]爲蔡兵所擒，檀馳取之，并獲其將一人。從太祖破魏內黃，[3]遷衝山都虞候。[4]復從朱珍攻徐州，[5]檀獲其將一人。梁兵攻王師範，檀以一軍破其密州,[6]拜密州刺史。太祖即位,遷保義軍節度使、潞州東北面招討使。[7]

[1]板橋:地名。位於汴州開封城。
[2]李重裔:人名。籍貫不詳。唐末將領。事見《通鑑》卷二五八及《册府》卷三六〇、卷三八六、卷四三九。
[3]内黄:縣名。治所在今河南内黄縣。
[4]衝山都虞候:官名。即衝山軍都虞候。爲唐末、五代時期衝山軍的統兵官。品秩不詳。
[5]徐州:州名。治所在今江蘇徐州市。
[6]密州:州名。治所在今山東諸城市。
[7]保義軍:方鎮名。治所在陝州(今河南三門峽市陝州區)。潞州:州名。治所在今山西長治市。　東北面招討使:官名。不常置,爲一路或數路地區統兵官。掌招撫、討伐等事。兵罷則省。品秩不詳。"東北面",中華點校本云本書卷二、《册府》卷三八六、《通鑑》卷二六七作"東面"。

王景仁敗於柏鄉,晋兵圍邢州,太祖大懼,欲自將救之,檀止太祖,請自拒敵,力戰,卒全邢州,以功加同中書門下平章事,進封瑯琊郡王。[1]

[1]瑯琊郡王:封爵名。

友珪立,徙鎮宣化。[1]貞明元年又徙匡國。[2]是時,莊宗取魏博,檀以謂晋兵悉在河北,乃以奇兵西出陰地襲太原,[3]不克而還。徙鎮天平,[4]檀嘗招納亡盜居帳下,帳下兵亂,入殺檀,年五十八,[5]贈太師,[6]謚曰忠毅。

［1］宣化：方鎮名。治所在鄧州（今河南鄧州市）。

［2］匡國：方鎮名。治所在同州（今陝西大荔縣）。

［3］陰地：關隘名。位於今山西靈石縣西南。　太原：府名。治所在今山西太原市。

［4］天平：方鎮名。治所在鄆州（今山東東平縣）。

［5］年五十八：中華點校本云《舊五代史》卷二二作"年五十一"。

［6］太師：官名。與太傅、太保合稱三師，唐後期、五代多爲大臣、勛貴加官。正一品。

馬嗣勳

馬嗣勳，濠州鍾離人也，[1]少事州爲客將，爲人材武有辯。梁太祖攻濠州，刺史張遂遣嗣勳持牌印降梁。[2]楊行密攻遂，遂又使嗣勳乞兵於太祖。梁兵未至，濠州已没，嗣勳無所歸，乃留事梁，太祖以爲宣武軍元從押衙。[3]

［1］濠州：州名。治所在今安徽鳳陽縣。　鍾離：縣名。治所在今安徽鳳陽縣。

［2］張遂：人名。籍貫不詳。唐末將領。事見《舊五代史》卷二〇。

［3］宣武軍元從押衙：官名。宣武軍，治所在汴州（今河南開封市）。元從，自初始即追隨在側的部屬。"押衙"即"押牙"。唐、五代時期節度使辟署的屬官。掌領方鎮儀仗侍衛。品秩不詳。參見劉安志《唐五代押牙（衙）考略》，《魏晉南北朝隋唐史資料》第16輯，1998年。

太祖西攻鳳翔,[1]行至華州,[2]遣嗣勳入説韓建,[3]建即時出降。天祐二年,[4]羅紹威將誅牙軍,乞兵於梁,梁女嫁魏,適死,太祖乃遣嗣勳以長直千人爲綵輿入魏,[5]致兵器於輿中,聲言助葬。嗣勳館銅臺,[6]夜與魏新鄉鎮兵攻石柱門,[7]入迎紹威家屬,衛之。乃益取魏甲兵攻牙軍,牙軍不知兵所從來,莫能爲備,殺其八千餘人,遲明皆盡。嗣勳中重瘡卒。太祖即位,贈太保。[8]

[1]鳳翔:方鎮名。治所在鳳翔府(今陝西鳳翔縣)。

[2]華州:州名。治所在今陝西渭南市華州區。

[3]韓建:人名。許州長社(今河南許昌市)人。唐末、五代軍閥。傳見《舊五代史》卷一五、本書卷四〇。

[4]天祐:唐昭宗李曄開始使用的年號(904—907)。唐哀帝李柷沿用。唐亡後,河東李克用、李存勖仍稱天祐,沿用至天祐二十年(923)。五代十國其他政權亦有行此年號者,如南吳、吳越等。中華點校本云本書卷一、《舊唐書》卷二〇下、《舊五代史》卷二、《通鑑》卷二六五繫其事於天祐三年(906)。

[5]長直:部隊番號。 綵輿:彩轎。

[6]銅臺:即銅雀臺,位於今河北臨漳縣。

[7]新鄉:地名。位於今河南新鄉市。 石柱門:地名。具體所指不詳。

[8]太保:官名。與太師、太傅合稱三師,唐後期、五代多爲大臣、勳貴加官。正一品。

王虔裕

王虔裕,瑯琊臨沂人也。[1]爲人健勇善騎射,以弋獵爲生。少從諸葛爽起青、棣間,[2]其後爽爲汝州防禦使，[3]率兵北擊沙陀，[4]還入長安攻黃巢，[5]爽兵敗降巢，巢以爽爲河陽節度使。[6]中和三年，[7]孫儒陷河陽，[8]虔裕隨爽奔于梁。是時，太祖新就鎮，黃巢、秦宗權等兵方盛，[9]太祖數爲所窘，而梁未有佗將，乃以虔裕將騎兵，常爲先鋒擊巢陳、蔡間，[10]拔其數栅，巢走，梁兵躡之，戰于萬勝戍，[11]賊敗而東，虔裕功爲多，乃表虔裕義州刺史。[12]

[1]琅琊臨沂：地名。位於今山東臨沂市。

[2]諸葛爽：人名。青州博昌（今山東博興縣）人。唐末軍閥，時爲河陽節度使。傳見《舊唐書》卷一八二、《新唐書》卷一八七。

[3]汝州：州名。治所在今河南汝州市。　防禦使：官名。唐代始置，設有都防禦使、州防禦使兩種。常由刺史或觀察使兼任，實際上爲唐代後期州或方鎮的軍政長官。品秩不詳。

[4]沙陀：古部族名。原意爲沙漠。沙陀部源出西突厥。隋文帝開皇二年（582），突厥汗國分裂爲東、西突厥。處月部爲西突厥所屬部落，朱邪是處月的別部。唐初，處月部居於大磧（今蒙古高原大沙漠），因稱沙陀突厥。唐中期時西突厥、處月部均已衰落，朱邪部遂自號沙陀，其首領以朱邪爲姓。事詳見《新唐書》卷二一八《沙陀列傳》、《舊五代史》卷二五、本書卷四末歐陽脩考證。參見樊文禮《沙陀的族源及其早期歷史》，《民族研究》1999年第6期；袁本海《沙陀的形成及其與北方民族關係研究》，博士學位論文，中央民族大學，2010年。

[5]黃巢：人名。曹州冤句（今山東菏澤市）人。唐末農民起義領袖。傳見《舊唐書》卷二〇〇下、《新唐書》卷二二五下。

[6]河陽：方鎮名。治所在孟州（今河南孟州市）。

[7]中和：唐僖宗李儇年號（881—885）。

[8]孫儒：人名。蔡州（今河南汝南縣）人。唐末軍閥。傳見

《新唐書》卷一八八。

[9]秦宗權：人名。《舊唐書》稱其爲許州（今河南許昌市）人，《新唐書》稱其爲上蔡（今河南上蔡縣）人。唐末軍閥。傳見《舊唐書》卷二〇〇下、《新唐書》卷二二五下。

[10]陳：州名。治所在今河南淮陽縣。　蔡：州名。治所在今河南汝南縣。

[11]萬勝戍：地名。位於今河南中牟縣北萬勝村。

[12]義州：州名。治所在今河南信陽市。

　　黃巢已去，秦宗權攻許、鄭，[1]與梁爲敵境，大小百餘戰，虔裕常有功。秦宗賢攻汴南境，[2]太祖遣虔裕拒賢於尉氏，[3]戰敗，失一裨將，太祖怒，拘虔裕於軍中。

[1]許：州名。治所在今河南許昌市。　鄭：州名。治所在今河南鄭州市。

[2]秦宗賢：人名。籍貫不詳。唐末將領。事見《舊五代史》卷一六、卷二〇、卷二一。《舊唐書》卷一九下、《舊五代史》卷二一作"秦賢"。　汴：州名。治所在今河南開封市。

[3]尉氏：縣名。治所在今河南尉氏縣。

　　邢州孟遷降梁，[1]爲晉人所圍，太祖遣虔裕以精兵百人疾馳，夜破晉圍，入邢州，遲明，立梁旗幟於城上，晉人以爲救兵至，乃退。已而晉兵復來，遷執虔裕降于晉，見殺。

[1]孟遷：人名。邢州（今河北平鄉縣）人。唐末將領。傳見

《新唐書》卷一八七。

謝彥章

謝彥章,[1]許州人也。幼事葛從周,[2]從周憐其敏惠,養以爲子,授之兵法,從周以千錢置大盤中,爲行陣偏伍之狀,示以出入進退之節,彥章盡得之。及壯,事梁太祖爲騎將。是時,賀瓌善用步卒,而彥章與孟審澄、侯溫裕皆善將騎兵,[3]審澄、溫裕所將不過三千,彥章多而益辦。

[1]謝彥章:中華點校本云謝彥璋墓志、《册府》卷一六六、《太平廣記》卷三五四作"謝彥璋"。

[2]葛從周:人名。濮州鄄城（今山東鄄城縣）人。唐末、五代將領。傳見《舊五代史》卷一六、本書卷二一。

[3]孟審澄:人名。籍貫不詳。後梁將領。事見《舊五代史》卷九、卷一六、卷二三。　侯溫裕:人名。籍貫不詳。後梁將領。事見《舊五代史》卷九、卷一六、卷二三。

彥章事末帝,累遷匡國軍節度使。貞明四年,晉攻河北,賀瓌爲北面招討使,彥章爲排陣使,[1]屯于行臺。彥章爲將,好禮儒士,雖居軍中,嘗儒服,或臨敵御衆,肅然有將帥之威,左右馳驟,疾若風雨。晉人望其行陣齊整,相謂曰:"謝彥章必在此也!"其名重敵中如此。瓌心忌之。彥章與瓌行視郊外,瓌指一地語彥章曰:"此地岡阜隆起,[2]其中坦然,營栅之地也。"已而晉兵栅之,瓌疑彥章陰以告晉,益惡之。彥章故與馬步都虞候朱珪有隙，[3]瓌欲速戰，彥章請持重以老敵，珪乃誣彥章以爲將反。瓌旦享士，使珪伏甲殺之，審澄、温裕皆見害。

[1]排陣使：官名。唐節度使所屬武官中有排陣使，五代後梁時設於諸軍，爲先鋒之職。品秩不詳。參見王軼英《中國古代排陣使述論》，《西北大學學報》2010年第6期。

[2]此地岡阜隆起："隆"，原作"陸"，中華點校本據浙江本、宗文本、《舊五代史》卷一六改，今從。

[3]馬步都虞候：官名。五代侍衛親軍馬步軍統兵官，僅次於馬步軍都指揮使、副都指揮使。品秩不詳。　朱珪：人名。籍貫不詳。後梁將領。事見《舊五代史》卷九。

新五代史　卷二四

唐臣傳第十二

郭崇韜　安重誨

郭崇韜

郭崇韜，代州雁門人也，爲河東教練使。[1]爲人明敏，能應對，以材幹見稱。

[1]代州：州名。治所在今山西代縣。　雁門：縣名。治所在今山西代縣。　河東：方鎮名。治所在太原（今山西太原市）。教練使：官名。唐末、五代節度使屬官，諸州亦置此職。掌訓練軍士。品秩不詳。

莊宗爲晉王，孟知祥爲中門使，崇韜爲副使。[1]中門之職，參管機要，先時，吳珙、張虔厚等皆以中門使相繼獲罪。[2]知祥懼，求外任，莊宗曰："公欲避事，當舉可代公者。"知祥乃薦崇韜爲中門使，甚見親信。

[1]莊宗：即後唐莊宗李存勖。代北沙陀人。五代後唐開國皇帝。紀見《舊五代史》卷二七至卷三四、本書卷四至卷五。　孟知祥：人名。邢州龍岡（今河北邢臺市）人。李克用女婿，五代十國後蜀開國皇帝。傳見《舊五代史》卷一三六、本書卷六四。　中門使：官名。五代時晉王李存勖所置。爲節度使屬官，執掌同於朝廷之樞密使。品秩不詳。　副使：官名。即中門副使。品秩不詳。

[2]吴珙：人名。籍貫不詳。五代後唐將領。事見《舊五代史》卷二七。　張虔厚：人名。籍貫不詳。五代後唐將領。事見《舊五代史》卷五七。

晉兵圍張文禮于鎮州，久不下，而定州王都引契丹入寇。[1]契丹至新樂，[2]晉人皆恐，欲解圍去，莊宗未决，崇韜曰："契丹之來，非救文禮，爲王都以利誘之耳，且晉新破梁軍，宜乘已振之勢，不可遽自退怯。"莊宗然之，果敗契丹。莊宗即位，拜崇韜兵部尚書、樞密使。[3]

[1]張文禮：人名。燕（今河北北部）人。五代軍閥王鎔的部將。傳見《舊五代史》卷六二。　鎮州：州名。治所在今河北正定縣。　定州：州名。治所在今河北定州市。　王都：人名。中山陘邑（今河北定州市）人。本姓劉，後爲義武軍節度使王處直養子。五代軍閥。傳見《舊五代史》卷五四。　契丹：古部族、政權名。公元4世紀中葉宇文部爲前燕攻破，始分離而成單獨的部落，自號契丹。唐貞觀中，置松漠都督府，以其首領爲都督。唐末彊盛，916年迭剌部耶律阿保機建立契丹國（遼）。先後與五代、北宋並立，保大五年（1125）爲金所滅。參見張正明《契丹史略》，中華書局1979年版。

[2]新樂：縣名。治所在今河北新樂市。

[3]兵部尚書：官名。尚書省兵部長官。掌兵衛、武選、車輦、甲械、厩牧之政令。正三品。　樞密使：官名。樞密院長官。唐代宗時始以宦官掌機密，至昭宗時借朱温之力盡誅宦官，始改以士人任樞密使。備顧問，參謀議，出納詔奏，權侔宰相。品秩不詳。參見李全德《唐宋變革期樞密院研究》，北京圖書館出版社 2009 年版。

梁王彦章擊破德勝，唐軍東保楊劉，彦章圍之。[1]莊宗登壘，望見彦章爲重塹以絶唐軍，意輕之，笑曰："我知其心矣，其欲持久以弊我也。"即引短兵出戰，爲彦章伏兵所射，[2]大敗而歸。莊宗問崇韜："計安出？"是時，唐已得鄆州矣，[3]崇韜因曰："彦章圍我於此，其志在取鄆州也。臣願得兵數千，據河下流，築壘於必争之地，以應鄆州爲名，彦章必來争，既分其兵，可以圖也。然板築之功難卒就，陛下日以精兵挑戰，使彦章兵不得東，十日壘成矣。"莊宗以爲然，乃遣崇韜與毛璋將數千人夜行，[4]所過驅掠居人，毀屋伐木，渡河築壘於博州東，[5]晝夜督役，六日壘成。彦章果引兵急攻之，時方大暑，彦章兵熱死，及攻壘不克，所失太半，還趨楊劉，莊宗迎擊，遂敗之。

[1]王彦章：人名。鄆州壽張（今山東梁山縣）人。五代後梁將領。傳見《舊五代史》卷二一、本書卷三二。　德勝：地名。位於今河南濮陽縣。原爲黄河渡口，晉軍築德勝南、北二城於此，遂爲城名。　楊劉：地名。唐宋時期黄河渡口。位於今山東東阿縣。

[2]爲彦章伏兵所射："彦章"，原作"彦軍"，中華點校本據浙江本、宗文本、《詳節》卷三改，今從。

[3]鄆州：州名。治所在今山東東平縣。

[4]毛璋：人名。滄州（今河北滄州市）人。五代後唐將領。傳見《舊五代史》卷七三、本書卷二六。

[5]博州：州名。治所在今山東聊城市。

　　康延孝自梁奔唐，[1]先見崇韜，崇韜延之卧内，盡得梁虚實。是時，莊宗軍朝城，段凝軍臨河。[2]唐自失德勝，梁兵日掠澶、相，取黎陽、衛州，而李繼韜以澤、潞叛入于梁，契丹數犯幽、涿，又聞延孝言梁方召諸鎮兵欲大舉，唐諸將皆憂惑，以謂成敗未可知。[3]莊宗患之，以問諸將，諸將皆曰："唐得鄆州，隔河難守，不若棄鄆與梁，而西取衛州、黎陽，以河爲界，與梁約罷兵，毋相攻，[4]庶幾以爲後圖。"莊宗不悦，退卧帳中，召崇韜問計，崇韜曰："陛下興兵仗義，將士疲戰争、生民苦轉餉者，十餘年矣。况今大號已建，自河以北，人皆引首以望成功而思休息。今得一鄆州，不能守而棄之，雖欲指河爲界，誰爲陛下守之？且唐未失德勝時，四方商賈，征輸必集，薪蒭糧餉，其積如山。自失南城，[5]保楊劉，道路轉徙，耗亡太半。而魏博五州，[6]秋稼不稔，竭民而斂，不支數月，此豈按兵持久之時乎？臣自康延孝來，盡得梁之虚實，此真天亡之時也。願陛下分兵守魏，[7]固楊劉，而自鄆長驅擣其巢穴，不出半月，天下定矣！"莊宗大喜曰："此大丈夫之事也！"因問司天，[8]司天言："歲不利用兵。"崇韜曰："古者命將，鑿凶門而出。[9]况成算已决，區區常談，豈足信也！"莊宗即日下令軍中，歸其家屬於魏，夜渡楊劉，從鄆州入襲汴，[10]用八日而滅梁。莊宗推功，賜崇韜鐵券，拜侍中、成德軍節度使，依前樞密使。[11]

[1]康延孝：人名。代北（今山西代縣）人，一作塞北部落人。五代後唐將領。傳見《舊五代史》卷七四、本書卷四四。

[2]朝城：縣名。治所在今山東莘縣。　段凝：人名。開封（今河南開封市）人。其妹爲朱温美人，因其妹而爲朱温親信。五代後梁將領，後投後唐。傳見《舊五代史》卷七三、本書卷四五。　臨河：縣名。治所在今河南浚縣東北。

[3]澶：州名。唐武德四年（621）治澶水縣（今河南濮陽縣西），大曆七年（772）治頓丘縣（今河南清豐縣西南），五代後晉天福四年（939）移治德勝城（今河南濮陽縣東南），後周徙治今濮陽縣。　相：州名。治所在今河南安陽市。　黎陽：縣名。治所在今河南浚縣。　衛州：州名。治所在今河南衛輝市。　李繼韜：人名。汾州（今山西汾陽市）人。李嗣昭之子。五代後唐將領。傳見《舊五代史》卷五二、本書卷三六。　澤：州名。治所在今山西澤州縣。　潞：州名。治所在今山西長治市。　幽：州名。治所在今北京市。　涿：州名。治所在今河北涿州市。

[4]毋相攻："毋"，原作"無"，據殿本改。

[5]南城：地名。即德勝南城。位於今河南濮陽縣。

[6]魏博：方鎮名。治所在魏州貴鄉縣（今河北大名縣）。

[7]魏：州名。治所在今河北大名縣。

[8]司天：官名。即司天監。唐、五代司天監的長官即稱司天監，曾隨其官署改稱過太史令、秘書閣郎中、渾天監等。掌天文、曆法以及占候等事。品秩不詳。

[9]凶門：即北門。軍隊出征，由凶門出發，如辦喪事，示必死的決心。

[10]汴：州名。治所在今河南開封市。

[11]鐵券：皇帝頒賜給功臣的鐵制詔令文書，功臣本人及後世如有犯罪，以此券爲證，即可推念其功而予以赦減。　侍中：官名。秦始置。隋、唐前期爲門下省長官。唐後期多爲大臣加銜，不參與政務，實際職務由門下侍郎執行。正二品。　成德軍：方鎮名。治所在鎮州（今河北正定縣）。　節度使：官名。唐時在重要地區所設掌握一州或數州軍事、民事、財政的長官。品秩不詳。

莊宗與諸將以兵取天下，而崇韜未嘗居戰陣，徒以謀議居佐命第一之功，位兼將相，遂以天下爲己任，遇事無所回避。而宦官、伶人用事，特不便也。

初，崇韜與宦者馬紹宏俱爲中門使，[1]而紹宏位在上。及莊宗即位，二人當爲樞密使，而崇韜不欲紹宏在己上，乃以張居翰爲樞密使，紹宏爲宣徽使。[2]紹宏失職怨望，崇韜因置内勾使，[3]以紹宏領之。凡天下錢穀出入于租庸者，[4]皆經内勾。既而文簿繁多，州縣爲弊，遽罷其事，而紹宏尤側目。崇韜頗懼，語其故人子弟曰："吾佐天子取天下，今大功已就，而群小交興，吾欲避之，歸守鎮陽，[5]庶幾免禍，可乎？"故人子弟對曰："俚語曰：'騎虎者，勢不得下。'今公權位已隆，而下多怨嫉，一失其勢，能自安乎？"崇韜曰："奈何？"對曰："今中宫未立，而劉氏有寵，[6]宜請立劉氏爲皇后，而多建天下利害以便民者，然後退而乞身。天子以公有大功而無過，必不聽公去。是外有避權之名，而内有中宫之助，又爲天下所悦，雖有讒間，其可動乎？"崇韜以爲然，乃上書請立劉氏爲皇后。

[1]馬紹宏：人名。又作李紹宏。籍貫不詳。後唐莊宗近臣。傳見《舊五代史》卷七二。

[2]張居翰：人名。籍貫不詳。唐末、五代宦官。傳見《舊五代史》卷七二、本書卷三八。　宣徽使：官名。唐始置。宣徽南院使、北院使通稱宣徽使。初用宦官，五代以後改用士人。通掌內諸司及三班內侍之名籍，郊祀、朝會、宴享供帳之儀，檢視內外進奉名物。品秩不詳。參見王永平《論唐代宣徽使》，《中國史研究》1995年第1期；王孫盈政《再論唐代的宣徽使》，《中華文史論叢》2018年第3期。

[3]內勾使：官名。五代後唐莊宗時，以馬紹宏爲內勾使，掌勾三司財賦。品秩不詳。

[4]租庸：官名。即租庸使。唐代爲主持催徵租庸地稅的財政官員。後梁、後唐時，租庸使取代鹽鐵、度支、户部，爲中央財政長官。品秩不詳。

[5]鎮陽：地名。即鎮州。治所在今河北正定縣。

[6]中宫：皇后居住之處。亦用爲皇后的代稱。　劉氏：指後唐莊宗劉皇后。魏州成安（今河北成安縣）人。傳見《舊五代史》卷四九、本書卷一四。

崇韜素廉，自從入洛，[1]始受四方賂遺，故人子弟或以爲言，崇韜曰："吾位兼將相，禄賜巨萬，豈少此邪？今藩鎮諸侯，多梁舊將，皆主上斬袪射鈎之人也。[2]今一切拒之，豈無反側？且藏于私家，何異公帑？"明年，天子有事南郊，[3]乃悉獻其所藏，以佐賞給。

[1]洛：地名。即洛陽。"入洛"指莊宗滅後梁，建立後唐，定都洛陽。

［2］斬袪（qū）射鉤：斬削袖口，射中帶鉤。指有舊怨的人。此處用了晉文公、齊桓公的典故。

［3］南郊：意爲都城南面之郊。代指南面郊區之祭天場所（圜丘），亦指祭天之禮（郊天）。古人用"郊""南郊""有事於南郊"指代在南郊之圜丘舉行的郊天典禮。

　　莊宗已郊，遂立劉氏爲皇后。崇韜累表自陳，請依唐舊制，還樞密使於内臣，而并辭鎮陽，優詔不允。崇韜又曰："臣從陛下軍朝城，定計破梁，陛下撫臣背而約曰：'事了，與卿一鎮。'今天下一家，俊賢並進，臣憊矣，願乞身如約。"莊宗召崇韜謂曰："朝城之約，許卿一鎮，不許卿去。欲捨朕，安之乎？"崇韜因建天下利害二十五事，施行之。

　　李嗣源爲成德軍節度使，徙崇韜忠武。[1]崇韜因自陳權位已極，言甚懇至。莊宗曰："豈可朕居天下之尊，使卿無尺寸之地？"崇韜辭不已，遂罷其命，仍爲侍中、樞密使。

　　［1］李嗣源：人名。沙陀人。原名邈佶烈，李克用養子。五代後唐明宗，926年至933年在位。紀見《舊五代史》卷三五至卷四四、本書卷六。　忠武：方鎮名。治所在陳州（今河南淮陽縣）。

　　同光三年夏，[1]霖雨不止，大水害民田，民多流死。莊宗患宫中暑濕不可居，思得高樓避暑。宦官進曰："臣見長安全盛時，大明、興慶宫樓閣百數。[2]今大内不及故時卿相家。"莊宗曰："吾富有天下，豈不能作一樓？”乃遣宮苑使王允平營之。[3]宦官曰："郭崇韜眉頭不伸，常爲租庸惜財用，陛下雖欲有作,[4]其可得乎？"莊宗乃使人問崇韜曰："昔吾與梁對壘於河上，雖祁寒盛暑，被甲跨馬，不以爲勞。今居深宮，蔭廣廈，不勝其熱，何也？"崇韜對曰："陛下昔以天下爲心，今以一身爲意，艱難逸豫，爲慮不同，其勢自然也。願陛下無忘創業之難，常如河上，則可使繁暑坐變清涼。"莊宗默然。終遣允平起樓，崇韜果切諫。宦官曰："崇韜之第，無異皇居，安知陛下之熱！"由是讒間愈入。

[1]同光：後唐莊宗李存勖年號（923—926）。

[2]大明：宮名。與太極宮、興慶宮並爲唐代"三內"。位於今陝西西安市。　興慶宮：宮名。與太極宮、大明宮並爲唐代"三內"。位於今陝西西安市。

[3]宮苑使：官名。唐始置，以宦官充任，五代改用士人。掌管京師地區宮苑和宮苑所屬莊田的管理事務。品秩不詳。　王允平：人名。籍貫不詳。五代後唐官員。事見《舊五代史》卷五七。

[4]陛下雖欲有作："雖欲"，原作"欲雖"，中華點校本據浙江本、宗文本乙正，今從。

河南縣令羅貫,[1]爲人彊直，頗爲崇韜所知。貫正身奉法，不受權豪請託，宦官、伶人有所求請，書積几案，一不以報，皆以示崇韜。崇韜數以爲言，宦官、伶人由此切齒。河南自故唐時張全義爲尹,[2]縣令多出其門，全義廝養畜之。及貫爲之，奉全義不屈，縣民恃全義爲不法者，皆按誅之。全義大怒，嘗使人告劉皇后，從容爲白貫事，而左右日夜共攻其短。莊宗未有以發。皇太后崩，葬坤陵，陵在壽安，莊宗幸陵作所，而道路泥塗，橋壞。[3]莊宗止輿問："誰主者？"宦官曰："屬河南。"因亟召貫，貫至，對曰："臣初不奉詔，請詰主者。"莊宗曰："爾之所部，復問何人！"即下貫獄，獄吏榜掠，體無完膚。明日，傳詔殺之。崇韜諫曰："貫罪無佗，橋道不修，法不當死。"莊宗怒曰："太后靈駕將發，[4]天子車輿往來，橋道不修，卿言無罪，是朋黨也！"崇韜曰："貫雖有罪，當具獄行法于有司。[5]陛下以萬乘之尊，怒一縣令，使天下之人，言陛下用法不公，臣等之過也。"莊宗曰："貫，公所愛，任公裁決！"因起入宮，崇韜隨之，論不已，莊宗自闔殿門，崇韜不得入。貫卒見殺。

[1]河南：縣名。治所在今河南洛陽市。　縣令：官名。爲縣的行政長官，掌治本縣。唐代之縣，分京、畿、上、中、中下、下六等，統稱縣令，但品級不同。河南縣令爲京縣令，正五品上。羅貫：人名。籍貫不詳。後唐官員，進士及第。傳見《舊五代史》卷七一。

[2]河南：府名。治所在今河南洛陽市。　張全義：人名。後因犯諱，改名張宗奭。亦作"張言"。濮州臨濮（今山東鄄城縣）人。唐末、五代後梁、後唐將領。傳見《舊五代史》卷六三、本書卷四五。　尹：官名。即河南尹。唐開元元年（713）改洛州爲河南府，治所在今河南洛陽市，河南府尹總其政務。從三品。

[3]皇太后：指莊宗生母曹太后。太原人。傳見《舊五代史》卷四九、本書卷一四。　坤陵：後唐莊宗之母曹太后陵墓。位於壽安縣（今河南宜陽縣）。　壽安：縣名。治所在今河南宜陽縣。

陵作所：營造帝后山陵的場所。

[4]靈駕：載運帝后靈柩的車子。

[5]具獄：備文定案。

明年征蜀，[1]議擇大將。時明宗爲總管，[2]當行。而崇韜以讒見危，思立大功爲自安之計，乃曰："契丹爲患北邊，非總管不可禦。魏王繼岌，[3]國之儲副，而大功未立；且親王爲元帥，唐故事也。"莊宗曰："繼岌，小子，豈任大事？必爲我擇其副。"崇韜未及言，莊宗曰："吾得之矣，無以易卿也。"乃以繼岌爲西南面行營都統，崇韜爲招討使，軍政皆决崇韜。[4]

[1]蜀：五代十國之前蜀。

[2]總管：官名。即"蕃漢内外馬步軍總管"。五代後唐置，爲蕃漢馬步軍總指揮官。品秩不詳。

[3]魏王繼岌：人名。即李繼岌。後唐莊宗長子，時封魏王。傳見《舊五代史》卷五一、本書卷一四。

[4]行營都統：官名。唐末設諸道行營都統，作爲各道出征兵士的統帥。品秩不詳。　招討使：官名。唐始置。戰時任命，兵罷則省。常以大臣、將帥或地方軍政長官兼任。掌招撫、討伐等事。品秩不詳。

唐軍入蜀，所過迎降。王衍弟宗弼，陰送款于崇韜，求爲西川兵馬留後，崇韜以節度使許之。[1]軍至成都，宗弼遷衍于西宫，悉取衍嬪妓、珍寶奉崇韜及其子廷誨。[2]又與蜀人列狀見魏王，請崇韜留鎮蜀。繼岌頗疑崇韜，崇韜無以自明，因以事斬宗弼及其弟宗渥、宗勳，没其家財。[3]蜀人大恐。

[1]王衍：人名。許州舞陽（今河南舞陽縣）人。王建幼子，五代十國前蜀皇帝。傳見《舊五代史》卷一三六、本書卷六三。宗弼：人名。即王宗弼。五代十國前蜀宗室、大臣。王建養子。傳見本書卷六三。　西川：方鎮名。治所在成都府（今四川成都市）。兵馬留後：官名。唐五代時，代行方鎮長官之職者稱留後。代行州兵馬使之職者，即爲兵馬留後。掌本州兵馬。品秩不詳。

[2]成都：府名。治所在今四川成都市。　西宮：宮殿名。屬前蜀宮殿。位於今四川成都市。　廷誨：人名。即郭廷誨。代州雁門（今山西代縣）人。郭崇韜之子。事見《舊五代史》卷五七。

[3]宗渥：人名。即王宗渥。事見本書卷五。　宗勳：人名。即王宗勳。事見本書卷六三。本書卷五載"郭崇韜殺王宗弼及其弟宗渥、宗訓"。

崇韜素嫉宦官，嘗謂繼岌曰："王有破蜀功，師旋，必爲太子，俟主上千秋萬歲後，當盡去宦官，至於扇馬，亦不可騎。"繼岌監軍李從襲等見崇韜專任軍事，[1]心已不平，及聞此言，遂皆切齒，思有以圖之。莊宗聞破蜀，遣宦官向延嗣勞軍，崇韜不郊迎，[2]延嗣大怒，因與從襲等共構之。延嗣還，上蜀簿，[3]得兵三十萬，馬九千五百匹，兵器七百萬，糧二百五十三萬石，錢一百九十二萬緡，金銀二十二萬兩，珠玉犀象二萬，文錦綾羅五十萬匹。莊宗曰："人言蜀天下之富國也，所得止於此邪？"延嗣因言蜀之寶貨皆入崇韜，且誣其有異志，將危魏王。莊宗怒，遣宦官馬彥珪至蜀，[4]視崇韜去就。彥珪以告劉皇后，劉皇后教彥珪矯詔魏王殺之。

[1]監軍：官名。爲臨時差遣，代表朝廷協理軍務、督察將帥。唐、五代時常以宦官爲監軍。品秩不詳。　李從襲：人名。籍貫不詳。後唐宦官。事見《通鑑》卷二七四。

[2]向延嗣：人名。籍貫不詳。後唐宦官。事見《通鑑》卷二七四。　勞軍：慰勞軍隊。　郊迎：出郊外迎接，以示隆重。

[3]蜀簿：蜀國賬簿文書。

[4]馬彥珪：人名。籍貫不詳。後唐宦官。事見《通鑑》卷二七四。

崇韜有子五人，其二從死於蜀，餘皆見殺。其破蜀所得，皆籍没。明宗即位，詔許歸葬，以其太原故宅賜其二孫。

當崇韜用事，自宰相豆盧革、韋説等皆傾附之。[1]崇韜父諱弘，革等即因佗事，奏改弘文館爲崇文館。[2]以其姓郭，因以爲子儀之後，崇韜遂以爲然。[3]其伐蜀也，過子儀墓，下馬號慟而去，聞者頗以爲笑。然崇韜盡忠國家，有大略。其已破蜀，因遣使者以唐威德風諭南詔諸蠻，[4]欲因以綏來之，可謂有志矣！

[1]豆盧革：人名。先世爲鮮卑慕容氏，後改豆盧氏。唐同州刺史豆盧籍之孫，舒州刺史豆盧瓚之子。後唐宰相。傳見《舊五代史》卷六七、本書卷二八。　韋説：人名。京兆萬年（今陝西西安市）人。唐福建觀察使韋岫之子。唐末進士，後梁大臣、後唐宰相。傳見《舊五代史》卷六七。原作"韋悦"，中華點校本據北監本改，今從。

[2]弘：人名。即郭弘。代州雁門（今山西代縣）人。郭崇韜之父。事見本書本卷。　弘文館：官署名。唐武德四年（621）始

置修文館，以安置文學之士，典司書籍。唐太宗即位，改爲弘文館。以後名稱多有異同，然以弘文館爲多。

[3]子儀：人名。即郭子儀。華州鄭縣（今陝西渭南市華州區）人。唐中期著名將領。傳見《舊唐書》卷一二〇、《新唐書》卷一三七。

[4]南詔：唐五代以烏蠻爲主體的政權。位於今雲南、貴州一帶。傳見本書卷七四。

安重誨

安重誨，應州人也。[1]其父福遷，[2]事晉爲將，以驍勇知名。梁攻朱宣于鄆州，[3]晉兵救宣，宣敗，福遷戰死。

[1]應州：州名。治所在今山西應縣。
[2]福遷：人名。即安福遷。應州（今山西應縣）人。唐末五代李克用部將。事見《舊五代史》卷二五。
[3]朱宣：人名。一作朱瑄。宋州下邑（今河南夏邑縣）人。唐末、五代軍閥，後爲天平軍節度使。傳見《舊唐書》卷一八二、《新唐書》卷一八八、《舊五代史》卷一三、本書卷四二。

重誨少事明宗，爲人明敏謹恪。明宗鎮安國，以爲中門使，及兵變于魏，所與謀議大計，皆重誨與霍彥威決之。[1]明宗即位，以爲左領軍衛大將軍、樞密使，兼領山南東道節度使。[2]固辭不拜，改兵部尚書，使如故。在位六年，累加侍中兼中書令。[3]

[1]安國：方鎮名。治所在邢州（今河北邢臺市）。　霍彥威：

人名。洺州曲周（今河北曲周縣）人。五代後梁將領霍存養子。後梁、後唐將領。傳見《舊五代史》卷六四、本書卷四六。

[2]左領軍衛大將軍：官名。唐置，掌宮禁宿衛。唐代置十六衛，即左右衛、左右驍衛、左右武衛、左右威衛、左右領軍衛、左右金吾衛、左右監門衛、左右千牛衛。各置上將軍，從二品；大將軍，正三品；將軍，從三品。　山南東道：方鎮名。治所在襄州（今湖北襄陽市）。

[3]中書令：官名。漢代始置，隋、唐前期爲中書省長官，屬宰相之職；唐後期多爲授予元勳大臣的虚銜。正二品。

　　重誨自爲中門使，已見親信，而以佐命功臣，處機密之任，事無大小，皆以參決，其勢傾動天下。雖其盡忠勞心，時有補益，而恃功矜寵，威福自出，旁無賢人君子之助，其獨見之慮，禍釁所生，至於臣主俱傷，幾滅其族，斯其可哀者也。

　　重誨嘗出，過御史臺門，殿直馬延誤衝其前導，重誨怒，即臺門斬延而後奏。[1]是時，隨駕廳子軍士桑弘遷，毆傷相州錄事參軍；親從兵馬使安虔，走馬衝宰相前導。[2]弘遷罪死，虔決杖而已。[3]重誨以斬延，乃請降敕處分，明宗不得已從之，由是御史、諫官無敢言者。[4]

[1]御史臺：官署名。秦漢始置。爲古代國家的監察機構。掌糾察官吏違法，肅正朝廷綱紀。大事廷辨，小事奏彈。　殿直：官名。五代後唐禁軍低級軍官。品秩不詳。　馬延：人名。籍貫不詳。後唐將領。事見《舊五代史》卷六六、本書卷六。　前導：官吏出行時前列的儀仗。

[2]廳子軍：衙門裏當差的小吏組成的軍隊。　桑弘遷：人名。籍貫不詳。五代後唐時人。事見本書本卷。　録事參軍：官名。州府屬官。總掌諸曹事務。從六品至從八品不等。　親從兵馬使：官名。唐五代親從部隊統率官。掌兵馬訓練、指揮。品秩不詳。　安虔：人名。籍貫不詳。五代後唐將領。事見本書本卷。

[3]決杖：判處、執行杖刑。

[4]御史：御史臺執掌監察官員的泛稱。　諫官：掌諫諍的官員的統稱。

宰相任圜判三司，以其職事與重誨爭，不能得，圜怒，辭疾，退居于磁州。[1]朱守殷以汴州反，[2]重誨遣人矯詔馳至其家，殺圜而後白，誣圜與守殷通謀，明宗皆不能詰也。而重誨恐天下議己，因取三司積欠二百餘萬，請放之，[3]冀以悦人而塞責，明宗不得已，爲下詔蠲除之。其威福自出，多此類也。

[1]任圜：人名。京兆三原（今陝西三原縣）人。五代後唐將領、大臣。傳見《舊五代史》卷六七、本書卷二八。　三司：官署名。唐末五代稱鹽鐵、度支、户部爲三司，其分則爲三個獨立部門，合則稱爲三司。三司掌管統籌國家財政之事。　磁州：州名。治所在今河北磁縣。

[2]朱守殷：人名。籍貫不詳。五代後唐將領。傳見《舊五代史》卷七四、本書卷五一。

[3]放：蠲放、免除之意。

是時，四方奏事，皆先白重誨然後聞。河南縣獻嘉禾，[1]一莖五穗，重誨視之曰："僞也。"笞其人而遣之。[2]夏州李仁福進白鷹,[3]重誨却之,明日,白曰:"陛下詔天下毋得獻鷹鷂,而仁福違詔獻鷹,臣已却之矣。"重誨出,明宗陰遣人取之以入。佗日,按鷹于西郊,戒左右:"無使重誨知也!"宿州進白兔,[4]重誨曰:"兔陰且狡,雖白何爲?"遂却而不白。

[1]嘉禾:指一莖多穗的禾。古人以爲祥瑞。
[2]笞:五刑之一。用竹板或荆條拷打犯人脊背或臀腿。
[3]夏州:州名。治所在朔方縣(今陝西靖邊縣)。 李仁福:人名。党項拓跋族人。五代党項首領。傳見《舊五代史》卷一三二、本書卷四〇。
[4]宿州:州名。治所在今安徽宿州市。

　　明宗爲人雖寬厚,然其性夷狄,果於殺人。馬牧軍使田令方所牧馬,[1]瘠而多斃,坐劾當死,重誨諫曰:"使天下聞以馬故,殺一軍使,是謂貴畜而賤人。"令方因得減死。明宗遣回鶻侯三馳傳至其國。[2]侯三至醴泉縣,縣素僻,無驛馬,其令劉知章出獵,不時給馬,侯三遽以聞。[3]明宗大怒,械知章至京師,將殺之,重誨從容爲言,知章乃得不死。其盡忠補益,亦此類也。

[1]馬牧軍使:官名。掌戰馬畜牧等事。品秩不詳。 田令方:人名。籍貫不詳。五代後唐官員。事見本書本卷。
[2]回鶻:部族名。原係突厥鐵勒部的一支。唐天寶三載(744)建立回鶻汗國,9世紀中葉,回鶻汗國瓦解。參見楊蕤《回鶻時代:10—13世紀陸上絲綢之路貿易研究》,中國社會科學出版社2015年版。 侯三:人名。回鶻人。五代後唐時人,明宗部屬。

事見《舊五代史》卷六六。

[3]醴泉縣：縣名。治所在今陝西禮泉縣。　劉知章：人名。籍貫不詳。五代後唐官員。事見《舊五代史》卷六六。

重誨既以天下爲己任，遂欲內爲社稷之計，而外制諸侯之彊。然其輕信韓玫之譖，而絕錢鏐之臣；[1]徒陷彥溫於死，而不能去潞王之患；[2]李嚴一出而知祥貳，仁矩未至而董璋叛；[3]四方騷動，師旅並興，如投膏止火，適足速之。此所謂獨見之慮，禍孽所生也。

[1]韓玫：人名。籍貫不詳。五代後唐官員。事見本書本卷。錢鏐：人名。臨安（今浙江杭州市）人。五代十國吳越國建立者。傳見《舊五代史》卷一三三、本書卷六七。

[2]彥溫：人名。即楊彥溫。汴州（今河南開封市）人。後唐將領。傳見《舊五代史》卷七四。　潞王：即後唐廢帝李從珂。鎮州（今河北正定縣）人。本姓王，後唐明宗李嗣源擄其母魏氏，遂養爲己子。應順元年（934）四月，李從珂入洛陽即帝位。清泰三年（936）五月，石敬瑭謀反，廢帝自焚死，後唐亡。紀見《舊五代史》卷四六至卷四八、本書卷七。

[3]李嚴：人名。幽州（今北京市）人。五代後唐官員。傳見《舊五代史》卷七〇、本書卷二六。　仁矩：人名。即李仁矩。籍貫不詳。五代後唐將領。傳見《舊五代史》卷七〇、本書卷二六。董璋：原作"董章"，中華點校本據宗文本、《詳節》卷三及本卷下文改，今從。董璋爲五代後梁、後唐將領。籍貫不詳。傳見《舊五代史》六二、本書卷五一。

錢鏐據有兩浙，號兼吳越而王，自梁及莊宗，常異其禮，以羈縻臣屬之而已。[1]明宗即位，鏐遣使朝京師，寓書重誨，其禮慢。重誨怒，未有以發，乃遣其嬖吏韓玫、副供奉官烏昭遇復使於鏐。[2]而玫恃重誨勢，數凌辱昭遇，因醉使酒，以馬箠擊之。[3]鏐欲奏其事，昭遇以爲辱國，固止之。及玫還，返譖於重誨曰："昭遇見鏐，舞蹈稱臣，[4]而以朝廷事私告鏐。"昭遇坐死御史獄，乃下制削奪鏐官爵，以太師致仕，於是錢氏遂絶於唐矣！[5]

[1]兩浙：地區名。浙東、浙西的合稱。泛指今浙江全省及江蘇南部一角。　吳越：五代十國之吳越國。後梁開平元年（907），封鎮海節度使錢鏐爲吳越王，領有今浙江之地及江蘇的一部分。北宋太平興國三年（978），錢俶向北宋納土，吳越亡。

[2]供奉官：爲東、西頭供奉官通稱。亦泛指侍奉皇帝左右的臣僚。　烏昭遇：人名。籍貫不詳。五代後唐官員。事見《舊五代史》卷四〇。

[3]馬箠：馬鞭。

[4]舞蹈：臣僚對君主的朝參禮儀。典儀官贊"舞蹈"，臣僚做出有節奏的動作，司樂官以樂伴之。

[5]御史獄：監獄名。即御史臺獄。唐代始置。主要囚禁皇帝詔命交付審判的案犯。　太師：官名。與太傅、太保並爲三師。唐後期、五代多爲大臣、勛貴加官。正一品。　致仕：官員告老辭官。

潞王從珂爲河中節度使，[1]重誨以謂從珂非李氏子，後必爲國家患，乃欲陰圖之。從珂閱馬黃龍莊，其牙内指揮使楊彦温閉城以叛。[2]從珂遣人謂彦温曰："我遇汝厚，何苦而反邪？"報曰："彥溫非叛也，得樞密院宣，[3]請公趨歸朝廷耳！"從珂走虞鄉，馳騎上變。[4]明宗疑其事不明，欲究其所以，乃遣殿直都知范氳以金帶襲衣、金鞍勒馬賜彥溫，拜彥溫絳州刺史，以誘致之。[5]重誨固請用兵，明宗不得已，乃遣侍衛指揮使藥彥稠、西京留守索自通率兵討之，[6]而誡曰："爲我生致彥溫，吾將自訊其事。"彥稠等攻破河中，希重誨旨，斬彥溫以滅口。重誨率群臣稱賀，明宗大怒曰："朕家事不了，卿等不合致賀！"從珂罷鎮，居清化里第。[7]重誨數諷宰相，言從珂失守，宜得罪，馮道因白請行法。[8]明宗怒曰："吾兒爲姦人所中，事未辨明，公等出此言，是不欲容吾兒人間邪？"趙鳳因言：[9]"《春秋》責帥之義，所以勵爲臣者。"明宗曰："皆非公等意也！"道等惶恐而退。居數日，道等又以爲請，明宗顧左右而言他。明日，重誨乃自論列，明宗曰："公欲如何處置，我即從公！"重誨曰："此父子之際，非臣所宜言，惟陛下裁之！"明宗曰："吾爲小校時，衣食不能自足，此兒爲我擔石灰，拾馬糞，以相養活，今貴爲天子，獨不能庇之邪！使其杜門私第，亦何與公事！"重誨由是不復敢言。

[1]河中：方鎮名。治所在河中府（今山西永濟市）。

[2]閱馬：校閱軍馬，引申爲檢閱部隊。　黃龍莊：地名。其地不詳，疑位於虞鄉縣（今山西永濟市）一帶。　牙內指揮使：官名。即衙內指揮使。唐五代時期衙內指揮使爲節度使府衙內之牙將，統最親近衛兵。品秩不詳。

[3]樞密院：官署名。唐代自天寶以後，宦官之權始大，領禁軍，典兵機文書。代宗時始定樞密使之名，但仍無公署，惟掌收受章奏，傳達皇帝旨意。昭宗藉朱温之力，盡誅宦官，始以士人任樞密使。後梁開平元年（907）改樞密院爲崇政院，樞密使爲崇政院使，改用士人，備皇帝顧問，其地位相當於宰相。後唐復樞密院之名。　宣：文書名。

　　[4]虞鄉：縣名。治所在今山西永濟市。

　　[5]殿直都知：官名。五代後唐禁軍軍官。品秩不詳。　范鱥：人名。籍貫不詳。五代後唐將領。本書僅此一見。　絳州：州名。治所在今山西新絳縣。　刺史：官名。州一級行政長官。漢武帝時始置，總掌考核官吏、勸課農桑、地方教化等事。唐中期以後，節度使、觀察使轄州而設，刺史爲其屬官，職任漸輕。從三品至正四品下。

　　[6]侍衛指揮使：官名。當即侍衛親軍都指揮使。五代侍衛親軍長官。多爲皇帝親信。後梁始置侍衛親軍，爲禁軍的一支，後唐沿置並成爲禁軍主力，下設馬軍、步軍。品秩不詳。　藥彥稠：人名。沙陀人。五代後唐將領。傳見《舊五代史》卷六六、本書卷二七。　西京：指京兆府（今陝西西安市）。　留守：官名。在陪都或軍事重鎮所設留守，由地方行政長官兼任。品秩不詳。　索自通：人名。太原清源（今山西清徐縣）人。五代後唐將領。傳見《舊五代史》卷六五。

　　[7]清化里：里名。位於今河南洛陽市。

　　[8]馮道：人名。瀛州景城（今河北滄州市）人。五代時官拜宰相，歷仕後唐、後晉、後漢、後周，亦曾臣事契丹。傳見《舊五代史》卷一二六、本書卷五四。

　　[9]趙鳳：人名。幽州（今北京市）人。五代後唐大臣。傳見《舊五代史》卷六七、本書卷二八。

孟知祥鎮西川，董璋鎮東川，[1]二人皆有異志，重誨每事裁抑，務欲制其姦心，凡兩川守將更代，多用己所親信，必以精兵從之，漸令分戍諸州，以虞緩急。二人覺之，以爲圖己，益不自安。既而遣李嚴爲西川監軍，知祥大怒，斬嚴；又分閬州爲保寧軍，以李仁矩爲節度使以制璋，且削其地，璋以兵攻殺仁矩。[2]二人遂皆反。唐兵戍蜀者，積三萬人，其後知祥殺璋，兼據兩川，而唐之精兵皆陷蜀。

[1]東川：方鎮名。治所在梓州（今四川三臺縣）。
[2]閬州：州名。治所在今四川閬中市。　保寧軍：方鎮名。五代後唐天成四年（929）後蜀分東川置。治所在閬州（今四川閬中市）。　璋以兵攻殺仁矩："攻"字原闕，中華點校本據浙江本、宗文本補，今從。

初，明宗幸汴州，重誨建議，欲因以伐吳，[1]而明宗難之。其後戶部尚書李鏻得吳諜者言：[2]"徐知誥欲舉吳國以稱藩，[3]願得安公一言以爲信。"鏻即引諜者見重誨，重誨大喜以爲然，乃以玉帶與諜者，[4]使遺知誥爲信，其直千緡。初不以其事聞，其後逾年，知誥之問不至，始奏貶鏻行軍司馬。[5]已而捧聖都軍使李行德、十將張儉告變，[6]言：[7]"樞密承旨李虔徽語其客邊彥溫云：[8]'重誨私募士卒，繕治甲器，欲自伐吳。又與諜者交私。'"明宗以問重誨，重誨惶恐，請究其事。明宗初頗疑之，大臣左右皆爲之辨，既而少解，始告重誨以彥溫之言，因廷詰彥溫，具伏其詐，於是君臣相顧泣下。彥溫、行德、儉皆坐族誅。重誨因求解職,明宗慰之曰:"事已辨,慎無措之胸中!"重誨論請不已,明宗怒曰:"放卿去,朕不患無人!"顧武德使孟漢瓊至中書,[9]趣馮道等議代重誨者,馮道曰:"諸公苟惜安公,使得罷去,是紓其禍也。"趙鳳以爲大臣不可輕動。遂以范延光爲樞密使,[10]而重誨居職如故。

[1]吳:五代十國之吳國。

[2]户部尚書:官名。尚書省户部長官。掌管全國土地、户籍、賦税、財政收支諸事。正三品。　李鏻:人名。唐朝宗室。五代大臣。傳見《舊五代史》卷一〇八、本書卷五七。

[3]徐知誥:人名。即李昪。徐州(今江蘇徐州市)人。五代十國南唐開國皇帝。傳見《舊五代史》卷一三四、本書卷六二。

[4]玉帶:通常指由玉質構件裝飾的革制腰帶,裝飾精美,風格多樣,多佩於正式禮服或官服之外。

[5]行軍司馬:官名。爲出征將領及節度使的屬官。掌軍籍符伍、號令印信,是藩鎮重要的軍政官員。品秩不詳。

[6]捧聖都軍使:官名。捧聖爲五代禁軍番號,因全爲騎兵,故又稱"捧聖馬軍"。都軍使,五代時期部隊統兵官、邊防將領。品秩不詳。　李行德:人名。籍貫不詳。五代後唐將領。事見《舊五代史》卷四一。　十將:官名。五代低級軍職。品秩不詳。　張儉:人名。籍貫不詳。五代後唐將領。事見《舊五代史》卷四一。

[7]言:此字原闕,中華點校本據浙江本、宗文本補,今從。

[8]樞密承旨:官名。五代設樞密院承旨和樞密院副承旨,以各衛將軍擔任。主管樞密院承旨司之事。品秩不詳。　李虔徽:人名。籍貫不詳。五代後唐官員。事見本書本卷。　邊彥溫:人名。籍貫不詳。五代後唐官員。事見《舊五代史》卷四一。

[9]武德使:官名。五代後唐置,爲武德司長官,掌檢校皇城

啓閉與警衛。品秩不詳。　孟漢瓊：人名。籍貫不詳。五代後唐宦官。傳見《舊五代史》卷七二。　中書：官署名。"中書門下"的簡稱。唐代以來爲宰相處理政務的機構。參見劉後濱《唐代中書門下體制研究——公文形態・政務運行與制度變遷》，齊魯書社2004年版。

[10]范延光：人名。相州臨漳（今河北臨漳縣）人。五代後唐、後晉將領。傳見《舊五代史》卷九七、本書卷五一。

　　董璋等反，遣石敬瑭討之，[1]而川路險阻，糧運甚艱，每費一石而致一斗。自關以西，民苦輸送，往往亡聚山林爲盜賊。明宗謂重誨曰："事勢如此，吾當自行。"重誨曰："此臣之責也。"乃請行。關西之人聞重誨來，皆已恐動，而重誨日馳數百里，遠近驚駭。督趣糧運，日夜不絕，斃踣道路者，不可勝數。重誨過鳳翔，節度使朱弘昭延之寢室，使其妻子奉事左右甚謹。[2]重誨酒酣，爲弘昭言："昨被讒構，幾不自全，賴人主明聖，得保家族。"因感欷泣下。重誨去，弘昭馳騎上言："重誨怨望，不可令至行營，恐其生事。"而宣徽使孟漢瓊自行營使還，亦言西人震駭之狀，因述重誨過惡。重誨行至三泉，被召還。[3]過鳳翔，弘昭拒而不納，重誨懼，馳趨京師。未至，拜河中節度使。

　　[1]石敬瑭：人名。沙陀人。五代後唐將領、後晉開國皇帝。紀見《舊五代史》卷七五至卷八〇、本書卷八。

　　[2]鳳翔：方鎮名。治所在鳳翔府（今陝西鳳翔縣）。　朱弘昭：人名。太原（今山西太原市）人。後唐明宗朝樞密使、宰相。傳見《舊五代史》卷六六、本書卷二七。

[3]三泉：縣名。治所在今陝西寧強縣。

　　重誨已罷，希旨者爭求其過。宦者安希倫，坐與重誨交私，常與重誨陰伺宮中動息，事發棄市。[1]重誨益懼，因上章告老。以太子太師致仕；[2]而以李從璋爲河中節度使，[3]遣藥彥稠率兵如河中虞變。重誨子崇緒、崇贊，[4]宿衛京師，聞制下，即日奔其父，重誨見之，驚曰："渠安得來！"已而曰："此非渠意，爲人所使耳。吾以一死報國，餘復何言！"乃械送二子于京師，行至陝州，[5]下獄。明宗又遣翟光業至河中，[6]視重誨去就，戒曰："有異志，則與從璋圖之。"又遣宦者使于重誨。使者見重誨，號泣不已，重誨問其故，使者曰："人言公有異志，朝廷遣藥彥稠率師至矣！"重誨曰："吾死未塞責，遽勞朝廷興師，以重明主之憂。"光業至，從璋率兵圍重誨第，入拜于庭。重誨降而答拜，從璋以檛擊其首，重誨妻走抱之而呼曰："令公死未晚，何遽如此！"又擊其首，夫妻皆死，流血盈庭。從璋檢責其家貲，不及數千緡而已。明宗下詔，以其絕錢鏐，致孟知祥、董璋反，及議伐吳，以爲罪。并殺其二子，其餘子孫皆免。

[1]安希倫：人名。籍貫不詳。五代後唐宦官。事見《舊五代史》卷四二。　棄市：古代刑法名。即在鬧市執行死刑，並陳屍街頭示衆。

[2]太子太師：官名。與太子太傅、太子太保統稱太子三師。隋唐以後多作加官或贈官。從一品。

［3］李從璋：人名。五代後唐明宗從子。後唐、後晋將領。傳見《舊五代史》卷八八、本書卷一五。

［4］崇緒、崇贊：人名。即安崇緒、安崇贊。安重誨之子。五代後唐官員。事見《舊五代史》卷四二。

［5］陝州：州名。治所在今河南三門峽市陝州區。

［6］翟光業：人名。中華點校本謂《舊五代史》卷六六、《册府》卷九四二、《通鑑》卷二七七作"翟光鄴"，是。本卷下一處同。翟光鄴，濮州鄄城（今山東鄄城縣）人。五代後唐至後周將領。傳見《舊五代史》卷一二九、本書卷四九。

重誨得罪，知其必死，歎曰："我固當死，但恨不與國家除去潞王！"此其恨也。

嗚呼，官失其職久矣！予讀梁宣底，見敬翔、李振爲崇政院使，凡承上之旨，宣之宰相而奉行之。[1]宰相有非其見時而事當上決者，與其被旨而有所復請者，則具記事而入，"記事"，若今學士院諮報，今士大夫間以文字相往來謂之"簡帖"，俚俗猶謂之"記事"也。因崇政使以聞，[2]得旨則復宣而出之。梁之崇政使，乃唐樞密之職，蓋出納之任也，唐常以宦者爲之，至梁戒其禍，始更用士人，其備顧問、參謀議于中則有之，未始專行事於外也。至崇韜、重誨爲之，始復唐樞密之名，然權侔於宰相矣。後世因之，遂分爲二，文事任宰相，武事任樞密。樞密之任既重，而宰相自此失其職也。

［1］宣底：詔書之筆録底本。凡詔誥文書皆寫兩本，一爲底本，一爲宣本。　敬翔：人名。同州馮翊（今陝西大荔縣）人。唐末朱温謀士，後梁大臣。傳見《舊五代史》卷一八、本書卷二一。　李

振：人名。西州（今新疆吐魯番市）人。唐潞州節度使李抱真曾孫。五代後梁大臣。傳見《舊五代史》卷一八、本書卷四三。　崇政院使：官名。崇政院長官。五代後梁開平元年（907）改樞密院置崇政院，設院使、副使各一人，備顧問，參謀議，於禁中承皇帝旨意，宣於宰相而行之。宰相非進對時有所奏請，已受旨應復請者，皆具記事，因崇政院使以聞；崇政院使得旨，則復宣於宰相。敬翔曾爲後梁首任崇政院使。次年又設直學士二人，選有政術文學者爲之，後改爲直崇政院。後唐同光元年（923）復改爲樞密院。品秩不詳。

[2]因崇政使以聞："以"字原闕，中華點校本據浙江本、宗文本補，今從。

新五代史　卷二五

唐臣傳第十三

周德威　符存審 子彥超 彥饒 彥卿　史建瑭 子匡翰
王建及　元行欽　安金全　袁建豐　西方鄴

周德威

周德威字鎮遠，朔州馬邑人也。[1]爲人勇而多智，能望塵以知敵數。其狀貌雄偉，笑不改容，人見之，凜如也。事晉王爲騎將，稍遷鐵林軍使，從破王行瑜，以功遷衙內指揮使。[2]其小字陽五，當梁、晉之際，周陽五之勇聞天下。

[1]朔州：州名。治所在今山西朔州市朔城區。　馬邑：縣名。治所在今山西朔州市朔城區。

[2]晉王：即李克用。沙陀人。神武川新城（一說今山西山陰縣附近，一說今山西代縣）人。唐末軍閥，後唐太祖。紀見《舊五代史》卷二五、本書卷四。　鐵林軍使：官名。所部統兵將領。"鐵林"爲部隊番號。品秩不詳。　王行瑜：人名。邠州（今陝西彬縣）人。唐末軍閥。傳見《舊唐書》卷一七五、《新唐書》卷二

二四下。　衙內指揮使：官名。唐五代時期衙內指揮使爲節度使府衙內之牙將，統最親近衛兵。品秩不詳。

梁軍圍晉太原，令軍中曰："能生得周陽五者爲刺史。"[1]有驍將陳章者，[2]號陳野義，常乘白馬被朱甲以自異，出入陣中，求周陽五，欲必生致之。晉王戒德威曰："陳野義欲得汝以求刺史，見白馬朱甲者，宜善備之！"德威笑曰："陳章好大言耳，安知刺史非臣作邪？"因戒其部兵曰："見白馬朱甲者，當佯走以避之。"兩軍皆陣，德威微服雜卒伍中。陳章出挑戰，兵始交，德威部下見白馬朱甲者，因退走，章果奮槊急追之，德威伺章已過，揮鐵鎚擊之，中章墮馬，遂生擒之。

[1]刺史：官名。州一級行政長官。漢武帝時始置，總掌考核官吏、勸課農桑、地方教化等事。唐中期以後，節度使、觀察使轄州而設，刺史爲其屬官，職任漸輕。從三品至正四品下。

[2]陳章：人名。籍貫不詳。五代後梁將領。事見《舊五代史》卷五六。

梁攻燕，晉遣德威將五萬人爲燕攻梁，取潞州，遷代州刺史、內外蕃漢馬步軍都指揮使。[1]梁軍捨燕攻潞，圍以夾城，潞州守將李嗣昭閉城拒守，而德威與梁軍相持於外踰年。[2]嗣昭與德威素有隙，晉王病且革，語莊宗曰：[3]"梁軍圍潞，而德威與嗣昭有隙，吾甚憂之！"王喪在殯，莊宗新立，殺其叔父克寧，[4]國中未定，而晉之重兵，悉屬德威于外，晉人皆恐。莊宗使人以喪及克寧之難告德威，且召其軍。德威聞命，即日還軍太原，留其兵城外，徒步而入，伏梓宮前慟哭幾絶，[5]晉人乃安。遂從莊宗復擊梁軍，破夾城，與李嗣昭歡如初。以破夾城功，拜振武節度使、同中書門下平章事。[6]

[1]燕：封國名。指唐末河北方鎮盧龍軍。劉仁恭、劉守光父子先後爲盧龍節度使、燕王。　潞州：州名。治所在今山西長治市。　代州：州名。治所在今山西代縣。　內外蕃漢馬步軍都指揮使：官名。唐末、五代後唐設置，爲作戰軍隊一部的總指揮官。品秩不詳。

[2]李嗣昭：人名。汾州（今山西汾陽市）人。唐末、五代李克用義子、部將。傳見《舊五代史》卷五二、本書卷三六。

[3]莊宗：即後唐莊宗李存勖。代北沙陀人。後唐開國皇帝。紀見《舊五代史》卷二七至卷三四、本書卷四至卷五。

[4]殯：喪葬禮儀。屍骸於棺而待葬，稱殯。　克寧：人名。即李克寧。沙陀人。李克用之弟。唐末、五代後唐將領。傳見《舊五代史》卷五〇、本書卷一四。

[5]梓宮：帝后所用之棺槨。以梓木爲之，故名。

[6]振武：方鎮名。後梁貞明二年（916）以前，治所位於單于都護府城（今內蒙古和林格爾縣）。貞明二年，單于都護府城爲契丹占據。此後至後唐清泰三年（936），治所位於朔州（今山西朔州市）。後漢隨燕雲十六州割予契丹，改名順義軍。　節度使：官名。唐時在重要地區所設掌握一州或數州軍事、民事、財政的長官。品秩不詳。　同中書門下平章事：官名。簡稱"同平章事"。唐高宗以後，實際任宰相之職者，常在其本官後加同平章事的職銜。後成爲宰相專稱。品秩不詳。

天祐七年秋，梁遣王景仁將魏、滑、汴、宋等兵七萬人擊趙。[1]趙王王鎔乞師于晉，晉遣德威先屯趙州。[2]冬，梁軍至柏鄉，趙人告急，莊宗自將出贊皇，會德威于石橋，進距柏鄉五里，營于野河北。[3]晉兵少，而景仁所將神威、龍驤、拱宸等軍，[4]皆梁精兵，人馬鎧甲飾以組繡金銀，其光耀日，晉軍望之色動。德威勉其衆曰："此汴、宋傭販兒，徒飾其外耳，其中不足懼也！其一甲直數十千，擒之適足爲吾資，無徒望而愛之，當勉以往取之。"退而告莊宗曰："梁兵甚銳，未可與爭，宜少退以待之。"莊宗曰："吾提孤軍出千里，其利速戰。今不乘勢急擊之，使敵知吾之衆寡，則吾無所施矣！"德威曰："不然，趙人能城守而不能野戰。吾之取勝，利在騎兵，平川廣野，騎兵之所長也。今吾軍於河上，迫賊營門，非吾用長之地也。"莊宗不悅，退臥帳中，諸將無敢入見。德威謂監軍張承業曰：[5]"王怒老兵。不速戰者，非怯也。且吾兵少而臨賊營門，所恃者，一水隔耳。使梁得舟檝渡河，吾無類矣！不如退軍鄗邑，[6]誘敵出營，擾而勞之，可以策勝也。"承業入言曰："德威老將知兵，願無忽其言！"莊宗遽起曰："吾方思之耳。"已而德威獲梁遊兵，問景仁何爲，曰："治舟數百，將以爲浮梁。"德威引與俱見，莊宗笑曰："果如公所料。"乃退軍鄗邑。德威晨遣三百騎叩梁營挑戰，自以勁兵三千繼之。景仁怒，悉其軍以出，與德威轉鬬數十里，至于鄗南。兩軍皆陣，梁軍橫亙六七里，汴、宋之軍居西，魏、滑之軍居東。莊宗策馬登高，望而喜曰："平原淺草，可前可却，真吾之勝地！"乃使人告德威曰："吾當爲公先，公可繼進。"德威持馬諫曰：[7]"梁軍輕出而遠來，與吾轉戰，其來必不暇齎糧糗，縱其能齎，亦不暇食，不及日午，人馬俱饑，因其將退而擊之勝。"諸將亦皆以爲然。至未申時，梁軍東偏塵起，德威鼓譟而進，麾其西偏曰："魏、滑軍走矣！"又麾其東偏曰："梁軍走矣！"梁陣動，不可復整，乃皆走，遂大敗。自鄗追至于柏鄉，橫尸數十里，景仁以十餘騎僅而免。自梁與晉争，凡數十戰，其大敗未嘗如此。

[1]天祐：唐昭宗李曄開始使用的年號（904—907）。唐哀帝李柷沿用。唐亡後，河東李克用、李存勖仍稱天祐，沿用至天祐二十年（923）。五代十國其他政權亦有行此年號者，如南吴、吴越等。　王景仁：人名。廬州合淝（今安徽合肥市）人。本名王茂章。五代後梁將領。傳見《舊五代史》卷二三、本書卷二三。　魏、滑、汴、宋：皆州名。魏州，治所在今河北大名縣。滑州，治所在今河南滑縣。汴州，治所在今河南開封市。宋州，治所在今河南商丘市。　趙：封國名。指唐末河北方鎮成德軍。成德節度使王鎔受封爲趙王。

[2]王鎔：人名。回鶻人。唐末、五代軍閥，朱温後封趙王。傳見《舊五代史》卷五四、本書卷三九。　趙州：州名。治所在今河北趙縣。

[3]柏鄉：縣名。治所在今河北柏鄉縣。　贊皇：縣名。治所在今河北贊皇縣。

[4]神威：部隊番號。唐代禁軍。分左、右神威軍。　龍驤：部隊番號。五代禁軍之一部。　拱宸：部隊番號。五代禁軍之一部。

［5］監軍：官名。爲臨時差遣，代表朝廷協理軍務、督察將帥。唐、五代時常以宦官爲監軍。品秩不詳。　張承業：人名。同州（今陝西大荔縣）人。唐末五代宦官，河東監軍。傳見《舊五代史》卷七二、本書卷三八。

［6］鄗邑：縣名。治所在今河北高邑縣。

［7］德威持馬諫曰："持馬"二字原闕，中華點校本據宗文本補，今從。

劉守光僭號於燕，晉遣德威將兵三萬出飛狐以擊之。[1]德威入祁溝關，取涿州，遂圍守光於幽州，破其外城，守光閉門距守。[2]而晉軍盡下燕諸州縣，獨幽州不下，圍之踰年乃破之，以功拜盧龍軍節度使。[3]德威雖爲大將，而常身與士卒馳騁矢石之間。守光驍將單廷珪，[4]望見德威於陣，曰："此周陽五也！"乃挺槍馳騎追之。德威佯走，度廷珪垂及，側身少卻，廷珪馬方馳，不可止，縱其少過，奮檛擊之，廷珪墜馬，遂見擒。

［1］劉守光：人名。深州樂壽（今河北獻縣）人。唐末五代幽州節度使劉仁恭之子。劉守光囚父自立，後號大燕皇帝，爲晉王李存勖俘殺。傳見《舊五代史》卷一三五、本書卷三九。　飛狐：縣名。治所在今河北淶源縣。　晉遣德威將兵三萬出飛狐以擊之："兵"字原闕，中華點校本據宗文本補，今從。

［2］祁溝關：關隘名。又名岐溝關。位於今河北涿州市西南。涿州：州名。治所在今河北涿州市。　幽州：州名。治所在今北京市。

［3］盧龍軍：方鎮名。治所在幽州（今北京市）。

［4］單廷珪：人名。籍貫不詳。劉守光麾下將領。事見《舊五代史》卷二八、卷五六、卷七〇。

莊宗與劉鄩相持于魏，鄩夜潛軍出黃澤關以襲太原，德威自幽州以千騎入土門以躡之。[1]鄩至樂平，遇雨不得進而還。[2]德威與鄩俱東，爭趨臨清。[3]臨清有積粟，且晉軍餉道也，德威先馳據之，以故莊宗卒能困鄩軍而敗之。

［1］劉鄩：人名。密州安丘（今山東安丘市）人。唐末、五代將領。傳見《舊五代史》卷二三、本書卷二二。　黃澤關：關隘名。位於今山西左權縣東南。　土門：關隘名。即井陘關。位於今河北井陘縣北井陘山上。
［2］樂平：縣名。治所在今山西昔陽縣。
［3］臨清：縣名。治所在今山東臨清市。

莊宗勇而好戰，尤銳於見敵。德威老將，常務持重以挫人之鋒，故其用兵，常伺敵之隙以取勝。十五年，德威將燕兵三萬人，與鎮、定等軍從莊宗于河上，自麻家渡進軍臨濮，以趨汴州。[1]軍宿胡柳陂，[2]黎明，候騎報曰："梁軍至矣！"莊宗問戰於德威，德威對曰："此去汴州，信宿而近，梁軍父母妻子皆在其中，而梁人家國繫此一舉。吾以深入之兵，當其必死之戰，可以計勝，而難與力爭也。且吾軍先至此，糧糗具而營柵完，是謂以逸待勞之師也。王宜按軍無動，而臣請以騎軍擾之，使其營柵不得成，樵爨不暇給，因其勞乏而乘之，可以勝也。"莊宗曰："吾軍河上，終日俟敵，今見敵不擊，復何爲乎？"顧李存審曰：[3]"公以輜重先，吾爲公殿。"[4]遽督軍而出。德威謂其子曰："吾不知死所矣！"前遇梁軍而陣：王軍居中，[5]鎮、定之軍居左，德威之軍居右，而輜重次右之西。兵已接，莊宗率銀槍軍馳入梁陣，[6]梁軍小敗，犯晉輜重，輜重見梁朱旗，皆驚走入德威軍，德威軍亂，梁軍乘之，德威父子皆戰死。莊宗與諸將相持而哭曰："吾不聽老將之言，而使其父子至此！"莊宗即位，贈德威太師。[7]明宗時，加贈太尉，配享莊宗廟。[8]晉高祖追封德威燕王。[9]子光輔，[10]官至刺史。

[1]鎮：州名。治所在今河北正定縣。　定：州名。治所在今河北定州市。　麻家渡：地名。五代黃河渡口。位於今山東鄄城縣。　臨濮：縣名。治所在今山東鄄城縣。

[2]胡柳陂：地名。位於今河南濮陽縣。

[3]李存審：人名。原姓符，名存。陳州宛丘（今河南淮陽縣）人。五代後唐將領。傳見《舊五代史》卷五六、本書卷二五。

[4]殿：殿後。行軍時走在部隊的最後。

[5]王軍居中："軍"字原闕，中華點校本據宗文本補，今從。

[6]銀槍軍：部隊番號。原爲魏博牙兵銀槍效節軍，李存勗將其編組爲帳前銀槍軍。後唐建立以後，爲侍衛親軍的一支。掌宿衛宮禁，護衛皇帝出行。

[7]太師：官名。與太傅、太保並爲三師，唐後期、五代多爲大臣、勛貴加官。正一品。

[8]明宗：即五代後唐明宗李嗣源。沙陀人。原名邈佶烈，李克用養子。926年至933年在位。紀見《舊五代史》卷三五至卷四

四、本書卷六。　太尉：官名。與司徒、司空並爲三公，唐後期、五代多爲大臣、勛貴加官。正一品。　配享：亦作配饗。古代帝王祭祀祖先時，以功臣附祭。

[9]晋高祖：即後晋高祖石敬瑭。沙陀人。五代後唐將領、後晋開國皇帝。紀見《舊五代史》卷七五至卷八〇、本書卷八。

[10]光輔：人名。即周光輔。周德威之子。五代後唐、後晋將領。傳見《舊五代史》卷九一。

符存審　子彦超　彦饒　彦卿

符存審字德詳，陳州宛丘人也。[1]初名存，少微賤，嘗犯法當死，臨刑，指旁壞垣顧主者曰：[2]"願就死于彼，冀得垣土覆尸。"主者哀而許之，爲徙垣下。而主將方飲酒，顧其愛妓，思得善歌者佐酒，妓言："有符存常爲妾歌，甚善。"主將馳騎召存審，而存審以徙垣下故，未加刑，因往就召，使歌而悦之，存審因得不死。其後事李罕之，從罕之歸晋，晋王以爲義兒軍使，賜姓李氏，名存審。[3]

[1]陳州：州名。治所在今河南淮陽縣。　宛丘：縣名。治所在今河南淮陽縣。

[2]指旁壞垣顧主者曰："指"，原作"拍"，中華點校本據浙江本、宗文本改，今從。　垣：矮墻。

[3]李罕之：人名。陳州項城（今河南項城市）人。唐末、五代軍閥。傳見《新唐書》卷一八七、《舊五代史》卷一五、本書卷四二。　義兒軍使：官名。義兒軍統兵將領。由後唐太祖李克用的義子爲軍使，掌領本軍軍務。品秩不詳。

從晉王擊李匡儔，爲前鋒，破居庸關。[1]又從擊王行瑜，破龍泉寨，以功遷檢校左僕射。[2]從李嗣昭攻汾州，執李瑭，遷左右廂步軍都指揮使。[3]又從嗣昭攻潞州，降丁會。[4]從周德威破梁夾城，遷忻州刺史、蕃漢馬步軍都指揮使。[5]晉、趙攻燕，梁救燕，擊趙深州，圍蓨縣，存審與史建瑭軍下博，擊走梁軍，遷領邢州團練使。[6]魏博叛梁降晉，[7]存審爲前鋒，屯臨清。莊宗入魏，存審殿軍魏縣，與劉鄩相距於莘西。[8]從莊宗敗鄩於故元城，閻寶以邢州降，乃以存審爲安國軍節度使。[9]毛璋以滄州降，徙存審橫海，加同中書門下平章事。[10]

[1]李匡儔：人名。兩《唐書》作"李匡籌"。范陽（今河北涿州市）人。幽州節度使李全忠之子、李匡威之弟。唐末軍閥。傳見《舊唐書》卷一八〇、《新唐書》卷二一二。　居庸關：關隘名。位於今北京昌平區西北。

[2]龍泉寨：地名。即龍泉鎮。位於今陝西旬邑縣。　檢校左僕射：官名。左僕射爲隋唐宰相名號。檢校左僕射爲散官或加官，以示恩寵，無實際執掌。品秩不詳。

[3]汾州：州名。治所在今山西汾陽市。　李瑭：人名。籍貫不詳。唐末李克用部將，汾州刺史，後投降朱溫，爲李嗣昭擒斬。事見《舊五代史》卷二六、本書卷三六。　左右廂步軍都指揮使：官名。所部統兵將領。左右廂步軍，當爲河東的步軍建制。品秩不詳。"都"字原闕，中華點校本據宗文本、《舊五代史》卷五六補，今從。

[4]丁會：人名。壽春（今安徽壽縣）人。唐末將領。傳見《舊五代史》卷五九、本書卷四四。

[5]忻州：州名。治所在今山西忻州市。原作"沂州"，中華點校本據浙江本、宗文本、《舊五代史》卷五六改，今從。　蕃漢馬步軍都指揮使：官名。所部統兵將領。蕃漢馬步軍，當爲河東主力部隊的建制。品秩不詳。"都"字原闕，中華點校本據宗文本、《舊五代史》卷五六補，今從。

[6]深州：州名。治所在今河北深州市。　蓚縣：縣名。治所在今河北景縣。　史建瑭：人名。雁門（今山西代縣）人。五代後唐將領。傳見《舊五代史》卷五五、本書卷二五。　下博：縣名。治所在今河北深州市。　邢州：州名。治所在今河北邢臺市。　團練使：官名。唐代中期以後，於不設節度使的地區設團練使，掌本區各州軍事。品秩不詳。

[7]魏博：方鎮名。治所在魏州貴鄉縣（今河北大名縣）。

[8]魏縣：縣名。治所在今河北大名縣。　莘：縣名。治所在今山東莘縣。

[9]元城：縣名。治所在今河北大名縣。　閻寶：人名。鄆州（今山東東平縣）人。五代後唐將領。傳見本書卷四四。　安國軍：方鎮名。治所在邢州（今河北邢臺市）。

[10]毛璋：人名。滄州（今河北滄州市）人。五代後唐將領。傳見《舊五代史》卷七三、本書卷二六。　滄州：州名。治所在今河北滄州市。　橫海：方鎮名。治所在滄州（今河北滄州市）。

契丹圍幽州，[1]是時晉與梁相持河上，欲發兵，兵少，欲勿救，懼失之。莊宗疑，以問諸將，而存審獨以爲當救，曰："願假臣騎兵五千足矣！"乃遣存審分兵救之，卒擊走契丹。從戰胡柳陂，晉軍晨敗，亡周德威，存審與其子彥圖力戰，暮復敗梁軍於土山，遂取德勝，築河南北爲兩城，晉人謂之"夾寨"。[2]遷內外蕃漢馬步軍總管。[3]

[1]契丹：古部族、政權名。公元4世紀中葉宇文部爲前燕攻破，始分離而成單獨的部落，自號契丹。唐貞觀中，置松漠都督府，以其首領爲都督。唐末彊盛，916年迭刺部耶律阿保機建立契丹國（遼）。先後與五代、北宋並立，保大五年（1125）爲金所滅。參見張正明《契丹史略》，中華書局1979年版。

[2]彥圖：人名。即符彥圖。符存審之子。事見本書本卷。土山：地名。位於今河南濮陽縣。　德勝：地名。原爲黃河渡口，晉軍築德勝南、北二城於此，遂爲城名。位於今河南濮陽縣。

[3]內外蕃漢馬步軍總管：官名。五代後唐置，爲內外蕃漢馬步軍指揮官。品秩不詳。

　　梁朱友謙以河中同州降晉，[1]梁遣劉鄩攻同州，友謙求救，乃遣存審與李嗣昭救之。河中兵少而弱，梁人素易之，且不虞晉軍之速至也。存審選精騎二百雜河中兵出擊鄩壘，陽敗而走，鄩兵追之，晉騎反擊，獲其騎兵五十，梁人知其晉軍也，皆大驚。然河中糧少而新降，人心頗持兩端，晉軍屯朝邑，[2]諸將皆欲速戰，存審曰："使梁軍知吾利於速戰，則將夾渭而營，[3]斷我餉道，以持久困我，則我進退不可，[4]敗之道也。不若緩師示弱，伺隙出奇，可以取勝。"乃按軍不動。居旬日，望氣者言："有黑氣，狀如鬬雞。"[5]存審曰："可以一戰矣！"乃進軍擊鄩，大敗之，鄩閉壁不復出。存審曰："鄩兵已敗，不如逸之。"乃休士卒，遣裨將王建及牧馬于沙苑，[6]鄩以謂晉軍且懈，乃夜遁去，存審追擊于渭河，又大敗之。

　　[1]朱友謙：人名。許州（今河南許昌市）人。唐末、五代軍

閥。傳見《舊五代史》卷六三、本書卷四五。　河中：方鎮名。治所在河中府（今山西永濟市）。　同州：州名。治所在今陝西大荔縣。

［2］朝邑：縣名。治所在今陝西大荔縣。

［3］渭：河流名。即渭河。

［4］則我進退不可："我"字原闕，中華點校本據宗文本補，今從。

［5］望氣者：掌握占候術的方士，靠望雲氣以測吉凶。

［6］裨將：即副將的統稱，相對主將而言。亦稱裨將軍。　王建及：人名。許州（今河南許昌市）人。五代後唐將領。傳見本書本卷。　沙苑：地名。位於今陝西大荔縣東南。

張文禮弒趙王王鎔，晋遣閻寶、李嗣昭等攻之，至輒戰死，最後遣存審破之。[1]

［1］張文禮：人名。燕（今河北北部）人。五代將領。傳見《舊五代史》卷六二。　王鎔：人名。回鶻人。唐末、五代軍閥，朱温後封趙王。傳見《舊五代史》卷五四、本書卷三九。

存審爲將，有機略，大小百餘戰，未嘗敗衄，與周德威齊名。德威死，晋之舊將獨存審在。契丹攻遮虜，[1]乃以存審爲盧龍軍節度使。時存審已病，辭不肯行，莊宗使人慰諭，彊遣之。

［1］遮虜：軍名。又名遮虜平。治所在今山西五寨縣。

莊宗滅梁入洛，存審自以身爲大將，不得與破梁之功，怏怏，疾益甚，因請朝京師。是時，郭崇韜權位已重，[1]然其名望素出存審下，不樂其來而加己上，因沮其事，存審妻郭氏泣訴于崇韜曰："吾夫於國有功，而於公鄉里之舊，奈何忍令死棄窮野！"崇韜愈怒。存審章累上，輒不許，存審伏枕嘆曰："老夫事二主四十年，今日天下一家，四夷遠俗，至于亡國之將、射鈎斬袪之人，[2]皆得親見天子，奉觴爲壽，而獨予棄死於此，豈非命哉！"崇韜度存審病已亟，乃請許其來朝。徙存審宣武軍節度使，[3]卒于幽州。臨終，戒其子曰："吾少提一劍去鄉里，四十年間取將相，然履鋒冒刃出死入生而得至此也。"因出其平生身所中矢鏃百餘而示之曰："爾其勉哉！"存審三子：彥超、彥饒、彥卿。[4]

[1]郭崇韜：人名。代州雁門（今山西代縣）人。五代後唐大臣。傳見《舊五代史》卷五七、本書卷二四。

[2]射鈎斬袪（qū）：射中帶鈎，斬削袖口。指有舊怨的人。此處用了齊桓公、晉文公的典故。

[3]宣武軍：方鎮名。唐舊鎮，治所在汴州（今河南開封市）。後梁開平元年（907）升汴州爲東京開封府。開平三年（909）置宣武軍於宋州（今河南商丘市睢陽區）。後唐同光元年（924）改宋州宣武軍爲歸德軍。廢東京開封府，重建宣武軍於汴州。後晉天福三年（938），改爲東京開封府。除天福十二年（947）、十三年（948）短暫改爲宣武軍外，汴京均爲東京開封府。

[4]彥卿：人名。陳州宛丘（今河南淮陽縣）人。後唐將領符存審之子。五代至宋初將領。五代後周世宗宣懿皇后、宋太宗懿德皇后，皆符彥卿之女。傳見《宋史》卷二五一。

彥超爲汾州刺史。郭從謙弒莊宗，明宗入洛陽，是時，彥超爲北京巡檢，永王存霸奔于太原，彥超見留守張憲謀之。[1]憲，儒者，事莊宗最久，不忍背恩，欲納之，彥超不從，存霸遂見殺。明宗即位，彥超來朝，明宗德之，勞曰："河東無事，賴爾之力也。"以爲建雄軍留後。[2]遷北京留守，徙鎮昭義，罷爲上將軍，復爲泰寧軍節度使，又徙安遠。[3]

[1]郭從謙：人名。籍貫不詳。後唐將領、伶人。傳見本書卷三七。　北京：指五代後唐的北都太原。　巡檢：官名。五代始設巡檢於京師、陪都、重要的州及邊防重鎮，設於都城的稱京城巡檢使、都巡檢、都巡檢使。掌地方治安。品秩不詳。　永王存霸：人名。即李存霸。沙陀人。李克用之子，五代軍閥。傳見《舊五代史》卷五一、本書卷一四。　留守：官名。古代皇帝出巡或親征時指定親王或大臣留守京城，綜理國家軍事、行政、民事、財政等事務，稱京城留守。在陪都或軍事重鎮也常設留守，以地方長官兼任。品秩不詳。　張憲：人名。晉陽（今山西太原市）人。後唐官員。傳見《舊五代史》卷六九、本書卷二八。

[2]建雄軍：方鎮名。後唐同光元年（923）改建寧軍爲建雄軍。治所在晉州（今山西臨汾市）。　留後：官名。原非正式命官，唐朝節度使入朝或宰相、親王遙領節度使不臨鎮則置。安史之亂後，節度使多以子弟或親信爲留後，以代行節度使職務，亦有軍士、叛將自立爲留後者。掌一州或數州軍政。北宋始爲朝廷正式命官。

[3]昭義：方鎮名。治所在潞州（今山西長治市）。　上將軍：官名。當即十六衛上將軍。唐代置十六衛，即左右衛、左右驍衛、左右武衛、左右威衛、左右領軍衛、左右金吾衛、左右監門衛、左右千牛衛。掌宮禁宿衛。各置上將軍，從二品；大將軍，正三品；

將軍，從三品。　泰寧軍：方鎮名。治所在兗州（今山東濟寧市兗州區）。　安遠：方鎮名。治所在安州（今湖北安陸市）。

彥超主藏奴王希全盜其貲，[1]彥超稍責之，奴懼，夜叩其門，言有急，彥超出，見殺，贈太尉。

[1]主藏奴：主管財物資儲的家奴。　王希全：人名。籍貫不詳。五代後唐時人。事見《舊五代史》卷四五。

次子彥饒，爲汴州馬步軍都指揮使。[1]天成元年，發汴兵三千戍瓦橋關，控鶴指揮使張諫爲亂，殺權知州高逖，迫彥饒爲帥。[2]彥饒陽許之曰："欲吾爲帥，當止焚掠，明日以軍禮見吾於南衙。"乃陰與拱衛指揮使龐起伏甲于衙內。[3]明日，諫等皆集，伏兵發，誅諫等，殺四百餘人，即日牒州事與推官韋儼。[4]明宗下詔褒其忠略。其後累遷彰聖都指揮使，歷曹、沂、饒三州刺史。[5]

[1]馬步軍都指揮使：官名。五代時藩鎮馬步軍長官。五代軍隊編制，五百人爲一指揮，設指揮使、副指揮使；十指揮爲一軍，設都指揮使、副都指揮使。品秩不詳。

[2]天成：後唐明宗李嗣源年號（926—930）。　瓦橋關：關隘名。位於今河北雄縣。五代後晉初地入契丹。後周顯德六年（959）收復，建爲雄州。與益津關、淤口關合稱三關。　控鶴指揮使：官名。所部統兵將領。控鶴爲禁軍番號。品秩不詳。　張諫：人名。籍貫不詳。五代後唐將領。事見《通鑑》卷二七五。　權知州：官名。簡稱爲"知州"。州級行政長官。品秩不詳。參見閆建

飛《唐後期五代宋初知州制的實施過程》，《文史》2019年第1期。　　高遜：人名。籍貫不詳。五代後唐官員。事見《通鑑》卷二七五。

[3]拱衛指揮使：官名。所部統兵將領。拱衛爲部隊番號。品秩不詳。　　龐起：人名。籍貫不詳。五代後唐將領。事見本書本卷。《册府》卷四二三作"拱衛指揮使龐超"。

[4]牒：文書名。上行文書的一種。　　推官：官名。唐肅宗以後置，五代沿置。爲節度、觀察、團練、防禦等使的屬官。度支、鹽鐵等使也置推官掌理刑案之事。品秩不詳。　　韋儼：人名。籍貫不詳。五代後唐地方官員。事見本書本卷。

[5]彰聖都指揮使：官名。所部統兵將領。彰聖爲禁軍番號。後唐清泰元年（934）六月，改捧聖左右軍爲彰聖左右軍。品秩不詳。　　曹：州名。治所在今山東曹縣西北。　　沂：州名。治所在今山東臨沂市。　　饒：州名。治所在今江西鄱陽縣。

清泰三年，自饒州刺史拜忠正軍節度使、侍衛馬步軍都指揮使。[1]晉高祖起太原，彦饒以侍衛兵從廢帝至河陽。[2]廢帝敗，晉高祖以楊光遠代彦饒將親軍，徙彦饒義成軍節度使。[3]

[1]清泰：五代後唐廢帝李從珂年號（934—936）。　　忠正軍：方鎮名。治所在壽州（今安徽壽縣）。　　侍衛馬步軍都指揮使：官名。五代時侍衛親軍最高長官，多由皇帝親信擔任。品秩不詳。

[2]廢帝：即後唐廢帝李從珂。鎮州平山（今河北平山縣）人。本姓王，後唐明宗李嗣源擄其母魏氏，遂養爲己子。應順元年（934）四月，李從珂入洛陽即帝位。清泰三年（936）五月，石敬瑭謀反，廢帝自焚死，後唐亡。紀見《舊五代史》卷四六至卷四八、本書卷七。　　河陽：方鎮名。全稱"河陽三城"。治所在孟州

（今河南孟州市）。

[3]楊光遠：人名。沙陀人。五代後唐、後晉將領。傳見《舊五代史》卷九七、本書卷五一。　義成軍：方鎮名。亦稱永平軍。治所在滑州（今河南滑縣）。

范延光反，白奉進以侍衛兵三千屯滑州。[1]兵士犯法，奉進捕得五人，其三人義成兵也，因并斬之，彥饒怒。明日，奉進從數騎過彥饒謝不先告而殺，彥饒曰："軍士各有部分，義成兵卒豈公所得斬邪？何無主客之禮也！"奉進怒曰："軍士犯法，安有彼此！且僕已自謝過，而公怒不息，欲與延光同反邪！"拂衣而起，彥饒不復留之，其麾下大譟，追奉進殺之，彥饒不之止也。已而屯駐軍將馬萬等聞亂，以兵擒彥饒送之京師，遂以彥饒應延光反聞。[2]行至赤岡，高祖使人殺之，下詔削奪在身官爵。[3]

[1]范延光：人名。相州臨漳（今河北臨漳縣）人。五代後唐、後晉將領。傳見《舊五代史》卷九七、本書卷五一。　白奉進：人名。雲州清塞軍（今山西陽高縣）人。五代後唐、後晉將領。傳見《舊五代史》卷九五。

[2]馬萬：人名。澶州（今河南濮陽縣）人。五代後唐、後晉、後漢將領。傳見《舊五代史》卷一〇六。

[3]赤岡：地名。今名霍赤岡。位於今河南開封市東北。

彥饒與晉初無釁隙，以一旦之忿，不能馭其軍，殺奉進已非其本意，以反見誅，非其罪也！

史建瑭　子匡翰

史建瑭，雁門人也。[1]晉王爲雁門節度使，其父敬思爲九府都督，從晉王入關破黃巢，復京師，擊秦宗權于陳州，嘗將騎兵爲先鋒。[2]晉王東追黃巢于冤朐，還過梁，軍其城北。[3]梁王置酒上源驛，獨敬思與薛鐵山、賀回鶻等十餘人侍。[4]晉王醉，留宿梁驛，梁兵夜圍而攻之。敬思登驛樓，射殺梁兵十餘人，會天大雨，晉王得與從者俱去，縋尉氏門以出。[5]而敬思爲梁追兵所得，見殺。

[1]雁門：縣名。治所在今山西代縣。

[2]敬思：人名。即史敬思。唐末五代李克用部將。事見《通鑑》卷二五五。　九府都督：唐代於回鶻地區設九個都督府，爲羈縻都督府。其都督或即其部族首領。九府都督或爲其通名。　黃巢：人名。曹州冤句（今山東菏澤市）人。唐末農民起義領袖。傳見《舊唐書》卷二〇〇下、《新唐書》卷二二五下。　秦宗權：人名。許州（今河南許昌市）人。唐末軍閥。傳見《舊唐書》卷二〇〇下、《新唐書》卷二二五下。

[3]冤朐：縣名。即冤句。治所在今山東菏澤市。

[4]上源驛：地名。位於今河南開封市內。　薛鐵山、賀回鶻：人名。籍貫不詳。唐末李克用從者。事見本書本卷。

[5]尉氏門：城門名。位於今河南開封市。因南通尉氏縣而名。

建瑭少事軍中爲裨校，自晉降丁會，與梁相距於潞州，建瑭已爲晉兵先鋒。梁兵數爲建瑭所殺，相戒常避史先鋒。梁遣王景仁攻趙，晉軍救趙，建瑭以先鋒兵出井陘，戰于柏鄉。[1]梁軍爲方陣，分其兵爲二：汴、宋之軍居左，魏、滑之軍居右。周德威擊其左，建瑭擊其右，梁軍皆走，遂大敗之。以功加檢校左僕射。

［1］井陘：關隘名。位於今河北井陘縣。

天祐九年，晉攻燕，燕王劉守光乞師于梁，梁太祖自將擊趙，圍棗彊、蓨縣。[1]是時晉精兵皆北攻燕，獨符存審與建瑭以三千騎屯趙州。梁軍已破棗彊，存審扼下博橋。建瑭分其麾下五百騎爲五隊：一之衡水，一之南宮，一之信都，一之阜城，而自將其一，約各取梁蒭牧者十人會下博。[2]至暮，擒梁兵數十，皆殺之，各留其一人，縱使逸去，告之曰："晉王軍且大至。"明日，建瑭率百騎爲梁旗幟，雜其蒭牧者，暮叩梁營，殺其守門卒，縱火大呼，斬擊數十百人。而梁蒭牧者所出，各遇晉兵，有所亡失，其縱而不殺者，歸而皆言晉軍且至。梁太祖夜拔營去，蓨縣人追擊之，梁軍棄其輜重鎧甲不可勝計。梁太祖方病，由是增劇。而晉軍以故得并力以收燕者，二人之力也。後從莊宗入魏博，敗劉鄩於故元城，累以功歷貝、相二州刺史。[3]

［1］棗彊：縣名。治所在今河北棗强縣。
［2］衡水：縣名。治所在今河北衡水市。　南宮：縣名。治所在今河南南宮市。　信都：縣名。治所在今河北衡水市冀州區。阜城：縣名。治所在今河北阜城縣。
［3］貝：州名。治所在今河北清河縣。　相：州名。治所在今河南安陽市。

十八年，晋軍討張文禮於鎮州，建瑭以先鋒兵下趙州，執其刺史王鋋。[1]兵傅鎮州，建瑭攻其城門，中流矢卒，年四十二。

[1]鎮州：州名。治所在今河北正定縣。　王鋋：人名。籍貫不詳。五代後唐將領。事見本書本卷。

建瑭子匡翰，尚晋高祖女，是爲魯國長公主。[1]匡翰爲將，沉毅有謀，而接下以禮，與部曲語未嘗不名。歷天雄軍步軍都指揮使、彰聖馬軍都指揮使。[2]事晋爲懷和二州刺史、鄭州防禦使、義成軍節度使，所至兵民稱慕之。[3]

[1]魯國長公主：中華點校本校勘記云，《舊五代史》卷八八作"魯國長公主，即高祖之妹"；《金石萃編》卷一二〇《義成軍節度使贈太保史匡翰碑》："（匡翰）尚魯國大長公主"；《舊五代史》卷八一："樂平公主史氏，進封魯國大長公主。"則史匡翰之妻當是後晋高祖石敬瑭之妹。是。
[2]天雄軍：方鎮名。治所在魏州（今河北大名縣）。　步軍都指揮使：官名。五代時藩鎮步軍長官。五代軍隊編制，五百人爲一指揮，設指揮使、副指揮使；十指揮爲一軍，設都指揮使、副都指揮使。品秩不詳。　彰聖馬軍都指揮使：官名。所部統兵將領。彰聖馬軍，禁軍番號。品秩不詳。
[3]懷：州名。治所在今河南沁陽市。　和：州名。治所在今安徽和縣。　鄭州：州名。治所在今河南鄭州市。　防禦使：官名。唐代始置，設有都防禦使、州防禦使兩種。常由刺史或觀察使兼任，實際上爲唐代後期州或方鎮的軍政長官。品秩不詳。

史氏世爲將，而匡翰好讀書，尤喜春秋三傳，與學者講論，終日無倦。

義成軍從事關澈尤嗜酒，[1]嘗醉罵匡翰曰："近聞張彥澤臠張式，[2]未見史匡翰斬關澈，天下談者未有偶爾！"匡翰不怒，引滿自罰而慰勉之，人皆服其量。卒年四十。

[1]從事：泛指一般屬官。　關澈：人名。籍貫不詳。五代後晉時人。事見本書本卷。

[2]張彥澤：人名。突厥人，徙居太原。五代後晉將領，後投降於契丹。傳見《舊五代史》卷九八、本書卷五二。　張式：人名。籍貫不詳。五代後晉官員。事見《舊五代史》卷八〇。

王建及

王建及，許州人也。[1]少事李罕之，從罕之奔晉，爲匡衛指揮使。[2]梁、晉戰柏鄉，相距鄗邑野河上，鎮、定兵扼河橋，梁兵急擊之。莊宗登高臺望見鎮、定兵將敗，顧建及曰："橋爲梁奪，則吾軍危矣，奈何？"建及選二百人馳擊梁兵，梁兵敗，解去。從戰莘縣、故元城，皆先登陷陣，以功累拜遼州刺史，將銀槍效節軍。

[1]許州：州名。治所在今河南許昌市。

[2]匡衛指揮使：官名。所在州軍統兵將領。品秩不詳。

晉攻楊劉，建及躬自負薪葦堙塹，先登拔之。[1]從戰胡柳，晉兵已敗，與梁爭土山，梁兵先至，登山而陣。莊宗至山下望梁陣堅而整，呼其軍曰："今日之戰，得山者勝。"因馳騎犯之，建及以銀槍軍繼進，梁兵下走，陣山西，晉兵遂得土山。諸將皆言："潰兵未集，且暮不可戰。"[2]閻寶曰："彼陣山上，吾在其下，尚能擊之，況以高而擊下，不可失也。"建及以爲然，因白莊宗曰："請登高望臣破敵！"即呼其衆曰：[3]"今日所失輜重皆在山西，盍往取之！"即馳犯梁陣，梁兵大敗。晉遂軍德勝，爲南北城于河上。梁將賀瓌攻其南城，以竹笮維戰艦于河，晉兵不得渡，南城危甚。[4]莊宗積金帛於軍門，募能破梁戰艦者，至於吐火禁呪莫不皆有。建及重鎧執槊呼曰："梁、晉一水間爾，何必巧爲！吾今破之矣。"即以大甕積薪，自上流縱火焚梁艦，[5]建及以二舟載甲士隨之，斧其竹笮，梁兵皆走。晉軍乃得渡，救南城，瓌圍解去。

[1]楊劉：地名。唐宋時期黃河渡口。位於今山東東阿縣。葭葦："葭"指未秀穗的蘆葦。"葭葦"泛指蘆葦。　先登：搶先登城，攻克敵營。

[2]且暮不可戰："且"，原作"旦"，中華點校本據浙江本、宗文本改，今從。

[3]即呼其衆曰："其"字原闕，中華點校本據宗文本補，今從。

[4]賀瓌（guī）：人名。濮陽（今河南濮陽市）人。五代後梁將領。傳見《舊五代史》卷二三、本書卷二三。　南城：地名。即德勝南城。德勝原爲黃河渡口，晉軍築德勝南、北二城於此，遂爲城名。位於今河南濮陽縣。　竹笮（zé）：用竹篾編成的繩索。

[5]自上流縱火焚梁艦："焚"字下原空一格，中華點校本據宗

文本、《詳節》卷三補"梁"字,今從。

自莊宗得魏博,建及將銀槍效節軍。建及爲將,喜以家貲散士卒。莊宗遣宦官韋令圖監其軍,[1]令圖言:"建及得士心,懼有異志,不可令典牙兵。"[2]即以爲代州刺史。[3]建及怏怏而卒,年五十七。

[1]韋令圖:人名。籍貫不詳。五代後唐宦官。事見《舊五代史》卷六五。
[2]牙兵:唐朝節度使的親兵,藩鎮軍隊中的精銳部隊。
[3]代州:州名。治所在今山西代縣。

元行欽

元行欽,幽州人也。爲劉守光裨將,守光篡其父仁恭,使行欽以兵攻仁恭於大安山而囚之,又使行欽害諸兄弟。[1]其後晉攻幽州,守光使行欽募兵雲、朔間。[2]是時明宗掠地山北,與行欽相拒廣邊軍,[3]凡八戰,明宗七射中行欽,行欽拔矢而戰,亦射明宗中股。行欽屢敗,乃降。明宗撫其背而飲以酒曰:"壯士也!"因養以爲子。常從明宗戰,數立功。莊宗已下魏,益選驍將自衛,聞行欽驍勇,取之爲散員都部署,[4]賜姓名曰李紹榮。

[1]仁恭:人名。即劉仁恭。深州(今河北深州市)人。唐末、五代軍閥。傳見《新唐書》卷二一二。 大安山:山名。位於今北京房山區西北。

［2］雲：州名。治所在今山西大同市。　朔：州名。治所在今山西朔州市。
［3］廣邊軍：地名。位於今河北赤城縣。
［4］散員都部署：官名。所部統兵將領。散員爲五代部隊番號。品秩不詳。

　　莊宗好戰而輕敵，與梁軍戰潘張，[1]軍敗而潰，莊宗得三四騎馳去，梁兵數百追及，攢槊圍之。行欽望其旗而識之，馳一騎，奮劍斷其二矛，斬首一級，梁兵解去。莊宗還營，持行欽泣曰："富貴與卿共之！"由是寵絶諸將。拜忻州刺史，遷武寧軍節度使。[2]莊宗宴群臣於内殿，酒酣樂作，道平生戰陣事以爲笑樂，而怪行欽不在，因左右顧視曰："紹榮安在？"所司奏曰："奉敕宴使相，紹榮散官，不得與也。"莊宗罷會不樂。明日，即拜行欽同中書門下平章事。自此不召群臣入内殿，但宴武臣而已。

［1］潘張：地名。位於今山東鄄城縣。
［2］忻州：州名。治所在今山西忻州市。　武寧軍：方鎮名。治所在徐州（今江蘇徐州市）。

　　趙在禮反於魏，莊宗方選大將擊之，劉皇后曰：[1]"此小事，可趣紹榮指揮。"乃以爲鄴都行營招撫使，[2]將二千人討之。行欽攻鄴南門，以詔書招在禮。在禮送羊酒犒軍，登城謂行欽曰："將士經年離去父母，不取敕旨奔歸，上貽聖憂，追悔何及！若公善爲之辭，尚能改過自新。"行欽曰："天子以汝等有社稷之功，小過必當赦宥。"在禮再拜，以詔書示諸軍。皇甫暉從旁奪詔書壞之，[3]軍士大譟。行欽具以聞，莊宗大怒，敕行欽："破城之日，無遺種！"乃益召諸鎮兵，皆屬行欽。行欽屯澶州，分諸鎮兵爲五道，毀民車輪、門扉、屋椽爲筏，渡長慶河攻冠氏門，不克。[4]

[1]劉皇后：指後唐莊宗劉皇后。魏州成安（今河北成安縣）人。傳見《舊五代史》卷四九、本書卷一四。

[2]鄴都：地名。治所在今河北大名縣。五代後唐同光元年（923），改魏州爲興唐府，建號東京。三年改東京爲鄴都。　行營招撫使：官名。掌招撫征伐之事。係臨時設置之統兵官。品秩不詳。

[3]皇甫暉：人名。魏州（今河北大名縣）人，五代藩鎮將領。傳見本書卷四九。

[4]澶州：州名。唐、五代初，治所在河南清豐縣。後晉天福四年（939），移治於今河南濮陽縣。　長慶河：河流名。流經鄴都（今河北大名縣）附近。　冠氏門：城門名。爲鄴都（今河北大名縣）城門。

是時，邢、洺諸州，[1]相繼皆叛，而行欽攻鄴無功，莊宗欲自將以往，群臣皆諫止，乃遣明宗討之。明宗至魏，軍城西，行欽軍城南。而明宗軍變，入于魏，與在禮合。行欽聞之，退屯衛州，[2]以明宗反聞。

[1]洺：州名。治所在今河北邯鄲市永年區。
[2]衛州：州名。治所在今河南衛輝市。

莊宗遣金槍指揮使李從璟馳詔明宗計事。[1]從璟，明宗子也。行至衛州，而明宗已反，行欽乃縶從璟，將殺之，從璟請還京師，乃許之。明宗自魏縣引兵南，行欽率兵趨還京師。從莊宗幸汴州，行至榮澤，聞明宗已渡黎陽，莊宗復遣從璟通問于明宗，行欽以爲不可，因擊殺從璟。[2]

[1]金槍指揮使：官名。所部統兵將領。金槍爲五代禁軍番號。品秩不詳。　李從璟：人名。後唐明宗李嗣源之子。傳見《舊五代史》卷五一、本書卷一五。
[2]榮澤：縣名。治所在今河南鄭州市。　黎陽：縣名。治所在今河南浚縣。

明宗入汴州，莊宗至萬勝鎮不得進，與行欽登道旁冢，置酒，相顧泣下。[1]有野人獻雉，問其冢名，野人曰："愁臺也。"[2]莊宗益不悦，因罷酒去。西至石橋，置酒野次，莊宗謂行欽曰："卿等從我久，富貴急難無不同也。今兹危蹙，而默默無言，坐視成敗。我至榮澤，欲單騎渡河，自求總管，[3]卿等各陳利害。今日俾我至此，卿等何如？"行欽泣而對曰："臣本小人，蒙陛下撫養，位至將相。危難之時，不能報國，雖死無以塞責。"因與諸將百餘人，皆解髻斷髮，置之于地，誓以死報，君臣相持慟哭。

[1]萬勝鎮：地名。位於今河南中牟縣北大孟鎮萬勝村。
[2]愁臺：地名。位於今河南中牟縣。

[3]總管：即蕃漢馬步軍都總管。五代後唐置，爲蕃漢馬步軍總指揮官。此處指李嗣源。

莊宗還洛陽，數日，復幸汜水。[1]郭從謙反，莊宗崩，行欽出奔。行至平陸，爲野人所執，送虢州，刺史石潭折其兩足，載以檻車，送京師。[2]明宗見之，罵曰："我兒何負於爾！"行欽瞋目直視曰："先皇帝何負於爾！"乃斬于洛陽市，市人皆爲之流涕。

[1]汜水：縣名。治所在今河南滎陽市汜水鎮。

[2]平陸：縣名。治所在今山西平陸縣。　虢州：州名。治所在今河南靈寶市。　石潭：人名。籍貫不詳。五代後唐將領。事見《舊五代史》卷三六。　檻車：以柵欄合圍，押送犯人的囚車。

嗚呼！死之所以可貴者，以其義不苟生爾。故曰：主在與在，主亡與亡者，社稷之臣也。方明宗之兵變于魏，諸將未知去就，而行欽獨以反聞，又殺其子從璟，至於斷髮自誓，其誠節有足嘉矣。及莊宗之崩，不能自決，而反逃死以求生，終於被執而見殺。其言雖不屈，而死非其志也，烏足貴哉！

安金全

安金全，代北人也。[1]爲人驍果，工騎射，號能擒生踏伏。事晉爲騎將，數從莊宗用兵有功，官至刺史，以疾居于太原。

［1］代北：方鎮名。治所在代州（今山西代縣）。

莊宗已下魏博，與梁相距河上。梁將王檀襲太原，晉兵皆從莊宗于河上，太原無備，監軍張承業大恐，率諸司工匠登城扞禦，而外攻甚急。[1]金全彊起謂承業曰："太原，晉之根本也。一旦不守，則大事去矣！老夫誠憊矣，然尚能爲公破賊。"承業喜，授以甲兵。金全被甲跨馬，召率子弟及故將吏得百餘人，夜出北門，擊檀於羊馬城中，[2]檀軍驚潰，而晉救兵稍至。然莊宗不以金全爲能，終其世不錄其功。

［1］王檀：人名。京兆（今陝西西安市）人。後梁將領。傳見《舊五代史》卷二二、本書卷二三。　監軍：官名。爲臨時差遣，代表朝廷協理軍務、督察將帥。唐、五代時常以宦官爲監軍。品秩不詳。　張承業：人名。同州（今陝西大荔縣）人。唐末五代宦官，河東監軍。傳見《舊五代史》卷七二、本書卷三八。

［2］羊馬城：在城墻與城壕之間修築的矮墻。或稱"牛馬城"。

金全與明宗有舊，明宗即位，拜金全振武軍節度使、同中書門下平章事。[1]在鎮二年，召還京師，以疾卒。

［1］振武軍：方鎮名。後梁貞明二年（916）以前，治所位於單于都護府城（今内蒙古和林格爾縣）。貞明二年，單于都護府城爲契丹占據。此後至後唐清泰三年（936），治所位於朔州（今山西朔州市）。後漢隨燕雲十六州割予契丹，改名順義軍。

袁建豐

袁建豐，不知其世家也。晉王討黃巢至華陰，[1]闌得之，時方九歲，愛其俊爽，收養之。長習騎射，爲鐵林都虞候，從擊王行瑜、李匡威，以功遷突陣指揮使。[2]從莊宗破夾城，戰柏鄉，遷左廂馬軍指揮使。[3]明宗爲衙内指揮使，建豐爲副使，從莊宗入魏，取衛、磁、洺三州，拜洺州刺史。[4]擊梁將王千，斬首千餘級，獲其將校七十餘人。[5]遷相州刺史。從戰胡柳，指揮使孟謙據相州叛，[6]建豐還討平之。徙隰州刺史，病風廢。[7]

[1]華陰：縣名。治所在今陝西華陰市。

[2]鐵林都虞候：官名。鐵林軍統兵官。鐵林爲部隊番號。都虞候，次於都指揮使、副都指揮使。品秩不詳。　王行瑜：人名。邠州（今陝西彬縣）人。唐末軍閥。傳見《舊唐書》卷一七五、《新唐書》卷二二四下。　李匡威：人名。范陽（今河北涿州市）人。幽州節度使李全忠之子，襲父位爲節度使。唐末軍閥。傳見《舊唐書》卷一八〇、《新唐書》卷二一二。　突陣指揮使：官名。所部統兵將領。突陣爲部隊番號。品秩不詳。

[3]左廂馬軍指揮使：官名。所部統兵將領。左廂馬軍，當爲河東的馬軍建制。品秩不詳。

[4]副使：官名。即衙内副指揮使。唐五代時期，衙内指揮使爲節度使府衙内之牙將，統最親近衛兵。副指揮使爲衙内指揮使之貳。品秩不詳。　磁：州名。治所在今河北磁縣。

[5]王千：人名。籍貫不詳。五代後梁將領。事見本書本卷。中華點校本校勘記云，《舊五代史》卷六一、《册府》卷三四七作"王遷"。

[6]指揮使：官名。唐末五代軍隊多置都指揮使、指揮使，爲

統兵將領。品秩不詳。　孟謙：人名。籍貫不詳。五代後唐將領。《舊五代史》卷六九作"孟守謙"。本書僅此一見。

[7]隰州：州名。治所在今山西隰縣。　病風：中醫名詞。即風病。患風邪引起的病症。

明宗即位，以舊恩召還京師，親幸其第，撫慰甚厚，加檢校太尉，遙領鎮南軍節度使，俾食其俸以卒，贈太尉。[1]

[1]檢校太尉：官名。爲散官或加官，以示恩寵，無實際執掌。太尉，與司徒、司空並爲三公。品秩不詳。　遙領：雖居此官職，然實際上並不赴任。　鎮南軍：方鎮名。治所在洪州（今江西南昌市）。

西方鄴

西方鄴，定州滿城人也。[1]父再遇，爲州軍校，鄴居軍中，以勇力聞。[2]年二十，南渡河遊梁，不見用，復歸莊宗于河上，莊宗以爲孝義指揮使，數從征伐有功，同光中爲曹州刺史，以州兵屯汴州。[3]

[1]滿城：縣名。治所在今河北保定市滿城區。
[2]再遇：人名。即西方再遇。五代後梁將領。事見本書本卷。中華點校本校勘記云，《西方鄴墓誌》（拓片刊《千唐誌齋藏誌》）作"再通"。　爲州軍校："州"，原作"汴州"，中華點校本據宗文本改，今從。
[3]孝義指揮使：官名。所部統兵將領。孝義爲部隊番號。品秩不詳。　同光：後唐莊宗李存勖年號（923—926）。　曹州：州

名。治所在今山東曹縣西北。

明宗自魏反，兵南渡河，而莊宗東幸汴州，汴州節度使孔循懷二志，[1]使北門迎明宗，西門迎莊宗，所以供帳委積如一，曰："先至者入之。"鄴因責循曰："主上破梁而得公，有不殺之恩，奈何欲納總管而負國！"循不答。鄴度循不可爭，而石敬瑭妻，[2]明宗女也，時方在汴，鄴欲殺之，以堅人心。循知其謀，取之藏其家，[3]鄴無如之何。而明宗已及汴，乃將麾下兵五百騎西迎莊宗，[4]見於汜水，[5]嗚咽泣下，莊宗亦爲之噓唏，乃使以兵爲先鋒。莊宗至汴西，不得入，還洛陽，遇弑。明宗入洛，鄴請死於馬前，明宗嘉歎久之。

[1]孔循：人名。籍貫不詳。五代後唐大臣。傳見本書卷四三。
[2]石敬瑭妻：即後唐明宗李嗣源之女，後晉高祖石敬瑭之妻。後晉出帝即位，尊爲皇太后。與晉出帝一同被俘至遼國。傳見《舊五代史》卷八六、本書卷一七。
[3]取之藏其家："之"字原闕，中華點校本據宗文本補，今從。
[4]乃將麾下兵五百騎西迎莊宗："麾下兵"三字原闕，中華點校本據宗文本補，今從。
[5]見於汜水："見"字原闕，中華點校本據宗文本補，今從。

明年，荊南高季興叛，明宗遣襄州節度使劉訓等招討，而以東川董璋爲西南面招討使，乃拜鄴夔州刺史，副璋以兵出三峽。[1]已而訓等無功見黜，諸將皆罷，璋亦未嘗出兵，[2]惟鄩獨取三州，乃以夔州爲寧江軍，拜鄩節度使。[3]已而又取歸州，[4]數敗季興之兵。

[1]荆南：方鎮名。治所在荆州（今湖北荆州市）。　高季興：人名。原名高季昌，陝州硤石（今河南三門峽市）人。南平（即荆南）開國君主。傳見《舊五代史》卷一三三、本書卷六九。　襄州：州名。治所在今湖北襄陽市。　劉訓：人名。隰州永和（今山西永和縣）人。五代藩鎮將領。傳見《舊五代史》卷六一。　東川：方鎮名。唐至德二載（757）分劍南節度使東部地區置劍南東川節度使。治所在梓州（今四川三臺縣）。　董璋：人名。籍貫不詳。五代後梁、後唐將領。傳見《舊五代史》卷六二、本書卷五一。　招討使：官名。唐始置。戰時任命，兵罷則省。常以大臣、將帥或地方軍政長官兼任。掌招撫、討伐等事。品秩不詳。　夔州：州名。治所在今重慶奉節縣。　三峽：長江三峽。或即瞿塘峽、巫峽和西陵峽。

[2]璋亦未嘗出兵："未"字原闕，中華點校本據宗文本補，今從。

[3]寧江軍：方鎮名。治所在夔州（今重慶奉節縣）。

[4]歸州：州名。治所在今湖北秭歸縣。

鄩，武人，所爲多不中法度，判官譚善達數以諫鄩。[1]鄩怒，遣人告善達受人金，下獄。善達素剛，辭益不遜，遂死于獄中。鄩病，見善達爲祟，卒于鎮。

[1]判官：官名。爲長官的佐吏，協理政事，或備差遣。品秩不詳。　譚善達：人名。籍貫不詳。五代後唐官員。事見《舊五代史》卷六一。　判官譚善達數以諫鄩："鄩"字原闕，中華點校本據宗文本補，今從。

新五代史　卷二六

唐臣傳第十四

符習　烏震　孔謙　張延朗　李嚴　李仁矩　毛璋

符習

符習，趙州昭慶人也。[1]少事趙王王鎔爲軍校，自晋救趙，破梁軍柏鄉，趙常遣習將兵從晋。[2]晋軍德勝，張文禮殺趙王王鎔，上書莊宗，求習歸趙。[3]莊宗遣之，習號泣曰："臣世家趙，受趙王恩，王嘗以一劍與臣使自劾，今聞王死，欲以劍自裁，念卒無益，請擊趙破賊，報王冤。"莊宗壯之，乃遣閻寶、史建瑭等助習討文禮，以習爲鎮州兵馬留後。[4]習攻文禮不克，莊宗用佗將破之。拜習成德軍節度使，習辭不敢受，乃以相、衛二州爲義寧軍，[5]以習爲節度使，習辭曰："魏博六州，[6]霸王之府也，不宜分割以示弱，願授臣河南一鎮，得自攻取之。"乃拜習天平軍節度使、東南面招討使，習亦未嘗攻取。[7]後徙鎮安國，又徙平盧。[8]

[1]趙州：州名。治所在今河北趙縣。　昭慶：縣名。治所在今河北隆堯縣。

[2]王鎔：人名。回鶻人。唐末、五代軍閥，朱温後封趙王。傳見《舊五代史》卷五四、本書卷三九。　柏鄉：縣名。治所在今河北柏鄉縣。

[3]德勝：地名。位於今河南濮陽市。原爲黄河渡口，晉軍築德勝南、北二城於此，遂爲城名。　張文禮：人名。燕（今河北北部）人。王鎔的部將。傳見《舊五代史》卷六二。

[4]閻寶：人名。鄆州（今山東東平縣）人。五代後唐將領。傳見《舊五代史》卷五九、本書卷四四。　史建瑭：人名。雁門（今山西代縣）人。唐九府都督史敬思之子。五代後唐將領。傳見《舊五代史》卷五五、本書卷二五。　鎮州：州名。治所在今河北正定縣。　兵馬留後：官名。唐五代時，代行方鎮長官之職者稱留後。代行州兵馬使之職者，即爲兵馬留後。掌本州兵馬。品秩不詳。

[5]成德軍：方鎮名。治所在鎮州（今河北正定縣）。　節度使：官名。唐時在重要地區所設掌握一州或數州軍事、民事、財政的長官。品秩不詳。　相：州名。治所在今河南安陽市。　衛：州名。治所在今河南衛輝市。　義寧軍：方鎮名。後唐擬以相、衛二州置義寧軍以處符習，因符習請辭而止。

[6]魏博：方鎮名。治所在魏州貴鄉縣（今河北大名縣）。

[7]天平軍：方鎮名。治所在鄆州（今山東東平縣）。　招討使：官名。唐始置。戰時任命，兵罷則省。常以大臣、將帥或地方軍政長官兼任。掌招撫、討伐等事務。品秩不詳。

[8]安國：方鎮名。治所在邢州（今河北邢臺市）。　平盧：方鎮名。治所在青州（今山東青州市）。

趙在禮作亂，[1]遣習以鎮兵討賊。習未至魏，[2]而明宗兵變，習不敢進。明宗遣人招之，習見明宗於胙縣，[3]而以明宗舉兵不順，去就之意未決，霍彥威紿習曰：[4]"主上所殺者十人，公居其四，復何猶豫乎？"習意乃決。平盧監軍楊希望聞習爲明宗所召，[5]乃以兵圍習家屬，將殺之。指揮使王公儼素爲希望所信，[6]紿希望曰："内侍盡忠朝廷，誅反者家族，孰敢不効命！宜分兵守城，以虞外變，習家不足慮也。"希望信之，乃悉分其兵守城，公儼因擒希望斬之，習家屬由是獲免。而公儼宣言青人不便習之嚴急，[7]不欲習復來，因自求爲節度使。明宗乃以房知温代習鎮平盧，拜公儼登州刺史。[8]公儼不時承命，知温擒而殺之。習復鎮天平，徙鎮宣武。[9]

[1]趙在禮：人名。涿州（今河北涿州市）人。五代後唐、後晉將領。傳見《舊五代史》卷九〇、本書卷四六。

[2]魏：州名。治所在今河北大名縣。

[3]胙縣：縣名。即胙城縣，避後梁太祖朱温之父朱誠諱改。治所在今河南延津縣。

[4]霍彥威：人名。洺州曲周（今河北曲周縣）人。五代後梁將領霍存養子，後梁、後唐將領。傳見《舊五代史》卷六四、本書卷四六。

[5]監軍：官名。爲臨時差遣，代表朝廷協理軍務、督察將帥。唐、五代時常以宦官爲監軍。品秩不詳。　楊希望：人名。籍貫不詳。五代後唐宦官。本書僅此一見。

[6]指揮使：官名。唐末五代軍隊多置都指揮使、指揮使，爲統兵將領。品秩不詳。　王公儼：人名。籍貫不詳。五代後唐將領。事見《舊五代史》卷三七。

[7]青：州名。治所在今山東青州市。

[8]房知溫：人名。兗州瑕丘（今山東濟寧市兗州區）人。五代後唐將領。傳見《舊五代史》卷九一、本書卷四六。　登州：州名。治所在今山東蓬萊市。　刺史：官名。州一級行政長官。漢武帝時始置，總掌考核官吏、勸課農桑、地方教化等事。唐中期以後，節度使、觀察使轄州而設，刺史爲其屬官，職任漸輕。從三品至正四品下。

[9]宣武：方鎮名。治所在汴州（今河南開封市）。

　　習素爲安重誨所不悅，希其旨者上言習厚斂汴人，乃以太子太師致仕，歸昭慶故里，明宗以其子令謙爲趙州刺史以奉養之。[1]習以無罪，怏怏失職，縱獵劇飲以自娱。居歲餘，中風卒，贈太師。[2]

[1]安重誨：人名。應州（今山西應縣）人。五代後唐大臣。傳見《舊五代史》卷六六、本書卷二四。　汴：州名。治所在今河南開封市。　太子太師：官名。與太子太傅、太子太保統稱太子三師。隋唐以後多作加官或贈官。從一品。　致仕：官員告老辭官。

[2]中風：病症名。以猝然昏僕、口眼歪斜、半身不遂爲主要特徵。　太師：官名。與太傅、太保並爲三師，唐後期、五代多爲大臣、勛貴加官。正一品。

　　習二子：令謙、蒙。令謙，有勇力，善騎射，以父任爲將，官至趙州刺史，有善政，卒于州，州人號泣送葬者數千人，當時號爲良刺史。蒙，少好學，性剛鯁，爲成德軍節度副使。[1]後事晉，官至禮部侍郎。[2]

[1]節度副使：官名。唐五代方鎮屬官。位於行軍司馬之下、判官之上。品秩不詳。

[2]禮部侍郎：官名。尚書省禮部次官。協助禮部尚書掌禮儀、祭享、貢舉之政。正四品下。

烏震

烏震，冀州信都人也。[1]少事趙王王鎔爲軍卒，稍以功遷裨校，隸符習軍。習從莊宗于河上，而鎔爲張文禮所弒，震從習討文禮，而家在趙，文禮執震母妻及子十餘人以招震，震不顧。文禮乃自斷其手鼻，割而不誅，縱至習軍，軍中皆不忍正視。震一慟而止，憤激自勵，身先士卒。晉軍攻破鎮州，震以功拜刺史，歷深、趙二州。[2]

[1]冀州：州名。治所在今河北衡水市冀州區。　信都：縣名。治所在今河北衡水市冀州區。

[2]深：州名。治所在今河北深州市。

震爲人純質，少好學，通左氏春秋，喜作詩，善書。及爲刺史，以廉平爲政有聲，遷冀州刺史，兼北面水陸轉運使。[1]明宗聞其名，擢拜河北道副招討使，領寧國軍節度使，代房知溫戍于盧臺軍。[2]始至而戍兵龍晊等作亂，見殺，贈太師。[3]

[1]水陸轉運使：官名。掌一方水陸轉運、賦稅諸事。爲差遣職事。品秩不詳。

[2]河北道：道名。唐貞觀十道、開元十五道之一。唐貞觀元年（627）始置，轄境相當於今北京、天津二市，河北省全境，遼寧省大部分地區及河南、山東兩省古黃河以北地區。　寧國軍：方鎮名。治所在宣州（今安徽宣城市）。唐景福元年（892）升宣歙觀察使爲寧國軍節度使，天復三年（903）廢。五代吳復置。此處烏震遥領寧國軍節度使，實際並不赴任。　盧臺軍：軍（政區）名。治所在今天津寧河區盧臺鎮。參見余蔚《中國行政區劃通史》（遼金卷），復旦大學出版社2012年版，第326頁。

[3]龍晊（zhì）：人名。籍貫不詳。五代後唐官員。事見《舊五代史》卷三八。

嗚呼！忠孝以義則兩得，吾既已言之矣，若烏震者，可謂忠乎？甚矣，震之不思也。夫食人之禄而任人之事，事有任，專其責，而其國之利害，由己之爲不爲，爲之雖利於國，而有害於其親者，猶將辭其禄而去之。矧其事衆人所皆可爲，而任不專己，又其爲與不爲，國之利害不繫焉者，如是而不顧其親，雖不以爲利，猶曰不孝，況因而利之乎！夫能事其親以孝，然後能事其君以忠，若烏震者，可謂大不孝矣，尚何有於忠哉！

孔謙

孔謙，魏州人也，爲魏州孔目官。[1]魏博入于晉，莊宗以爲度支使。[2]謙爲人勤敏，而傾巧善事人，莊宗及其左右皆悦之。自少爲吏，工書筭，頗知金穀聚斂之事。晉與梁相拒河上十餘年，大小百餘戰，謙調發供饋，未嘗闕乏，所以成莊宗之業者，謙之力爲多，然民亦不勝其苦也。

[1]孔目官：官名。唐玄宗開元五年（717），始於集賢殿置孔目官一人，掌檔案及圖書目錄。後諸鎮節度使府皆置孔目官，掌管檔案及文書收發，綜理衆務，其職掌略似於諸州、府之錄事參軍，爲幕府要職之一。品秩不詳。

[2]度支使：官名。度支本爲户部的一司，唐中期以後特派大臣判度支，後來獨立於户部之外，稱度支使或知度支事，或稱勾當支使。與判户部及鹽鐵轉運使合稱三司。至五代後唐，合爲一職，稱三司使。品秩不詳。

莊宗初建大號，謙自謂當爲租庸使，而郭崇韜用魏博觀察使判官張憲爲使，以謙爲副。[1]謙已怏怏。既而莊宗滅梁，謙從入汴，謂崇韜曰："鄴，北都也，[2]宜得重人鎮之，非張憲不可。"崇韜以爲然，因以憲留守北都，而以宰相豆盧革判租庸。[3]謙益失望，乃陰求革過失，而革嘗以手書假租庸錢十萬，謙因以書示崇韜，而微泄其事，使革聞之。革懼，遂求解職以讓崇韜，崇韜亦不肯當。莊宗問："誰可者？"崇韜曰："孔謙雖長於金穀，而物議未可居大任，不若復用張憲。"乃趣召憲。憲爲人明辯，人頗忌之，謙因乘間謂革曰："租庸錢穀，悉在目前，委一小吏可辦。鄴都天下之重，不可輕以任人。"革以語崇韜，崇韜罷憲不召，以興唐尹王正言爲租庸使。[4]謙益憤憤，因求解職。莊宗怒其避事，欲寘之法，賴伶官景進救解之，乃止。[5]已而正言病風，不任事，景進數以爲言，乃罷正言，以謙爲租庸使，賜"豐財贍國功臣"。[6]

[1]租庸使：官名。唐主持催徵租庸地稅的中央使臣。五代後梁、後唐時，租庸使取代鹽鐵、度支、戶部，爲中央財政長官。品秩不詳。　郭崇韜：人名。代州雁門（今山西代縣）人。五代後唐大臣。傳見《舊五代史》卷五七、本書卷二四。　觀察使判官：官名。即觀察判官。唐肅宗以後置，五代沿置。觀察使屬官，參理田賦事，用觀察使印、署狀。品秩不詳。　張憲：人名。晉陽（今山西太原市）人。後唐官員。傳見《舊五代史》卷六九、本書卷二八。

[2]鄴：地名。即鄴都。治所在今河北大名縣。五代後唐同光元年（923），改魏州爲興唐府，建號東京，三年改東京爲鄴都。

[3]豆盧革：人名。先世爲鮮卑慕容氏，後改豆盧氏。唐同州刺史豆盧籍之孫，舒州刺史豆盧瓚之子。五代後唐宰相。傳見《舊五代史》卷六七、本書卷二八。

[4]興唐尹：官名。五代後唐同光元年（923），改魏州爲興唐府。以興唐尹總其政務。從三品。　王正言：人名。鄆州（今山東東平縣）人。後唐官員。傳見《舊五代史》卷二一。

[5]伶官：古代樂人。後唐莊宗朝用伶人爲官，故稱伶官，事見本書卷三七。　景進：人名。籍貫不詳。五代後唐莊宗朝伶官。傳見本書卷三七。

[6]豐財贍國功臣：功臣號。唐宋時期官員、將士榮譽加銜的一種。

　　謙無佗能，直以聚斂爲事。莊宗初即位，推恩天下，除百姓田租，放諸場務課利欠負者，謙悉違詔督理。故事：觀察使所治屬州事，[1]皆不得專達，上所賦調，亦下觀察使行之。而謙直以租庸帖調發諸州，[2]不關觀察，觀察使交章論理，以謂："制敕不下支郡，[3]刺史不專奏事，唐制也。租庸直帖，沿偽梁之弊，不可爲法。今唐運中興，願還舊制。"詔從其請，而謙不奉詔，卒行直帖。又請減百官俸錢，省罷節度觀察判官、推官等員數。[4]以至郡塞天下山谷徑路，禁止行人，以收商旅征筭；遣大程官放猪羊柴炭，占庇人户；[5]更制括田竿尺；[6]盡率州使公廨錢。[7]由是天下皆怨苦之。

[1]觀察使：官名。唐代後期出現的地方軍政長官。唐玄宗開元二十一年（733）置十五道采訪使，唐肅宗乾元元年（758）改爲觀察使。無旌節，故地位低於節度使。掌一道州縣官的考績及民政。品秩不詳。　屬州：又稱"支郡"。節度使、觀察使等一道長官，除本州府外，還統領一州或數州府，即爲支郡、屬州。

[2]帖：官府文書。一般是上級機關下發給下級機關的公文書。

[3]制敕不下支郡："制敕"，原作"制刺"，《通鑑》卷二七三載此事作"朝廷故事，制敕不下支郡"，今據改。

[4]觀察推官：官名。唐肅宗以後置，五代沿置。觀察使屬官。掌理刑案之事。品秩不詳。

[5]大程官：吏名。五代時始置。隸樞密院承旨司。聽樞密院、中書省、宣徽院使喚，供外差發送文書等事。

[6]括田竿尺：丈量土地的度量工具。

[7]率：聚斂、徵收。此處意爲徵稅。　公廨錢：公廨田的租錢。隋唐內外職官，於職分田外，按等級高低給公廨田。官署以公廨田所收地租充辦公經費。

明宗立，下詔暴謙罪，斬于洛市，籍没其家。遂罷租庸使額，分鹽鐵、度支、户部爲三司。[1]

[1]鹽鐵、度支、户部：官署名。唐末五代稱鹽鐵、度支、户部爲三司，其分則爲三個獨立部門，合則稱爲三司。三司掌管統籌國家財政之事。

張延朗

張延朗，汴州開封人也。事梁，以租庸吏爲鄆州糧料使。[1]明宗克鄆州，得延朗，復以爲糧料使，後徙鎮宣武、成德，以爲元從孔目官。[2]明宗即位，爲莊宅使、宣徽北院使、忠武軍節度使。[3]

[1]鄆州：州名。治所在今山東東平縣。 糧料使：官名。唐後期或爲節度使屬官，或由度支使差派。掌供應軍餉、糧草。品秩不詳。
[2]元從：自初始即追隨在側的部屬。
[3]莊宅使：官名。唐始置。掌管兩京地區官府掌握的莊田、磨坊、店鋪、菜園等產業。品秩不詳。 宣徽北院使：官名。唐始置。宣徽北院長官。初用宦官，五代以後改用士人。與宣徽南院使通掌内諸司及三班内侍之名籍，郊祀、朝會、宴享供帳之儀，檢視内外進奉名物。品秩不詳。參見王永平《論唐代宣徽使》，《中國史研究》1995年第1期；王孫盈政《再論唐代的宣徽使》，《中華文史論叢》2018年第3期。 忠武軍：方鎮名。治所在陳州（今河南淮陽縣）。

長興元年拜三司使。[1]唐制：户部、度支以本司郎中、侍郎判其事，而有鹽鐵轉運使。[2]其後用兵，以國計爲重，遂以宰相領其職。乾符已後，[3]天下喪亂，國用愈空，始置租庸使，用兵無常，隨時調斂，兵罷則止。梁興，始置租庸使，領天下錢穀，廢鹽鐵、户部、度支之官。莊宗滅梁，因而不改。明宗入立，誅租庸使孔謙而廢其使職，以大臣一人判户部、度支、鹽鐵，號曰判三司。[4]延朗因請置三司使，事下中書。[5]中書用唐故事，拜延朗特進、工部尚書，充諸道鹽鐵轉運等使，兼判户部度支事。[6]詔以延朗充三司使，班在宣徽使下。[7]三司置使自此始。

[1]長興：後唐明宗李嗣源年號（930—933）。　三司使：官名。五代後唐明宗天成元年（926）將晚唐以來的户部、度支、鹽鐵三部合爲一職，設三司使統之。主管國家財政。品秩不詳。

[2]郎中：官名。尚書省屬官。位在侍郎之下、員外郎之上。六部的郎中主持各司事務。從五品上。　侍郎：官名。此處指户部侍郎。尚書省户部次官。協助户部尚書掌天下田户、均輸、錢穀之政令。正四品下。　鹽鐵轉運使：官名。全稱爲諸道鹽鐵轉運使，簡稱鹽鐵使。爲鹽鐵司長官，主掌漕運及專賣事務。品秩不詳。

[3]乾符：唐僖宗李儇年號（874—879）。

[4]判三司：官名。通掌鹽鐵、度支、户部三個部門事務。爲三司使之起始。品秩不詳。

[5]中書：官署名。"中書門下"的簡稱。唐代以來爲宰相處理政務的機構。參見劉後濱《唐代中書門下體制研究——公文形態・政務運行與制度變遷》，齊魯書社2004年版。

[6]特進：官名。西漢末期始置，授給列侯中地位較特殊者。隋唐時期，特進爲散官，授給有聲望的文武官員。正二品。　工部尚書：官名。尚書省工部長官。掌百工、屯田、山澤之政令。正

三品。

[7]班：班次、班序。官員參與朝會時所在班列次序。　宣徽使：官名。宣徽南院使、北院使通稱宣徽使。

延朗號爲有心計，以三司爲己任，而天下錢穀亦無所建明。明宗常出遊幸，召延朗共食，延朗不至，附使者報曰："三司事忙，無暇。"聞者笑之。歷泰寧、雄武軍節度使。[1]廢帝以爲吏部尚書兼中書門下平章事，判三司。[2]

[1]泰寧：方鎮名。治所在兗州（今山東濟寧市兗州區）。雄武軍：方鎮名。後唐改天雄軍置。治所在秦州（今甘肅天水市）。

[2]吏部尚書：官名。尚書省吏部長官，與二侍郎分掌六品以下文官選授、勳封、考課之政令。正三品。　中書門下平章事：官名。即"同中書門下平章事"。唐高宗以後，凡實際任宰相之職者，常在其本官後加同平章事的職銜。後成爲宰相專稱。品秩不詳。

晉高祖有異志，三司財貨在太原者，延朗悉調取之，高祖深以爲恨。晉兵起，廢帝欲親征，而心畏高祖，遲疑不決，延朗與劉延朗等勸帝必行。[1]延朗籍諸道民爲丁及括其馬，丁馬未至，晉兵入京師，高祖得延朗，殺之。

[1]劉延朗：人名。宋州虞城（今河南虞城縣）人。五代後唐大臣。傳見《舊五代史》卷六九、本書卷二七。

李嚴

李嚴，幽州人也，[1]初名讓坤。事劉守光爲刺史，後事莊宗爲客省使。[2]嚴爲人明敏多藝能，習騎射，頗知書而辯。

[1]幽州：州名。治所在今北京市。
[2]劉守光：人名。深州樂壽（今河北獻縣）人。唐末五代幽州節度使劉仁恭之子。劉守光囚父自立，後號大燕皇帝，爲晉王李存勖俘殺。傳見《舊五代史》卷一三五、本書卷三九。　客省使：官名。客省長官。唐代宗時始置，五代沿置。掌接待四方奏計及外族使者。品秩不詳。

同光三年，使于蜀，爲王衍陳唐興復功德之盛，音辭清亮，蜀人聽之皆竦動。[1]衍樞密使宋光嗣召嚴置酒，從容問中國事。[2]嚴對曰："前年天子建大號于鄴宫，自鄆趨汴，定天下不旬日，而梁之降兵猶三十萬，東漸于海，西極甘涼，北懾幽陵，南踰閩嶺，四方萬里，莫不臣妾。[3]而淮南楊氏承累世之彊，鳳翔李公恃先朝之舊，皆遣子入侍，稽首稱藩。[4]至荊、湖、吳越，修貢賦，効珍奇，願自比於列郡者，至無虛月。[5]天子方懷之以德，而震之以威，天下之勢，不得不一也。"光嗣曰："荊、湖、吳越非吾所知，若鳳翔則蜀之姻親也，其人反覆，其可信乎？又聞契丹日益彊盛，大國其可無慮乎？"[6]嚴曰："契丹之彊，孰與偽梁？"光嗣曰："比梁差劣爾！"嚴曰："唐滅梁如拉朽，況其不及乎！唐兵布天下，發一鎮之衆，可以滅虜使無類。然而天生四夷，不在九州之内，自前古王者，皆存而不論，蓋不欲窮兵黷武也。"蜀人聞嚴應對，愈益奇之。

[1]同光：後唐莊宗李存勖年號（923—926）。　王衍：人名。許州舞陽（今河南舞陽縣）人。王建幼子，五代十國前蜀皇帝。傳見《舊五代史》卷一三六、本書卷六三。

[2]樞密使：官名。樞密院長官。唐代宗時始以宦官掌機密，至昭宗時借朱温之力盡誅宦官，始改以士人任樞密使。備顧問，參謀議，出納詔奏，權侔宰相。品秩不詳。參見李全德《唐宋變革期樞密院研究》，北京圖書館出版社 2009 年版。　宋光嗣：人名。籍貫不詳。五代十國前蜀大臣、宦官。事見本書卷六三。

[3]甘凉：甘州（治所在今甘肅張掖市甘州區）、凉州（治所在今甘肅武威市）的合稱，代指唐朝在河西地區設置的河西軍。幽陵：指唐代所置幽陵都督府。唐貞觀二十一年（647）以鐵勒拔野古部置，屬燕然都護府。約在今俄羅斯、蒙古國鄂嫩河以東及蒙古國克魯倫河南北地區。永淳、垂拱時突厥、鐵勒相繼叛唐後，内遷於夏州以北河套内地。屬安北都護府。　閩嶺：閩指五代十國的閩國。嶺爲南嶺，代指嶺南的南漢政權。閩嶺泛指今福建、嶺南地區。

[4]淮南楊氏：淮南指五代十國的吴國。楊氏指吴太祖楊行密，廬州合淝（今安徽合肥市）人。唐末軍閥，後追爲五代十國吴國太祖。傳見《新唐書》卷一八八、《舊五代史》卷一三四、本書卷六一。　鳳翔李公：鳳翔爲方鎮，治所在鳳翔府（今陝西鳳翔縣）。李公指李茂貞，深州博野（今河北蠡縣）人。唐末、五代軍閥，長期割據鳳翔。傳見《舊五代史》卷一三二、本書卷四〇。

[5]荆：五代十國之南平國。　湖：五代十國之南楚國。　吴越：五代十國之吴越國。

[6]契丹：古部族、政權名。公元 4 世紀中葉宇文部爲前燕攻破，始分離而成單獨的部落，自號契丹。唐貞觀中，置松漠都督府，以其首領爲都督。唐末强盛，916 年迭剌部耶律阿保機建立契丹國（遼）。先後與五代、北宋並立，保大五年（1125）爲金所滅。參見張正明《契丹史略》，中華書局 1979 年版。

是時，蜀之君臣皆庸暗，而恃險自安，窮極奢僭。嚴自蜀還，具言可取之狀。初，莊宗遣嚴以名馬入蜀，市珍奇以充後宮，而蜀法嚴禁以奇貨出劍門，其非奇物而出者，名曰"入草物"，由是嚴無所得而還，惟得金二百兩、地衣、毛布之類。莊宗聞之，大怒曰："物歸中國，謂之'入草'，王衍其能免爲'入草人'乎？"於是決議伐蜀。

　　冬，魏王繼岌西伐，以嚴爲三川招撫使，與康延孝以兵五千先行，所過州縣皆迎降。[1]延孝至漢州，[2]王衍告曰："得李嚴來即降。"衆皆以伐蜀之謀自嚴始，而衍怨嚴深，不宜往。嚴聞之喜，即馳騎入益州。[3]衍見嚴，以妻母爲託，即日以蜀降。嚴還，明宗以爲泗州防禦使，[4]客省使如故。

[1]繼岌：人名。即李繼岌。後唐莊宗長子。傳見《舊五代史》卷五一、本書卷一四。　三川：唐中葉後，以劍南西川、劍南東川及山南西道三鎮合稱"三川"。　招撫使：官名。掌招撫征伐之事。係臨時設置之統兵官。品秩不詳。　康延孝：人名。塞北部落人。五代後唐將領。傳見《舊五代史》卷七四、本書卷四四。

[2]漢州：州名。治所在今四川廣漢市。

[3]益州：州名。治所在今四川成都市。

[4]泗州：州名。治所在今江蘇泗洪縣東南，今已沒入洪澤湖中。　防禦使：官名。唐代始置，設有都防禦使、州防禦使兩種。常由刺史或觀察使兼任，實際上爲唐代後期州或方鎮的軍政長官。品秩不詳。

　　其後孟知祥屈彊於蜀，安重誨稍裁抑之，思有以制知祥者，嚴乃求爲西川兵馬都監。[1]將行，其母曰："汝前啓破蜀之謀，今行，其以死報蜀人矣！"嚴不聽。初，嚴與知祥同事莊宗，時知祥爲中門使，[2]嚴嘗有過，莊宗怒甚，命斬之，知祥戒行刑者少緩，入白莊宗曰："嚴小過，不宜以喜怒殺人，恐失士大夫心。"莊宗怒稍解，命知祥監笞嚴二十而釋之。知祥雖與嚴有舊恩，而惡其來。蜀人聞嚴來，亦皆惡之。嚴至，知祥置酒從容問嚴曰："朝廷以公來邪？公意自欲來邪？"嚴曰："君命也。"知祥發怒曰："天下藩鎮皆無監軍，安得爾獨來此？此乃孺子熒惑朝廷爾！"即擒斬之，明宗不能詰也，知祥由此遂反。

[1]孟知祥：人名。邢州龍岡（今河北邢臺市）人。李克用女婿，五代十國後蜀開國皇帝。傳見《舊五代史》卷一三六、本書卷六四。　西川：方鎮名。治所在成都府（今四川成都市）。　兵馬都監：官名。唐代中葉命將出征，常以宦官爲監軍、都監。後爲臨時委任的統兵官，稱都監、兵馬都監。掌屯戍、邊防、訓練之政令。品秩不詳。

[2]中門使：官名。五代時晉王李存勖所置，爲節度使屬官，執掌同於朝廷之樞密使。品秩不詳。

李仁矩

李仁矩，不知其世家。少事明宗爲客將，明宗即位，以爲客省使、左衛大將軍。[1]明宗祀天南郊，東、西川當進助禮錢，使仁矩趣之。[2]仁矩恃恩驕恣，見藩臣不以禮。東川節度使董璋置酒召仁矩，仁矩辭醉不往，於傳舍與倡妓飲。[3]璋怒，率衙兵露刃之傳舍，仁矩惶恐，不襪而靴走庭中，璋責之曰："爾以西川能斬李嚴，謂我獨不能斬爾邪！"顧左右牽出斬之。仁矩涕泣拜伏謝罪，乃止。明日，璋置酒召仁矩，見其妻子，以厚謝之。仁矩還，言璋必反。

[1]左衛大將軍：官名。唐置，掌宮禁宿衛。唐代置十六衛，即左右衛、左右驍衛、左右武衛、左右威衛、左右領軍衛、左右金吾衛、左右監門衛、左右千牛衛。各置上將軍，從二品；大將軍，正三品；將軍，從三品。

[2]南郊：意爲都城南面之郊。代指南面郊區之祭天場所（圜丘），亦指祭天之禮（郊天）。古人用"郊""南郊""有事於南郊"指代在南郊之圜丘舉行的祭天典禮。　東、西川：指劍南東川節度使、劍南西川節度使。簡稱東、西川。至德二載（757）分劍南節度使東部地區置劍南東川節度使，治所在梓州（今四川三臺縣）；分西部地區置劍南西川節度使，治所在成都府（今四川成都市）。　助禮錢：唐五代時期，方鎮進獻給朝廷用於舉行南郊等大禮活動的經費。參見杜文玉《唐五代的助禮錢與諸司禮錢》，《陝西師範大學學報》（哲學社會科學版）2004年第2期。

[3]董璋：人名。籍貫不詳。五代後梁、後唐將領。傳見《舊五代史》卷六二、本書卷五一。　傳舍：古代官府設立的供行旅食宿之所。遍佈於交通要道上。主要招待往來官員；持有傳符的一般旅客，可以在偏房旁舍寄宿。

仁矩素爲安重誨所親信，自璋有異志，重誨思有以制之，乃分東川之閬州爲保寧軍，以仁矩爲節度使，遣姚洪將兵戍之。[1]璋以書至京師告其子光業曰：[2]"朝廷割我支郡，分建節旄，又以兵戍之，是將殺我也。若唐復遣一騎入斜谷，吾反必矣！[3]與汝自此而決。"光業私以書示樞密承旨李虔徽，使白重誨，重誨不省。[4]

[1]閬州：州名。治所在今四川閬中市。　保寧軍：方鎮名。五代後唐天成四年（929）分東川置，治所在閬州（今四川閬中市）。　姚洪：人名。籍貫不詳。五代後唐將領。傳見《舊五代史》卷七〇、本書卷三三。

[2]光業：人名。即董光業。籍貫不詳。五代後唐東川節度使董璋之子。事見《舊五代史》卷六二、本書卷五一。

[3]斜谷：地名。即褒斜道之東口。位於今陝西眉縣西南。

[4]樞密承旨：官名。五代設樞密院承旨和樞密院副承旨，以各衛將軍擔任。主管樞密院承旨司之事。品秩不詳。　李虔徽：人名。籍貫不詳。五代後唐官員。本書僅此一見。

仁矩至鎮，伺璋動静必以聞，璋益疑懼，遂決反。重誨又遣荀咸乂將兵戍閬州，光業亟言以爲不可，重誨不聽。[1]咸乂未至，璋已反，攻閬州，仁矩召將校問策，皆曰："璋有二心久矣，常以利啖吾兵，兵未可用，而賊鋒方銳，宜堅壁以挫之。守旬日，大軍必至，賊當自退。"仁矩曰："蜀懦，安能當我精鋭之師！"即驅之出戰，兵未交而潰，仁矩被擒，并其家屬皆見殺。

[1]荀咸乂：人名。籍貫不詳。五代後唐官員。本書僅此一見。

毛璋

毛璋，滄州人也。[1]梁末，戴思遠爲橫海軍節度使，璋事思遠爲軍校。[2]晋已下魏博，思遠棄滄州出奔，璋以滄州降晋，以功爲貝州刺史。[3]

[1]滄州：州名。治所在今河北滄州市。
[2]戴思遠：人名。籍貫不詳。五代後梁、後唐將領。傳見《舊五代史》卷六四。　橫海軍：方鎮名。治所在滄州（今河北滄州市）。
[3]貝州：州名。治所在今河北清河縣。

璋爲人有膽勇，自晋與梁相拒河上，璋累戰有功。莊宗滅梁，拜璋華州節度使。[1]在鎮多不法，議者疑其有異志，乃徙璋鎮昭義。[2]璋初欲拒命，其判官邊蔚切諫諭之，乃聽命。[3]

[1]華州：州名。治所在今陝西渭南市華州區。
[2]昭義：方鎮名。治所在潞州（今山西長治市）。
[3]邊蔚：人名。長安（今陝西西安市）人。五代後唐至後周官員。傳見《舊五代史》卷一二八。原作"邊慰"，中華點校本據宗文本、《舊五代史》卷七三、《通鑑》卷二七五改，今從。

璋累歷藩鎮，又在華州得魏王繼岌伐蜀餘貲，既富而驕，益爲淫侈。嘗服赭袍飲酒，[1]使其所得蜀妓爲王衍宮中之戲于前。明宗聞而惡之，召爲金吾上將軍。[2]東川董璋上書言璋遣子廷贇持書往西川，[3]疑其有姦。明宗乃遣人追還廷贇，并璋下御史獄。[4]廷贇款稱實璋假子，有叔父在蜀，欲往省之，而無私書。璋無罪名，有司議："璋前任藩鎮，陰畜異圖，及處班行，不慎行止。"乃停璋見任官，勒還私第。

[1]赭袍：赭黃袍，天子所服之袍。
[2]金吾上將軍：官名。即"金吾衛上將軍"。唐置十六衛之一，掌宮禁宿衛。從二品。
[3]廷贇：人名。即毛廷贇。毛璋之子。事見本書本卷。
[4]御史獄：監獄名。即御史臺獄。唐代始置。主要囚禁皇帝詔命交付審判的案犯。

初，廷贇之蜀，與其客趙延祚俱，[1]及召下獄，延祚多掯璋陰事欲言之，璋許延祚重賂以滅口。既出而責賂於璋，不與，延祚乃詣臺自言，并璋復下獄，鞠之無狀。[2]中丞吕夢奇議曰：[3]"璋前經推劾，已蒙昭雪，而延祚以責賂之故，復加織羅。"乃稍宥璋。璋款上，有告者言夢奇受賂而劾獄不盡，乃移軍巡獄。[4]獄吏希旨，鍛鍊其事，璋具伏：許賂延祚而未與，嘗以馬借夢奇而無受賂。璋坐長流儒州，[5]已而令所在賜自盡。

[1]趙延祚：人名。籍貫不詳。五代後唐時人。本書僅此一見。
[2]臺：即御史臺。 鞠（jū）：審問、查詢。
[3]中丞：官名。即御史中丞。如不置御史大夫，則爲御史臺長官。掌司法監察。正四品下。 吕夢奇：人名。籍貫不詳。五代後唐官員。事見《舊五代史》卷七三、本書本卷。
[4]軍巡獄：監獄名。五代於都城設左右軍巡院，掌巡警捕盜諸事。下設左右軍巡獄，羈押所屬範圍內之囚犯。"巡"，原作"延"，中華點校本據浙江本、宗文本改，今從。
[5]流：即流刑，五刑之一。即將犯人流放、遣送到邊遠地方服勞役。 儒州：州名。治所在今北京市延慶區。

∷ 中華文化促進會主持編纂

∷ 國家"十一五"重點圖書出版規劃項目

∷ 中國社會科學院哲學社會科學創新工程學術出版資助項目

出品人 王石 段先念

今注本二十四史

新五代史

三 傳〔二〕

宋 歐陽脩 撰　宋 徐無黨 注
紀雪娟　主持校注
陳智超　審訂

中國社會科學出版社

新五代史　卷二七

唐臣傳第十五

朱弘昭 馮贇附　劉延朗　康思立　康義誠　藥彥稠

　　朱弘昭，太原人也。少事明宗爲客將，[1]明宗即位，爲文思使。[2]與安重誨有隙，[3]故常使于外。董璋爲東川節度使，[4]乃以弘昭爲副使。[5]西川孟知祥殺其監軍李嚴，[6]弘昭大懼，求還京師，璋不許，遂相猜忌，弘昭益開懷待之不疑，璋頗重其爲人。後璋有軍事，遣弘昭入朝，弘昭乃免。遷左衛大將軍、內客省使、宣徽南院使、鳳翔節度使。[7]

　　[1]明宗：即李嗣源。沙陀人。原名邈佶烈，李克用養子。五代後唐明宗，926年至933年在位。紀見《舊五代史》卷三五至卷四四、本書卷六。　客將：官名。亦稱典客。唐末、五代藩鎮負責接待使節、賓客、出使等外交職責的武官。品秩不詳。詳見吳麗娛《試論晚唐五代的客將、客司與客省》，《中國史研究》2002年第4期。

　　[2]文思使：官名。文思院長官。掌造宮廷所需之物。唐代置

文思院，以宦官爲文思使。五代後梁時改文思院爲乾文院，文思使改稱乾文院使。後唐時復舊。品秩不詳。

[3]安重誨：人名。應州（今山西應縣）人。五代後唐大臣。傳見《舊五代史》卷六六、本書卷二四。

[4]董璋：人名。籍貫不詳。五代後梁、後唐將領。傳見《舊五代史》卷六二、本書卷五一。　東川：方鎮名。治所在梓州（今四川三臺縣）。　節度使：官名。唐時在重要地區所設掌握一州或數州軍事、民事、財政的長官。品秩不詳。

[5]副使：官名。即節度副使。唐、五代方鎮屬官。位於行軍司馬之下、判官之上。品秩不詳。

[6]西川：方鎮名。治所在成都府（今四川成都市）。　孟知祥：人名。邢州龍岡（今河北邢臺市）人。李克用女婿，後蜀開國皇帝。傳見《舊五代史》卷一三六、本書卷六四。　監軍：官名。爲臨時差遣，代表朝廷協理軍務、督察將帥。唐、五代時常以宦官爲監軍。品秩不詳。　李嚴：人名。幽州（今北京市）人。五代後唐將領。初事劉守光，後事唐莊宗。傳見《舊五代史》卷七〇、本書卷二六。

[7]左衛大將軍：官名。唐置，掌宮禁宿衛。唐代置十六衛，即左右衛、左右驍衛、左右武衛、左右威衛、左右領軍衛、左右金吾衛、左右監門衛、左右千牛衛。各置上將軍，從二品；大將軍，正三品；將軍，從三品。　內客省使：官名。中書省所屬內客省長官。唐始置，五代沿置。品秩不詳。　宣徽南院使：官名。唐始置。宣徽南院長官。初用宦官，五代以後改用士人。與宣徽北院使通掌內諸司及三班內侍之名籍，郊祀、朝會、宴享供帳之儀，檢視內外進奉名物。品秩不詳。參見王永平《論唐代宣徽使》，《中國史研究》1995年第1期；王孫盈政《再論唐代的宣徽使》，《中華文史論叢》2018年第3期。　鳳翔：方鎮名。治所在鳳翔府（今陝西鳳翔縣）。

孟知祥反，石敬瑭伐蜀，[1]久無功，明宗遣安重誨督軍。是時重誨已有間。重誨至鳳翔，弘昭迎謁，禮甚恭，延重誨于家，使其妻妾侍飲食。重誨以弘昭厚己，酒酣，具言蒙天子厚恩，而所以讒間之端，因泣下。弘昭即奏言重誨怨望，又陰遣人馳告敬瑭，使拒重誨。會敬瑭以糧餉不繼，遂燒營返軍。重誨亦以被讒召還，過鳳翔，弘昭閉門不納，重誨由此得罪死。樞密使范延光尤惡弘昭爲人，[2]罷爲左武衛上將軍、宣徽南院使。久之，爲山南東道節度使。[3]

［1］石敬瑭：人名。沙陀人。五代後唐將領，後晉開國皇帝，廟號高祖。紀見《舊五代史》卷七五至八〇、本書卷八。

［2］樞密使：官名。樞密院長官。唐代宗時始以宦官掌機密，至昭宗時借朱溫之力盡誅宦官，始改以士人任樞密使。備顧問，參謀議，出納詔奏，權侔宰相。品秩不詳。參見李全德《唐宋變革期樞密院研究》，北京圖書館出版社2009年版。　范延光：人名。鄴郡臨漳（今河北臨漳縣）人。五代後唐、後晉將領。傳見《舊五代史》卷九七、本書卷五一。

［3］山南東道：方鎮名。治所在襄州（今湖北襄陽市）。

是時，明宗已病，而秦王從榮禍起有端，[1]唐諸大臣皆欲引去以避禍。樞密使范延光、趙延壽日夕更見，[2]涕泣求去，明宗怒而不許。延壽使其妻興平公主入言於中，[3]延光亦因孟漢瓊、王淑妃進說，[4]故皆得罷。以弘昭及馮贇代延壽、延光，弘昭入見，辭曰："臣廝養之才，不足當大任。"明宗叱之曰："公等皆不欲在吾目前邪？吾養公等安用！"弘昭惶恐，乃視事。

[1]秦王從榮：人名。即李從榮。沙陀人。五代後唐明宗李嗣源次子。傳見《舊五代史》卷五一、本書本卷。　禍起有端：原作"禍□有端"，宗文本作"禍有端"，殿本作"禍起有端"。中華點校本據殿本補闕，今從。

[2]趙延壽：人名。常山（今河北正定縣）人。本姓劉，爲後唐將領趙德鈞養子。仕至後唐樞密使，遼朝幽州節度使、燕王。傳見《舊五代史》卷九八。

[3]興平公主：後唐明宗李嗣源之女，趙延壽之妻。事見《舊五代史》卷九八。

[4]孟漢瓊：人名。籍貫不詳。五代後唐宦官，任宣徽南院使。傳見《舊五代史》卷七二。　王淑妃：後唐明宗妃嬪。傳見《舊五代史》卷五一、本書卷一五。

馮贇者，亦太原人也。其父璋，事明宗爲閽者。[1]贇爲兒時，以通黠爲明宗所愛。明宗爲節度使，以贇爲進奏官。[2]明宗即位，即爲客省使、宣徽北院使。[3]歷河東忠武節度使、三司使。[4]

[1]璋：人名。即馮璋。五代後唐明宗屬臣。事見本書本卷。　閽者：守門人。"閽"意爲黃昏時宮門關閉。《禮記·祭統》載："閽者，守門之賤者也。"

[2]進奏官：官名。唐、五代藩鎮皆置邸於京師，爲駐京城的辦事機構。唐肅宗、代宗時稱上都留後院，大曆十二年（777）改稱上都進奏院。五代時，州郡不隸藩鎮者，亦置邸京師。以進奏官主其事，掌傳送文書、情報，主持本鎮、州郡進奉。品秩不詳。

[3]客省使：官名。客省長官。唐代宗時始置，五代沿置。掌

接待四方奏計及外族使者。品秩不詳。　宣徽北院使：官名。唐始置。宣徽北院長官。

[4]河東：方鎮名。治所在太原（今山西太原市）。　忠武：方鎮名。治所在陳州（今河南淮陽縣）。　三司使：官名。五代後唐明宗天成元年（926）將晚唐以來的户部、度支、鹽鐵三部合爲一職，設三司使統之。主管國家財政。品秩不詳。

明宗病甚，大臣稀復進見，而孟漢瓊、王淑妃用事，弘昭及贇並掌機務於中，大事皆決此四人。及殺秦王而立愍帝，[1]益自以爲功。又其所用多非其人，給事中陳乂，[2]爲人險譎，好陰謀，嘗事梁張漢傑，[3]又事郭崇韜，[4]兩人皆輒敗死，弘昭乃引以爲樞密直學士，[5]而用其謀。是時，弘昭、贇遣漢瓊至魏，[6]召愍帝入立，而留漢瓊權知後事。[7]明年正月，漢瓊請入朝，弘昭、贇乃議徙成德范延光代漢瓊，北京留守石敬瑭代延光，鳳翔潞王從珂代敬瑭。[8]三人者皆唐大臣，以漢瓊故，輕易其地，又不降制書，[9]第遣使者監其上道，從珂由此遂反。

[1]愍帝：即後唐愍帝李從厚。小名菩薩奴，明宗第三子。長興四年（933）十二月，李從厚即皇帝位，是爲後唐愍帝。應順元年（934）四月，李從珂入洛陽即帝位，令人毒殺愍帝。紀見《舊五代史》卷四五、本書卷七。

[2]給事中：官名。秦始置。隋唐以來，爲門下省屬官。掌讀署奏抄，駁正違失。正五品上。　陳乂：人名。薊門（今北京市昌平區）人。後梁時爲太子舍人。後唐莊宗時從郭崇韜伐蜀，署爲招討判官。明宗時歷知制誥、中書舍人、左散騎常侍。傳見《舊五代

[3]張漢傑：人名。清河（今河北清河縣）人。張歸霸之子。五代後梁將領。傳見《舊五代史》卷一四。

[4]郭崇韜：人名。代州雁門（今山西代縣）人。五代後唐大臣。傳見《舊五代史》卷五七、本書卷二四。

[5]樞密直學士：官名。五代後唐莊宗同光元年（923），改直崇政院置，選有政術文學者充任。備顧問應對。品秩不詳。

[6]魏：州名。治所在今河北大名縣。

[7]權知後事：官名。此處指"權知魏博後事"。執掌同魏博節度使，爲魏博軍、民、財政的長官。魏博，方鎮名，治所在魏州（今河北大名縣）。品秩不詳。

[8]成德：方鎮名。治所在鎮州（今河北正定縣）。 北京：指五代後唐的北都太原。本書卷五《莊宗本紀》載，同光元年（923）"十一月乙巳，復北都爲鎮州，太原爲北都"。 留守：官名。皇帝出巡或親征時指定親王或大臣留守京城，綜理軍事、行政、民事、財政等事務，稱京城留守。在陪都或軍事重鎮也常設留守，以地方長官兼任。品秩不詳。 潞王從珂：即後唐廢帝李從珂，又稱末帝。鎮州平山（今河北平山縣東南）人。本姓王氏，爲後唐明宗養子，改名從珂。明宗入洛陽，李從珂率兵追隨，以功拜河中節度使，封潞王。閔帝李從厚即位，李從珂據城發動兵變，改鳳翔節度使。清泰元年（934）率軍東攻洛陽，廢黜愍帝，自立爲帝。清泰三年（936），石敬瑭與契丹合兵攻陷洛陽，自焚而死。紀見《舊五代史》卷四六至卷四八、本書卷七。

[9]制書：帝王命令的一種。唐制，凡行大賞罰，授大官爵，釐革舊政，赦宥慮囚，皆用制書。由中書舍人起草擬定。禮儀等級較高。

從珂兵已東，愍帝大懼，遣人召弘昭計事。弘昭謂其客穆延暉曰:[1]"上召我急,將罪我也。吾兒婦,君之女也,其以歸,無使及禍。"乃拔劍大哭,欲自裁,而家人止之。使者促弘昭入見甚急,弘昭呼曰:"窮至此邪!"乃自投于井以死。安從進聞之,[2]亦殺贇于家,贇母新死,子母棄尸于道,妻子皆見殺。贇有子三歲,其故吏張守素匿之以免。[3]漢高祖即位,贈弘昭尚書令,贇中書令。[4]

[1]穆延暉:人名。籍貫不詳。五代後唐將領。事見《舊五代史》卷四六、卷六六。

[2]安從進:人名。索葛部人。五代後唐、後晋將領。傳見《舊五代史》卷九八、本書卷五一。

[3]張守素:人名。籍貫不詳。五代後晋官員。事見《舊五代史》卷七九。

[4]尚書令:官名。秦始置。隋、唐前期爲尚書省長官,與中書令、侍中並爲宰相。唐後期多爲大臣加銜,不參與政務。正二品。 中書令:官名。漢代始置,隋、唐前期爲中書省長官,屬宰相之職;唐後期多爲授予元勳大臣的虛銜。正二品。

劉延朗

劉延朗,宋州虞城人也。[1]初,廢帝起於鳳翔,與其事者五人:[2]節度判官韓昭胤,掌書記李專美,牙將宋審虔,客將房暠,而延朗爲孔目官。[3]初,愍帝即位,徙廢帝爲北京留守,不降制書,遣供奉官趙處愿促帝上道。[4]帝疑惑,召昭胤等計議,昭胤等皆勸帝反,由是事無大小,皆此五人謀之。而暠又喜鬼神巫祝之説,[5]

有瞽者張濛，自言事太白山神，[6]神，魏崔浩也，[7]其言吉凶無不中，崑素信之。嘗引濛見帝，聞其語聲，驚曰："此非人臣也！"崑使濛問於神，神傳語曰："三珠併一珠，驢馬没人驅。歲月甲庚午，中興戊己土。"崑不曉其義，使問濛，濛曰："神言如此，我能傳之，不能解也。"帝即以濛爲館驛巡官。[8]

[1]宋州：州名。治所在今河南商丘市。　虞城：縣名。治所在今河南虞城縣。

[2]與其事者五人："其"，原作"共"，中華點校本據浙江本、宗文本改，今從。

[3]節度判官：官名。唐五代方鎮僚屬，位在行軍司馬下。分掌使衙内各曹事，並協助節度使通判衙事。品秩不詳。　韓昭胤：人名。籍貫不詳。五代後唐大臣，廢帝親信。歷任鳳翔節度判官、樞密使、同平章事，官至尚書左僕射。事見《舊五代史》卷四六。

掌書記：官名。唐、五代方鎮僚屬，位在判官下。掌表奏書檄、文辭之事。品秩不詳。　李專美：人名。京兆萬年（今陝西西安市）人。五代後梁、後唐、後晉官員。傳見《舊五代史》卷九三。

牙將：官名。古代軍隊中的中低級軍官。品秩不詳。　宋審虔：人名。籍貫不詳。五代後唐官員。事見《舊五代史》卷四八、本書本卷。　房崑：人名。京兆長安（今陝西西安市）人。五代後唐、後晉大臣。傳見《舊五代史》卷九六。　孔目官：官名。唐玄宗開元五年（717），始於集賢殿置孔目官一人，掌檔案及圖書目録。後諸鎮節度使府皆置孔目官，掌管檔案及文書收發，綜理衆務，其職掌略似於諸州、府之録事參軍，爲幕府要職之一。品秩不詳。

[4]趙處愿：人名。籍貫不詳。五代後唐官員。事見本書本卷。

[5]巫祝：專司占卜祭祀的人。事鬼神者爲巫，祭主贊詞者爲祝。

[6]瞽（gǔ）者：盲人。　張濛：人名。籍貫不詳。五代後唐官員。事見《舊五代史》卷四六、本書本卷。　太白山：山名。位於今陝西寶雞市，是秦嶺主峰。

[7]魏：指拓跋氏建立的北魏政權。　崔浩：人名。清河東武城（今山東武城縣）人。北魏宰相。傳見《魏書》卷三五、《北史》卷二一。

[8]館驛巡官：官名。唐五代方鎮屬官。館驛巡官下設四人，掌館驛。品秩不詳。

帝將反，而兵少，又乏食，由此甚懼，使嵒問濛，濛傳神語曰："王當有天下，可無憂！"於是決反，使專美作檄書，[1]言："朱弘昭、馮贇幸明宗病，殺秦王而立愍帝。帝年少，小人用事，離間骨肉，將問罪於朝！"遣使者馳告諸鎮，皆不應，獨隴州防禦使相里金遣其判官薛文遇計事。[2]帝得文遇，大喜。而延朗調率城中民財以給軍。王思同率諸鎮兵圍鳳翔，[3]廢帝懼，又遣嵒問神，神曰："王兵少，東兵來，所以迎王也。"已而東兵果叛降于帝。帝入京師，即位之日，受册明宗柩前。[4]册曰："維應順元年，[5]歲次甲午，四月庚午朔。"帝回顧嵒曰："張濛神言，豈不驗哉！"由是嵒益見親信，而專以巫祝用事。

[1]檄書：軍中文書，用於徵調、聲討、曉諭等。

[2]隴州：州名。治所在今陝西隴縣。　防禦使：官名。唐代始置，設有都防禦使、州防禦使兩種。常由刺史或觀察使兼任，實際上爲唐代後期州或方鎮的軍政長官。品秩不詳。　相里金：人名。并州（今山西太原市）人。五代後晋將領。傳見《舊五代史》

卷九〇、本書卷四七。　薛文遇：人名。籍貫不詳。五代後唐大臣。事見《舊五代史》卷四八及《通鑑》卷二七九、卷二八〇。

［3］王思同：人名。幽州（今北京市）人。王敬柔之子。五代後唐將領。傳見《舊五代史》卷六五、本書卷三三。

［4］册：文書名。屬命令體文書。凡皇帝上尊號、追謚，帝與皇后發訃告，立后妃，封親王、皇子、大長公主，拜三師、三公、三省長官等，用册。　樞：裝載尸體的棺材。

［5］應順：後唐愍帝李從厚年號（934）。

帝既立，以昭胤爲左諫議大夫、端明殿學士，專美爲比部郎中、樞密院直學士，審虔爲皇城使，崑爲宣徽北院使，延朗爲莊宅使。[1]久之，以昭胤、崑爲樞密使，[2]延朗爲副使，審虔爲侍衛步軍都指揮使，而薛文遇亦爲職方郎中、樞密院直學士。[3]由是審虔將兵，專美、文遇主謀議，而昭胤、崑及延朗掌機密。

［1］左諫議大夫：官名。隸門下省。唐代置左、右諫議大夫各四人，分隸門下省、中書省。掌諫諭得失，侍從贊相。正四品下。端明殿學士：官名。五代後唐天成元年（926）明宗初即位，每有四方書奏，多令樞密使安重誨進讀，重誨不曉文義。於是孔循獻議，設端明殿學士，命馮道等爲之，位在翰林學士之上。此後沿置。品秩不詳。　比部郎中：官名。唐、五代刑部比部司長官，掌管勾會内外賦斂、經費俸禄等。從五品上。　皇城使：官名。唐末始置，爲皇城司長官，一般由君主的親信充任，以拱衛皇城。品秩不詳。　莊宅使：官名。唐始置。掌管兩京地區官府所有的莊田、磨坊、店鋪、菜園等產業。品秩不詳。

［2］以昭胤、崑爲樞密使：“以”字原闕，中華點校本據宗文本補，今從。

[3]副使：官名。即樞密副使。樞密院副長官。品秩不詳。 侍衛步軍都指揮使：官名。皇帝侍衛親軍步軍司最高長官。品秩不詳。　職方郎中：官名。尚書省兵部職方司長官。掌地圖、城隍、鎮戍、烽堠、防人道路之遠近及四夷歸化之事。從五品上。

初，帝與晉高祖俱事明宗，而心不相悦。帝既入立，高祖不得已來朝，而心頗自疑，欲求歸鎮，且難言之，乃陽爲羸疾，[1]灸灼滿身，冀帝憐而遣之。延朗等多言敬瑭可留京師，昭胤、專美曰："敬瑭與趙延壽皆尚唐公主，不可獨留。"乃復授高祖河東而遣之。是時，契丹數寇北邊，[2]以高祖爲大同、振武、威塞、彰國等軍蕃漢馬步軍都總管，[3]屯于忻州。[4]而屯兵忽變，擁高祖呼"萬歲"，高祖懼，斬三十餘人而後止。於是帝益疑之。

[1]羸（léi）疾：體弱多病。
[2]契丹：古部族、政權名。公元4世紀中葉宇文部爲前燕攻破，始分離而成單獨的部落，自號契丹。唐貞觀中，置松漠都督府，以其首領爲都督。唐末彊盛，916年迭剌部耶律阿保機建立契丹國（遼）。先後與五代、北宋並立，保大五年（1125）爲金所滅。參見張正明《契丹史略》，中華書局1979年版。
[3]大同：方鎮名。治所在雲州（今山西大同市）。　振武：方鎮名。後梁貞明二年（916）以前，治所位於單于都護府城（今内蒙古和林格爾縣）。貞明二年，單于都護府城爲契丹占據。此後至後唐清泰三年（936），治所位於朔州（今山西朔州市）。後漢隨燕雲十六州割予契丹，改名順義軍。　威塞：方鎮名。治所在新州（今河北涿鹿縣）。　彰國：方鎮名。治所在應州（今山西應縣）。

蕃漢馬步軍都總管：官名。五代後唐置，爲抗擊契丹前綫諸方鎮及蕃漢馬步軍的總指揮官。品秩不詳。

[4]忻州：州名。治所在今山西忻州市。

是時，高祖悉握精兵在北，饋運芻糧，[1]遠近勞弊。帝與延朗等日夕謀議，而專美、文遇迭宿中興殿廬，[2]召見訪問，常至夜分而罷。是時，高祖弟重胤爲皇城副使，[3]而石氏公主母曹太后居中，[4]因得伺帝動静言語以報高祖，高祖益自危懼。每帝遣使者勞軍，即陽爲羸疾不自堪，因數求解總管以探帝心。是時，帝母魏氏追封宣憲皇太后，[5]而墓在太原，有司議立寢宫。[6]高祖建言陵與民家墓相雜，[7]不可立宫。帝疑高祖欲毁民墓，爲國取怨，帝由此發怒，罷高祖總管，徙鎮鄆州。[8]延朗等多言不可，而司天趙延義亦言天象失度，[9]宜安静以弭災，其事遂止。

[1]芻糧：原作"芻粮"，宗文本作"芻糧"，殿本作"蒭糧"。中華點校本據宗文本改作"芻糧"，今從。

[2]中興殿：宫殿名。在洛陽宫城内。位於今河南洛陽市。

[3]重胤：人名。即石重胤。後晋高祖石敬瑭之弟。事見本書卷一七。　皇城副使：官名。爲皇城司副長官。佐皇城使拱衛皇城。品秩不詳。

[4]石氏公主：即後唐明宗李嗣源之女，後晋高祖石敬瑭之妻。後唐時封永寧公主。晋出帝即位，尊爲皇太后。與晋出帝一同被俘至遼國。傳見《舊五代史》卷八六、本書卷一七。　曹太后：即後唐明宗李嗣源的皇后。籍貫不詳。傳見《舊五代史》卷四九、本書卷一五。

[5]魏氏：即後唐明宗李嗣源的皇后。後唐廢帝李從珂之母。傳見《舊五代史》卷四九、本書卷一五。

[6]寢宮：帝后陵墓的宮殿。

[7]高祖建言陵與民家墓相雜："家"，宗文本作"冢"，中華點校本據改，今從底本。

[8]徙鎮鄆州："鎮"字原闕，中華點校本據宗文本補，今從。鄆州，治所在今山東東平縣。

[9]司天：官名。即司天監。唐、五代司天監的長官即稱司天監，曾隨其官署改稱過太史令、秘書閣郎中、渾天監等。掌天文、曆法以及占候等事。品秩不詳。　趙延義：人名。中華點校本謂浙江本、《通鑑》卷二七九、《册府》卷一〇四作"趙延乂"，是。趙延乂，秦州（今甘肅天水市）人。五代十國前蜀大臣趙溫珪之子。通術數。傳見《舊五代史》卷一三一、本書卷五七。

後月餘，文遇獨直，[1]帝夜召之，語罷敬瑭事，文遇曰："臣聞'作舍道邊，三年不成'。國家之事，斷在陛下。且敬瑭徙亦反，不徙亦反，遲速爾，不如先事圖之。"帝大喜曰："術者言朕今年當得一賢佐以定天下，[2]卿其是邪！"乃令文遇手書除目，[3]夜半下學士院草制。[4]明日宣制，文武兩班皆失色。[5]居五六日，敬瑭以反聞。敬瑭上書，言帝非明宗子，而許王從益次當立。[6]帝得書大怒，手壞而投之，召學士馬胤孫爲答詔，[7]曰："宜以惡語詆之。"

[1]直：夜晚在宫城中值班，以備皇帝召見及處理緊急事務。

[2]術者：從事星占、卜筮、命相等活動的人。

[3]除目：除授官員的名單。

[4]學士院：官署名。開元二十六年（738）唐玄宗改翰林供奉爲翰林學士，於翰林院之外，另置學士院，令翰林學士入直其中，直屬皇帝。掌起草任免將相等的機密詔令，並備皇帝咨詢。

[5]文武兩班：官員參與朝會時所在班列次序。總分文武兩班。班，班次，班序。

[6]許王從益：人名。即李從益。後唐明宗幼子，封許王。947年，契丹滅後晉，立從益爲中原皇帝，國號梁。旋即爲後漢高祖所殺。傳見《舊五代史》卷五一、本書卷一五。

[7]學士：官名。即翰林學士。由南北朝始設之學士發展而來，唐玄宗改翰林供奉爲翰林學士，備顧問，代王言，掌拜免將相、號令征伐等詔令的起草。品秩不詳。　馬胤孫：人名。《舊五代史》作"馬裔孫"，或避宋太祖諱改"胤"爲"裔"。中華修訂本《舊五代史》從《輯本舊五代史》作"馬裔孫"。棣州滴河（今山東商河縣）人。後唐進士、宰相。傳見《舊五代史》卷一二七、《新五代史》卷五五。

延朗等請帝親征，帝心憂懼，常惡言敬瑭事，每戒人曰："爾無説石郎，令我心膽墮地！"由此不欲行。而延朗等屢迫之，乃行。至懷州，帝夜召李崧問以計策。[1]文遇不知而繼至，帝見之色變，崧躡其足，文遇乃出。帝曰："我見文遇肉顫，欲抽刀刺之。"崧曰："文遇小人，致誤大事，[2]刺之益醜。"乃已。是時，契丹已立敬瑭爲天子，以兵而南，帝惶惑不知所之。遣審虔將千騎至白司馬坡踏戰地，[3]審虔曰："何地不堪戰？雖有其地，何人肯立于此？不如還也。"帝遂還，自焚。高祖入京師，延朗等六人皆除名爲民。

[1]李崧：人名。深州饒陽（今河北饒陽縣）人。後晉宰相，歷仕後唐至後漢。傳見《舊五代史》卷一〇八、本書卷四五。

[2]致誤大事：原作"致悮大事"，"誤""悮"同。

[3]白司馬坡：地名。一作"白司馬坂"。在洛陽城北。位於今河南洛陽市。"司"字原闕，中華點校本據宗文本補，今從。

初，延朗與嵩並掌機密，延朗專任事，諸將當得州者，不以功次爲先後，納賂多者得善州，少及無賂者得惡州，或久而不得，由是人人皆怨。嵩心患之，而不能争也，但日飽食高枕而已。每延朗議事，則垂頭陽睡不省。及晉兵入，延朗以一騎走南山，[1]過其家，指而嘆曰："吾積錢三十萬于此，不知何人取之！"遂爲追兵所殺。晉高祖聞嵩常不與延朗事，哀之。後復以爲將，歲餘卒。專美事晉爲大理卿，[2]開運中卒。[3]當晉之將起，廢帝以昭胤爲中書侍郎、同中書門下平章事，出爲河陽節度使[4]，與審虔、文遇皆不知其所終。

[1]南山：山名。位於今河南洛陽市。

[2]大理卿：官名。爲大理寺長官。負責大理寺的具體事務，掌邦國折獄詳刑之事。從三品。

[3]開運：後晉出帝石重貴年號（944—946）。

[4]中書侍郎：官名。中書省副長官。晉始置，爲中書監、中書令之副。隋改稱内史侍郎。唐隨省名改易先後稱西臺、右省、鳳閣、紫微侍郎等，旋仍復稱中書侍郎。唐後期三省長官漸爲榮銜，中書侍郎、門下侍郎却因參議朝政而職位漸重，常常用爲以"同三品"或"同平章事"任宰相者的本官。正三品。　同中書門下平章事：官名。簡稱"同平章事"。唐高宗以後，實際任宰相之職者，

常在其本官後加同平章事的職銜。後成爲宰相專稱。品秩不詳。
河陽：方鎮名。全稱"河陽三城"。治所在孟州（今河南孟州市）。

嗚呼，禍福成敗之理，可不戒哉！張濛神言驗矣，然焉知其不爲禍也！予之所記，大抵如此，覽者可以深思焉。廢帝之起，所與圖議者，此五六人而已。考其逆順之理，雖有智者爲之謀，未必能不敗，況如此五六人者哉！故并述以附延朗，見其始終之際云。

康思立

康思立，本陰山諸部人也。[1]少爲騎將，從莊宗破梁夾城，[2]戰柏鄉，累以功遷突騎指揮使。[3]明宗即位，歷應嵐二州刺史、宿州團練使、昭武軍節度使，[4]徙鎮保義，[5]皆有善政。

[1]陰山：地名。即今内蒙古陰山山脉。原作"山陰"，中華點校本據《舊五代史》卷七〇、《册府》卷一四八及卷七八二乙正，今從。

[2]莊宗：即後唐莊宗李存勖。沙陀人。五代後唐王朝的建立者。紀見《舊五代史》卷二七至卷三四、本書卷五。　柏鄉：縣名。治所在今河北柏鄉縣。

[3]突騎指揮使：官名。所部統兵將領。突騎爲部隊番號。品秩不詳。

[4]應：州名。治所在今山西應縣。　嵐：州名。治所在今山西嵐縣。　刺史：官名。州一級行政長官。漢武帝時始置，總掌考核官吏、勸課農桑、地方教化等事。唐中期以後，節度使、觀察使轄州而設，刺史爲其屬官，職任漸輕。從三品至正四品下。　宿

州：州名。治所在今安徽宿州市。　團練使：官名。唐代中期以後，於不設節度使的地區設團練使，掌本區各州軍事。品秩不詳。

　　昭武軍：方鎮名。治所在利州（今四川廣元市）。

　　[5]保義：方鎮名。治所在陝州（今河南三門峽市陝州區）。

　　潞王從珂反於鳳翔，愍帝遣王思同等討之，思立有捧聖、羽林屯兵千五百人，[1]乃以羽林千人屬思同。思同至鳳翔，軍叛，降于從珂。思立聞之，欲盡誅羽林千人家屬，未及，而從珂兵已至，思立乃以捧聖兵城守，從珂兵傅其城，呼曰："西兵十萬策新天子，爾五百人其能拒邪？徒陷陝人於死耳！"捧聖兵聞之，皆解甲，思立遂開門迎從珂。廢帝即位，以思立初無降意，頗不悦之，徙安遠，又徙安國，[2]以年老罷爲右神武統軍。[3]

　　[1]捧聖：部隊番號。五代禁軍。因全爲騎兵，故又稱"捧聖馬軍"。　羽林：部隊番號。唐五代禁軍。

　　[2]安遠：方鎮名。治所在安州（今湖北安陸市）。　安國：方鎮名。治所在邢州（今河北邢臺市）。

　　[3]右神武統軍：官名。唐代右神武軍統兵官。唐置六軍，分左、右羽林，左、右龍武，左、右神武等，即"北衙六軍"。興元元年（784），六軍各置統軍，以寵功勳臣。其品秩，《唐會要》卷七一、《舊唐書》卷一二記載爲"從二品"，《通鑑》卷二二九記載爲"從三品"。

　　石敬瑭反太原，廢帝以思立爲北面行營馬軍都指揮使。[1]廢帝幸懷州，遣思立將從駕騎兵出團柏谷救張敬達，[2]未至，而敬達死，楊光遠降晉，[3]思立以疾卒于道。[4]晉高祖入立，贈太子少師。[5]

[1]行營馬軍都指揮使：官名。行營馬軍長官。五代軍隊編制，五百人爲一指揮，設指揮使、副指揮使；十指揮爲一軍，設都指揮使、副都指揮使。品秩不詳。

[2]懷州：州名。治所在今河南沁陽市。　團柏谷：地名。位於今山西祁縣，是太原與上黨地區間交通要道。　張敬達：人名。代州（今山西代縣）人。五代後唐將領。傳見《舊五代史》卷七〇、本書卷三三。

[3]楊光遠：人名。沙陀人。五代後唐、後晉將領。傳見《舊五代史》卷九七、本書卷五一。

[4]思立以疾卒于道："以"字原闕，中華點校本據宗文本補，今從。

[5]太子少師：官名。與太子少傅、太子少保統稱太子三少。隋唐以後多作加官或贈官。從二品。

康義誠

康義誠字信臣，代北三部落人也。[1]以騎射事晉王，[2]莊宗時爲突騎指揮使。從明宗討趙在禮，[3]至魏而軍變，義誠前陳莊宗過失，勸明宗南嚮。明宗即位，遷捧聖指揮使，領汾州刺史。[4]從破朱守殷，遷侍衛親軍馬步軍都指揮使，領河陽三城節度使。[5]出爲山南東道節度使，復爲親軍都指揮使，領河陽，加同中書門下平章事。

[1]代北：方鎮名。治所在代州（今山西代縣）。　三部落：或即沙陀、薩葛、安慶三部落。《舊唐書》卷一九下載，中和元年

(881)"二月，代州北面行營都監押陳景思率沙陀、薩葛、安慶等三部落與吐渾之衆三萬赴援關中"。參見蔡家藝《沙陀族歷史雜探》，《民族研究》2001年第1期。

[2]晉王：即李克用。沙陀人。神武川新城（一説今山西山陰縣附近，一説今山西代縣）人。唐末軍閥，後唐太祖。紀見《舊五代史》卷二五、本書卷四。

[3]趙在禮：人名。涿州（今河北涿州市）人。五代後唐、後晉將領。傳見《舊五代史》卷九〇、本書卷四六。

[4]汾州：州名。治所在今山西汾陽市。

[5]侍衛親軍馬步軍都指揮使：官名。五代時侍衛親軍長官。多由皇帝親信擔任。品秩不詳。

秦王從榮素驕，自爲河南尹，典六軍，拜大元帥，[1]唐諸大臣皆懼禍及，思自脱，獨義誠心結之，遣其子事秦王府。明宗病，從榮謀以兵入宮，唐大臣朱弘昭、馮贇等皆以爲不可，而義誠獨持兩端。從榮已舉兵，至天津橋，[2]弘昭等入，以反白，明宗涕泣召義誠，使自處置，而義誠卒不出兵。馬軍指揮使朱弘實以兵擊從榮，[3]從榮敗走，[4]見殺。

[1]河南尹：官名。唐開元元年（713）改洛州爲河南府，治所在今河南洛陽市。以河南府尹總其政務。從三品。　六軍：既泛指皇帝的禁衛軍，又指唐代所置左、右神武天騎，左、右羽林，左、右龍武等六軍，稱"北衙六軍"。《周禮·夏官·司馬》："凡制軍，萬有二千五百人爲軍。王六軍。"　大元帥：官名。即"天下兵馬大元帥"。總掌天下兵馬。爲特設超品之官職。

[2]天津橋：橋名。位於今河南洛陽市。

[3]馬軍指揮使：官名。即侍衛親軍馬軍都指揮使。統領侍衛馬軍。品秩不詳。　朱弘實：人名。一作"朱洪實"。籍貫不詳。五代後唐將領，爲後唐明宗愛將，歷任捧聖指揮使、侍衛親軍馬軍都指揮使等職。傳見《舊五代史》卷六六。

[4]從榮敗走："從榮"二字原闕，中華點校本據宋文本補，今從。

三司使孫岳嘗爲馮贇言從榮必敗之狀，[1]義誠聞而不悦。及從榮死，義誠始引兵入河南府，[2]召岳檢閲從榮家貲。岳至，義誠乘亂，使人射之，岳走至通利坊見殺，[3]明宗不能詰。義誠已殺岳，又以從榮故，與弘實有隙。愍帝即位，弘實常以誅從榮功自負，義誠心益不平。

[1]孫岳：人名。稷州（今陝西武功縣）人。五代後唐大臣。傳見《舊五代史》卷六九。

[2]河南府：府名。即五代後唐的都城洛陽（今河南洛陽市）。

[3]通利坊：坊名。位於今河南洛陽市。

潞王從珂反鳳翔，王思同率諸鎮兵圍之，興元張虔釗兵叛降從珂，[1]思同走，諸鎮兵皆潰。愍帝大怒，謂朱弘昭等曰："朕新即位，天下事皆出諸公，然於事兄，未有失節，諸公以大計見迫，不能獨違。事一至此，何方轉禍？吾當率左右往迎吾兄，遜以位，苟不吾信，死其所也！"弘昭等惶恐不能對，義誠前曰："西師驚潰，[2]主將怯耳。今京師兵尚多，臣請盡將以西，扼關而守，[3]招集亡散，以爲後圖。"愍帝以爲然，幸左藏庫，[4]親給將士人絹二十匹，錢五千。是時，明宗山陵未畢，[5]帑藏空虛。軍士負物揚言曰："到鳳翔更請一分。"朱弘實見軍士無鬥志，而義誠盡將以西，疑其二心，謂義誠曰："今西師小衂，而無一騎東者，人心可知。不如以見兵守京師以自固，彼雖幸勝，特得虔釗一軍耳。諸鎮之兵在後，其敢徑來邪！"義誠怒曰："如此言，弘實反矣！"弘實曰："公謂誰欲反邪？"其聲厲而聞。愍帝召兩人訊之，[6]兩人爭於前，[7]帝不能決，遂斬弘實，以義誠爲招討使，[8]悉將禁軍以西。

[1]興元：府名。治所在今陝西漢中市。　張虔釗：人名。遼州（今山西左權縣）人。五代後唐、後蜀將領。傳見《舊五代史》卷七四。

[2]西師驚潰："師"，原作"帥"，中華點校本據浙江本、宗文本、《詳節》卷四改，今從。

[3]關：指函谷關或潼關。

[4]左藏庫：官署名。負責收納各地所輸財賦，以供官吏、軍兵俸給及賞賜等費用。

[5]山陵：古代帝王墳墓的代稱。

[6]愍帝召兩人訊之："訊之"二字原闕，中華點校本據宗文本補，今從。

[7]兩人爭於前："兩人"二字原闕，中華點校本據宗文本補，今從。

[8]招討使：官名。唐始置。戰時任命，兵罷則省。常以大臣、將帥或地方軍政長官兼任。掌招撫、討伐等事務。品秩不詳。

愍帝奔衛州。[1]義誠行至新安，[2]降于從珂。清泰元年四月，斬于興教門外，[3]夷其族。

[1]衛州：州名。治所在今河南衛輝市。
[2]新安：縣名。治所在今河南新安縣。
[3]清泰：五代後唐廢帝李從珂年號（934—936）。　興教門：唐五代洛陽城皇宮南面三門之一。

嗚呼！五代爲國，興亡以兵，而其軍制，後世無足稱焉。惟侍衛親軍之號，今猶因之而甚重，此五代之遺制也。然原其始起微矣，及其至也，可謂盛哉！當唐之末，方鎮之兵多矣，凡一軍有指揮使一人，而合一州之諸軍，又有馬步軍都指揮使一人，蓋其卒伍之長也。自梁以宣武軍建國，因其舊制，有在京馬步軍都指揮使，後唐因之，至明宗時，始更爲侍衛親軍馬步軍都指揮使。[1]當是時，天子自有六軍諸衛之職，六軍有統軍，諸衛有將軍，而又以大臣宗室一人判六軍諸衛事，此朝廷大將天子國兵之舊制也。[2]而侍衛親軍者，天子自將之私兵也，推其名號可知矣。天子自爲之將，[3]則都指揮使乃其卒伍之都長耳。然自漢、周以來，其職益重，漢有侍衛司獄，[4]凡朝廷大事皆決侍衛獄。是時，史弘肇爲都指揮使，[5]與宰相、樞密使並執國政，而弘肇尤專任，以至於亡。語曰："涓涓不絕，流爲江河。熒熒不滅，炎炎奈何？"可不戒哉！然是時，方鎮各自有兵，天子親軍不過京師之兵而已。今方鎮名存而實亡，六軍諸衛又益以廢，朝廷無大將之職，[6]而舉天下內外之兵皆屬侍衛司矣。[7]則爲都指揮使者，其權豈不益重哉！

親軍之號，始於明宗，其後又有殿前都指揮使，[8]亦親軍也，皆不見其更置之始。今天下之兵，皆分屬此兩司矣。[9]

[1]宣武軍：方鎮名。唐舊鎮，治所在汴州（今河南開封市）。後梁開平元年（907）升汴州爲東京開封府。開平三年（909）置宣武軍於宋州（今河南商丘市睢陽區）。後唐同光元年（924）改宋州宣武軍爲歸德軍。廢東京開封府，重建宣武軍於汴州。後晉天福三年（938），改爲東京開封府。除天福十二年（947）、十三年（948）短暫改爲宣武軍外，汴京均爲東京開封府。　在京馬軍都指揮使：官名。五代後梁、後唐置。在京馬步軍高級統兵官。爲侍衛親軍馬步軍都指揮使的前身。品秩不詳。

[2]諸衛：唐代置十六衛，即左右衛、左右驍衛、左右武衛、左右威衛、左右領軍衛、左右金吾衛、左右監門衛、左右千牛衛。總稱諸衛。　將軍：官名。即"諸衛將軍"。唐置，掌宮禁宿衛。十六衛各置上將軍，從二品；大將軍，正三品；將軍，從三品。　判六軍諸衛事：官名。後唐沿唐代舊制，置六軍諸衛，以判六軍諸衛事爲禁軍六軍與諸衛的最高統帥。品秩不詳。

[3]天子自爲之將："之"字原闕，中華點校本據宗文本、《玉海》卷一三九引《五代史》補，今從。

[4]侍衛司獄：刑獄名。簡稱"侍衛獄"。五代後唐始設侍衛司，後漢、後周設侍衛司獄。負責司法審判、量刑定罪。《通鑑》卷二八八胡三省注："侍衛獄即侍衛司獄，所謂軍獄也。"

[5]史弘肇：人名。鄭州滎澤（今河南鄭州市）人。五代後漢將領。傳見《舊五代史》卷一○七、本書卷三〇。

[6]朝廷無大將之職："無"字原闕，中華點校本據宗文本、《玉海》卷一三九引《五代史》補，今從。

[7]而舉天下內外之兵皆屬侍衛司矣："屬"字原闕，中華點校

本據宗文本、《玉海》卷一三九引《五代史》補，今從。

[8]殿前都指揮使：官名。五代後周世宗顯德中，選驍勇之士充殿前諸班。都指揮使爲殿前司長官之一，次於殿前都點檢、副都點檢。品秩不詳。

[9]皆分屬此兩司矣："皆"字原闕，中華點校本據宗文本、《玉海》卷一三九引《五代史》補，今從。

藥彥稠

藥彥稠，沙陀三部落人也。[1]初爲騎將，明宗即位，拜澄州刺史。[2]從王晏球破王都定州，[3]遷侍衛步軍都虞候，領壽州節度使。[4]安重誨矯詔遣河中指揮使楊彥溫逐其節度使潞王從珂。[5]以彥稠爲招討使，明宗疑彥溫有所説，戒彥稠得彥溫毋殺，將訊之。彥稠希重誨旨，殺彥溫以滅口，明宗大怒，然不之罪也。

[1]沙陀：部族名。原意爲沙漠。沙陀部源出西突厥處月部。唐初，處月部居於大磧（今蒙古高原大沙漠），因稱沙陀突厥。唐中期時西突厥、處月部均已衰落，處月別部朱邪部遂自號沙陀，其首領以朱邪爲姓。事見《新唐書》卷二一八、《舊五代史》卷二五、本書卷四末歐陽脩考證。

[2]澄州：州名。治所在今廣西上林縣。

[3]王晏球：人名。洛陽（今河南洛陽市）人。五代將領。傳見《舊五代史》卷六四、《新五代史》卷四六。　王都：人名。中山陘邑（今河北定州市）人。本姓劉，後爲義武軍節度使王處直養子。五代軍閥。傳見《舊五代史》卷五四。　定州：州名。治所在今河北定州市。

[4]侍衛步軍都虞候：官名。五代侍衛親軍步軍司的統兵官，次於步軍都指揮使、副都指揮使。品秩不詳。　壽州：州名。治所

在今安徽壽縣。此處代指治所在壽州的方鎮忠正軍。

[5]河中：方鎮名。治所在河中府（今山西永濟市）。　楊彦溫：人名。汴州（今河南開封市）人。後唐將領。傳見《舊五代史》卷七四。

　　長興中爲静難軍節度使，党項阿埋、屈悉保等族抄掠方渠，[1]邀殺回鶻使者，[2]明宗遣彦稠與靈武康福會兵擊之，[3]阿埋等亡竄山谷。明宗以謂党項知懼，可加約束而綏撫之。使者未至，彦稠等自牛兒族入白魚谷，[4]盡誅其族，獲其大首領連香等，[5]遣人上捷。明宗謂其使者曰："吾誅党項，非有所利也。凡軍中所獲，悉與士卒分之，毋以進奉爲名，[6]重斂軍士也。"已而彦稠以党項所掠回鶻進奉玉兩團及遺秦王金裝胡祿等來獻，[7]明宗曰："吾已語彦稠矣，不可失信。"因悉以賜彦稠。彦稠又逐鹽州諸戎，[8]取其所掠男女千餘人。

　　[1]長興：後唐明宗李嗣源年號（930—933）。　静難軍：方鎮名。治所在邠州（今陝西彬縣）。　党項：部族名。源出羌族，時活躍於今甘肅東部、寧夏、陝西北部一帶。參見湯開建《党項西夏史探微》，商務印書館2013年版。　阿埋、屈悉保等族：党項部落。事見《舊五代史》卷四八、卷一三八。　方渠：縣名。治所在今甘肅環縣。

　　[2]回鶻：部族名。又作"回紇"。原係突厥鐵勒部的一支。唐天寶三載（744）建立回鶻汗國，9世紀中葉，回鶻汗國瓦解。其中一支爲甘州回鶻。11世紀初，甘州回鶻爲西夏所滅。參見楊蕤《回鶻時代：10—13世紀陸上絲綢之路貿易研究》，中國社會科學出版社2015年版。

[3]靈武：郡名。治所在今寧夏吴忠市。乾元元年（758），改名靈州。此處代指治所在靈州的方鎮朔方軍。　康福：人名。蔚州（今河北蔚縣）人。五代後唐將領。傳見《舊五代史》卷九一、本書卷四六。

[4]牛兒族：党項部落名。此處指牛兒族所居之牛兒谷。本書卷六載，"靜難軍節度使藥彥稠及党項戰于牛兒谷"。　白魚谷：地名。今地不詳。

[5]連香：人名。党項部族首領。事見《舊五代史》卷一三八、本書卷七四。

[6]進奉：即進貢、貢獻、貢納。

[7]胡鞣（lù）：箭袋，盛放箭矢之用。《集韵·屋韵》："簶，胡簶，箭室。或作鞣。"

[8]彥稠又逐鹽州諸戎："彥稠"二字原闕，中華點校本據宗文本補，今從。鹽，州名。治所在今陝西定邊縣。

　　潞王從珂反，彥稠爲招討副使。[1]王思同兵潰，彥稠與思同俱東走，爲潞王兵所得，囚之華州獄，[2]已而殺之。晋高祖立，贈侍中。[3]彥稠與思同俱以敗走，時愍帝猶在，唐未亡，二人走歸國，於節未虧，異於元行欽之走也。然思同辭義不屈，其死可嘉。彥稠直被執見殺爾，餘無可稱，故不列於死事。

[1]招討副使：官名。爲招討使副將，多以大臣、將帥或地方軍政長官兼任，掌管鎮壓起義、抗禦外敵、討伐叛亂等事。品秩不詳。

[2]華州獄：監獄名。爲州級政府所置刑獄。羈押所屬範圍内之囚犯。華州，治所在今陝西渭南市華州區。

[3]侍中：官名。秦始置。隋、唐前期爲門下省長官。唐後期多爲大臣加銜，不參與政務，實際職務由門下侍郎執行。正二品。

新五代史　卷二八

唐臣傳第十六

豆盧革　盧程　任圜　趙鳳　李襲吉　張憲　蕭希甫
劉贊　何瓚

豆盧革
豆盧革，父瓚，唐舒州刺史。[1]豆盧爲世名族，唐末天下亂，革避地之中山，[2]唐亡，爲王處直掌書記。[3]

[1]瓚：人名。即豆盧瓚。先世爲鮮卑慕容氏，後改豆盧氏。唐同州刺史豆盧籍之子，後唐宰相豆盧革之父。唐朝官員。事見《舊唐書》卷二〇〇下。　舒州：州名。治所在今安徽安慶市。刺史：官名。州一級行政長官。漢武帝時始置，總掌考核官吏、勸課農桑、地方教化等事。唐中期以後，節度使、觀察使轄州而設，刺史爲其屬官，職任漸輕。從三品至正四品下。

[2]中山：地名。此處代指唐末河北方鎮義武軍（治所在定州）。時王處直任義武軍節度使。

[3]王處直：人名。京兆萬年（今陝西西安市）人。唐末五代軍閥，長期爲義武軍節度使。傳見《舊五代史》卷五四、本書卷三

九。　掌書記：官名。唐、五代方鎮僚屬，位在判官下。掌表奏書檄、文辭之事。品秩不詳。

　　莊宗在魏，議建唐國，而故唐公卿之族遭亂喪亡且盡，以革名家子，召爲行臺左丞相。[1]莊宗即位，拜同中書門下平章事。[2]革雖唐名族，而素不學問，除拜官吏，多失其序，常爲尚書郎蕭希甫駁正，革頗患之。[3]莊宗已滅梁，革乃薦韋説爲相。[4]説，唐末爲殿中侍御史，坐事貶南海，後事梁爲禮部侍郎。[5]革以説能知前朝故事，[6]故引以佐己，而説亦無學術，徒以流品自高。[7]

　　[1]莊宗：即後唐莊宗李存勖。沙陀人。五代後唐王朝的建立者。紀見《舊五代史》卷二七至卷三四、本書卷五。　魏：州名。治所在今河北大名縣。此處蓋以魏州代指方鎮魏博軍。　行臺：官署名。東漢以後，中央政務由三公改歸尚書臺，又稱中臺或内臺。行臺相對中臺或内臺而言，專爲征討而設。後唐莊宗時征討後梁，領軍在外，故置行臺百官。

　　[2]同中書門下平章事：官名。簡稱"同平章事"。唐高宗以後，實際任宰相之職者，常在其本官後加同平章事的職銜。後成爲宰相專稱。品秩不詳。

　　[3]尚書郎：官名。即郎中。尚書省屬官。分曹處理政事。吏部郎中正五品下，餘司郎中皆從五品上。　蕭希甫：人名。宋州（今河南商丘市）人。五代後梁、後唐官員。傳見《舊五代史》卷七一、本書本卷。

　　[4]韋説：人名。京兆萬年（今陝西西安市）人。唐福建觀察使韋岫之子。唐末進士，後梁大臣、後唐宰相。傳見《舊五代史》卷六七。

[5]殿中侍御史：官名。三國魏始置。唐前期屬御史臺之殿院，掌宮門、庫藏及糾察殿庭供奉朝會儀式，及分掌左、右巡，負責京師治安、京畿軍兵。唐後期常爲外官所帶憲銜。從七品下。 南海：縣名。治所在今廣東廣州市。 禮部侍郎：官名。尚書省禮部次官。協助禮部尚書掌禮儀、祭享、貢舉之政。正四品下。

[6]革以説能知前朝故事：“故”字原闕，中華點校本據宗文本補，今從。

[7]流品：品類，類別。魏晉以來官制實行九品中正制，流品本指官階，後泛指門第或社會地位。

是時，莊宗内畏劉皇后，外惑宦官、伶人，郭崇韜雖盡忠於國，而亦無學術，革、説俯仰默默無所爲，唯諾崇韜而已。[1]唐、梁之際，仕宦遭亂奔亡，而吏部銓文書不完，[2]因緣以爲姦利，至有私鬻告勅，亂易昭穆，而季父、母舅反拜姪、甥者，崇韜請論以法。是時唐新滅梁，朝廷紀綱未立，議者以爲宜革以漸，而崇韜疾惡太甚，果於必行，説、革心知其未可，而不能有所建言。是歲冬，選人吳延皓改亡叔告身行事，事發，延皓及選吏尹玫皆坐死，尚書左丞、判吏部銓崔沂等皆貶，説、革詣閣門待罪。[3]由是一以新法從事，往往以僞濫駁放而斃踣羇旅、號哭道路者，[4]不可勝數。及崇韜死，説乃教門人上書言其事，而議者亦以罪之。

[1]劉皇后：指後唐莊宗劉皇后。魏州成安（今河北成安縣）人。傳見《舊五代史》卷四九、本書卷一四。 伶人：古代樂人。《國語·周語下》：“鐘成，伶人告和。”韋昭注：“伶人，樂人也。” 郭崇韜：人名。代州雁門（今山西代縣）人。五代後唐大臣。傳

見《舊五代史》卷五七、本書卷二四。

[2]吏部銓：官署名。吏部三銓（吏部尚書銓、吏部西銓、吏部東銓）的省稱。負責官員銓選。

[3]選人：唐五代候選補闕的官員。　吳延皓：人名。籍貫不詳。五代後唐官員。事見《舊五代史》卷三二。　告身：授官的文憑。唐沿北朝之制，凡任命官員，不論流內、視品及流外，均給以告身。　尹玫：人名。籍貫不詳。五代後唐官員。事見本書本卷。　尚書左丞：官名。尚書省佐貳官。唐中期以後，與尚書右丞實際主持尚書省日常政務，權任甚重。正四品上。　崔沂：人名。博州（今山東聊城市）人。唐大中年間宰相崔鉉之子。唐末進士及第，歷仕唐、後梁、後唐。傳見《舊五代史》卷六八。　閤門：唐代大明宫之正殿（宣政殿）、內殿（紫宸殿）以東、西上閤門相連，閤門遂爲外朝、內朝之分界。因設閤門使，掌內外通報、宣旨。五代宋朝相沿設置閤門、閤門使。

[4]斃踣（bó）：餓死、倒斃。　羈旅：寓居作客，客居異鄉。

是歲，大水，四方地連震，流民殍死者數萬人，軍士妻子皆採稆以食。[1]莊宗日以責三司使孔謙，謙不知所爲。[2]樞密小吏段徊曰：[3]"臣嘗見前朝故事，國有大故，則天子以朱書御札問宰相。[4]水旱，宰相職也。"莊宗乃命學士草詔，手自書之，以問革、說。[5]革、說不能對，第曰："陛下威德著于四海，今西兵破蜀，所得珍寶億萬，可以給軍。水旱，天之常道，不足憂也。"

[1]稆（lǚ）：亦作"穭"，稱"穭穀""穭稻"。野生稻穀。
[2]三司使：官名。五代後唐明宗天成元年（926）將晚唐以來的戶部、度支、鹽鐵三部合爲一職，設三司使統之。主管國家財政。品秩不詳。　孔謙：人名。魏州（今河北大名縣）人。後唐大

臣，善聚斂錢財，爲李存勖籌畫軍需。傳見《舊五代史》卷七三、本書卷二六。

[3]段徊：人名。籍貫不詳。五代後唐官員，時任樞密承旨。事見《舊五代史》卷三二、卷三三。

[4]朱書御札："札"同"剳"。皇帝親自以朱筆寫的書剳。爲天子詔令的一種。禮制等級較高。

[5]學士：官名。即翰林學士。由南北朝始設之學士發展而來，唐玄宗改翰林供奉爲翰林學士，備顧問，代王言，掌拜免將相、號令征伐等詔令的起草。品秩不詳。

革自爲相，遭天下多故，而方服丹砂鍊氣以求長生，[1]嘗嘔血數日，幾死。二人各以其子爲拾遺，父子同省，人以爲非，遽改佗官，而革以説子爲弘文館學士，説以革子爲集賢院學士。[2]

[1]丹砂：即朱砂。原爲方士煉製外丹的常用原料。鍊氣：道教煉養方術。亦稱食氣、行氣。目的在於求長生。

[2]拾遺：官名。唐武則天於垂拱元年（685）置拾遺，分左右。左拾遺隸門下省，右拾遺隸中書省，與左右補闕共掌諷諫，大事廷議，小事則上封事。從八品上。弘文館學士：官名。弘文館爲唐代中央官學之一。設館主一人，總領館務；判館事一人，管理日常事務。學士無員限，掌校正圖籍、教授生徒，並參議政事。五品以上稱爲學士，六品以下稱爲直學士，又有文學直館學士，均以他官兼領。集賢院學士：官名。集賢院文史官，唐開元十三年（725）始置，大曆中改爲集賢殿學士，五代時與集賢院學士並置。授予丞相及其他侍從官，掌秘書圖書等事。由五品以上官充任。

莊宗崩，革爲山陵使。[1]莊宗已祔廟，[2]革以故事當出鎮，乃還私第，數日未得命，而故人賓客趣使入朝。樞密使安重誨訴之于朝曰：[3]"山陵使名尚在，不俟改命，遽履新朝，以我武人可欺邪！"諫官希旨，[4]上疏誣革縱田客殺人，說坐與鄰人爭井，遂俱罷。革貶辰州刺史，說溆州刺史，所在馳驛發遣。[5]宰相鄭珏、任圜三上章，[6]請毋行後命，不報。革復坐請俸私自入，說賣官與選人，責授革費州司戶參軍，[7]說夷州司戶參軍，皆員外置同正員。[8]已而竄革陵州，說合州，皆長流百姓。[9]

[1]山陵使：官名。亦稱山陵儀仗使。唐貞觀中始置。掌議帝后陵寢制度、監造帝后陵寢。品秩不詳。

[2]祔廟：祭禮名。簡稱"祔"。《儀禮·既夕禮》："明日以其班祔。"鄭玄注："祔，猶屬也。"行祔廟禮以將帝王神主牌位附屬於太廟。

[3]樞密使：官名。樞密院長官。唐代宗時始以宦官掌機密，至昭宗時借朱溫之力盡誅宦官，始改以士人任樞密使。備顧問，參謀議，出納詔奏，權侔宰相。品秩不詳。參見李全德《唐宋變革期樞密院研究》，北京圖書館出版社2009年版。　安重誨：人名。應州（今山西應縣）人。五代後唐大臣。傳見《舊五代史》卷六六、本書卷二四。

[4]諫官：掌諫諍的官員的統稱。唐五代時諫議大夫、補闕、拾遺等皆為諫官。

[5]辰州：州名。治所在今湖南沅陵縣。　溆州：州名。當作"叙州"。本書卷六載"貶豆盧革為辰州刺史，韋說叙州刺史"。叙州，治所在今湖南洪江市。

[6]鄭珏：人名。滎陽（今河南滎陽市）鄭氏族人。唐末進

士，五代後梁、後唐宰相。傳見《舊五代史》卷五八、本書卷五四。原作"鄭班"，中華點校本據宗文本、《舊五代史》卷四三改，今從。　任圜：人名。京兆三原（今陝西三原縣）人。五代後唐將領、大臣。傳見《舊五代史》卷六七、本書本卷。

［7］責授革費州司户參軍："授"，原作"受"，據中華點校本改。

［8］費州：州名。治所在今貴州思南縣。　司户參軍：官名。簡稱"司户"。州級政府僚佐。掌本州屬縣之户籍、賦税、倉庫受納等事。上州從七品下，中州正八品下，下州從八品下。　夷州：州名。治所在今貴州鳳岡縣。　員外置同正員：古代官員名額有定數，是爲"正員額"。在正員額以外所任官員，稱爲"員外置"。"員外置同正員"是指雖在正員額之外，但待遇同於正員官。

［9］陵州：州名。治所在今四川仁壽縣。　合州：州名。治所在今重慶合川區。　長流：遠途流放，長期流放。

初，説嘗以罪竄之南海，遇赦，還寓江陵，與高季興相知，及爲相，常以書幣相問遺。[1]唐兵伐蜀，季興請以兵入三峽，莊宗許之，使季興自取夔、忠、萬、歸、峽等州爲屬郡。[2]及破蜀，季興無功，而唐用佗將取五州。明宗初即位，[3]季興數請五州，以謂先帝所許，朝廷不得已而與之。及革、説再貶，因以其事歸罪二人。天成二年夏，[4]詔陵、合州刺史監賜自盡。

［1］江陵：地名。荆州別稱，治所在今湖北荆州市。　高季興：人名。原名高季昌，陝州硤石（今河南三門峽市）人。五代十國南平（即荆南）開國君主。傳見《舊五代史》卷一三三、本書卷六九。　書幣：泛指修好通聘間的書劄禮單及禮品。

[2]蜀：五代十國之前蜀。　三峽：指長江三峽，即瞿塘峽、巫峽和西陵峽。　夔：州名。治所在今重慶奉節縣。　忠：州名。治所在今重慶忠縣。　萬：州名。治所在今重慶萬州區。　歸：州名。治所在今湖北秭歸縣。　峽：州名。治所在今湖北宜昌市夷陵區。

[3]明宗：即李嗣源。沙陀人。原名邈佶烈，李克用養子。五代後唐明宗，926年至933年在位。紀見《舊五代史》卷三五至卷四四、本書卷六。

[4]天成：後唐明宗李嗣源年號（926—930）。

革子昇，説子濤，皆官至尚書郎，坐其父廢。[1]至晉天福初，濤爲膳部員外郎，卒。[2]

[1]昇：人名。即豆盧昇。事見《舊五代史》卷三六、卷三七。　濤：人名。即韋濤。事見《舊五代史》卷三六、卷三七。

[2]天福：五代後晉高祖石敬瑭年號（936—942），出帝石重貴沿用至天福九年（944）。　膳部：官署名。尚書省禮部膳部司的簡稱。掌管百官飲食餚饌及祭祀宴饗等方面的政令。　員外郎：官名。尚書省郎官之一。爲郎中的副職，協助負責諸司事務。從六品上。殿本、南監本、北監本、汪本作"尚書膳部員外郎"。

盧程

盧程，不知其世家何人也。唐昭宗時，程舉進士，爲鹽鐵出使巡官。[1]唐亡，避亂燕趙，變服爲道士，遊諸侯間。豆盧革爲王處直判官，盧汝弼爲河東節度副使，二人皆故唐時名族，與程門地相等，因共薦之以爲河東節度推官。[2]

[1]唐昭宗：即唐昭宗李曄，888年至904年在位。紀見《舊唐書》卷二〇上、《新唐書》卷一〇。　鹽鐵出使巡官：官名。鹽鐵使屬官。位在判官、推官之下，掌巡察及有關事務。品秩不詳。

[2]盧汝弼：人名。范陽（今河北涿州市）盧氏族人，家於河中蒲州（今山西永濟市）。唐代詩人盧綸之孫。唐末進士，唐、五代後唐官員。傳見《舊五代史》卷六〇。　河東：方鎮名。治所在今山西太原市。　節度副使：官名。唐五代方鎮屬官。位於行軍司馬之下、判官之上。品秩不詳。　節度推官：官名。唐肅宗以後置，五代沿置。爲節度使屬官，位次於判官、掌書記。掌理刑案之事。品秩不詳。

莊宗嘗召程草文書，程辭不能。其後戰胡柳，掌書記王緘歿于陣，莊宗還軍太原，置酒謂監軍張承業曰：[1]"吾以卮酒辟一書記於坐。"因舉卮屬巡官馮道。[2]程位在道上，以嘗辭不能，故不用，而遷程支使。[3]程大恨曰："用人不以門閥而先田舍兒邪！"

[1]胡柳：地名。即胡柳陂。位於今河南濮陽縣。　王緘：人名。幽州劉仁恭故吏。後爲河東李克用、李存勖重臣。傳見《舊五代史》卷六〇。原作"王誠"，中華點校本據《通鑑》卷二七〇、《册府》卷七五六改，今從。　監軍：官名。爲臨時差遣，代表朝廷協理軍務、督察將帥。唐、五代時常以宦官爲監軍。品秩不詳。　張承業：人名。同州（今陝西大荔縣）人。唐末、五代宦官，河東監軍。傳見《舊五代史》卷七二、本書卷三八。

[2]巡官：官名。唐代節度使、觀察使、團練使、防禦使屬官，位在判官、推官下。掌巡察及處理某些事務。品秩不詳。　馮道：人名。瀛州景城（今河北滄州市）人。五代時官拜宰相，歷仕後唐、後晉、後漢、後周，亦曾臣事契丹。傳見《舊五代史》卷一二

六、本書卷五四。

[3]支使：官名。唐五代節度使、觀察使等下屬官員中有支使，其職與掌書記同。位在副使、判官之下，推官之上。掌表奏書檄等。品秩不詳。

莊宗已即位，議擇宰相，而盧汝弼、蘇循已死，次節度判官盧質當拜，而質不樂任事，乃言豆盧革與程皆故唐時名族，可以爲相，莊宗以程爲中書侍郎、同平章事。[1]是時，朝廷新造，百度未備，程、革拜命之日，肩輿導從，[2]喧呼道中。莊宗聞其聲以問左右，對曰："宰相檐子入門。"[3]莊宗登樓視之，笑曰："所謂似是而非者也。"

[1]蘇循：人名。籍貫不詳。唐末進士。唐、五代後梁、後唐官員。傳見《舊五代史》卷六〇、本書卷三五。　盧質：人名。河南（今河南洛陽市）人。五代大臣。傳見《舊五代史》卷九三、本書卷五六。　中書侍郎：官名。中書省副長官。唐後期三省長官漸爲榮銜，中書侍郎、門下侍郎却因參議朝政而職位漸重，常常用爲以"同三品"或"同平章事"任宰相者的本官。正三品。
[2]肩輿：兩人肩抬的小轎。形制爲在二長竿中設軟椅以坐人。導從：官吏出行時的儀仗隊伍，在前的爲導，在後的爲從。
[3]檐子：亦稱竹篼、編輿、肩輿。以竹篾編成，用竹竿兩根杠抬。"檐"通"擔"，意即用人肩抬，故名。

程奉皇太后册，[1]自魏至太原，上下山險，所至州縣，驅役丁夫，官吏迎拜，程坐肩輿自若，少忤其意，必加答辱。人有假驢夫於程者，程帖興唐府給之，[2]府吏啓無例，程怒笞吏背。少尹任圜，[3]莊宗姊婿也，詣程訴其不可。程戴華陽巾，衣鶴氅，據几決事，[4]視圜罵曰："爾何蟲豸，恃婦家力也！宰相取給州縣，何爲不可！"圜不對而去，夜馳至博州見莊宗。[5]莊宗大怒，謂郭崇韜曰："朕誤相此癡物，敢辱予九卿！"趣令自盡，崇韜亦欲殺之，賴盧質力解之，乃罷爲右庶子。[6]莊宗入洛，程於路墜馬，中風卒，贈禮部尚書。[7]

[1]皇太后：指莊宗生母曹太后。太原人。傳見《舊五代史》卷四九、本書卷一四。　册：文書名。屬命令體文書。凡皇帝上尊號、追謚，帝與皇后發訃告，立后妃，封親王、皇子、大長公主，拜三師、三公、三省長官等，用册。

[2]興唐府：府名。治所在今河北大名縣。

[3]少尹：官名。即興唐府少尹。爲府尹的副職，協助尹掌理行政事務。從四品下。　任圜：人名。中華點校本謂《通鑑》卷二七二作"任團"，並引《舊五代史》卷六七、《册府》卷三〇〇"武皇愛之，以宗女妻團"爲證，是。本卷本段下文亦同。任團，京兆三原（今陝西三原縣）人。任圜之弟。後唐官員。事見《舊五代史》卷六七。

[4]華陽巾：道士或隱士所戴的一種頭巾，亦泛指士人頭巾。鶴氅：用鶴羽或其他鳥類羽毛織成的披衣，也稱"鶴氅裘"。其形制是直領、大袖，衣形寬鬆。

[5]博州：州名。治所在今山東聊城市。

[6]右庶子：官名。亦稱太子右庶子。太子府屬官，掌侍從太子左右，獻納啓奏，宣傳令言。正四品下。

[7]中風：指突然昏撲，不省人事，或以口眼歪斜、語言不利、半身不遂等爲主的病症。　禮部尚書：官名。尚書省禮部長官。掌禮儀、祭享、貢舉之政。正三品。

任圜

任圜，京兆三原人也。[1]爲人明敏，善談辯，見者愛其容止，及聞其論議縱橫，益皆悚動。李嗣昭節度昭義，辟圜觀察支使。[2]梁兵築夾城圍潞州，踰年而晉王薨，晉兵救潞者皆解去。[3]嗣昭危甚，問圜去就之計，圜勸嗣昭堅守以待，不可有二心。已而莊宗攻破梁夾城，聞圜爲嗣昭畫守計，甚嘉之，由是益知名。其後嗣昭與莊宗有隙，圜數奉使往來，辨釋讒構，嗣昭卒免於禍，圜之力也。嗣昭從莊宗戰胡柳，擊敗梁兵，圜頗有功，莊宗勞之曰："儒士亦破體邪？仁者之勇，何其壯也！"

[1]京兆：府名。治所在今陝西西安市。　三原：縣名。治所在今陝西三原縣。

[2]李嗣昭：人名。汾州（今山西汾陽市）人。唐末、五代李克用義子、部將。傳見《舊五代史》卷五二、本書卷三六。　昭義：方鎮名。治所在潞州（今山西長治市）。　觀察支使：官名。唐置，爲觀察使佐官，位在觀察副使之下，判官之上。掌支州、支郡考績。品秩不詳。

[3]潞州：州名。治所在今山西長治市。　晉王：即李克用。沙陀族。神武川新城（一說今山西山陰縣附近，一說今山西代縣）人。唐末軍閥，後唐太祖。紀見《舊五代史》卷二五、本書卷四。

張文禮弒王鎔，[1]莊宗遣嗣昭討之。嗣昭戰歿，圜代將其軍，號令嚴肅。既而文禮子處球等閉城堅守，不可下，圜數以禍福諭鎮人，鎮人信之。[2]圜嘗擁兵至城下，處球登城呼圜曰："城中兵食俱盡，而久抗王師，若泥首自歸，[3]懼無以塞責，幸公見哀，指其生路。"圜告之曰："以子先人，固難容貸，然罰不及嗣，子可從輕。其如拒守經年，傷吾大將，一朝困竭，方布款誠，以此計之，子亦難免。然坐而待弊，曷若伏而俟命？"處球流涕曰："公言是也！"乃遣人送狀乞降，[4]人皆稱圜其言不欺。既而佗將攻破鎮州，處球雖見殺，而鎮之吏民以嘗乞降，故得保其家族者甚衆。

[1]張文禮：人名。燕（今河北北部）人。五代將領。傳見《舊五代史》卷六二。　王鎔：人名。回鶻人。唐末、五代軍閥，朱溫後封趙王。傳見《舊五代史》卷五四、本書卷三九。

[2]處球：人名。即張處球。張文禮之子。事見《舊五代史》卷二九。　鎮：州名。治所在今河北正定縣。

[3]泥首：以泥塗首，指叩首至地，表示自辱服罪。

[4]乃遣人送狀乞降："人"，原作"子"，中華點校本據浙江本、宗文本改，今從。

其後以鎮州爲北京，拜圜工部尚書，兼真定尹、北京副留守知留守事，爲政有惠愛。[1]明年，郭崇韜兼領成德軍節度使，改圜行軍司馬，仍知真定府事。[2]圜與崇韜素相善，又爲其司馬，崇韜因以鎮州事託之，而圜多所違異。初，圜推官張彭爲人傾險貪黷，[3]圜不能察，信任之，多爲其所賣。及崇韜領鎮，彭爲圜謀隱公廨錢。[4]莊宗遣宦者選故趙王時宮人百餘，有許氏者尤有色，彭賂守者匿之。後事覺，召彭詣京師，將罪之，彭懼，悉以前所隱公錢簿書獻崇韜，崇韜深德彭，不殺，由是與圜有隙。同光三年，[5]圜罷司馬，守工部尚書。

[1]工部尚書：官名。尚書省工部長官。掌百工、屯田、山澤之政令。正三品。　真定尹：官名。即真定府尹。真定府即鎮州，治所在今河北正定縣。真定尹總其政務。從三品。　北京副留守知留守事：官名。名義上爲北京留守副官，實際執掌政務。北京，即鎮州真定府。古代在都城、陪都或軍事重鎮所設留守、副留守，由地方行政長官兼任。品秩不詳。

[2]成德軍：方鎮名。治所在鎮州（今河北正定縣）。　行軍司馬：官名。節度使屬官。掌軍籍符伍，號令印信，是藩鎮重要的軍政官員。品秩不詳。　知真定府事：官名。簡稱"真定知府"。爲真定府的實際行政長官。品秩不詳。

[3]張彭：人名。籍貫不詳。五代後唐官員。事見《舊五代史》卷六二、卷七六。

[4]公廨錢：隋唐時期，爲供官府各種公用和充作官吏俸錢而設置的，由官府經營商業和高利貸的本錢。

[5]同光：後唐莊宗李存勖年號（923—926）。

魏王繼岌暨崇韜伐蜀，懼圜攻己於後，乃辟圜參魏王軍事。[1]蜀滅，表圜黔南節度使，圜懇辭不就。[2]繼岌殺崇韜，以圜代將其軍而旋。康延孝反，繼岌遣圜將三千人，會董璋、孟知祥等兵，擊敗延孝於漢州，而魏王先至渭南，自殺，圜悉將其軍以東。[3]明宗嘉其功，拜圜同中書門下平章事，兼判三司。[4]是時，明宗新誅孔謙，圜選辟才俊，抑絕僥倖，公私給足，天下便之。

[1]魏王繼岌：人名。即李繼岌。後唐莊宗長子，時封魏王。

傳見《舊五代史》卷五一、本書卷一四。　參魏王軍事：意爲魏王軍事參謀官。

［2］黔南：方鎮名。治所在黔州（今重慶彭水縣）。

［3］康延孝：人名。代北（今山西代縣）人。五代後唐將領。傳見《舊五代史》卷七四、本書卷四四。　董璋：人名。籍貫不詳。五代後梁、後唐將領。傳見《舊五代史》卷六二、本書卷五一。　孟知祥：人名。邢州龍岡（今河北邢臺市）人。李克用女婿，五代十國後蜀開國皇帝。傳見《舊五代史》卷一三六、本書卷六四。　漢州：州名。治所在今四川廣漢市。　渭南：縣名。治所在今陝西渭南市。

［4］判三司：官名。通掌鹽鐵、度支、户部三個部門事務。地位高於三司使。品秩不詳。

是秋，韋說、豆盧革罷相，圜與安重誨、鄭珏、孔循議擇當爲相者，圜意屬李琪，[1]而珏、循雅不欲琪爲相，謂重誨曰：“李琪非無文藝，但不廉耳！宰相，端方有器度者足以爲之，太常卿崔協可也。”[2]重誨以爲然。佗日，明宗問誰可相者，重誨即以協對。圜前爭曰：“重誨未諳朝廷人物，爲人所賣。天下皆知崔協不識文字，而虛有其表，[3]號爲‘沒字碑’。臣以陛下誤加採擢，無功幸進，比不知書，[4]以臣一人取笑足矣，相位有幾，豈容更益笑端？”明宗曰：“宰相重位，卿等更自詳審。然吾在藩時，識易州刺史韋肅，[5]世言肅名家子，且待我甚厚，置之此位可乎？肅或未可，則馮書記先朝判官，稱爲長者，可以相矣！”馮書記者，道也。議未決，重誨等退休於中興殿廊下，[6]孔循不揖，拂衣而去，行且罵曰：“天下事一則任圜，二則任圜，圜乃何人！"圜謂重誨曰："李琪才藝，可兼時輩百人，而讒夫巧沮，忌害其能，若舍琪而相協，如棄蘇合之丸而取蜣蜋之轉也！"[7]重誨笑而止。然重誨終以循言爲信，居月餘，協與馮道皆拜相。協在相位數年，人多嗤其所爲，然圜與重誨交惡自協始。

[1]孔循：人名。籍貫不詳。五代後唐大臣。傳見本書卷四三。李琪：人名。河西敦煌（今甘肅敦煌市）人。後梁、後唐官員。傳見《舊五代史》卷五八、本書卷五四。

[2]太常卿：官名。西漢置太常，南朝梁始置太常卿。太常寺長官。掌宗廟祭祀、禮樂及教育等。正三品。　崔協：人名。清河（今河北清河縣）崔氏族人。唐末進士，五代後梁、後唐官員，仕至宰相。傳見《舊五代史》卷五八。原作"崔恊"，據中華點校本改。

[3]而虛有其表："其"字原闕，中華點校本據《諸史提要》卷一五引《五代史》、《錦繡萬花谷前集》卷一〇引《新五代史》補，並指出宗文本"有"字下空一格，今從。

[4]比不知書："比"，原作"此"，中華點校本據浙江本、《諸史提要》卷一五引《五代史》、《舊五代史》卷五八、《册府》卷三一七及卷三三七改，今從。

[5]易州：州名。治所在今河北易縣。　韋肅：人名。籍貫不詳。五代後唐官員。事見《舊五代史》卷四一、卷五八。

[6]中興殿：宮殿名。在洛陽宮城內。位於今河南洛陽市。

[7]蘇合之丸：即蘇合丸。中藥名。主治勞瘵骨蒸，痊忤心痛、霍亂吐利、時氣鬼魅、瘴瘧疫癘、瘀血月閉、疥癬疔腫、驚癇中風、中氣痰厥及昏迷等症。　蜣蜋之轉：即蜣蜋轉丸。中藥名。鹹苦大寒，無毒。主治黃疸、煩熱、傷寒時氣及霍亂吐瀉、反胃，並療一切癲癎。

故時使臣出四方，皆自户部給券，[1]重誨奏請自內出，[2]圜以故事爭之，不能得，遂與重誨辨於帝前，圜聲色俱厲。明宗罷朝，後宫嬪御迎前問曰：[3]"與重誨論者誰？"明宗曰："宰相也。"宫人奏曰："妾在長安，見宰相奏事，未嘗如此，蓋輕大家耳！"[4]明宗由是不悦，而使臣給券卒自內出，圜益憤沮。重誨嘗過圜，圜出妓，[5]善歌而有色，重誨欲之，圜不與，由是二人益相惡。而圜遽求罷職，乃罷爲太子少保。[6]圜不自安，因請致仕，退居于磁州。[7]

[1]券：凡奉使四方，需以券爲憑。
[2]重誨奏請自內出："內"字原闕，中華點校本據宗文本及本卷下文補，今從。
[3]嬪御：女官名。嬪與御的合稱，《周禮》有九嬪、女御。泛指後宫妃子、宫女。
[4]大家：親近侍從官稱皇帝爲大家。
[5]圜出妓："圜"字原闕，中華點校本據宗文本補，今從。
[6]而圜遽求罷職，乃罷爲太子少保："職乃罷"三字原闕，中華點校本據宗文本補，今從。太子少保，官名。與太子少師、太子少傅統稱太子三少。隋唐以後多作加官或贈官。從二品。
[7]磁州：州名。治所在今河北磁縣。

朱守殷反于汴州，重誨誣圜與守殷連謀，遣人矯制殺之。[1]圜受命怡然，聚族酣飲而死。明宗知而不問，爲下詔，坐圜與守殷通書而言涉怨望。愍帝即位，贈圜太傅。[2]

［1］朱守殷：人名。籍貫不詳。五代後唐將領。傳見《舊五代史》卷七四、本書卷五一。　汴州：州名。治所在今河南開封市。　矯制：即矯詔。擅自僞托或篡改詔令，假托朝廷命令以行事。

［2］愍帝：即後唐愍帝李從厚。小名菩薩奴，明宗第三子。長興四年（933）十二月，李從厚即皇帝位，是爲後唐愍帝。應順元年（934）四月，李從珂入洛陽即帝位，令人毒殺愍帝。紀見《舊五代史》卷四五、本書卷七。　太傅：官名。與太師、太保並爲三師。唐後期、五代多爲大臣、勛貴加官。正一品。

趙鳳

趙鳳，幽州人也，[1]少以儒學知名。燕王劉守光時，悉黥燕人以爲兵，鳳懼，因髡爲僧，依燕王弟守奇自匿。[2]守奇奔梁，梁以守奇爲博州刺史，鳳爲其判官。[3]守奇卒，鳳去爲鄆州節度判官。[4]晉取鄆州，莊宗聞鳳名，得之喜，以爲扈鑾學士。[5]莊宗即位，拜鳳中書舍人、翰林學士。[6]

［1］幽州：州名。治所在今北京市。

［2］劉守光：人名。深州樂壽（今河北獻縣）人。唐末幽州節度使、燕王劉仁恭之子。劉守光囚父自立，後號大燕皇帝，爲晉王李存勖俘殺。傳見《舊五代史》卷一三五、本書卷三九。　黥（qíng）：即"墨刑"。古代的一種肉刑。在臉上或額上刺刻花紋，並塗上黑色顏料。　髡（kūn）：刑名。將罪犯剃光頭並強制其服勞役的刑罰。　守奇：人名。即劉守奇。深州樂壽（今河北獻縣）人。唐末幽州節度使、燕王劉仁恭之子，劉守光之弟。唐末、五代將領。事見《舊五代史》卷一三三。

［3］判官：官名。爲長官的佐吏，協理政事，或備差遣。品秩

不詳。

[4]鄆州：州名。治所在今山東東平縣。

[5]扈鑾學士：官名。《舊五代史》卷三〇作"扈鑾書制學士"。掌起草詔令等。品秩不詳。

[6]中書舍人：官名。中書省屬官。掌起草文書、呈遞奏章、傳宣詔命等。正五品上。

莊宗及劉皇后幸河南尹張全義第，[1]酒酣，命皇后拜全義爲父。明日，遣宦者命學士作牋上全義，以父事之，鳳上書極言其不可。全義養子郝繼孫犯法死，宦官、伶人冀其貲財，固請籍沒，[2]鳳又上書言："繼孫爲全義養子，不宜有別籍之財，而於法不至籍沒，刑人利財，不可以示天下。"是時，皇后及群小用事，鳳言皆不見納。

[1]河南尹：官名。唐開元元年（713）改洛州爲河南府，治所在今河南洛陽市。以河南府尹總其政務。從三品。　張全義：人名。後因犯諱，改名張宗奭。亦作"張言"。濮州臨濮（今山東鄄城縣）人。唐末、五代後梁、後唐將領。傳見《舊五代史》卷六三、本書卷四五。

[2]郝繼孫：人名。籍貫不詳。唐末、五代大臣張全義養子，故亦作"張繼孫"。五代後梁、後唐官員。事見《舊五代史》卷三二。　籍沒：登記並没收犯人家口、財產入官。

明宗武君，不通文字，四方章奏，常使安重誨讀之。重誨亦不知書，奏讀多不稱旨。孔循教重誨求儒者置之左右，而兩人皆不知唐故事，於是置端明殿學士，[1]以馮道及鳳爲之。

[1]端明殿學士：官名。後唐明宗時始置，以翰林學士充任，負責誦讀四方書奏。品秩不詳。

鳳好直言而性剛强，素與任圜善，自圜爲相，頗薦進之。初，端明殿學士班在翰林學士下，而結銜又在官下。[1]明年，鳳遷禮部侍郎，因諷圜升學士於官上，又詔班在翰林學士上。圜爲重誨所殺，而誣以謀反。是時，重誨方用事，雖明宗不能詰也，鳳獨號哭呼重誨曰："任圜天下義士，豈肯謀反！而公殺之，何以示天下？"重誨慙不能對。

[1]班：班次、班序。官員參與朝會時所在班列次序。　結銜：官員在正式文書和著述上具名時，將所帶的各類官銜按一定順序聯結起來，也稱"繫銜"。

術士周玄豹以相法言人事多中，[1]莊宗尤信重之，以爲北京巡官。明宗爲內衙指揮使，[2]重誨欲試玄豹，乃使佗人與明宗易服，而坐明宗於下坐，召玄豹相之，玄豹曰："內衙，貴將也，此不足當之。"乃指明宗於下坐曰："此是也！"因爲明宗言其後貴不可言。明宗即位，思玄豹以爲神，將召至京師，鳳諫曰："好惡，上所慎也。今陛下神其術而召之，則傾國之人，皆將奔走吉凶之說，轉相惑亂，爲患不細。"明宗遂不復召。

[1]術士：從事星占、卜筮、命相等活動的人。　周玄豹：人名。燕地（今河北北部）人。五代後唐時術士、官員。傳見《舊五代史》卷七一。

[2]內衙指揮使：官名。所部統兵將領。品秩不詳。

朱守殷反，明宗幸汴州，守殷已誅，又詔幸鄴。[1]是時，從駕諸軍方自河南徙家至汴，不欲北行，軍中爲之洶洶。而定州王都以爲天子幸汴州誅守殷，[2]又幸鄴以圖己，因疑不自安。宰相率百官詣閣，請罷幸鄴，明宗不聽，人情大恐，群臣不復敢言。鳳手疏責安重誨，言甚切直，重誨以白，遂罷幸。

[1]鄴：地名。即鄴都。治所在今河北大名縣。五代後唐同光元年（923）改魏州爲興唐府，建號東京。三年，改東京爲鄴都。

[2]定州：州名。治所在今河北定州市。　王都：人名。中山陘邑（今河北定州市）人。本姓劉，後爲義武軍節度使王處直養子。五代軍閥。傳見《舊五代史》卷五四。

有僧遊西域，得佛牙以獻，[1]明宗以示大臣。鳳言："世傳佛牙水火不能傷，請驗其真僞。"因以斧斫之，應手而碎。是時，宮中施物已及數千，因鳳碎之乃止。

[1]佛牙：舍利的一種。佛祖遺體火化後留下的牙齒。

天成四年夏，拜門下侍郎、同中書門下平章事。[1]祕書少監于嶠者，[2]自莊宗時與鳳俱爲翰林學士，而嶠亦訐直敢言，與鳳素善。及鳳已貴，而嶠久不遷，自以材名在鳳上而不用，[3]因與蕭希甫數非斥時政，尤詆訾鳳，鳳心啣之，未有以發。而嶠與鄰家爭水竇，爲安重誨所怒，鳳即左遷嶠祕書少監。[4]嶠因被酒往見鳳，鳳知其必不遜，乃辭以沐髮，嶠詬直吏，又溺於從者直廬而去。[5]省吏白鳳，嶠溺於客次，且詬鳳。鳳以其事聞，明宗下詔奪嶠官，長流武州百姓，又流振武，[6]天下冤之。

[1]門下侍郎：官名。門下省副長官。唐後期三省長官漸爲榮銜，中書侍郎、門下侍郎却因參議朝政而職位漸重，常常用爲以"同三品"或"同平章事"任宰相者的本官。正三品。

[2]祕書少監：官名。唐承隋制，置秘書省，設秘書少監二人協助秘書監工作。從四品上。　于嶠：人名。籍貫不詳。歷任後唐、後晉左拾遺、秘書少監、知制誥、中書舍人。事見《舊五代史》卷三〇、卷四〇、卷七六。

[3]自以材名在鳳上而不用："材"，原作"林"，中華點校本據浙江本、宗文本改，今從。

[4]水竇：貯水之地窖。　左遷：官員降職貶官。

[5]沐髮：洗頭髮。　直廬：值宿的房舍。

[6]振武：方鎮名。後梁貞明二年（916）以前，治所位於單于都護府城（今內蒙古和林格爾縣）。貞明二年，單于都護府城爲契丹占據。此後至後唐清泰三年（936），治所位於朔州（今山西朔州市）。後漢隨燕雲十六州割予契丹，改名順義軍。

其後安重誨爲邊彥溫等告變，[1]明宗詔彥溫等廷詰，具伏其詐，即斬之。後數日，鳳奏事中興殿，啓曰："臣聞姦人有誣重誨者。"明宗曰："此閑事，朕已處置之，卿可無問也。"鳳曰："臣所聞者，繫國家利害，陛下不可以爲閑。"因指殿屋曰："此殿所以尊嚴宏壯者，棟梁柱石之所扶持也，若折其一棟，去其一柱，則傾危矣。大臣，國之棟梁柱石也，且重誨起微賤，歷艱危，致陛下爲中興主，安可使姦人動搖！"明宗改容謝之曰："卿言是也。"遂族彦溫等三家。

[1]邊彦溫：人名。籍貫不詳。五代後唐官員。事見《舊五代史》卷四一。

其後重誨得罪，群臣無敢言者，獨鳳數言重誨盡忠。明宗以鳳爲朋黨，罷爲安國軍節度使。[1]鳳在鎮所得俸禄，悉以分將校賓客。廢帝入立，召爲太子太保。[2]病足居于家，疾篤，自筮，[3]投蓍而歎曰："吾家世無五十者，又皆窮賤，吾今壽過其數而富貴，復何求哉！"清泰二年卒于家。[4]

[1]朋黨：指同類的人爲爭奪權力、排斥異己而相互勾結而成一集團。　安國軍：方鎮名。治所在邢州（今河北邢臺市）。
[2]太子太保：官名。與太子太師、太子太傅統稱太子三師。隋唐以後多作加官或贈官。從一品。
[3]筮：以蓍草數目的變化求卦象以推測吉凶的一種占卜法。
[4]清泰：五代後唐廢帝李從珂年號（934—936）。

李襲吉

李襲吉，父圖，洛陽人，或曰唐相林甫之後也。[1]

乾符中，襲吉舉進士，爲河中節度使李都權鹽判官。[2]後去之晉，晉王以爲榆次令，[3]遂爲掌書記。

［1］圖：人名。即李圖。洛陽（今河南洛陽市）人。唐末官員。事見《新唐書》卷一〇、卷一九〇。　林甫：人名。即李林甫。唐朝宗室。唐玄宗朝宰相。傳見《舊唐書》卷一〇六、《新唐書》卷二二三上。

［2］乾符：唐僖宗李儇年號（874—879）。　河中：方鎮名。治所在河中府（今山西永濟市）。　李都：人名。籍貫不詳。五代後梁將領。事見《舊五代史》卷一八、卷六〇。　判官：官名。唐中期後，凡觀察、防禦、團練、節度各使及元帥府，設判官爲其僚屬。協理政事，或備差遣。品秩不詳。

［3］榆次：縣名。治所在今山西晉中市榆次區。　令：官名。即縣令。爲縣的行政長官，掌治本縣。唐代之縣，分京、畿、上、中、中下、下六等，長官統稱縣令，但品級不同。

襲吉博學，多知唐故事。遷節度副使，官至諫議大夫。[1]晉王與梁有隙，交兵累年，後晉王數困，欲與梁通和，使襲吉爲書諭梁，辭甚辨麗。梁太祖使人讀之，至於"毒手尊拳，交相於暮夜；金戈鐵馬，蹂踐於明時"，歎曰："李公僻處一隅，有士如此，使吾得之，傅虎以翼也！"顧其從事敬翔曰：[2]"善爲我答之。"及翔所答，書辭不工，而襲吉之書，多傳於世。

［1］諫議大夫：官名。秦始置，掌朝政議論。隋唐仍置，有左、右諫議大夫各四人，分屬門下、中書二省。掌諫諭得失，侍從贊相。唐後期、五代多以本官領他職。正四品下。

[2]從事：泛指一般屬官。　敬翔：人名。同州馮翔（今陝西大荔縣）人。唐末朱温謀士，後梁大臣。傳見《舊五代史》卷一八、本書卷二一。

襲吉爲人恬淡，以文辭自娱，天祐三年卒。[1]以盧汝弼代爲副使。

[1]天祐：唐昭宗李曄開始使用的年號（904—907）。唐哀帝李柷沿用。唐亡後，河東李克用、李存勖仍稱天祐，沿用至天祐二十年（923）。五代十國其他政權亦有行此年號者，如南吴、吴越等。

汝弼工書畫，而文辭不及襲吉。其父簡求爲河東節度使，[1]爲唐名家，故汝弼亦多知唐故事。晉王薨，莊宗嗣爲晉王，承制封拜官爵皆出汝弼。十八年，卒。

[1]簡求：人名。即盧簡求。范陽（今河北涿州市）盧氏族人，家於河中蒲州（今山西永濟市）。唐代進士、官員。傳見《舊唐書》卷一六三、《新唐書》卷一七七。

莊宗即位，贈襲吉禮部尚書、汝弼兵部尚書。[1]

[1]兵部尚書：官名。尚書省兵部長官。掌兵衛、武選、車輦、甲械、廄牧之政令。正三品。

張憲
張憲字允中，晉陽人也。[1]爲人沈静寡欲，少好學，能鼓琴飲酒。莊宗素知其文辭，以爲天雄軍節度使掌書記。[2]莊宗即位，拜工部侍郎、租庸使，遷刑部侍郎、判吏部銓、東都副留守。[3]憲精於吏事，甚有能政。

[1]晉陽：縣名。治所在今山西太原市。
[2]天雄軍：方鎮名。治所在魏州（今河北大名縣）。
[3]工部侍郎：官名。尚書省工部次官。協助尚書掌管百工山澤水土之政令，考其功以昭賞罰，總所統各司之事。正四品下。租庸使：官名。唐代爲主持催徵租庸地稅的財政官員。五代後梁、後唐時，租庸使取代鹽鐵、度支、户部，爲主管中央財政長官。品秩不詳。　刑部侍郎：官名。尚書省刑部次官。協助刑部尚書掌天下刑法及徒隸、勾覆、關禁之政令。正四品下。　東都：即洛陽。

　　莊宗幸東都，定州王都來朝，莊宗命憲治鞠場，與都擊鞠。[1]初，莊宗建號於東都，以鞠場爲即位壇，[2]於是憲言："即位壇，王者所以興也。漢鄗南、魏繁陽壇，[3]至今皆在，不可毀。"乃别治宫西爲鞠場，場未成，莊宗怒，命兩虞候亟毀壇以爲場。[4]憲退而歎曰："此不祥之兆也！"

[1]鞠場：蹴鞠場地。
[2]即位壇：皇帝立壇祭天，宣告承天命即位。其壇故名即位壇。
[3]鄗南：即鄗南壇。東漢光武帝劉秀築，並在此即皇帝位。位於今河北柏鄉縣。　繁陽壇：三國魏文帝曹丕於黄初元年（220）築。位於今河南許昌市西南。
[4]虞候：皇帝侍從、禁衛武官。

初，明宗北伐契丹，取魏鎧仗以給軍，有細鎧五百，憲遂給之而不以聞。[1]莊宗至魏，大怒，責憲馳自取之，左右諫之乃止。又問憲庫錢幾何。憲上庫簿有錢三萬緡，莊宗益怒，謂其嬖伶史彥瓊曰：[2]"我與群臣飲博，[3]須錢十餘萬，而憲以故紙給我。我未渡河時，庫錢常百萬緡，今復何在？"彥瓊爲憲解之乃已。

[1]契丹：古部族、政權名。公元4世紀中葉宇文部爲前燕攻破，始分離而成單獨的部落，自號契丹。唐貞觀中，置松漠都督府，以其首領爲都督。唐末彊盛，916年迭剌部耶律阿保機建立契丹國（遼）。先後與五代、北宋並立，保大五年（1125）爲金所滅。參見張正明《契丹史略》，中華書局1979年版。　鎧仗：鎧甲、兵器。

[2]庫簿：官府倉庫賬簿。　嬖伶：寵愛的伶人。　史彥瓊：人名。後唐莊宗時伶人。爲武德使，居鄴都，掌魏博六州之政。傳見本書卷三七。

[3]我與群臣飲博："飲"字原闕，中華點校本據宗文本補，今從。"博"，通"簙"。古代的一種棋戲。

郭崇韜伐蜀，薦憲可任爲相，而宦官、伶人不欲憲在朝廷，樞密承旨段徊曰：[1]"宰相在天子面前，事有非是，尚可改作，一方之任，苟非其人，則爲患不細。憲材誠可用，不如任以一方。"乃以爲太原尹、北京留守。[2]

[1]樞密承旨：官名。五代設樞密院承旨和樞密院副承旨，以各衛將軍擔任。主管樞密院承旨司之事。品秩不詳。

[2]太原尹：官名。唐開元十一年（723）改并州爲太原府，治所在今山西太原市。太原尹總其政務。從三品。　北京：指五代後唐的北都太原。本書卷五《莊宗本紀》載，同光元年（923）"十一月乙巳，復北都爲鎮州，太原爲北都"。　留守：官名。古代皇帝出巡或親征時指定親王或大臣留守京城，綜理國家軍事、行政、民事、財政等事務，稱京城留守。在陪都或軍事重鎮也常設留守，以地方長官兼任。品秩不詳。

趙在禮作亂，[1]憲家在魏州，在禮善待其家，遣人以書招憲，憲斬其使，不發其書而上之。莊宗遇弑，明宗入京師，太原猶未知，而永王存霸奔于太原。[2]左右告憲曰："今魏兵南嚮，主上存亡未可知，存霸之來無詔書，而所乘馬斷其鞦，[3]豈非戰敗者乎！宜拘之以俟命。"憲曰："吾本書生，無尺寸之功，而人主遇我甚厚，豈有懷二心以幸變，第可與之俱死爾！"憲從事張昭遠教憲奉表明宗以勸進，[4]憲涕泣拒之。已而存霸削髮，見北京巡檢符彦超，[5]願爲僧以求生，彦超麾下兵大譟，殺存霸。憲出奔忻州，[6]亦見殺。

[1]趙在禮：人名。涿州（今河北涿州市）人。五代後唐、後晉將領。傳見《舊五代史》卷九〇、本書卷四六。

[2]永王存霸：人名。即李存霸。沙陀人。李克用之子，五代後唐將領。傳見《舊五代史》卷五一、本書卷一四。

[3]鞦：通"鞧"。套車時拴在駕轅牲口屁股周圍的皮帶、帆布帶等。

[4]張昭遠：人名。籍貫不詳。五代後唐官員。事見本書本卷。　勸進：勸説掌握實權的人做皇帝。

[5]巡檢：官名。又稱"巡檢使"。五代始設巡檢，設於京師、陪都、重要的州及邊防重鎮。品秩不詳。　符彥超：人名。陳州宛丘（今河南淮陽縣）人。符存審之子。五代後唐將領。傳見《舊五代史》卷五六、本書卷二五。

[6]忻州：州名。治所在今山西忻州市。原作"沂州"，中華點校本據宗文本、《通鑑》卷二七五、《歐陽文忠公文集》卷六九《與王深甫論五代張憲帖》改，今從。

嗚呼！予於死節之士，得三人而失三人焉。鞏廷美、楊温之死，[1]予既已哀之。至於張憲之事，尤爲之痛惜也。予於舊史考憲事實，而永王存霸、符彥超與憲傳所書始末皆不同，莫得而考正。蓋方其變故倉卒之時，傳者失之爾。然要其大節，亦可以見也，憲之志誠可謂忠矣。當其不顧其家，絕在禮而斬其使，涕泣以拒昭遠之説，其志甚明。至其欲與存霸俱死，及存霸被殺，反棄太原而出奔，然猶不知其心果欲何爲也。而舊史書憲坐棄城而賜死，予亦以爲不然。予之於憲固欲成其美志，而要在憲失其官守而其死不明，故不得列于死節也。

[1]鞏廷美：人名。籍貫不詳。劉贇部將，時爲右都押牙。後爲後周將領王彥超所殺。事見《通鑑》卷二九〇。　楊温：人名。籍貫不詳。劉贇部將，時爲教練使。後爲後周將領王彥超所殺。事見《通鑑》卷二九〇。

蕭希甫

蕭希甫，宋州人也。[1]爲人有機辯，多矯激，少舉進士，爲梁開封尹袁象先掌書記。[2]象先爲青州節度使，[3]以希甫爲巡官。希甫不樂，乃棄其母妻，變姓名，亡之鎮州，自稱青州掌書記，謁趙王王鎔。[4]鎔以希甫爲參軍，尤不樂，居歲餘，又亡之易州，削髮爲僧，居百丈山。[5]莊宗將建國于魏，置百官，求天下隱逸之士，幽州李紹宏薦希甫爲魏州推官。[6]

[1]宋州：州名。治所在今河南商丘市。

[2]開封尹：官名。即開封府尹。五代除後唐外均都汴州，升汴州爲開封府，置開封尹或知開封府事。執掌京師政務。從三品。

袁象先：人名。宋州下邑（今河南夏邑縣）人。朱溫之甥。五代後梁、後唐將領。傳見《舊五代史》卷五九、本書卷四五。

[3]青州：州名。治所在今山東青州市。

[4]趙王王鎔：人名。回鶻人。唐末、五代軍閥，朱溫後封趙王。傳見《舊五代史》卷五四、本書卷三九。

[5]參軍：官名。州府屬官。總掌諸曹事務。官品爲從六品至從八品不等。 易州：州名。治所在今河北易縣。 百丈山：山名。位於今河北易縣。

[6]李紹宏：人名。又作馬紹宏。籍貫不詳。後唐莊宗近臣。傳見《舊五代史》卷七二。

莊宗即帝位，欲以知制誥，[1]有詔定內宴儀，問希甫："樞密使得坐否？"希甫以爲不可。樞密使張居翰聞之怒，[2]謂希甫曰："老夫歷事三朝天子，見內宴數百，子本田舍兒，安知宮禁事？"希甫不能對。由是宦官用事者皆切齒。宰相豆盧革等希宦官旨，共排斥之，以爲駕部郎中，[3]希甫失志，尤怏怏。

[1]知制誥：官名。掌起草皇帝的詔、誥之事，原爲中書舍人之職。唐開元末置學士院，翰林學士入院一年，則加知制誥銜，專掌任免宰相、冊立太子、宣布征伐等特殊詔令，稱爲内制。而中書舍人所撰擬的詔敕稱爲外制。兩種官員總稱兩制官。品秩不詳。

[2]張居翰：人名。籍貫不詳。唐末五代宦官。傳見《舊五代史》卷七二、本書卷三八。

[3]駕部郎中：官名。尚書兵部駕部司長官。掌輿輦、車乘、傳驛、厩牧等事。從五品上。郎中爲尚書省屬官，位在侍郎之下、員外郎之上。

莊宗滅梁，遣希甫宣慰青齊，[1]希甫始知其母已死，而妻袁氏亦改嫁矣。希甫乃發哀服喪，[2]居于魏州，人有引漢李陵書以譏之曰：[3]"老母終堂，生妻去室。"時皆傳以爲笑。

[1]青齊：地區名。泛指今山東省一帶。

[2]發哀：舉行悼念儀式。　服喪：爲死去親屬戴孝守喪。

[3]李陵：人名。隴西成紀（今甘肅秦安縣）人。西漢將領李廣之孫。漢武帝時將領，後投降匈奴。傳見《漢書》卷五四。

明宗即位，召爲諫議大夫。是時，復置匭函，[1]以希甫爲使，希甫建言："自兵亂相乘，王綱大壞，侵欺凌奪，有力者勝。凡略人之妻女，占人之田宅，姦贓之吏，刑獄之冤者，何可勝紀？而匭函一出，投訴必多，至於功臣貴戚，有不得繩之以法者。"乃自天成元年四月二十八日昧爽已前，大辟已下，[2]皆赦除之，然後出匭函以示衆。初，明宗欲以希甫爲諫議大夫，豆盧革、韋説頗沮難之。其後革、説爲安重誨所惡，希甫希旨，誣奏："革縱田客殺人，而説與鄰人爭井，[3]井有寶貨。"有司推劾，井中惟破釜而已，革、説終皆貶死。明宗賜希甫帛百匹、粟麥三百石，拜左散騎常侍。[4]

[1]甌函：收受吏民投書而設置的銅匣。武則天時曾置，此時復置，並設甌函使以收發吏民投書及處理相關事宜。

[2]大辟已下："下"，原作"上"，中華點校本據《册府》卷四七五改，今從。　大辟：死刑的通稱。

[3]説與鄰人爭井："説"，原作"悦"，誤。今據前後文改。

[4]左散騎常侍：官名。門下省屬官。掌侍奉規諷，備顧問應對。正三品下。

希甫性褊而躁進，嘗遣人夜叩宮門上變，言河堰牙官李筠告本軍謀反，[1]詰旦，追問無狀，斬筠，軍士詣安重誨求希甫啖之。是時，明宗將有事於南郊，前齋一日，群臣習儀于殿廷，宰相馮道、趙鳳，河南尹秦王從榮，樞密使安重誨候班于月華門外。[2]希甫與兩省班先入，道等坐廊下不起，既出，希甫召堂頭直省朝堂驅使官，責問宰相、樞密見兩省官何得不起，因大詬詈。[3]是夜，託疾還第。月餘，坐告李筠事動搖軍衆，貶嵐州司户參軍，卒于貶所。[4]

[1]河堰：攔河蓄水的大壩。　牙官：衙前供役使的官。《通鑑》卷二二三載"子儀使牙官盧諒至汾州"，胡三省注："節鎮、州、府皆有牙官、行官，牙官給牙前驅使，行官使之行役出四方。"李筠：人名。籍貫不詳。五代後唐將領。事見《舊五代史》卷

七一。

[2]南郊：意爲都城南面之郊。代指南郊之祭天場所（圜丘），亦指祭天之禮（郊天）。　前齋一日：齋戒前一日。齋指祭前齋戒，有散齋、致齋兩種。　秦王從榮：人名。即李從榮。沙陀人。五代後唐明宗李嗣源次子。傳見《舊五代史》卷五一、本書卷一五。月華門：宫門名。位於洛陽城内。

[3]兩省班：舉行典禮時，中書省、門下省的班列。　堂頭直省朝堂驅使官：官名。於朝堂供職。供派遣驅使，操辦雜務。品秩不詳。　詬詈：謾駡、辱駡。

[4]嵐州：州名。治所在今山西嵐縣。

劉贊

劉贊，魏州人也。父玭爲縣令，[1]贊始就學，衣以青布衫襦，每食則玭自肉食，而别以蔬食食贊於牀下，謂之曰：“肉食，君之禄也，爾欲之，則勤學問以干禄；吾肉，非爾之食也。”由是贊益力學，舉進士。爲羅紹威判官，去爲租庸使趙巖巡官，又爲孔謙鹽鐵判官。[2]明宗時，累遷中書舍人、御史中丞、刑部侍郎。[3]守官以法，權豪不可干以私。

[1]玭：人名。即劉玭。魏州（今河北大名縣）人。唐末、五代官員。事見本書本卷。

[2]羅紹威：人名。魏州貴鄉（今河北大名縣）人。唐末軍閥。傳見《舊五代史》卷一四、本書卷三九。　趙巖：人名。陳州宛丘（今河南淮陽縣）人。唐忠武軍節度使趙犨之子。五代後梁大臣。事見《舊五代史》卷一四、本書卷四二。

[3]御史中丞：官名。如不置御史大夫，則爲御史臺長官。掌

司法監察。正四品下。

是時，秦王從榮握兵而驕，多過失，言事者請置師傅以輔道之。大臣畏王，不敢決其事，因請王得自擇，秦王即請贊，乃拜贊祕書監，爲秦王傅。[1]贊泣曰："禍將至矣！"

[1]祕書監：官名。秘書省長官。東漢始置。掌圖書秘記等。從三品。　王傅：官名。王宮屬官。漢代始置。掌輔正王的過失。從三品。

秦王所請王府、元帥官屬十餘人，類多浮薄傾險之徒，日獻諛詔以驕王，獨贊從容諷諫，率以正道。秦王嘗命賓客作文於坐中，贊自以師傅，恥與群小比伍，雖操筆勉彊，有不悅之色。秦王惡之，後戒左右贊來不得通，贊亦不往，月一至府而已，退則杜門不交人事。

已而秦王果敗死，唐大臣議王屬官當坐者，馮道曰："元帥判官任贊與秦王非素好，而在職不逾月，詹事王居敏及劉贊皆以正直爲王所惡，河南府判官司徒詡病告家居久，皆宜不與其謀。[1]而諮議參軍高輦與王最厚，輦法當死，其餘可次第原減。"[2]朱弘昭曰：[3]"諸公不知其意爾，使秦王得入光政門，[4]當待贊等如何？吾徒復有家族邪！且法有首從，今秦王夫婦男女皆死，而贊等止其一身幸矣！"道等難之。而馮贇亦爭，以爲不可，[5]贊等乃免死。於是論高輦死，而任贊等十七人皆長流。

[1]任贊：人名。籍貫不詳。五代後唐官員。事見《舊五代史》卷四四。　詹事：官名。掌領太子、王府之詹事府，爲太子、王府官屬之長。正三品。　王居敏：人名。籍貫不詳。五代後唐官員。事見《舊五代史》卷四四。　司徒詡：人名。清河郡（今河北清河縣）人。五代後唐官員。傳見《舊五代史》卷一二八。

[2]諮議參軍：官名。也稱諮議參軍事。晋代始置。爲親王府僚屬。掌陪侍左右，參謀庶事。正五品上。　高輦：人名。籍貫不詳。五代後唐官員。事見本書卷一五。

[3]朱弘昭：人名。太原（今山西太原市）人。後唐明宗朝樞密使、宰相。傳見《舊五代史》卷六六、本書卷二七。

[4]光政門：宮城門名。唐五代洛陽宮城南面三門之一。位於今河南洛陽市。

[5]以爲不可："以爲"二字原闕，中華點校本據宗文本補，今從。

初，贊聞秦王敗，即白衣駕驢以俟，人有告贊奪官而已，贊曰："豈有天子冢嗣見殺，[1]而賓僚奪官者乎，不死幸矣！"已而贊長流嵐州百姓。清泰二年，詔歸田里，行至石會關，[2]病卒。

[1]豈有天子冢嗣見殺："冢"，原作"家"，中華點校本據宗文本改，今從。

[2]石會關：關隘名。位於今山西省榆社縣西北。爲澤、潞和太原間交通要扼之地。

何瓚

何瓚，閩人也，唐末舉進士及第。[1]莊宗爲太原節度使，辟爲判官。莊宗每出征伐，留張承業守太原，承業卒，瓚代知留守事。

[1]閩：地區名。泛指今福建省一帶。

瓚爲人明敏，通於吏事，外若疏簡而内頗周密。[1]莊宗建大號于鄴都，拜瓚諫議大夫，瓚慮莊宗事不成，求留守北京。

[1]外若疏簡而内頗周密："若"，原作"君"，中華點校本據浙江本、宗文本改，今從。

瓚與明宗有舊，明宗即位，召還，見於内殿，勞問久之，已而以瓚爲西川節度副使。[1]是時，孟知祥已有二志，方以副使趙季良爲心腹，[2]聞瓚代之，亟奏留季良，遂改瓚行軍司馬。瓚恥於自辭，不得已而往，明宗賜予甚厚。初，知祥在北京爲馬步軍都虞候，[3]而瓚留守太原，知祥以軍禮事瓚，瓚常繩以法，知祥初不樂，及瓚爲司馬，猶勉待之甚厚。知祥反，罷瓚司馬，置之私第，瓚飲恨而卒。

[1]西川：方鎮名。治所在成都府（今四川成都市）。
[2]趙季良：人名。濟陰（今山東曹縣西北）人。五代後唐、後蜀官員。事見本書卷六四。
[3]馬步軍都虞候：官名。五代侍衛親軍馬步軍統兵官，位僅次於馬步軍都指揮使、副都指揮使。品秩不詳。

新五代史　卷二九

晉臣傳第十七

桑維翰　景延廣　吳巒

桑維翰

桑維翰字國僑，河南人也。[1]爲人醜怪，身短而面長，常臨鑑以自奇曰："七尺之身，不如一尺之面。"慨然有志於公輔。初舉進士，主司惡其姓，以"桑""喪"同音。人有勸其不必舉進士，可以從佗求仕者，維翰慨然，乃著《日出扶桑賦》以見志。又鑄鐵硯以示人曰"硯弊則改而佗仕"。卒以進士及第。晉高祖辟爲河陽節度掌書記，[2]其後常以自從。

[1]河南：府名。治所在今河南洛陽市。
[2]晉高祖：即後晉高祖石敬瑭。沙陀人。五代後唐將領、後晉開國皇帝。紀見《舊五代史》卷七五至卷八〇、本書卷八。　河陽：方鎮名。全稱"河陽三城"。治所在孟州（今河南孟州市）。節度掌書記：官名。唐五代方鎮僚屬，位在判官下。掌表奏書檄、文辭之事。品秩不詳。

高祖自太原徙天平，不受命，而有異謀，以問將佐，將佐皆恐懼不敢言，獨維翰與劉知遠贊成之，因使維翰爲書求援於契丹。[1]耶律德光已許諾，[2]而趙德鈞亦以重賂啗德光，[3]求助已以篡唐。高祖懼事不果，乃遣維翰往見德光，爲陳利害甚辯，德光意乃決，卒以滅唐而興晉，維翰之力也。高祖即位，以維翰爲翰林學士、禮部侍郎、知樞密院事，遷中書侍郎、同中書門下平章事，兼樞密使。[4]天福四年，出爲相州節度使，歲餘，徙鎮泰寧。[5]

[1]天平：方鎮名。治所在鄆州（今山東東平縣）。　劉知遠：人名。太原（今山西太原市）人。其先西突厥沙陀人。五代後唐、後晉將領，後漢高祖。紀見《舊五代史》卷九九至卷一〇〇、本書卷一〇。　契丹：古部族、政權名。公元4世紀中葉宇文部爲前燕攻破，始分離而成單獨的部落，自號契丹。唐貞觀中，置松漠都督府，以其首領爲都督。唐末彊盛，916年迭剌部耶律阿保機建立契丹國（遼）。先後與五代、北宋並立，保大五年（1125）爲金所滅。參見張正明《契丹史略》，中華書局1979年版。

[2]耶律德光：人名。契丹人。遼太祖耶律阿保機次子。遼朝太宗皇帝。927年至947年在位。紀見《遼史》卷三、卷四。

[3]趙德鈞：人名。幽州（今北京市）人。初爲幽州節度使劉守光部將，後爲後唐、遼國將領。傳見《舊五代史》卷九八。原作"趙德均"，中華點校本據浙江本、宗文本、《通鑑》卷二八〇改，今從。

[4]翰林學士：官名。由南北朝始設之學士發展而來，唐玄宗改翰林供奉爲翰林學士，備顧問，代王言，掌拜免將相、號令征伐等詔令的起草。品秩不詳。　禮部侍郎：官名。尚書省禮部次官。

协助礼部尚书掌礼仪、祭享、贡举之政。正四品下。　知枢密院事：官名。五代后晋天福元年（936）始置，主管枢密院政务。品秩不详。　中书侍郎：官名。中书省副长官。唐后期三省长官渐为荣衔，中书侍郎、门下侍郎却因参议朝政而职位渐重，常常用为以"同三品"或"同平章事"任宰相者的本官。正三品。　同中书门下平章事：官名。简称"同平章事"。唐高宗以后，实际任宰相之职者，常在其本官后加同平章事的职衔。后成为宰相专称。品秩不详。　枢密使：官名。枢密院长官。唐代宗时始以宦官掌机密，至昭宗时借朱温之力尽诛宦官，始改以士人任枢密使。备顾问，参谋议，出纳诏奏，权侔宰相。品秩不详。参见李全德《唐宋变革期枢密院研究》，北京图书馆出版社2009年版。

　　［5］天福：五代后晋高祖石敬瑭年号（936—942），出帝石重贵沿用至天福九年（944）。　相州：州名。治所在今河南安阳市。　节度使：官名。唐时在重要地区所设掌握一州或数州军事、民事、财政的长官。品秩不详。　泰宁：方镇名。治所在兖州（今山东济宁市兖州区）。

　　吐浑白承福为契丹所迫，附镇州安重荣以归晋，重荣因请与契丹绝好，用吐浑以攻之。[1]高祖重违重荣，意未决。维翰上疏言契丹未可与争者七，高祖召维翰使者至卧内，谓曰："北面之事，方挠吾胸中，得卿此疏，计已决矣，可无忧也。"维翰又劝高祖幸邺都。[2]七年，高祖在邺，维翰来朝，徙镇晋昌。[3]

　　［1］吐浑：部族名。吐谷浑的省称。源出鲜卑，后游牧于今甘肃、青海一带。参见周伟洲《吐谷浑资料辑录》（增订本），商务印书馆2017年版。　白承福：人名。吐谷浑族。五代时北吐谷浑首领。后唐同光元年（923），被庄宗任为宁朔、奉化两府都督，赐

姓名爲李紹魯。事見本書卷七四。　鎮州：州名。治所在今河北正定縣。　安重榮：人名。朔州（今山西朔州市）人。五代後唐、後晉將領。傳見《舊五代史》卷九八、本書卷五一。

［2］鄴都：地名。後晉陪都。治所在今河北大名縣。

［3］晉昌：方鎮名。治所在京兆府（今陝西西安市）。後晉改永平軍置晉昌軍，後漢改爲永興軍。

出帝即位，召拜侍中。[1]而景延廣用事，[2]與契丹絶盟，維翰言不能入，乃陰使人説帝曰："制契丹而安天下，非用維翰不可。"乃出延廣於河南，拜維翰中書令，[3]復爲樞密使，封魏國公，事無巨細，一以委之。數月之間，百度寖理。初，李瀚爲翰林學士，[4]好飲而多酒過，高祖以爲浮薄。天福五年九月，詔廢翰林學士，按《唐六典》歸其職於中書舍人，而端明殿學士、樞密院學士皆廢。[5]及維翰爲樞密使，復奏置學士，而悉用親舊爲之。

［1］出帝：即後晉少帝石重貴。石敬瑭從子。紀見《舊五代史》卷八一至卷八五、本書卷九。　侍中：官名。秦始置。隋、唐前期爲門下省長官。唐後期多爲大臣加銜，不參與政務，實際職務由門下侍郎執行。正二品。

［2］景延廣：人名。陝州（今河南三門峽市陝州區）人。五代後晉將領。傳見《舊五代史》卷八八、本書本卷。

［3］中書令：官名。漢代始置，隋、唐前期爲中書省長官，屬宰相之職，唐後期多爲授予元勳大臣的虛銜。正二品。

［4］李瀚：人名。籍貫不詳。五代後晉官員，歷任右拾遺、翰林學士、知制誥、中書舍人，晉亡後入契丹。事見《舊五代史》卷

七六、卷八二、卷八四、卷一一二。

　　[5]中書舍人：官名。中書省屬官。掌起草文書、呈遞奏章、傳宣詔命等。正五品上。　　端明殿學士：官名。後唐明宗時始置，以翰林學士充任，負責誦讀四方書奏。品秩不詳。　　樞密院學士：官名。即樞密直學士。五代後唐莊宗同光元年（923）改直崇政院置，選有政術文學者充任。備顧問應對。品秩不詳。

　　維翰權勢既盛，四方賂遺，歲積鉅萬。内客省使李彥韜、端明殿學士馮玉用事，共讒之。[1]帝欲驟黜維翰，大臣劉昫、李崧皆以爲不可，卒以玉爲樞密使，既而以爲相，維翰日益見疏。[2]帝飲酒過度得疾，維翰遣人陰白太后，請爲皇弟重睿置師傅。[3]帝疾愈，知之，怒，乃罷維翰以爲開封尹。[4]維翰遂稱足疾，稀復朝見。

　　[1]内客省使：官名。内客省長官。品秩不詳。　　李彥韜：人名。太原（今山西太原市）人。後晉出帝寵臣，與宦官近臣相勾結，排擠文臣。傳見《舊五代史》卷八八。　　馮玉：人名。定州（今河北定州市）人。五代後晉外戚、宰相。傳見《舊五代史》卷八九、本書卷五六。

　　[2]劉昫（xù）：人名。涿州歸義（今河北容城縣）人。五代大臣，曾任宰相、監修國史，領銜撰進《舊唐書》。傳見《舊五代史》卷八九、本書卷五五。　　李崧：人名。深州饒陽（今河北饒陽縣）人。後晉宰相，歷仕後唐至後漢。傳見《舊五代史》卷一〇八、本書卷四五。

　　[3]太后：指後唐明宗之女、後晉高祖石敬瑭之妻李皇后。代北沙陀人。傳見《舊五代史》卷八六、本書卷一七。　　皇弟重睿：人名。即石重睿。後晉高祖石敬瑭之子。傳見本書卷一七。　　師傅：王府師傅官的統稱。掌導王向善，正王過失。

[4]開封尹：官名。即開封府尹。五代除後唐外均都汴州，升汴州爲開封府，置開封尹或知開封府事。執掌京師政務。從三品。

契丹屯中渡，破欒城，杜重威等大軍隔絕，維翰曰："事急矣！"[1]乃見馮玉等計事，而謀不合。又求見帝，帝方調鷹於苑中，不暇見，維翰退而歎曰："晋不血食矣！"[2]

[1]中渡：地名。滹沱河渡口。位於今河北正定縣。　欒城：縣名。治所在今河北石家莊市欒城區。　杜重威：人名。其先朔州（今山西朔州市）人，後徙居太原（今山西太原市）。五代後晋、後漢將領。傳見《舊五代史》卷一〇九、本書卷五二。

[2]血食：王朝宗廟祭祀，殺牲取血爲祭。"不血食"意爲國家滅亡、宗廟被廢。

自契丹與晋盟，始成於維翰，而終敗於景延廣，故自兵興，契丹凡所書檄，未嘗不以此兩人爲言。耶律德光犯京師，遣張彦澤遺太后書，[1]問此兩人在否，可使先來。而帝以維翰嘗議毋絕盟而己違之也，不欲使維翰見德光，因諷彦澤圖之，而彦澤亦利其貲産。維翰狀貌既異，素以威嚴自持，晋之老將大臣，見者無不屈服，彦澤以驍捍自矜，每往候之，雖冬月未嘗不流汗。初，彦澤入京師，左右勸維翰避禍，維翰曰："吾爲大臣，國家至此，安所逃死邪！"安坐府中不動。彦澤以兵入，問："維翰何在？"維翰厲聲曰："吾，晋大臣，自當死國，安得無禮邪！"彦澤股栗不敢仰視，退而謂人曰：

"吾不知桑維翰何如人,今日見之,猶使人恐懼如此,其可再見乎?"乃以帝命召維翰。維翰行,遇李崧,立馬而語,軍吏前白維翰,請赴侍衛司獄。[2]維翰知不免,顧崧曰:"相公當國,使維翰獨死?"崧憨不能對。是夜,彥澤使人縊殺之,以帛加頸,告德光曰:"維翰自縊。"德光曰:"我本無心殺維翰,維翰何必自致。"德光至京師,使人檢其尸,信爲縊死,乃以尸賜其家,而貲財悉爲彥澤所掠。

[1]張彥澤:人名。突厥人,徙居太原。五代後晉將領,後投降契丹。傳見《舊五代史》卷九八、本書卷五二。

[2]侍衛司獄:刑獄名。簡稱"侍衛獄"。五代後唐始設侍衛司,後漢、後周設侍衛司獄。負責司法審判,量刑定罪。《通鑑》卷二八八胡三省注:"侍衛獄即侍衛司獄,所謂軍獄也。"

景延廣

景延廣字航川,陝州人也。[1]父建善射,[2]嘗教延廣曰:"射不入鐵,不如不發。"由是延廣以挽彊見稱。事梁邵王友誨,[3]友誨謀反被幽,延廣亡去。後從王彥章戰中都,[4]彥章敗,延廣身被數創,僅以身免。

[1]陝州:州名。治所在今河南三門峽市陝州區。

[2]建:人名。即景建。陝州(今河南三門峽市陝州區)人。事迹不詳。本書僅此一見。

[3]邵王友誨:人名。即朱友誨。朱溫長兄朱全昱之子。後梁太祖時封邵王,曾任控鶴指揮使、陝州節度使。末帝時因舉兵反叛被囚。後唐入汴時被殺。傳見《舊五代史》卷一二、本書卷一三。

[4]王彥章：人名。鄆州壽張（今山東梁山縣）人。五代後梁將領。傳見《舊五代史》卷二一、本書卷三二。　中都：縣名。治所在今山東汶上縣。

明宗時，朱守殷以汴州反，晉高祖爲六軍副使，主誅從守殷反者。[1]延廣爲汴州軍校當誅，高祖惜其才，陰縱之使亡，後録以爲客將。[2]高祖即位，以爲侍衛步軍都指揮使，領果州團練使，徙領寧江軍節度使。[3]天福四年，出鎮義成，又徙保義，復召爲侍衛馬步軍都虞候，[4]徙領河陽三城，[5]遷馬步軍都指揮使，[6]領天平。

[1]朱守殷：人名。籍貫不詳。五代後唐將領。傳見《舊五代史》卷七四、本書卷五一。　汴州：州名。治所在今河南開封市。北周時改梁州置。五代後梁開平元年（907）昇爲開封府。後唐復爲汴州，後晉復昇爲開封府。　六軍副使：官名。即"六軍諸衛副使"。後唐沿唐代舊制，置六軍、諸衛。以判六軍諸衛事爲禁軍六軍與諸衛的最高統帥，六軍諸衛副使爲其貳。品秩不詳。

[2]客將：官名。亦稱典客。唐末、五代藩鎮負責接待使節、賓客、出使等外交職責的武官。品秩不詳。詳見吴麗娛《試論晚唐五代的客將、客司與客省》，《中國史研究》2002年第4期。

[3]侍衛步軍都指揮使：官名。五代始置。侍衛親軍步軍司長官。統領侍衛步軍。品秩不詳。　果州：州名。治所在今四川南充市。　團練使：官名。唐代中期以後，於不設節度使的地區設團練使，掌本區各州軍事。品秩不詳。　寧江軍：方鎮名。治所在今重慶奉節縣。

[4]義成：方鎮名。亦稱永平軍。治所在滑州（今河南滑縣）。　保義：方鎮名。治所在陝州（今河南三門峽市陝州區）。　侍衛馬步軍都虞候：官名。五代侍衛親軍馬步軍統兵官，位僅次於馬步軍

都指揮使、副都指揮使。品秩不詳。

　　[5]徙領河陽三城："領"，原作"鎮"，中華點校本據浙江本、宗文本及本卷上下文改，今從。領，意爲遥領。

　　[6]馬步軍都指揮使：官名。五代時侍衛親軍長官。多由皇帝親信擔任。品秩不詳。

　　高祖崩，出帝立，延廣有力，頗伐其功。初，出帝立，晋大臣議告契丹，致表稱臣，延廣獨不肯，但致書稱孫而已，大臣皆知其不可而不能奪。契丹果怒，數以責晋，延廣謂契丹使者喬瑩曰：[1]"先皇帝北朝所立，今天子中國自册，可以爲孫，而不可爲臣。且晋有横磨大劍十萬口，翁要戰，則來，佗日不禁孫子，取笑天下。"瑩知其言必起兩國之争，懼後無以取信也，因請載于紙，以備遺忘。延廣敕吏具載以授瑩，瑩藏其書衣領中以歸，具以延廣語告契丹，契丹益怒。

　　[1]喬瑩：人名。籍貫不詳。契丹使者。事見本書本卷。

　　天福八年秋，出帝幸大年莊還，[1]置酒延廣第。延廣所進器服、鞍馬、茶牀、椅榻皆裹金銀，飾以龍鳳。又進帛五千匹，綿一千四百兩，馬二十二匹，玉鞍、衣襲、犀玉、金帶等，請賜從官，自皇弟重睿，下至伴食刺史、重睿從者各有差。[2]帝亦賜延廣及其母、妻、從事、押衙、孔目官等稱是。[3]時天下旱、蝗，民餓死者歲十數萬，而君臣窮極奢侈以相誇尚如此。

[1]大年莊：地名。其地不詳，疑位於開封城外。

[2]刺史：官名。州一級行政長官。漢武帝時始置，總掌考核官吏、勸課農桑、地方教化等事。唐中期以後，節度使、觀察使轄州而設，刺史爲其屬官，職任漸輕。從三品至正四品下。

[3]從事：泛指一般屬官。 押衙：官名。"押衙"即"押牙"。唐五代時期節度使辟署的屬官。掌領方鎮儀仗侍衛。品秩不詳。參見劉安志《唐五代押牙（衙）考略》，《魏晋南北朝隋唐史資料》第 16 輯，1998 年。 孔目官：官名。唐玄宗開元五年（717）始於集賢殿置孔目官一人，掌檔案及圖書目録。後諸鎮節度使府皆置孔目官，掌管檔案及文書收發，綜理衆務，其職掌略似於諸州、府之録事參軍，爲幕府要職之一。品秩不詳。

　　明年春，契丹入寇，延廣從出帝北征爲御營使，相拒澶、魏之間。[1]先鋒石公霸遇虜於戚城，高行周、符彦卿兵少不能救，馳騎促延廣益兵，延廣按兵不動。[2]三將被圍數重，帝自御軍救之，三將得出，皆泣訴。然延廣方握親兵，恃功恣横，諸將皆由其節度，帝亦不能制也。契丹嘗呼晋人曰："景延廣唤我來，何不速戰？"是時，諸將皆力戰，而延廣未嘗見敵。契丹已去，延廣獨閉壁不敢出。自延廣一言而契丹與晋交惡，凡號令征伐一出延廣，晋大臣皆不得與，故契丹凡所書檄，未嘗不以延廣爲言。契丹去，出帝還京師，乃出延廣爲河南尹，留守西京。[3]明年，出帝幸澶淵，[4]以延廣從，皆無功。

[1]御營使：官名。五代皇帝多親自率兵征戰，故設御營使負責行營守衛，多由親信將領、寵臣充任。品秩不詳。 澶：州名。

唐武德四年（621）治澶水縣（今河南濮陽縣西），大曆七年（772）治頓丘縣（今河南清豐縣西南），五代後晉天福四年（939）移治德勝城（今河南濮陽縣東南），後周徙治今濮陽縣。　魏：州名。治所在今河北大名縣。

［2］石公霸：人名。籍貫不詳。後晉將領，時任先鋒指揮使。事見《舊五代史》卷八二。　戚城：地名。位於今河南濮陽市。　高行周：人名。媯州懷戎（今河北懷來縣）人。五代後唐至後周將領。傳見《舊五代史》卷一二三、本書卷四八。　符彥卿：人名。陳州宛丘（今河南淮陽縣）人。五代後周、宋初將領。後周世宗宣懿皇后、宋太宗懿德皇后，皆符彥卿之女。傳見《宋史》卷二五一。

［3］留守：官名。古代皇帝出巡或親征時指定親王或大臣留守京城，綜理國家軍事、行政、民事、財政等事務，稱京城留守。在陪都或軍事重鎮也常設留守，以地方長官兼任。品秩不詳。　西京：地名。即今河南洛陽市。

［4］澶淵：地名。位於今河南濮陽市西北。

延廣居洛陽，鬱鬱不得志。見晉日削，度必不能支契丹，乃爲長夜之飲，大治第宅，園置妓樂，惟意所爲。後帝亦追悔，遣供奉官張暉奉表稱臣以求和，[1]德光報曰："使桑維翰、景延廣來，而割鎮、定與我，乃可和。"[2]晉知其不可，乃止。契丹至中渡，延廣屯河陽，聞杜重威降，乃還。[3]

［1］供奉官：泛指侍奉皇帝左右的臣僚，亦爲東、西頭供奉官通稱。　張暉：人名。籍貫不詳。後晉官員。事見本書卷七二。
［2］鎮：州名。治所在今河北正定縣。　定：州名。治所在今河北定州市。

[3]河陽：縣名。治所在今河南孟州市。

德光犯京師，行至相州，遣騎兵數千雜晉軍渡河趨洛，以取延廣，戒曰："延廣南奔吳，西走蜀，必追而取之。"[1]而延廣顧慮其家，未能引決，虜騎奄至，乃與從事閻丕馳騎見德光於封丘，[2]并丕見鎖。延廣曰："丕，臣從事也，以職相隨，何罪而見鎖？"丕乃得釋。德光責延廣曰："南北失懽，皆因爾也。"召喬瑩質其前言，延廣初不服，瑩從衣領中出所藏書，延廣乃服。[3]因以十事責延廣，每服一事，授一牙籌，[4]授至八籌，延廣以面伏地，不能仰視，遂叱而鎖之。將送之北行，至陳橋，[5]止民家。夜分，延廣伺守者殆，引手扼吭而死，時年五十六。漢高祖時，[6]贈侍中。

[1]吳：五代十國之吳國、南唐。　蜀：五代十國之後蜀。
[2]閻丕：人名。籍貫不詳。五代後晉官員。事見《舊五代史》卷八八。　封丘：縣名。治所在今河南封丘縣。
[3]延廣乃服："乃服"，原作"服乃"，中華點校本據宗文本乙正，今從。
[4]牙籌：象牙製成的籌碼，計數用。
[5]陳橋：地名。位於開封城外。
[6]漢高祖：即後漢高祖劉知遠。沙陀人，後世居於太原。五代後唐、後晉將領，後漢開國皇帝。紀見《舊五代史》卷九九至卷一〇〇、本書卷一〇。

嗚呼，自古禍福成敗之理，未有如晉氏之明驗也！其始以契丹而興，終爲契丹所滅。然方其以逆抗順，大事未集，孤城被圍，外無救援，而徒將一介之命，持片舌之彊，能使契丹空國興師，應若符契，出危解難，遂成晉氏，當是之時，維翰之力爲多。及少主新立，釁結兵連，敗約起爭，發自延廣。然則晉氏之事，維翰成之，延廣壞之，二人之用心者異，而其受禍也同，其故何哉？蓋夫本末不順而與夷狄共事者，常見其禍，未見其福也。可不戒哉！可不戒哉！

吳巒

吳巒字寶川，鄆州盧縣人也。[1]少舉明經不中，清泰中爲大同沙彥珣節度判官。[2]晉高祖起太原，召契丹爲援，契丹過雲州，[3]彥珣出城迎謁，爲契丹所虜。城中推巒主州事，巒即閉門拒守，契丹以兵圍之。高祖入立，以雲州入于契丹，而巒猶守城不下，契丹圍之凡七月。高祖義巒所爲，乃以書告契丹，使解兵去。高祖召巒，以爲武寧軍節度副使、諫議大夫、復州防禦使。[4]

[1]鄆州：州名。治所在今山東東平縣。　盧縣：縣名。治所在今山東茌平縣。

[2]明經：科舉考試科目之一。主要考察士人對經文的熟悉程度，也考時務策。　清泰：五代後唐廢帝李從珂年號（934—936）。大同：方鎮名。治所在雲州（今山西大同市）。　沙彥珣：人名。籍貫不詳。五代後唐將領。事見《舊五代史》卷四七、卷四八。

[3]雲州：州名。治所在今山西大同市。

[4]武寧軍：方鎮名。治所在徐州（今江蘇徐州市）。　節度副使：官名。唐五代方鎮屬官。位於行軍司馬之下、判官之上。品

秩不詳。　諫議大夫：官名。秦始置，掌朝政議論。隋唐仍置，有左、右諫議大夫各四人，分屬門下、中書二省。掌諫諭得失，侍從贊相。唐後期、五代多以本官領他職。正四品下。　復州：州名。治所在今湖北天門市。　防禦使：官名。唐代始置，設有都防禦使、州防禦使兩種。常由觀察使或刺史兼任，實際上爲唐代後期方鎮或州的軍政長官。品秩不詳。

　　出帝即位，與契丹絕盟，河北諸州皆警，以謂貝州水陸之衝，緩急可以轉餉，乃積蒭粟數十萬，以王令溫爲永清軍節度使。[1]令溫牙將邵珂，[2]素驕很難制，令溫奪其職。珂閑居無憀，乃陰使人亡入契丹，言貝州積粟多而無兵守，可取。令溫以事朝京師，心頗疑珂，乃質其子崇範以自隨。[3]晉大臣以欒前守雲州七月，契丹不能下，乃遣欒馳驛代令溫守貝州。欒善撫士卒，會天大寒，裂其帷幄以衣士卒，士卒皆愛之。珂因求見欒，願自效，欒推心信之。開運元年正月，[4]契丹南寇，圍貝州，欒命珂守南門。契丹圍三日，四面急攻之，欒從城上投薪草焚其梯衝殆盡。已而珂自南門引契丹入，欒守東門方戰，而左右報珂反，欒顧城中已亂，即投井死。而令溫家屬爲契丹所虜，出帝憫之，以令溫爲武勝軍節度使，後累歷方鎮，周顯德中卒。[5]令溫，瀛州河間人也。[6]王令溫疑邵珂而質其子矣，欒不能察其姦，反委以兵。及契丹入貝州，又不拒戰，遽投井死，其死不足貴，故不列於死事。

　　[1]貝州：州名。治所在今河北清河縣。　王令溫：人名。瀛州河間（今河北河間市）人。五代後晉將領。傳見《舊五代史》卷一二四。　永清軍：方鎮名。後晉天福三年（938）置。治所在

貝州（今河北清河縣）。

　　[2]邵珂：人名。籍貫不詳。五代後晉時永清軍將領，投降契丹以致貝州失守。事見《舊五代史》卷九五。

　　[3]崇範：人名。即邵崇範。籍貫不詳。邵珂之子。事見《舊五代史》卷九五。

　　[4]開運：後晉出帝石重貴年號（944—946）。

　　[5]武勝軍：方鎮名。治所在鄧州（今河南鄧州市）。　顯德：五代後周太祖郭威年號（954）。世宗柴榮、恭帝柴宗訓沿用（954—960）。

　　[6]瀛州：州名。治所在今河北河間市。　河間：縣名。治所在今河北河間市。

新五代史　卷三〇

漢臣傳第十八

蘇逢吉　史弘肇　楊邠　王章　劉銖　李業　聶文進
後贊　郭允明

蘇逢吉

蘇逢吉，京兆長安人也。[1]漢高祖鎮河東，[2]父悦爲高祖從事，[3]逢吉長代悦作奏記，[4]悦乃言之高祖。高祖召見逢吉，精神爽秀，憐之，乃以爲節度判官。[5]

[1]京兆：府名。治所在今陝西西安市。
[2]漢高祖：即後漢高祖劉知遠。紀見《舊五代史》卷九九至卷一〇〇、本書卷一〇。　河東：方鎮名。治所在太原府（今山西太原市）。
[3]悦：人名。即蘇悦。長安（今陝西西安市）人。蘇逢吉父，五代低級官吏。事見《舊五代史》卷一〇八《蘇逢吉傳》。　從事：泛指一般屬官。
[4]奏記：州郡百姓或僚佐對長官陳述的書面意見叫"奏記"。
[5]節度判官：官名。唐末、五代藩鎮僚佐，位行軍司馬下。

品秩不詳。

高祖性素剛嚴，賓佐稀得請見，逢吉獨入，終日侍立高祖書閤中。兩使文簿盈積，[1]莫敢通，逢吉輒取內之懷中，伺高祖色可犯時以進之，高祖多以爲可，以故甚愛之。然逢吉爲人貪詐無行，喜爲殺戮。高祖嘗以生日遣逢吉疏理獄囚以祈福，謂之"靜獄"。[2]逢吉入獄中閱囚，無輕重曲直悉殺之，以報曰："獄靜矣。"

[1]兩使：節度使、觀察使合稱"兩使"。
[2]靜獄：清理獄中囚犯。

高祖建號，[1]拜逢吉中書侍郎、同中書門下平章事。[2]是時，制度草創，朝廷大事皆出逢吉，逢吉以爲己任。然素不學問，隨事裁決，出其意見，是故漢世尤無法度，而不施德政，民莫有所稱焉。

[1]建號：指建立後漢王朝。
[2]中書侍郎：官名。中書省副長官。唐後期三省長官漸爲榮銜，中書侍郎、門下侍郎却因參議朝政而職位漸重，常常用爲以"同三品"或"同平章事"任宰相者的本官。正三品。　同中書門下平章事：官名。簡稱"同平章事"。唐代高宗以後，凡實際任宰相之職者，常在其本官後加同平章事的職銜，後成爲宰相專稱。品秩不詳。

高祖既定京師，逢吉與蘇禹珪同在中書，[1]除吏多違舊制。逢吉尤納貨賂，市權鬻官，謗者諠譁。然高祖方倚信二人，故莫敢有告者。鳳翔李永吉初朝京師，[2]逢吉以永吉故秦王從曮子，[3]家世王侯，當有奇貨，使人告永吉，許以一州，而求其先王玉帶，永吉以無爲解，逢吉乃使人市一玉帶，直數千緡，[4]責永吉償之；前客省使王筠自晉末使楚，[5]至是還，逢吉意筠得楚王重賂，[6]遣人求之，許以一州，筠怏怏，以其橐裝之半獻之。而皆不得州。

[1]蘇禹珪：人名。高密（今山東高密市）人。劉知遠爲河東節度時的屬官，後漢初任宰相。傳見《舊五代史》卷一二七。　中書：官署名。"中書門下"的簡稱。唐代以來爲宰相處理政務的機構。參見劉後濱《唐代中書門下體制研究——公文形態·政務運行與制度變遷》，齊魯書社2004年版。

[2]鳳翔：方鎮名。治所在鳳翔府（今陝西鳳翔縣）。　李永吉：人名。深州博野（今河北蠡縣）人。李茂貞之孫，李從曮之子，五代時歷任數鎮行軍司馬。事見《舊五代史》卷一三二《世襲列傳》。

[3]從曮：人名。即李從曮。深州博野（今河北蠡縣）人。李茂貞之子，後晉時封秦王。傳見《舊五代史》卷一三二《世襲列傳》。

[4]緡：原指串錢的繩子，引申爲錢串的單位。一緡爲千錢，即一貫。

[5]客省使：官名。客省長官。唐代宗時始置，五代沿置。掌接待四方奏計及外族使者。品秩不詳。　王筠：人名。籍貫不詳。本書僅此一見。　楚：五代時十國之一。唐昭宗乾寧三年（896）馬殷據今湖南之地。後梁開平元年（907）馬殷受封爲楚王，建都長沙，其疆域曾達廣西東部。後周廣順元年（951）被南唐所滅。

[6]楚王：此處指楚廢王馬希廣。許州鄢陵（今河南鄢陵縣）

人，一作扶溝（今河南扶溝縣）人。楚國主馬殷子、馬希范弟。後晉開運四年（947）繼兄位，不久其兄希萼起兵朗州，爭奪王位，希廣兵敗後被殺。傳見本書卷六六《楚世家》。

　　晉相李崧從契丹以北，[1]高祖入京師，以崧第賜逢吉，而崧別有田宅在西京，[2]逢吉遂皆取之。崧自北還，因以宅券獻逢吉，[3]逢吉不悅，而崧子弟數出怨言。其後，逢吉乃誘人告崧與弟嶼、嶬等，[4]下獄，崧款自誣伏："與家僮二十人，謀因高祖山陵爲亂。"獄上中書，逢吉改"二十人"爲"五十人"，遂族崧家。

　　[1]李崧：人名。深州饒陽（今河北饒陽縣）人。五代大臣。傳見《舊五代史》卷一〇八、本書卷五七。
　　[2]西京：即河南府，治所在今河南洛陽市。五代後晉天福三年（938）自東都河南府遷都汴州（今河南開封市），升汴州爲東京開封府，改東都河南府爲西京。後漢、後周及北宋沿襲不改。
　　[3]宅券：即房契。房屋所有權之憑據。
　　[4]嶼、嶬：人名。即李嶼、李嶬。李崧弟，俱爲蘇逢吉、史弘肇所害。事見《舊五代史》卷一〇八《李崧傳》。

　　是時，天下多盜，逢吉自草詔書下州縣，凡盜所居本家及鄰保皆族誅。或謂逢吉曰："爲盜族誅，已非王法，況鄰保乎！"逢吉悻以爲是，[1]不得已，但去族誅而已。於是鄆州捕賊使者張令柔盡殺平陰縣十七村民數百人。[2]衛州刺史葉仁魯聞部有盜，[3]自帥兵捕之。時村民十數共逐盜，入于山中，盜皆散走。仁魯從後至，見民捕盜者，以爲賊，悉擒之，斷其脚筋，暴之山麓，宛轉號呼，累日而死。聞者不勝其冤，而逢吉以仁魯爲能，由是天下因盜殺人滋濫。

[1]惏（lín）：同"吝"。
[2]鄆州：州名。治所在今山東東平縣。 張令柔：人名。籍貫不詳。本書僅此一見。 平陰：縣名。治所在今山東平陰縣。
[3]衛州：州名。治所在今河南衛輝市。 刺史：官名。州一級行政長官。漢武帝時始置，總掌考核官吏、勸課農桑、地方教化等事。唐中期以後，節度使、觀察使轄州而設，刺史爲其屬官，職任漸輕。從三品至正四品下。 葉仁魯：人名。籍貫不詳。後漢高祖劉知遠親將。後周時爲萊州刺史，因坐贓賜死。事見《通鑑》卷二九一。

逢吉已貴，益爲豪侈，謂中書堂食爲不可食，乃命家厨進羞，[1]日極珍善。繼母死，不服喪。妻武氏卒，[2]諷百官及州鎮皆輸綾絹爲喪服。[3]武氏未期，除其諸子爲官。有庶兄自外來，未白逢吉而見其諸子，逢吉怒，託以它事告於高祖，杖殺之。

[1]羞：同"饈"。意指美味的食品。
[2]武氏：蘇逢吉妻。本書僅此一見。
[3]喪服：古人居喪期間的服飾，可分斬衰、齊衰、大功、小功、緦麻五種。

逢吉嘗從高祖征鄴，[1]數使酒辱周太祖於軍中，[2]太祖恨之。其後隱帝立，[3]逢吉素善李濤，[4]諷濤請罷太祖與楊邠樞密。[5]李太后怒濤離間大臣，[6]罷濤相，以楊邠兼平章事，[7]事悉關決。[8]逢吉、禹珪由是備位而已。乾祐二年，[9]加拜司空。[10]

［1］鄴：即鄴都。後唐同光元年（923）初改魏州爲興唐府，建號東京，不久又改東京爲鄴都。後晉亦曾以此爲鄴都。治所在今河北大名縣。

［2］周太祖：即後周太祖郭威。邢州堯山（今河北隆堯縣）人。五代時後周王朝的建立者。紀見《舊五代史》卷一一〇至卷一一三、本書卷一一。

［3］隱帝：即後漢隱帝劉承祐。後漢高祖劉知遠次子。紀見《舊五代史》卷一〇一至一〇三、本書卷一〇。

［4］李濤：人名。京兆萬年（今陝西西安市長安區）人。唐敬宗子郇王瑋後裔，後漢宰相。傳見《宋史》卷二六二。

［5］楊邠：人名。魏州冠氏（今山東冠縣）人。後漢時任樞密使、宰相。傳見《舊五代史》卷一〇七、本書本卷。　樞密：官名。即樞密使。爲樞密院長官。唐代宗時始以宦官掌機密，至昭宗時借朱温之力盡誅宦官，始改以士人任樞密使。備顧問，參謀議，出納詔奏，權侔宰相。品秩不詳。參見李全德《唐宋變革期樞密院研究》，北京圖書館出版社2009年版。

［6］李太后：晉陽（今山西太原市）人。後漢高祖劉知遠皇后，隱帝即位後册尊爲皇太后。傳見《舊五代史》卷一〇四《漢后妃列傳》、本書卷一八《漢家人傳》。

［7］平章事：即"同中書門下平章事"。

［8］事悉關決："事"字原闕，中華點校本據宗文本補，今從。

［9］乾祐：後漢高祖劉知遠、隱帝劉承祐年號（948—950）。

［10］司空：官名。與太尉、司徒並爲三公，唐後期、五代多爲大臣、勳貴加官。正一品。

周太祖鎮鄴，不落樞密使，逢吉以謂樞密之任，方鎮帶之非便，與史弘肇爭，[1]於是卒如弘肇議。弘肇怨逢吉異己，[2]已而會王章第，[3]使酒坐中，弘肇怒甚。逢吉謀求出鎮以避之，既而中輟，人問其故，逢吉曰："苟捨此而去，史公一處分，吾薑粉矣！"

[1]史弘肇：人名。鄭州榮澤（今河南鄭州市）人。五代時後漢將領。傳見《舊五代史》卷一〇七、本書本卷。

[2]弘肇怨逢吉異己："己"字原闕，中華點校本據宗文本、《舊五代史》卷一〇八《蘇逢吉傳》、《册府》卷三一七補，今從。

[3]王章：人名。大名南樂（今河南南樂縣）人。五代後漢三司使、同平章事，以聚斂刻急著稱。傳見《舊五代史》卷一〇七、本書本卷。

是時，隱帝少年，小人在側。弘肇等威制人主，帝與左右李業、郭允明等皆患之。[1]逢吉每見業等，以言激之，業等卒殺弘肇，即以逢吉權知樞密院。方命草麻，[2]聞周太祖起兵，乃止。逢吉夜宿金祥殿東閣，[3]謂司天夏官正王處訥曰："昨夕未瞑，已見李崧在側，生人接死者，無吉事也。"[4]周太祖至北郊，[5]官軍敗于劉子陂。[6]逢吉宿七里，[7]夜與同舍酣飲，索刀將自殺，爲左右所止。明日與隱帝走趙村，[8]自殺於民舍。周太祖定京師，梟其首，適當李崧被刑之所。廣順初，[9]賜其子西京莊并宅一區。

[1]李業：人名。晉陽（今山西太原市）人。後漢高祖李皇后弟。隱帝時受信任，掌宮廷財務。傳見《舊五代史》卷一〇七、本

書本卷。　郭允明：人名。河東（今山西太原市）人。五代將領。隨隱帝率軍於京師北郊抵禦郭威軍，兵敗，殺死隱帝後又自殺。傳見《舊五代史》卷一○七、本書本卷。

[2]草麻：即起草詔書。唐制用黃麻紙寫詔，故稱寫詔爲草麻。

[3]金祥殿：五代都城開封府宮城中内殿名。位於今河南開封市。

[4]司天：唐官署司天臺的簡稱。主管觀察天象、考定曆數。夏官正：官名。唐乾元元年（758）置，屬秘書省司天臺，掌司四時及其方之變異。正五品上。　王處訥：人名。洛陽（今河南洛陽市）人。五代末、宋初天文術數家。傳見《宋史》卷四六一。

[5]北郊：古時稱都城北門外爲北郊。

[6]劉子陂：地名。位於今河南封丘縣南。

[7]七里：地名。即七里店，一名"七里寨"。位於今河南開封市北二十里，後圮於水。

[8]趙村：在今河南開封市西南六里，後漢隱帝死於此。

[9]廣順：五代後周太祖郭威年號（951—953）。

史弘肇

史弘肇字化元，鄭州滎澤人也。[1]爲人驍勇，走及奔馬。梁末，調民七户出一兵，弘肇爲兵，隸開道指揮，[2]選爲禁兵。[3]漢高祖典禁兵，弘肇爲軍校。[4]其後，漢高祖鎮太原，使將武節左右指揮，[5]領雷州刺史。[6]高祖建號於太原，代州王暉拒命，[7]弘肇攻破之，以功拜忠武軍節度使、侍衛步軍都指揮使。[8]

[1]鄭州：州名。治所在今河南鄭州市。　滎澤：縣名。治所在今河南鄭州市。

[2]隸開道指揮：《舊五代史》卷一〇七作"隸本州開道都"。

[3]禁兵：即禁軍，爲皇帝的親軍。

[4]軍校：即牙校，爲低級武職。

[5]武節左右指揮："武節"爲部隊番號。"指揮"爲唐末、五代時期的一種軍事編制單位，分左、右，五百人爲一"指揮"。

[6]領：即遙領。謂不親往任職，自他方遙遠監督之。　雷州：州名。治所在今廣東雷州市。

[7]代州：州名。治所在今山西代縣。　王暉：人名。籍貫不詳。時爲代州刺史，以城降契丹。事見《舊五代史》卷一〇七《史弘肇傳》、《通鑑》卷二八五。

[8]忠武軍：方鎮名。治所在許州（今河南許昌市）。　侍衛步軍都指揮使：官名。五代時皇帝親軍侍衛步軍司之最高長官。品秩不詳。

是時契丹北歸，留耿崇美攻王守恩於潞州。[1]高祖遣弘肇前行擊之，崇美敗走，守恩以城歸漢。而河陽武行德、澤州翟令奇等，[2]皆迎弘肇自歸。弘肇入河陽，高祖從後至，遂入京師。

[1]耿崇美：人名。籍貫不詳。契丹大將，時爲昭義節度使。事見《通鑑》卷二八六。　王守恩：人名。太原（今山西太原市）人。後晉潞州節度使王建立子，後漢時曾任宰相。傳見《舊五代史》卷一二五。　潞州：州名。治所在今山西長治市。

[2]河陽：縣名。治所在今河南孟州市。　武行德：人名。并州榆次（今山西晉中市榆次區）人。五代、宋初將領。傳見《宋史》卷二五二。　澤州：州名。治所在今山西澤州縣。　翟令奇：人名。籍貫不詳。時爲澤州刺史。事見《舊五代史》卷一〇〇《漢高祖紀下》。

弘肇爲將，嚴毅寡言，麾下嘗少忤意，立檛殺之，軍中爲股慄，以故高祖起義之初，弘肇行兵所至，秋毫無犯，兩京帖然。[1]遷侍衛親軍馬步軍都指揮使，[2]領歸德軍節度使、同中書門下平章事。[3]高祖疾大漸，與楊邠、蘇逢吉等同授─作受。顧命。[4]

[1]兩京：時以開封府爲東京、河南府爲西京，合稱兩京，分別指今河南開封市和洛陽市。
[2]侍衛親軍馬步軍都指揮使：官名。五代時侍衛親軍之長官。多爲皇帝親信。品秩不詳。
[3]歸德軍：方鎮名。治所在宋州（今河南商丘市）。
[4]顧命：天子臨終遺命。

隱帝時，河中李守貞、鳳翔王景崇、永興趙思綰等皆反，[1]關西用兵，[2]人情恐懼，京師之民，流言以相驚恐。弘肇出兵警察，務行殺戮，罪無大小皆死。是時太白晝見，[3]民有仰觀者，輒腰斬于市。市有醉者忤一軍卒，[4]誣其訛言，坐棄市。[5]凡民抵罪，吏以白弘肇，[6]但以三指示之，吏即腰斬之。又爲斷舌、決口、歕筋、折足之刑。[7]李崧坐奴告變族誅，弘肇取其幼女以爲婢。於是前資故將失職之家，姑息僮奴，而厮養之輩，往往脅制其主。侍衛孔目官解暉狡酷，[8]因緣爲姦，民抵罪者，莫敢告訴。[9]燕人何福進有玉枕，[10]直錢十四萬，遣僮賣之淮南以鬻茶。[11]僮隱其錢，福進笞責之，僮乃誣告福進得趙延壽玉枕，以遺吳人。[12]弘肇捕治，福進棄市，帳下分取其妻子，[13]而籍其家財。

[1]河中：府名。治所在今山西永濟市。　李守貞：人名。河陽（今河南孟州市）人。五代將領。傳見《舊五代史》卷一〇九、本書卷五二。　鳳翔：方鎮名。治所在鳳翔府（今陝西鳳翔縣）。王景崇：人名。邢州（今河北邢臺市）人。後漢時升任鳳翔節度使。傳見本書卷五三。　永興：即永興軍。方鎮名。治所在京兆府（今陝西西安市）。　趙思綰：人名。魏州（今河北大名縣）人。五代將領。傳見《舊五代史》卷一〇九、本書卷五三。

[2]關西：泛指函谷關或潼關以西的地區。

[3]太白晝見：即金星晝見。迷信説法其預示將有兵禍。

[4]軍卒：二字原闕，中華點校本據宗文本補，今從。

[5]棄市：古代刑法名。即在鬧市執行死刑，並陳屍街頭示衆。

[6]弘肇：二字原闕，中華點校本據宗文本、《五代史詳節》卷四補，今從。

[7]斮（zhuó）筋：砍斷脚筋。謂暴虐施刑。

[8]侍衛：即侍衛司，史弘肇時爲侍衛司長官。　孔目官：官名。五代藩鎮幕府僚佐，掌蕃漢兵馬、軍機要事。品秩不詳。　解暉：人名。洺州臨洺（今河北邯鄲市永年區）人。五代、宋初將領。傳見《宋史》卷二七一。

[9]告訴：即申訴。

[10]燕：今河北北部。　何福進：人名。一作"何福殷"。燕（今河北北部）人。本書僅此一見。

[11]淮南：今淮河以南、長江以北地區。後漢時屬南唐境内。

[12]趙延壽：人名。本姓劉，恒山（今河北正定縣）人。後唐明宗李嗣源女婿，後降契丹，引導契丹攻滅後晉。傳見《遼史》卷七六。　吳：此處指南唐。後晉天福二年（937），吳主楊溥禪位於徐知誥，知誥即皇帝位於金陵，史稱南唐。

[13]帳下：將帥的部下。

弘肇不喜賓客，嘗言："文人難耐，呼我爲卒。"弘肇領歸德，其副使等月率私錢千緡爲獻。潁州麴場官麴溫與軍將何拯争官務，[1]訟之三司，[2]三司直溫。拯訴之弘肇，弘肇以謂潁已屬州，而溫不先白己，乃追溫殺之，連坐者數十人。

[1]潁州：州名。治所在今安徽阜陽市。　麴場官：官名。負責榷酒之事。品秩不詳。　麴溫：人名。潁州汝陰（今安徽阜陽市）人。事僅見本卷。　軍將：官名。爲無品的低下武職，供差遣役使。　何拯：人名。一作"陳拯"。本書僅此一見。

[2]三司：官署名。五代後唐明宗天成元年（926）合鹽鐵、度支、户部爲一職，始稱三司，爲中央最高之理財機構。

周太祖平李守貞，推功群臣，弘肇拜中書令。[1]隱帝自關西罷兵，漸近小人，與後贊、李業等嬉遊無度，[2]而太后親族頗行干託，弘肇與楊邠稍裁抑之。太后有故人子求補軍職，弘肇輒斬之。帝始聽樂，賜教坊使等玉帶、錦袍，[3]往謝弘肇，弘肇怒曰："健兒爲國征行者未有偏賜，爾曹何功，敢當此乎！"悉取所賜還官。

[1]中書令：官名。漢代始置，隋、唐前期爲中書省長官，屬宰相之職；唐後期多爲授予元勛大臣的虛銜。正二品。

[2]後贊：人名。兗州瑕丘（今山東清寧市兗州區）人。後漢隱帝寵臣。傳見《舊五代史》卷一〇七、本書本卷。

[3]教坊使：官名。唐於京都置左右教坊，掌俳優雜技，以宦官爲教坊使。五代沿置。品秩不詳。

周太祖出鎮魏州，弘肇議帶樞密以行，[1]蘇逢吉、楊邠以爲不可，弘肇恨之。明日，會飲竇貞固第，[2]弘肇厲聲舉爵屬太祖曰："昨日廷論，何爲異同？今日與公飲此。"逢吉與邠亦舉大爵曰："此國家事也，何必介意乎！"遂俱飲釂。弘肇曰："安朝廷，定禍亂，直須長槍大劍，若'毛錐子'安足用哉？"三司使王章曰："無'毛錐子'，軍賦何從集乎？""毛錐子"，蓋言筆也。弘肇默然。他日，會飲章第，酒酣，爲手勢令，弘肇不能爲，客省使閻晉卿坐次弘肇，[3]屢教之。蘇逢吉戲曰："坐有姓閻人，何憂罰爵！"弘肇妻閻氏，酒家倡，以爲譏己，大怒，以醜語詬逢吉，逢吉不校。弘肇欲毆之，逢吉先出。弘肇起索劍欲追之，楊邠泣曰："蘇公，漢宰相，公若殺之，致天子何地乎？"弘肇馳馬去，邠送至第而還。由是將相如水火。隱帝遣王峻置酒公子亭和解之。[4]

[1]以：原闕，中華點校本據宗文本、《册府》卷九一八補，今從。

[2]竇貞固：人名。同州白水（今陝西白水縣）人。後漢宰相。傳見《宋史》卷二六二。

[3]客省使：官名。客省長官。唐代宗時始置，五代沿置。掌接待四方奏計及外族使者。品秩不詳。　閻晉卿：人名。忻州（今山西忻州市）人。後漢將領。傳見《舊五代史》卷一〇七。

[4]王峻：人名。相州安陽（今河南安陽市）人。五代將領，後周時任樞密使兼宰相。傳見《舊五代史》卷一三〇、本書卷五〇。　公子亭：建築名。位於開封城相國寺（今河南開封市內）前。

是時，李業、郭允明、後贊、聶文進等用事，[1]不喜執政。而隱帝春秋漸長，爲大臣所制，數有忿言，業等乘間譖之，以謂弘肇威震人主，不除必爲亂。隱帝頗欲除之。夜聞作坊鍛甲聲，[2]以爲兵至，達旦不寐。由是與業等密謀禁中。[3]乾祐三年冬十月十三日，弘肇與楊邠、王章等入朝，坐廣政殿東廡，[4]甲士數十人自内出，擒弘肇、邠、章斬之，并族其三家。

[1]聶文進：人名。并州（今山西太原市）人。後漢隱帝寵臣。傳見《舊五代史》卷一〇七、本書本卷。

[2]作坊：亦稱"作場""坊""房""作"等。古代手工業者從事生產勞動的場所。

[3]禁中：指皇帝所居的宮廷。

[4]廣政殿：據《通鑑》卷二八九胡三省注："按薛《史》，晉天福四年二月辛卯，改東京玉華殿爲永福殿。周顯德四年，新修永福殿改爲廣政殿。此蓋以後來殿名書之。"廣政殿故址位於今河南開封市。 廡（wǔ）：堂下周圍的走廊，廊舍。

弘肇已死，帝坐崇元殿召群臣，[1]告以弘肇等謀反，群臣莫能對。又召諸軍校見於萬歲殿，[2]帝曰："弘肇等專權，使汝曹常憂横死，今日吾得爲汝主矣！"軍校皆拜。周太祖即位，追封弘肇鄭王，以禮歸葬。

[1]崇元殿：五代後梁開平元年（907）改汴京正殿爲崇元殿。位於今河南開封市。

[2]萬歲殿：後梁、後漢開封城内宫殿。位於今河南開封市。

楊邠

　　楊邠，魏州冠氏人也。[1]少爲州掌籍吏，[2]租庸使孔謙領度支，[3]補邠勾押官，[4]歷孟、華、鄆三州糧料院使。[5]事漢高祖爲右都押衙，[6]高祖即位，拜樞密使。

[1]冠氏：縣名。治所在今山東冠縣。
[2]掌籍吏：此處指州府的胥吏。
[3]租庸使：官名。唐代爲主持催徵租庸地稅的財政官員。五代後梁、後唐時，租庸使取代鹽鐵、度支、户部，爲中央財政長官。品秩不詳。　孔謙：人名。魏州（今河北大名縣）人。後唐大臣，善聚斂錢財，爲李存勖籌畫軍需。傳見《舊五代史》卷七三、本書卷二六。　度支：財政官署。掌管天下租賦物產，歲計所出而支調之，故名。安史亂後，因軍事供應浩繁，以宰相爲度支使，由户部尚書、侍郎或他官兼領度支事務，稱度支使或判度使、知度支事，權任極重，與鹽鐵使、判户部或户部使合稱"三司"。
[4]勾押官：吏名。五代州縣屬吏有勾押官、都勾押官，掌徵收兩稅錢穀等事。
[5]孟：州名。治所在今河南孟州市。　華：州名。治所在今陝西渭南市華州區。　鄆：州名。治所在今山東東平縣。　糧料院使：官名。即糧料使。唐後期或爲節度使屬官，或由度支使差派。掌供應軍餉、糧草。品秩不詳。
[6]右都押衙：官名。"押衙"即"押牙"。唐五代時期節度使辟署的屬官，有稱左、右都押衙或都押衙者。掌領方鎮儀仗侍衛、統率軍隊。品秩不詳。參見劉安志《唐五代押牙（衙）考略》，《魏晉南北朝隋唐史資料》第16輯，1998年。

　　邠出於小吏，不喜文士，與蘇逢吉等内相排忌。逢吉諷李濤上疏罷邠與周太祖樞密使，[1]邠泣訴李太后前，太后怒，罷濤相，加邠中書侍郎兼吏部尚書、同平章事。[2]是時，逢吉、禹珪頗以私賄除吏，多繆。邠爲相，事無大小，必先示邠，邠以爲可，乃入白，而深革逢吉所爲，凡門蔭出身，[3]諸司補吏者，[4]一切罷之。

[1]罷邠與周太祖樞密使：「罷」，原作「罪」，中華點校本據宗文本、浙江本改，今從。
[2]吏部尚書：官名。尚書省吏部最高長官，與二侍郎分掌六品以下文官選授、勛封、考課之政令。正三品。
[3]門蔭：蔭，庇蔭。謂憑藉門第循例入官。
[4]諸司：此處特指尚書省各下屬機構。

邠雖長於吏事，而不知大體，以謂爲國家者，帑廩實、[1]甲兵完而已，禮樂文物皆虛器也。以故秉大政而務苛細，凡前資官不得居外，[2]而天下行旅，皆給過所然後得行。[3]旬日之間，人情大擾，邠度不可行而止。

[1]帑（tǎng）廩：指國庫和糧倉。
[2]前資官：五代時朝代更替頻繁，凡前朝所授官資稱前資官。
[3]過所：古代用於關卡通行證明的官文書。

邠常與王章論事帝前，帝曰：[1]「事行之後，勿使有言也！」邠遽曰：「陛下但禁聲，有臣在。」聞者爲之戰慄。李太后弟業求爲宣徽使，[2]帝與太后私以問邠，[3]邠止以爲不可。帝欲立所愛耿夫人爲后，邠又以爲不可；夫人死，將以后禮葬之，邠又以爲不可。由是隱帝大怒，而左右乘間構之，與史弘肇等同日見殺。

［1］帝：原闕，中華點校本據宗文本、《通鑑》卷二八九補，今從。

［2］宣徽使：官名。唐始置。宣徽南院使、北院使通稱宣徽使。初用宦官，五代以後改用士人。通掌内諸司及三班内侍之名籍，郊祀、朝會、宴享供帳之儀，檢視内外進奉名物。品秩不詳。詳見王永平《論唐代宣徽使》，《中國史研究》1995 年第 1 期；王孫盈政《再論唐代的宣徽使》，《中華文史論叢》2018 年第 3 期。

［3］耿夫人：後漢隱帝愛妾。本書僅此一見。

郃爲人頗儉静，四方之賂雖不却，然往往以獻於帝。居家謝絶賓客，晚節稍通縉紳，[1]延客門下。知史傳有用，乃課吏傳寫。未幾，及於禍。周太祖即位，追封弘農王。

［1］縉紳：同搢紳、薦紳。用作官宦和有地位者的代稱。

王章
王章，魏州南樂人也。[1]爲州孔目官，張令昭逐節度使劉延皓，[2]章事令昭。令昭敗，章婦翁白文珂與副招討李周善，[3]乃以章托周。周匿章褚中，[4]以橐駝負之洛陽，[5]藏周第。唐滅，章乃出，爲河陽糧料使。漢高祖典禁兵，補章孔目官，從之太原。

［1］南樂：縣名。治所在今河南南樂縣。
［2］張令昭：人名。籍貫不詳。後唐清泰三年（936）五月，

鄴都屯駐捧聖都虞候張令昭逐節度使劉延皓，據城叛。六月，朝廷授張令昭檢校司空，行右千牛將軍，權知天雄軍府事。　劉延皓：人名。應州渾元（今山西渾源縣）人。五代將領，後唐劉皇后之弟。傳見《舊五代史》卷六九、本書卷一六《唐廢帝家人傳》。

［3］白文珂：人名。太原（今山西太原市）人。王章岳父，後漢隱帝時宰相。傳見《舊五代史》卷一二四。　副招討：官名。即招討副使。唐貞元末始置招討使。爲戰時權置軍事長官，兵罷則停。其下有副使等。品秩不詳。　李周：人名。原名李敬周。邢州内丘（今河北内丘縣）人。後晋將領。傳見《舊五代史》卷九一、本書卷四七。

［4］褶（zhě）：兵卒，行伍。

［5］橐（tuó）駝：即駱駝。

　　高祖即位，拜三司使、檢校太尉。[1]高祖崩，隱帝即位，加太尉、同中書門下平章事。[2]是時，漢方新造，承契丹之後，京師空乏，而關西三叛作，周太祖用兵西方，章供饋軍旅，未嘗乏絶。然征利剥下，民甚苦之。往時民租一石輸二升爲"雀鼠耗"，[3]章乃增一石輸二斗爲"省耗"；[4]緡錢出入，皆以八十爲陌，[5]章减其出者陌三；州縣民訴田者，必全州縣覆之，[6]以括其隱田。天下由此重困。然尤不喜文士，嘗語人曰："此輩與一把筭子，未知顛倒，何益於國邪！"百官俸廪皆取供軍之餘不堪者，命有司高估其價，估定又增，謂之"抬估"，[7]章猶意不能滿，往往復增之。[8]民有犯鹽、礬、酒麴者，無多少皆抵死，吏緣爲姦，民莫堪命。已而與史弘肇等同日見殺。

[1]檢校太尉：中華點校本考證曰："'太尉'，《舊五代史》卷一〇〇《漢高祖紀下》、卷一〇七《王章傳》作'太傅'。按本卷下文：'隱帝即位，加太尉。'此作'太尉'，疑誤。"

[2]太尉：官名。與司徒、司空並爲三公，唐後期、五代多爲大臣、勛貴加官。正一品。

[3]雀鼠耗：五代時兩稅以外之附加稅。長興四年（933），後唐明宗視察糧倉，見糧食耗損甚大，乃下令在夏秋兩稅中，每石多收二升，以補"雀鼠侵蠹"，故謂。

[4]省耗：古代正稅外之附加稅。五代後梁與後唐時，夏秋兩稅每石多收一斗，謂之省耗。後漢乾祐三年（950）十一月，三司使王章規定兩稅每石多收二斗，比後唐省耗增加一倍。

[5]陌：通"佰"。古代貨幣單位。以一百爲"陌"。

[6]必全州縣覆之："全"，原作"至"，中華點校本據宗文本改，今從。

[7]抬估：即抬高估價。

[8]往往：原作"往"，中華點校本據宗文本改，今從。

劉銖

劉銖，陝州人也。[1]少爲梁邵王牙將，[2]與漢高祖有舊，高祖鎮太原，以爲左都押衙。銖爲人慘酷好殺戮，高祖以爲勇斷類己，特信用之。高祖即位，拜永興軍節度使，[3]徙鎮平盧，[4]加檢校太師、同平章事，[5]又加侍中。[6]

[1]陝州：州名。治所在今河南三門峽市陝州區。

[2]梁邵王：即朱全昱之子朱友誨。後梁太祖時封邵王。傳見《舊五代史》卷一二《梁宗室列傳》、本書卷一三《梁家人傳》。

[3]拜永興軍節度使："度"，原闕，中華點校本據宗文本、《舊

五代史》卷一〇七《劉銖傳》補，今從。

　　[4]平盧：方鎮名。即淄青，治所在青州（今山東青州市）。

　　[5]檢校太師：官名。爲散官或加官，以示恩寵，無實際執掌。品秩不詳。

　　[6]侍中：官名。秦始置。隋、唐前期爲門下省長官。唐後期多爲大臣加銜，不參與政務，實際職務由門下侍郎執行。正二品。

　　是時，江淮不通，吳越錢鏐使者常泛海以至中國。[1]而濱海諸州皆置博易務，[2]與民貿易。民負失期者，務吏擅自攝治，置刑獄，不關州縣。而前爲吏者，納其厚賂，縱之不問。民頗爲苦，銖乃一切禁之。然銖用法，亦自爲刻深。民有過者，問其年幾何，對曰若干，即隨其數杖之，謂之"隨年杖"。每杖一人，必兩杖俱下，謂之"合歡杖"。又請增民租，畝出錢三十以爲公用，民不堪之。隱帝患銖剛暴，召之，懼不至。是時，沂州郭淮攻南唐還，[3]以兵駐青州，[4]隱帝乃遣符彥卿往代銖。[5]銖顧禁兵在，莫敢有異意，乃受代還京師。

　　[1]吳越：五代時十國之一。後梁開平元年（907），封鎮海節度使錢鏐爲吳越王，領有今浙江之地及江蘇的一部分。北宋太平興國三年（978），錢俶向北宋納土，吳越亡。　錢鏐：人名。杭州臨安（今浙江杭州市臨安區）人。五代時期吳越國的建立者。傳見《舊五代史》卷一三三《世襲列傳》、本書卷六七《吳越世家》。　中國：此處指中原地區的後漢政權。

　　[2]博易務：又稱回易務或回圖務。五代時江南諸國設在中原地區的官方貿易機構。

　　[3]沂州：州名。治所在今山東臨沂市。　郭淮：人名。《舊

五代史》卷一〇七《劉銖傳》、《通鑑》卷二八九作"郭瓊"。當是。平州盧龍（今河北盧龍縣）人。五代末、宋初將領。傳見《宋史》卷二六一。

［4］青州：州名。治所在今山東青州市。

［5］符彥卿：人名。陳州宛丘（今河南淮陽縣）人。五代、宋初將領。先後以女妻周世宗、宋太宗，皆爲皇后。傳見《宋史》卷二五一。

　　銖嘗切齒於史弘肇、楊邠等，已而弘肇等死，銖謂李業等曰："諸君可謂僂儸兒矣。"[1]權知開封府，周太祖兵犯京師，銖悉誅太祖與王峻等家屬。太祖入京師，銖妻裸露以席自蔽，與銖俱見執。銖謂其妻曰："我則死矣，汝應與人爲婢。"太祖使人責銖曰："與公共事先帝，獨無故人之情乎？吾家屠滅，雖有君命，加之酷毒，一何忍也。今公亦有妻子，獨不念之乎？"[2]銖曰："爲漢誅叛臣爾，豈知其佗。"是時，太祖方欲歸人心，乃與群臣議曰："劉侍中墜馬傷甚，而軍士逼辱，迨有微生，吾欲奏太后，貸其家屬，何如？"群臣皆以爲善。乃止殺銖，與李業等梟首於市，[3]赦其妻子。太祖即位，賜陝州莊宅各一區。

［1］僂（lóu）儸（luó）：幹練，伶俐。

［2］妻子：指妻子和兒女。　獨不念之乎："不"字原闕，中華點校本據宗文本補，今從。

［3］梟（xiāo）首：簡稱"梟"。斬首高懸於木上以示衆。

李業

　　李業，高祖皇后之弟也。后昆弟七人，[1]業最幼，故尤憐之。高祖時，以爲武德使。[2]隱帝即位，業以皇太后故，益用事，無顧憚。時天下旱、蝗，黃河決溢，京師大風拔木，壞城門，宮中數見怪物投瓦石、撼門扉。隱帝召司天趙延乂問禳除之法，[3]延乂對曰："臣職天象日時，察其變動，以考順逆吉凶而已，禳除之事，非臣所知也。然臣所聞，殆山魈也。"[4]皇太后乃召尼誦佛書以禳之，一尼如厠，既還，悲泣不知人者數日，及醒訊之，莫知其然。而帝方與業及聶文進、後贊、郭允明等狎昵，多爲廋語相誚戲，[5]放紙鳶于宮中。[6]太后數以災異戒帝，[7]帝不聽。[8]

　　[1]昆弟：兄和弟。
　　[2]武德使：官名。五代後唐置，爲武德司長官，掌檢校皇城啓閉與警衛。品秩不詳。
　　[3]趙延乂：人名。一作"趙延義"。秦州（今甘肅秦安縣）人。五代十國時前蜀大臣趙溫珪之子。通術數。傳見《舊五代史》卷一三一、本書卷五七。　禳（ráng）除：祭神除災。
　　[4]山魈（xiāo）：傳說中的獨脚鬼怪。
　　[5]廋（sōu）語：謎語的古稱。
　　[6]紙鳶（yuān）：風箏。
　　[7]災異：災，天災；異，怪異之事。儒家神學認爲災異是上天行施譴告的手段。
　　[8]帝不聽："帝"字原闕，中華點校本據宗文本補，今從。

　　時宣徽使闕，業欲得之，太后亦遣人微諷大臣。[1]

大臣楊邠、史弘肇等皆以爲不可。業由此怨望，謀殺邠等。邠等已死，又遣供奉官孟業以詔書殺郭威于魏州。[2]威舉兵反，隱帝遣左神武統軍袁巘、侍衛馬軍都指揮使閻晉卿等率兵拒威于澶淵。[3]兵未出，威已至滑州，[4]帝大懼，謂大臣曰："昨太草草耳。"業請出府庫以賚軍，宰相蘇禹珪以爲未可，業拜禹珪於帝前曰："相公且爲官家勿惜府庫。"乃詔賜京師兵及魏兵從威南者錢人十千，督其子弟作書，以告北兵之來者。及漢兵敗于北郊，業取內庫金寶，[5]懷之以奔其兄保義軍節度使洪信，[6]洪信拒而不納。業走至絳州，[7]爲人所殺。

［1］微諷大臣："微"字原闕，中華點校本據宗文本補，今從。

［2］供奉官：官名。泛指侍奉皇帝左右的臣僚，亦爲東、西頭供奉官通稱。品秩不詳。　孟業：人名。籍貫不詳。本書僅此一見。　魏州：州名。治所在今河北大名縣。

［3］左神武統軍：官名。唐代左神武軍統兵官。唐置六軍，分左、右羽林，左、右龍武，左、右神武等，即"北衙六軍"。興元元年（784），六軍各置統軍，以寵功勳臣。其品秩，《唐會要》卷七一、《舊唐書》卷一二記載爲"從二品"，《通鑑》卷二二九記載爲"從三品"。　袁巘：人名。宋州下邑（今河南夏邑縣）人。後梁將領袁象先之子。傳見《舊五代史》卷五九《袁象先傳》、本書卷四五《袁象先傳》。　澶淵：地名。位於今河南濮陽市西北。

［4］滑州：州名。治所在今河南滑縣。

［5］內庫：一般指皇帝私庫。如唐代大盈庫、瓊林庫等。德宗時，裴延齡又於左藏之內分建六庫，意在別儲財政盈餘，以奉帝王私欲。至德後，四方貢獻悉納入內庫，而內庫錢物亦撥出充軍費等開支。

[6]保義軍：方鎮名。治所在陝州（今河南三門峽市陝州區）。
洪信：人名。即李洪信。并州晉陽（今山西太原市）人。李業之兄，後漢高祖李皇后弟，五代、宋初將領。傳見《宋史》卷二五二。
　　[7]絳州：州名。治所在今山西新絳縣。

聶文進

　　聶文進，并州人也。少爲軍卒，善書筭，[1]給事漢高祖帳中。高祖鎮太原，以爲押司官。[2]高祖即位，歷拜領軍、屯衛將軍、樞密院承旨。[3]周太祖爲樞密使，頗親信之，文進稍橫恣。遷右領軍大將軍，入謝，召諸將軍設食朝堂，[4]儀鸞、翰林、御厨供帳飲食，[5]文進自如，有司不敢劾。

　　[1]書筭：書法和算術。
　　[2]押司官：吏名。辦理案牘等各種事務。
　　[3]領軍：官名。此處指領軍將軍。唐置，掌宫禁宿衛。唐代置十六衛，即左右衛、左右驍衛、左右武衛、左右威衛、左右領軍衛、左右金吾衛、左右監門衛、左右千牛衛，各置上將軍，從二品；大將軍，正三品；將軍，從三品。　屯衛將軍：官名。唐置，掌宫禁宿衛。從三品。五代後周避郭威諱，稱威衛爲屯衛。　樞密院承旨：官名。五代樞密院置，主管承旨司之事。品秩不詳。
　　[4]朝堂：朝廷百官議事之所。
　　[5]儀鸞：官署名。即儀鸞司。掌祭祀、朝會、巡幸、宴享與內廷需用的簾幕、帷帳及其他陳設物品。　翰林：官名。掌供奉果品及茶酒等物，以備遊幸、飲宴之用。　御厨：官署名。掌皇帝膳食之事，由御厨使主管。

周太祖鎮鄴，文進等用事居中，及謀殺楊邠等，文進夜作詔書，制置中外。邠等已死，文進點閱兵籍，指麾殺戮，以爲己任。周太祖在鄴聞邠等遇害，初以爲文進不與，及發詔書，皆文進手迹，乃大詬之。

周兵至京師，隱帝敗于北郊，太后懼，使謂文進善衛帝，對曰："臣在此，百郭威何害！"慕容彥超敗走，帝宿于七里，文進夜與其徒飲酒，歌呼自若。明旦，隱帝遇弒，[1]文進亦見殺。[2]

[1]弒：古代指臣殺君，子殺父母。
[2]見殺：原作"自殺"。中華點校本據浙江本、宗文本改，今從。

後贊

後贊，兗州瑕丘人。其母，倡也。[1]贊幼善謳，事張延朗。[2]延朗死，贊更事漢高祖，高祖愛之，以爲牙將。高祖即位，拜飛龍使，[3]隱帝尤愛幸之。楊邠等執政，贊久不得遷，乃共謀殺邠等。邠等死，隱帝悔之，贊與允明等番休侍帝，[4]不欲左右言己短。隱帝兵敗北郊，贊奔兗州，慕容彥超執送京師，梟首于市。

[1]倡：即娼妓。
[2]張延朗：人名。汴州開封（今河南開封市）人。後唐三司使。傳見《舊五代史》卷六九、本書卷二六。
[3]飛龍使：官名。唐代掌閑廄御馬之內使，又稱內飛龍使。五代沿置。品秩不詳。

[4]番休：輪流休假。

郭允明

郭允明，少爲漢高祖厮養，[1]高祖愛之，以爲翰林茶酒使。[2]隱帝尤狎愛之，允明益驕橫無顧避，大臣不能禁。

[1]厮養：打柴養馬炊烹的奴僕，泛指僕役。
[2]翰林茶酒使：官名。掌内廷茶酒供應之事。品秩不詳。

允明使荆南高保融，[1]車服導從如節度使，[2]保融待之甚厚。允明乃陰使人步測其城池高下，若爲攻取之計者，以動之。荆人皆恐，保融厚賂以遣之。遷飛龍使。

[1]荆南：又稱南平。五代十國之一。後梁開平元年（907）朱温命高季興爲荆南節度使，梁末帝時封季興爲渤海王。同光二年（924）受後唐封爲南平王。 高保融：人名。陝州硤石（今河南三門峽市陝州區硤石鄉）人。五代南平國王高從誨子，後漢乾祐元年（948）繼父位。傳見《舊五代史》卷一三三《世襲列傳》、本書卷六九《南平世家》。
[2]車服：官吏的車輿服制。歷朝官員按級别高下制定嚴格規定，作爲官吏等級的標誌。

已而李業與允明謀殺楊邠等，是日無雲而昏，[1]霧雨如泣，日中，載邠等十餘尸暴之市中。允明手殺邠等諸子於朝堂西廡，王章婿張貽肅血流逆注。[2]隱帝敗于北郊，還至封丘門，不得入，帝走趙村，允明從後追之，弑帝于民舍，乃自殺。

　　[1]無雲而昏："雲"，原作"天"。中華點校本據浙江本、宗文本、《舊五代史》卷一〇三《漢隱帝紀下》改，今從。
　　[2]張貽肅：人名。籍貫不詳。王章婿，時爲户部員外郎。事見《舊五代史》卷一〇三《漢隱帝紀下》、卷一〇七《王章傳》。

新五代史　卷三一

周臣傳第十九

王朴　鄭仁誨　扈載

王朴

王朴字文伯，東平人也。[1]少舉進士，爲校書郎，[2]依漢樞密使楊邠。[3]邠與王章、史弘肇等有隙，[4]朴見漢興日淺，隱帝年少孱弱，[5]任用小人，而邠爲大臣，與將相交惡，知其必亂，乃去邠東歸。後李業等教隱帝誅權臣，[6]邠與章、弘肇皆見殺，三家之客多及，而朴以故獨免。

[1]東平：縣名。治所在今山東東平縣。
[2]校書郎：官名。東漢始置，掌典校收藏於蘭臺的圖書典籍，亦稱校書郎中。唐秘書省及著作局皆置，正九品上；弘文館亦置，從九品上。
[3]樞密使：官名。樞密院長官。唐代宗時始以宦官掌機密，至昭宗時借朱温之力盡誅宦官，始改以士人任樞密使。備顧問，參謀議，出納詔奏，權侔宰相。品秩不詳。參見李全德《唐宋變革期

樞密院研究》，北京圖書館出版社2009年版。　　楊邠：人名。魏州冠氏（今山東冠縣）人。五代後漢時任樞密使、宰相。傳見《舊五代史》卷一〇七、本書卷三〇。

[4]王章：人名。大名南樂（今河南南樂縣）人。五代後漢三司使、同平章事，以聚斂刻急著稱。傳見《舊五代史》卷一〇七、本書卷三〇。　　史弘肇：人名。鄭州滎澤（今河南鄭州市）人。五代後漢將領。傳見《舊五代史》卷一〇七、本書卷三〇。

[5]隱帝：即後漢隱帝劉承祐。後漢高祖劉知遠次子。紀見《舊五代史》卷一〇一至卷一〇三、本書卷一〇。

[6]李業：人名。晉陽（今山西太原市）人。後漢高祖李皇后之弟。隱帝時受信任，掌宫廷財務。傳見《舊五代史》卷一〇七、本書卷三〇。

周世宗鎮澶州，[1]朴爲節度掌書記。[2]世宗爲開封尹，[3]拜朴右拾遺，[4]爲推官。[5]世宗即位，遷比部郎中，[6]獻《平邊策》，曰：

[1]周世宗：即柴榮。邢州龍岡（今河北邢臺市）人。後周太祖郭威養子，顯德元年（954）繼郭威爲帝，廟號世宗。紀見《舊五代史》卷一一四、本書卷一二。　　澶州：州名。唐、五代初，治所在今河南清豐縣。後晉天福四年（939）移治於今河南濮陽縣。

[2]節度掌書記：官名。唐、五代方鎮僚屬，位在判官下。掌表奏書檄、文辭之事。品秩不詳。

[3]開封尹：官名。即開封府尹。五代除後唐外均都汴州，升汴州爲開封府，置開封尹或知開封府事。執掌京師政務。從三品。

[4]右拾遺：官名。唐武則天於垂拱元年（685）置拾遺，分左、右。左拾遺隸門下省，右拾遺隸中書省，與左、右補闕共掌諷諫，大事廷議，小事則上封事。從八品上。

[5]推官：官名。唐、五代節度使、觀察使、團練使、防禦使的屬官，位在判官、掌書記下。掌勘問刑獄。品秩不詳。

[6]比部郎中：官名。唐、五代刑部比部司長官，掌管勾會內外賦斂、經費俸禄等。從五品上。

　　唐失道而失吳、蜀，晉失道而失幽、并。觀所以失之之由，知所以平之之術。當失之時，君暗政亂，兵驕民困，近者姦於内，遠者叛於外，小不制而至于僭，[1]大不制而至于濫，[2]天下離心，人不用命，吳、蜀乘其亂而竊其號，幽、并乘其間而據其地。平之之術，在乎反唐、晉之失而已。必先進賢退不肖以清其時，用能去不能以審其材，恩信號令以結其心，賞功罰罪以盡其力，[3]恭儉節用以豐其財，徭役以時以阜其民。俟其倉廪實、器用備、人可用而舉之。彼方之民，知我政化大行，上下同心，力彊財足，人安將和，有必取之勢，則知彼情狀者願爲之間諜，知彼山川者願爲之先導。彼民與此民之心同，是與天意同；與天意同，則無不成之功。

[1]僭：《舊五代史》卷一二八《王朴傳》作"大"。

[2]濫：《舊五代史》卷一二八《王朴傳》作"僭"。

[3]罰：原作"非"，中華點校本據浙江本、宗文本、《五代史詳節》卷五、《舊五代史》卷一二八《王朴傳》、《通鑑》卷二九二改，今從。

攻取之道，從易者始。當今惟吳易圖，東至海，南至江，可撓之地二千里。從少備處先撓之，備東則撓西，備西則撓東，彼必奔走以救其弊，奔走之間，可以知彼之虛實、衆之彊弱，攻虛擊弱，則所向無前矣。勿大舉，但以輕兵撓之。彼人怯弱，知我師入其地，必大發以來應，數大發則民困而國竭，一不大發則我獲其利。彼竭我利，則江北諸州乃國家之所有也。既得江北，則用彼之民，揚我之兵，江之南亦不難而平之也。如此，則用力少而收功多。得吳，則桂、廣皆爲內臣，岷、蜀可飛書而召之。如不至，則四面並進，席卷而蜀平矣。吳、蜀平，幽可望風而至。唯并必死之寇，不可以恩信誘，必須以彊兵攻，力已竭，氣已喪，不足以爲邊患，可爲後圖。方今兵力精練，器用具備，群下知法，諸將用命，一稔之後，可以平邊。

臣書生也，不足以講大事，至于不達大體，不合機變，惟陛下寬之！

遷左諫議大夫，[1]知開封府事。[2]歲中，遷左散騎常侍，[3]充端明殿學士。[4]是時，世宗新即位，銳意征伐，已撓群議，親敗劉旻於高平，[5]歸而益治兵，慨然有平一天下之志。數顧大臣問治道，選文學之士徐台符等二十人，[6]使作《爲君難爲臣不易論》及《平邊策》，朴在選中。而當時文士皆不欲上急於用武，以謂平定僭亂，在修文德以爲先。惟翰林學士陶穀、竇儀，御史中丞楊昭儉與朴皆言用兵之策，[7]朴謂江淮爲可先取。世宗雅已知朴，[8]及見其議論偉然，益以爲奇，引與計議天下事，無不合，遂決意用之。顯德三年，[9]征淮，以朴爲東京副留守。[10]還，拜户部侍郎、樞密副使，遷樞密使。[11]四年，再征淮，以朴留守京師。

[1]左諫議大夫：官名。隸門下省。唐代置左、右諫議大夫各四人，分隸門下省、中書省。掌諫諭得失，侍從贊相。正四品下。

[2]知開封府事：官名。五代除後唐外均都汴州，升汴州爲開封府，置開封尹或知開封府事，執掌京師政務。品秩不詳。

[3]左散騎常侍：官名。門下省屬官。掌侍奉規諷，備顧問應對。正三品下。

[4]端明殿學士：官名。五代後唐明宗始置，以翰林學士充任，負責誦讀四方書奏。品秩不詳。

[5]劉旻：人名。初名崇，西突厥沙陀人。後漢高祖劉知遠從弟，五代十國北漢國建立者。傳見《舊五代史》卷一三五、本書卷七〇。　高平：縣名。治所在今山西高平市。

[6]徐台符：人名。鎮州獲鹿（今河北石家莊市鹿泉區）人。五代時期大臣。事見《舊五代史》卷七六、卷一一五。

[7]翰林學士：官名。由南北朝始設之學士發展而來，唐玄宗改翰林供奉爲翰林學士，備顧問，代王言，掌拜免將相、號令征伐等詔令的起草。並於翰林院外別設學士院。品秩不詳。　陶穀：人名。邠州新平（今陝西彬縣）人。五代、宋初大臣。傳見《宋史》卷二六九。　竇儀：人名。薊州漁陽（今天津薊州區）人。五代、宋初大臣。傳見《宋史》卷二六三。　御史中丞：官名。如不置御史大夫，則爲御史臺長官。掌司法監察。正四品下。　楊昭儉：人名。京兆長安（今陝西西安市）人。五代後周、宋初大臣。傳見《宋史》卷二六九。

[8]世宗雅已知朴："已"，原作"以"，據中華點校本改。

[9]顯德：五代後周太祖郭威年號（954）。世宗柴榮、恭帝柴宗訓沿用（954—960）。

[10]留守：官名。古代皇帝出巡或親征時指定親王或大臣留守京城，綜理國家軍事、行政、民事、財政等事務，稱京城留守。在陪都或軍事重鎮也常設留守。品秩不詳。

[11]戶部侍郎：官名。尚書省戶部次官。協助戶部尚書掌天下田戶、均輸、錢穀之政令。正四品下。　樞密副使：官名。樞密院副長官。品秩不詳。

世宗之時，外事征伐，而內修法度。朴爲人明敏多材智，非獨當世之務，至於陰陽律曆之法，莫不通焉。顯德二年，詔朴校定大曆，乃削去近世符天流俗不經之學，設通、經、統三法，以歲軌離交朔望周變率策之數，步日月五星，爲《欽天曆》。[1]六年，又詔朴考正雅樂，朴以謂十二律管互吹，難得其真，乃依京房爲律準，[2]以九尺之絃十三，依管長短寸分設柱，用七聲爲均，樂成而和。

[1]《欽天曆》：後周顯德年間王朴等所製之曆。周世宗親爲作序，付司天監行用。

[2]律準：五代後周顯德年間王朴按古遺法所製標準樂器，或是核定音律的儀器。

朴性剛果，又見信於世宗，凡其所爲，當時無敢難者，然人亦莫能加也。世宗征淮，朴留京師，廣新城，通道路，壯偉宏闊，今京師之制，多其所規爲。其所作樂，至今用之不可變。其陳用兵之略，非特一時之策。

至言諸國興滅次第云："淮南可最先取，并必死之寇，最後亡。"其後宋興，平定四方，惟并獨後服，皆如朴言。

六年春，世宗遣朴行視汴口，[1]作斗門，[2]還，過故相李穀第，[3]疾作，仆于坐上，舁歸而卒，年五十四。[4]世宗臨其喪，以玉鉞叩地，[5]大慟者數四。贈侍中。[6]

[1]汴口：汴渠通黃河之口，位於今河南滎陽市東北。五代後周顯德五年（958）嘗加疏治，以通江、淮漕運。

[2]斗門：古代指堤、堰上所設的放水閘門；或橫截河渠，用以壅高水位的閘門。

[3]李穀：人名。潁州汝陰（今安徽阜陽市）。五代後周宰相。傳見《宋史》卷二六二。

[4]五十四：《舊五代史》卷一二八《王朴傳》作"四十五"。

[5]玉鉞：玉製斧形器。鉞是由複合生產工具帶柄穿孔石斧發展而來，後變成製作精緻之禮器。

[6]侍中：官名。秦始置。隋、唐前期爲門下省長官。唐後期多爲大臣加銜，不參與政務，實際職務由門下侍郎執行。正二品。

鄭仁誨

鄭仁誨字日新，太原晉陽人也。[1]初，事唐將陳紹光。[2]紹光爲人驍勇而好使酒，嘗因醉怒仁誨，拔劍欲殺之，左右皆奔走，仁誨植立不動，無懼色，紹光擲劍于地，撫仁誨曰："汝有器量，必富貴，非吾所及也。"仁誨後棄紹光去，還鄉里，事母以孝聞。

［1］晉陽：縣名。治所在今山西太原市。
［2］陳紹光：人名。籍貫不詳。後唐將領。事見《舊五代史》卷一二三、本書本卷。

漢高祖爲河東節度使,[1]周太祖居帳下,[2]時時往過仁誨，與語甚懽。每事有疑，即從仁誨質問，仁誨所對不阿，周太祖益奇之。漢興，周太祖爲樞密使，乃召仁誨用之，累官至内客省使。[3]太祖破李守貞於河中,[4]軍中機畫，仁誨多所參决。太祖入立，以仁誨爲大内都點檢、恩州團練使、樞密副使,[5]累遷宣徽北院使,[6]出爲鎮寧軍節度使。[7]顯德元年，拜樞密使。世宗攻河東,[8]仁誨留守東都。[9]明年冬，以疾卒。世宗將臨其喪，有司言歲不利臨喪，世宗不聽，乃先以桃茢而臨之。[10]

［1］漢高祖：即後漢高祖劉知遠。紀見《舊五代史》卷九九至卷一〇〇、本書卷一〇。　河東：方鎮名。治所在太原府（今山西太原市）。
［2］周太祖：即郭威。邢州堯山（今河北隆堯縣）人。五代後周建立者。紀見《舊五代史》卷一一〇至卷一一三、本書卷一一。
［3］内客省使：官名。中書省内客省長官。品秩不詳。
［4］李守貞：人名。河陽（今河南孟州市）人。五代將領。傳見《舊五代史》卷一〇九、本書卷五二。　河中：方鎮名。治所在河中府（今山西永濟市）。
［5］大内都點檢：官名。五代後唐置，凡車駕行幸及出征則置。後周世宗顯德中選驍勇之士充殿前諸班，改稱殿前都點檢。品秩不詳。　恩州：州名。治所在今廣東陽江市。　團練使：官名。唐代中期以後，於不設節度使的地區設團練使，掌本區各州軍事。品秩

不詳。

[6]宣徽北院使：官名。唐始置。宣徽北院長官。初用宦官，五代以後改用士人。與宣徽南院使通掌內諸司及三班內侍之名籍，郊祀、朝會、宴享供帳之儀，檢視內外進奉名物。品秩不詳。參見王永平《論唐代宣徽使》，《中國史研究》1995年第1期；王孫盈政《再論唐代的宣徽使》，《中華文史論叢》2018年第3期。

[7]鎮寧軍：方鎮名。治所在澶州（今河南濮陽市）。

[8]河東：方鎮名。治所在太原府（今山西太原市）。

[9]東都：即汴京開封府。

[10]桃茢：桃杖與掃帚。古以鬼性畏桃，帚可除穢，故用以辟邪除穢。《周禮・夏官・戎右》載："贊牛耳桃茢。"鄭玄注："桃，鬼所畏也。茢，苕帚，所以掃不祥。"《禮記・檀弓下》載："君臨臣喪，以巫祝桃茢執戈，惡之也。"又陳澔《集説》云："桃性辟惡，鬼神畏之……茢，苕帚也，所以除穢。"

仁誨自其微時，常爲太祖謀畫，及居大位，未嘗有所聞，而太祖、世宗皆親重之，然亦能謙謹好禮，不自矜伐，爲士大夫所稱。贈中書令，[1]追封韓國公，諡曰忠正。

[1]中書令：官名。漢代始置，隋、唐前期爲中書省長官，屬宰相之職；唐後期多爲授予元勳大臣的虛銜。正二品。

扈載
扈載字仲熙，北燕人也。[1]少好學，善屬文。廣順初，[2]舉進士高第，拜校書郎，直史館。[3]再遷監察御史。[4]其爲文章，以辭多自喜。常次歷代有國廢興治亂之迹爲《運源賦》，甚詳。又因遊相國寺，[5]見庭竹可愛，作《碧鮮賦》，題其壁，世宗聞之，遣小黃門就壁錄之，[6]覽而稱善，因拜水部員外郎、知制誥。[7]遷翰林學士，賜緋，[8]而載已病，不能朝謝。居百餘日，乃力疾入直學士院。[9]世宗憐之，賜告還第，遣太醫視疾。

[1]北燕：此處指今河北、北京一帶。據《宋史》卷二六九《扈蒙傳》，蒙爲幽州安次（今河北廊坊市安次區）人，載爲蒙從弟。

[2]廣順：五代後周太祖郭威年號（951—953）。

[3]直史館：官名。唐天寶以後，他官兼領史職者，稱史館修撰。初入史館者稱爲直館。元和六年（811）宰相裴垍建議：登朝官領史職者爲修撰，以官階高的一人判館事；未登朝官均爲直館。品秩不詳。

[4]監察御史：官名。唐代屬御史臺之察院，掌監察中央機構、州縣長官及祭祀、庫藏、軍旅等事。唐中期以後，亦作爲外官所帶之銜。正八品下。

[5]相國寺：一名大相國寺。著名的佛教寺院。位於今河南開封市内。

[6]小黃門：官名。東漢始置，由宦官擔任，掌侍皇帝左右。品秩不詳。

[7]水部員外郎：官名。水部郎中的副職。從六品上。 知制誥：官名。掌起草皇帝的詔、誥之事，原爲中書舍人之職。唐開元末置學士院，翰林學士入院一年，則加知制誥銜，專掌任免宰相、册立太子、宣布征伐等特殊詔令，稱爲内制。而中書舍人所撰擬的詔敕稱爲外制。兩種官員總稱兩制。品秩不詳。

[8]賜緋：輿服制度。皇帝頒賜緋色官服。唐代五品、四品官服緋。後世或沿用此制，品級不盡相同。

[9]學士院：官署名。開元二十六年（738）唐玄宗改翰林供奉爲翰林學士，於翰林院之外，另置學士院，令翰林學士入直其中，直屬皇帝。掌起草任免將相等機密詔令，並備皇帝咨詢。

初，載以文知名一時，樞密使王朴尤重其才，薦於宰相李穀，久而不用，朴以問穀曰："扈載不爲舍人，何也？"穀曰："非不知其才，然載命薄，恐不能勝。"朴曰："公爲宰相，以進賢退不肖爲職，何言命邪？"已而召拜知制誥。及爲學士，居歲中病卒，年三十六。議者以穀能知人而朴能薦士。

是時，天子英武，樂延天下奇才，而尤禮文士，載與張昭、竇儀、陶穀、徐台符等俱被進用。[1]穀居數人中，文辭最劣，尤無行。昭、儀數與論議，其文粲然，而穀徒能先意所在，以進諛取合人主，事無大小，必稱美頌贊，至於廣京城、爲木偶耕人、紫芝白兔之類，皆爲頌以獻，其辭大抵類俳優。而載以不幸早卒，論議雖不及昭、儀，而不爲穀之諛也。

[1]張昭：人名。世居濮州范縣（今河南范縣）。五代、宋初大臣。傳見《宋史》卷二六三。

嗚呼！作器者，無良材而有良匠；治國者，無能臣而有能君。蓋材待匠而成，臣待君而用。故曰，治國譬之於弈，知其用而置得其處者勝，不知其用而置非其處者敗。敗者臨棋注目，終日而勞心，使善弈者視焉，爲之易置其處則勝矣。勝者所用，敗者之棋也；興國所用，亡國之臣也。王朴之材，誠可謂能矣。不遇世宗，何所施哉？世宗之時，外事征伐，攻取戰勝；內修制度，議刑法，定律曆，講求禮樂之遺文，所用者五代之士也，豈皆愚怯於晉、漢，而材智於周哉？惟知所用爾。

夫亂國之君，常置愚不肖於上，而彊其不能，以暴其短惡，置賢智於下，而泯没其材能，使君子、小人皆失其所，而身蹈危亡。治國之君，[1]能置賢知於近，而置愚不肖於遠，使君子、小人各適其分，而身享安榮。治亂相去雖遠甚，而其所以致之者不多也，反其所置而已。嗚呼，自古治君少而亂君多，況於五代，士之遇不遇者，可勝歎哉！

[1]治國之君：中華點校本云浙江本、宗文本、宋人吳縝《五代史纂誤》卷中引《五代史》作"治君之用"。

新五代史　卷三二

死節傳第二十

王彥章　裴約　劉仁贍

語曰："世亂識忠臣。"誠哉！五代之際，不可以爲無人，吾得全節之士三人焉，作《死節傳》。

王彥章　裴約　劉仁贍附

王彥章字子明，鄆州壽張人也。[1]少爲軍卒，事梁太祖，[2]爲開封府押衙、左親從指揮使、行營先鋒馬軍使。[3]末帝即位，遷濮州刺史，[4]又徙澶州刺史。[5]彥章爲人驍勇有力，能跣足履棘行百步。持一鐵鎗，騎而馳突，奮疾如飛，而他人莫能舉也，軍中號王鐵鎗。

[1]子明：中華點校本云《舊五代史》卷二一作"賢明"。鄆州壽張：縣名。治所在今山東梁山縣壽張集。"壽張"，原作"壽昌"。中華點校本校勘記據《舊五代史》卷二一、《册府》卷三四六、《歐陽文忠公文集》卷三九、《通鑑》卷二六七改爲"壽

［2］梁太祖：即朱溫。宋州碭山（今安徽碭山縣）人。後梁開國皇帝。紀見《舊五代史》卷一至卷七、本書卷一至卷二。

［3］開封府：府名。後梁都城。治所在今河南開封市。 押衙：官名。又作"押牙"。唐五代時期節度使辟署的屬官。掌領方鎮儀仗侍衛。品秩不詳。參見劉安志《唐五代押牙（衙）考略》，《魏晉南北朝隋唐史資料》第16輯，1998年。 左親從指揮使：官名。所部統兵將領。左親從爲部隊番號。品秩不詳。 行營先鋒馬軍使：官名。品秩不詳。

［4］濮州：州名。治所在今山東鄄城縣。 刺史：官名。州一級行政長官。漢武帝時始置，總掌考核官吏、勸課農桑、地方教化等事。唐中期以後，節度使、觀察使轄州而設，刺史爲其屬官，職任漸輕。從三品至正四品下。

［5］澶州：州名。唐、五代初，治所在河南清豐縣。後晉天福四年（939），移治於今河南濮陽縣。

梁、晉爭天下爲勁敵，獨彥章心常輕晉王，[1]謂人曰："亞次鬥雞小兒耳，[2]何足懼哉！"梁分魏、相六州爲兩鎮，[3]懼魏軍不從，遣彥章將五百騎入魏，屯金波亭以虞變。[4]魏軍果亂，夜攻彥章，彥章南走，魏人降晉。晉軍攻破澶州，虜彥章妻子歸之太原，[5]賜以第宅，供給甚備，間遣使者招彥章，彥章斬其使者以自絕。然晉人畏彥章之在梁也，必欲招致之，待其妻子愈厚。

［1］晉王：人名。即李存勖。代北沙陀人。後唐開國皇帝。紀見《舊五代史》卷二七至卷三四、本書卷四至卷五。

［2］亞次：人名。即李存勖。亞次爲其小字。

［3］魏：州名。治所在今河北大名縣。 相：州名。治所在今

河南安陽市。

［4］金波亭：亭名。位於魏州城（今河北大名縣東）内。
［5］太原：府名。治所在今山西太原市。

自梁失魏博，[1]與晉夾河而軍，彦章常爲先鋒。遷汝、鄭二州防禦使、匡國軍節度使、北面行營副招討使，[2]又徙宣義軍節度使。[3]是時，晉已盡有河北，以鐵鎖斷德勝口，[4]築河南、北爲兩城，號"夾寨"。而梁末帝昏亂，[5]小人趙巖、張漢傑等用事，[6]大臣宿將多被讒間，彦章雖爲招討副使，[7]而謀不見用。龍德三年夏，[8]晉取鄆州，[9]梁人大恐，宰相敬翔顧事急，[10]以繩内靴中，入見末帝，泣曰："先帝取天下，不以臣爲不肖，所謀無不用。今强敵未滅，陛下棄忽臣言，臣身不用，不如死！"乃引繩將自經。末帝使人止之，問所欲言。翔曰："事急矣，非彦章不可！"末帝乃召彦章爲招討使，以段凝爲副。[11]末帝問破敵之期，彦章對曰："三日。"左右皆失笑。

［1］魏博：方鎮名。治所在魏州（今河北大名縣）。
［2］汝：州名。治所在今河南汝州市。　鄭：州名。治所在今河南鄭州市。　防禦使：官名。唐代始置，設有都防禦使、州防禦使兩種。常由刺史或觀察使兼任，實際上爲唐代後期州或方鎮的軍政長官。品秩不詳。　匡國軍：方鎮名。治所在同州（今陝西大荔縣）。　節度使：官名。唐時在重要地區所設掌握一州或數州軍事、民事、財政的長官。品秩不詳。　北面行營副招討使：官名。不常置，爲一路或數路地區統兵官。掌招撫、討伐等事務。兵罷則省。位於招討使下。品秩不詳。

[3]北面行營副招討使，又徙宣義軍節度使：此十六字原闕，中華點校本據宗文本補，今從。　宣義軍：方鎮名。治所在滑州（今河南滑縣）。

[4]德勝口：地名。原爲德勝渡，爲黃河重要渡口之一。李存勗部將李存審築於黃河津要處德勝口，有南北二城。南城在今河南濮陽市東南五里，北城即今河南濮陽市。

[5]梁末帝：人名。即後梁末帝朱友貞，913年至923年在位。紀見《舊五代史》卷八至卷一〇、本書卷三。

[6]趙巖：人名。陳州宛丘（今河南淮陽縣）人。朱溫女婿，忠武軍節度使趙犨次子。事見《舊五代史》卷一四《趙犨傳》、本書卷四二《趙犨傳》。　張漢傑：人名。清河（今河北清河縣）人。五代後梁大臣，張歸霸之子。事見《舊五代史》卷一〇、本書本卷。

[7]招討副使：官名。唐貞元時始置。戰時任命，兵罷則省。常以大臣、將帥或地方軍政長官兼任。掌招撫、討伐等事務。位於招討使之下。品秩不詳。

[8]龍德：後梁末帝朱友貞年號（921—923）。

[9]鄆州：州名。治所在今山東東平縣。

[10]敬翔：人名。同州馮翊（今陝西大荔縣）人。後梁大臣。傳見《舊五代史》卷一八、本書卷二一。

[11]段凝：人名。開封（今河南開封市）人。其妹爲朱溫美人，因其妹而爲朱溫親信。五代後梁將領，後投後唐。傳見《舊五代史》卷七三、本書卷四五。

　　彥章受而出，[1]馳兩日至滑州，[2]置酒大會，陰遣人具舟於楊村，[3]命甲士六百人皆持巨斧，載冶者，具鞴炭，乘流而下。彥章會飲，酒半，佯起更衣，引精兵數千，沿河以趨德勝，舟兵舉鎖燒斷之，因以巨斧斬浮橋，而彥章引兵急擊南城，浮橋斷，南城遂破，蓋三日矣。是時莊宗在魏，[4]以朱守殷守夾寨，[5]聞彥章爲招討使，驚曰："彥章驍勇，吾嘗避其鋒，非守殷敵也。然彥章兵少，利於速戰，必急攻我南城。"即馳騎救之，行二十里，而得夾寨報者曰："彥章兵已至。"比至，而南城破矣。莊宗徹北城爲栰，下楊劉，[6]與彥章俱浮于河，各行一岸，每舟栰相及輒戰，一日數十接。彥章至楊劉，攻之幾下。晉人築壘博州東岸，[7]彥章引兵攻之，不克，還擊楊劉，戰敗。

[1]受而出：中華點校本據宗文本補"命"，改作"受命而出"。
[2]滑州：州名。治所在今河南滑縣。
[3]楊村：地名。位於今河南濮陽縣西南。
[4]莊宗：即李存勗。代北沙陀人，後唐開國皇帝。紀見《舊五代史》卷二七至卷三四、本書卷四至卷五。
[5]朱守殷：人名。籍貫不詳。少事後唐莊宗，後唐將領。傳見《舊五代史》卷七四、本書卷五一。
[6]楊劉：地名。在今山東東阿縣東北姚寨鎮楊柳村。
[7]晉人築壘博州東岸："岸"原闕，中華點校本據宗文本、《舊五代史》卷二一、《通鑑》卷二七二補，今從。

是時，段凝已有異志，與趙巖、張漢傑交通。彥章素剛，憤梁日削，而嫉巖等所爲，嘗謂人曰："俟吾破賊還，誅姦臣以謝天下。"巖等聞之懼，與凝叶力傾之。其破南城也，彥章與凝各爲捷書以聞，凝遣人告巖等匿彥章書而上己書，末帝初疑其事，已而使者至軍，獨賜勞凝而不及彥章，軍士皆失色。及楊劉之敗也，凝乃上書言："彥章使酒輕敵而至於敗。"趙巖等從中日夜毀之，乃罷彥章，以凝爲招討使。彥章馳至京師入見，以笏畫地，[1]自陳勝敗之迹，巖等諷有司劾彥章不恭，勒還第。

[1]笏：朝會時大臣所執的手板。

唐兵攻兗州，[1]末帝召彥章使守捉東路。[2]是時，梁之勝兵皆屬段凝，京師祇有保鑾五百騎，[3]皆新捉募之兵，不可用，乃以屬彥章，而以張漢傑監之。彥章至遞坊，[4]以兵少戰敗，退保中都；[5]又敗，與其牙兵百餘騎死戰。[6]唐將夏魯奇素與彥章善，[7]識其語音，曰："王鐵鎗也！"舉槊刺之，彥章傷重，馬踣，被擒。莊宗見之，曰："爾常以孺子待我，今日服乎？"又曰："爾善戰者，何不守兗州而守中都？中都無壁壘，何以自固？"彥章對曰："大事已去，非人力可爲！"莊宗惻然，賜藥以封其創。彥章武人不知書，常爲俚語謂人曰："豹死留皮，人死留名。"其於忠義，蓋天性也。莊宗愛其驍勇，欲全活之，使人慰諭彥章，彥章謝曰："臣與陛下血戰十餘年，今兵敗力窮，不死何待？且臣受梁恩，非死不能報，豈有朝事梁而暮事晉，生何面目見天下之人乎！"莊宗又遣明宗往諭之，[8]彥章病創，卧不能起，仰顧明宗，呼其小字曰："汝非邈佶烈乎？我豈苟活者？"遂見殺，年六十一。晉高祖時，[9]追贈彥章太師。[10]

[1]兗（yǎn）州：州名。治所在今山東濟寧市兗州區。

[2]守捉：官名。即守捉使。唐制，軍隊戍守邊地，大者稱軍，小者稱守捉，軍下則有城、有鎮。軍、城、鎮、守捉皆設使。品秩不詳。

[3]保鑾：皇帝的護衛兵。皇帝的車駕叫鑾駕，故稱其衛士爲保鑾。

[4]遞坊：地名。位於今山東東平縣西。

[5]中都：縣名。治所在今山東汶上縣。

[6]牙兵：五代時期藩鎮親兵。參見來可泓《五代十國牙兵制度初探》，《學術月刊》1995年第11期。

[7]夏魯奇：人名。青州（今山東青州市）人。五代後唐將領。傳見《舊五代史》卷七〇、本書卷三三。

[8]明宗：即五代後唐明宗李嗣源。926年至933年在位。原名邈佶烈，沙陀部人，爲李克用養子。同光四年（926），莊宗李存勖在兵變中被殺，李嗣源入洛陽，稱監國，後稱帝，改名亶。在位時，精減宮人伶官，廢内藏庫，百姓賴以休息。李嗣源病危時，次子李從榮作亂被殺，悲駭憂慮而死。紀見《舊五代史》卷三五至卷四四、本書卷六。

[9]晉高祖：即石敬瑭，沙陀族人。五代後唐將領、後晉開國皇帝。紀見《舊五代史》卷七五至八〇、本書卷八。

[10]太師：官名。與太傅、太保合稱三師，唐後期、五代多爲大臣、勛貴加官。正一品。

　　與彥章同時裴約者，[1]潞州之牙將也。[2]莊宗以李嗣昭爲昭義軍節度使，[3]約以裨將守澤州。[4]嗣昭卒，其子繼韜以澤、潞叛降于梁，[5]約召其州人泣而諭曰："吾事故使二十餘年，見其分財饗士，欲報梁仇，不幸早世。今郎君父喪未葬，違背君親，吾能死于此，不能從以歸梁也！"衆皆感泣。

［1］與彥章同時裴約者：中華點校本據宗文本於"同時"後補"有"字。

［2］潞州：州名。治所在今山西長治市。　牙將：官名。爲唐朝節度使的親兵，爲藩鎮軍隊中的精鋭部隊。

［3］李嗣昭：人名。汾州太谷（今山西太谷縣）人。李克用養子，五代後唐將領。傳見《舊五代史》卷五二、本書卷三六。　昭義軍：方鎮名。治所在潞州（今山西長治市）。

［4］裨將：副將。　澤州：州名。治所在今山西澤州縣。

［5］繼韜：人名。即李繼韜。李嗣昭之子。五代後唐將領。傳見《舊五代史》卷五二、本書卷三六。

　　梁遣董璋率兵圍之，[1]約與州人拒守，求救於莊宗。是時，莊宗方與梁人戰河上，而已建大號，聞繼韜叛降梁，頗有憂色，及聞約獨不叛，喜曰："吾於繼韜何薄？於約何厚？而約能分逆順邪！"顧符存審曰："吾不惜澤州與梁，[2]一州易得，約難得也。爾識機便，爲我取約來。"存審以五千騎馳至遼州，[3]而梁兵已破澤州，約見殺。

［1］董璋：人名。籍貫不詳。五代後梁、後唐將領。傳見《舊五代史》六二、本書卷五一。

［2］符存審：人名。陳州宛丘（今河南淮陽縣）人。原姓符名存。五代後唐將領。傳見《舊五代史》卷五六、本書卷二五。中華點校本校勘記云《舊五代史》卷五二、卷二九及《通鑑》卷二七二叙其事作"李紹斌"。

[3]五千：原作"五十"，中華點校本據宗文本、《舊五代史》卷二九、卷五二，《通鑑》卷二七二改，今從。　遼州：州名。治所在今山西左權縣。中華點校本云《舊五代史》卷二九叙其事作"援澤州"，《舊五代史》卷五二叙其事作"自遼州進軍"。

至周世宗時，[1]又有劉仁贍者焉。[2]

[1]周世宗：即柴榮。後周皇帝。954年至959年在位。紀見《舊五代史》卷一一四至卷一一九、本書卷一二。

[2]劉仁贍：原作"劉仁瞻"，中華點校本據宗文本、《五代史詳節》卷五、《通鑑》卷二九三、《舊五代史》卷一二九改，今從。

仁贍字守惠，彭城人也。[1]父金事楊行密，[2]爲濠、滁二州刺史，[3]以驍勇知名。仁贍爲將，輕財重士，法令嚴肅，少略通兵書。事南唐，[4]爲左監門衛將軍，黃、袁二州刺史，[5]所至稱治。李景使掌親軍，[6]以爲武昌軍節度使。[7]周師征淮，先遣李穀攻自壽春，[8]景遣將劉彦貞拒周兵，[9]以仁贍爲清淮軍節度使，[10]鎮壽州。[11]李穀退守正陽浮橋，[12]彦貞見周兵之却，意其怯，急追之。仁贍以爲不可，彦貞不聽，仁贍獨按兵城守。彦貞果敗於正陽。

[1]彭城：縣名。治所在今江蘇徐州市。

[2]楊行密：人名。廬州合淝（今安徽合肥市）人。唐末軍閥，五代十國吳國政權奠基者，後被追尊爲吳國太祖。傳見《新唐書》卷一八八、《舊五代史》卷一三四、本書卷六一。

[3]濠：州名。治所在今安徽鳳陽縣。　滁：州名。治所在今

安徽滁州市。

[4]南唐：五代十國時期李昇建立的政權。都城在今江蘇南京市，曾遷都今江西南昌市。後爲北宋所滅。

[5]左監門衛將軍：官名。唐置，掌宮禁宿衛。唐代置十六衛，即左右衛、左右驍衛、左右武衛、左右威衛、左右領軍衛、左右金吾衛、左右監門衛、左右千牛衛。各置上將軍，從二品；大將軍，正三品；將軍，從三品。"左監門衛"，中華點校本云《舊五代史》卷一二九作"右監門衛"。　黃：州名。治所在今湖北黃岡市黃州區。　袁：州名。治所在今江西宜春市袁州區。

[6]李景：人名。初名景通，後改名璟，又避後周諱改爲景，五代南唐國主李昇長子。942年李昇去世後，繼位稱帝。後期在後周世宗進攻下，盡失江北十四州，被迫削帝號，稱臣於後周，晚年又遷都於南昌。傳見《舊五代史》卷一三四、本書卷六二。

[7]武昌軍：方鎮名。治所在鄂州（今湖北武漢市武昌區）。

[8]李穀：人名。潁州汝陰（今安徽阜陽市）人。後周宰相。傳見《宋史》卷二六二。　壽春：縣名。壽州治所，在今安徽壽縣。

[9]劉彥貞：人名。籍貫不詳。五代十國南唐將領。事見《舊五代史》卷一一六、本書卷六二。

[10]清淮軍：方鎮名。治所在壽州（今安徽壽縣）。

[11]壽州：州名。治所在今安徽壽縣。

[12]正陽：地名。位於今安徽壽縣西南、淮河南岸正陽關。

　　世宗攻壽州，圍之數重，以方舟載炮，自淝河中流擊其城；[1]又束巨竹數十萬竿，上施版屋，號爲"竹龍"，載甲士以攻之；又決其水砦入于淝河。攻之百端，自正月至于四月不能下，而歲大暑，霖雨彌旬，周兵營寨水深數尺，淮、淝暴漲，炮舟竹龍皆飄南岸，爲景兵所焚，周兵多死。世宗東趨濠梁，[2]以李重進爲廬、壽都招討使。[3]景亦遣其元帥齊王景達等列砦紫金山下，[4]爲夾道以屬城中。而重進與張永德兩軍相疑不協，[5]仁贍屢請出戰，景達不許，由是憤惋成疾。

[1]淝河：河名。今安徽北部之東淝河。

[2]濠梁：水名。又名石梁河，在今安徽鳳陽縣境内，東北流至臨淮關入淮河。

[3]李重進：人名。滄州（今河北滄州市）人。五代後周將領。北宋建立後起兵反叛，兵敗身死。傳見《宋史》卷四八四。　廬：州名。治所在今安徽合肥市。　都招討使：官名。唐貞元時始置。戰時任命，兵罷則省。常以大臣、將帥或地方軍政長官兼任。掌招撫、討伐等事務。品秩不詳。

[4]齊王景達：人名。徐州（今江蘇徐州市）人。南唐中主李璟之弟，南唐將領。事見本書卷六二、《宋史》卷一。　紫金山：山名。又名八公山，位於今安徽壽縣東北，淮河南岸。

[5]張永德：人名。并州陽曲（今山西陽曲縣）人。五代、宋初大將。頗受宋太祖、宋太宗信用。傳見《宋史》卷二五五。

明年正月，世宗復至淮上，盡破紫金山砦，壞其夾道，景兵大敗，諸將往往見擒，而景之守將廣陵馮延魯、光州張紹、舒州周鄴、泰州方訥、泗州范再遇等，[1]或走或降，皆不能守，雖景君臣亦皆震慴，奉表稱臣，願割土地、輸貢賦，以效誠款，而仁贍獨堅守，不可下。世宗使景所遣使者孫晟等至城下示之，[2]仁贍子崇諫幸其父病，[3]謀與諸將出降，仁贍立命斬之。監軍使周廷構哭于中門救之，[4]不得。於是士卒皆感泣，願以死守。

[1]廣陵：地名。位於今江蘇揚州市。　馮延魯：人名。壽春（今安徽壽縣）人，五代十國南唐大臣。後周世宗南征時被俘，後放歸南唐。事見本書卷六二。　光州：州名。治所在今河南潢川縣。　張紹：人名。籍貫不詳。五代十國南唐將領。事見本書卷六二。　舒州：州名。治所在今安徽潛山縣。　周祚：人名。周本之子，五代十國南唐將領，後降於後周。事見本書卷六二。　泰州：州名。治所在今江蘇泰州市。　方訥：人名。籍貫不詳。五代十國南唐將領。事見本書卷六二。　泗州：州名。治所在今江蘇泗洪縣東南，今已沒入洪澤湖中。　范再遇：人名。籍貫不詳。五代十國南唐將領。事見《舊五代史》卷一一七、本書卷一二。

[2]孫晟：人名。密州（今山東諸城市）人。五代十國南唐大臣。傳見《舊五代史》卷一三一、本書卷三三。

[3]崇諫：人名。即劉崇諫。本書僅此一見。事見《舊五代史》卷一二九。

[4]監軍使：官名。五代時期後唐設置，派於諸道，掌監護軍隊。品秩不詳。　周廷構：人名。籍貫不詳。五代十國南唐大臣。事見《通鑑》卷二九三。

三月，仁贍病甚，已不知人，其副使孫羽詐爲仁贍書，[1]以城降。世宗命昇仁贍至帳前，嘆嗟久之，賜以玉帶、御馬，復使入城養疾。是日，[2]制曰："劉仁贍盡忠所事，抗節無虧，前代名臣，幾人可比！予之南伐，得爾爲多。"乃拜仁贍檢校太尉兼中書令、天平軍節度使。[3]仁贍不能受命而卒，[4]年五十八。

［1］孫羽：人名。籍貫不詳。五代十國南唐官員。事見本書卷六二。

［2］是日：原"日"後有"卒"字，中華點校本據《通鑑》卷二九三刪，今從。中華點校本校勘記云："按《通鑑》卷二九三，劉仁贍入城養疾之日在戊申，制下在辛亥，是日卒。"

［3］檢校太尉：官名。爲散官或加官，以示恩寵加此官，無實際執掌。品秩不詳。　中書令：官名。漢代始置，隋、唐前期爲中書省長官，屬宰相之職；唐後期多爲授予元勛大臣的虛銜。正二品。　天平軍：方鎮名。治所在鄆州（今山東東平縣）。

［4］受命而卒："命"字原闕，中華點校本據宗文本、《通鑑》卷二九三補，今從。

　　世宗遣使弔祭，喪事官給，追封彭城郡王，[1]以其子崇讚爲懷州刺史，[2]賜莊、宅各一區。李景聞仁贍卒，亦贈太師。壽州故治壽春，世宗以其難剋，遂徙城下蔡，[3]而復其軍曰忠正軍，[4]曰："吾以旌仁贍之節也。"

［1］彭城郡王：封爵名。

［2］崇讚：人名。即劉崇讚。五代後周官員，累爲郡守。事見《舊五代史》卷一二九。　懷州：州名。治所在今河南沁陽市。

［3］下蔡：縣名。治所在今安徽鳳臺縣。

［4］忠正軍：方鎮名。南唐改爲清淮軍。後周顯德四年（957）復名忠正軍。治所在壽州（今安徽壽縣）。

　　嗚呼，天下惡梁久矣！然士之不幸而生其時者，不爲之臣可也，其食人之禄者，必死人之事。如彥章者，可謂得其死哉！仁贍既殺其子以自明矣，豈有垂死而變節者乎？今《周世宗實録》載仁贍降書，蓋其副使孫羽等所爲也。當世宗時，王環爲蜀守秦州，[1]攻之久不下，其後力屈而降，[2]世宗頗嗟其忠，然止以爲大將軍。[3]視世宗待二人之薄厚而考其制書，乃知仁贍非降者也。自古忠臣義士之難得也！五代之亂，三人者，或出於軍卒，或出於僞國之臣，可勝嘆哉！可勝嘆哉！

[1]王環：人名。真定（今河北正定縣）人。五代後周將領。傳見《舊五代史》卷一二九、本書卷五〇。　蜀：時王環初事西川孟知祥。後蜀建國後，使典衛兵。後主孟昶時，爲威武節度使。秦州：州名。治所在今甘肅秦安縣。

[2]其後力屈而降："後"字原闕，中華點校本據宗文本、《五代史詳節》卷五、《通鑑》卷二九三補，今從。

[3]然止以爲大將軍："以"，原作"於"，中華點校本據浙江本、宗文本、《五代史詳節》卷五、《通鑑》卷二九三改，今從。

新五代史　卷三三

死事傳第二十一

張源德　夏魯奇　姚洪　王思同　張敬達　翟進宗 張萬迪附
沈斌　王清　史彥超　孫晟

　　嗚呼甚哉！自開平訖于顯德，[1]終始五十三年，而天下五代，士之不幸而生其時，欲全其節而不二者，固鮮矣。於此之時，責士以死與必去，則天下爲無士矣。然其習俗，遂以苟生不去爲當然。至於儒者，以仁義忠信爲學，享人之祿，任人之國者，不顧其存亡，皆恬然以苟生爲得，非徒不知愧，而反以其得爲榮者，可勝數哉！故吾於死事之臣，有所取焉。君子之於人也，樂成其美而不求其備，況死者人之所難乎？吾於五代，得全節之士三人而已。其初無卓然之節，而終以死人之事者，得十有五人焉，而戰没者不得與也。然吾取王清、史彥超者，其有旨哉！其有旨哉！作《死事傳》。不能立傳者五人：馬彥超附《朱守殷傳》，宋令詢、李遏、張彥卿、鄭昭業見於《本紀》而已。

[1]開平：後梁太祖朱温年號（907—911）。 顯德：五代後周太祖郭威年號（954）。世宗柴榮、恭帝柴宗訓沿用（954—960）。

張源德

張源德者，不知其世家，或曰本晋人也。少事晋，無所稱。從李罕之以潞州叛晋降梁，[1]罕之遣源德見梁太祖。太祖時，源德自金吾衛將軍爲蔡州刺史。[2]

[1]從李罕之以潞州叛晋降梁："從"，原作"然"，中華點校本據殿本改，今從。 李罕之：人名。陳州項城（今河南項城市）人。唐末軍閥，後依附於諸葛爽。傳見《新唐書》卷一八七、《舊五代史》卷一五、本書卷四二。 潞州：州名。治所在今山西長治市。

[2]金吾衛將軍：官名。唐置，掌宫禁宿衛。唐代置十六衛，即左右衛、左右驍衛、左右武衛、左右威衛、左右領軍衛、左右金吾衛、左右監門衛、左右千牛衛。各置上將軍，從二品；大將軍，正三品；將軍，從三品。 蔡州：州名。治所在今河南汝南縣。 刺史：官名。州一級行政長官。漢武帝時始置，總掌考核官吏、勸課農桑、地方教化等事。唐中期以後，節度使、觀察使轄州而設，刺史爲其屬官，職任漸輕。從三品至正四品下。

梁貞明三年，[1]魏博節度使楊師厚卒，[2]末帝分魏、相等六州爲兩鎮，[3]懼魏軍不從，乃遣劉鄩將兵萬人，[4]屯于魏以虞變。魏軍果叛，迫其節度使賀德倫以魏、博二州降晋。[5]當是時，源德爲鄩守貝州。[6]晋王入魏，諸將欲先擊貝州，晋王曰："貝城小而堅，攻之難卒下。且源德雖恃劉鄩之兵，然與滄州相首尾，[7]今德州居其中而無備，[8]不如先取之，則滄、貝之勢分而易圖也。"乃先襲破德州，然後以兵五千攻源德，源德堅守不下，晉軍塹而圍之。

[1]貞明：後梁末帝朱友貞年號（915—921）。中華點校本校勘記云本書卷三，《舊五代史》卷八、卷二三，《通鑑》卷二六九，俱繫此事於貞明元年。

[2]魏博：方鎮名。亦稱"天雄軍"。唐天祐元年（904）以魏博節度使號爲天雄軍，治所在魏州（今河北大名縣）。　節度使：官名。唐時在重要地區所設掌握一州或數州軍事、民事、財政的長官。品秩不詳。　楊師厚：人名。潁州斤溝（今安徽太和縣倪邱鎮斤溝集）人。唐末、五代後梁將領。傳見《舊五代史》卷二二、本書卷二三。

[3]魏：州名。治所在今河北大名縣。　相：州名。治所在今河南安陽市。

[4]劉鄩：人名。山東密州安丘（今山東安丘市）人。唐末、五代將領。傳見《舊五代史》卷二三、本書卷二二。

[5]賀德倫：人名。其先係河西部落人，後居滑州（今河南滑縣）。五代後梁將領。傳見《舊五代史》卷二一、本書卷四四。　博：州名。治所在今山東聊城市。

[6]貝州：州名。治所在今河北清河縣。

[7]滄州：州名。治所在今河北滄州市。

[8]德州：州名。治所在今山東德州市。

已而劉鄩大敗于故元城，[1]南走黎陽，[2]晉軍攻破洺州，[3]而衛州刺史來昭、邢州節度使閻寶皆以城降晉，[4]磁州刺史靳昭、相州張筠、滄州戴思遠皆棄城走。[5]當此時，晉已先下全燕，[6]而鎮、定皆附于晉，[7]自河以北、山以東，四面千里，六鎮數十州之地皆歸晉，獨貝一州，圍之逾年不可下。源德守既堅，而貝人聞晉已盡有河北，城中食且盡，乃勸源德出降，源德不從，遂見殺。

[1]元城：縣名。治所在今河北大名縣。

[2]黎陽：縣名。治所在今河南浚縣。

[3]洺州：州名。治所在今河北邯鄲市永年區。

[4]衛州：州名。治所在今河南衛輝市。　來昭：中華點校本校勘記云《舊五代史》卷二八、本書卷五、《通鑑》卷二六九俱作"米昭"。當是。米昭，人名。五代後梁將領。事見《舊五代史》卷二八、本書卷五。　邢州：州名。治所在今河北邢臺市。　閻寶：人名。鄆州（今山東東平縣）人。五代後梁、後唐將領。傳見《舊五代史》卷五九、本書卷四四。

[5]磁州：州名。治所在今河北磁縣。　靳昭：人名。籍貫不詳。五代後梁將領，後被李存勗所殺。事見本書卷五。　相州：州名。治所在今河南安陽市。　張筠：人名。海州（今江蘇連雲港市海州區）人。唐末及五代後梁、後唐將領。傳見《舊五代史》卷九〇、本書卷四七。　戴思遠：人名。籍貫不詳。五代後梁、後唐將領。傳見《舊五代史》卷六四。

[6]燕：泛指今河北省北部。

[7]鎮：州名。治所在今河北正定縣。　定：州名。治所在今河北定州市。

源德已死，貝人謀曰："晉圍吾久，吾窮而後降，懼皆不免也。"乃告于晉曰："吾欲被甲執兵而降，得赦而後釋之，如何？"晉軍許諾，貝人三千出降，已釋甲，晋兵四面圍而盡殺之。

夏魯奇
夏魯奇字邦傑，青州人也。[1]唐莊宗時，[2]賜姓名曰李紹奇，其後莊宗賜姓名者，皆復其故。

[1]青州：州名。治所在今山東青州市。
[2]唐莊宗：即李存勖。代北沙陀人，後唐開國皇帝。紀見《舊五代史》卷二七至卷三四、本書卷四至卷五。

魯奇初事梁爲宣武軍校，[1]後奔于晋，爲護衛指揮使。[2]從周德威攻劉守光於幽州，[3]守光將單廷珪、元行欽以驍勇自負，[4]魯奇每與二將鬭，輒不能解，兩軍皆釋兵而觀之。

[1]宣武：方鎮名。治所在汴州（今河南開封市）。　軍校：輔佐將帥的軍官。
[2]護衛指揮使：原作"衛護指揮使"，中華點校本據《舊五代史》卷七〇、《册府》卷三六〇、卷三九三、卷三九六改，今從。官名。所部統兵將領。品秩不詳。
[3]周德威：原作"周從威"，中華點校本據宋文本、《舊五代史》卷七〇，《册府》卷三四七、卷三六〇、卷三九六改，今從。人名。馬邑（今山西朔州市）人。五代後唐將領。傳見《舊五代史》卷五六、本書卷二五。　劉守光：人名。深州樂壽（今河北獻縣）人。幽州節度使劉仁恭之子。唐末、五代軍閥。後自稱大燕皇帝，年號應天。被後唐莊宗擊敗，俘後被斬。傳見《舊五代史》卷一三五、本書卷三九。　幽州：州名。治所在今北京市。

[4]單廷珪：原作"單延珪"，中華點校本據宗文本，《舊五代史》卷七〇，《冊府》卷三四七、卷三九六改，今從。人名。籍貫不詳。劉守光麾下將領。事見《舊五代史》卷二八、卷五六、卷七〇。　元行欽：人名。幽州（今北京市）人。劉守光麾下將領，後降於李嗣源爲養子，後唐將領。傳見《舊五代史》卷七〇。

晉已下魏、博，梁將劉鄩軍于洹水，[1]莊宗以百騎覘敵，遇鄩伏兵，圍之數重，幾不得脱，魯奇力戰，手殺百餘人，身被二十餘瘡，與莊宗決圍而出。莊宗益奇之，以爲磁州刺史。從戰中都，[2]擒王彦章，[3]莊宗壯之，賜絹千疋，拜鄭州防禦使。[4]遷河陽節度使，[5]爲政有惠愛。徙鎮忠武，[6]河陽之人遮留不得行，父老詣京師乞留，明宗遣中使往諭之，[7]魯奇乃得去。

[1]洹（huán）水：縣名。位於今河北魏縣。因境有洹水，故名。

[2]中都：縣名。治所在今山東汶上縣。

[3]王彦章：人名。鄆州壽張（今山東梁山縣）人。後梁將領。傳見《舊五代史》卷二一、本書卷三二。

[4]鄭州：州名。治所在今河南鄭州市。　防禦使：官名。唐代始置，設有都防禦使、州防禦使兩種。常由刺史或觀察使兼任，實際上爲唐代後期州或方鎮的軍政長官。品秩不詳。

[5]河陽：方鎮名。治在所孟州（今河南孟州市）。

[6]忠武：方鎮名。治所在許州（今河南許昌市）。

[7]明宗：即五代後唐明宗李嗣源。926年至933年在位。原名邈佶烈，沙陀部人，爲李克用養子。同光四年（926），莊宗李存勖在兵變中被殺，李嗣源入洛陽，稱監國，後稱帝，改名亶。在位

時，精減宮人伶官，廢内藏庫，百姓賴以休息。李嗣源病危時，次子李從榮作亂被殺，悲駭憂慮而死。紀見《舊五代史》卷三五至卷四四、本書卷六。　中使：皇宮中派出的使臣。多由宦官擔任。

唐師伐荊南，[1]以魯奇爲招討副使，[2]無功而還。徙鎮武信，[3]東川董璋反，[4]攻遂州，[5]魯奇閉城拒之，旬月救兵不至，城中食盡，魯奇自刎死，年四十九。吳巒兵猶可戰而不戰，魯奇食盡力窮而死，故取捨異。

[1]荊南：方鎮名。治所在荊州（今湖北荊州市）。
[2]招討副使：官名。招討使副職。戰時任命，兵罷則省。常以大臣、將帥或地方軍政長官兼任。掌招撫、討伐等事務。品秩不詳。
[3]武信：方鎮名。治所在遂州（今四川遂寧市）。
[4]東川：指劍南東川節度使，簡稱東川。至德二年（757）分劍南節度使東部地區置劍南東川節度使，治所在梓州（今四川三臺縣）。　董璋：人名。籍貫不詳。五代後梁、後唐將領。傳見《舊五代史》六二、本書卷五一。
[5]遂州：州名。治所在今四川遂寧市。

姚洪
姚洪，本梁之小校也。[1]自董璋爲梁將，洪嘗事璋，後事唐爲指揮使[2]。

[1]小校：官名。五代時期軍隊中下級軍官的別稱，可越級提拔爲副指揮使或指揮使。品秩不詳。
[2]指揮使：官名。唐末五代軍隊多置都指揮使、指揮使，爲

統兵將領。品秩不詳。

長興中，[1]遣洪將千人戍閬州。[2]董璋反，遣人以書招洪，洪得璋書，輒投廁中。後璋兵攻破閬州，執洪，璋曰："爾爲健兒，我遇汝厚，奈何負我邪？"洪罵曰："老賊！爾昔爲李七郎奴，[3]掃馬糞，得一臠殘炙，感恩不已。今天子用爾爲節度使，何苦反邪？吾能爲國家死，不能從人奴以生！"璋怒，然鑊于前，[4]令壯士十人剉其肉而食，洪至死大罵。明宗聞之泣下，錄其二子，而厚卹其家。

[1]長興：後唐明宗李嗣源年號（930—933）。
[2]閬州：州名。治所在今四川閬中市。
[3]李七郎：即朱友讓。原名李七郎，爲汴州豪商，與朱溫結交，被收爲義子，改名朱友讓。後收高季興爲義子。
[4]鑊（huò）：古代烹煮食物的大鍋。

王思同

王思同，幽州人也。其父敬柔，[1]娶劉仁恭女，[2]生思同。思同事仁恭爲銀胡䩮指揮使，[3]仁恭爲其子守光所囚，思同奔晉，以爲飛勝指揮使。[4]梁、晉相距于莘，[5]遣思同築壘楊劉，[6]以功遷神武十軍都指揮使，[7]累遷鄭州防禦使。思同爲人敢勇，善騎射，好學，頗喜爲詩，輕財重義，多禮文士，然未嘗有戰功。

[1]敬柔：人名。即王敬柔。歷瀛、平、儒、檀、營五州刺史。

事見《舊五代史》卷六五。

[2]劉仁恭：人名。深州（今河北深州市）人。唐末、五代軍閥。傳見《新唐書》卷二一二。

[3]銀胡䩢指揮使：官名。所部統兵將領。銀胡䩢爲部隊番號。品秩不詳。《舊五代史》卷六五作"事仁恭爲帳下軍校"。

[4]飛勝指揮使：中華點校本校勘記云南昌、鄂本及《舊五代史》卷六五《王思同傳》"勝"作"騰"。官名。所部統兵將領。飛勝爲部隊番號。品秩不詳。

[5]莘：縣名。治所在今山東莘縣。

[6]楊劉：地名。位於今山東東阿縣東北姚寨鎮楊柳村。

[7]神武十軍都指揮使：官名。所部統兵將領。神武十軍爲部隊番號。品秩不詳。

明宗時，以久次爲匡國軍節度使，[1]徙鎮雄武。[2]是時，吐蕃數爲寇，[3]而秦州無亭障，[4]思同列四十餘柵以禦之。居五年，來朝，明宗問以邊事，思同指畫山川，陳其利害。思同去，明宗顧左右曰："人言思同不管事，能若是邪？"於是始知其材，以爲右武衛上將軍、京兆尹、西京留守。[5]石敬瑭討董璋，[6]思同爲先鋒指揮使，[7]兵入劍門，[8]而後軍不繼，思同與璋戰，不勝而卻。敬瑭兵罷，思同徙鎮山南西道，[9]已而復爲京兆尹、西京留守。

[1]匡國軍：方鎮名。治所在同州（今陝西大荔縣）。

[2]雄武：方鎮名。治所在秦州（今甘肅秦安縣）。

[3]吐蕃：部族、政權名。唐朝時藏族先民在青藏高原建立吐蕃政權。自7至9世紀，共歷九主，二百餘年。參見才讓《吐蕃史

稿》，人民出版社2010年版。

［4］秦州：州名。治所在今甘肅秦安縣。

［5］右武衛上將軍：官名。唐置，掌宮禁宿衛。唐代置十六衛，各置上將軍，從二品；大將軍，正三品；將軍，從三品。　京兆尹：官名。唐開元元年（713）改雍州置京兆府，治所在今陝西西安市。以京兆尹總其政務。從三品。　西京留守：官名。唐玄宗久住東都洛陽，天寶元年（742）以京師長安爲西京，改西都留守爲西京留守，仍掌京師軍政要務。肅宗以後稱長安爲上都，仍沿用西京留守舊稱。品秩不詳。

［6］石敬瑭：人名。沙陀族人。五代後唐將領、後晉開國皇帝。紀見《舊五代史》卷七五至八〇、本書卷八。

［7］先鋒指揮使：官名。先鋒，即先鋒部隊。指揮使，爲所部統兵將領。品秩不詳。

［8］劍門：關隘名。即劍門關。位於今四川劍閣縣北六十里劍門鎮北大劍山口。

［9］山南西道：方鎮名。治所在興元府（今陝西漢中市）。

　　應順元年二月，[1]潞王從珂反鳳翔，[2]馳檄四鄰，言姦臣幸先帝疾病，賊殺秦王而立幼嗣，侵弱宗室，動搖藩方，陳己所以興兵討亂之狀。因遣伶奴安十十以五絃謁思同，[3]欲因其懽以通意。是時，諸鎮皆懷嚮背，所得潞王書檄，雖以上聞，而不絕其使。獨思同執十十及從珂所使推官郝詡等送京師，[4]愍帝嘉其忠，[5]即以思同爲西面行營馬步軍都部署。[6]三月，會諸鎮兵圍鳳翔，破東西關城。從珂兵弱而守甚堅，外兵傷死者衆，從珂登城呼外兵而泣曰："吾從先帝二十年，大小數百戰，甲不解體，金瘡滿身，士卒固嘗從我矣。今先帝新棄天下，而朝廷信用姦人，離間骨肉，我實何罪而見伐乎？"因慟哭。士卒聞者，皆悲憐之。興元張虔釗攻城西，[7]督戰甚急，士卒苦之，反兵攻虔釗，虔釗走。羽林指揮楊思權呼曰："潞王，吾主也！"[8]乃引軍自西門入降從珂。而思同未知，猶督戰。嚴衛指揮使尹暉麾其衆曰："城西軍入城受賞矣！何用戰邪！"[9]士卒解甲棄仗，聲聞數里，遂皆入城降。諸鎮之兵皆潰。思同挺身走，至長安，西京副留守劉遂雍閉門不納，[10]乃走潼關。[11]從珂引兵東，至昭應，[12]前鋒追執思同。從珂責曰："罪可逃乎？"思同曰："非不知從王而得生，恐終死不能見先帝於地下。"從珂愧其言，乃殺之。漢高祖即位，[13]贈侍中。[14]思同東走，將自歸于天子，與元行欽走異，故予其死。

[1]應順元年二月：原作"應順二年"，中華點校本據南監本、宗文本改，今從。應順，後唐愍帝李從厚年號（934）。

[2]潞王從珂：即後唐廢帝李從珂，又稱末帝。鎮州平山（今河北平山縣）人。本姓王氏，爲後唐明宗養子，改名從珂。明宗入洛陽，李從珂率兵追隨，以功拜河中節度使，封潞王。閔帝李從厚即位，李從珂據城發動兵變，改鳳翔節度使。清泰元年（934）率軍東攻洛陽，廢黜愍帝，自立爲帝。清泰三年（936），石敬瑭與契丹合兵攻陷洛陽，自焚而死。紀見《舊五代史》卷四六至卷四八、本書卷七。　鳳翔：方鎮名。治所在鳳翔府（今陝西鳳翔縣）。

[3]安十十：人名。籍貫不詳。李從珂伶奴。事見《舊五代史》卷六五。

[4]推官：官名。唐始置，唐代後期節度、觀察、團練、防禦等使的屬官，掌推按刑獄。此外，度支、鹽鐵等使也置推官。品秩不詳。　郝詡：人名。籍貫不詳。李從珂屬官。中華點校本引《通

鑑》卷二七九，《舊五代史》卷六五，《册府》卷三七四、卷六八六作"郝昭"。

［5］愍帝：人名。即李從厚。五代後唐皇帝。公元934年在位。明宗李嗣源第三子。生於太原，小字菩薩奴。長興元年（930）封宋王，移鎮鄴都。明宗死後即位，改元應順。因軟弱無能，軍政大權旁落樞密使朱弘昭、馮贇之手。後潞王李從珂反於鳳翔，沿途守軍驚潰，愍帝出逃至衛州，被廢爲鄂王。尋被縊殺。紀見《舊五代史》卷四五、本書卷七。

［6］西面行營馬步軍都部署：官名。爲臨時委任的軍區統帥。掌管行營屯戍、攻防等事務。品秩不詳。

［7］興元：府名。治所在今陝西漢中市。　張虔釗：人名。遼州榆社（今山西榆社縣）人。五代後唐、後蜀將領。傳見《舊五代史》卷七四。

［8］羽林指揮：官名。應爲"羽林指揮使"，所部統兵將領。羽林爲部隊番號。品秩不詳。　楊思權：人名。邠州新平（今陝西彬縣）人。五代後唐、後晋將領。傳見《舊五代史》卷八八、本書卷四八。

［9］嚴衛指揮使：官名。所部統兵將領。嚴衛爲部隊番號。後唐明宗長興三年（932），改在京左右羽林四十指揮爲嚴衛左右軍。品秩不詳。　尹暉：人名。魏州大名（今河北大名縣）人。五代後唐、後晋將領。傳見《舊五代史》卷八八。

［10］西京副留守：官名。西京留守副官。品秩不詳。　劉遂雍：人名。籍貫不詳。五代將領。事見本書本卷。

［11］潼關：關隘名。位於今陝西潼關縣。

［12］昭應：縣名。治所在今陝西西安市臨潼區華清池西北。

［13］漢高祖：即劉知遠。西突厥沙陀部人，後世居於太原。紀見《舊五代史》卷九九至卷一〇〇、本書卷一〇。

［14］侍中：官名。秦始置。隋、唐前期爲門下省長官。唐後期多爲大臣加銜，不參與政務，實際職務由門下侍郎執行。正二品。

張敬達

張敬達字志通，代州人也，[1]小字生鐵。少以騎射事唐莊宗爲廳直軍使。[2]明宗時，爲河東馬步軍都指揮使，[3]領欽州刺史，[4]累遷彰國、大同軍節度使，[5]徙鎮武信、晉昌。[6]

[1]代州：州名。治所在今山西代縣。

[2]廳直軍使：官名。所部統兵將領。廳直爲部隊番號。品秩不詳。

[3]河東：方鎮名。治所在太原（今山西太原市）。 馬步軍都指揮使：官名。五代時軍鎮統兵官，爲行軍臨時而設。品秩不詳。

[4]欽州：州名。治所在今廣西欽州市。

[5]彰國：方鎮名。治所在應州（今山西應縣）。 大同軍：方鎮名。治所在雲州（今山西大同市）。

[6]武信：方鎮名。治所在遂州（今四川遂寧市）。 晉昌：方鎮名。治所在京兆府（今陝西西安市）。中華點校本引《舊五代史》卷七〇敘其事作"自彭門移鎮平陽"，校勘記云，"彭門即徐州武寧軍，平陽即晉州。錢大昕《考異》卷六二云歐史殆誤晉州爲晉昌，又誤武寧爲武信"。

清泰二年，[1]契丹數犯邊，[2]廢帝以河東節度使石敬瑭兼大同、彰國、振武、威塞等軍蕃漢馬步軍都總管，[3]屯于忻州。[4]屯兵聚噪遮敬瑭呼"萬歲"，敬瑭斬三十餘人以止之。廢帝疑敬瑭有異志，乃以敬達爲北面副總管，[5]以分其兵。明年夏，徙敬瑭鎮天平，[6]遂以敬達爲大同、彰國、振武、威塞等軍蕃漢馬步軍都部署，[7]敬瑭因此遂反。即以敬達爲太原四面招討使。[8]六月，兵圍太原，敬達爲長城連柵，雲梯飛礮以攻之，所爲城柵將成，輒有大風雨水暴至以壞之。

[1]清泰：五代後唐廢帝李從珂年號（934—936）。

[2]契丹：古部族、政權名。公元4世紀中葉宇文部爲前燕攻破，始分離而成單獨的部落，自號契丹。唐貞觀中，置松漠都督府，以其首領爲都督。唐末彊盛，916年迭剌部耶律阿保機建立契丹國（遼）。先後與五代、北宋並立，保大五年（1125）爲金所滅。參見張正明《契丹史略》，中華書局1979年版。

[3]廢帝：即後唐廢帝李從珂。鎮州平山（今河北平山縣）人。本姓王，後唐明宗李嗣源擄其母魏氏，遂養爲己子。應順元年（934）四月，李從珂入洛陽即帝位。清泰三年（936）五月，石敬瑭謀反，廢帝自焚死，後唐亡。紀見《舊五代史》卷四六至卷四八、本書卷七。　河東：方鎮名。治所在太原（今山西太原市）。

振武：方鎮名。後梁貞明二年（916）以前，治所位於單于都護府城（今内蒙古和林格爾縣）。貞明二年，單于都護府城爲契丹占據。此後至後唐清泰三年（936），治所位於朔州（今山西朔州市）。後漢隨燕雲十六州割予契丹，改名順義軍。　威塞：方鎮名。治所在新州（治今河北涿鹿縣）。　蕃漢馬步軍都總管：官名。五代後唐置，爲蕃漢馬步軍總指揮官。品秩不詳。

[4]忻州：州名。治所在今山西忻州市。

[5]北面副總管：官名。北面行營副長官。品秩不詳。

[6]天平：方鎮名。治所在鄆州（今山東東平縣）。

[7]蕃漢馬步軍都部署：官名。五代後唐置，爲蕃漢馬步軍總指揮官。品秩不詳。

[8]太原：府名。治所在今山西太原市。　四面招討使：官名。唐始置。戰時任命，兵罷則省。常以大臣、將帥或地方軍政長官兼

任。掌招撫、討伐等事務。品秩不詳。

敬瑭求救于契丹。九月，契丹耶律德光自雁門入，[1]旌旗相屬五十餘里。德光先遣人告敬瑭曰："吾欲今日破敵可乎？"敬瑭報曰："大兵遠來，而賊勢方盛，要在成功，不必速也。"使者未復命，而兵已交。敬達陣於西山，契丹以羸騎三千，革鞭木鐙，[2]人馬皆不甲冑，以趨唐軍。唐軍爭馳之，契丹兵走，追至汾曲，[3]伏發，斷唐軍爲二，其在北者皆死，死者萬餘人。敬達收軍柵晉安，[4]契丹圍之。廢帝遣趙延壽、范延光等救之。[5]延壽屯團柏谷，[6]延光屯遼州，[7]相去皆百餘里。契丹兵圍敬達者，自晉安寨南，長百餘里，闊五十里，敬達軍中望之，但見穹廬連屬如岡阜，四面互以毛索，掛鈴爲警，縱犬往來。敬達軍中有夜出者，輒爲契丹所得，由是閉壁不敢復出。延壽等皆有二心，無救敬達意。敬達猶有兵五萬人、馬萬匹，久之食盡，削木篩糞以飼其馬，馬死者食之，[8]已而馬盡。副招討使楊光遠勸敬達降晉，[9]敬達自以不忍背唐，而救兵且至，光遠促之不已，敬達曰："諸公何相迫邪！何不殺我而降？"光遠即斬敬達降。契丹耶律德光聞敬達死，[10]哀其忠，遣人收葬之。《本紀》責其不誅光遠而諷其殺己以降賊，故不書死而書如其志。而《傳》錄其死者，終嘉其不降也。然己雖不屈而諷人降賊，故不得爲死節。

[1]耶律德光：人名。契丹族，遼太祖耶律阿保機次子。遼朝皇帝，謚號太宗。927年至947年在位。紀見《遼史》卷三至卷

四。　雁門：關隘名。位於今山西省代縣西北。

[2]革鞭：皮鞭。　木鐙：木質馬鐙。

[3]汾曲：指代今山西汾河下游屈曲西流處一帶。

[4]晉安：地名。即晉安寨。位於今山西太原市。

[5]趙延壽：人名。常山（今河北正定縣）人。本姓劉，爲趙德鈞養子。五代時後唐將領。曾任後唐樞密使，鎮守徐州。後與德鈞降契丹，爲幽州節度使，封燕王，進大丞相，導契丹南下攻後晉，企圖代晉稱帝。契丹滅晉後，任爲中京留守。契丹主死，自稱權知南朝軍國事。不久爲契丹永康王耶律阮所執，死於契丹。傳見《舊五代史》卷九八。　范延光：人名。鄴郡臨漳（今河北臨漳縣）人。五代後唐、後晉將領。傳見《舊五代史》卷九七。

[6]柏谷：地名。位於今河南靈寶市西南朱陽鎮。

[7]遼州：州名。治所在今山西左權縣。

[8]馬死者食之："馬"字原闕，中華點校本據宗文本補，今從。

[9]副招討使：官名。招討使副職。戰時任命，兵罷則省。掌招撫、討伐等事務。品秩不詳。　楊光遠：人名。沙陀部人。五代後唐、後晉將領。傳見《舊五代史》卷九七、本書卷五一。

[10]敬達：原作"敬遠"，中華點校本據浙江本、宗文本、本書本卷上文改，今從。

翟進宗　張萬迪附

翟進宗、張萬迪者，皆不知其何人也。初皆事唐，後事晉，進宗爲淄州刺史，[1]萬迪爲登州刺史。[2]楊光遠反，以騎兵百脅取二刺史至青州，[3]萬迪聽命，而進宗獨不屈，光遠遂殺進宗。出帝贈進宗左武衛上將軍。[4]及光遠平，曲赦青州，雖光遠子孫皆見慰釋，而獨不赦萬迪，暴其罪而斬之。詔求進宗尸，加禮歸葬，葬事官給，以其子仁欽爲東頭供奉官。[5]

［1］淄州：州名。治所在今山東淄博市。
［2］登州：州名。治所在今山東蓬萊市。
［3］騎兵百餘取二刺史至青州："百餘"，中華點校本據宗文本補作"數百餘"。青州，州名。治所在今山東青州市。
［4］左武衛上將軍：官名。唐置，掌宫禁宿衛。唐代置十六衛，各置上將軍，從二品；大將軍，正三品；將軍，從三品。
［5］仁欽：人名。即翟仁欽。事迹不詳。 東頭供奉官：官名。泛指侍奉皇帝左右的臣僚，亦爲東、西頭供奉官通稱。品秩不詳。

沈斌

沈斌字安時，徐州下邳人也。[1]少爲軍卒，事梁爲拱辰都指揮使。[2]後事唐，從魏王繼岌破蜀，[3]平康延孝，[4]以功爲虢州刺史，[5]歷隨、趙等八州刺史。[6]

［1］徐州：州名。治所在今江蘇徐州市。 下邳：縣名。治所在今江蘇睢寧縣古邳鎮。
［2］拱辰都指揮使：官名。所部統兵將領。拱辰爲部隊番號。品秩不詳。
［3］魏王繼岌：人名。即李繼岌。後唐莊宗長子。傳見《舊五代史》卷五一、本書卷一四。
［4］康延孝：人名。代北（今山西代縣）人。五代後唐將領。傳見《舊五代史》卷七四、本書卷四四。
［5］虢州：州名。治所在今河南靈寶市。
［6］隨：州名。治所在今湖北隨州市。 趙：州名。治所在今河北趙縣。

晋開運元年，[1]爲祁州刺史。[2]契丹犯塞至于榆林，[3]過祁州，斌以謂契丹深入晋地而歸兵羸乏可擊，即以州兵邀之。契丹以精騎劌門，斌兵多死，城中無備，虜將趙延壽留兵急攻之，延壽招斌降，斌從城上罵延壽曰："公父子誤計，陷于腥膻，忍以犬羊之衆，殘賊父母之邦，斌能爲國死爾，不能效公所爲也！"[4]已而城陷，斌自盡，其家屬皆没于虜。

[1]開運：後晋出帝石重貴年號（944—947）。
[2]祁州：州名。治所在今河北無極縣。
[3]榆林：地名。即榆林店。位於今河北臨漳縣西南四十里。
[4]虜將趙延壽留兵急攻之，延壽招斌降，斌從城上罵延壽曰："留兵急攻之""延壽""降斌"三處文字原闕，中華點校本據宗文本補，今從。

王清

王清字去瑕，洺州曲周人也。[1]初事唐爲寧衛指揮使。[2]後事晋爲奉國都虞候。[3]安從進叛襄州，[4]從高行周攻之，[5]逾年不能下，清謂行周曰："從進閉孤城以自守，其勢豈得久邪？"因請先登，遂攻破之。

[1]曲周：縣名。治所在今河北邱縣。
[2]寧衛指揮使：官名。所部統兵將領。寧衛爲部隊番號。品秩不詳。
[3]奉國都虞候：官名。奉國爲五代部隊番號。都虞候，五代時期部隊統兵官。品秩不詳。
[4]安從進：人名。索葛部人。五代後唐、後晋將領。傳見

《舊五代史》卷九八、本書卷五一。　襄州：州名。治所在今湖北襄陽市。

[5]高行周：人名。嬀州懷戎（今河北懷來縣）人。五代後唐至後周將領。傳見《舊五代史》卷一二三、本書卷四八。

開運二年冬，[1]從杜重威戰陽城，[2]清以力戰功爲步軍之最，加檢校司徒。[3]是冬，重威軍中渡橋南，虜軍其北以相拒，而虜以精騎並西山出晋軍後，南擊欒城，[4]斷晋餉道。清謂重威曰："晋軍危矣！今去鎮州五里，而守死于此，營孤食盡，將若之何？請以步兵二千爲先鋒，奪橋開路，公率諸軍繼進以入鎮州，可以守也。"重威許之，遣與宋彦筠俱前，[5]清與虜戰，敗之，奪其橋。是時，重威已有二志，猶豫不肯進，彦筠亦退走，清曰："吾獨死於此矣！"因力戰而死。年五十三。漢高祖立，贈清太傅。[6]

[1]開運二年冬：中華點校本據本書卷九、《舊五代史》卷九五、《通鑑》卷二八四，繫其事於開運二年（945）三月。

[2]杜重威：人名。其先朔州（今山西朔州市）人，後徙居太原（今山西太原市）。五代後晋、後漢將領。傳見《舊五代史》卷一〇九、本書卷五二。　陽城：地名。位於今河北保定市清苑區陽城鎮。五代營壘之地。《通鑑》卷二八四載："晋軍至陽城，庚申，契丹大至。晋軍與戰，逐北十餘里，契丹逾白溝而去。"

[3]檢校司徒：官名。爲散官或加官，以示恩寵加此官，無實際執掌。品秩不詳。

[4]欒城：縣名。治所在今河北石家莊市欒城區。

[5]宋彦筠：人名。雍丘（今河南杞縣）人。五代後唐、後周

將領。傳見《舊五代史》卷一二三。

［6］太傅：官名。與太師、太保合稱三師，唐後期、五代多爲大臣、勳貴加官。正一品。

史彥超

史彥超，雲州人也。[1]爲人勇悍驍捷。周太祖起魏時，[2]彥超爲漢龍捷都指揮使，[3]以兵從。太祖入立，遷虎捷都指揮使，[4]戍于晉州。[5]劉旻攻晉州，[6]州無主帥，知州王萬敢不能拒，[7]彥超以戍兵堅守月餘，太祖遣王峻救之，[8]旻兵解去。以功遷龍捷右廂都指揮使，[9]領鄭州防禦使。周、漢戰高平，彥超爲前鋒，先登陷陣，以功拜感德軍節度使。[10]

［1］雲州：州名。治所在今山西大同市。

［2］周太祖：即郭威。邢州堯山（今河北隆堯縣）人。五代後周開國皇帝。紀見《舊五代史》卷一一〇至卷一一三、本書卷一一。

［3］龍捷都指揮使：官名。所部統兵將領。龍捷爲部隊番號。品秩不詳。

［4］虎捷都指揮使：官名。所部統兵將領。虎捷爲部隊番號。品秩不詳。

［5］晉州：州名。治所在今山西臨汾市。

［6］劉旻：人名。初名崇。沙陀部人。後漢高祖劉知遠從弟，北漢國建立者。傳見《舊五代史》卷一三五、本書卷七〇。

［7］知州：官名。爲"權知州事"簡稱，州級行政長官。品秩不詳。參見閆建飛《唐後期五代宋初知州制的實施過程》，《文史》2019年第1期。　王萬敢：人名。籍貫不詳。歷任密州刺史、晉州

巡檢、防禦使。事見《舊五代史》卷一〇三、卷一一二、卷一二四。

[8]王峻：人名。相州安陽（今河南安陽市）人。五代後漢、後周將領。傳見《舊五代史》卷一三〇、本書卷五〇。

[9]龍捷右厢都指揮使：官名。所部統兵將領。龍捷右厢爲部隊番號。品秩不詳。

[10]感德軍節度使：中華點校本引《舊五代史》卷一一四《周世宗紀》及卷一二四《史彦超傳》敘其事爲"華州節度使"，《通鑑》卷二九一敘其事爲"鎮國節度使"，中華點校本校勘記按："五代無感德軍，華州號感化軍，後唐同光元年改名鎮國軍。"華州，州名。治所在今陝西渭南市華州區。

周兵圍漢太原，契丹救漢，出忻、代。世宗遣符彦卿拒之，[1]以彦超爲先鋒，戰忻口，[2]彦超勇憤俱發，左右馳擊，解而復合者數四，遂殁于陣。

[1]世宗：即柴榮。邢州龍岡（今河北邢臺市）人。後周太祖郭威養子，顯德元年（954）繼郭威爲帝，廟號世宗。紀見《舊五代史》卷一一四至卷一一九、本書卷一二。　符彦卿：人名。陳州宛丘（今河南淮陽縣）人。後周、宋初將領。周世宗宣懿皇后、宋太宗懿德皇后，皆符彦卿女。傳見《宋史》卷二五一。

[2]忻口：地名。位於今山西忻州市北四十五里忻口村，兩山相夾，滹沱河流經其間。

是時，世宗敗漢高平，[1]乘勝而進，圍城之役，諸將議不一，故久無成功。世宗欲解去而未決，聞彦超戰死，遽班師，倉卒之際，亡失甚衆。世宗既惜彦超而憤無成功，憂忿不食者數日。贈彥超太師，[2]優卹其家焉。

[1]高平：縣名。治所在今山西高平市。
[2]太師：官名。與太傅、太保合稱三師，唐後期、五代多爲大臣、勛貴加官。正一品。

孫晟

孫晟初名鳳，又名忌，密州人也。[1]好學，有文辭，尤長於詩。少爲道士，居廬山簡寂宫。[2]常畫唐詩人賈島像置于屋壁，[3]晨夕事之。簡寂宫道士惡晟，以爲妖，以杖驅出之。乃儒服北之趙、魏，謁唐莊宗于鎮州，莊宗以晟爲著作佐郎。[4]

[1]密州：州名。治所在今山東諸城市。
[2]廬山簡寂宫：道觀名。位於今江西廬山市。
[3]賈島：人名。范陽（今河北涿州市）人。唐代詩人。傳見《新唐書》卷一七六。
[4]著作佐郎：官名。簡稱著作。魏晋始置，爲著作郎之輔，掌編修國史。唐代隸秘書省著作局，置四人，協助著作郎撰擬文字，掌理局事。從六品上。

天成中，[1]朱守殷鎮汴州，[2]辟爲判官。[3]守殷反，伏誅，晟乃棄其妻子，亡命陳、宋之間。[4]安重誨惡晟，[5]以謂教守殷反者晟也，畫其像購之，不可得，遂族其家。

[1]天成：後唐明宗李嗣源年號（926—930）。

[2]朱守殷：人名。籍貫不詳。五代後唐將領。傳見《舊五代史》卷七四、本書卷五一。　汴州：州名。治所在今河南開封市。

[3]判官：官名。唐五代方鎮僚屬，位在行軍司馬下。分掌使衙內各曹事，並協助使職官員通判衙事。品秩不詳。

[4]陳：州名。治所在今河南淮陽縣。　宋：州名。治所在今河南商丘市睢陽區。

[5]安重誨：人名。應州（今山西應縣）人。五代後唐大臣。傳見《舊五代史》卷六六、本書卷二四。

晟奔于吳。是時，李昪方篡楊氏，[1]多招四方之士，得晟，喜其文辭，使爲教令，由是知名。晟爲人口吃，遇人不能道寒暄，已而坐定，談辯鋒生，聽者忘倦。昪尤愛之，引與計議，多合意，以爲右僕射，[2]與馮延巳並爲昪相。[3]晟輕延巳爲人，常曰："金碗玉盃而盛狗屎可乎？"[4]晟事昪父子二十餘年，官至司空，[5]家益富驕，每食不設几案，使衆妓各執一器，環立而侍，號"肉臺盤"，時人多效之。

[1]李昪：人名。徐州（今江蘇徐州市）人。五代十國南唐建立者。傳見《舊五代史》卷一三四、本書卷六二。

[2]右僕射：官名。秦始置。隋、唐前期以左、右僕射佐尚書令總理六官，綱紀庶務，如不置尚書令，則總判省事，爲宰相之職。唐後期多爲大臣加銜。從二品。

[3]馮延巳：人名。江都府（今江蘇揚州市）人。五代十國南唐詩人、大臣。事見《舊五代史》卷一一八、本書卷六二。

[4]金碗玉盃："碗"，原作"椀"，"碗""椀"互爲異體。"盃"同"杯"。

[5]司空：官名。與太尉、司徒並爲三公，唐後期、五代多爲大臣、勛貴加官。正一品。

周世宗征淮，李景懼，[1]始遣泗州牙將王知朗至徐州，[2]奉書以求和，世宗不答。又遣翰林學士鍾謨、文理院學士李德明奉表稱臣，[3]不答。乃遣禮部尚書王崇質副晟奉表，[4]謨與晟等皆言景願割壽、濠、泗、楚、光、海六州之地，[5]歲貢百萬以佐軍。而世宗已取滁、揚、濠、泗諸州，[6]欲盡取淮南乃止，因留使者不遣，而攻壽州益急。謨等見世宗英武非景敵，而師甚盛，壽春且危，[7]乃曰："願陛下寬臣五日之誅，容臣還取景表，盡獻江北諸州。"[8]世宗許之，遣供奉官安弘道押德明、崇質南還，[9]而謨與晟皆見留。德明等既還，景悔，不肯割地。世宗亦以暑雨班師，留李重進、張永德等分攻廬、壽，[10]周兵所得揚、泰諸州，[11]皆不能守，景兵復振。重進與永德兩軍相疑，有隙，永德上書言重進反，世宗不聽。景知二將之相疑也，乃以蠟丸書遺重進，勸其反。

[1]李景：即南唐元宗李璟，徐州彭城（今江蘇徐州市）人。南唐烈祖李昇長子，南唐第二位皇帝。後因受後周威脅，削去帝號，改稱國主。事見《舊五代史》卷一三四、本書卷六二。
[2]泗州：州名。治所在今江蘇泗洪縣東南，今已没入洪澤湖中。　牙將：官名。古代軍隊中的中低級軍官。品秩不詳。　王知朗：人名。五代十國時期南唐官員。事迹僅此一見。　徐州：據中華點校本考，《舊五代史》卷一一六《周世宗紀三》及《南唐書》卷三、卷一六作"滁州"。校勘記云："按本書卷一二《周本紀》、

《舊五代史》卷一一六《周世宗紀三》，時世宗親征，方克滁州，故王知朗赴滁州奉書。"當是。

[3]翰林學士：官名。由南北朝始設之學士發展而來，唐玄宗改翰林供奉爲翰林學士，備顧問，代王言。掌拜免將相、號令征伐等詔令的起草。品秩不詳。　鍾謨：人名。字仲益。五代十國南唐官員。事見本書卷一二及本卷。　文理院學士：官名。文理院官員。南唐設。具體執掌、品秩不詳。　李德明：人名。五代十國南唐官員。事見本書卷六二。

[4]禮部尚書：官名。尚書省禮部長官，掌禮儀、祭享、貢舉之政。正三品。　王崇質：人名。五代十國南唐大臣。事見本書卷六二。

[5]壽：州名。治所在今安徽壽縣。　濠：州名。治所在今安徽鳳陽縣。　楚：州名。治所在今江蘇淮安市。　光：州名。治所在今河南潢川縣。　海：州名。治所在今江蘇連雲港市海州區。

[6]滁：州名。治所在今安徽滁州市。　揚：州名。治所在今江蘇揚州市。

[7]壽春：縣名。治所在今安徽壽縣。

[8]江北：原作"淮北"，中華點校本據浙江本、宗文本、本書卷六二、《舊五代史》卷一一六、《冊府》卷一六七、《通鑑》卷二九三、馬令《南唐書》卷四及卷一六改，今從。

[9]供奉官：官名。泛指侍奉皇帝左右的臣僚，亦爲東、西頭供奉官通稱。品秩不詳。　安弘道：人名。籍貫不詳。此事另見《通鑑》卷二九三。

[10]李重進：人名。滄州（今河北滄州市）人。五代後周將領。北宋建立後起兵反叛，兵敗身死。傳見《宋史》卷四八四。　廬：州名。治所在今安徽合肥市。

[11]泰：州名。治所在今江蘇泰州市。

763

初，晟之奉使也，語崇質曰："吾行必不免，然吾終不負永陵一抔土也。"[1]永陵者，昪墓也。及崇質還，而晟與鍾謨俱至京師，館于都亭驛，[2]待之甚厚，每朝會入閤，使班東省官後，召見必飲以醇酒。已而周兵數敗，盡失所得諸州，世宗憂之，召晟問江南事，晟不對，世宗怒，未有以發。會重進以景蠟丸書來上，多斥周過惡以爲言，由是發怒曰："晟來使我，言景畏吾神武，願得北面稱臣，保無二心，安得此指斥之言乎？"亟召侍衛軍虞候韓通收晟下獄，[3]及其從者二百餘人皆殺之。[4]晟臨死，世宗猶遣近臣問之，晟終不對，神色怡然，正其衣冠南望而拜曰："臣惟以死報國爾！"乃就刑。晟既死，鍾謨亦貶耀州司馬。[5]其後，世宗怒解，憐晟忠，悔殺之，召拜鍾謨衛尉少卿。[6]景已割江北，遂遣謨還，而景聞晟死，亦贈魯國公。[7]

[1]永陵：李昪及其皇后宋氏的合葬陵，位於今江蘇南京江寧區祖堂山。李昪墓出土玉册稱爲"欽陵"。原因爲郭威父親郭簡死後，郭威追尊其墓爲"欽陵"。交泰元年（958）五月李璟臣服於後周，故將李昪墓"欽陵"改名"永陵"。參見曾昭燏、張彬《南唐二陵發掘簡略報告》，《文物參考資料》1951年第7期。

[2]都亭驛：唐、五代時設於都城或陪都的館驛。

[3]侍衛軍虞候：官名。即侍衛親軍都虞候。五代時期侍衛親軍的高級統率官。品秩不詳。　韓通：人名。并州太原（今山西太原市）人。後周將領。傳見《宋史》卷四八四。

[4]及其從者二百餘人皆殺之："二百"，中華點校本云《舊五代史》卷一三一、《通鑑》卷二九三作"百"。

[5]耀州：州名。治所在今陝西耀縣。　司馬：官名。州軍佐

官，名義上紀綱衆務，通判列曹，品高俸厚，實際上無具體職事，多用以安置貶謫官員，或用作遷轉官階。上州從五品下，中州正六品下，下州從六品上。

［6］衛尉少卿：官名。北魏置，隋、唐、五代爲衛尉寺次官。協助衛尉卿掌供宮廷、祭祀、朝會之儀仗帷幕，通判本寺事務。從四品上。

［7］魯國公：封爵名。

新五代史　卷三四

一行傳第二十二

鄭遨 張薦明附　石昂　程福贇　李自倫

嗚呼，五代之亂極矣，傳所謂"天地閉，賢人隱"之時歟！當此之時，臣弒其君，子弒其父，而搢紳之士安其祿而立其朝，充然無復廉恥之色者皆是也。吾以謂自古忠臣義士多出於亂世，而怪當時可道者何少也，豈果無其人哉？雖曰干戈興，學校廢，而禮義衰，風俗隳壞，至於如此，然自古天下未嘗無人也，吾意必有絜身自負之士，嫉世遠去而不可見者。自古材賢有韞于中而不見于外，或窮居陋巷，委身草莽，雖顏子之行，不遇仲尼而名不彰，況世變多故，而君子道消之時乎！吾又以謂必有負材能，修節義，而沉淪于下，泯沒而無聞者。求之傳記，而亂世崩離，文字殘缺，不可復得，然僅得者四五人而已。

處乎山林而群麋鹿，雖不足以為中道，然與其食人之祿，俛首而包羞，孰若無愧於心，放身而自得？吾得二人焉，曰鄭遨、張薦明。勢利不屈其心，去就不違其義，吾得一人焉，曰石昂。苟利於君，以忠獲罪，而何必自明，有至死而不言者，此古之義士也，吾得一人焉，曰程福贇。五代之亂，君不君，臣不臣，父不父，子不子，至於兄弟、夫婦人倫之際，無不大壞，而天理幾乎其滅矣。於此之時，能以孝悌自脩於一鄉，而風行於天下者，猶或有之，然其事迹不著，而無可紀次，獨其名氏或因見於書者，吾亦不敢没，而其略可録者，吾得一人焉，曰李自倫。作《一行傳》。

鄭遨　張薦明附

鄭遨字雲叟，滑州白馬人也。[1]唐明宗祖廟諱遨，[2]故世行其字。遨少好學，敏於文辭。唐昭宗時，[3]舉進士不中，見天下已亂，有拂衣遠去之意，欲攜其妻、子與俱隱，其妻不從，遨乃入少室山爲道士。[4]其妻數以書勸遨還家，輒投之於火，後聞其妻、子卒，一慟而止。

[1]滑州：州名。治所在今河南滑縣。　白馬：縣名。治所在今河南滑縣。

[2]唐明宗：即李嗣源。沙陀部人。原名邈佶烈，李克用養子。五代後唐明宗，926年至933年在位。紀見《舊五代史》卷三五至卷四四、本書卷六。

[3]唐昭宗：即李曄。888年至904年在位。紀見《舊唐書》卷二〇上、《新唐書》卷一〇。

[4]少室山：山名。位於今河南登封市西北。

遨與李振故善,[1]振後事梁貴顯,欲以祿遨,遨不顧。後振得罪南竄,遨徒步千里往省之,由是聞者益高其行。

[1]李振:人名。西州(今新疆吐魯番市)人。祖居西域,祖、父在唐皆官郡守。五代後梁大臣。傳見《舊五代史》卷一八、本書卷四三。

其後,遨聞華山有五粒松,脂淪入地,千歲化爲藥,能去三尸,因徙居華陰,[1]欲求之。與道士李道殷、羅隱之友善,[2]世目以爲三高士。遨種田,隱之賣藥以自給,道殷有釣魚術,鈎而不餌,又能化石爲金,遨嘗驗其信然,而不之求也。節度使劉遂凝數以寶貨遺之,[3]遨一不受。唐明宗時以左拾遺、晉高祖時以諫議大夫召之,[4]皆不起,即賜號爲逍遙先生。天福四年卒,[5]年七十四。

[1]華陰:縣名。治所在今陝西華陰市。
[2]李道殷:人名。五代道士,籍貫、事迹不詳。 羅隱之:人名。五代道士,籍貫、事迹不詳。
[3]節度使:官名。唐時在重要地區所設掌握一州或數州軍事、民事、財政的長官。品秩不詳。 劉遂凝:人名。籍貫不詳,歷任華州節度使、右龍武統軍、左驍衛上將軍。事見《舊五代史》卷七八、卷八一、卷一〇三。
[4]左拾遺:官名。唐代門下省所屬的諫官。掌規諫,薦舉人才。從八品上。 晉高祖:即石敬瑭。沙陀族人。五代後唐將領、後晉開國皇帝。紀見《舊五代史》卷七五至八〇、本書卷八。 諫

議大夫：官名。秦始置，掌朝政議論。隋唐仍置，有左、右諫議大夫各四人，分屬門下、中書二省。掌諫諭得失，侍從贊相。唐後期、五代多以本官領他職。正四品下。

[5]天福：五代後晉高祖石敬瑭年號（936—942），出帝石重貴沿用至天福九年（944）。

遨之節高矣，遭亂世不污於榮利，至棄妻、子不顧而去，豈非與世自絶而篤愛其身者歟？然遨好飲酒弈棋，時時爲詩章落人間，人間多寫以縑素，相贈遺以爲寶，至或圖寫其形，軹于屋壁，其迹雖遠而其名愈彰，與乎石門、荷蓧之徒異矣。

與遨同時張薦明者，燕人也。少以儒學遊河朔，[1]後去爲道士，通老子、莊周之説。高祖召見，問道家可以治國乎？對曰："道也者，妙萬物而爲言，得其極者，尸居衽席之間可以治天地也。"高祖大其言，延入内殿講《道德經》，拜以爲師。薦明聞宮中奏時鼓，曰："陛下聞鼓乎？其聲一而已。五音十二律，[2]鼓無一焉，然和之者鼓也。夫一，萬事之本也，能守一者可以治天下。"高祖善之，賜號通玄先生，後不知其所終。

[1]河朔：泛指黄河以北地區。
[2]五音十二律：五音，又稱"五聲"。即中國五聲音階中的宮、商、角、徵、羽五個音級。十二律，將一個八度分爲十二個不完全相等的半音的一種律制；各律從低到高依次爲黄鐘、大吕、太簇、夾鐘、姑洗、仲吕、蕤賓、林鐘、夷則、南吕、無射、應鐘。

石昂

　　石昂，青州臨淄人也。[1]家有書數千卷，喜延四方之士，士無遠近，多就昂學問，食其門下者或累歲，昂未嘗有怠色。而昂不求仕進。節度使符習高其行，[2]召以爲臨淄令。習入朝京師，監軍楊彥朗知留後事，[3]昂以公事至府上謁，贊者以彥朗諱"石"，更其姓曰"右"。[4]昂趨于庭，仰責彥朗曰："内侍奈何以私害公！昂姓'石'，非'右'也。"[5]彥朗大怒，拂衣起去，昂即趨出。解官還于家，語其子曰："吾本不欲仕亂世，果爲刑人所辱，子孫其以我爲戒！"

　　[1]青州：州名。治所在今山東青州市。　臨淄：縣名。治所在今山東淄博市臨淄區。

　　[2]符習：人名。趙州（今河北趙縣）人。五代後唐將領。傳見《舊五代史》卷五九、本書卷二六。

　　[3]監軍：官名。爲臨時差遣，代表朝廷協理軍務、督察將帥。唐、五代時常以宦官爲監軍。品秩不詳。　楊彥朗：人名。籍貫、事迹不詳。本書僅此一見。　留後：官名。原非正式命官，唐朝節度使入朝或宰相、親王遥領節度使不臨鎮則置。安史之亂後，節度使多以子弟或親信爲留後，以代行節度使職務，亦有軍士、叛將自立爲留後者。掌一州或數州軍政。北宋始爲朝廷正式命官。

　　[4]更其姓曰"右"："姓"，原作"名"，中華點校本據浙江本、宗文本、《五代史詳節》卷五改，今從。

　　[5]仰責彥朗曰："仰"，原作"昂"，中華點校本據浙江本、宗文本改，今從。

　　昂父亦好學，平生不喜佛説。父死，昂於柩前誦

《尚書》，曰："此吾先人之所欲聞也。"禁其家不可以佛事污吾先人。

晋高祖時，詔天下求孝悌之士，户部尚書王權、宗正卿石光贊、國子祭酒田敏、兵部侍郎王延等相與詣東上閤門，[1]上昂行義可以應詔。詔昂至京師，召見便殿，以爲宗正丞。[2]遷少卿。[3]出帝即位，[4]晋政日壞，昂數上疏極諫，不聽，乃稱疾東歸，以壽終于家。昂既去，而晋室大亂。

[1]户部尚書：官名。尚書省户部長官。掌管全國土地、户籍、賦税、財政收支諸事。正三品。　王權：人名。太原（今山西太原市）人。五代官員。傳見《舊五代史》卷九二、本書卷五六。宗正卿：官名。秦始置宗正，南朝梁始有宗正卿之官。由宗室充任。掌皇族外戚屬籍。正三品。　石光贊：人名。籍貫不詳。歷任滑州節度判官、宗正卿、太子賓客。事見《舊五代史》卷七六、卷八四、卷一一四。　國子祭酒：官名。古代國子學或太學長官。晋武帝司馬炎始置。掌邦國儒學訓導之政令，領太學、國子學及國子監所屬各學。從三品。　田敏：人名。淄州鄒平（今山東鄒平縣）人。五代、宋初大臣、學者。傳見《宋史》卷四三一。　兵部侍郎：官名。尚書省兵部次官。協助兵部尚書掌武官銓選、勛階、考課之政。正四品下。　王延：人名。鄭州（今河南鄭州市）人。五代大臣，歷事五代各朝。傳見《舊五代史》卷一三一、本書卷五七。

[2]宗正丞：官名。隋、唐、五代置爲宗正寺佐官，位次少卿，員二人，掌判本寺日常公務。從六品上。

[3]少卿：官名。唐代爲九寺（太常、光禄、衛尉、宗正、太僕、大理、鴻臚、司農、太府）的副長官。諸寺各置二人，其職爲協助九卿負責諸寺的具體事務。除太常少卿爲正四品上外，餘寺皆

爲從四品上。

[4]出帝：即後晋少帝石重貴。石敬瑭從子。紀見《舊五代史》卷八一至卷八五、本書卷九。

程福赟

程福赟者，不知其世家。爲人沉厚寡言而有勇。少爲軍卒，以戰功累遷洺州團練使。[1]晋出帝時，爲奉國右廂都指揮使。[2]開運中，[3]契丹入寇，[4]出帝北征，奉國軍士乘間夜縱火焚營，欲因以爲亂，福赟身自救火被傷，火滅而亂者不得發。福赟以爲契丹且大至，而天子在軍，京師虛空，不宜以小故動搖人聽，因匿其事不以聞。軍將李殷位次福赟下，[5]利其去而代之，因誣福赟與亂者同謀，不然何以不奏。出帝下福赟獄，人皆以爲冤，福赟終不自辨以見殺。

[1]洺州：州名。治所在今河北邯鄲市永年區。　團練使：官名。唐代中期以後，於不設節度使的地區設團練使，掌本區各州軍政。品秩不詳。

[2]奉國右廂都指揮使：官名。所部統兵將領。奉國爲部隊番號。品秩不詳。中華點校本引《舊五代史》卷九五作"奉國左廂都指揮使"，《册府》卷一二三記爲"奉國左第三軍都指揮使"。

[3]開運：後晋出帝石重貴年號（944—947）。

[4]契丹：古部族、政權名。公元4世紀中葉宇文部爲前燕攻破，始分離而成單獨的部落，自號契丹。唐貞觀中，置松漠都督府，以其首領爲都督。唐末彊盛，916年迭剌部耶律阿保機建立契丹國（遼）。先後與五代、北宋並立，保大五年（1125）爲金所滅。參見張正明《契丹史略》，中華書局1979年版。

[5]李殷：人名。薊州（治今天津薊州區）人。五代後唐、後晉將領。傳見《舊五代史》卷一〇六。

李自倫

李自倫者，深州人也。[1]天福四年正月，尚書户部奏："深州司功參軍李自倫六世同居，[2]奉敕准格。按格，孝義旌表，必先加按驗，孝者復其終身，義門仍加旌表。得本州審到鄉老程言等稱，自倫高祖訓，[3]訓生粲，[4]粲生則，[5]則生忠，[6]忠生自倫，自倫生光厚，六從同居不妄。"[7]敕以所居飛鳬鄉爲孝義鄉，匡聖里爲仁和里，准式旌表門閭。

[1]深州：州名。治所在今河北深州市。
[2]尚書户部：應爲"户部尚書"，官名。即尚書省户部長官。掌管全國土地、户籍、賦税、財政收支諸事。正三品。 司功參軍：官名。掌税課、假使、祭祀、禮樂、學校、表疏、書啓、禄食、祥異、醫藥、卜筮、陳設、喪葬。唐制，在府爲功曹參軍，在州爲司功參軍，在縣爲司功。品秩不詳。
[3]訓：即李訓。事迹不詳。
[4]粲：即李粲。事迹不詳。
[5]則：即李則。事迹不詳。
[6]忠：即李忠。事迹不詳。
[7]六從同居不妄：中華點校本引浙江本、宗文本、《五代史詳節》卷五改作"六世"。《册府》卷一四〇叙其事作"六從弟兄同居不妄"。

九月丙子，户部復奏："前登州義門王仲昭六世同居,[1]其旌表有聽事、步欄，前列屏，樹烏頭正門，閥閱一丈二尺，烏頭二柱端冒以瓦桶,[2]築雙闕一丈，在烏頭之南三丈七尺，夾樹槐柳，十有五步，請如之。"敕曰："此故事也，令式無之。其量地之宜，高其外門，門安綽楔，左右建臺，高一丈二尺，廣狹方正稱焉，圬以白而赤其四角,[3]使不孝不義者見之，可以悛心而易行焉。"

[1]戶部：官署名。主管全國田戶、均輸、錢穀之政令。　登州：州名。治所在今山東蓬萊市。　王仲昭：人名。登州（今山東蓬萊市）人。五代人。事見《舊五代史》卷七八。《舊五代史》卷七八作"鄧州義門王仲昭"。

[2]烏頭二柱端冒以瓦桶："瓦桶"，中華點校本云《舊五代史》卷七八、《册府》卷一四〇作"瓦桷"。

[3]圬以白而赤其四角："圬"，原作"污"，據殿本、南監本、北監本、汪本、元刊本改。圬，粉刷、塗抹。

新五代史　卷三五

唐六臣傳第二十三

張文蔚　楊涉　張策　趙光逢　薛貽矩　蘇循 杜曉附

　　甚哉，白馬之禍，悲夫，可爲流涕者矣！然士之生死，豈其一身之事哉？初，唐天祐三年，[1]梁王欲以嬖吏張廷範爲太常卿，[2]唐宰相裴樞以謂太常卿唐常以清流爲之，[3]廷範乃梁客將，不可。梁王由此大怒，曰："吾常語裴樞純厚不陷浮薄，今亦爲此邪！"是歲四月，彗出西北，掃文昌、軒轅、天市，[4]宰相柳璨希梁王旨，[5]歸其譴於大臣，於是左僕射裴樞、獨孤損、右僕射崔遠、守太保致仕趙崇、兵部侍郎王贊、工部尚書王溥、吏部尚書陸扆皆以無罪貶，[6]同日賜死于白馬驛。[7]凡搢紳之士與唐而不與梁者，[8]皆誣以朋黨，[9]坐貶死者數百人，而朝廷爲之空。

　　[1]天祐：唐昭宗李曄開始使用的年號（904—907）。唐哀帝李柷沿用。唐亡後，河東李克用、李存勖仍稱天祐，沿用至天祐二

十年（923）。五代十國其他政權亦有行此年號者，如南吳、吳越等。

［2］張廷範：人名。清河（今河北清河縣）人。唐末朱溫屬吏。初爲優伶，奉命護送昭宗東遷洛陽，後爲朱溫貶殺。傳見《新唐書》卷二二三下。原作"張延範"，中華點校本據宗文本、《五代史詳節》卷五改，今從。本卷下同。　太常卿：官名。西漢置太常，南朝梁始置太常卿。太常寺長官。掌宗廟祭祀禮樂及教育等。正三品。

［3］裴樞：人名。絳州聞喜（今山西聞喜縣）人。唐末宰相。傳見《舊唐書》卷一一三、《新唐書》卷一四〇。　清流：清澈的水流。比喻德行高潔的士大夫。

［4］彗：星名。又稱掃把星。古代以爲妖星之屬，是兵興、大水的徵兆。　文昌：星名。斗魁上六星的總稱。　軒轅：星名。共十七星，屬於二十八宿之星宿。　天市：星名。共二十三星，在房、心兩宿東北。

［5］柳璨：人名。河東（今山西永濟市）人。唐末宰相、文學家、史學家。傳見《舊唐書》卷一七九、《新唐書》卷二二三下。

［6］左僕射：官名。秦始置。隋、唐前期，以左、右僕射佐尚書令總理六官、綱紀庶務；如不置尚書令，則總判省事，爲宰相之職。唐後期多爲大臣加銜。從二品。　獨孤損：人名。匈奴獨孤氏。唐雲州刺史獨孤密之孫，吏部侍郎獨孤雲之子。唐昭宗朝宰相。事見《舊唐書》卷二〇上下。　右僕射：官名。秦始置。隋、唐前期以左、右僕射佐尚書令總理六官，綱紀庶務；如不置尚書令，則總判省事，爲宰相之職。唐後期多爲大臣加銜。從二品。崔遠：人名。博陵安平（今河北安平縣）人。唐昭宗朝宰相。傳見《舊唐書》卷一七七、《新唐書》卷一八二。　太保：官名。與太師、太傅並爲三師。唐後期、五代多爲大臣、勛貴加官。正一品。致仕：官員告老辭官。　趙崇：人名。籍貫不詳。唐昭宗朝宰相。事見《舊唐書》卷二〇上下、《新唐書》卷一八三。　兵部侍

郎：官名。尚書省兵部次官。協助兵部尚書掌武官銓選、勳階、考課之政。正四品下。　王贊：人名。籍貫不詳。唐昭宗朝宰相。事見《舊唐書》卷二〇下。　工部尚書：官名。尚書省工部長官。掌百工、屯田、山澤之政令。正三品。　王溥：人名。籍貫不詳。唐昭宗朝宰相。傳見《新唐書》卷一八二。　吏部尚書：官名。尚書省吏部長官。與二侍郎分掌六品以下文官選授、勳封、考課之政令。正三品。　陸扆：人名。嘉興（今浙江嘉興市）人。唐德宗朝宰相陸贄族孫。唐昭宗朝宰相。傳見《新唐書》卷一八三。

[7]白馬驛：地名。位於唐代滑州白馬縣（今河南滑縣）。

[8]搢紳：官員朝會時，束大帶而插笏板。後用以代指官員、士大夫。搢，插。紳，寬的束腰帶。

[9]朋黨：指同類人爲私利而勾結形成的團體。

　　明年三月，唐哀帝遜位于梁，遣中書侍郎、同中書門下平章事張文蔚爲册禮使；[1]禮部尚書蘇循爲副；[2]中書侍郎、同中書門下平章事楊涉爲押傳國寶使，[3]翰林學士、中書舍人張策爲副；[4]御史大夫薛貽矩爲押金寶使，[5]尚書左丞趙光逢爲副。[6]四月甲子，文蔚等自上源驛奉册寶，乘輅車，導以金吾仗衛、太常鹵簿，朝梁于金祥殿。[7]王衮冕南面，[8]臣文蔚、臣循奉册升殿，進讀已，臣涉、臣策奉傳國璽，臣貽矩、臣光逢奉金寶，以次升，進讀已，降，率文武百官北面舞蹈再拜賀。[9]

　　[1]中書侍郎：官名。中書省副長官。唐後期三省長官漸爲榮銜，中書侍郎、門下侍郎却因參議朝政而職位漸重，常常用爲以"同三品"或"同平章事"任宰相者的本官。正三品。　同中書門下平章事：官名。簡稱"同平章事"。唐高宗以後，凡實際任宰相

之職者，常在其本官後加同平章事的職銜。後成爲宰相專稱。品秩不詳。　册禮使：官名。舉行册封典禮時臨時設置的官職，册封儀式結束即罷。品秩不詳。

[2]禮部尚書：官名。尚書省禮部長官。掌禮儀、祭享、貢舉之政。正三品。

[3]押傳國寶使：官名。册封大禮上掌押傳國印寶。非常設官，由他官兼任，事畢則罷。品秩不詳。

[4]翰林學士：官名。由南北朝始設之學士發展而來，唐玄宗改翰林供奉爲翰林學士，備顧問，代王言，掌拜免將相、號令征伐等詔令的起草。品秩不詳。　中書舍人：官名。中書省屬官。掌起草文書、呈遞奏章、傳宣詔命等。正五品上。

[5]御史大夫：官名。秦始置，與丞相、太尉合稱三公。至唐代，在御史中丞之上設御史大夫一人，爲御史臺長官，專掌監察、執法。正三品。　押金寶使：官名。册封大禮上掌押印寶。非常設官，由他官兼任，事畢則罷。品秩不詳。

[6]尚書左丞：官名。尚書省佐貳官。唐中期以後，與尚書右丞實際主持尚書省日常政務，權任甚重。正四品上。

[7]上源驛：地名。位於今河南開封市内。　册寶：册書和寶璽。　輅車：天子車駕。可分爲大輅、玉輅、金輅、象輅、革輅、木輅等。　金吾仗衛：部隊番號。即"金吾衛"。分置左右，掌宫禁宿衛、京城巡警、大禮儀仗等。　太常鹵簿：太常，即太常寺，掌宗廟祭祀禮樂及教育等。鹵簿，指帝后出行時的儀仗隊。蔡邕《獨斷》卷下載："天子出，車駕次第謂之鹵簿。"　金祥殿：宫殿名。位於今河南開封市。

[8]袞冕：袞服和冠冕。皇帝、王公大臣的禮服。參見閻步克《服周之冕——〈周禮〉六冕禮制的興衰變異》，中華書局2009年版。　南面：天子尊位。古代以坐北朝南爲尊位，故天子臨朝，皆南面而坐。

[9]北面：臣僚、卑者之位。天子南面，臣僚北面。　舞蹈：

中國古代朝參禮儀。參見〔日〕渡邊信一郎《元會的建構》，載溝口雄三、小島毅主編《中國的思維世界》，江蘇人民出版社2006年版。　再拜：行兩次拜禮，禮節較爲隆重。

夫一太常卿與社稷孰爲重？使樞等不死，尚惜一卿，其肯以國與人乎？雖樞等之力未必能存唐，然必不亡唐而獨存也。嗚呼！唐之亡也，賢人君子既與之共盡，其餘在者皆庸懦不肖、傾險獪猾、趨利賣國之徒也。不然，安能蒙耻忍辱於梁庭如此哉！作《唐六臣傳》。

張文蔚

張文蔚字右華，河間人也。[1]初以文行知名，舉進士及第。唐昭宗時，爲翰林學士承旨。[2]是時，天子微弱，制度已隳，文蔚居翰林，制詔四方，獨守大體。昭宗遷洛，拜中書侍郎、同中書門下平章事。柳璨殺裴樞等七人，蔓引朝士，輒加誅殺，縉紳相視以目，皆不自保，文蔚力講解之，朝士多賴以全活。

[1]河間：縣名。治所在今河北河間市。
[2]翰林學士承旨：官名。爲翰林學士之首。掌拜免將相、號令征伐等詔令的起草。《舊唐書》卷四三《職官志二·翰林院》："例置學士六人，內擇年深德重者一人爲承旨，所以獨承密令故也。"品秩不詳。

梁太祖，[1]仍以文蔚爲相，梁初制度皆文蔚所裁定。

文蔚居家亦孝悌。開平二年，[2]太祖北巡，留文蔚西都，[3]以暴疾卒，贈右僕射。

[1]梁太祖：中華點校本據浙江本、《名賢氏族言行類稿》卷二五補"立"，作"梁太祖立"。
[2]開平：後梁太祖朱溫年號（907—911）。
[3]西都：指後梁西都洛陽（今河南洛陽市）。後梁以開封爲東都、東京，以洛陽爲西都。後唐恢復唐制，以洛陽爲東都，長安爲西都。

楊涉

楊涉，祖收，[1]唐懿宗時宰相；父嚴，[2]官至兵部侍郎。涉舉進士，昭宗時爲吏部尚書。哀帝即位，拜中書侍郎、同中書門下平章事。涉，唐名家，世守禮法，而性特謹厚，不幸遭唐之亂。拜相之日，與家人相對泣下，顧謂其子凝式曰："吾不能脱此網羅，禍將至矣，必累爾等。"唐亡，事梁爲門下侍郎、同中書門下平章事，在位三年，俛首無所施爲，罷爲左僕射，知貢舉，[3]後數年卒。

[1]收：人名。即楊收。同州馮翊（今陝西大荔縣）人。傳見《舊唐書》卷一七七、《新唐書》卷一八四。據兩《唐書》本傳，楊收、楊嚴爲兄弟。楊收爲楊涉從父，與此不同。
[2]嚴：人名。即楊嚴。傳見《舊唐書》卷一七七、《新唐書》卷一八四。
[3]知貢舉：官名。唐始置，爲主持禮部會試的考官。品秩不詳。

子凝式，有文詞，善筆札，歷事梁、唐、晋、漢、周，常以心疾致仕，[1]居于洛陽，官至太子太保。[2]

[1]心疾：中醫名詞。指内臟的某種疾病，並不一定專指心臟病，也有可能是指胸或上腹部其他器官的疾病。
[2]太子太保：官名。與太子太師、太子太傅統稱太子三師。隋唐以後多作加官或贈官。從一品。

張策

張策字少逸，河西燉煌人也。[1]父同，[2]爲唐容管經略使。[3]策少聰悟好學，通章句。父同，居洛陽敦化里，[4]浚井得古鼎，銘曰：“魏黄初元年春二月，[5]匠吉千。”同以爲奇，策時年十三，居同側，啓曰：“漢建安二十五年，[6]曹公薨，改元延康。[7]是歲十月，文帝受禪，[8]又改黄初，是黄初元年無二月也，銘何謬邪？”同大驚異之。

[1]河西：方鎮名。治所在涼州（今甘肅武威市）。 燉煌：縣名。治所在今甘肅敦煌市。
[2]同：人名。即張同。《舊唐書》卷一九下《僖宗紀》載，乾符三年（876）以“商州刺史張同爲諫議大夫”。
[3]容管：方鎮名。治所在容州（今廣西容縣）。 經略使：官名。唐代置。爲邊防軍事長官。此處即容州管内經略使。主掌容州一帶諸州政令。品秩不詳。
[4]敦化里：地名。唐代洛陽里坊名。位於今河南洛陽市。
[5]黄初：三國魏文帝曹丕年號（220—226）。
[6]建安：漢獻帝劉協年號（196—220）。

[7]曹公：即曹操。沛國譙（今安徽亳州市）人。漢末大臣，三國魏太祖。紀見《三國志》卷一。　延康：漢獻帝劉協年號（220）。

[8]文帝：即三國魏文帝曹丕。220年至226年在位。紀見《三國志》卷二。

策少好浮圖之説，乃落髮爲僧，居長安慈恩寺。[1]黄巢犯長安，策乃返初服，奉父母以避亂，居田里十餘年。[2]召拜廣文館博士。[3]邠州王行瑜辟觀察支使。[4]晋王李克用攻行瑜，策與婢肩輿其母東歸，[5]行積雪中，行者憐之。梁太祖兼四鎮，辟鄭、滑支使，[6]以母喪解職。服除，入唐爲膳部員外郎。[7]華州韓建辟判官，[8]建徙許州，[9]以爲掌書記，[10]建遣策聘于太祖，太祖見而喜曰："張夫子至矣。"遂留以爲掌書記，薦之于朝，累拜中書舍人、翰林學士。太祖即位，遷工部侍郎、奉旨。[11]開平二年，拜刑部侍郎、[12]同中書門下平章事，遷中書侍郎。以風恚罷爲刑部尚書，[13]致仕，卒于洛陽。

[1]浮圖：梵語音譯，又作佛陀。泛指佛教。　慈恩寺：寺名。位於今陝西西安市和平門外。始建於隋開皇九年（589），初名無漏寺。唐貞觀二十二年（648），太子李治爲紀念生母文德皇后擴建，改稱"慈恩寺"。

[2]黄巢：人名。曹州冤句（今山東菏澤市）人。唐末農民起義領袖。傳見《舊唐書》卷二〇〇下、《新唐書》卷二二五下。

[3]廣文館博士：官名。唐天寶九載（750）置。國子監屬官。正六品上。

[4]邠州：州名。治所在今陝西彬縣。　王行瑜：人名。邠州（今陝西彬縣）人。唐末軍閥。傳見《舊唐書》卷一七五、《新唐書》卷二二四下。　觀察支使：官名。唐置，爲觀察使的佐官，地位在觀察副使之下，判官之上。掌支州、支郡考績。品秩不詳。

[5]肩輿：兩人肩抬的小轎。形制爲在二長竿中設軟椅以坐人。

[6]鄭：州名。治所在今河南鄭州市。　滑：州名。治所在今河南滑縣。

[7]服除：服指喪服，根據親屬關係的遠近，衣服、居喪期限都不同。服除，即除去喪服，也指居喪期結束。　膳部：官署名。尚書省禮部膳部司的簡稱。掌管百官飲食餚饌，及祭祀宴饗等方面的政令。　員外郎：官名。尚書省郎官之一。爲郎中的副職，協助負責諸司事務。從六品上。

[8]華州：州名。治所在今陝西渭南市華州區。　韓建：人名。許州長社（今河南許昌市）人。唐末、五代軍閥。傳見《舊五代史》卷一五、本書卷四〇。　判官：官名。唐五代方鎮僚屬，位在行軍司馬下。分掌使衙內各曹事，並協助使職官員通判衙事。品秩不詳。

[9]許州：州名。治所在今河南許昌市。

[10]掌書記：官名。唐五代方鎮僚屬，位在判官下。掌表奏書檄、文辭之事。品秩不詳。

[11]工部侍郎：官名。尚書省工部次官。協助尚書掌管百工山澤水土之政令，考其功以昭賞罰，總所統各司之事。正四品下。　奉旨：官名。即翰林學士承旨。後梁避朱溫之父朱誠諱，改承旨爲奉旨。

[12]刑部侍郎：官名。尚書省刑部次官。協助刑部尚書掌天下刑法及徒隸、勾覆、關禁之政令。正四品下。

[13]刑部尚書：官名。尚書省刑部長官。掌天下刑法及徒隸、勾覆、關禁之政令。正三品。

趙光逢

趙光逢字延吉，父隱，[1]唐左僕射。光逢在唐以文行知名，時人稱其方直溫潤，謂之"玉界尺"。昭宗時爲翰林學士承旨、御史中丞，[2]以世亂棄官，居洛陽，杜門絕人事者五六年。柳璨爲相，與光逢有舊恩，起光逢爲吏部侍郎、太常卿。[3]

[1]隱：人名。即趙隱。京兆奉天（今陝西乾縣）人。唐懿宗、僖宗朝宰相。傳見《舊唐書》卷一七八、《新唐書》卷一八二。

[2]御史中丞：官名。如不置御史大夫，則爲御史臺長官。掌司法監察。正四品下。

[3]吏部侍郎：官名。尚書省吏部次官，協助吏部尚書掌文選、勛封、考課之政。正四品上。

唐亡，事梁爲中書侍郎、同中書門下平章事，累遷左僕射，以太子太保致仕。末帝即位，[1]起爲司空、同中書門下平章事，復以司徒致仕。[2]唐天成中，即其家拜太保，封齊國公，卒，贈太傅。[3]

[1]末帝：即後梁末帝朱友貞。後梁太祖朱溫之子。913年至923年在位。紀見《舊五代史》卷八至卷一〇、本書卷三。

[2]司空、司徒：官名。與太尉並爲三公。唐後期、五代多爲大臣、勛貴加官。正一品。

[3]太保、太傅：官名。與太師並爲三師。唐後期、五代多爲大臣、勛貴加官。正一品。

薛貽矩

薛貽矩字熙用，河東聞喜人也，[1]仕唐爲兵部侍郎、翰林學士承旨。昭宗自岐還長安，[2]大誅宦者，貽矩時爲中尉韓全誨等作畫像贊，[3]坐左遷。貽矩乃自結於梁太祖，太祖言之於朝，拜吏部尚書，遷御史大夫。天祐三年，太祖自長蘆還軍，[4]哀帝遣貽矩來勞，貽矩以臣禮見，太祖揖之升階，貽矩曰："殿下功德及人，三靈改卜，[5]皇帝方行舜、禹之事，[6]臣安敢違？"乃稱臣拜舞，太祖側身以避之。貽矩還，遂趣哀帝遜位。太祖即位，拜貽矩中書侍郎、同中書門下平章事，累拜司空。貽矩爲梁相五年，卒，贈侍中。[7]

[1]河東：方鎮名。治所在太原（今山西太原市）。　聞喜：縣名。治所在今山西聞喜縣。

[2]岐：封國名。時鳳翔節度使李茂貞爲岐王，故稱。

[3]中尉：官名。指神策軍中尉。唐德宗朝以後，左、右神策軍各置護軍中尉一人，由宦官充任，統領禁軍。品秩不詳。　韓全誨：人名。籍貫不詳。唐末宦官。傳見《新唐書》卷二〇八。

[4]長蘆：縣名。治所在今河北滄州市。

[5]三靈改卜：三靈，爲天、地、人，一說指日、月、星，泛指神靈。改卜，重新占卜。意爲天命更改，由唐朝轉移到朱溫身上。

[6]舜、禹之事：指上古帝王舜禪讓給禹。

[7]侍中：官名。秦始置。係列侯以下至郎中之加官，無定員，本丞相史（屬員），以其往來東廂奏事，故名。隋、唐前期爲門下省長官。唐後期多爲大臣加銜，不參與政務，實際職務由門下侍郎執行。正二品。

蘇循　杜曉附

　　蘇循，不知何許人也。爲人巧佞，阿諛無廉恥，惟利是趨。事唐爲禮部尚書。是時，太祖已弒昭宗，立哀帝，唐之舊臣皆憤惋切齒，或俛首畏禍，或去不仕，而循特傅會梁以希進用。梁兵攻楊行密，[1]大敗于溮河，[2]太祖躁忿，急於禪代，[3]欲邀唐九錫，[4]群臣莫敢當其議，獨循倡言："梁王功德，天命所歸，宜即受禪。"明年，梁太祖即位，循爲册禮副使。

　　[1]而循特傅會："傅"，宗文本、殿本皆作"傅"，中華點校本作"附"。　楊行密：人名。廬州合淝（今安徽合肥市）人。唐末軍閥，五代十國吳國政權奠基者，後被追尊爲吳國太祖。傳見《新唐書》卷一八八、《舊五代史》卷一三四、本書卷六一。
　　[2]溮河：古河流名。流經今安徽六安、壽縣一帶，注入淮河。
　　[3]禪代：皇位的禪讓和更替。
　　[4]九錫："錫"通"賜"，意爲皇帝賜予大臣的九種物品，是對大臣最高的尊崇和禮遇。

　　循有子楷，乾寧中舉進士及第，[1]昭宗遣學士陸扆覆落之，[2]楷常慙恨。及昭宗遇弒，唐政出於梁，楷爲起居郎，[3]與柳璨、張廷範等相結，因謂廷範曰："夫諡者，所以易名而貴信也。前有司諡先帝曰'昭'，名實不稱，公爲太常卿，予史官也，不可以不言。"乃上疏駁議。而廷範本梁客將，嘗求太常卿不得者，廷範亦以此怨唐，因下楷疏廷範，廷範議曰："臣聞執事堅固之謂恭，亂而不損之謂靈，武而不遂之謂莊，在國逢難之謂閔，因事有功之謂襄，請改諡昭宗皇帝曰恭靈莊閔皇帝，廟號襄宗。"

[1]乾寧：唐昭宗李曄年號（894—898）。
[2]覆落：科舉名詞。指科舉考試及第後經覆核而黜落。
[3]起居郎：官名。唐代始置，屬門下省。與中書省起居舍人同掌起居注，記皇帝言行。從六品上。

梁太祖已即位，置酒玄德殿，[1]顧群臣自陳德薄不足以當天命，皆諸公推戴之力。唐之舊臣楊涉、張文蔚等皆慙懼俯伏不能對，獨循與張禕、薛貽矩盛稱梁王功德，[2]所以順天應人者。循父子皆自以附會梁得所託，旦夕引首，希見進用，敬翔尤惡之，[3]謂太祖曰："梁室新造，宜得端士以厚風俗，循父子皆無行，不可立於新朝。"於是父子皆勒歸田里，乃依朱友謙於河中。[4]其後，友謙叛梁降晉，晉王將即位，[5]求唐故臣在者，以備百官之闕，友謙遣循至魏州。[6]是時梁未滅，晉諸將相多不欲晉王即帝位。晉王之意雖銳，將相大臣未有贊成其議者。循始至魏州，望州廨聽事即拜，[7]謂之"拜殿"。及入謁，[8]蹈舞呼萬歲而稱臣，晉王大悦。明日又獻"畫日筆"三十管，[9]晉王益喜，因以循爲節度副使。[10]已而病卒。莊宗即位，贈左僕射。

[1]玄德殿：宮殿名。位於今河南開封市。
[2]張禕：人名。籍貫不詳。唐末刑部尚書、太子太保。事見《舊唐書》卷二〇下。

［3］敬翔：人名。同州馮翊（今陝西大荔縣）人。唐末朱溫謀士，五代後梁大臣。傳見《舊五代史》卷一八、《新五代史》卷二一。

［4］朱友謙：人名。許州（今河南許昌市）人。唐末、五代軍閥。傳見《舊五代史》卷六三、《新五代史》卷四五。　河中：方鎮名。治所在河中府（今山西永濟市）。

［5］晉王：即後唐莊宗李存勖。923年至926年在位。紀見《舊五代史》卷二七至卷三四、本書卷四至卷五。

［6］魏州：州名。治所在今河北大名縣。

［7］州廨：即州衙。州級行政部門處理公務的衙署。

［8］入謁：進見、求見、拜見。

［9］畫日筆：唐制，太子監國，頒佈命令、處理政務文書，畫"日"字表示認可同意。獻畫日筆，即勸進之意。

［10］節度副使：官名。唐五代方鎮屬官。位於行軍司馬之下、判官之上。品秩不詳。

楷，同光中爲尚書員外郎。[1]明宗即位，大臣欲理其駁謚之罪，以憂死。

［1］同光：後唐莊宗李存勖年號（923—926）。

當唐之亡也，又有杜曉者，字明遠。祖審權，[1]父讓能，[2]皆爲唐相。昭宗時，王行瑜、李茂貞兵犯京師，[3]昭宗殺讓能於臨皋以自解。[4]曉以父死無罪，居喪哀毀；服除，布衣幅巾，自廢十餘年。崔胤判鹽鐵，[5]辟巡官，除畿縣尉，直昭文館，皆不起。[6]崔遠判户部，[7]又辟巡官，或謂曉曰："嵇康死，子紹自廢不出仕，山濤以物理責之，乃仕。[8]吾子忍令杜氏歲時鋪席祭其先人同匹庶乎？"曉乃爲之起。累遷膳部郎中、翰林學士。[9]梁太祖即位，遷工部侍郎、奉旨。開平二年，拜中書侍郎、同中書門下平章事。友珪立，[10]遷禮部尚書、集賢殿大學士。[11]袁象先等討賊，[12]兵大掠，曉爲亂兵所殺，贈右僕射。

[1]審權：人名。即杜審權。京兆（今陝西西安市）人。唐懿宗朝宰相。傳見《舊唐書》卷一七七、《新唐書》卷九六。

[2]讓能：人名。即杜讓能。唐僖宗朝宰相。傳見《舊唐書》卷一七七、《新唐書》卷九六。

[3]李茂貞：人名。深州博野（今河北蠡縣）人。唐末、五代軍閥。傳見《舊五代史》卷一三二、本書卷四〇。

[4]臨皋：地名。即臨皋驛。位於今陝西西安市。

[5]崔胤：人名。清河武城（今山東武城縣）人。唐末宰相。傳見《舊唐書》卷一七七、《新唐書》卷二二三下。　鹽鐵：官署名。即鹽鐵司。唐末五代稱鹽鐵、度支、户部爲三司，掌管統籌國家財政之事。鹽鐵司掌管鹽、鐵、茶專賣及徵税等事務。

[6]巡官：官名。鹽鐵使屬官。地位在判官、推官之下，掌巡察及有關事務。品秩不詳。　畿縣尉：官名。縣佐官，掌軍事、治安。唐代縣的級別分爲七等，畿縣是第二等。正九品下。　直昭文館：官名。昭文館直學士的簡稱。位在昭文館學士之下，佐學士掌詳正圖籍，教授生徒。品秩不詳。

[7]崔遠：人名。博陵安平（今河北安平縣）人。唐昭宗朝宰相。傳見《舊唐書》卷一七七、《新唐書》卷一八二。　户部：官署名。唐末五代稱鹽鐵、度支、户部爲三司，掌管統籌國家財政之事。户部掌户口、財賦等事務。

[8]嵇康：人名。譙郡銍（今安徽濉溪縣）人。三國魏國名

士。傳見《晉書》卷四九。　紹：人名。即嵇紹。西晉官員。傳見《晉書》卷八九。　山濤：人名。河內懷縣（今河南武陟縣）人。魏晉官員、名士。傳見《晉書》卷四三。

[9]郎中：官名。尚書省屬官。位在侍郎之下、員外郎之上。六部的郎中主持各司事務。膳部郎中主持尚書省禮部膳部司事務。從五品上。

[10]友珪：人名。即朱友珪。後梁太祖朱溫之子，乾化二年（912）殺死朱溫自立爲帝。次年兵敗身死，被廢爲庶人。傳見《舊五代史》卷一二、本書卷一三。

[11]集賢殿大學士：官名。唐中葉置，位在學士之上，以宰相兼。掌修書之事。品秩不詳。

[12]袁象先：人名。宋州下邑（今河南夏邑縣）人。朱溫之甥。五代後梁、後唐將領。傳見《舊五代史》卷五九、本書卷四五。

　　嗚呼！始爲朋黨之論者誰歟？甚乎作俑者也，真可謂不仁之人哉！予嘗至繁城讀魏受禪碑，[1]見漢之群臣稱魏功德，而大書深刻，自列其姓名，以夸耀于世。又讀《梁實錄》，[2]見文蔚等所爲如此，未嘗不爲之流涕也。夫以國予人而自夸耀，及遂相之，此非小人，孰能爲也？漢、唐之末，舉其朝皆小人也，而其君子者何在哉！當漢之亡也，先以朋黨禁錮天下賢人君子，而立其朝者，皆小人也，然後漢從而亡。及唐之亡也，又先以朋黨盡殺朝廷之士，而其餘存者，皆庸懦不肖傾險之人也，然後唐從而亡。

[1]繁城：縣名。治所在今河南臨潁縣繁城鎮。

［2］《梁實錄》：實錄，朝廷大事的編年記錄。後梁實錄包括太祖實錄、末帝實錄，今皆不存。

夫欲空人之國而去其君子者，必進朋黨之説；欲孤人主之勢而蔽其耳目者，必進朋黨之説；欲奪國而與人者，必進朋黨之説。夫爲君子者，故嘗寡過，小人欲加之罪，則有可誣者，有不可誣者，不能遍及也。至欲舉天下之善，求其類而盡去之，惟指以爲朋黨耳。故其親戚故舊，謂之朋黨可也；交游執友，謂之朋黨可也；宦學相同，謂之朋黨可也；門生故吏，謂之朋黨可也。是數者，皆其類也，皆善人也。故曰：欲空人之國而去其君子者，惟以朋黨罪之，則無免者矣。夫善善之相樂，以其類同，此自然之理也。故聞善者必相稱譽，稱譽則謂之朋黨，得善者必相薦引，薦引則謂之朋黨，使人聞善不敢稱譽，人主之耳不聞有善于下矣，見善不敢薦，則人主之目不得見善人矣。善人日遠，而小人日進，則爲人主者，倀倀然誰與之圖治安之計哉？故曰：欲孤人主之勢而蔽其耳目者，必用朋黨之説也。一君子存，群小人雖衆，必有所忌，而有所不敢爲，惟空國而無君子，然後小人得肆志於無所不爲，則漢魏、唐梁之際是也。故曰：可奪國而予人者，由其國無君子，空國而無君子，由以朋黨而去之也。

嗚呼，朋黨之説，人主可不察哉！

傳曰"一言可以喪邦"者，其是之謂與！可不鑒哉！可不戒哉！

新五代史　卷三六

義兒傳第二十四

李嗣昭　嗣本　嗣恩　存信　存孝　存進　存璋　存賢

　　嗚呼！世道衰，人倫壞，而親疏之理反其常，干戈起於骨肉，異類合爲父子。開平、顯德五十年間，[1]天下五代而實八姓，其三出於丐養。蓋其大者取天下，其次立功名、位將相，豈非因時之隙，以利合而相資者邪！唐自號沙陀，[2]起代北，[3]其所與俱皆一時雄傑齀武之士，[4]往往養以爲兒，號"義兒軍"，至其有天下，多用以成功業，及其亡也亦由焉。太祖養子多矣，[5]其可紀者九人，其一是爲明宗，其次曰嗣昭、嗣本、嗣恩、存信、存孝、存進、存璋、存賢。作《義兒傳》。李存審，后復以符氏大顯，故別自爲傳。

　　[1]開平：五代後梁太祖朱溫年號（907—911）。　顯德：五代後周太祖郭威年號（954）。世宗柴榮、恭帝柴宗訓沿用（954—960）。

［2］唐：指代後唐。　沙陀：部族名。原意爲沙漠。沙陀部源出西突厥。隋文帝開皇二年（582），突厥汗國分裂爲東、西突厥。處月部爲西突厥所屬部落，朱邪是處月的別部。唐初，處月部居於大磧（今蒙古高原大沙漠），因稱沙陀突厥。唐中期時西突厥、處月部均已衰落，朱邪部遂自號沙陀，其首領以朱邪爲姓。事見《新唐書》卷二一八、《舊五代史》卷二五、本書卷四末歐陽脩考證。參見樊文禮《沙陀的族源及其早期歷史》，《民族研究》1999年第6期。

［3］代北：方鎮名。治所在代州（今山西代縣）。

［4］虣（bào）武：凶猛、勇猛。

［5］太祖：即李克用。沙陀人，神武川新城（一説今山西山陰縣附近，一説今山西代縣）人。唐末軍閥，五代後唐太祖。紀見《舊五代史》卷二五。

李嗣昭

李嗣昭，本姓韓氏，汾州太谷縣民家子也。[1]太祖出獵，至其家，見其林中鬱鬱有氣，甚異之，召其父問焉。父言家適生兒，太祖因遺以金帛而取之，命其弟克柔養以爲子。[2]初名進通，後更名嗣昭。嗣昭爲人短小，而膽勇過人。初喜嗜酒，太祖嘗微戒之，遂終身不飲。太祖愛其謹厚，常從用兵，爲衙内指揮使。[3]

［1］太谷縣：縣名。治所在今山西太谷縣。

［2］克柔：人名。即李克柔。李克用之弟。曾任代州刺史。事見《舊五代史》卷五〇、卷五二。

［3］衙内指揮使：官名。唐、五代時衙内指揮使爲節度使府衙内之牙將，統最親近衛兵。品秩不詳。

陝州王珙與其兄珂争立於河中，[1]遣嗣昭助珂，敗珙於猗氏，[2]獲其將三人。梁軍救珙，[3]嗣昭又敗之于胡壁堡，[4]執其將一人。光化元年，[5]澤州李罕之襲潞州以降梁，[6]梁遣丁會應罕之，[7]嗣昭與會戰含山，[8]執其將一人，斬首三千級，遂取澤州。二年，晉遣李君慶攻梁潞州，[9]君慶爲梁所敗，太祖酖殺君慶，嗣昭攻克之。三年，出山東，取梁洺州，[10]梁太祖自將攻之，遣葛從周設伏於青山口。[11]嗣昭聞梁太祖自來，[12]棄城走，前遇伏兵，因大敗。

[1]陝州：州名。治所在今河南三門峽市陝州區。　王珙：人名。王重盈之子。唐末、五代軍閥。傳見《新唐書》卷一八七。　珂：人名。王重榮兄王重簡之子，出繼王重榮。唐末、五代軍閥。傳見《舊唐書》卷一八二、《新唐書》卷一八七、《舊五代史》卷一四、本書卷四二。　河中：府名。治所在今山西永濟市。

[2]猗氏：縣名。治所在今山西臨猗縣。

[3]梁軍：後梁軍隊。《舊五代史》卷一《太祖本紀一》記"帝遣張存敬、楊師厚等領兵赴陝，既而與蒲人戰於猗氏，大敗之"。

[4]胡壁堡：地名。位於今山西萬榮縣。

[5]光化：唐昭宗李曄年號（898—901）。

[6]澤州：州名。治所在今山西晉城市。　李罕之：人名。陳州項城（今河南項城市）人。唐末軍閥，後依附於諸葛爽。傳見《新唐書》卷一八七、《舊五代史》卷一五、本書卷四二。　潞州：州名。治所在今山西長治市。

[7]丁會：人名。壽春（今安徽壽縣）人。唐末將領。傳見《舊五代史》卷五九、本書卷四四。

[8]含山：又作崙山、唅山。在今山西聞喜縣東南。

[9]李君慶：人名。籍貫不詳。後唐將領，曾任都指揮使、蕃漢馬步行營都將。事見《舊五代史》卷二六、卷五二、卷一三二。

[10]洺州：州名。治所在今河北邯鄲市永年區。

[11]葛從周：人名。濮州鄄城（今山東鄄城縣）人。唐末、五代將領。傳見《舊五代史》卷一六、本書卷二一。　青山口：地名。位於今河北邢臺市西南。

[12]梁太祖：即朱溫。後梁開國皇帝。紀見《舊五代史》卷一至卷七、本書卷一至卷二。

天復元年，[1]梁破河中，執王珂，取晉、絳、慈、隰，[2]因大舉擊晉，圍太原。[3]嗣昭日以精騎出擊梁兵，會大雨，梁軍解去。晉汾州刺史李瑭叛降梁軍，[4]梁軍已去，嗣昭復取汾州，斬瑭。遂出陰地，[5]取慈州，降其刺史唐禮。[6]又取隰州，降其刺史張瓌。[7]是歲，梁軍西犯京師，圍鳳翔，[8]嗣昭乘間攻梁晉、絳，戰平陽，[9]執梁將一人。進攻蒲縣。[10]梁朱友寧、氏叔琮以兵十萬迎擊之，[11]嗣昭等敗走，友寧追之，晉遣李存信率兵迎嗣昭，[12]存信又敗。梁軍遂圍太原，而慈、隰、汾州復入于梁。太祖大恐，謀走雲州，[13]李存信等勸太祖奔于契丹，[14]嗣昭力爭以爲不可，賴劉太妃亦言之，[15]乃止。嗣昭晝夜出奇兵擊梁軍，梁軍解去，嗣昭復取汾、慈、隰。是時，鎮、定皆已絕晉而附梁。[16]晉外失大國之援，内亡諸州，仍歲之間，孤城被圍者再。於此時，嗣昭力戰之功爲多。

[1]天復：唐昭宗李曄年號（901—904）。

[2]晉：州名。治所在今山西臨汾市。　絳：州名。治所在今山西新絳縣。　慈：州名。治所在今山西吉縣。　隰（xí）：州名。治所在今山西隰縣。

[3]太原：府名。治所在今山西太原市。

[4]汾州：州名。治所在今山西汾陽市。　刺史：官名。州一級行政長官。漢武帝時始置，總掌考核官吏、勸課農桑、地方教化等事。唐中期以後，節度使、觀察使轄州而設，刺史爲其屬官，職任漸輕。從三品至正四品下。　李瑭：人名。籍貫不詳。唐末李克用部將，汾州刺史，後投降朱溫，爲李嗣昭擒斬。事見《舊五代史》卷二六、本書本卷。

[5]陰地：關隘名。位於今山西靈石縣西南。

[6]唐禮：人名。籍貫不詳。唐末將領，曾任慈州刺史（《舊五代史》卷二六爲"隰州刺史"），事見《舊五代史》卷二六、卷五二。

[7]張璘：人名。籍貫不詳。唐末將領，曾任隰州刺史（《舊五代史》卷二六爲"慈州刺史"），事見《舊五代史》卷二六、卷五二。

[8]鳳翔：方鎮名。治所在鳳翔府（今陝西鳳翔縣）。

[9]平陽：地名。位於今山西臨汾市。

[10]蒲縣：縣名。治所在今山西蒲縣。

[11]朱友寧：人名。朱溫之侄，唐末、五代將領。傳見本書卷一三。　氏叔琮：人名。河南尉氏（今河南尉氏縣）人。唐末將領。傳見《舊五代史》卷一九、本書卷四三。

[12]李存信：人名。回鶻人。後唐將領。傳見《舊五代史》卷五三、本書本卷。

[13]雲州：州名。治所在今山西大同市。

[14]契丹：古部族、政權名。公元4世紀中葉宇文部爲前燕攻破，始分離而成單獨的部落，自號契丹。唐貞觀中，置松漠都督府，以其首領爲都督。唐末彊盛，916年迭剌部耶律阿保機建立契

丹國（遼）。先後與五代、北宋並立，保大五年（1125）爲金所滅。參見張正明《契丹史略》，中華書局1979年版。

[15]劉太妃：人名。指李克用正妻劉氏。代北（今山西代縣）人。莊宗即位，以嫡母劉氏爲皇太妃。傳見《舊五代史》卷四九、本書卷一四。

[16]鎮：州名。治所在今河北正定縣。　定：州名。治所在今河北定州市。

　　天祐三年，[1]與周德威攻梁潞州，[2]降丁會，以嗣昭爲昭義軍節度使。[3]梁遣李思安將兵十萬攻潞，[4]築夾城以圍之。梁太祖嘗遣人招降嗣昭，嗣昭斬其使者，閉城拒守，踰年，莊宗始攻破夾城。[5]嗣昭完緝兵民，撫養甚有恩意。梁、晉戰胡柳。[6]晉軍敗，周德威戰死。莊宗懼，欲收兵還臨濮，[7]嗣昭曰："梁軍已勝，旦暮思歸。[8]吾若收軍，使彼休息，整而復出，何以當之？宜以精騎撓之，因其勞乏，可以勝也。"莊宗然之。是時，梁軍已登無石山，[9]莊宗遣嗣昭轉擊山北，而自以銀槍軍趨而呼曰："今日之戰，得山者勝！"[10]晉軍皆爭登山，[11]梁軍遽下，陣於山西，晉軍從上急擊，大敗之。於是晉城德勝矣。[12]周德威死，嗣昭權知幽州，[13]居數月，以李紹宏代之。[14]嗣昭將去，幽州人皆號哭閉關遮留之，嗣昭夜遯，乃得去。

　　[1]天祐：唐昭宗李曄開始使用的年號（904—907）。唐哀帝李柷沿用。唐亡後，河東李克用、李存勖仍稱天祐，沿用至天祐二十年（923）。五代十國其他政權亦有行此年號者，如南吳、吳越等。

800

［2］周德威：人名。馬邑（今山西朔州市）人。五代後唐大將。傳見《舊五代史》卷五六、本書卷二五。

［3］昭義軍：方鎮名。治所在潞州（今山西長治市）。 節度使：官名。唐時在重要地區所設掌握一州或數州軍事、民事、財政的長官。品秩不詳。

［4］李思安：人名。陳留（今河南開封市陳留鎮）人。五代後梁將領。傳見《舊五代史》卷一九。

［5］莊宗：即李存勗。代北沙陀人，五代後唐開國皇帝。紀見《舊五代史》卷二七至卷三四、本書卷四至卷五。

［6］胡柳：地名。位於今河南濮陽市東南五十里。

［7］臨濮：縣名。治所在今山東鄄城縣臨濮鎮。

［8］旦暮思歸：“旦”，原作“日”，中華點校本據宗文本改，今從。

［9］無石山：山名。所指不詳。

［10］銀槍軍：部隊番號。原爲魏博牙兵銀槍効節軍，李存勗將其編組爲帳前銀槍軍。後唐建立以後，爲侍衛親軍的一支。掌宿衛宫禁，護衛皇帝出行。

［11］晋軍皆爭登山：“軍”字原闕，中華點校本據浙江本、宗文本補，今從。

［12］德勝：地名。原爲德勝渡，爲黄河重要渡口之一。李存勗部將李存審築於黄河津要處德勝口，有南北二城。南城位於今河南濮陽市東南五里，北城位於今河南濮陽市市區。

［13］幽州：州名。治所在今北京市。

［14］李紹宏：人名。籍貫不詳。後唐莊宗近臣。事見《舊五代史》卷二九至卷三五、卷五七。

十九年，從莊宗擊契丹於望都，[1]莊宗爲契丹圍之數十重，[2]嗣昭以三百騎决圍，取莊宗以出。是時，晋遣閻寶攻張文禮於鎮州，[3]寶爲鎮人所敗，乃以嗣昭代之。鎮兵出掠九門，[4]嗣昭以奇兵擊之，鎮軍且盡，餘三人匿破垣中，嗣昭馳馬射之，反爲賊射中腦，嗣昭顧箙中矢盡，[5]拔矢于腦，射殺一人，還營而卒。

[1]望都：縣名。治所在今河北望都縣。
[2]數十重："重"，原作"里"，中華點校本據宗文本、《舊五代史》卷五二改，今從。
[3]閻寶：人名。鄆州（今山東東平縣）人。五代後唐將領。傳見《舊五代史》卷五九、本書卷四四。　張文禮：人名。燕（今河北北部）人。五代將領。傳見《舊五代史》卷六二。
[4]九門：地名。位於今河北石家莊市藁城區。
[5]箙（fú）：古代作戰時盛放箭的器具。

　　嗣昭諸子，繼儔長而懦，[1]其弟繼韜囚之以自立，[2]莊宗方與梁兵相持河上，不暇究其事，因即以爲昭義軍留後。[3]繼韜委其政於魏琢、申蒙，[4]琢等常教繼韜反，繼韜未決。莊宗在魏，[5]以事召監軍張居翰、節度判官任圜。[6]琢等以謂莊宗召居翰等問繼韜事，繼韜且見誅，因以語趣之，繼韜乃遣其弟繼遠入梁，[7]梁末帝即拜繼韜同中書門下平章事。[8]居數月，莊宗滅梁，繼韜將走契丹，會赦至，乃已，因隨其母朝于京師，繼遠諫曰："兄爲臣子，以反爲名，復何面以見天子？且潞城堅而倉廩實，不如閉城坐食積粟，以延歲月，愈於往而就戮也。"繼韜不聽。繼韜母楊氏，[9]善畜財，平生居積行販，至貲百萬。當嗣昭爲梁圍以夾城彌年，軍用乏絕，楊氏之積，蓋有助焉。至是，乃齎銀數十萬兩至京師，厚賂宦官、伶人，宦官、伶人皆言："繼韜初無惡意，爲姦人所悮耳。"楊夫人亦以賂謁劉皇后，[10]劉皇后爲言："嗣昭功臣，宜蒙恩貸。"由是莊宗釋繼韜。嘗從獵，寵倖無間。李存渥尤切齒，[11]數詆責之，繼韜懷不自安，復賂宦官、伶人求歸鎮，莊宗不許。繼韜陰使人告繼遠，令起變於軍中，冀天子遣己往安緝之，事泄，斬于天津橋。[12]其二子嘗爲質于梁，莊宗破梁得之，撫其背曰："爾幼，猶能佐其父反，長復何爲乎？"至是因并誅之。即遣人斬繼遠，以繼儔知潞州事。

[1]繼儔：人名。即李繼儔。汾州（今山西汾陽市）人。李嗣昭之子，李繼韜之兄。事見《舊五代史》卷五二、本書卷五及本卷。

[2]繼韜：人名。即李繼韜。汾州（今山西汾陽市）人。李嗣昭之子。五代後唐將領。傳見《舊五代史》卷五二、本書本卷。

[3]昭義軍：中華點校本據宗文本改作"安義軍"。　留後：官名。原非正式命官，唐朝節度使入朝或宰相、親王遥領節度使不臨鎮則置。安史之亂後，節度使多以子弟或親信爲留後，以代行節度使職務，亦有軍士、叛將自立爲留後者。掌一州或數州軍政。北宋始爲朝廷正式命官。

[4]魏琢：人名。籍貫不詳。李繼韜幕客。事見《舊五代史》卷五二。　申蒙：人名。籍貫不詳。李繼韜牙將。事見《舊五代史》卷五二。

[5]魏：州名。治所在今河北大名縣。

[6]監軍：官名。爲臨時差遣，代表朝廷協理軍務、督察將帥。唐、五代時常以宦官爲監軍。品秩不詳。　張居翰：人名。籍貫不

詳。唐末五代宦官。傳見《舊五代史》卷七二、本書卷三八。　節度判官：官名。唐、五代方鎮僚屬，位在行軍司馬下。分掌使衙内各曹事，並協助使職官員通判衙事。品秩不詳。　任圜：人名。京兆三原（今陝西三原縣）人。五代後唐將領、大臣。傳見《舊五代史》卷六七、本書卷二八。

　　[7]繼遠：人名。即李繼遠。汾州（今山西汾陽市）人。李嗣昭之子，李繼韜之弟。事見《舊五代史》卷五二。

　　[8]梁末帝：人名。即後梁末帝朱友貞，913年至923年在位。紀見《舊五代史》卷八至卷一〇、本書卷三。　同中書門下平章事：官名。簡稱"同平章事"。唐高宗以後，凡實際任宰相之職者，常在其本官後加同平章事的職銜。後成爲宰相專稱。品秩不詳。

　　[9]楊氏：人名。籍貫不詳。李繼韜之母。事見《舊五代史》卷五二。

　　[10]劉皇后：指後唐莊宗劉皇后。魏州成安（今河北成安縣）人。傳見《舊五代史》卷四九、本書卷一四。

　　[11]李存渥：人名。李克用之子，後唐莊宗李存勗之弟。傳見本書卷一四。

　　[12]天津橋：橋名。位於今河南洛陽市。

　　已而，召繼儔還京師，繼儔悉取繼韜妓妾珍翫，而不時即路。其弟繼達怒曰："吾兄父子誅死，而大兄不仁，利其貲財，淫其妻妾，吾所不忍也！"乃服縗麻，引數百騎坐戟門，[1]使人入殺繼儔。節度副使李繼珂募市人千餘攻繼達，[2]繼達走城外，自刎死。

　　[1]戟門：唐代官署之門插戟，數目依官階各有等差，稱戟門，也泛指顯貴府第。此處指代李繼儔宅邸。

　　[2]節度副使：官名。唐、五代方鎮屬官。位在行軍司馬之下、

判官之上。品秩不詳。　李繼珂：人名。籍貫不詳。後唐將領。事見《舊五代史》卷五二、卷七四。

嗣昭七子，至明宗時，[1]子繼能坐笞殺其母主藏婢，婢家告變，言繼能反，[2]與其弟繼襲皆見殺，[3]惟一子繼忠僅免。[4]繼忠家于晉陽，[5]楊氏所積餘貲猶鉅萬，晉高祖自太原起兵，[6]召契丹爲援，契丹求賂，高祖貸于繼忠以取足。高祖入立，甚德之，以爲沂、棣、單三州刺史，[7]開運中卒。[8]楊氏平生積產，嗣昭父子三人賴之。

[1]明宗：即李嗣源，沙陀人。原名邈佶烈，李克用養子。五代後唐明宗，926年至933年在位。紀見《舊五代史》卷三五至卷四四、本書卷六。

[2]繼能：人名。即李繼能。汾州（今山西汾陽市）人。李嗣昭之子，李繼韜之弟。事見《舊五代史》卷五二。"繼"字原闕，中華點校本據浙江本、宗文本及本卷上文補，今從。

[3]繼襲：人名。即李繼襲。汾州（今山西汾陽市）人。李嗣昭之子，李繼韜之弟。事見《舊五代史》卷五二。

[4]繼忠：人名。即李繼忠。汾州（今山西汾陽市）人。李嗣昭之子，李繼韜之弟。事見《舊五代史》卷五二。

[5]晉陽：縣名。治所在今山西太原市。

[6]晉高祖：即石敬瑭，沙陀人。五代後唐將領、後晉開國皇帝。紀見《舊五代史》卷七五至卷八○、本書卷八。

[7]沂：州名。治所在今山東臨沂市。　棣：州名。治所在今山東惠民縣。　單：州名。治所在今山東單縣。

[8]開運：後晉出帝石重貴年號（944—946）。

嗣本

嗣本，本姓張氏，雁門人也。[1]世爲銅冶鎮將。[2]嗣本少事太祖，太祖愛之，賜以姓名，養爲子。從擊居庸關，[3]以功遷義兒軍使。[4]從破王行瑜，[5]遷威遠軍使。[6]從攻羅弘信，[7]以先鋒兵破湯陰。[8]從莊宗破潞州夾城。累以戰功遷代州刺史、雲州防禦使、振武節度使，[9]號威信可汗。[10]天祐十三年，從莊宗擊劉鄩於故元城，[11]下洺、磁諸州，[12]六月，還軍振武。契丹入代北，攻蔚州，[13]嗣本戰歿。

[1]雁門：地名。位於今山西代縣西北。

[2]銅冶：地名。今地不詳。

[3]居庸關：關隘名。位於今北京市昌平區西北。

[4]義兒軍使：官名。所部統兵將領。"義兒"爲部隊番號。由李克用義子所統的軍隊，號"義兒軍"。品秩不詳。

[5]王行瑜：人名。邠州（今陝西彬縣）人。唐末軍閥。傳見《舊唐書》卷一七五、《新唐書》卷二二四下。

[6]威遠軍使：官名。所部統兵將領。"威遠"爲部隊番號。品秩不詳。

[7]羅弘信：人名。魏州貴鄉（今河北大名縣）人。唐末、五代軍閥。傳見《舊唐書》卷一八一、《新唐書》卷二一〇。

[8]湯陰：縣名。治所在今河南湯陰縣。

[9]代州：州名。治所在今山西代縣。　防禦使：官名。唐代始置，設有都防禦使、州防禦使兩種。常由刺史或觀察使兼任，實際上爲唐代後期州或方鎮的軍政長官。品秩不詳。　振武：方鎮名。後梁貞明二年（916）以前，治所位於單于都護府城（今內蒙古和林格爾縣）。貞明二年，單于都護府城爲契丹占據。此後至後

唐清泰三年（936），治所位於朔州（今山西朔州市）。後漢隨燕雲十六州割予契丹，改名順義軍。

［10］威信可汗：封號，以示榮寵。

［11］劉鄩：人名。山東密州安丘（今山東安丘市）人。唐末、五代將領。傳見《舊五代史》卷二三、本書卷二二。　元城：縣名。治所在今河北大名縣。

［12］洺：州名。治所在今河北邯鄲市永年區。　磁：州名。治所在今河北磁縣。

［13］蔚州：州名。治所在今河北蔚縣。中華點校本據浙江本、宗文本補"破"字，作"攻破蔚州"。

嗣恩

嗣恩，本姓駱，吐谷渾部人也。[1]少事太祖，能騎射，爲鐵林軍將，[2]稍以戰功遷突陣指揮使，[3]賜姓名，以爲子。從敗康懷英於河西，[4]遷左廂馬軍都指揮使。[5]從李嗣昭援朱友謙於河中，[6]與梁兵力戰，稍中其口，戰不已。遷遼州刺史。[7]從莊宗入魏，遷天雄軍馬步都指揮使。[8]劉鄩攻太原，兵趣樂平，[9]嗣恩從後追之，自佗道先入太原以守。鄩兵去，嗣恩亦以兵會莊宗于魏，從戰于莘。[10]遷代州刺史、石嶺關已北都知兵馬使、振武節度使。[11]天祐十五年，卒于太原。追贈太尉。[12]

［1］吐谷渾部：部族名。源出鮮卑，後游牧於今甘肅、青海一帶。參見周偉洲編著《吐谷渾資料輯錄》（增訂本），商務印書館2017年版。

［2］鐵林軍將：官名。所部統兵將領。"鐵林"爲部隊番號。品秩不詳。

［3］突陣指揮使：官名。所部統兵將領。"突陣"爲部隊番號。品秩不詳。

［4］康懷英：人名。兗州（今山東濟寧市兗州區）人。唐末、五代將領。本名懷貞，避後梁末帝朱友貞諱改懷英。傳見《舊五代史》卷二三、本書卷二二。　河西：中華點校本引《册府》卷三四七"逐康懷英於西河，解汾州之圍"，並云："按《新唐書》卷三九《地理志三》，西河屬汾州。"

［5］左厢馬軍都指揮使：官名。所部統兵將領。"左厢馬軍"爲部隊番號。品秩不詳。

［6］朱友謙：人名。許州（今河南許昌市）人。朱温養子，唐末、五代軍閥。傳見《舊五代史》卷六三、本書卷四五。　河中：府名。治所在今山西永濟縣。

［7］遼州：州名。治所在今山西左權縣。

［8］天雄軍：方鎮名。治所在魏州（今河北大名縣）。　馬步都指揮使：官名。即馬步軍都指揮使。五代時侍衛親軍長官，多爲皇帝親信。品秩不詳。

［9］樂平：縣名。治所在今山西昔陽縣樂平鎮。

［10］莘：縣名。治所在今山東莘縣。

［11］石嶺關：關隘名。位於今山西陽曲縣北。　都知兵馬使：官名。唐、五代方鎮自置之部隊統率官，稱兵馬使，其權尤重者稱兵馬大使或都知兵馬使。掌兵馬訓練、指揮。品秩不詳。

［12］太尉：官名。與司徒、司空並爲三公，唐後期、五代多爲大臣、勛貴加官。正一品。

存信

存信，本姓張氏，其父君政，回鶻李思忠之部人也。[1]存信少善騎射，能四夷語，通六蕃書。從太祖起代北，入關破黄巢，[2]累以功爲馬步軍都指揮使，[3]遂賜姓名，以爲子。存信與存孝俱爲養子，[4]材勇不及存孝，而存信不爲之下，由是交惡，存孝所爲，存信每沮激之，存孝卒得罪死。而存信數從征伐，以功領郴州刺史。[5]太祖遣將兵救朱宣，[6]存信屯于莘縣，爲羅弘信所擊，存信敗，亡太祖子落落。[7]後從太祖討劉仁恭，[8]大敗于安塞。[9]太祖大怒，顧存信曰："昨日吾醉，公不能爲我戰邪？[10]古人三敗，公已二矣。"將殺之，存信叩頭謝罪而免。由是大懼常稱疾，天復二年卒，年四十一。

[1]回鶻：部族、政權名。又作回紇。原係突厥鐵勒部的一支。唐天寶三載（744）建立回紇汗國，8世紀末、9世紀初，回鶻與吐蕃爭奪北庭和安西並最終取勝，統治西域。9世紀中葉，回鶻汗國瓦解。參見楊蕤《回鶻時代：10—13世紀陸上絲綢之路貿易研究》，中國社會科學出版社2015年版。　李思忠：人名。原名嗢沒斯，唐代回紇汗國特勤。降唐後獲賜姓名李思忠，拜右金吾衛大將軍、懷化郡王、歸義軍使，部衆分別被置於雲州和朔州一帶。事見《舊唐書》卷一八上、《新唐書》卷二一七下。

[2]黃巢：人名。曹州冤句（今山東菏澤市）人。唐末農民起義領袖。傳見《舊唐書》卷二〇〇下、《新唐書》卷二二五下。

[3]馬步軍都指揮使：官名。五代時侍衛親軍長官。多由皇帝親信擔任。品秩不詳。

[4]存孝：人名。即李存孝，本名安敬思。飛狐（今河北淶源縣）人。唐末李克用養子、部將。傳見《舊五代史》卷五三、本書本卷。

[5]郴州：州名。治所在今湖南郴州市。

[6]朱宣：人名。《舊唐書》卷一八二本傳作"宋瑄"。宋州下

邑（今河南夏邑縣）人。朱瑾堂兄，唐末軍閥，後爲天平軍節度使。傳見《舊唐書》卷一八二、《新唐書》卷一八八、《舊五代史》卷一三、本書卷四二。

［7］落落：人名。李克用之子。時爲鐵林軍使，將鐵林小兒三千騎薄於洹水，與葛從周部作戰失敗，爲葛從周部將張歸霸所擒，朱溫命將落落送於羅弘信斬之。事見《舊唐書》卷一八一、《舊五代史》卷二六、本書卷二二。

［8］劉仁恭：人名。深州（今河北深州市）人。唐末、五代軍閥。傳見《新唐書》卷二一二。

［9］安塞：地名。位於今河北蔚縣。

［10］公不能爲我戰邪：中華點校本據浙江本、宗文本補"獨"字，作"公獨不能爲我戰邪"。

存孝

存孝，代州飛狐人也。[1]本姓安，名敬思。太祖掠地代北得之，給事帳中，賜姓名，以爲子，常從爲騎將。

［1］飛狐：縣名。治所在今河北淶源縣。按，唐代飛狐縣屬蔚州。代州爲大同軍治所，大同軍領蔚州。

文德元年，[1]河南張言襲破河陽，[2]李罕之來歸晉，晉處罕之于澤州，遣存孝與薛阿檀、安休休等以兵七千助罕之還擊河陽。[3]梁亦遣丁會、牛存節等助言。[4]戰于溫縣，[5]梁軍先扼太行，[6]存孝大敗，安休休被執。是時，晉已得澤、潞，歲出山東，與孟方立爭邢、洺、磁，[7]存孝未嘗不在兵間。方立死，晉取三州，存孝功

810

爲多。

［1］文德：唐僖宗李儇年號（888）。

［2］張言：人名。後名張全義。濮州臨濮（今山東鄄城縣）人。唐末、五代將領，後降於諸葛爽。傳見《舊五代史》卷六三、本書卷四五。

［3］薛阿檀：人名。籍貫不詳。五代後唐將領。事見《新唐書》卷二一二及卷二一八、《舊五代史》卷二五。　安休休：人名。籍貫不詳。五代後唐將領。事見《舊五代史》卷二五、卷五五。

［4］牛存節：人名。青州博昌（今山東博興縣）人。唐末將領。傳見《舊五代史》卷二二、本書卷二二。

［5］溫縣：縣名。治所在今河南溫縣。

［6］太行：即太行山。

［7］邢：州名。治所在今河北邢臺市。

明年，潞州軍亂，殺李克恭以歸唐，[1]梁遣李讜攻李罕之于澤州，[2]存孝以騎兵五千救之。梁軍呼罕之曰："公常恃太原以爲命，今上黨已歸唐，[3]唐兵大集，圍太原，沙陀將無穴以自處，公復誰恃而不降乎？"存孝以精騎五百，繞梁栅而呼曰："我沙陀之求穴者，[4]待爾肉以食軍，可令肥者出鬥！"梁驍將鄧季筠引軍出戰，[5]存孝舞稍擒之，李讜敗走，追擊至馬牢關。[6]還攻潞州。唐以孫揆爲潞州節度使，[7]揆儒者，以梁卒三千爲衛，裦衣大蓋，擁節先驅。存孝以三百騎伏長子西崖谷間，[8]伺揆軍過，横擊斷之，擒揆以歸。初，梁遣葛從周、朱崇節守潞州以待揆，[9]聞揆見執，皆棄去，晋遂復取潞州。是時，張濬、韓建伐晉，[10]擊陰地關，晉以李存信、薛阿檀等當濬，別遣存孝軍于趙城。[11]唐軍戰敗于陰地關，濬退保晉州，韓建走絳州。存孝攻晉州，濬兵出戰，輒復敗，因閉壁不敢出。存孝去，攻絳州。濬、建皆走。

[1]李克恭：人名。沙陀人。李克用之弟。唐末將領。傳見《舊五代史》卷五〇、本書卷一四。

[2]李讜：人名。河中臨晉（今山西臨猗縣）人。五代後梁將領。傳見《舊五代史》卷一九。

[3]上黨：縣名。治所在今山西長治市。

[4]我沙陀之求穴者："求"，原作"未"，中華點校本據《舊五代史》卷五三、《新唐書》卷一八七、《通鑑》卷二五八改，今從。

[5]鄧季筠：人名。宋州下邑（今河南夏邑縣）人。五代後梁將領。傳見《舊五代史》卷一九。

[6]馬牢關：關隘名。又作"馬牢川""馬牢山"。位於今山西澤州縣。

[7]孫揆：人名。潞州涉縣（今河北涉縣）人。唐末進士、官員，唐昭宗時歷任中書舍人、刑部侍郎、京兆尹、昭義軍節度使。傳見《新唐書》卷一九三。

[8]長（zhǎng）子：縣名。治所在今山西長子縣。

[9]朱崇節：人名。籍貫不詳。後梁官員。事見《舊唐書》卷一七九、《舊五代史》卷八一。

[10]張濬：人名。河間（今河北河間市）人。唐僖宗時任戶部侍郎、同中書門下平章事，唐昭宗時爲尚書左僕射。後被朱溫所殺。傳見《舊唐書》卷一七九、《新唐書》卷一八五。　韓建：人名。許州長社（今河南許昌市）人。唐末、五代軍閥。傳見《舊

五代史》卷一五、本書卷四〇。

[11]趙城：縣名。治所在今山西洪洞縣北。

存孝猿臂善射，身被重鎧，櫜弓坐槊，手舞鐵樋，出入陣中，以兩騎自從，戰酣易騎，上下如飛。初，存孝取潞州功爲多，而太祖別以大將康君立爲潞州留後，[1]存孝爲汾州刺史，存孝負其功，不食者數日。及走張濬，遷邠州刺史。[2]大順二年，[3]徙邢州留後。是時，晉軍連歲攻趙常山，[4]存孝常爲先鋒，下趙臨城、元氏。[5]趙王求救於幽州李匡威，[6]匡威兵至，晉軍輒引去。存孝素與存信有隙，存信譖之曰："存孝有二心，常避趙不擊。"存孝不自安，乃附梁通趙，自歸于唐，因請會兵以伐晉。唐命趙王王鎔援之。[7]明年，趙與幽州有隙，懼而與晉和，反以兵三萬助晉擊存孝。存孝嬰城自守，[8]太祖自將兵傅其城，掘塹以圍之，存孝出兵衝擊，塹不得成。裨將袁奉韜使人説存孝曰："公所畏者晉王爾！王俟塹成，且留兵去，諸將非公敵也，雖塹何爲？"[9]存孝以爲然，縱兵成塹。塹成，深溝高壘，不可近，存孝遂窘。城中食盡，登城呼曰："兒蒙王恩，位至將相，[10]豈欲捨父子而附仇讎，乃存信構陷之耳。願生見王一言而死。"太祖哀之，遣劉夫人入城慰諭之，[11]劉夫人引與俱來，存孝泥首請罪曰："兒於晉有功而無過，所以至此，由存信爲之耳！"太祖叱曰："爾爲書檄，罪我百端，亦存信爲之邪？"縛載後車，至太原，車裂之以徇。然太祖惜其材，悵然恨諸將之不能容也，爲之不視事者十餘日。

813

［1］康君立：人名。蔚州興唐（今河北蔚縣）人。唐末將領。傳見《舊五代史》卷五五。

［2］邠州：州名。治所在今陝西彬縣。

［3］大順：唐昭宗李曄年號（890—891）。

［4］趙：州名。治所在今河北趙縣。　常山：山名。位於今河北正定縣東北。

［5］臨城：縣名。治所在今河北臨城縣。　元氏：縣名。治所在今河北元氏縣。

［6］李匡威：人名。范陽（今河北涿州市）人。幽州節度使李全忠之子，襲父位爲留後。唐末軍閥。傳見《舊唐書》卷一八〇、《新唐書》卷二一二。

［7］王鎔：人名。回鶻人。唐末、五代軍閥，朱溫後封趙王。傳見《舊五代史》卷五四、本書卷三九。

［8］嬰城：繞城，環城。

［9］裨將：指副將。　袁奉韜：人名。籍貫不詳。後唐將領。事見《舊五代史》卷五三、卷六二。

［10］位至將相：中華點校本云《舊五代史》卷五三作"位至將帥"，並引宋人吳縝《五代史纂誤》卷中云："今按本傳，存孝止是爲邢州留後，又未嘗爲平章事，何故云位至將相耶？"

［11］劉夫人：人名。即李克用正妻劉氏。代北（今山西代縣）人。傳見《舊五代史》卷四九、本書卷一四。

康君立素與存信相善，方二人之交惡也，君立每左右存信以傾之。存孝已死，太祖與諸將博，語及存孝，流涕不已，君立以爲不然，太祖怒，酖殺君立。君立初爲雲州牙將，[1]唐僖宗時，[2]逐段文楚，[3]與太祖俱起雲中，[4]蓋君立首事。其後累立戰功，表昭義節度使，[5]以存孝故殺之。

［1］牙將：官名。古代軍隊中的中低級軍官。品秩不詳。
［2］唐僖宗：即李儇，873年至888年在位。紀見《舊唐書》卷一九下、《新唐書》卷九。
［3］段文楚：人名。汧陽（今陝西千陽縣）人。唐末將領。事見《舊唐書》卷一九上。
［4］雲中：縣名。治所在今山西大同市。
［5］昭義：方鎮名。治所在潞州（今山西長治市）。

存進

存進，振武人也，本姓孫，名重進。太祖攻破朔州得之，[1]賜以姓名，養爲子。從太祖入關破黃巢，以爲義兒軍使。

［1］朔州：州名。治所在今山西朔州市。

從莊宗戰柏鄉，[1]遷行營馬步軍都虞候，[2]歷慈、沁二州刺史。[3]莊宗初得魏博，[4]以爲天雄軍都部署，[5]治梁亂軍，一切以法，人有犯者，輒梟首磔尸於市，魏人屏息畏之。從戰河上，以功遷振武軍節度使。是時，晉軍德勝，爲南北寨，每以舟兵來往，頗以爲勞，而河北無竹石，存進乃以葦芊維大艦爲浮梁。莊宗大喜，解衣以賜之。

［1］柏鄉：縣名。治所在今河北柏鄉縣。
［2］行營馬步軍都虞候：官名。五代時期出征軍隊高級統兵官。品秩不詳。
［3］沁：州名。治所在今山西沁源縣。

[4]魏博：方鎮名。亦稱"天雄軍"。唐天祐元年（904）以魏博節度使號爲天雄軍，治所在魏州（今河北大名縣）。

[5]都部署：官名。五代後唐始置，爲臨時委任的大軍區統帥。掌管屯戍、攻防等事務。品秩不詳。

晋討張文禮於鎮州，久不克，而史建瑭、閻寶、李嗣昭相次戰歿，[1]乃以存進代嗣昭爲招討使，[2]軍于東垣渡。[3]東垣土惡，築壘不能就，存進伐木爲柵。晋軍晨出芻牧，文禮子處球以兵千餘逼存進柵，[4]存進出戰橋上，殺處球兵殆盡，而存進亦歿于陣。追贈太尉。

[1]史建瑭：人名。雁門（今山西代縣）人。五代後唐將領。傳見《舊五代史》卷五五、本書卷二五。

[2]招討使：官名。唐貞元年間始置。戰時任命，兵罷則省。常以大臣、將帥或地方軍政長官兼任。掌招撫、討伐等事務。品秩不詳。

[3]東垣渡：渡口名。位於今河北正定縣南滹沱河邊。

[4]處球：原作"處求"，中華點校本據浙江本、宗文本、《舊五代史》卷五三及本書本卷下文改，今從。處球，即張處球。燕（今河北北部）人。張文禮之子。事見《舊五代史》卷二九。

子漢韶，明宗時復本姓，爲洋州節度使。[1]潞王從珂以鳳翔反，漢韶與張虔釗會唐軍討之，[2]唐軍皆降于從珂，獨漢韶與虔釗軍不降，俱奔于蜀。[3]事蜀，歷永平、興元、武信節度使。[4]年七十餘，卒于蜀。

[1]洋州：州名。治所在今陝西洋縣。

[2]張虔釗：人名。遼州（今山西左權縣）人。五代後唐、後蜀將領。傳見《舊五代史》卷七四。

[3]蜀：即後蜀。五代十國政權之一。後唐清泰元年（934），蜀王孟知祥稱帝於成都（今四川成都市），國號蜀，史稱後蜀。轄境相當於今四川和陝西南部、甘肅東南部、湖北西南部地區。事見《舊五代史》卷一三六《僭偽列傳》、本書卷六四《後蜀世家》。

[4]永平：方鎮名。治所在雅州（今四川雅州市）。 興元：府名。治所在今陝西漢中市。 武信：方鎮名。治所在遂州（今四川遂寧市）。

存璋

存璋字德璜，初與康君立、薛志勤等從太祖入關，[1]破黃巢，累遷義兒軍使。太祖病革，存璋與張承業等受顧命，[2]立莊宗爲晋王，晋王以存璋爲河東馬步軍使。[3]晋自先王時，嘗優假軍士，軍士多犯法踰禁，莊宗新立，尤患之，存璋一切繩之以法，境内爲之清肅。從攻夾城，戰柏鄉，以功遷汾州刺史。莊宗與劉鄩戰於魏博，梁遣王檀來，[4]乘虚襲太原，存璋以汾州兵入太原距守，以功遷大同軍防禦使，[5]遂爲節度使。天祐十九年以疾卒。追贈太尉。

[1]薛志勤：人名。蔚州奉誠（治今河北蔚縣）人。唐末李克用部將。傳見《舊五代史》卷五五。

[2]張承業：人名。同州（今陝西大荔縣）人。唐末、五代宦官，河東監軍。傳見《舊五代史》卷七二、本書卷三八。

[3]河東馬步軍使：官名。掌領河東軍務。品秩不詳。

[4]王檀：人名。京兆（今陝西西安市）人。五代後梁將領。

傳見《舊五代史》卷二二、本書卷二三。

[5]大同軍：方鎮名。治所在雲州（今山西大同市）。

存賢

存賢，許州人也，[1]本姓王名賢。少爲軍卒，善角觝，[2]太祖擊黄巢于陳州，[3]得之，賜以姓名，養爲子。後爲義兒軍副兵馬使，[4]遷沁州刺史。先時，沁州當敵衝，徙其南百餘里，據險立柵而寓居。至存賢爲刺史，曰："徙城避敵，豈勇者所爲？"乃復城故州。梁兵屢攻之，存賢力自距守，卒不能近。遷武州刺史、山北團練使，[5]又遷慈州。

[1]許州：州名。治所在今河南許昌市。
[2]角觝：也叫角抵，起源於戰國，秦漢隋唐均十分盛行。唐代又稱相撲，是宫廷、軍隊中的主要游戲之一。
[3]陳州：州名。治所在今河南淮陽縣。
[4]副兵馬使：官名。唐、五代方鎮自置之部隊統率官，兵馬使副官。掌兵馬訓練、指揮。品秩不詳。
[5]武州：州名。治所在今河北張家口市宣化區。　團練使：官名。唐代中期以後，於不設節度使的地區設團練使，掌本區各州軍事。品秩不詳。

天祐十八年，[1]梁兵攻朱友謙于河中，莊宗遣存賢援友謙。是時，友謙新叛梁歸晉，而河中食少，人心多貳，諜者因謂存賢曰："河中人欲殺子以歸梁，宜亟去。"存賢曰："死王事，吾志也。復何恨哉！"卒擊走梁兵。

[1]天祐十八年：中華點校本云本書卷五、《舊五代史》卷二九繫其事於天祐十七年（920），並云："《舊五代史》卷十《唐末帝紀下》、《通鑑》卷二七一繫其事於貞明六年，按貞明六年即天祐十七年。"

莊宗即位，拜右武衛上將軍。[1]莊宗亦好角觝，嘗與王較而屢勝，頗以自矜，因顧存賢曰："爾能勝我，與爾一鎮。"存賢搏而勝之。同光二年春，[2]幽州符存審病，[3]莊宗置酒宫中，歎曰："吾創業故人，零落殆盡，其所存者惟存審耳！今又病篤，北方之事誰可代之？"因顧存賢曰："無以易卿。角觝之勝，吾不食言。"即日以爲盧龍軍節度使。[4]是歲，卒于幽州，年六十五。贈太傅。[5]

[1]右武衛上將軍：唐置，掌宫禁宿衛。唐代置十六衛，即左右衛、左右驍衛、左右武衛、左右威衛、左右領軍衛、左右金吾衛、左右監門衛、左右千牛衛，各置上將軍，從二品；大將軍，正三品；將軍，從三品。

[2]同光：後唐莊宗李存勗年號（923—926）。

[3]符存審：人名。陳州宛丘（今河南淮陽縣）人。五代後唐將領。傳見《舊五代史》卷五六、本書卷二五。

[4]盧龍軍：方鎮名。治所在幽州（今北京市）。

[5]太傅：官名。與太師、太保合稱三師，唐後期、五代多爲大臣、勛貴加官。正一品。

新五代史　卷三七

伶官傳第二十五

周匝　敬新磨　景進　史彥瓊　郭從謙

嗚呼，盛衰之理，雖曰天命，豈非人事哉！原莊宗之所以得天下，[1]與其所以失之者，可以知之矣。世言晉王之將終也，[2]以三矢賜莊宗而告之曰："梁，吾仇也；燕王吾所立，[3]契丹與吾約爲兄弟，[4]而皆背晉以歸梁。此三者，吾遺恨也。與爾三矢，爾其無忘乃父之志！"莊宗受而藏之于廟。其後用兵，則遣從事以一少牢告廟，請其矢，盛以錦囊，負而前驅，及凱旋而納之。方其係燕父子以組，函梁君臣之首，入于太廟，還矢先王而告以成功，其意氣之盛，可謂壯哉！及仇讎已滅，天下已定，一夫夜呼，亂者四應，蒼皇東出，未及見賊而士卒離散，君臣相顧，不知所歸，至於誓天斷髮，泣下沾襟，何其衰也！豈得之難而失之易歟？抑本其成敗之迹而皆自於人歟？《書》曰："滿招損，謙得益。"憂勞可以興國，逸豫可以亡身，[5]自然之理也。故方其盛也，舉天下之豪傑莫能與之争；及其衰也，數十伶人困之，而身死國滅，爲天下笑。夫禍患常積於忽微，而智勇多困於所溺，豈獨伶人也哉！作《伶官傳》。

［1］莊宗：即李存勖。代北沙陀人，後唐開國皇帝。紀見《舊五代史》卷二七至卷三四、本書卷四至卷五。

［2］晋王：即李克用。沙陀人，神武川新城（一説今山西山陰縣附近，一説今山西代縣）人。唐末軍閥，後唐太祖。紀見《舊五代史》卷二五。

［3］燕王：即劉仁恭。深州樂壽（今河北獻縣）人。唐末藩鎮將領、軍閥，割據幽州，受封燕王。傳見《新唐書》卷二一二。

［4］契丹：古部族、政權名。公元4世紀中葉宇文部爲前燕攻破，始分離而成單獨的部落，自號契丹。唐貞觀中，置松漠都督府，以其首領爲都督。唐末彊盛，916年迭刺部耶律阿保機建立契丹國（遼）。先後與五代、北宋並立，保大五年（1125）爲金所滅。參見張正明《契丹史略》，中華書局1979年版。

［5］逸豫可以亡身："亡"，原作"忘"，中華點校本據浙江本、《五代史詳節》卷五改，今從。

莊宗既好俳優，又知音，能度曲，至今汾、晋之俗，[1]往往能歌其聲，謂之"御製"者皆是也。其小字亞子，當時人或謂之亞次。又别爲優名以自目，曰李天下。自其爲王，至於爲天子，常身與俳優雜戲于庭，[2]伶人由此用事，遂至於亡。

［1］汾：州名。治所在今山西汾陽市。　晋：州名。治所在今山西臨汾市。

[2]常身與俳優雜戲于庭:"庭",原作"廷",據中華點校本改。

皇后劉氏素微,[1]其父劉叟,[2]賣藥善卜,號劉山人。劉氏性悍,方與諸姬爭寵,常自恥其世家,而特諱其事。莊宗乃爲劉叟衣服,自負蓍囊藥笈,使其子繼岌提破帽而隨之,[3]造其臥內,曰:"劉山人來省女。"劉氏大怒,笞繼岌而逐之。宮中以爲笑樂。

[1]劉氏:指後唐莊宗劉皇后。魏州成安(今河北成安縣)人。傳見《舊五代史》卷四九、本書卷一四。

[2]劉叟:人名。魏州成安(今河北成安縣)人。後唐莊宗劉皇后之父。事見《舊五代史》卷四九。

[3]繼岌:人名。即李繼岌。後唐莊宗長子。傳見《舊五代史》卷五一、本書卷一四。

其戰於胡柳也,[1]嬖伶周匝爲梁人所得。[2]其後滅梁入汴,周匝謁於馬前,莊宗得之喜甚,賜以金帛,勞其良苦。周匝對曰:"身陷仇人,而得不死以生者,教坊使陳俊、內園栽接使儲德源之力也。[3]願乞二州以報此兩人。"莊宗皆許以爲刺史。[4]郭崇韜諫曰:"陛下所與共取天下者,皆英豪忠勇之士。今大功始就,封賞未及於一人,而先以伶人爲刺史,恐失天下心。不可!"[5]因格音閣。其命。踰年,而伶人屢以爲言,莊宗謂崇韜曰:"吾已許周匝矣,使吾慙見此三人。公言雖正,然當爲我屈意行之。"卒以俊爲景州刺史、德源爲憲州刺史。[6]

［1］胡柳：地名。位於今河南濮陽市東南五十里。

［2］周匝：人名。籍貫不詳。樂工，受寵於後唐莊宗。事見《舊五代史》卷三〇。

［3］教坊使：官名。唐於京都置左、右教坊，掌俳優雜技，以宦官爲教坊使。五代沿置。品秩不詳。　陳俊：人名。籍貫不詳。五代後梁、後唐教坊使。事見本書本卷。　內園栽接使：官名。執掌、品秩不詳。始置於後梁，《五代會要》卷二四《諸使雜錄》載"梁朝諸使司名目"，有"內園栽接使"。　儲德源：人名。籍貫不詳。五代後唐伶官。事見本書本卷。"儲德源"，原作"儲德源"，中華點校本據浙江本、宗文本、本書卷五、《舊五代史》卷三二、《通鑑》卷二七三改，今從。

［4］刺史：官名。州一級行政長官。漢武帝時始置，總掌考核官吏、勸課農桑、地方教化等事。唐中期以後，節度使、觀察使轄州而設，刺史爲其屬官，職任漸輕。從三品至正四品下。

［5］郭崇韜：人名。代州雁門（今山西代縣）人。五代後唐大臣。傳見《舊五代史》卷五七、本書卷二四。

［6］景州：州名。治所在今河北東光縣。　憲州：州名。治所在今山西婁煩縣。

莊宗好畋獵，獵于中牟，[1]踐民田。中牟縣令當馬切諫，[2]爲民請，莊宗怒，叱縣令去，將殺之。伶人敬新磨知其不可，[3]乃率諸伶走追縣令，擒至馬前責之曰："汝爲縣令，獨不知吾天子好獵邪？奈何縱民稼穡以供稅賦！何不饑汝縣民而空此地，以備吾天子之馳騁？汝罪當死！"因前請亟行刑，諸伶共唱和之，莊宗大笑，縣令乃得免去。

［1］中牟：縣名。治所在今河南中牟縣。

[2]縣令：官名。縣的行政長官，掌治本縣。唐代之縣，分京、畿、上、中、中下、下六等，統稱縣令，但品級不同。河南縣令爲京縣令，正五品上。

[3]敬新磨：人名。《五代史補》卷二載"爲河東人"。教坊伶官。事見《舊五代史》卷三〇、本書本卷。

莊宗嘗與羣優戲于庭，四顧而呼曰："李天下，李天下何在？"新磨遽前以手批其頰。莊宗失色，左右皆恐，羣伶亦大驚駭，共持新磨詰曰："汝奈何批天子頰？"新磨對曰："李天下者，一人而已，復誰呼邪！"於是左右皆笑，莊宗大喜，賜與新磨甚厚。

新磨嘗奏事殿中，殿中多惡犬，新磨去，一犬起逐之，新磨倚柱而呼曰："陛下毋縱兒女囓人！"莊宗家世夷狄，夷狄之人諱狗，故新磨以此譏之。莊宗大怒，彎弓注矢將射之，新磨急呼曰："陛下無殺臣！臣與陛下爲一體，殺之不祥！"莊宗大驚，問其故，對曰："陛下開國，改元同光，[1]天下皆謂陛下同光帝。且同，銅也，若殺敬新磨，則同無光矣。"莊宗大笑，乃釋之。

[1]同光：後唐莊宗李存勖年號（923—926）。

然時諸伶，獨新磨尤善俳，其語最著，而不聞其佗過惡。其敗政亂國者，有景進、史彥瓊、郭門高三人爲最。

是時，諸伶人出入宫掖，侮弄縉紳，群臣憤嫉，莫敢出氣，或反相附託，以希恩倖，四方藩鎮，貨賂交行，而景進最居中用事。莊宗遣進等出訪民間，事無大小皆以聞。每進奏事殿中，左右皆屏退，軍機國政皆與參決，三司使孔謙兄事之，[1]呼爲"八哥"。

[1]三司使：官名。五代後唐明宗天成元年（926）將晚唐以來的户部、度支、鹽鐵三部合爲一職，設三司使統之。主管國家財政。品秩不詳。　孔謙：人名。魏州（今河北大名縣）人。五代後唐官員。傳見《舊五代史》卷七三、本書卷二六。

莊宗初入洛，[1]居唐故宫室，而嬪御未備。閹宦希旨，多言宫中夜見鬼物，相驚恐，莊宗問所以禳之者，因曰："故唐時，後宫萬人，今空宫多怪，當實以人乃息。"莊宗欣然。其後幸鄴，乃遣進等採鄴美女千人，以充後宫。而進等緣以爲姦，軍士妻女因而逃逸者數千人。莊宗還洛，進載鄴女千人以從，道路相屬，男女無别。

[1]洛：指都城洛陽。

魏王繼岌已破蜀，[1]劉皇后聽宦者讒言，遣繼岌賊殺郭崇韜。崇韜素嫉伶人，常裁抑之，伶人由此皆樂其死。皇弟存乂，[2]崇韜之婿也，進讒於莊宗曰："存乂且反，爲婦翁報仇。"乃因而殺之。朱友謙，[3]以梁河中降晋者，[4]及莊宗入洛，伶人皆求賂於友謙，友謙不能給而辭焉。進乃讒友謙曰："崇韜且誅，友謙不自安，必反，宜并誅之。"於是及其將五六人皆族滅之，天下不勝其冤。進，官至銀青光祿大夫、檢校左散騎常侍兼御史大夫，[5]上柱國。[6]

[1]蜀：指代前蜀。
[2]存乂：人名。即李存乂。李克用之子，後唐莊宗李存勖之弟。傳見《舊五代史》卷五一、本書卷一四。
[3]朱友謙：人名。許州（今河南許昌市）人。朱溫養子，唐末、五代軍閥。傳見《舊五代史》卷六三、本書卷四五。
[4]河中：府名。治所在今山西永濟市。
[5]銀青光祿大夫：官名。漢代置光祿大夫。魏晉以後，光祿大夫之位重者，加銀章青綬，因稱銀青光祿大夫。北周、隋爲散官。唐貞觀後列入文散官。從三品。　檢校左散騎常侍：官名。爲散官或加官，以示恩寵，無實際執掌。品秩不詳。中華點校本云《舊五代史》卷三四、《通鑑》卷二七四作"檢校右散騎常侍"。御史大夫：官名。秦始置，與丞相、太尉合稱三公。至唐代，在御史中丞之上設御史大夫一人，爲御史臺長官，專掌監察、執法。正三品。
[6]上柱國：官名。北周武帝建德四年（575），置上柱國爲高級勳官。隋、唐沿置。五代後唐明宗天成三年（928）詔，今後凡加勳，先自武騎尉，經十二轉方授予上柱國。正二品。

史彥瓊者，爲武德使，[1]居鄴都，[2]而魏博六州之政皆決彥瓊，[3]自留守王正言而下，[4]皆俛首承事之。是時，郭崇韜以無罪見殺于蜀，天下未知其死也，第見京師殺其諸子，因相傳曰："崇韜殺魏王繼岌而自王於蜀矣，以故族其家。"鄴人聞之，方疑惑。已而，朱友謙又見殺。友謙子廷徽爲澶州刺史，[5]有詔彥瓊使殺之，彥瓊祕其事，夜半馳出城。鄴人見彥瓊無故夜馳出，因驚傳曰："劉皇后怒崇韜之殺繼岌也，已弒帝而自立，急召彥瓊計事。"鄴都大恐。貝州人有來鄴者，[6]傳此語以歸。戍卒皇甫暉聞之，[7]由此劫趙在禮作亂。[8]在禮已至館陶，[9]鄴都巡檢使孫鐸，[10]見彥瓊求兵禦賊，彥瓊不肯與，曰："賊未至，至而給兵豈晚邪？"已而賊至，彥瓊以兵登北門，聞賊呼聲，大恐，棄其兵而走，單騎歸于京師。在禮由是得入于鄴以成其叛亂者，由彥瓊啓而縱之也。

[1]武德使：官名。五代後唐置，爲武德司長官，亦帶職外任，權位極重。品秩不詳。

[2]鄴都：地名。治所在今河北大名縣。五代後唐同光元年（923）改魏州爲興唐府，建號東京。三年，改東京爲鄴都。

[3]魏博：方鎮名。亦稱"天雄軍"。唐天祐元年（904）以魏博節度使號爲天雄軍，治所在魏州（今河北大名縣）。

[4]留守：官名。在都城、陪都或軍事重鎮設留守，由地方行政長官兼任。品秩不詳。　王正言：人名。鄆州（今山東東平縣）人。五代後唐官員。傳見《舊五代史》卷二一。

[5]建徽：人名。即朱建徽。朱友謙之子。事見《舊五代史》卷三四、卷六三。原作"廷徽"，中華點校本據浙江本、宗文本、宋人吳縝《五代史纂誤》卷中引《伶官·史彥瓊傳》、《舊五代史》卷三四、《通鑑》卷二七四改，今從。　澶州：州名。唐、五代初，治所在今河南清豐縣。後晉天福四年（939）移治於今河南濮陽縣。

[6]貝州：州名。治所在今河北清河縣。

[7]皇甫暉：人名。魏州（今河北大名縣）人，五代藩鎮將領。傳見本書卷四九。

[8]趙在禮：人名。涿州（今河北涿州市）人。五代後唐、後晉將領。傳見《舊五代史》卷九〇、本書卷四六。

[9]館陶：縣名。治所在今河北館陶縣。

[10]巡檢使：官名。五代始置設於京師、陪都、重要的州及邊防重鎮。品秩不詳。　孫鐸：人名。籍貫不詳。五代後唐將領。事見《舊五代史》卷三四。

郭門高者，名從謙，門高其優名也。雖以優進，而嘗有軍功，故以爲從馬直指揮使。[1]從馬直，蓋親軍也。從謙以姓郭，拜崇韜爲叔父，而皇弟存乂又以從謙爲養子。崇韜死，存乂見囚，從謙置酒軍中，憤然流涕，稱此二人之冤。是時，從馬直軍士王溫宿衛禁中，[2]夜謀亂，事覺被誅。莊宗戲從謙曰："汝黨存乂、崇韜負我，又教王溫反。復欲何爲乎？"從謙恐，退而激其軍士曰："罄爾之貨，食肉而飲酒，無爲後日計也。"軍士問其故，從謙因曰："上以王溫故，俟破鄴，盡阬爾曹。"軍士信之，皆欲爲亂。

[1]從馬直指揮使：官名。五代後唐親軍將領。"從馬直"爲部隊番號。後唐明宗李嗣源創置。其兵丁選自諸軍驍勇敢戰者，没有額定兵員。平時宿衛，戰時隨駕親征。

[2]王溫：人名。籍貫不詳。後唐士兵。事見《舊五代史》卷三四。

李嗣源兵反，[1]嚮京師，莊宗東幸汴州，[2]而嗣源先入。莊宗至萬勝，[3]不得進而還，軍士離散，尚有二萬餘人。居數日，莊宗復東幸氾水，[4]謀扼關以爲拒。四月丁亥朔，朝群臣於中興殿，[5]宰相對三刻罷。從駕黃甲馬軍陣於宣仁門、步軍陣於五鳳門以俟。[6]莊宗入食內殿，從謙自營中露刃注矢，馳攻興教門，與黃甲軍相射。莊宗聞亂，率諸王衛士擊亂兵出門。亂兵縱火焚門，緣城而入，莊宗擊殺數十百人。亂兵從樓上射帝，帝傷重，蹈于絳霄殿廊下，[7]自皇后、諸王左右皆奔走。至午時，帝崩，五坊人善友，聚樂器而焚之。嗣源入洛，[8]得其骨，[9]葬新安之雍陵。[10]以從謙爲景州刺史，已而殺之。

[1]李嗣源：人名。沙陀人。原名邈佶烈，李克用養子。五代後唐明宗，926年至933年在位。紀見《舊五代史》卷三五至卷四四、本書卷六。

[2]汴州：州名。治所在今河南開封市。

[3]萬勝：地名。位於今河南中牟縣北大孟鎮萬勝村。

[4]氾水：縣名。治所在今河南滎陽市氾水鎮。

[5]中興殿：五代後唐朝廷內殿。本名崇勳殿，同光二年（924年）改名中興殿，位於今河南洛陽市。

[6]宣仁門：洛陽皇城東門。位於今河南洛陽市區內。　五鳳門：洛陽皇城南門。位於今河南洛陽市區內。

[7]絳霄殿：後唐皇宮宮殿名。

[8]嗣源入洛："入"，原作"得"，中華點校本據浙江本、宗文本、《通鑑》卷二七五改，今從。

[9]得其骨："得"字原闕，中華點校本據浙江本、宗文本補，今從。校勘記云："本書卷五《唐本紀》徐無黨注敘其事作'得其骨爐'。"

[10]新安：縣名。治所在今河南新安縣。　雍陵：五代後唐莊

宗陵墓。至後晉避廟諱，改稱“伊陵”。

傳曰：“君以此始，必以此終。”莊宗好伶，而弒於門高，焚以樂器。可不信哉！可不戒哉！

新五代史　卷三八

宦者傳第二十六

張承業　張居翰

嗚呼，自古宦、女之禍深矣！明者未形而知懼，暗者患及而猶安焉，至於亂亡而不可悔也。雖然，不可以不戒。作《宦者傳》。

張承業

張承業字繼元，唐僖宗時宦者也。[1]本姓康，幼閹，爲內常侍張泰養子。[2]晉王兵擊王行瑜，[3]承業數往來兵間，晉王喜其爲人。及昭宗爲李茂貞所迫，[4]將出奔太原，[5]乃先遣承業使晉以道意，因以爲河東監軍。[6]其後崔胤誅宦官，[7]宦官在外者，悉詔所在殺之。晉王憐承業，不忍殺，匿之斛律寺。[8]昭宗崩，乃出承業，復爲監軍。

[1]唐僖宗：即李儇，873年至888年在位。紀見《舊唐書》

卷一九下、《新唐書》卷九。

[2]内常侍：官名。内侍省屬官，通判内侍省事。正五品下。張泰：人名。籍貫不詳。唐末宦官。本書僅此一見。

[3]晉王：人名。即李克用。沙陀人，神武川新城（一説今山西山陰縣附近，一説今山西代縣）人。唐末軍閥，五代後唐太祖。紀見《舊五代史》卷二五。　王行瑜：人名。邠州（今陝西彬縣）人。唐末軍閥。傳見《舊唐書》卷一七五、《新唐書》卷二二四下。

[4]昭宗：即唐昭宗李曄，888年至904年在位。紀見《舊唐書》卷二〇上、《新唐書》卷一〇。　李茂貞：人名。深州博野（今河北蠡縣）人。唐末、五代軍閥。傳見《舊五代史》卷一三二、本書卷四〇。

[5]太原：府名。治所在今山西太原市。

[6]河東：方鎮名。治所在太原（今山西太原市）。　監軍：官名。爲臨時差遣，代表朝廷協理軍務、督察將帥。唐、五代時常以宦官爲監軍。品秩不詳。

[7]崔胤：人名。清河武城（今山東武城縣）人。唐末宰相。傳見《舊唐書》卷一七七、《新唐書》卷二二三下。

[8]斛律寺：寺院名。位於今山西太原市。《通鑑》卷二六六胡三省注："斛律寺，蓋高齊建霸府於晉陽，斛律氏貴盛時所立。"

晉王病且革，以莊宗屬承業曰："以亞子累公等！"[1]莊宗常兄事承業，歲時昇堂拜母，甚親重之。莊宗在魏，[2]與梁戰河上十餘年，軍國之事，皆委承業，承業亦盡心不懈。凡所以畜積金粟，收市兵馬，勸課農桑，而成莊宗之業者，承業之功爲多。自貞簡太后、韓淑妃、伊德妃及諸公子在晉陽者，[3]承業一切以法繩之，權貴皆斂手畏承業。

[1]莊宗：即李存勖。代北沙陀人，五代後唐開國皇帝。紀見《舊五代史》卷二七至卷三四、本書卷四至卷五。　亞子：後唐莊宗李存勖小字亞子。

[2]魏：州名。治所在今河北大名縣。

[3]貞簡太后：指莊宗生母曹太后。太原人。傳見《舊五代史》卷四九、本書卷一四。　韓淑妃：莊宗正室。籍貫不詳。傳見《舊五代史》卷四九。原作"韓德妃"，今據《舊五代史》卷四九改。　伊德妃：莊宗後妃。籍貫不詳。傳見《舊五代史》卷四九。原作"伊淑妃"，今據《舊五代史》卷四九改。　晉陽：縣名。治所在今山西太原市。

莊宗歲時自魏歸省親，須錢蒲博、賞賜伶人，[1]而承業主藏，錢不可得。莊宗乃置酒庫中，酒酣，使子繼岌爲承業起舞，[2]舞罷，承業出寶帶、幣、馬爲贈，莊宗指錢積呼繼岌小字以語承業曰："和哥乏錢，可與錢一積，何用幣、馬爲也？"[3]承業謝曰："國家錢，非臣所得私也。"莊宗以語侵之，承業怒曰："臣，老敕使，非爲子孫計，惜此庫錢，佐王成霸業爾！若欲用之，何必問臣？財盡兵散，豈獨臣受禍也？"莊宗顧元行欽曰："取劍來！"[4]承業起，持莊宗衣而泣，曰："臣受先王顧託之命，誓雪家國之讎。今日爲王惜庫物而死，死不愧於先王矣！"閻寶從旁解承業手令去，[5]承業奮拳歐寶踣，罵曰："閻寶，朱温之賊，[6]蒙晉厚恩，不能有一言之忠，而反謟諛自容邪！"太后聞之，[7]使召莊宗。莊宗性至孝，聞太后召，甚懼，乃酌兩卮謝承業曰："吾杯酒之失，且得罪太后。願公飲此，爲吾分過！"承業不肯飲。莊宗入內，太后使人謝承業曰："小兒忤公，已答之矣。"明日，太后與莊宗俱過承業第，慰勞之。

[1]蒲博：賭博。

[2]繼岌：人名。即李繼岌。後唐莊宗長子。傳見《舊五代史》卷五一、本書卷一四。

[3]何用幣馬爲也：原作"何用幣馬也"。"幣馬"，浙江本、宗文本、《通鑑》卷二七〇作"帶馬"，《舊五代史》卷七二作"寶馬"。"爲"字原闕，中華點校本據浙江本、宗文本補，今從。

[4]元行欽：人名。幽州（今北京市）人。五代後唐將領。傳見《舊五代史》卷七〇、本書卷二五。

[5]閻寶：人名。鄆州（今山東東平縣）人。五代後唐將領。傳見《舊五代史》卷五九、本書卷四四。

[6]朱溫：人名。宋州碭山（今安徽碭山縣）人。五代後梁太祖。紀見《舊五代史》卷一至卷七、本書卷一至卷二。

[7]太后：指後唐莊宗生母曹太后。

盧質嗜酒傲忽，[1]自莊宗及諸公子多見侮慢，莊宗深嫉之。承業乘間請曰："盧質嗜酒無禮，臣請爲王殺之。"莊宗曰："吾方招納賢才以就功業，公何言之過也！"承業起賀曰："王能如此，天下不足平也！"質因此獲免。

[1]盧質：人名。河南（今河南洛陽市）人。五代大臣。傳見《舊五代史》卷九三、本書卷五六。

天祐十八年，[1]莊宗已諾諸將即皇帝位。承業方臥病，聞之，自太原肩輿至魏，諫曰："大王父子與梁血戰三十年，本欲雪家國之讎，而復唐之社稷。今元兇未滅，而遽以尊名自居，非王父子之初心，且失天下望，不可！"莊宗謝曰："此諸將之所欲也。"承業曰："不然，梁，唐、晉之仇賊，而天下所共惡也。今王誠能爲天下去大惡，復列聖之深讎，然後求唐後而立之。使唐之子孫在，孰敢當之？使唐無子孫，天下之士，誰可與王爭者？臣，唐家一老奴耳！誠願見大王之成功，然後退身田里，使百官送出洛東門，而令路人指而歎曰'此本朝敕使，先王時監軍也'，豈不臣主俱榮哉？"莊宗不聽。承業知不可諫，乃仰天大哭曰："吾王自取之！誤老奴矣。"肩輿歸太原，不食而卒，年七十七。同光元年，[2]贈左武衛上將軍，[3]謚曰正憲。

[1]天祐：唐昭宗李曄開始使用的年號（904—907）。唐哀帝李柷沿用。唐亡後，河東李克用、李存勗仍稱天祐，沿用至天祐二十年（923）。五代十國其他政權亦有行此年號者，如南吳、吳越等。

[2]同光：後唐莊宗李存勗年號（923—926）。

[3]左武衛上將軍：官名。唐置，掌宮禁宿衛。唐代置十六衛，即左右衛、左右驍衛、左右武衛、左右威衛、左右領軍衛、左右金吾衛、左右監門衛、左右千牛衛，各置上將軍，從二品；大將軍，正三品；將軍，從三品。

張居翰

張居翰字德卿，故唐掖廷令張從玫之養子。[1]昭宗時，爲范陽軍監軍，[2]與節度使劉仁恭相善。[3]天復中，大誅宦者，[4]仁恭匿居翰大安山之北谿以免。[5]其後，梁兵攻仁恭，仁恭遣居翰從晉王攻梁潞州以牽其兵，[6]晉遂取潞州，以居翰爲昭義監軍。[7]

[1]掖廷令：官名。內侍省掖庭局長官，員二人，掌管宮人簿賬及女工事務，從七品下。　張從玫：人名。籍貫不詳。本書僅此一見。

[2]范陽軍：方鎮名。治所在幽州（今北京市）。

[3]節度使：官名。唐時在重要地區所設掌握一州或數州軍事、民事、財政的長官。品秩不詳。　劉仁恭：人名。深州（今河北深州市）人。唐末、五代軍閥。傳見《新唐書》卷二一二。

[4]天復：唐昭宗李曄年號（901—904）。

[5]大安山：山名。位於今北京市房山區西北。

[6]潞州：州名。治所在今山西長治市。

[7]昭義：方鎮名。治所在潞州（今山西長治市）。

莊宗即位，與郭崇韜並爲樞密使。[1]莊宗滅梁而驕，宦官因以用事，郭崇韜又專任政，居翰默默，苟免而已。

[1]郭崇韜：人名。代州雁門（今山西代縣）人。五代後唐大臣。傳見《舊五代史》卷五七、本書卷二四。　樞密使：官名。樞密院長官。唐代宗時始以宦官掌機密，至昭宗時借朱温之力盡誅宦官，始改以士人任樞密使。備顧問，參謀議，出納詔奏，權侔宰相。品秩不詳。參見李全德《唐宋變革期樞密院研究》，北京圖書館出版社2009年版。

魏王破蜀,[1]王衍朝京師,[2]行至秦川,[3]而明宗軍變于魏。[4]莊宗東征,慮衍有變,遣人馳詔魏王殺之。詔書已印畫,而居翰發視之,詔書言"誅衍一行",居翰以謂殺降不祥,乃以詔傅柱,揩去"行"字,改爲一"家"。時蜀降人與衍俱東者千餘人,皆獲免。

[1]魏王破蜀:時魏王李繼岌爲西川四面行營都統,伐前蜀。
[2]王衍:人名。許州舞陽(今河南舞陽縣)人。王建幼子,五代十國前蜀皇帝。傳見《舊五代史》卷一三六、本書卷六三。
[3]秦川:《通鑑》卷二七四、本書卷六三載此事作"秦川驛",指唐京兆府驛站。
[4]明宗:即李嗣源。沙陀人。原名邈佶烈,李克用養子,926年至933年在位。紀見《舊五代史》卷三五至卷四四、本書卷六。

莊宗遇弒,居翰見明宗于至德宮,[1]求歸田里。天成三年,[2]卒于長安,年七十一。

[1]至德宮:宮名。五代後唐天成元年(926)築。位於今河南洛陽市。
[2]天成:後唐明宗李嗣源年號(926—930)。

五代文章陋矣,而史官之職廢於喪亂,傳記小說多失其傳,故其事迹,終始不完,而雜以訛繆。至於英豪奮起,戰爭勝敗,國家興廢之際,豈無謀臣之略,辯士之談?而文字不足以發之,遂使泯然無傳於後世。然獨張承業事卓卓在人耳目,至今故老猶能道之。其論議可謂傑然歟!殆非宦者之言也。

自古宦者亂人之國，其源深於女禍。女，色而已；宦者之害，非一端也。蓋其用事也近而習，其爲心也專而忍。能以小善中人之意，小信固人之心，使人主必信而親之。待其已信，然後懼以禍福而把持之。雖有忠臣碩士列于朝廷，而人主以爲去已疏遠，不若起居飲食、前後左右之親爲可恃也。故前後左右者日益親，則忠臣碩士日益疏，而人主之勢日益孤。勢孤，則懼禍之心日益切，而把持者日益牢，安危出其喜怒，禍患伏於帷闥，則嚮之所謂可恃者，乃所以爲患也。患已深而覺之，欲與疏遠之臣圖左右之親近，緩之則養禍而益深，急之則挾人主以爲質，雖有聖智不能與謀，謀之而不可爲，爲之而不可成，至其甚，則俱傷而兩敗。故其大者亡國，其次亡身，而使姦豪得借以爲資而起，至抉其種類，盡殺以快天下之心而後已。此前史所載宦者之禍常如此者，非一世也。夫爲人主者，非欲養禍於內而疏忠臣碩士於外，蓋其漸積而勢使之然也。夫女色之惑，不幸而不悟，則禍斯及矣；使其一悟，捽而去之可也。宦者之爲禍，雖欲悔悟，而勢有不得而去也，唐昭宗之事是已。故曰"深於女禍"者，謂此也。可不戒哉！昭宗信狎宦者，由是有東宮之幽。既出而與崔胤圖之，胤爲宰相，顧力不足爲，乃召兵於梁，梁兵且至，而宦者挾天子走之岐，[1]梁兵圍之三年，昭宗既出，而唐亡矣。

[1]岐：封國名。時鳳翔節度使李茂貞爲岐王，故稱。

初，昭宗之出也，梁王悉誅唐宦者第五可範等七百餘人，其在外者，悉詔天下捕殺之，而宦者多爲諸鎮所藏匿而不殺。是時，方鎮僭擬，悉以宦官給事，而吳越最多。及莊宗立，詔天下訪求故唐時宦者悉送京師，得數百人，宦者遂復用事，以至於亡。此何異求已覆之車，躬駕而履其轍也？可爲悲夫！

莊宗未滅梁時，承業已死。其後居翰雖爲樞密使，而不用事。有宣徽使馬紹宏者，[1]嘗賜姓李，頗見信用。然誣殺大臣，黷貨賂，專威福，以取怨於天下者，左右狎暱，黃門內養之徒也。是時，明宗自鎮州入覲，[2]奉朝請於京師。莊宗頗疑其有異志，陰遣紹宏伺其動靜，紹宏反以情告明宗。明宗自魏而反，天下皆知禍起於魏，孰知其啓明宗之二心者，自紹宏始也！郭崇韜已破蜀，莊宗信宦者言而疑之。然崇韜之死，莊宗不知，皆宦者爲之也。當此之時，舉唐之精兵皆在蜀，使崇韜不死，明宗入洛，豈無西顧之患？其能晏然取唐而代之邪？及明宗入立，又詔天下悉捕宦者而殺之。宦者亡竄山谷，多削髮爲浮圖。其亡至太原者七十餘人，悉捕而殺之都亭驛，流血盈庭。

[1]宣徽使：官名。唐始置。宣徽南院使、北院使通稱宣徽使。初用宦官，五代以後改用士人。通掌内諸司及三班内侍之名籍，郊祀、朝會、宴享供帳之儀，檢視内外進奉名物。品秩不詳。參見王永平《論唐代宣徽使》，《中國史研究》1995年第1期，王孫盈政《再論唐代的宣徽使》，《中華文史論叢》2018年第3期。　馬紹宏：人名。又作李紹宏。籍貫不詳。後唐莊宗近臣。傳見《舊五代史》卷七二。

[2]鎮：州名。治所在今河北正定縣。

明宗晚而多病，王淑妃專内以干政，[1]宦者孟漢瓊因以用事。[2]秦王入視明宗疾已革，[3]既出而聞哭聲，以謂帝崩矣，乃謀以兵入宮者，懼不得立也。大臣朱弘昭等方圖其事，[4]議未決，漢瓊遽入見明宗，言秦王反，即以兵誅之，陷秦王大惡，而明宗以此飲恨而終。後愍帝奔于衛州，[5]漢瓊西迎廢帝于路，[6]廢帝惡而殺之。

[1]王淑妃：後唐明宗妃嬪。傳見《舊五代史》卷五一、本書卷一五。

[2]孟漢瓊：人名。籍貫不詳。五代後唐宦官，時任宣徽南院使。傳見《舊五代史》卷七二。

[3]秦王：即李從榮。沙陀人。後唐明宗李嗣源次子。傳見《舊五代史》卷五一、本書卷一五。

[4]朱弘昭：人名。太原（今山西太原市）人。後唐明宗朝樞密使、宰相。傳見《舊五代史》卷六六、本書卷二七。

[5]愍帝：即後唐愍帝李從厚。小名菩薩奴，明宗第三子。長興四年（933）十二月，李從厚即皇帝位，是爲後唐愍帝。應順元年（934）四月，李從珂入洛陽即帝位，令人毒殺愍帝。紀見《舊五代史》卷四五、本書卷七。　衛州：州名。治所在今河南衛輝市。

[6]廢帝：即後唐廢帝李從珂。鎮州平山（今河北平山縣）人。本姓王，後唐明宗李嗣源擄其母魏氏，遂養爲己子。應順元年（934）四月，李從珂入洛陽即帝位。清泰三年（936）五月，石敬瑭謀反，廢帝自焚死，後唐亡。紀見《舊五代史》卷四六至卷四八、本書卷七。

嗚呼！人情處安樂，自非聖哲，不能久而無驕怠。宦、女之禍非一日，必伺人之驕怠而浸入之。明宗非佚君，而猶若此者，蓋其在位差久也。其餘多武人崛起，及其嗣續，世數短而年不永，故宦者莫暇施爲。其爲大害者，略可見矣。獨承業之論，偉然可愛，而居翰更一字以活千人。君子之於人也，苟有善焉，無所不取。吾於斯二人者有所取焉。取其善而戒其惡，所謂"愛而知其惡，憎而知其善"也。故并述其禍敗之所以然者著于篇。

新五代史　卷三九

雜傳第二十七

王鎔　羅紹威　王處直　劉守光

王鎔

王鎔，其先回鶻阿布思之遺種，[1]曰没諾干，[2]爲鎮州王武俊騎將，[3]武俊録以爲子，遂冒姓王氏。没諾干子曰末坦活，[4]末坦活子曰昇，[5]昇子曰廷湊，[6]廷湊子曰元逵，[7]元逵子曰紹鼎、紹懿，[8]紹鼎子曰景崇。[9]自昇以上三世，常爲鎮州騎將，自景崇以上四世五人，皆爲成德軍節度使。[10]景崇官至守太尉，[11]封常山郡王，唐中和二年卒。[12]子鎔立，年十歲。

[1]回鶻：古部族、政權名。又作回紇。原係突厥鐵勒部的一支。唐天寶三載（744）建立回鶻汗國，9世紀中葉，回鶻汗國瓦解。其中一支爲甘州回鶻。11世紀初，甘州回鶻爲西夏所滅。參見楊蕤《回鶻時代：10—13世紀陸上絲綢之路貿易研究》，中國社會科學出版社2015年版。　阿布思：人名。即李獻忠。原爲九姓鐵

勒同羅部落首領，後被東突厥汗國任命爲西部的葉護。東突厥滅亡後，歸附唐朝。天寶八年（749）隨唐將西征吐蕃，因功升爲朔方軍節度副使。因與安禄山不和，受其迫害，被迫叛唐。十二年（753）被殺。事見《舊唐書》卷一八七下《忠義下》。

［2］没諾干：中華點校本校勘記云："《舊唐書》卷一四二《王廷湊傳》、《白氏長慶集》卷三四《王庭湊曾祖五哥之可贈越州都督祖末怛活可贈左散騎常侍父昇朝可贈禮部尚書制》記王廷湊曾祖名'五哥之'，錢大昕《考異》卷六三：'案《舊唐書·王武俊傳》：武俊初號没諾干。《唐書·張孝忠傳》：燕趙間共推張阿勞、王没諾干，二人齊名。没諾干，王武俊也。《王廷湊傳》：曾祖五哥之，王武俊養爲子，故冒姓王。《宰相世系表》安東王氏，五哥之生末怛活，末怛活生昇朝，昇朝子廷湊。《舊書·廷湊傳》叙其世系與《表》正合。然則没諾干與王武俊乃是一人，而廷湊之曾祖自名五哥之，非没諾干也。'"

［3］鎮州：州名。治所在今河北正定縣。　王武俊：回紇族阿布思部人。唐末鎮州騎將。傳見《舊唐書》卷一四二。

［4］末坦活：一作"末怛活"。回紇族阿布思部人。唐末鎮州騎將。事見《舊唐書》卷一四二。

［5］昇：一作"昇朝"。回紇族阿布思部人。唐末鎮州騎將。事見《舊唐書》卷一四二。

［6］廷湊：人名。即王廷湊。回紇族阿布思部人。唐末軍閥。傳見《舊唐書》卷一四二、《新唐書》卷二一一。

［7］元逵：人名。即王元逵。回紇族阿布思部人。唐末軍閥。傳見《舊唐書》卷一四二、《新唐書》卷二一一。

［8］紹鼎：人名。即王紹鼎。回紇族阿布思部人。唐末軍閥。傳見《舊唐書》卷一四二、《新唐書》卷二一一。　紹懿：即王紹懿。回紇族阿布思部人。唐末軍閥。傳見《舊唐書》卷一四二、《新唐書》卷二一一。

［9］景崇：人名。即王景崇。回紇族阿布思部人。唐末軍閥。

傳見《舊唐書》卷一四二、《新唐書》卷二一一。

［10］成德軍：方鎮名。治所在恒州（今河北正定縣）。

［11］太尉：官名。與司徒、司空並爲三公，唐後期、五代多爲大臣、勛貴加官。正一品。

［12］中和：唐僖宗李儇年號（881—885）。

是時，晉新有太原，[1]李匡威據幽州，[2]王處存據中山，[3]赫連鐸據大同，[4]孟方立據邢臺，[5]四面豪傑並起而交爭。鎔介於其間，而承祖父百年之業，士馬彊而畜積富，爲唐累世藩臣。故鎔年雖少，藉其世家以取重，四方諸鎮廢立承繼，有請於唐者，皆因鎔以聞。

［1］晉：封國名。時河東節度使李克用爲晉王，故稱。

［2］李匡威：人名。范陽（今河北涿州市）人。幽州節度使李全忠之子，唐末軍閥。傳見《舊唐書》卷一八〇、《新唐書》卷二一二。　幽州：州名。治所在今北京市。

［3］王處存：人名。京兆萬年（今陝西西安市）人。唐末軍閥。傳見《舊唐書》卷一八二、《新唐書》卷一八六。　中山：地名。位於今河北定州市。此處代指唐末河北方鎮義武軍（治所在定州）。

［4］赫連鐸：人名。唐末代北吐谷渾首領。咸通九年（868）隨唐軍鎮壓龐勛起義。與李國昌父子爭奪代北，官至雲州刺史、大同軍防禦使，守雲州十餘年。後爲李克用擒殺。事見《舊唐書》卷一九下、卷二〇上。　大同：方鎮名。治所在雲州（今山西大同市）。

［5］孟方立：人名。邢州平鄉（今河北平鄉縣）人。唐末將領。傳見《新唐書》卷一八七、《舊五代史》卷六二、本書卷四二。　邢臺：地名。此處代指唐末、五代方鎮昭義軍，治所在邢州

（今河北邢臺市）。

自晉兵出山東，[1]已破孟遷，[2]取邢、洺、磁三州，[3]景福元年，[4]乃大舉擊趙，[5]下臨城。[6]鎔求救於李匡威，匡威來救，晉軍解去。明年，晉會王處存攻鎔堅固、新市。[7]晉王與處存皆自將，而鎔未嘗臨軍，遣追風都團練使段亮、翦寇都團練使馬珂等，[8]以兵屬匡威而已。匡威戰磁河，[9]晉軍大敗。明年春，晉攻天長軍，[10]鎔出兵救之，敗于叱日嶺，[11]晉軍遂出井陘。[12]鎔又求救於匡威，晉軍解去。

[1]山東：太行山以東。昭義軍所管五州，澤、潞二州在太行山以西，邢、洺、磁三州在太行山以東。此處山東特指邢、洺、磁三州。

[2]孟遷：人名。邢州（今河北平鄉縣）人。唐末將領。傳見《新唐書》卷一八七。

[3]邢：州名。治所在今河北邢臺市。　洺：州名。治所在今河北邯鄲市永年區。　磁：州名。治所在今河北磁縣。

[4]景福：唐昭宗李曄年號（892—893）。

[5]趙：封國名。此處代指唐末河北方鎮成德軍。時王鎔爲成德軍節度使，後封趙王。

[6]臨城：縣名。治所在今河北臨城縣。

[7]堅固：鎮名。或位於今河北新樂市。　新市：鎮名。位於今河北正定縣。

[8]追風：部隊番號。　都團練使：官名。亦稱都團練守捉使，大者領州十餘，小者二三州，以保境、安民、懲奸爲務。品秩不詳。　段亮：籍貫不詳。唐末將領。本書僅此一見。　翦寇：部隊

番號。　馬珂：籍貫不詳。唐末將領。本書僅此一見。
　　[9]磁河：水名。沙河支流，位於今河北南部。
　　[10]天長軍：地名。又名天長鎮。位於今河北井陘縣西南。
　　[11]叱日嶺：又名赤日嶺。位於今河北井陘縣西青泉嶺。
　　[12]井陘（xíng）：關隘名。位於今河北井陘縣。

　　初，匡威悦其弟匡儔之婦美而淫之，[1]匡儔怒，及其救鎔也，誘其軍亂而自立。匡威内慙不敢還，乃以符印歸其弟，而將奔于京師。行至深州，鎔德匡威救己，使人邀之，館于海子園，[2]以父事之。

　　[1]匡儔：人名。即李匡儔。兩《唐書》作"李匡籌"。范陽（今河北涿州市）人。幽州節度使李全忠之子、李匡威之弟，唐末軍閥。傳見《舊唐書》卷一八〇、《新唐書》卷二一二。
　　[2]海子園：王鎔私人池苑。位於今河北正定縣。原作"梅子園"，中華點校本據宗文本、《册府》卷七三〇改，今從。

　　匡威客李正抱者，[1]少游燕、趙間，每徘徊常山，[2]愛之不能去。正抱、匡威皆失國無聊，相與登城西高閣，顧覽山川，泫然而泣，乃與匡威謀劫鎔而代之。[3]因詐爲忌日，[4]鎔去衛從，晨詣館慰，坐定，甲士自幕後出，持鎔兩袖，鎔曰："吾國賴公而存，誠無以報厚德，今日之事，是所甘心。"因叩頭以位與匡威。匡威素少鎔，以謂無能爲也，因與鎔方轡詣府，將代其位。行過親事營，[5]軍士閉門大譟，天雨震電，暴風拔木，屋瓦皆飛。屠者墨君和望見鎔，[6]識之，從缺垣中躍出，挾鎔于馬，負之而走，亂軍擊殺匡威、正抱，燕人皆走。[7]匡儔雖憾其兄，而陽以大義責鎔甚急。鎔既失燕援，而晉軍急攻平山，劫鎔以盟，鎔遂與晉和。[8]

[1]李正抱：人名。籍貫不詳。李匡威屬官。事見本書本卷。《舊唐書》卷二〇上《昭宗紀》、《册府》（宋本）卷七三〇、《北夢瑣言》卷一三作"李貞抱"，《舊唐書》卷一八〇《李匡威傳》、《新唐書》卷二一一《王鎔傳》及卷二一二《李匡威傳》作"李抱貞"。中華點校本謂"正"係避宋諱改，當是。

[2]常山：山名。即明代以前的北岳恒山。位於今河北正定縣東北。

[3]鎔："鎔"字原闕，中華點校本據浙江本、宗文本、《五代史詳節》卷六補，今從。此爲人名。即王鎔。回鶻人。唐末、五代軍閥，朱温後封趙王。傳見《舊五代史》卷五四、本書卷三九。

[4]忌日：父母或祖先死亡之日家人禁止飲酒作樂，所以稱忌日，亦稱"忌辰"。

[5]親事：官名。即親事官。掌守衛陪從，或被差用。品秩不詳。

[6]屠者：屠夫。以屠宰牲畜爲生的人。 墨君和：人名。真定（今河北正定縣）人。唐末屠夫。事見《舊五代史》卷五四。

[7]走：中華點校本云浙江本、宗文本作"死"。

[8]平山：縣名。治所在今河北平山縣。

其後梁太祖下晉邢、洺、磁三州，[1]乃爲書詔古本作招。鎔，使絶晉而歸梁，鎔依違不决。一作訣。晉將李嗣昭復取洺州，[2]梁太祖擊敗嗣昭，嗣昭棄洺州走。梁獲其輜重，得鎔與嗣昭書，多道梁事，太祖怒，因移兵常山，顧謂葛從周曰："得鎮州以與爾，爾爲我先鋒。"[3]從周至臨城，中流矢，卧輿中，梁軍大沮。梁太祖自將傅城下，焚其南關，鎔懼，顧其屬曰："事急矣！奈何？"判官周式，[4]辨士也，對曰："此難與力争，而可以理奪也。"式與梁太祖有舊，因請入梁軍。太祖望見式，罵曰："吾常以書招鎔不來，今吾至此，而爾爲説客，晚矣！且晋吾仇也，而鎔附之，吾知李嗣昭在城中，可使先出。"乃以所得鎔與嗣昭書示式，式進曰："梁欲取一鎮州而止乎，而欲成霸業於天下也？且霸者責人以義而不私，今天子在上，諸侯守封睦鄰，所以息争，且休民也，昔曹公破袁紹，[5]得魏將吏與紹書，悉焚之，此英雄之事耳！[6]今梁知兵舉無名，而假嗣昭以爲辭，且王氏五世六公撫有此土，豈無死士，而待嗣昭乎？"太祖大喜，起牽式衣而撫之曰："吾言戲耳。"因延式於上坐，議與鎔和。鎔以子昭祚爲質，[7]梁太祖以女妻之。太祖即位，封鎔趙王。

[1]梁太祖：即朱温。宋州碭山（今安徽碭山縣）人。五代後梁開國皇帝。紀見《舊五代史》卷一至卷七、本書卷一至卷二。

[2]李嗣昭：人名。汾州（今山西汾陽市）人。李克用義子、部將。傳見《舊五代史》卷五二、本書卷三六。

[3]葛從周：人名。濮州鄄城（今山東鄄城縣）人。唐末、五代後梁將領。傳見《舊五代史》卷一六、本書卷二一。

[4]判官：官名。唐、五代方鎮僚屬，位在行軍司馬下。分掌使衙内各曹事，並協助使職官員通判衙事。品秩不詳。 周式：人名。籍貫不詳。王鎔幕僚，能言善辯。事見《舊五代史》卷五四。

[5]曹公：人名。即曹操。沛國譙（今安徽亳州市）人。三國

851

魏政治家。漢獻帝時官至丞相，進爵魏王。曹丕稱帝后尊爲武皇帝。傳見《三國志》卷一。　袁紹：人名。汝南汝陽（今河南商水縣）人。東漢末年軍閥。建安五年（200）官渡之戰中敗於曹操，不久病死。傳見《後漢書》卷七四上、《三國志》卷六。

[6]耳：原作"乎"，中華點校本據浙江本、宗文本改，今從。

[7]昭祚：人名。即王昭祚。回鶻部人。王鎔之子，梁太祖朱温之婿。事見本書本卷。

鎔祖母喪，[1]諸鎮皆吊，梁使者見晉使在館，還言趙王有二志。是時，魏博羅紹威卒，[2]梁因欲盡取河北，[3]開平四年冬，[4]遣供奉官杜廷隱監魏博將夏諲，[5]以兵三千襲深、冀二州，[6]以王景仁爲北面行營招討使。[7]鎔懼，乞兵于晉。晉人擊敗景仁於柏鄉，[8]梁遂失鎮、定，[9]而莊宗由此益彊，北破幽燕，南并魏博，鎔常以兵從。鎔德晉甚。明年，會莊宗於承天軍，[10]奉觴爲壽，莊宗以鎔父友，尊禮之，酒酣爲鎔歌，拔佩刀斷衣而盟，許以女妻鎔子昭誨。[11]

[1]祖母：據中華點校本校勘記，疑"祖母"爲"母"之誤。

[2]魏博：方鎮名。即魏博軍，亦稱"天雄軍"。唐天祐元年（904）以魏博節度使號爲天雄軍，治所在魏州（今河北大名縣）。羅紹威：人名。魏州貴鄉（今河北大名縣）人。唐末軍閥。傳見《舊五代史》卷一四、本書卷三九。

[3]河北：即河北道。唐貞觀十道、開元十五道之一。開元以後治魏州（今河北大名縣）。轄境相當於今北京、天津、河北、遼寧大部，河南、山東北黃河以北地區。

[4]開平：後梁太祖朱温年號（907—911）。

[5]供奉官：官名。泛指侍奉皇帝左右的臣僚，亦爲東、西頭供奉官通稱。品秩不詳。　杜廷隱：人名。籍貫不詳。後梁將領。事見《通鑑》卷二六七。原作"杜延隱"，中華點校本據宗文本、浙江本、《舊五代史》卷二七《唐莊宗紀一》、《通鑑》卷二六七改，今從。　夏諲：人名。籍貫不詳。五代將領。本書僅此一見。

[6]深：州名。治所在今河北深州市。　冀：州名。治所在今河北衡水市冀州區。

[7]王景仁：人名。合淝（今安徽合肥市）人。五代後梁將領。傳見《舊五代史》卷二三、本書卷二三。　行營招討使：官名。五代自後梁至後周均設行營招討使，負責地方征討、招撫之事。掌管區域較大而且長官資深者，則委以諸道行營都招討使和副都招討使，否則爲行營招討使和副招討使。品秩不詳。

[8]柏鄉：縣名。治所在今河北柏鄉縣。

[9]定：州名。治所在今河北定州市。

[10]莊宗：即後唐莊宗李存勖。五代後唐建立者。紀見《舊五代史》卷二七至卷三四、本書卷五。　承天軍：地名。治所在今山西平定縣。

[11]昭誨：人名。即王昭誨。回鶻部人。王鎔之子，後唐莊宗李存勖之婿。事見本書本卷。

鎔爲人仁而不武，未嘗敢爲兵先，佗兵攻趙，常藉鄰兵爲救。當是時，諸鎮相弊於戰爭，而趙獨安，樂王氏之無事，都人士女褒衣博帶，[1]務夸侈爲嬉遊。鎔尤驕於富貴，又好左道，鍊丹藥，求長生，與道士王若訥留游西山，[2]登王母祠，[3]使婦人維錦繡牽持而上。每出，逾月忘歸，任其政於宦者。宦者石希蒙與鎔同卧起。[4]天祐十八年冬，[5]鎔自西山宿鶻營莊，[6]將還府，希蒙止之。宦者李弘規諫曰："今晋王身自暴露以親矢石，而大王竭軍國之用爲游畋之資，開城空宮，逾月不返，使一夫閉門不納從者，大王欲何歸乎？"[7]鎔懼，促駕，希蒙固止之。弘規怒，遣親事軍將蘇漢衡率兵擐甲露刃於帳前曰："軍士勞矣！願從王歸。"[8]弘規繼而進曰："惑王者希蒙也，請殺之以謝軍士！"鎔不答，弘規呼甲士斬希蒙首，[9]擲於鎔前，鎔懼，遽歸。使其子昭祚與大將張文禮族弘規、漢衡，[10]收其偏將下獄，[11]窮究反狀，親軍皆懼。文禮誘以爲亂，夜半，親軍十餘人踰垣而入，[12]鎔方與道士焚香受籙，軍士斬鎔首，袖之而出，因縱火焚其宮室，遂滅王氏之族。

[1]褒衣博帶：省作"褒博"。文官和儒生的裝束，衣服寬大，衣帶廣博。亦代指儒雅文士。

[2]王若訥：人名。唐末、五代方士。事見《舊五代史》卷五四、卷一三五及本書本卷。　西山：地名。位於今河北邢臺市西北。

[3]王母：即西王母。中國古代神話中的女仙，傳說她曾在瑶池宴請周穆王。

[4]石希蒙：人名。籍貫不詳。王鎔寵幸的宦官。事見本書本卷。

[5]天祐：唐昭宗李曄開始使用的年號（904—907）。唐哀帝李柷沿用。唐亡後，河東李克用、李存勖仍稱天祐，沿用至天祐二十年（923）。五代十國其他政權亦有行此年號者，如南吴、吴越等。

[6]鶻營莊：地名。位於今河北平山縣西。

[7]李弘規：人名。籍貫不詳。唐末、五代宦官。事見本書本

卷及卷五七。

　　[8]蘇漢衡：人名。籍貫不詳。王鎔親軍軍將。本書僅此一見。願從王歸：據中華點校本校勘記，浙江本、宗文本作"願從王歸國"。

　　[9]弘規呼甲士斬希蒙首："呼"下原有"鎔"字，中華點校本據浙江本、宗文本删，今從。

　　[10]張文禮：人名。燕（今河北北部）人。五代軍閥王鎔的部將。傳見《舊五代史》卷六二。

　　[11]偏將：即副將，泛指將佐等武官。

　　[12]親軍十餘人踰垣而入："十"，原作"千"，中華點校本據宗文本、《舊五代史》卷五四《王鎔傳》改，今從。

　　鎔小子昭誨，[1]年十歲，其軍士有德鎔者，藏之穴中，亂定，髡其髮，被以僧衣，遇湖南人李震，[2]與之，震匿昭誨於茶籠中，[3]載之湖南，依南嶽爲浮圖，[4]易名崇隱。明宗時，[5]昭誨已長，思歸，而鎔故將符習爲宣武軍節度使，[6]震以歸習，習表於朝。昭誨自稱前成德軍中軍使以見，[7]拜考功郎中、司農少卿。[8]周顯德中，猶爲少府監云。[9]

　　[1]昭誨：人名。即王昭誨。王鎔幼子，五代大臣。傳見本書本卷。

　　[2]李震：人名。五代時湖南漕運官。事見《舊五代史》卷五四。

　　[3]與之震匿昭誨於茶籠中："與之震"三字原闕，中華點校本據宗文本補，今從。

　　[4]南嶽：即衡山。位於今湖南衡山縣。　浮圖：梵語音譯，

又作佛陀。泛指佛教。

[5]明宗：即李嗣源。沙陀人。李克用養子，逼宮李存勗後自立爲後唐皇帝。紀見《舊五代史》卷三五至卷四〇、本書卷六。

[6]符習：人名。趙州昭慶（今河北隆堯縣）人。五代後唐將領。傳見《舊五代史》卷五九、本書卷二六。　宣武軍：方鎮名。唐舊鎮，治所在汴州（今河南開封市）。後梁開平元年（907）升汴州爲東京開封府。開平三年（909）置宣武軍於宋州（今河南商丘市睢陽區）。後唐同光元年（924）改宋州宣武軍爲歸德軍。廢東京開封府，重建宣武軍於汴州。後晉天福三年（938），改爲東京開封府。除天福十二年（947）、十三年（948）短暫改爲宣武軍外，汴京均爲東京開封府。

[7]成德軍：方鎮名。治所在恒州（今河北正定縣）。　軍使：官名。掌領本軍軍務，或兼理地方政務。品秩不詳。《新唐書》卷五〇《兵志》載："唐初，兵之成邊者，大曰軍，小曰守捉，曰城，曰鎮……武德至天寶以前邊防之制，其軍、城、鎮、守捉皆有使。"

[8]考功郎中：官名。唐、五代尚書省吏部考功司長官，掌考察内外百官及功臣家傳、碑、頌、諫、謚等事。從五品上。　司農少卿：官名。唐司農寺次官，佐司農卿掌管倉廩、籍田、苑囿諸事。從四品上。

[9]顯德：五代後周太祖郭威年號（954）。世宗柴榮、恭帝柴宗訓沿用（954—960）。　少府監：官名。少府監長官，隋初置，唐初廢，太宗時復置。掌百工技巧之事。從三品。

　　張文禮者，狡獪人也，鎔惑愛之，以爲子，號王德明。鎔已死，文禮自爲留後。[1]莊宗初納之，後知其通於梁也，遣趙故將符習與閻寶擊之。[2]文禮家鬼夜哭，野河水變爲血，游魚皆死，文禮懼，病疽卒。子處瑾秘喪拒守，[3]擊敗習等。以李嗣昭代之，嗣昭中流矢卒，以李存進代之，[4]存進輒復戰殁，乃以符存審爲招討使，[5]遂破之。執文禮妻及子處瑾、處球、處琪等，[6]折足歸于晋。趙人請而醢之，磔文禮尸于市。[7]

[1]留後：官名。原非正式命官，唐朝節度使入朝或宰相、親王遥領節度使不臨鎮則置。安史之亂後，節度使多以子弟或親信爲留後，以代行節度使職務，亦有軍士、叛將自立爲留後者。掌一州或數州軍政。北宋始爲朝廷正式命官。

[2]閻寶：人名。鄆州（今山東東平縣）人。五代後唐將領。傳見《舊五代史》卷五九、本書卷四四。

[3]處瑾：人名。即張處瑾。燕（今河北北部）人。五代後唐將領。事見《舊五代史》卷六二。

[4]李存進：人名。振武（唐代治今內蒙古和林格爾縣）人。五代後唐將領。本姓孫，名重進，李克用以之爲義兒軍使，賜姓名。傳見《舊五代史》卷五三、本書卷三六。

[5]符存審：人名。陳州宛丘人（今河南淮陽縣）。後唐將領。傳見《舊五代史》卷五六、本書卷二五。

[6]處球：人名。即張處球。燕（今河北北部）人。事見本書本卷。　　處琪：人名。即張處琪。燕（今河北北部）人。事見本書本卷。

[7]磔（zhé）：死刑的一種，即分屍。

羅紹威

羅紹威字端己，其先長沙人。[1]祖讓，[2]北遷爲魏州貴鄉人。[3]

[1]長沙：郡名。治所在今湖南長沙市。

[2]讓：人名。即羅讓。長沙郡（今湖南長沙市）人。本書僅

此一見。

[3]魏州：州名。治所在今河北大名縣。　貴鄉：縣名。治所在今河北大名縣。

父弘信，[1]爲牧監卒。[2]文德元年，[3]魏博衙軍亂，[4]遂古本作逐。殺其帥樂彥貞，[5]立其將趙文建爲留後，[6]已而又殺之。牙將未知所立，乃聚呼曰："孰能爲我帥者？"弘信從衆中出應曰："我可爲君等帥也。"弘信狀貌奇怪，面色青黑，軍中異之，共立爲留後。唐昭宗即位，拜弘信節度使。

[1]弘信：人名。即羅弘信。魏州貴鄉（今河北大名縣）人。唐末、五代軍閥。傳見《舊唐書》卷一八一、《新唐書》卷二一〇。
[2]牧監：官署名。隸太僕寺，掌群牧孳課。
[3]文德：唐僖宗李儇年號（888）。
[4]衙軍：即牙兵。五代時期藩鎮親兵。參見來可泓《五代十國牙兵制度初探》，《學術月刊》1995年第11期。
[5]樂彥貞：人名。即"樂彥禎"。魏州（今河北大名縣）人。唐末軍閥。傳見《舊唐書》卷一八一、《新唐書》卷二一〇。原作"木彥貞"，中華點校本據浙江本、宗文本改，今從。
[6]趙文建：人名。籍貫不詳。唐末軍閥。事見本書本卷。中華點校本校勘記云："《舊唐書》卷一八一《羅弘信傳》、《新唐書》卷二一〇《樂彥禎傳》、《通鑑》卷二五七、羅讓神道碑（拓片藏中國國家圖書館）作'趙文玶'。"

梁太祖將攻晉，乞糴于弘信，弘信不與，由是有隙。梁兵攻魏，取黎陽、臨河、淇門、衛縣。[1]戰于內黃,[2]魏兵五戰五敗，弘信懼，請盟，乃止。是時，梁方東攻兗、鄆,[3]北敵晉，晉遣李存信救朱宣,[4]假道于魏。太祖聞，遣使語弘信曰："晉人志在河朔，兵還滅魏矣。"弘信以爲然，乃發兵擊存信於莘縣,[5]太祖遣葛從周助之。梁兵擒晉王子落落,[6]送于魏，弘信殺之，乃與晉絕。太祖猶疑弘信有二心，乃以兄事弘信，常爲卑辭厚幣以聘魏。魏使者至梁，太祖北面拜而受幣，謂使者曰："六兄於我有倍年之長，吾何敢慢之。"弘信大喜，以爲厚己。以故太祖往來燕、趙之間，卒有河北者，魏不爲之患也。弘信死，紹威立。

[1]黎陽：縣名。治所在今河南浚縣東。　臨河：縣名。治所在今河南浚縣東北。"臨河"二字原闕，中華點校本據宗文本、浙江本補，今從。　淇門：地名。位於今河南浚縣新鎮鎮。是衛河與淇河的交匯處。　衛縣：縣名。治所在今河南淇縣。

[2]內黃：縣名。治所在今河南內黃縣。

[3]兗：州名。治所在今山東濟寧市兗州區。　鄆：州名。治所在今山東東平縣。

[4]李存信：人名。回鶻人。本姓張。唐末、五代後唐將領。傳見《舊五代史》卷五三、本書卷三六。　朱宣：人名。《舊唐書》卷一八二作"朱瑄"。宋州下邑（今河南夏邑縣）人。唐末、五代軍閥，後爲天平軍節度使。傳見《舊唐書》卷一八二、《新唐書》卷一八八、《舊五代史》卷一三、本書卷四二。

[5]莘縣：縣名。治所在今山東莘縣。

[6]落落：人名。李克用之子。時爲鐵林軍使，將鐵林小兒三千騎薄於洹水，與葛從周部作戰失敗，爲葛從周部將張歸霸所擒，朱溫命將落落送於羅弘信斬之。事見《舊唐書》卷一八一、《舊五

代史》卷一、本書卷二二。

紹威好學工書，頗知屬文，聚書數萬卷，開館以延四方之士。弘信在唐，以其先長沙人，故封長沙郡王，紹威襲父爵長沙。紹威新立，幽州劉仁恭以兵十萬攻魏，[1]屠貝州，[2]紹威求救於梁，大敗燕軍於內黃。明年，梁太祖遣葛從周會魏兵攻滄州，[3]取其德州，[4]遂敗燕軍於老鴉隄，[5]紹威以故德梁助己。

[1]劉仁恭：人名。深州（今河北深州市）人。唐末、五代軍閥，時爲幽州節度使。傳見《新唐書》卷二一二。
[2]貝州：州名。治所在今河北清河縣。原作"具州"，中華點校本據宗文本、《舊五代史》卷一四《羅紹威傳》改，今從。
[3]滄州：州名。治所在今河北滄州市。
[4]德州：州名。治所在今山東德州市陵城區。
[5]老鴉隄：地名。位於今河北青縣東南。

魏博自田承嗣始有牙軍，[1]牙軍歲久益驕，至紹威時已二百年，父子世相婚姻以自固結。[2]前帥史憲誠、何全皞、韓君雄、樂彥貞等，[3]皆由牙軍所立，怒輒遂古本作逐字。殺之。紹威爲人精悍明敏，通習吏事，爲政有威嚴，然其家世由牙軍所立。天祐二年，魏州城中地陷，紹威懼有變。已而牙校李公佺作亂，[4]紹威誅之，乃間遣使告梁乞兵，欲盡誅牙軍。梁太祖許之，爲遣李思安等攻滄州，[5]召兵於魏，紹威因悉發魏兵以從，獨牙軍在。

[1]田承嗣：人名。平州盧龍（今河北盧龍縣）人。唐後期軍閥。傳見《舊唐書》卷一四一、《新唐書》卷二一〇。

[2]固：原闕，中華點校本據浙江本、宗文本、宋人吳縝《五代史纂誤》卷中引《五代史》補，今從。

[3]史憲誠：人名。靈武建康（今甘肅高臺縣）人。唐後期軍閥。傳見《舊唐書》卷一八一、《新唐書》卷二一〇。 何全皞：人名。靈武（今寧夏吳忠市）人。唐後期軍閥。傳見《舊唐書》卷一八一、《新唐書》卷二一〇。 韓君雄：人名。魏州（今河北大名縣）人。唐後期軍閥。事見《通鑑》卷二五二。

[4]李公佺：人名。籍貫不詳。唐末魏博軍牙校。事見本書本卷。原作"李公儉"，中華點校本據浙江本、宗文本、《舊五代史》卷一四《羅紹威傳》、《舊唐書》卷一八一《羅弘信傳》、《新唐書》卷二一〇《羅弘信傳》改，今從。

[5]李思安：人名。河南陳留（今河南開封市陳留鎮）人。五代後梁將領。傳見《舊五代史》卷一九。

　　紹威子廷規娶梁女，[1]會梁女卒，太祖陰遣客將馬嗣勳選良兵實輿中，[2]以長直軍千人雜輿夫入魏，[3]詐爲助葬，太祖以兵繼其後。紹威夜以奴兵數百，會嗣勳兵擊牙軍，并其家屬盡殺之。太祖自內黃馳至魏，魏兵從攻滄州者行至歷亭，[4]聞之皆反，入澶、博諸州，[5]魏境大亂，數月，太祖爲悉平之。牙軍死，魏兵悉叛，紹威勢益孤，太祖乃欲奪其地，紹威始大悔。

[1]廷規：人名。即羅廷規。魏州貴鄉（今河北大名縣）人。羅紹威長子，後梁太祖朱溫之婿。事見本書本卷。

[2]客將：官名。亦稱典客。唐末、五代藩鎮負責接待使節、賓客、出使等外交職責的武官。品秩不詳。詳見吳麗娛《試論晚唐

五代的客將、客司與客省》,《中國史研究》2002年第4期。 馬嗣勳:人名。濠州鍾離(今安徽鳳陽縣)。後梁將領。傳見《舊五代史》卷二〇、本書卷二三。

[3]長直:部隊番號。

[4]歷亭:縣名。治所在今山東武城縣。

[5]澶:州名。唐大曆七年(772)移治今河南清豐縣,後晉天福四年(939)移治今河南濮陽縣。 博:州名。治所在今山東聊城市。

是歲,太祖復攻滄州,宿兵長蘆,[1]紹威饋給梁兵,自滄至魏五百里,起亭堠,[2]供帳什物自具,梁兵數十萬皆取足,紹威以此重困。

[1]長蘆:縣名。治所在今河北滄州市。

[2]亭堠:亦作亭候,古代邊關用來偵察、瞭望敵情的崗亭。

昭宗東遷洛陽,詔諸鎮繕理京師,紹威營太廟成,[1]加拜守侍中,[2]進封鄴王。

[1]太廟:又稱大廟。祭祀帝王祖宗之廟,即祖廟。

[2]侍中:官名。秦始置。隋、唐前期爲門下省長官。唐後期多爲大臣加銜,不參與政務,實際職務由門下侍郎執行。正二品。

太祖圍滄州未下,劉守光會晉軍破梁潞州。[1]太祖自長蘆歸,過魏,疾作,卧府中,諸將莫得見,紹威懼太祖終襲己,乃乘間入見曰:"今四方稱兵,爲梁患者,以唐在故也;唐家天命已去,不如早自取之。"太祖大喜，乃急歸。太祖即位，將都洛陽，紹威取魏良材爲五鳳樓、朝元前殿，[2]浮河而上，立之京師。太祖嘆曰："吾聞蕭何守關中，爲漢起未央宮，豈若紹威越千里而爲此，若神化然，功過蕭何遠矣！"[3]賜以寶帶名馬。

[1]潞州：州名。治所在今山西長治市。
[2]五鳳樓：樓名。唐始建，後梁太祖朱温重修。位於今河南洛陽市。　朝元前殿：宮殿名。位於今河南洛陽市。
[3]蕭何：人名。沛郡丰縣（今江蘇丰縣）人。漢初丞相。傳見《史記》卷五三。　關中：秦都咸陽（今陝西咸陽市東北），漢都長安（今陝西西安市西北），均在函谷關以西，因稱函谷關以西爲關中。　未央宫：宮殿名。位於今陝西西安市。

燕王劉守光因其父仁恭，與其兄守文有隙，[1]紹威馳書勸守光等降梁。太祖聞之笑曰："吾常攻燕不能下，今紹威折簡，乃勝用兵十萬。"[2]太祖每有大事，多遣使者問之，紹威時亦馳簡入白，使者相遇道中，其事往往相合。

[1]與其兄守文有隙："兄"，原作"弟"，據中華點校本改。守文，人名。即劉守文。深州（今河北深州市）人。盧龍節度使劉仁恭長子，唐末軍閥。後梁開平三年（909），被其弟劉守光殺死。事見《舊五代史》卷二、卷四、卷九八及本書卷五六、卷七二。
[2]簡：即書信。

紹威自以魏久不用兵，願伐木安陽淇門爲船，[1]自河入洛，歲漕穀百萬石，以供京師。太祖益以紹威盡忠，遣將程厚、盧凝督其役。[2]舟未成而紹威病，乃表言："魏故大鎮，多外兵，願得梁一有功重臣臨之，請以骸骨就第。"太祖亟命其子周翰監府事，[3]語使者曰："亟行，語而主，爲我彊飯，如有不諱，當世世貴爾子孫。今使周翰監府事，尚冀卿復愈耳。"紹威仕梁，累拜太師兼中書令，[4]卒年三十四，贈尚書令，[5]謚曰貞壯。[6]

[1]安陽：原作"安楊"，中華點校本據浙江本、宗文本改，今從。

[2]程厚：人名。籍貫不詳。後梁太祖朱溫部將。本書僅此一見。　盧凝：人名。籍貫不詳。後梁太祖朱溫部將。本書僅此一見。

[3]周翰：人名。即羅周翰。魏州貴鄉（今河北大名縣）人。五代後梁將領。事見《舊五代史》卷八、卷二七。

[4]太師：官名。與太傅、太保合稱三師，唐後期、五代多爲大臣、勛貴加官。正一品。　中書令：官名。漢代始置，隋、唐前期爲中書省長官，屬宰相之職；唐後期多爲授予元勛大臣的虛銜。正二品。

[5]尚書令：官名。秦始置。隋、唐前期爲尚書省長官，與中書令、侍中並爲宰相。唐後期多爲大臣加銜，不參與政務。正二品。

[6]貞壯：中華點校本校勘記云："'貞壯'，《通鑑》卷二六七、羅周敬墓誌（拓片刊《北京圖書館藏中國歷代石刻拓本匯編》第三十六冊）作'貞莊'。"

子三人，廷規，官至司農卿卒。[1]周翰襲父位，乾化二年八月爲楊師厚所逐,[2]徙爲宣義軍節度使,[3]卒于官,年十四。周敬代爲宣義軍節度使,[4]年十歲,徙鎮忠武。[5]明年,爲祕書監、駙馬都尉、光禄卿。[6]唐莊宗時爲金吾大將軍,[7]明宗以爲匡國軍節度使,[8]罷爲上將軍。[9]晋天福二年卒,[10]年三十二。[11]廷規娶梁太祖二女,一曰安陽公主,[12]一曰金華公主。[13]周翰娶末帝女,[14]曰壽春公主,[15]周敬亦娶末帝女,曰普安公主。[16]

[1]司農卿：官名。唐司農寺長官。掌國家之農耕、倉儲以及宮廷百官供應。從三品。

[2]乾化：五代後梁太祖朱温年號（911—912）。末帝朱友貞沿用（913—915）。　楊師厚：人名。潁州斤溝（今安徽太和縣阮橋鎮斤溝集）人。唐末、五代後梁將領。傳見《舊五代史》卷二二、本書卷二三。

[3]宣義軍：方鎮名。治所在滑州（今河南滑縣）。

[4]周敬：人名。即羅周敬。魏州貴鄉（今河北大名縣）人。五代軍閥。傳見《舊五代史》卷九一。

[5]忠武：方鎮名。治所在許州（今河南許昌市）。

[6]祕書監：官名。秘書省長官。東漢始置,掌圖書秘記等。從三品。　駙馬都尉：漢武帝始置,魏、晋以後公主夫婿多加此稱號。從五品下。　光禄卿：官名。南朝梁天監七年（508）改光禄勳置,隋、唐沿置。掌宫殿門户、帳幕器物、百官朝會膳食等。從三品。

[7]金吾大將軍：官名。即金吾衛大將軍。唐置,掌宫禁宿衛。唐代置十六衛,即左右衛、左右驍衛、左右武衛、左右威衛、左右領軍衛、左右金吾衛、左右監門衛、左右千牛衛,各置上將軍,從二品；大將軍,正三品；將軍,從三品。

[8]匡國軍：方鎮名。治所在同州（今陝西大荔縣）。

[9]上將軍：官名。唐置，掌宮禁宿衛。《舊五代史》卷九一載後唐明宗擢羅周敬"左監門衛上將軍，四遷諸衛上將軍"。

[10]天福：五代後晉高祖石敬瑭年號（936—942），出帝石重貴沿用至天福九年（944）。

[11]三十二：中華點校本校勘記云："羅周敬墓誌作'三十三'。"

[12]安陽公主：後梁太祖朱温之女，羅廷規之妻。事見《舊五代史》卷一一。

[13]金華公主：後梁太祖朱温之女，羅廷規之妻。事見《舊五代史》卷一一。

[14]末帝：即後梁末帝朱友貞。後梁太祖朱温之子。913年至923年在位。紀見《舊五代史》卷八至卷一〇、本書卷三。

[15]壽春公主：後梁末帝朱友貞之女，羅周翰之妻。事見《舊五代史》卷一一。

[16]普安公主：後梁末帝朱友貞之女，羅周敬之妻。事見《舊五代史》卷九一。原作"晉安公主"，中華點校本據宗文本、《舊五代史》卷九一《羅周敬傳》、《册府》卷三〇〇改，今從。

王處直

王處直字允明，京兆萬年人也。[1]父宗，[2]善殖財貨，富擬王侯，爲唐神策軍吏，[3]官至金吾大將軍，領興元節度使，[4]子處存、處直。[5]

[1]京兆：府名。治所在今陝西西安市。　萬年：縣名。治所在今陝西西安市。

[2]宗：人名。即王宗。京兆萬年（今陝西西安市）人。唐末將領。事見《舊唐書》卷一八二、本書本卷。中華點校本校勘記

云："《舊唐書》卷一八二《王處直傳》、《新唐書》卷一八六《王處存傳》同，王處直墓誌（拓片刊《五代王處直墓》）云'烈考諱寮'。"

[3]神策軍：唐後期禁軍之一，以宦官爲統帥，並由其控制的軍隊。天寶十三年（754），唐王朝爲防吐蕃内擾而設。唐朝末年，神策軍大都捲入宦官集團與朝官的鬥争，唐亡即廢。

[4]興元：府名。治所在今陝西漢中市。

[5]處存：人名。即王處存。京兆萬年（今陝西西安市）人。唐末將領、軍閥。傳見《舊唐書》卷一八二、《新唐書》卷一八六。

處存以父任爲驍衛將軍、定州已來制置内閑厩宫苑等使。[1]乾符六年，[2]即拜義武軍節度使。[3]黄巢陷長安，[4]處存感憤流涕，率鎮兵入關討賊。巢敗第功，而收城擊賊，李克用爲第一；[5]勤王倡義，處存爲第一。乾寧二年，[6]處存卒于鎮，三軍以河朔故事，推處存子部爲留後，[7]即拜節度使，加檢校司空、同中書門下平章事。[8]處直爲後院中軍都知兵馬使。[9]

[1]驍衛將軍：官名。唐置十六衛之一，掌宫禁宿衛。從三品。定州已來制置内閑厩宫苑等使：官名。亦稱"定州已來制置使"。職掌、品秩不詳。

[2]乾符：唐僖宗李儇年號（874—879）。

[3]義武軍：方鎮名。治所在定州（今河北定州市）。

[4]黄巢：人名。曹州冤句（今山東菏澤市）人。唐末農民起義領袖。傳見《舊唐書》卷二〇〇下、《新唐書》卷二二五下。

[5]李克用：人名。沙陀人，神武川新城（一説今山西山陰縣

附近，一説今山西代縣）人。唐末軍閥，五代後唐太祖。紀見《舊五代史》卷二五。

［6］乾寧：唐昭宗李曄年號（894—898）。

［7］郜：人名。即王郜。京兆萬年（今陝西西安市）人。唐末軍閥。事見《舊五代史》卷二、卷二六、卷五二。

［8］檢校司空：官名。爲散官或加官，以示恩寵，無實際執掌。品秩不詳。　同中書門下平章事：官名。簡稱"同平章事"。唐高宗以後，凡實際任宰相之職者，常在其本官後加同平章事的職銜。後成爲宰相專稱。品秩不詳。

［9］都知兵馬使：官名。唐、五代方鎮自置之部隊統率官稱兵馬使，其權尤重者稱兵馬大使或都知兵馬使。掌兵馬訓練、指揮。品秩不詳。

光化三年，[1]梁兵攻定州，郜遣處直率兵拒之，戰于沙河，[2]爲梁兵所敗。敗兵返入城逐郜，[3]郜出奔晉，亂兵推處直爲留後。梁兵圍之，處直遣人告梁，請絕晉而事梁，出絹十萬匹犒軍，乃與梁盟。梁太祖表處直義武軍節度使，累封太原王。太祖即位，封處直北平王。

［1］光化：唐昭宗李曄年號（898—901）。

［2］沙河：水名。源於今山西靈丘縣太白山南麓，流經河北阜平、曲陽、新樂、定州、安國等地，在安國市與磁河匯合。

［3］敗：原闕，中華點校本據浙江本、宗文本補，今從。

其後梁兵攻王鎔，鎔求救于晉，處直亦遣人至晉，願絕梁以自効。晉兵救鎔，處直以兵五千從，破梁軍於柏鄉。其後晉北破燕，南取魏博，與梁戰河上，十餘年，處直未嘗不以兵從。

處直好巫，而客有李應之者，[1]妖妄人也。處直有疾，應之以左道治之而愈，處直益以爲神，使衣道士服，以爲行軍司馬，[2]軍政無大小，咸取決焉。初，應之於陘邑闤得小兒劉雲郎，[3]養以爲子，而處直未有子，乃以雲郎與處直，而給曰：“此子生而有異。”處直養以爲子，更名曰都，甚愛之。應之由此益橫，乃籍管内丁壯，別立新軍，自將之，治第博陵坊，[4]四面開門，皆用左道。處直將吏知其必爲患，而莫能諫也。是時，幽州李匡儔假道中山以如京師，處直伏甲城外，以備不虞。匡儔已去，甲士入城圍應之第，執而殺之，因詣處直請殺都，處直不與。明日，第功行賞，因陰疏甲士姓名，自隊長已上藏于別籍，其後因事誅之，凡二十年，無一人免者，而處直終爲都所殺。

[1]李應之：人名。定州（今河北定州市）人。王處直僚屬，善妖術。事見《舊五代史》卷五四、本書本卷。

[2]行軍司馬：官名。出征將領及節度使的屬官。掌軍籍符伍、號令印信，是藩鎮重要的軍政官員。品秩不詳。原作“行營司馬”，中華點校本據浙江本、宗文本改，今從。

[3]陘邑：縣名。治所在今河北定州市。　劉雲郎：即王都。中山陘邑（今河北定州市）人。妖人李應之送與王處直爲養子，改姓名爲王都。後爲義武軍節度使。傳見《舊五代史》卷五四、本書本卷。

[4]博陵坊：李應之府第所在。位於今河北定州市。

都爲人狡佞多謀，處直以爲節度副使。[1]張文禮弑王鎔，莊宗發兵討文禮，處直與左右謀曰："鎮，定之蔽也，文禮雖有罪，然鎮亡定不獨存。"乃遣人請莊宗母發兵，莊宗取所獲文禮與梁蠟書示處直曰："文禮負我，師不可止。"處直有孽子郁，[2]當郜之亡于晉也，郁亦奔焉，晉王以女妻之，爲新州防禦使。[3]處直見莊宗必討文禮，益自疑，乃陰與郁交通，使郁北招契丹入塞以牽晉兵，[4]且許召郁爲嗣，都聞之不說。而定人皆言契丹不可召，恐自貽患，處直不聽。郁自奔晉，常恐處直不容，因此大喜，以爲乘其隙可取之，乃以厚賂誘契丹阿保機。[5]阿保機舉國入寇，定人皆不欲契丹之舉，小吏和昭訓勸都舉事，[6]都因執處直，囚之西宅，自爲留後，凡王氏子孫及處直將校殺戮殆盡。明年正月朔旦，都拜處直於西宅，處直奮起搋其胸而呼曰："逆賊！吾何負爾？"然左右無兵，遂欲齧其鼻，都掣袖而走，處直遂見殺。

[1]節度副使：官名。唐、五代方鎮屬官。位於行軍司馬之下、判官之上。品秩不詳。

[2]孽子：即非嫡妻所生之子。　郁：人名。即王郁。京兆萬年（今陝西西安市）人。唐義武軍節度使王處直之子，李克用之婿。五代、遼將領。傳見《遼史》卷七五。

[3]新州：州名。治所在今河北涿鹿縣。　防禦使：官名。唐代始置，設有都防禦使、州防禦使兩種。常由刺史或觀察使兼任，實際上爲唐代後期州或方鎮的軍政長官。品秩不詳。

[4]契丹：古部族、政權名。公元4世紀中葉宇文部爲前燕攻破，始分離而成單獨的部落，自號契丹。唐貞觀中，置松漠都督府，以其首領爲都督。唐末彊盛，916年迭剌部耶律阿保機建立契

丹國（遼）。先後與五代、北宋並立，保大五年（1125）爲金所滅。參見張正明《契丹史略》，中華書局1979年版。

[5]阿保機：人名。姓耶律，契丹迭剌部人。唐末契丹族首領、遼開國太祖。紀見《遼史》卷一、卷二。

[6]和昭訓：人名。籍貫不詳。王都親信。事見本書本卷。

初，有黃蛇見于碑樓，處直以爲龍，藏而祠之，又有野鵲數百，巢麥田中，處直以爲己德所致，而定人皆知其不祥，曰："蛇穴山澤，而處人室，鵲巢鳥，降而田居，小人竊位，而在上者失其所居之象也。"已而處直果被廢死。

莊宗已敗契丹于沙河，追奔過定州，與都相得懽甚，以其子繼岌娶都女，[1]以都爲義武軍節度使。[2]同光二年，[3]莊宗幸鄴，[4]都來朝，賜與鉅萬。莊宗以繼岌故，待都甚厚，所請無不從。及明宗立，頗惡都爲人，而安重誨每以法繩之，[5]都始有異志。是時，唐兵擊契丹，數往來定州，都供饋多闕，益不自安。和昭訓爲都謀曰："天子新立，四方未附，其勢易離，可爲自安之計。"已而朱守殷反於汴州，[6]都遂亦反，遣人以蠟書招青、徐、岐、潞、梓五鎮，[7]約皆舉兵，而五鎮不應。明宗遣王晏球討之。[8]都復與王郁招契丹爲援，契丹遣禿餒將萬騎救都。[9]都遣指揮使鄭季璘、龍泉鎮將杜弘壽以二千人迎契丹，[10]爲晏球所敗。季璘、弘壽被執，晏球責曰："吾嘗使人招汝，何故不降？"弘壽對曰："受恩中山兩世矣，不敢有二心。"遂見殺，弘壽臨刑，神色自若。晏球屯軍望都，與都及契丹戰，大敗之曲陽，[11]都及禿餒得數騎遯去，閉門不復出。[12]

［1］繼岌：人名。即李繼岌。後唐莊宗長子。傳見《舊五代史》卷五一、本書卷一四。

［2］義武軍：方鎮名。治所在定州（今河北定州市）。

［3］同光：後唐莊宗李存勖年號（923—926）。　二年：中華點校本校勘記云："《舊五代史》卷三二《唐莊宗紀六》、卷五四《王都傳》、卷六九《張憲傳》、《通鑑》卷二七三、《册府》卷五四七皆繫其事於同光三年。"

［4］鄴：地名。即鄴都。治所在今河北大名縣。五代後唐同光元年（923），改魏州爲興唐府，建號東京，三年改東京爲鄴都。

［5］安重誨：人名。應州（今山西應縣）人。五代後唐大臣。傳見《舊五代史》卷六六、本書卷二四。

［6］朱守殷：人名。籍貫不詳。五代後唐將領。傳見《舊五代史》卷七四、本書卷五一。　汴州：州名。治所在今河南開封市。

［7］青：州名。治所在今山東青州市。此處指代平盧（淄青）節度使。　徐：州名。治所在今江蘇徐州市。此處指代武寧軍節度使。　岐：封國名。時鳳翔節度使李茂貞爲岐王，故稱。　梓：州名。治所在今四川三臺縣。此處指代劍南東川節度使。

［8］王晏球：人名。洛陽（今河南洛陽市）人。五代將領。傳見《舊五代史》卷六四、《新五代史》卷四六。

［9］禿餒：人名。一作托諾，奚人。契丹將領。事見本書本卷、卷四六。

［10］指揮使：官名。唐末、五代軍隊多置都指揮使、指揮使，爲統兵將領。品秩不詳。　鄭季璘：人名。籍貫不詳。五代將領。本書僅此一見。宗文本作"鄭季麟"。　龍泉鎮：地名。一作龍泉寨。位於今陝西旬邑縣。　杜弘壽：人名。籍貫不詳。五代將領。本書僅此一見。

[11]曲陽：縣名。治所在今河北曲陽縣。
[12]閉門不復出："門"，原作"城"，宗文本、殿本、南監本、北監本、汪本作"城"，浙江本作"門"，據中華點校本改。

　　初，莊宗軍中闌得一男子，愛之，使冒姓李，名繼陶，[1]養於宮中以爲子。明宗即位，安重誨出以乞段徊，[2]徊亦惡而逐之。都使人求得之。至是，給其衆曰："此莊宗太子也。"被以天子之服，使巡城上，以示晏球軍，軍士識者曰："此繼陶也。"[3]共詬之。都居城中，兵少，惟以契丹二千人守城，呼禿餒爲餒王，屈身事之。諸將有欲出降者，都伺察嚴密，殺戮無虛日，以故堅守經年。天成四年二月，[4]城破，都與家屬皆自焚死，王氏遂絕于中山。而處存有子鄴，[5]鄴子廷胤，[6]與莊宗連外姻，爲人驍勇，自爲軍校，能與士卒同辛苦，明宗時，歷貝、忻、密、澶、隰州刺史。[7]范延光反于鄴，[8]晋高祖以廷胤爲楊光遠行營中軍使。[9]破延光有功，拜彰德軍節度使。[10]

[1]繼陶：人名。即李繼陶，又名得得。河朔（今河北地區）人。後唐莊宗李存勖養子。事見《舊五代史》卷五四、本書本卷。
[2]段徊：人名。籍貫不詳。後唐大臣。事見《舊五代史》卷三六、卷六九。
[3]此繼陶也："此"字原闕，中華點校本據宗文本補，今從。
[4]天成：後唐明宗李嗣源年號（926—930）。
[5]鄴：人名。即王鄴。京兆萬年（今陝西西安市）人。王處存之子。本書僅此一見。
[6]廷胤：人名。即王廷胤。京兆萬年（今陝西西安市）人。

王處存之孫。五代軍閥。傳見《王廷胤墓誌》，《隋唐五代墓誌彙編·洛陽卷》第 15 冊。

[7]忻：州名。治所在今山西忻州市。　密：州名。治所在今山東諸城市。　隰州：州名。治所在今山西隰縣。

[8]范延光：人名。鄴郡臨漳（今河北臨漳縣）人。五代後唐、後晉將領。傳見《舊五代史》卷九七、本書卷五一。

[9]晉高祖：即後晉高祖石敬瑭。五代後晉建立者。紀見《舊五代史》卷七五至卷八一、本書卷八。　楊光遠：人名。沙陀人。五代後唐、後晉將領。傳見《舊五代史》卷九七、本書卷五一。中軍使：官名。五代時期統兵將領。品秩不詳。

[10]彰德軍：方鎮名。治所在相州（今河南安陽市）。

初，處直爲都所囚，幼子威北走契丹。[1]契丹謂晉高祖曰："吾欲使威襲其先人爵土，如何？"高祖對曰："中國之法，自將校爲刺史，升團練防禦而至節度使，請送威歸中國，漸進之。"[2]契丹怒曰："爾自諸侯爲天子，豈有漸乎？"高祖聞之，遽徙廷胤鎮義武，曰："此亦王氏之後也。"後徙鎮海而卒。[3]

[1]威：人名。即王威。京兆萬年（今陝西西安市）人。王處直幼子。事見本書本卷。

[2]刺史：官名。州一級行政長官。漢武帝時始置，總掌考核官吏、勸課農桑、地方教化等事。唐中期以後，節度使、觀察使轄州而設，刺史爲其屬官，職任漸輕。從三品至正四品下。　團練：官名。唐代中期以後，於不設節度使的地區設團練使，掌本區各州軍事。品秩不詳。

[3]鎮海：方鎮名。治所在潤州（今江蘇鎮江市）。

劉守光

　　劉守光，深州樂壽人也。[1]其父仁恭，事幽州李可舉，[2]能穴地爲道以攻城，軍中號"劉窟頭"。稍以功遷軍校。仁恭爲人有勇，好大言。可舉死，子匡威惡其爲人，不欲使居軍中，徙爲瀛州景城縣令。[3]瀛州軍亂，殺刺史，仁恭募縣中得千人，討平之，匡威喜，復以爲將，使戍蔚州。[4]戍兵過期不得代，皆思歸，出怨言。匡威爲弟匡儔所逐，仁恭聞亂，乃擁戍兵攻幽州，行至居庸關，[5]戰敗，奔晉，晉以爲壽陽鎮將。[6]

　　[1]深州：州名。治所在今河北深州市。　樂壽：縣名。治所在今河北獻縣。

　　[2]李可舉：人名。回紇族阿布思部人。唐末幽州節度使李茂勛之子，襲父位爲幽州節度副使，累官至檢校太尉。傳見《舊唐書》卷一八〇。

　　[3]瀛州：州名。治所在今河北河間市。　景城：縣名。治所在今河北滄縣。　縣令：官名。縣的行政長官，掌治本縣。唐代之縣，分京、畿、上、中、中下、下六等，統稱縣令，但品級不同。景城爲上縣，從六品上。

　　[4]蔚州：州名。治所在今河北蔚縣。

　　[5]居庸關：又名軍都關、薊門關、納款關。位於今北京昌平區西北。其地形勢險要，控軍都山隘道中樞，爲太行山最北之第八陘，歷來爲南北交通之要衝。

　　[6]壽陽：縣名。治所在今山西壽陽縣。

　　仁恭多智詐，善事人，事晉王愛將蓋寓尤謹，[1]每對寓涕泣，自言："居燕無罪，以讒見逐。"因道燕虛實，陳可取之謀，晋王益信而愛之。乾寧元年，晋擊破匡儔，乃以仁恭爲幽州留後，留其親信燕留得等十餘人監其軍，[2]爲之請命于唐，拜檢校司空、盧龍軍節度使。[3]

[1]晋王：即李克用。　蓋寓：人名。蔚州（今河北蔚縣）人。李克用部將。傳見《舊五代史》卷五五。

[2]燕留得：人名。一作"燕留德"。籍貫不詳。李克用親信。事見《舊五代史》卷一三五、本書本卷。

[3]盧龍軍：方鎮名。治所在幽州（今北京市）。

其後晋攻羅弘信，求兵於仁恭，仁恭不與，晋王以書微責誚之，仁恭大怒，執晋使者，殺燕留得等以叛。晋王自將討之，戰于安塞，[1]晋王大敗。光化元年，遣其子守文襲滄州，逐節度使盧彦威，[2]遂取滄、景、德三州。[3]爲其子請命于唐，昭宗遲之，未即從，仁恭怒，語唐使者曰："爲我語天子，旌節吾自有，但要長安本色爾，何屢求而不得邪！"昭宗卒以守文爲橫海軍節度使。[4]

[1]安塞：地名。位於今河北蔚縣。

[2]盧彦威：人名。籍貫不詳。五代軍閥。事見《舊唐書》卷一九下至卷二〇下。

[3]景：州名。治所在今河北景縣。　德：州名。治所在今山東德州市陵城區。

[4]橫海軍：方鎮名。治所在滄州（今河北滄州市）。

仁恭父子率兩鎮兵十萬，號稱三十萬以擊魏，屠貝州。羅紹威求救於梁，梁遣李思安救魏，[1]大敗守文於內黃，斬首五萬。仁恭走，梁軍追擊之，自魏至長河，[2]橫尸數百里。梁軍自是連歲攻之，破其瀛、漠二州，[3]仁恭懼，復附晉。

[1]李思安：人名。河南陳留（今河南開封市陳留鎮）人。五代後梁將領。傳見《舊五代史》卷一九。
[2]長河：縣名。治所在今山東德州市。
[3]漠：《舊五代史》卷一三五《劉守光傳》作"鄚"，當是。"鄚州"亦作"莫州"，治所在今河北任丘市鄚州鎮。

天祐三年，梁攻滄州，仁恭調其境內凡男子年十五已上、七十已下，皆黥其面，文曰："定霸都"，得二十萬人，兵糧自具，屯于瓦橋。[1]梁軍壁長蘆，深溝高壘，仁恭不能近。滄州被圍百餘日，城中食盡，人自相食，析骸而爨，或丸墐土而食，[2]死者十六七。仁恭求救於晉，晉王爲之攻潞州以牽梁圍，晉破潞州，梁軍乃解去。

[1]瓦橋：即瓦橋關。位於今河北雄縣西南。唐置。五代後晉初地入契丹。後周顯德六年（959）收復，建爲雄州。與益津關、淤口關合稱三關。
[2]墐土："墐"通"墐"。亦稱"墐泥""墐塊"，即黏土。

然仁恭幸世多故，而驕於富貴，築宫大安山，窮極奢侈，選燕美女充其中。又與道士鍊丹藥，冀可不死。

令燕人用墐土爲錢，[1]悉斂銅錢，鑿山而藏之，已而殺其工以滅口，後人皆莫知其處。

［1］墐：原作"瑾"，中華點校本據浙江本、宗文本、《御覽》卷八三六引《後唐書》、《册府》卷九二二改，今從。

仁恭有愛妾羅氏，[1]其子守光烝之，仁恭怒，笞守光，逐之。梁開平元年，遣李思安攻仁恭，仁恭在大安山，[2]守光自外將兵以入，擊走思安，乃自稱盧龍節度使，遣李小喜、元行欽以兵攻大安山，[3]執仁恭而幽之。其兄守文聞父且囚，即率兵討守光，至于盧臺，[4]爲守光所敗，進戰玉田，[5]又敗，乃乞兵于契丹。明年，守文將契丹、吐渾兵四萬人戰于雞蘇，[6]守光兵敗，守文陽爲不忍，出於陣而呼其衆曰："毋殺吾弟！"守光將元行欽識守文，躍馬而擒之，又囚之於别室，既而殺之。

［1］羅氏：劉仁恭妾。籍貫不詳。本書僅此一見。
［2］大安山：地名。位於今北京房山區。"山"字原闕，中華點校本據浙江本、宗文本、《舊五代史》卷一三五及本卷上下文補，今從。
［3］李小喜：人名。籍貫不詳。劉守光部將。事見《舊五代史》卷二八、卷一三五。　元行欽：人名。幽州（今北京市）人。五代後唐將領。傳見《舊五代史》卷七〇、本書卷二五。
［4］盧臺：軍（政區）名。治所在今天津寧河區盧臺鎮。參見余蔚《中國行政區劃通史》（遼金卷），復旦大學出版社2012年版，第326頁。
［5］玉田：縣名。治所在今河北玉田縣。

[6]吐渾：部族名。吐谷渾的省稱。源出鮮卑，後游牧於今甘肅、青海一帶。參見周偉洲《吐谷渾資料輯錄》（增訂本），商務印書館2017年版。　雞蘇：地名。位於今天津薊州區。

守文將吏孫鶴、吕兖等，[1]立守文子延祚以距守光，[2]守光圍之百餘日，城中食盡，米斗直錢三萬，人相殺而食，或食墐土，馬相食其鬃尾，兖等率城中饑民食以麴，號"宰殺務"，[3]日殺以餉軍。久之，延祚力窮，遂降。

[1]孫鶴：人名。籍貫不詳。劉守文部將。事見《舊五代史》卷一三五、本書本卷。　吕兖：人名。幽州安次（今河北廊坊市）人。劉守文部將。事見《舊五代史》卷九二。
[2]延祚：人名。即劉延祚。深州（今河北深州市）人。劉守文之子。事見本書本卷。
[3]宰殺務："殺"字原闕，中華點校本據宗文本、《通鑑》卷二六七、《册府》卷九四三補，今從。

守光素庸愚，由此益驕，爲鐵籠、鐵刷，人有過者，坐之籠中，外燎以火，或刷剔其皮膚以死，燕之士多逃禍于佗境。[1]守光身衣赭黄，[2]謂其將吏曰："我衣此而南面，可以帝天下乎？"孫鶴切諫以爲不可。梁攻趙，趙王王鎔求救於守光，孫鶴曰："今趙無罪，而梁伐之，諸侯救趙之兵，先至者霸，臣恐燕軍未出，而晋已先破梁矣，此不可失之時也。"守光曰："趙王嘗與我盟而背之，今急乃來歸我；且兩虎方鬭，可待之，吾當爲卞莊子也。"遂不出兵。晋王果救趙，大敗梁兵於柏鄉，進掠邢、洺，至于黎陽。[3]守光聞晉空國深入梁，乃治兵戒嚴，遣人以語動鎮、定曰："燕有精兵三十萬，願率二鎮以從晉，[4]然誰當主此盟者？"晉人患之，謀曰："昔夫差爭黃池之會，[5]而越入吳；項羽貪伐齊之利，而漢敗楚。今吾越千里以伐人，而彊燕在其後，此腹心之患也。"乃爲之班師。

［1］多逃禍于佗境："多"字原闕，中華點校本據宗文本補，今從。

［2］赭黃：即土黃色。指代皇帝袍服。

［3］黎陽：縣名。治所在今河南浚縣。

［4］願率二鎮以從晉："願"字原闕，中華點校本宗文本補，今從。

［5］黃池：地名。位於今河南封丘縣。

守光益以爲諸鎮畏其彊，[1]乃諷諸鎮共推尊己，於是晉王率天德宋瑤、振武周德威、昭義李嗣昭、義武王處直、成德王鎔等，[2]以墨制册尊守光爲尚書令、尚父。[3]守光又遣人告于梁，[4]請授己河北兵馬都統，[5]以討鎮、定、河東。梁遣閤門使王瞳拜守光河北採訪使。[6]有司白守光，尚父受册，用唐册太尉禮儀，[7]守光問曰："此儀注何不郊天，改元？"有司曰："此天子之禮也，尚父雖尊，乃人臣耳。"守光怒曰："我爲尚父，誰當帝者乎？且今天下四分五裂，大者稱帝，小者稱王，我以二千里之燕，獨不能帝一方乎？"乃械梁、晉使者下獄，置斧鑕于其庭，令曰："敢諫者死！"孫鶴進曰："滄州之敗，臣蒙王不殺之恩，今日之事，不敢不諫。"守光怒，推之伏鑕，令軍士割而啖之。鶴呼曰："不出百日，大兵當至！"命窒其口而醢之。守光遂以梁乾化元年八月，自號大燕皇帝，改元曰應天，以王瞳、齊涉爲左右相。[8]晉遣太原少尹李承勳賀册尚父，[9]至燕，而守光已僭號。有司迫承勳稱臣，承勳不屈，以列國交聘禮入見，守光怒，殺之。

[1]守光益以爲諸鎮畏其彊："益"字原闕，中華點校本據浙江本、宗文本補，今從。

[2]天德：方鎮名。治所在今内蒙古烏拉特前旗。　宋瑶：人名。籍貫不詳。五代軍閥。本書僅此一見。　振武：方鎮名。後梁貞明二年（916）以前，治所位於單于都護府城（今内蒙古和林格爾縣）。貞明二年，單于都護府城爲契丹占據。此後至後唐清泰三年（936），治所位於朔州（今山西朔州市）。後漢隨燕雲十六州割予契丹，改名順義軍。　周德威：人名。馬邑（今山西朔州市）人。五代後唐大將。傳見《舊五代史》卷五六、本書卷二五。　昭義：方鎮名。治所在潞州（今山西長治市）。

[3]尚父：尊號名。意爲可尊尚的父輩。

[4]守光又遣人告于梁："人"字原闕，中華點校本據浙江本、宗文本補，今從。

[5]兵馬都統：官名。唐朝中後期所置總諸道兵馬專征伐之最高長官，不賜旌節，兵罷則省。品秩不詳。

[6]閤門使：官名。唐代中期始置，掌供朝會、贊引百官。初以宦官充任，五代改用武階。品秩不詳。　王瞳：人名。籍貫不詳。五代大臣。事見本書本卷。　採訪使：官名。唐玄宗時於十道各置採訪處置使，掌本道民政。唐肅宗時改爲觀察處置使。品秩不詳。

[7]太尉：官名。與司徒、司空並爲三公，唐後期、五代多爲

大臣、勛貴加官。正一品。

[8]齊涉：人名。籍貫不詳。劉守光僚屬。本書僅此一見。

[9]少尹：官名。唐、五代於三京、鳳翔等府均置少尹，爲府尹的副職。協助府尹通判列曹諸務。從四品下。　李承勳：人名。籍貫不詳。李克用牙將。傳見《舊五代史》卷五六。

明年，晋遣周德威將三萬人，會鎮、定之兵以攻燕，自祁溝關入，[1]其檀、涿、武、順諸州皆迎降。[2]守光被圍經年，累戰常敗，乃遣客將王遵化致書于德威曰："予得罪于晋，迷而不復，今其病矣，公善爲我辭焉。"[3]德威謂遵化曰："大燕皇帝尚未郊天，何至此邪？予受命以討僭亂，不知其佗也。"守光益窘，乃獻絹千匹、銀千兩、錦百段，遣其將周遵業謂德威曰："吾王以情告公，富貴成敗，人之常理；録功宥過，霸者之事也。守光去歲妄自尊崇，本不能爲朱温下耳，豈意大國暴師經年，幸少寬之。"德威不許。守光登城呼德威曰："公三晋賢士，獨不急人之危乎？"遣人以所乘馬易德威馬而去，因告曰："俟晋王至則降。"晋王乃自臨軍，守光登城見晋王，晋王問將如何？守光曰："今日俎上肉耳，惟王所爲也！"守光有嬖者李小喜，勸其毋降，守光因請俟佗日。是夕，小喜叛降于晋軍。明旦，晋軍攻破其城，執仁恭及其家族三百口。

[1]祁溝關：又名岐溝關。位於今河北涿州市西南。原作"祈溝關"，中華點校本據宗文本、本書卷二五《周德威傳》、《通鑑》卷二六八改，今從。

［2］檀：州名。治所在今北京密雲區。原作"澶"，中華點校本據宗文本、《舊五代史》卷二八《唐莊宗紀二》、《通鑑》卷二六八、《册府》卷八改，今從。　涿：州名。治所在今河北涿州市。武：州名。治所在今河北張家口市宣化區。　順：州名。治所在今北京順義區。

［3］王遵化：人名。籍貫不詳。劉守光客將。本書僅此一見。

守光與其妻李氏、祝氏，[1]子繼珣、繼方、繼祚等，[2]南走滄州，迷失道，至燕樂界中，[3]數日不得食，遣其妻祝氏乞食於田家，田家怪而詰之，祝氏以實告，乃被擒送幽州。晋王方大饗軍，客將引守光見，晋王戲之曰："主人何避客之遽也？"守光叩頭請死，命械守光并其父仁恭以從軍。軍還過趙，趙王王鎔會晋王，置酒，酒酣請曰："願見仁恭父子。"晋王命破械出之，引置下坐。飲食自若，皆無慚色。

［1］李氏、祝氏：皆爲劉守光妻。籍貫不詳。本書僅此一見。

［2］子繼珣、繼方、繼祚："子"字原闕，中華點校本據浙江本、宗文本補，今從。繼珣、繼方、繼祚，皆爲劉守光子。本書僅此一見。

［3］燕樂：縣名。治所在今北京密雲區。

晋王至太原，仁恭父子曳以組練，[1]獻于太廟。守光將死，泣曰："臣死無恨，然教臣不降者，李小喜也，罪人不死，臣將訴于地下。"晋王使召小喜，小喜瞋目曰："囚父弑兄，蒸其骨肉，[2]亦小喜教爾邪？"晋王怒，命先斬小喜。守光知不免，呼曰："王將復唐室以成霸業，何不赦臣使自効?”其二婦從旁罵曰：“事已至此，生復何爲？願先死!”乃俱死。晉王命李存霸執仁恭至雁門，[3]刺其心血以祭先王墓，然後斬之。

[1]組練：指軍士的衣甲服裝。

[2]蒸其骨肉：“蒸”字據文意當作“烝”，爲“上淫”之義，即與長輩女性通奸。宗文本、殿本、南監本、北監本、汪本、元刊本亦作“蒸”。

[3]李存霸：人名。沙陀人。李克用之子，五代軍閥。傳見《舊五代史》卷五一、《新五代史》卷一四。　雁門：方鎮名。治所在代州（今山西代縣）。

新五代史　卷四〇

雜傳第二十八

李茂貞　韓建　李仁福　韓遜　楊崇本　高萬興　温韜

李茂貞

李茂貞，深州博野人也。[1]本姓宋，名文通，爲博野軍卒，戍鳳翔。[2]黃巢犯京師，[3]鄭畋以博野軍擊賊，[4]茂貞以功自隊長遷軍校。

[1]深州：州名。治所在今河北深州市。　博野：縣名。治所在今河北蠡縣。
[2]鳳翔：方鎮名。治所在鳳翔府（今陝西鳳翔縣）。
[3]黃巢：人名。曹州冤句（今山東菏澤市）人。唐末農民起義領袖。傳見《舊唐書》卷二〇〇下、《新唐書》卷二二五下。
[4]鄭畋：人名。滎陽（今河南滎陽市）人。唐末宰相、軍閥。傳見《舊唐書》卷一七八、《新唐書》卷一八五。

光啓元年，[1]朱玫反，[2]僖宗出居興元。[3]玫遣王行瑜攻大散關，[4]茂貞與保鑾都將李鋋等敗行瑜於大唐峰。[5]明年，玫遂敗死。茂貞以功自扈蹕都頭拜武定軍節度使，[6]賜以姓名。扈蹕東歸，至鳳翔，鳳翔節度使李昌符與天威都頭楊守立爭道，[7]以兵相攻，昌符不勝，走隴州。[8]僖宗遣茂貞追擊，[9]殺昌符，以功拜鳳翔隴右節度使。[10]大順元年，[11]封隴西郡王。

[1]光啓：唐僖宗李儇年號（885—888）。
[2]朱玫：人名。邠州（今陝西彬縣）人。唐末軍閥。傳見《舊唐書》卷一七五、《新唐書》卷二二四下。
[3]僖宗：即唐僖宗李儇。873年至888年在位。紀見《舊唐書》卷一九下、《新唐書》卷九。　興元：府名。治所在今陝西漢中市。
[4]王行瑜：人名。邠州（今陝西彬縣）人。唐末軍閥。傳見《舊唐書》卷一七五、《新唐書》卷二二四下。　大散關：地名。即散關。秦嶺著名關隘之一。位於今陝西寶雞市西南大散嶺上。
[5]保鑾：部隊番號。　都將：官名。唐、五代時節度使屬將。品秩不詳。　李鋋：人名。籍貫不詳。唐末、五代將領。事見《舊唐書》卷一九下，《通鑑》卷二五四、卷二五六、卷二五九。　大唐峰：地名。位於今陝西略陽縣西南。
[6]扈蹕都頭：官名。掌衛宮護駕。品秩不詳。　武定軍：方鎮名。治所在洋州（今陝西洋縣）。
[7]李昌符：人名。籍貫不詳。唐末軍閥，接替其兄李昌言任鳳翔軍節度使。事見《舊唐書》卷一九下、《通鑑》卷二五六。　天威：部隊番號。　楊守立：人名。籍貫不詳。唐末將領。本書僅此一見。
[8]隴州：州名。治所在今陝西隴縣。
[9]僖宗遣茂貞追擊："追"字原闕，中華點校本據浙江本、宗文本補，今從。

[10]鳳翔隴右：方鎮名。治所在鳳翔府（今陝西鳳翔縣）。時隴右爲吐蕃所陷，鳳翔、隴右合并爲一個節鎮，鳳翔節帥多稱鳳翔隴右節度使。參見黃利平《中晚唐京西北八鎮考》，《中國歷史地理論叢》2004年第2期。

[11]大順：唐昭宗李曄年號（890—891）。

　　二年，樞密使楊復恭得罪，[1]奔於興元，興元節度使楊守亮，[2]復恭之養子也，納之。茂貞乃上書言復恭父子罪皆當誅，因自請爲山南招討使。[3]昭宗以宦者故，[4]難之，未許。茂貞擅發兵攻破興元，復恭父子見殺。

[1]樞密使：官名。樞密院長官。唐代宗時始以宦官掌機密，至昭宗時借朱溫之力盡誅宦官，始改以士人任樞密使。備顧問，參謀議，出納詔奏，權侔宰相。品秩不詳。參見李全德《唐宋變革期樞密院研究》，北京圖書館出版社2009年版。　楊復恭：人名。閩（今福建）人。唐末宦官、將領，與李克用相善。傳見《舊唐書》卷一八四、《新唐書》卷二〇八。

[2]楊守亮：人名。曹州（今山東曹縣西北）人。唐末軍閥。傳見《新唐書》卷一八六。

[3]山南：道名、方鎮名。唐貞觀元年（627）依山川形便置，轄境當今陝西秦嶺、河南伏牛山以南，湖北隨州、仙桃二市以西，四川廣元、南充二市以南以及甘肅東南角地區。　招討使：官名。唐貞元始置。戰時任命，兵罷則省。常以大臣、將帥或地方軍政長官兼任。掌招撫、討伐等事務。品秩不詳。

[4]昭宗：即唐昭宗李曄，888年至904年在位。紀見《舊唐書》卷二〇上、《新唐書》卷一〇。

茂貞表其子繼密權知興元軍府事,[1]昭宗乃徙茂貞山南西道節度使,[2]以宰相徐彥若鎮鳳翔。[3]茂貞不奉詔,上表自論曰:"但慮軍情忽變,戎馬難羈。徒令甸服生靈,因茲受弊;未審乘輿播越,自此何之?"昭宗以茂貞表辭不遜,不能忍,以問宰相杜讓能,[4]讓能以謂:"茂貞地大兵彊,而唐力未可以致討;鳳翔又近京師,易以自危而難於後悔,佗日雖欲誅晁錯以謝諸侯,恐不能也。"昭宗怒曰:"吾不能屢屢坐古本作生。受凌弱!"乃責讓能治兵,而以覃王嗣周爲京西招討使。[5]令下,京師市人皆知不可,相與聚承天門,[6]遮宰相請無舉兵,爭投瓦石擊宰相,宰相下輿而走,亡其堂印,[7]人情大恐,昭宗意益堅。覃王率扈駕軍五十四都戰于盩厔,[8]唐軍敗潰,茂貞遂犯京師,屯于三橋。[9]昭宗御安福門,[10]殺兩樞密以謝茂貞,[11]使罷兵。茂貞素與讓能有隙,因曰:"謀舉兵者非兩樞密,乃讓能也。"陳兵臨皋驛,[12]請殺讓能。讓能曰:"臣故先言之矣,惟殺臣可以紓國難。"昭宗泣下沾襟,貶讓能雷州司户參軍,[13]賜死,茂貞乃罷兵。

[1]繼密:人名。即李繼密,一作李繼業。本名王萬弘。蜀(今四川)人。李茂貞養子。唐末將領。傳見《十國春秋》卷四二。

[2]山南西道:方鎮名。治所在興元府(今陝西漢中市)。

[3]徐彥若:人名。新鄭(今河南新鄭市)人。唐末宰相、軍閥。傳見《舊唐書》卷一七九、《新唐書》卷一一三。

[4]杜讓能:人名。唐僖宗、昭宗朝宰相。傳見《舊唐書》卷

一七七、《新唐書》卷九六。

　　[5]嗣周：人名。即李嗣周。唐宗室，唐順宗子李經後人。事見《通鑑》卷二五九。　京西：古地區名。泛指唐長安城以西今陝西關中平原西部及甘肅東部地區。

　　[6]承天門：唐長安宮城的正南門，也是太極宮的正門。位於今陝西西安市。

　　[7]堂印：指宰相所用的官印。

　　[8]都：軍隊的編制單位。唐末、五代之際，軍隊中已有都的編制。諸藩鎮所設特種兵和牙兵中就有雁子都、落燕都、廳子都等名。五代時成爲指揮以下的軍事編制。《五代會要·京城諸軍》載："凡五百人爲一指揮，其別有五都，都一百人，統以一營居之。"都的長官稱爲都頭。　盩（zhōu）厔（zhì）：縣名。治所在今陝西周至縣。

　　[9]三橋：地名。位於今陝西西安市西北三橋鎮。

　　[10]安福門：唐長安皇城西面偏北門。位於今陝西西安市。

　　[11]樞密：官名。即樞密使。五代樞密使以士人爲之，備顧問，參謀議，出納詔奏，權侔宰相。品秩不詳。

　　[12]臨皋驛：地名。位於今陝西西安市。

　　[13]雷州：州名。治所在今廣東雷州市。　司戶參軍：官名。即"司戶參軍事"，簡稱"司戶"。州級政府僚佐。掌本州屬縣之戶籍、賦稅、倉庫受納等事。上州從七品下，中州正八品下，下州從八品下。

　　明年，[1]河中節度使王重盈卒，[2]其諸子珂、珙爭立。[3]晉王李克用請立珂，[4]茂貞與韓建、王行瑜請立珙，[5]昭宗不許。茂貞等怒，率三鎮兵犯京師，謀廢昭宗，立吉王保。[6]未果，而晉王亦舉兵，茂貞懼，乃殺宰相韋昭度、李磎，[7]留其養子繼鵬以兵二千宿衛而去。[8]晋兵至河中,繼鵬與行瑜弟行實等争劫昭宗出奔,[9]京師大亂,昭宗出居于石門。[10]茂貞以兵至鄠縣,[11]斬繼鵬自贖。

[1]明年:中華點校本校勘記云:"本書卷四《唐本紀》、《舊唐書》卷二〇上《昭宗紀》、《新唐書》卷一〇《昭宗紀》、《通鑑》卷二六〇皆云王重盈卒於乾寧二年。按本卷上文云'大順二年',吴鎮《纂誤》卷中:'所謂明年者誤也,當爲乾寧二年。'"

[2]河中:方鎮名。治所在河中府(今山西永濟市)。 王重盈:人名。太原祁(今山西祁縣)人。唐末軍閥。事見《舊唐書》卷一八二、《新唐書》卷一八七。

[3]珂:人名。即王珂。河中(今山西永濟市)人。王重榮兄重簡之子,出繼重榮。唐末軍閥。傳見《舊五代史》卷一四、本書卷四二。 珙:人名。即王珙。太原祁(今山西祁縣)人。王重盈之子。事見《舊五代史》卷一四。

[4]李克用:人名。沙陀人,神武川新城(一説今山西山陰縣附近,一説今山西代縣)人。唐末軍閥,後唐太祖。紀見《舊五代史》卷二五。

[5]韓建:人名。許州長社(今河南許昌市)人。唐末、五代軍閥。傳見《舊五代史》卷一五、本書本卷。

[6]保:人名。即李保。唐懿宗之子。傳見《舊唐書》卷一七五、《新唐書》卷八二。

[7]韋昭度:人名。京兆(今陝西西安市)人。唐末宰相。傳見《舊唐書》卷一七九、《新唐書》卷一八五。 李磎:人名。江夏(今湖北武漢市武昌區)人。唐末宰相。傳見《舊唐書》卷一五七、《新唐書》卷一四六。

[8]繼鵬:人名。即李繼鵬。籍貫不詳。本名閻珪,李茂貞養子。事見《舊五代史》卷二六、《通鑑》卷二六〇。

[9]行實：人名。即王行實。邠州（今陝西彬縣）人。王行瑜之弟。事見《舊唐書》卷二〇上。

[10]石門：地名。位於今陝西三原縣。

[11]鄠縣：縣名。治所在今陝西西安市鄠邑區。

　　晉兵已破王行瑜，還軍渭北，請擊茂貞。昭宗以謂晉遠而茂貞近，因欲庇之以爲德，而冀緩急之可恃也；且茂貞已殺其子自贖矣，乃詔罷歸晉軍。克用歎曰："唐不誅茂貞，憂未已也！"

　　昭宗自石門還，益募安聖、捧宸等軍萬餘人，[1]以諸王將之。茂貞謂唐將討己，亦治兵請覲，京師大恐，居人亡入山谷。茂貞遂犯京師，昭宗遣覃王拒之，覃王至三橋，軍潰，昭宗出居于華州。[2]遣宰相孫偓以兵討茂貞，[3]韓建爲茂貞請，乃已。久之，加拜茂貞尚書令，[4]封岐王。

[1]安聖、捧宸：皆爲部隊番號。

[2]華州：州名。治所在今陝西渭南市華州區。

[3]孫偓：人名。武邑（今河北武邑縣）人。唐末宰相。傳見《新唐書》卷一八三。

[4]尚書令：官名。秦始置。隋、唐前期爲尚書省長官，與中書令、侍中並爲宰相。唐後期多爲大臣加銜，不參與政務。正二品。

　　其後，昭宗爲宦者所廢，既反正，宰相崔胤欲借梁兵誅諸宦者，[1]陰與梁太祖謀之。[2]中尉韓全誨等，[3]亦倚茂貞之彊，以爲外援，茂貞遣其子繼筠以兵數千宿衛京師，[4]宦者恃岐兵，益驕不可制。

［1］崔胤：人名。清河武城（今山東武城縣）人。唐末宰相。傳見《舊唐書》卷一七七、《新唐書》卷二二三下。

［2］梁太祖：即朱溫。宋州碭山（今安徽碭山縣）人。五代後梁開國皇帝。紀見《舊五代史》卷一至卷七、本書卷一至卷二。

［3］中尉：官名。指神策軍中尉。唐德宗朝以後，左右神策軍各置護軍中尉一人，由宦官充任，統領禁軍。品秩不詳。　韓全誨：人名。籍貫不詳。唐末宦官。傳見《新唐書》卷二〇八。

［4］繼筠：人名。即李繼筠。深州博野（今河北蠡縣）人。李茂貞族子。事見《新唐書》卷一八三、卷二〇八。

天復元年，[1]胤召梁太祖以西，梁軍至同州，[2]全誨等懼，與繼筠劫昭宗幸鳳翔。梁軍圍之逾年，茂貞每戰輒敗，閉壁不敢出。城中薪食俱盡，自冬涉春，雨雪不止，民凍餓死者日以千數。米斗直錢七千，至燒人屎煮尸而食，父自食其子，人有爭其肉者，曰："此吾子也，汝安得而食之！"人肉斤直錢百，狗肉斤直錢五百，父甘食其子，而人肉賤於狗。天子於宮中設小磨，遣宮人自屑豆麥以供御，自後宮、諸王十六宅，凍餒而死者日三四。城中人相與邀遮茂貞，求路以爲生，茂貞窮急，謀以天子與梁以爲解。昭宗謂茂貞曰："朕與六宮皆一日食粥，一日食不托，安能不與梁和乎？"三年正月，茂貞與梁約和，斬韓全誨等二十餘人，傳首梁軍，梁圍解。天子雖得出，然梁遂劫東遷而唐亡，茂貞非惟亡唐，亦自困矣。

[1]天復：唐昭宗李曄年號（901—904）。
[2]同州：州名。治所在今陝西大荔縣。

及梁太祖即位，諸侯之彊者皆相次稱帝，獨茂貞不能，但稱岐王，開府置官屬，以妻爲皇后，鳴梢羽扇視朝，出入擬天子而已。茂貞居岐，以寬仁愛物，民頗安之，嘗以地狹賦薄，下令搉油，因禁城門無内松薪，[1]以其可爲炬也，[2]有優者誚之曰："臣請并禁月明。"茂貞笑而不怒。

[1]松薪：即松木。
[2]炬：火把。

初，茂貞破楊守亮取興元，而邠、寧、鄜、坊皆附之，[1]有地二十州；其被梁圍也，興元入于蜀；開平已後，[2]邠、寧、鄜、坊入于梁，秦、鳳、階、成又入于蜀；[3]當梁末年，所有七州而已。二十州者：岐、隴、涇、原、渭、武、秦、成、階、鳳、邠、寧、慶、衍、鄜、坊、丹、延、梁、洋也。

[1]邠：州名。治所在今陝西彬縣。　寧：州名。治所在今甘肅寧縣。　鄜：州名。治所在今陝西富縣。　坊：州名。治所在今陝西黃陵縣。
[2]開平：後梁太祖朱温年號（907—911）。
[3]秦：州名。治所在今甘肅秦安縣。　鳳：州名。治所在今陝西鳳縣。　階：州名。治所在今甘肅康縣西。　成：州名。治所在今甘肅成縣。

莊宗已破梁，茂貞稱岐王，上牋以季父行自處。[1]及聞入洛，[2]乃上表稱臣，遣其子從曮來朝。[3]莊宗以其耆老，甚尊禮之，改封秦王，詔書不名。同光二年，[4]以疾卒，年六十九，諡曰忠敬。

[1]莊宗：即後唐莊宗李存勗。五代後唐建立者。紀見《舊五代史》卷二七至卷三四、本書卷五。　季父：即叔父。

[2]洛：地名。即洛陽，今河南洛陽市。

[3]從曮：人名。即李從曮。深州博野（今河北蠡縣）人。李茂貞之子，後晉時封秦王。傳見《舊五代史》卷一三二。

[4]同光：後唐莊宗李存勗年號（923—926）。

從曮爲人柔而善書畫，茂貞承制拜從曮彰義軍節度使。[1]茂貞卒，拜鳳翔節度使。魏王繼岌征蜀，[2]爲供軍轉運應接使。[3]

[1]承制：秉承皇帝旨意。有時不是出自帝命，而是一種假藉的名義或政治待遇。兩晉、南北朝或後世權臣多有此種名義，以此得自行處置政務、任免官吏，雖稱"承制行事"，但不必取得皇帝同意。　彰義軍：方鎮名。治所在涇州（今甘肅涇川縣）。

[2]繼岌：人名。即李繼岌。後唐莊宗李存勗長子。傳見《舊五代史》卷五一、本書卷一四。

[3]供軍轉運應接使：官名。五代轉運使的一種。於戰時設置，或由軍中將領充任，或以地方文臣充任，負責軍需物資的籌集、調運、供給。品秩不詳。

蜀平，繼岌遣從曮部送王衍，[1]行至鳳翔，監軍使柴重厚拒而不納，[2]從曦遂東至華州，聞莊宗之難乃西歸。明宗入立，[3]聞重厚嘗拒從曦，遣人誅之。從曦上書，言重厚守鳳翔，軍民無所擾，願貸其過。雖不許，士人以此多之。歷鎮宣武、天平。[4]

[1]王衍：人名。許州舞陽（今河南舞陽縣）人。王建幼子，五代十國前蜀皇帝。傳見《舊五代史》卷一三六、本書卷六三。

[2]監軍使：官名。爲臨時差遣，代表朝廷協理軍務、督察將帥。五代時常以宦官爲監軍。品秩不詳。　柴重厚：人名。籍貫不詳。五代將領。本書僅此一見。

[3]明宗：即李嗣源，沙陀人，應州金城（今山西應縣）人。原名邈佶烈，李克用養子，逼宮李存勗後自立爲後唐皇帝，926年至933年在位。紀見《舊五代史》卷三五至卷四〇、本書卷六。

[4]宣武：方鎮名。治所在汴州（今河南開封市）。　天平：方鎮名。治所在鄆州（今山東東平縣）。

　　從曦有田千頃、竹千畮在鳳翔，懼侵民利，未嘗省理，鳳翔人愛之。廢帝起鳳翔，[1]將行，鳳翔人叩馬乞從曦。廢帝入立，復以從曦爲鳳翔節度使，卒年四十九。

[1]廢帝：即後唐廢帝李從珂。鎮州平山（今河北平山縣）人。本姓王，後唐明宗李嗣源擄其母魏氏，遂養爲己子。應順元年（934）四月，李從珂入洛陽即帝位。清泰三年（936）五月，石敬瑭謀反，廢帝自焚死，後唐亡。紀見《舊五代史》卷四六至卷四八、本書卷七。

韓建

韓建字佐時，許州長社人也。[1]少爲蔡州軍校，[2]隸忠武軍將鹿晏弘。[3]從楊復光攻黃巢於長安，[4]巢已破，復光亦死，晏弘與建等無所屬，乃以麾下兵西迎僖宗於蜀，所過攻劫。行至興元，逐牛叢，[5]據山南。已而不能守，晏弘東走許州，建乃奔于蜀，拜金吾衛將軍。[6]

[1]許州：州名。治所在今河南許昌市。 長社：縣名。治所在今河南許昌市。

[2]蔡州：州名。治所在今河南汝南縣。

[3]忠武軍：方鎮名。治所在許州（今河南許昌市）。 鹿晏弘：人名。籍貫不詳。唐末軍閥。事見《舊唐書》卷一九下。

[4]楊復光：人名。閩（今福建）人。唐末宦官。傳見《舊唐書》卷一八四、《新唐書》卷二〇七。

[5]牛叢：人名。一作"牛勗"。籍貫不詳。唐末軍閥。事見《舊唐書》卷一九下、《新唐書》卷二二二中。

[6]金吾衛將軍：官名。唐置，掌宮禁宿衛。唐代置十六衛，即左右衛、左右驍衛、左右武衛、左右威衛、左右領軍衛、左右金吾衛、左右監門衛、左右千牛衛。各置上將軍，從二品；大將軍，正三品；將軍，從三品。

僖宗還長安，建爲潼關防禦使、華州刺史。[1]華州數經大兵，户口流散，建少賤，習農事，乃披荆棘，督民耕植，出入閭里，問其疾苦。建初不知書，乃使人題其所服器皿牀榻，爲其名目以視之，久乃漸通文字。見《玉篇》，[2]喜曰："吾以類求之，何所不得也。"因以通音韻聲偶，暇則課學書史。是時，天下已亂，諸鎮皆武夫，獨建撫緝兵民，又好學。荆南成汭時冒姓郭，[3]亦善緝荆楚。當時號爲"北韓南郭"。

［1］潼關：地名。關隘重地。因臨近潼水而得名。位於今陝西潼關縣東北港口鎮。　防禦使：官名。唐代始置，設有都防禦使、州防禦使兩種。常由刺史或觀察使兼任，實際上爲唐代後期州或方鎮的軍政長官。品秩不詳。　刺史：官名。州一級行政長官。漢武帝時始置，總掌考核官吏、勸課農桑、地方教化等事。唐中期以後，節度使、觀察使轄州而設，刺史爲其屬官，職任漸輕。從三品至正四品下。

［2］《玉篇》：書名。南朝陳顧野王撰。30卷。其書以《説文》部首，以義類聚。《説文》用篆書，《玉篇》用南北朝通行的楷書。收字16917個分542部。每字下先列音切，次注字義，間引古籍作證，於《説文》多有增補，爲中國文字訓詁學重要著作。原本祇存殘卷。現流行《玉篇》係經唐、宋人增補重修。

［3］荆南：方鎮名。治所在荆州（今湖北荆州市）。　成汭：人名。淮西（今安徽江淮地區）人，《新唐書》作"青州（今山東青州市）人"。唐末、五代軍閥。傳見《新唐書》卷一九〇、《舊五代史》卷一七。

大順元年，以兵屬張濬伐晋，[1]濬敗，建自含山遯歸。[2]河中王重盈死，諸子珂、珙争立，晋人助珂，建與王行瑜、李茂貞助珙。昭宗不許，建等大怒，以三鎮兵犯京師。昭宗見建等責之，行瑜、茂貞惶恐戰汗不能語，獨建前自陳述。乃殺宰相韋昭度、李磎等，謀廢昭宗。會晋舉兵且至，建等懼，乃還。晋兵問罪三鎮，兵傅華州，建登城呼曰："弊邑未常失禮於大國，何爲見攻？"晋人曰："君以兵犯天子，殺大臣，是以討也。"已而與晋和。

[1]張濬：人名。河間（今河北河間市）人。唐僖宗時爲户部侍郎、同中書門下平章事，唐昭宗時爲尚書左僕射，後爲朱温所殺。傳見《舊唐書》卷一七九、《新唐書》卷一八五。
[2]含山：又作峆山、唅山。在今山西聞喜縣東南。

乾寧三年，[1]李茂貞復犯京師，昭宗將奔太原，次渭北，建遣子允請幸華州。[2]昭宗又欲如鄜州，建追及昭宗於富平，[3]泣曰："藩臣倔彊，非止茂貞，若捨近畿而巡極塞，乘輿渡河，不可復矣！"昭宗亦泣，遂幸華州。

[1]乾寧：唐昭宗李曄年號（894—898）。
[2]允：人名。即韓允。許州長社（今河南許昌市）人。韓建之子。事見本書本卷。
[3]富平：縣名。治所在今陕西富平縣。

是時，天子孤弱，獨有殿後軍及定州三都將李筠等兵千餘人爲衛，[1]以諸王將之。建已得昭宗幸其鎮，遂欲制之，因請罷諸王將兵，散去殿後諸軍，累表不報。昭宗登齊雲樓，[2]西北顧望京師，作《菩薩蠻辭》三章以思歸，其卒章曰："野煙生碧樹，陌上行人去。安得有英雄，迎歸大内中？"[3]酒酣，與從臣悲歌泣下，建與諸王皆屬和之。建心尤不悦，因遣人告諸王謀殺建、劫天子幸佗鎮。昭宗召建，將辨之，建稱疾不出，乃遣諸王自詣建辨之，[4]建不見，請送諸王十六宅，[5]昭宗難之。建乃率精兵數千圍行宮，請誅李筠。昭宗大懼，遽詔斬筠，悉散殿後及三都衛兵，幽諸王於十六宅。昭宗益悔幸華，遣延王戒丕使于晉，[6]以謀興復。戒丕還，建與中尉劉季述誣諸王謀反，[7]以兵圍十六宅，諸王皆登屋叫呼，遂見殺。昭宗無如之何，爲建立德政碑以慰安之。[8]

[1]殿後軍：又稱殿後四軍。唐昭宗所置侍衛部隊，即安聖、捧宸、保寧、宣化四軍。　定州：州名。治所在今河北定州市。都將：官名。唐、五代時節度使屬將。品秩不詳。　李筠：人名。籍貫不詳。唐末侍衛軍將領。事見《舊唐書》卷二〇上。

[2]齊雲樓：樓名。位於今陝西渭南市華州區。

[3]大內：即皇宮。

[4]乃遣諸王自詣建辨之："建辨之"原闕，中華點校本據浙江本、宗文本補，今從。

[5]十六宅：亦稱十六王宅。本名入苑坊，唐玄宗開元時期，因慶、忠等十六王子分院居於此坊，故名。位於今陝西西安市。

[6]戒丕：人名。即李戒丕。唐末宗室。事見《舊唐書》卷二〇上、卷一七五及《通鑑》卷二六〇。

[7]劉季述：人名。籍貫不詳。唐末宦官。顯於唐僖宗、唐昭宗時期，累遷至樞密使。傳見《新唐書》卷二〇八。

[8]德政碑：表彰官吏政績的碑刻。

建已殺諸王，乃營南莊，起樓閣，欲邀昭宗遊幸，因以廢之而立德王裕。[1]其父叔豐謂建曰："汝陳、許間一田夫爾，遭時之亂，蒙天子厚恩至此，欲以兩州百里之地行大事，覆族之禍，吾不忍見，不如先死！"[2]因泣下歔欷。李茂貞、梁太祖皆欲發兵迎天子，建稍恐懼，乃止。光化元年，[3]昭宗還長安，自爲建畫像，封建潁川郡王，賜以鐵券。[4]建辭王爵，乃封建許國公。

[1]裕：人名。即李裕。唐昭宗長子，封德王。乾寧四年（897），册封爲皇太子。傳見《舊唐書》卷一七五、《新唐書》卷八二。

[2]叔豐：人名。即韓叔豐。許州長社（今河南許昌市）人。韓建之父。本書僅此一見。　陳：州名。治所在今河南淮陽縣。

[3]光化：唐昭宗李曄年號（898—901）。

[4]鐵券：帝王頒賜給功臣的鐵契，上刻文字，表示世代可以享受某些特權，如犯罪可以赦免等，以鐵製成，便於久存。

梁太祖以兵嚮長安，遣張存敬攻同州，[1]建判官司馬鄴以城降，[2]太祖使鄴召建，建乃出降。太祖責建背己，建曰："判官李巨川之謀也。"[3]太祖怒，即殺巨川，以建從行。

[1]張存敬：人名。譙郡（治今安徽亳州市）人。唐末、五代將領。傳見《舊五代史》卷二〇、本書卷二一。

[2]判官：官名。唐、五代方鎮僚屬，位在行軍司馬下。分掌使衙内各曹事，並協助使職官員通判衙事。品秩不詳。　司馬鄴：人名。河内温（今河南温縣）人。唐末、五代大臣。傳見《舊五代史》卷二〇。

[3]李巨川：人名。隴右（今青海樂都縣）人。唐末大臣、文

學家。傳見《舊唐書》卷一九〇下、《新唐書》卷二二四下。

昭宗東遷，建從至洛，昭宗舉酒屬太祖與建曰："遷都之後，國步小康，社稷安危，繫卿兩人。"次何皇后舉觴，[1]建躡太祖足，太祖乃陽醉去。建出，謂太祖曰："天子與宮人眼語，幕下有兵仗聲，恐公不免也！"太祖以故尤德之，表建平盧軍節度使。[2]

[1]何皇后：人名。梓州（今四川三臺縣）人。唐昭宗皇后。傳見《新唐書》卷七七。

[2]平盧軍：方鎮名。治所在青州（今山東青州市）。

太祖即位，拜司徒、同中書門下平章事。[1]太祖性剛暴，臣下莫敢諫諍，惟建時有言，太祖亦優容之。太祖郊于洛，[2]建爲大禮使。[3]罷相，出鎮許州，太祖崩，許州軍亂，見殺，年五十八。

[1]司徒：官名。與太尉、司空並爲三公。司徒一職，最早見於《尚書·堯典》，堯設九官，其一爲司徒。漢改丞相爲大司徒。隋唐與太尉、司空並爲三公。唐後期、五代多爲大臣、勳貴加官。正一品。　同中書門下平章事：官名。簡稱"同平章事"。唐高宗以後，凡實際任宰相之職者，常在其本官後加同平章事的職銜。後成爲宰相專稱。品秩不詳。

[2]郊：指中國古代帝王於南郊舉行祭天之禮。因祭天之圜丘位於都城南面之郊外，故名。

[3]大禮使：官名。非常設。帝王舉行南郊等大禮時設，參掌大禮。品秩不詳。

李仁福

李仁福，不知其世家。

當唐僖宗時，有拓拔思恭者，[1]爲夏州偏將，[2]後以與破黃巢功，賜姓李氏，拜夏州節度使。思恭卒，乾寧二年，以其弟思諫爲節度使。[3]

[1]拓拔思恭：人名。又名李思恭。唐末將領、党項拓跋族首領。傳見《新唐書》卷二二一上。"恭"，原作"敬"，中華點校本據宋人吳縝《五代史纂誤》卷中引《五代史》、《舊五代史》卷一三二《李仁福傳》改，今從。本卷下文同。

[2]夏州：州名。治所在今陝西靖邊縣。　偏將：即副將，泛指將佐等武官。

[3]思諫：人名。即李思諫。党項族。唐末軍閥。拓拔思恭之弟。事見《新唐書》卷二二一上、《舊五代史》卷一三二。

自唐末天下大亂，史官實錄多闕，[1]諸鎮因時倔起，自非有大善惡暴著于世者，不能紀其始終。是時，興元、鳳翔、邠寧、鄜坊、河中、同華諸鎮之兵，[2]四面並起而交爭，獨靈夏未嘗爲唐患，[3]而亦無大功。朱玫之亂，思恭與鄜州李思孝皆以兵屯渭橋。[4]其後，黃巢陷京師，王重榮、李克用等會諸鎮兵討賊，思敬與破巢復京師，然皆未嘗有所可稱，故思恭之世次、功過不顯而無傳。

[1]實錄：編年體史書的一種形式，是詳記一朝皇帝史實的編年史長編。唐初設史館，每一新皇帝繼位，都要詔令史官根據前代皇帝的起居注、時政記、目録等材料重新彙總，修成前朝皇帝的實

録，以便爲日後修正史積累資料。後成爲定制。從唐至清，歷代都有實録。

[2]邠寧：方鎮名。治所在邠州（今陝西彬縣）。 鄜坊：方鎮名。又名保大軍。治所在鄜州（今陝西富縣）。 同華：方鎮名。治所在華州（今陝西渭南市華州區）。

[3]靈夏：方鎮名。即定難軍。治所在夏州（今陝西靖邊縣）。

[4]李思孝：人名。党項族。唐末軍閥。拓拔思恭之弟。事見《新唐書》卷二二一上。 渭橋：漢、唐時長安渭水上修建的橋梁。參見辛德勇《古代交通與地理文獻研究》，商務印書館2018年版。

梁開平二年，思諫卒，軍中立其子彝昌爲留後，[1]梁即拜彝昌節度使。[2]明年，其將高宗益作亂，[3]殺彝昌。是時，仁福爲蕃部指揮使，[4]戍兵于外，軍中乃迎仁福立之，不知其於思諫爲親疏也。是歲四月，拜仁福檢校司空、定難軍節度使。[5]終梁之世，奉正朔而已。[6]是時，岐王李茂貞，晋王李克用，數會兵攻仁福，梁輒出兵救之。仁福累官至檢校太師兼中書令，[7]封朔方王。長興四年三月卒，[8]其子彝超自立爲留後。[9]

[1]彝昌：人名。即李彝昌。党項族。唐末軍閥。李思諫之子。事見《舊五代史》卷一三二。 留後：官名。原非正式命官，唐朝節度使入朝或宰相、親王遥領節度使不臨鎮則置。安史之亂後，節度使多以子弟或親信爲留後，以代行節度使職務，亦有軍士、叛將自立爲留後者。掌一州或數州軍政。北宋始爲朝廷正式命官。

[2]梁即拜彝昌節度使："梁"字原闕，中華點校本據浙江本、宗文本補，今從。

[3]高宗益：人名。籍貫不詳。李彝昌部將。本書僅此一見。

[4]指揮使：官名。唐末、五代軍隊多置都指揮使、指揮使，爲統兵將領。品秩不詳。

[5]檢校司空：官名。爲散官或加官，以示恩寵，無實際執掌。品秩不詳。　定難軍：方鎮名。治所在夏州（今陝西靖邊縣）。

[6]正朔：即帝王新頒的曆法。奉正朔意味對王朝的效忠和擁戴。

[7]檢校太師：官名。爲散官或加官，以示恩寵，無實際執掌。品秩不詳。　中書令：官名。漢代始置，隋、唐前期爲中書省長官，屬宰相之職；唐後期多爲授予元勛大臣的虚銜。正二品。

[8]長興：後唐明宗李嗣源年號（930—933）。

[9]彝超：人名。即李彝超。党項族。五代軍閥。李仁福之子。傳見《舊五代史》卷一三二。

自仁福時，邊將多言仁福通於契丹，[1]恐爲邊患。明宗因其卒，乃以彝超爲延州刺史、彰武軍節度使，[2]而徙彰武安從進代之。[3]恐彝超不受代，遣邠州藥彦稠以兵五萬送從進之鎮。[4]彝超果不受代，從進與彦稠以兵圍之，百餘日不克。夏州城壁素堅，故老傳言赫連勃勃蒸土築之，[5]從進等穴地道，至城下堅如鐵石，鑿不能入。彝超外招党項，[6]抄掠從進等糧道，自陝以西，民運斗粟束芻，其費數千，人不堪命，道路愁苦。明宗遂釋不攻，以彝超爲定難軍節度使。清泰二年卒。[7]

[1]契丹：古部族、政權名。公元4世紀中葉宇文部爲前燕攻破，始分離而成單獨的部落，自號契丹。唐貞觀中，置松漠都督府，以其首領爲都督。唐末彊盛，916年迭剌部耶律阿保機建立契丹國（遼）。先後與五代、北宋並立，保大五年（1125）爲金所

滅。參見張正明《契丹史略》，中華書局1979年版。

［2］延州：州名。治所在今陝西延安市。 彰武軍：方鎮名。治所在延州（今陝西延安市）。

［3］安從進：人名。索葛部人。五代後唐、後晉將領。傳見《舊五代史》卷九八、本書卷五一。

［4］藥彥稠：人名。沙陀人。五代後唐將領。傳見《舊五代史》卷六六、本書卷二七。

［5］赫連勃勃：人名。匈奴族鐵弗部人。十六國時夏建立者，407年至425年在位。傳見《晉書》卷一二九。

［6］党項：部族名。源出羌族，時活躍於今甘肅東部、寧夏、陝西北部一帶。參見湯開建《党項西夏史探微》，商務印書館2013年版。

［7］清泰：五代後唐廢帝李從珂年號（934—936）。中華點校本校勘記云："何德璘墓誌（拓片刊《中國藏西夏文獻》第十八冊）：'清泰元年，今府主紹位。'按今府主爲李彝興，疑李彝超卒於清泰元年。"

其弟彝興，[1]累官檢校太師兼侍中，[2]周顯德中，[3]封西平王，其後事具國史。

［1］彝興：人名。即李彝興。本名彝殷，党項族。夏州（今陝西靖邊縣）人。五代、宋初軍閥。傳見《宋史》卷四八五。

［2］侍中：官名。秦始置。係列侯以下至郎中之加官，無定員，本丞相史（屬員），以其往來東廂奏事，故名。隋、唐前期爲門下省長官。唐後期多爲大臣加銜，不參與政務，實際職務由門下侍郎執行。正二品。

［3］顯德：五代後周太祖郭威年號（954）。世宗柴榮、恭帝柴宗訓沿用（954—960）。

韓遜

　　韓遜，不知其世家。初爲靈武軍校，[1]當唐末之亂，據有靈鹽，唐即以爲節度使，而史失不錄，不見其事。梁開平三年，封朔方節度使韓遜爲潁川王，始見於史。

　　[1]靈武：郡名。治所在今寧夏吴忠市。乾元元年（758），改名靈州。此處代指治所在靈州的方鎮朔方軍。

　　是時，邠寧楊崇本、鄜延李周彝、鳳翔李茂貞，[1]皆與梁爭戰，獨遜與夏州李思諫臣屬于梁，未嘗以兵爭。李茂貞嘗遣劉知俊攻遜，[2]不能克，遜亦善撫其部，部人皆愛之，[3]爲遜立生祠。[4]

　　[1]楊崇本：人名。籍貫不詳。李茂貞義子，唐末、五代軍閥。傳見《舊五代史》卷一三、本書本卷。　鄜延：方鎮名。治所在鄜州（今陝西富縣）。　李周彝：人名。籍貫不詳。唐末軍閥。事見本書卷二一、卷二二及本卷。
　　[2]劉知俊：人名。徐州沛縣（今江蘇沛縣）人。唐末、五代將領。先後隸時溥、朱温、李茂貞、王建。傳見《舊五代史》卷一三、本書卷四四。
　　[3]部人皆愛之："部"字原闕，中華點校本據浙江本、宗文本補，今從。
　　[4]生祠：爲生者建立的祠廟。

　　貞明中，[1]遜卒，軍中立其子洙爲留後，[2]梁即以爲節度使。至莊宗時，又以洙兼河西節度。[3]

[1]貞明：後梁末帝朱友貞年號（915—921）。

[2]洙：人名。即韓洙。籍貫不詳。五代軍閥。事見《舊五代史》卷一三二、本書本卷。

[3]河西：方鎮名。治所在涼州（今甘肅武威市）。

天成四年，[1]洙卒，即以洙子澄爲朔方軍留後。[2]其將李賓作亂，[3]澄乃上章請帥於朝，明宗以康福爲朔方河西節度使以代澄，[4]由是命吏而相代矣。韓氏自遜有靈武，傳世皆無所稱述，澄後不知其所終。

[1]天成：後唐明宗李嗣源年號（926—930）。

[2]澄：人名。即韓澄。籍貫不詳。五代軍閥。事見《舊五代史》卷一三二。中華點校本校勘記云：“本書卷四六《康福傳》：‘韓洙死，其弟澄立。’《通鑑》卷二七六略同。《舊五代史》卷一三二《韓遜傳》、《册府》卷四三六亦稱‘以其弟澄爲朔方軍節度觀察留後’。此云‘洙子澄’，疑誤。”

[3]李賓：人名。籍貫不詳。五代將領。事見《舊五代史》卷一三二。

[4]康福：人名。蔚州（今河北蔚縣）人。傳見《舊五代史》卷九一、本書卷四六。

楊崇本

楊崇本，幼事李茂貞，養以爲子，冒姓李，名曰繼徽，茂貞表崇本静難軍節度使。[1]梁太祖攻岐未下，[2]乃移兵攻邠州，崇本迎降，太祖使復其姓，賜名崇本，遷其家於河中以爲質。

[1]静難軍：方鎮名。治所在邠州（今陝西彬縣）。
[2]岐：封國名。時鳳翔節度使李茂貞爲岐王，故稱。

崇本妻有美色，太祖用兵，往來河中，嘗幸之。崇本妻頗媿恥，間遣人誚崇本曰："大丈夫不能庇其伉儷，我已爲朱公婦矣，無面視君，有刀繩而已！"崇本涕泣憤怒。其後梁兵解岐圍，崇本妻得歸，崇本乃復背梁歸茂貞。

茂貞西連蜀兵會崇本攻雍、華，[1]關西大震。[2]太祖以兵西至河中，遣郴王友裕擊之，[3]友裕至永壽而卒，[4]梁兵乃旋。崇本屯美原，[5]太祖復遣劉知俊、康懷英等擊之，[6]崇本大敗，自此不復東。

[1]雍：地名。即京兆府，治所在今陝西西安市。
[2]關西：泛指函谷關或潼關以西的地區。
[3]友裕：人名。即朱友裕。傳見《舊五代史》卷一二、本書本卷。
[4]永壽：縣名。治所在今陝西永壽縣。
[5]美原：縣名。治所在今陝西富平縣美原鎮。
[6]康懷英：人名。本名懷貞，避後梁末帝朱友貞諱改懷英。兗州（今山東濟寧市兗州區）人。唐末、五代將領。傳見《舊五代史》卷二三、本書卷二二。

乾化四年，[1]爲其子彥魯所弑。[2]崇本養子李保衡，[3]殺彥魯以降梁。

[1]乾化：五代後梁太祖朱溫年號（911—912）。末帝朱友貞

沿用（913—915）。

[2]彥魯：人名。即楊彥魯。籍貫不詳。楊崇本之子。事見《舊五代史》卷八、卷一三及本書本卷。

[3]李保衡：人名。楊崇本養子。事見《舊五代史》卷八、卷一三、卷六四。

高萬興

高萬興，河西人也。唐末，河西屬李茂貞，茂貞將胡敬璋爲延州刺史，[1]萬興與其弟萬金俱事敬璋爲騎將。[2]敬璋死，其將劉萬子代爲刺史。[3]梁開平二年，[4]葬敬璋於州南，[5]萬子在會，其將許從實殺萬子，[6]自爲延州刺史。是時，萬興兄弟皆將兵戍境上，聞萬子死，以其部下數千人降梁。

[1]胡敬璋：人名。籍貫不詳。李茂貞部將。事見《舊五代史》卷一三二、本書本卷。

[2]萬金：人名。即高萬金。延州（今陝西延安市）人。高萬興之弟。事見《舊五代史》卷一三二、本書本卷。

[3]劉萬子：人名。五代將領。事見《舊五代史》卷一三二、本書本卷。

[4]二年：中華點校本校勘記云："本書卷一《梁本紀》、《通鑑》卷二六七皆繫其事於開平三年。《舊五代史》卷一三二《高萬興傳》繫其事於天祐六年，按天祐六年即開平三年。"

[5]葬敬璋於州南："敬璋"二字原闕，中華點校本據宗文本補，今從。

[6]許從實：人名。籍貫不詳。劉萬子部將。事見本書本卷、卷四四。

梁太祖兵屯河中，遣同州劉知俊以兵應萬興，[1]攻丹州，[2]執其刺史崔公實，[3]進攻延州，執許從實。鄜州李彥容、坊州李彥昱皆棄城走。[4]梁太祖乃以萬興爲延州刺史、忠義軍節度使，[5]以牛存節爲保大軍節度使。[6]已而劉知俊叛，乃徙存節守同州，以萬金爲保大軍節度使。萬興累遷檢校太師兼中書令，渤海郡王。貞明四年，萬金卒，乃以萬興爲鄜延節度使，進封延安郡王，[7]徙封北平王。梁亡，莊宗入洛，萬興嘗一來朝。同光三年，卒于鎮。

[1]同州：州名。治所在今陝西大荔縣。
[2]丹州：州名。治所在今陝西宜川縣。
[3]崔公實：人名。籍貫不詳。唐末、五代將領。本書僅此一見。
[4]李彥容：人名。籍貫不詳。五代軍閥。本書僅此一見。李彥昱：人名。籍貫不詳。五代軍閥。事見《通鑑》卷二六七。
[5]忠義軍：方鎮名。後梁改衛國軍置，治所在延州（今陝西延安市）。
[6]牛存節：人名。青州博昌（今山東博興縣）人。唐末將領。傳見《舊五代史》卷二二、本書卷二二。保大軍：方鎮名。治所在鄜州（今陝西富縣）。
[7]延安郡王：中華點校本校勘記云："《舊五代史》卷一〇《梁末帝紀下》作'延安王'。按《册府》卷一九六：'貞明元年二月，進封延州節度使、渤海郡王高萬興爲渤海王。六年四月，進封延安王。'"

萬興兄弟皆驍勇，而未嘗立戰功，然以戍兵降梁，梁取鄜、坊、丹、延自萬興始，故其兄弟世守其土。

萬興死，[1]子允韜代立，[2]長興元年徙鎮安國，[3]又徙義成，[4]清泰中卒。

[1]萬興死："死"字原闕，中華點校本據浙江本、宗文本補，今從。

[2]允韜：人名。即高允韜。延安（今陝西延安市）人。五代軍閥。高萬興之子。傳見《舊五代史》卷一三二、本書本卷。

[3]安國：方鎮名。治所在邢州（今河北邢臺市）。

[4]義成：方鎮名。治所在滑州（今河南滑縣）。

萬金子允權，[1]開運中爲膚施令，[2]罷居于家。是時，周密爲彰信軍節度使，[3]契丹滅晉，延州軍亂，逐密，密守東城，而西城之兵以允權爲留後。聞漢高祖起太原，[4]遂歸漢，即拜節度使，廣順三年卒。[5]

[1]允權：人名。即高允權。延州（今陝西延安市）人。五代將領。高萬金之子。傳見《舊五代史》卷一二五。

[2]開運：後晉出帝石重貴年號（944—946）。 膚施：縣名。治所在今陝西延安市。

[3]彰信：當作"彰武"。方鎮名。治所在延州（今陝西延安市）。中華點校本校勘記云："《通鑑》卷二八六、同卷《考異》引《晉少帝實錄》作'彰武'。按《舊五代史》卷八四《晉少帝紀三》'（開運三年八月）以右龍武統軍周密爲延州節度使'，又卷九九《漢高祖紀一》'（天福十二年）權延州留後高允權遣判官李彬奏：本道節度使周密爲三軍所逐'，周密實爲延帥。又據本書卷六〇《職方考》，延州置彰武軍，彰信軍後周始置於曹州。"

[4]漢高祖：即後漢高祖劉知遠。紀見《舊五代史》卷九九至卷一〇〇、本書卷一〇。

[5]廣順：後周太祖郭威年號（951—953）。

溫韜

溫韜，京兆華原人也。[1]少爲盜，後事李茂貞，爲華原鎮將，冒姓李，名彦韜。茂貞以華原縣爲耀州，[2]以韜爲刺史。梁太祖圍茂貞於鳳翔，韜以耀州降梁，已而復叛歸茂貞。茂貞又以美原縣爲鼎州，[3]建義勝軍，[4]以韜爲節度使。末帝時，[5]韜復叛茂貞降梁，梁改耀州爲崇州，[6]鼎州爲裕州，[7]義勝軍爲静勝軍，[8]即以韜爲節度使，復其姓溫，更其名曰昭圖。

[1]京兆：府名。治所在今陝西西安市。　華原：縣名。治所在今陝西銅川市耀州區。

[2]耀州：州名。治所在今陝西銅川市耀州區。

[3]鼎州：州名。治所在今陝西富平縣美原鎮。

[4]義勝軍：方鎮名。治所在耀州（今陝西銅川市耀州區）。

[5]末帝：即後梁末帝朱友貞。後梁太祖朱溫之子。913年至923年在位。紀見《舊五代史》卷八至卷一〇、本書卷三。

[6]崇州：州名。治所在今陝西銅川市耀州區。

[7]裕州：州名。治所在今陝西富平縣美原鎮。

[8]義勝軍：原爲"義勝"，中華點校本據宗文本補，今從。静勝軍：方鎮名。治所在耀州（今陝西銅川市耀州區）。

韜在鎮七年，唐諸陵在其境内者，悉發掘之，取其所藏金寶，而昭陵最固，[1]韜從埏道下，[2]見宫室制度閎麗，不異人間，中爲正寢，東西廂列石牀，牀上石函中爲鐵匣，悉藏前世圖書，鍾、王筆迹，紙墨如新，韜悉取之，遂傳人間，惟乾陵風雨不可發。[3]

[1]昭陵：唐太宗李世民的陵墓。位於今陝西禮泉縣東北四十里九嵕山。
[2]埏（yán）道：即墓道。
[3]乾陵：唐高宗李治與女皇武則天的合葬墓。位於今陝西乾縣西北十八里梁山。

其後朱友謙叛梁，[1]取同州，晋王以兵援友謙而趨華原，韜懼，求徙佗鎮，遂徙忠武。莊宗滅梁，韜自許來朝，因伶人景進納賂劉皇后，[2]皇后爲言之，莊宗待韜甚厚，賜姓名曰李紹冲。郭崇韜曰："此劫陵賊爾，罪不可赦！"莊宗曰："已宥之矣，不可失信。"遽遣還鎮。

[1]朱友謙：人名。許州（今河南許昌市）人。唐末、五代軍閥。傳見《舊五代史》卷六三、本書卷四五。
[2]伶人：即樂官。　景進納：人名。籍貫不詳。後唐樂官。事見本書本卷、卷四五。　劉皇后：指後唐莊宗皇后劉氏。魏州成安（今河北成安縣）人。傳見《舊五代史》卷四九、本書卷一四。

明宗入洛，與段凝俱收下獄，[1]已而赦之，勒歸田里。明年，流于德州，[2]賜死。

[1]段凝：人名。開封（今河南開封市）人。其妹爲朱溫美

人，因其妹而爲朱溫親信。五代後梁將領，後投後唐。傳見《舊五代史》卷七三、本書卷四五。

［2］德州：州名。治所在今山東德州市陵城區。

嗚呼，厚葬之弊，自秦漢已來，率多聰明英偉之主，雖有高談善説之士，極陳其禍福，有不能開其惑者矣！豈非富貴之欲，溺其所自私者篤，而未然之禍，難述於無形，不足以動其心歟？然而聞温韜之事者，可以少戒也！

五代之君，往往不得其死，何暇顧其後哉。獨周太祖能鑒韜之禍，[1]其將終也，爲書以遺世宗，[2]使以瓦棺、紙衣而斂，將葬，開棺示人，既葬，刻石以告後世，毋作下宫，毋置守陵妾，其意丁寧切至，然實錄不書其葬之薄厚也。又使葬其平生所服衮冕、通天冠、絳紗袍各二，其一于京師，其一于澶州；[3]又葬其劍、甲各二，其一于河中，其一于大名者，莫能原其旨也。

［1］周太祖：即郭威。邢州堯山（今河北隆堯縣）人。五代後周建立者。紀見《舊五代史》卷一一〇至卷一一三、本書卷一一。

［2］世宗：即柴榮。邢州龍岡（今河北邢臺市）人。後周太祖郭威養子，顯德元年（954）繼郭威爲帝，廟號世宗。紀見《舊五代史》卷一一四、本書卷一二。

［3］澶州：州名。唐、五代初，治所在今河南清豐縣。後晋天福四年（939）移治於今河南濮陽縣。

∷ 中華文化促進會主持編纂

∷ 國家"十一五"重點圖書出版規劃項目

∷ 中國社會科學院哲學社會科學創新工程學術出版資助項目

出品人　王石　段先念

新五代史 四 傳（三）

今注本二十四史

宋 歐陽脩 撰　宋 徐無黨 注
紀雪娟　主持校注
陳智超　審訂

中國社會科學出版社

新五代史　卷四一

雜傳第二十九

盧光稠　譚全播　雷滿　鍾傳　趙匡凝

　　盧光稠　譚全播

　　盧光稠、譚全播，皆南康人也。[1]光稠狀貌雄偉，無佗材能，而全播勇敢有識略，然全播常奇光稠爲人。

[1]南康：縣名。治所在今江西贛州市南康區。

　　唐末，群盜起南方，全播謂光稠曰："天下洶洶，此真吾等之時，無徒守此貧賤爲也！"乃相與聚兵爲盜。衆推全播爲主，全播曰："諸君徒爲賊乎？而欲成功乎？若欲成功，當得良帥，盧公堂堂，真君等主也。"衆陽諾之，全播怒，拔劍擊木三，斬之，曰："不從令者如此木！"衆懼，乃立光稠爲帥。

　　是時，王潮攻陷嶺南，[1]全播攻潮，取其虔、韶二州，[2]又遣光稠弟光睦攻潮州。[3]光睦好勇而輕進，全播戒其持重，不聽，度其必敗，乃爲奇兵伏其歸路。光睦果敗走，潮人追之，全播以伏兵邀擊，大敗之，遂取潮州。

　　［1］王潮：人名。光州固始（今河南固始縣）人。唐末軍閥。傳見《新唐書》卷一九〇。　嶺南：地區名。亦謂嶺外、嶺表。指五嶺以南地區，故名。包括今廣東、廣西、海南及越南北部地區。
　　［2］虔：州名。治所在今江西贛州市。　韶：州名。治所在今廣東韶關市。
　　［3］光睦：人名。即盧光睦。南康（今江西贛州市）人。盧光稠之弟。唐末將領。事見本書本卷。　潮州：州名。治所在今廣東潮州市。

　　是時，劉巖起南海，[1]擊走光睦，以兵數萬攻虔州。光稠大懼，謂全播曰：“虔、韶皆公取之，[2]今日非公不能守也。”全播曰：“吾知劉巖易與爾！”乃選精兵萬人，伏山谷中，陽治戰地於城南，告巖戰期。以老弱五千出戰，戰酣，僞北，巖急追之，伏兵發，巖遂大敗。光稠第戰功，全播悉推諸將，光稠心益賢之。

　　［1］劉巖：人名。又名劉龑。上蔡（今河南上蔡縣）人。劉謙之子，劉隱之弟。五代十國南漢國建立者。傳見《舊五代史》卷一三五、本書卷六五。　南海：地名。位於今廣東廣州市。
　　［2］虔、韶皆公取之：“韶”，原作“潮”，中華點校本據宗文本改，今從。

　　梁初，江南、嶺表悉爲吳與南漢分據，而光稠獨以虔、韶二州請命于京師，願通道路，輸貢賦。太祖爲置百勝軍，[1]以光稠爲防禦使、兼五嶺開通使，[2]又建鎮南軍，以爲留後。[3]

[1]太祖：即後梁太祖朱溫。紀見《舊五代史》卷一至卷七、本書卷一至卷二。　百勝軍：方鎮名。治所在虔州（今江西贛州市）。

[2]防禦使：官名。唐代始置，設有都防禦使、州防禦使兩種。常由刺史或觀察使兼任，實際上爲唐代後期州或方鎮的軍政長官。品秩不詳。　五嶺開通使：官名。後梁太祖爲盧光稠特設官名。"五嶺"爲今湖南、江西和廣東、廣西邊境上大庾、騎田、都龐、萌渚、越城五嶺的總稱。職掌、品秩不詳。

[3]鎮南軍：方鎮名。治所在洪州（今江西南昌市）。　留後：官名。原非正式命官，唐朝節度使入朝或宰相、親王遥領節度使不臨鎮則置。安史之亂後，節度使多以子弟或親信爲留後，以代行節度使職務，亦有軍士、叛將自立爲留後者。掌一州或數州軍政。北宋始爲朝廷正式命官。

開平五年，[1]光稠病，以符印屬全播，全播不受。光稠卒，全播立其子延昌而事之。[2]延昌好遊獵，其將黎求閉門拒延昌，[3]延昌見殺。求因謀殺全播，全播懼，稱疾不出。求乃自立，請命于梁。

[1]開平：後梁太祖朱溫年號（907—911）。
[2]延昌：人名。即盧延昌。南康（今江西贛州市）人。盧光稠之子。五代將領。事見《舊五代史》卷六、本書本卷。
[3]黎求：人名。一作黎球。籍貫不詳。盧延昌部將。事見

《通鑑》卷二六八、本書本卷。

　　乾化元年,[1]拜求防禦使。求暴病死,其將李彥圖自立,[2]全播益懼,遂稱疾篤,杜門自絶。彥圖疑之,使人覘其動静,全播應覘爲狀以自免。彥圖死,州人相率詣全播第,扣門請之,全播乃起,遣使請命于梁,拜防禦使。

　　[1]乾化：五代後梁太祖朱温年號（911—912）。末帝朱友貞沿用（913—915）。
　　[2]李彥圖：人名。一作"李圖"。籍貫不詳。五代將領。事見《新唐書》卷一〇、卷一六六、卷一九〇,《通鑑》卷二六八,本書本卷。

　　全播治虔州七年,有善政,楊隆演遣劉信攻破虔州,[1]以全播歸廣陵,[2]卒年八十五。當盧氏時,劉䶮已取韶州,及全播被執,虔州遂入于吴。

　　[1]楊隆演：人名。廬州合淝（今安徽合肥市）人。楊行密之子,楊渥之弟。五代十國吴國國主。908年至920年在位。傳見本書卷六一。　劉信：人名。兗州中都（今山東汶上縣）人。五代十國吴國將領。傳見《十國春秋》卷七。
　　[2]廣陵：地名。在今江蘇揚州市。

雷滿
　　雷滿,武陵人也。[1]爲人兇悍猺勇,文身斷髮。唐廣明中,[2]湖南饑,[3]盜賊起,滿與同里人區景思、周岳等聚諸蠻數千，[4]獵于大澤中，乃擊鮮釃酒，擇坐中豪者，補置伍長，[5]號土團軍，諸蠻從之，推滿爲帥。

[1]武陵：縣名。治所在今湖南常德市武陵區。

[2]廣明：唐僖宗李儇年號（880—881）。

[3]湖南：方鎮名。又稱武安軍節度。治所在潭州（今湖南長沙市）。

[4]區景思：人名。武陵（今湖南常德市武陵區）人。唐末將領。事見《新唐書》卷一八六。　周岳：人名。武陵（今湖南常德市武陵區）人。唐末將領。事見《新唐書》卷九、卷一〇、卷一八六。

[5]伍長：軍吏名。軍中五人之長。西周置，後世多沿之。

是時，高駢鎮荆南，[1]召滿隸麾下，使以蠻軍擊賊。駢徙淮南，[2]滿從至廣陵，逃歸，殺刺史崔翥，[3]遂據朗州，[4]請命于唐。昭宗以澧、朗爲武貞軍，[5]拜滿節度使。

[1]高駢：人名。幽州（今北京市）人。唐末軍閥。傳見《舊唐書》卷一八二、《新唐書》卷二二四下。　荆南：方鎮名。治所在荆州（今湖北荆州市）。

[2]淮南：方鎮名。治所在揚州（今江蘇揚州市）。

[3]刺史：官名。漢武帝時始置。州一級行政長官。總掌考核官吏、勸課農桑、地方教化等事。唐中期以後，節度使、觀察使轄州而設，刺史爲其屬官，職任漸輕。從三品至正四品下。　崔翥：人名。籍貫不詳。唐末將領。事見《新唐書》卷一八六、《通鑑》卷二五四。

[4]朗州：州名。治所在今湖南常德市。

[5]昭宗：即唐昭宗李曄，888年至904年在位。紀見《舊唐書》卷二〇上、《新唐書》卷一〇。　澧：州名。治所在今湖南澧縣。　武貞軍：方鎮名。唐昭宗光化元年（898）。治所在朗州（今湖南常德市）。後梁開平二年（908）改爲永順軍。梁末又改爲武順軍。後唐莊宗復改爲武貞軍。按，《新唐書》作治所在澧州，據《舊唐書》卷二〇上、《通鑑》卷二六二可知，《新唐書》誤。

是時，澧陽人向瓌殺刺史呂自牧據澧州，[1]而溪洞諸蠻宋鄴、昌師益等，[2]皆起兵剽掠湖外，[3]滿亦以輕舟上下荆江，[4]攻劫州縣。楊行密攻杜洪于鄂州，[5]荆南成汭出兵救洪，[6]汭戰敗，溺死於君山。[7]滿襲破荆南，不能守，焚掠殆盡而去。

[1]澧陽：縣名。治所在今湖南澧縣。　向瓌：人名。澧陽（今湖南澧縣）人。唐末石門峒酋、軍閥。事見《新唐書》卷一八六及《通鑑》卷二五四、卷二八六。　呂自牧：人名。籍貫不詳。唐末將領。事見《新唐書》卷九、卷一八六。

[2]溪洞：亦稱洞、峒。古代南方和西南民族群體，也是對於廣西、貴州、福建等地部分山區的民族的泛稱。　宋鄴、昌師益：人名。皆爲辰州（今湖南沅陵縣）蠻酋。事見《通鑑》卷二六七、卷二六八及本書卷六六。中華點校本誤作"宋鄴昌、師益"。

[3]湖外：即湖南。

[4]荆江：水名。即今湖北荆州市以下長江河段。《通鑑》卷二六四胡三省注："大江自蜀東流入荆州界，謂之荆江。"

[5]楊行密：人名。廬州合淝（今安徽合肥市）人。唐末軍閥，五代十國吳國政權奠基者，後被追尊爲吳國太祖。傳見《新唐書》卷一八八、《舊五代史》卷一三四、本書卷六一。　杜洪：人名。江夏（今湖北武漢市武昌區）人。伶人出身，唐末、五代軍

閥。傳見《新唐書》卷一九〇、《舊五代史》卷一七。　鄂州：州名。治所在今湖北武漢市武昌區。

[6]成汭：人名。淮西（今安徽江淮地區）人，一作青州（今山東青州市）人。唐末、五代軍閥。傳見《新唐書》卷一九〇、《舊五代史》卷一七。

[7]君山：地名。又名湘山、洞庭山。位於湖南（今岳陽市西）洞庭湖中。《通鑑》卷二六四胡三省注："君山在洞庭湖中，方六十里，亦名洞庭之山。"

滿嘗鑿深池於府中，客有過者，召宴池上，指其水曰："蛟龍水怪皆窟於此，蓋水府也。"[1]酒酣，取坐上器擲池中，因裸而入，取器嬉水上，久之乃出，治衣復坐，意氣自若。

[1]蛟龍水怪：傳説中一種能引發洪水的動物，像龍。

滿居朗州，引沅水塹其城，[1]上爲長橋，爲不可攻之計。天祐中，[2]滿卒，[3]子彦恭自立。[4]彦恭附于楊行密，亦嘗攻劫爲荆、湖患。開平元年，馬殷發兵攻彦恭，[5]恃塹爲阻，逾年不能破。三年，彦恭奔于楊行密，馬殷擒其弟彦雄等七人送于梁，[6]斬于汴市，[7]彦恭卒於淮南，澧、朗遂入于楚。[8]

[1]沅水：水名。即今湖南西北境沅江。
[2]天祐：唐昭宗李曄開始使用的年號（904—907）。唐哀帝李柷沿用。唐亡後，河東李克用、李存勖仍稱天祐，沿用至天祐二十年（923）。五代十國其他政權亦有行此年號者，如南吴、吴

越等。

［3］滿卒：中華點校本校勘記云："《新唐書》卷一〇《昭宗紀》、卷一八六《雷滿傳》、《通鑑》卷二六二皆云雷滿卒於天復元年。"

［4］彦恭：人名。即雷彦恭。朗州武陵（今湖南常德市）洞蠻後裔，雷滿之子，唐末軍閥。事見《新唐書》卷一八六及《舊五代史》卷一七、卷一三三。

［5］馬殷：人名。許州鄢陵（今河南鄢陵縣）人，一說上蔡（今河南上蔡縣）人。五代十國南楚開國君主。傳見《舊五代史》卷一三三、本書卷六六。

［6］彦雄：人名。即雷彦雄。朗州武陵（今湖南常德市）洞蠻後裔，雷滿之子。事見《舊五代史》卷一七。

［7］汴：州名。治所在今河南開封市。

［8］楚：即五代十國的楚國，建立者爲馬殷，存世時間爲907年至951年。

鍾傳

鍾傳，洪州高安人也。[1]事州爲小校，黄巢攻掠江淮，[2]所在盜起，往往據州縣。傳以州兵擊賊，頻勝，遂逐觀察使，[3]自稱留後。唐以洪州爲鎮南軍，拜傳節度使。江夏伶人杜洪者，[4]亦據鄂州，楊行密屢攻之，洪頗倚傳爲首尾。久之，洪敗死。

［1］洪州：州名。治所在今江西南昌市。　高安：縣名。治所在今江西高安市。

［2］黄巢：人名。曹州冤句（今山東菏澤市）人。唐末農民起義領袖。傳見《舊唐書》卷二〇〇下、《新唐書》卷二二五下。

［3］觀察使：官名。唐代後期出現的地方軍政長官。唐玄宗開

元二十一年（733）置十五道采訪使，唐肅宗乾元元年（758）改爲觀察使。無旌節，故地位低於節度使。掌一道州縣官的考績及民政。品秩不詳。

[4]江夏：縣名。治所在今湖北武漢市武昌區。　伶人：即樂官。

是時，危全諷、韓師德等分據撫、吉諸州，[1]傳皆不能節度，以兵攻之，稍聽命，獨全諷不能下，乃自率兵圍之。[2]城中夜火起，諸將請急攻之，傳曰："吾聞君子不迫人之危。"乃掃地祭天，嚮城再拜，祝曰："全諷不降，非民之罪，願天止火。"全諷聞之，明日乃亦聽命，請以女妻傳子匡時。[3]

[1]危全諷：人名。臨川南城（今江西南城縣）人。唐末、五代地方豪强。事見本書卷六一、卷六七。　韓師德：人名。籍貫不詳。唐末將領。事見《新唐書》卷九、卷一八六及《通鑑》卷二五六。　撫：州名。治所在今江西撫州市。　吉：州名。治所在今江西吉安市吉州區。

[2]率兵圍之："之"，中華點校本校勘記云，浙江本、宗文本作"其城"。

[3]匡時：人名。即鍾匡時。洪州高安（今江西高安市）人。鍾傳之子。傳見《十國春秋》卷八。

傳居江西三十餘年，[1]累拜太保、中書令，[2]封南平王。天祐三年，傳卒，子匡時自稱留後，請命于唐。全諷曰："聽鍾郎爲節度使三年，吾將自爲之。"已而傳養子延規與匡時爭立，[3]乞兵於楊渥，[4]渥遣秦裴等攻匡時，[5]匡時敗，被執歸廣陵。開平三年，全諷等起兵江西，謀復鍾氏故地，全諷爲楊隆演將周本所敗，[6]江西遂入于吴。

［1］江西：地區名。即江南西道，治所在洪州（今江西南昌市）。

［2］太保：官名。與太師、太傅合稱三師，唐後期、五代多爲大臣、勛貴加官。正一品。　中書令：官名。漢代始置，隋、唐前期爲中書省長官，屬宰相之職；唐後期多爲授予元勛大臣的虚銜。正二品。

［3］延規：人名。即鍾延規。籍貫不詳。鍾傳養子。唐末、五代軍閥。事見《十國春秋》卷二。

［4］楊渥：人名。廬州（今安徽合肥市）人。楊行密長子，唐末、五代將領。事見《舊五代史》卷一七及本書卷四一、卷六七。

［5］秦裴：人名。慎縣（今安徽肥東縣）人。唐末藩鎮將領。事見《新唐書》卷一八八、本書卷六一。

［6］周本：人名。籍貫不詳。楊隆演部將。事見本書卷六一、卷六六、卷六七。

趙匡凝

趙匡凝字光儀，蔡州人也。[1]其父德諲事秦宗權，[2]爲申州刺史。[3]宗權反，德諲攻下襄陽。[4]梁太祖攻蔡州，宗權屢敗，德諲乃以山南東道七州降。[5]梁太祖初鎮宣武，[6]嘗爲宗權所困，聞德諲降，大喜，表爲行營副都統，[7]河陽、保義、義昌三節度行軍司馬。[8]會其兵以攻蔡州，破之，德諲功多。德諲卒，子匡凝自立。

[1]蔡州：州名。治所在今河南汝南縣。
　　[2]德諲（yīn）：人名。即趙德諲。蔡州（今河南汝南縣）人。唐末軍閥。傳見《新唐書》卷一八六。　秦宗權：人名。許州（今河南許昌市）人。唐末軍閥。傳見《舊唐書》卷二〇〇下、《新唐書》卷二二五下。
　　[3]申州：州名。治所在今河南信陽市。
　　[4]襄陽：縣名。治所在今湖北襄陽市。
　　[5]山南東道：地區名。唐代行政區劃，治所在襄州（今湖北襄陽市）。
　　[6]宣武：方鎮名。治所在汴州（今河南開封市）。
　　[7]行營副都統：官名。唐末設諸道行營都統、副都統，作爲各道出征兵士的正、副統帥。品秩不詳。
　　[8]河陽：方鎮名。全稱"河陽三城"。治所在孟州（今河南孟州市）。　保義：方鎮名。龍紀元年（889）以陝虢節度使爲保義軍，治所在陝州（今河南三門峽市陝州區）。　義昌：方鎮名。即橫海軍。治所在滄州（今河北滄縣）。　行軍司馬：官名。出征將領及節度使的屬官。掌軍籍符伍、號令印信，是藩鎮重要的軍政官員。品秩不詳。

　　是時，成汭死，雷彥恭襲取荆南，匡凝遣其弟匡明逐彥恭，[1]太祖表匡凝荆襄節度使，[2]以匡明爲荆南留後。是時，唐衰，藩鎮不復奉朝廷，獨匡凝兄弟貢賦不絶。

　　[1]匡明：人名。即趙匡明。蔡州（今河南汝南縣）人。唐末將領。事見《舊五代史》卷二。
　　[2]荆襄：方鎮名。即山南東道，治所在襄州（今湖北襄陽市）。

匡凝爲人氣貌甚偉，性方嚴，喜自脩飾，頗好學問，聚書數千卷，爲政有威惠。

太祖攻兗州，[1]朱瑾求救於晉，[2]晉遣史儼等將兵數千救瑾，[3]瑾敗，與儼等奔于淮南。晉王李克用遣人以書幣假道于匡凝，[4]以聘于楊行密，求歸儼等。晉王使者爲梁得，太祖大怒。是時，梁已破兗、鄆，[5]遣氏叔琮、康懷英等攻匡凝，[7]叔琮取泌、隨二州，[8]懷英取鄧州，[9]匡凝懼，請盟，乃止。

[1]兗州：州名。治所在今山東濟寧市兗州區。

[2]朱瑾：人名。宋州下邑（今河南夏邑縣）人。唐末軍閥。傳見本書卷四二。

[3]史儼：人名。代州雁門（今山西代縣）人。李克用部將。傳見《舊五代史》卷五五。

[4]李克用：人名。沙陀人，神武川新城（一説今山西山陰縣附近，一説今山西代縣）人。唐末軍閥，後唐太祖。紀見《舊五代史》卷二五。

[6]鄆：州名。治所在今山東東平縣。

[7]氏叔琮：人名。河南尉氏（今河南尉氏縣）人。唐末將領。傳見《舊五代史》卷一九、本書卷四三。　康懷英：人名。本名懷貞，避後梁末帝朱友貞諱改懷英。兗州（今山東濟寧市兗州區）人。唐末、五代將領。傳見《舊五代史》卷二三、本書卷二二。

[8]泌：州名。治所在今河南唐河縣。　隨：州名。治所在今湖北隨州市。

[9]鄧州：州名。治所在今河南鄧州市。

太祖已弑昭宗，[1]將謀代唐，畏匡凝兄弟不從，遣使告之，匡凝對使者流涕答曰："受唐恩深，不敢妄有佗志。"太祖遣楊師厚攻之，[2]太祖以兵殿漢北，[3]匡凝戰敗，以輕舟奔于楊行密。師厚進攻荊南，匡明奔于蜀。[4]

　　[1]太祖已弑昭宗："已"字原闕，中華點校本據浙江本、宗文本補，今從。
　　[2]楊師厚：人名。潁州斤溝（今安徽太和縣阮橋鎮斤溝集）人。唐末、五代後梁將領。傳見《舊五代史》卷二二、本書卷二三。
　　[3]漢北：地區名。即漢水以北地區。
　　[4]蜀：地區名。今四川地區。

　　匡凝至廣陵，行密見之，戲曰："君在鎮時，輕車重馬，歲輸于梁，今敗乃歸我乎？"匡凝曰："僕世為唐臣，歲時職貢，非輸賊也。今以不從賊之故，力屈歸公，惟公生死之耳！"行密厚遇之。其後行密死，楊渥稍不禮之。渥方宴，食青梅，匡凝顧渥曰："勿多食，發小兒熱。"諸將以為慢，渥遷匡凝海陵，[1]後為徐溫所殺。[2]匡明卒于蜀。

　　[1]海陵：縣名。治所在今江蘇泰州市。
　　[2]徐溫：人名。海州朐山（今江蘇連雲港市海州區）人。五代十國吳國大臣，南唐政權的實際奠基者。傳見本書卷六一。

新五代史　卷四二

雜傳第三十

朱宣 弟瑾　王師範　李罕之　孟方立　王珂　趙犨
馮行襲

朱宣 弟瑾

朱宣，宋州下邑人也。[1]少從其父販鹽爲盜，父抵法死，宣乃去事青州節度使王敬武爲軍校，[2]敬武以隸其將曹全晟。[3]中和二年，[4]敬武遣全晟入關與破黃巢。[5]還過鄆州，[6]鄆州節度使薛崇卒，[7]其將崔君預自稱留後。[8]全晟攻殺君預，遂據鄆州。宣以戰功，爲鄆州馬步軍都指揮使。[9]已而全晟死，軍中推宣爲留後，唐僖宗即拜宣天平軍節度使。[10]

[1]宋州：州名。治所在今河南商丘市睢陽區。　下邑：縣名。治所在今河南夏邑縣。

[2]青州：方鎮名。此處指平盧軍節度，治所在青州（今山東青州市）。　王敬武：人名。青州（今山東青州市）人。唐末將

領。傳見《新唐書》卷一八七。

［3］曹全晸：人名。亦作"曹全晟"。籍貫不詳。唐末將領。事見《通鑑》卷二五二、卷二五三、卷二五四、卷二五五。

［4］中和：唐僖宗李儇年號（881—885）。

［5］關：此處指潼關。位於今陝西潼關縣東北。　黃巢：人名。曹州冤句（今山東菏澤市）人。唐末農民起義領袖。傳見《舊唐書》卷二〇〇下、《新唐書》卷二二五下。

［6］鄆州：州名。治所在今山東東平縣。此處指代天平軍節度。

［7］薛崇：人名。籍貫不詳。唐末將領。事見《通鑑》卷二五三。

［8］崔君預：人名。亦作"崔君裕"。唐末將領。事見《通鑑》卷二五五。　留後：官名。原非正式命官，唐朝節度使入朝或宰相、親王遥領節度使不臨鎮則置。安史之亂後，節度使多以子弟或親信爲留後，以代行節度使職務，亦有軍士、叛將自立爲留後者。掌一州或數州軍政。北宋始爲朝廷正式命官。

［9］馬步軍都指揮使：官名。五代時侍衛親軍長官。多由皇帝親信擔任。品秩不詳。

［10］唐僖宗：即李儇，873年至888年在位。紀見《舊唐書》卷一九下、《新唐書》卷九。　天平軍：方鎮名。治所在鄆州（今山東東平縣）。

梁太祖鎮宣武，[1]以兄事宣。太祖新就鎮，兵力尚少，數爲秦宗權所困，[2]太祖乞兵於宣。宣與其弟瑾以兗、鄆之兵救汴，[3]大破蔡兵，[4]走宗權。是時，太祖已襲取滑州，[5]稍欲并吞諸鎮，宣、瑾既還，乃馳檄兗、鄆，言宣、瑾多誘宣武軍卒亡以東，乃發兵收亡卒，因攻之，遂爲敵國，苦戰曹、濮間。[6]是時，梁又東攻徐州，[7]西有蔡賊，北敵强晉，[8]宣、瑾兄弟自相首尾，然卒爲梁所滅。

　　[1]梁太祖：即朱溫。宋州碭山（今安徽碭山縣）人。五代後梁開國皇帝。紀見《舊五代史》卷一至卷七、本書卷一至卷二。宣武：方鎮名。治所在汴州（今河南開封市）。
　　[2]秦宗權：人名。許州（今河南許昌市）人。唐末軍閥。傳見《舊唐書》卷二〇〇下、《新唐書》卷二二五下。
　　[3]瑾：人名。即朱瑾。宋州下邑（今河南夏邑縣）人。唐末軍閥。傳見本書本卷。　兖：州名。治所在今山東濟寧市兖州區。汴：州名。治所在今河南開封市。
　　[4]蔡：州名。治所在今河南汝南縣。
　　[5]滑州：州名。治所在今河南滑縣。
　　[6]曹：州名。治所在今山東曹縣。　濮：州名。治所在今河南濮陽市。
　　[7]徐州：州名。治所在今江蘇徐州市。
　　[8]晉：封國名。時河東節度使李克用爲晉王，故稱。

　　乾寧四年，[1]宣敗，走中都，[2]爲葛從周所執，[3]斬于汴橋下。[4]今流俗以宣瑾兄，於名加"玉"者，[5]非也。

　　[1]乾寧：唐昭宗李曄年號（894—898）。
　　[2]中都：縣名。治所在今山東汶上縣。
　　[3]葛從周：人名。濮州鄄城（今山東鄄城縣）人。唐末、五代後梁將領。傳見《舊五代史》卷一六、本書卷二一。
　　[4]汴橋：橋名。位於今河南開封市。
　　[5]玉：原作"王"，中華點校本據北監本、《通鑑》卷二五五《考異》引《五代史記》注改。今從。

瑾，宣從父弟也。從宣居鄆州，補軍校。少倜儻，有大志，兗州節度使齊克讓愛其爲人，[1]以女妻之。瑾行親迎，乃選壯士爲輿夫，伏兵器輿中。夜至兗州，兵發，遂虜克讓，自稱留後。僖宗即拜瑾泰寧軍節度使。[2]

[1]齊克讓：人名。籍貫不詳。唐末將領。事見《通鑑》卷二五三、卷二五四、卷二五六。
[2]泰寧軍：方鎮名。治所在兗州（今山東濟寧市兗州區）。

瑾與宣已破秦宗權於汴州，梁太祖責瑾誘宣武軍卒以歸，遣朱珍攻瑾，[1]取曹州，又攻濮州，而太祖自攻鄆。瑾兄弟往來相救，凡十餘年，大小數十戰，與太祖屢相勝敗。

[1]朱珍：人名。徐州豐（今江蘇豐縣）人。後梁朱溫部將。傳見《舊五代史》卷一九、本書卷二一。

太祖得宣將賀瓌、何懷寶及瑾兄瓊，[1]乃將瓊等至兗城下，告瑾曰："汝兄敗矣！今瓊等已降，不如早自歸。"瑾僞曰："諾。"乃遣牙將胡規持書幣詣軍門請降。[2]太祖大喜，至延壽門與瑾交語，[3]瑾曰："願得瓊來送符印。"[4]太祖信之，遣客將劉捍送瓊往。[5]瑾伏壯士橋下，單騎迎瓊，揮手語捍曰："請瓊獨來！"瓊前，壯士擒之，遂閉門，責瓊先降，斬之，擲其首城外。太祖度不可下，乃留兵圍之而去。

[1]賀瓌（guī）：人名。濮陽（今河南濮陽市）人。五代後梁將領。傳見《舊五代史》卷二三、本書卷二三。　何懷寶：人名。籍貫不詳。五代後梁將領。事見《舊五代史》卷一、卷一三、卷二三。　瓊：人名。即朱瓊。宋州下邑（今河南夏邑縣）人。唐末將領。朱瑾之從兄。事見《舊五代史》卷一《梁太祖本紀一》、《通鑑》卷二六〇。

[2]胡規：人名。兗州（今山東濟寧市兗州區）人。唐末、五代將領。傳見《舊五代史》卷一九。

[3]延壽門：兗州城門之一。兗州，治所在今山東濟寧市兗州區。《通鑑》卷二六〇胡三省注："延壽門，蓋兗州城門也。"

[4]願得瓊來送符印：原闕"來"字。中華點校本據浙江本、宗文本補，今從。

[5]客將：官名。亦稱典客。唐末、五代藩鎮負責接待使節、賓客、出使等外交職責的武官。品秩不詳。詳見吳麗娛《試論晚唐五代的客將、客司與客省》，《中國史研究》2002年第4期。　劉捍：人名。開封（今河南開封市）人。五代後梁將領。傳見《舊五代史》卷二〇、本書卷二一。

　　瑾嬰城自守，而與葛從周等戰城下，瑾兵屢敗，宣亦敗於鄆州，乃乞兵於晉，晉遣李承嗣、史儼等以騎兵五千救之。[1]太祖已破宣，乃急趨兗。瑾城中食盡，與承嗣等掠食豐、沛間，[2]梁兵奄至，瑾將康懷英等以城降梁。[3]瑾等將麾下兵走沂州，[4]沂州刺史尹處賓不納。[5]又走海州，[6]梁兵急追之，乃奔于淮南。[7]楊行密聞瑾來，[8]大喜，解其玉帶贈之，表瑾領武寧軍節度使，[9]以爲行軍副使。[10]其後，梁遣龐師古、葛從周等攻淮南，[11]行密用瑾，大破梁兵於清口，[12]斬師古。行密累表瑾東南諸道行營副都統、領平盧軍節度使、同中書門下平章事。[13]

[1]李承嗣：人名。代州雁門（今山西代縣）人。唐末、五代將領。傳見《舊五代史》卷五五。　史儼：人名。代州雁門（今山西代縣）人。李克用部將。傳見《舊五代史》卷五五。

[2]豐：縣名。治所在今江蘇豐縣。　沛：縣名。治所在今江蘇沛縣。

[3]康懷英：人名。本名懷貞，避後梁末帝朱友貞諱改懷英。兗州（今山東濟寧市兗州區）人。唐末、五代將領。傳見《舊五代史》卷二三、本書卷二二。

[4]沂州：州名。治所在今山東臨沂市。

[5]刺史：官名。州一級行政長官。漢武帝時始置，總掌考核官吏、勸課農桑、地方教化等事。唐中期以後，節度使、觀察使轄州而設，刺史爲其屬官，職任漸輕。從三品至正四品下。　尹處賓：人名。籍貫不詳。唐末將領。本書僅此一見。

[6]海州：州名。治所在今江蘇連雲港市海州區。

[7]淮南：方鎮名。治所在揚州（今江蘇揚州市）。

[8]楊行密：人名。廬州合淝（今安徽合肥市）人。唐末軍閥，五代十國吳國政權奠基者，後被追尊爲吳國太祖。傳見《新唐書》卷一八八、《舊五代史》卷一三四、本書卷六一。

[9]武寧軍：方鎮名。治所在徐州（今江蘇徐州市）。

[10]行軍副使：官名。當爲執掌部隊調度、作戰之軍事副官。品秩不詳。

[11]龐師古：人名。曹州（今山東曹縣）人。唐末將領。傳見《舊五代史》卷二一、本書卷二一。

[12]清口：地名。原爲泗水入淮之口，位於今江蘇淮安市淮陰區。

[13]行營副都統：官名。唐末設諸道行營都統、副都統，作爲各道出征兵士的正、副統帥。品秩不詳。　平盧軍：方鎮名。治所在青州（今山東青州市）。　同中書門下平章事：官名。簡稱"同平章事"。唐高宗以後，凡實際任宰相之職者，常在其本官後加同平章事的職銜。後成爲宰相專稱。品秩不詳。

行密死，渥及隆演相繼立，[1]皆年少，徐温與其子知訓專政，[2]畏瑾，欲除之，瑾乃謀殺知訓。嘗以月旦遣愛妾候知訓家，知訓強通之，妾歸自訴，瑾益不平。屢勸隆演誅徐氏，以去國患，隆演不能爲。

[1]渥：人名。即楊渥。廬州（今安徽合肥市）人。楊行密長子，南吳第二任國君。事見《舊五代史》卷一七、本書卷四一、卷六七。　隆演：人名。即楊隆演。廬州合淝（今安徽合肥市）人。楊行密之子，楊渥之弟。五代時期吳國主。908年至920年在位。傳見本書卷六一。

[2]徐温：人名。海州朐山（今江蘇連雲港市海州區）人。五代十國時期吳國大臣，南唐政權的實際奠基者。傳見本書卷六一。　知訓：人名。即徐知訓。徐温之子。曾藉徐温專權之勢欺侮吳主楊隆演，後爲朱瑾所殺。事見本書卷六一。

既而知訓以泗州建静淮軍，[1]出瑾爲節度使。將行，召之夜飲。明日，知訓過瑾謝，延之升堂，出其妻陶氏，[2]知訓方拜，瑾以笏擊踣之，伏兵自户突出，殺之。初，瑾以二惡馬繫庭中，知訓入而釋馬，使相踶鳴，故外人莫聞其變。瑾攜其首馳示隆演曰："今日爲吴除患矣！"隆演曰："此事非吾敢知！"遽起入内。瑾忿然以首擊柱，提劍而出，府門已闔，因踰垣，折其足。瑾顧路窮，大呼曰："吾爲萬人去害，而以一身死之！"遂自刎。

［1］泗州：州名。治所在今江蘇泗洪縣東南，今已没入洪澤湖中。　静淮軍：方鎮名。治所在泗州。
［2］陶氏：人名。即朱瑾妻。籍貫不詳。事見本書本卷。

潤州徐知誥聞亂，[1]以兵趨廣陵，[2]族瑾家。瑾妻陶氏臨刑而泣，其妾曰："何爲泣乎？今行見公矣！"陶氏收淚，欣然就戮，聞者哀之。

［1］潤州：州名。治所在今江蘇鎮江市。
［2］廣陵：縣名。治所在今江蘇揚州市廣陵區。

瑾名重江淮，人畏之，其死也，尸之廣陵北門，路人私共瘞之。是時，民多病瘧，皆取其墓上土，以水服之，云病輒愈，更益新土，漸成高墳。徐温等惡之，發其尸，投於雷公塘。[1]後温病，夢瑾挽弓射之。温懼，網其骨，葬塘側，立祠其上。初，瑾嘗病疽，醫者視之，色懼，瑾曰："但理之，吾非以病死者。"於是果然。卒年五十二。

［1］雷公塘：水名。當位於今江蘇揚州市。

王師範

王師範，青州人也。[1]其父敬武，爲平盧軍牙將。[2]唐廣明元年，[3]無棣人洪霸郎爲盜齊、棣間，[4]平盧節度使安師儒遣敬武率兵擊破之。[5]敬武反，兵逐師儒，自稱留後，都統王鐸承制拜敬武節度使。[6]

[1]青州：州名。治所在今山東青州市。
[2]平盧軍：方鎮名。治所在青州（今山東青州市）。
[3]廣明：唐僖宗李儇年號（880—881）。
[4]無棣：縣名。治所在今山東無棣縣。　洪霸郎：人名。無棣（今山東無棣縣）人。唐末叛亂勢力首領。本書僅此一見。　齊：州名。治所在今山東濟南市。　棣：州名。治所在今山東惠民縣。
[5]安師儒：人名。籍貫不詳。唐末軍閥。事見《舊五代史》卷一、卷一三、卷一九。
[6]都統：官名。此處指諸道行營都統。唐末設此職，作爲各道出征兵士的統帥。品秩不詳。　王鐸：人名。太原（今山西太原市）人。唐末軍閥，曾積極參與平定黄巢起義。傳見《新唐書》卷一八五。　承制：秉承皇帝旨意。有時非出自帝命，爲一種假藉的名義或政治待遇。兩晉、南北朝或後世權臣多有此種名義，以此得自行處置政務、任免官吏，雖稱"承制行事"，但不必取得皇帝同意。

敬武卒，師範立，師範尚幼，[1]其棣州刺史張蟾叛。[2]昭宗以爲師範年少，[3]其下不服從，乃拜太子少師崔安潛爲平盧節度使。[4]師範不受代，蟾迎安潛入棣州。師範遣其將盧洪攻蟾，[5]洪以兵返襲青州，師範陽爲好辭，遣人迎語洪曰："吾幼未能任事，賴諸將共持之爾。不然，聽公所爲也。"洪以師範無能爲，遽還，不爲備。師範伏兵於道，語其僕劉鄩曰：[6]"洪來，爲我斬之！用爾爲牙將。"明日，洪來，師範出迎，鄩於坐上斬之，伏兵發，盡殺其餘兵，乃急攻棣州，破張蟾，安潛奔歸于京師。昭宗乃拜師範節度使。

[1]師範立，師範尚幼："師範立"三字原闕，中華點校本據浙江本、宗文本補，今從。

[2]張蟾：人名。籍貫不詳。唐末將領。事見《舊五代史》卷一三、卷二三、本書卷四二。

[3]昭宗：即唐昭宗李曄，888年至904年在位。紀見《舊唐書》卷二〇上、《新唐書》卷一〇。

[4]太子少師：官名。與太子少傅、太子少保合稱"三少"，唐後期、五代多爲大臣、勛貴加官。從二品。　崔安潛：人名。清河武城（今山東武城縣）人。唐末大臣。傳見《舊唐書》卷一七七、《新唐書》卷一一四。

[5]盧洪：人名。籍貫不詳。唐末將領。事見《舊五代史》卷一三、本書卷四二。

[6]劉鄩：人名。密州安丘（今山東安丘市）人。唐末、五代將領。傳見《舊五代史》卷二三、本書卷二二。

師範頗好儒學，聚書至萬卷，爲政有威愛。梁太祖圍昭宗於鳳翔，[1]宦官韓全誨等矯詔召諸鎮兵以擊梁。[2]詔至青州，師範泣曰："諸鎮有兵，所以藩扞天子，今天子危辱，而諸鎮反以兵自衛；吾雖力不足，當成敗以之。"乃遣使乞兵於楊行密。是時，梁已東下兗、鄆，師範乃遣劉鄩與其弟師魯分攻兗、密諸州。[3]遣張居厚以壯士二百爲輿夫，[4]伏兵輿中，西馳梁軍，稱師範使者聘梁，因欲劫殺太祖。居厚至華州東城，[5]華州將婁敬思疑其有異，[6]剖輿視之，見其兵。居厚遂擊殺敬思，以兵攻西城，不克而反。劉鄩逐葛從周取兗州，而平盧諸州皆起兵攻梁。

[1]鳳翔：方鎮名。治所在鳳翔府（今陝西鳳翔縣）。
[2]韓全誨：人名。籍貫不詳。唐末宦官。傳見《新唐書》卷二〇八。
[3]師魯：人名。即王師魯。青州（今山東青州市）人。王師範之弟。唐末將領。事見《通鑑》卷二六四。　密：州名。治所在今山東諸城市。
[4]張居厚：人名。籍貫不詳。王師範牙將。事見《通鑑》卷二六三。
[5]華州：州名。治所在今陝西渭南市華州區。
[6]婁敬思：人名。籍貫不詳。朱溫部將。事見《新唐書》卷一六七《王敬武傳》、《通鑑》卷二六三。

其後，梁太祖自鳳翔東還，遣朱友寧攻師範，[1]友寧戰死。復遣楊師厚攻之，[2]屯于臨朐。[3]師範以兵迫之，師厚陽爲怯不敢出，間遣人陽言曰："梁兵少，方乞兵於鳳翔，今糧且絶，當還軍。"師範以爲然，乃遣師魯悉兵攻之，師厚拒而不戰。師魯兵却，師厚追擊至聖王山，[4]師魯大敗，遂傅其城，而梁別將劉重霸下其棣州，[5]師範乃請降，太祖許之。師範素服乘驢詣太祖請罪，太祖待以客禮。久之，表師範河陽節度使。[6]

[1]朱友寧：人名。朱温之侄，唐末、五代將領。傳見本書卷一三。

　　[2]楊師厚：人名。潁州斤溝（今安徽太和縣阮橋鎮斤溝集）人。唐末、五代後梁將領。傳見《舊五代史》卷二二、本書卷二三。

　　[3]臨朐：縣名。治所在今山東臨朐縣。

　　[4]聖王山：山名。今地不詳。

　　[5]劉重霸：人名。籍貫不詳。五代將領。事見《舊五代史》卷四、卷六、卷九、卷十三。

　　[6]河陽：方鎮名。全稱"河陽三城"。治所在孟州（今河南孟州市）。

　　太祖即位，召爲右金吾衛上將軍，[1]居于洛陽。[2]太祖心欲誅之，未有以發。太祖諸子已封王，宴於宫中，友寧妻泣謂太祖曰："陛下化家爲國，諸子人人皆得封，而妾夫獨以戰死，奈何讎人猶在朝廷！"太祖奮然戟手曰："吾亦幾忘此賊！"乃遣人就洛陽族滅之。使者至，先掘坑於外，乃入告之。師範設席爲具，與諸宗族飲酒，謂使者曰："死，人之所不免，況有罪乎？然懼少長失序，下愧於先人。"酒半，令少長以次起，就戮於坑所，聞者皆哀憐之。同光三年，[3]贈師範太尉。[4]

　　[1]右金吾衛上將軍：官名。唐置，掌宫禁宿衛。唐代置十六衛，即左右衛、左右驍衛、左右武衛、左右威衛、左右領軍衛、左右金吾衛、左右監門衛、左右千牛衛，各置上將軍，從二品；大將軍，正三品；將軍，從三品。

　　[2]洛陽：地名。即今河南洛陽市。

［3］同光：後唐莊宗李存勖年號（923—926）。

［4］太尉：官名。與司徒、司空並爲三公，唐後期、五代多爲大臣、勛貴加官。正一品。

李罕之

李罕之，陳州項城人也。[1]爲人驍勇，力兼數人。少學，讀書不成，去爲僧，以其無賴，所往皆不容。乃乞食酸棗市中，[2]市中人皆不與，罕之擲器于地，裂其衣，又去爲盜。

［1］陳州：州名。治所在今河南淮陽縣。　項城：縣名。治所在今河南項城市。

［2］酸棗：縣名。治所在今河南延津縣西南。

是時，黃巢起曹、濮，乃往依之。巢北渡江，罕之與其麾下走淮南，[1]自歸於高駢，[2]駢表光州刺史。[3]歲餘，秦宗權急攻光州，罕之不能守，還走項城，收其餘衆，依諸葛爽於河陽，[4]爽以罕之爲懷州刺史。[5]巢已敗走，爽降唐，僖宗拜爽東南面招討使，[6]以攻宗權，爽表罕之副使，以兵屯宋州，又表河南尹、東都留守。[7]秦宗權遣孫儒攻河南，[8]罕之兵少，西走澠池，[9]儒燒宮闕，剽掠而去。罕之壁澠池。

［1］淮南：方鎮名。治所在揚州（今江蘇揚州市）。

［2］高駢：人名。幽州（今北京市）人。唐末軍閥。傳見《舊唐書》卷一八二、《新唐書》卷二二四下。　荆南：方鎮名。治所

在荆州（今湖北荆州市）。

［3］光州：州名。治所在今河南潢川縣。

［4］諸葛爽：人名。青州博昌（今山東博興縣）人。唐末軍閥，時爲河陽節度使。傳見《舊唐書》卷一八二、《新唐書》卷一八七。

［5］懷州：州名。治所在今河南沁陽市。

［6］招討使：官名。唐始置。戰時任命，兵罷則省。常以大臣、將帥或地方軍政長官兼任。掌招撫、討伐等事務。品秩不詳。

［7］河南尹：官名。唐開元元年（713）改洛州爲河南府，治所在今河南洛陽市，河南府尹總其政務。從三品。　東都：唐顯慶二年（657）以洛陽爲東都。武后光宅元年（684）改稱神都，神龍元年（705）復稱東都。天寶元年（742）改稱東京，上元二年（761）停京號，次年復稱東都。　留守：官名。古代皇帝出巡或親征時指定親王或大臣留守京城，綜理國家軍事、行政、民事、財政的高級官員，稱京城留守。在陪都或軍事重鎮也常設留守。時鄴都爲陪都，常設留守以守衛京師，以地方長官兼任。品秩不詳。

［8］孫儒：人名。河南府（今河南洛陽市）人。唐末軍閥。傳見《新唐書》卷一八八。

［9］澠池：地名。位於今河南澠池縣。

歲餘，諸葛爽死，其將劉經立爽子仲方。[1]仲方年少，事皆任經，經慮罕之兇勇難制，以兵攻之，罕之返擊走經。罕之追至鞏縣，[2]陳舟于氾水，[3]將渡河，經遣張言拒之河上，[4]言反背經，與罕之合攻河陽，爲經所敗，退保懷州。已而孫儒陷河陽，[5]仲方奔于梁。梁兵擊走儒，罕之襲取河陽，言取河南，皆附于梁。

［1］劉經：人名。籍貫不詳。諸葛爽部將。事見《舊五代史》

卷一五《李罕之傳》、《通鑑》卷二五六。　仲方：人名。即諸葛仲方。青州博昌（今山東博興縣）人。唐末軍閥。事見《通鑑》卷二五六。

［2］鞏縣：縣名。治所在今河南鞏義市。

［3］氾水：縣名。治所在今河南滎陽市氾水鎮。

［4］張言：人名。後名張全義。濮州臨濮（今山東鄄城縣）人。唐末將領，後降於諸葛爽，後梁、後唐將領。傳見《舊五代史》卷六三、本書卷四五。

［5］河陽：原作"洛陽"，誤，據文意改。中華點校本作"河陽"，應是。河陽相當於今河南省黃河故道以北，太行山以南，浚縣以西和黃河南岸的孟津、滎陽等地。唐、五代時嘗置河陽節度使。

　　罕之與言皆爽叛將，事已成，乃相與交臂爲盟，誓同休戚不相忘。罕之御衆無法，性苛暴，頗失士心。而言善治軍旅，教民播殖，務爲積聚。罕之用兵，言嘗供給其乏。罕之求取無已，言頗苦之，不能輸，罕之召言軍吏笞責之，言益不平。罕之悉兵攻晉、絳，[1]言夜襲河陽，罕之奔晉。晉表罕之澤州刺史，[2]使李存孝以兵三萬助罕之攻言。[3]言求救於梁。罕之敗于沇河，[4]乃歸太原，李克用延之帳中。罕之留其子顧事晉，[5]乃之澤州，日以兵鈔懷、孟間，[6]啖人爲食。居民屯聚摩雲山，[7]罕之悉攻殺之，立柵其上，時人號曰李摩雲。是時，晉方徇地山東，頗倚罕之爲扞蔽。李茂貞等犯京師，[8]克用以兵至渭北，[9]僖宗以克用爲邠州四面行營都統，[10]表罕之爲副。破王行瑜，[11]加檢校太尉，[12]食邑千户。[13]

[1]晉：州名。治所在今山西臨汾市。　絳：州名。治所在今山西新絳縣。

[2]澤州：州名。治所在今山西澤州縣。

[3]李存孝：人名。本名安敬思。代州飛狐（今河北淶源縣）人。唐末李克用養子、部將。傳見《舊五代史》卷五三、本書卷三六。

[4]沇（yǎn）河：河名。當爲今山西垣曲縣東之沇西河。

[5]頵：人名。即李頵。一作"李頃"。陳州項城（今河南項城市）人。李罕之之子。傳見《舊五代史》卷九一。

[6]孟：州名。治所在今河南孟州市。

[7]摩雲山：山名。位於今山西新絳縣。

[8]李茂貞：人名。深州博野（今河北蠡縣）人。唐末、五代軍閥。傳見《舊五代史》卷一三二、本書卷四○。

[9]渭北：即渭河以北地區。

[10]行營都統：官名。唐末設諸道行營都統，作爲各道出征兵士的統帥。品秩不詳。

[11]王行瑜：人名。邠州（今陝西彬縣）人。唐末軍閥。傳見《舊唐書》卷一七五、《新唐書》卷二二四下。

[12]檢校太尉：官名。爲散官或加官，以示恩寵，無實際執掌。太尉，與司徒、司空並爲三公。品秩不詳。

[13]食邑：即采邑，官員可以收其賦稅自用的封地。

　　罕之自以功多於晉，私謂蓋寓曰：[1]"自吾脱身河陽，賴晉容我，未能有以報之；今行老矣，無能爲也。若吾王見憐，與一小鎮，使休兵養疾而後歸老，幸也！"寓爲言之，克用不對。佗日，諸鎮擇守將，未嘗及罕之，罕之心益怏怏。寓告克用，懼罕之有佗心，克用曰："吾於罕之豈惜一鎮，然鷹鳥之性，飽則颺矣！"

[1]蓋寓：人名。蔚州（今河北蔚縣）人。李克用部將。傳見《舊五代史》卷五五。

光化元年，[1]潞州薛志勤卒，[2]罕之遽入潞州，使人啟晉王曰："志勤且死，新帥未至，所以然者，備佗盜耳！"克用大怒，遣李嗣昭攻之。[3]罕之執晉守將馬溉、伊鐸等，[4]遣子顥送于梁以乞兵。[5]梁太祖遣丁會守潞州，[6]以罕之爲河陽節度使，行至懷州，以疾卒，年五十八。

[1]光化：唐昭宗李曄年號（898—901）。

[2]潞州：州名。治所在今山西長治市。　薛志勤：人名。蔚州奉誠（今河北蔚縣）人。李克用部將。傳見《舊五代史》卷五五。

[3]李嗣昭：人名。汾州（今山西汾陽市）人。唐末、五代李克用義子、部將。傳見《舊五代史》卷五二、本書卷三六。

[4]馬溉：人名。籍貫不詳。李克用部將。事見《舊五代史》卷二五《唐武皇本紀上》。　伊鐸：人名。一作"伊鐸"。籍貫不詳。李克用部將。事見《舊五代史》卷一五《李罕之傳》、《册府》卷九二、卷一四〇。

[5]顥：人名。即李顥。陳州項城（今河南項城市）人。李罕之之子。事見《舊五代史》卷一五《李罕之傳》。

[6]丁會：人名。壽春（今安徽壽縣）人。唐末將領。傳見《舊五代史》卷五九、本書卷四四。

罕之初背梁而歸晉，晉王以罕之守澤州，罕之留其子頎與莊宗遊，[1]甚狎。後罕之背晉以歸梁，晉王怒，欲殺頵，莊宗與之駿馬，使奔于梁。太祖得頵父子大喜，使與友倫將兵以衛昭宗，[2]故頵當太祖時，常掌禁兵。末帝誅友珪，[3]頵與其謀，拜右羽林統軍、澶州刺史。[4]事唐，歷衛、衍二州刺史，[5]累遷右領軍衛上將軍。[6]天福中卒，[7]年七十，贈太師。[8]

[1]莊宗：即後唐莊宗李存勖。五代後唐王朝的建立者。紀見《舊五代史》卷二七至卷三四、本書卷五。

[2]友倫：人名。即朱友倫。朱溫之侄。傳見《舊五代史》卷一二、本書卷一三。

[3]末帝：即後梁末帝朱友貞。後梁太祖朱溫之子。913年至923年在位。紀見《舊五代史》卷八至卷一〇、本書卷三。　友珪：人名。即朱友珪。後梁太祖朱溫次子，殺朱溫自立。後追廢爲庶人。事見《舊五代史》卷八《梁末帝本紀上》、本書卷三《梁太祖本紀三》。

[4]右羽林統軍：官名。唐代右羽林軍統兵官。唐置六軍，分左、右羽林，左、右龍武，左、右神武等，即"北衙六軍"。興元元年（784），六軍各置統軍，以寵功勳臣。其品秩，《唐會要》卷七一、《舊唐書》卷一二記載爲"從二品"，《通鑑》卷二二九記載爲"從三品"。　澶州：州名。唐、五代初，治所在河南清豐縣。後晉天福四年（939），移治於今河南濮陽縣。

[5]衛：州名。治所在今河南衛輝市。　衍：州名。治所在今甘肅寧縣。

[6]右領軍衛上將軍：官名。唐置，掌宮禁宿衛。從三品。

[7]天福：五代後晉高祖石敬瑭年號（936—942），出帝石重貴沿用至天福九年（944）。

[8]太師：官名。與太傅、太保合稱三師，唐後期、五代多爲大臣、勳貴加官。正一品。　中書令：官名。漢代始置，隋、唐前

期爲中書省長官，屬宰相之職；唐後期多爲授予元勳大臣的虛銜。正二品。原作"太尉"，中華點校本據宗文本、《舊五代史》卷九一《李罕之傳》改，今從。

孟方立

孟方立，邢州平鄉人也。[1]少爲軍卒，以勇力選爲隊將。唐廣明中，潞州節度使高潯攻諸葛爽于河陽，[2]遣方立將兵出天井關爲先鋒。[3]潯爲其將劉廣所逐，[4]廣爲亂軍所殺。方立聞亂，引兵自天井入據潞州，唐因以爲昭義軍節度使。[5]

[1]邢州：州名。治所在今河北邢臺市。　平鄉：縣名。治所在今河北平鄉縣。

[2]高潯：人名。幽州（今北京市）人。高駢從孫。唐末軍閥。事見《通鑑》卷二五一、卷二五四。

[3]天井關：關隘名。又稱太行關。位於今山西省晉城市南太行山頂。

[4]劉廣：人名。籍貫不詳。唐末將領。事見《舊五代史》卷九〇《安崇阮傳》、《通鑑》卷二五五。

[5]昭義軍：方鎮名。治所在潞州（今山西長治市）。

昭義所節制澤、潞、邢、洺、磁五州，[1]而治潞州。方立以謂潞州山川高險，而人俗勁悍，自劉積以來嘗逐其帥；[2]且己邢人也，因徙其軍于邢州。而潞人怨方立之徙也，因以澤、潞二州歸于晉。晉遣李克修爲澤潞節度使，[3]方立以邢、洺、磁三州自爲昭義軍。

[1]洺：州名。治所在今河北邯鄲市永年區。　磁：州名。治所在今河北磁縣。

[2]劉稹（zhěn）：人名。懷州武陟（今河南武陟縣）人。劉從諫之侄。唐末軍閥。事見《舊唐書》卷一八上《唐武宗本紀》、《通鑑》卷二四七、卷二四八。

[3]李克修：人名。沙陀部人。李克用族弟。唐末將領。傳見《舊五代史》卷五〇、本書卷一四。　澤潞：方鎮名。治所在潞州（今山西長治市）。

晋數遣李存孝等出兵以窺山東，三州之人俘掠殆盡，赤地數千里，無復耕桑者累年。方立以孤城自守，求救于梁，梁方東事兗、鄆，不能救也。文德元年，[1]方立乞兵于王鎔以攻晋，[2]鎔許之。方立乃遣其將奚忠信攻晋遼州，[3]而鎔以佗故不能出兵。兵既失約，忠信大敗，而晋兵乘勝攻之。

[1]文德：唐僖宗李儇年號（888）。

[2]王鎔：人名。回鶻人。唐末、五代軍閥，朱温後封趙王。傳見《舊五代史》卷五四、本書卷三九。

[3]奚忠信：人名。孟方立部將。籍貫不詳。事見《舊五代史》卷二五《唐武皇本紀上》、《通鑑》卷二五七、卷二五八。遼州：州名。治所在今山西左權縣。

方立將石元佐者，[1]善兵而多智，方立嘗信用之。忠信之敗也，元佐爲晋將安金俊所得，[2]金俊厚遇之，問以攻邢之策，元佐曰："方立善守而邢城堅，若攻之，必不得志。宜急攻其磁州，方立來救，可以敗也。"金俊以爲然。軍洺水之西，[3]方立果帥兵來救，爲金俊所敗，馳入邢州，閉壁不復出。外無救兵，城中食且盡，方立夜出巡城，號令守者，守者皆不應，方立知不可，乃歸飲酖而卒。[4]

[1]石元佐：人名。籍貫不詳。孟方立部將。本書僅此一見。
[2]安金俊：人名。籍貫不詳。李克用部將。事見《舊唐書》卷二〇上、卷一八七、《舊五代史》卷二五。
[3]軍洺水之西：“洺水之”三字原闕，中華點校本據浙江本補，今從。洺水，水名。今河北磁縣洺陽河。
[4]酖（zhèn）：即毒酒。

軍中以其弟洺州刺史遷爲留後，[1]求救於梁。梁太祖遣王虔裕將騎兵三百助遷守，[2]遷執虔裕降晉。晉徙遷族于太原，以爲汾州刺史，[3]後以爲澤潞節度使。

[1]遷：人名。即孟遷。邢州平鄉（今河北平鄉縣）人。唐末將領。傳見《新唐書》卷一八七。
[2]王虔裕：人名。琅琊臨沂（今山東臨沂市）人。唐末、五代將領。傳見《舊五代史》卷二一、本書卷二三。
[3]汾州：州名。治所在今山西汾陽市。

天復元年，[1]梁遣氏叔琮攻晉，[2]出天井關，遷開門降，爲梁兵鄉道以攻太原，不克。叔琮軍還過潞，以遷歸于梁，梁太祖惡其返覆，殺之。

[1]天復：唐昭宗李曄年號（901—904）。

[2]氏叔琮：人名。尉氏（今河南尉氏縣）人。唐末將領。傳見《舊五代史》卷一九、本書卷四三。

王珂

王珂，河中人也。[1]其仲父重榮，[2]以河中兵破黃巢，有功於唐，拜河中節度使。[3]重榮無子，以其兄重簡子珂爲後。[4]重榮卒，弟重盈立，[5]重盈卒，軍中乃以珂重榮子，立之。

[1]河中：府名。治所在今山西永濟市。
[2]重榮：人名。即王重榮。太原祁（今山西祁縣）人。唐末將領、軍閥。傳見《舊唐書》卷一八二、《新唐書》一八七。
[3]河中：方鎮名。治所在河中府（今山西永濟市）。
[4]重簡：人名。即王重簡。太原祁（今山西祁縣）人。王重榮之兄。本書僅此一見。
[5]重盈：人名。即王重盈。太原祁（今山西祁縣）人。王重榮之弟。唐末軍閥。事見《舊唐書》卷一八二、《新唐書》卷一八七。

重盈子陝州節度使珙、絳州刺史瑤，[1]與珂爭立，珙、瑤以書與梁太祖，言珂故王氏蒼頭，[2]小字忠兒，不應得立。珂亦求援於晉，晉人言之朝，昭宗以晉故，許之。而珙、瑤亦西結王行瑜、韓建、李茂貞爲援，[3]行瑜等交章論列，昭宗報以重榮與晉於唐嘗有大功，業許之，不可易。行瑜等怒，以兵犯京師，殺宰相李磎等而去。[4]珙、瑤連兵攻珂河中，珂求援於晉，晉兵西討三鎮，行下絳州，斬瑤而過，至于渭北，擊破行瑜。昭宗卒以珂爲河中節度使。晉以女妻之，遣李嗣昭將兵助珂攻珙陝州。珙爲人慘刻，嘗斬人擲其首於前，言笑自若，其下苦之。偏將李璠因珙戰敗，[5]殺珙，自稱留後。

[1]陝州：州名。治所在今河南三門峽市陝州區。此處指保義軍。 珙：人名。即王珙。太原祁（今山西祁縣）人。王重盈之子。唐末、五代軍閥。事見《舊五代史》卷一四《王珂傳》。 瑤：人名。即王瑤。太原祁（今山西祁縣）人。王重盈之子。唐末、五代將領。事見《舊五代史》卷二六《唐武皇本紀下》。

[2]蒼頭：即奴僕。

[3]韓建：人名。許州長社（今河南許昌市）人。唐末、五代軍閥。傳見《舊五代史》卷一五、本書卷四〇。

[4]李磎：人名。江夏（今湖北武漢市武昌區）人。唐末宰相。傳見《舊唐書》卷一五七、《新唐書》卷一四六。

[5]李璠（fán）：人名。籍貫不詳。唐末將領。事見《舊五代史》卷一、本書卷一。

是時，梁已下鎮、定，[1]將移兵西，而昭宗爲劉季述所廢，[2]京師大亂。崔胤陰召梁以兵西，[3]梁太祖以珂在河中，懼爲患，乃顧張存敬、侯言，[4]以一大繩與之，曰："爲我持此縛珂來！"[5]存敬等兵出含山，[6]破晉、絳二州，遣何綱以兵守之，[7]絕晉援。存敬圍河中，珂告急於晉，晉以綱故不得前。珂乃遣其妻以書告晉王曰："賊勢如此，朝夕乞食於梁矣！大人何忍而不救邪？"晉王報之曰："梁兵爲阻，衆寡不敵，救之則并晉俱亡，不若與王郎自歸朝廷。"珂乃爲書與李茂貞曰："天子初返正，詔藩鎮無相侵以安王室。今朱公棄約以見攻，其勢不止於弊邑；若弊邑朝亡，則西北諸鎮非諸君所能守也！願與華州出兵潼關以爲應。"茂貞不報。珂計窮，乃治舟于河，將歸于京師。

[1]鎮：州名。治所在今河北正定縣。　定：州名。治所在今河北定州市。
[2]劉季述：人名。籍貫不詳。唐末宦官。顯於唐僖宗、唐昭宗時期，累遷至樞密使。傳見《新唐書》卷二〇八。
[3]崔胤：人名。清河武城（今山東武城縣）人。唐末宰相。傳見《舊唐書》卷一七七、《新唐書》卷二二三下。
[4]張存敬：人名。譙郡（今安徽亳州市）人。唐末、五代將領。傳見《舊五代史》卷二〇、本書卷二一。　侯言：人名。籍貫不詳。唐末將領。事見本書本卷及卷二一。
[5]爲我持此縛珂來："此"原闕，中華點校本據宗文本補，今從。
[6]含山：又作峈山、唅山。在今山西聞喜縣東南。
[7]何綱：人名。籍貫不詳。張存敬部將。本書僅此一見。

珂夜登城諭守陴者，守陴者皆不應。牙將劉訓夜入珂寢白事，[1]珂叱之曰："兵欲反邪！"訓乃解衣自索而入曰："公苟懷疑，請先斷臂！"珂曰："事急矣！計安出乎？"訓曰："公若攜家夜濟，人必爭舟，一夫鷗張，大事即去。不若遲明以情諭軍中，願從者猶得其半。不然，且爲款狀以緩梁兵，徐圖向背。"珂以爲然。

[1]劉訓：人名。隰州永和（今山西永和縣）人。五代藩鎮將領。傳見《舊五代史》卷六一。

梁太祖自同州降唐,[1]即依重榮,以母王氏,故事重榮爲舅。珂乃登城呼存敬曰:"吾於梁王有家世之舊,兵當退舍,俟梁王來,吾將聽命。"存敬乃退舍,使馳詣太祖於洛陽。太祖至河中,先之城東,哭於重榮之墓而後入。珂欲面縛牽羊以見太祖,太祖謂曰:"太師阿舅之恩何時可忘,郎君若以亡國之禮見,太師其謂我何?"珂迎於路,握手嘘唏,乃徙珂於汴。太祖以珂晋壻也,疑其貳己,使珂西入覲,行至華州,使人殺之傳舍。[2]

[1]同州:州名。治所在馮翊縣（今陝西大荔縣）。
[2]傳舍:古代設於交通綫上之旅舍、客舍,供官員和行人休息。

瓚,重盈之諸子也,梁太祖已執珂,自領河中節度使,以瓚爲吏。瓚事梁,爲諸衛大將軍,[1]泰寧、鎮國軍節度使。[2]末帝時,爲開封尹。[3]貞明五年,[4]代賀瓌爲北面行營招討使。[5]是時,晋已城德勝,[6]瓚自黎陽渡河攻澶州,[7]不克,退屯楊村,[8]扼河上流,與晋人相持經年,大小百餘戰,瓚卒無功,末帝遣戴思遠代,[9]瓚復爲開封尹。

[1]諸衛大將軍:官名。唐代置十六衛,掌宮禁宿衛。正三品。
[2]鎮國軍:方鎮名。後梁開平二年（908）,改保義軍爲鎮國軍,治所在陝州（今河南三門峽市陝州區）。後唐同光元年（923）改感化軍爲鎮國軍,治所在華州（今陝西渭南市華州區）。

［3］開封尹：官名。即開封府尹。五代除後唐外均都汴州，升汴州爲開封府，置開封尹或知開封府事。執掌京師政務。從三品。

［4］貞明：後梁末帝朱友貞年號（915—921）。

［5］賀瓌（guī）：人名。濮陽（今河南濮陽市）人。五代後梁將領。傳見《舊五代史》卷二三、本書卷二三。

［6］德勝：地名。即德勝城，又名德勝渡，爲黄河重要渡口之一。有南、北二城，皆位於今河南濮陽市。

［7］黎陽：縣名。治所在今河南浚縣。

［8］楊村：地名。位於今河南濮陽縣西南。

［9］戴思遠：人名。籍貫不詳。五代後梁、後唐將領。傳見《舊五代史》卷六四。

莊宗自鄆入京師，末帝聞唐兵且至，日夜涕泣，不知所爲，自持國寶，[1]指其宫室謂瓌曰："使吾能保有此者，繫卿之畫如何耳！"[2]唐兵已過宛朐，[3]瓌驅率市人登城拒守。唐兵攻封丘門，[4]瓌開門迎降，伏地請死，莊宗勞而起之曰："朕與卿家世婚姻，然人臣各爲其主耳，復何罪邪！"[5]因以爲開封尹，遷宣武軍節度使。已而故梁臣趙巖、張漢傑等相次誅死，[6]瓌以憂卒，贈太子太師。[7]

［1］國寶：即傳國寶，又稱傳國璽。帝的印章。相傳秦始皇得藍田玉雕爲印，四周刻龍，正面刻有李斯所寫篆文"受命於天，既壽永昌"八字。秦璽已失。歷代所制玉璽，文字有別，但多有"受命於天"的意思。

［2］使吾能保有此者："能""有"二字原闕，中華點校本據宋文本補，今從。

[3]宛朐：地名。位於今山東曹縣。

[4]封丘門：五代後梁都城開封城北墻西門。位於今河南開封市。

[5]各爲其主："其"字原闕，中華點校本據宗文本補，今從。

[6]趙巖：人名。陳州宛丘（今河南淮陽縣）人。唐忠武軍節度使趙犨之子。五代後梁大臣。事見《舊五代史》卷一四、本書卷四二。　張漢傑：人名。清河（今河北清河縣）人。張歸霸之子。五代後梁將領。傳見《舊五代史》卷一四。

[7]太子太師：官名。與太子太傅、太子太保統稱太子三師。隋唐以後多作加官或贈官。從一品。

趙犨

趙犨，其先青州人也。世爲陳州牙將。犨幼與群兒戲道中，部分行伍，指顧如將帥，雖諸大兒皆聽其節度，其父叔文見之，[1]驚曰："大吾門者，此兒也！"及壯，善用弓劍，爲人勇果，重氣義，刺史聞其材，召置麾下。累遷忠武軍馬步軍都虞候。[2]

[1]叔文：人名。即趙叔文。趙犨之父。唐末將領。事見《舊五代史》卷一四《趙犨傳》。

[2]忠武軍：方鎮名。治所在許州（今河南許昌市）。　馬步軍都虞候：官名。五代侍衛親軍馬步軍統兵官，僅次於馬步軍都指揮使、副都指揮使。品秩不詳。

王仙芝寇河南，[1]陷汝州，[2]將犯東都，犨引兵擊敗之，仙芝乃南去。已而黃巢起，所在州縣，往往陷賊。陳州豪傑數百人，相與詣忠武軍，求得犨爲刺史以自保，忠武軍表犨陳州刺史。已而巢陷長安，[3]犨語諸將吏曰："以吾計，巢若不爲長安市人所誅，必驅其衆東走，吾州適當其衝矣！"乃治城池爲守備，遷民六十里內者皆入城中，選其子弟，配以兵甲，以其弟昶、珝爲將。[4]巢敗，果東走，先遣孟楷據項城，[5]昶擊破之，執楷以歸。巢從後至，聞楷被執，大怒。

[1]王仙芝：人名。濮州（今山東鄄城縣）人。唐末農民軍領袖。事見《舊唐書》卷一九下、《新唐書》卷九、《新唐書》卷二二五下《黃巢傳》。

[2]汝州：州名。治所在今河南汝州市。

[3]長安：地名。即今陝西西安市。

[4]昶：人名。即趙昶。　珝：人名。即趙珝。

[5]孟楷：人名。籍貫不詳。唐末黃巢起義軍將領。事見《舊唐書》卷二〇〇下、《新唐書》卷二二五下。

既而秦宗權以蔡州附巢，巢勢甚盛，乃悉其衆圍犨，[1]置春磨寨，[2]糜人之肉以爲食。陳人大恐，[3]犨語其下曰："吾家三世陳將，必能保此。爾曹男子，當於死中求生，建功立業，未必不因此時。"陳人皆踴躍。巢柵城北三里爲八仙營，起宮闕，置百官，聚糧餉，欲以久弊之，其兵號二十萬。陳州舊有巨弩數百，[4]皆廢壞，後生弩工皆不識其器。珝創意理之，弩矢激五百步，人馬皆洞，以故巢不敢近。圍凡三百日，犨食將盡，乃乞兵於梁。梁太祖與李克用皆自將會陳，擊敗巢將黃鄴于西華。[5]西華有積粟，巢恃以爲餉，及鄴敗，巢乃解圍去。

［1］悉其衆："其"字原闕，中華點校本據浙江本、宗文本補，今從。

［2］春磨寨："寨"字原闕，中華點校本據浙江本、宗文本補，今從。

［3］陳人大恐："大"字原闕，中華點校本據浙江本、宗文本補，今從。

［4］陳州："州"，原作"人"，中華點校本據浙江本、宗文本改，今從。

［5］黄鄴：人名。曹州冤句（今山東菏澤市）人。黄巢之弟、部將。事見《舊唐書》卷一九下《僖宗本紀》、《通鑑》卷二五四。西華：縣名。治所在今河南西華縣。

梁太祖入陳州，犨兄弟迎謁馬首甚恭。然犨陰識太祖必成大事，乃降心屈迹，爲自託之計。以梁援己恩，爲太祖立生祠，[1]朝夕拜謁。以其子巖尚太祖女，是謂長樂公主。[2]黄巢已去，秦宗權復亂淮西，[3]陷旁二十餘州，而陳去蔡最近，犨兄弟力拒之，卒不能下。後巢、宗權皆敗死，唐昭宗即以陳州爲忠武軍，拜犨節度使。犨已病，乃以位與其弟昶，後數月卒。

［1］生祠：爲生者建立的祠廟。

［2］長樂公主：即後梁太祖朱温之女。趙犨子趙巖之妻。事見《舊五代史》卷一一《梁后妃列傳》。

［3］淮西：地區名。唐中後期指淮河以西及以南一帶。詳見楊文春《"淮西"地名考釋》，《首都師範大學學報》2013年第4期。

昶乘大寇新滅，乃休兵課農，事梁尤謹。梁兵攻戰四方，昶饋餽供億，未嘗少懈。昶卒，玭代立。

玭頗知書，乃求鄧艾故迹，[1]決翟王陂溉民田。[2]兄弟居陳二十餘年，陳人大賴之。梁太祖已降韓建，取同、華，徙玭爲同州留後。入唐，爲右金吾衛上將軍。歲餘，以疾免官歸陳，[3]卒于家，陳人爲之罷市。

[1]鄧艾：人名。義陽棘陽（今河南新野縣）人。三國時魏名將。初爲司馬懿掾屬，建議屯田兩淮，廣開漕渠，並著《濟河論》加以闡述。傳見《三國志》卷二八。

[2]翟王陂：水名。又稱翟王河。位於今河南西華縣。

[3]以疾免官歸陳："陳"字原闕，中華點校本據宗文本補，今從。

犨次子巖，梁末帝時爲户部尚書、租庸使，[1]與張漢傑、漢倫等居中用事。[2]梁自太祖以暴虐殺戮爲事，而末帝爲人特和柔恭謹，然性庸愚，以漢傑婦家，而巖壻也，故親信之，梁之大臣老將皆切齒，[3]末帝獨不悟，以至於亡。

[1]户部尚書：官名。尚書省户部長官。掌管全國土地、户籍、賦稅、財政收支諸事。正三品。　租庸使：官名。唐代爲主持催徵租庸地稅的財政官員。五代後梁、後唐時，租庸使取代鹽鐵、度支、户部，爲中央財政長官。品秩不詳。

[2]漢倫：人名。即張漢倫。清河（今河北清河縣）人。張漢傑之兄。後梁大臣。事見《舊五代史》卷一六《張漢傑傳》以及《通鑑》卷二六九、卷二七二。

[3]梁之大臣："梁之"二字原闕，中華點校本據宗文本補，今從。

初，友珪弑太祖自立，[1]以末帝爲東都留守。巖如東都，末帝與之飲酒，從容以誠款告之。巖爲末帝謀，遣人召楊師厚兵起事。巖還西都，卒與袁象先以禁兵誅友珪，[2]取傳國寶以授末帝。

[1]弑：原作"殺"，中華點校本據宗文本改，今從。
[2]袁象先：人名。宋州下邑（今河南夏邑縣）人。朱溫之甥。五代後梁、後唐將領。傳見《舊五代史》卷五九、本書卷四五。

末帝立，巖自以有功於梁，又尚公主，聞唐駙馬杜悰位至將相，[1]自奉甚豐，恥其不及。乃占天下良田大宅，衰刻商旅，其門如市，租庸之物，[2]半入其私，巖一飲食必費萬錢。[3]

[1]駙馬：官名。全稱"駙馬都尉"。漢武帝時始置，魏晉以後，公主夫婿多加此稱號。從五品下。　杜悰：人名。京兆萬年（今陝西西安市）人。杜佑之孫。唐武宗朝宰相。娶唐憲宗長女岐陽公主。傳見《舊唐書》卷一四七、《新唐書》卷一六六。
[2]租庸：田租、力庸二種賦役的合稱。
[3]巖一飲食："一"字原闕，中華點校本據宗文本補，今從。

故時，魏州牙兵驕，[1]數爲亂，羅紹威盡誅之。[2]太祖崩，楊師厚逐羅氏，據魏州，復置牙兵二千，末帝患之。師厚死，巖與租庸判官邵贊議曰：[3]"魏爲唐患，百有餘年，自先帝時，嘗切齒紹威，以其前恭而後倨。今先帝新棄天下，師厚復爲陛下憂，所以然者，以魏地大而兵多也。陛下不以此時制之，寧知後人不爲師厚也？不若分相、魏爲兩鎮，則無北顧之憂矣。"末帝以爲然，乃分相、澶、衛爲昭德軍。[4]牙兵亂，以魏博降晉，[5]梁由是盡失河北。

[1]魏州：州名。治所在今河北大名縣。

[2]羅紹威：人名。魏州貴鄉（今河北大名縣）人。唐末軍閥。傳見《舊五代史》卷一四、本書卷三九。

[3]邵贊：人名。籍貫不詳。後梁大臣。事見《舊五代史》卷七《後梁太祖本紀》、卷八《後梁末帝本紀》、《通鑑》卷二六九。

[4]昭德軍：方鎮名。治所在相州（今河南安陽市）

[5]魏博：方鎮名。唐廣德元年（763年）所置河北三鎮之一。治所在魏州（今河北大名縣）。天祐三年（904）號天雄軍。五代後梁乾化二年（912）爲梁所併。

是時，梁將劉鄩等與莊宗相距澶、魏之間，兵數敗。巖曰："古之王者必郊祀天地，陛下即位猶未郊天，議者以爲朝廷無異藩鎮，如此何以威重天下？今河北雖失，天下幸安，願陛下力行之。"敬翔以爲不可，[1]曰："今府庫虛竭，箕斂供軍，若行郊禮，則必賞賚；是取虛名而受實弊也。"末帝不聽，乃備法駕幸西京，[2]而莊宗取楊劉，[3]或傳："晉兵入東都矣！"或曰："扼汜水矣！"或曰："下鄆、濮矣！"京師大風拔木，末帝大懼，從官相顧而泣，末帝乃還東都，遂不果郊。

[1]敬翔：人名。同州馮翊（今陝西大荔縣）人。後梁大臣。傳見《舊五代史》卷一八、本書卷二一。
[2]西京：地名。即今河南洛陽市。
[3]楊劉：地名。黃河渡口。位於今山東東阿縣。

鎮州張文禮殺王鎔，[1]使人告梁曰："臣已北召契丹，願梁以兵萬人出德、棣州，則晉兵憊矣。"[2]敬翔以爲然，巖與漢傑皆以爲不可，乃止。其後黜王彥章用段凝，[3]皆巖力也。

[1]張文禮：人名。燕（今河北北部）人。五代軍閥王鎔的部將。傳見《舊五代史》卷六二。
[2]契丹：古部族、政權名。公元4世紀中葉宇文部爲前燕攻破，始分離而成單獨的部落，自號契丹。唐貞觀中，置松漠都督府，以其首領爲都督。唐末彊盛，916年迭刺部耶律阿保機建立契丹國（遼）。先後與五代、北宋並立，保大五年（1125）爲金所滅。參見張正明《契丹史略》，中華書局1979年版。
[3]王彥章：人名。鄆州壽張（今山東梁山縣）人。五代後梁將領。傳見《舊五代史》卷二一、本書卷三二。 段凝：人名。開封（今河南開封市）人。其妹爲朱温美人，因其妹而爲朱温親信。五代後梁將領，後投後唐。傳見《舊五代史》卷七三、本書卷四五。

莊宗兵將至汴，末帝惶惑不知所爲，登建國樓以問群臣，[1]或曰："晉以孤軍遠來，勢難持久，雖使入汴，不能守也。宜幸洛陽，保嶮以召天下兵，徐圖之，勝負未可知也。"末帝猶豫，巖曰："勢已如此，一下此樓，何人可保！"末帝卒死於樓上。

[1]建國樓：五代後梁都城開封宮城正南門樓。位於今河南開封市。

當巖用事時，許州溫韜尤曲事巖，[1]巖因顧其左右曰："吾常待韜厚，今以急投之，必不幸吾爲利。"乃走投韜，韜斬其首以獻。莊宗已滅梁，巖素所善段凝奏請誅巖家屬，乃族滅之。

[1]許州：州名。治所在今河南許昌市。此處指代匡國軍。溫韜：人名。京兆華原（今陝西銅川市耀州區）人。唐末李茂貞部將，五代後梁、後唐將領。傳見《舊五代史》卷七三、本書卷四〇。

嗚呼，禍福之理，豈可一哉！君子小人之禍福異也。老子曰："禍兮福所倚，福兮禍所伏。"後世之談禍福者，皆以其言爲至論也。夫爲善而受福，焉得禍？爲惡而受禍，焉得福？惟君子之罹非禍者，未必不爲福；小人求非福者，未嘗不及禍，此自然之理也。始，犨自以先見之明，深結梁太祖，及其子孫皆享其祿利，自謂知所託矣，安知其族卒與梁俱滅也？犨之求福於梁，蓋老氏之所謂福也，非君子之所求也，可不戒哉！

馮行襲

馮行襲字正臣，均州人也。[1]唐末，山南盜孫喜以衆千人襲均州刺史呂燁，[2]燁不能禦。行襲爲州校，乃陰選勇士伏江南，獨乘小舟逆喜，告曰：「州人聞公至，皆欲歸矣！然知公兵多，民懼虜掠，恐其驚擾，請留兵江北，獨與腹心數人從行，願爲前導，以慰安州民，事可立定。」喜以爲然，乃留其兵江北，獨與行襲渡江。軍吏前謁，行襲擊喜仆地，斬之，伏兵發，盡殺從行者。餘兵在江北，聞喜死，皆潰。山南節度使劉巨容表行襲均州刺史。[3]

[1]均州：州名。治所在今湖北丹江口市。

[2]山南：此處指山南東道。唐開元二十一年（733）分山南道置，爲十五道之一。治所在襄州（今湖北襄陽市）。乾元元年（758）廢。但作爲地區名直至五代。 孫喜：人名。均州（今湖北丹江口市）人。唐末叛亂勢力首領。事見《新唐書》卷一八六《馮行襲傳》、《通鑑》卷二五六。 呂燁：人名。籍貫不詳。唐末將領。事見《新唐書》卷一八六《馮行襲傳》、《通鑑》卷二五六。

[3]劉巨容：人名。徐州（今江蘇徐州）人。唐末將領。傳見《新唐書》卷一八六。

是時，僖宗在蜀，諸鎮貢獻行在者皆道山南，[1]盜賊多據州西長山以邀劫之，[2]行襲盡破諸賊。洋州葛佐辟行襲行軍司馬，[3]使以兵鎮谷口，[4]通秦、蜀道，行襲由此知名。

［1］貢獻：即進貢、進奉、貢納。　行在："行在所"的簡稱。指古代帝王所在的地方。後以此專指皇帝所到的地方。

［2］長山：山名。位於今湖北丹江口市西南。

［3］洋州：州名。治所在今陝西洋縣。　葛佐：人名。籍貫不詳。唐末將領。事見《舊五代史》卷一五《馮行襲傳》。　行軍司馬：官名。出征將領及節度使的屬官。掌軍籍符伍，號令印信，是藩鎮重要的軍政官員。品秩不詳。

［4］谷口：地名。位於今陝西省禮泉縣東北，因地當涇水出山谷處得名。

李茂貞兼領山南，遣子繼臻守金州，[1]行襲逐之，遂據金州。[2]昭宗乃以金州爲戎昭軍，[3]拜行襲節度使。昭宗在岐，[4]梁太祖引兵而西，中尉韓全誨遣中官郄文晏等二十餘人召兵江淮，[5]以拒太祖，行襲已附梁，乃盡殺文晏等。太祖攻趙匡凝于襄陽，[6]行襲遣子勖以舟兵會均、房，[7]以功遷匡國軍節度使。[8]

［1］繼臻：人名。即李繼臻。籍貫不詳。李茂貞養子。唐末將領。事見《舊五代史》卷一五《馮行襲傳》、《通鑑》卷二五八。

［2］金州：州名。治所在今陝西安康市。

［3］戎昭軍：方鎮名。唐光化元年（898）升昭信軍防禦使爲節度使，初治所在金州（今陝西安康市）。天祐二年（905）改昭信節度置，治所在均州（今湖北丹江口市）。

［4］岐：封國名。時鳳翔節度使李茂貞爲岐王，故稱。

［5］中尉：官名。指神策軍中尉。唐德宗朝以後，左右神策軍各置護軍中尉一人，由宦官充任，統領禁軍。品秩不詳。　韓全誨：人名。籍貫不詳。唐末宦官。傳見《新唐書》卷二〇八。　中官：即宦官。　郄文晏：人名。籍貫不詳。唐末宦官。本書僅此

一見。

[6]趙匡凝：人名。蔡州（今河南汝南縣）人。唐末、五代軍閥。傳見《舊五代史》卷一七、本書卷四一。　襄陽：縣名。治所在今湖北襄陽市。

[7]勗：人名。即馮勗。均州（今湖北丹江口市）人。馮行襲長子。唐末將領。事見《舊五代史》卷一五《馮行襲傳》。　房：州名。治所在今湖北房縣。

[8]匡國軍：方鎮名。治所在同州（今陝西大荔縣）。

　　行襲爲人嚴酷少恩，而所至輒天幸，境旱有蝗，則飛鳥食之，歲凶，田中鹵穀自生。唐衰，知梁必興，尤盡心傾附事梁，官至司空，[1]封長樂郡王，卒贈太傅，[2]謚曰忠敬。

[1]司空：官名。與太尉、司徒並爲三公，唐後期、五代多爲大臣、勛貴加官。正一品。

[2]太傅：官名。與太師、太保合稱三師，唐後期、五代多爲大臣、勛貴加官。正一品。

新五代史　卷四三

雜傳第三十一

氏叔琮　李彥威　李振　裴迪　韋震　孔循　孫德昭
王敬蕘　蔣殷

氏叔琮

氏叔琮，開封尉氏人也。[1]爲梁騎兵伍長，[2]梁兵擊黃巢陳、許間，[3]叔琮戰數有功，太祖壯之，[4]使將後院馬軍，[5]從攻徐、兗，[6]表宿州刺史。[7]使攻襄陽，[8]戰數敗，降爲陽翟鎭遏使。[9]久之，遷曹州刺史。[10]

[1]開封：府名。治所在今河南開封市。　尉氏：縣名。治所在今河南尉氏縣。

[2]梁：封國名。時朱溫封梁王，故稱。

[3]黃巢：人名。曹州冤句（今山東菏澤市）人。唐末農民起義領袖。傳見《舊唐書》卷二〇〇下、《新唐書》卷二二五下。陳：州名。治所在今河南淮陽縣。　許：州名。治所在今河南許昌市。

[4]太祖：即後梁太祖朱溫。宋州碭山（今安徽碭山縣）人。

紀見《舊五代史》卷一、本書卷一。

[5]後院：即後院軍。唐末方鎭親兵名。原爲昭義鎭節度使孟方立所建，入選者悉爲驍勇雄勁者。中和二年（882），李克用陷昭義鎭，孟方立兵敗自殺，該軍悉爲克用收編。後軍校馮霸不滿，煽動兵變，殺都將、縣令，投歸朱温。

[6]徐：州名。治所在今江蘇徐州市。　兗：州名。治所在今山東濟寧市兗州區。

[7]宿州：州名。治所在今安徽宿州市。　刺史：官名。州一級行政長官。漢武帝時始置，總掌考核官吏、勸課農桑、地方教化等事。唐中期以後，節度使、觀察使轄州而設，刺史爲其屬官，職任漸輕。從三品至正四品下。

[8]襄陽：縣名。治所在今湖北襄陽市。

[9]陽翟：軍鎭名。治所在今河南禹州市。　鎭遏使：官名。軍鎭長官。掌軍鎭防守工作。品秩不詳。

[10]曹州：州名。治所在今山東曹縣西北。

太祖下河中，[1]取晉、絳，[2]晉王遣使致書太祖求成，[3]太祖以晉書詞嫚，乃遣叔琮與賀德倫等攻之。[4]叔琮自太行入，[5]取澤、潞，[6]出石會，[7]營于洞渦，[8]久之糧盡，乃旋。表晉州刺史。

[1]河中：方鎭名。治所在河中府（今山西永濟市）。

[2]晉：州名。治所在今山西臨汾市。　絳：州名。治所在今山西新絳縣。

[3]晉王：即李克用。沙陀族。神武川新城（一説今山西山陰縣附近，一説今山西代縣）人。唐末軍閥，後唐太祖。紀見《舊五代史》卷二五、本書卷四。

[4]賀德倫：人名。先世爲河西部落人，後居滑州（今河南滑

縣）。五代後梁、後唐將領。傳見本書卷四四。

［5］太行：即太行山。

［6］澤：州名。治所在今山西澤州縣。　潞：州名。治所在今山西長治市。

［7］石會：關隘名。即石會關。位於今山西省榆社縣西北。爲澤、潞和太原間交通要扼之地。

［8］洞渦：地名。即洞渦驛。位於今山西清徐縣。

　　晋人復取絳州，攻臨汾，[1]叔琮選壯士二人深目而胡鬚者，牧馬襄陵道旁，[2]晋人以爲晋兵，雜行道中，伺其怠，擒晋二人而歸。晋人大驚，以爲有伏兵，乃退屯于蒲縣。[3]太祖遣友寧兵萬人會叔琮禦晋，[4]友寧欲休兵以待，叔琮曰："敵聞救至必走，走則何功邪？"乃夜擊之，晋人大敗，逐之至于太原。[5]太祖大喜曰："破太原非氏老不可。"已而兵大疫，叔琮班師，令曰："病不能行者焚之。"病者懼，皆言無恙，乃以精卒爲殿而還，至石會，[6]留數騎，以大將旗幟立于高岡，晋兵疑其有伏，乃不敢追。久之，徙保大軍節度使。[7]

［1］臨汾：縣名。治所在今山西臨汾市。

［2］襄陵：縣名。治所在今山西襄汾縣襄陵鎮。

［3］蒲縣：縣名。治所在今山西蒲縣。

［4］友寧：人名。即朱友寧。朱温之侄，唐末、五代將領。傳見本書卷一三。　兵：據中華點校本校勘記，遞修本作"將"，《舊五代史》卷一九《氏叔琮傳》、卷二六《武皇本紀下》、卷五二《李嗣昭傳》、《通鑑》卷二六三叙其事皆作"將兵"。

［5］太原：府名。治所在今山西太原市。

[6]至石會:"至"字原闕,中華點校本據遞修本、宗文本補,今從。

[7]保大軍:方鎮名。治所在鄜州(今陝西富縣)。

昭宗遷洛,[1]拜右龍武統軍。[2]太祖遣叔琮與李彥威等弑昭宗,[3]已而殺之。

[1]昭宗:即李曄。888年至904年在位。紀見《舊唐書》卷二〇上、《新唐書》卷一〇。 洛:地名。即洛陽。位於今河南洛陽市。

[2]右龍武統軍:官名。唐代右龍武軍統兵官。唐置六軍,分左、右羽林,左、右龍武,左、右神武等,即"北衙六軍"。興元元年(784),六軍各置統軍,以寵功勳臣。其品秩,《唐會要》卷七一、《舊唐書》卷一二記載爲"從二品",《通鑑》卷二二九記載爲"從三品"。

[3]李彥威:人名。即朱友恭。壽州(今安徽壽縣)人。朱溫養子。唐末將領。傳見《舊唐書》卷一九、《新唐書》卷二三、本書本卷。

李彥威

李彥威,壽州人也。[1]少事梁太祖,爲人穎悟,善揣人意,太祖憐之,養以爲子,冒姓朱氏,名友恭。歷汝、潁二州刺史。[2]昭宗遷洛,[3]拜右龍武統軍。

[1]壽州:州名。治所在今安徽壽縣。

[2]汝:州名。治所在今河南汝州市。 潁:州名。治所在今安徽阜陽市。

[3]昭宗遷洛："遷"，原作"下"，中華點校本據遞修本、浙江本、宗文本改，今從。

初，[1]劉季述廢昭宗，[2]立皇太子裕爲天子。[3]昭宗反正，以爲太子年幼，[4]爲賊所立，赦之，復其始封爲德王。昭宗自岐還，[5]太祖見裕眉目疎秀，惡之，謂宰相崔胤曰：[6]"德王嘗爲季述所立，安得猶在乎？公白天子殺之。"胤奏之，昭宗不許，佗日以問太祖，太祖曰："臣安敢及之，胤欲賣臣爾。"昭宗遷洛，謂蔣玄暉曰：[7]"德王，朕愛子也，全忠何爲欲殺之？"因泣下，囓指流血。玄暉具以白太祖，太祖益惡之。

[1]初：此字原闕，中華點校本據遞修本、浙江本、宗文本補，今從。

[2]劉季述：人名。籍貫不詳。唐末宦官。顯於唐僖宗、唐昭宗時期，累遷至樞密使。傳見《新唐書》卷二〇八。

[3]裕：人名。即李裕。唐昭宗長子，封德王。乾寧四年（897），册封爲皇太子。傳見《舊唐書》卷一七五、《新唐書》卷八二。

[4]太子年幼："年"字原闕，中華點校本據宗文本補，今從。

[5]岐：此處指鳳翔節度使、岐王李茂貞所在地。

[6]崔胤：人名。清河武城（今山東武城縣）人。唐末宰相。傳見《舊唐書》卷一七七、《新唐書》卷二二三下。

[7]蔣玄暉：人名。籍貫不詳。唐末大臣。傳見《新唐書》卷二二三下。

是時，昭宗改元天祐，[1]遷于東都，[2]爲梁所迫，而晋人、蜀人以爲天祐之號非唐所建，不復稱之，但稱天復。[3]王建亦傳檄天下，[4]舉兵誅梁。太祖大懼，恐昭宗奔佗鎮，以兵七萬如河中，陰遣敬翔至洛，[5]告彥威與氏叔琮等，使行弒逆。八月壬辰，彥威、叔琮以龍武兵宿禁中，[6]夜二鼓，[7]以兵百人叩宮門奏事，夫人裴正一開門問曰：[8]"奏事安得以兵入？"龍武牙官史太殺之，[9]趨椒蘭殿，[10]問昭宗所在，昭宗方醉，起走，太持劍逐之，昭宗單衣旋柱而走，太劍及之，昭宗崩。[11]訃至河中，太祖陽爲驚駭，投地號哭，罵曰："奴輩負我，俾我被惡名於後世邪！"太祖至洛，流彥威、叔琮嶺南，[12]使張廷範殺之。[13]彥威臨刑大呼曰："賣我以滅口，其如神理何？"顧廷範曰："勉之，公行自及。"遂見殺。已而還其姓名。

[1]天祐：唐昭宗李曄開始使用的年號（904—907）。唐哀帝李柷沿用。唐亡後，河東李克用、李存勖仍稱天祐，沿用至天祐二十年（923）。五代十國其他政權亦有行此年號者，如南吳、吳越等。

[2]東都：地名。指代洛陽。

[3]天復：唐昭宗李曄年號（901—904）。

[4]王建：人名。許州舞陽（今河南舞陽縣）人。唐末軍閥、五代十四前蜀開國皇帝。傳見《舊五代史》卷一三六、本書卷六三。

[5]敬翔：人名。同州馮翔（今陝西大荔縣）人。唐末朱溫謀士，後梁大臣。傳見《舊五代史》卷一八、《新五代史》卷二一。據中華點校本校勘記，按本卷《李振傳》："太祖之弒昭宗也，遣振至京師與朱友恭、氏叔琮謀之。"《舊唐書》卷二〇上《昭宗本

紀》、《新唐書》卷二二三下《蔣玄暉傳》、《通鑑》卷二六五略同。是至洛者乃李振。

[6]龍武：即龍武軍。唐代禁軍之一。

[7]二鼓：即二更。晚上九點至十一點之間。

[8]夫人：内命婦名。唐初以貴妃、淑妃、德妃、賢妃爲夫人，員額各一人，秩正一品；玄宗時以惠妃、麗妃、華妃合稱三夫人，秩正一品。　裴正一：人名。籍貫不詳。唐昭宗之妃嬪。本書僅此一見。

[9]史太：人名。籍貫不詳。唐末禁兵，殺唐昭宗者。事見本書本卷。

[10]椒蘭殿：宮殿名。位於今河南開封市。

[11]崩：古代天子、帝王及其皇后等去世的代稱。

[12]嶺南：地區名。亦謂嶺外、嶺表。指五嶺以南地區，故名。包括今廣東、廣西、海南及越南北部地區。

[13]張廷範：人名。清河（今河北清河縣）人。唐末朱温屬吏。初爲優伶，奉命護送昭宗東遷洛陽，後爲朱温貶殺。傳見《新唐書》卷二二三下。

　　莊宗時，[1]得故唐内人景姹，[2]言當彦威等弑昭宗時，[3]諸王宗屬數百人皆遇害，而同爲一坑，瘞于龍興寺北，[4]請合爲一冢而改葬之。詔以故濮王爲首，[5]葬以一品禮云。

[1]莊宗：即李存勗，小字亞子，沙陀人，太原（今山西太原市）人。晉王李克用之子，五代後唐開國皇帝。紀見《舊五代史》卷二七至卷三四、本書卷四卷五。

[2]内人：即宫女。　景姹：人名。籍貫不詳。唐末宫女。事見《舊五代史》卷三四《唐莊宗本紀》。

[3]弑昭宗："弑"，原作"殺"，中華點校本據宗文本改，今從。

[4]龍興寺：寺院名。位於今河南開封市。

[5]濮王：當爲唐憲宗第五子李澤。宣宗大中二年（848）封濮王。事見《舊唐書》卷一八下《宣宗本紀》、《新唐書》卷八二《十一宗諸子傳》。

李振

李振字興緒。其祖抱真，[1]唐潞州節度使。振爲唐金吾衛將軍，[2]拜台州刺史。[3]盜起浙東，不果行，乃西歸。過梁，[4]以策干太祖，[5]太祖留之。太祖兼領鄆州，[6]表振節度副使。[7]

[1]抱真：人名。即李抱真。涼州（今甘肅武威市）人。唐後期將領。傳見《舊唐書》卷一三二、《新唐書》卷一三八。據中華點校本校勘記，《舊五代史》卷一八《李振傳》、《通鑑》卷二六一記其爲"唐潞州節度使抱真之曾孫也"。

[2]金吾衛將軍：官名。唐置，掌宫禁宿衛。唐代置十六衛，即左右衛、左右驍衛、左右武衛、左右威衛、左右領軍衛、左右金吾衛、左右監門衛、左右千牛衛。各置上將軍，從二品；大將軍，正三品；將軍，從三品。

[3]台州：州名。治所在今浙江臨海市。

[4]過梁：據中華點校本校勘記，《通鑑》卷二六一胡注引《歐史》、《舊五代史》卷一八《李振傳》作"過汴"。

[5]以策干太祖："干"，原作"于"，據殿本、南監本、北監本、元刊本改。

[6]鄆州：州名。治所在今山東東平縣。

[7]節度副使：官名。唐五代方鎮屬官。位於行軍司馬之下、

判官之上。品秩不詳。

　　振奏事長安，舍梁邸。[1]宦官劉季述謀廢昭宗，遣其侄希正因梁邸吏程巖見振曰：[2]"今主上嚴急，誅殺不辜，中尉懼及禍，將行廢立，請與諸邸吏協力以定中外，如何？"[3]振駭然曰："百歲奴事三歲主，而敢爾邪！今梁王百萬之師，方仗大義尊天子，君等無爲此不祥也！"振還，季述卒與巖等廢昭宗，幽之東宮，[4]號太上皇，立皇太子裕爲天子。是時，太祖用兵在邢、洺間，[5]季述詐爲太上皇誥告太祖，太祖猶豫，未知所爲，振曰："夫豎刁、伊戾之亂，所以爲霸者資也。今閹官作亂，天子危辱，此王仗義立功之時。"[6]太祖大悟，乃囚季述使者，遣振詣京師見崔胤，謀出昭宗。昭宗返正，太祖大喜，執振手曰："卿謀得之矣！"

　　[1]邸：官署名。即進奏院。唐、五代藩鎮皆置邸於京師，爲駐京城的辦事機構。肅宗、代宗時稱上都留後院，大曆十二年（777）改稱上都進奏院，簡稱留邸、進奏務。以進奏官主其事，掌傳送文書、情報，主持本鎮進奉。憲宗時，一度掌本鎮飛錢兌換之事。五代時，州郡不隸藩鎮者，亦置邸京師。

　　[2]希正：人名。即劉希正。或作"劉希貞"。籍貫不詳。劉季述之侄。事見《新唐書》卷二〇八《宦者傳》、《舊五代史》卷一八《李振傳》。　邸吏：泛指守邸官吏。　程巖：人名。籍貫不詳。唐末梁國派駐京師的進奏院官，參與謀廢唐昭宗，後被朱溫械殺。事見《舊唐書》卷二〇《昭宗本紀》、《舊五代史》卷一八《李振傳》。

　　[3]中尉：官名。指神策軍中尉。唐德宗朝以後，左右神策軍

各置護軍中尉一人，由宦官充任，統領禁軍。品秩不詳。此處指代神策軍中尉韓全誨。

［4］東宫：皇太子居住的宫室。

［5］邢：州名。治所在今河北邢臺市。　洺：州名。治所在今河北邯鄲市永年區。原作"洛"，中華點校本據遞修本、浙江本、宗文本改，今從。

［6］豎刁：人名。籍貫不詳。或作"豎刀""豎貂"。春秋時齊桓公寵臣。齊相管仲死後，與易牙等專權。桓公死後，與易牙等殺害大臣，逐太子昭，立公子無詭，齊國大亂。事見《史記》卷三二《齊太公世家》。　伊戾：人名。即惠墻伊戾。籍貫不詳。春秋時宋平公太子痤宫内宦官之長。誣陷太子謀亂致其自縊，後被宋平公烹殺。事見《左傳・襄公二十六年》。

王師範以青州降梁，[1]遣振往代師範，師範疑懼，不知所爲，振曰："獨不聞漢張繡乎？繡與曹公爲敵，然不歸袁紹而歸曹公者，知其志大，不以私讎殺人也。今梁王方欲成大事，豈以故怨害忠臣乎？"[2]師範洗然自釋，乃西歸梁。

［1］王師範：人名。青州（今山東青州市）人。唐末、五代軍閥。傳見《舊五代史》卷一三、本書卷四二。　青州：方鎮名。此處指平盧軍節度，治所在青州（今山東青州市）。

［2］張繡：東漢三國武威祖厲（今甘肅靖遠縣）人。驃騎將軍張濟族子。初爲縣吏，後隨張濟、李傕屢擊吕布，以軍功遷建忠將軍，封宣威侯。張濟死，他代領其衆，投降曹操，不久又叛。官渡之戰時，他聽從賈詡之計，復降操，拜揚武將軍。卒後謚定侯。傳見《三國志》卷八。　曹公：人名。即曹操。沛國譙（今安徽亳州市）人。漢獻帝時官至丞相，進爵魏王。曹丕稱帝後追尊爲武皇

帝。傳見《三國志》卷一《魏武帝本紀》。　袁紹：人名。汝南汝陽（今河南商水縣）人。東漢末年的地方軍閥。建安五年（200），官渡之戰中敗於曹操，不久病死。傳見《後漢書》卷七四上、《三國志》卷六。

昭宗遷洛，振往來京師，朝臣皆仄目，振視之若無人。有所小怒，必加譴謫。故振一至京師，朝廷必有貶降。時人目振爲鴟梟。[1]

[1]鴟（chī）梟（xiāo）：鴟和梟。古代傳説梟會食母，鴟是猛禽。比喻凶惡殘暴的人。

太祖之弑昭宗也，遣振至京師與朱友恭、氏叔琮謀之。[1]昭宗崩，太祖問振所以待友恭等宜如何？振曰："昔晉司馬氏殺魏君而誅成濟，不然，何以塞天下口？"[2]太祖乃歸罪友恭等而殺之。

[1]朱友恭：人名。壽春（今安徽壽縣）人。本名李彥威，朱温養子。唐朝末年大臣。傳見《新唐書》卷二二三下、《舊五代史》卷一九。
[2]司馬氏：人名。即司馬昭。河内温（今河南温縣）人。司馬懿之子。繼兄司馬師爲大將軍，專擅國政，力謀代魏。甘露五年（260），殺曹髦，立曹奐爲傀儡皇帝。死後被其子司馬炎追尊爲文帝。紀見《晉書》卷二。　魏君：即曹髦。沛國譙（安徽亳州市）人。三國魏國皇帝，254年至260年在位。死後無諡號，史稱高貴鄉公。紀見《三國志》卷四。　成濟：人名。籍貫不詳。三國時魏太子舍人，成倅之弟。本司馬昭之親信，刺殺魏帝曹髦於車下。後

司馬昭上書稱成濟兄弟大逆不道，誅夷三族。事見《三國志》卷四《魏少帝本紀》。

振嘗舉進士咸通、乾符中，[1]連不中，尤憤唐公卿，及裴樞等七人賜死白馬驛，[2]振謂太祖曰："此輩嘗自言清流，可投之河，使爲濁流也。"太祖笑而從之。

[1]咸通：唐懿宗李漼年號（860—874）。　乾符：唐僖宗李儇年號（874—879）。

[2]裴樞：人名。絳州聞喜（今山西聞喜縣）人。唐末宰相。傳見《舊唐書》卷一一三、《新唐書》卷一四〇。　白馬驛：地名。位於唐代滑州白馬縣（今河南滑縣）。

太祖即位，累遷户部尚書。[1]友珪時，以振代敬翔爲崇政院使。[2]莊宗滅梁入汴，振謁見郭崇韜，[3]崇韜曰："人言李振一代奇才，吾今見之，乃常人爾！"已而伏誅。

[1]户部尚書：官名。尚書省户部長官。掌管全國土地、户籍、賦税、財政收支諸事。正三品。

[2]崇政院使：官名。崇政院長官。備顧問，參謀議。五代後梁開平元年（907）改樞密院置崇政院，設院使、副使各一人。後唐同光元年（923）復改崇政院爲樞密院，崇政院使亦改爲樞密使。品秩不詳。

[3]郭崇韜：人名。代州雁門（今山西代縣）人。五代後唐大臣。傳見《舊五代史》卷五七、本書卷二四。

裴迪

裴迪字昇之，河東聞喜人也。[1]爲人明敏，善治財賦，精於簿書。唐司空裴璩判度支，[2]辟爲出使巡官。[3]都統王鐸鎭滑州，[4]奏迪汴、宋、鄆等州供軍院使。[5]鐸爲租庸使，[6]辟租庸招納使。

[1]河東：方鎮名。治所在太原（今山西太原市）。　聞喜：縣名。治所在今山西聞喜縣。

[2]司空：官名。與太尉、司徒並爲三公，唐後期、五代多爲大臣、勳貴加官。正一品。　裴璩：人名。籍貫不詳。唐後期大臣。事見《通鑑》卷二五三、卷二五六。　度支：財政官署。掌管天下租賦物產，歲計所出而支調之，故名。安史亂後，因軍事供應浩繁，以宰相爲度支使，由戶部尚書、侍郎或他官兼領度支事務，稱度支使或判度使、知度支事，權任極重，與鹽鐵使、判戶部或戶部使合稱"三司"。

[3]巡官：官名。唐代節度使、觀察使、團練使、防禦使屬官，位判官、推官下。另有營田巡官、轉運巡官、館驛巡官等名目，皆因使而置。品秩不詳。

[4]都統：官名。此處指諸道行營都統。唐末設此職，作爲各道出征兵士的統帥。品秩不詳。　王鐸：人名。太原（今山西太原市）人。唐末軍閥，曾積極參與平定黃巢起義。傳見《新唐書》卷一八五。　滑州：州名。治所在今河南滑縣。

[5]汴：州名。治所在今河南開封市。　宋：州名。治所在今河南商丘市睢陽區。　供軍院使：官名。唐、五代置供軍院，掌供應出征軍隊的衣、糧等軍需給養。分南、北二院，南供軍院由度支掌管，負責輸送給養至軍前；北供軍院設於行營，負責分發給養。供軍院使當爲供軍院之長官。品秩不詳。

[6]租庸使：官名。唐代爲主持催徵租庸地稅的財政官員。五

代後梁、後唐時，租庸使取代鹽鐵、度支、户部，爲中央財政長官。品秩不詳。　租庸招納使：官名。租庸使屬官。負責催徵租庸地稅事宜。品秩不詳。

梁太祖鎮宣武，[1]辟節度判官。[2]太祖用兵四方，常留迪以調兵賦。太祖乃牓院門，[3]以兵事自處，而以貨財獄訟一切任迪。

[1]宣武：方鎮名。治所在汴州（今河南開封市）。
[2]節度判官：官名。唐末、五代藩鎮僚佐，位行軍司馬下。品秩不詳。
[3]院門："院"字原闕，中華點校本據宗文本補，今從。

太祖西攻岐，王師範謀襲汴，遣健卒苗公立持書至汴，[1]陰伺虛實。迪召公立問東事，公立色動，乃屏人密詰之，具得其事。迪不暇啓，遣朱友寧以兵巡兗、鄆，[2]以故師範雖竊發而事卒不成。太祖自岐還，將吏皆賜"迎鑾叶贊功臣"，將吏入見，太祖目迪曰："叶贊之功，惟裴公有之，佗人不足當也。"

[1]健卒：或稱"健步""急足"。指趕路送信的人。　苗公立：人名。籍貫不詳。王師範部下負責送信的人。本書僅此一見。
[2]朱友寧：人名。朱温之侄，唐末、五代將領。傳見本書卷一三。

迪入唐，累遷太常卿。[1]太祖即位，召拜右僕射，[2]居一歲告老，以司空致仕，卒于家。

[1]太常卿：官名。太常寺長官。掌宗廟禮儀。正三品。

[2]右僕射：官名。秦始置。隋、唐前期以左、右僕射佐尚書令總理六官，綱紀庶務，如不置尚書令，則總判省事，爲宰相之職。唐後期多爲大臣加銜。從二品。

韋震

韋震字東卿，雍州萬年人也。[1]初名肇。爲人彊敏，有口辯。事梁太祖爲都統判官。[2]申叢執秦宗權，[3]欲送于太祖，又欲自獻於京師，又欲挾宗權奪其兵。太祖遣震入蔡州視之，[4]叢遣騎兵三百迎震，欲殺之，震以計得免。還白太祖曰："叢不足慮，爲其謀者牙將裴涉，[5]妄庸人也。"叢後果爲郭璠所殺。[6]璠以宗權歸于太祖，太祖欲大其事，請獻俘于唐，唐以時溥破黃巢，[7]獻馘而已，宗權不足俘，左拾遺徐彦樞亦疏請所在斬決。[8]太祖遣震奏事京師，往復論列，卒俘宗權。太祖德之，表爲節度副使。

[1]雍州：地名。即京兆府，今陝西西安市。　萬年：縣名。治所在今陝西西安市。

[2]都統判官：官名。行營都統屬官。佐都統處理行營軍政事務。品秩不詳。

[3]申叢：人名。籍貫不詳。事見本書卷一、卷二〇。　秦宗權：人名。許州（今河南許昌市）人。唐末軍閥。傳見《舊唐書》卷二〇〇下、《新唐書》卷二二五下。

[4]蔡州：州名。治所在今河南汝南縣。

[5]牙將：官名。古代軍隊中的中低級軍官。品秩不詳。　裴涉：人名。籍貫不詳。本書僅此一見。

[6]郭璠：人名。籍貫不詳。事見本書卷一、卷四三。

[7]時溥：人名。徐州彭城（今江蘇徐州市）人。唐末地方武裝首領。平定了黃巢之亂，後割據徐州。傳見《舊唐書》卷一八二、《新唐書》卷一八八。

[8]左拾遺：官名。唐代門下省所屬諫官。掌規諫，薦舉人才。從八品上。　徐彥樞：人名。新鄭（今河南新鄭市）人。唐末大臣。唐昭宗時宰相徐彥若之弟。傳見《舊唐書》卷一九七。

　　昭宗幸石門，[1]太祖遣震由虢略間道奉表行在，[2]昭宗賜其名震。太祖已破兗、鄆，遂攻吳，大敗于清口。[3]太祖懼諸鎮乘間圖己，乃諷杜洪、鍾傳、王師範、錢鏐等薦己爲元帥，[4]且求兼領鄆州。昭宗初不許，震彊辯，敢大言，語數不遜，昭宗卒許梁以鄆州，太祖遂兼四鎮，表震鄆州留後。[5]

[1]石門：地名。位於今陝西三原縣。

[2]虢略：略，境界。虢略，指虢國的境界。位於今河南嵩縣西北。　行在："行在所"的簡稱。指古代帝王所在的地方。後以此專指皇帝所到的地方。

[3]清口：地名。原爲泗水入淮之口，位於今江蘇淮安市淮陰區。

[4]杜洪：人名。江夏（今湖北武漢市）人。伶人出身，唐末、五代軍閥。傳見《新唐書》卷一九〇、《舊五代史》卷一七。鍾傳：人名。洪州高安（今江西高安市）人。唐末軍閥。傳見《新唐書》卷一九〇、《舊五代史》卷一七、本書卷四一。　錢鏐：人名。杭州臨安（今浙江杭州市臨安區）人。五代時期吳越國的建立者。傳見《舊五代史》卷一三三《世襲列傳》、本書卷六七《吳越世家》。　元帥：官名。此處指天下兵馬元帥。唐代朝廷若有重

大軍事行動，則置此官，以統率天下軍隊。品秩不詳。

[5]留後：官名。原非正式命官，唐朝節度使入朝或宰相、親王遙領節度使不臨鎮則置。安史之亂後，節度使多以子弟或親信爲留後，以代行節度使職務，亦有軍士、叛將自立爲留後者。掌一州或數州軍政。北宋始爲朝廷正式命官。

　　昭宗遷洛，震入爲河南尹、六軍諸衛副使，[1]以病瘖，守太子太保致仕。[2]太祖受禪，改太子太傅。[3]末帝即位，[4]加太師，[5]卒。

[1]河南尹：官名。唐開元元年（713）改洛州爲河南府，治所在今河南洛陽市，河南府尹總其政務。從三品。　六軍諸衛副使：官名。後唐置。爲判六軍諸衛事的副職。品秩不詳。

[2]太子太保：官名。與太子太師、太子太傅統稱太子三師。隋唐以後多作加官或贈官。從一品。　致仕：官員告老辭官。

[3]太子太傅：官名。與太子太師、太子太保統稱太子三師。隋唐以後多作加官或贈官。從一品。

[4]末帝：即後梁末帝朱友貞。後梁太祖朱温之子。913年至923年在位。紀見《舊五代史》卷八至一〇、本書卷三。

[5]太師：官名。與太傅、太保合稱三師，唐後期、五代多爲大臣、勳貴加官。正一品。

　　孔循
　　孔循，不知其家世何人也。少孤，流落於汴州，富人李讓闌得之，[1]養以爲子。梁太祖鎮宣武，以李讓爲養子，循乃冒姓朱氏。稍長，給事太祖帳中，太祖諸兒乳母有愛之者，養循爲子，乳母之夫姓趙，循又冒姓爲趙氏，名殷衡。昭宗東遷洛陽，太祖盡去天子左右，悉以梁人代之，以王殷爲宣徽使，[2]循爲副使。[3]

[1]李讓：人名。汴州（今河南開封市）人。汴州富人，朱溫養子。董璋、高季興、孔循皆爲其家僮。事見本書卷五一《董璋傳》、卷六九《高季興傳》。

[2]王殷：人名。瀛州（今河北河間市）人。一作大名（今河北大名縣）人。五代將領，從郭威推翻後漢，後因功高震主爲郭威所殺。傳見《舊五代史》卷一二四、本書卷五〇。　宣徽使：官名。唐始置。宣徽南院使、北院使通稱宣徽使。初用宦官，五代以後改用士人。通掌内諸司及三班内侍之名籍，郊祀、朝會、宴享供帳之儀，檢視内外進奉名物。品秩不詳。詳見王永平《論唐代宣徽使》，《中國史研究》1995年第1期；王孫盈政《再論唐代的宣徽使》，《中華文史論叢》2018年第3期。

[3]副使：官名。即宣徽副使。宣徽院的副長官。品秩不詳。

循與蔣玄暉、張廷範等共與弒昭宗之謀，其後循與玄暉有隙，哀帝即位，[1]將有事于南郊，[2]循因與王殷譖于太祖曰："玄暉私侍何太后，與廷範等奉天子郊天，冀延唐祚。"[3]太祖大怒。是時，梁兵攻壽春，[4]大敗而歸，哀帝遣裴迪勞軍，太祖見迪，怒甚，迪還，哀帝不敢郊。封太祖魏王，備九錫，[5]太祖拒而不受。玄暉與宰相柳璨相次馳至梁自解，[6]璨曰："自古王者之興，必有封國，而唐所以不即遜位者，當先建國備九錫，然後禪也。"太祖曰："我不由九錫作天子可乎？"璨懼，馳去。太祖遣循與王殷弒何皇后，因殺璨及玄暉、廷範等，以循爲樞密副使。[7]

［1］哀帝：即李柷。唐朝最後一位皇帝，904年至907年在位。紀見《舊唐書》卷二〇下、《新唐書》卷一〇。

［2］南郊：意爲都城南面之郊。代指南面郊區之祭天場所（圜丘），亦指祭天之禮（郊天）。古人用"郊""南郊""有事於南郊"指代在南郊之圜丘舉行的祭天典禮。

［3］何太后：人名。梓州（今四川三臺縣）人。唐昭宗李曄的皇后，唐哀宗之母。傳見《舊唐書》卷五二、《新唐書》卷七七。

［4］壽春：縣名。治所在今安徽壽縣。

［5］九錫："錫"通"賜"，意爲皇帝賜予大臣的九種物品，是對大臣最高的尊崇和禮遇。

［6］柳璨：人名。河東（今山西永濟市）人。唐末宰相、文學家、史學家。傳見《舊唐書》卷一七九、《新唐書》卷二二三下。

［7］樞密副使：官名。樞密院副長官。品秩不詳。

　　唐亡，事梁爲汝州防禦使、左衛大將軍、租庸使，[1]始改姓孔，名循。莊宗時，權知汴州。明宗自魏兵反而南，[2]莊宗東出氾水，[3]循持兩端，遣迎明宗於北門，迎莊宗於西門，供帳牲餼，[4]其禮如一，而戒其人曰："先至者入之。"明宗先至，遂納之。

［1］汝州：州名。治所在今河南汝州市。　防禦使：官名。唐代始置，設有都防禦使、州防禦使兩種。常由刺史或觀察使兼任，實際上爲唐代後期州或方鎮的軍政長官。品秩不詳。　左衛大將軍：官名。唐置，掌宮禁宿衛。正三品。

［2］明宗：即後唐明宗李嗣源。紀見《舊五代史》卷三五至卷四四、本書卷六。　魏：州名。治所在今河北大名縣。

［3］氾水：縣名。治所在今河南滎陽市氾水鎮。

［4］供帳牲餼：宴會的陳設帷帳、用具、飲食等物，謂之供帳。

985

所獻贈的活的牛羊豕，謂之牲餼。

明宗即位，以爲樞密使。[1]明宗幸汴州，循留守東都，民有犯麴者，[2]循族殺其家，明宗知其冤，因詔天下除麴禁，許民得造麴。

[1]樞密使：官名。樞密院長官。唐代宗時始以宦官掌機密，至昭宗時借朱温之力盡誅宦官，始改以士人任樞密使。備顧問，參謀議，出納詔奏，權侔宰相。品秩不詳。參見李全德《唐宋變革期樞密院研究》，北京圖書館出版社2009年版。

[2]麴：亦稱"麯""曲"。指酒母，釀酒或製醬用的發酵物。

循爲人柔佞而險猾，安重誨尤親信之，[1]凡循所言，無不聽用。明宗嘗欲以皇子娶重誨女，重誨以問循，循曰："公爲機密之臣，不宜與皇子婚。"重誨信之，乃止。而循陰使人白明宗，求以女妻皇子，[2]明宗即以宋王從厚娶循女。[3]重誨始惡其爲人，出循爲忠武軍節度使，[4]徙鎮横海，[5]卒于鎮，年四十八，贈太尉。[6]

[1]安重誨：人名。應州（今山西應縣）人。五代後唐大臣。傳見《舊五代史》卷六六、本書卷二四。

[2]以：原闕，中華點校本據宗文本補，今從。

[3]從厚：人名。即李從厚。後唐閔帝。明宗李嗣源第三子。紀見《舊五代史》卷四五、本書卷七。

[4]忠武軍：方鎮名。治所在許州（今河南許昌市）。

[5]横海：方鎮名。治所在滄州（今河北滄州市）。

[6]太尉：官名。與司徒、司空並爲三公，唐後期、五代多爲

大臣、勛貴加官。正一品。

孫德昭

孫德昭，鹽州五原人也。[1]其父惟晟，[2]有材略。黄巢陷長安，惟晟率其鄉里子弟，得義兵千人，南攻巢于咸陽，[3]興平州將壯其所爲，[4]益以州兵二千。與破賊功，拜右金吾衛大將軍。[5]

[1]鹽州：州名。治所在今陝西定邊縣。　五原：縣名。治所在今陝西定邊縣。
[2]惟晟：原作"惟最"，中華點校本據遞修本、浙江本、宗文本、《舊五代史》卷一五《孫德昭傳》改，今從。本卷下文同。
[3]咸陽：縣名。治所在今陝西咸陽市。
[4]興平：縣名。治所在今陝西興平市。
[5]右金吾衛大將軍：官名。唐置，掌宫禁宿衛。正三品。

朱玫亂京師，[1]僖宗幸興元，[2]惟晟率兵擊賊。累遷鄜州節度使，[3]留京師宿衛。鄜州將吏詣闕請惟晟之鎮，京師民數萬與神策軍復遮留不得行，[4]改荆南節度使，[5]在京制置，分判神策軍，號"扈駕都"。是時，京師數亂，[6]民皆賴以爲保。

[1]朱玫：人名。邠州（今陝西彬縣）人。唐末軍閥。傳見《新唐書》卷二二四下。
[2]僖宗：即李儇，873年至888年在位。紀見《舊唐書》卷一九下、《新唐書》卷九。　興元：府名。治所在今陝西漢中市。
[3]鄜州：州名。治所在今陝西富縣。此處指保大軍。

［4］神策軍：唐後期禁軍之一，以宦官爲統帥，並由其控制的軍隊。天寶十三年（754），唐王朝爲防吐蕃内擾而設。唐朝末年，神策軍大都捲入宦官集團與朝官的鬥争，唐亡即廢。

［5］荆南：方鎮名。治所在荆州（今湖北荆州市）。

［6］京師數亂："數"字原闕，中華點校本據宗文本補，今從。

德昭以父任爲神策軍指揮使。[1]光化三年，[2]劉季述廢昭宗，幽之東宫，宰相崔胤謀反正，陰使人求義士可共成事者，德昭乃與孫承誨、董從實應胤，[3]胤裂衣襟爲書以盟。天復元年正月朔，未旦，季述將朝，德昭伏甲士道旁，邀其輿斬之，承誨等分索餘黨皆盡。昭宗聞外諠譁，大恐。德昭馳至，扣門曰："季述誅矣，皇帝當反正！"何皇后呼曰："汝可進逆首！"德昭擲其首入。已而承誨等悉取餘黨首以獻，昭宗信之。德昭破鎖出昭宗，御丹鳳樓反正，[4]以功拜静海軍節度使，[5]賜姓李，號"扶傾濟難忠烈功臣"，與承誨等皆拜節度使、同中書門下平章事，[6]圖形凌煙閣，[7]俱留京師，號"三使相"，恩寵無比。

［1］指揮使：官名。唐末、五代軍隊多置都指揮使、指揮使，爲統兵將領。品秩不詳。

［2］光化：唐昭宗李曄年號（898—901）。

［3］孫承誨：人名。一作"周承誨"。籍貫不詳。唐末將領。助宰相崔胤奉唐昭宗復位，以功拜使相。事見《舊五代史》卷一五《孫德昭傳》、《通鑑》卷二六二。　董從實：人名。又名董彦弼。籍貫不詳。唐末將領。助宰相崔胤奉唐昭宗復位，以功拜使相。事見《舊五代史》卷一五《孫德昭傳》、《通鑑》卷二六二。

［4］丹鳳樓：唐長安大明宮丹鳳門門樓，位於今陝西西安市。

［5］靜海軍：方鎮名。五代時期有三"靜海軍"。一是，後晉天福四年（939）吳越置。治所在溫州（今浙江溫州市）。北宋太平興國三年（978）廢。二是，後周顯德五年（958）升靜海鎮置。治靜海縣（今江蘇南通市）。尋改爲崇州，又改爲通州。三是，唐時舊鎮。咸通七年（866）升安南都護府置，治交州（治今越南河内市）。

［6］同中書門下平章事：官名。簡稱"同平章事"。唐代高宗以後，凡實際任宰相之職者，常在其本官後加同平章事的職銜，後成爲宰相專稱。品秩不詳。

［7］凌煙閣：唐都長安宮城内閣名，位於今陝西西安市。唐太宗貞觀年間於太極宮中的凌煙閣圖畫長孫無忌、魏徵等二十四位功臣的畫像，以示襃彰。唐代宗時也曾圖畫功臣之像於凌煙閣。

是時，崔胤方欲誅唐宦官，外交梁以爲恃，而宦官亦倚李茂貞爲扞蔽，[1]梁、岐交争。冬十月，[2]宦者韓全誨劫昭宗幸鳳翔，[3]承誨、從實皆從，而德昭獨與梁，乃率兵衛胤及百官保東街，趣梁兵以西，梁太祖頗德其附己，以龍鳳劍、鬥雞紗遺之。

［1］李茂貞：人名。深州博野（今河北蠡縣）人。唐末、五代軍閥。傳見《舊五代史》卷一三二、本書卷四〇。

［2］冬十月：據中華點校本校勘記，《舊五代史》卷一五《孫德昭傳》作"十一月"。按《舊唐書》卷二〇上《昭宗本紀》、《通鑑》卷二六二皆繫其事於十一月。

［3］韓全誨：人名。籍貫不詳。唐末宦官。傳見《新唐書》卷二〇八。　鳳翔：方鎮名。治所在鳳翔府（今陝西鳳翔縣）。

太祖至華州，[1]德昭以軍禮迎謁道旁。太祖至京師，表同州留後，[2]將行，京師民復請留，遂留爲兩街制置使。[3]梁兵圍鳳翔，德昭以其兵八千屬太祖，太祖益德之，使先之洛陽，賜甲第一區。

[1]華州：州名。治所在今陝西渭南市華州區。
[2]同州：州名。治所在馮翊縣（今陝西大荔縣）。
[3]遂留爲兩街制置使："留"字原闕，中華點校本據宗文本補，今從。制置使，官名。唐後期臨時差遣官，爲地方用兵時控制該地秩序而設。品秩不詳。

昭宗東遷，拜左威衛上將軍，[1]以疾免。太祖即位，以烏銀帶、袍、笏、名馬賜之。疾少間，以爲左衛大將軍。[2]末帝立，拜左金吾大將軍以卒。[3]承誨、從實至鳳翔，與宦者俱見殺。

[1]左威衛上將軍：官名。唐置，掌宮禁宿衛。從二品。
[2]左衛大將軍：官名。唐置，掌宮禁宿衛。正三品。
[3]左金吾大將軍：官名。唐置，掌宮禁宿衛。正三品。

王敬蕘

王敬蕘，潁州汝陰人也。[1]事州爲牙將。唐末，王仙芝等攻劫汝、潁間，[2]刺史不能拒，敬蕘遂代之，即拜刺史。敬蕘爲人狀貌魁傑，而沈勇有力，善用鐵槍，重三十斤。[3]

[1]潁州：州名。治所在今安徽阜陽市。"潁"原文作"頴"，誤，據殿本改。中華點校本作"穎"，應是。　汝陰：縣名。治所在今安徽阜陽市。

[2]王仙芝：人名。濮州（今山東鄄城縣）人。唐末農民軍領袖。事見《舊唐書》卷一九下《僖宗本紀下》、《新唐書》卷九《僖宗本紀》、《新唐書》卷二二五下《黃巢傳》。

[3]三十：原作"二十"，中華點校本據遞修本、浙江本、宗文本、《舊五代史》卷二〇《王敬蕘傳》改，今從。

　　潁州與淮西爲鄰境，[1]數爲秦宗權所攻，力戰拒之，宗權悉陷河南諸州，獨敬蕘不可下，由是潁旁諸州民，皆保敬蕘避賊。是時，所在殘破，獨潁州户二萬。

[1]淮西：方鎮名。即淮南西道。治所在蔡州（今河南汝南縣）。

　　梁太祖攻淮南，[1]道過潁州，敬蕘供饋梁兵甚厚，太祖大喜，表敬蕘沿淮指揮使。[2]其後梁兵攻吳，龐師古死清口，[3]敗兵亡歸，過潁，大雪，士卒飢凍，敬蕘乃沿淮積薪爲燎，[4]作糜粥餔之，亡卒多賴以全活，太祖表敬蕘武寧軍留後，遂拜節度使。

[1]淮南：方鎮名。治所在揚州（今江蘇揚州市）。

[2]指揮使：官名。唐末五代軍隊多置都指揮使、指揮使，爲統兵將領。品秩不詳。

[3]龐師古：人名。曹州（今山東菏澤市）人。唐末將領。事朱溫甚謹，未曾離左右，屢有戰功。唐昭宗乾寧四年（897）伐楊

行密，死於陣中。傳見《舊五代史》卷二一、本書卷二一。

［4］積薪爲燎："燎"字原闕，中華點校本據遞修本、宗文本補，今從。

天祐三年，爲左衛上將軍。[1]太祖即位，敬蕘以疾致仕，後卒于家。

［1］左衛上將軍：官名。唐置，掌宮禁宿衛。從二品。

蔣殷

蔣殷，幼爲王重盈養子，[1]冒姓王氏。梁太祖取河中，以王氏舊恩録其子孫，表殷牙將，太祖尤愛之。

［1］王重盈：人名。太原祁（今山西祁縣）人。唐末軍閥。事見《舊唐書》卷一八二、《新唐書》卷一八七。

唐遷洛陽，殷爲宣徽北院使。[1]太祖已下襄陽，[2]轉攻淮南，還屯正陽，[3]哀帝遣殷勞軍。是時，哀帝方卜郊，殷與樞密使蔣玄暉等有隙，因譖之太祖，言玄暉等教天子卜郊祈天，且待諸侯助祭者以謀興復，太祖大怒，哀帝爲改卜郊。是時，太祖將有篡弑之謀，[4]何太后嘗泣涕叩頭爲玄暉等言："梁王禪位後，願全唐家子母。"殷乃誣玄暉嘗私侍太后，太祖斬玄暉及張廷範、柳璨等，遣殷弑太后於積善宮。[5]哀帝下詔憨愧，自言以母后故無以奉天，乃卒不郊。

[1]宣徽北院使：官名。唐始置。宣徽北院的長官。初用宦官，五代以後改用士人。與宣徽南院使通掌内諸司及三班内侍之名籍，郊祀、朝會、宴享供帳之儀，檢視内外進奉名物。品秩不詳。參見王永平《論唐代宣徽使》，《中國史研究》1995 年第 1 期；王孫盈政《再論唐代的宣徽使》，《中華文史論叢》2018 年第 3 期。

[2]襄陽：縣名。治所在今湖北襄陽市。

[3]正陽：地名。在今安徽壽縣正陽關鎮。

[4]太祖將有篡弑之謀："太"原文作"大"，據殿本改。中華點校本作"太"，應是。

[5]積善宫：宫殿名。位於洛陽，爲皇太后何太后居住的宫殿。

庶人友珪與殷善，友珪弑太祖自立，拜殷武寧軍節度使。[1]末帝即位，以福王友璋代殷，[2]殷懼，[3]不受代。王瓚亦王氏子，[4]懼爲殷所累，乃言殷非王氏子，本姓蔣。末帝詔削殷官爵，[5]還其姓，遣牛存節討之，[6]殷舉族自燔死。

[1]武寧軍：方鎮名。治所在徐州（今江蘇徐州市）。

[2]友璋：人名。即朱友璋。宋州碭山（今安徽碭山縣）人。後梁太祖朱温第五子，封福王。傳見《舊五代史》卷一二。

[3]殷懼："懼"字原闕，中華點校本據遞修本、宗文本補，今從。

[4]王瓚：人名。太原祁（今山西祁縣）人。唐河中節度使王重盈之子。五代後梁將領，官至開封尹。傳見《舊五代史》卷五九。

[5]削殷官爵："殷"字原闕，中華點校本據宗文本補，今從。

[6]牛存節：人名。青州博昌（今山東博興縣）人。唐末將領。傳見《舊五代史》卷二二、本書卷二二。

新五代史　卷四四

雜傳第三十二

劉知俊　丁會　賀德倫　閻寶　康延孝

劉知俊

劉知俊字希賢，徐州沛人也。[1]少事時溥，[2]溥與梁相攻，知俊與其麾下二千人降梁，太祖以爲左開道指揮使。[3]

[1]徐州：州名。治所在今江蘇徐州市。　沛：縣名。治所在今江蘇沛縣。

[2]時溥：人名。徐州彭城（今江蘇徐州市）人。唐末地方武裝首領，平定了黃巢之亂，後割據徐州。傳見《舊唐書》卷一八二、《新唐書》卷一八八。

[3]太祖：即後梁太祖朱溫。紀見《舊五代史》卷一、本書卷一。　左開道指揮使：官名。所部統兵將領。左開道爲部隊番號。品秩不詳。

知俊姿貌雄傑，能被甲上馬，輪劍入敵，勇出諸將。當是時,劉開道名重軍中。[1]歷海、懷、鄭三州刺史,[2]從破青州,[3]以功表匡國軍節度使。[4]

[1]劉開道:即劉知俊。
[2]海:州名。治所在今江蘇連雲港市海州區。 懷:州名。治所在今河南沁陽市。 鄭:州名。治所在今河南鄭州市。 刺史:官名。州一級行政長官。漢武帝時始置,總掌考核官吏、勸課農桑、地方教化等事。唐中期以後,節度使、觀察使轄州而設,刺史爲其屬官,職任漸輕。從三品至正四品下。
[3]青州:州名。治所在今山東青州市。
[4]匡國軍:方鎮名。治所在同州(今陝西大荔縣)。

邠州楊崇本以兵六萬攻雍州,[1]屯于美原。[2]是時,太祖方與諸將攻滄州,[3]知俊不俟命,與康懷英等擊敗崇本,[4]斬馘二萬,[5]獲馬三千匹,執其偏裨百人。[6]

[1]邠州:州名。治所在今陝西彬縣。此處指代靜難軍。 楊崇本:人名。籍貫不詳。李茂貞義子。唐末、五代軍閥。傳見《舊五代史》卷一三、本書卷四〇。 雍州:地名。即京兆府,今陝西西安市。
[2]美原:縣名。治所在今陝西富平縣美原鎮。
[3]滄州:州名。治所在今河北滄州市。
[4]康懷英:人名。本名懷貞,避後梁末帝朱友貞諱改懷英。兗州(今山東濟寧市兗州區)人。唐末、五代將領。傳見《舊五代史》卷二三、本書卷二二。
[5]馘:古代戰爭割取敵人之左耳稱馘。
[6]偏裨:官名。即副將的統稱,相對主將而言。亦稱裨將軍。品秩不詳。

李思安爲夾城攻潞州，[1]久不下，太祖罷思安，拜知俊行營招討使，[2]未至潞，夾城已破，徙西路行營招討使，敗邠、岐兵於幕谷。[3]是時，延州高萬興叛楊崇本降梁，[4]太祖遣知俊會萬興，攻下丹、延、鄜、坊四州，[5]加檢校太尉兼侍中，[6]封大彭郡王。知俊功益高，太祖性多猜忌，屢殺諸將，王重師無罪見殺，[7]知俊益懼，不自安。太祖已下鄜、坊，遣知俊復攻邠州，知俊以軍食不給未行。

　　[1]李思安：人名。河南陳留（今河南開封市陳留鎮）人。五代後梁將領。傳見《舊五代史》卷一九。　潞州：州名。治所在今山西長治市。

　　[2]行營招討使：武官名。五代自後梁至後周均設行營招討使，負責某一路某一道或某一方征討、招撫之事。掌管區域較大而且長官資深者，則委以諸道行營都招討使和副都招討使，否則爲行營招討使和副招討使。品秩不詳。

　　[3]岐：此處指鳳翔節度使、岐王李茂貞所在地。　幕谷：地名。一作"漠谷"。位於今陝西乾縣西北。

　　[4]延州：州名。治所在今陝西延安市。　高萬興：人名。延州（今陝西延安市）人。五代將領，高懷遷之子。傳見《舊五代史》卷一三二、本書卷四〇。

　　[5]丹：州名。治所在今陝西宜川縣。　鄜：州名。治所在今陝西富縣。　坊：州名。治所在今陝西黃陵縣。

　　[6]檢校太尉：官名。爲散官或加官，以示恩寵，無實際執掌。品秩不詳。　侍中：官名。秦始置。隋、唐前期爲門下省長官。唐後期多爲大臣加銜，不參與政務，實際職務由門下侍郎執行。正二品。

[7]王重師：人名。許州長社（今河南許昌市）人。五代後梁將領。傳見《舊五代史》卷一九、本書卷二二。

太祖幸河中，[1]使宣徽使王殷召知俊。[2]其弟知浣爲親軍指揮使，[3]間遣人告知俊以不宜來。知俊遂叛，臣於李茂貞，[4]以兵攻雍、華，[5]執劉捍送于鳳翔。[6]太祖使人謂知俊曰："朕待卿至矣，何相負邪？"知俊報曰："王重師不負陛下而族滅，臣非背德，但畏死爾！"太祖復使語曰："朕固知卿以此，吾誅重師，乃劉捍誤我，致卿至此，吾豈不恨之邪？今捍已死，未能塞責。"知俊不報，以兵斷潼關。[7]

［1］河中：方鎮名。治所在河中府（今山西永濟市）。
［2］宣徽使：官名。唐始置。宣徽南院使、北院使通稱宣徽使。初用宦官，五代以後改用士人。通掌内諸司及三班内侍之名籍，郊祀、朝會、宴享供帳之儀，檢視内外進奉名物。品秩不詳。參見王永平《論唐代宣徽使》，《中國史研究》1995年第1期；王孫盈政《再論唐代的宣徽使》，《中華文史論叢》2018年第3期。　王殷：人名。即蔣殷。籍貫不詳。幼爲河中節度使王重盈養子，冒姓王氏。後梁太祖朱溫時官至宣徽院使。傳見《舊五代史》卷一三、本書卷四三。
［3］知浣：人名。即劉知浣。徐州沛縣（今江蘇沛縣）人。唐末將領。事見《舊五代史》卷四《梁太祖本紀四》、《通鑑》卷二六七。　指揮使：官名。唐末五代軍隊多置都指揮使、指揮使，爲統兵將領。品秩不詳。
［4］李茂貞：人名。深州博野（今河北蠡縣）人。唐末、五代軍閥。傳見《舊五代史》卷一三二、本書卷四〇。

[5]華：州名。治所在今陝西渭南市華州區。

[6]劉捍：人名。開封（今河南開封市）人。五代後梁將領。傳見《舊五代史》卷二〇、本書卷二一。 鳳翔：方鎮名。治所在鳳翔府（今陝西鳳翔縣）。

[7]潼關：地名。關隘重地。位於今陝西潼關縣東北。

太祖遣劉鄩、牛存節攻知俊，[1]知俊遂奔于茂貞。茂貞地狹，無以處之，使之西攻靈武。[2]韓遜告急，[3]太祖遣康懷英、寇彥卿等攻邠寧以牽之。[4]知俊大敗懷英於昇平，[5]殺梁將許從實。[6]茂貞大喜，以知俊爲涇州節度使，[7]使攻興元，[8]取興、鳳，圍西縣。[9]

[1]劉鄩：人名。密州安丘（今山東安丘市）人。唐末、五代將領。傳見《舊五代史》卷二三、本書卷二二。 牛存節：人名。青州博昌（今山東博興縣）人。唐末將領。傳見《舊五代史》卷二二、本書卷二二。

[2]靈武：郡名。治所在今寧夏吳忠市。唐乾元元年（758），改名靈州。此處指代治所在靈州的方鎮朔方軍。

[3]韓遜：人名。籍貫不詳。唐末、五代軍閥。傳見《舊五代史》卷一三二、本書卷四〇。

[4]寇彥卿：人名。河南開封（今河南開封市）人。唐末、五代將領。傳見《舊五代史》卷二〇、本書卷二一。

[5]昇平：縣名。治所在今陝西宜君縣。

[6]許從實：人名。籍貫不詳。劉萬子部將。事見本書本卷。

[7]涇州：州名。治所在今甘肅涇川縣。此處指代彰義軍。

[8]使攻興元："使"字原闕，據殿本、南監本、北監本、汪本、元刊本補。中華點校本補"使"，應是。興元，府名。治所在今陝西漢中市。

［9］西縣：縣名。治所在今陝西勉縣。

已而茂貞左右忌知俊功，以事間之，茂貞奪其軍。知俊乃奔于蜀，王建以爲武信軍節度使，[1]使返攻茂貞，取秦、鳳、階、成四州。[2]建雖待知俊甚厚，然亦陰忌其材，嘗謂左右曰："吾老矣，吾且死，知俊非爾輩所能制，不如早圖之！"而蜀人亦共嫉之。知俊爲人色黑，而其生歲在丑。建之諸子，[3]皆以"宗""承"爲名，乃於里巷構爲謠言曰："黑牛出圈棕繩斷。"建益惡之，遂見殺。

［1］王建：人名。許州舞陽（今河南舞陽縣）人。唐末軍閥、五代十國前蜀開國皇帝。傳見《舊五代史》卷一三六、本書卷六三。　武信軍：方鎮名。治所在遂州（今四川遂寧市）。

［2］秦：州名。治所在今甘肅天水市。　鳳：州名。治所在今陝西鳳縣。　階：州名。治所在今甘肅武都縣。　成：州名。治所在今甘肅成縣。

［3］諸子：據中華點校本校勘記，《舊五代史》卷一三《劉知俊傳》作"子孫"。按《太平廣記》卷一六三《王氏見聞》云劉知俊流入蜀，蜀人謠曰："黑牛無繫絆，棕繩一時斷。"王建聞之懼，曰："黑牛者，劉之小字；棕繩者，吾子孫之名也。蓋前輩連宗字，後輩連承字爲名，棕繩與宗承音同。吾老矣，得不爲子孫之患乎！"是王建諸子皆以"宗"爲名，諸孫皆以"承"爲名。

丁會

丁會字道隱，壽州壽春人也。[1]少工挽喪之歌，尤能悽愴其聲以自喜。後去爲盜，與梁太祖俱從黃巢。[2]

梁太祖鎮宣武，[3]以爲宣武都押衙。[4]

　　[1]壽州：州名。治所在今安徽壽縣。　壽春：縣名。治所在今安徽壽縣。
　　[2]黄巢：人名。曹州冤句（今山東菏澤市）人。唐末農民起義領袖。傳見《舊唐書》卷二〇〇下、《新唐書》卷二二五下。
　　[3]宣武：方鎮名。治所在汴州（今河南開封市）。
　　[4]都押衙：官名。"押衙"即"押牙"。唐、五代時期節度使辟署的屬官，有稱左、右都押衙或都押衙者。掌領方鎮儀仗侍衛、統率軍隊。品秩不詳。參見劉安志《唐、五代押牙（衙）考略》，《魏晋南北朝隋唐史資料》第16輯，1998年。

　　光啓四年，[1]東都張全義襲破河陽，[2]逐李罕之，[3]罕之召晋兵圍河陽，全義告急。是時，梁軍在魏，[4]乃遣會及葛從周等將萬人救之。[5]會等行至河陰，[6]謀曰："罕之料吾不敢渡九鼎，以吾兵少而來遠，且不虞吾之速至也。出其不意，掩其不備者，兵家之勝策也。"[7]乃渡九鼎，直趨河陽，戰于沇水，[8]罕之大敗，河陽圍解。

　　[1]光啓：唐僖宗李儇年號（885—888）。
　　[2]東都：地名。即後晋都城東京開封府（今河南開封市）。
張全義：人名。後因犯諱，改名張宗奭。亦作"張言"。濮州臨濮（今山東鄄城縣）人。唐末、五代後梁、後唐將領。傳見《舊五代史》卷六三、本書卷四五。　河陽：方鎮名。全稱"河陽三城"。治所在孟州（今河南孟州市）。
　　[3]李罕之：人名。陳州項城（今河南項城市）人。唐末、五代軍閥。傳見《新唐書》卷一八七、《舊五代史》卷一五、本書卷

四二。

　　[4]魏：州名。治所在今河北大名縣。

　　[5]葛從周：人名。濮州鄄城（今山東鄄城縣）人。唐末、五代後梁將領。傳見《舊五代史》卷一六、本書卷二一。

　　[6]河陰：縣名。治所在今河南滎陽市。

　　[7]九鼎：地名。黃河渡口，位於今河南孟州市境內。

　　[8]沇（yǎn）水：即沇河，當爲今山西垣曲縣東之沇西河。

　　大順元年，[1]梁軍擊魏，會及葛從周破黎陽、臨河，[2]遂敗羅弘信于内黄。[3]梁軍攻時溥於徐州，遣會別攻宿州，[4]刺史張筠閉城距守，[5]會堰汴水浸其東城，[6]城壞，筠降。兖州朱瑾以兵萬餘擊單父，[7]會及瑾戰于金鄉，[8]大敗之。

　　[1]大順：唐昭宗李曄年號（890—891）。

　　[2]黎陽：縣名。治所在今河南浚縣東。　臨河：縣名。治所在今河南浚縣東北。

　　[3]羅弘信：人名。魏州貴鄉（今河北大名縣）人。唐末、五代軍閥。傳見《舊唐書》卷一八一、《新唐書》卷二一〇。　内黄：縣名。治所在今河南内黄縣。

　　[4]宿州：州名。治所在今安徽宿州市。

　　[5]張筠：人名。海州（今江蘇連雲港市海州區）人。唐末及五代後梁、後唐將領。傳見《舊五代史》卷九〇、本書卷四七。

　　[6]會堰汴水浸其東城："城"字原闕，中華點校本據遞修本、浙江本、宗文本補，今從。汴水，水名。隋開通濟渠，因自滎陽至開封一段即原來的汴水，故唐、宋人遂將出自河至入淮之通濟渠東段全流統稱爲汴水或汴渠。

　　[7]兖州：州名。治所在今山東濟寧市兖州區。　朱瑾：人名。

宋州下邑（今河南夏邑縣）人。傳見本書卷四二。　單父：縣名。治所在今山東單縣。

[8]金鄉：縣名。治所在今山東金鄉縣。

　　光化二年，[1]李罕之叛晉，以潞州降梁。會自河陽攻晉澤州，下之。乃以會爲昭義軍留後，[2]會畏梁太祖雄猜，常稱疾者累年。

[1]光化：唐昭宗李曄年號（898—901）。

[2]昭義軍：方鎮名。治所在潞州（今山西長治市）。　留後：官名。原非正式命官，唐朝節度使入朝或宰相、親王遥領節度使不臨鎮則置。安史之亂後，節度使多以子弟或親信爲留後，以代行節度使職務，亦有軍士、叛將自立爲留後者。掌一州或數州軍政。北宋始爲朝廷正式命官。

　　天復元年，[1]太祖復起會爲昭義軍節度使。昭宗遇弑，[2]會與三軍縞素發哀。梁軍攻燕滄州，燕王劉守光乞師于晉，[3]晉人爲攻潞州，會乃降晉。晉王以會歸于太原，[4]賜以甲第，[5]位在諸將上。

[1]天復：唐昭宗李曄年號（901—904）。

[2]昭宗：即唐昭宗李曄，888年至904年在位。紀見《舊唐書》卷二〇上、《新唐書》卷一〇。

[3]劉守光：人名。深州樂壽（今河北獻縣）人。唐末幽州節度使劉仁恭之子。劉守光囚父自立，後號大燕皇帝，爲晉王李存勖俘殺。傳見《舊五代史》卷一三五、本書卷三九。"劉"字原闕，中華點校本據宗文本補，今從。

[4]太原：府名。治所在今山西太原市晉陽城遺址。
[5]甲第：指豪門貴族的住宅。

莊宗立，[1]以會爲都招討使。[2]天祐七年，[3]以疾卒于太原。唐興，追贈太師。[4]

[1]莊宗：即李存勖，小字亞子，沙陀人，太原（今山西太原市）人。李克用之子，五代後唐開國皇帝。紀見《舊五代史》卷二七至卷三四及本書卷四、卷五。
[2]都招討使：官名。自五代後梁至後周均設此職，掌同招討使，負責某一路某一道或某一方征討、招撫之事。掌管區域較大而且長官資深者，則委以諸道行營都招討使和副都招討使，否則爲行營招討使和副招討使。品秩不詳。
[3]天祐：唐昭宗李曄開始使用的年號（904—907）。唐哀帝李柷沿用。唐亡後，河東李克用、李存勖仍稱天祐，沿用至天祐二十年（923）。五代十國其他政權亦有行此年號者，如南吳、吳越等。
[4]太師：官名。與太傅、太保並爲三師，唐後期、五代多爲大臣、勛貴加官。正一品。

賀德倫

賀德倫，河西人也。[1]少爲滑州牙將。[2]梁太祖兼領宣義，[3]德倫從太祖征伐，以功累遷平盧軍節度使。[4]

[1]河西：地名。位於今甘肅武威市。
[2]滑州：州名。治所在今河南滑縣。　牙將：官名。古代軍隊中的中低級軍官。品秩不詳。

［3］宣義：方鎮名。治所在滑州（今河南滑縣）。
［4］平盧軍：方鎮名。治所在青州（今山東青州市）。

貞明元年，[1]魏州楊師厚卒，[2]末帝以魏兵素驕難制，[3]乃分相、澶、衛三州建昭德軍，[4]以張筠爲節度使；魏、博、貝三州仍爲天雄軍，[5]以德倫爲節度使。遣劉鄩以兵六萬渡河，聲言攻鎮定，[6]王彥章以騎兵五百入魏州，[7]屯金波亭以虞變；[8]分魏牙兵之半入昭德。租庸使遣孔目吏閱魏兵籍，[9]檢校府庫。德倫促牙兵上道，牙兵親戚相訣別，哭聲盈塗。效節軍將張彥謀於其衆曰：[10]"朝廷以我軍府彊盛，設法殘破之。況我六州舊爲藩府，未嘗遠出河門，一旦離親戚，去鄉里，生不如死。"乃相與夜攻金波亭，彥章走出。遲明，魏兵攻牙城，[11]殺五百餘人，執德倫致之樓上，縱兵大掠。

［1］貞明：後梁末帝朱友貞年號（915—921）。
［2］楊師厚：人名。潁州斤溝（今安徽太和縣阮橋鎮斤溝集）人。唐末、五代後梁將領。傳見《舊五代史》卷二二、本書卷二三。
［3］末帝：即後梁末帝朱友貞。後梁太祖朱溫之子。913年至923年在位。紀見《舊五代史》卷八至一〇、本書卷三。
［4］相：州名。治所在安陽縣（今河南安陽市）。　澶：州名。治所在今河南濮陽市。　衛：州名。治所在今河南衛輝市。　昭德軍：方鎮名。治所在相州（今河南安陽市）。
［5］博：州名。治所在今山東聊城市。　貝：州名。治所在今河北清河縣。　天雄軍：方鎮名。亦稱"魏博軍"。唐天祐元年（904）以魏博節度使號爲天雄軍，治所在魏州（今河北大名縣）。

[6]鎮定：地名。正定古稱。正定，縣名，治所在今河北正定縣。

[7]王彥章：人名。鄆州壽張（今山東梁山縣）人。五代後梁將領。傳見《舊五代史》卷二一、本書卷三二。

[8]金波亭：亭名。位於魏州城（今河北大名縣東）內。

[9]租庸使：官名。唐代爲主持催徵租庸地稅的財政官員。五代後梁、後唐時，租庸使取代鹽鐵、度支、户部，爲中央財政長官。品秩不詳。　孔目吏：吏職名。即孔目官。唐置，爲各府州及方鎮孔目院屬員，掌文書簿籍或財計出納事務，隸都孔目。因軍府細事皆經其手，一孔一目無不綜理，故名。

[10]效節：部隊番號。　張彥：人名。籍貫不詳。五代後梁軍校。事見《舊五代史》卷八《梁末帝本紀上》。

[11]牙城：唐、五代藩鎮主帥所居之城。

末帝遣供奉官扈異馳至魏諭彥，[1]許以刺史。彥謂異曰：“爲我報皇帝，三軍不負朝廷，朝廷負三軍，割隸無名，所以亂耳。但以六州還魏，而詔劉鄩反兵，皇帝可以高枕。”異還，言彥狂蹶不足畏，宜促鄩兵擊之。末帝使人諭彥，以制置已定，不可復易。使者三反，彥怒曰：“傭保兒敢如是邪！”乃召羅紹威故吏司空頲曰：[2]“爲我作奏，若復依違，則渡河虜之耳！”末帝優詔答之，言：“王鎔死，鎮人請降，遣鄩以兵定鎮州，非有佗也，若魏不便之，即召鄩還。”[3]戒彥勿爲朝廷生事。

[1]供奉官：官名。泛指侍奉皇帝左右的臣僚，亦爲東、西頭供奉官通稱。品秩不詳。　扈異：人名。籍貫不詳。後梁末帝時供

奉官。本書僅此一見。

[2]羅紹威：人名。魏州貴鄉（今河北大名縣）人。唐末軍閥。傳見《舊五代史》卷一四、本書卷三九。　司空頲：人名。貝州清陽（今河北清河縣）人。唐末、五代將領。《舊五代史》卷七一、本書卷五四。

[3]王鎔：人名。回鶻人。唐末、五代軍閥，朱溫後封趙王。傳見《舊五代史》卷五四、本書卷三九。

彥乃以楊師厚鎮魏州嘗帶招討使，逼德倫論列之，末帝不許，諭以詔書，彥裂詔書抵于地，曰：「愚主聽人穿鼻，難與共事矣！」乃迫德倫降晉，德倫惶恐曰：「惟將軍命。」乃遣牙將曹廷隱奉書莊宗。[1]

[1]曹廷隱：人名。魏州（治今河北大名縣）人。五代後梁將領。傳見《舊五代史》卷七一。

莊宗入魏，德倫以彥逼己，遣人陰訴於莊宗，莊宗斬彥於臨清而後入。[1]徙德倫爲大同軍節度使。[2]行至太原，監軍張承業留之。[3]王檀攻太原，[4]德倫麾下多奔檀，承業懼德倫爲變，殺之。

[1]臨清：縣名。治所在今山東臨清市。
[2]大同軍：方鎮名。治所在雲州（今山西大同市）。
[3]監軍：官名。爲臨時差遣，代表朝廷協理軍務、督察將帥。唐、五代時常以宦官爲監軍。因督察多路兵馬，故稱「都監」或「都都監」。品秩不詳。　張承業：人名。同州（今陝西大荔縣）人。唐末、五代宦官，河東監軍。傳見《舊五代史》卷七二、本書

卷三八。

[4]王檀：人名。京兆（今陝西西安市）人。後梁將領。傳見《舊五代史》卷二二、本書卷二三。

閻寶

閻寶字瓊美，鄆州人也。[1]少爲朱瑾牙將，瑾走淮南，[2]寶降於梁。梁太祖時，爲諸軍都虞候，[3]常從諸將征伐，未嘗獨立戰功。至末帝時，以寶爲保義軍節度使。[4]

[1]鄆州：州名。治所在今山東東平縣。
[2]淮南：方鎮名。治所在揚州（今江蘇揚州市）。
[3]都虞候：官名。唐、五代方鎮高級軍官。品秩不詳。
[4]保義軍：方鎮名。治所在陝州（今河南三門峽市陝州區）。

貞明三年，[1]賀德倫以魏博降晉，晉軍攻下洺、磁、相、衛，[2]移兵圍邢州。[3]末帝遣捉生都指揮使張溫將五百騎救寶，[4]溫至內黃，遇晉軍，乃降晉。晉遣溫將所降梁軍至城下招寶，寶遂降晉。晉王拜寶檢校太尉、同中書門下平章事，[5]領天平軍節度使、東南面招討使，[6]位在諸將上。

[1]貞明三年：據中華點校本校勘記，本卷《賀德倫傳》、本書卷三《梁本紀》、《舊五代史》卷八《梁末帝紀上》、卷二一《賀德倫傳》、《通鑑》卷二六九皆繫其事於貞明元年（915）。
[2]洺：州名。治所在今河北邯鄲市永年區。　磁：州名。治所在今河北磁縣。

[3]邢州：州名。治所在今河北邢臺市。

[4]捉生都指揮使：官名。所部統兵將領。"捉生"爲部隊番號。品秩不詳。　張溫：人名。魏州魏縣（今河北魏縣）人。五代後梁、後唐將領。傳見《舊五代史》卷五九。

[5]檢校太尉：官名。爲散官或加官，以示恩寵，無實際執掌。太尉，與司徒、司空並爲三公。品秩不詳。　同中書門下平章事：官名。簡稱"同平章事"。唐高宗以後，凡實際任宰相之職者，常在其本官後加同平章事的職銜。後成爲宰相專稱。品秩不詳。

[6]天平軍：方鎮名。治所在鄆州（今山東東平縣）。

梁、晉戰胡柳，[1]晉軍敗。莊宗欲引兵退保臨濮，[2]寶曰："夫決勝料勢，決戰料情，情勢既得，斷在不疑。今梁兵寙蹙，其勢可破；勝而驕怠，其情可知。此不可失之時也。"莊宗謝曰："微公，幾敗吾事。"乃整軍復戰，遂敗梁兵。

[1]胡柳：地名。即胡柳陂。位於今河南濮陽縣。
[2]臨濮：縣名。治所在今山東鄄城縣。

十八年，[1]晉軍討張文禮於鎮州，[2]以寶爲招討使。明年三月，寶戰敗，退保趙州。[3]憋憤發疽卒，追贈太師。晉天福中，[4]追封太原王。

[1]十八年：此處指天祐十八年（921）。李克用及子李存勗在唐亡及朱溫建立後梁後，仍稱唐，沿用唐哀帝時的天祐年號，從天祐五年至二十年，即908年至923年，凡16年。

[2]張文禮：人名。燕（今河北北部）人。五代將領。傳見

《舊五代史》卷六二。

[3]趙州：州名。治所在今河北趙縣。

[4]天福：五代後晉高祖石敬瑭年號（936—942），出帝石重貴沿用至天福九年（944）。

康延孝

康延孝，代北人也。[1]爲太原軍卒，有罪亡命于梁。末帝遣段凝軍于河上，[2]以延孝爲左右先鋒指揮使。[3]延孝見梁末帝任用羣小，知其必亡，乃以百騎奔于唐。見莊宗于朝城，[4]莊宗解御衣、金帶以賜之。拜延孝博州刺史、捧日軍使兼南面招收指揮使。[5]

[1]代北：方鎮名。治所在代州（今山西代縣）。

[2]段凝：人名。開封（今河南開封市）人。其妹爲朱溫美人，因其妹而爲朱溫親信。五代後梁將領，後投後唐。傳見《舊五代史》卷七三、本書卷四五。

[3]左右先鋒指揮使：官名。先鋒，即先鋒部隊。指揮使，爲所部統兵將領。品秩不詳。據中華點校本校勘記，"左右"，《舊五代史》卷二九《唐莊宗本紀三》、《册府》卷一二六同，《舊五代史》卷七四《康延孝傳》、《通鑑》卷二七二、《册府》卷一六六作"右"。

[4]朝城：縣名。治所在今山東莘縣。

[5]博州：州名。治所在今山東聊城市。　捧日：部隊番號。軍使：官名。掌領本軍軍務，或兼理地方政務。品秩不詳。《新唐書》卷五〇《兵志》："唐初，兵之戍邊者，大曰軍，小曰守捉，曰城，曰鎮……武德至天寶以前邊防之制，其軍、城、鎮、守捉皆有使。"　指揮使：官名。唐末五代軍隊多置都指揮使、指揮使，爲統兵將領。品秩不詳。據中華點校本校勘記，"招收"，《舊五代

史》卷七四《康延孝傳》、《册府》卷一六六、卷三八七及《通鑑》卷二七二作"招討"。

莊宗屏人問延孝梁事，延孝具言："末帝懦弱。趙巖婿也，張漢傑婦家，皆用事。段凝姦邪，以入金多爲大將，自其父時故將皆出其下。王彥章，驍將也，遣漢傑監其軍而制之。小人進任，而忠臣勇士皆見疏斥，此其必亡之勢也。"[1]莊宗又問梁計如何，曰："臣在梁時，竊聞其議：期以仲冬大舉，遣董璋以陝虢、澤潞之衆出石會以攻太原；霍彥威以關西、汝洛之兵掠邢洺以趨鎮定；王彥章以京師禁衛擊鄆州；段凝以河上之軍當陛下。"[2]莊宗初聞延孝言梁必亡，喜，及聞其大舉也，懼，曰："其將何以禦之？"延孝曰："梁兵雖衆，分則無餘。臣請待其既分，以鐵騎五千自鄆趨汴，出其不意，擣其空虛，不旬日，天下定矣。"莊宗甚壯其言。後董璋等雖不出兵，而梁兵悉屬段凝于河上，[3]京師無備，莊宗卒用延孝策，自鄆入汴，凡八日而滅梁。以功拜鄭州防禦使，賜姓名曰李紹琛。二年，遷保義軍節度使。[4]

[1]趙巖：人名。陳州宛丘（今河南淮陽縣）人。朱溫女婿，忠武軍節度使趙犨次子。事見《舊五代史》卷一四《趙犨傳》、本書卷四二《趙犨傳》。　張漢傑：人名。清河（今河北清河縣）人。五代後梁大臣，張歸霸之子。事見《舊五代史》卷一〇、本書卷三二。

[2]董璋：人名。籍貫不詳。五代後梁、後唐將領。傳見《舊

五代史》卷六二、本書卷五一。　陝虢：方鎮名。治所在陝州（今河南三門峽市陝州區），唐龍紀元年（889）改爲保義軍。　澤潞：方鎮名。治所在潞州（今山西長治市）。　石會：關隘名。即石會關。位於今山西省榆社縣西北。爲澤、潞和太原間交通要扼之地。
　　霍彥威：人名。洺州曲周（今河北曲周縣）人。五代後梁將領霍存之養子。後梁、後唐將領。傳見《舊五代史》卷六四、本書卷四六。　關西：泛指函谷關或潼關以西的地區。
　　[3]梁兵悉屬段凝于河上："兵"字原闕，據殿本、南監本、北監本、汪本、元刊本補，中華點校本作"梁兵"，應是。
　　[4]保義軍：方鎮名。治所在今河南三門峽市。

　　三年，征蜀，以延孝爲先鋒、排陣斬斫使，[1]破鳳州，取固鎮，[2]降興州。[3]與王衍戰三泉，[4]衍敗走，斷吉柏江浮橋，[5]延孝造舟以渡，進取綿州。[6]衍復斷綿江浮橋。延孝謂招撫使李嚴曰：[7]"吾遠軍千里，入人之國，利在速戰。乘衍破膽之時，但得百騎過鹿頭關，[8]彼將迎降不暇。若修繕橋梁，必留數日，使衍得閉關爲備，則勝負未可知也。"因與嚴乘馬浮江，軍士隨之濟者千餘人，遂入鹿頭關，下漢州，[9]居三日，後軍始至。衍弟宗弼果以蜀降。[10]延孝屯漢州，以俟魏王繼岌。[11]

　　[1]先鋒、排陣斬斫使：武官名。唐節度使所屬武官，五代後梁時亦設，爲先鋒之職。品秩不詳。
　　[2]固鎮：地名。位於今甘肅徽縣。
　　[3]興州：州名。治所在今陝西略陽縣。
　　[4]王衍：人名。許州舞陽（今河南舞陽縣）人。王建幼子，五代十國前蜀皇帝。傳見《舊五代史》卷一三六、本書卷六三。

三泉：地名。位於今四川廣元市。

[5]吉柏江：江名。即今四川廣元市西南昭化鎮北之嘉陵江。

[6]綿州：州名。治所在今四川綿陽市。

[7]招撫使：官名。掌招撫征伐之事。係臨時設置之統兵官。品秩不詳。　李嚴：人名。幽州（今北京市）人。五代將領。《舊五代史》卷七〇、本書卷二六。

[8]鹿頭關：位於今四川省德陽市北鹿頭灣。唐築，與白馬關西東相對。唐代不但爲劍州（治今四川劍閣縣）、綿州（治今四川綿陽市）西南入成都之門户，且爲梓州（治今四川三臺縣）西入成都必經之地，故爲東西兩川交通要隘、成都北面門户。

[9]漢州：州名。治所在今四川廣漢市。

[10]宗弼：人名。即王宗弼。五代前蜀宗室、大臣。王建養子。傳見本書卷六三。

[11]繼岌：人名。即李繼岌。後唐莊宗長子。傳見《舊五代史》卷五一、本書卷一四。

　　蜀平，延孝功爲多。左厢馬步軍都指揮使董璋位在延孝下，[1]然特見重於郭崇韜。[2]崇韜有軍事，獨召璋與計議，而不問延孝，延孝大怒，責璋曰："吾有平蜀之功，公等僕遫相從，反俛首郭公之門，吾爲都將，獨不能以軍法斬公邪？"璋訴于崇韜，崇韜解璋軍職，表爲東川節度使，[3]延孝愈怒曰："吾冒白刃，犯險阻，以定兩川，璋有何功而得旄節！"因見崇韜言其不可。崇韜曰："紹琛反邪？敢違吾節度！"延孝懼而退。明年崇韜死，延孝謂璋曰："公復俛首何門邪？"璋求哀以免。

　　[1]左厢馬步軍都指揮使：據中華點校本校勘記，"左"，本書

卷五一《董璋傳》、《舊五代史》卷三三《唐莊宗本紀七》、卷七四《康延孝傳》作"右"。

[2]郭崇韜：人名。代州雁門（今山西代縣）人。五代後唐大臣。傳見《舊五代史》卷五七、本書卷二四。

[3]東川：指劍南東川節度使，簡稱東川。至德二載（757）分劍南節度使東部地區置劍南東川節度使，治所在梓州（今四川三臺縣）。

繼岌班師，命延孝以萬二千人爲殿，行至武連，[1]聞朱友謙無罪見殺。[2]友謙有子令德在遂州，[3]莊宗遣使者詔繼岌即誅之。繼岌不遣延孝，而遣董璋，延孝已自疑，及璋過延孝軍，又不謁，延孝大怒，謂其下曰："南平梁，西取蜀，其謀盡出於郭公；而汗馬之勞，攻城破敵者我也。今郭公已死，我豈得存？而友謙與我俱背梁以歸唐者，友謙之禍次及我矣！"延孝部下皆友謙舊將，知友謙被族，皆號哭訴于軍門曰："朱公無罪，二百口被誅，舊將往往從死，我等死必矣！"延孝遂擁其衆自劍州返入蜀，[4]自稱西川節度、三川制置等使。[5]馳檄蜀人，數日之間，衆至五萬。繼岌遣任圜以七千騎追之，[6]及于漢州，會孟知祥夾攻之，[7]延孝戰敗，被擒，載以檻車。[8]

[1]武連：縣名。治所在今四川劍閣縣武連鎮。

[2]朱友謙：人名。許州（今河南許昌市）人。朱溫養子，唐末、五代軍閥。傳見《舊五代史》卷六三、本書卷四五。

[3]令德：人名。即朱令德。許州（今河南許昌市）人。五代後唐軍閥。朱友謙之子。事見《舊五代史》卷六三《朱友謙傳》、

本書卷四五《朱友謙傳》。　遂州：州名。治所在今四川遂寧市。

［4］劍州：州名。治所在今四川劍閣縣。

［5］制置：即制置使。官名。唐後期臨時差遣官，爲地方用兵時控制該地秩序而設。品秩不詳。

［6］任圜：人名。京兆三原（今陝西三原縣）人。五代後唐將領、大臣。傳見《舊五代史》卷六七、本書卷二八。

［7］孟知祥：人名。邢州龍岡（今河北邢臺市）人。李克用女婿，五代十國後蜀開國皇帝。傳見《舊五代史》卷一三六、本書卷六四。

［8］檻車：古代特製的裝有栅欄的囚車。

　　圜置酒軍中，引檻車至坐上，知祥酌大卮從車中飲之而謂曰："公自梁朝脱身歸命，遂擁節旄。[1]今平蜀之功，何患富貴，而入此檻車邪？"延孝曰："郭崇韜佐命之臣，功在第一，兵不血刃而取兩川，一旦無罪，闔門受戮。顧如延孝，何保首領？以此不敢歸朝耳！"任圜東還，延孝檻車至鳳翔，莊宗遣宦者殺之。

［1］節旄：亦作"節氂"。古代符節上所飾的氂牛尾。此處代指節度使。

新五代史　卷四五

雜傳第三十三

張全義　朱友謙　袁象先　朱漢賓　段凝　劉玘
周知裕　陵思鐸

張全義

張全義字國維，濮州臨濮人也。[1]少以田家子役于縣，縣令數困辱之，全義因亡入黃巢賊中。[2]巢陷長安，[3]以全義爲吏部尚書、水運使。[4]巢賊敗，去事諸葛爽于河陽。[5]爽死，事其子仲方。[6]

[1]濮州：州名。治所在今山東甄城縣。　臨濮：縣名。治所在今山東鄄城縣。

[2]黃巢：人名。曹州冤句（今山東菏澤市）人。唐末農民起義領袖。傳見《舊唐書》卷二〇〇下、《新唐書》卷二二五下。

[3]長安：地名。即今陝西西安市。

[4]吏部尚書：官名。爲尚書省吏部最高長官，與二侍郎分掌六品以下文官選授、勛封、考課之政令。正三品。　水運使：官名。此爲黃巢特署職官。負責軍需的水路轉運、供給。品秩不詳。

[5]諸葛爽：人名。青州博昌（今山東博興縣）人。唐末軍閥，時爲河陽節度使。傳見《舊唐書》卷一八二、《新唐書》卷一八七。　河陽：方鎮名。全稱"河陽三城"。治所在孟州（今河南孟州市）。

[6]仲方：人名。即諸葛仲方。青州博昌（今山東博興縣）人。唐末軍閥。事見《通鑑》卷二五六。

仲方爲孫儒所逐，[1]全義與李罕之分據河陽、洛陽以附于梁，[2]二人相得甚歡。然罕之性貪暴，日以寇鈔爲事。全義勤儉，御軍有法，督民耕殖。以故，罕之常乏食，而全義常有餘。罕之仰給全義，全義不能給，二人因有隙。

[1]孫儒：人名。河南府（今河南洛陽市）人。唐末軍閥。傳見《新唐書》卷一八八。
[2]李罕之：人名。陳州項城（今河南項城市）人。唐末、五代軍閥。傳見《新唐書》卷一八七、《舊五代史》卷一五、本書卷四二。　洛陽：地名。即今河南洛陽市。

罕之出兵攻晉、絳，[1]全義襲取河陽，罕之奔晉，晉遣兵助罕之，圍全義甚急。全義乞兵于梁，梁遣牛存節、丁會等以兵萬人自九鼎渡河，[2]擊敗罕之於沇水，[3]晉軍解去。梁以丁會守河陽，全義還爲河南尹。[4]全義德梁出己，由是盡心焉。

[1]晉：州名。治所在今山西臨汾市。　絳：州名。治所在今山西新絳縣。

[2]牛存節：人名。青州博昌（今山東博興縣）人。唐末將領。傳見《舊五代史》卷二二、本書卷二二。 丁會：人名。壽春（今安徽壽縣）人。唐末將領。傳見《舊五代史》卷五九、本書卷四四。 九鼎：地名。黃河渡口，位於今河南孟州市境内。

[3]沇（yǎn）水：即沇河，當爲今山西垣曲縣東之沇西河。

[4]河南尹：官名。唐開元元年（713）改洛州爲河南府，治所在今河南洛陽市，由河南府尹總其政務。從三品。

是時，河南遭巢、儒兵火之後，城邑殘破，户不滿百，全義披荆棘，勸耕殖，躬載酒食，勞民畎畝之間，築南、北二城以居之。數年，人物完盛，民甚賴之。及梁太祖劫唐昭宗東遷，[1]繕理宫闕、府廨、倉庫，皆全義之力也。

[1]梁太祖：即朱溫。宋州碭山（今安徽碭山縣）人。五代後梁開國皇帝。紀見《舊五代史》卷一至卷七、本書卷一至卷二。唐昭宗：即唐昭宗李曄，888年至904年在位。紀見《舊唐書》卷二〇上、《新唐書》卷一〇。

全義初名言，唐昭宗賜名全義。唐亡，全義事梁，又請改名，太祖賜名宗奭。太祖猜忌，晚年尤甚，全義奉事益謹，卒以自免。

自梁與晉戰河北，兵數敗亡，全義輒蒐卒伍鎧馬，月獻之以補其缺。太祖兵敗蓚縣，[1]道病，還洛，幸全義會節園避暑，[2]留旬日，全義妻女皆迫淫之。其子繼祚憤恥不自勝，[3]欲剚刃太祖，[4]全義止之曰："吾爲李罕之兵圍河陽，啖木屑以爲食，惟有一馬，欲殺以餉軍，死在朝夕，而梁兵出之，得至今日，此恩不可忘也。"繼祚乃止。

［1］蓨縣：縣名。治所在今河北景縣。
［2］會節園：園林名。位於今河南洛陽市。
［3］繼祚：人名。即張繼祚。濮州臨濮（今山東鄄城縣）人。五代將領。張全義之子。傳見《舊五代史》卷九六。
［4］剚（zì）：指用刀刺入。

嘗有言全義於太祖者，太祖召全義，其意不測。全義妻儲氏明敏有口辯，[1]遽入見，厲聲曰："宗奭，種田叟爾！守河南三十年，開荒斸土，捃拾財賦，助陛下創業，今年齒衰朽，已無能爲，而陛下疑之，何也？"太祖笑曰："我無惡心，嫗勿多言。"

［1］儲氏：人名。籍貫不詳。張全義之妻。事見《舊五代史》卷六三《張全義傳》。

全義事梁，累拜中書令，[1]食邑至萬三千户，[2]兼領忠武陝虢鄭滑河陽節度使、判六軍諸衛事、天下兵馬副元帥，[3]封魏王。

［1］中書令：官名。漢代始置，隋、唐前期爲中書省長官，屬宰相之職；唐後期多爲授予元勳大臣的虛銜。正二品。
［2］食邑：即采邑，官員可以收其賦稅自用的封地。
［3］忠武：方鎮名。治所在許州（今河南許昌市）。　陝虢：方鎮名。治所在陝州（今河南三門峽市陝州區），唐龍紀元年

(889）改爲保義軍。　　鄭滑：方鎮名。即義成軍。治所在滑州（今河南滑縣）。　　判六軍諸衛事：官名。五代後唐沿唐代舊制，置六軍諸衛，以判六軍諸衛事爲禁軍六軍與諸衛的最高統帥。品秩不詳。　　天下兵馬副元帥：唐代朝廷有重大軍事行動，則置元帥，統率天下軍隊。副元帥爲元帥之副。品秩不詳。

初，全義爲李罕之所敗，其弟全武及其家屬爲晉兵所得，[1]晉王給以田宅，[2]待之甚厚，全義常陰遣人通問於太原。[3]及梁亡，莊宗入汴，[4]全義自洛來朝，泥首待罪，莊宗勞之曰："卿家弟姪，幸復相見。"全義俯伏感涕。年老不能進趨，遣人掖扶而登，宴犒盡歡，命皇子繼岌、皇弟存紀等皆兄事之。[5]全義因去梁所賜名，請復其故名。而全義猶不自安，乃厚賂劉皇后以自託。[6]

[1]全武：人名。即張全武。濮州臨濮（今山東鄄城縣）人。張全義之弟。本書僅此一見。

[2]晉王：即李克用。沙陀族。神武川新城（一説今山西山陰縣附近，一説今山西代縣）人。唐末軍閥，五代後唐太祖。紀見《舊五代史》卷二五、本書卷四。

[3]太原：府名。治所在今山西太原市。

[4]莊宗：即李存勗，小字亞子，沙陀人，太原（今山西太原市）人。李克用之子，後唐開國皇帝。紀見《舊五代史》卷二七至卷三四及本書卷四、卷五。　　汴：州名。治所在今河南開封市。

[5]繼岌：人名。即李繼岌。後唐莊宗長子。傳見《舊五代史》卷五一、本書卷一四。　　存紀：人名。李克用之子，莊宗李存勗之弟。傳見《舊五代史》卷五一、本書卷一四。

[6]劉皇后：指後唐莊宗劉皇后。魏州成安（今河北成安縣）

人。傳見《舊五代史》卷四九、本書卷一四。

初，梁末帝幸洛陽，[1]將祀天於南郊而不果，[2]其儀仗法物猶在，全義因請幸洛陽，白南郊儀物已具。莊宗大悦，加拜全義太師、尚書令。[3]明年十一月，[4]莊宗幸洛陽，南郊而禮物不具，因改用來年二月，然不以前語責全義。以皇后故，待之愈厚，數幸其第，命皇后拜全義爲父，改封齊王。

[1]梁末帝：即後梁末帝朱友貞。後梁太祖朱温之子。913年至923年在位。紀見《舊五代史》卷八至一〇、本書卷三。

[2]南郊：意爲都城南面之郊。代指南面郊區之祭天場所（圜丘），亦指祭天之禮（郊天）。古人用"郊""南郊""有事於南郊"指代在南郊之圜丘舉行的祭天典禮。

[3]太師：官名。與太傅、太保合稱三師，唐後期、五代多爲大臣、勛貴加官。正一品。　尚書令：官名。秦始置。隋、唐前期爲尚書省長官，與中書令、侍中並爲宰相。唐後期多爲大臣加銜，不參與政務。正二品。

[4]明年十一月：據中華點校本校勘記，按本卷上文云"加拜全義太師、尚書令"，下文又叙"莊宗幸洛陽，南郊而禮物不具"，據《舊五代史》卷三〇《唐莊宗本紀四》、《通鑑》卷二七二，二事皆在同光元年（923）。

初，莊宗滅梁，欲掘梁太祖墓，斲棺戮尸。全義以謂梁雖仇敵，今已屠滅其家，足以報怨，剖棺之戮，非王者以大度示天下也。莊宗以爲然，鏟去墓闕而已。

全義監軍嘗得李德裕平泉醒酒石，[1]德裕孫延古，[2]

因託全義復求之。監軍忿然曰："自黃巢亂後，洛陽園宅無復能守，豈獨平泉一石哉！"全義嘗在巢賊中，以爲譏己，因大怒，奏笞殺監軍者，天下冤之。其聽訟，以先訴者爲直，民頗以爲苦。

[1]監軍：官名。爲臨時差遣，代表朝廷協理軍務、督察將帥。唐、五代時常以宦官爲監軍。品秩不詳。　李德裕：人名。趙郡（今河北趙縣）人。李吉甫之子。唐武宗朝宰相。傳見《舊唐書》卷一七四、《新唐書》卷一八〇。　平泉：即平泉莊。李德裕所築之平泉山莊，故址位於今河南洛陽市。　醒酒石：石名。唐相李德裕於洛陽平泉別墅所置，醉即踞之以醒酒，故稱。

[2]延古：人名。即李延古。趙郡（今河北趙縣）人。李德裕之孫，李燁之子。唐末、五代大臣。事見《新唐書》卷一八〇、《通鑑》卷二六五。

同光四年，[1]趙在禮反於魏，[2]元行欽討賊無功，[3]莊宗欲自將討之，大臣皆諫以爲不可，因言明宗可將。[4]是時，郭崇韜、朱友謙皆已見殺，[5]明宗自鎮州來朝，[6]處之私第，莊宗疑之，不欲遣也。群臣固請，不從；最後全義力以爲言，莊宗乃從。已而明宗至魏果反，全義以憂卒，年七十五，謚曰忠肅。

[1]同光：後唐莊宗李存勖年號（923—926）。

[2]趙在禮：人名。涿州（今河北涿州市）人。五代後唐、後晉將領。傳見《舊五代史》卷九〇、本書卷四六。　魏：州名。治所在今河北大名縣。

[3]元行欽：人名。幽州（今北京市）人。五代後唐將領。傳

見《舊五代史》卷七〇、本書卷二五。

[4]明宗：李嗣源，沙陀人，應州金城（今山西應縣）人。李克用養子，逼宮李存勗後自立爲後唐皇帝。紀見《舊五代史》卷三五至卷四〇、本書卷六。

[5]郭崇韜：人名。代州雁門（今山西代縣）人。五代後唐大臣。傳見《舊五代史》卷五七、本書卷二四。　朱友謙：人名。許州（今河南許昌市）人。朱温養子，唐末、五代軍閥。傳見《舊五代史》卷六三、本書卷四五。

[6]鎮州：州名。治所在今河北正定縣。

子繼祚，[1]官至上將軍。[2]晉高祖時，[3]與張從賓反於河陽，[4]當族誅。[5]而宰相桑維翰以其父琪嘗事全義有恩，[6]乞全活之，不許，止誅繼祚及其妻子而已。

[1]繼祚：人名。即張繼祚。濮州臨濮（今山東鄄城縣）人。五代將領。張全義之子。五代將領。傳見《舊五代史》卷九六。

[2]上將軍：官名。唐置，掌宮禁宿衛。唐代置十六衛，即左右衛、左右驍衛、左右武衛、左右威衛、左右領軍衛、左右金吾衛、左右監門衛、左右千牛衛，各置上將軍，從二品；大將軍，正三品；將軍，從三品。

[3]晉高祖：即後晉高祖石敬瑭。五代後晉的建立者。紀見《舊五代史》卷七五至卷八一、本書卷八。

[4]張從賓：人名。籍貫不詳。五代將領。後晉時起兵響應范延光叛亂，兵敗溺亡。傳見《舊五代史》卷九七。

[5]族誅：也作族刑。因一人犯罪株連殺死親族的酷刑。有誅三族、七族、九族等名目。

[6]桑維翰：人名。洛陽（今河南洛陽市）人。初爲石敬瑭節度掌書記，石敬瑭稱帝後出任翰林學士、知樞密院事等職。傳見

《舊五代史》卷八九、本書卷二九。　珙：人名。即桑珙。洛陽（今河南洛陽市）人。張全義客將。事見《舊五代史》卷八九《桑維翰傳》、卷九六《張繼祚傳》。

朱友謙
　　朱友謙字德光，許州人也。[1]初名簡，以卒隸澠池鎮，[2]有罪亡去，爲盜石濠、三鄉之間，[3]商旅行路皆苦之。久之，去爲陝州軍校。[4]

　　[1]許州：州名。治所在今河南許昌市。
　　[2]澠池鎮：地名。位於今河南澠池縣。
　　[3]石濠：地名。亦作"石壕"，位於今河南三門峽市。　三鄉：地名。位於今河南宜陽縣。
　　[4]陝州：州名。治所在今河南三門峽市陝州區。此處指保義軍。

　　陝州節度使王珙，[1]爲人嚴酷，與其弟珂爭河中，[2]戰敗，其牙將李璠與友謙謀，[3]共殺珙，附于梁，梁太祖表璠代珙。[4]璠立，友謙復以兵攻之，璠得逃去，梁太祖又表友謙代璠。

　　[1]王珙：人名。唐河中節度使王重盈之子。傳見《新唐書》卷一八七。
　　[2]珂：人名。即王珂。王重榮兄王重簡之子，出繼王重榮。唐末、五代軍閥。傳見《舊唐書》卷一八二、《新唐書》卷一八七及《舊五代史》卷一四、本書卷四二。　河中：方鎮名。治所在河中府（今山西永濟市）。

[3]牙將：官名。古代軍隊中的中低級軍官。品秩不詳。 李璠（fán）：人名。籍貫不詳。唐末將領。事見《舊五代史》卷一、本書卷一。

[4]附于梁："梁"字原闕，中華點校本據遞修本、宗文本補，今從。

梁兵西攻李茂貞，[1]太祖往來過陝，友謙奉事尤謹，因請曰："僕本無功，而富貴至此，元帥之力也！且幸同姓，願更名以齒諸子。"太祖益憐之，乃更其名友謙，録以爲子。太祖即位，徙鎮河中，累遷中書令，[2]封冀王。

[1]李茂貞：人名。深州博野（今河北蠡縣）人。唐末、五代軍閥。傳見《舊五代史》卷一三二、本書卷四〇。

[2]中書令：官名。漢代始置，隋、唐前期爲中書省長官，屬宰相之職；唐後期多爲授予元勳大臣的虛銜。正二品。

太祖遇弑，友珪立，[1]加友謙侍中，[2]友謙雖受命，而心常不平。已而友珪使召友謙入覲，友謙不行，乃附于晋。友珪遣招討使韓勍將康懷英等兵五萬擊友謙。[3]晋王出澤、潞以救之，[4]遇懷英于解縣，[5]大敗之，追至白逕嶺，[6]夜秉炬擊之，懷英又敗，梁兵乃解去。友謙會晋王於猗氏，[7]友謙醉寢晋王帳中，晋王視之，顧左右曰："冀王雖甚貴，然恨其臂短耳！"

[1]友珪：人名。即朱友珪。後梁太祖朱温次子，殺朱温自立。後被追廢爲庶人。事見《舊五代史》卷八《梁末帝本紀上》、本書

卷三《梁本紀三》。

［2］侍中：官名。秦始置。隋、唐前期爲門下省長官。唐後期多爲大臣加銜，不參與政務，實際職務由門下侍郎執行。正二品。

［3］招討使：官名。唐始置。戰時任命，兵罷則省。常以大臣、將帥或地方軍政長官兼任。掌招撫、討伐等事務。品秩不詳。　韓勍（qíng）：人名。籍貫不詳。五代後梁將領。事見《舊五代史》卷七、本書卷四五。　康懷英：人名。本名懷貞，避後梁末帝朱友貞諱改懷英。兗州（今山東濟寧市兗州區）人。唐末、五代將領。傳見《舊五代史》卷二三、本書卷二二。

［4］澤：州名。治所在今山西澤州縣。　潞：州名。治所在今山西長治市。

［5］解縣：縣名。治所在今山西運城市解州鎮。

［6］白逕嶺：地名。位於今山西平陸縣。

［7］友謙會晉王於猗氏：此八字原闕，中華點校本據遞修本、宗文本補，今從。　猗氏：縣名。治所在今山西臨猗縣。

末帝即位，友謙復臣于梁而不絶晉也。貞明六年，[1]友謙遣其子令德襲同州，[2]逐節度使程全暉，[3]因求兼鎮。末帝初不許，已而許之，制命未至，友謙復叛，始絶梁而附晉矣。末帝遣劉鄩等討之，[4]鄩爲李存審所敗。[5]晉封友謙西平王，加守太尉，[6]以其子令德爲同州節度使。

［1］貞明：後梁末帝朱友貞年號（915—921）。

［2］令德：人名。即朱令德。許州（今河南許昌市）人。五代後唐軍閥。朱友謙之子。事見《舊五代史》卷六三《朱友謙傳》、本書卷四五《朱友謙傳》。　同州：州名。治所在馮翊縣（今陝西大荔縣）。

［3］程全暉：人名。籍貫不詳。後梁將領。事見《舊五代史》卷一〇、本書卷四五。

［4］劉鄩：人名。密州安丘（今山東安丘縣）人。後梁將領。傳見《舊五代史》卷二三、本書卷二二。

［5］李存審：人名。陳州宛丘（今河南淮陽縣）人。原姓符，名存。五代後唐將領。傳見《舊五代史》卷五六、本書卷二五。

［6］太尉：官名。與司徒、司空並爲三公，唐後期、五代多爲大臣、勛貴加官。正一品。

莊宗滅梁入洛，友謙來朝，賜姓名曰李繼麟，賜予鉅萬。明年，加守太師、尚書令，[1]賜鐵券恕死罪。[2]以其子令德爲遂州節度使，令錫忠武軍節度使，[3]諸子及其將校爲刺史者十餘人，[4]恩寵之盛，時無與比。

［1］太師：官名。與太傅、太保並爲三師，唐後期、五代多爲大臣、勛貴加官。正一品。

［2］鐵券：皇帝頒賜給功臣的鐵制詔令文書，功臣本人及後世如有犯罪，以此券爲證，即可推念其功而予以赦減。

［3］令錫：人名。即朱令錫。許州（今河南許昌市）人。五代將領。朱友謙之子。事見《舊五代史》卷六三《朱友謙傳》。　忠武軍：方鎮名。治所在陳州（今河南淮陽縣）。

［4］刺史：官名。州一級行政長官。漢武帝時始置，總掌考核官吏、勸課農桑、地方教化等事。唐中期以後，節度使、觀察使轄州而設，刺史爲其屬官，職任漸輕。從三品至正四品下。

是時，宦官、伶人用事，[1]多求賂于友謙，友謙不能給而辭焉，宦官、伶人皆怒。唐兵伐蜀，友謙閲其精兵，命其子令德將以從軍。及郭崇韜見殺，伶人景進言：[2]"唐兵初出時，友謙以爲討己，閱兵自備。"又言："與崇韜謀反。"且曰："崇韜所以反于蜀者，以友謙爲内應。友謙見崇韜死，謀與存乂爲郭氏報冤。"[3]莊宗初疑其事，羣伶、宦官日夜以爲言。友謙聞之大恐，將入朝以自明，將吏皆勸其毋行。友謙曰："郭公有大功於國，而以讒死，我不自明，誰爲我言者！"乃單車入朝。景進使人詐爲變書，告友謙反。莊宗惑之，乃徙友謙義成軍節度使，[4]遣朱守殷夜以兵圍其館，[5]驅友謙出徽安門外，[6]殺之，復其姓名。詔魏王繼岌殺令德於遂州，王思同殺令錫於許州，[7]夏魯奇族其家屬于河中。[8]魯奇至其家，友謙妻張氏率其宗族二百餘口見魯奇曰：[9]"朱氏宗族當死，願無濫及平人。"乃别其婢僕百人，以其族百口就刑。張氏入室取其鐵券示魯奇曰："此皇帝所賜也，不知爲何語！"魯奇亦爲之慙。

[1]伶人：即樂官。
[2]景進：人名。籍貫不詳。五代後唐莊宗朝伶官。傳見本書卷三七。
[3]存乂：人名。即李存乂。李克用之子，莊宗李存勗之弟。傳見《舊五代史》卷五一、本書卷一四。
[4]義成軍：方鎮名。治所在滑州（今河南滑縣）。
[5]朱守殷：人名。籍貫不詳。五代後唐將領。傳見《舊五代史》卷七四、本書卷五一。
[6]徽安門：洛陽城北面以西之門。位於今河南洛陽市。
[7]王思同：人名。幽州（今北京市）人。五代後唐將領。傳見《舊五代史》卷六五、本書卷三三。

[8]夏魯奇：人名。青州（今山東青州市）人。五代後唐將領。傳見《舊五代史》卷七〇、本書卷三三。

[9]張氏：人名。籍貫不詳。朱友謙之妻。事見本書本卷。

友謙死，其將史武等七人皆坐友謙族誅，[1]天下冤之。

[1]史武：人名。籍貫不詳。五代軍閥朱友謙部將，隨朱友謙事後梁、後唐。事見本書卷五《唐本紀》。

袁象先

袁象先，宋州下邑人，[1]唐南陽王恕己之後也。[2]父敬初，梁太府卿、駙馬都尉，[3]尚太祖妹，是爲萬安大長公主。[4]象先以梁甥爲宣武軍內外馬步軍都指揮使，[5]歷宿、洺、陳三州刺史。[6]太祖即位，累遷左龍武統軍、在京馬步軍都指揮使。[7]

[1]宋州：州名。治所在今河南商丘市。　下邑：縣名。治所在今河南夏邑縣。

[2]恕己：人名。即袁恕己。滄州東光（今河北東光縣）人。唐中宗朝宰相。傳見《舊唐書》卷九一、《新唐書》卷一二〇。

[3]太府卿：官名。南朝梁始置。太府寺長官。掌國家財帛庫藏出納、關市稅收等務。從三品。　駙馬都尉：漢武帝始置，魏晉以後，公主夫婿多加此稱號。從五品下。

[4]萬安大長公主：後梁太祖朱溫之妹。初封沛郡太君。開平中，追封長公主。貞明中，追封萬安大長公主。事見《舊五代史》卷五九《袁象先傳》。

[5]宣武軍：方鎮名。唐舊鎮，治所在汴州（今河南開封市）。後梁開平元年（907）升汴州爲東京開封府。開平三年（909）置宣武軍於宋州（今河南商丘市睢陽區）。後唐同光元年（924）改宋州宣武軍爲歸德軍。廢東京開封府，重建宣武軍於汴州。後晉天福三年（938），改爲東京開封府。除天福十二年（947）、十三年（948）短暫改爲宣武軍外，汴京均爲東京開封府。　內外馬步軍都指揮使：官名。節度使所屬最重要的將領，統帥軍隊。品秩不詳。

[6]宿：州名。治所在今安徽宿州市。　洺：州名。治所在今河北邯鄲市永年區。　陳：州名。治所在今河南淮陽縣。

[7]左龍武統軍：官名。唐代左龍武軍統兵官。唐置六軍，分左、右羽林，左、右龍武，左、右神武天騎等，即"北衙六軍"。興元元年（784），六軍各置統軍，以寵功勳臣。其品秩，《唐會要》卷七一、《舊唐書》卷一二記載爲"從二品"，《通鑑》卷二二九記載爲"從三品"。　在京馬步軍都指揮使：官名。在京馬步軍高級統兵官。品秩不詳。

太祖遇弒，友珪立。末帝留守東都，[1]以大事謀於趙巖，[2]巖曰："此事如反掌耳，但得招討楊令公一言諭禁軍，則事可成。"末帝即遣人之魏州，以謀告楊師厚，[3]師厚遣裨將王舜賢至洛陽與象先謀，[4]象先許諾。是時，龍驤軍將劉重遇戍于懷州，[5]以其軍作亂，友珪遣霍彥威擊敗于鄢陵，[6]其餘兵奔散，捕之甚急。末帝即召龍驤軍在東京者告之曰："上以重遇故，欲盡召龍驤軍至洛而誅之。"乃僞爲友珪詔書示之，龍驤軍恐懼，不知所爲，因告之曰："友珪弒父與君，天下之賊也！爾能趨洛陽擒之，以其首祭先帝，則所謂轉禍而爲福也。"軍士踴躍曰："王言是也。"末帝即馳奏，言："龍驤軍反。"象先聞之，即引禁軍千人入宫攻友珪，友珪死。末帝即位，拜象先鎮南軍節度使、同中書門下平章事、開封尹、判在京馬步軍諸軍事。[7]貞明四年，爲平盧軍節度使，[8]徙鎮宣武。[9]

[1]東都：地名。指代洛陽。治所在今河南洛陽市。

[2]趙巖：人名。陳州宛丘（今河南淮陽縣）人。朱温女婿，忠武軍節度使趙犨次子。事見《舊五代史》卷一四《趙犨傳》、本書卷四二《趙犨傳》。

[3]楊師厚：人名。潁州斤溝（今安徽太和縣阮橋鎮斤溝集）人。唐末、五代後梁將領。傳見《舊五代史》卷二二、本書卷二三。

[4]裨將：指副將。 王舜賢：人名。籍貫不詳。五代後梁將領。事見《舊五代史》卷八及本書卷二三、卷四五。

[5]龍驤：禁軍名。後梁置左右龍驤軍，五代後唐沿置。 劉重遇：人名。籍貫不詳。五代後梁將領。事見《舊五代史》卷八《梁末帝本紀上》、卷六四《王晏球傳》。 懷州：州名。治所在今河南沁陽市。

[6]霍彦威：人名。洺州曲周（今河北曲周縣）人。五代後梁將領霍存之養子。後梁、後唐將領。傳見《舊五代史》卷六四、本書卷四六。 鄢陵：縣名。治所在今河南鄢陵縣。

[7]鎮南軍：方鎮名。治所在洪州（今江西南昌市）。 同中書門下平章事：官名。簡稱"同平章事"。唐高宗以後，凡實際任宰相之職者，常在其本官後加同平章事的職銜。後成爲宰相專稱。品秩不詳。 開封尹：即開封府尹。五代除後唐外均都汴州，升汴州爲開封府，置開封尹或知開封府事。執掌京師政務。從三品。 判在京馬步軍諸軍事：官名。在京馬步軍高級統兵官。品秩不詳。

[8]平盧軍：方鎮名。治所在青州（今山東青州市）。

[9]貞明四年，爲平盧軍節度使徙鎮宣武：據中華點校本校勘記，《舊五代史》卷五九《袁象先傳》記其乾化四年（914）"授青州節度使"，青州即平盧軍。按《通鑑》卷二六九，"（貞明三年春正月）詔宣武節度使袁象先救潁州"，則袁象先徙鎮宣武在貞明三年（917）前。朱玉龍《方鎮表》繫袁象先初徙宣武於貞明二年。清人吳蘭庭《五代史記纂誤補》卷三："'貞明'二字當衍。"

象先爲梁將，未嘗有戰功，徒以甥故掌親軍。及誅友珪，有功於末帝。在宋州十餘年，誅斂其民，積貨千萬。莊宗滅梁，象先來朝洛陽，輦其資數十萬，賂唐將相、伶官、宦者及劉皇后等，由是內外翕然稱其爲人。莊宗待之甚厚，賜姓名爲李紹安，改宣武軍爲歸德軍，曰："歸德之名，爲卿設也。"遣之還鎮。是歲卒，年六十一，[1]贈太師。

[1]年六十一："一"字原闕，中華點校本據遞修本、宗文本、《舊五代史》卷五九《袁象先傳》補。

象先二子，正辭官至刺史，[1]巘周世宗時爲橫海軍節度使。[2]象先平生所積財產數千萬，邸舍四千間，[3]其卒也，不以分諸子，而悉與正辭。正辭初以父任爲飛龍副使。[4]唐廢帝時，[5]獻錢五萬緡，領衢州刺史。[6]晋高祖入立，復獻五萬緡，求爲真刺史。拜雄州刺史，[7]州在靈武之西，[8]吐蕃界中。[9]正辭憚，不欲行，復獻錢數萬，乃得免。正辭不勝其忿，以衣帶自經，其家人救之而止。出帝時，[10]又獻錢三萬緡、銀萬兩，出帝憐之，欲與一内郡，未及而卒。

［1］正辭：人名。即袁正辭。宋州下邑（今河南夏邑縣）人。袁象先長子。五代將領。事見本書本卷。

［2］巘：人名。即袁巘。宋州下邑（今河南夏邑縣）人。袁象先次子。五代將領。事見《舊五代史》卷五九《袁象先傳》。
周世宗：即柴榮。邢州龍岡（今河北邢臺市）人。後周太祖郭威養子，顯德元年（954）繼郭威爲帝，廟號世宗。紀見《舊五代史》卷一一四、本書卷一二。　橫海軍：方鎮名。治所在滄州（今河北滄州市）。

［3］邸舍：指城内貴族府第。

［4］飛龍副使：官名。飛龍使爲唐代掌閑厩御馬之内使，又稱内飛龍使。五代沿置。品秩不詳。

［5］唐廢帝：即後唐廢帝李從珂。鎮州平山（今河北平山縣）人。本姓王，後唐明宗李嗣源擄其母魏氏，遂養爲己子。應順元年（934）四月，李從珂入洛陽即帝位。清泰三年（936）五月，石敬瑭謀反，廢帝自焚死，後唐亡。紀見《舊五代史》卷四六至卷四八、本書卷七。

［6］衢州：州名。治所在今浙江衢州市。

［7］雄州：州名。治所在今河北雄縣。

［8］靈武：方鎮名。又稱朔方、靈州、靈鹽。治所在靈州（今寧夏吳忠市）。

［9］吐蕃：古代青藏高原地區的藏族部落政權。自7至9世紀，共歷九主，二百餘年。參見才讓《吐蕃史稿》，人民出版社2010年版。

［10］出帝：即後晉少帝石重貴。石敬瑭從子。紀見《舊五代史》卷八一至卷八五、本書卷九。

正辭積錢盈室，室中嘗有聲如牛，人以爲妖，勸其散積以禳之。正辭曰："吾聞物之有聲，求其同類爾，宜益以錢，聲必止。"聞者傳以爲笑。

朱漢賓
朱漢賓字績臣，亳州譙人也。[1]其父元禮爲軍校，[2]從梁軍戰，歿于清口。[3]漢賓爲人有膽力，梁太祖以其父死戰，憐之，以爲養子。

[1]亳州：州名。治所在今安徽亳州市。　譙：縣名。治所在今安徽亳州市。
[2]元禮：人名。即朱元禮。亳州譙（今安徽亳州市）人。朱漢賓之父。事見《舊五代史》卷六四《朱漢賓傳》。
[3]清口：地名。原爲泗水入淮之口，位於今江蘇淮安市淮陰區。

是時，梁方東攻兗、鄆，[1]鄆州朱瑾募其軍中驍勇者，[2]黥雙雁于其頰，號"雁子都"。[3]太祖聞之，乃更選勇士數百人，號"落雁都"，[4]以漢賓爲指揮使。[5]及漢賓貴，人猶以爲"朱落雁"。漢賓事梁爲天威軍使，[6]歷磁滑宋亳曹五州刺史、安遠軍節度使。[7]

[1]兗：州名。治所在今山東濟寧市兗州區。　鄆：州名。治所在今山東東平縣。
[2]朱瑾：人名。宋州下邑（今河南夏邑縣）人。唐末軍閥。傳見本書卷四二。
[3]雁子都："都"爲軍隊的編制單位，"雁子"即部隊番號。

因其士兵雙煩黥雁爲飾而得名。唐末、五代之際，軍隊中已有都的編制。諸藩鎮所設特種兵和牙兵中就有落雁都、廳子都、鐵林都等名。五代時形成爲指揮以下的軍事編制。《五代會要·京城諸軍》："凡五百人爲一指揮，其別有五都，都一百人，統以一營居之。"都的長官稱爲都頭。

[4]落雁都：唐末、五代軍名。由朱溫組建、朱漢賓統帥，以與朱瑾精銳"雁子都"相抗。

[5]指揮使：官名。唐末五代軍隊多置都指揮使、指揮使，爲統兵將領。品秩不詳。

[6]天威：部隊番號。　軍使：官名。掌領本軍軍務，或兼理地方政務。品秩不詳。《新唐書》卷五〇《兵志》："唐初，兵之戍邊者，大曰軍，小曰守捉，曰城，曰鎮……武德至天寶以前邊防之制，其軍、城、鎮、守捉皆有使。"

[7]磁：州名。治所在今河北磁縣。　滑：州名。治所在今河南滑縣。　宋：州名。治所在今河南商丘市睢陽區。　亳：州名。治所在今安徽亳州市。　曹：州名。治所在今山東菏澤市。　安遠軍：方鎮名。治所在安州（今湖北安陸市）。

莊宗滅梁，罷漢賓爲右龍武統軍，[1]待之頗薄。後莊宗因出遊幸其第，漢賓妻有色而惠，因侍左右，進酒食，奏歌舞，莊宗懽甚，留至夜漏二更而去，[2]漢賓自此有寵。

[1]右龍武統軍：據中華點校本校勘記，"右"，《舊五代史》卷三二《唐莊宗本紀六》、卷六四《朱漢賓傳》，《册府》卷一一四、卷四四〇、卷九二一作"左"。右龍武統軍，官名。唐代右龍武軍統兵官。唐置六軍，分左、右羽林，左、右龍武，左、右神武等，即"北衙六軍"。興元元年（784），六軍各置統軍，以寵功勳

臣。其品秩，《唐會要》卷七一、《舊唐書》卷一二記載爲"從二品"，《通鑑》卷二二九記載爲"從三品"。

[2]二更：指晚上九點至十一點之間。

初，漢賓在梁也，與朱友謙俱爲太祖養子，而友謙年長，漢賓以兄事之。其後梁亡，漢賓數寓書友謙，友謙不答，漢賓銜之。其後友謙見族，人皆以爲漢賓有力。

明宗入立，以漢賓爲莊宗所厚，惡之，以爲右衛上將軍。[1]安重誨用事，[2]漢賓依附之，相爲婚姻，由是復得爲昭義軍節度使。[3]重誨死，漢賓罷爲上將軍，遂以太子少保致仕。[4]

[1]右衛上將軍：官名。唐置，掌宮禁宿衛。從二品。
[2]安重誨：人名。應州（山西應縣）人。五代後唐大臣。傳見《舊五代史》卷六六、本書卷二四。
[3]昭義軍：方鎮名。治所在潞州（今山西長治市）。
[4]太子少保：官名。與太子少傅、太子少師合稱"三少"，唐後期、五代多爲大臣、勛貴加官。從二品。

漢賓爲將，未嘗有戰功，而臨政能守法，好施惠，人頗愛之。清泰二年卒，[1]年六十四。晉高祖時，贈太子少傅，[2]謚曰貞惠。

[1]清泰：五代後唐廢帝李從珂年號（934—936）。
[2]太子少傅：官名。與太子少保、太子少師合稱"三少"，唐後期、五代多爲大臣、勛貴加官。從二品。

段凝

段凝，開封人也。初名明遠，後更名凝。爲澠池主簿。[1]其父事梁太祖，以事坐徙。後凝棄官，亦事太祖，爲軍巡使。[2]又以其妹内太祖，妹有色，後爲美人。[3]

[1]主簿：官名。漢代以後歷朝均置。唐代京城百司和地方官署，均設主簿。管理文書簿籍，參議本署政事，爲官署中重要佐官。其官階品秩，因官署而不同。

[2]軍巡使：官名。唐末始置。五代後梁在開封府置左、右軍巡使，以牙校充任。掌京城内争鬥等事。品秩不詳。

[3]美人：内命婦名。隋、唐時位在婕妤之下。正四品。

凝爲人憸巧，善窺迎人意，又以妹故，太祖漸親信之，常使監諸軍。爲懷州刺史，梁太祖北征，過懷州，凝獻饋甚豐，太祖大悦。過相州，[1]相州刺史李思安獻饋如常禮，[2]比凝爲薄，太祖怒，思安因以得罪死。遷凝鄭州刺史，[3]使監兵於河上。李振亟請罷之，[4]太祖曰："凝未有罪。"振曰："待其有罪，則社稷亡矣！"然終不罷也。

[1]相州：州名。治所在今河南安陽市。

[2]李思安：人名。河南陳留（今河南開封市陳留鎮）人。五代後梁將領。傳見《舊五代史》卷一九。

[3]鄭州：州名。治所在今河南鄭州市。

[4]李振：人名。西州（今新疆吐魯番市）人。祖居西域，祖、父在唐皆官郡守。五代後梁大臣。傳見《舊五代史》卷一八、本書卷四三。

莊宗已下魏博,[1]與梁相距河上。梁以王彥章爲招討使,[2]凝爲副。是時,末帝昏亂,小人趙巖、張漢傑等用事,[3]凝依附巖等爲姦。彥章爲招討使,三日,用奇計破唐德勝南城。[4]而凝與彥章各自上其功,巖等從中匿彥章功狀,悉歸其功於凝。凝因納金巖等,求代彥章,末帝惑巖等言,卒以凝爲招討使,軍于王村。[5]

[1]魏博：方鎮名。亦稱"天雄軍"。唐天祐元年（904）以魏博節度使號爲天雄軍,治所在魏州（今河北大名縣）。

[2]王彥章：人名。鄆州壽張（今山東梁山縣）人。五代後梁將領。傳見《舊五代史》卷二一、本書卷三二。

[3]張漢傑：人名。清河（今河北清河縣）人。五代後梁大臣,張歸霸之子。事見《舊五代史》卷一〇、本書卷三二。

[4]德勝：地名。即德勝城,又名德勝渡,爲黃河重要渡口之一。有南、北二城,皆位於今河南濮陽市。

[5]王村：地名。位於今河南濮陽市。《通鑑》卷二七二胡注："王村,亦因土人王氏聚居之地爲名。"

是時,唐已下鄆州,凝乃自酸棗決河東注鄆,[1]以隔絕唐軍,號"護駕水軍"。[2]莊宗自鄆趨汴,汴兵悉已屬凝,京師無備,乃遣張漢倫馳駰召凝于河上,[3]漢倫中道墜馬,傷不能進。已而梁亡,凝率精兵五萬降唐,莊宗賜以錦袍、御馬。明日,凝奏："故梁姦人趙巖、張漢傑等十餘人,侮弄權柄,殘害生靈,請皆族之。"[4]凝出入唐朝無愧色,見唐將相若倡優,因伶人景進納賂劉皇后,以求恩寵。莊宗甚親愛之,賜姓名曰李紹欽,以爲泰寧軍節度使。[5]居月餘，用庫錢數十萬，有司請責其償，莊宗釋之。郭崇韜固請，以爲不可，莊宗怒曰："朕爲卿所制，都不自由！"終釋之。

[1]酸棗：縣名。治所在今河南延津縣西南。
[2]號護駕水軍："軍"，原作"鄆"，中華點校本據遞修本改，今從。浙江本、宗文本作"號護駕水"。
[3]張漢倫：人名。清河（今河北清河縣）人。張漢傑之兄。後梁大臣。事見《通鑑》卷二六九、卷二七二。
[4]姦人：據中華點校本校勘記，宗文本作"要人"。《舊五代史》卷三〇《唐莊宗本紀四》叙其事作"梁朝權臣趙巖等"，卷五九《王瓚傳》作"梁朝掌事權者趙巖等"。
[5]泰寧軍：方鎮名。治所在兗州（今山東濟寧市兗州區）。

莊宗遣李紹宏監諸將備契丹，[1]凝軍瓦橋關，[2]以諮事紹宏，紹宏數薦凝可大用，郭崇韜每以爲不可。遷武勝軍節度使。[3]趙在禮反，紹宏請以凝招討，莊宗使凝條奏方略，凝所請偏裨，皆其故黨，莊宗疑之，乃止。明宗即位，勒歸田里。明年，長流遼州，[4]賜死。

[1]李紹宏：人名。籍貫不詳。後唐莊宗近臣。事見《舊五代史》卷二九、卷三四、卷三五、卷五七。　契丹：古部族、政權名。公元4世紀中葉宇文部爲前燕攻破，始分離而成單獨的部落，自號契丹。唐貞觀中，置松漠都督府，以其首領爲都督。唐末疆盛，916年迭剌部耶律阿保機建立契丹國（遼）。先後與五代、北宋並立，保大五年（1125）爲金所滅。參見張正明《契丹史略》，中華書局1979年版。

[2]瓦橋關：唐置。位於今河北雄縣。五代後晉初地入契丹。後周顯德六年（959）收復，建爲雄州。與益津關、淤口關合稱三關。

[3]武勝軍：方鎮名。治所在鄧州（今河南鄧州市）。

[4]遼州：州名。治所在今山西左權縣。

劉玘

劉玘，汴州雍丘人也，[1]世爲宣武軍牙將。梁太祖鎮宣武，玘以軍卒補隊長，稍以戰功遷牙將，爲襄州都指揮使。[2]

[1]雍丘：縣名。治所在今河南杞縣。
[2]襄州：州名。治所在今湖北襄陽市。

山南節度使王班爲亂軍所殺，[1]亂軍推玘爲留後，[2]玘僞許之，明日饗士于庭，伏甲幕中，酒半，擒爲亂者殺之。會梁遣陳暉兵亦至，[3]襄州平，以功拜復州刺史，[4]徙亳、安二州。[5]

[1]山南：方鎮名。即山南東道。治所在襄州（今湖北襄陽市）。　王班：人名。籍貫不詳。故河陽將領，累以軍功爲郡守，主留事於襄陽，被小將王求所殺。事見《舊五代史》卷四。

[2]留後：官名。原非正式命官，唐朝節度使入朝或宰相、親王遙領節度使不臨鎮則置。安史之亂後，節度使多以子弟或親信爲留後，以代行節度使職務，亦有軍士、叛將自立爲留後者。掌一州或數州軍政。北宋始爲朝廷正式命官。

[3]陳暉：人名。籍貫不詳。唐末、五代將領。事見《舊五代

史》卷五。

［4］復州：州名。治所在今湖北天門市。

［5］亳：州名。治所在今安徽亳州市。　安：州名。治所在今湖北安陸市。

末帝時，爲晉州觀察留後，[1]凡八年，日與晉人交戰。莊宗滅梁，玘來朝，莊宗勞之曰："劉侯亡恙，爾居晉陽之南鄙久矣，[2]不早相聞，今日見訪，[3]不其晚邪？"玘頓首謝罪，遣還鎮，遂以爲節度使，徙鎮安遠。天成元年，[4]以史敬鎔代之，[5]玘還京師，未至，拜武勝軍節度使，以疾卒于道中，贈侍中。

［1］晉州：州名。治所在今山西臨汾市。　觀察：官名。唐代後期出現的地方軍政長官。唐玄宗開元二十一年（733）置十五道採訪使，唐肅宗乾元元年（758）改爲觀察使。無旌節，故地位低於節度使。掌一道州縣官的考績及民政。品秩不詳。

［2］晉陽：縣名。治所在今山西太原市。

［3］今日見訪："今"，原作"令"，據殿本、南監本、北監本、汪本、元刊本改。中華點校本作"今"，應是。

［4］天成：後唐明宗李嗣源年號（926—930）。

［5］史敬鎔：人名。五代後唐將領。傳見《舊五代史》卷五五。

周知裕

周知裕字好問，幽州人也。[1]爲劉仁恭騎將，[2]仁恭爲其子守光所囚，[3]知裕去事守光兄守文。[4]守光又攻殺守文，乃與張萬進立守文子延祚而事之。[5]守光又殺延祚，以其子繼威代之。[6]萬進殺繼威，與知裕俱奔于梁。

[1]幽州：州名。治所在今北京市。

[2]劉仁恭：人名。深州（今河北深州市）人。唐末、五代軍閥，時爲幽州節度使。傳見《新唐書》卷二一二。

[3]守光：人名。即劉守光。深州樂壽（今河北獻縣）人。唐末五代幽州節度使劉仁恭之子。劉守光囚父自立，後號大燕皇帝，爲晉王李存勖俘殺。傳見《舊五代史》卷一三五、本書卷三九。

[4]守文：人名。即劉守文。深州（今河北深州市）人。唐末盧龍節度使劉仁恭長子。唐末軍閥。後梁開平三年（909），被其弟劉守光殺死。事見《舊五代史》卷二、卷四、卷九八及本書卷五六、卷七二。

[5]張萬進：人名。雲州（今山西大同市）人。唐末將領。傳見《舊五代史》卷一三。　延祚：人名。即劉延祚。深州（今河北深州市）人。劉守文之子。事見本書卷三九。

[6]繼威：人名。即劉繼威。深州樂壽（今河北獻縣）人。劉守光之子。五代將領。事見《舊五代史》卷一三《張萬進傳》及《通鑑》卷二六七、卷二六八。

梁太祖得知裕喜甚，爲置歸化軍，[1]以知裕爲指揮使，凡與晉戰所得，及兵背晉而歸梁者，皆以隸知裕。梁、晉相拒河上十餘年，其摧堅陷陣，歸化一軍爲最，然知裕位不過刺史。

[1]歸化軍：部隊名。後梁太祖朱溫爲周知裕特置之軍，凡軍士自河朔歸梁者，皆隸於部下。

莊宗入汴，知裕與段凝軍河上，聞梁已亡，欲自殺，爲賓客故人止之，乃降唐。莊宗尤寵待之，諸將嫉其寵，因獵射之，知裕走以免。莊宗爲殺射者，以知裕爲房州刺史。明宗時，歷絳、淄二州刺史，[1]遷宿州團練使、安州留後。所居皆有善政。安州近淮，俗惡病者，父母有疾，置之佗室，以竹竿繫飲食委之，至死不近。知裕深患之，加以教道，由是稍革。罷爲右神武統軍。[2]應順中卒，[3]贈太傅。[4]

[1]絳：州名。治所在今山西新絳縣。　淄：州名。治所在淄川縣（今山東淄博市）。

[2]右神武統軍：官名。唐代右神武軍統兵官。唐置六軍，分左、右羽林，左、右龍武，左、右神武等，即"北衙六軍"。興元元年（784），六軍各置統軍，以寵功勳臣。其品秩，《唐會要》卷七一、《舊唐書》卷一二記載爲"從二品"，《通鑑》卷二二九記載爲"從三品"。

[3]應順：後唐閔帝李從厚年號（934）。

[4]太傅：官名。與太師、太保合稱三師，唐後期、五代多爲大臣、勳貴加官。正一品。

陸思鐸

陸思鐸，澶州臨黃人也。[1]少事梁爲宣武軍卒，以善射知名。累遷拱辰左廂都指揮使，[2]領恩州刺史。[3]

[1]澶州：州名。唐、五代初，治所在河南清豐縣。後晉天福四年（939），移治於今河南濮陽縣。　臨黃：縣名。治所在今河南范縣東南二十二里臨黃集。

[2]拱辰左厢都指揮使：官名。所部統兵將領。"拱辰"爲部隊番號。品秩不詳。

[3]恩州：州名。治所在今廣東陽江市。

梁、晋相拒河上，思鐸鏤其姓名於箭筈以射晋軍，而矢中莊宗馬鞍，莊宗拔矢，見思鐸姓名，奇之。其後滅梁，思鐸謁見，莊宗出其矢以示之，思鐸伏地請死，莊宗慰而起之，拜龍武右厢都指揮使。[1]

[1]龍武：即龍武軍。唐代禁軍之一。

晋高祖時，爲陳、蔡二州刺史。[1]卒年五十四。思鐸在陳州，有善政，臨終戒其子曰："陳人愛我，我死則葬焉。"遂葬于陳州。

[1]陳：州名。治所在今河南淮陽縣。　蔡：州名。治所在今河南汝南縣。

新五代史　卷四六

雜傳第三十四

趙在禮　霍彥威　房知溫　王晏球　安重霸　王建立　康福　郭延魯

趙在禮

趙在禮字幹臣，涿州人也。[1]少事劉仁恭爲軍校，[2]仁恭遣佐其子守文襲取滄州。[3]其後守文爲其弟守光所殺，[4]在禮乃奔于晉。莊宗時，[5]爲效節指揮使，[6]將魏兵戍瓦橋關。[7]還至貝州，[8]軍士皇甫暉作亂，[9]推其將楊仁晟爲首，[10]仁晟不從，殺之；又推一小校，小校不從，又殺之；乃攜二首詣在禮。在禮聞亂，衣不及帶，方踰垣而走，暉曳其足而下之，環以白刃，示之二首，曰："不從我者如此首！"在禮從之，遂反。

[1]涿州：州名。治所在今河北涿州市。
[2]劉仁恭：人名。深州（今河北深州市）人。唐末、五代軍閥。傳見《新唐書》卷二一二。

［3］守文：人名。即劉守文。深州（今河北深州市）人。唐末盧龍節度使劉仁恭長子。唐末軍閥。後梁開平三年（909），被其弟劉守光殺死。事見《舊五代史》卷二、卷四、卷九八及本書卷五六、卷七二。　滄州：州名。治所在今河北滄州市。

［4］守光：人名。即劉守光。深州樂壽（今河北獻縣）人。唐末五代幽州節度使劉仁恭之子。劉守光囚父自立，號大燕皇帝，後爲晉王李存勖俘殺。傳見《舊五代史》卷一三五、本書卷三九。

［5］莊宗：即李存勖，小字亞子，沙陀人，太原（今山西太原市）人。晉王李克用之子，後唐開國皇帝。紀見《舊五代史》卷二七至卷三四、本書卷四卷五。

［6］效節：部隊番號。　指揮使：官名。唐末、五代軍隊多置都指揮使、指揮使，爲統兵將領。品秩不詳。

［7］魏：州名。治所在今河北大名縣。　瓦橋關：唐置。位於今河北雄縣。五代後晉初地入契丹。後周顯德六年（959）收復，建爲雄州。與益津關、淤口關合稱三關。

［8］貝州：州名。治所在今河北清河縣。

［9］皇甫暉：人名。魏州（今河北大名縣）人，五代藩鎮將領。傳見本書卷四九。

［10］楊仁晟：人名。一作"楊晟"。籍貫不詳。唐末將領。事見《舊五代史》卷九〇、本書卷四九《皇甫暉傳》。

在禮自貝州還攻魏，縱軍大掠。是時，興唐尹王正言年老病昏，[1]聞在禮至，呼吏草奏，吏已奔散，正言猶不知，方據案大怒，左右告曰："賊已市中殺人，吏民皆走，欲誰呼邪？"正言大驚曰："吾初不知此。"即索馬將去，厩吏曰："公妻子爲虜矣，安得馬乎？"正言惶恐，步出府門，見在禮，望而下拜，在禮呼正言曰："公何自屈之甚邪！此軍士之情，非予志也。"在禮即自稱兵馬留後。[2]

[1]興唐尹：官名。五代後唐同光元年（923），改魏州爲興唐府。以興唐尹總其政務。從三品。　王正言：人名。鄆州（今山東東平縣）人。後唐官員。傳見《舊五代史》卷二一。

[2]兵馬留後：官名。唐五代時，代行方鎮長官之職者稱留後。代行州兵馬使之職者，即爲兵馬留後。掌本州兵馬。品秩不詳。

莊宗遣元行欽討之，[1]行欽攻魏不克，乃遣明宗代行欽。[2]明宗至鄴，[3]軍變，因入城與在禮合。明宗兵反嚮京師，在禮留于魏。明宗即位，拜在禮義成軍節度使，[4]在禮不受命，遂拜鄴都留守、興唐尹。久之，皇甫暉等皆去，在禮獨在魏，患魏軍之驕，懼及禍，乃求徙鎮橫海。[5]歷鎮泰寧、匡國、天平、忠武、武寧、歸德、晉昌，[6]所至邸店羅列，[7]積貲巨萬。

[1]元行欽：人名。幽州（今北京市）人。五代後唐將領。傳見《舊五代史》卷七〇、本書卷二五。

[2]明宗：即李嗣源，沙陀人，應州金城（今山西應縣）人。李克用養子，逼宫李存勗後自立爲後唐皇帝。紀見《舊五代史》卷三五至卷四〇、本書卷六。

[3]鄴：地名。即鄴都。治所在今河北大名縣。五代後唐同光元年（923），改魏州爲興唐府，建號東京，三年改東京爲鄴都。

[4]義成軍：方鎮名。治所在滑州（今河南滑縣）。

[5]橫海：方鎮名。治所在滄州（今河北滄州市）。

[6]泰寧：方鎮名。治所在兗州（今山東濟寧市兗州區）。匡國：方鎮名。治所在同州（今陝西大荔縣）。　天平：方鎮名。

治所在鄆州（今山東東平縣）。　忠武：方鎮名。治所在許州（今河南許昌市）。　武寧：方鎮名。治所在徐州（今江蘇徐州市）。　歸德：方鎮名。治所在宋州（今河南商丘市）。　晉昌：方鎮名。治所在京兆府（今陝西西安市）。後晉改永平軍置晉昌軍，後漢改爲永興軍。

[7]邸店：古代供客商居住、堆儲貨物、進行交易之店棧。亦稱邸舍、邸閣，簡稱邸或店。

晉出帝時，[1]以在禮爲北面行營馬步都虞候，[2]以擊契丹，[3]未嘗有戰功。在禮在宋州，[4]人尤苦之；已而罷去，宋人喜而相謂曰："眼中拔釘，豈不樂哉！"既而復受詔居職，乃籍管内，[5]口率錢一千，自號"拔釘錢"。

[1]晉出帝：即後晉少帝石重貴。石敬瑭從子。紀見《舊五代史》卷八一至卷八五、本書卷九。
[2]北面行營馬步都虞候：官名。五代時期出征軍隊高級統兵官。品秩不詳。
[3]契丹：古部族、政權名。公元4世紀中葉宇文部爲前燕攻破，始分離而成單獨的部落，自號契丹。唐貞觀中，置松漠都督府，以其首領爲都督。唐末彊盛，916年迭刺部耶律阿保機建立契丹國（遼）。先後與五代、北宋並立，保大五年（1125）爲金所滅。參見張正明《契丹史略》，中華書局1979年版。
[4]宋州：州名。治所在今河南商丘市。
[5]籍：指徵收賦稅。　管内：即管轄的區域之内。

晉亡，契丹入汴，[1]在禮自宋馳至洛陽，[2]遇契丹拽刺等，[3]拜於馬首，拽刺等兵共侵辱之，誅責貨財，在禮不勝其憤。行至鄭州，[4]聞晉大臣多爲契丹所鎖，中夜惶惑，解衣帶就馬櫪自經而卒，[5]年六十二。[6]漢高祖立，[7]贈中書令。[8]

[1]汴：州名。治所在今河南開封市。
[2]洛陽：地名。即今河南洛陽市。
[3]拽剌：初爲官吏名，後爲職役名。契丹語音譯，義爲壯士、勇士，或作"曳剌"。遼有拽剌軍，直隸於朝廷。亦用作官名，有旗鼓拽剌，掌護衛皇帝儀仗旗鼓；軍中拽剌，司邊防偵候、傳報軍情；祗候郎君拽剌屬祗候郎君班詳穩司，掌御前祗應之事。
[4]鄭州：州名。治所在今河南鄭州市。
[5]馬櫪：即馬槽。
[6]六十二：據中華點校本校勘記，《舊五代史》卷九〇《趙在禮傳》作"六十六"。
[7]漢高祖：即後漢高祖劉知遠。紀見《舊五代史》卷九九至卷一〇〇、本書卷一〇。
[8]中書令：官名。漢代始置，隋、唐前期爲中書省長官，屬宰相之職；唐後期多爲授予元勛大臣的虛銜。正二品。

霍彥威

霍彥威字子重，洺州曲周人也。[1]少遭兵亂，梁將霍存掠得之，[2]愛其雋爽，養以爲子。嘗從存戰，中矢，眇其一目。後事梁太祖，[3]太祖亦愛之，稍遷右龍驤軍使、右監門衛上將軍。[4]預誅友珪，[5]以功拜洺州刺史，遷邠寧節度使。[6]

[1]洺州：州名。治所在今河北邯鄲市永年區。　曲周：縣名。

治所在今河北曲周縣。

［2］霍存：人名。洺州曲周（今河北曲周縣東北）人。後梁將領。傳見《舊五代史》卷二一、本書卷二一。

［3］梁太祖：即朱温。宋州碭山（今安徽碭山縣）人。五代後梁開國皇帝。紀見《舊五代史》卷一至卷七、本書卷一至卷二。

［4］右龍驤：禁軍名。後梁置左右龍驤軍，後唐沿置。"右"，原作"左"，中華點校本據浙江本、宗文本、《舊五代史》卷六四《霍彥威傳》改，今從。　軍使：官名。掌領本軍軍務，或兼理地方政務。品秩不詳。《新唐書》卷五〇《兵志》："唐初，兵之戍邊者，大曰軍，小曰守捉，曰城，曰鎮……武德至天寶以前邊防之制，其軍、城、鎮、守捉皆有使。"　右監門衛上將軍：官名。唐置，掌宮禁宿衛。唐代置十六衛，即左右衛、左右驍衛、左右武衛、左右威衛、左右領軍衛、左右金吾衛、左右監門衛、左右千牛衛，各置上將軍，從二品；大將軍，正三品；將軍，從三品。

［5］友珪：人名。即朱友珪。後梁太祖朱温次子，殺朱温自立。後被追廢爲庶人。事見《舊五代史》卷八《梁末帝本紀上》、本書卷三《梁本紀三》。

［6］邠寧：方鎮名。治所在今陝西彬縣。

李茂貞遣梁叛將劉知俊攻邠州，[1]彥威固守踰年，每獲知俊兵，必縱還之，知俊德之，後不復攻。徙鎮義成，又徙天平，兼北面行營招討使，[2]與晉軍相持河上，彥威屢敗，降爲陝州留後。[3]

［1］李茂貞：人名。深州博野（今河北蠡縣）人。唐末、五代軍閥。傳見《舊五代史》卷一三二、本書卷四〇。　劉知俊：人名。徐州沛縣（今江蘇沛縣）人。唐末、五代將領。先後隸時溥、朱温、李茂貞、王建。傳見《舊五代史》卷一三、本書卷四四。

邠州：州名。治所在今陝西彬縣。

[2]行營招討使：武官名。五代自後梁至後周均設行營招討使，負責某一路某一道或某一方征討、招撫之事。掌管區域較大而且長官資深者，則委以諸道行營都招討使和副都招討使，否則爲行營招討使和副招討使。品秩不詳。

[3]陝州：州名。治所在今河南三門峽市陝州區。　留後：官名。原非正式命官，唐朝節度使入朝或宰相、親王遥領節度使不臨鎮則置。安史之亂後，節度使多以子弟或親信爲留後，以代行節度使職務，亦有軍士、叛將自立爲留後者。掌一州或數州軍政。北宋始爲朝廷正式命官。

莊宗滅梁，彦威自陝來朝，莊宗置酒故梁崇元殿，[1]彦威與梁將段凝、袁象先等皆在。[2]莊宗酒酣，指彦威等舉酒屬明宗曰："此皆前日之勍敵，今侍吾飲，乃卿功也。"彦威等惶恐伏地請死，莊宗勞之曰："吾與總管戲爾，卿無畏也。"[3]賜姓名曰李紹真。明年，徙鎮武寧，從明宗擊契丹，明宗愛其爲人，甚親厚之。

[1]崇元殿：五代後梁開平元年（907）改汴京正殿爲崇元殿。位於今河南開封市。

[2]段凝：人名。開封（今河南開封市）人。其妹爲朱温美人，因其妹而爲朱温親信。五代後梁將領，後投後唐。傳見《舊五代史》卷七三、本書卷四五。　袁象先：人名。宋州下邑（今河南夏邑縣）人。五代後梁將領，後投後唐。傳見《舊五代史》卷五九、本書卷四五。

[3]總管：此處指後唐明宗李嗣源。李嗣源曾任蕃漢内外馬步軍總管。

其後，趙在禮反，彥威別討趙太於邢州，[1]破之，還以兵屬明宗討在禮。明宗軍變，從馬直軍吏張破敗率衆殺將校，[2]縱火焚營譟呼，明宗叱之曰："自吾爲帥十有餘年，何負爾輩！今賊城破在旦夕，乃爾輩立功名、取富貴之時。況爾天子親軍，返效賊邪！"軍士對曰："城中之人何罪，戍卒思歸而不得耳！天子不垂原宥，志在勦除。且聞破魏之後，欲盡坑魏博諸軍，某等初無叛心，直畏死耳！今宜與城中合勢，擊退諸鎮之兵，請天子帝河南，令公帝河北。"[3]明宗涕泣諭之，亂兵環列而呼曰："令公不欲帝河北，則佗人有之，我輩狼虎，豈識尊卑！"彥威與安重誨勸明宗許之，[4]乃擁兵入城，與在禮合，彥威獨不入。明宗入城，與在禮置酒大會，而部兵在外者聞明宗反，皆潰去，獨彥威所將五千人營城西北隅不動。居二日，明宗復出，得彥威兵，乃之魏縣，[5]謀欲還鎮州，[6]彥威、重誨勸明宗以兵南向。

[1]趙太：人名。籍貫不詳。五代後唐將領。事見《舊五代史》卷三四、本書本卷。　邢州：州名。治所在今河北邢臺市。

[2]從馬直：部隊番號。五代後唐親軍名。後唐明宗李嗣源創。其兵丁悉選自諸軍驍勇善戰者，無額定兵員。平時宿衛，戰時隨駕親征。分置四指揮使統率。　張破敗：人名。五代後唐侍衛親軍。後爲皇甫暉所殺。事見《舊五代史》卷三五《唐明宗本紀一》、《通鑑》卷二七四。

[3]令公帝河北："帝"，原作"鎮"，中華點校本據浙江本、宗文本改，今從。

[4]安重誨：人名。應州（今山西應縣）人。五代後唐大臣。傳見《舊五代史》卷六六、本書卷二四。

[5]魏縣：縣名。治所在今河北魏縣。

[6]鎮州：州名。治所在今河北正定縣。

莊宗崩，彥威從明宗入洛陽，首率群臣勸進，內外機事，皆決彥威。彥威素與段凝、溫韜有隙，[1]因擅捕凝、韜下獄，將殺之，安重誨曰："凝、韜之惡，天下所知，然主上方平內難，以恩信示人，豈公報仇之時？"彥威乃止。明宗即位，乃赦凝、韜，放歸田里，已而卒賜死。

[1]溫韜：人名。京兆華原（今陝西銅川市耀州區）人。唐末李茂貞部將，五代後梁、後唐將領。傳見《舊五代史》卷七三、本書卷四〇。

彥威徙鎮平盧。[1]朱守殷反，[2]伏誅，彥威遣使者馳騎獻兩箭爲賀，明宗賜兩箭以報之。夷狄之法，起兵令衆，以傳箭爲號令，然非下得施於上也。明宗本出夷狄，而彥威武人，君臣皆不知禮，動多此類。然彥威客有淳于晏者，[3]登州人也，[4]少舉明經及第，[5]遭世亂，依彥威，自彥威爲偏裨時已從之。[6]彥威嘗戰敗脱身走，麾下兵無從者，獨晏徒步以一劍從之榛棘間以免。彥威高其義，所歷方鎮，常辟以自從，至其家事無大小，皆決於晏，彥威以故得少過失。當時諸鎮辟召寮屬，皆以晏爲法。

[1]平盧：方鎮名。治所在青州（今山東青州市）。

[2]朱守殷：人名。籍貫不詳。五代後唐將領。傳見《舊五代史》卷七四、本書卷五一。

[3]淳于晏：人名。籍貫不詳。登明經第，久事霍彦威。彦威曾兵敗，他獨自仗劍隨從，因而受到信任。彦威節度數鎮，他被任爲從事，凡軍府之事，私家之務，都由他處理，職似家宰，被當時仿效，稱爲"效淳"。傳見《舊五代史》卷七一。

[4]登州：州名。治所在今山東蓬萊市。

[5]明經及第：明經爲唐代科舉制度的科目之一，與進士科並列，主要考試經義。禮部省試、殿試合格之明經科舉人優等者，例賜"明經及第"。

[6]偏裨：官名。即副將的統稱，相對主將而言。亦稱裨將軍。品秩不詳。

天成三年冬，[1]彦威卒于鎮。是時，明宗方獵于近郊，青州馳騎奏彦威卒，[2]明宗涕泣還宮，輟朝，仍終其月不舉樂，贈彦威太師，[3]謚曰忠武。

[1]天成：後唐明宗李嗣源年號（926—930）。

[2]青州：州名。治所在今山東青州市。

[3]太師：官名。與太傅、太保合稱三師，唐後期、五代多爲大臣、勛貴加官。正一品。

房知溫

房知溫字伯玉，兗州瑕丘人也。[1]少以勇力爲赤甲都官健，[2]後隸魏州馬鬭軍，[3]稍遷親隨軍指揮使。[4]莊宗取魏博，[5]得知溫，賜姓李氏，名曰紹英，以爲澶州刺史，[6]歷曹、貝二州刺史，[7]戍瓦橋關。

[1]兖州：州名。治所在今山東濟寧市兖州區。　瑕丘：縣名。治所在今山東濟寧市兖州區。

[2]赤甲都："都"爲軍隊的編制單位，"赤甲"即部隊番號。唐末五代之際，軍隊中已有都的編制。諸藩鎮所設特種兵和牙兵中就有雁子都、落雁都、廳子都等名。五代時成爲指揮以下的軍事編制。　官健：唐代軍士名稱。也稱"健兒""長征健兒"。唐高宗以後，隨着均田制的破壞，府兵無力自備武器資糧。自玄宗開元時起，逐漸改用官給身糧、家糧或者賜與的辦法。自此，戍兵成爲長期服役的職業兵。因資糧兵器由自備而變爲官給，故稱之爲"官健"。

[3]馬鬥軍：部隊番號。

[4]親隨軍：唐末、五代禁軍名。後梁開平元年（907）改爲龍驤軍。分左、右兩軍。

[5]魏博：方鎮名。亦稱"天雄軍"。唐天祐元年（904）以魏博節度使號爲天雄軍，治所在魏州（今河北大名縣）。

[6]澶州：州名。唐、五代初，治所在河南清豐縣。後晉天福四年（939），移治於今河南濮陽縣。　刺史：官名。州一級行政長官。漢武帝時始置，總掌考核官吏、勸課農桑、地方教化等事。唐中期以後，節度使、觀察使轄州而設，刺史爲其屬官，職任漸輕。從三品至正四品下。

[7]曹：州名。治所在今山東菏澤市。

　　明宗自魏反兵南向，知温首馳赴之。天成元年，拜泰寧軍節度使。明年，爲北面招討使，[1]屯于盧臺。[2]明宗遣烏震往代知温還鎮，[3]其戍卒效節軍將龍晊等攻震殺之。[4]效節，魏州軍也。魏州自羅紹威誅牙軍，[5]楊師厚爲節度使，[6]復置銀槍效節軍。當梁末帝時，[7]師厚幾爲梁患。師厚卒，以賀德倫代之。[8]末帝患魏軍彊難制，與趙巖等謀分相、魏爲兩鎮，[9]魏軍由此作亂，劫德倫叛梁而降晉，梁遂失河北。莊宗自得魏兵，與梁戰河上，數有功，許其軍以滅梁而厚賞。及梁亡，魏軍雖數賜與，而驕縱無厭，常懷怨望，皇甫暉之亂，劫趙在禮入魏，皆此軍也。明宗入立，在禮鎮天雄軍，[10]以魏軍素驕，常懼禍，不皇居，陰遣人訴于明宗，求解去。明宗乃以皇子從榮代在禮，[11]而遣魏效節九指揮北戍盧臺。軍發之日，不給兵甲，惟以長竿繫旗幟以表隊伍，軍士頗自疑惑。明年，明宗遣烏震代知溫戍，而知溫意尤不樂。盧臺戍軍夾水東西爲兩寨，震初至，與知溫會東寨，方博，效節軍亂，譟于門外，知溫即乘馬而出。亂軍擊殺震，執轡留知溫，知溫紿曰："騎兵皆在西寨，今獨步軍，恐無能爲也。"知溫即躍馬登舟渡河入西寨，以騎軍盡殺亂者。明宗下詔，悉誅其家屬于魏州，凡九指揮三千餘家數萬口，驅至漳水上殺之，[12]漳水爲之變色。魏之驕兵，於是而盡。明宗知變自知溫起，釋而不問，徙鎮武寧，加兼侍中，[13]歷鎮天平、平盧。

[1]招討使：官名。唐始置。戰時任命，兵罷則省。常以大臣、將帥或地方軍政長官兼任。掌招撫、討伐等事務。品秩不詳。

[2]盧臺：軍（政區）名。治所在今天津寧河區盧臺鎮。參見余蔚《中國行政區劃通史》（遼金卷），復旦大學出版社2012年版，第326頁。

[3]烏震：人名。冀州信都（今河北衡水市冀州區）人。五代後唐將領。傳見《舊五代史》卷五九、本書卷二六。

[4]龍晊（zhì）：人名。籍貫不詳。五代後唐將領。事見《舊

五代史》卷三八。

[5]羅紹威：人名。魏州貴鄉（今河北大名縣）人。唐末軍閥。傳見《舊五代史》卷一四、本書卷三九。　衙軍：即牙兵。五代時期藩鎮親兵。參見來可泓《五代十國牙兵制度初探》，《學術月刊》1995年第11期。

[6]楊師厚：人名。潁州斤溝（今安徽太和縣阮橋鎮斤溝集）人。唐末、五代後梁將領。傳見《舊五代史》卷二二、本書卷二三。

[7]梁末帝：即後梁末帝朱友貞。後梁太祖朱温之子。913年至923年在位。紀見《舊五代史》卷八至一〇、本書卷三。

[8]賀德倫：人名。先世爲河西部落人，後居滑州（今河南滑縣）。五代後梁、後唐將領。傳見本書卷四四。

[9]趙巖：人名。陳州宛丘（今河南淮陽縣）人。朱温女婿，忠武軍節度使趙犨次子。事見《舊五代史》卷一四《趙犨傳》、本書卷四二《趙犨傳》。　相：州名。治所在安陽縣（今河南安陽市）。

[10]天雄軍：方鎮名。亦稱"魏博軍"。唐天祐元年（904）以魏博節度使號爲天雄軍，治所在魏州（今河北大名縣）。

[11]從榮：人名。即李從榮。沙陀人。五代後唐明宗李嗣源次子。傳見《舊五代史》卷五一、本書卷一五。

[12]漳水：又作"漳河"。即今漳河。有清漳水（今清漳河）、濁漳水（今濁漳河）兩支上源，分別出自山西長子縣和沁縣，二源至今河南林州市相合，流入河南安陽市北，下游河道屢有變化。

[13]侍中：官名。秦始置。隋、唐前期爲門下省長官。唐後期多爲大臣加銜，不參與政務，實際職務由門下侍郎執行。正二品。

　　初，明宗爲北面招討使，而知温爲副使，廢帝時以裨將事知温甚謹，[1]後因杯酒失意。及廢帝起兵鳳翔，愍帝出奔，[2]知温乘間有窺覦之意，謂其司馬李沖曰：[3]"吾有錢數屋，養兵數千，因時建義，功必有成。"沖曰："今天子孱弱，上下離心，潞王兵威甚盛，事未可知，沖請懷表而西以覘之。"[4]及沖至京師，廢帝已入立，沖即奉表稱賀，還勸知温入朝，廢帝慰勞之甚厚。知温還鎮，封東平王。太常上言：[5]"策拜王公，皇帝臨軒遣策。其在外者，正衙命使，而鹵簿、鼓吹、輅車、法物不出都城，考之故事無明文。今北平王德鈞、東平王知温受封遣策，[6]請下兵部、太常、太僕，給鹵簿、鼓吹、輅車、法物赴本道，禮畢還有司。"[7]

[1]廢帝：即後唐廢帝李從珂。鎮州平山（今河北平山縣）人。本姓王，後唐明宗李嗣源擄其母魏氏，遂養爲己子。應順元年（934）四月，李從珂入洛陽即帝位。清泰三年（936）五月，石敬瑭謀反，廢帝自焚死，後唐亡。紀見《舊五代史》卷四六至卷四八、本書卷七。　鳳翔：方鎮名。治所在鳳翔府（今陝西鳳翔縣）。

[2]愍帝：即後唐愍帝李從厚。小名菩薩奴，明宗第三子。長興四年（933）十二月，李從厚即皇帝位，是爲後唐愍帝。應順元年（934）四月，李從珂入洛陽即帝位，令人毒殺閔帝。紀見《舊五代史》卷四五、本書卷七。

[3]司馬：官名。州軍佐官，名義上紀綱衆務，通判列曹，品高俸厚，實際上無具體職事，多用以安置貶謫官員，或用作遷轉官階。上州從五品下，中州正六品下，下州從六品上。　李沖：人名。籍貫不詳。房知温幕僚。本書僅此一見。

[4]潞王：即李從珂。

[5]太常：此處指太常寺。官署名。北齊始置，掌禮樂祭祀活動。隋唐兩代下設郊廟、太廟、諸陵、太樂、鼓吹、太醫、太卜、

廩犧等八署，長官爲太常寺卿，正三品。唐高宗龍朔年間曾改稱奉常，武則天光宅年間又曾稱爲司禮，後均復舊。歷代沿置。

[6]德鈞：人名。即趙德鈞。幽州（今北京市）人。初爲幽州節度使劉守光部將，後爲後唐將領，復投降遼國。傳見《舊五代史》卷九八。

[7]兵部：官署名。爲六部之一，統兵部、職方、駕部、庫部四司，掌管全國武官選用和兵籍、武器、軍令等政。長官爲兵部尚書。　太僕：即太僕寺。官署名。北齊置，隋及唐初沿置。唐龍朔二年（662）改名司馭寺，咸亨元年（670）復舊，光宅元年（684）改名司僕寺，神龍元年（705）復舊。掌輿馬和畜牧業。唐後期其職權漸歸監牧使、閑厩使、飛龍使。　鹵簿：古代帝王等出行時扈從之儀仗隊。　鼓吹：古樂名。也稱"鼓吹樂"。用鼓、鉦、簫、笳等樂器合奏。源於我國古代北京少數民族，本爲軍中之樂，後漸用於朝廷。漢代用於皇帝宴樂群臣、皇帝出巡和軍隊凱旋等場合。　輅車：帝王專用的大車。　法物：帝王儀仗隊所使用的器物。

知温在鎮，常厚斂其民，積貲鉅萬，治第青州南城，出入以聲妓，游嬉不恤政事。天福元年卒于官，[1]贈太尉。[2]

[1]天福：五代後晋高祖石敬瑭年號（936—942），出帝石重貴沿用至天福九年（944）。

[2]太尉：官名。與司徒、司空並爲三公，唐後期、五代多爲大臣、勳貴加官。正一品。

知温卒後，其子彦儒獻其父錢三萬緡、絹布三萬匹、金百兩、銀千兩、茶千五百斤、絲十萬兩，[1]拜沂州刺史。[2]其將吏分其餘貲者，皆爲富家云。

[1]彥儒：人名。即房彥儒。兗州瑕丘（今山東濟寧市兗州區）人。房知溫之子。五代將領。事見《舊五代史》卷九一《房知溫傳》。
[2]沂州：州名。治所在今山東臨沂市。

王晏球

王晏球字瑩之，洛陽人也。少遇亂，爲盜所掠，汴州富人杜氏得之，[1]養以爲子，冒姓杜氏。梁太祖鎮宣武，[2]選富家子之材武者置之帳下，號"廳子都"。[3]晏球爲人倜儻有大節，爲廳子都指揮使。太祖即位，爲右千牛衛將軍。[4]友珪立，龍驤戍卒反，自懷州趣京師，[5]遣晏球擊敗之于河陽，[6]以功遷龍驤第一指揮使。

[1]杜氏：人名。汴州（今河南開封市）人。王晏球養父。本書僅此一見。
[2]宣武：方鎮名。治汴州（今河南開封市）。
[3]都：軍隊的編制單位。《五代會要·京城諸軍》："凡五百人爲一指揮，其別有五都，都一百人，統以一營居之。"都的長官稱爲都頭。
[4]右千牛衛將軍：官名。唐置，掌宮禁宿衛。從三品。
[5]懷州：州名。治所在今河南沁陽市。
[6]河陽：方鎮名。全稱"河陽三城"。治所在孟州（今河南孟州市）。

末帝即位，遷龍驤四軍都指揮使。[1]梁遣捉生軍將李霸將千人戍楊劉，[2]霸夜作亂，自水門入，縱火大譟，以長竿縛布沃油，仰燒建國門。[3]晏球聞亂，不俟命，率龍驤五百騎擊之，賊勢稍却。末帝登樓見之，呼曰："此非吾龍驤軍邪！"晏球奏曰："亂者，李霸一都爾，陛下嚴守宮城，而責臣破賊。"遲明盡殺之，以功拜澶古本作單。州刺史。[4]

[1]都指揮使："都"字原闕，中華點校本據宗文本、《舊五代史》卷六四《王晏球傳》、《册府》卷三六〇、《通鑑》卷二六九補。

[2]捉生：部隊番號。　軍將：即都將。官名。唐、五代時節度使屬將。品秩不詳。　李霸：人名。籍貫不詳。五代後梁將領。事見《舊五代史》卷八、卷六四及本書卷四六。　楊劉：地名。即今山東東阿縣東北姚寨鎮楊柳村。唐、五代時有城臨河津，爲黃河下游重鎮，今城已堙廢不可考。

[3]建國門：宮城門。爲開封皇城南門。位於今河南開封市。

[4]以功拜澶州刺史："澶"字據中華點校本校勘記，浙江本、《舊五代史》卷六四《王晏球傳》、《册府》卷三六〇、《通鑑》卷二六九作"單"。

梁、晉軍河上，以晏球爲行營馬步軍都指揮使。[1]莊宗入汴，晏球以兵追之，行至封丘，[2]聞末帝已崩，即解甲降唐，莊宗賜姓名曰李紹虔，拜齊州防禦使，[3]戍瓦橋關。

[1]行營馬步軍都指揮使：官名。唐末、五代行軍統兵主帥。品秩不詳。詳見杜文玉《晚唐五代都指揮使考》，《學術界》1995

年第1期。

[2]封丘：縣名。治所在今河南封丘縣。

[3]齊州：州名。治所在今山東濟南市。　防禦使：官名。唐代始置，設有都防禦使、州防禦使兩種。常由刺史或觀察使兼任，實際上爲唐代後期州或方鎮的軍政長官。品秩不詳。

　　明宗兵變，自鄴而南，遣人招晏球，晏球從至洛陽，拜歸德軍節度使。定州王都反，[1]以晏球爲招討使，與宣徽南院使張延朗等討之。[2]都遣人北招契丹，契丹遣秃餒將萬騎救都。[3]晏球聞秃餒等兵且來，留張延朗屯新樂，[4]自逆於望都。[5]而契丹從他道入定州，與都出不意擊延朗軍，延朗大敗，收餘兵會晏球趨曲陽，[6]都乘勝追之。晏球先至水次，方坐胡牀指麾，而都衆掩至，晏球與左右十餘人連矢射之，都衆稍却，而後軍亦至。晏球立高岡，號令諸將皆橐弓矢、用短兵，回顧者斬。符彦卿以左軍攻其左，[7]高行珪以右軍攻其右，[8]中軍騎士抱馬項馳入都軍，都遂大敗，自曲陽至定州，横尸棄甲六十餘里。都與秃餒入城，不敢復出。契丹又遣惕隱以七千騎益都，[9]晏球遇之唐河，[10]追擊至滿城，[11]斬首二千級，獲馬千匹。契丹自中國多故，彊於北方，北方諸夷無大小皆畏伏，而中國之兵遭契丹者，未嘗少得志。自晏球擊敗秃餒，又走惕隱，其餘衆奔潰投村落，村落之人以鋤櫌白梃所在擊殺之，無復遺類。惕隱與數十騎走至幽州西，[12]爲趙德鈞擒送京師。明宗下詔責誚契丹。契丹後數遣使至中國，求歸惕隱等，辭甚卑遜，輒斬其使以絶之。於是時，中國之威幾於大震，而契丹少衰伏矣，自晏球始也。

[1]定州：州名。治所在今河北定州市。　王都：人名。原名"劉雲郎"。中山陘邑（今河北定州市）人。妖人李應之養子，後送與王處直，改姓名爲王都。後爲義武軍節度使。傳見《舊五代史》卷五四、本書卷三九。

[2]宣徽南院使：官名。唐始置。宣徽南院的長官。初用宦官，五代以後改用士人。與宣徽北院使通掌内諸司及三班内侍之名籍，郊祀、朝會、宴享供帳之儀，檢視内外進奉名物。品秩不詳。參見王永平《論唐代宣徽使》，《中國史研究》1995年第1期；王孫盈政《再論唐代的宣徽使》，《中華文史論叢》2018年第3期。　張延朗：人名。汴州（今河南開封市）人。五代後唐大臣，歷任三司使、宰相。傳見《舊五代史》卷六九、本書卷二六。

[3]秃餒：人名。奚人。契丹將領。事見《通鑑》卷二七六。

[4]新樂：縣名。治所在今河北新樂市。

[5]望都：縣名。治所在今河北望都縣。

[6]曲陽：縣名。治所在今河北曲陽縣。

[7]符彥卿：人名。陳州宛丘（今河南淮陽縣）人。後周、宋初將領。傳見《宋史》卷二五一。

[8]高行珪：人名。或作"高行周"。幽州（今北京市）人。五代名將。傳見《舊五代史》卷一二三、本書卷四八。《舊五代史》卷六四將此事繫於"高行周"。

[9]惕隱：官名。出自契丹語。遼朝惕隱主要分爲兩類。中央惕隱掌管皇族教化和皇族户籍；地方惕隱，即遼朝在各部族及屬國屬部設置的惕隱，各部族的惕隱配合部族節度使管理部族事務，屬國屬部惕隱一般爲該部酋長。品秩不詳。參見鞠賀《遼朝惕隱研究》，《西北民族大學學報》2019年第1期。

[10]唐河：水名。古稱滱水。爲大清河支流。源出山西渾源縣

東南，曲折東流入河北中部白洋澱。

［11］滿城：縣名。治所在今河北保定市滿城區。

［12］幽州：州名。治所在今北京市。

晏球攻定州，久不克，明宗數遣人促其破賊，晏球以謂未可急攻。其偏將朱弘昭、張虔釗等宣言曰：[1]"晏球怯耳！"乃驅兵以進，兵果敗，殺傷三千餘人，由是諸將不敢復言攻。晏球乃休養士卒，食其三州之賦，悉以俸祿所入具牛酒，日與諸將高會。久之，都城中食盡，先出其民萬餘人，數與禿餒謀決圍以走，不果，都將馬讓能以城降，[2]都自焚死。

［1］朱弘昭：人名。太原（今山西太原市）人。後唐明宗朝樞密使、宰相。傳見《舊五代史》卷六六、本書卷二七。　張虔釗：人名。遼州（今山西左權縣）人。五代後唐、後蜀將領。傳見《舊五代史》卷七四。

［2］馬讓能：人名。籍貫不詳。王都部將。事見《通鑑》卷二七六。

晏球爲將有機略，善撫士卒。其擊禿餒，既因敗以爲功，而諸將皆欲乘勝取都，晏球返，獨不動，卒以持久弊之。自天成三年四月都反，明年二月始克之，軍中未嘗戮一人。以破都功，拜天平軍節度使。又徙平盧，累官至兼中書令。是歲卒，年六十二，贈太尉。

安重霸

安重霸，雲州人也，[1]初與明宗俱事晉王。[2]重霸得罪奔于梁，又奔于蜀。

[1]雲州：州名。治所在今山西大同市。　大同軍：方鎮名。治所在雲州（今山西大同市）。

[2]晉王：即後唐莊宗李存勖。923年至926年在位。紀見《舊五代史》卷二七至卷三四、本書卷四至卷五。

重霸爲人狡譎多智，善事人。蜀王建以爲親將。[1]王衍立，[2]少年，宦者王承休用事，[3]重霸深結承休以自託。梁末，蜀取李茂貞秦、成、階三州，[4]重霸勸承休求鎮秦州，衍以承休爲節度使，重霸爲其副使。重霸與承休多取秦州花木獻衍，[5]請衍東遊。唐魏王兵伐蜀，[6]承休大恐，以問重霸，重霸曰："劍門天下之險，雖有精兵，不可過也。然公受國恩，聞難不可不赴，願與公俱西。"[7]承休素親信之，以爲然。承休整軍將發，秦人送之，帳飲城外。酒罷，承休上道，重霸立承休馬前，辭曰："秦、隴不可失，願留爲公守。"承休業已上道，無如之何。

[1]王建：人名。許州舞陽（今河南舞陽縣）人。唐末軍閥、五代十四前蜀開國皇帝。傳見《舊五代史》卷一三六、本書卷六三。

[2]王衍：人名。許州舞陽（今河南舞陽縣）人。王建幼子，五代十國前蜀皇帝。傳見《舊五代史》卷一三六、本書卷六三。

[3]王承休：人名。籍貫不詳。五代十國前蜀宦官。傳見吳任臣《十國春秋》卷四六。

[4]秦：州名。治所在今甘肅天水市。 成：州名。治所在今甘肅成縣。 階：州名。治所在今甘肅隴南市武都區。

[5]多取秦州花木獻衍："州"，原作"川"，據殿本、北監本、汪本改。中華點校本作"秦州"，應是。

[6]魏王：即李繼岌。後唐莊宗長子。傳見《舊五代史》卷五一、本書卷一四。

[7]劍門：關隘名。即劍門關。位於今四川劍閣縣北六十里劍門鎮北大劍山口。

　　唐軍已破蜀，重霸亦以秦、成、階三州降唐，明宗以爲閬州團練使。[1]罷爲左衛大將軍。[2]久之，以爲匡國軍節度使。[3]廢帝時，爲京兆尹、西京留守，[4]徙鎮大同，[5]以病罷還，卒于潞州。[6]

[1]閬州：州名。治所在今四川閬中市。 團練使：官名。唐代中期以後，於不設節度使的地區設團練使，掌本區各州軍事。品秩不詳。

[2]左衛大將軍：官名。唐置，掌宮禁宿衛。正三品。

[3]匡國軍：方鎮名。治所在同州（今陝西大荔縣）。

[4]京兆尹：官名。唐開元元年（713）改雍州置京兆府，治所在今陝西西安市。以京兆尹總其政務。從三品。 西京留守：官名。唐玄宗久住東都洛陽，天寶元年（742）以京師長安爲西京，改西都留守爲西京留守，仍掌京師軍政要務。肅宗以後稱長安爲上都，仍沿用西京留守舊稱。品秩不詳。

[5]大同：方鎮名。治所在代州（今山西代縣）。

[6]潞州：州名。治所在今山西長治市。

王建立

王建立，遼州榆社人也。[1]唐明宗爲代州刺史，[2]以建立爲虞候將。[3]莊宗嘗遣女奴之代州祭墓，女奴侵擾代人，建立捕而笞之。莊宗怒，欲殺之，明宗爲庇護之以免。明宗自魏反，犯京師，曹皇后、王淑妃皆在常山，[4]建立殺常山監軍并其守兵，[5]明宗家屬因得無患，由是明宗益愛之。明宗即位，以爲成德軍節度副使，[6]已而拜節度使、檢校太尉、同中書門下平章事。[7]

[1]榆社：縣名。治所在山西榆社縣。

[2]代州：州名。治所在今山西代縣。

[3]虞候將：官名。州鎮統兵將領。品秩不詳。

[4]曹皇后：即後唐明宗皇后曹氏。籍貫不詳。死後追册"和武顯皇后"，一作"和武憲皇后"。傳見《舊五代史》卷四九《唐后妃列傳》、本書卷一五《唐明宗家人傳》。　王淑妃：後唐明宗妃嬪。傳見《舊五代史》卷五一、本書卷一五。　常山：古郡。位於今河北正定縣、元氏縣一帶。

[5]監軍：官名。爲臨時差遣，代表朝廷協理軍務、督察將帥。唐、五代時常以宦官爲監軍。品秩不詳。

[6]成德軍：方鎮名。治所在恆州（今河北正定縣）。　節度副使：官名。唐五代方鎮屬官。位於行軍司馬之下、判官之上。品秩不詳。

[7]檢校太尉：官名。爲散官或加官，以示恩寵，無實際執掌。品秩不詳。　同中書門下平章事：官名。簡稱"同平章事"。唐高宗以後，凡實際任宰相之職者，常在其本官後加同平章事的職銜。後成爲宰相專稱。品秩不詳。

建立與安重誨素不協，定州王都有二志，數以書通建立，約爲兄弟，重誨知之以爲言。明宗不欲傷建立，亟召還京師。建立入見，亦多言重誨過失。明宗大怒，欲亟罷重誨，群臣左右諷解之，乃止。然卒以建立爲右僕射、同中書門下平章事、判三司事。[1]居歲餘，自言不識文字，願解三司，[2]明宗不許。久之，建立稱疾，明宗笑曰："人固有詐疾而得疾者。"乃出爲平盧節度使，又徙上黨。[3]建立怏怏不得志，遂求解職，乃以太子少保致仕。[4]

　　[1]右僕射：官名。秦始置。隋、唐前期以左、右僕射佐尚書令總理六官，綱紀庶務，如不置尚書令，則總判省事，爲宰相之職。唐後期多爲大臣加銜。從二品。　判三司事：官名。通掌鹽鐵、度支、户部三個部門事務。爲三司使之起始。品秩不詳。
　　[2]三司：官署名。五代後唐明宗天成元年（926）合鹽鐵、度支、户部爲一職，始稱三司，爲中央最高之財政管理機構。
　　[3]上黨：縣名。治所在今山西長治市。
　　[4]太子少保：官名。與太子少傅、太子少師合稱"三少"，唐後期、五代多爲大臣、勛貴加官。從二品。

　　建立數請朝見，不許，乃自詣京師，闌至後樓見明宗，涕泣言己無罪，爲重誨所擯，明宗曰："汝爲節度使，不作好事，豈獨重誨讒汝邪！"賜以茶藥而遣之。廢帝立，復起爲天平軍節度使。
　　晋高祖時，[1]徙鎮平盧。天福五年來朝，高祖勞之曰："三十年前老兄，可毋拜！"賜以肩輿入朝，給二宦者掖而升殿，宴見甚渥。又徙昭義，[2]賜以玉斧、蜀馬。累封韓王。

[1]晋高祖：即後晋高祖石敬瑭。五代後晋王朝的建立者。紀見《舊五代史》卷七五至卷八一、本書卷八。
[2]昭義：方鎮名。治所在潞州（今山西長治市）。

建立好殺人，其晚節始惑浮圖法，[1]戒殺生，所至人稍安之。卒年七十，贈尚書令。

[1]浮圖：梵語音譯，又作佛陀。泛指佛教。

子守恩，[1]以蔭補，[2]稍遷諸衛將軍。[3]建立已卒，家于潞，守恩自京師得告歸，而契丹滅晋。昭義節度使張從恩與守恩姻家，[4]乃以守恩權巡檢使，[5]以守潞州，而從恩入見契丹。從恩既去，守恩因剽劫從恩家貲，以潞州降漢。漢高祖即位，以守恩爲昭義軍節度使，徙鎮靜難、西京留守，[6]加同中書門下平章事。

[1]守恩：人名。即王守恩。太原（今山西太原市）人。後晋潞州節度使王建立之子，後漢時曾任宰相。傳見《舊五代史》卷一二五。
[2]蔭補：古代社會子孫憑借先代官爵而接受封爵或取得官職的，謂之蔭補。
[3]諸衛將軍：官名。唐置，掌宫禁宿衛。唐代置十六衛，各置上將軍，從二品；大將軍，正三品；將軍，從三品。
[4]張從恩：人名。太原人。五代後晋外戚、將領。仕至宋初。

傳見《宋史》卷二五四。

［5］巡檢使：官名。唐末、五代置。掌巡邏重鎮、要地。品秩不詳。

［6］靜難：方鎮名。治所在邠州（今陝西彬縣）。

　　守恩性貪鄙，人甚苦之。時周太祖以樞密使將白文珂等軍西平三叛，[1]還過洛陽，守恩以使相自處，[2]肩輿出迎。太祖怒，即日以頭子命文珂代守恩爲留守，[3]而守恩方詣館謁，坐於客次以俟見，而吏馳報新留守視事於府矣。守恩大驚，不知所爲，遂罷去，奉朝請于京師。[4]

　　［1］周太祖：即郭威。邢州堯山（今河北隆堯縣）人。五代時後周王朝的建立者。紀見《舊五代史》卷一一〇至卷一一三、本書卷一一。　樞密使：官名。樞密院長官。唐代宗時始以宦官掌機密，至昭宗時借朱温之力盡誅宦官，始改以士人任樞密使。備顧問，參謀議，出納詔奏，權侔宰相。品秩不詳。參見李全德《唐宋變革期樞密院研究》，北京圖書館出版社2009年版。　白文珂：人名。太原（今山西太原市）人。王章岳父，後漢隱帝時宰相。傳見《舊五代史》卷一二四。　三叛：五代後漢乾祐元年（948），河中節度使李守貞叛，發兵據潼關，永興軍牙將趙思綰亦叛，據州城長安，繼之王景崇叛於鳳翔，三叛連衡，以李守貞爲盟主。隱帝劉承祐命樞密使郭威爲帥，率軍長圍河中，攻長安、鳳翔。次年，趙思綰被擒殺，李守貞、王景崇兵敗自焚，三叛被平。

　　［2］使相：官名。唐朝後期，宰相常兼節度使，節度使亦常加宰相銜，皆稱使相。五代時，節度使多帶宰相銜，但不預朝廷政事。

　　［3］頭子：官文書名。唐宋時樞密使直行下達的劄子，事體一

般者稱頭子。

[4]奉朝請：指赴朝立班。

後隱帝殺史弘肇等，[1]召群臣上殿慰諭之，群臣恐懼，無敢言者，獨守恩前對曰："陛下始睡覺矣。"聞者皆縮頸。顯德中，[2]爲左金吾衛上將軍以卒。[3]

[1]隱帝：即後漢隱帝劉承祐。後漢高祖劉知遠次子。紀見《舊五代史》卷一〇一至一〇三、本書卷一〇。 史弘肇：人名。鄭州滎澤（今河南鄭州市）人。五代時後漢將領。傳見《舊五代史》卷一〇七、本書卷三〇。

[2]顯德：五代後周太祖郭威年號（954）。世宗柴榮、恭帝柴宗訓沿用（954—960）。

[3]左金吾衛上將軍：官名。唐置，掌宮禁宿衛。從二品。

嗚呼！道德仁義，所以爲治，而法制綱紀，亦所以維持之也。自古亂亡之國，必先壞其法制而後亂從之。亂與壞相乘，至蕩然無復綱紀，則必極於大亂而後返，此勢之然也，五代之際是已。若文珂、守恩皆位兼將相，漢大臣也，而周太祖以一樞密使頭子易置之，如更戍卒。是時，太祖與漢未有間隙之端，其無君叛上之志，宜未萌于心，而其所爲如此者，何哉？蓋其習爲常事，故特發於喜怒頤指之間，而文珂不敢違，守恩不得拒。太祖既處之不疑，而漢廷君臣亦置而不問，其上下安然而不怪者，豈非朝廷法制綱紀壞亂相乘，其來也遠，既極而至於此歟！是以善爲天下慮者，不敢忽於微，而常杜其漸也，可不戒哉！

康福

康福，蔚州人也，[1]世爲軍校。福以騎射事晉王爲偏將。莊宗嘗曰："吾家以羊馬爲生，福狀貌類胡人而豐厚，胡宜羊馬。"乃令福牧馬于相州，爲小馬坊使，[2]逾年馬大蕃滋。明宗自魏反，兵過相州，福以小坊馬二千匹歸命，明宗軍勢由是益盛。明宗入立，拜飛龍使，[3]領磁州刺史、襄州兵馬都監。[4]從劉訓討荆南，[5]無功而還。

[1]蔚州：州名。治所在今河北蔚縣。

[2]小馬坊使：官名。唐置小馬坊，爲御馬諸廄之一，以小馬坊使主管。後梁時改小馬坊爲天驥坊，後唐復舊。長興元年（930）改稱右飛龍院，長官稱右飛龍使。品秩不詳。

[3]飛龍使：官名。唐代掌閑廄御馬之内使，又稱内飛龍使。五代沿置。品秩不詳。

[4]磁州：州名。治所在今河北磁縣。 襄州：州名。治所在今湖北襄陽市。 兵馬都監：官名。唐代中葉命將出征，常以宦官爲監軍、都監。後爲臨時委任的統兵官，稱都監、兵馬都監。掌屯戍、邊防、訓練之政令。品秩不詳。

[5]劉訓：人名。隰州永和（今山西永和縣）人。五代藩鎮將領。傳見《舊五代史》卷六一。 荆南：方鎮名。治所在荆州（今湖北荆州市）。

福爲將無佗能，善諸戎語，[1]明宗嘗召入便殿，訪以外事，福輒爲蕃語以對。樞密使安重誨惡之，常戒福曰："無妄奏事，當斬汝！"福懼，求外任。

[1]善諸戎語："諸"，原作"謂"，中華點校本據浙江本、宗文本改，今從。

靈武韓洙死，[1]其弟澄立，[2]而偏將李從賓作亂。[3]澄表請朝廷命帥，而重誨以謂靈武深入夷境，爲帥者多遇害，乃拜福涼州刺史，[4]朔方、河西軍節度使。[5]福入見明宗，涕泣言爲重誨所擠。明宗召重誨爲福更佗鎮，重誨曰："福爲刺史無功效而建節旄，其敢有所擇邪！"明宗怒，謂福曰："重誨遣汝，非吾意也。吾當遣兵護汝，可無憂。"乃令將軍牛知柔以兵衛福。[6]行至方渠，[7]而羌夷果出邀福，福以兵擊走之。至青岡峽，[8]遇雪，福登山望見川谷中煙火，有吐蕃數千帳，[9]不覺福至，福分其兵爲三道，出其不意襲之。吐蕃大駭，棄車帳而走，殺之殆盡，獲其玉璞、綾錦、羊馬甚衆，由是威聲大振。

[1]靈武：方鎮名。又稱朔方、靈州、靈鹽。治所在靈州（今寧夏吳忠市）。　韓洙：人名。籍貫不詳。五代軍閥。韓遜之子。事見《舊五代史》卷一三二《韓遜傳》。

[2]澄：人名。即韓澄。籍貫不詳。五代軍閥。韓洙之弟。事見《舊五代史》卷一三二《韓遜傳》。

[3]李從賓：人名。或作"李賓""李匡賓"。

[4]涼州：州名。治所在今甘肅武威市。

[5]朔方：方鎮名。治所在靈州（今寧夏吳忠市）。　河西軍：方鎮名。治所在涼州（今甘肅武威市）。

[6]牛知柔：人名。籍貫不詳。五代後唐將領。事見《通鑑》卷二七六、卷二七九。

[7]方渠：縣名。治所在今甘肅環縣。

[8]青岡峽：亦作"青岡嶺"。位於今甘肅環縣。

[9]吐蕃：古代青藏高原地區的藏族部落政權。自7至9世紀，共歷九主，二百餘年。參見才讓《吐蕃史稿》，人民出版社2010年版。

福居靈武三歲，歲常豐稔，有馬千駟，[1]蕃夷畏服。言事者疑福有異志，重誨亦言福必負朝廷。明宗遣人謂福曰："我何少汝而欲負我！"福言："受國恩深，有死無二。"因乞還朝，不許。福章再上，即隨而至，明宗不之罪，徙鎮彰義。[2]歷靜難、雄武，[3]充西面都部署。[4]

[1]千駟：指四千匹馬。"駟"意為拉同一輛車的四匹馬。

[2]彰義：方鎮名。治所在涇州（今甘肅涇川縣）。

[3]雄武：方鎮名。治所在秦州（今甘肅天水市）。

[4]都部署：官名。五代後唐始置，為臨時委任的大軍區統帥。掌管屯戍、攻防等事務。品秩不詳。

晋高祖時，徙鎮河中，[1]代還，卒于京師，贈太師，諡曰武安。

[1]河中：方鎮名。治所在河中府（今山西永濟市）。

福世本夷狄，夷狄貴沙陀，[1]故常自言沙陀種也。

福嘗有疾臥閤中，寮佐入問疾，見其錦衾，[2]相顧竊戲曰："錦衾爛兮！"福聞之，怒曰："我沙陀種也，安得謂我爲奚？"[3]聞者笑之。

［1］沙陀：部族名。原意爲沙漠。沙陀部源出西突厥。隋文帝開皇二年（582），突厥汗國分裂爲東、西突厥。處月部爲西突厥所屬部落，朱邪是處月的別部。唐初，處月部居於大磧（今蒙古高原大沙漠），因稱沙陀突厥。唐中期時西突厥、處月部均已衰落，朱邪部遂自號沙陀，其首領以朱邪爲姓。事見《新唐書》卷二一八《沙陀列傳》、《舊五代史》卷二五、本書本卷末歐陽脩考證。參見樊文禮《沙陀的族源及其早期歷史》，《民族研究》1999年第6期。

［2］錦衾：用彩錦製成的絲棉被。

［3］奚：部族名。源出鮮卑宇文部。原稱庫莫奚，後省稱奚。參見畢德廣《奚族文化研究》，科學出版社2016年版。

郭延魯

郭延魯，沁州綿上人也。[1]父饒，以驍勇事晉，數立軍功，爲沁州刺史者九年，爲政有惠愛，州人思之。

［1］沁州：州名。治所在今山西沁源縣。　綿上：縣名。治所在今山西沁源縣。

延魯以善槊爲將，累遷神武都知兵馬使。[1]朱守殷反，從攻汴州，以先登功爲汴州馬步軍都指揮使，累遷復州刺史。[2]延魯歎曰："吾先君爲沁州者九年，民到于今思之。吾今幸得爲刺史，其敢忘吾先君之志！"由是益以廉平自勵，民甚賴之。秩滿，州人乞留，不許，皆遮道攀號。天福中，拜單州刺史，[3]卒于官。

[1]神武：禁軍名。唐肅宗至德二年（757）置禁軍，也叫神武天騎，分爲左、右神武天騎，左、右羽林，左、右龍武等六軍，稱"北衙六軍"。　都知兵馬使：官名。唐、五代方鎮自置之部隊統率官，稱兵馬使，其權尤重者稱兵馬大使或都知兵馬使。掌兵馬訓練、指揮。品秩不詳。
[2]復州：州名。治所在今湖北仙桃市。
[3]單州：州名。治所在今山東單縣。

　　當是時，刺史皆以軍功拜，言事者多以爲言，以謂方天下多事，民力困敝之時，不宜以刺史任武夫，恃功縱下，爲害不細。而延魯父子，特以善政著聞焉。
　　嗚呼，五代之民其何以堪之哉！上輸兵賦之急，下困剥斂之苛。自莊宗以來，方鎮進獻之事稍作，至於晋而不可勝紀矣。其"添都""助國"之物，[1]動以千數計。至於來朝、奉使、買宴、贖罪，莫不出於進獻。而功臣大將，不幸而死，則其子孫率以家貲求刺史，其物多者得大州善地。蓋自天子皆以賄賂爲事矣，則爲其民者其何以堪之哉！於此之時，循廉之吏如延魯之徒者，誠難得而可貴也哉！

　　[1]添都：即添都馬。五代時方鎮、各州向朝廷進獻馬匹的名目。　助國：即助國錢。五代時地方長官、富豪向朝廷捐助的錢。

新五代史　卷四七

雜傳第三十五

華溫琪　萇從簡　張筠 弟篯　楊彥詢　李周　劉處讓
李承約　張希崇　相里金　張廷蘊　馬全節　皇甫遇
安彥威　李瓊　劉景巖

華溫琪

華溫琪字德潤，宋州下邑人也。[1]世本農家。溫琪身長七尺。少從黃巢爲盜，[2]巢陷長安，[3]以溫琪爲供奉官都知。[4]巢敗，溫琪走滑州，[5]顧其狀貌魁偉，懼不自容，乃投白馬河，[6]流數十里，不死，河上人援而出之。又自經于桑林，桑輒枝折。乃之胙縣，[7]有田父見之曰："子狀貌堂堂，非常人也！"乃匿于家。後歲餘，聞濮州刺史朱裕募士爲兵，[8]乃往依之。

[1]宋州：州名。治所在今河南商丘市。　下邑：縣名。治所在今河南夏邑縣。
[2]黃巢：人名。曹州冤句（今山東菏澤市）人。唐末農民起

義領袖。傳見《舊唐書》卷二〇〇下、《新唐書》卷二二五下。

［3］長安：唐代首都。位於今陝西西安市。

［4］供奉官都知：官名。或作"供奉都知""供奉都知官"。此處指黃巢特署親從官之長官。品秩不詳。

［5］滑州：州名。治所在今河南滑縣。

［6］白馬河：水名。黃河支流，以流經白馬縣而得名。位於今河南滑縣北。

［7］胙縣：縣名。即胙城縣，避後梁太祖朱溫之父朱誠諱改。治所在今河南延津縣。

［8］濮州：州名。治所在今山東甄城县。　刺史：官名。州一級行政長官。漢武帝時始置，總掌考核官吏、勸課農桑、地方教化等事。唐中期以後，節度使、觀察使轄州而設，刺史爲其屬官，職任漸輕。從三品至正四品下。　朱裕：人名。籍貫不詳。事見《舊五代史》卷一、本書卷四七。

　　後事梁，爲開道指揮使，[1]累以戰功爲絳、棣二州刺史。[2]棣州苦河水爲患，溫琪徙于新州以避之，民賴其利。歷齊、晋二州。[3]莊宗攻晋州，踰月不能破，梁末帝嘉溫琪善守，[4]升晋州爲定昌軍，[5]以溫琪爲節度使。坐掠部民妻，爲其夫所訟，罷爲金吾衛大將軍、左龍武統軍。[6]朱友謙以河中叛附于晋，[7]末帝拜溫琪汝州防禦使、河中行營排陣使。[8]遷耀州觀察留後。[9]

　　［1］開道指揮使：官名。所部統兵將領。開道爲部隊番號。品秩不詳。

　　［2］絳：州名。治所在今山西新絳縣。　棣：州名。治所在今山東惠民縣。

［3］齊：州名。治所在今山東濟南市。　晉：州名。治所在今山西臨汾市。

［4］梁末帝：即後梁末帝朱友貞。後梁太祖朱溫之子。913年至923年在位。紀見《舊五代史》卷八至一〇、本書卷三。

［5］定昌軍：方鎮名。治所在晉州（今山西臨汾市）。

［6］金吾衛大將軍：官名。唐代置十六衛，金吾衛爲其一，掌宮禁宿衛。正三品。

［7］朱友謙：人名。許州（今河南許昌市）人。朱溫養子，唐末、五代軍閥。傳見《舊五代史》卷六三、本書卷四五。　河中：方鎮名。治所在河中府（今山西永濟市）。

［8］汝州：州名。治所在今河南汝州市。　防禦使：官名。唐代始置，設有都防禦使、州防禦使兩種。常由刺史或觀察使兼任，實際上爲唐代後期州或方鎮的軍政長官。品秩不詳。　行營排陣使：官名。唐節度使所屬武官中有排陣使，五代後梁時設於諸軍，爲先鋒之職。品秩不詳。參見王秩英《中國古代排陣使述論》，《西北大學學報》2016年第6期。

［9］耀州：州名。治所在今陝西銅川市耀州區。　觀察留後：官名。唐五代時，代行方鎮長官之職者稱留後。代行觀察使之職者，即爲觀察留後。掌一州或數州軍政。品秩不詳。

　　莊宗滅梁，[1]見溫琪，曰："此爲梁守平陽者也！"[2]嘉之，因以耀州爲順義軍，[3]拜溫琪節度使，徙鎮雄武。[4]明宗時來朝，[5]願留闕下，以爲左驍衛上將軍。[6]踰年，明宗謂樞密使安重誨曰：[7]"溫琪舊人，宜與一重鎮。"重誨意不欲與，對以無員闕。佗日，明宗語又及之，重誨曰："可代者惟樞密使耳。"明宗曰："可。"重誨不能答。溫琪聞之懼，稱疾不出者累月。已而以爲鎮國軍節度使。[8]廢帝時，[9]以太子太保致仕。[10]天福元年卒，[11]贈太子太傅。[12]

[1]莊宗：即李存勖。代北沙陀人，五代後唐開國皇帝。紀見《舊五代史》卷二七至卷三四、本書卷四至卷五。

[2]平陽：地名。位於今山西臨汾市。

[3]順義軍：方鎮名。治所在耀州（今陝西銅川市耀州區）。

[4]雄武：方鎮名。治所在秦州（今甘肅天水市）。

[5]明宗：即李嗣源，沙陀人，應州金城（今山西應縣）人。李克用養子，逼宮李存勖後自立爲後唐皇帝。紀見《舊五代史》卷三五至卷四〇、本書卷六。

[6]左驍衛上將軍：官名。唐代置十六衛，左驍衛爲其一，掌宮禁宿衛。從二品。

[7]樞密使：官名。樞密院長官。唐代宗時始以宦官掌機密，至昭宗時借朱温之力盡誅宦官，始改以士人任樞密使。備顧問，參謀議，出納詔奏，權侔宰相。品秩不詳。參見李全德《唐宋變革期樞密院研究》，北京圖書館出版社2009年版。　安重誨：人名。應州（今山西應縣）人。五代後唐大臣。傳見《舊五代史》卷六六、本書卷二四。

[8]鎮國軍：方鎮名。後梁開平二年（908），改保義軍爲鎮國軍，治所在陝州（今河南三門峽市陝州區）。後唐同光元年（923）改感化軍爲鎮國軍，治所在華州（今陝西渭南市華州區）。

[9]廢帝：即後唐廢帝李從珂。鎮州平山（今河北平山縣）人。本姓王，後唐明宗李嗣源擄其母魏氏，遂養爲己子。應順元年（934）四月，李從珂入洛陽即帝位。清泰三年（936）五月，石敬瑭謀反，廢帝自焚死，後唐亡。紀見《舊五代史》卷四六至卷四八、本書卷七。

[10]太子太保：官名。與太子太師、太子太傅統稱太子三師。

隋唐以後多作加官或贈官。從一品。據中華點校本校勘記，《舊五代史》卷九〇《華溫琪傳》、《册府》卷三八七、卷八八三作"太子少保"。

[11]天福：五代後晉高祖石敬瑭年號（936—942），出帝石重貴沿用至天福九年（944）。

[12]太子太傅：官名。與太子太師、太子太保統稱太子三師。隋唐以後多作加官或贈官。從一品。據中華點校本校勘記，《舊五代史》卷七六《晉高祖本紀二》、卷九〇《華溫琪傳》、《册府》卷三八七作"太子太保"。

萇從簡

萇從簡，陳州人也。[1]世本屠羊。從簡去事晉爲軍校，力敵數人，善用槊。[2]莊宗用兵攻城，從簡多爲梯頭，莊宗愛其勇，以功累遷步軍都指揮使。[3]莊宗與梁軍對陣，梁軍有執大旗出入陣間者，莊宗登高丘望見之，歎曰："彼猛士，誰能爲我取之者？"從簡因前請往，莊宗惜之，不許。從簡潛率數騎，馳入梁軍，奪其旗而還，軍中皆鼓譟，莊宗壯之，賜與甚厚。

[1]陳州：州名。治所在今河南淮陽縣。
[2]槊（shuò）：古兵器，即馬上所用長矛。
[3]步軍都指揮使：官名。唐後期、五代步兵部隊的長官。

從簡嘗中流矢，鏃入髀骨，命工取之。工無良藥，欲鑿其骨，人皆以爲不可。從簡遽使鑿之，工遲疑不忍下，從簡叱其亟鑿，左右視者，皆若不勝其毒，而從簡言笑自若。然其爲人剛暴難制，莊宗每屈法優容之。累

1083

遷蔡州防禦使。[1]明宗時，歷麟、汝、汾、金四州防禦使。[2]明宗嘗戒之曰："富貴可惜，然汝不能守也。先帝能貸爾，吾恐不能。"從簡性不可悛，明宗亦不之責。

[1]蔡州：州名。治所在今河南汝南縣。
[2]麟：州名。治所在今陝西神木縣。　汝：州名。治所在今河南汝州市。　汾：州名。治所在今山西汾陽市。　金：州名。治所在今陝西安康市。

廢帝舉兵於鳳翔，[1]從簡與諸鎮兵圍之，已而兵潰，從簡東走，被執。廢帝責其不降，從簡曰："事主不敢二心。"廢帝釋之，拜潁州團練使。[2]晉高祖起兵太原，[3]廢帝將親征，召爲招討副使，[4]從至河陽，拜河陽三城節度使。廢帝還洛陽，[5]從簡即降晉。歷鎮忠武、武寧，[6]入爲左金吾衛上將軍。[7]卒年六十五，贈太師。[8]

[1]鳳翔：方鎮名。治所在鳳翔府（今陝西鳳翔縣）。
[2]潁州：州名。治所在今安徽阜陽市。　團練使：官名。唐代中期以後，於不設節度使的地區設團練使。掌本區各州軍事。品秩不詳。
[3]晉高祖：即後晉高祖石敬瑭。五代後晉的建立者。紀見《舊五代史》卷七五至卷八一、本書卷八。　太原：府名。治所在今山西太原市。
[4]招討副使：官名。唐貞元時始置。戰時任命，兵罷則省。常以大臣、將帥或地方軍政長官兼任。掌招撫、討伐等事務。位於招討使之下。品秩不詳。

［5］洛陽：地名。即今河南洛陽市。

［6］忠武：方鎮名。治所在許州（今河南許昌市）。 武寧：方鎮名。唐元和二年（807）置，治所在徐州（今江蘇徐州市）。

［7］左金吾衛上將軍：武官名。唐貞元二年（786）置左右金吾衛上將軍，掌宫禁宿衛、京城巡邏等。從二品。

［8］太師：官名。與太傅、太保合稱三師，唐後期、五代多爲大臣、勳貴加官。正一品。

從簡好食人肉，所至多潛捕民間小兒以食。許州富人有玉帶，[1]欲之而不可得，遣二卒夜入其家殺而取之。卒夜踰垣，隱木間，見其夫婦相待如賓，二卒歎曰："吾公欲奪其寶，而害斯人，吾必不免。"因躍出而告之，使其速以帶獻，遂踰垣而去，不知其所之。

［1］許州：州名。治所在今河南許昌市。

張筠　弟篯

張筠，海州人也。[1]世以貲爲商賈。筠事節度使時溥爲宿州刺史。[2]梁兵攻溥取宿州，得筠，愛其辯惠，以爲四鎮客將、[3]長直軍使，[4]累拜宣徽使。[5]末帝分相、澶、衛三州爲昭德軍，[6]以筠爲節度使，由是魏博軍叛附于晋。[7]晋王攻相州，[8]筠棄城走。後以爲永平軍節度使。[9]

［1］海州：州名。治所在今江蘇連雲港市海州區。

［2］時溥：人名。徐州彭城（今江蘇徐州市）人。唐末地方武裝首領，平定了黄巢之亂，後割據徐州。傳見《舊唐書》卷一八

二、《新唐書》卷一八八。　宿州：州名。治所在今安徽宿州市。

[3]客將：官名。亦稱典客。唐末、五代藩鎮負責接待賓客、出使等外交職責的武官。品秩詳見吴麗娱《試論晚唐五代的客將、客司與客省》，《中國史研究》2002年第4期。

[4]長直：部隊番號。　軍使：官名。掌領本軍軍務，或兼理地方政務。品秩不詳。《新唐書》卷五〇《兵志》："唐初，兵之戍邊者，大曰軍，小曰守捉，曰城，曰鎮……武德至天寶以前邊防之制，其軍、城、鎮、守捉皆有使。"

[5]宣徽使：官名。唐始置。宣徽南院使、北院使通稱宣徽使。初用宦官，五代以後改用士人。通掌内諸司及三班内侍之名籍，郊祀、朝會、宴享供帳之儀，檢視内外進奉名物。品秩不詳。參見王永平《論唐代宣徽使》，《中國史研究》1995年第1期；王孫盈政《再論唐代的宣徽使》，《中華文史論叢》2018年第3期。

[6]相：州名。治所在安陽縣（今河南安陽市）。　澶：州名。治所在今河南濮陽市。　衛：州名。治所在今河南衛輝市。　昭德軍：方鎮名。治所在相州（今河南安陽市）

[7]魏博軍叛附于晉：魏博軍，方鎮名。亦稱"天雄軍"。唐天祐元年（904）以魏博節度使號爲天雄軍，治所在魏州（今河北大名縣）。"附"字原闕，中華點校本據宗文本補，今從。

[8]晉王：即李克用。人名。沙陀族，神武川新城（一説今山西山陰縣附近，一説今山西代縣）人。唐末軍閥，五代後唐太祖。紀見《舊五代史》卷二五。

[9]永平軍：方鎮名。治所在大安府（今陝西西安市）。

　　梁亡事唐，仍爲京兆尹。[1]從郭崇韜伐蜀，[2]爲劍南兩川安撫使。[3]蜀平，拜河南尹，[4]徙鎮興元。[5]筠嘗有疾，不見將吏，副使符彦琳入問疾，[6]筠又辭不見。彦琳疑筠已死，即請出牌印，筠怒，命左右收彦琳下獄，以其反聞。明宗知彥琳無反狀，召彥琳釋之，陽徙筠爲西京留守，[7]戒守者不内，筠至長安不得入，乃朝京師，以爲左驍衛上將軍。

[1]京兆尹：官名。唐開元元年（713）改雍州置京兆府，治所在今陝西西安市。以京兆尹總其政務。從三品。

[2]郭崇韜：人名。代州雁門（今山西代縣）人。五代後唐大臣。傳見《舊五代史》卷五七、本書卷二四。

[3]劍南兩川：方鎮名。指劍南東川、劍南西川。簡稱兩川或東川、西川。唐至德二載（757）分劍南節度使東部地區置劍南東川節度使，治所在梓州（今四川三臺縣）。　安撫使：官名。隋代以安撫大使爲行軍主帥的兼職。唐貞觀初遣大使十三人巡省天下諸州水旱，有安撫、巡撫、存撫等名，多爲安民賑恤而設。顯慶四年（659），左驍衛大將軍蘇定方出師西域，充任安撫大使。中唐以後，或以節度使兼任，合軍政民政於一人。品秩不詳。

[4]河南尹：官名。唐開元元年（713）改洛州爲河南府，治所在今河南洛陽市，河南府尹總其政務。從三品。

[5]興元：府名。治所在今陝西漢中市。

[6]符彥琳：人名。陳州宛丘人（今河南淮陽縣）。符存審之子。五代將領。事見《舊五代史》卷九〇《張筠傳》、卷一一一《周太祖本紀二》。

[7]西京留守：官名。唐玄宗久住東都洛陽，天寶元年（742）以京師長安爲西京，改西都留守爲西京留守，仍掌京師軍政要務。肅宗以後稱長安爲上都，仍沿用西京留守舊稱。品秩不詳。

筠弟鐩，[1]當筠爲京兆尹時，以爲牙内指揮使、三白渠營田制置使。[2]筠西伐蜀，留鐩守京兆。蜀平，魏王繼岌班師，[3]至興平，[4]而明宗自魏起，京師大亂，鐩乃斷咸陽浮橋以拒繼岌，[5]繼岌乃自殺。

[1] 籛：人名。海州（今江蘇連雲港市海州區）人。張筠之弟。五代將領。傳見《舊五代史》卷九〇。

[2] 牙內指揮使：官名。即衙內指揮使。唐、五代時期衙內指揮使爲節度使府衙內之牙將，統最親近衛兵，高一級的稱衙內都指揮使。品秩不詳。　三白渠：唐關中平原太白、中白、南白三渠的合稱。　營田制置使：官名。簡稱"營田使"。唐置。掌營田事務。品秩不詳。

[3] 繼岌：人名。即李繼岌。後唐莊宗長子。傳見《舊五代史》卷五一、本書卷一四。　行營都統：官名。唐末設諸道行營都統，作爲各道出征兵士的統帥。品秩不詳。

[4] 興平：縣名。治所在今陝西興平市。

[5] 咸陽：縣名。治所在今陝西咸陽市。

初，筠代康懷英爲永平軍節度使，[1]而懷英死，筠即掠其家貲。又於唐故宮掘地，多得金玉。有偏將侯莫陳威者，[2]嘗與溫韜發唐諸陵，分得寶貨，筠因以事殺威而取之。魏王繼岌死渭南，[3]籛悉取其行橐。而王衍自蜀行至秦川，[4]莊宗遣宦者向延嗣殺之，[5]延嗣因盡得衍蜀中珍寶。明宗即位，即遣人捕誅宦者，延嗣亡命，而蜀之珍寶籛又取之。由是兄弟貲皆鉅萬。然筠爲人好施予，以其富，故所至不爲聚斂，民賴以安。而籛嗜酒貪鄙，歷沂、密二州刺史。[6]晉出帝時，[7]以將軍市馬於回鶻，[8]坐馬不中式，有司理其價直，籛性鄙，因鬱鬱而卒。

[1]康懷英：人名。本名懷貞，避後梁末帝朱友貞諱改懷英。兗州（今山東濟寧市兗州區）人。唐末、五代將領。傳見《舊五代史》卷二三、本書卷二二。

[2]侯莫陳威：人名。或作"侯莫威"。籍貫不詳。時爲涇陽鎮將。事見《舊五代史》卷九〇《張筠傳》。

[3]渭南：縣名。治所在今陝西渭南市。

[4]王衍：人名。許州舞陽（今河南舞陽縣）人。王建幼子，五代十國前蜀皇帝。傳見《舊五代史》卷一三六、本書卷六三。秦川：地區名。泛指今陝西、甘肅二省秦嶺以北的平原。

[5]向延嗣：人名。籍貫不詳。後唐宦官。事見《通鑑》卷二七四。

[6]沂：州名。治所在今山東臨沂市。　密：州名。治所在今山東諸城市。

[7]晋出帝：即後晋少帝石重貴。石敬瑭從子。紀見《舊五代史》卷八一至卷八五、本書卷九。

[8]回鶻：古部族名。原係突厥鐵勒部的一支。唐天寶三載（744）建立回鶻汗國，9世紀中葉，回鶻汗國瓦解。其中一支爲甘州回鶻。11世紀初，甘州回鶻爲西夏所滅。參見楊蕤《回鶻時代——10—13世紀陸上絲綢之路貿易研究》，中國社會科學出版社2015年版。

　　筠居洛陽，擁其貲，以酒色聲妓自娛足者十餘年，人謂之"地仙"。天福二年，徙居長安。是歲，張從賓作亂，[1]入洛陽，筠遂以免。卒，贈太子少師。[2]

[1]張從賓：人名。籍貫不詳。五代將領。五代後晋時起兵響應范延光叛亂，兵敗溺亡。傳見《舊五代史》卷九七。

[2]太子少師：官名。與太子少傅、太子少保合稱"三少"，

唐後期、五代多爲大臣、勛貴加官。從二品。據中華點校本校勘記，《舊五代史》卷九〇《張筠傳》作"太子太師"。

嗚呼，五代反者多矣，吾於明宗獨難其辭！至於魏王繼岌薨，[1]然後終其事也。莊宗遇弒，繼岌以元子握重兵，死于外而不得立，此大事也，而前史不書其所以然。夫繼岌之存亡，於張籛無所利害，籛何爲而拒之不使之東乎？豈其有所使而爲之乎？然明宗於符彦超深以爲德，[2]而待籛無所厚，此其又可疑也。不然，好亂之臣，望風而響應乎？使籛不斷浮橋，而繼岌得以兵東，明宗未必能自立。則繼岌之死，由籛之拒，其所繫者豈小哉！

[1]薨（hōng）：古代有一定地位的人去世稱薨。周時諸侯去世稱薨，唐代二品以上官員去世亦稱薨。

[2]符彦超：人名。陳州宛丘（今河南淮陽縣）人。五代後唐將領，符存審之子。傳見《舊五代史》卷五六、本書卷二五。

楊彦詢

楊彦詢字成章，河中寶鼎人也。[1]少事青州王師範，[2]師範好學，聚書萬卷，使彦詢掌之。彦詢爲人聰悟，遂見親信。師範降梁，後見殺，彦詢無所歸，乃之魏，事楊師厚爲客將。[3]魏博叛梁入于晉，彦詢因留事晉。莊宗滅梁，以彦詢爲引進副使，[4]奉使吴、蜀，常稱旨。歷德州刺史、羽林將軍。[5]

[1]寶鼎：縣名。治所在今山西萬榮縣西南。

[2]青州：方鎮名。此處指平盧軍，治所在青州（今山東青州市）。 王師範：人名。青州（今山東青州市）人。唐末、五代軍閥。傳見《舊五代史》卷一三、本書卷四二。

[3]楊師厚：人名。潁州斤溝（今安徽太和縣阮橋鎮斤溝集）人。唐末、五代後梁將領。傳見《舊五代史》卷二二、本書卷二三。

[4]引進副使：官名。五代置，引進司副長官。協助引進使掌臣僚藩屬進奉禮物事宜。品秩不詳。

[5]德州：州名。治所在安德縣（今山東陵縣）。 羽林將軍：官名。唐代左、右羽林軍統兵官。至德二年（757）唐肅宗置禁軍，也叫神武天騎，分爲左、右神武天騎，左、右羽林，左、右龍武等六軍，稱"北衙六軍"。從二品。

晋高祖鎮太原，廢帝疑其有貳志，擇諸將之謹厚者佐之，乃以彥詢爲太原節度副使。其後晋高祖以疑見徙，欲拒命不行，以問彥詢，彥詢不敢正言，因曰："太原之力，能與唐敵否？公其審計之！"高祖反意已決，彥詢亦不復敢言。高祖左右以彥詢異議，欲殺之，高祖遽止之，曰："惟副使一人，我自保之。"乃免。

是時，高祖乞兵於契丹，[1]契丹耶律德光立高祖于太原，[2]以兵送至河上。彥詢爲宣徽使，數往來虜帳中，德光亦愛其爲人。明年，拜感德軍節度使，[3]復入爲宣徽使，又拜安國軍節度使。[4]天福七年，徙鎮鎮國，[5]遭歲大饑，爲政有惠愛。以病風罷爲右金吾衛上將軍。[6]卒年七十四，贈太子太師。[7]

[1]契丹：古部族、政權名。公元 4 世紀中葉宇文部爲前燕攻破，始分離而成單獨的部落，自號契丹。唐貞觀中，置松漠都督府，以其首領爲都督。唐末彊盛，916 年迭剌部耶律阿保機建立契丹國（遼）。先後與五代、北宋並立，保大五年（1125）爲金所滅。參見張正明《契丹史略》，中華書局 1979 年版。

[2]耶律德光：人名。契丹族，遼太祖耶律阿保機次子。遼朝皇帝，謚號太宗。927 年至 947 年在位。紀見《遼史》卷三至卷四。

[3]感德軍：據中華點校本校勘記，《舊五代史》卷七六《晋高祖本紀二》作"威勝軍"。按清人吳蘭庭《五代史記纂誤補》卷三："考薛《史》本傳，'天福二年，出爲鄧州節度使'。鄧州於時爲威勝軍，此當是'威勝'之誤。"威勝，方鎮名。治所在乾州（今陝西乾縣）。

[4]安國軍：方鎮名。治所在邢州（今河北邢臺市）。

[5]鎮國：方鎮名。治所在華州（今陝西渭南市華州區）。

[6]右金吾衛上將軍：官名。唐代置十六衛，右金吾衛爲其一，掌宮禁宿衛。從二品。

[7]太子太師：官名。與太子太傅、太子太保統稱太子三師。隋唐以後多作加官或贈官。從一品。

李周

李周字通理，邢州内丘人，[1]唐昭義軍節度使抱真之後也。[2]父矩，[3]遭世亂不仕，嘗謂周曰："邯鄲用武之地，今世道未平，汝當從軍旅以興吾門。"[4]

[1]邢州：州名。治所在今河北邢臺市。　内丘：縣名。治所在今河北内丘縣。

[2]昭義軍：方鎮名。治所在潞州（今山西長治市）。　抱真：

人名。即李抱真。涼州（今甘肅武威市）人。唐後期將領。傳見《舊唐書》卷一三二、《新唐書》卷一三八。

[3]矩：人名。即李矩。邢州内丘（今河北内丘縣）人。李周之父。事見《舊五代史》卷九一《李周傳》。

[4]邯鄲：地名。治所在今河北邯鄲市。

周年十六爲内丘捕賊將，以勇聞。是時，梁、晋兵争山東，群盜充斥道路，行者必以兵衛。内丘人盧嶽將徙家太原，[1]舍逆旅，傍偟不敢進，周意憐之，爲送至西山。[2]有盜從林中射嶽，中其馬，周大呼曰："吾在此，孰敢爾邪？"盜聞其聲，曰："此李周也。"因各潰去。周送嶽至太原，嶽謂之曰："吾少學星曆，且工相人。子方頤隆準，眉目疎徹，身長七尺，真將相也。吾占天象，晋必有天下，子宜留事晋，以圖富貴。"周以母老辭歸。

[1]盧嶽：人名。内丘（今河北内丘縣）人。五代士人。事見《舊五代史》卷九一《李周傳》。

[2]西山：地名。位於今河北邢臺市西北。

是時，梁遣葛從周攻下邢、洺，[1]晋王栅兵青山口，[2]周未知所歸，乃思嶽言，至青山歸晋，晋王以周爲萬勝黄頭軍使。[3]後從征伐常有功。從戰柏鄉，[4]先登，遷匡霸指揮使，[5]守楊劉。[6]周爲將甚勇，其於用兵，善守，能與士卒同甘苦。梁兵攻周，周堅守。久之，周聞母喪奔歸，莊宗遣佗將代周守，幾爲梁兵所破，莊宗遽追周還守之，乃得不破。其後梁人已破德勝，[7]因東擊楊劉，以巨艦絕河，斷晉餉援。周遣人馳趨莊宗求救，請日行百里以赴急，莊宗笑曰："周爲我守，何憂！"日行六十里，且行且獵，曰："周非梁將可敵也。"比至，周已絕糧三日。莊宗以巨栰積薪沃油，順流縱火焚梁艦，梁兵解去。莊宗見周勞曰："微公，諸將爲梁擒矣！"歷相、蔡二州刺史。明宗時，拜武信軍節度使，[8]徙鎮靜難，[9]歷武寧、安遠、永興、宣武四鎮，[10]所至多善政。

[1]葛從周：人名。濮州鄄城（今山東鄄城縣）人。唐末、五代後梁將領。傳見《舊五代史》卷一六、本書卷二一。　洺：州名。治所在今河北邯鄲市永年區。

[2]栅（zhà）：指營寨。　青山口：地名。位於今河北邢臺市西南、內丘縣西南。

[3]萬勝黃頭軍使：官名。掌領本軍軍務，或兼理地方政務。"萬勝黃頭"爲部隊番號。品秩不詳。

[4]柏鄉：縣名。治所在今河北柏鄉縣。

[5]匡霸都指揮使：官名。所部統兵將領。"匡霸"爲部隊番號。品秩不詳。

[6]楊劉：地名。即今山東東阿縣東北姚寨鎮楊柳村。唐、五代時有城臨河津，爲黃河下游重鎮，今城已堙廢不可考。

[7]德勝：地名。即德勝城，又名德勝渡，爲黃河重要渡口之一。有南、北二城，皆位於今河南濮陽市。

[8]武信軍：方鎮名。治所在遂州（今四川遂寧市）。

[9]靜難：方鎮名。治所在邠州（今陝西彬縣）。

[10]武寧：方鎮名。治所在徐州（今江蘇徐州市）。　安遠：

方鎮名。治所在安州（今湖北安陸市）。　永興：方鎮名。治所在京兆府（今陝西西安市）。　宣武：方鎮名。治汴州（今河南開封市）。

晋高祖時，復鎮静難，罷還。出帝幸澶淵，[1]以周留守東京，[2]還，拜開封尹。[3]卒年七十四，贈太師。

[1]澶淵：地名。位於今河南濮陽市西北。
[2]留守：官名。在都城、陪都或軍事重鎮所設留守，由地方行政長官兼任。品秩不詳。
[3]開封尹：官名。即開封府尹。五代除後唐外均都汴州，升汴州爲開封府，置開封尹或知開封府事。執掌京師政務。從三品。

劉處讓

劉處讓字德謙，滄州人也。[1]少爲張萬進親吏，[2]萬進入梁，爲泰寧軍節度使，[3]以處讓爲牙將。[4]萬進叛梁附晋，梁遣劉鄩討之。[5]萬進遣處讓求救于晋，晋王方與梁相拒，未能出兵，處讓乃於軍門截耳而訴曰："萬進所以見圍者，以附晋故也，奈何不顧其急？苟不出兵，願請死？"晋王壯之，曰："義士也！"爲之發兵。未渡河，而萬進爲梁兵所敗，處讓因留事晋。

[1]滄州：州名。治所在今河北滄州市。
[2]張萬進：人名。雲州（今山西大同市）人。唐末、五代將領。傳見《舊五代史》卷一三。
[3]泰寧軍：方鎮名。治所在兗州（今山東濟寧市兗州區）。
[4]牙將：官名。古代軍隊中的中低級軍官。品秩不詳。

[5]劉鄩：人名。密州安丘（今山東安丘縣）人。五代後梁將領。傳見《舊五代史》卷二三、本書卷二二。

莊宗即位，爲客省使，[1]常使四方，多稱旨。天成中，[2]遷引進使，[3]累遷左驍衛大將軍。[4]廢帝時，魏州軍亂，[5]逐其帥劉延皓，[6]遣范延光招討，[7]以處讓爲河北都轉運使。[8]

[1]客省使：官名。客省長官。唐代宗時始置，五代沿置。掌接待四方奏計及外族使者。品秩不詳。

[2]天成：後唐明宗李嗣源年號（926—930）。

[3]引進使：官名。五代後梁始置，爲引進司的長官，五代諸司使之一。掌臣僚及外國與少數民族進奉禮物諸事。品秩不詳。

[4]左驍衛大將軍：官名。唐代置十六衛，左驍衛爲其一，掌宮禁宿衛。正三品。

[5]魏州：州名。治所在今河北大名縣。

[6]劉延皓：人名。應州渾元（今山西渾源縣）人。五代將領，後唐劉皇后之弟。傳見《舊五代史》卷六九、本書卷一六《唐廢帝家人傳》。

[7]范延光：人名。鄴郡臨漳（今河北臨漳縣）人。五代後唐、後晉將領。傳見《舊五代史》卷九七。

[8]都轉運使：官名。戰時設置，負責隨軍籌措、供應軍馬所需糧草。地位高於一般轉運使。品秩不詳。

晋高祖立，歷宣徽南院使。[1]范延光反，高祖命楊光遠爲招討使，[2]以處讓參其軍事。已而副招討使張從賓叛于河陽，處讓分兵擊破從賓。還，與光遠攻鄴，[3]

逾年不能下。其後延光有降意而遲疑，處讓入城，譬以禍福，延光乃出降。

［1］宣徽南院使：官名。唐始置。宣徽南院的長官。初用宦官，五代以後改用士人。與宣徽北院使通掌内諸司及三班内侍之名籍，郊祀、朝會、宴享供帳之儀，檢視内外進奉名物。品秩不詳。參見王永平《論唐代宣徽使》，《中國史研究》1995年第1期；王孫盈政《再論唐代的宣徽使》，《中華文史論叢》2018年第3期。

［2］楊光遠：人名。沙陀部人。五代後唐、後晉將領。傳見《舊五代史》卷九七、本書卷五一。　招討使：官名。唐始置。戰時任命，兵罷則省。常以大臣、將帥或地方軍政長官兼任。掌招撫、討伐等事務。品秩不詳。

［3］鄴：地名。即鄴都。治所在今河北大名縣。五代後唐同光元年（923），改魏州爲興唐府，建號東京，三年改東京爲鄴都。

唐制，樞密使常以宦者爲之，自梁用敬翔、李振，[1]至莊宗始用武臣，而權重將相。高祖時，以宰相桑維翰、李崧兼樞密使，[2]處讓與諸宦者心不平之。光遠之討延光也，以晉重兵在己掌握，舉動多驕恣，其所求請，高祖頗裁抑之。處讓爲光遠言：「此非上意，皆維翰、崧等嫉公耳！」光遠大怒。及兵罷，光遠見高祖，訴以維翰等沮己，高祖不得已，罷維翰等，以處讓爲樞密使。

［1］敬翔：人名。同州馮翊（今陝西大荔縣）人。唐末朱溫謀士，五代後梁大臣。傳見《舊五代史》卷一八、《新五代史》卷二一。　李振：人名。西州（今新疆吐魯番市）人。唐潞州節度使李

抱真之曾孫。五代後梁大臣。傳見《舊五代史》卷一八、本書卷四三。

[2]桑維翰：人名。洛陽（今河南洛陽市）人。初爲石敬瑭節度掌書記，石敬瑭稱帝後出任翰林學士、知樞密院事等職。傳見《舊五代史》卷八九、本書卷二九。　李崧：人名。深州饒陽（今河北饒陽縣）人。五代大臣。傳見《舊五代史》卷一〇八、本書卷五七。

處讓在職，凡所陳述，多不稱旨。處讓丁母憂，[1]高祖遂不復拜樞密使，以其印付中書而廢其職。[2]處讓居喪期年，起復爲彰德軍節度使、右金吾衛上將軍。[3]以疾卒，年六十三，累贈太師。

[1]丁母憂：指遭母親喪事。
[2]中書：指中書門下，唐代宰相辦公和處理政事的機構。
[3]彰德軍：方鎮名。治所在相州（今河南安陽市）。

李承約

李承約字德儉，薊門人也。[1]少事劉仁恭，[2]爲山後八軍巡檢使，[3]將騎兵二千人。仁恭爲其子守光所囚，[4]承約以其騎兵奔晉，晉王以爲匡霸指揮使。從破夾寨，[5]戰臨清，[6]以功累遷洺汾二州刺史、潁州團練使。

[1]薊門：據中華點校本校勘記，宗文本、《舊五代史》卷九〇《李承約傳》作"薊州"，當是。薊州，州名。治所在今天津薊州區。
[2]劉仁恭：人名。深州（今河北深州市）人。唐末、五代軍

閥。傳見《新唐書》卷二一二。

[3]山後八軍：唐末幽州劉仁恭首設於山後地區、具有防禦性質的八個軍鎮，主要防備契丹和河東，爲模擬東北邊的"八防禦軍"而來。詳見李翔《關於五代"山後八軍"的幾個問題》，《中南大學學報》2016年第4期。　巡檢使：官名。唐末、五代置。掌巡邏重鎮、要地。品秩不詳。

[4]守光：人名。即劉守光。深州樂壽（今河北獻縣）人。唐末五代幽州節度使劉仁恭之子。劉守光囚父自立，號大燕皇帝，後爲晉王李存勖俘殺。傳見《舊五代史》卷一三五、本書卷三九。

[5]夾寨：地名。又作"夾城"，位於今山西長治市南寨村、北寨村。《通鑑》卷二六六：後梁開平元年（907）八月，潞州行營都統李思安"至潞州城下，更築重城，内以防奔突，外以拒援兵，謂之夾寨"。

[6]臨清：縣名。治所在今山東臨清市。

天成中，邠州節度使毛璋有異志，[1]明宗拜承約涇州節度副使，[2]使往伺璋動靜。承約見璋，諭以禍福。後明宗遣人代璋，璋即時受代。明宗大喜，即拜承約黔南節度使。[3]承約以恩信撫諸夷落，勸民農桑，興起學校。居數年，當代，黔南人詣京師乞留，爲許留一年。召爲左衛上將軍，[4]改左龍武統軍，[5]拜昭義軍節度使，[6]復爲左龍武統軍。

[1]邠州：州名。治所在今陝西彬縣。此處指静難軍。　毛璋：人名。滄州（今河北滄州市）人。五代後唐將領。傳見《舊五代史》卷七三、本書卷二六。

[2]涇州：州名。治所在今甘肅涇川縣。此處指代彰義軍。

1099

[3]黔南：方鎮名。治所在黔州（今重慶彭水縣）。

[4]左衛上將軍：官名。唐代置十六衛，左衛爲其一，掌宮禁宿衛。從二品。

[5]左龍武統軍：官名。唐代左龍武軍統兵官。唐置六軍，分左、右羽林，左、右龍武，左、右神武天騎等，即"北衙六軍"。興元元年（784），六軍各置統軍，以寵功勳臣。其品秩，《唐會要》卷七一、《舊唐書》卷一二記載爲"從二品"，《通鑑》卷二二九記載爲"從三品"。

[6]昭義軍：方鎮名。治所在潞州（今山西長治市）。

天福二年，遷左驍衛上將軍。[1]數請老，不許。卒年七十五，贈太子太師。

[1]左驍衛上將軍：官名。唐置，掌宮禁宿衛。從二品。

張希崇

張希崇字德峰，幽州薊人也。[1]少好學，通左氏春秋。[2]劉守光不喜儒士，希崇因事軍中爲偏將，將兵戍平州。[3]其後契丹攻陷平州，得希崇，知其儒者也，以爲盧龍軍行軍司馬。[4]明宗時，盧文進自平州亡歸，[5]契丹因以希崇代文進爲平州節度使，遣其親將以三百騎監之。居歲餘，虜將喜其爲人，監兵稍怠，希崇因與其麾下謀走南歸。其麾下皆言兵多，不可俱亡，懼不得脫，因勸希崇獨去。希崇曰："虜兵守我者三百騎爾，烹其將，其兵必散走。且平州去虜帳千餘里，使其聞亂而呼兵，則吾與汝等在漢界矣！"衆皆曰善。乃先爲穽，[6]寘以石灰。明日，虜將謁希崇，希崇飲之以酒，殺之穽中，兵皆潰去，希崇率其麾下，得生口二萬南歸。明宗嘉之，拜汝州防禦使。遷靈武節度使。[7]靈州地接戎狄，戍兵餉道，常苦抄掠，希崇乃開屯田，教士耕種，軍以足食，而省轉餽，明宗下詔褒美。希崇撫養士卒，招輯夷落，自回鶻、瓜沙皆遣使入貢。[8]居四歲，上書求還內地，徙鎮邠寧。[9]

[1]幽州：州名。治所在今北京市。　薊：縣名。治所在今北京市。

[2]《左氏春秋》：《春秋左氏傳》的簡稱，也稱《左傳》。中國古代編年體史書，儒家經典之一。相傳爲春秋魯太史左丘明所作。近人認爲係戰國初年人據各國史料編成。全書共三十卷。其內容是以史實爲《春秋》作解，記事起於魯隱公元年（前722），止於魯悼公四年（前464）。

[3]將兵戍平州：句前原有"附于"二字，中華點校本據浙江本、宗文本刪，今從。　平州：州名。治所在今河北盧龍縣。

[4]盧龍軍：方鎮名。治所在幽州（今北京市）。　行軍司馬：官名。出征將領及節度使的屬官。掌軍籍符伍、號令印信，是藩鎮重要的軍政官員。品秩不詳。

[5]盧文進：人名。范陽（今河北涿州市）人。五代後唐將領，先後投降契丹、南唐等國。傳見《舊五代史》卷九七、本書卷四八。

[6]乃先爲穽："穽"，同"阱"，意爲陷坑。

[7]靈武：方鎮名。又稱朔方、靈州、靈鹽。治所在靈州（今寧夏吳忠市）。

[8]瓜沙：即歸義軍。唐後期至北宋前期以沙州爲中心的漢人地方政權。大中五年（851），唐廷在沙州設歸義軍節度，任命張議

潮爲節度使、十一州觀察使。從此，敦煌進入歸義軍時期。天祐三年（906），歸義軍節度使張承奉廢除歸義軍稱號，在瓜、沙二州建立西漢金山國。後梁乾化四年（914），張承奉被沙州的另一大族曹仁貴取代，並恢復歸義軍稱號。大約在北宋天聖六年（1028）至景祐四年（1037）間，歸義軍政權被沙州回鶻政權取代。

[9]邠寧：方鎮名。治所在今陝西彬縣。

晉高祖入立，復拜靈武節度使，希崇歎曰："吾當老死邊徼，豈非命邪！"希崇事母至孝，朝夕母食，必侍立左右，徹饌乃敢退。爲將不喜聲色。好讀書，頗知星曆。天福三年，月掩畢口大星，[1]希崇歎曰："畢口大星，邊將也，我其當之乎！"明年正月卒，贈太師。有子仁謙。[2]

[1]畢：星名。二十八宿之一。
[2]仁謙：人名。即張仁謙。幽州薊（今北京市）人。張希崇之子。曾任引進副使。傳見《舊五代史》卷八八。

相里金

相里金，字奉金，[1]并州人也。[2]爲人勇悍，而能折節下士。事晉王爲五院軍隊長。[3]梁、晉戰柏鄉、胡柳，[4]皆有功，遷黃甲指揮使。[5]

[1]字奉金：據中華點校本校勘記，相里金神道碑（拓片刊《北京圖書館藏中國歷代石刻拓本匯編》第36冊）云其字國寶。
[2]并州：州名。治所在今山西太原市。
[3]五院軍：部隊名。唐末李克用始置。

[4]胡柳：地名。即胡柳陂。位於今河南濮陽縣。
[5]黃甲指揮使：官名。所部統兵將領。"黃甲"爲部隊番號。品秩不詳。

同光中，[1]拜忻州刺史。[2]是時，諸州皆用武人，多以部曲主場務，漁蠹公私，以利自入，金獨禁部曲不與事，厚其給養，使掌家事而已。遷隴州防禦使。[3]

[1]同光：後唐莊宗李存勖年號（923—926）。
[2]忻州：州名。治所在今山西忻州市。
[3]隴州：州名。治所在今陝西隴縣。

廢帝起兵鳳翔，馳檄四鄰，四鄰未有應者，獨金首遣判官薛文遇見廢帝，[1]往來計事。廢帝即位，德之，拜保義軍節度使。[2]晉高祖起太原，廢帝以金爲太原四面步軍都指揮使。[3]

[1]判官：官名。唐五代方鎮僚屬，位在行軍司馬下。分掌使衙内各曹事，並協助使職官員通判衙事。品秩不詳。　薛文遇：人名。籍貫不詳。五代後唐大臣。事見《舊五代史》卷四八《唐末帝本紀下》及《通鑑》卷二七九、卷二八〇。
[2]保義軍：方鎮名。治所在陝州（今河南三門峽市陝州區）。
[3]步軍都指揮使：官名。此爲州郡步兵之長官。品秩不詳。

高祖入立，徙鎮建雄，[1]罷爲上將軍。[2]天福五年卒，贈太師。[3]

［1］建雄：方鎮名。治所在晉州（今山西臨汾市）。
［2］上將軍：官名。唐代置十六衛，各置上將軍，從二品。
［3］贈太師：據中華點校本校勘記，相里金神道碑云其贈太子太師。

張廷藴

張廷藴，開封襄邑人也。[1]少爲宣武軍卒，去事晉，稍遷軍校。常從莊宗征伐，先登力戰，金瘡滿體，莊宗壯之，以爲帳前黄甲二十指揮步軍都虞候、魏博三城巡檢使。[2]是時，莊宗在魏，以劉皇后從行，[3]劉氏多縱其下擾人爲不法，人無敢言者，廷藴輒收而斬之。

［1］開封：府名。治所在今河南開封市。　襄邑：縣名。治所在今河南睢縣。
［2］指揮：唐末、五代時期的一種軍事編制單位，分左、右，五百人爲一"指揮"。　都虞候：官名。五代時期出征軍隊高級統兵官。品秩不詳。　魏博：方鎮名。亦稱"天雄軍"。唐天祐元年（904）以魏博節度使號爲天雄軍，治所在魏州（今河北大名縣）。巡檢使：官名。唐末、五代置。掌巡邏重鎮、要地。品秩不詳。
［3］劉皇后：指後唐莊宗劉皇后。魏州成安（今河北成安縣）人。傳見《舊五代史》卷四九、本書卷一四。

李繼韜叛于潞州，[1]莊宗遣明宗爲招討使，元行欽爲都部署，[2]廷藴爲馬步軍都指揮使，[3]將兵爲前鋒。廷藴至潞，日已暮，即率兵百餘踰壕登城，城守者不能禦，遂破潞州。明旦，明宗與行欽後至，明宗心頗慊之。廷藴以功遷羽林都指揮使、申懷沂三州刺史、金潁隴絳四州防禦團練使、左監門衛上將軍。[4]開運中，[5]以疾卒。

　　[1]李繼韜：人名。汾州（今山西汾陽市）人。李嗣昭之子。五代後唐將領。傳見《舊五代史》卷五二、本書卷三六。　潞州：州名。治所在今山西長治市。據中華點校本校勘記，《舊五代史》卷九四《張廷蘊傳》叙其事云："會潞州李繼韜故將楊立嬰城叛。"按《舊五代史》卷三〇《唐莊宗本紀四》："詔貶安義軍節度使李繼韜爲登州長史，尋斬於天津橋下。"卷三一《唐莊宗本紀五》："潞州小校楊立據城叛。"錢大昕《考異》卷六三："立乃繼韜之牙將，繼韜先已誅死，而此《傳》以爲繼韜，誤也。"

　　[2]元行欽：人名。幽州（今北京市）人。五代後唐將領。傳見《舊五代史》卷七〇、本書卷二五。　都部署：官名。五代後唐始置，爲臨時委任的大軍區統帥。掌管屯戍、攻防等事務。品秩不詳。

　　[3]馬步軍都指揮使：官名。馬步部隊統兵主帥。品秩不詳。

　　[4]羽林都指揮使：官名。所部統兵將領。"羽林"爲部隊番號。品秩不詳。　申：州名。治所在今河南信陽市。　懷：州名。治所在今河南沁陽市。　沂：州名。治所在今山東臨沂市。　金：州名。治所在今陝西安康市。　左監門衛上將軍：官名。唐代置十六衛，左監門衛爲其一，掌宮禁宿衛。從二品。

　　[5]開運：後晉出帝石重貴年號（944—946）。

　　廷蘊武人，所識不過數字，而平生重文士。嘗從明宗破梁鄆州，[1]獲判官趙鳳，[2]廷蘊謂曰："吾視汝貌必儒人，可無隱也。"鳳以實對，廷蘊亟薦於明宗。後鳳貴爲相，數薦廷蘊於安重誨，重誨屢言之，明宗以廷蘊破潞之隙，終恨之，故終不秉旄節。廷蘊素廉，歷七州，卒之日，家無餘貲。

[1]鄆州：州名。治所在今山東東平縣。
[2]趙鳳：人名。幽州（今北京市）人。後唐明宗朝宰相。傳見《舊五代史》卷六七、本書卷二八。

馬全節

馬全節字大雅，大名元城人也。[1]唐同光中，全節爲捉生指揮使。[2]趙在禮反鄴都，[3]以全節爲馬步軍指揮使。明宗即位，歷博單鄆沂四州刺史、金州防禦使。[4]廢帝時，蜀人攻金州，州兵纔數百，全節散家財，與士卒堅守，蜀人去，廢帝召全節，以爲滄州留後。

[1]大名：府名。治所在今河北大名縣。　元城：縣名。治所在今河北大名縣。
[2]捉生指揮使：官名。所部統兵將領。"捉生"爲部隊番號。品秩不詳。
[3]趙在禮：人名。涿州（今河北涿州市）人。五代後唐、後晉將領。傳見《舊五代史》卷九〇、本書卷四六。
[4]博：州名。治所在今山東聊城市。　單：州名。治所在今山東單縣。　鄆：州名。治所在今湖北鍾祥市。

晉高祖入立，即拜全節橫海軍節度使，[1]徙鎮安遠，[2]代李金全。[3]金全叛附于李昇，[4]高祖發兵三萬，使全節與安審暉討之，[5]金全南奔。昇將李承裕守安州，[6]全節與承裕戰州南，大敗承裕，斬首三千級，生擒千餘人。承裕棄城去，審暉追至雲夢，[7]執承裕及其兵二千人，全節斬千五百人，以其餘兵并承裕獻于京師。承裕謂全節曰："吾掠城中，所得百萬計，將軍皆取之矣。吾見天子，必訴此而後就刑。"全節懼，因殺承裕，高祖置而不問，徙全節鎮昭義。又徙安國。從杜重威討安重榮，[8]以功徙鎮義武。[9]

[1]即拜全節橫海軍節度使："即"下原有"位"字，中華點校本據宗文本刪，今從。橫海軍，方鎮名。治所在滄州（今河北滄州市）。

[2]安遠：方鎮名。治所在安州（今湖北安陸市）。

[3]李金全：人名。吐谷渾族。早年爲後唐明宗李嗣源奴僕，驍勇善戰，因功升遷。後晉時封安遠軍節度使，後投奔南唐。傳見《舊五代史》卷九七、本書卷四八。

[4]李昇：人名。徐州（今江蘇徐州市）人。五代十國南唐建立者。傳見《舊五代史》卷一三四、本書卷六二。

[5]安審暉：人名。沙陀部人。安審琦之兄。五代十國時期高級將領。傳見《舊五代史》卷一二三。

[6]李承裕：人名。籍貫不詳。五代十國時期南唐將領。事見《通鑑》卷二八二。　安州：州名。治所在今湖北安陸市。

[7]雲夢：縣名。治所在今湖北雲夢縣。

[8]杜重威：人名。其先朔州（今山西朔州市）人，後徙居太原（今山西太原市）。五代後晉、後漢將領。傳見《舊五代史》卷一〇九、本書卷五二。　安重榮：人名。朔州（今山西朔州市）人。五代後唐、後晉將領。傳見《舊五代史》卷九八、本書卷五一。

[9]義武：方鎮名。治所在定州（今河北定州市）。

自出帝與契丹交惡，全節未嘗不在兵間。開運元年，爲行營都虞候，[1]契丹與晉大軍相距澶、魏之間，全節别攻白團城，[2]破之，虜七百人。克泰州，[3]虜二千人，降其守將晉廷謙。[4]四月，契丹敗于戚城，[5]引兵分道而北，全節敗之于定豐，[6]執其將安暉。[7]七月，徙廣晉尹，[8]留守鄴都。十月，杜重威爲招討使，以全節爲副，大敗契丹于衛村。[9]

[1]行營都虞候：官名。五代時期出征軍隊高級統率官。品秩不詳。

[2]白團城：地名。即白團。位於今河北保定市清苑區。

[3]泰州：州名。五代後唐天成三年（928）置，治清苑縣（今河北保定市清苑區）。後廢。原作"秦州"，中華點校本據宗文本、《舊五代史》卷八二《晉少帝本紀二》改，今從。

[4]晉廷謙：人名。籍貫不詳。契丹將領。事見《通鑑》卷二八四。

[5]戚城：地名。位於今河南濮陽市。

[6]定豐：地名。疑位於今山東菏澤市定陶區、江蘇豐縣一帶。

[7]安暉：人名。籍貫不詳。本書僅此一見。

[8]廣晉：地名。五代後晉天福二年（937）改興唐府置，治元城、廣晉二縣（今河北大名縣）。後漢乾祐初改名大名府。

[9]衛村：地名。位於今河北保定市清苑區。

全節爲人謙謹，事母至孝，其臨政決事，必問法如何。初，徙廣晉，過元城，衣白襴謁其縣令，州里以爲榮。

開運二年，徙鎮順國，[1]未至而卒，年五十五，贈中書令。[2]

［1］順國：方鎮名。治所在恒州（今河北正定縣）。
［2］中書令：官名。漢代始置，隋、唐前期爲中書省長官，屬宰相之職；唐後期多爲授予元勳大臣的虚銜。正二品。

皇甫遇

皇甫遇，常山真定人也。[1]爲人有勇力，虯髯善射。少從唐明宗征伐，事唐爲武勝軍節度使，[2]所至苛暴，以誅斂爲務，賓佐多解官逃去，以避其禍。

［1］常山：古郡名。治所在今河北正定縣。　真定：縣名。治所在今河北正定縣。
［2］武勝軍：方鎮名。治所在鄧州（今河南鄧州市）。

晉高祖時，歷義武、昭義、建雄、河陽四鎮，罷爲神武統軍。[1]契丹入寇，陷貝州，[2]出帝以高行周爲北面行營都部署，[3]遇爲馬軍右廂排陣使。[4]是時，青州楊光遠據城反，出帝乃遣李守貞及遇分兵守鄆州。[5]遇等至馬家渡，[6]契丹方將渡河助光遠，遇等擊敗之，以功拜義成軍節度使、馬軍都指揮使。[7]

［1］神武統軍：官名。唐、五代神武軍統兵官。唐置六軍，分左、右羽林，左、右龍武，左、右神武等，即"北衙六軍"。興元元年（784），六軍各置統軍，以寵功勳臣。其品秩，《唐會要》卷七一、《舊唐書》卷一二記載爲"從二品"，《通鑑》卷二二九記載爲"從三品"。

[2]貝州：州名。治所在今河北清河縣。

[3]高行周：人名。幽州（今北京市）人。五代名將。仕多朝。傳見《舊五代史》卷一二三、本書卷四八。　行營都部署：官名。凡行軍征討，掛帥率軍戰鬥，總管行營事務。品秩不詳。

[4]排陣使：官名。唐節度使所屬武官中有排陣使，五代後梁以後設於諸軍，爲先鋒之職。品秩不詳。參見王秩英《中國古代排陣使述論》，《西北大學學報》2016年第6期。

[5]李守貞：人名。河陽（今河南孟州市）人。五代將領。傳見《舊五代史》卷一〇九、本書卷五二。

[6]馬家渡：地名。五代黃河渡口。位於今山東鄆城縣一帶。

[7]義成軍：方鎮名。治所在滑州（今河南滑縣）。

　　開運二年，契丹寇西山，遣先鋒趙延壽圍鎮州，[1]杜重威不敢出戰。延壽分兵大掠，攻破欒城、柏鄉等九縣，[2]南至邢州。是時歲除，出帝與近臣飲酒過量，得疾，不能出征，乃遣北面行營都監張從恩會馬全節、安審琦及遇等禦之。[3]從恩等至相州，陣安陽河南，[4]遣遇與慕容彥超率數千騎前視虜。遇渡漳河，[5]逢虜數萬，轉戰十餘里，至榆林，[6]爲虜所圍，遇馬中箭而踣，得其僕杜知敏馬，[7]乘之以戰。知敏爲虜所擒，遇謂彥超曰："知敏，義士也，豈可失之！"即與彥超躍馬入虜，取之而還。虜兵與遇戰，自午至未，解而復合，益出生兵，勢甚盛。遇戒彥超曰："今日之勢，戰與走爾，戰尚或生，走則死也。等死，死戰，猶足以報國。"張從恩與諸將怪遇視虜無報，皆謂遇已陷虜矣。已而有馳騎報遇被圍，安審琦率兵將赴之，從恩疑報者詐，不欲往，審琦曰："成敗天也，當與公共之，雖虜不南來，吾屬失皇甫遇，復何面目見天子！"即引騎渡河，諸軍皆從而北，拒虜十餘里，虜望見救兵來，即解去。遇與審琦等收軍而南，契丹亦皆北去。是時，契丹兵已深入，人馬俱乏，其還也，諸將不能追，而從恩率遇等退保黎陽，[8]虜因得解去。

[1]趙延壽：人名。本姓劉，恒山（今河北正定縣）人。後唐明宗李嗣源女婿，後降契丹，引導契丹攻滅後晉。傳見《遼史》卷七六。　鎮州：州名。治所在今河北正定縣。

[2]欒城：縣名。治所在今河北省石家莊市欒城區。

[3]張從恩：人名。太原人。五代後晉外戚、將領。仕至宋初。傳見《宋史》卷二五四。

[4]安陽河：即洹水。位於今河南安陽市北。

[5]漳河：又作"漳水"。即今漳河。有清漳水（今清漳河）、濁漳水（今濁漳河）兩支上源，分別出自今山西長子縣和沁縣，二源至今河南林州市相合，流入河南安陽市北，下游河道屢有變化。

[6]榆林：地名。即榆林店。位於今河北臨漳縣西南四十里。

[7]杜知敏：人名。籍貫不詳。皇甫遇僕隸。事見《舊五代史》卷九五《皇甫遇傳》。

[8]黎陽：縣名。治所在今河南濬縣。

　　三年冬，以杜重威爲都招討使，遇爲馬軍右廂都指揮使，[1]屯于中渡。[2]重威已陰送款契丹，伏兵幕中，悉召諸將列坐，告以降虜，遇與諸將愕然不能對。重威出降表，遇等俛首以次自畫其名，即麾兵解甲出降。契丹遣遇與張彥澤先入京師，遇行至平棘，[3]絕吭而死。

[1]馬軍右厢都指揮使：官名。馬軍部隊長官。品秩不詳。
[2]中渡：地名。滹沱河渡口。位於今河北正定縣。
[3]平棘：縣名。治所在今河北趙縣。

嗚呼，梁亡而敬翔死，不得爲死節；晋亡而皇甫遇死，不得爲死事，吾豈無意哉！梁之篡唐，用翔之謀爲多，由子佐其父而弑其祖，可乎？其不戮於斧鉞，爲幸免矣。方晋兵之降虜也，士卒初不知，及使解甲，哭聲震天，則降豈其欲哉！使遇奮然攘臂而起，殺重威於坐中，雖不幸不免而見害，猶爲得其死矣，其義烈豈不凜然哉！既俛首聽命，相與亡人之國矣，雖死不能贖也，豈足貴哉！君子之於人，或推以恕，或責以備。恕，故遷善自新之路廣；備則難得，難得，故可貴焉。然知其所可恕，與其所可貴，豈不又難哉！

安彥威

安彥威字國俊，代州崞縣人也。[1]少以軍卒隸唐明宗麾下。彥威善射，頗知兵法。明宗鎮天平、宣武、成德，[2]以彥威常爲牙將，以謹厚見信。明宗入立，皇子從榮鎮鄴，[3]彥威爲護聖指揮使。[4]以從榮判六軍，彥威遷捧聖指揮使，[5]領寧國軍節度使。[6]

[1]代州：州名。治所在今山西代縣。　崞縣：縣名。治所在今山西原平市。
[2]天平：方鎮名。治所在鄆州（今山東東平縣）。　成德：方鎮名。治所在鎮州（今河北正定縣）。

[3]從榮：人名。即李從榮。沙陀人。五代後唐明宗李嗣源次子。傳見《舊五代史》卷五一、本書卷一五。

[4]護聖指揮使：官名。所部統兵將領。"護聖"爲部隊番號。品秩不詳。

[5]捧聖指揮使：官名。所部統兵將領。"捧聖"爲部隊番號。品秩不詳。

[6]寧國軍：方鎮名。治所在宣州（治今安徽宣城市）。

晋高祖入立，拜彦威北京留守，[1]徙鎮歸德。[2]是時，河決滑州，命彦威塞之，彦威出私錢募民治隄。遷西京留守，遭歲大饑，彦威賑撫饑民，民有犯法，皆寬貸之，饑民愛之，不忍流去。丁母憂，哀毀過制。出帝與契丹隳盟，拜彦威北面行營副都統，[3]彦威悉以家財佐軍用。以疾卒于京師。

[1]北京：即太原府。治所在今山西太原市。

[2]歸德：方鎮名。治所在今河南商丘市。

[3]行營副都統：官名。唐末設諸道行營都統、副都統，作爲各道出征兵士的正、副統帥。品秩不詳。

彦威與安太妃同宗，[1]出帝事以爲舅，彦威未嘗以爲言。及卒，太妃臨哭，人始知其同宗也，[2]當時益稱其慎重。

[1]安太妃：人名。代北（今山西代縣）人。後晋石敬瑭之妃，出帝之母。傳見《舊五代史》卷八六、本書卷一七。

[2]人始知其同宗也："其"字原闕，中華點校本據浙江本、宗

文本補，今從。

李瓊

李瓊，滄州饒安人也。[1]少爲騎將，與晉高祖俱隸唐明宗麾下。[2]同光二年，契丹犯塞，明宗出涿州，[3]遇契丹，與戰不勝，諸將各稍引去，而晉高祖獨戰不已，契丹漸合而圍之。瓊引高祖衣與俱遯，至劉李河而追兵且及，[4]瓊浮水先至南岸，高祖至河中流，馬踣，瓊以長矛援出之，又以所乘馬與高祖，而步護之，走十餘里，乃得免。

[1]滄州：州名。治所在今河北滄州市。 饒安：縣名。治所在今河北鹽山縣西南。

[2]俱隸唐明宗麾下："俱"字原闕，中華點校本據浙江本、宗文本補，今從。

[3]涿州：州名。治所在今河北涿州市。

[4]劉李河：水名。一作"琉璃河"。位於今北京房山區。

明宗兵變于魏而南，瓊從高祖以三百騎先趨汴州。[1]高祖爲保義軍節度使，以爲牙隊指揮使。[2]高祖建國，以爲護聖都虞候，[3]賜與金帛甚厚，而不與之官爵，瓊亦鬱鬱。久之，拜相、申二州刺史。[4]出帝時，爲棣州刺史。楊光遠反，以書招瓊，瓊拒而不納。遷洺州團練使，又爲護聖右廂都指揮使。[5]

[1]汴州：州名。治所在今河南開封市。

[2]牙隊指揮使：官名。所部統兵將領。"牙隊"爲部隊番號。品秩不詳。

[3]護聖都虞候：官名。五代時期高級統兵官，"護聖"爲後晉禁軍番號。品秩不詳。

[4]拜相、申二州刺史："相"，據中華點校本校勘記，《舊五代史》卷九四《李瓊傳》、《册府》卷一七二叙其事作"橫"。

[5]護聖右廂都指揮使：官名。後晉天福六年（941）七月，改奉德兩軍爲"護聖左右軍"。以都指揮使爲該軍首長，隸屬侍衛親軍。品秩不詳。

晋亡，契丹入京師，以瓊爲威州刺史，[1]行至鄭州，[2]遇盜見殺。

[1]威州：州名。治所在今北京房山區。
[2]鄭州：州名。治所在今河南鄭州市。

劉景巖

劉景巖，延州人也。[1]其家素富，能以貨交游豪俊。事高萬金爲部曲，[2]其後爲丹州刺史。[3]晉高祖起兵太原，唐廢帝調民七户出一卒爲義兵。延州節度使楊漢章發鄉民赴京師，[4]將行，景巖遣人激怒之，義兵亂，殺漢章，迎景巖爲留後。晉高祖即位，即拜景巖節度使。

[1]延州：州名。治所在今陝西延安市。
[2]高萬金：人名。延州（今陝西延安市）人。高萬興之弟。事見《舊五代史》卷一三二《高萬興傳》、本書卷四〇。
[3]丹州：州名。治所在今陝西宜川縣。

[4]延州：此處指彰武軍。　楊漢章：人名。籍貫不詳。五代將領。事見《通鑑》卷二八〇。

景巖從事熊皦，[1]爲人多智，陰察景巖跋扈難制，懼其有異心，欲以利愚之，因語景巖，以謂邊地不可以久安，爲陳保名享利之策，言邠、涇多善田，其利百倍，宜多市田射利以自厚。景巖信之，歲餘，其獲甚多。景巖使皦朝京師，皦乃言："景巖不宜在邊，可徙之內地。"乃移景巖邠州，皦入拜補闕，[2]而景巖又徙鎮保義，居未幾，又徙武勝。景巖乃悟皦爲賣己，遂誣奏皦隱己玉帶，皦坐貶商州上津令。[3]皦懼景巖邀害之，道亡，匿山中。

[1]熊皦：人名。或作"熊皎"。九華山（今安徽青陽縣）人。五代大臣。事見《唐才子傳》卷一〇。
[2]補闕：官名。唐武則天時始置。分爲左右，左補闕隸於門下省，右補闕隸於中書省。掌規諫諷諭，大事可以廷議，小事則上封奏。從七品上。
[3]商州：州名。治所在今陝西商洛市商州區。　上津：縣名。治所在今湖北鄖西縣上津鎮。

開運三年，景巖罷武勝，以太子太師致仕，居華州。[1]契丹犯京師，以周密鎮延州，[2]景巖乃還故里。而州人逐密，立高允權，[3]允權妻劉氏，[4]景巖孫女也。[5]景巖良田甲第、僮僕甚盛，党項諸家族畜牧近郊，[6]尤富彊，景巖與之往來，允權頗患之。允權妻歲時歸省，景巖謂曰："高郎一縣令，而有此州，其可保乎？"允權益惡之，而心又利其田宅，乃誣其反而殺之，年八十餘。

[1]華州：州名。治所在今陝西渭南市華州區。
[2]周密：人名。應州神武川（今山西山陰縣）人。五代將領。傳見《舊五代史》卷一二四。
[3]高允權：人名。延州（今陝西延安市）人。五代將領。傳見《舊五代史》卷一二五。
[4]劉氏：人名。延州（今陝西延安市）人。高允權之妻。劉景巖孫女。本書僅此一見。
[5]景巖孫女也："女"字下原有"子"字，中華點校本據宗文本刪，今從。
[6]党項：部族名。源出羌族，時活躍於今甘肅東部、寧夏、陝西北部一帶。參見湯開建《党項西夏史探微》，商務印書館2013年版。　司家族：人名。党項人。本書僅此一見。

長子行琮，[1]德州刺史，罷，留京師，亦被誅。

[1]行琮：人名。即劉行琮。延州（今陝西延安市）人。五代將領。本書僅此一見。

次子行謙，[1]允權婦翁也，爲奏言非劉氏子，遂免不誅。

[1]行謙：人名。即劉行謙。延州（今陝西延安市）人。五代將領。本書僅此一見。

新五代史　卷四八

雜傳第三十六

盧文進　李金全　楊思權　尹暉　王弘贄　劉審交
王周　高行周 行珪附　白再榮　安叔千

盧文進

盧文進字大用，[1]范陽人也。[2]爲劉守光騎將。[3]唐莊宗攻范陽，[4]文進以先降拜壽州刺史，[5]莊宗以屬其弟存矩。[6]存矩爲新州團練使，[7]統山後八軍。[8]莊宗與劉鄩相拒於莘，[9]召存矩會兵擊鄩。存矩募山後勁兵數千人，課民出馬，民以十牛易一馬；山後之人皆怨，而兵又不樂南行，行至祁溝關，[10]聚而謀爲亂。文進有女幼而美，存矩求之爲側室，[11]文進以其大將不敢拒，雖與，心常歉之也，因與亂軍殺存矩反。攻新州，不克，攻武州，[12]又不克，遂奔于契丹，[13]契丹使守平州。[14]

[1]大用：據中華點校本校勘記，《契丹國志》卷一八同，《舊五代史》卷九七《盧文進傳》作"字國用"。按，《遼史》卷一

《太祖本紀上》："（神册元年）夏四月乙酉朔，晋幽州節度使盧國用來降。"

[2]范陽：縣名。治所在今河北涿州市。

[3]劉守光：人名。深州樂壽（今河北獻縣）人。唐末幽州節度使劉仁恭之子。劉守光囚父自立，後號大燕皇帝，爲晋王李存勖俘殺。傳見《舊五代史》卷一三五、本書卷三九。

[4]唐莊宗：即李存勖，小字亞子，沙陀人，太原（今山西太原市）人。李克用之子，五代後唐開國皇帝。紀見《舊五代史》卷二七至卷三四及本書卷四、卷五。

[5]壽州：州名。治所在今安徽壽縣。　刺史：官名。州一級行政長官。漢武帝時始置，總掌考核官吏、勸課農桑、地方教化等事。唐中期以後，節度使、觀察使轄州而設，刺史爲其屬官，職任漸輕。從三品至正四品下。

[6]存矩：人名。即李存矩，沙陀人，唐末、五代將領。後唐莊宗李存勖之弟。事見《舊五代史》卷九七《盧文進傳》、《通鑑》卷二六九。

[7]新州：州名。治所在今河北涿鹿縣。　團練使：官名。唐代中期以後，於不設節度使的地區設團練使。掌本區各州軍事。品秩不詳。

[8]山後八軍：唐末幽州劉仁恭首設於山後地區具有防禦性質的八個軍鎮，主要防備契丹和河東，爲模擬東北邊的"八防禦軍"而來。詳見李翔《關於五代"山後八軍"的幾個問題》，《中南大學學報》2016年第4期。　巡檢使：官名。唐末、五代置。掌巡邏重鎮、要地。品秩不詳。

[9]劉鄩：人名。密州安丘（今山東安丘市）人。五代後梁將領。傳見《舊五代史》卷二三、本書卷二二。　莘：縣名。治所在今山東莘縣。

[10]祁溝關：又名岐溝關。位於今河北涿州市西南。

[11]側室：即姬妾。

[12]武州：州名。治所在文德縣（今河北張家口市宣化區）。

[13]契丹：古部族、政權名。公元4世紀中葉宇文部爲前燕攻破，始分離而成單獨的部落，自號契丹。唐貞觀中，置松漠都督府，以其首領爲都督。唐末彊盛，916年迭剌部耶律阿保機建立契丹國（遼）。先後與五代、北宋並立，保大五年（1125）爲金所滅。參見張正明《契丹史略》，中華書局1979年版。

[14]平州：州名。治所在今河北盧龍縣。

明宗即位，[1]文進自平州率衆數萬歸唐，明宗得之，喜甚，以爲義成軍節度使。[2]居歲餘，徙鎮威勝，[3]加同平章事，[4]入爲上將軍，[5]出鎮昭義，[6]徙安遠。[7]

[1]明宗：李嗣源，沙陀人，應州金城（今山西應縣）人。李克用養子，逼宮李存勗後自立爲後唐皇帝。紀見《舊五代史》卷三五至卷四〇、本書卷六。

[2]義成軍：方鎮名。治所在滑州（今河南滑縣）。

[3]威勝：方鎮名。治所在乾州（今陝西乾縣）。

[4]同平章事：官名。"同中書門下平章事"之簡稱。唐高宗以後，凡實際任宰相之職者，常在其本官後加同平章事的職銜。後成爲宰相專稱。品秩不詳。

[5]上將軍：官名。唐代置十六衛，掌宮禁宿衛。各置上將軍，從二品。

[6]昭義：方鎮名。治所在潞州（今山西長治市）。

[7]安遠：方鎮名。治所在安州（今湖北安陸市）。

晉高祖立，[1]與契丹約爲父子，文進懼不自安。天福元年冬，[2]殺其行軍司馬馮知兆、副使杜重貴，[3]送款於李昇，[4]昇遣兵迎之。文進居數鎮，頗有善政，兵民愛之。其將行也，從數騎，自至營中別其將士，告以避契丹之意，將士皆再拜爲訣，乃南奔。昇以文進爲天威統軍、宣潤節度使。[5]

[1]晉高祖：即後晉高祖石敬瑭。五代後晉的建立者。紀見《舊五代史》卷七五至卷八一、本書卷八。

[2]天福：五代後晉高祖石敬瑭年號（936—942），出帝石重貴沿用至天福九年（944）。

[3]行軍司馬：官名。出征將領及節度使的屬官。掌軍籍符伍、號令印信，是藩鎮重要的軍政官員。品秩不詳。　馮知兆：人名。籍貫不詳。盧文進僚佐。本書僅此一見。　副使：官名。即節度副使。唐、五代方鎮屬官。位於行軍司馬之下、判官之上。品秩不詳。　杜重貴：人名。籍貫不詳。盧文進僚佐。本書僅此一見。

[4]李昇：人名。徐州（今江蘇徐州）人。五代十國南唐建立者。傳見《舊五代史》卷一三四、本書卷六二。

[5]天威統軍：原作"天雄統軍"，中華點校本據遞修本、宗文本改，今從。　宣潤：皆爲方鎮名。即寧國軍節度、鎮海軍節度。治所分別在宣州（今安徽宣城市）、潤州（今江蘇鎮江市）。

文進身長七尺，狀貌偉然。自其奔契丹也，數引契丹攻掠幽、薊之間，[1]虜其人民，教契丹以中國織紝工作無不備，契丹由此益彊。同光中，[2]契丹數以奚騎出入塞上，[3]攻掠燕、趙，人無寧歲。唐兵屯涿州，[4]歲時饋運，[5]自瓦橋關至幽州，[6]嚴兵斥候，常苦鈔奪，爲唐患者十餘年，皆文進爲之也。及其南奔，始屈身晦跡，務爲恭謹，禮接文士，謙謙若不足，其所談論，近代朝廷儀制、臺閣故事而已，未嘗言兵。後以左衛上將軍卒于金陵。[7]

[1]幽：州名。治所在今北京市。　薊：縣名。治所在今北京市。
[2]同光：後唐莊宗李存勖年號（923—926）。
[3]奚：部族名。源出鮮卑宇文部。原稱庫莫奚，後省稱奚。參見畢德廣《奚族文化研究》，科學出版社2016年版。
[4]涿州：州名。治所在今河北涿州市。
[5]歲時饋運："時"下原有"鈔"字，中華點校本據遞修本、宗文本、馬令《南唐書》卷一二刪，今從。
[6]瓦橋關：唐置。位於今河北雄縣。五代後晉初地入契丹。後周顯德六年（959）收復，建爲雄州。與益津關、淤口關合稱三關。
[7]左衛上將軍：官名。唐代置十六衛，左衛爲其一，掌宮禁宿衛。從二品。　金陵：地名。今江蘇南京市古稱。

李金全

李金全，其先出於吐谷渾。[1]金全少爲唐明宗厮養，[2]以驍勇善騎射，常從明宗戰伐，以功爲刺史。天成中，[3]爲彰武軍節度使，[4]在鎮務爲貪暴。罷歸，獻馬數十匹，居數日，又以獻，明宗謂曰："卿患馬多邪，何進獻之數也？且卿在涇州治狀如何，無乃以馬爲事乎？"[5]金全慙不能對。徙鎮橫海。[6]久之，罷爲右衛上將軍。[7]

[1]吐谷渾：部族名。源出鮮卑，後游牧於今甘肅、青海一帶。

參見周偉洲《吐谷渾資料輯錄》，商務印書館2017年版。

［2］廝養：打柴養馬炊烹的奴僕，泛指僕役。

［3］天成：後唐明宗李嗣源年號（926—930）。

［4］彰武軍：方鎮名。治所在延州（今陝西延安市）。據中華點校本校勘記，"彰武"，《通鑑》卷二七八作"彰義"。《舊五代史》卷九七《李金全傳》敘其事作"涇州節度使"。按涇州即彰義軍，本卷下文云"卿在涇州"，當以"彰義"爲是。彰義，方鎮名。治所在涇州（今甘肅涇川縣）。

［5］涇州：州名。治所在今甘肅涇川縣。

［6］橫海：方鎮名。治所在滄州（今河北滄州市）。

［7］右衛上將軍：官名。唐代置十六衛，右衛爲其一，掌宮禁宿衛。從二品。

　　晉高祖時，安州屯防指揮使王暉殺節度使周瓌，[1]高祖遣金全將騎兵千人以往，下詔書招暉曰："暉降，以爲唐州刺史。"[2]又以信箭諭安州，不戮一人，且戒金全曰："無失吾信。"金全未至，襄州安從進意暉必走江南，[3]以精兵遮其要路。暉聞金全來，果南走，爲從進兵所殺。金全後至，得暉餘黨數百人，皆送京師。

［1］安州：州名。治所在今湖北安陸市。　屯防指揮使：官名。所部統兵將領。"屯防"爲部隊番號。品秩不詳。　王暉：人名。籍貫不詳。五代將領，曾以代州刺史而叛歸契丹。事見《舊五代史》卷九九《漢高祖本紀上》。　周瓌：人名。亦作"周環"。晉陽（今山西太原市）人。五代將領。傳見《舊五代史》卷九五。

［2］唐州：州名。治所在今河南唐河縣。

［3］襄州：州名。治所在今湖北襄陽市。　安從進：人名。索葛部人。五代後唐、後晉將領。傳見《舊五代史》卷九八、本書卷

五一。

　　暉之亂也，大掠城中三日，金全利其所掠貲，因擒其將武克和等十餘人殺之，[1]克和呼曰："王暉首亂，猶賜之信誓，以爲刺史；我等何罪，反見殺邪？若朝廷之命，何以示信？苟將軍違詔而殺降，亦將不免也！"高祖不能詰。即以金全爲安遠軍節度使。

　　[1]武克和：亦作"武彥和"。籍貫不詳。王暉部將，爲李金全所殺。事見《通鑑》卷二八一。

　　金全左都押衙胡漢榮用事，[1]所爲不法，高祖患之，不欲因漢榮以累功臣，爲選廉吏賈仁沼代之，[2]且召漢榮。漢榮教金全留己而不遣，金全客龐令圖諫曰：[3]"仁沼昔事王晏球，[4]晏球攻王都於中山，[5]都遣善射者登城射晏球，中兜牟，[6]仁沼從後引弓，射善射者，一發而斃，晏球求其人，欲厚賞之，仁沼退而不言，此天下之忠臣也。都敗，晏球遣仁沼獻捷于京師，凡所賜與甚厚，悉以分故人、親戚之貧者，此天下之廉士也。爲人如此，豈有爲人謀而不善者乎？宜納仁沼而遣漢榮。"漢榮聞之，夜使人殺令圖而酖仁沼，仁沼舌壞而死。

　　[1]左都押衙：官名。"押衙"即"押牙"。唐、五代時期節度使辟署的屬官，有稱左、右都押衙或都押衙者。掌領方鎮儀仗侍衛、統率軍隊。品秩不詳。參見劉安志《唐、五代押牙（衙）考略》，《魏晉南北朝隋唐史資料》第16輯，1998年。　胡漢榮：人

名。原作"明漢榮",中華點校本據遞修本、浙江本、宗文本、馬令《南唐書》卷一二改,今從。

[2]賈仁沼:據中華點校本校勘記,《通鑑》卷二八一《考異》引《薛史》作"賈仁紹"。本卷下文同。

[3]龐令圖:人名。籍貫不詳。李金全門客,爲胡漢榮所殺。本書僅此一見。

[4]王晏球:人名。洛陽(今河南洛陽市)人。五代將領。傳見《舊五代史》卷六四、《新五代史》卷四六。

[5]王都:人名。原名"劉雲郎"。中山陘邑(今河北定州市)人。妖人李應之送與王處直爲養子,改姓名爲王都。後爲義武軍節度使。傳見《舊五代史》卷五四、本書卷三九。 中山:地名。此處代指唐末河北方鎮義武軍(治所在定州)。時王都任義武軍節度使。

[6]兜牟:又稱"兜鍪"。即頭盔。

天福五年夏,高祖以馬全節代金全。[1]而仁沼二子欲詣京師訴其父冤,漢榮大懼,紿金全曰:"前日天子召漢榮,公違詔而不遣。仁沼之死,其二子將訴于朝。今以全節代公,是召公對獄也。"金全信之,遂叛,送款于李昇。高祖發兵三萬授全節討之。昇遣其將李承裕入安州,[2]金全遂南奔,行至汊川,[3]引頸北望,涕泣而去。昇以金全爲天威統軍。

[1]馬全節:人名。魏郡元城(今河北大名縣)人。五代後唐、後晉將領。傳見《舊五代史》卷九〇、本書卷四七。

[2]李承裕:人名。籍貫不詳。五代十國時期南唐將領。事見《通鑑》卷二八二。

[3]漢川：縣名。原作"泌州"，中華點校本據遞修本、浙江本、宗文本、《舊五代史》卷九七《李金全傳》改，今從。

漢隱帝時，[1]李守貞反河中，[2]乞兵於昇，金全爲昇潤州節度使，[3]與查文徽等出沭陽。[4]昇之諸將皆銳於攻取，金全獨以謂遠不相及，不可行，乃止。其後亦不復用，不知其所終。

[1]漢隱帝：即劉承祐。五代後漢高祖劉知遠次子。紀見《舊五代史》卷一〇一至一〇三、本書卷一〇。

[2]李守貞：人名。河陽（今河南孟州市）人。五代將領。傳見《舊五代史》卷一〇九、本書卷五二。　河中：方鎮名。治所在河中府（今山西永濟市）。

[3]潤州：州名。治所在今江蘇鎮江市。此處指鎮海軍。

[4]查文徽：人名。五代十國時期南唐大臣。後以朋黨宋齊丘而受貶。事見本書卷六二《南唐世家》。　沭陽：縣名。治所在今江蘇沭陽縣。

楊思權

楊思權，邠州新平人也。[1]事梁爲控鶴右第一軍使。[2]唐莊宗滅梁，以爲夾馬都指揮使。[3]

[1]邠州：治所在今陝西彬縣。　新平：縣名。治所在今陝西彬縣。

[2]控鶴右第一軍使：官名。"控鶴"爲禁軍番號。軍使，唐末、五代邊防將領。品秩不詳。

[3]夾馬都指揮使：官名。所部統兵將領，"夾馬"爲部隊番

號。品秩不詳。

明宗時，秦王從榮爲河東節度使，[1]以馮贇爲副，[2]思權爲北京步軍都指揮使以佐佑之。[3]從榮素驕，所爲多不法。是時，宋王從厚爲河南尹。[4]從厚年少，謙恭好禮。明宗陰遣人從容語從厚之善，以諷勉之。[5]從榮不悦，告思權曰："天下共賢河南而非我，我將廢矣，奈何？"思權曰："公有甲士，而思權在，何患也！"乃勸從榮招募死士、增利器械以爲備。馮贇患之，以其事聞。明宗召思權還京師，然以從榮故，[6]亦不之責也。後爲右羽林都指揮使，[7]將兵戍興元。[8]

[1]從榮：人名。即李從榮。沙陀人。五代後唐明宗李嗣源次子。傳見《舊五代史》卷五一、本書卷一五。　河東：方鎮名。治所在太原（今山西太原市）。

[2]馮贇：人名。太原（今山西太原市）人。五代後唐明宗朝宰相、三司使。傳見本書卷二七。

[3]北京：即太原府。治所在今山西太原市。　步軍都指揮使：官名。方鎮步兵統帥。品秩不詳。

[4]從厚：人名。即李從厚。五代後唐閔帝。明宗李嗣源第三子。紀見《舊五代史》卷四五、本書卷七。　河南尹：官名。唐開元元年（713）改洛州爲河南府，治所在今河南洛陽市，河南府尹總其政務。從三品。

[5]以諷勉之："勉"，原作"免"，據殿本改，中華點校本作"勉"，應是。

[6]然以從榮故："然"字原闕，中華點校本據宗文本補，今從。

[7]右羽林都指揮使：官名。所部統兵將領。"羽林"爲部隊番號。品秩不詳。

[8]興元：府名。治所在今陝西漢中市。

潞王從珂反鳳翔，[1]興元張虔釗會諸鎮兵討賊。[2]諸鎮兵圍鳳翔，思權攻城西，嚴衛指揮使尹暉攻城東，[3]破其兩關城。[4]從珂登城呼外兵，告以己非反者，其語甚哀，外兵聞者皆悲之，而虔釗督戰甚急，軍士反，兵逐虔釗，思權因呼其衆曰："潞王真吾主也！"即擁軍士入城降。暉聞思權已降，亦麾其軍使解甲，由是諸鎮之兵皆潰。思權與暉入見從珂，思權前曰："臣以赤心奉殿下，殿下事成，願不以防禦、團練使處臣。"[5]乃出一紙於懷中曰："願志臣姓名以爲驗。"從珂即書曰："可邠寧節度使。"[6]

[1]從珂：人名。即後唐末帝李從珂。又稱廢帝。鎮州平山（今河北平山縣）人。後唐明宗養子，明宗入洛陽，他率兵追隨，以功拜河中節度使，封潞王。紀見《舊五代史》卷四六至卷四八、本書卷七。　鳳翔：方鎮名。治所在鳳翔府（今陝西鳳翔縣）。

[2]張虔釗：人名。遼州（今山西左權縣）人。五代後唐、後蜀將領。傳見《舊五代史》卷七四。

[3]嚴衛指揮使：官名。所部統兵將領。"嚴衛"爲部隊番號。品秩不詳。　尹暉：人名。魏州大名（今河北大名縣）人。五代後唐、後晉將領。傳見《舊五代史》卷八八。

[4]關城：指關塞上的城堡。

[5]防禦：官名。即防禦使。唐代始置，設有都防禦使、州防禦使兩種。常由刺史或觀察使兼任，實際上爲唐代後期州或方鎮的

軍政長官。品秩不詳。

[6]邠寧：方鎮名。治所在今陝西彬縣。

廢帝入立，[1]拜思權靜難軍節度使。[2]後爲右龍武統軍、左衛上將軍。[3]天福八年，卒于京師，贈太傅。[4]

[1]廢帝：即後唐廢帝李從珂。鎮州平山（今河北平山縣）人。本姓王，後唐明宗李嗣源擄其母魏氏，遂養爲己子。應順元年（934）四月，李從珂入洛陽即帝位。清泰三年（936）五月，石敬瑭謀反，廢帝自焚死，後唐亡。紀見《舊五代史》卷四六至卷四八、本書卷七。

[2]靜難軍：方鎮名。治所在邠州（今陝西彬縣）。

[3]右龍武統軍：官名。唐代右龍武軍統兵官。唐置六軍，分左、右羽林，左、右龍武，左、右神武等，即"北衙六軍"。興元元年（784），六軍各置統軍，以寵功勳臣。其品秩，《唐會要》卷七一、《舊唐書》卷一二記載爲"從二品"，《通鑑》卷二二九記載爲"從三品"。

[4]太傅：官名。與太師、太保合稱三師，唐後期、五代多爲大臣、勳貴加官。正一品。

尹暉

尹暉者，魏州大名人也。[1]從廢帝入洛陽，[2]而晉高祖來朝，與暉遇于道。暉時猶爲嚴衛指揮使，恃先降功，不爲高祖屈，馬上橫鞭揖之，高祖怒，白廢帝暉不可與名藩。乃以爲應州節度使。[3]晉高祖入立，罷爲右衛大將軍。[4]范延光反，[5]以書招暉，暉懼，出奔淮南，[6]爲人所殺，有子勳。[7]

[1]魏州：州名。治所在今河北大名縣。　大名：縣名。治所在今河北大名縣。

[2]洛陽：后唐都城名。治所在今河南洛陽市。

[3]應州：州名。治所在今山西應縣。

[4]右衛大將軍：官名。唐置，掌宮禁宿衛。正三品。

[5]范延光：人名。鄴郡臨漳（今河北臨漳縣）人。五代後唐、後晋將領。傳見《舊五代史》卷九七。

[6]淮南：今淮河以南、長江以北地區。時屬南唐境内。

[7]勳：人名。即尹勳。魏州大名（今河北大名縣）人。

王弘贄

王弘贄，不知其世家何人也。唐明宗時，爲合階二州刺史、右千牛衛將軍、衛州刺史。[1]

[1]合：州名。治所在今重慶合川區。　階：州名。治所在今甘肅隴南市武都區。　右千牛衛將軍：官名。唐代置十六衛，右千牛衛爲其一，掌宮禁宿衛。從三品。　衛州：州名。治所在今河南衛輝市。

潞王從珂反於鳳翔，擁兵東至陝。愍帝懼，[1]夜以百餘騎出奔，至衛州東七八里，遇晋高祖將朝于京師，騶呵前導者不避，愍帝遣左右叱之，對曰："成德軍節度使石敬瑭也。"[2]愍帝即下馬慟哭，謂敬瑭曰："潞王反，康義誠等皆叛我，我無所依，長公主教我逆爾于路。"[3]高祖曰："衛州刺史王弘贄，宿將也，且多知時事，請就圖之。"即馳騎前見弘贄曰："主上危迫，吾戚屬也，何以圖全？"弘贄曰："天子避狄，自古有之，然將相大臣從乎?"曰:"無也。""國寶、乘輿、法物從乎?"[4]曰:"無也。"弘贄歎曰:"所謂大木將顛,非一繩所維。今萬乘之主,以百騎出奔,而將相大臣無一人從者,則人心去就可知也。雖欲興復,其可得乎!"[5]即從高祖上謁於驛舍。高祖且以弘贄語白愍帝。弓箭庫使沙守榮、奔弘進前謂高祖曰:[6]"主上,明宗愛子,公,愛壻也,公於此時不能報國,而反問大臣、國寶所在,公亦助賊反邪?"乃抽佩刀刺高祖,高祖親將陳暉扞之,[7]守榮與暉戰死,弘進亦自刎。高祖因盡殺帝從兵,獨留帝于驛而去。

[1]愍帝:即後唐愍帝李從厚。小名菩薩奴,明宗第三子。長興四年(933)十二月,李從厚即皇帝位,是爲後唐愍帝。應順元年(934)四月,李從珂入洛陽即帝位,令人毒殺閔帝。紀見《舊五代史》卷四五、本書卷七。

[2]成德軍:方鎮名。治所在恒州(今河北正定縣)。 節度副使:官名。唐五代方鎮屬官。位於行軍司馬之下、判官之上。品秩不詳。

[3]康義誠:人名。沙陀部人。五代後唐將領。傳見《舊五代史》卷六六、本書卷二七。 長公主:此處指後唐明宗李嗣源長女永寧公主,石敬瑭之妻。傳見《舊五代史》卷八六《晋后妃列傳》。

[4]國寶:即傳國寶,又稱傳國璽。皇帝的印章。相傳秦始皇得藍田玉雕爲印,四周刻龍,正面刻有李斯所寫篆文"受命於天、既壽永昌"八字。秦璽已失。歷代所制玉璽,文字有別,但多有"受命於天"的意思。 乘輿:帝王車馬器械等用具。 法物:帝王儀仗隊所使用的器物。

[5]其可得乎："可"字原闕，中華點校本據遞修本、浙江本、宗文本補，今從。

[6]弓箭庫使：官名。唐玄宗時始置，以宦官爲之，掌弓箭等兵器出納之事。地位重於其他宦官所任諸使。五代後梁沿置，爲諸司使之一，掌内庫弓矢刀箭。品秩不詳。　沙守榮：人名。籍貫不詳。五代諸使。本書僅此一見。　奔弘進：人名。一作"貢洪進"。五代諸使。本書僅此一見。

[7]陳暉：人名。籍貫不詳。唐末、五代將領。事見《舊五代史》卷五。

弘贄奉帝居于州廨。[1]弘贄有子巒，[2]爲殿直，[3]廢帝入立，遣巒持鴆與弘贄。初，愍帝在衛州，弘贄令市中酒家獻酒，愍帝見之，大驚，遽殞于地，久而蘇，弘贄曰："此酒家也，願獻酒以慰無憀。"愍帝受之，由是日獻一觴。及巒持酖至，因使酒家獻之，愍帝飲而不疑，遂崩。

[1]州廨：州署，州衙。

[2]巒：人名。即王巒。籍貫不詳。王弘贄之子。事見《舊五代史》卷四五《唐閔帝本紀》。

[3]殿直：官名。五代後晉改殿前承旨爲殿直，爲皇帝的侍從官。品秩不詳。

弘贄後事晉爲鳳翔行軍司馬，以光祿卿致仕，[1]卒，贈太傅。

[1]光祿卿：官名。南朝梁天監七年（508）改光祿勳置，隋

唐沿置。掌宮殿門户、帳幕器物、百官朝會膳食等。從三品。

劉審交

劉審交字求益，幽州文安人也。[1]少略知書，通於吏事，爲唐興令，[2]補范陽牙校。劉守光僭號，以審交爲兵部尚書，[3]守光敗，歸于太原，[4]唐莊宗以爲從事。其後趙德鈞鎮范陽，[5]北面轉運使馬紹宏辟審交判官。[6]

[1]文安：縣名。治所在今河北文安縣。

[2]唐興：縣名。據中華點校本校勘記，《舊五代史》卷一〇六《劉審交傳》作"興唐"。按《舊五代史》卷二九《唐莊宗本紀三》、《五代會要》卷一九，同光元年（923）四月，改魏州元城縣爲興唐縣（今河北大名縣），而唐興縣在蜀州。

[3]兵部尚書：官名。尚書省兵部長官。掌兵衛、武選、車輦、甲械、廄牧之政令。正三品。

[4]太原：府名。治所在今山西太原市。

[5]趙德鈞：人名。幽州（今北京市）人。初爲幽州節度使劉守光部將，再爲後唐將領，最後投降遼國。傳見《舊五代史》卷九八。

[6]轉運使：官名。唐、五代時期負責軍需物資的籌集、調運、供給。品秩不詳。　馬紹宏：人名。又作李紹宏。籍貫不詳。五代後唐莊宗近臣。傳見《舊五代史》卷七二。　判官：官名。唐、五代方鎮僚屬，位在行軍司馬下。分掌使衙内各曹事，並協助使職官員通判衙事。品秩不詳。

王晏球討王都，以爲轉運供軍使。[1]定州平，[2]拜遼州刺史。[3]復爲北面轉運使，改慈州刺史，[4]以母老去官。母喪，哀毀過禮，不調累年。

[1]轉運供軍使：官名。五代轉運使的一種。於戰時設置，或由軍中將領充任，或以地方文臣充任，負責軍需物資的籌集、調運、供給。品秩不詳。
[2]定州：州名。治所在今河北定州市。
[3]遼州：州名。治所在今山西左權縣。
[4]慈州：據中華點校本校勘記，《舊五代史》卷一〇六《劉審交傳》作"磁州"，按同卷下文詔稱劉審交"刺遼、磁"，又同書卷七六《晋高祖本紀二》："以前磁州刺史劉審交爲魏府計度使。"疑"磁州"是。磁州，州名。治所在今河北磁縣。

晋高祖即位，楊光遠討范延光於魏州，[1]審交復爲供軍使。是時，晋高祖分户部、度支、鹽鐵爲三使，[2]歲餘，三司益煩弊，乃復合爲一，拜審交三司使。[3]議者請檢天下民田，宜得益租，審交曰："租有定額，而天下比年無閑田，民之苦樂，不可等也。"遂止不檢，而民賴以不擾。遷右衛上將軍、陳州防禦使。[4]出視民田，見民耕器薄陋，乃取河北耕器爲範，爲民更鑄。安從進平，徙審交襄州，[5]又徙青州，[6]皆有善政。罷還。

[1]楊光遠：人名。沙陀部人。五代後唐、後晋將領。傳見《舊五代史》卷九七、本書卷五一。
[2]户部、度支、鹽鐵：皆官署名。唐末五代稱鹽鐵、度支、户部爲三司，其分則爲三個獨立部門，合則稱爲三司。三司掌管統籌國家財政之事。
[3]三司使：官名。後唐明宗天成元年（926）將晚唐以來的

户部、度支、鹽鐵三部合爲一職，設三司使統之。主管國家財政。品秩不詳。

[4]陳州：州名。治所在今河南淮陽縣。

[5]襄州：州名。治所在今湖北襄陽市。

[6]青州：州名。治所在今山東青州市。

契丹犯京師，留蕭翰而去，[1]翰復以審交爲三司使。已而翰召許王從益守京師。[2]漢高祖起義太原，[3]從益召高行周以拒高祖，[4]行周不至。從益母王淑妃與群臣謀迎高祖，[5]或以謂燕兵在京師者猶數千，可以城守而待行周，淑妃不從，議未決。審交進曰："余燕人也，今爲燕守城，當爲燕謀，然事勢不可爲也。太妃語是。"從益乃罷不設備，遣人西迎高祖。高祖至，罷審交不用。

[1]蕭翰：人名。契丹族。一名"敵烈"，原名"小漢"。遼初將領，述律太后之侄，太宗耶律德光妻之兄。傳見《遼史》卷一三〇。

[2]從益：人名。即李從益。五代後唐明宗幼子，封許王。947年契丹滅後晋，立從益爲中原皇帝，國號梁。旋即爲後漢高祖所殺。傳見《舊五代史》卷五一、本書卷一五。

[3]漢高祖：五代後漢開國皇帝劉知遠，太原（今山西太原市）人，沙陀族。紀見《舊五代史》卷九九、卷一〇〇及本書卷一〇。

[4]高行周：人名。幽州（今北京市）人。五代名將。仕多朝。傳見《舊五代史》卷一二三、本書本卷。

[5]王淑妃：後唐明宗妃嬪。傳見《舊五代史》卷五一、本書

卷一五。

隱帝時，爲汝州防禦使，[1]有能名。乾祐三年卒，[2]年七十四。州人聚哭柩前，上疏乞留葬近郊，使民得歲時祠祭。詔特贈太尉，[3]起祠立碑。

[1]汝州：州名。治所在今河南汝州市。
[2]乾祐：後漢高祖劉知遠、隱帝劉承祐年號（948—950）。
[3]太尉：官名。與司徒、司空並爲三公，唐後期、五代多爲大臣、勛貴加官。正一品。

王周

王周，魏州人也。少以勇力從軍，事唐莊宗、明宗，爲裨校，以力戰有功拜刺史。

晉天福中，從楊光遠討范延光於魏州，又從杜重威討安重榮於鎮州，[1]皆有功。歷貝州、涇州節度使。[2]涇州張彦澤爲政苛虐，[3]民多流亡，周乃更爲寬恕，問民疾苦，去其苛弊二十餘事，民皆復歸。歷遷武勝、保義、義武、成德四鎮，[4]皆有善政。定州橋壞，覆民租車，周曰："橋梁不修，刺史過也。"乃償民粟，爲治其橋。

[1]杜重威：人名。其先朔州（今山西朔州市）人，後徙居太原（今山西太原市）。五代後晉、後漢將領。傳見《舊五代史》卷一〇九、本書卷五二。　安重榮：人名。朔州（今山西朔州市）人。五代後唐、後晉將領。傳見《舊五代史》卷九八、本書卷五

一。　鎮州：州名。治所在今河北正定縣。
　　[2]貝州：州名。治所在今河北清河縣。
　　[3]張彥澤：人名。突厥人，徙居太原。五代後晋將領，後投降於契丹。傳見《舊五代史》卷九八、本書卷五二。
　　[4]武勝：方鎮名。治所在鄧州（今河南鄧州市）。　保義：方鎮名。治所在陝州（今河南三門峽市陝州區）。　義武：方鎮名。治所在定州（今河北定州市）。

　　杜重威降契丹，契丹兵過鎮州，臨城呼周使出降，周泣曰："受晉厚恩，不能死戰而以城降，何面目南行見人主與士大夫乎！"乃劇飲，求刀欲自引決，家人止之，迫以出降。契丹以周爲武勝軍節度使。
　　漢高祖入立，徙鎮武寧。[1]卒于鎮，贈中書令。[2]

　　[1]武寧：方鎮名。唐元和二年（807）置，治所在徐州（今江蘇徐州市）。
　　[2]中書令：官名。漢代始置，隋、唐前期爲中書省長官，屬宰相之職；唐後期多爲授予元勳大臣的虚銜。正二品。

　　高行周　行珪附
　　高行周字尚質，媯州人也。[1]世爲懷戎戍將。[2]父思繼。[3]思繼兄弟皆以武勇雄於北邊，爲幽州節度使李匡威戍將。[4]匡威爲其弟匡儔所篡，[5]晉王將討其亂，[6]謀曰："高思繼兄弟在孔領關，[7]有兵三千，此後患也，不如遣人招之。思繼爲吾用，則事無不成。"克用遣人招思繼兄弟。燕俗重氣義，思繼等聞晉兵爲匡威報仇，乃欣然從之，爲晉兵前鋒。匡儔聞思繼兄弟皆叛，乃棄城走。克用以劉仁恭守幽州,[8]以其兄某爲先鋒都指揮使,[9]思繼爲中軍都指揮使,[10]弟某爲後軍都指揮使,[11]高氏兄弟分掌燕兵。克用臨訣謂仁恭曰:"思繼兄弟,勢傾一方,爲燕患者,必高氏也,宜善爲防。"克用留晉兵千人爲仁恭衛。而晉兵多犯法,思繼等數誅殺之。克用以責仁恭,仁恭以高氏爲訴,由是晉盡誅思繼兄弟。

[1]嬀州:州名。治所在今河北懷來縣東南。

[2]懷戎:縣名。治所在今河北懷來縣東南。

[3]思繼:人名。即高思繼。高行周之父。事見《舊五代史》卷一二三《高行周轉》。

[4]李匡威:人名。范陽(今河北涿州市)人。幽州節度使李全忠之子,襲父位爲節度使。唐末軍閥。傳見《舊唐書》卷一八〇、《新唐書》卷二一二。

[5]匡儔:人名。即李匡儔。兩《唐書》作"李匡籌"。范陽(今河北涿州市)人。幽州節度使李全忠之子、李匡威之弟。唐末軍閥。傳見《舊唐書》卷一八〇、《新唐書》卷二一二。

[6]晉王:即李克用。沙陀族。神武川新城(一說今山西山陰縣附近,一說今山西代縣)人。唐末軍閥,五代後唐太祖。紀見《舊五代史》卷二五、本書卷四。

[7]孔領關:又作"孔嶺關"。位於今河北蔚縣東北。

[8]劉仁恭:人名。深州(今河北深州市)人。唐末、五代軍閥。傳見《新唐書》卷二一二。

[9]先鋒都指揮使:官名。先鋒,即先鋒部隊。都指揮使,爲所部統兵將領。品秩不詳。

[10]中軍都指揮使:官名。中軍,戰鬥時編成中位居中軍者。都指揮使,爲所部統兵將領。品秩不詳。

［11］後軍都指揮使：官名。後軍，即殿後部隊。都指揮使，爲所部統兵將領。品秩不詳。

仁恭以其兄某之子行珪爲牙將，[1]而思繼子行周年十餘歲，亦收之帳下，稍長，補以軍職。仁恭被囚，守光立，以行珪爲武州刺史。[2]其後守光背晉，晉兵攻之。守光將元行欽牧馬山後，[3]聞守光且見圍，即率所牧馬赴援，而麾下兵叛于道，推行欽爲幽州留後，[4]行欽曰："吾所憚者行珪也。"乃遣人之懷戎，得行珪子繫之。兵過武州，招行珪曰："守光可取而代也。當從我行，不然，且殺公子。"行珪謝曰："與君俱劉公將，而忍叛之？吾當爲劉氏也，尚何顧吾子耶！"行欽即以兵圍行珪。月餘，行珪城中食盡，召其州人告曰："吾非不爲父老守也，今劉公救兵不至，奈何？可殺吾以降晉。"父老皆泣，願以死守。是時，行周適從行珪在武州，即夜縋行周馳入晉見莊宗，莊宗因遣明宗救武州。比至，行欽已解去，行珪乃降晉。莊宗時，歷朔忻嵐三州刺史、大同軍節度使。[5]明宗入立，徙鎮威勝、安遠。

［1］行珪：人名。即高行珪。幽州（今北京市）人。五代名將，高思繼之姪。傳見《舊五代史》卷一二三、本書卷四八。

［2］武州：州名。治所在文德縣（今河北張家口市宣化區）。

［3］元行欽：人名。幽州（今北京市）人。五代後唐將領。傳見《舊五代史》卷七〇、本書卷二五。

［4］留後：官名。原非正式命官，唐朝節度使入朝或宰相、親王遙領節度使不臨鎮則置。安史之亂後，節度使多以子弟或親信爲

留後，以代行節度使職務，亦有軍士、叛將自立爲留後者。掌一州或數州軍政。北宋始爲朝廷正式命官。

[5]朔：州名。治所在今山西朔州市朔城區。　忻：州名。治所在今山西忻州市。　嵐：州名。治所在今山西嵐縣。　大同軍：方鎮名。治所在雲州（今山西大同市）。

行珪性貪鄙，所爲多不法，副使范延策，[1]爲人剛直，數規諫之，行珪不聽，銜之。[2]已而戍兵有謀叛者，行珪先覺之，因潛徙庫兵于佗所。[3]戍兵叛，趨庫劫兵無所得，乃潰去，行珪追而殺之。因誣奏延策同反，并其子皆見殺，天下冤之。行珪卒于鎮，贈太尉。

[1]范延策：人名。幽州（今北京市）人。高行珪僚佐，因剛直被殺。事見《舊五代史》卷六五《高行珪傳》。

[2]銜之：“銜”，原作“嗛”，據殿本改。中華點校本作“銜”，應是。

[3]因潛徙庫兵于佗所：“庫”，原作“軍”，據殿本、南監本、北監本、汪本、元刊本改。中華點校本作“庫”，應是。

當行珪之降晉也，行周隸明宗帳下，初爲裨將，趙德鈞識之，謂明宗曰：“此子貌厚而小心，佗日必大貴，宜善待之。”梁、晉軍河上，莊宗遣明宗東襲鄆州[1]，行周將前軍，夜遇雨，軍中皆欲止不進，行周曰：“此天贊我也！鄆人恃雨，不備吾來，宜出其不意。”即夜馳涉濟，入其城，鄆人方覺，遂取之。莊宗滅梁，以功領端州刺史，[2]遷絳州。[3]

[1]鄆州：州名。治所在今山東東平縣。
[2]端州：州名。治所在今廣東肇慶市。
[3]絳州：州名。治所在今山西新絳縣。

明宗時，從平朱守殷，[1]克王都，遷潁州團練使、振武軍節度使。[2]歷鎮彰武、昭義。

[1]朱守殷：人名。籍貫不詳。五代後唐將領。傳見《舊五代史》卷七四、本書卷五一。
[2]潁州：州名。治所在今安徽阜陽市。　振武軍：方鎮名。後梁貞明二年（916）以前，治所位於單于都護府城（今內蒙古和林格爾縣）。貞明二年，單于都護府城為契丹占據。此後至後唐清泰三年（936），治所位於朔州（今山西朔州市）。後漢隨燕雲十六州割予契丹，改名順義軍。

晉高祖時，爲西京留守，[1]徙鎮天雄。[2]安從進叛，以行周爲襄州行營都部署，[3]討平之，徙鎮歸德。[4]出帝時，[5]代景延廣爲侍衛親軍都指揮使。[6]是時，李彥韜、馮玉等用事，[7]乃求歸鎮。

[1]西京留守：官名。唐玄宗久住東都洛陽，天寶元年（742）以京師長安爲西京，改西都留守爲西京留守，仍掌京師軍政要務。肅宗以後稱長安爲上都，仍沿用西京留守舊稱。品秩不詳。
[2]天雄：方鎮名。治所在魏州（今河北大名縣）。
[3]行營都部署：官名。凡行軍征討，掛帥率軍戰鬥，總管行營事務。品秩不詳。
[4]歸德：方鎮名。治所在今河南商丘市。

[5]出帝：即後晋少帝石重貴。石敬瑭從子。紀見《舊五代史》卷八一至卷八五、本書卷九。

[6]景延廣：人名。陝州（今河南三門峽市陝州區）人。五代後晋將領。傳見《舊五代史》卷八八、本書卷二九。 侍衛親軍都指揮使：官名。五代時侍衛親軍之長官。多由皇帝親信擔任。品秩不詳。

[7]李彥韜：人名。太原（今山西太原市）人。後晋出帝寵臣，與宦官近臣相勾結，排擠文臣。傳見《舊五代史》卷八八。 馮玉：人名。定州（今河北定州市）人。五代後晋外戚、宰相。傳見《舊五代史》卷八九、本書卷五六。

契丹滅晋，留蕭翰守汴，翰又棄去，召唐故許王從益入汴，而漢高祖起太原，從益遣人召行周，將以拒漢，行周歎曰："衰世難輔，況兒戲乎！"乃不從。

漢高祖入京師，加行周守中書令，徙鎮天平軍，[1]封臨清王。周太祖入立，[2]封齊王。卒，贈尚書令，[3]追封秦王。有子懷德。[4]

[1]天平軍：方鎮名。治所在鄆州（今山東東平縣）。

[2]周太祖：即郭威。邢州堯山（今河北隆堯縣）人。五代時後周王朝的建立者。紀見《舊五代史》卷一一〇至卷一一三、本書卷一一。

[3]尚書令：官名。秦始置。隋、唐前期爲尚書省長官，與中書令、侍中並爲宰相。唐後期多爲大臣加銜，不參與政務。正二品。

[4]懷德：人名。即高懷德。真定常山（今河北正定縣）人。高行周之子。五代、宋初將領。傳見《宋史》卷二五〇。

白再榮

白再榮，不知其世家何人也。少爲軍卒。唐、晉之間，爲護聖指揮使。[1]契丹犯京師，再榮從契丹北歸，至鎮州，契丹留麻答守鎮州而去，[2]晉人從者多留焉。居未幾，李筠、何福進等謀逐麻答，[3]使人召再榮，再榮遲疑不欲往，軍士迫之，乃往，共攻之。麻答走，諸將以再榮名次最高，乃推爲留後。

[1]護聖指揮使：官名。所部統兵將領。"護聖"爲部隊番號。品秩不詳。

[2]麻答：人名。即耶律拔里得。契丹人。遼初皇室，遼太宗耶律德光堂弟。傳見《遼史》卷七六。參見鄧廣銘（署名鄺又銘）《遼史兵衛志"御帳親軍""大首領部族軍"兩事目考源》，《北京大學學報》（人文科學）1956年第2期。

[3]李筠：人名。籍貫不詳。唐末侍衛軍將領。事見《舊唐書》卷二〇上《昭宗本紀》。　何福進：人名。太原（今山西太原市）人。五代將領。傳見《舊五代史》卷一二四。

再榮出於行伍，貪而無謀。是時，李崧、和凝等皆隨契丹留鎮州，[1]再榮以兵環其居，迫而求物，又欲害崧取其貨。李穀謂曰：[2]"公等親被契丹之苦，憂死不暇，然逐麻答者，乃衆人所爲，非獨公力也。今纔得生路，而遽殺宰相，此契丹尚或不爲，然它日至京師，天子問宰相何在，何以對之？"再榮默然，乃止。而悉拘嘗事麻答者取其財，鎮人謂之"白麻答"。

[1]李崧：人名。深州饒陽（今河北饒陽縣）人。五代後晉宰相，歷仕後唐至後漢。傳見《舊五代史》卷一〇八、本書卷四五。

和凝：人名。鄆州須昌（今山東東平縣）人。五代後晉宰相。傳見《舊五代史》卷一二七、本書卷五六。

[2]李穀：人名。潁州汝陰（今安徽阜陽市）。五代後周宰相。傳見《宋史》卷二六二。

漢高祖即位，拜再榮爲留後，遷義成軍節度使。[1]罷還京師。周太祖以兵入京師，軍士攻再榮於第，悉取其財。已而前啓曰："士卒嘗事公隸麾下，一旦無禮如此，亦復何面見公乎！"乃斬之，攜其首而去，家人以帛贖而葬之。

[1]義成軍：方鎮名。治所在滑州（今河南滑縣）。

安叔千

安叔千字胤宗，沙陀三部落人也。[1]少善騎射，事唐莊宗，以爲奉安指揮使。[2]明宗時與討王都，拜秦州刺史。[3]從擊契丹，爲先鋒都指揮使，以功拜昭武軍節度使。[4]歷靜難、橫海、安國、建雄四鎮。[5]叔千狀貌堂堂，而不通文字，所爲鄙陋，時人謂之"沒字碑"。[6]

[1]沙陀：部族名。原意爲沙漠。沙陀部源出西突厥。隋文帝開皇二年（582），突厥汗國分裂爲東、西突厥。處月部爲西突厥所屬部落，朱邪是處月的別部。唐初，處月部居於大磧（今蒙古高原大沙漠），因稱沙陀突厥。唐中期時西突厥、處月部均已衰落，朱邪部遂自號沙陀，其首領以朱邪爲姓。事見《新唐書》卷二一八

《沙陀列傳》、《舊五代史》卷二五。參見樊文禮《沙陀的族源及其早期歷史》，《民族研究》1999年第6期。

［2］奉安指揮使：官名。所部統兵將領，"奉安"爲部隊番號。品秩不詳。

［3］秦州：州名。治所在今甘肅天水市。據中華點校本校勘記，《舊五代史》卷一二三《安叔千傳》、《册府》卷一二八作"泰州"。按朱玉龍《五代十國方鎮年表》，時秦州節度使爲王思同。泰州，州名。治所在今江蘇泰州市。

［4］昭武軍：據中華點校本校勘記，《舊五代史》卷四六《唐末帝本紀上》、卷一二三《安叔千傳》、《册府》卷三八七叙其事作"振武"。按本書卷六〇《職方考》，昭武治利州，前蜀所置；振武治朔州，屬唐境，疑當作"振武"。

［5］安國：方鎮名。治所在邢州（今河北邢臺市）。　建雄：方鎮名。治所在晉州（今山西臨汾市）。

［6］時人謂之："時"字原闕，中華點校本據宗文本補，今從。

　　晉出帝時，爲左金吾衛上將軍。[1]契丹犯京師，晉百官迎見耶律德光于赤岡，[2]叔千出班夷言，德光勞曰："是安没字否？汝在邢州，已通誠款，吾今至此，當與汝一喫飯處。"[3]叔千再拜。乃以爲鎮國軍節度使。[4]

［1］左金吾衛上將軍：武官名。唐貞元二年（786）置左右金吾衛上將軍，掌宫禁宿衛、京城巡邏等。從二品。

［2］耶律德光：人名。契丹人，遼太祖耶律阿保機次子。遼朝皇帝，謚號太宗。927年至947年在位。紀見《遼史》卷三至卷四。　赤岡：地名。位於今河南開封市東北。今名霍赤岡。

［3］邢州：州名。治所在今河北邢臺市。

［4］鎮國軍：方鎮名。後梁開平二年（908），改保義軍爲鎮國

軍，治所在陝州（今河南三門峽市陝州區）。後唐同光元年（923）改感化軍爲鎮國軍，治所在華州（今陝西渭南市華州區）。

漢高祖入立，罷歸京師，自以常私附契丹，頗懷愧懼。以太子太師致仕。[1]

[1]太子太師：官名。與太子太傅、太子太保統稱太子三師。隋唐以後多作加官或贈官。從一品。

周太祖兵入京師，軍士大掠，叔千家貲已盡，而軍士意其有所藏者，[1]箠掠不已。傷重，歸于洛陽，卒，年七十二。

[1]而軍士意其有所藏者："有"字原闕，中華點校本據遞修本、宗文本補，今從。

新五代史　卷四九

雜傳第三十七

翟光鄴　馮暉　皇甫暉　唐景思　王進　常思
孫方諫

翟光鄴

翟光鄴字化基，濮州鄄城人也。[1]其父景珂，[2]僮僕有膽氣。梁、晉相距于河上，景珂率聚邑人守永定驛，[3]晉人攻之，踰年不能下，景珂卒戰死。光鄴時年十歲，爲晉兵所掠，明宗愛其穎悟，[4]常以自隨。

[1]濮州：州名。治所在今山東甄城縣。　鄄城：縣名。治所在今山東鄄城縣。

[2]景珂：人名。即翟景珂。尋陽（今江西九江市）人，後家於鄄城（今山東甄城縣）。唐末將領。傳見《册府》卷七六三。

[3]永定驛：地名。當位於今山東鄄城縣。

[4]明宗：即李嗣源，沙陀人，應州金城（今山西應縣）人。李克用養子，逼宮李存勗後自立爲後唐皇帝。紀見《舊五代史》卷三五至卷四〇、本書卷六。

光鄴事唐，官至耀州團練使。[1]晉高祖時，[2]歷棣沂二州刺史、西京副留守。[3]出帝已破楊光遠，[4]以光鄴爲青州防禦使。[5]光鄴招輯兵民，甚有恩意。契丹滅晉，[6]遣光鄴知曹州。[7]許王從益入汴，[8]以爲樞密使。[9]漢高祖入京師，[10]改右領軍衛大將軍、左金吾大將軍，[11]充街使。[12]周太祖入立，[13]拜宣徽使、樞密副使，[14]出知永興軍，[15]卒于官。

[1]耀州：州名。治所在今陝西銅川市耀州區。　團練使：官名。唐代中期以後，於不設節度使的地區設團練使。掌本區各州軍事。品秩不詳。

[2]晉高祖：即後晉高祖石敬瑭。五代後晉的建立者。紀見《舊五代史》卷七五至卷八一、本書卷八。

[3]棣：州名。治所在今山東惠民縣。　沂：州名。治所在今山東臨沂市。　刺史：官名。州一級行政長官。漢武帝時始置，總掌考核官吏、勸課農桑、地方教化等事。唐中期以後，節度使、觀察使轄州而設，刺史爲其屬官，職任漸輕。從三品至正四品下。西京副留守：官名。西京留守副官。唐玄宗久住東都洛陽，天寶元年（742）以京師長安爲西京，改西都留守爲西京留守，仍掌京師軍政要務。肅宗以後稱長安爲上都，仍沿用西京留守舊稱。品秩不詳。

[4]出帝：即後晉少帝石重貴。石敬瑭從子。紀見《舊五代史》卷八一至卷八五、本書卷九。　楊光遠：人名。沙陀部人。五代後唐、後晉將領。傳見《舊五代史》卷九七、本書卷五一。

[5]青州：州名。治所在今山東青州市。　防禦使：官名。唐代始置，設有都防禦使、州防禦使兩種。常由刺史或觀察使兼任，實際上爲唐代後期州或方鎮的軍政長官。品秩不詳。

[6]契丹：古部族、政權名。公元4世紀中葉宇文部爲前燕攻

破，始分離而成單獨的部落，自號契丹。唐貞觀中，置松漠都督府，以其首領爲都督。唐末彊盛，916年迭剌部耶律阿保機建立契丹國（遼）。先後與五代、北宋並立，保大五年（1125）爲金所滅。參見張正明《契丹史略》，中華書局1979年版。

[7]曹州：州名。治所在今山東曹縣西北。

[8]從益：人名。即李從益。沙陀部人。五代後唐明宗李嗣源幼子。契丹蕭翰北歸，以其爲傀儡統治中原地區。傳見《舊五代史》卷五一。　汴：州名。治所在今河南開封市。

[9]樞密使：官名。樞密院長官。唐代宗時始以宦官掌機密，至昭宗時借朱溫之力盡誅宦官，始改以士人任樞密使。備顧問，參謀議，出納詔奏，權侔宰相。品秩不詳。參見李全德《唐宋變革期樞密院研究》，北京圖書館出版社2009年版。

[10]漢高祖：五代後漢開國皇帝劉知遠，太原（今山西太原市）人，沙陀族。紀見《舊五代史》卷九九、卷一〇〇及本書卷一〇。

[11]右領軍衛大將軍：官名。唐置，掌宮禁宿衛。唐代置十六衛，即左右衛、左右驍衛、左右武衛、左右威衛、左右領軍衛、左右金吾衛、左右監門衛、左右千牛衛，各置上將軍，從二品；大將軍，正三品；將軍，從三品。據中華點校本校勘記，"右"，《册府》卷七六六同，遞修本、宗文本、《舊五代史》卷一二九《翟光鄴傳》作"左"。　左金吾大將軍：以上六字原闕，中華點校本據浙江本、宗文本補，今從。

[12]街使：官名。掌巡查京城六街。品秩不詳。

[13]周太祖：即郭威。邢州堯山（今河北隆堯縣）人。五代後周開國皇帝。紀見《舊五代史》卷一一〇至卷一一三、本書卷一一。

[14]宣徽使：官名。唐始置。宣徽南院使、北院使通稱宣徽使。初用宦官，五代以後改用士人。通掌內諸司及三班內侍之名籍，郊祀、朝會、宴享供帳之儀，檢視內外進奉名物。品秩不詳。

參見王永平《論唐代宣徽使》，《中國史研究》1995年第1期；王孫盈政《再論唐代的宣徽使》，《中華文史論叢》2018年第3期。
樞密副使：官名。樞密院副長官。品秩不詳。
[15]永興軍：方鎮名。治所在京兆府（今陝西西安市）。

光鄴爲人沈默多謀，事繼母以孝聞。雖貴，不營財產，常假官舍以居，蕭然僅蔽風雨。雍睦親族，麤衣糲食，[1]與均有無，光鄴處之晏然，日與賓客飲酒聚書爲樂。其所臨政，務以寬靜休息爲意。病亟，戒其左右，氣絕以尸歸洛，無久留以煩軍府。既卒，州人上書乞留葬立祠，不許。

[1]麤衣糲食：穿粗布衣，吃粗米飯。"麤"同"粗"。

馮暉

馮暉，魏州人也。[1]爲效節軍卒，[2]以功遷隊長。唐莊宗入魏，[3]與梁相距于河上，暉以隊長亡入梁軍，王彥章以暉驍勇，[4]隸之麾下。梁亡，莊宗赦暉不問，從明宗討楊立。[5]魏王繼岌平蜀，[6]累遷夔、興二州刺史。[7]董璋反東川，[8]暉從晉高祖討璋，軍至劍門，[9]劍門兵守，不得入，暉從佗道出其左，擊蜀守兵殆盡。會晉高祖班師，拜暉澶州刺史。[10]

[1]魏州：州名。治所在今河北大名縣。
[2]效節：部隊番號。
[3]莊宗：即李存勖，小字亞子，沙陀人，太原（今山西太原

市）人。李克用之子，五代後唐開國皇帝。紀見《舊五代史》卷二七至卷三四及本書卷四、卷五。

[4]王彥章：人名。鄆州壽張（今山東梁山縣）人。五代後梁將領。傳見《舊五代史》卷二一、本書卷三二。

[5]楊立：人名。籍貫不詳。五代後唐潞州將領，歷事李嗣昭、李繼韜。傳見《舊五代史》卷七四。

[6]繼岌：人名。即李繼岌。五代後唐莊宗長子。傳見《舊五代史》卷五一、本書卷一四。

[7]夔：州名。治所在今重慶奉節縣。 興：州名。治所在今陝西略陽縣。

[8]董璋：人名。籍貫不詳。五代後梁、後唐將領。傳見《舊五代史》卷六二、本書卷五一。 東川：指劍南東川節度使，簡稱東川。唐至德二載（757）分劍南節度使東部地區置劍南東川節度使，治所在梓州（今四川三臺縣）。

[9]劍門：關隘名。即劍門關。位於今四川劍閣縣北六十里劍門鎮北大劍山口。

[10]澶州：州名。唐、五代初，治所在河南清豐縣。後晉天福四年（939），移治於今河南濮陽縣。

天福中，[1]范延光反魏州，[2]遣暉襲滑州，[3]不克，遂入于魏，爲延光守。已而出降，拜義成軍節度使，[4]徙鎮靈武。[5]靈武自唐明宗已後，市馬糴粟，招來部族，給賜軍士，歲用度支錢六千萬，自關以西，轉輸供給，民不堪役，而流亡甚衆。青岡、土橋之間，[6]氐羌剽掠道路，[7]商旅行必以兵。暉始至，則推以恩信，部族懷惠，止息侵奪，然後廣屯田以省轉餉，治倉庫、亭館千餘區，多出俸錢，民不加賦，管内大治，晉高祖下詔書褒美。

　　[1]天福：五代後晉高祖石敬瑭年號（936—942），出帝石重貴沿用至天福九年（944）。

　　[2]范延光：人名。鄴郡臨漳（今河北臨漳縣）人。五代後唐、後晉將領。傳見《舊五代史》卷九七。

　　[3]滑州：州名。治所在今河南滑縣。

　　[4]義成軍：方鎮名。治所在滑州（今河南滑縣）。

　　[5]靈武：郡名。治所在今寧夏吳忠市。唐乾元元年（758），改名靈州。此處代指治所在靈州的方鎮朔方軍。

　　[6]青岡：地名。即青岡峽、青岡嶺。位於今甘肅環縣西北。土橋：地名。位於今甘肅環縣。

　　[7]氐羌：即氐和羌，古族名。氐、羌自古以來就關係密切，在很長一段時間，兩個民族共同分布在汧隴和關中地區。

　　党項拓拔彦超最爲大族，[1]諸族嚮背常以彦超爲去就。暉之至也，彦超來謁，遂留之，爲起第於城中，賜予豐厚，務足其意。彦超既留，而諸部族争以羊馬爲市易，期年有馬五千匹。晉見暉馬多而得夷心，反以爲患，徙鎮静難，[2]又徙保義。[3]歲中，召爲侍衛步軍都指揮使，[4]領河陽節度使，[5]暉於是始覺晉有患己意。

　　[1]党項：部族名。源出羌族，時活躍於今甘肅東部及寧夏、陝西北部一帶。參見湯開建《党項西夏史探微》，商務印書館2013年版。　拓拔彦超：人名。一作"拓拔彦昭"。党項族。党項部族首領。本書僅此一見。

　　[2]静難：方鎮名。治所在邠州（今陝西彬縣）。

[3]保義：方鎮名。唐龍紀元年（889）以陝虢節度使爲保義軍，治所在陝州（今河南三門峽市陝州區）。

[4]侍衛步軍都指揮使：官名。五代時皇帝親軍侍衛步軍司之最高長官。品秩不詳。

[5]河陽：縣名。治所在今河南孟州市。

是時，出帝昏亂，[1]馮玉、李彦韜等用事，[2]暉曲意事之，因得復鎮靈武。時王令溫鎮靈武，[3]失夷落心，大爲邊患。暉即請曰："今朝廷多事，必不能以兵援臣，願得自募兵以爲衛。"乃募得兵千餘人，行至梅成，[4]蕃夷稍稍來謁，暉顧首領一人，指其佩劍曰："此板橋王氏劍邪？吾聞王氏劍天下利器也。"俯而取諸腰間，若將翫之，[5]因擊殺首領者，其從騎十餘人皆殺之。裨將藥元福曰：[6]"今去靈武尚五六百里，奈何？"暉笑曰："此夷落之豪，部族之所恃也，吾能殺之，其餘豈敢動哉！"已而諸族皆以兵扼道路，暉以言譬諭之，獨所殺首領一族求戰，即與之戰而敗走，諸族遂不敢動。暉至靈武，撫綏邊部，凡十餘年，恩信大著。官至中書令，[7]封陳留王。廣順三年卒，[8]追封衛王。子繼業。[9]

[1]出帝：原作"隱帝"，中華點校本據浙江本改，今從。

[2]馮玉：人名。定州（今河北定州市）人。五代後晉外戚、宰相。傳見《舊五代史》卷八九、本書卷五六。　李彦韜：人名。太原（今山西太原市）人。五代後晉出帝寵臣，與宦官近臣相勾結，排擠文臣。傳見《舊五代史》卷八八。

[3]王令溫：瀛州河間（今河北河間市）人。五代將領。傳見《舊五代史》卷一二四、本書卷二九。

[4]梅戍：地名。今地不詳。

[5]若將翫之："翫"同"玩"。

[6]藥元福：人名。晉陽（今山西太原市）人。五代後唐至宋初將領。傳見《宋史》卷二五四。

[7]中書令：官名。漢代始置，隋、唐前期爲中書省長官，屬宰相之職；唐後期多爲授予元勛大臣的虛銜。正二品。

[8]廣順：五代後周太祖郭威年號（951—953）。 三年：據中華點校本校勘記，《舊五代史》卷一一二《周太祖本紀三》、《册府》卷三四六、《通鑑》卷二九〇作"二年"。按馮暉墓誌（拓片見《五代馮暉墓》）記其卒於壬子年，即後周廣順三年（953）。

[9]繼業：人名。即馮繼業。大名（今河北大名縣）人。馮暉之子。五代、宋初將領。傳見《宋史》卷二五三。

皇甫暉

皇甫暉，魏州人也。爲魏軍卒，戍瓦橋關，[1]歲滿當代歸，而留屯貝州。[2]是時，唐莊宗已失政，天下離心。暉爲人驍勇無賴，夜博軍中，不勝，乃與其徒謀爲亂，劫其都將楊仁晟曰：[3]"唐能破梁而得天下者，以先得魏而盡有河北兵也。魏軍甲不去體、馬不解鞍者十餘年，今天下已定，而天子不念魏軍久戍之勞，去家咫尺，不得相見。今將士思歸不可遏，公當與我俱行。不幸天子怒吾軍，則坐據一州，足以起事。"仁晟曰："公等何計之過也！今英主在上，天下一家，精甲銳兵，不下數十萬，公等各有家屬，何故出此不祥之言？"軍士知不可彊，遂斬之，推一小校爲主，不從，又斬之，乃攜二首以詣裨將趙在禮，[4]在禮從之，乃夜焚貝州以入于魏，在禮以暉爲馬步軍都指揮使。[5]暉擁甲士數百騎，大掠城中，至一民家，問其姓，曰："姓國。"暉曰："吾當破國！"遂盡殺之。又至一家，問其姓，曰："姓萬。"暉曰："吾殺萬家足矣。"[6]又盡殺之。及明宗入魏，遂與在禮合謀，莊宗之禍自暉始。明宗即位，暉自軍卒擢拜陳州刺史，[7]終唐世常爲刺史。

[1]瓦橋關：唐置。位於今河北雄縣。五代後晉初年地入契丹。後周顯德六年（959）收復，建爲雄州。與益津關、淤口關合稱三關。

[2]貝州：州名。治所在今河北清河縣。

[3]楊仁晟：人名。或作"楊仁晸""楊晸"。籍貫不詳。唐末將領。事見《舊五代史》卷九〇、本書卷四九《皇甫暉傳》。

[4]趙在禮：人名。涿州（今河北涿州市）人。五代後唐、後晉將領。傳見《舊五代史》卷九〇、本書卷四六。

[5]馬步軍都指揮使：官名。唐末、五代行軍統兵主帥。品秩不詳。詳見杜文玉《晚唐五代都指揮使考》，《學術界》1995年第1期。

[6]吾殺萬家足矣："吾"字原闕，據殿本、南監本、北監本、汪本、元刊本補，中華點校本前有"吾"字，應是。

[7]陳州：州名。治所在今河南淮陽縣。

晉天福中，以衛將軍居京師。[1]在禮已秉旄節，罷鎮來朝，暉往候之曰："與公俱起甘陵，[2]卒成大事，然由我發也，公今富貴，能卹我乎？不然，禍起坐中！"在禮懼，遽出器幣數千與之，而飲以酒，暉飲自若，不謝而去。久之，爲密州刺史。[3]

1157

[1]衛將軍：官名。唐置，掌宮禁宿衛。從三品。

[2]甘陵：地名。指代貝州，治所在今河北清河縣。

[3]密州：州名。治所在今山東諸城市。

契丹犯闕，暉率其州人奔于江南，李景以爲歙州刺史、奉化軍節度使，[1]鎮江州。[2]周師征淮，景以暉爲北面行營應援使，[3]屯清流關，[4]爲周師所敗，并其都監姚鳳皆被擒。[5]世宗召見，[6]暉金瘡被體，哀之，賜以金帶、鞍馬，後數日卒。拜鳳左屯衛上將軍。[7]

[1]歙州：州名。治所在今安徽歙縣。　奉化軍：方鎮名。治所在江州（今江西九江市）。

[2]江州：州名。治所在今江西九江市。

[3]北面行營應援使：官名。五代十國時設置的臨時軍事職務，掌隨軍救援，事畢即罷。品秩不詳。

[4]清流關：地名。位於今安徽滁州市。

[5]都監：官名。唐代中葉命將出征，常以宦官爲監軍、都監。後爲臨時委任的統兵官，稱都監、兵馬都監。掌屯戍、邊防、訓練之政令。品秩不詳。　姚鳳：人名。籍貫不詳。五代十國時期南唐將領，爲後周所擒。事見《舊五代史》卷一一六《周世宗本紀》。

[6]世宗：後周皇帝柴榮，邢州堯山（今河北隆堯縣）人。後周太祖郭威養子。紀見《舊五代史》卷一一四至卷一一九、本書卷一二。

[7]左屯衛上將軍：禁衛軍官名。掌宮禁宿衛。從二品。左屯衛，隋置。唐龍朔二年（662）改名爲左威衛。五代後周廣順二年（952）復名左屯衛。宋代存其名而無職司。

唐景思

唐景思，秦州人也。[1]幼善角觝，以屠狗爲生。後去爲軍卒，累遷指揮使。[2]唐魏王繼岌伐蜀，景思爲蜀守固鎮。[3]繼岌兵至，景思以城降，拜興州刺史。晋高祖時，爲貝州行軍司馬。[4]出帝時，契丹攻陷貝州，景思爲趙延壽所得，[5]以爲壕砦使。[6]契丹滅晋，拜景思亳州防禦使。[7]漢高祖時，爲鄧州行軍司馬，[8]後爲沿淮巡檢。[9]

[1]秦州：州名。治所在今甘肅天水市。
[2]指揮使：官名。唐末、五代軍隊多置都指揮使、指揮使，爲統兵將領。品秩不詳。
[3]固鎮：地名。位於今甘肅徽縣。
[4]行軍司馬：官名。出征將領及節度使屬官。掌軍籍符伍、號令印信，是藩鎮重要的軍政官員。品秩不詳。
[5]趙延壽：人名。本姓劉，恒山（今河北正定縣）人。五代後唐明宗李嗣源女婿，後降契丹，引導契丹攻滅後晋。傳見《遼史》卷七六。
[6]壕砦使：官名。即壕寨使。掌修造壕寨壁壘等軍事工程。品秩不詳。
[7]亳州：州名。治所在今安徽亳州市。
[8]鄧州：州名。治所在今河南鄧州市。
[9]巡檢：官名。負責地方治安。品秩不詳。

漢法酷，而史弘肇用事，[1]喜以告訐殺人。景思有奴，嘗有所求不如意，即馳見弘肇，言景思與李景交通，而私畜兵甲。弘肇遣吏將三十騎往收景思，奴謂吏曰："景思勇者也，得則殺之，不然將失之也。"吏至，景思迎前，以兩手抱吏呼冤，請詣獄自理。吏引奴與景思驗，景思曰："我家在此，請索之。有錢十千，爲受外賂。有甲一屬，爲私畜兵。"吏索之，惟一衣笥，軍籍、糧簿而已。吏閔而寬之，景思請械送京師以自明。景思有僕王知權在京師，[2]聞景思被告，乃見弘肇，願先下獄明景思不反，弘肇憐之，送知權獄中，日勞以酒食。景思既械就道，潁、亳之人隨至京師共明之。[3]弘肇乃鞫其奴，具伏，即奏斬奴而釋景思。

[1]史弘肇：人名。鄭州滎澤（今河南鄭州市）人。五代後漢將領。傳見《舊五代史》卷一〇七、本書卷三〇。
[2]王知權：人名。唐景思僕從。籍貫不詳。本書僅此一見。
[3]潁：州名。治所在今安徽阜陽市。

後從世宗戰高平，[1]世宗以所得漢降兵數千爲效順指揮，[2]以景思爲指揮使，復戍淮上。周師伐淮南，以功領饒州刺史，[3]遷濠州刺史，[4]兵攻濠州，以戰傷重卒，贈武清軍節度使。[5]

[1]高平：縣名。治所在今山西高平市。
[2]效順指揮："效順"爲部隊番號。"指揮"爲唐末、五代時期的一種軍事編制單位，分左、右，五百人爲一"指揮"。
[3]饒州：州名。治所在今江西鄱陽縣。
[4]濠州：州名。治所在今安徽鳳陽縣。
[5]武清軍：方鎮名。治所在衡州（今湖南衡陽市）。

王進

王進，幽州良鄉人也。[1]爲人勇悍，走及奔馬。少聚徒爲盜，鄉里患之，符彥超遣人以賂招置麾下。[2]彥超鎮安遠軍，[3]軍中有變，遣進馳奏京師，明宗怪其來速，嘉其足力，以隸寧衛指揮。[4]漢高祖爲侍衛親軍指揮使，[5]以進爲軍校。高祖鎮河東，[6]因以之從，每有急，遣進馳至京師，往返不過五六日，由是愈親愛之，累遷奉國軍都指揮使。[7]從周太祖起魏，遷虎捷右廂都指揮使。[8]歷汝、鄭二州防禦使、彰德軍節度使。[9]顯德元年秋，[10]一本作初。以疾卒，贈太師。[11]

[1]幽州：州名。治所在今北京市。　良鄉：縣名。治所在今北京房山區。

[2]符彥超：人名。陳州宛丘（今河南淮陽縣）人。五代後唐將領，符存審之子。傳見《舊五代史》卷五六、本書卷二五。

[3]安遠軍：方鎮名。治所在安州（今湖北安陸市）。

[4]寧衛：部隊番號。

[5]侍衛親軍指揮使：官名。此處即侍衛親軍都指揮使。五代時侍衛親軍之長官。多爲皇帝親信。品秩不詳。

[6]河東：方鎮名。治所在太原（今山西太原市）。

[7]奉國軍都指揮使：官名。所部統兵將領。"奉國軍"爲部隊番號，中央禁軍之一。品秩不詳。

[8]虎捷右廂都指揮使：官名。所部統兵將領。"虎捷"爲禁軍番號。品秩不詳。

[9]汝：州名。治所在今河南汝州市。　鄭：州名。治所在今河南鄭州市。　彰德軍：方鎮名。治所在相州（今河南安陽市）。

[10]顯德：五代後周太祖郭威年號（954）。世宗柴榮、恭帝

柴宗訓沿用（954—960）。

［11］太師：官名。與太傅、太保合稱三師，唐後期、五代多爲大臣、勛貴加官。正一品。

嗚呼！予述舊史，至於王進之事，未嘗不廢書而歎曰：甚哉，五代之君，皆武人崛起，其所與俱勇夫悍卒，各裂土地封侯王，何異豺狼之牧斯人也！雖其附託遭遇，出於一時之幸，然猶必皆橫身陣敵，非有百夫之勇，則必一日之勞。至如進者，徒以疾足善走而秉旄節，何其甚歟！豈非名器之用，隨世而輕重者歟？世治則君子居之而重，世亂則小人易得而輕歟？抑因緣僥倖，未始不有，而尤多於亂世，既其極也，遂至於是歟？[1]豈其又有甚於是者歟？當此之時，爲國長者不過十餘年，短者三四年至一二年。天下之人，視其上易君代國，如更戍長無異，蓋其輕如此，況其下者乎！如進等者，豈足道哉！易否泰消長，君子小人常相上下，視在上者如進等，則其在下者可知矣。予書進事，所以哀斯人之亂，而見當時賢人君子之在下者，可勝道哉！可勝道哉！

［1］遂至於是歟：原作"遂至於是與"，"與"同"歟"。

常思

常思字克恭，太原人也。[1]初從唐莊宗爲卒，後爲長劍指揮使。[2]歷唐、晉爲六軍都虞候。[3]漢高祖爲河東節度使，以思爲牢城指揮使。[4]高祖入立，領武勝軍節度使，[5]徙鎮昭義。[6]思起軍卒，未嘗有戰功，徒以幸會漢興，遂秉旄節。在潞州五年，[7]以聚斂爲事，而性鄙儉。

[1]太原：府名。治所在今山西太原市。
[2]長劍指揮使：官名。所部統兵將領。"長劍"爲部隊番號。品秩不詳。
[3]都虞候：官名。唐、五代方鎮高級軍官。品秩不詳。
[4]牢城指揮使：官名。州鎮統兵官。品秩不詳。
[5]武勝軍：方鎮名。治所在鄧州（今河南鄧州市）。
[6]昭義：方鎮名。治所在潞州（今山西長治市）。
[7]潞州：州名。治所在今山西長治市。

初，思微時，周太祖方少孤無依，食于思家，以思爲叔，後思與周太祖俱遭漢以取富貴。周太祖已即位，每呼思爲常叔，拜其妻，如家人禮。廣順三年，[1]徙鎮歸德，[2]居三年來朝，[3]又徙平盧，[4]思因啓曰："臣居宋，宋民負臣絲息十萬兩，願以券上進。"[5]太祖憫之，即焚其券，詔宋州悉蠲除之。思居青州，踰年得疾，歸于洛陽，卒，贈中書令。

[1]廣順三年：據中華點校本校勘記，《舊五代史》卷一一二《周太祖本紀三》、卷一二九《常思傳》繫其事於廣順二年（952）。
[2]歸德：方鎮名。治所在今河南商丘市。
[3]居三年來朝：據中華點校本校勘記，廣順三年（953）後三年爲顯德三年（956），《舊五代史》卷一二九《常思傳》繫其事於廣順三年夏。另據《舊五代史》卷一一三《周太祖本紀四》、卷

一二九《常思傳》，周太祖與常思俱死於顯德元年，此處紀年疑誤。

［4］平盧：方鎮名。即淄青。治所在青州（今山東青州市）。

［5］宋：州名。治所在今河南商丘市睢陽區。

孫方諫

孫方諫，鄚州清苑人也。[1]初，定州西北有狼山堡，[2]定人常保以避契丹，有尼深意者居其中，[3]以佛法誘民，民多歸之。後尼死，堡人言其尸不朽，因奉而事之。尼姓孫氏，方諫自以爲尼族人，即繼行其法，堡人推以爲主。

［1］鄚州：州名。治所在今河北任丘市鄚州鎮。原作"鄭州"，中華點校本據宗文本、《舊五代史》卷一二五《孫方諫傳》改，今從。遞修本作"莫州"。按，"鄚州"即"莫州"，據《舊唐書》卷三九《地理志二》，清苑縣屬莫州。　清苑：縣名。治所在今河北保定市清苑區。

［2］定州：州名。治所在今河北定州市。　狼山堡：地名。位於今河北易縣。

［3］深意者："者"字原闕，中華點校本據遞修本、《舊五代史》卷一二五《孫方諫傳》補，今從。

晋出帝時，義武軍節度使惡方諫聚徒山中，[1]恐爲邊患，因表以爲遊奕使。[2]方諫因有所求不得，乃北通契丹。契丹後滅晋，以方諫爲義武軍節度使。已而徙方諫於雲中，[3]方諫不受命，率其徒復入狼山。

［1］義武軍：方鎮名。治所在定州（今河北定州市）。

［2］遊奕使：官名。負責軍事巡邏偵查。品秩不詳。

［3］雲中：縣名。治所在今山西大同市。

漢高祖起，契丹縱火燒定州，虜其人民北去。方諫聞之，自狼山入，據之以歸漢，高祖嘉之，即拜方諫義武軍節度使。

周太祖時，徙鎮鎮國，[1]以其弟行友爲定州留後。[2]世宗攻太原，方諫朝于行在，[3]從還京，至洛得疾，徙鎮匡國，[4]卒于洛陽，年六十二，贈太師。

［1］鎮國：方鎮名。治所在華州（今陝西渭南市華州區）。

［2］行友：人名。即孫行友。鄭州清苑（今河北保定市）人。孫方諫之弟。五代、宋初將領。傳見《宋史》卷二五三。　留後：官名。原非正式命官，唐朝節度使入朝或宰相、親王遥領節度使不臨鎮則置。安史之亂後，節度使多以子弟或親信爲留後，以代行節度使職務，亦有軍士、叛將自立爲留後者。掌一州或數州軍政。北宋始爲朝廷正式命官。

［3］行在："行在所"的簡稱。指古代帝王所在的地方。後以此專指皇帝所到的地方。

［4］匡國：方鎮名。唐乾寧二年（895）升同州爲匡國軍節度使，治所在同州（今陝西大荔縣）。

新五代史　卷五〇

雜傳第三十八

王峻　王殷　劉詞　王環　折從阮

王峻

王峻字秀峰，相州安陽人也。[1]父豐，[2]爲樂營將。[3]峻少以善歌事梁節度使張筠。[4]唐莊宗已下魏博，[5]筠棄相州，走歸京師。租庸使趙巖過筠家，[6]筠命峻歌佐酒，巖見而悅之。是時巖方用事，筠因以峻遺巖。梁亡，巖族誅，峻流落民間。久之，事三司使張延朗，[7]延朗不甚愛之。晉高祖滅唐，[8]殺延朗，是時漢高祖從晉起兵，[9]因悉以延朗貲產賜之，峻因得事漢高祖。

[1]相州：州名。治所在今河南安陽市。　安陽：縣名。治所在今河南安陽市。
[2]豐：人名。即王豐。相州安陽（今河南安陽市）人。王峻之父，唐末樂官。事見本書本卷。
[3]樂營將：唐置，樂工的領班。

［4］張筠：人名。海州（今江蘇連雲港市海州區）人。唐末及五代後梁、後唐將領。傳見《舊五代史》卷九〇、本書卷四七。

［5］唐莊宗：即李存勖，小字亞子。沙陀人，太原（今山西太原市）人。李克用之子，五代後唐開國皇帝。紀見《舊五代史》卷二七至卷三四及本書卷四、卷五。　魏博：方鎮名。唐廣德元年（763年）所置河北三鎮之一。治所在魏州（今河北大名縣）。天祐三年（904）號天雄軍。五代後梁乾化二年（912）爲梁所併。

［6］租庸使：官名。唐代爲主持催徵租庸地稅的財政官員。五代後梁、後唐時，租庸使取代鹽鐵、度支、户部，爲中央財政長官。品秩不詳。　趙巖：人名。陳州宛丘（今河南淮陽縣）人。朱溫女婿，忠武軍節度使趙犨次子。事見《舊五代史》卷一四《趙犨傳》、本書卷四二《趙犨傳》。

［7］三司使：官名。五代後唐明宗天成元年（926）將晚唐以來的户部、度支、鹽鐵三部合爲一職，設三司使統之。主管國家財政。品秩不詳。　張延朗：人名。汴州開封（今河南開封市）人。五代後唐三司使。傳見《舊五代史》卷六九、本書卷二六。

［8］晋高祖：石敬瑭。沙陀族，太原（今山西太原市）人。五代後晋開國君主。在位期間割華北北部幽、雲諸州予契丹。紀見《舊五代史》卷七五至卷八〇、本書卷八。

［9］漢高祖：即五代後漢開國皇帝劉知遠。太原（今山西太原市）人，沙陀族。紀見《舊五代史》卷九九、卷一〇〇及本書卷一〇。

　　高祖鎮河東，[1]峻爲客將。[2]高祖即位，拜峻客省使。[3]漢遣郭從義討趙思綰，[4]以峻監其軍。累遷宣徽北院使。[5]

［1］河東：方鎮名。治所在太原（今山西太原市）。

[2]客將：官名。亦稱典客。唐末、五代藩鎮負責接待使節、賓客、出使等外交職責的武官。品秩不詳。詳見吳麗娛《試論晚唐五代的客將、客司與客省》，《中國史研究》2002年第4期。

[3]客省使：官名。客省長官。唐代宗時始置，五代沿置。掌接待四方奏計及外族使者。品秩不詳。

[4]郭從義：人名。沙陀部人。五代、宋初大臣。傳見《宋史》卷二五二。　趙思綰：人名。魏州（今河北大名縣）人。五代將領。傳見《舊五代史》卷一〇九、本書卷五三。

[5]宣徽北院使：官名。唐始置。宣徽北院的長官。初用宦官，五代以後改用士人。與宣徽南院使通掌內諸司及三班內侍之名籍，郊祀、朝會、宴享供帳之儀，檢視內外進奉名物。品秩不詳。參見王永平《論唐代宣徽使》，《中國史研究》1995年第1期；王孫盈政《再論唐代的宣徽使》，《中華文史論叢》2018年第3期。

周太祖鎮天雄軍，[1]峻爲監軍。[2]漢隱帝已殺大臣史弘肇等，[3]又遣人殺周太祖及峻等，峻等遂與太祖舉兵犯京師。太祖監國，[4]以漢太后命拜峻樞密使。[5]太祖將兵北出，至澶州，[6]返軍嚮京師。是時，太祖已遣馮道迎湘陰公贇于徐州，[7]而漢宗室蔡王信在許州。[8]峻與王殷謀，[9]遣侍衛馬軍指揮使郭崇率兵之宋州、前申州刺史馬鐸之許州以伺變，[10]崇、鐸遂幽贇而殺信。[11]

[1]周太祖：即郭威。邢州堯山（今河北隆堯縣）人。五代後周開國皇帝。紀見《舊五代史》卷一一〇至卷一一三、本書卷一一。　天雄軍：方鎮名。亦稱"魏博軍"。唐天祐元年（904）以魏博節度使號爲天雄軍，治所在魏州（今河北大名縣）。

[2]監軍：官名。爲臨時差遣，代表朝廷協理軍務、督察將帥。

唐、五代時常以宦官爲監軍。品秩不詳。

[3]漢隱帝：即五代後漢皇帝劉承祐。沙陀族。因郭威反叛而被部下所殺，後漢由是滅亡。紀見《舊五代史》卷一〇一至卷一〇三、本書卷一〇。　史弘肇：人名。鄭州滎澤（今河南鄭州市）人。五代後漢將領。傳見《舊五代史》卷一〇七、本書卷三〇。

[4]監國：古代皇帝外出或因其他緣故，由太子、諸王或其他宗室、重臣留守京師，處理國政，稱爲監國。

[5]漢太后：即五代後漢高祖劉知遠皇后。隱帝之母。晉陽（今山西太原市）人。傳見本書卷一八。　樞密使：官名。樞密院長官。唐代宗時始以宦官掌機密，至昭宗時借朱溫之力盡誅宦官，始改以士人任樞密使。備顧問，參謀議，出納詔奏，權侔宰相。品秩不詳。參見李全德《唐宋變革期樞密院研究》，北京圖書館出版社2009年版。

[6]澶州：州名。唐、五代初，治所在河南清豐縣。後晉天福四年（939），移治於今河南濮陽縣。

[7]馮道：人名。瀛州景城（今河北滄州市）人。五代時官拜宰相，歷仕後唐、後晉、後漢、後周，亦曾臣服於契丹。傳見《舊五代史》卷一二六、本書卷五四。　贇：人名。即劉贇。後漢宗室。其父劉崇爲後漢高祖劉知遠弟，過繼爲劉知遠養子。傳見《舊五代史》卷一〇五《漢宗室列傳》、本書卷一八《漢家人傳》。　徐州：州名。治所在今江蘇徐州市。

[8]信：人名。即劉信。沙陀人。五代後漢將領，劉知遠從弟。傳見《舊五代史》卷一〇五、本書卷一八。　許州：州名。治所在今河南許昌市。

[9]王殷：人名。瀛州（今河北河間市）人。一作大名（今河北大名縣）人。五代將領。從郭威推翻後漢，後因功高震主爲郭威所殺。傳見《舊五代史》卷一二四、本書卷五〇。

[10]侍衛馬軍指揮使：官名。即侍衛馬軍都指揮使。爲侍衛親軍馬軍司長官。後梁始置侍衛親軍，爲禁軍的一支，後唐沿置並成

爲禁軍主力，下設馬軍、步軍。品秩不詳。　郭崇：人名。應州金城（今山西應縣）人。五代、宋初將領。傳見《宋史》卷二五五。　宋州：州名。治所在今河南商丘市睢陽區。　申州：州名。治所在今河南信陽市。　刺史：官名。州一級行政長官。漢武帝時始置，總掌考核官吏、勸課農桑、地方教化等事。唐中期以後，節度使、觀察使轄州而設，刺史爲其屬官，職任漸輕。從三品至正四品下。　馬鐸：人名。五代將領。事見本書本卷。

[11]幽贇而殺信：原作"殺贇信"，中華點校本據浙江本、宗文本改，今從。

太祖入立，拜峻右僕射、門下侍郎、同中書門下平章事，[1]監修國史。[2]劉旻攻晉州，[3]峻爲行營都部署，[4]得以便宜從事。別遣陳思讓、康延沼自烏嶺出絳州與峻會。[5]峻至陝州，[6]留不進。太祖遣使者翟守素馳至陝州，[7]諭峻欲親征。峻屏左右謂守素曰："晉州城堅不可近，而劉旻兵銳亦未可當，臣所以留此者，非怯也，蓋有待爾。且陛下新即位，四方藩鎮，未有威德以加之，豈宜輕舉！而兗州慕容彦超反跡已露，若陛下出汜水，則彦超入京師，陛下何以待之？"[8]守素馳還，具道峻言。是時，太祖已下詔西幸，聞峻語，遽自提其耳曰："幾敗吾事！"乃止不行。峻軍出自絳州，前鋒報過蒙阮，[9]峻喜，謂其屬曰："蒙阮，晉、絳之險也，旻不分兵扼之，使吾過此，可知其必敗也。"峻軍去晉州一舍，旻聞周兵大至，即解去。諸將皆欲追之，峻猶豫不決。明日，遣騎兵追旻，不及而還。

［1］右僕射：官名。秦始置。隋、唐前期以左、右僕射佐尚書令總理六官，綱紀庶務；如不置尚書令，則總判省事，爲宰相之職。唐後期多爲大臣加銜。從二品。據中華點校本校勘記，《舊五代史》卷一三〇《王峻傳》、《册府》卷三二三同，《舊五代史》卷一一一《周太祖本紀二》、《通鑑》卷二九〇作"左"。按《册府》卷三三八："周王峻爲左僕射、平章事。"　門下侍郎：官名。門下省次官，常加"同中書門下平章事"銜爲宰相。正二品。同中書門下平章事：官名。簡稱"同平章事"。唐代高宗以後，凡實際任宰相之職者，常在其本官後加同平章事的職銜，後成爲宰相專稱。品秩不詳。

［2］監修國史：官名。北齊始置史館，以宰相爲之。唐史館沿置，爲宰相兼職。品秩不詳。

［3］劉旻：人名。初名崇，西突厥沙陀部人。後漢高祖劉知遠從弟，五代十國時期北漢的建立者。傳見《舊五代史》卷一三五、本書卷七〇。　晉州：州名。治所在今山西臨汾市。

［4］行營都部署：官名。凡行軍征討，掛帥率軍戰鬥，總管行營事務。品秩不詳。

［5］陳思讓：人名。幽州盧龍（今河北盧龍縣）人。五代、宋初將領。傳見《宋史》卷二六一。　康延沼：人名。蔚州（今河北蔚縣）人。康福之子。五代、宋初將領。傳見《宋史》卷二五五。　烏嶺：一名黑水嶺。在今山西翼城縣東北六十五里，與沁水縣交界處。　絳州：州名。治所在今山西新絳縣。

［6］陝州：州名。治所在今河南三門峽市陝州區。

［7］翟守素：濟州任城（今山東濟寧市）人。五代、宋初使臣。傳見《宋史》卷二七四。

［8］兗州：州名。治所在今山東濟寧市兗州區。　慕容彥超：人名。沙陀人（一説"吐谷渾部人"）。五代後漢將領，後漢高祖劉知遠同母弟。傳見《舊五代史》卷一三〇、本書卷五三。　汜水：縣名。治所在今河南滎陽市汜水鎮。

[9]蒙阬：地名。即蒙坑。在今山西曲沃縣北三十五里蒙城村、襄汾縣南十五里蒙亨村附近。

從討慕容彥超，爲隨駕都部署，[1]率衆先登。

[1]隨駕都部署：官名。五代時皇帝親征時置，負責統領隨扈禁軍。品秩不詳。

峻與太祖俱起于魏，自謂佐命之功，以天下爲己任。凡所論請，事無大小，期於必得，或小不如志，言色輒不遜，太祖每優容之。峻年長於太祖二歲，往往呼峻爲兄，或稱其字，峻由是益橫。鄭仁誨、李重進、向訓等，[1]皆太祖故時偏裨，太祖初即位，謙抑未欲進用，而峻心忌之。自破慕容彥超還，即求解樞密以探上意，太祖慰勞之。峻多發書諸鎮，求爲保薦，居數日，諸鎮皆馳騎上峻書，太祖大駭。峻連章求解，因不視事，太祖遣近臣召之曰："卿若不出，吾當自往候卿。"峻曰："車駕若來，是致臣於不測也。"[2]然殊無出意。樞密直學士陳同與峻相善，[3]太祖即遣同召峻。同還奏曰："峻意少解，然請陛下聲言嚴駕，若將幸之，則峻必出矣。"太祖俛俛從之。峻聞太祖且來，遂馳入謁。

[1]鄭仁誨：人名。晋陽（今山西太原市）人。後周太祖時樞密使、宰相。傳見《舊五代史》卷一二三、本書卷三一。 李重進：人名。滄州（今河北滄縣）人。五代將領、後周太祖郭威外甥。傳見《宋史》卷四八四。 向訓：人名。懷州河内（今河南

沁陽市）人。五代、宋初將領。避周恭帝諱改名向拱。傳見《宋史》卷二五五。

［2］是致臣於不測也："於"，原作"有"，中華點校本據遞修本、浙江本、宗文本改，今從。

［3］樞密直學士：官名。五代後唐莊宗同光元年（923），改直崇政院置，選有政術文學者充任。備顧問應對。品秩不詳。　陳同：人名。即陳觀。據中華點校本校勘記，《册府》卷一七九、《通鑑》卷一九〇作"陳觀"。按，此係歐陽脩避其父諱而改，本書各處同。

峻於樞密院起廳事，極其華侈，邀太祖臨幸，賜予甚厚。太祖於内園起一小殿，峻輒奏曰："宫室已多，何用此爲？"太祖曰："樞密院屋不少，卿亦何必有作？"峻憨不能對。

峻爲樞密使兼宰相，又求兼領平盧。[1]已受命，暫之鎮，又請借左藏庫綾萬匹，[2]太祖皆勉從之。又請用顔衎、陳同代李穀、范質爲相，[3]太祖曰："進退宰相，豈可倉卒？當徐思之。"峻論請不已，語漸不遜。日亭午，太祖未食，峻争不已，是時寒食假，[4]太祖曰："俟假開，當爲卿行"，峻乃退。太祖遂不能忍，明日御便殿，召百官皆入，即幽峻於别所。太祖見馮道，泣曰："峻凌朕，不能忍！"即貶商州司馬，[5]卒于貶所。

［1］平盧：方鎮名。治所在青州（今山東青州市）。

［2］左藏庫：官署名。負責收納各地所輸財賦，以供官吏、軍兵俸給及賞賜等費用。

［3］顔衎（kàn）：人名。曲阜（今山東曲阜市）人。五代、宋

初大臣。傳見《宋史》卷二七〇。　李穀：人名。潁州汝陰（今安徽阜陽市）人。五代後周宰相。傳見《宋史》卷二六二。　范質：人名。大名宗城（今河北威縣）人。五代後周、宋初宰相。傳見《宋史》卷二四九。

[4]寒食假：節令名。在清明前一或二日。

[5]商州：州名。治所在今陝西商洛市商州區。　司馬：官名。州軍佐官。名義上紀綱衆務，通判列曹，品高俸厚，實際上無具體職事，多用以安置貶謫官員，或用作遷轉官階。上州從五品下，中州正六品下，下州從六品上。

峻已被黜，太祖以峻監修國史，意其所書不實，因召史官取日曆讀之，[1]史官以禁中事非外所知，[2]懼以漏落得罪。峻貶後，李穀監修，因請命近臣錄禁中事付史館，[3]乃命樞密直學士就樞密院錄送史館，自此始。

[1]日曆：歷史編撰體裁名。史官逐日撰寫有關朝政事務的史册。唐永貞元年（805），始令史官撰寫。

[2]禁中：指皇帝所居的宮廷。

[3]史館：官署名。官修史書之機構。北齊始置。唐初隸秘書省著作局。唐貞觀三年（629）移於禁中，隸門下省。修本朝史由史官負責，修前代史多由他官編纂，宰相監修，正式確立史館修史、宰相監修之制。開元二十五年（737），徙史館於中書省。天寶後，他官兼領史職者，謂之史館修撰，初入者爲直館。

王殷

王殷，大名人也。[1]少爲軍卒，以軍功累遷靈武馬步軍都指揮使。[2]唐廢帝時，[3]從范延光討張令昭于魏，[4]以功拜祁州刺史。[5]晉天福中，[6]徙原州刺史。[7]

［1］大名：縣名。治所在今河北大名縣。
［2］靈武：方鎮名。又稱朔方、靈州、靈鹽。治所在靈州（今寧夏吳忠市）。　馬步軍都指揮使：官名。馬步軍部隊統兵主帥。品秩不詳。
［3］廢帝：即後唐廢帝李從珂。鎮州平山（今河北平山縣）人。本姓王，後唐明宗李嗣源擄其母魏氏，遂養爲己子。應順元年（934）四月，李從珂入洛陽即帝位。清泰三年（936）五月，石敬瑭謀反，以出賣燕雲十六州，自稱兒臣的條件求得契丹援助，石敬瑭攻入洛陽，廢帝自焚死，後唐亡。紀見《舊五代史》卷四六至卷四八、本書卷七。
［4］范延光：人名。鄴郡臨漳（今河北臨漳縣）人。五代後唐、後晉將領。傳見《舊五代史》卷九七。　張令昭：人名。籍貫不詳。後唐清泰三年（936）五月，鄴都屯駐捧聖都虞候張令昭逐節度使劉延皓，據城叛。六月，朝廷授張令昭檢校司空，行右千牛將軍，權知天雄軍府事。事見《舊五代史》卷四八。　魏：州名。治所在今河北大名縣。
［5］祁州：州名。治所在今河北無極縣。
［6］天福：五代後晉高祖石敬瑭年號（936—942），出帝石重貴沿用至天福九年（944）。
［7］原州：州名。治所在今甘肅鎮原縣。

殷事母以孝聞，欲與人游，必先白母，母所不可者，未嘗敢往。及爲刺史，政事有小失，母責之，殷即取杖授婢僕，自笞於母前，母亡服喪，晉高祖詔殷起復，以爲憲州刺史，[1]殷乞終喪。服除，出帝以爲奉國右厢都指揮使。[2]

[1]憲州：州名。治所在今山西婁煩縣。

[2]出帝：即後晉少帝石重貴。石敬瑭從子。紀見《舊五代史》卷八一至卷八五、本書卷九。　奉國右廂都指揮使：官名。所部統兵將領。"奉國"爲部隊番號，中央禁軍之一。品秩不詳。

後從漢高祖討杜重威，[1]先登力戰，矢中其腦，鏃自口出而不死，高祖嘉之，以爲侍衛步軍都指揮使，[2]領寧江軍節度使。[3]

[1]杜重威：人名。其先朔州（今山西朔州市）人，後徙居太原（今山西太原市）。五代後晉、後漢將領。傳見《舊五代史》卷一〇九、本書卷五二。

[2]侍衛步軍都指揮使：官名。五代時皇帝親軍侍衛步軍司之最高長官。品秩不詳。

[3]寧江軍：方鎮名。治所在夔州（今重慶奉節縣白帝城）。

契丹犯邊，[1]漢遣殷以兵屯澶州。[2]隱帝已殺楊邠等，[3]詔鎮寧軍節度使李弘義殺殷于澶州，[4]又詔郭崇殺周太祖于魏。[5]詔書至澶州，弘義恐事不果，反以告殷，殷遣人馳至魏告周太祖，遂起兵反。太祖入立，拜侍衛親軍都指揮使，[6]出爲天雄軍節度使、同中書門下平章事，[7]仍領親軍，自河以北皆受殷節度。殷頗務聚斂，太祖聞而惡之，遣人謂之曰："吾起魏時，帑廩儲畜豈少邪？汝爲國家用，足矣。"殷不聽。

[1]契丹：古部族、政權名。公元4世紀中葉宇文部爲前燕攻破，始分離而成單獨的部落，自號契丹。唐貞觀中，置松漠都督

府，以其首領爲都督。唐末彊盛，916年迭剌部耶律阿保機建立契丹國（遼）。先後與五代、北宋並立，保大五年（1125）爲金所滅。參見張正明《契丹史略》，中華書局1979年版。

［2］澶州：州名。唐、五代初，治所在河南清豐縣。後晉天福四年（939），移治於今河南濮陽縣。

［3］楊邠：人名。魏州冠氏（今山東冠縣）人。五代後漢時任樞密使、宰相。傳見《舊五代史》卷一〇七、本書卷三〇。

［4］鎮寧軍：方鎮名。治所在澶州（今河南濮陽市）。　李弘義：人名。一作"李洪義"。并州晉陽（今山西太原市）人。李洪信之弟，五代、宋初將領。傳見《宋史》卷二五二。

［5］郭崇：人名。應州金城（今山西應縣）人。五代、宋初將領。傳見《宋史》卷二五五。

［6］侍衛親軍都指揮使：官名。五代時侍衛親軍長官。多由皇帝親信擔任。品秩不詳。

［7］天雄軍：方鎮名。亦稱"魏博軍"。唐天祐元年（904）以魏博節度使號爲天雄軍，治所在魏州（今河北大名縣）。

　　殷與王峻俱從太祖起自魏，後峻得罪，殷不自安。廣順三年秋九月永壽節，[1]殷求入爲壽，太祖許之，而懼其疑也，復遣使止之。明年，太祖有事于南郊。[2]是冬，殷來朝，殷握兵柄，職當警衛，出入多以兵從，又求兵甲，以備非常。是時，太祖臥疾，疑殷有異志，乃力疾御滋德殿，[3]殷入起居，[4]即命執之，削奪在身官爵，長流登州。[5]已而殺之，徙其家屬于登州。

［1］廣順：五代後周太祖郭威年號（951—953）。　九月：據中華點校本校勘記，《舊五代史》卷一一一《周太祖本紀二》："百

僚上表，請以七月二十八日皇帝降聖日爲永壽節。"按《舊五代史》卷一一三《周太祖本紀四》、《通鑑》卷二九一皆記廣順三年秋七月王殷三次上表乞朝覲。吴光耀《纂誤續補》卷四："'九'字疑'七'字傳寫之誤。"　永壽節：誕節名。五代後周太祖郭威時，以其生日七月二十八日爲永壽節。

[2]南郊：意爲都城南面之郊。代指南面郊區之祭天場所（圜丘），亦指祭天之禮（郊天）。古人用"郊""南郊""有事於南郊"指代在南郊之圜丘舉行的祭天典禮。

[3]滋德殿：五代東京宫殿。位於今河南開封市。

[4]起居：指每五日臣子隨宰相入内殿朝見皇帝。

[5]登州：州名。治所在今山東蓬萊市。

劉詞

劉詞字好謙，大名元城人也。[1]少事楊師厚，[2]以勇悍知名。唐莊宗下魏博，與梁戰夾河，[3]詞以軍功爲效節軍使，[4]遷長劍指揮使，[5]坐事左遷汝州十餘年。[6]

[1]元城：縣名。治所在今河北大名縣。

[2]楊師厚：人名。潁州斤溝（今安徽太和縣阮橋鎮斤溝集）人。唐末、五代後梁將領。傳見《舊五代史》卷二二、本書卷二三。

[3]夾河：《通鑑》卷二七一胡三省注："或戰河南，或戰河北，故曰夾河。"

[4]效節軍使：官名。"效節"爲禁軍番號。軍使，唐末、五代邊防將領。品秩不詳。

[5]長劍指揮使：官名。所部統兵將領。"長劍"爲部隊番號。品秩不詳。

[6]汝州：州名。治所在今河南汝州市。

廢帝時，詔諸州鎮選驍勇者充禁軍，詞得選爲禁軍校。從破張從賓、楊光遠，[1]以功遷奉國第一軍都虞候。[2]從馬全節破安州，[3]以功遷指揮使。[4]從杜重威破鎮州，[5]以先登功拜沁州刺史。[6]晉軍討安從進，[7]爲襄州行營都虞候，[8]以功遷沁州團練使。[9]徙房州，[10]歲餘，爲政不苛撓，人頗便之。詞居暇日，常被甲枕戈而卧，謂人曰："我以此取富貴，豈可一日輒忘之？且人情易習，若一墮其筋力，有事何以報國！"

[1]張從賓：人名。籍貫不詳。五代將領。後晉時起兵嚮應范延光叛亂，兵敗溺亡。傳見《舊五代史》卷九七。　楊光遠：人名。沙陀部人。五代後唐、後晉將領。傳見《舊五代史》卷九七、本書卷五一。

[2]以功遷奉國第一軍都虞候："遷"，原作"選"，中華點校本據遞修本、浙江本、宗文本及宋人吴縝《五代史纂誤》卷下引《五代史》、《舊五代史》卷一二四《劉詞傳》改，今從。奉國第一軍都虞候，官名。"奉國"爲禁軍番號。都虞候爲方鎮高級軍官。品秩不詳。

[3]馬全節：人名。魏郡元城（今河北大名縣）人。五代後唐、後晉將領。傳見《舊五代史》卷九〇、本書卷四七。　安州：州名。治所在今湖北安陸市。

[4]指揮使：官名。唐末五代軍隊多置都指揮使、指揮使，爲統兵將領。品秩不詳。

[5]杜重威：人名。後晉將領。朔州（今山西朔州市）人。五代將領、石敬瑭妹婿。傳見《舊五代史》卷一〇九、本書卷五二。鎮州：州名。治所在今河北正定縣。

[6]沁州：州名。治所在今山西沁源縣。原作"泌州"，中華

點校本據宋人吳縝《五代史纂誤》卷下引《五代史》、《舊五代史》卷一二四《劉詞傳》、《册府》卷一二〇、卷三八七、卷三九六（宋本）改，今從。下文與此同。

[7]安從進：人名。索葛部人。五代後唐、後晉將領。傳見《舊五代史》卷九八、本書卷五一。

[8]襄州：州名。治所在今湖北襄陽市。　行營都虞候：官名。五代時期出征軍隊高級統率官。品秩不詳。

[9]團練使：官名。唐代中期以後，於不設節度使的地區設團練使，掌本區各州軍事。品秩不詳。

[10]房州：州名。治所在今湖北房縣。

漢高祖時，復爲奉國右廂都指揮使。漢軍討李守貞于河中，[1]詞以侍衛步軍都指揮使領寧江軍節度使，[2]爲行營都虞候，以功拜鎮國軍節度使。[3]

[1]李守貞：人名。河陽（今河南孟州市）人。五代將領。傳見《舊五代史》卷一〇九、本書卷五二。　河中：方鎮名。治所在河中府（今山西永濟市）。

[2]侍衛步軍都指揮使：官名。五代時皇帝親軍侍衛步軍司之最高長官。品秩不詳。

[3]鎮國軍：方鎮名。後梁開平二年（908），改保義軍爲鎮國軍，治所在陝州（今河南三門峽市陝州區）。後唐同光元年（923）改感化軍爲鎮國軍，治所在華州（今陝西渭南市華州區）。

周太祖入立，加同中書門下平章事。歷鎮安國、河陽三城。[1]世宗戰高平，[2]樊愛能等軍敗南走，[3]遇詞而止之曰：“軍敗矣，可無前也。”詞不聽，輒趣兵以進，世宗嘉之，以爲隨駕都部署。及班師，以爲河東行營副都部署，[4]徙鎮永興。[5]明年卒于鎮，年六十五，贈侍中，[6]諡忠惠。

　　[1]安國：方鎮名。治所在邢州（今河北邢臺市）。　河陽三城：方鎮名。簡稱"河陽"。治所在孟州（今河南孟州市）。
　　[2]世宗：即後周世宗柴榮。邢州堯山（今河北邢臺市）人。後周太祖郭威養子。紀見《舊五代史》卷一一四至卷一一九、本書卷一二。　高平：縣名。治所在今山西高平市。
　　[3]樊愛能：人名。籍貫不詳。後周將領，高平之戰中不戰而逃，後被周世宗處死，以正軍法。事見《通鑑》卷二九一。
　　[4]行營副都部署：官名。行營都部署的副官。凡行軍征討，掛帥率軍戰鬥，協助都部署總管行營事務。品秩不詳。
　　[5]永興：方鎮名。治所在京兆府（今陝西西安市）。
　　[6]侍中：官名。秦始置。隋、唐前期爲門下省長官。唐後期多爲大臣加銜，不參與政務，實際職務由門下侍郎執行。正二品。據中華點校本校勘記，《舊五代史》卷一二四《劉詞傳》作"贈中書令"，《舊五代史考異》卷四："案《歐陽史》作'贈侍中'，據《薛史》，則詞以兼侍中贈中書令，非贈侍中也，疑《歐陽史》誤。"

王環

　　王環，鎮州真定人也。[1]以勇力事孟知祥爲御者，[2]及知祥僭號于蜀，使典衛兵。晉開運之亂，[3]秦、鳳、階、成入于蜀，[4]孟昶以環爲鳳州節度使。[5]

　　[1]真定：縣名。治所在今河北正定縣。

［2］孟知祥：人名。邢州龍岡（今河北邢臺市）人。李克用女婿，五代十國後蜀開國皇帝。傳見《舊五代史》卷一三六、本書卷六四。

［3］開運：後晉出帝年號（944—946）。

［4］秦：州名。治所在今甘肅天水市。　鳳：州名。治所在今陝西鳳縣。　階：州名。治所在今甘肅隴南市武都區。　成：州名。治所在今甘肅成縣。

［5］孟昶：人名。邢州龍岡（今河北邢臺市）人。孟知祥之子。五代後蜀皇帝，934年至965年在位。傳見《舊五代史》卷一三八、本書卷六四。

周世宗即位，明年，遣王景、向訓攻秦、鳳州，[1]數爲環所敗，大臣皆請罷兵。世宗曰："吾欲一天下以爲家，而聲教不及秦、鳳，今兵已出，無功而返，吾有慙焉。"乃決意攻之。周兵糧道頗艱，昶遣兵五千出堂倉抵黃花谷以爭糧道。[2]景、訓先知其來，命排陣使張建雄以兵二千當谷口，[3]別遣裨將以勁兵千人出其後，伏堂倉以待其歸。蜀兵前遇建雄，戰不勝，退走堂倉，伏發，盡殪之，由是蜀兵守諸城堡者皆潰。

［1］王景：人名。萊州掖（今山東萊州市）人。五代、宋初將領。傳見《宋史》卷三五二。　向訓：人名。懷州河内（河南沁陽市）人。五代、宋初將領。避周恭帝諱改名向拱。傳見《宋史》卷二五五。

［2］堂倉：地名。即堂倉鎮。位於今陝西鳳縣北。　黃花谷：地名。位於今陝西鳳縣東北。

［3］排陣使：官名。唐節度使所屬武官中有排陣使，五代後梁

以後設於諸軍，爲先鋒之職。品秩不詳。參見王秩英《中國古代排陣使述論》，《西北大學學報》2016年第6期。　張建雄：人名。籍貫不詳。五代將領。本書僅此一見。

　　初，昶遣其秦州節度使高處儔以兵援環，[1]未至，聞堂倉兵敗，亦潰歸，處儔判官趙玭閉城不内，[2]處儔遂奔成都，[3]玭乃以城降，成、階二州相繼亦降，獨環堅守百餘日，然後克之。世宗召見環，歎曰："三州已降，環獨堅守，吾數以書招之，而環不答，至於力屈就擒，雖不能死，亦忠其所事也，用之可勸事君者。"乃拜環右驍衛將軍。[4]

　　[1]高處儔：人名。或作"高彦儔"。太原（今山西太原市）人。五代、宋初將領。傳見《宋史》卷四七九。
　　[2]判官：官名。唐、五代方鎮僚屬，位在行軍司馬下。分掌使衙内各曹事，並協助使職官員通判衙事。品秩不詳。　趙玭：人名。澶州（今河南濮陽市）人。五代、宋初將領。傳見《宋史》卷二七四。
　　[3]成都：府名。治所在今四川成都府。
　　[4]右驍衛將軍：官名。唐置，掌宫禁宿衛。唐代置十六衛，即左右衛、左右驍衛、左右武衛、左右威衛、左右領軍衛、左右金吾衛、左右監門衛、左右千牛衛。各置上將軍，從二品；大將軍，正三品；將軍，從三品。

　　是時，周師已征淮，即以環佐侯章爲攻取賊城水砦副部署。[1]初，周師南征，李景陳兵於淮，[2]舟楫甚盛，周師無水戰之具，世宗患之，乃置造船務於京城之西,[3]爲戰艦數百艘,得景降卒,教之水戰。明年,世宗再征淮,使環將水戰卒數千,自蔡河以入淮。[4]環居軍中,未嘗有戰功。蜀卒與環俱擒者,世宗不殺,悉以從軍,後多南奔於景,世宗待環益不疑。已而景將許文縝、邊鎬等皆被擒,[5]世宗悉以爲將軍,與環等列第京師,歲時賜與甚厚。明年又幸淮南,又以環從,遇疾,卒于泗州。[6]

[1]侯章:人名。并州榆次(今山西晉中市榆次區)人。五代、宋初將領。傳見《宋史》卷二五二。

[2]攻取賊城水砦副部署:官名。佐部署掌攻取賊城水砦事。品秩不詳。

[3]李景:即南唐元宗李璟。徐州(今江蘇徐州市)人。南唐烈祖李昇長子,南唐第二位皇帝。後削去帝號,改稱國主。 造船務:官辦手工業機構。掌製造戰船,和平時期則製造民用舟船及觀賞用的龍船。

[4]蔡河:水名。又作蔡水、沙水。源於今河北邢臺市北,東流入任縣境。

[5]許文縝:人名。五代十國南唐將領。事見《舊五代史》卷一一七。 邊鎬:人名。五代十國南唐將領。事見《舊五代史》卷一一二。

[6]泗州:州名。治所在今江蘇泗洪縣東南,今已沒入洪澤湖中。

折從阮

折從阮字可久,初名從遠,避漢高祖名,改爲阮,雲中人也。[1]其父嗣倫,[2]爲麟州刺史。[3]從阮爲人,溫恭長者，居父喪，以孝聞。唐莊宗鎮太原，[4]以爲牙將，[5]後以爲府州刺史。[6]晉出帝與契丹敗盟，從阮以兵攻契丹，取其城堡十餘，遷本州團練使，兼領朔州刺史、安北都護、振武軍節度使、契丹西南面行營馬步軍都虞候。[7]

[1]雲中：縣名。治所在今山西大同市。
[2]嗣倫：人名。即折嗣倫。党項族。雲中（今山西大同市）人。五代將領。折從阮之父。本書僅此一見。
[3]麟州：州名。治所在今陝西神木縣。
[4]太原：府名。治所在今山西太原市。
[5]牙將：官名。古代軍隊中的中低級軍官。品秩不詳。
[6]府州：州名。治所在今陝西府谷縣。
[7]朔州：州名。治所在今山西朔州市。 安北都護：官名。安北都護府長官。據《通鑑》卷二六九胡三省注，唐中葉以後，振武節度使皆帶安北都護。品秩不詳。參見李大龍《都護制度研究》，黑龍江教育出版社2003年版。 振武軍：方鎮名。後梁貞明二年（916）以前，治所位於單于都護府城（今内蒙古和林格爾縣）。貞明二年，單于都護府城爲契丹占據。此後至後唐清泰三年（936），治所位於朔州（今山西朔州市）。後漢隨燕雲十六州割予契丹，改名順義軍。

漢高祖入立，於府州建永安軍，[1]以從阮爲節度使。明年，以其族朝京師，徙鎮武勝，[2]即拜從阮子德扆爲府州團練使。[3]

[1]永安軍：方鎮名。治所在府州（今陝西府谷縣）。

［2］武勝：方鎮名。治所在鄧州（今河南鄧州市）。

［3］德扆（yǐ）：人名。即折德扆。党項族。五代、宋初將領。折從阮之子。傳見《宋史》卷二五三。

周太祖入立，從阮歷徙宣義、保義、靜難三鎮。[1]顯德二年，[2]罷還京師，行至洛陽卒，[3]贈中書令。[4]

［1］宣義：方鎮名。治所在滑州（今河南滑縣）。 保義：方鎮名。唐龍紀元年（889）以陝虢節度使爲保義軍，治所在陝州（今河南三門峽市陝州區）。 靜難：方鎮名。治所在邠州（今陝西彬縣）。

［2］顯德：五代後周太祖郭威年號（954）。世宗柴榮、恭帝柴宗訓沿用（954—960）。

［3］洛陽：地名。即今河南洛陽市。

［4］中書令：官名。漢代始置，隋、唐前期爲中書省長官，屬宰相之職；唐後期多爲授予元勳大臣的虛銜。正二品。

新五代史　卷五一

雜傳第三十九

朱守殷　董璋　范延光　婁繼英　安重榮　安從進
楊光遠

朱守殷

朱守殷，少事唐莊宗爲奴，[1]名曰會兒，莊宗讀書，會兒常侍左右。莊宗即位，以其廝養爲長直軍，以守殷爲軍使，故未嘗經戰陣之用。[2]然好言人陰私長短以自結，莊宗以爲忠，遷蕃漢馬步軍都虞候，使守德勝。[3]王彥章攻德勝，守殷無備，遂破南城，[4]莊宗罵曰："駑才，果誤予事！"明宗請以守殷行軍法，[5]莊宗不聽。

[1]唐莊宗：即後唐莊宗李存勖。沙陀人。五代後唐建立者。紀見《舊五代史》卷二七至卷三四、本書卷四至卷五。
[2]長直軍：部隊番號。　軍使：官名。五代時部隊統兵官。品秩不詳。
[3]蕃漢馬步軍都虞候：官名。唐五代方鎮高級統兵官。品秩不詳。　德勝：地名。位於今河南濮陽縣。原爲黃河渡口，晉軍筑

德勝南、北二城於此，遂爲城名。

［4］王彥章：人名。鄆州壽張（今山東梁山縣）人。五代後梁將領。傳見《舊五代史》卷二一、本書卷三二。　南城：地名。即德勝南城。位於今河南濮陽縣。

［5］明宗：即五代後唐明宗李嗣源。沙陀人。原名邈佶烈，李克用養子。926年至933年在位。紀見《舊五代史》卷三五至卷四四、本書卷六。

同光二年，領振武軍節度使。[1]是時，莊宗初入洛，守殷巡檢京師，恃恩驕恣，凌侮勳舊，與伶人景進相爲表裏。[2]魏王繼岌已殺郭崇韜，進譖朱友謙與崇韜謀反，[3]莊宗遣守殷以兵圍其第而殺之。[4]

［1］同光：後唐莊宗李存勗年號（923—926）。　振武軍：原作"鎮武軍"，中華點校本據宗文本及《舊五代史》卷三一、卷七四改，今從。方鎮名。後梁貞明二年（916）以前，治所位於單于都護府城（今内蒙古和林格爾縣）。貞明二年，單于都護府城爲契丹占據。此後至後唐清泰三年（936），治所位於朔州（今山西朔州市）。後漢隨燕雲十六州割予契丹，改名順義軍。　節度使：官名。唐時在重要地區所設掌握一州或數州軍事、民事、財政的長官。品秩不詳。

［2］巡檢京師：官名。即"京城巡檢使"。五代始設巡檢於京師、陪都、重要的州及邊防重鎮。設於都城的稱京城巡檢使、都巡檢、都巡檢使。掌京城治安。品秩不詳。"巡檢"下原有"校"字，中華點校本據浙江本、宗文本删，今從。　景進：人名。籍貫不詳。五代後唐莊宗朝伶官。傳見本書卷三七。

［3］魏王繼岌：人名。即李繼岌。後唐莊宗長子。傳見《舊五代史》卷五一、本書卷一四。　郭崇韜：人名。代州雁門（今山西

代縣）人。五代後唐大臣。傳見《舊五代史》卷五七、本書卷二四。　朱友謙：人名。許州（今河南許昌市）人。唐末、五代軍閥。傳見《舊五代史》卷六三、《新五代史》卷四五。

[4]莊宗遣守殷以兵圍其第而殺之："以兵"二字原闕，中華點校本據浙江本、宗文本、《舊五代史》卷三四、《通鑑》卷二七四補，今從。

是時，明宗自鎮州來朝，[1]居于私第。莊宗方惑群小，疑忌大臣，遣守殷伺察明宗動靜。守殷陰使人告明宗曰："位高人臣者身危，功蓋天下者不賞，公可謂位高而功著矣。宜自圖歸藩，無與禍會也！"明宗曰："吾洛陽一匹夫爾，何能爲也！"既而明宗卒反于魏。[2]

[1]鎮州：州名。治所在今河北正定縣。
[2]魏：州名。治所在今河北大名縣。

莊宗東討，守殷將騎軍陣宣仁門外以俟駕。[1]郭從謙作亂，犯興教門以入，莊宗亟召守殷等軍，守殷按軍不動。[2]莊宗獨與諸王宦官百餘人射賊，守殷等終不至，方移兵憩北邙山下，聞莊宗已崩，即馳入宫中，選載嬪御、寶貨以歸，縱軍士劫掠，遣人趣明宗入洛。[3]

[1]宣仁門：洛陽皇城東門。位於今河南洛陽市內。
[2]郭從謙：人名。籍貫不詳。五代後唐將領、伶人。傳見本書卷三七。　興教門：洛陽皇宮南面三門之一。位於今河南洛陽市內。
[3]北邙山：亦作北山、邙山、芒山。位於今河南洛陽市北。

嬪御：女官名。嬪與御的合稱。《周禮》有九嬪、女御。泛指後宮妃子、宮女。

明宗即位，拜守殷同中書門下平章事、河南尹、判六軍諸衛事。[1]明年，遷宣武軍節度使。[2]九月，明宗詔幸汴州，議者喧然，或以爲征吴，或以爲東諸侯有屈彊者，將制置之。[3]守殷尤不自安，乃殺都指揮使馬彦超，[4]閉城反。明宗行至京水，聞守殷反，遣范延光馳兵傅其城，汴人開門納延光，守殷自殺其族，乃引頸命左右斬之。[5]明宗至汴州，命鞭其尸，梟首于市七日，傳徇洛陽。[6]

[1]同中書門下平章事：官名。簡稱"同平章事"。唐高宗以後，凡實際任宰相之職者，常在其本官後加同平章事的職銜。後成爲宰相專稱。品秩不詳。　河南尹：官名。唐開元元年（713）改洛州爲河南府，治所在今河南洛陽市。以河南府尹總其政務。從三品。　判六軍諸衛事：官名。後唐沿唐代舊制，置六軍諸衛，以判六軍諸衛事爲禁軍六軍與諸衛的最高統帥。品秩不詳。

[2]宣武軍：方鎮名。唐舊鎮，治所在汴州（今河南開封市）。後梁開平元年（907）升汴州爲東京開封府。開平三年（909）置宣武軍於宋州（今河南商丘市睢陽區）。後唐同光元年（924）改宋州宣武軍爲歸德軍。廢東京開封府，重建宣武軍於汴州。後晉天福三年（938），改爲東京開封府。除天福十二年（947）、十三年（948）短暫改爲宣武軍外，汴京均爲東京開封府。

[3]汴州：州名。治所在今河南開封市。　吴：五代十國之吴國。

[4]都指揮使：官名。此處指宣武軍都指揮使。唐末五代藩鎮

皆置都指揮使、指揮使，爲統兵將領。品秩不詳。"都"字原闕，中華點校本據浙江本、宗文本、本書卷六及本卷下文、《舊五代史》卷三八、《册府》卷一一八及卷一三一補，今從。　馬彥超：人名。籍貫不詳。五代後唐將領。事見《舊五代史》卷三八、卷七四。

[5]京水：河流名。汴水支流，位於今河南鄭州市西北。今已堙廢。　范延光：人名。鄴郡臨漳（今河北臨漳縣）人。五代後唐、後晉將領。傳見《舊五代史》卷九七、本書卷五一。

[6]梟首：斬首並懸首級於木杆上示衆。　傳徇：傳示其首級，使衆知悉。

守殷之將反也，召都指揮使馬彥超與計事，彥超不從，守殷殺之。明宗憐彥超之死，以其子承祚爲洺州長史。[1]

[1]承祚：人名。即馬承祚。籍貫不詳。事見本書本卷。　洺州：州名。治所在今河北邯鄲市永年區。　長史：官名。州府屬官。協助處理州府公務。正四品上至正六品上。

董璋

董璋，不知其世家何人也。少與高季興、孔循俱爲汴州富人李讓家僮。[1]梁太祖鎮宣武，養讓爲子，是爲朱友讓。[2]其僮奴以友讓故，皆得事梁太祖，璋以軍功爲指揮使。晉李繼韜以潞州叛降梁，[3]梁末帝遣璋攻下澤州，[4]即以璋爲刺史。[5]

[1]高季興：人名。原名高季昌，陝州硤石（今河南三門峽市）人。五代十國南平（即荆南）開國君主。傳見《舊五代史》

卷一三三、本書卷六九。 孔循：人名。籍貫不詳。五代後梁、後唐大臣。傳見本書卷四三。 李讓：人名。即朱友讓。又稱李七郎。爲汴州豪商，朱溫義子。事見《舊五代史》卷六二、卷一三三。

[2]梁太祖：即朱溫。宋州碭山（今安徽碭山縣）人。五代後梁開國皇帝。紀見《舊五代史》卷一至卷七、本書卷一至卷二。

[3]李繼韜：人名。汾州（今山西汾陽市）人。李嗣昭之子。五代後唐將領。傳見《舊五代史》卷五二、本書卷三六。 潞州：州名。治所在今山西長治市。

[4]梁末帝遣璋攻下澤州："梁"字原闕，中華點校本據浙江本、宗文本、《舊五代史》卷六二補，今從。梁末帝，即後梁末帝朱友貞。後梁太祖朱溫之子。913年至923年在位。紀見《舊五代史》卷八至卷一〇、本書卷三。澤州，州名。治所在今山西澤州縣。

[5]刺史：官名。州一級行政長官。漢武帝時始置，總掌考核官吏、勸課農桑、地方教化等事。唐中期以後，節度使、觀察使轄州而設，刺史爲其屬官，職任漸輕。從三品至正四品下。

　　梁亡，璋事唐爲邠寧節度使，[1]與郭崇韜相善。崇韜伐蜀，以璋爲行營右廂馬步軍都虞候，[2]軍事大小，皆與璋參決。[3]蜀平，以爲劍南東川節度使，孟知祥鎮西川。[4]其後，二人有異志。安重誨居中用事，[5]議者多言知祥必不爲唐用，而能制知祥者璋也，往往稱璋忠義，重誨以爲然，頗優寵之，以故璋益橫。

　　[1]邠寧：方鎮名。治所在邠州（今陝西彬縣）。
　　[2]蜀：五代十國之前蜀。 行營右廂馬步軍都虞候：官名。五代時期出征軍隊高級統兵官。品秩不詳。

[3]皆與璋參決："璋"字原闕，中華點校本據浙江本、宗文本、《舊五代史》卷六二補，今從。

[4]劍南東川：方鎮名。治所在梓州（今四川三臺縣）。　孟知祥：人名。邢州龍岡（今河北邢臺市）人。李克用女婿，五代十國後蜀開國皇帝。傳見《舊五代史》卷一三六、本書卷六四。　西川：方鎮名。劍南西川的簡稱。治所在成都府（今四川成都市）。

[5]安重誨：人名。應州（今山西應縣）人。五代後唐大臣。傳見《舊五代史》卷六六、本書卷二四。

天成四年，明宗祀天南郊，詔兩川貢助南郊物五十萬，使李仁矩齎安重誨書往諭璋，璋訴不肯出，祇出十萬而已。[1]又因事欲殺仁矩，仁矩涕泣而免，歸言璋必反。其後使者至東川，璋益倨慢，使者還，多言璋欲反狀。重誨患之，乃稍擇將吏爲兩川刺史，以精兵爲其牙衛，分布其諸州。又分閬州置保寧軍，以仁矩爲節度使，遣姚洪將兵千人從仁矩戍閬州。[2]璋及知祥覺唐疑己，且削其地，遂連謀以反。璋因爲其子娶知祥女以相結。又遣其將李彥釗扼劍門關爲七砦，於關北增置關，號永定。[3]凡唐戍兵東歸者，皆遮留之，獲其逃者，覆以鐵籠，火炙之，或刲肉釘面，割心而啖。長興元年九月，知祥攻陷遂州，璋攻陷閬州，執李仁矩、姚洪，皆殺之。[4]

[1]天成：後唐明宗李嗣源年號（926—930）。　南郊：意爲都城南面之郊。代指南面郊區之祭天場所（圜丘），亦指祭天之禮（郊天）。古人用"郊""南郊""有事於南郊"指代在南郊圜丘舉行的祭天典禮。　李仁矩：人名。籍貫不詳。五代後唐將領，唐明

宗舊將。傳見《舊五代史》卷七〇、本書卷二六。

［2］閬州：州名。治所在今四川閬中市。　保寧軍：方鎮名。五代後唐天成四年（929）後蜀分東川置。治所在閬州。　姚洪：人名。籍貫不詳。五代後唐將領。傳見《舊五代史》卷七〇、本書卷三三。

［3］李彥釗：人名。籍貫不詳。五代後唐將領，董璋屬官。事見本書本卷。　劍門關：關隘名。位於今四川劍閣縣北六十里劍門鎮北大劍山口。　永定：關隘名。即永定關。位於劍門關以北。

［4］長興：後唐明宗李嗣源年號（930—933）。　遂州：州名。治所在今四川遂寧市。

　　初，璋等反，唐獨誅璋家屬，知祥妻子皆在成都，其疎屬留京師者皆不誅。石敬瑭討璋等，[1]兵久無功，而自關以西，[2]饋運不給，遠近勞敝，明宗患之。安重誨自往督軍，敬瑭不納，重誨遂得罪死，敬瑭亦還。明宗乃遣西川進奏官蘇願、東川軍將劉澄西歸，諭璋等使改過。[3]知祥遣人告璋，欲與俱謝過自歸，璋曰："唐不殺孟公家族，於西川恩厚矣。我子孫何在？何謝之有！"璋由此疑知祥賣己。三年四月，以兵萬人攻知祥，戰于彌牟，璋大敗，還走梓州。[4]初，唐陵州刺史王暉代還過璋，璋邀留之。[5]至是，暉執璋殺之，傳其首於知祥。

［1］石敬瑭：人名。沙陀人。五代後唐將領、後晉開國皇帝。紀見《舊五代史》卷七五至卷八〇、本書卷八。

［2］自關以西："自"字原闕，中華點校本據浙江本補，今從。關即函谷關或潼關。關以西，即函谷關或潼關以西的關中地區。

［3］進奏官：官名。唐、五代藩鎮皆置邸於京師，爲駐京城的

辦事機構。唐肅宗、代宗時稱上都留後院，大曆十二年（777）改稱上都進奏院。五代時，州郡不隸藩鎮者，亦置邸京師。以進奏官主其事，掌傳送文書、情報，主持本鎮、州郡進奉。品秩不詳。蘇愿：人名。籍貫不詳。五代後唐官員，孟知祥屬官。事見本書卷六四。　劉澄：人名。籍貫不詳。五代後唐將領，董璋屬官。事見《舊五代史》卷六二。

[4]彌牟：地名。位於今四川成都市東北彌牟鎮。　梓州：州名。治所在今四川三臺縣。

[5]陵州：州名。治所在今四川仁壽縣。　王暉：人名。籍貫不詳。五代後唐官員。事見《舊五代史》卷四三。

范延光

范延光字子瓌，相州臨漳人也。[1]唐明宗爲節度使，置延光麾下，而未之奇也。明宗破鄆州，梁兵方扼楊劉，其先鋒將康延孝陰送款於明宗。[2]明宗求可以通延孝款於莊宗者，延光輒自請行，乃懷延孝蠟丸書，西見莊宗致之，且曰："今延孝雖有降意，而梁兵扼楊劉者甚盛，未可圖也，不如築壘馬家口以通汶陽。"[3]莊宗以爲然。壘成，梁遣王彥章急攻新壘。明宗使延光間行求兵，夜至河上，爲梁兵所得，送京師，下延光獄，榜掠數百，脅以白刃，延光終不肯言晉事。繫之數月，稍爲獄吏所護。莊宗入汴，獄吏去其桎梏，[4]拜而出之。莊宗見延光，喜，拜檢校工部尚書。[5]

[1]相州：州名。治所在今河南安陽市。　臨漳：縣名。治所在今河北臨漳縣。

[2]鄆州：州名。治所在今山東東平縣。　楊劉：地名。唐宋

時期黃河渡口。位於今山東東阿縣。　康延孝：人名。代北（今山西代縣）人。五代後梁、後唐將領。傳見《舊五代史》卷七四、本書卷四四。

［3］馬家口：地名。即馬家渡。五代黃河渡口。位於今山東鄆城縣一帶。　汶陽：古地名。位於今山東泰安市一帶。

［4］桎梏：束縛犯人手、足的木製刑具。

［5］檢校工部尚書：檢校官名。地方使職帶檢校三公、三師及臺省官之類，表示遷轉經歷和尊崇的地位，檢校兵部尚書爲其中之一階，爲虛銜。品秩不詳。

　　明宗時，爲宣徽南院使。[1]明宗行幸汴州，至滎陽，[2]朱守殷反，延光曰："守殷反迹始見，若緩之使得爲計，則城堅而難近。故乘人之未備者，莫若急攻，臣請騎兵五百，馳至城下，以神速駭之。"乃以騎兵五百，自暮疾馳至半夜，行二百里，戰于城下。遲明，明宗亦馳至，汴兵望見天子乘輿，乃開門，而延光先入，猶巷戰，殺傷甚衆，守殷死，汴州平。

［1］宣徽南院使：官名。唐始置。宣徽南院長官。初用宦官，五代以後改用士人。與宣徽北院使通掌内諸司及三班内侍之名籍，郊祀、朝會、宴享供帳之儀，檢視内外進奉名物。品秩不詳。參見王永平《論唐代宣徽使》，《中國史研究》1995年第1期；王孫盈政《再論唐代的宣徽使》，《中華文史論叢》2018年第3期。

［2］滎陽：縣名。治所在今河南滎陽市。

　　明年，遷樞密使，出爲成德軍節度使。[1]安重誨死，復召延光與趙延壽並爲樞密使。[2]明宗問延光馬數幾何？

對曰：" 騎軍三萬五千。"明宗撫髀歎曰："吾居兵間四十年，[3]自太祖在太原時，馬數不過七千，莊宗取河北，與梁家戰河上，馬纔萬匹。今有馬三萬五千而不能一天下，吾老矣，馬多奈何！"延光因曰："臣嘗計，一馬之費，可養步卒五人，三萬五千匹馬，十五萬兵之食也。"明宗曰："肥戰馬而瘠吾人，此吾所媿也！"

[1]樞密使：官名。樞密院長官。唐代宗時始以宦官掌機密，至昭宗時借朱溫之力盡誅宦官，始改以士人任樞密使。備顧問，參謀議，出納詔奏，權侔宰相。品秩不詳。參見李全德《唐宋變革期樞密院研究》，北京圖書館出版社2009年版。 成德軍：方鎮名。治所在鎮州（今河北正定縣）。

[2]趙延壽：人名。常山（今河北正定縣）人。本姓劉，爲後唐將領趙德鈞養子。仕至後唐樞密使，遼朝幽州節度使、燕王。傳見《舊五代史》卷九八。

[3]吾居兵間四十年："居"字原闕，中華點校本據浙江本、宗文本補，今從。

夏州李仁福卒，其子彝超自立而邀旄節。[1]明宗遣安從進代之，[2]彝超不受代。以兵攻之，久不克。隰州刺史劉遂凝馳驛入見獻策，言綏、銀二州之人，皆有內嚮之意，請除二刺史以招降之。[3]延光曰："王師問罪，本在彝超，夏州已破，綏、銀豈足顧哉！若不破夏州，雖得綏、銀，不能守也。"遂凝又請自馳入說彝超使出降，延光曰："一遂凝，萬一失之不足惜，所惜者朝廷大體也。"是時，王淑妃用事，[4]遂凝兄弟與淑妃有舊，方倚以蒙恩寵，所言無不聽，而大臣以妃故，多不敢争，獨延光從容沮止之。

[1]夏州：州名。治所在朔方縣（今陝西靖邊縣）。　李仁福：人名。党項拓跋族人。五代党項首領。傳見《舊五代史》卷一三二、本書卷四〇。　彝超：人名。即李彝超。党項拓跋族人。五代軍閥。李仁福之子。傳見《舊五代史》卷一三二。　旄節：亦作"髦節""毛節"。使臣所持之信物。以竹爲柄，以犛牛尾爲垂飾。

[2]安從進：人名。索葛部人。五代後唐、後晉將領。傳見《舊五代史》卷九八、本書卷五一。

[3]隰州：州名。治所在今山西隰縣。　劉遂凝：人名。籍貫不詳，歷任華州節度使、右龍武統軍、左驍衛上將軍。事見《舊五代史》卷七八、卷八一、卷一〇三。　綏：州名。治所在今陝西綏德縣。　銀：州名。治所在今陝西榆林市橫山區。

[4]王淑妃：後唐明宗妃嬪。傳見《舊五代史》卷五一、本書卷一五。

明宗有疾，不能視朝，[1]京師之人，訩訩異議，藏竄山谷，或寄匿於軍營，有司不能禁。或勸延光以嚴法制之，延光曰："制動當以靜，宜少待之。"已而明宗疾少間，京師乃定。

[1]視朝：指天子臨朝聽政。時群臣皆列班行禮恭候，然後陳奏天下事。天子視政事之繁簡，或每日視朝，或朔日、望日視朝，或逢五日視朝等。

是時，秦王握兵驕甚，宋王弱而且在外，議者多屬意於潞王。[1]延光懼禍之及也，乃求罷去。延壽陰察延光有避禍意，亦遽求罷。明宗再三留之，二人辭益懇至，繼之以泣。明宗不得已，乃皆罷之，延光復鎮成德，而用朱弘昭、馮贇爲樞密使。[2]已而秦王舉兵見誅，明宗崩，潞王反，殺愍帝，唐室大亂，弘昭、贇皆及禍以死。末帝復詔延光爲樞密使，拜宣武軍節度使。天雄軍亂，逐節度使劉延皓，遣延光討平之，即以爲天雄軍節度使。[3]

[1]秦王：即李從榮。沙陀人。唐明宗李嗣源次子。傳見《舊五代史》卷五一、本書卷一五。　宋王：即後唐愍帝李從厚，小字菩薩奴。明宗李嗣源第三子。生於太原。長興元年（930）封宋王，移鎮鄴都。明宗死後即位，改元應順。後潞王李從珂反於鳳翔，沿途守軍驚潰，愍帝出逃至衛州，被廢爲鄂王。尋被縊殺。紀見《舊五代史》卷四五、本書卷七。　潞王：即後唐廢帝李從珂。鎮州平山（今河北平山縣）人。本姓王，後唐明宗李嗣源擄其母魏氏，遂養爲己子。應順元年（934）四月，李從珂入洛陽即帝位。清泰三年（936）五月，石敬瑭謀反，廢帝自焚死，後唐亡。紀見《舊五代史》卷四六至卷四八、本書卷七。

[2]朱弘昭：人名。太原（今山西太原市）人。五代後唐明宗朝樞密使、宰相。傳見《舊五代史》卷六六、本書卷二七。　馮贇：人名。太原（今山西太原市）人。五代後唐明宗朝宰相、三司使。傳見本書卷二七。

[3]天雄軍：方鎮名。治所在魏州（今河北大名縣）。　劉延皓：人名。應州渾元（今山西渾源縣）人。五代後唐大臣，後唐廢帝劉皇后之弟。傳見《舊五代史》卷六九、本書卷一六。

延光常夢大蛇自臍入其腹，半入而掣去之，以問門下術士張生，[1]張生贊曰："蛇，龍類也，入腹内，王者之兆也。"張生自延光微時，言其必貴，延光素神之，常置門下，言多輒中，遂以其言爲然，由是頗畜異志。

[1]術士：從事星占、卜筮、相命等活動的人。　張生：人名。籍貫不詳。五代後唐、後晉時術士。事見《舊五代史》卷九七、本書本卷。

當晉高祖起太原，末帝遣延光以兵二萬屯遼州，與趙延壽掎角。[1]既而延壽先降，延光獨不降。高祖即位，延光賀表又頗後諸侯至，又其女爲末帝子重美妃，[2]以此遂懷反側。高祖封延光臨清王以慰其心。

[1]晉高祖：即後晉高祖石敬瑭。沙陀人。五代後唐將領、後晉開國皇帝。紀見《舊五代史》卷七五至卷八〇、本書卷八。　遼州：州名。治所在今山西左權縣。
[2]重美：人名。即李重美。後唐廢帝李從珂之子。傳見《舊五代史》卷五一、本書卷一六。

有平山人祕瓊者，爲成德軍節度使董溫其衙内指揮使，後溫其爲契丹所虜，瓊乃悉殺溫其家族，瘞之一穴，而取其家貲鉅萬計。[1]晉高祖入立，以瓊爲齊州防禦使，橐其貲裝，道出于魏。[2]延光陰遣人以書招之，瓊不納，延光怒，選精兵伏境上，[3]伺瓊過，殺之于夏津，悉取其貲，以成邏者誤殺聞。[4]由是高祖疑其必爲亂，乃幸汴州。

[1]平山：縣名。治所在今河北平山縣。　祕瓊：人名。平山（今河北平山縣）人。五代後晉將領。事見《舊五代史》卷七六、《通鑑》卷二八〇至卷二八二。　董温其：人名。一作董温琪。籍貫不詳。五代後唐、後晉將領。事見《舊五代史》卷四七、卷四八。　衙内指揮使：官名。唐五代時期節度使府衙内之牙將，統最親近衛兵。品秩不詳。　契丹：古部族、政權名。公元4世紀中葉宇文部爲前燕攻破，始分離而成單獨的部落，自號契丹。唐貞觀中，置松漠都督府，以其首領爲都督。唐末彊盛，916年迭刺部耶律阿保機建立契丹國（遼）。先後與五代、北宋並立，保大五年（1125）爲金所滅。參見張正明《契丹史略》，中華書局1979年版。　瘞：收殮埋葬。

[2]齊州：州名。治所在今山東濟南市。　防禦使：官名。唐代始置，設有都防禦使、州防禦使兩種。常由刺史或觀察使兼任，實際上爲唐代後期州或方鎮的軍政長官。品秩不詳。

[3]選精兵伏境上："精"字原闕，中華點校本據宗文本補，今從。

[4]夏津：縣名。治所在今山東夏津縣。　戍邏者：守衛巡邏之人。

　　天福二年六月，延光遂反，遣其牙將孫鋭、澶州刺史馮暉，以兵二萬距黎陽，掠滑、衛。[1]高祖以楊光遠爲招討使，引兵自滑州渡胡梁攻之。[2]鋭輕脱無謀，兵行以娼女十餘自隨，張蓋操扇，酣歌飲食自若，軍士苦大熱，皆不爲用。光遠得其諜者，[3]詢得其謀，誘鋭等渡河，半濟而擊之，兵多溺死，鋭、暉退走入魏，閉壁不復出。

[1]天福：五代後晉高祖石敬瑭年號（936—942），出帝石重

貴沿用至天福九年（944）。　牙將：官名。古代軍隊中的中低級軍官。品秩不詳。　孫銳：人名。籍貫不詳。五代後晉將領，范延光屬官。事見《舊五代史》卷七六、卷九七。　澶州：州名。唐、五代初，治所在河南清豐縣。後晉天福四年（939），移治於今河南濮陽縣。　馮暉：人名。魏州（今河北大名縣）人。五代後唐至後周將領。傳見《舊五代史》卷一二五、本書卷四九。　黎陽：縣名。治所在今河南浚縣。　滑：州名。治所在今河南滑縣。　衛：州名。治所在今河南衛輝市。

[2]楊光遠：人名。沙陀人。五代後唐、後晉將領。傳見《舊五代史》卷九七、本書本卷。　招討使：官名。唐始置。戰時任命，兵罷則省。常以大臣、將帥或地方軍政長官兼任。掌招撫、討伐等事務。品秩不詳。　胡梁：地名。即胡梁渡，一作"胡良渡"。位於今河南滑縣。

[3]光遠得其謀者："其"字原闕，中華點校本據浙江本、宗文本補，今從。

　　初，延光反意未決，而得暴疾不能興，銳乃陰召暉入城，迫延光反，延光惶惑，遂從之。高祖聞延光用銳等以反，笑曰："吾雖不武，然嘗從明宗取天下，攻堅破疆多矣。如延光已非我敵，況銳等兒戲邪？行取孺子爾！"乃決意討之。

　　延光初無必反意，及銳等敗，[1]延光遣牙將王知新齎表自歸，高祖不見，以知新屬武德司。[2]延光又附楊光遠表請降，不報，延光遂堅守。晉以箭書二百射城中，悉赦魏人，募能斬延光者。然魏城堅難下，攻之逾年不克，師老糧匱，宗正丞石昂上書極諫，[3]請赦延光，願以單車入說而降之。高祖亦悔悟。三年九月，使謁者入魏赦延光，延光乃降，册封東平郡王、天平軍節度使，賜鐵券。[4]居數月來朝，因懇請老，以太子太師致仕。[5]

［1］及銳等敗：“及”字原闕，中華點校本據宗文本補，今從。
［2］王知新：人名。籍貫不詳。五代後晉將領，范延光屬官。事見《舊五代史》卷七六。　武德司：官署名。五代後唐開始成爲皇帝倚重的部門。掌皇宫警衛，侍從監察等。參見趙雨樂《從武德使到皇城使——唐宋政治變革的個案研究》，《唐研究》第6卷，北京大學出版社2000年。
［3］宗正丞：官名。隋、唐、五代置爲宗正寺佐官，位次少卿，員二人，掌判本寺日常公務。從六品上。　石昂：人名。青州臨淄（今山東淄博市臨淄區）人。五代後晉官員。傳見本書卷三四。
［4］謁者：泛指傳達君命之使者。　天平軍：方鎮名。治所在今鄆州（今山東東平縣）。　鐵券：皇帝頒賜給功臣的鐵製詔令文書，功臣本人及後世如有犯罪，以此券爲證，即可推念其功而予以赦減。
［5］太子太師：官名。與太子太傅、太子太保統稱太子三師。隋唐以後多作加官或贈官。從一品。　致仕：官員告老辭官。

初，高祖赦降延光，語使者謂之曰：“許卿不死矣，若降而殺之，何以享國？”[1]延光謀於副使李式，[2]式曰：“主上敦信明義，許之不死，則不死矣。”乃降。及致仕居京師，歲時宴見，高祖待之與群臣無間，然心終不欲使在京師。[3]歲餘，使宣徽使劉處讓載酒夜過延光，[4]謂曰：“上遣處讓來時，適有契丹使至，北朝皇帝問晉魏博反臣何在？恐晉不能制，當鏁以來，免爲中國後患。”

延光聞之泣下，莫知所爲。處讓曰："當且之洛陽，以避契丹使者。"延光曰："楊光遠留守河南，吾之仇也。吾有田宅在河陽，[5]可以往乎？"處讓曰："可也。"乃挈其帑歸河陽，其行輜重盈路，光遠利其貲，果圖之。因奏曰："延光反覆姦臣，若不圖之，非北走胡則南走吳越，[6]請拘之洛陽。"高祖猶豫未決。光遠兼鎮河陽，其子承勳知州事，乃遣承勳以兵脅之使自裁。[7]延光曰："天子賜我鐵券，許之不死，何得及此？"乃以壯士驅之上馬，行至浮橋，推墮水溺死，以延光自投水死聞，因盡取其貲。高祖以適會其意，不問，爲之輟朝，贈太師。[8]水運軍使曹千獲其流尸于繆家灘，[9]詔許歸葬相州，已葬，墓輒崩，破其棺槨，頭顱皆碎。初，祕瓊殺董溫其取其貲，延光又殺瓊而取之，而終以貲爲光遠所殺，而光遠亦不能免也。

[1]享國：意爲統治國家。

[2]副使：官名。即節度副使。唐五代方鎮屬官。位於行軍司馬之下、判官之上。品秩不詳。 李式：人名。籍貫不詳。五代後晉官員。事見《舊五代史》卷七七。

[3]然心終不欲使在京師："終"字原闕，中華點校本據宗文本補，今從。

[4]宣徽使：官名。宣徽南院使、北院使通稱宣徽使。 劉處讓：人名。滄州（今河北滄州市）人。五代後唐、後晉將領。傳見《舊五代史》卷九四、本書卷四七。

[5]河陽：縣名。治所在今河南孟州市。

[6]吳越：五代十國之吳越國。

[7]河陽：方鎮名。全稱"河陽三城"。治所在孟州（今河南

孟州市）。　承勳：人名。即楊承勳。沙陀人。楊光遠之子。歷任後晉萊州刺史、汝州防禦使、鄭州防禦使。事見《舊五代史》卷八三、卷八五。　知州事：官名。簡稱爲"知州"。州級行政長官。品秩不詳。參見閆建飛《唐後期五代宋初知州制的實施過程》，《文史》2019年第1期。　自裁：自行裁斷，即自殺。

[8]輟朝：又稱廢朝。古代帝王遇親喪或文武大臣病故，停止視朝數日，以示哀悼。　太師：官名。與太傅、太保並爲三師。唐後期、五代多爲大臣、勛貴加官。正一品。原作"太傅"，中華點校本據宗文本、《舊五代史》卷七九及卷九七改，今從。

[9]水運軍使：官名。掌軍需的水路轉運、供給。軍使，五代時部隊統兵官。品秩不詳。　曹千：人名。籍貫不詳。五代後晉將領。事見《舊五代史》卷九七。　繆家灘：地名。今地不詳。

　　當延光反時，有李彦珣者，爲河陽行軍司馬，張從賓反河陽，彦珣附之，從賓敗，彦珣奔于魏，延光以爲步軍都監，使之守城。[1]招討使楊光遠知彦珣邢州人也，[2]其母尚在，乃遣人之邢州，取其母至城下，示彦珣以招之，彦珣望見，自射殺之。及延光出降，晉高祖拜彦珣房州刺史，[3]大臣言彦珣殺母當誅，高祖以謂赦令已行，不可失信。後以坐贓誅。

[1]李彦珣：人名。邢州（今河北邢臺市）人。五代後唐、後晉官員。傳見《舊五代史》卷九四。　行軍司馬：官名。爲出征將領及節度使的屬官。掌軍籍符伍、號令印信，是藩鎮重要的軍政官員。品秩不詳。　張從賓：人名。籍貫不詳。五代後唐、後晉將領。傳見《舊五代史》卷九七。　都監：官名。唐代中葉命將出征，常以宦官爲監軍、都監。後爲臨時委任的統兵官，稱都監、兵馬都監。掌屯戍、邊防、訓練之政令。品秩不詳。

[2]邢州：州名。治所在今河北邢臺市。

[3]房州：州名。治所在今湖北房縣。中華點校本謂《舊五代史》卷七七及卷九四、《冊府》卷七〇〇、《通鑑》卷二八一作"坊州"。坊州，治所在今陝西黃陵縣。

嗚呼，甚哉，人性之慎於習也！故聖人於仁義深矣，其爲教也，勤而不怠，緩而不迫，欲民漸習而自趨之，至於久而安以成俗也。然民之無知，習見善則安於爲善，習見惡則安於爲惡。五代之亂，其來遠矣。自唐之衰，干戈飢饉，父不得育其子，子不得養其親。其始也，骨肉不能相保，蓋出于不幸，因之禮義日以廢，恩愛日以薄，其習久而遂以大壞，至於父子之間，自相賊害。五代之際，其禍害不可勝道也。夫人情莫不共知愛其親，莫不共知惡於不孝，然彦珣彎弓射其母，高祖從而赦之，非徒彦珣不自知爲大惡，而高祖亦安焉不以爲怪也，豈非積習之久而至於是歟！語曰："性相近，習相遠。"至其極也，使人心不若禽獸，可不哀哉！若彦珣之惡，而恬然不以爲怪，則晉出帝之絕其父，宜其舉世不知爲非也。

婁繼英

婁繼英，不知何許人也。歷梁、唐，爲絳、冀二州刺史、北面水陸轉運使、耀州團練使。[1]晉高祖時，爲左監門衛上將軍。[2]

[1]絳：州名。治所在今山西新絳縣。 冀：州名。治所在今

河北衡水市冀州區。　水陸轉運使：官名。掌一方水陸轉運賦稅諸事。爲差遣職事。品秩不詳。　耀州：州名。治所在今陝西銅川市耀州區。　團練使：官名。唐代中期以後，於不設節度使的地區設團練使，掌本區各州軍事。品秩不詳。

[2]左監門衛上將軍：官名。唐置，掌宫禁宿衛。唐代置十六衛，即左右衛、左右驍衛、左右武衛、左右威衛、左右領軍衛、左右金吾衛、左右監門衛、左右千牛衛。各置上將軍，從二品；大將軍，正三品；將軍，從三品。

繼英子婦，温延沼女也，自明宗時誅其父韜，延沼兄弟廢居于許，心常怨望。[1]及范延光反，繼英有弟爲魏州子城都虞候，[2]延光遣人以蠟丸書招繼英，[3]繼英乃遣延沼入魏見延光，延光大喜，與之信箭，使陰圖許。延沼與其弟延濬、延袞募不逞之徒千人，[4]期以攻許。而許州節度使萇從簡以延光之反，[5]疑有應者，爲備甚嚴。延沼未及發，延光蠟書事泄於京師，繼英惶恐不自安，乃出奔許。高祖下詔招慰之，使復位，繼英懼不敢出。

[1]温延沼：人名。京兆華原（今陝西銅川市耀州區）人。五代後唐、後晋官員。事見本書本卷。　韜：人名。即温韜。京兆華原（今陝西銅川市耀州區）人。唐末李茂貞部將，五代後梁、後唐將領。傳見《舊五代史》卷七三、本書卷四〇。　許：州名。治所在今河南許昌市。

[2]子城都虞候：官名。唐、五代方鎮軍官。品秩不詳。子城，即甕城。

[3]延光遣人以蠟丸書招繼英："丸"字原闕，中華點校本據宗

文本、《通鑑》卷二八一補，今從。

［4］延濬、延袞：人名。即溫延濬、溫延袞。皆溫韜之子。事見本書本卷。

［5］許州：州名。此處代指治所在許州（今河南許昌市）的方鎮忠武軍。　萇從簡：人名。陳州（今河南淮陽縣）人。五代後唐、後晉將領。傳見《舊五代史》卷九四、本書卷四七。

溫氏兄弟謀殺繼英以自歸，延沼以其女故不忍。張從賓反於洛陽，延沼兄弟乃與繼英俱投從賓於汜水。[1]繼英知溫氏之初欲殺己也，反譖延沼兄弟於從賓，從賓皆殺之。[2]從賓敗，繼英爲杜重威所殺。[3]

［1］汜水：縣名。治所在今河南滎陽市汜水鎮。

［2］從賓皆殺之：“皆”字原闕，中華點校本據宋文本補，今從。

［3］杜重威：人名。其先朔州（今山西朔州市朔城區）人，後徙居太原（今山西太原市）。五代後晉、後漢將領。傳見《舊五代史》卷一〇九、本書卷五二。

安重榮

安重榮，小字鐵胡，朔州人也。[1]祖從義，利州刺史。[2]父全，勝州刺史、振武馬步軍都指揮使。[3]

［1］朔州：州名。治所在今山西朔州市朔城區。

［2］從義：人名。即安從義。朔州（今山西朔州市朔城區）人。唐末、五代官員。事見本書本卷。　利州：州名。治所在今四川廣元市。

[3]全：人名。即安全。唐末五代將領。事見本書本卷。　勝州：州名。治所在今內蒙古准格爾旗。　振武：方鎮名。後梁貞明二年（916）以前，治所位於單于都護府城（今內蒙古和林格爾縣）。貞明二年，單于都護府城爲契丹占據。此後至後唐清泰三年（936），治所位於朔州（今山西朔州市）。後漢隨燕雲十六州割予契丹，改名順義軍。　馬步軍都指揮使：官名。五代時藩鎮馬步軍長官。五代軍隊編制，五百人爲一指揮，設指揮使、副指揮使；十指揮爲一軍，設都指揮使、副都指揮使。品秩不詳。

重榮有力，善騎射，爲振武巡邊指揮使。[1]晋高祖起太原，使張穎陰招重榮，[2]其母與兄皆以爲不可，而重榮業已許穎，[3]母、兄謀共殺穎以止之，重榮曰："未可，吾當爲母卜之。"乃立一箭，百步而射之，曰："石公爲天子則中。"一發輒中；又立一箭而射之，曰："吾爲節度使則中。"一發又中，其母、兄乃許，重榮以巡邊千騎叛入太原。高祖即位，拜重榮成德軍節度使。

[1]巡邊指揮使：官名。五代藩鎮屬官，所部統兵將領。掌邊防巡邏守衛。品秩不詳。
[2]張穎：人名。籍貫不詳。五代後晋官員。事見本書本卷。
[3]而重榮業已許穎："而"字原闕，中華點校本據宗文本補，今從。

重榮雖武夫，而曉吏事，其下不能欺。有夫婦訟其子不孝者，重榮拔劍授其父，使自殺之，其父泣曰："不忍也！"其母從傍詬罵，奪其劍而逐之，問之，乃繼母也，重榮叱其母出，後射殺之。

重榮起於軍卒，暴至富貴，而見唐廢帝、晋高祖皆自藩侯得國，嘗謂人曰："天子寧有種邪？兵强馬壯者爲之爾！"雖懷異志，而未有以發也。是時，高祖與契丹約爲父子，契丹驕甚，高祖奉之愈謹，重榮憤然，以謂"詘中國以尊夷狄，困已敝之民，而充無厭之欲，此晋萬世恥也"！數以此非誚高祖。契丹使者往來過鎮州，重榮箕踞慢罵，不爲之禮，或執殺之。是時，吐渾白氏役屬契丹，[1]苦其暴虐，重榮誘之入塞。契丹數遣使責高祖，并求使者，高祖對使者鞠躬俯首，受責愈謹，多爲好辭以自解，而姑息重榮不能詰。乃遣供奉官張澄以兵二千搜索并、鎮、忻、代山谷中吐渾，悉驅出塞。[2]吐渾去而復來，重榮卒納之，因招集亡命，課民種秔，食馬萬疋，所爲益驕。因怒殺指揮使賈章，[3]誣之以反，章女尚幼，欲捨之，女曰："吾家三十口皆死於兵，存者特吾與父爾，今父死，吾何忍獨生，願就死！"遂殺之。鎮人於是高賈女之烈，而知重榮之必敗也。重榮既僭侈，以爲金魚袋不足貴，[4]刻玉爲魚佩之。娶二妻，高祖因之並加封爵。

　　[1]吐渾：部族名。吐谷渾的省稱。源出鮮卑，後游牧於今甘肅、青海一帶。參見周偉洲《吐谷渾資料輯錄》（增訂本），商務印書館2017年版。　白氏：指吐渾首領白承福。後唐同光元年（923），被莊宗任爲寧朔、奉化兩府（今河北定州市）都督，賜姓名爲李紹魯。事見本書卷七四。

　　[2]供奉官：官名。泛指侍奉皇帝左右的臣僚，亦爲東、西頭供奉官通稱。品秩不詳。　張澄：人名。籍貫不詳。五代後晋官

員。事見《舊五代史》卷七九。　并：州名。治所在今山西太原市。　鎮：州名。治所在今河北正定縣。　忻：州名。治所在今山西忻州市。　代：州名。治所在今山西代縣。

[3]指揮使：官名。唐末、五代軍隊多置都指揮使、指揮使，爲統兵將領。品秩不詳。　賈章：人名。籍貫不詳。五代後晉將領。事見《舊五代史》卷九八。

[4]金魚袋：唐制，三品以上官員佩戴金魚袋，金飾魚形，用以盛放標志品級、身份的金魚符。

天福六年夏，契丹使者拽剌過鎮，[1]重榮侵辱之，拽剌言不遜，重榮怒，執拽剌，以輕騎掠幽州南境之民，處之博野。[2]上表曰："臣昨據熟吐渾白承福、赫連功德等領本族三萬餘帳自應州來奔，又據生吐渾、渾、契苾、兩突厥三部南北將沙陀、安慶、九府等各領其族、牛羊、車帳、甲馬七八路來奔，[3]具言契丹殘害，掠取生口羊馬，自今年二月已後，號令諸蕃，點閱彊壯，辦具軍裝，期以上秋南向。諸蕃部誠恐上天不祐，敗滅家族，願先自歸，其諸部勝兵衆可十萬。又據沿河党項、山前後逸、越利諸族首領皆遣人送契丹所授告身、敕牒、旗幟來歸欵，皆號泣告勞，願治兵甲以報怨。[4]又據朔州節度副使趙崇殺節度使劉山，以城來歸。[5]竊以諸蕃不招呼而自至，朔州不攻伐而自歸，雖繫人情，盡由天意。又念陷蕃諸將等，本自勳勞，久居富貴，没身虜塞，酷虐不勝，企足朝廷，思歸可諒，苟聞傳檄，必盡倒戈。"[6]其表數千言。又爲書以遺朝廷大臣、四方藩鎮，皆以契丹可取爲言。高祖患之，爲之幸鄴，報重榮曰："前世與虜和親，皆所以爲天下計，今吾以天下臣之，爾以一鎮抗之，大小不等，無自辱焉！"重榮謂晉無如我何，反意乃決。重榮雖以契丹爲言，反陰遣人與幽州節度使劉晞相結。[7]契丹亦利晉多事，幸重榮之亂，期兩敝之，欲因以窺中國，故不加怒於重榮。

[1]拽剌：人名。契丹使者。事見《舊五代史》卷七九、《遼史》卷四。

[2]幽州：州名。治所在今北京市。　博野：縣名。治所在今河北蠡縣。

[3]赫連功德：人名。代北吐谷渾首領。事見《舊五代史》卷七九。　應州：州名。治所在今山西應縣。　渾：部族名。原爲鐵勒族部落之一，後加入回鶻部落聯盟。　契苾：部族名。又作契弊、契苾羽。爲鐵勒族部落之一。　突厥：部族名。6至8世紀活躍於北亞和中亞，稱雄於漠北、西域。隋文帝開皇二年（582），突厥汗國分裂爲東、西突厥。唐中期以後西突厥、東突厥均已衰落。此處當指突厥的兩個小部族。　沙陀、安慶：部族名。沙陀、安慶與薩葛合稱沙陀三部落。《舊唐書》卷一九下載，中和元年（881）"二月，代州北面行營都監押陳景思率沙陀、薩葛、安慶等三部落與吐渾之衆三萬赴援關中"。參見蔡家藝《沙陀族歷史雜探》，《民族研究》2001年第1期。　九府：唐代於回鶻地區設九個都督府，爲羈縻都督府。其都督或即其部族首領。此處當指九都督府中的部族。

[4]党項：部族名。源出羌族，時活躍於今甘肅東部、寧夏、陝西北部一帶。參見湯開建《党項西夏史探微》，商務印書館2013年版。　山前後：地區名。五代時稱今北京、河北軍都山、燕山以北地區爲山後，以南地區爲山前。　逸：部族名。《舊五代史》卷

九八作"逸利"。游牧於山前山後地區,受到契丹的役使。　越利:部族名。或爲"越里""遥里"。奚族五部之一。　告身:授官的文憑。唐沿北朝之制,凡任命官員,不論流内、視品及流外,均給以告身。　敕牒:委任官吏的任命文書。

[5]趙崇:人名。籍貫不詳。五代後晋將領。事見《舊五代史》卷九八。　劉山:人名。籍貫不詳。五代後晋將領。事見《舊五代史》卷九八。

[6]必盡倒戈:"倒",原作"到",據殿本、南監本、北監本、汪本改。

[7]劉晞:人名。涿州(今河北涿州市)人。初爲周德威的從事,後爲遼國將領。傳見《舊五代史》卷九八。

重榮將反也,其母又以爲不可,重榮曰:"請爲母卜之。"[1]指其堂下幡竿龍口仰射之,[2]曰:"吾有天下則中之。"一發而中,其母乃許。饒陽令劉巖獻水鳥五色,[3]重榮曰:"此鳳也。"畜之後潭。又使人爲大鐵鞭以獻,誑其民曰:"鞭有神,指人,人輒死。"號"鐵鞭郎君",出則以爲前驅。鎮之城門抱關鐵胡人,無故頭自落,鐵胡,重榮小字,雖甚惡之,然不悟也。

[1]請爲母卜之:"請"字原闕,中華點校本據宗文本補,今從。

[2]幡竿:旗竿。上有龍爲飾。

[3]饒陽:縣名。治所在今河北饒陽縣。　令:官名。即縣令。爲縣的行政長官,掌治本縣。唐代之縣,分京、畿、上、中、中下、下六等,統稱縣令,但品級不同。　劉巖:人名。籍貫不詳。五代後晋官員。事見本書本卷。

其冬，安從進反襄陽，重榮聞之，乃亦舉兵。[1]是歲，鎮州大旱、蝗，重榮聚飢民數萬，驅以嚮鄴，[2]聲言入覲。行至宗城破家堤，高祖遣杜重威逆之，兵已交，其將趙彥之與重榮有隙，臨陣卷旗以奔晉軍，其鎧甲鞍轡皆裝以銀，晉軍不知其來降，爭殺而分之。[3]重榮聞彥之降晉，大懼，退入于輜重中，其兵二萬皆潰去。是冬大寒，潰兵飢凍及見殺無孑遺，重榮獨與十餘騎奔還，以牛馬革爲甲，驅州人守城以待。重威兵至城下，重榮裨將自城西水碾門引官軍以入，[4]殺守城二萬餘人。重榮以吐渾數百騎守牙城，重威使人擒之，斬首以獻，高祖御樓受馘，命漆其首送于契丹。[5]改成德軍爲順德，鎮州曰恒州，常山曰恒山云。[6]

[1]襄陽：縣名。治所在今湖北襄陽市。
[2]鄴：地名。即鄴都。治所在今河北大名縣。五代後唐同光元年（923），改魏州爲興唐府，建號東京，三年改東京爲鄴都。
[3]宗城：縣名。治所在今河北威縣。　破家堤：地名。位於今河北威縣。　趙彥之：人名。深州（今河北深州市）人。五代後晉將領，安重榮屬官。事見《通鑑》卷二八二。
[4]裨將：亦稱裨將軍。副將的統稱，相對主將而言。　水碾門：城門名。鎮州城門。位於今河北正定縣。
[5]牙城：唐、五代藩鎮主帥所居之城。　御樓受馘（guó）：登上宮城城樓，舉行獻俘、受俘禮儀。
[6]常山：山名。位於今河北正定縣東北。

安從進

安從進，振武索葛部人也。[1]祖、父皆事唐爲騎將。

從進初從莊宗於兵間，爲護駕馬軍都指揮使，領貴州刺史。[2]明宗時，爲保義、彰武軍節度使，未嘗將兵征伐。[3]李彝超自立於夏州，從進嘗一以兵往，卒亦無功。愍帝即位，徙領順化，爲侍衛馬軍都指揮使。[4]潞王反鳳翔，從進巡檢京城，殺樞密使馮贇，送款於從珂。[5]愍帝出奔，從珂將至京師，從進率百官班迎于郊。清泰中，徙鎮山南東道。[6]晉高祖即位，加同中書門下平章事。

[1]索葛部：地名。又作"索葛府""索葛村"。今地不詳。約位於今山西朔州市一帶。

[2]護駕馬軍都指揮使：官名。所部統兵將領。護駕馬軍，當爲後唐莊宗近衛部隊。品秩不詳。　貴州：州名。治所在今廣西貴港市。

[3]保義：方鎮名。治所在陝州（今河南三門峽市陝州區）。彰武軍：方鎮名。治所在延州（今陝西延安市）。

[4]順化：方鎮名。治所在楚州（今江蘇淮安市）。　侍衛馬軍都指揮使：官名。爲侍衛親軍馬軍司長官。後梁始置侍衛親軍，爲禁軍的一支，後唐沿置並成爲禁軍主力，下設馬軍、步軍。品秩不詳。

[5]鳳翔：方鎮名。治所在鳳翔府（今陝西鳳翔縣）。　巡檢：官名。五代始設巡檢，設於京師、陪都、重要的州及邊防重鎮。設於都城的稱京城巡檢使、都巡檢、都巡檢使。掌地方治安。品秩不詳。

[6]清泰：五代後唐廢帝李從珂年號（934—936）。　山南東道：方鎮名。治所在襄州（今湖北襄陽市）。

高祖取天下不順，常以此憋，藩鎮多務，過爲姑息，而藩鎮之臣，或不自安，或心慕高祖所爲，謂舉可成事，故在位七年，而反者六起，從進最後反，然皆不免也。自范延光反鄴，從進已畜異志，恃江爲險，招集亡命，益置軍兵。南方貢輸道出襄陽者，多擅留之，邀遮商旅，皆縣以充軍。與安重榮陰相結託，期爲表裏。高祖患之，謀徙從進，使人謂曰："東平王建立來朝，願還鄉里，已徙上黨。"[1]朕虚青州以待卿，卿誠樂行，朕即降制。"[2]從進報曰："移青州在漢江南，臣即赴任。"[3]高祖亦優容之。其子弘超爲宮苑副使，[4]居京師，從進請賜告歸，遂不遣。王令謙、潘知麟者，皆從進牙將也，[5]常從從進最久，知其必敗，切諫之。從進遣子弘超與令謙遊南山，酒酣，令人推墮崖死。

[1]東平王：王爵封號。《舊五代史》卷七九《晋高祖本紀五》載"東平王王建立來朝"。同書卷九一《王建立傳》載："天福二年，封臨淄王。明年，封東平王。" 建立：人名。即王建立。遼州榆社（今山西榆社縣）人。五代後唐、後晋大臣。傳見《舊五代史》卷九一、本書卷四六。 上黨：縣名。治所在今山西長治市。

[2]青州：州名。治所在今山東青州市。 制：帝王命令的一種。唐制，凡行大賞罰，授大官爵，釐革舊政，赦宥慮囚，皆用制書。由中書舍人起草擬定。禮儀等級較高。

[3]漢江：河流名。長江支流，即今漢江。源出今陝西西南部，在今湖北武漢市匯入長江。

[4]弘超：人名。即安弘超。安從進之子。事見本書本卷。宮苑副使：官名。爲宮苑使副貳。唐始置，以宦官充，五代改用士

人。佐宮苑使掌京師地區宮苑和所屬莊田的管理事務。品秩不詳。

[5]王令謙：人名。籍貫不詳。五代後晉將領，安從進屬官。事見《通鑑》卷二八二。　潘知麟：人名。籍貫不詳。五代後晉將領，安從進屬官。事見《通鑑》卷二八二。　牙將：官名。古代軍隊中的中低級軍官。品秩不詳。

天福六年，安重榮執殺契丹使者，反迹見，高祖爲之幸鄴，鄭王重貴留守京師。[1]宰相和凝曰：[2]"陛下且北，從進必反，何以制之？"高祖曰："卿意奈何？"凝曰："臣聞兵法，先人者奪人，願爲空名宣敕十數通授鄭王，[3]有急則命將以往。"

[1]鄭王重貴：人名。即石重貴。沙陀人。後晉高祖石敬瑭從子，後晉少帝（又謚出帝）。紀見《舊五代史》卷八一至卷八五、本書卷九。　留守：官名。古代皇帝出巡或親征時指定親王或大臣留守京城，綜理國家軍事、行政、民事、財政等事務，稱京城留守。在陪都或軍事重鎮也常設留守，以地方長官兼任。品秩不詳。

[2]和凝：人名。鄆州須昌（今山東東平縣）人。歷仕後梁至後周，五代官員、詞人。傳見《舊五代史》卷一二七、本書卷五六。

[3]空名宣敕：未書姓名的任官文書。

從進聞高祖北，遂殺知麟以反。鄭王以空名敕授李建崇、郭金海等討之，從進引兵攻鄧州，不克，進至湖陽，遇建崇等，大駭，以爲神速，復爲野火所燒，遂大敗。[1]從進以數十騎奔還襄陽。高祖遣高行周圍之，踰年糧盡，從進自焚死。[2]執其子弘受及其將佐四十三人送京師，[3]高祖御樓受俘，徇于市而斬之。降襄陽爲防禦，贈令謙忠州刺史，知麟順州刺史。[4]

[1]李建崇：人名。潞州（今山西長治市）人。五代後唐至後周將領。傳見《舊五代史》卷一二九。　郭金海：人名。突厥人。五代後唐、後晋將領。傳見《舊五代史》卷九四。　鄧州：州名。治所在今河南鄧州市。　湖陽：縣名。治所在今河南唐河縣。

[2]高行周：人名。幽州（今北京市）人。五代名將。仕多朝。傳見《舊五代史》卷一二三、本書卷四八。

[3]弘受：人名。即安弘受。安從進之子。事見《舊五代史》卷八一。

[4]忠州：州名。治所在今重慶忠縣。　順州：州名。治所在今北京順義區。

楊光遠

楊光遠字德明，其父曰阿噔啜，[1]蓋沙陀部人也。光遠初名阿檀，爲唐莊宗騎將，從周德威戰契丹於新州，[2]折其一臂，遂廢不用。久之，以爲幽州馬步軍都指揮使，戍瓦橋關。[3]光遠爲人病禿折臂，不通文字，然有辨智，長於吏事。明宗時，爲嬀、瀛、冀、易四州刺史，[4]以治稱。

[1]阿噔啜：人名。又名楊珹。沙陀人。五代後唐將領。事見《舊五代史》卷九七。

[2]周德威：人名。朔州馬邑（今山西朔州市朔城區）人。唐末、五代李克用、李存勖部將。傳見《舊五代史》卷五六、本書卷二五。　新州：州名。治所在今河北涿鹿縣。

［3］瓦橋關：關隘名。位於今河北雄縣。五代後晉初地入契丹。後周顯德六年（959）收復，建爲雄州。與益津關、淤口關合稱三關。

［4］媯：州名。治所在今河北懷來縣。　瀛：州名。治所在今河北河間市。　易：州名。治所在今河北易縣。

初，唐兵破王都於中山，得契丹大將荊剌等十餘人。[1]已而契丹與中國通和，遣使者求荊剌等，明宗與大臣議，皆欲歸之，獨光遠不可，曰："荊剌等皆北狄之善戰者，[2]彼失之如去手足；且居此久，熟知中國事，歸之豈吾利也！"明宗曰："蕃人重盟誓，已與吾好，豈相負也？"光遠曰："臣恐後悔不及爾！"明宗嘉其説，卒不遣荊剌等。光遠自易州刺史拜振武軍節度使。清泰二年，徙鎮中山，兼北面行營都虞候，禦契丹於雲、應之間。[3]

［1］王都：人名。中山陘邑（今河北定州市）人。本姓劉，後爲義武軍節度使王處直養子。五代軍閥。傳見《舊五代史》卷五四。　中山：古地名。即今河北定州市。　荊剌：人名。契丹將領。事見《通鑑》卷二七七、卷二八〇。

［2］荊剌等皆北狄之善戰者："等""之"二字原闕，中華點校本據宗文本、《舊五代史》卷九七補，今從。

［3］中山：此處代指唐末河北方鎮義武軍（治所在定州）。　行營都虞候：官名。五代時期出征軍隊高級統率官。品秩不詳。　雲：州名。治所在今山西大同市。

晉高祖起太原，末帝以光遠佐張敬達爲太原四面招討副使，爲契丹所敗，退守晉安寨。[1]契丹圍之數月，人馬食盡，殺馬而食，馬盡，乃殺敬達出降。耶律德光見之，[2]靳曰：「爾輩大是惡漢兒。」光遠與諸將初不知其誚己，猶爲謙言以對，德光曰：「不用鹽酪，食一萬匹戰馬，豈非惡漢兒邪！」光遠等大慙伏，德光問曰：「懼否？」皆曰：「甚懼。」曰：「何懼？」曰：「懼皇帝將入蕃。」德光曰：「吾國無土地官爵以居汝，汝等勉事晉。」晉高祖以光遠爲宣武軍節度使、侍衛馬步軍都指揮使。[3]光遠進見，佯爲悒悒之色，常如有所恨者，高祖疑其有所不足，使人問之，對曰：「臣於富貴無不足也，惟不及張生鐵死得其所，[4]此常爲愧爾！」由是高祖以爲忠，頗親信之。

[1]張敬達：人名。代州（今山西代縣）人。五代後唐將領。傳見《舊五代史》卷七〇、本書卷三三。　招討副使：官名。爲招討使副貳。戰時任命，兵罷則省。佐招討使掌招撫、討伐等事務。品秩不詳。　晉安寨：地名。位於今山西太原市。

[2]耶律德光：人名。契丹人。遼太祖耶律阿保機次子。遼朝太宗皇帝。927年至947年在位。紀見《遼史》卷三至卷四。

[3]侍衛馬步軍都指揮使：官名。侍衛親軍長官。多由皇帝親信擔任。品秩不詳。

[4]張生鐵：即張敬達。「生鐵」爲其綽號。

范延光反，以爲魏府都招討使，[1]久之不能下，高祖卒用佗計降延光。而光遠自以握重兵在外，謂高祖畏己，始爲恣橫。高祖每優容之，爲選其子承祚尚長安公主，其次子承信等皆超拜官爵，恩寵無比。[2]樞密使桑維翰惡之，[3]數以爲言。光遠自魏來朝，屢指維翰擅權難制。高祖不得已，罷出維翰於相州，亦徙光遠西京留守，[4]兼鎮河陽，奪其兵職。光遠始大怨望，陰以寶貨奉契丹，訴己爲晋疏斥。所養部曲千人，撓法犯禁河、洛之間，甚於寇盜。天福五年，徙鎮平盧，[5]封東平王。光遠請其子以行，乃拜承祚單州刺史，承勳萊州防禦使，父子俱東，車騎連屬數十里。[6]出帝即位，拜太師，[7]封壽王。

[1]魏府：地名。即魏州，唐、五代方鎮魏博軍的治所。位於今河北大名縣。　都招討使：官名。五代時掌一方招撫、討伐等事務。戰時任命，兵罷則省。常以大臣、將帥或地方軍政長官兼任。品秩不詳。

[2]承祚：人名。即楊承祚。沙陀人。五代後晋官員，五代將領楊光遠之子，後晋高祖石敬瑭女婿。事見《舊五代史》卷七九、卷八二、卷九七。　長安公主：即五代後晋高祖石敬瑭之女，後晋將領楊承祚之妻。事見《舊五代史》卷七六、卷七九。　承信：人名。即楊承信。沙陀人。五代將領楊光遠第三子。五代後晋至宋朝官員。傳見《宋史》卷二五二。

[3]桑維翰：人名。洛陽（今河南洛陽市）人。五代後唐進士，後晋宰相、樞密使。傳見《舊五代史》卷八九、本書卷二九。

[4]西京：即洛陽。

[5]平盧：方鎮名。治所在青州（今山東青州市）。

[6]單州：州名。治所在今山東單縣。　承勳：人名。即楊承勳。沙陀人。五代後晋官員，五代將領楊光遠之子。事見《舊五代史》卷九七。　萊州：州名。治所在今山東萊州市。

[7]太師：官名。與太保、太傅並爲三師。唐後期、五代多爲大臣、勛貴加官。正一品。

是時，晉馬少，括天下馬以佐軍，景延廣請取光遠前所借官馬三百匹，[1]光遠怒曰："此馬先帝賜我，安得復取，是疑我反也！"遂謀爲亂。而承祚自單州逃歸，出帝即以承祚爲淄州刺史，[2]遣使者賜以玉帶、御馬以慰安之，光遠益驕，乃反。召契丹入寇，陷貝州。[3]博州刺史周儒亦叛降契丹。[4]

[1]景延廣：人名。陝州（今河南三門峽市陝州區）人。五代後晉將領。傳見《舊五代史》卷八八、本書卷二九。
[2]淄州：州名。治所在今山東淄博市。
[3]貝州：州名。治所在今河北清河縣。
[4]博州：州名。治所在今山東聊城市。　周儒：人名。籍貫不詳。五代後晉官員。事見《舊五代史》卷八二。

是時，出帝與耶律德光相距澶、魏之間，鄆州觀察判官竇儀計事軍中，[1]謀曰："今不以重兵大將守博州渡，使儒得引契丹東過河與光遠合，則河南危矣！"[2]出帝乃遣李守貞、皇甫遇以兵萬人沿河而下。[3]儒果引契丹自馬家渡濟河，[4]方築壘，守貞等急擊之，契丹大敗，遂與光遠隔絶。德光聞河上兵大敗，與晉決戰戚城，[5]亦敗。

[1]耶律德光："耶"，原作"邪"，據前後文及殿本改。　觀察判官：官名。唐肅宗以後置，五代沿置。觀察使屬官，参理田賦

事，用觀察使印、署狀。品秩不詳。　寶儀：人名。薊州漁陽（今天津薊州區）人。五代後晉至宋初大臣。傳見《宋史》卷二六三。

[2]河南：泛指黃河以南。

[3]李守貞：人名。河陽（今河南孟州市）人。五代將領。傳見《舊五代史》卷一〇九、本書卷五二。　皇甫遇：人名。常山（今河北正定縣）人。五代後唐、後晉將領。傳見《舊五代史》卷九五、本書卷四七。

[4]馬家渡：地名。五代黃河渡口。位於今山東鄆城縣一帶。

[5]戚城：地名。位於今河南濮陽市。

契丹已北，出帝復遣守貞、符彥卿東討，[1]光遠嬰城固守，自夏至冬，城中人相食幾盡。光遠北望契丹，稽首以呼德光曰："皇帝皇帝，[2]誤光遠邪！"其子承勳等勸光遠出降，光遠曰："我在代北時，[3]嘗以紙錢祭天池，投之輒沒，人言我當作天子，宜且待時，毋輕議也。"承勳知不可，乃殺節度判官丘濤、親將杜延壽、楊贍、白延祚等，劫光遠幽之，遣人奉表待罪。[4]承信、承祚皆詣闕自歸，而光遠亦上章請死。出帝以其二子為侍衛將軍，賜光遠詔書，許以不死，群臣皆以為不可，乃敕李守貞便宜處置。守貞遣客省副使何延祚殺之于其家。[5]延祚至其第，光遠方閱馬于厩，延祚使一都將入謂之曰：[6]"天使在門，欲歸報天子，未有以藉手。"光遠曰："何謂也？"曰："願得大王頭爾！"光遠罵曰："我有何罪？昔我以晉安寨降契丹，使爾家世世為天子，我亦望以富貴終身，而反負心若此！"遂見殺，以病卒聞。

[1]符彦卿：人名。陳州宛丘（今河南淮陽縣）人。五代後周、宋初將領。後周世宗宣懿皇后、宋太宗懿德皇后，皆符彦卿之女。傳見《宋史》卷二五一。

[2]皇帝皇帝：原作"皇帝"，中華點校本據宗文本、《通鑑》卷二八四改，今從。

[3]代北：方鎮名。治所在代州（今山西代縣）。

[4]節度判官：官名。唐五代方鎮僚屬，位在行軍司馬下。分掌使衙內各曹事，並協助使職官員通判衙事。品秩不詳。　丘濤：人名。籍貫不詳。五代後晋將領，楊光遠屬官。事見《舊五代史》卷八三、卷九七。　杜延壽：人名。籍貫不詳。五代後晋將領，楊光遠屬官。事見《舊五代史》卷八三、卷九七。　楊瞻：人名。一作"楊贍"。籍貫不詳。五代後晋將領，楊光遠屬官。事見《舊五代史》卷八三、卷九七。　白延祚：人名。籍貫不詳。五代後晋將領，楊光遠屬官。事見《舊五代史》卷八三、卷九七。

[5]客省副使：官名。唐代宗朝始置。客省副長官。佐客省使掌款待外國與少數民族使者，及文武官朝見皇帝禮儀等。品秩不詳。　何延祚：人名。籍貫不詳。五代後晋將領。事見本書本卷。

[6]都將：官名。唐五代時方鎮屬將。品秩不詳。

承勳事晋爲鄭州防禦使，德光滅晋，使人召承勳至京師，責其劫父，臠而食之，乃以承信爲平盧節度使。[1]漢高祖贈光遠尚書令，封齊王，命中書舍人張正撰光遠碑銘文賜承信，使刻石于青州。[2]碑石既立，天大雷電，擊折之。

[1]鄭州：州名。治所在今河南鄭州市。

[2]尚書令：官名。秦始置。隋、唐前期爲尚書省長官，與中書令、侍中併爲宰相。唐後期多爲大臣加銜，不參與政務。正二

品。　中書舍人：官名。中書省屬官。掌起草文書、呈遞奏章、傳宣詔命等。正五品上。　張正：人名。籍貫不詳。五代後晉至後周官員。事見《舊五代史》卷一一八。

阿噔啜初非姓氏，其後改名瑊而姓楊氏。光遠初名檀，清泰二年，有司言明宗廟諱犯偏傍者皆易之，乃賜名光遠云。光遠既病禿，而妻又跛其足也，人爲之語曰："自古豈有禿瘡天子、跛脚皇后邪？"相傳以爲笑。然而召夷狄爲天下首禍，卒滅晉氏，瘡痍中國者三十餘年，皆光遠爲之也。

新五代史　卷五二

雜傳第四十

杜重威　李守貞　張彥澤

杜重威

杜重威，朔州人也。[1]其妻石氏，晉高祖之女弟，高祖即帝位，封石氏爲公主，拜重威舒州刺史，以典禁兵。[2]從侯益攻破張從賓於汜水，以功拜潞州節度使。[3]范延光反於鄴，重威從高祖攻降延光，徙領忠武，加同平章事。[4]又徙領天平，遷侍衛親軍都指揮使。[5]

[1]朔州：州名。治所在今山西朔州市朔城區。

[2]石氏：即五代後晉高祖石敬瑭之妹，五代後晉將領杜重威之妻。事見《舊五代史》卷一〇九、本書本卷。　晉高祖：即後晉高祖石敬瑭。沙陀人。五代後唐將領、後晉開國皇帝。紀見《舊五代史》卷七五至卷八〇、本書卷八。　舒州：州名。治所在今安徽潛山市。　刺史：官名。州一級行政長官。漢武帝時始置，總掌考核官吏、勸課農桑、地方教化等事。唐中期以後，節度使、觀察使轄州而設，刺史爲其屬官，職任漸輕。從三品至正四品下。

[3]侯益：人名。汾州平遥（今山西平遥縣）人。五代後唐至宋初將領。傳見《宋史》卷二五四。　張從賓：人名。籍貫不詳。五代後唐、後晉將領。傳見《舊五代史》卷九七。　汜水：縣名。治所在今河南滎陽市汜水鎮。　潞州：州名。治所在今山西長治市。　節度使：官名。唐時在重要地區所設掌握一州或數州軍事、民事、財政的長官。品秩不詳。

[4]范延光：人名。鄴郡臨漳（今河北臨漳縣）人。五代後唐、後晉將領。傳見《舊五代史》卷九七、本書卷五一。　鄴：地名。即鄴都。治所在今河北大名縣。五代後唐同光元年（923），改魏州爲興唐府，建號東京，三年改東京爲鄴都。　忠武：方鎮名。治所在陳州（今河南淮陽縣）。　同平章事：官名。全稱"同中書門下平章事"。唐高宗以後，凡實際任宰相之職者，常在其本官後加同平章事的職銜。後成爲宰相專稱。品秩不詳。

[5]天平：方鎮名。治所在鄆州（今山東東平縣）。　侍衛親軍都指揮使：官名。五代時侍衛親軍長官。多由皇帝親信擔任。品秩不詳。

安重榮反，重威逆戰于宗城，重榮爲偃月陣，重威擊之不動。[1]重威欲少却以伺之，偏將王重胤曰：[2]"兩兵方交，退者先敗。"乃分兵爲三，重威先以左右隊擊其兩翼，戰酣，重胤以精兵擊其中軍，重榮將趙彥之來奔，重榮遂大敗，走還鎮州，閉壁不敢出。[3]重威攻破之，以功拜重威成德軍節度使。[4]

[1]安重榮：人名。朔州（今山西朔州市）人。五代後唐、後晉將領。傳見《舊五代史》卷九八、本書卷五一。　宗城：縣名。治所在今河北威縣。　偃月陣：軍隊作戰時的一種陣型。部隊以中軍爲中心，左右兩翼前出，形如半月。

[2]偏將：即副將，泛指將佐等武官。　王重胤：人名。籍貫不詳。五代後晉將領。事見本書本卷。

[3]趙彦之：人名。深州（今河北深州市）人。五代後晉將領，安重榮屬官。事見《通鑑》卷二八二。　鎮州：州名。治所在今河北正定縣。

[4]成德軍：方鎮名。治所在恒州（今河北正定縣）。

重威出於武卒，無行而不知將略。破鎮州，悉取府庫之積及重榮之貲，皆没之家，高祖知而不問。及出帝與契丹絶好，契丹連歲入寇，重威閉城自守，屬州城邑多所屠戮。[1]胡騎驅其人民千萬過其城下，重威登城望之，未嘗出救。

[1]出帝：即後晉少帝石重貴。石敬瑭從子。紀見《舊五代史》卷八一至卷八五、本書卷九。　契丹：古部族、政權名。公元4世紀中葉宇文部爲前燕攻破，始分離而成單獨的部落，自號契丹。唐貞觀中，置松漠都督府，以其首領爲都督。唐末彊盛，916年迭刺部耶律阿保機建立契丹國（遼）。先後與五代、北宋並立，保大五年（1125）爲金所滅。參見張正明《契丹史略》，中華書局1979年版。

開運元年，加重威北面行營招討使。[1]明年，引兵攻泰州，破滿城、遂城。[2]契丹已去至古北，還兵擊之，重威等南走，至陽城，爲虜所困，賴符彦卿、張彦澤等因大風奮擊，契丹大潰。[3]諸將欲追之，重威爲俚語曰："逢賊得命，更望複子乎？"乃收馬馳歸。

[1]開運：後晉出帝石重貴年號（944—946）。　行營招討使：官名。唐始置。戰時任命，兵罷則省。常以大臣、將帥或地方軍政長官兼任。掌招撫、討伐等事務。品秩不詳。

[2]泰州：州名。治所在今河北保定市。原作"秦州"，中華點校本據浙江本、宗文本、《舊五代史》卷一〇九、《通鑑》卷二八四改，今從。　滿城：縣名。治所在今河北保定市滿城區。　遂城：縣名。治所在今河北徐水縣。

[3]古北：地名。即古北口。位於今北京市密雲區。　陽城：地名。位於今河北保定市清苑區陽城鎮。五代營壘之地。《通鑑》卷二八四載："晉軍至陽城，庚申，契丹大至。晉軍與戰，逐北十餘里，契丹逾白溝而去。"　符彥卿：人名。陳州宛丘（今河南淮陽縣）人。後唐將領符存審之子。五代至宋初將領。後周世宗宣懿皇后、宋太宗懿德皇后，皆符彥卿之女。傳見《宋史》卷二五一。

張彥澤：人名。突厥人，徙居太原。五代後晉將領，後投降契丹。傳見《舊五代史》卷九八、本書本卷。

　　重威居鎮州，重斂其民，戶口彫敝，又懼契丹之至，乃連表乞還京師，未報，亟上道，朝廷莫能止，即拜重威爲鄴都留守。[1]而鎮州所留私粟十餘萬斛，殿中監王欽祚和市軍儲，[2]乃録以聞，給絹數萬匹以償之，重威大怒曰："吾非反者，安得籍没邪！"[3]

[1]留守：官名。在都城、陪都或軍事重鎮所設留守，由地方行政長官兼任。品秩不詳。

[2]殿中監：官名。殿中省長官。掌宫廷供奉之事。從三品。　王欽祚：人名。籍貫不詳。五代後晉官員。事見《舊五代史》卷八〇、卷一〇九。　和市：又稱"和買"。政府向百姓收購貨物。

[3]籍没：登記並没收犯人家口、財產入官。"籍"，原作

"藉",據殿本改。

　　三年秋,契丹高牟翰詐以瀛州降,[1]復以重威爲北面行營招討使。是秋,天下大水,霖雨六十餘日,飢殍盈路,居民拆屋木以供爨,[2]剉稿席以秣馬牛,[3]重威兵行泥潦中,調發供饋,遠近愁苦。重威至瀛州,牟翰已棄城去,重威退屯武彊。[4]契丹寇鎮、定,重威西趨中渡橋,與虜夾滹沱河而軍。[5]偏將宋彦筠、王清渡水力戰,[6]而重威按軍不動,彦筠遂敗,清戰死。轉運使李谷教重威以三脚木爲橋,[7]募敢死士過河擊賊,諸將皆以爲然,獨重威不許。

　　[1]高牟翰:人名。《遼史》作"高模翰"。渤海族人。遼朝將領。傳見《遼史》卷七六。　瀛州:州名。治所在今河北河間市。

　　[2]居民拆屋木以供爨:"屋"字原闕,中華點校本據宗文本補,今從。

　　[3]剉(cuò):同"銼"。爲磨斷、磨製類的加工方式。

　　[4]武彊:縣名。治所在今河北武强縣。

　　[5]定:州名。治所在今河北定州市。　中渡:地名。滹沱河渡口。位於今河北正定縣。　滹沱河:河流名。發源於今山西繁峙縣,東流入今河北省,過正定縣,向東流入渤海。

　　[6]宋彦筠:人名。雍丘(今河南杞縣)人。五代後梁至後周將領。傳見《舊五代史》卷一二三。　王清:人名。洺州曲周(今河北曲周縣)人。五代後唐、後晋將領。傳見《舊五代史》卷九五、本書卷三三。

　　[7]轉運使:官名。唐、五代時期負責軍需物資的籌集、調運、供給。品秩不詳。　李谷:人名。潁州汝陰(今安徽阜陽市)。五

代至宋初官員，後周宰相。傳見《宋史》卷二六二。

契丹遣騎兵夜並西山擊欒城，[1]斷重威軍後。是時，重威已有異志，而糧道隔絕，乃陰遣人詣契丹請降。契丹大悅，許以中國與重威爲帝，重威信以爲然，乃伏甲士，召諸將告以降虜。諸將愕然，以上將先降，乃皆聽命。重威出降表使諸將書名，乃令軍士陣于柵外，軍士猶喜躍以爲決戰，重威告以糧盡出降，軍士解甲大哭，聲震原野。契丹賜重威赭袍，使衣以示諸軍，拜重威太傅。[2]

[1]欒城：縣名。治所在今河北石家莊市欒城區。
[2]赭袍：赭黃袍，天子所服之袍。　太傅：官名。與太師、太保合稱三師，唐後期、五代多爲大臣、勳貴加官。正一品。

契丹犯京師，重威以晉兵屯陳橋，[1]士卒凍餓，不勝其苦。重威出入道中，市人隨而詬之，重威俛首不敢仰顧。契丹據京師，率城中錢帛以賞軍，將相皆不免，重威當率萬緡，乃訴於契丹曰："臣以晉軍十萬先降，乃獨不免率乎？"契丹笑而免之，遣還鄴都。明年，契丹北歸，重威與其妻石氏詣虜帳中爲別。

[1]陳橋：地名。位於開封城外。

漢高祖定京師，拜重威太尉、歸德軍節度使，重威懼，不受命。[1]遣高行周攻之，[2]不克，高祖乃自將攻之。遣給事中陳同以詔書召之，[3]重威不聽命，而漢兵數敗，圍之百餘日。初，契丹留燕兵千五百人在京師，高祖自太原入，告者言其將反，高祖悉誅於繁臺，[4]其亡者奔于鄴。燕將張璉先以兵二千在鄴，[5]聞燕兵見殺，乃勸重威固守。高祖已殺燕兵，悔之，數遣人招璉等，璉登城呼曰："繁臺之誅，燕兵何罪？既無生理，請以死守！"

[1]漢高祖：即後漢開國皇帝劉知遠。太原（今山西太原市）人，沙陀族。紀見《舊五代史》卷九九、卷一〇〇及本書卷一〇。太尉：官名。與司徒、司空並爲三公，唐後期、五代多爲大臣、勛貴加官。正一品。　　歸德軍：方鎮名。治所在宋州（今河南商丘市）。本後梁宣武軍，後唐改名歸德軍。

[2]高行周：人名。媯州懷戎（今河北懷來縣）人。五代後唐至後周將領。傳見《舊五代史》卷一二三、本書卷四八。

[3]給事中：官名。秦始置。隋唐以來，爲門下省屬官。掌讀署奏抄，駁正違失。正五品上。　　陳同：人名。《舊五代史》卷一〇九作"陳觀"，《考異》曰："陳觀，歐陽史避私諱作陳同。"按，歐陽脩的父親名歐陽觀，其説是。陳觀，籍貫不詳。五代後晋至後周官員，仕後周爲知開封府事。事見《舊五代史》卷一一二、卷一二九。

[4]繁臺：地名。又稱禹王臺。位於今河南開封市。

[5]張璉：人名。籍貫不詳。遼國將領。事見《舊五代史》卷一〇九。

重威食盡，屑麴而食，民多逾城出降，皆無人色。重威乃遣判官王敏及其妻子相次請降，[1]高祖許之。重威素服出見高祖，高祖赦重威，拜檢校太師、守太傅、兼中書令。[2]悉誅璉及重威將吏，而錄其私帑，以重威歸京師。

[1]重威乃遣判官王敏及其妻子相次請降："子"字原闕，中華點校本據宗文本補，今從。判官，官名。唐、五代方鎮僚屬，位在行軍司馬下。分掌使衙内各曹事，並協助使職官員通判衙事。品秩不詳。王敏，人名。單州金鄉（今山東金鄉縣）人。五代後晉時爲杜重威屬官，後周時任刑部侍郎、司農卿等職。傳見《舊五代史》卷一二八。

[2]檢校太師：官名。爲散官或加官，以示恩寵，無實際執掌。太師，與太傅、太保並爲三師。 太傅：官名。與太師、太保並爲三師。 中書令：官名。漢代始置，隋、唐前期爲中書省長官，屬宰相之職；唐後期多爲授予元勳大臣的虛銜。正二品。

高祖病甚，顧大臣曰："善防重威！"高祖崩，祕不發喪，大臣乃共誅之，及其子弘璋、弘璨、弘璲尸於市，[1]市人蹴而詬之，吏不能禁，支裂蹈踐，斯須而盡。

[1]弘璋、弘璨、弘璲：人名。皆杜重威之子。事見《舊五代史》卷一〇九。

李守貞

李守貞，河陽人也。[1]晉高祖鎮河陽，[2]以爲客將，其後嘗從高祖，高祖即位，拜客省使。監馬全節軍破李金全於安州，以功拜宣徽使。[3]

[1]河陽：縣名。治所在今河南孟州市。

[2]河陽：方鎮名。全稱"河陽三城"。治所在孟州（今河南孟州市）。　客將：官名。亦稱典客。唐末、五代藩鎮負責接待使節、賓客、出使等外交職責的武官。品秩不詳。詳見吴麗娱《試論晚唐五代的客將、客司與客省》，《中國史研究》2002年第4期。客省使：官名。客省長官。唐代宗時始置，五代沿置。掌接待四方奏計及外族使者。品秩不詳。

[3]監軍：官名。爲臨時差遣，代表朝廷協理軍務、督察將帥。唐、五代時常以宦官爲監軍。品秩不詳。　馬全節：人名。魏郡元城（今河北大名縣）人。五代後唐、後晋將領。傳見《舊五代史》卷九〇、本書卷四七。　李金全：人名。吐谷渾族，早年爲後唐明宗李嗣源奴僕，驍勇善戰，因功升遷。後晋時封安遠軍節度使，後投奔南唐。傳見《舊五代史》卷九七、本書卷四八。　安州：州名。治所在今湖北安陸市。　宣徽使：官名。唐始置。宣徽南院使、北院使通稱宣徽使。初用宦官，五代以後改用士人。通掌内諸司及三班内侍之名籍，郊祀、朝會、宴享供帳之儀，檢視内外進奉名物。品秩不詳。參見王永平《論唐代宣徽使》，《中國史研究》1995年第1期；王孫盈政《再論唐代的宣徽使》，《中華文史論叢》2018年第3期。

出帝即位，楊光遠反，[1]召契丹入寇。守貞領義成軍節度使，爲侍衛親軍都虞候，從出帝幸澶州。[2]麻答以奇兵入鄆州，渡馬家口，栅於河東。[3]守貞馳往破之，契丹兵多溺死，獲馬數百匹，裨將七十餘人。徙領泰寧軍節度使，[4]以兵二萬討之。光遠降，其故吏宋顔悉取光遠寶貨、名姬、善馬獻之守貞，[5]守貞德之，陰置顔麾下。是時，凡出師破賊，必有德音赦其餘類。[6]而光遠黨與十餘人皆亡命，捕之甚急，樞密使桑維翰緩其制書，久而不下。[7]言事者告顏匿守貞所，詔取顏殺之，守貞大怒，乃與維翰有隙。

[1]楊光遠：人名。沙陀人。五代後唐、後晉將領。傳見《舊五代史》卷九七、本書卷五一。

[2]義成軍：方鎮名。亦稱永平軍。治所在滑州（今河南滑縣）。　侍衛親軍都虞候：官名。五代侍衛親軍馬步軍統兵官，位僅次於馬步軍都指揮使、副都指揮使。品秩不詳。　澶州：州名。唐、五代初，治所在河南清豐縣。後晉天福四年（939），移治於今河南濮陽縣。

[3]麻答：人名。即耶律拔里得。契丹人。遼初皇室，遼太宗耶律德光堂弟。傳見《遼史》卷七六。參見鄧廣銘（署名鄺又銘）《遼史兵衛志"御帳親軍""大首領部族軍"兩事目考源》，《北京大學學報》（人文科學版）1956年第2期。　鄆州：州名。治所在今山東東平縣。　馬家口：地名。即馬家渡。五代黃河渡口。位於今山東鄄城縣一帶。　河東：方鎮名。治所在太原（今山西太原市）。

[4]泰寧軍：方鎮名。治所在兗州（今山東濟寧市兗州區）。

[5]宋顏：人名。籍貫不詳。五代後晉官員，為楊光遠屬下之孔目官。事見《舊五代史》卷一〇九。

[6]德音：詔書的一種。唐宋時期皇帝發布德政時所用，如大赦囚徒、賑救災荒等。

[7]黨與：即"黨羽"。同黨之人。　樞密使：官名。樞密院長官。唐代宗時始以宦官掌機密，至昭宗時借朱溫之力盡誅宦官，始改以士人任樞密使。備顧問，參謀議，出納詔奏，權侔宰相。品秩不詳。參見李全德《唐宋變革期樞密院研究》，北京圖書館出版社2009年版。　桑維翰：人名。洛陽（今河南洛陽市）人。五代

後唐進士，後晉宰相、樞密使。傳見《舊五代史》卷八九、本書卷二九。　制書：帝王命令的一種。唐制，凡行大賞罰，授大官爵，釐革舊政，赦宥慮囚，皆用制書。由中書舍人起草擬定。禮儀等級較高。

賊平行賞，守貞悉以籥茶、染木給之，[1]軍中大怒，以帛裹之爲人首，梟於木間，曰："守貞首也。"守貞以功拜同平章事，賜以光遠舊第，守貞取旁官民舍大治之，爲京師之甲。出帝臨幸，燕錫恩禮，出於諸將。

[1]籥（yuè）茶：變質或陳腐之茶葉。

契丹入寇，出帝再幸澶州，杜重威爲北面招討使，守貞爲都監。[1]晉兵素驕，而守貞、重威爲將皆無節制，行營所至，居民豢圈一空，至於草木皆盡。其始發軍也，有賜賚，曰"掛甲錢"，及班師，又加賞勞，曰"卸甲錢"，出入之費，常不下三十萬，由此晉之公私重困。守貞與重威等攻下泰州，[2]破滿城，殺二千餘人。還，爲侍衛親軍都指揮使，領天平軍節度使，又領歸德。[3]

[1]都監：官名。唐代中葉命將出征，常以宦官爲監軍、都監。後爲臨時委任的統兵官，稱都監、兵馬都監。掌屯戍、邊防、訓練之政令。品秩不詳。
[2]守貞與重威等攻下泰州："泰州"，原作"秦州"，中華點校本據宗文本改，今從。
[3]侍衛親軍都指揮使：官名。五代時侍衛親軍長官。多由皇

帝親信擔任。品秩不詳。　歸德：方鎮名。治所在宋州（今河南商丘市）。

是時，出帝遣人以書招趙延壽使歸國，[1]延壽詐言思歸，願得晉兵爲應，而契丹高牟翰亦詐以瀛州降，出帝以爲然，命杜重威等將兵應之。初，晉大臣皆言重威不忠，有怨望之心，不可用，乃用守貞。是時，重威鎮魏州，[2]守貞嘗將兵往來過魏，重威待之甚厚，多以戈甲金帛奉之。出帝嘗謂守貞曰："卿常以家財散士卒，可謂忠於國者乎！"守貞謝曰："皆重威與臣者。"因請與重威俱北。於是卒以重威爲招討使，守貞爲都監，屯于武彊。契丹寇鎮、定，守貞等軍於中渡，遂與重威降于契丹。契丹以守貞爲司徒。[3]契丹犯京師，拜守貞天平軍節度使。

[1]趙延壽：人名。常山（今河北正定縣）人。本姓劉，爲後唐將領趙德鈞養子。仕至後唐樞密使，遼朝幽州節度使、燕王。傳見《舊五代史》卷九八。

[2]魏州：州名。治所在今河北大名縣。

[3]司徒：官名。與太尉、司空並爲三公。唐後期、五代多爲大臣、勛貴加官。正一品。

漢高祖入京師，守貞來朝，拜太保、河中節度使。[1]高祖崩，杜重威死，守貞懼，不自安，以謂漢室新造，隱帝初立，天下易以圖，而門下僧總倫以方術陰干守貞，爲言有非常之相，守貞乃決計反。[2]而趙思綰先以京兆反，遣人以赭黃衣遺守貞，守貞大喜，以爲天人皆應，乃發兵西據潼關，招誘草寇，所在竊發。[3]漢遣白文珂、常思等出軍擊之。[4]已而王景崇又以鳳翔反，[5]景崇與思綰遣人推守貞爲秦王，守貞拜景崇等官爵。又遣人間以蠟丸書遺吳、蜀、契丹，使出兵以牽漢。[6]

[1]太保：官名。與太師、太傅並爲三師。唐後期、五代多爲大臣、勛貴加官。正一品。　河中：方鎮名。治所在河中府（今山西永濟市）。

[2]隱帝：即後漢隱帝劉承祐。後漢高祖劉知遠次子。紀見《舊五代史》卷一〇一至卷一〇三、本書卷一〇。　總倫：人名。籍貫不詳。五代後晉、後漢時僧人，李守貞門下客。事見本書本卷、《通鑑》卷二八八。

[3]趙思綰：人名。魏州（今河北大名縣）人。五代將領。傳見《舊五代史》卷一〇九、本書卷五三。　京兆：府名。治所在今陝西西安市。　潼關：關隘名。位於今陝西潼關縣。

[4]白文珂：人名。太原（今山西太原市）人。五代後唐至後周將領。傳見《舊五代史》卷一二四。　常思：人名。太原（今山西太原市）人。五代將領。傳見《舊五代史》卷一二九、本書卷四九。

[5]王景崇：人名。邢州（今河北邢臺市）人。五代後漢時升任鳳翔節度使。傳見本書卷五三。　鳳翔：方鎮名。治所在鳳翔府（今陝西鳳翔縣）。

[6]蠟丸：以蠟密封成球狀的文書。可保密防濕。　吳：五代十國之吳國。此處指南唐。後晉天福二年（937），吳主楊溥禪位於徐知誥，知誥即皇帝位於金陵，史稱南唐。　蜀：五代十國之後蜀。後唐清泰元年（934），蜀王孟知祥稱帝於成都（今四川成都

市），國號蜀，史稱後蜀。轄境相當於今四川和陝西南部、甘肅東南部、湖北西南部。事見《舊五代史》卷一三六《僭僞列傳》、本書卷六四《後蜀世家》。

文珂等攻景崇、思綰等久無功，隱帝乃遣樞密使郭威率禁兵將文珂等督攻之。[1]諸將皆請先擊思綰、景崇，威計未知所向。行至華州，節度使扈彥珂謂威曰：[2]"三叛連衡，以守貞爲主，守貞先敗，則思綰、景崇可傳聲而破矣。若捨近圖遠，使守貞出兵于後，思綰、景崇拒戰于前，則漢兵屈矣。"威以爲然，遂先擊守貞。

[1]郭威：人名。邢州堯山（今河北隆堯縣）人。五代後周開國皇帝，廟號太祖。紀見《舊五代史》卷一一〇至卷一一三、本書卷一一。

[2]華州：州名。治所在今陝西渭南市華州區。 扈彥珂：人名。代州雁門（今山西代縣）人。五代後晉至宋朝將領。傳見《宋史》卷二五四。

是時，馮道罷相居河陽，[1]威初出兵，過道家問策，道曰："君知博乎？"[2]威少無賴，好蒲博，以爲道譏之，艴然而怒。道曰："凡博者錢多則多勝，錢少則多敗，非其不善博，所以敗者，勢也。今合諸將之兵以攻一城，較其多少，勝敗可知。"威大悟，謀以遲久困之，乃與諸將分爲三栅，栅其城三面，而闕其南，發五縣丁夫築長城以連三栅。守貞出其兵壞長城，威輒補其所壞，守貞輒出争之，守貞兵常失十三四，如此逾年，守貞城中兵無幾，而食又盡，殺人而食。威曰："可矣。"乃爲期日，督兵四面攻而破之。

[1]馮道：人名。瀛州景城（今河北滄州市）人。五代時官拜宰相，歷仕後唐、後晉、後漢、後周，亦曾臣事契丹。傳見《舊五代史》卷一二六、本書卷五四。
[2]博：通"簙"。古代的一種棋戲。

初，守貞召總倫問以濟否，總倫曰："王當自有天下，然分野方災，[1]俟殺人垂盡，則王事濟矣。"守貞以爲然。嘗會將吏大飲，守貞指畫虎圖曰："吾有天命者中其掌。"引弓一發中之，將吏皆拜賀，守貞益以自負。

[1]分野：古代將二十八宿與地域相聯繫，以星宿之運行，比附對應地域之吉凶。其在星宿稱分星，其在相應地域稱分野。

及城破，[1]守貞與妻子自焚，漢軍入城，於煙燼中斬其首，傳送京師，梟於南市，其餘黨皆磔之。[2]

[1]及城破："及"字原闕，中華點校本據宗文本、《詳節》卷七補，今從。
[2]南市：地名。位於開封城內。 磔：分裂肢體以殺人示衆。

張彥澤
張彥澤，其先突厥部人也。[1]後徙居陰山，[2]又徙太原。彥澤爲人驍悍殘忍，目睛黃而夜有光，顧視如猛獸。以善射爲騎將，數從莊宗、明宗戰伐。[3]與晉高祖連姻，高祖時，已爲護聖右廂都指揮使、曹州刺史。[4]與討范延光，拜鎮國軍節度使，歲中，徙鎮彰義。[5]

[1]突厥：部族名。6至8世紀活躍於北亞和中亞，稱雄於漠北、西域。隋文帝開皇二年（582），突厥汗國分裂爲東突厥、西突厥。唐中期以後西突厥、東突厥均已衰落。

[2]陰山：山名。即今内蒙古陰山山脈。

[3]莊宗：即五代後唐莊宗李存勖。沙陀人。後唐建立者。紀見《舊五代史》卷二七至卷三四、本書卷五。 明宗：即五代後唐明宗李嗣源。沙陀人。原名邈佶烈，李克用養子。926年至933年在位。紀見《舊五代史》卷三五至卷四四、本書卷六。

[4]護聖右廂都指揮使：官名。所部統兵將領。護聖，禁軍番號，分左右廂。五代軍隊編制，五百人爲一指揮，設指揮使、副指揮使；十指揮爲一軍，設都指揮使、副都指揮使。品秩不詳。 曹州：州名。治所在今山東曹縣西北。

[5]范延光：人名。相州臨漳（今河北臨漳縣）人。五代後唐、後晉將領。傳見《舊五代史》卷九七、本書卷五一。 鎮國軍：方鎮名。後梁開平二年（908），改保義軍爲鎮國軍，治所在陝州（今河南三門峽市陝州區）。後唐同光元年（923）改感化軍爲鎮國軍，治所在華州（今陝西渭南市華州區）。 彰義：方鎮名。治所在涇州（今甘肅涇川縣）。

爲政暴虐，常怒其子，數笞辱之。子逃至齊州，[1]州捕送京師，高祖以歸彥澤。彥澤上章請殺之，其掌書記張式不肯爲作章，[2]屢諫止之。彥澤怒，引弓射式，式走而免。式素爲彥澤所厚，多任以事，左右小人皆素嫉之，因共讒式，且迫之曰："不速去，當及禍。"式乃出奔。彥澤遣指揮使李興以二十騎追之，[3]戒曰："式不肯來，當取其頭以來！"式至衍州，刺史以兵援之邠州，節度使李周留式，馳騎以聞，詔流式商州。[4]彥澤遣司馬鄭元昭詣闕論請，[5]期必得式，且曰："彥澤若不得張式，患在不測。"高祖不得已，與之。彥澤得式，剖心、決口、斷手足而斬之。

[1]齊州：州名。治所在今山東濟南市。

[2]掌書記：官名。唐五代方鎮僚屬，位在判官下。掌表奏書檄、文辭之事。品秩不詳。　張式：人名。籍貫不詳。五代後晋時地方官員。事見《舊五代史》卷八〇。

[3]指揮使：官名。唐末五代方鎮多置都指揮使、指揮使，爲統兵將領。品秩不詳。　李興：人名。籍貫不詳。五代後晋時地方將領。事見《舊五代史》卷九八。

[4]衍州：州名。治所在今甘肅寧縣。　邠州：州名。治所在今陝西彬縣。　李周：人名。邢州內丘（今河北內丘縣）人。五代後唐、後晋將領。傳見《舊五代史》卷九一、本書卷四七。　商州：州名。治所在今陝西商洛市商州區。

[5]司馬：官名。即行軍司馬。方鎮屬官。掌軍籍符伍、號令印信，是藩鎮重要的軍政官員。品秩不詳。　鄭元昭：人名。籍貫不詳。五代後晋時地方官員。事見《舊五代史》卷九八。

高祖遣王周代彥澤，以爲右武衛大將軍。[1]周奏彥澤所爲不法者二十六條，并述涇人殘敝之狀，式父鐸詣闕訴冤，諫議大夫鄭受益、曹國珍，尚書刑部郎中李濤、張麟，員外郎麻麟、王禧伏閣上疏，論彥澤殺式之冤，皆不省。[2]濤見高祖切諫，高祖曰："彥澤功臣，吾嘗許其不死。"濤厲聲曰:"彥澤罪若可容,延光鐵券何在!"[3]高祖怒,起去,濤隨之諫不已,高祖不得已,召式父鐸、弟守貞、子希範等,[4]皆拜以官,爲蠲涇州民稅,免其雜役一年,下詔罪己,然彥澤止削階、降爵而已。於是國珍等復與御史中丞王易簡率三院御史詣閤門連疏論之,不報。[5]

[1]王周:人名。魏州(今河北大名縣)人。五代後唐、後晉、後漢將領。傳見《舊五代史》卷一〇六、本書卷四八。 右武衛大將軍:官名。唐置,掌宮禁宿衛。唐代置十六衛,即左右衛、左右驍衛、左右武衛、左右威衛、左右領軍衛、左右金吾衛、左右監門衛、左右千牛衛。各置上將軍,從二品;大將軍,正三品;將軍,從三品。

[2]涇:州名。治所在今甘肅涇川縣。 鐸:人名。即張鐸。張式之父。事見《舊五代史》卷八〇。 諫議大夫:官名。秦始置,掌朝政議論。隋唐仍置,有左、右諫議大夫各四人,分屬門下、中書二省。掌諫諭得失,侍從贊相。唐後期、五代多以本官領他職。正四品下。 鄭受益:人名。鄭州滎陽(今河南滎陽市)人。唐朝宰相鄭餘慶之曾孫。五代後梁至後晉官員。傳見《舊五代史》卷九六。 曹國珍:人名。幽州固安(今河北固安縣)人。五代後晉官員。傳見《舊五代史》卷九三。 尚書刑部郎中:官名。尚書省刑部頭司刑部司長官。掌司法及審覆大理寺及州府刑獄。從五品上。 李濤:人名。唐朝宗室。五代後唐至宋初官員。傳見《宋史》卷二六二。 張麟:人名。籍貫不詳。五代後晉官員。事見《舊五代史》卷八〇、卷八九。 員外郎:官名。尚書省郎官之一。爲郎中的副職,協助負責諸司事務。從六品上。 麻麟:人名。籍貫不詳。五代後晉官員。事見《舊五代史》卷八〇。原作"麻濤",中華點校本據宗文本、《舊五代史》卷八〇、《册

府》卷四六〇改，今從。　王禧：人名。籍貫不詳。五代後晉時官員。事見《舊五代史》卷八〇、卷一一一。　不省：不省悟改正。

[3]鐵券：皇帝頒賜給功臣的鐵製詔令文書，功臣本人及後世如有犯罪，以此券爲證，即可推念其功而予以赦減。

[4]守貞：人名。即張守貞。張式之弟。事見《舊五代史》卷八〇。　希範：人名。即張希範。張式之子。事見《舊五代史》卷八〇。

[5]御史中丞：官名。如不置御史大夫，則爲御史臺長官。掌司法監察。正四品下。　王易簡：人名。京兆（今陝西西安市）人。五代後梁進士，五代、宋初大臣。傳見《宋史》卷二六二。　三院御史：唐五代御史臺分三院，侍御史所居爲臺院，殿中侍御史所居爲殿院，監察御史所居爲察院，統稱三院御史。　閣門：唐代大明宮之正殿（宣政殿）、內殿（紫宸殿）以東、西上閣門相連，閣門遂爲外朝、內朝之分界。五代宮殿承唐制，亦設閣門。原作"閤門"，中華點校本逕作"閣門"，今據文意及中華點校本改。

　　出帝時，彥澤爲左龍武軍大將軍，遷右武衛上將軍，又遷右神武統軍。[1]自契丹與晉戰河北，彥澤常在兵間，[2]數立戰功，拜彰國軍節度使。[3]與契丹戰陽城，[4]爲契丹所圍，而軍中無水，鑿井輒壞，又天大風，契丹順風揚塵奮擊甚銳，軍中大懼。彥澤以問諸將，諸將皆曰："今虜乘上風，而吾居其下，宜待風回乃可戰。"彥澤以爲然。諸將皆去。偏將藥元福獨留，[5]謂彥澤曰："今軍中飢渴已甚，若待風回，吾屬爲虜矣！且逆風而戰，敵人謂我必不能，所謂出其不意。"彥澤即拔拒馬力戰，契丹奔北二十餘里，追至衛村，又大敗之，契丹遯去。[6]

[1]右神武統軍：官名。唐代右神武軍統兵官。唐置六軍，分左、右羽林，左、右龍武，左、右神武等，即"北衙六軍"。興元元年（784），六軍各置統軍，以寵功勳臣。其品秩，《唐會要》卷七一、《舊唐書》卷一二記載爲"從二品"，《通鑑》卷二二九記載爲"從三品"。

[2]彥澤常在兵間："常"字原闕，中華點校本據宗文本補，今從。

[3]彰國軍：方鎮名。治所在應州（今山西應縣）。

[4]陽城：地名。位於今河北保定市清苑區陽城鎮。五代營壘之地。《通鑑》卷二八四載："晋軍至陽城，庚申，契丹大至。晋軍與戰，逐北十餘里，契丹逾白溝而去。"

[5]藥元福：人名。晋陽（今山西太原市）人。五代後唐至宋初將領。傳見《宋史》卷二五四。

[6]拒馬：木製可移動障礙器械，用於阻攔人馬通行。　衛村：地名。位於今河北保定市清苑區。

　　開運三年秋，杜重威爲都招討使，李守貞兵馬都監，彥澤馬軍都排陣使。[1]彥澤往來鎮、定之間，敗契丹于泰州，斬首二千級。重威、守貞攻瀛州不克，退及武彊，聞契丹空國入寇，惶惑不知所之，而彥澤適至，言虜可破之狀，乃與重威等西趨鎮州。彥澤爲先鋒，至中渡橋，已爲虜所據，彥澤猶力戰爭橋，燒其半，虜小敗却，乃夾河而寨。

[1]開運：後晋出帝石重貴年號（944—946）。　馬軍都排陣使：官名。唐節度使所屬武官中有排陣使，五代後梁以後設於諸軍，爲先鋒之職。品秩不詳。參見王軼英《中國古代排陣使述論》，《西北大學學報》2010年第6期。

十二月丙寅，重威、守貞叛降契丹，彥澤亦降。耶律德光犯闕，遣彥澤與傅住兒以二千騎先入京師，彥澤倍道疾驅，至河，銜枚夜渡。[1]壬申夜五鼓，自封丘門斬關而入。[2]有頃，宮中火發，出帝以劍擁後宮十餘人將赴火，爲小吏薛超所持。[3]彥澤自寬仁門傳德光與皇太后書入，[4]乃滅火。大内都點檢康福全宿衛寬仁門，[5]登樓覘賊，彥澤呼而下之，諸門皆啓。彥澤頓兵明德樓前，[6]遣傅住兒入傳戎王宣語，帝脱黄袍，素服再拜受命。使人召彥澤，彥澤謝曰："臣無面目見陛下。"復使召之，彥澤笑而不答。

[1]耶律德光：人名。契丹人。遼太祖耶律阿保機次子。遼朝太宗皇帝。927年至947年在位。紀見《遼史》卷三至卷四。　傅住兒：人名。籍貫不詳。遼國將領。事見本書本卷。

[2]封丘門：城門名。位於今河南開封市。

[3]薛超：人名。籍貫不詳。五代後晉將領。事見《舊五代史》卷八五。

[4]寬仁門：宮城門。爲開封城之宮城東門。位於今河南開封市。　皇太后：指五代後唐明宗之女、後晉高祖石敬瑭之妻李皇后。代北沙陀人。傳見《舊五代史》卷八六、本書卷一七。

[5]大内都點檢：官名。五代後唐始置，凡車駕行幸及出征則置。後周世宗顯德中選驍勇之士充殿前諸班，改稱殿前都點檢。品秩不詳。　康福全：人名。籍貫不詳。五代後晉將領。事見《舊五代史》卷八五。

[6]明德樓：城樓名。位於今河南開封市。

明日，遷帝於開封府，帝與太后、皇后肩輿，宫嬪、宦者十餘人皆步從。[1]彥澤遣控鶴指揮使李筠以兵監守,[2]內外不通。帝與太后所上德光表章,皆先示彥澤乃敢遣。帝取內庫帛數段,[3]主者曰:"此非帝有也。"不與。又使求酒於李崧,[4]崧曰:"臣家有酒非敢惜,慮陛下憂躁,飲之有不測之虞,所以不敢進。"帝姑烏氏公主私賂守門者,[5]得入與帝訣,歸第自經死。德光渡河,帝欲郊迎,彥澤不聽,遣白德光,德光報曰:"天無二日,豈有兩天子相見於道路邪!"乃止。

[1]開封府:府名。治所在今河南開封市。 皇后:此處指後晉出帝皇后馮氏。傳見《舊五代史》卷八六、本書卷一七。 肩輿:兩人肩抬的小轎。形制爲在兩長竿中設軟椅以坐人。 宮嬪:泛指後宮妃子、宮女。嬪,女官名,《周禮》有九嬪。

[2]控鶴指揮使:官名。所部統兵將領。控鶴爲禁軍番號。品秩不詳。 李筠:人名。籍貫不詳。五代後晉將領。事見《舊五代史》卷一三一。

[3]內庫:一般指皇帝私庫。如唐代大盈庫、瓊林庫等。德宗時,裴延齡又於左藏之內分建六庫,意在別儲財政盈餘,以奉帝王私欲。至德後,四方貢獻悉納入內庫,而內庫錢物亦撥出充軍費等開支。

[4]李崧:人名。深州饒陽(今河北饒陽縣)人。後晉宰相,歷仕後唐至後漢。傳見《舊五代史》卷一〇八、本書卷五七。

[5]烏氏公主:即後晉高祖石敬瑭第十一妹壽安長公主。爲後晉出帝姑母,進封衛國大長公主。因嫁與烏氏爲妻,故稱。事見《舊五代史》卷七六、卷八一及《通鑑》卷二八五。

初,彥澤至京師,李濤謂人曰:"吾禍至矣!與其逃於溝竇而不免，不若往見之。"濤見彥澤，爲俚語以自投死，彥澤笑而厚待之。

彥澤自以有功於契丹，晝夜酣飲自娛，出入騎從常數百人，猶題其旗幟曰"赤心爲主"。迫遷出帝，遂輦內庫，輸之私第，因縱軍士大掠京師。軍士邏獲罪人，彥澤醉不能問，瞋目視之，出三手指，軍士即驅出斷其腰領。皇子延煦母楚國夫人丁氏有色，[1] 彥澤使人求於皇太后，太后遲疑未與，即劫取之。彥澤與閤門使高勳有隙，[2] 乘醉入其家，殺數人而去。

[1] 皇子延煦：人名。即石延煦。後晉出帝之子。傳見本書卷一七。 楚國夫人丁氏：後晉出帝之妃子。事見《舊五代史》卷九八。

[2] 閤門使：官名。唐代中期始置，掌供朝會、贊引百官。初以宦官充任，五代改用武階。品秩不詳。 高勳：人名。籍貫不詳。五代後晉官員。事見《舊五代史》卷九八。

耶律德光至京師，聞彥澤劫掠，怒，鏁之。高勳亦自訴於德光，德光以其狀示百官及都人，問："彥澤當誅否？"百官皆請不赦，而都人爭投狀疏其惡，乃命高勳監殺之。彥澤前所殺士大夫子孫，皆縗絰杖哭，[1] 隨而詬詈，以杖朴之，彥澤俛首無一言。行至北市，[2] 斷腕出鏁，然後用刑，勳剖其心祭死者，市人爭破其腦，取其髓，齧其肉而食之。

[1] 縗（cuī）絰（dié）：喪服名。縗爲麻布所製之喪服。絰爲

絰帶，戴於頭上或束於腰間。縗絰代指服喪。

［2］北市：地名。位於今河南開封市。

嗚呼，晉之事醜矣，而惡亦極也！其禍亂覆亡之不暇，蓋必然之理爾。使重威等雖不叛以降虜，亦未必不亡。然開虜之隙，自一景延廣；[1]而卒成晉禍者，此三人也。視重威、彥澤之死，而晉人所以甘心者，可以知其憤疾怨怒於斯人者，非一日也。至於爭已戮之尸，臠其肉，剔其髓而食之，揸裂蹈踐，斯須而盡，何其甚哉！此自古未有也。然當是時，舉晉之兵皆在北面，國之存亡，繫此三人之勝敗，則其任可謂重矣。蓋天下惡之如彼，晉方任之如此，而終以不悟，豈非所謂"臨亂之君，各賢其臣"者歟？

［1］景延廣：人名。陝州（今河南三門峽市陝州區）人。五代後晉將領。傳見《舊五代史》卷八八、本書卷二九。

出版人 王兀昆亲爱

:: 中华文化促进会主持编纂

:: 国家"十一五"重点图书出版规划项目

:: 中国社会科学院考古科学研究工程重点项目出版基金项目

今注本二十四史

新五代史

五 傳〔四〕考 世家〔一〕

宋 歐陽脩 撰　宋 徐無黨 注
紀雪娟　主持校注
陳智超　審訂

中國社會科學出版社

新五代史　卷五三

雜傳第四十一

王景崇　趙思綰　慕容彥超

王景崇

王景崇，邢州人也。[1]爲人明敏巧辯，善事人。唐明宗鎮邢州，以爲牙將，其後嘗從明宗，隸麾下。明宗即位，拜通事舍人，歷引進、閤門使，[2]馳詔方鎮、監軍征伐，必用景崇。後事晉，累拜左金吾衛大將軍，[3]常怏怏人主不能用其材。晉亡，蕭翰據京師，景崇厚賂其將高牟翰以求用。[4]已而翰北歸，許王從益居京師，用景崇爲宣徽使、監左藏庫。[5]

[1]邢州：州名。治所在今河北邢臺市。

[2]通事舍人：官名。東晉始置。唐代爲中書省屬官，全稱中書通事舍人。掌殿前承宣通奏。從六品上。　引進：官名。即引進使。五代後梁始置，爲引進司長官。掌臣僚藩屬進奉禮物事宜。從五品。　閤門使：官名。唐代中期始置，掌供朝會、贊引百官。初

以宦官充任，五代改用武階。品秩不詳。

[3]左金吾衛大將軍：官名。唐置，掌宮禁宿衛。唐代置十六衛，即左右衛、左右驍衛、左右武衛、左右威衛、左右領軍衛、左右金吾衛、左右監門衛、左右千牛衛。各置上將軍，從二品；大將軍，正三品；將軍，從三品。

[4]蕭翰：人名。契丹人。遼朝宰相蕭敵魯之子，述律太后之侄，太宗皇后之兄。遼初將領。傳見《舊五代史》卷九八、《遼史》卷一一三。　京師：指汴州開封府。治所在今河南開封市。高牟翰：人名。《遼史》作"高模翰"。渤海族人。遼朝將領。傳見《遼史》卷七六。

[5]許王從益：人名。即李從益。後唐明宗幼子，封許王。947年，契丹滅後晉，立從益爲中原皇帝，國號梁。旋即爲後漢高祖所殺。傳見《舊五代史》卷五一、本書卷一五。　宣徽使：官名。唐始置。宣徽南院使、北院使通稱宣徽使。初用宦官，五代以後改用士人。通掌內諸司及三班內侍之名籍、郊祀、朝會、宴享供帳之儀，檢視內外進奉名物。品秩不詳。參見王永平《論唐代宣徽使》，《中國史研究》1995年第1期；王孫盈政《再論唐代的宣徽使》，《中華文史論叢》2018年第3期。　監左藏庫：官名。領左藏庫事。掌錢、帛、雜彩、天下賦税之出納。品秩不詳。

漢高祖起太原，景崇取庫金奔迎高祖，高祖至京師，拜景崇右衛大將軍，未之奇也。[1]高祖攻鄴，景崇不得從，乃求留守起居表，詣行在一本作宮。見高祖，願留軍中効用，爲高祖畫攻戰之策，甚有辯，高祖乃奇其材。[2]

[1]右衛大將軍：官名。唐置十六衛之一，掌宮禁宿衛。正三品。

［2］鄴：地名。即鄴都。治所在今河北大名縣。五代後唐同光元年（923），改魏州爲興唐府，建號東京，三年改東京爲鄴都。

留守起居表：皇帝外出巡幸，京城留守司需每月遣使上起居表。

行在：即行在所。指帝王行幸所在之地。

是時，漢方新造，鳳翔侯益、永興趙贊皆嘗受命契丹，[1]高祖立，益等内顧自疑，乃陰召蜀人爲助，高祖患之。[2]及已破鄴，益等懼，皆請入朝。會回鶻入貢，言爲党項所隔不得通，願得漢兵爲援，高祖遣景崇以兵迎回鶻。[3]景崇將行，高祖已疾，召入卧内戒之曰："益等已來，善矣，若猶遲疑，則以便宜圖之。"景崇行至陝，趙贊已束入朝，而蜀兵方寇南山，景崇擊破蜀兵，追至大散關而還。[4]高祖乃詔景崇兼鳳翔巡檢使。[5]

［1］鳳翔：方鎮名。治所在鳳翔府（今陝西鳳翔縣）。　侯益：人名。汾州平遥（今山西平遥縣）人。五代後唐至宋初將領。傳見《宋史》卷二五四。　永興：方鎮名。治所在京兆府（今陝西西安市）。　趙贊：人名。幽州薊（今北京市）人。五代後唐、遼朝將領趙延壽之子。五代後唐至宋初將領。傳見《宋史》卷二五四。契丹：古部族、政權名。公元4世紀中葉宇文部爲前燕攻破，始分離而成單獨的部落，自號契丹。唐貞觀中，置松漠都督府，以其首領爲都督。唐末彊盛，916年迭剌部耶律阿保機建立契丹國（遼）。先後與五代、北宋並立，保大五年（1125）爲金所滅。參見張正明《契丹史略》，中華書局1979年版。

［2］蜀：五代十國之後蜀。

［3］回鶻：部族名。原係突厥鐵勒部的一支。唐天寶三載（744）建立回鶻汗國，9世紀中葉，回鶻汗國瓦解。其中一支爲甘

州回鶻。11世紀初，甘州回鶻爲西夏所滅。參見楊蕤《回鶻時代：10—13世紀陸上絲綢之路貿易研究》，中國社會科學出版社2015年版。　党項：部族名。源出羌族，時活躍於今甘肅東部、寧夏、陝西北部一帶。參見湯開建《党項西夏史探微》，商務印書館2013年版。

[4]陝：州名。治所在今河南三門峽市陝州區。　南山：山名。即終南山。位於今陝西西安市。　大散關：關隘名。位於今陝西寶鷄市大散嶺上。

[5]巡檢使：官名。五代始置，設於京師、陪都、重要的州及邊防重鎮。品秩不詳。

　　景崇至鳳翔，侯益未有行意，而高祖崩，或勸景崇可速誅益，景崇念獨受命先帝而少主莫知，猶豫未決。益從事程遏，[1]與景崇同鄉里，有舊，往說景崇曰："吾與子爲故人，吾位不過賓佐，而子已貴矣，奈何欲以陰狡害人而取之乎？侯公父子爪牙數百，子毋妄發，禍行及矣！非吾，誰爲子言之。"於是景崇頗不欲殺益，益乃亡去，景崇大悔失不殺之。

　　[1]從事：泛指一般屬官。　程遏：人名。籍貫不詳。五代後漢時人。本書僅此一見。

　　益至京師，隱帝新立，史弘肇、楊邠等用事，益乃厚賂邠等，陰以事中景崇。[1]已而益拜開封尹，[2]景崇心不自安，諷鳳翔將吏求己領府事。朝廷患之，拜景崇邠州留後，以趙暉爲鳳翔節度使。[3]景崇乃叛，盡殺侯益家屬，與趙思綰共推李守貞爲秦王，隱帝即以趙暉討之。[4]景崇西招蜀人爲助，蜀兵至寶雞，爲暉將藥元福、李彥從所敗。[5]暉攻鳳翔，塹而圍之，數以精兵挑戰，景崇不出。暉乃令千人潛之城南一舍，僞爲蜀兵旗幟，循南山而下，聲言蜀救兵至矣，須臾塵起，景崇以爲然，乃令數千人潰圍而出以爲應。暉設伏以待之，景崇兵大敗，由是不敢復出。

[1]史弘肇：人名。鄭州榮澤（今河南鄭州市）人。五代後漢將領。傳見《舊五代史》卷一〇七、本書卷三〇。　楊邠：人名。魏州冠氏（今山東冠縣）人。五代後漢大臣。傳見《舊五代史》卷一〇七、本書卷三〇。　中：意爲"中傷"。

[2]開封尹：官名。即開封府尹。五代除後唐外均都汴州，升汴州爲開封府，置開封尹或知開封府事。執掌京師政務。從三品。

[3]邠州：州名。治所在今陝西彬縣。　留後：官名。原非正式命官，唐朝節度使入朝或宰相、親王遙領節度使不臨鎮則置。安史之亂後，節度使多以子弟或親信爲留後，以代行節度使職務，亦有軍士、叛將自立爲留後者。掌一州或數州軍政。北宋始爲朝廷正式命官。　趙暉：人名。澶州（今河南濮陽市）人。五代後唐至後周將領。傳見《舊五代史》卷一二五。　節度使：官名。唐時在重要地區所設掌握一州或數州軍事、民事、財政的長官。品秩不詳。

[4]李守貞：人名。河陽（今河南孟州市）人。五代後晉、後漢將領。傳見《舊五代史》卷一〇九、本書卷五二。　趙思綰：人名。魏州（今河北大名縣）人。五代後漢叛將。傳見《舊五代史》卷一〇九及本書本卷。

[5]寶雞：縣名。治所在今陝西寶雞市。原作"保雞"，中華點校本據浙江本、宗文本、《宋史》卷二五四改，今從。　藥元福：人名。晉陽（今山西太原市）人。五代後唐至宋初將領。傳見《宋史》卷二五四。　李彥從：人名。汾州孝義（今山西孝義市）

人。五代後漢將領。傳見《舊五代史》卷一〇六。

明年，守貞、思綰相次皆敗，景崇客周璨謂景崇曰：[1]"公能守此者，以有河中、京兆也。[2]今皆敗矣，何所恃乎？不如降也。"景崇曰："誠累君等，然事急矣，吾欲爲萬有一得之計可乎？吾聞趙暉精兵皆在城北，今使公孫輦等燒城東門僞降，[3]吾以牙兵擊其城北兵，[4]脱使不成而死，猶勝於束手也。"璨等皆然之。遲明，輦燒東門將降，而府中火起，景崇自焚矣，輦乃降暉。

[1]周璨：人名。籍貫不詳。五代後漢時人。本書僅此一見。
[2]河中：方鎮名。治所在河中府（今山西永濟市）。此處代指河中節度使李守貞。　京兆：府名。治所在今陝西西安市。此處代指占據京兆府的趙思綰。
[3]公孫輦：人名。籍貫不詳。五代後漢時人。本書僅此一見。
[4]牙兵：五代時期藩鎮親兵。參見來可泓《五代十國牙兵制度初探》，《學術月刊》1995年第11期。

趙思綰

趙思綰，魏州人也。[1]爲河中節度使趙贊牙將。漢高祖即位，徙贊鎮永興，贊入朝京師，留思綰兵數百人於永興。高祖遣王景崇至永興，與齊藏珍以兵迎回鶻，[2]陰以西事屬之。

[1]魏州：州名。治所在今河北大名縣。

[2]齊藏珍：人名。籍貫不詳。五代後漢、後周將領。傳見《舊五代史》卷一二九。

　　景崇至永興，贊雖入朝，而其所召蜀兵已據子午谷，[1]景崇用思綰兵擊走之。遂與思綰俱西，然以非己兵，懼思綰等有二心，意欲黥其面以自隨，而難言之，乃稍微風其旨。思綰厲聲請先黥以率衆，齊藏珍惡之，竊勸景崇殺思綰，景崇不聽，與俱西。

　　[1]子午谷：地名。爲關中南通漢中之要道。位於今陝西西安市長安區以南的秦嶺山中。

　　高祖遣使者召思綰等，是時侯益來朝，思綰以兵從益東歸。思綰謂其下常彥卿曰：[1]"趙公已入人手，吾屬至，并死矣，奈何？"彥卿曰："事至而變，勿預言也。"益行至永興，永興副使安友規出迎益，[2]飲于郊亭，思綰前曰："兵館城東，然將士家屬皆居城中，願縱兵入城挈其家屬。"益信之以爲然。思綰與部下入城，有州校坐於城門，思綰毆之，奪其佩刀斬之，并斬門者十餘人，遂閉門劫庫兵以叛。

　　[1]常彥卿：人名。籍貫不詳。五代後漢將領。事見《舊五代史》卷一〇九。
　　[2]副使：官名。即節度副使。唐五代方鎮屬官，位於行軍司馬之下、判官之上。品秩不詳。　安友規：人名。籍貫不詳。五代後漢將領。本書僅此一見。

高祖遣郭從義、王峻討之，[1]經年莫能下，而王景崇亦叛，與思綰俱送款於李守貞，守貞以思綰爲晉昌軍節度使。[2]隱帝遣郭威西督諸將兵，[3]先圍守貞於河中。居數月，思綰城中食盡，殺人而食，每犒宴，殺人數百，庖宰一如羊豕。思綰取其膽以酒吞之，語其下曰："食膽至千，則勇無敵矣！"

[1]郭從義：人名。沙陀人。五代後唐至北宋初將領。傳見《宋史》卷二五二。　王峻：人名。相州安陽（今河南安陽市）人。五代後漢、後周將領。傳見《舊五代史》卷一三〇、本書卷五〇。

[2]晉昌軍：方鎮名。治所在京兆府（今陝西西安市）。後晉改永平軍置，後漢改爲永興軍。

[3]郭威：人名。邢州堯山（今河北隆堯縣）人。五代後周開國皇帝。紀見《舊五代史》卷一一〇至卷一一三、本書卷一一。

思綰計窮，募人爲地道，將走蜀，其判官陳讓能謂思綰曰：[1]"公比於國無嫌，但懼死而爲此爾！今國家用兵三方，勞敝不已，誠能翻然効順，率先自歸，以功補過，庶幾有生；若坐守窮城，待死而已。"思綰然之，乃遣教練使劉珪詣從義乞降，而遣其將劉筠奉表朝廷。[2]拜思綰鎮國軍留後，[3]趣使就鎮，思綰遲留不行。蜀陰遣人招思綰，思綰將奔蜀，而從義亦疑之，乃遣人白郭威，威命從義圖之。從義因入城召思綰，趣之上道，至則擒之。思綰問曰："何以用刑？"告者曰："立釘也。"思綰厲聲曰："爲吾告郭公，吾死未足塞責，然釘磔之醜，壯夫所恥，幸少假之。"從義許之，父子俱斬於市。

[1]判官：官名。唐五代方鎮僚屬，位在行軍司馬下。分判倉曹、兵曹、騎曹、冑曹事。品秩不詳。　陳讓能：人名。籍貫不詳。五代後漢方鎮官員。本書僅此一見。

[2]教練使：官名。唐末、五代節度使屬官，諸州亦置此職。掌訓練軍士。品秩不詳。　劉珪：人名。籍貫不詳。五代後漢方鎮將領。本書僅此一見。　劉筠：人名。籍貫不詳。五代後漢方鎮將領。本書僅此一見。

[3]鎮國軍：方鎮名。後梁開平二年（908），改保義軍爲鎮國軍，治所在陝州（今河南三門峽市陝州區）。後唐同光元年（923）改感化軍爲鎮國軍，治所在華州（今陝西渭南市華州區）。

慕容彥超

慕容彥超，吐谷渾部人，漢高祖同產弟也。[1]嘗冒姓閻氏，彥超黑色胡髯，號閻崑崙。少事唐明宗爲軍校，累遷刺史。唐、晉之間，歷磁、單、濮、棣四州，[2]坐濮州造麴受賕，法當死，漢高祖自太原上章論救，得減死，流于房州。[3]

[1]吐谷渾：部族名。又稱吐渾。源出鮮卑，後游牧於今甘肅、青海一帶。參見周偉洲《吐谷渾資料輯錄》（增訂本），商務印書館2017年版。　同產弟：即同母弟。

[2]磁、單、濮、棣：皆州名。磁州治所在今河北磁縣，單州治所在今山東單縣，濮州治所在今山東鄄城縣，棣州治所在今山東惠民縣。

[3]房州：州名。治所在今湖北房縣。

契丹滅晉，漢高祖起太原，彥超自流所逃歸漢，拜鎮寧軍節度使。[1]杜重威反於魏，[2]高祖以天平軍節度使高行周爲都部署以討之，[3]以彥超爲副。彥超與行周謀議多不協，行周用兵持重，兵至城下，久之不進。彥超欲速進戰，而行周不許。行周有女嫁重威子，彥超揚言行周以女故，惜賊城而不攻，行周大怒。高祖聞二人不相得，懼有佗變，由是遽親征。彥超數以事凌辱行周，行周不能忍，見宰相涕泣，以屎塞口以自訴。高祖知曲在彥超，遣人慰勞行周，召彥超責之，又遣詣行周謝過，行周意稍解。

[1]鎮寧軍：方鎮名。後晉天福九年（944）置。治所在澶州（今河南濮陽市）。
[2]杜重威：人名。其先朔州（今山西朔州市）人，後徙居太原（今山西太原市）。五代後晉、後漢將領。傳見《舊五代史》卷一〇九、本書卷五二。
[3]天平軍：方鎮名。治所在鄆州（今山東東平縣）。 高行周：人名。媯州懷戎（今河北懷來縣）人。五代後唐至後周將領。傳見《舊五代史》卷一二三、本書卷四八。 都部署：官名。五代後唐始置，爲臨時委任的大軍區統帥。掌管屯戍、攻防等事務。品秩不詳。"都"字原闕，中華點校本據宗文本、《舊五代史》卷一〇〇補，今從。

是時，漢兵頓魏城下已久，重威守益堅，諸將皆知未可圖，方伺其隙，而彥超獨言可速攻，高祖以爲然，因自督士卒急攻，死傷者萬餘人，由是不敢復言攻。後重威出降，高祖以行周爲天雄軍節度使，[1]行周辭不敢受，高祖遣蘇逢吉諭之曰：[2]"吾當爲爾徙彥超。"行周乃受，而彥超徙鎮泰寧。[3]

[1]天雄軍：方鎮名。治所在魏州（今河北大名縣）。
[2]蘇逢吉：人名。長安（今陝西西安市）人。五代後漢宰相。傳見《舊五代史》卷一〇八、卷三〇。
[3]泰寧：方鎮名。治所在兗州（今山東濟寧市兗州區）。

隱帝已殺史弘肇等，又遣人之魏殺周太祖及王峻等，懼事不果，召諸將入衛京師。使者至兗，[1]彥超方食，釋匕箸而就道。周兵犯京師，開封尹侯益謂隱帝曰："北兵之來，其家屬皆在京師，宜閉門以挫其銳，遣其妻子登陴以招北兵，可使解甲。"彥超誚益曰："益老矣！此懦夫之計也。"隱帝乃遣彥超副益，將兵于北郊。周兵至，益夜叛降于周。彥超力戰于七里，隱帝出勞軍，太后使人告彥超善衛帝，彥超大言報曰："北兵何能爲？當於陣上喝坐使歸營。"又謂隱帝曰："官家宮中無事，明日可出觀臣戰。"明日隱帝復出勞軍，彥超戰敗奔兗州，隱帝遇弒于北郊。

[1]兗：州名。治所在今山東濟寧市兗州區。

周太祖入立，彥超不自安，數有所獻，太祖報以玉帶，又賜詔書安慰之，呼彥超爲弟而不名，又遣翰林學士魯崇諒往慰諭之，[1]彥超心益疑懼。已而劉旻自立于太原，出兵攻晉、絳，[2]太祖遣王峻用兵西方，彥超乘間亦謀反，遣押衙鄭麟至京師求入朝，[3]太祖知其詐，手詔許之。彥超復稱管內多盜而止，又爲高行周所與書以進，其辭皆指斥周過失，若欲共反者。太祖驗其印文僞，以書示行周。彥超又遣人南結李昇，昇爲出兵攻沭陽，[4]爲周兵所敗，而劉旻攻晉、絳不克，解去。太祖乃遣侍衛步軍指揮使曹英、客省使向訓討之，[5]彥超閉城自守。

[1]翰林學士：官名。由南北朝始設之學士發展而來，唐玄宗改翰林供奉爲翰林學士，備顧問，代王言，掌拜免將相、號令征伐等詔令的起草。品秩不詳。　魯崇諒：人名。其先楚州山陽（今江蘇淮安市淮安區）人，後徙於陝。五代、宋初官員。傳見《宋史》卷二六九。

[2]劉旻：人名。初名崇。沙陀人。後漢高祖劉知遠從弟。北漢國建立者。傳見《舊五代史》卷一三五、本書卷七〇。　晉：州名。治所在今山西臨汾市。　絳：州名。治所在今山西新絳縣。

[3]押衙：官名。"押衙"即"押牙"。唐五代時期節度使辟署的屬官。掌領方鎮儀仗侍衛。品秩不詳。參見劉安志《唐五代押牙（衙）考略》，《魏晉南北朝隋唐史資料》第16輯，1998年。　鄭麟：人名。籍貫不詳。五代後唐方鎮官員。事見本書本卷。

[4]李昇：人名。徐州（今江蘇徐州）人。五代南唐國建立者。傳見《舊五代史》卷一三四、本書卷六二。　沭陽：縣名。治所在今江蘇沭陽縣。原作"沐陽"，據《舊五代史》卷一一二改。

[5]侍衛步軍指揮使：官名。當爲"侍衛步軍都指揮使"。五代時皇帝親軍侍衛步軍司長官。品秩不詳。　曹英：人名。常山真

定（今河北正定縣）人。五代後唐至後周將領。傳見《舊五代史》卷一二九。　客省使：官名。客省長官。唐代宗時始置，五代沿置。掌接待四方奏計及外族使者。品秩不詳。　向訓：人名。避後周恭帝諱，改名向拱。懷州河內（今河南沁陽市）人。五代、宋初將領。傳見《宋史》卷二五五。

初，彥超之反也，判官崔周度諫曰：[1]"魯，詩書之國也，自伯禽以來未有能霸者，然以禮義守之而長世者多矣。今公英武，一代之豪傑也，若量力相時而動，可以保富貴終身。李河中、安襄陽、鎮陽杜令公，近歲之龜鑑也。"[2] 彥超大怒，未有以害之。已而見圍，因大括城中民貲以犒軍，前陝州司馬閻弘魯懼其鞭扑，[3] 乃悉家貲以獻。彥超以爲未盡，又欲并罪周度，乃令周度監括弘魯家。周度謂弘魯曰"公命之死生，繫財之多少，願無隱也。"弘魯遣家僮與周度勵掘搜索無所得。彥超又遣鄭麟持刃迫之，弘魯惶恐拜其妻妾，妻妾皆言無所隱。周度入白彥超，彥超不信，下弘魯及周度于獄。弘魯乳母於泥中得金纏臂獻彥超，欲贖出弘魯，彥超大怒，遣軍校笞弘魯夫婦肉爛而死，遂斬周度于市。

[1] 崔周度：人名。齊州（今山東濟南市）人。唐末進士崔光表之子。五代官員。事見《舊五代史》卷一三〇《閻弘魯傳》。

[2] 李河中：指河中節度使李守貞。河陽（今河南孟州市）人。五代後晉、後漢將領。傳見《舊五代史》卷一〇九、本書卷五二。　安襄陽：指山南東道（治所在襄州）節度使安從進。索葛部人。五代後唐、後晉將領。傳見《舊五代史》卷九八、本書卷五一。　鎮陽杜令公：指成德軍（治所在鎮州）節度使杜重威。其先

朔州（今山西朔州市）人，後徙居太原。五代後晉、後漢將領。傳見《舊五代史》卷一〇九、本書卷五二。

[3]司馬：官名。州軍佐官。名義上紀綱衆務，通判列曹，品高俸厚，實際上無具體職事，多用以安置貶謫官員，或用作遷轉官階。上州從五品下，中州正六品下，下州從六品上。　閻弘魯：人名。鄆州（今山東東平縣）人。五代後唐邢州節度使閻寶之子。後唐、後晉官員。傳見《舊五代史》卷一三〇。

是歲鎮星犯角、亢，[1]占曰："角、亢，鄭分，兗州當焉。"[2]彥超即率軍府將吏步出西門三十里致祭，迎於開元寺，[3]塑像以事之，日常一至，又使民家立黄幡以禳之。[4]

[1]鎮星：星名，即土星。約二十八年行經黄道二十八宿一周天，每年經一宿，似輪流坐鎮，故名。星占家認爲，鎮星五行屬土，時令屬夏，方位屬中央，主宮庭。故鎮星必待四星有失而後動。　角：星宿名。二十八宿中東宫蒼龍七宿的首宿。共兩星。星次屬壽星，分野主鄭地兗州。　亢：星宿名。二十八宿中東宫蒼龍七宿的第二宿。共四星。星次屬壽星，分野主鄭地兗州。

[2]鄭分：鄭地分野。鄭指春秋戰國之鄭國。

[3]開元寺：寺名。《唐會要》卷五〇載，開元"二十六年六月一日，敕每州各以郭下定形勝觀、寺，改以開元爲額"。此處爲位於兗州的開元寺。

[4]禳：祭禮名。祭禱鬼神以消除灾禍。《周禮·天官·女祝》載："掌以時招、梗、襘、禳之事，以除疾殃。"

彥超爲人多智詐而好聚斂，在鎮嘗置庫質錢，[1]有奸民爲僞銀以質者，主吏久之乃覺。彥超陰教主吏夜穴庫垣，盡徙其金帛于佗所而以盜告。彥超即牓于市，使民自占所質以償之，民皆争以所質物自言，已而得質僞銀者，實之深室，使教十餘人日夜爲之，皆鐵爲質而包以銀，號"鐵胎銀"。其被圍也，勉其城守者曰："吾有銀數千鋌，當悉以賜汝。"軍士私相謂曰："此鐵胎爾，復何用哉！"皆不爲之用。

［1］置庫質錢：即設立質庫，接受典當。古代以物品作抵押的借貸稱爲質舉或質典，經營質舉業務的店鋪稱爲質庫。

明年五月，太祖親征，城破，彥超夫妻皆投井死，其子繼勳率其徒五百人出奔被擒，[1]遂滅其族。兗州平，太祖詔贈閻弘魯左驍衛大將軍、崔周度祕書監。[2]

［1］繼勳：人名。即慕容繼勳。慕容彥超之子。本書僅此一見。
［2］左驍衛大將軍：官名。唐置十六衛之一，掌宮禁宿衛。正三品。　祕書監：官名。秘書省長官。東漢始置，掌圖書秘記等。從三品。

新五代史　卷五四

雜傳第四十二

馮道　李琪 兄珽　鄭珏　李愚　盧導　司空頲

　　傳曰："禮義廉恥，國之四維；四維不張，國乃滅亡。"善乎，管生之能言也！[1] 禮義，治人之大法；廉恥，立人之大節。蓋不廉，則無所不取；不恥，則無所不爲。人而如此，則禍亂敗亡，亦無所不至，況爲大臣而無所不取，無所不爲，[2] 則天下其有不亂，國家其有不亡者乎！予讀馮道《長樂老叙》，[3] 見其自述以爲榮，其可謂無廉恥者矣，則天下國家可從而知也。

[1] 管生：即管仲。世稱管子。潁上（今安徽潁上縣）人。春秋時期齊國宰相。事見《史記》卷三二《齊太公世家》。

[2] 無所不爲："無所"二字原闕，中華點校本據宗文本補，今從。

[3] 馮道：人名。瀛州景城（今河北滄州市）人。五代時官拜宰相，歷仕後唐、後晉、後漢、後周，亦曾臣事契丹。傳見《舊五代史》卷一二六、本書本卷。　《長樂老叙》：馮道自叙。《舊五

代史》卷一二六載其全文。

予於五代得全節之士三，死事之臣十有五，而怪士之被服儒者以學古自名，而享人之禄、任人之國者多矣，然使忠義之節，獨出於武夫戰卒，豈於儒者果無其人哉？豈非高節之士惡時之亂，薄其世而不肯出歟？抑君天下者不足顧，而莫能致之歟？孔子以謂："十室之邑，必有忠信。"豈虛言也哉！

予嘗得五代時小説一篇，載王凝妻李氏事，以一婦人猶能如此，則知世固嘗有其人而不得見也。凝家青、齊之間，爲虢州司户參軍，以疾卒于官。[1]凝家素貧，一子尚幼，李氏携其子，負其遺骸以歸。東過開封，[2]止旅舍，旅舍主人見其婦人獨携一子而疑之，不許其宿。李氏顧天已暮，不肯去，主人牽其臂而出之。李氏仰天長慟曰："我爲婦人，不能守節，而此手爲人執邪？不可以一手并污吾身！"即引斧自斷其臂。路人見者環聚而嗟之，或爲之彈指，[3]或爲之泣下。開封尹聞之，[4]白其事于朝，官爲賜藥封瘡，厚卹李氏，而笞其主人者。嗚呼，士不自愛其身而忍恥以偷生者，聞李氏之風宜少知愧哉！

[1]青：州名。治所在今山東青州市。　齊：州名。治所在今山東濟南市。　虢州：州名。治所在今河南靈寶市。　司户參軍：官名。簡稱"司户"。州級政府僚佐。掌本州屬縣之户籍、賦税、倉庫受納等事。上州從七品下，中州正八品下，下州從八品下。

[2]開封：府名。治所在今河南開封市。

[3]或爲之彈指："之"字原闕，中華點校本據宗文本、《記纂淵海》卷一九一引《五代史雜傳》補，今從。

[4]開封尹：官名。即開封府尹。五代除後唐外均都汴州，升汴州爲開封府，置開封尹或知開封府事。執掌京師政務。從三品。

馮道

馮道字可道，瀛州景城人也。[1]事劉守光爲參軍，守光敗，去事宦者張承業。[2]承業監河東軍，以爲巡官，以其文學薦之晉王，爲河東節度掌書記。[3]莊宗即位，拜户部侍郎，充翰林學士。[4]

[1]瀛州：州名。治所在今河北河間市。　景城：縣名。治所在今河北滄縣。

[2]劉守光：人名。深州樂壽（今河北獻縣）人。唐末幽州節度使劉仁恭之子。劉守光囚父自立，後號大燕皇帝，爲晉王李存勖俘殺。傳見《舊五代史》卷一三五、本書卷三九。　參軍：官名。州府屬官。分掌諸曹事務，或備差遣。從六品至從八品不等。　張承業：人名。同州（今陝西大荔縣）人。唐末、五代宦官，河東監軍。傳見《舊五代史》卷七二、本書卷三八。

[3]監軍：官名。爲臨時差遣，代表朝廷協理軍務、督察將帥。唐、五代時常以宦官爲監軍。品秩不詳。　河東：方鎮名。治所在太原（今山西太原市）。　巡官：官名。唐代節度使、觀察使、團練使、防禦使屬官，位判官、推官下。另有營田巡官、轉運巡官、館驛巡官等名目，皆因使而置。品秩不詳。　晉王：即李克用。沙陀人。神武川新城（一說今山西山陰縣附近，一說今山西代縣）人。唐末軍閥，五代後唐太祖。紀見《舊五代史》卷二五、本書卷四。　節度掌書記：官名。唐五代方鎮僚屬，位在判官下。掌表奏書檄、文辭之事。品秩不詳。

[4]莊宗：即後唐莊宗李存勖。沙陀人。五代後唐建立者。紀見《舊五代史》卷二七至卷三四、本書卷五。　户部侍郎：官名。尚書省户部次官。協助户部尚書掌天下田户、均輸、錢穀之政令。正四品下。　翰林學士：官名。由南北朝始設之學士發展而來，唐玄宗改翰林供奉爲翰林學士，備顧問，代王言，掌拜免將相、號令征伐等詔令的起草。品秩不詳。

　　道爲人能自刻苦爲儉約。當晋與梁夾河而軍，道居軍中，爲一茅菴，不設牀席，卧一束蒭而已。所得俸禄，與僕厮同器飲食，意恬如也。諸將有掠得人之美女者以遺道，道不能却，寘之別室，訪其主而還之。其解學士居父喪于景城，遇歲飢，悉出所有以賙鄉里，而退耕于野，躬自負薪。[1]有荒其田不耕者，與力不能耕者，道夜往，潛爲之耕。其人後來媿謝，道殊不以爲德。服除，復召爲翰林學士。行至汴州，遇趙在禮亂，明宗自魏擁兵還，犯京師。[2]孔循勸道少留以待，[3]道曰："吾奉詔赴闕，豈可自留！"乃疾趨至京師。

　　[1]解學士居父喪：解除翰林學士之職，爲父親服喪。　賙（zhōu）：接濟、賑濟。

　　[2]汴州：州名。治所在今河南開封市。　趙在禮：人名。涿州（今河北涿州市）人。五代後唐、後晋將領。傳見《舊五代史》卷九〇、本書卷四六。　明宗：即五代後唐明宗李嗣源。沙陀人。原名邈佶烈，李克用養子。926年至933年在位。紀見《舊五代史》卷三五至卷四四、本書卷六。　魏：州名。治所在今河北大名縣。

　　[3]孔循：人名。籍貫不詳。五代後唐大臣。傳見本書卷四三。

莊宗遇弒，明宗即位，雅知道所爲，問安重誨曰：[1]"先帝時馮道何在？"重誨曰："爲學士也。"明宗曰："吾素知之，此真吾宰相也。"拜道端明殿學士，遷兵部侍郎。[2]歲餘，拜中書侍郎、同中書門下平章事。[3]

　　[1]安重誨：人名。應州（今山西應縣）人。五代後唐大臣。傳見《舊五代史》卷六六、本書卷二四。
　　[2]端明殿學士：官名。後唐明宗時始置，以翰林學士充任，負責誦讀四方書奏。品秩不詳。　兵部侍郎：官名。尚書省兵部次官。協助兵部尚書掌武官銓選、勛階、考課之政。正四品下。
　　[3]中書侍郎：官名。中書省副長官。唐後期三省長官漸爲榮銜，中書侍郎、門下侍郎却因參議朝政而職位漸重，常常用爲以"同三品"或"同平章事"任宰相者的本官。正三品。　同中書門下平章事：官名。簡稱"同平章事"。唐高宗以後，實際任宰相之職者，常在其本官後加同平章事的職銜。後成爲宰相專稱。品秩不詳。

　　天成、長興之間，歲屢豐熟，中國無事。[1]道嘗戒明宗曰："臣爲河東掌書記時，奉使中山，過井陘之險，懼馬蹶失，不敢怠於銜轡，及至平地，謂無足慮，遽跌而傷。[2]凡蹈危者慮深而獲全，居安者患生於所忽，此人情之常也。"明宗問曰："天下雖豐，百姓濟否？"道曰："穀貴餓農，穀賤傷農。"因誦文士聶夷中《田家詩》，[3]其言近而易曉。明宗顧左右録其詩，常以自誦。水運軍將於臨河縣得一玉杯，[4]有文曰"傳國寶萬歲杯"，明宗甚愛之，以示道，道曰："此前世有形之寶爾，王者固有無形之寶也。"明宗問之，道曰："仁義者，帝王之寶也。故曰：'大寶曰位，何以守位曰仁。'"明宗武君，不曉其言，道已去，召侍臣講説其義，嘉納之。

[1]天成：後唐明宗李嗣源年號（926—930）。　長興：後唐明宗李嗣源年號（930—933）。

[2]中山：地名。此處代指唐末河北方鎮義武軍（治所在定州）。　井陘（xíng）：關隘名。位於今河北井陘縣。

[3]聶夷中：人名。河南（今河南洛陽市）人，一説河東人。唐末官員、詩人。事見《新唐書》卷一七七、《舊五代史》卷一二六。　《田家詩》：《舊五代史》卷一二六作"《傷田家詩》"，並録其全詩云："二月賣新絲，五月糶秋穀。醫得眼下瘡，剜却心頭肉。我願君王心，化作光明燭。不照綺羅筵，偏照逃亡屋。"

[4]臨河縣：縣名。治所在今河南浚縣。

道相明宗十餘年，明宗崩，相愍帝。[1]潞王反於鳳翔，愍帝出奔衛州，道率百官迎潞王入，是爲廢帝，遂相之。[2]廢帝即位，時愍帝猶在衛州，[3]後三日，愍帝始遇弑崩。已而廢帝出道爲同州節度使，踰年，拜司空。[4]晉滅唐，道又事晉，晉高祖拜道守司空、同中書門下平章事，加司徒，兼侍中，封魯國公。[5]高祖崩，道相出帝，加太尉，封燕國公，罷爲匡國軍節度使，徙鎮威勝。[6]契丹滅晉，道又事契丹，朝耶律德光於京師。[7]德光責道事晉無狀，道不能對。又問曰："何以來朝？"對曰："無城無兵，安敢不來。"德光誚之曰："爾是何等老子？"對曰："無才無德癡頑老子。"德光喜，以道爲太傅。[8]德光北歸，從至常山。[9]漢高祖立，乃歸漢，以太師奉朝請。[10]周滅漢，道又事周，周太祖拜道太師，兼中書令。[11]

　　[1]愍帝：即後唐愍帝李從厚。小名菩薩奴，明宗第三子。長興四年（933）十二月，李從厚即皇帝位，是爲後唐愍帝。應順元年（934）四月，李從珂入洛陽即帝位，令人毒殺愍帝。紀見《舊五代史》卷四五、本書卷七。

　　[2]潞王：即後唐廢帝李從珂。鎮州平山（今河北平山縣）人。本姓王，後唐明宗李嗣源擄其母魏氏，遂養爲己子。應順元年（934）四月，李從珂入洛陽即帝位。清泰三年（936）五月，石敬瑭謀反，廢帝自焚死，後唐亡。紀見《舊五代史》卷四六至卷四八、本書卷七。　鳳翔：方鎮名。治所在鳳翔府（今陝西鳳翔縣）。　衛州：州名。治所在今河南衛輝市。

　　[3]時愍帝猶在衛州："時"字原闕，中華點校本據宗文本補，今從。

　　[4]同州：州名。治所在今陝西大荔縣。　司空：官名。與太尉、司徒並爲三公。唐後期、五代多爲大臣、勳貴加官。正一品。

　　[5]晉高祖：即後晉高祖石敬瑭。沙陀人。五代後唐將領、後晉開國皇帝。紀見《舊五代史》卷七五至卷八〇、本書卷八。　司徒：官名。與太尉、司空並爲三公。正一品。　侍中：官名。秦始置。隋、唐前期爲門下省長官。唐後期多爲大臣加銜，不參與政務，實際職務由門下侍郎執行。正二品。

　　[6]出帝：即後晉少帝石重貴。石敬瑭從子。紀見《舊五代史》卷八一至卷八五、本書卷九。　太尉：官名。與司徒、司空並爲三公。正一品。　匡國軍：方鎮名。治所在同州（今陝西大荔縣）。　威勝：方鎮名。治所在鄧州（今河南鄧州市）。

　　[7]契丹：古部族、政權名。公元4世紀中葉宇文部爲前燕攻破，始分離而成單獨的部落，自號契丹。唐貞觀中，置松漠都督

府，以其首領爲都督。唐末彊盛，916年迭刺部耶律阿保機建立契丹國（遼）。先後與五代、北宋並立，保大五年（1125）爲金所滅。參見張正明《契丹史略》，中華書局1979年版。　耶律德光：人名。契丹族。遼太祖耶律阿保機次子。遼朝太宗皇帝。927年至947年在位。紀見《遼史》卷三至卷四。

[8]太傅：官名。與太師、太保並爲三師。唐後期、五代多爲大臣、勛貴加官。正一品。

[9]常山：山名。位於今河北正定縣東北。

[10]漢高祖：即後漢開國皇帝劉知遠，太原（今山西太原市）人，沙陀族。紀見《舊五代史》卷九九、卷一〇〇及本書卷一〇。太師：官名。與太傅、太保並爲三師。正一品。　奉朝請：奉朝廷召請參加朝會。通常爲皇帝賜予致仕官員、勛貴的榮寵。

[11]周太祖：即五代後周開國皇帝郭威。邢州堯山（今河北隆堯縣）人。紀見《舊五代史》卷一一〇至卷一一三、本書卷一一。　中書令：官名。漢代始置，隋、唐前期爲中書省長官，屬宰相之職；唐後期多爲授予元勛大臣的虛銜。正二品。

　　道少能矯行以取稱於世，及爲大臣，尤務持重以鎮物，事四姓十君，益以舊德自處。然當世之士無賢愚皆仰道爲元老，而喜爲之稱譽。

　　耶律德光嘗問道曰："天下百姓如何救得？"道爲俳語以對曰："此時佛出救不得，惟皇帝救得。"人皆以謂契丹不夷滅中國之人者，賴道一言之善也。周兵反，犯京師，隱帝已崩，[1]太祖謂漢大臣必行推戴，及見道，道殊無意。太祖素拜道，因不得已拜之，道受之如平時，太祖意少沮，知漢未可代，遂陽立湘陰公贇爲漢嗣，遣道迎贇于徐州。[2]贇未至，太祖將兵北至澶州，[3]

擁兵而反，遂代漢。議者謂道能沮太祖之謀而緩之，終不以晉、漢之亡責道也。然道視喪君亡國亦未嘗以屑意。

[1]隱帝：即後漢隱帝劉承祐。後漢高祖劉知遠次子。紀見《舊五代史》卷一〇一至卷一〇三、本書卷一〇。

[2]湘陰公贇：人名。即劉贇。後漢宗室。後漢高祖劉知遠之侄，北漢世祖劉崇之子。傳見《舊五代史》卷一〇五。　徐州：州名。治所在今江蘇徐州市。

[3]澶州：州名。唐、五代初，治所在河南清豐縣。後晉天福四年（939），移治於今河南濮陽縣。

當是時，天下大亂，戎夷交侵，生民之命，急於倒懸，道方自號"長樂老"，著書數百言，陳己更事四姓及契丹所得階勳官爵以爲榮。自謂："孝於家，忠於國，爲子、爲弟、爲人臣、爲司長、爲夫、爲父，有子、有孫。時開一卷，時飲一杯，食味、別聲、被色，老安於當代，老而自樂，何樂如之？"蓋其自述如此。

道前事九君，未嘗諫諍。世宗初即位，劉旻攻上黨，[1]世宗曰："劉旻少我，謂我新立而國有大喪，必不能出兵以戰。且善用兵者出其不意，吾當自將擊之。"道乃切諫，以爲不可。世宗曰："吾見唐太宗平定天下，[2]敵無大小皆親征。"道曰："陛下未可比唐太宗。"世宗曰："劉旻烏合之衆，若遇我師，如山壓卵。"[3]道曰："陛下作得山定否？"世宗怒，起去，卒自將擊旻，果敗旻于高平。[4]世宗取淮南，定三關，[5]威武之振自高平始。其擊旻也,鄔道不以從行,以爲太祖山陵使。[6]葬畢而道卒,年七十三,謚曰文懿,追封瀛王。

[1]世宗:即五代後周世宗柴榮。954年至959年在位。紀見《舊五代史》卷一一四至卷一一九、本書卷一二。　劉旻:人名。初名崇。沙陀人。後漢高祖劉知遠從弟。五代十國北漢建立者。傳見《舊五代史》卷一三五、本書卷七〇。　上黨:地名。位於今山西長治市。

[2]唐太宗:即唐代第二位皇帝李世民。隴西成紀(今甘肅秦安縣)人。626年至649年在位。通過"玄武門之變"掌權。在位期間,虛心納諫,文治武功,開創"貞觀之治"。紀見《舊唐書》卷二至卷三、《新唐書》卷二。

[3]如山壓卵:"壓",原作"厭",誤,據殿本改。

[4]高平:縣名。治所在今山西高平市。

[5]淮南:方鎮名。治所在揚州(今江蘇揚州市)。此處代指南唐。南唐地處東南,據有揚、楚、潤、滁等數十州,其領地多在淮河以南,故而得名。　三關:後周與遼朝之間邊地要隘,即淤口關(在今河北霸州市)或草橋關(在今河北高陽縣)、益津關(在今河北霸州市)和瓦橋關(在今河北雄縣)。

[6]山陵使:官名。亦稱山陵儀仗使。唐貞觀中始置。掌議帝后陵寢制度、監造帝后陵寢。品秩不詳。

　　道既卒,時人皆共稱歎,以謂與孔子同壽,其喜爲之稱譽蓋如此。道有子吉。[1]

[1]吉:人名。即馮吉。河南洛陽(今河南洛陽市)人。馮道之子。五代後晉至宋初官員。傳見《宋史》卷四三九。

李琪 兄珽[1]

李琪字台秀，河西燉煌人也。[2]

[1]兄珽：二字原闕，據文意補，中華點校本亦補。
[2]河西：方鎮名。治所在涼州（今甘肅武威市）。 燉煌：縣名。治所在今甘肅敦煌市。

其兄珽，唐末舉進士及第，爲監察御史。[1]丁内艱，[2]貧無以葬，乞食而後葬。珽飢卧廬中，聞者哀憐之。服除，還拜御史。荆南成汭辟掌書記。[3]吴兵圍杜洪，梁太祖遣汭與馬殷等救洪。[4]汭以大舟載兵數萬，珽爲汭謀曰：“今一舟容甲士千人，糗糧倍之，緩急不可動，若爲敵人縻之，則武陵、武安必爲公之後患。[5]不若以勁兵屯巴陵，[6]壁不與戰，吴兵糧盡，則圍解矣。”汭不聽，果敗，溺死。趙匡凝鎮襄陽，又辟掌書記。[7]太祖破匡凝，得珽，喜曰：“此真書記也。”太祖即位，除考功員外郎、知制誥。[8]珽度太祖不欲先用故吏，固辭不拜，出知曹州。[9]曹州素劇難理，前刺史十餘輩，皆坐事廢，[10]珽至，以治聞。遷兵部郎中、崇政院直學士。[11]許州馮行襲病，行襲有牙兵二千，皆故蔡卒，太祖懼爲變。[12]行襲爲人嚴酷，從事魏峻切諫，行襲怒，誣以贓下獄，欲誅之。[13]乃遣珽代行襲爲留後。[14]珽至許州，止傳舍，[15]慰其將吏，行襲病甚，欲使人代受詔，珽曰：“東首加朝服，禮也。”[16]乃即卧内見行襲，道太祖語，行襲感泣，解印以授珽。珽乃理峻冤，立出之，還報太祖，太祖喜曰：“珽果辦吾事。”會歲飢，盜劫汴、宋間，[17]曹州尤甚，太祖復遣玘治之。玘至索賊，得大校張彥珂、玘甥李郊等，[18]及牙兵百餘人，悉誅之。召拜左諫議大夫。[19]太祖幸河北，至內黃，[20]顧玘曰："何謂內黃？"玘曰："河南有外黃、下黃，故此名內黃。"[21]太祖曰："外黃、下黃何在？"玘曰："秦有外黃都尉，今在雍丘；下黃爲北齊所廢，今在陳留。"[22]太祖平生不愛儒者，聞玘語大喜。友珪立，除右散騎常侍，侍講。[23]袁象先討賊，玘爲亂兵所殺。[24]

[1]監察御史：官名。屬御史臺之察院，掌監察中央機構、州縣長官及祭祀、庫藏、軍旅等事。唐中期以後，亦作爲外官所帶之銜。正八品下。

[2]丁内艱：子遭母喪或承重孫遭祖母喪，稱丁内艱。原作"丁内難"，中華點校本據北監本、《舊五代史》卷二四改，今從。

[3]荆南：方鎮名。治所在荆州（今湖北荆州市）。　成汭：人名。淮西（今安徽江淮地區）人。唐末、五代軍閥。傳見《新唐書》卷一九〇、《舊五代史》卷一七。

[4]吴：五代十國之吴國。　杜洪：人名。江夏（今湖北武漢市）人。伶人出身，唐末、五代軍閥。傳見《新唐書》卷一九〇、《舊五代史》卷一七。　梁太祖：即朱温。宋州碭山（今安徽碭山縣）人。五代後梁開國皇帝。紀見《舊五代史》卷一至卷七、本書卷一至卷二。　馬殷：人名。許州鄢陵（今河南鄢陵縣）人，一說上蔡（今河南上蔡縣）人。五代十國時期南楚開國君主。傳見《舊五代史》卷一三三、本書卷六六。

[5]武陵：縣名。治所在今湖南常德市武陵區。　武安：方鎮名。治所在潭州（今湖南長沙市）。

[6]巴陵：縣名。治所在今湖南岳陽市。

[7]趙匡凝：人名。蔡州（今河南汝南縣）人。唐末、五代軍閥。傳見《舊五代史》卷一七、本書卷四一。　襄陽：縣名。治所在今湖北襄陽市。

[8]考功員外郎：官名。尚書省吏部考功司副長官。爲考功郎中的副職，協助考功郎中掌考察內外百官及功臣家傳、碑、頌、誄、謚等事。從六品上。　知制誥：官名。掌起草皇帝的詔、誥之事，原爲中書舍人之職。唐開元末置學士院，翰林學士入院一年，則加知制誥銜，專掌任免宰相、冊立太子、宣布征伐等特殊詔令，稱爲內制。而中書舍人所撰擬的詔敕稱爲外制。兩種官員總稱兩制官。品秩不詳。

[9]知曹州：官名。爲"權知曹州事"簡稱，州行政長官。曹州，治所在今山東曹縣西北。品秩不詳。參見閆建飛《唐後期五代宋初知州制的實施過程》，《文史》2019年第1期。

[10]皆坐事廢："事"字原闕，中華點校本據宗文本補，今從。

[11]兵部郎中：官名。唐高祖改兵曹郎置，員二人，一掌武官階品、衛府名數、校考、給告身之事；一掌軍籍、軍隊調遣名數、朝集、祿賜、告假等事。高宗、武則天、玄宗時，一度隨本部改名司戎大夫、夏官郎中、武部郎中。五代因之。從五品上。　崇政院直學士：官名。五代後梁置，選有政術文學者充任。五代後唐同光元年（923），改樞密院直學士。充皇帝侍從，備顧問應對。品秩不詳。

[12]許州：州名。治所在今河南許昌市。　馮行襲：人名。均州（今湖北丹江口市）人。唐末、五代初將領。《舊五代史》卷一五、本書卷四二。　牙兵：節度使的親兵，爲藩鎮軍隊中的精銳部隊。　故蔡卒：指唐末割據蔡州一帶的秦宗權舊部。

[13]從事：泛指一般屬官。　魏峻：人名。籍貫不詳。唐末五代官員，馮行襲屬官。事見本書本卷。

[14]留後：官名。原非正式命官，唐朝節度使入朝或宰相、親

王遙領節度使不臨鎮則置。安史之亂後，節度使多以子弟或親信爲留後，以代行節度使職務，亦有軍士、叛將自立爲留後者。掌一州或數州軍政。北宋始爲朝廷正式命官。

［15］傳舍：古代官府設立的供行旅食宿之所。遍布於交通要道上。主要招待往來官員；持有傳符的一般旅客，可以在偏房旁舍寄宿。

［16］東首：頭朝東。　朝服：禮服的一種。君臣朝會時所服，故稱。

［17］宋：州名。治所在今河南商丘市。

［18］大校：統兵官的泛稱。　張彥珂：人名。籍貫不詳。五代後梁將領。事見本書本卷。　李郊：人名。籍貫不詳。五代後梁時人，李珽之甥。事見本書本卷。

［19］左諫議大夫：官名。隸門下省。唐代置左、右諫議大夫各四人，分隸門下省、中書省。掌諫諭得失，侍從贊相。正四品下。

［20］河北：地區名。泛指黃河以北地區。　內黃：縣名。治所在今河南內黃縣。

［21］河南：地區名。泛指黃河以南地區。　外黃：縣名。秦漢置。治所在今河南民權縣。　下黃：縣名。又作"小黃縣"。西漢置。治所在今河南開封市。

［22］外黃都尉：漢代外黃縣屬陳留郡，爲都尉治。　雍丘：縣名。治所在今河南杞縣。　陳留：縣名。治所在今河南開封市祥符區陳留鎮。

［23］友珪：人名。即朱友珪。後梁太祖朱溫次子，殺朱溫自立。後被追廢爲庶人。事見《舊五代史》卷八、本書卷三。　右散騎常侍：官名。中書省屬官。掌侍奉規諷，備顧問應對。正三品下。　侍講：官名。侍從皇帝、皇太子講授經義。品秩不詳。

［24］袁象先：人名。宋州下邑（今河南夏邑縣）人。朱溫之甥。五代後梁、後唐將領。傳見《舊五代史》卷五九、本書卷四五。

琪少舉進士、博學宏辭，累遷殿中侍御史，與其兄玭皆以文章知名。[1]唐亡，事梁太祖爲翰林學士。梁兵征伐四方，所下詔書，皆琪所爲，下筆輒得太祖意。末帝時，爲御史中丞、尚書左丞，拜同中書門下平章事，與蕭頃同爲宰相。[2]頃性畏慎周密，琪倜儻負氣，不拘小節，二人多所異同。琪内結趙巖、張漢傑等爲助，以故頃言多沮。[3]頃嘗掎摭其過。琪所私吏當得試官，琪改試爲守，爲頃所發，末帝大怒，欲竄逐之，而巖等救解，乃得罷爲太子少保。[4]

[1]博學宏辭：科舉考試科目之一。屬制科。選拔能文之士。殿中侍御史：官名。三國魏始置。唐前期屬御史臺之殿院，掌宮門、庫藏及糾察殿庭供奉朝會儀式，及分掌左、右巡，負責京師治安、京畿軍兵。唐後期常爲外官所帶憲銜。從七品下。

[2]末帝：即後梁末帝朱友貞。後梁太祖朱溫之子。913年至923年在位。紀見《舊五代史》卷八至卷一〇、本書卷三。　御史中丞：官名。如不置御史大夫，則爲御史臺長官。掌司法監察。正四品下。　尚書左丞：官名。尚書省佐貳官。唐中期以後，與尚書右丞實際主持尚書省日常政務，權任甚重。正四品上。　蕭頃：人名。京兆萬年（今陝西西安市）人。後梁、後唐大臣。傳見《舊五代史》卷五八。

[3]趙巖：人名。陳州宛丘（今河南淮陽縣）人。朱溫女婿，忠武軍節度使趙犨次子。爲後唐莊宗李存勗所殺。事見《舊五代史》卷一四、本書卷四二。　張漢傑：人名。清河（今河北清河縣）人。五代後梁大臣，張歸霸之子。事見《舊五代史》卷一〇、本書卷三二。

[4]太子少保：官名。與太子少傅、太子少師合稱"三少"，

唐後期、五代多爲大臣、勛貴加官。從二品。

唐莊宗滅梁，得琪，欲以爲相，而梁之舊臣多嫉忌之，乃以爲太常卿。[1]遷吏部尚書。[2]同光三年秋，天下大水，京師乏食尤甚，莊宗以朱書御札詔百僚上封事。[3]琪上書數千言，其說漫然無足取，而莊宗獨稱重之，遂以爲國計使。[4]方欲以爲相，而莊宗崩。明宗入洛陽，群臣勸進，[5]有司具儀，用柩前即位故事。霍彥威、孔循等請改國號，[6]絶土德。明宗武君，不曉其說，問何謂改號，對曰：“莊宗受唐錫姓爲宗屬，繼昭宗以立，[7]而號國曰唐。今唐天命已絶，宜改號以自新。”明宗疑之，下其事群臣，群臣依違不決。琪議曰：“殿下宗室之賢，立功三世，今興兵向闕，以赴難爲名，而欲更易統號，使先帝便爲路人，則煢然梓宮，[8]何所依往！”明宗以爲然，乃發喪成服，[9]而後即位。以琪爲御史中丞。

[1]太常卿：官名。西漢置太常，南朝梁始置太常卿。太常寺長官。掌宗廟祭祀禮樂及教育等。正三品。

[2]吏部尚書：官名。尚書省吏部長官，與二侍郎分掌六品以下文官選授、勛封、考課之政令。正三品。

[3]朱書御札：“札”同“剳”。皇帝親自以朱筆寫的書剳。爲天子詔令的一種。禮制等級較高。　百僚：原文作“百寮”，“寮”同“僚”，中華點校本據文意改作“僚”，今從。　封事：亦稱“封章”。密封章奏的通稱。

[4]國計使：官名。五代始置，後梁、後唐及閩國皆有設置，掌財賦稅收、錢穀用度。品秩不詳。

[5]勸進：勸說掌握實權的人做皇帝。

[6]霍彥威：人名。洺州曲周（今河北曲周縣）人。五代後梁將領霍存養子。後梁、後唐將領。傳見《舊五代史》卷六四、本書卷四六。

[7]昭宗：即唐昭宗李曄，888年至904年在位。紀見《舊唐書》卷二〇上、《新唐書》卷一〇。

[8]梓宫：帝后所用之棺槨。以梓木爲之，故名。

[9]發喪：發布喪訊。　成服：喪禮儀式。大斂之後，死者親屬按五服次序，穿着相應的喪服。《儀禮·士喪禮》："三日，成服。"

　　自唐末喪亂，朝廷之禮壞，天子未嘗視朝，而入閤之制亦廢。[1]常參之官日至正衙者，[2]傳聞不坐即退；獨大臣奏事，日一見便殿；[3]而侍從、內諸司，日再朝而已。[4]明宗初即位，乃詔群臣，五日一隨宰相入見內殿，謂之起居。[5]琪以謂非唐故事，請罷五日起居，而復朔望入閤。明宗曰："五日起居，吾思所以數見群臣也，不可罷。而朔望入閤可復。"然唐故事，天子日御殿見群臣，曰常參；朔望薦食諸陵寢，[6]有思慕之心，不能臨前殿，則御便殿見群臣，曰入閤。宣政，前殿也，謂之衙，衙有仗。[7]紫宸，[8]便殿也，謂之閤。其不御前殿而御紫宸也，乃自正衙喚仗，由閤門而入，[9]百官俟朝于衙者，因隨以入見，故謂之入閤。然衙，朝也，其禮尊；閤，宴見也，其事殺。自乾符已後，[10]因亂禮闕，天子不能日見群臣而見朔望，故正衙常日廢仗，而朔望入閤有仗，其後習見，遂以入閤爲重。至出御前殿，猶謂之入閣，其後亦廢，至是而復。然有司不能講正其事。凡群臣五日一入見中興殿，便殿也，此入閣之遺制，而謂之起居，朔望一出御文明殿，前殿也，反謂之入閣，琪皆不能正也。[11]琪又建言：「入閣有待制、次對官論事，[12]而內殿起居，一見而退，欲有言者，無由自陳，非所以數見群臣之意也。」明宗乃詔起居日有言事者，許出行自陳。[13]又詔百官以次轉對。[14]

[1]視朝：古代朝參、朝會禮制的泛稱。此特指唐代以來，每日或隔日於正殿舉行的「正衙常參」。　入閣：即朔望入閣。「自正衙喚仗，由閣門而入」，故稱。唐代時，入閣於大明宮紫宸殿舉行。五代後唐時，於文明殿舉行。

[2]常參之官：即常參官。唐制，文官五品以上及兩省供奉官、監察御史、員外郎、太常博士，每日朝參，稱爲常參官。　正衙：即正殿。唐代以大明宮宣政殿爲正衙。唐後期以來，在正衙舉行的每日朝參，亦稱正衙。

[3]便殿：蓋與「正殿」相對而言。唐代時，如太極宮之兩儀殿、大明宮之紫宸殿，皆爲便殿。

[4]侍從：唐宋以翰林學士、給事中、六尚書、侍郎爲侍從。內諸司：官署名。唐宋禁內各官署的統稱。此處代指內諸司長官群體，即內諸司使。　日再朝：每兩日一次朝參。

[5]起居：朝會禮名。即「群臣五日一隨宰相入見內殿」，或稱「內殿起居」「五日起居」。後唐時於洛陽中興殿舉行。按，後唐明宗天成元年（926）四月即位，五月初三日下詔設立五日起居。參見《册府》卷一〇八。

[6]薦食：祭禮名。即「薦新」。以時鮮的食品祭獻給宗廟祖先。《儀禮·既夕禮》：「朔月，若薦新，則不饋於下室。」

[7]宣政：宮殿名。即唐代大明宮宣政殿。爲大明宮之前殿、

正殿，亦稱爲"正衙"。位於今陝西西安市。　仗：指朝會儀仗。

[8]紫宸：宮殿名。即唐代大明宮紫宸殿。爲大明宮之便殿，亦稱爲"閤"。紫宸殿在宣政殿後，有東、西上閤門相通。位於今陝西西安市。

[9]閤門：即東、西上閤門。唐代大明宮之正殿（宣政殿）、內殿（紫宸殿）以東、西上閤門相連，閤門遂爲外朝、內朝之分界。

[10]乾符：唐僖宗李儇年號（874—879）。

[11]中興殿：宮殿名。爲洛陽宮城之便殿。位於今河南省洛陽市。　文明殿：宮殿名。爲洛陽宮城之前殿。位於今河南省洛陽市。

[12]待制：唐代以文官六品以上更直待制，備顧問。　次對官：依次輪流對議朝政於君前的官員。

[13]起居日：百官起居舉行的日子。百官起居逢一、逢五日舉行。　出行自陳：指官員可以離開所在班行，向皇帝奏事。"行"爲班行、行列之意，即朝會班行。

[14]轉對：百官輪流對議朝政於君前。轉對與次對的制度性質相同，而參與官員的範圍、對應的朝會有異。

是時，樞密使安重誨專權用事，重誨前驅過御史臺門，殿直馬延誤衝之，重誨即臺門斬延而後奏。[1]琪爲中丞，畏重誨不敢彈糾，又懼諫官論列，乃託宰相任圜先白重誨而後糾，[2]然猶依違不敢正言其事。[3]豆盧革等罷相，任圜議欲以琪爲相，而孔循、鄭珏沮之，乃止。[4]遷尚書右僕射。[5]琪以狀申中書，[6]言《開元禮》"僕射上事日，中書、門下率百官送上"。[7]中書下太常，禮院言無送上之文，而琪已落新授，復舉上儀，皆不可。[8]

[1]樞密使：官名。樞密院長官。唐代宗時始以宦官掌機密，至昭宗時借朱溫之力盡誅宦官，始改以士人任樞密使。備顧問，參謀議，出納詔奏，權侔宰相。品秩不詳。參見李全德《唐宋變革期樞密院研究》，北京圖書館出版社2009年版。　御史臺：官署名。秦漢始置。爲古代國家的監察機構。掌糾察官吏違法，肅正朝廷綱紀。大事廷辨，小事奏彈。　殿直：官名。五代後唐禁軍低級軍官。品秩不詳。　馬延：人名。籍貫不詳。後唐將領。事見《舊五代史》卷六六、本書卷六。

[2]糾：原作"糺"，據上文改，中華點校本亦作"糾"。

[3]諫官：掌諫諍官員的統稱。唐五代時諫議大夫、補闕、拾遺等皆爲諫官。　任圜：人名。京兆三原（今陝西三原縣）人。五代後唐將領、大臣。傳見《舊五代史》卷六七、本書卷二八。

[4]豆盧革：人名。先世爲鮮卑慕容氏，後改豆盧氏。唐同州刺史豆盧籍之孫，舒州刺史豆盧瓚之子。五代後唐宰相。傳見《舊五代史》卷六七、本書卷二八。　鄭珏：人名。滎陽（今河南滎陽市）鄭氏族人。唐末進士，五代後梁、後唐宰相。傳見《舊五代史》卷五八、本書本卷。

[5]尚書右僕射：官名。秦始置。隋、唐前期，以左、右僕射佐尚書令總理六官，綱紀庶務；如不置尚書令，則總判省事，爲宰相之職。唐後期多爲大臣加銜。從二品。

[6]狀：政府公文的一種。多用於下級機關對上級機關的陳奏、呈報公事。　中書：官署名。爲"中書門下"的簡稱。唐代以來爲宰相處理政務的機構。

[7]門下：官署名。即門下省。與中書省、尚書省並稱"三省"，爲隋唐最高政務機關。

[8]太常：官署名。即太常寺。北齊始置，掌禮樂祭祀活動之

機構。隋唐兩代下設郊廟、太廟、諸陵、太樂、鼓吹、太醫、太卜、廩犧等八署，長官爲太常寺卿，正三品。唐高宗龍朔年間曾改稱奉常，武則天光宅年間又曾稱爲司禮，後均復舊。歷代沿置。
禮院：官署名。唐代太常寺有禮院，爲太常博士議禮之處。

明宗討王都，已破定州，自汴還洛，琪當率百官至上東門，而請至偃師奉迎。[1]其奏章言"敗契丹之兇黨，破真定之逆城"，坐誤以定州爲真定，[2]罰俸一月。霍彥威卒，詔琪撰神道碑文。[3]彥威故梁將，而琪故梁相也，敘彥威在梁事不曰僞，爲馮道所駁。

[1]王都：人名。中山陘邑（今河北定州市）人。本姓劉，後爲義武軍節度使王處直養子。五代軍閥。傳見《舊五代史》卷五四。　定州：州名。治所在今河北定州市。　上東門：城門名。爲洛陽城門。位於今河南洛陽市。　偃師：縣名。治所在今河南偃師市。

[2]真定：縣名。治所在今河北正定縣。

[3]神道碑：立在墓道前記載死者事蹟的石碑，亦指刻於神道碑上的碑文。

琪爲人重然諾，喜稱人善。少以文章知名，亦以此自負。既貴，乃刻牙版爲金字曰"前鄉貢進士李琪"，[1]常置之坐側。爲人少持重，不知進退，故數爲當時所沮。以太子少傅致仕，[2]卒，年六十。

[1]牙版：象牙笏版。

[2]太子少傅：官名。與太子少保、太子少師合稱"三少"，

唐後期、五代多爲大臣、勳貴加官。從二品。　致仕：官員告老辭官。

鄭珏

鄭珏，唐宰相綮之諸孫也。[1]其父徽，爲河南尹張全義判官。[2]珏少依全義居河南，[3]舉進士數不中，全義以珏屬有司，乃得及第。昭宗時，爲監察御史。梁太祖即位，拜左補闕。[4]梁諸大臣以全義故數薦之，累拜中書舍人、翰林學士奉旨。[5]末帝時，拜中書侍郎、同中書門下平章事。

[1]綮：人名。即鄭綮。鄭州滎陽（今河南滎陽市）人。唐末官員，官至禮部侍郎、同中書門下平章事。傳見《舊唐書》卷一七九、《新唐書》卷一八三。

[2]徽：人名。即鄭徽。鄭州滎陽（今河南滎陽市）人。唐末、五代後梁官員。事見《舊五代史》卷二四。　河南尹：官名。唐開元元年（713）改洛州爲河南府，治所在今河南洛陽市。以河南府尹總其政務。從三品。　張全義：人名。後因犯諱，改名張宗奭。亦作"張言"。濮州臨濮（今山東鄄城縣）人。唐末、五代後梁、後唐將領。傳見《舊五代史》卷六三、本書卷四五。　判官：官名。爲長官的佐吏，協理政事，或備差遣。品秩不詳。

[3]河南：府名。治所在今河南洛陽市。

[4]左補闕：官名。唐代諫官。武則天時始置。分爲左右，左補闕隸於門下省，右補闕隸於中書省。掌規諫諷諭，大事可以廷議，小事則上封奏。從七品上。

[5]中書舍人：官名。中書省屬官。掌起草文書、呈遞奏章、傳宣詔命等。正五品上。　翰林學士奉旨：官名。即翰林學士承旨。爲翰林學士之首。掌拜免將相、號令征伐等詔令的起草。《舊

唐書·職官志二·翰林院》:"例置學士六人,内擇年深德重者一人爲承旨,所以獨承密令故也。"後梁避朱温之父朱誠諱,改承旨爲奉旨。品秩不詳。

唐莊宗自鄆州入汴,末帝聞唐兵且至,惶恐不知所爲,與李振、敬翔等相持慟哭,[1]因召珏問計安出,珏曰:"臣有一策,不知陛下能行否?"末帝問其策如何,珏曰:"願得陛下傳國寶馳入唐軍,[2]以緩其行,而待救兵之至。"帝曰:"事急矣,寶固不足惜,顧卿之行,能了事否?"珏俛首徐思曰:[3]"但恐不易了。"於是左右皆大笑。

[1]鄆州:州名。治所在今山東東平縣。 李振:人名。西州(今新疆吐魯番市)人。唐潞州節度使李抱真曾孫。五代後梁大臣。傳見《舊五代史》卷一八、本書卷四三。 敬翔:人名。同州馮翊(今陝西大荔縣)人。唐末朱温謀士,五代後梁大臣。傳見《舊五代史》卷一八、本書卷二一。

[2]願得陛下傳國寶馳入唐軍:原作"願陛下以傳國寶馳入唐軍",中華點校本據宋文本改,今從。傳國寶,又稱傳國璽。相傳秦始皇得藍田玉雕爲璽,四周刻龍,正面刻有李斯所寫篆文"受命於天,既壽永昌"八字。

[3]俛首:俯首、低頭。

莊宗入汴,珏率百官迎謁道左。貶萊州司户參軍,量移曹州司馬。[1]張全義爲言於郭崇韜,復召爲太子賓客。[2]明宗即位,欲用任圜爲相,而安重誨以圜新進,不欲獨相之,以問樞密使孔循。循嘗事梁,與珏善,因言珏故梁相，性謹慎而長者，乃拜珏平章事。

[1]司馬：官名。州軍佐官，名義上紀綱衆務，通判列曹，品高俸厚，實際上無具體職事，多用以安置貶謫官員，或用作遷轉官階。上州從五品下，中州正六品下，下州從六品上。

[2]郭崇韜：人名。代州雁門（今山西代縣）人。五代後唐大臣。傳見《舊五代史》卷五七、本書卷二四。　太子賓客：官名。爲太子官屬。唐高宗顯慶四年（659）始置。掌侍從規諫、贊相禮儀。正三品。

明宗幸汴州，六軍家屬自洛遷汴，而明宗又欲幸鄴都，軍士愁怨，大臣頗以爲言。[1]明宗不省，上下洶洶，轉相動搖，獨珏稱贊，以爲當行。趙鳳極言於安重誨，[2]重誨驚懼，入見明宗切諫，乃詔罷其行。而珏又稱贊之，以爲宜罷。

[1]六軍：既泛指皇帝的禁衛軍，又指唐代所置左、右神武天騎，左、右羽林，左、右龍武等六軍，稱"北衙六軍"。《周禮·夏官·司馬》："凡制軍，萬有二千五百人爲軍。王六軍。"　鄴都：地名。治所在今河北大名縣。五代後唐同光元年（923），改魏州爲興唐府，建號東京，三年改東京爲鄴都。

[2]趙鳳：人名。幽州（今北京市）人。五代後唐大臣。傳見《舊五代史》卷六七、本書卷二八。

珏在相位既碌碌無所爲，又病聾，孔循罷樞密使，珏不自安，亟以疾求去職。明宗數留之，珏章四上，乃拜左僕射致仕，賜鄭州莊一區。[1]卒，贈司空。

[1]鄭州：州名。治所在今河南鄭州市。

李愚

李愚字子晦，渤海無棣人也。[1]愚爲人謹重寡言，好學，爲古文。滄州節度使盧彥威以愚爲安陵主簿，丁母憂解去。[2]後遊關中，劉季述幽昭宗於東内，愚以書説韓建，使圖興復，其言甚壯。[3]建不能用，乃去之洛陽。舉進士、宏詞，爲河南府參軍。白馬之禍，愚復去之山東，與李延光相善，延光以經術事梁末帝爲侍講，數稱薦愚，愚由此得召。[4]久之，拜左拾遺、崇政院直學士。[5]

[1]渤海：郡名。隋大業中以滄州改。治所在今山東陽信縣。無棣：縣名。治所在今山東慶雲縣。

[2]滄州：州名。治所在今河北滄縣。　盧彥威：人名。籍貫不詳。五代軍閥。事見《通鑑》卷二六七。　安陵：縣名。治所在今河北景縣。　主簿：官名。漢代以後歷朝均置。唐代京城百司和地方官署均設主簿。管理文書簿籍，參議本署政事，爲官署中重要佐官。其官階品秩，因官署而不同。　丁母憂：指遭母親喪事。

[3]關中：即函谷關以西地區。　劉季述：人名。籍貫不詳。唐末宦官。顯於唐僖宗、唐昭宗時期，累遷至樞密使。傳見《新唐書》卷二〇八。　東内：即唐代大明宫。唐代以大明宫爲東内，太極宫爲西内，興慶宫爲南内，合稱三内。位於今陝西西安市。　韓建：人名。許州長社（今河南許昌市）人。唐末、五代軍閥，傳見《舊五代史》卷一五、本書卷四〇。

[4]白馬之禍：指唐末軍閥朱溫謀奪帝位，誅殺朝廷名士的事件。白馬即白馬驛。位於今河南滑縣。　山東：與關中相對，指華

山或崤山以東地區。　李延光：人名。籍貫不詳。五代後梁、後唐官員。事見《舊五代史》卷三八。

[5]左拾遺：官名。唐代門下省所屬諫官。掌規諫，薦舉人才。從八品上。

　　衡王友諒，[1]末帝兄也，梁大臣李振等皆拜之，獨愚長揖，末帝以責愚曰："衡王朕拜之，卿獨揖，可乎？"愚曰："陛下以家人禮見之，則拜宜也。臣於王無所私，豈宜妄有所屈？"坐言事忤旨，罷爲鄧州觀察判官。[2]

　　[1]友諒：人名。即朱友諒。朱全昱之子，五代後梁太祖朱溫之侄。後梁建國，初封衡王，後襲封廣王。傳見《舊五代史》卷一二、本書卷一三。

　　[2]鄧州：州名。治所在今河南鄧州市。　觀察判官：官名。唐肅宗以後置，五代沿置。觀察使屬官，參理田賦事，用觀察使印、署狀。品秩不詳。

　　唐莊宗滅梁，愚朝京師，唐諸公卿素聞愚學古，重之，拜主客郎中、翰林學士。[1]魏王繼岌伐蜀，辟愚都統判官。[2]蜀道阻險，議者以謂宜緩師待變而進，招討使郭崇韜以決於愚，[3]愚曰："王衍荒怠，[4]亂國之政，其人厭之。乘其倉卒，擊其無備，其利在速，不可緩也。"崇韜以爲然，而所至迎降，遂以滅蜀。初，軍行至寶雞，招討判官陳乂稱疾請留，[5]愚厲聲曰："陳乂見利則進，知難則止。今大軍涉險，人心易搖，正可斬之以徇。"由是軍中無敢言留者。

[1]主客郎中：官名。尚書省禮部主客司長官。掌接待外國使臣等事。從五品上。

[2]魏王繼岌：人名。即李繼岌。五代後唐莊宗長子。傳見《舊五代史》卷五一、本書卷一四。　蜀：五代十國之前蜀。　都統判官：官名。行營都統屬官。佐都統處理行營軍政事務。品秩不詳。

[3]招討使：官名。唐始置。戰時任命，兵罷則省。常以大臣、將帥或地方軍政長官兼任。掌招撫、討伐等事務。品秩不詳。

[4]王衍：人名。許州舞陽（今河南舞陽縣）人。王建幼子，五代十國前蜀皇帝。傳見《舊五代史》卷一三六、本書卷六三。

[5]寶雞：縣名。治所在今陝西寶雞市。　招討判官：官名。行營招討使屬官。佐招討處理行營軍政事務。品秩不詳。　陳乂：人名。薊門（今北京昌平區）人。五代後梁時爲太子舍人。後唐莊宗時從郭崇韜伐蜀，署爲招討判官。明宗時歷知制誥、中書舍人、左散騎常侍。傳見《舊五代史》卷六八。

明宗即位，累遷兵部侍郎、承旨。[1]明宗祀天南郊，愚爲宰相馮道、趙鳳草加恩制，道鄙其辭，罷爲太常卿。[2]任圜罷相，乃拜愚中書侍郎、同平章事。愚爲相，不治第宅，借延賓館以居。[3]愚有疾，明宗遣宦官視之，見其敗氈敝席，四壁蕭然，明宗嗟嘆，命以供帳物賜之。[4]

[1]兵部侍郎：官名。尚書省兵部次官。協助兵部尚書掌武官銓選、勛階、考課之政。正四品下。　承旨：官名。即翰林學士承旨。爲翰林學士之首。掌拜免將相、號令征伐等詔令的起草。品秩不詳。

[2]南郊：意爲都城南面之郊。代指南面郊區之祭天場所（圜

卷五四

雜傳第四十二

1295

丘），亦指祭天之禮（郊天）。古人用"郊""南郊""有事於南郊"指代在南郊圜丘舉行的祭天典禮。　制：即"制書"。帝王命令的一種。唐制，凡行大賞罰，授大官爵，釐革舊政，赦宥慮囚，皆用制書。由中書舍人起草擬定。禮儀等級較高。

[3]延賓館：接待賓客的館舍。

[4]供帳物：用於宴會陳設的帷帳、器具等。

潞王反，兵犯京師，[1]愍帝夜出奔。明日愚與馮道至端門，聞帝已出，而朱弘昭、馮贇皆已死，愚欲至中書候太后進止，[2]道曰："潞王已處處張牓招安，今即至矣，何可俟太后旨也？"乃相與出迎。廢帝入立，罷道出鎮同州，以劉昫爲相。[3]昫性褊急，而愚素剛介，動輒違戾。昫與馮道姻家，愚數以此誚昫，兩人遂相譖訴，乃俱罷。愚守左僕射。

[1]兵犯京師："兵"字原闕，中華點校本據宗文本補，今從。

[2]端門：自漢代以來，宮城南門多有稱端門者。　朱弘昭：人名。太原（今山西太原市）人。五代後唐明宗朝樞密使、宰相。傳見《舊五代史》卷六六、本書卷二七。　馮贇：人名。太原（今山西太原市）人。五代後唐明宗朝宰相、三司使。傳見本書卷二七。　太后：即後唐明宗李嗣源之曹皇后。籍貫不詳。愍帝時封皇太后。後唐亡，與廢帝一同自焚而死。傳見《舊五代史》卷四九、本書卷一五。

[3]同州：州名。治所在今陝西大荔縣。　劉昫（xù）：人名。涿州歸義（今河北容城縣）人。五代大臣，曾任宰相、監修國史，領銜撰進《舊唐書》。傳見《舊五代史》卷八九、本書卷五五。

是時，兵革方興，天下多事，而愚爲相，欲依古以創理，乃請頒《唐六典》示百司，使各舉其職，州縣貢士，作鄉飲酒禮，時以其迂闊不用。愍帝即位，有意於治，數召學士，問以時事，而以愚爲迂，未嘗有所問。廢帝亦謂愚等無所事，常目宰相曰："此粥飯僧爾！"以謂飽食終日，而無所用心也。清泰二年以疾卒。[1]

[1]清泰：五代後唐廢帝李從珂年號（934—936）。

盧導

盧導字熙化，范陽人也。[1]唐末舉進士，爲監察御史。唐亡事梁，累遷左司郎中、侍御史知雜事，以病免。[2]

[1]范陽：縣名。三國魏黃初七年（226）改涿郡置。治所在今河北涿州市。
[2]左司郎中：官名。爲尚書左丞副貳，協掌尚書都省事務，監管吏、户、禮部諸司政務。位在諸司郎中上。從五品上。 侍御史知雜事：官名。唐置，以資深御史充任，總管御史臺庶務。五代沿置。品秩不詳。

唐明宗時，召拜右諫議大夫，[1]遷中書舍人。潞王從珂自鳳翔以兵犯京師，愍帝出奔于衛州。宰相馮道、李愚集百官于天宫寺，將出迎潞王于郊，京師大恐，都人藏竄，百官久而不集，惟導與舍人張昭先至。[2]馮道請導草牋勸進，導曰："潞王入朝，郊迎可也，若勸進之事，豈可輕議哉！"道曰："勸進其可已乎？"導曰："今天子蒙塵于外，遽以大位勸人，若潞王守節不回，以忠義見責，其將何辭以對？且上與潞王，皆太后子也，不如率百官詣宮門，取太后進止。"語未及終，[3]有報曰："潞王至矣。"京城巡檢使安從進催百官班迎，[4]百官紛然而去。潞王止于正陽門外，[5]道又促導草牋，導對如初。李愚曰："吾輩罪人，盧舍人言是也。"導終不草牋。

[1]右諫議大夫：官名。隸中書省。唐代置左、右諫議大夫各四人，分隸門下省、中書省。掌諫諭得失，侍從贊相。正四品下。

[2]天宮寺：寺名。位於今河南洛陽市。　張昭：人名。世居濮州范縣（今河南范縣）。五代、宋初大臣，時爲中書舍人。傳見《宋史》卷二六三。

[3]語未及終："及"字原闕，中華點校本據浙江本、宗文本補，今從。

[4]京城巡檢使：官名。五代始設巡檢，設於京師、陪都、重要的州及邊防重鎮。設於都城的稱京城巡檢使、都巡檢、都巡檢使，掌京城治安。品秩不詳。　安從進：人名。索葛部人。五代後唐、後晉將領。傳見《舊五代史》卷九八、本書卷五一。　班：班次、班序。官員參與朝會時所在班列次序。

[5]正陽門：中華點校本謂《舊五代史》卷九二、《册府》卷五五一、《通鑑》卷二七九作"上陽門"，《通鑑》胡三省注"上陽門，上陽宮門也"。其説是。

導後事晉爲吏部侍郎。[1]天福六年卒，年七十六。[2]

[1]吏部侍郎：官名。尚書省吏部次官，協助吏部尚書掌文選、勳封、考課之政。正四品上。

[2]天福：五代後晉高祖石敬瑭年號（936—942），出帝石重貴沿用至天福九年（944）。

司空頲

司空頲，貝州清陽人也。[1]唐僖宗時，舉進士不中，後去爲羅紹威掌書記。[2]紹威卒，入梁爲太府少卿。[3]楊師厚鎮天雄，頲解官往依之，師厚卒，賀德倫代之。[4]張彥之亂，命判官王正言草奏詆斥梁君臣，正言素不能文辭，又爲兵刃所迫，流汗浹背，不能下筆。[5]彥怒，推正言下榻，詬曰："鈍漢辱我！"顧書吏問誰可草奏者，吏即言頲羅王時書記，乃馳騎召之，頲爲亂兵劫其衣，以敝服蔽形而至，見彥長揖，神氣自若，揮筆成文，而言甚淺鄙，彥以其易曉，甚喜，即給以衣服僕馬，遂以爲德倫判官。

[1]貝州：州名。治所在今河北清河縣。　清陽：縣名。治所在今河北清河縣。

[2]唐僖宗：即李儇。唐朝皇帝。紀見《舊唐書》卷一九下、《新唐書》卷九。　羅紹威：人名。魏州貴鄉（今河北大名縣）人。唐末軍閥。傳見《舊五代史》卷一四、本書卷三九。

[3]太府少卿：官名。南朝梁始置。太府寺副長官。佐太府卿掌國家財帛庫藏出納、關市稅收等事務。從四品上。

[4]楊師厚：人名。潁州斤溝（今安徽太和縣阮橋鎮斤溝集）人。唐末、五代後梁將領。傳見《舊五代史》卷二二、本書卷二三。　天雄：方鎮名。治所在魏州（今河北大名縣）。　賀德倫：

人名。先世爲河西部落人，後居滑州（今河南滑縣）。五代後梁、後唐將領。傳見本書卷四四。

[5]張彦：人名。籍貫不詳。五代後梁軍校。事見《舊五代史》卷八。　王正言：人名。鄆州（今山東東平縣）人。五代後梁、後唐官員。傳見《舊五代史》卷二一。

德倫以魏博降晉，晉王兼領天雄，仍以頲爲判官。[1]梁、晉相距河上，常以頲權軍府事。[2]頲爲郭崇韜所惡，崇韜數言其受賕。都虞候張裕多過失，[3]頲屢以法繩之。頲有姪在梁，遣家奴召之，裕擒其家奴，以謂通書于梁。莊宗族殺之。

[1]魏博：方鎮名。治所在魏州貴鄉縣（今河北大名縣）。晉王：即李克用。沙陀人。神武川新城（一説今山西山陰縣附近，一説今山西代縣）人。唐末軍閥，五代後唐太祖。紀見《舊五代史》卷二五、本書卷四。
[2]權軍府事：官名。即"權魏博軍府事"。地位亞於魏博節度使，爲魏博軍實際長官。品秩不詳。
[3]都虞候：官名。唐五代方鎮高級軍官。品秩不詳。　張裕：人名。籍貫不詳。五代後唐將領。事見《舊五代史》卷七一。

新五代史　卷五五

雜傳第四十三

劉昫　盧文紀　馬胤孫　姚顗　劉岳　馬縞　崔居儉
崔梲　李懌

劉昫

劉昫，涿州歸義人也。[1]昫爲人美風儀，與其兄暄、弟暉，皆以好學知名燕薊之間。[2]後爲定州王處直觀察推官。[3]處直爲其子都所囚，[4]昫兄暄亦爲怨家所殺，昫乃避之滄州。[5]

[1]涿州：州名。治所在今河北涿州市。　歸義：縣名。治所在今河北容城縣。

[2]暄：人名。即劉暄。涿州歸義（今河北容城縣）人。事見《舊五代史》卷八九。原作"喧"，中華點校本據浙江本、宗文本、《舊五代史》卷八九改，今從。本卷下一處同。　暉：人名。即劉暉。涿州歸義（今河北容城縣）人。事見《舊五代史》卷八九。原作"㬉"，中華點校本據浙江本、宗文本改，今從。中華點校本並謂劉昫兄弟名皆當從"日"，是。　燕薊：地區名。即今河北北

部、北京市、天津市一帶。

[3]定州：州名。治所在今河北定州市。　王處直：人名。京兆萬年（今陝西西安市）人。唐末五代軍閥，長期爲義武節度使。傳見《舊五代史》卷五四、本書卷三九。　觀察推官：官名。唐肅宗以後置，五代沿置。觀察使屬官，掌理刑案之事。品秩不詳。

[4]處直爲其子都所囚："其"字原闕，中華點校本據浙江本、宗文本補，今從。都，人名。即王都。中山陘邑（今河北定州市）人。本姓劉，後爲義武軍節度使王處直養子。五代軍閥。傳見《舊五代史》卷五四。

[5]滄州：州名。治所在今河北滄縣。

　　唐莊宗即位，拜昫太常博士，以爲翰林學士。[1]明宗時，累遷兵部侍郎居職。[2]明宗素重昫而愛其風韻，遷端明殿學士。[3]長興三年，拜中書侍郎兼刑部尚書、同中書門下平章事，昫詣中興殿門謝，是日大祠不坐，昫入謝端明殿。[4]昫自端明殿學士拜相，當時以此爲榮。廢帝入立，遷吏部尚書、門下侍郎，監修國史。[5]

[1]唐莊宗：即五代後唐莊宗李存勖。沙陀人。五代後唐建立者。紀見《舊五代史》卷二七至卷三四、本書卷五。　太常博士：官名。漢代始置。爲太常寺屬官。掌辨五禮，討論謚法，贊相導引。從七品上。　翰林學士：官名。由南北朝始設之學士發展而來，唐玄宗改翰林供奉爲翰林學士，備顧問，代王言。掌拜免將相、號令征伐等詔令的起草。品秩不詳。

[2]明宗：即五代後唐明宗李嗣源。沙陀人。原名邈佶烈，李克用養子。926年至933年在位。紀見《舊五代史》卷三五至卷四四、本書卷六。　兵部侍郎：官名。尚書省兵部次官。協助兵部尚書掌武官銓選、勛階、考課之政。正四品下。

[3]端明殿學士：官名。後唐明宗朝始置，以翰林學士充任，負責誦讀四方書奏。品秩不詳。

[4]長興：後唐明宗李嗣源年號（930—933）。　中書侍郎：官名。中書省副長官。唐後期三省長官漸爲榮銜，中書、門下侍郎却因參議朝政而職位漸重，常常用爲以"同三品"或"同平章事"任宰相者的本官。正三品。　刑部尚書：官名。尚書省刑部長官。掌天下刑法及徒隷、勾覆、關禁之政令。正三品。　同中書門下平章事：官名。簡稱"同平章事"。唐高宗以後，實際任宰相之職者，常在其本官後加同平章事的職銜。後成爲宰相專稱。品秩不詳。中興殿：宮殿名。在洛陽宮城内。位於今河南洛陽市。　大祠不坐：凡舉行重要的祭祀典禮，則當日的朝會禮儀權停。　端明殿：宮殿名。位於今河南洛陽市。

[5]廢帝：即後唐廢帝李從珂。鎮州平山（今河北平山縣）人。本姓王，後唐明宗李嗣源擄其母魏氏，遂養爲己子。應順元年（934）四月，李從珂入洛陽即帝位。清泰三年（936）五月，石敬瑭謀反，以出賣燕雲十六州，自稱兒臣的條件求得契丹援助，石敬瑭攻入洛陽，廢帝自焚死，後唐亡。紀見《舊五代史》卷四六至卷四八、本書卷七。　吏部尚書：官名。尚書省吏部長官，與二侍郎分掌六品以下文官選授、勳封、考課之政令。正三品。　門下侍郎：官名。門下省副長官。正三品。　監修國史：官名。北齊始置於史館，以宰相爲之。唐史館沿置，爲宰相兼職。品秩不詳。

初，廢帝入，問三司使王玫：[1]"帑廩之數幾何？"玫言："其數百萬。"及責以賞軍而無十一，廢帝大怒，罷玫，命昫兼判三司。[2]昫性察，而嫉三司蠹敝尤甚，乃句計文簿，覈其虛實，殘租積負悉蠲除之。往時吏幸積年之負蓋而不發，因以把持州縣求賄賂，及昫一切蠲除，民間歡然以爲德，而三司吏皆沮怨。

[1]三司使：官名。五代後唐明宗天成元年（926）將晚唐以來的户部、度支、鹽鐵三部合爲一職，設三司使統之。主管國家財政。品秩不詳。　王玫：人名。籍貫不詳。五代後唐、後晉大臣。事見《通鑑》卷二七九。

[2]判三司：官名。通掌鹽鐵、度支、户部三個部門事務。地位高於三司使。品秩不詳。

先是，馮道與昫爲姻家而同爲相，道罷，李愚代之。[1]愚素惡道爲人，凡事有稽失者，必指以誚昫曰："此公親家翁所爲也！"昫性少容恕，而愚特剛介，遂相詆訴。相府史吏惡此兩人剛直，因共揚言，其事聞，廢帝並罷之，以昫爲右僕射。[2]是時，三司諸吏提印聚立月華門外，[3]聞宣麻罷昫相，[4]皆歡呼相賀曰："自此我曹快活矣！"

[1]馮道：人名。瀛州景城（今河北滄州市）人。五代時官拜宰相，歷仕後唐、後晉、後漢、後周，亦曾臣事契丹。傳見《舊五代史》卷一二六、本書卷五四。　李愚：人名。渤海無棣（今山東慶雲縣）人。唐末進士，唐末、五代大臣。傳見《舊五代史》卷六七、本書卷五四。

[2]右僕射：官名。秦始置。隋、唐前期，以左、右僕射佐尚書令總理六官、綱紀庶務；如不置尚書令，則總判省事，爲宰相之職。唐後期多爲大臣加銜。從二品。

[3]三司諸吏提印聚立月華門外："外"字原闕，中華點校本據浙江本、宗文本、《諸史提要》卷一引《五代史》、《册府》卷三三三補，今從。　月華門：宫門名。位於洛陽城内。

[4]宣麻：唐宋任免宰相時，用黄白麻紙寫詔書，在朝廷宣讀，稱爲宣麻。

昫在相位，不習典故。初，明宗崩，太常卿崔居儉，以故事當爲禮儀使，居儉辭以祖諱蠡。[1]馮道改居儉祕書監，[2]居儉怏怏失職。中書舍人李詳爲居儉誥詞，有"聞名心懼"之語，[3]昫輒易曰"有恥且格"。居儉訴曰："名諱有令式，予何罪也？"當時聞者皆傳以爲笑。及爲僕射，入朝遇雨，移班廊下，御史臺吏引僕射立中丞御史下，昫詰吏以故事，自宰相至臺省皆不能知。[4]是時，馮道罷相爲司空。[5]自隋、唐以來，三公無職事，不特置，及道爲司空，問有司班次，亦皆不能知，由是不入朝堂，[6]俟臺官、兩省入而後入，宰相出則隨而出。至昫爲僕射，自以由宰相罷與道同，乃隨道出入，有司不能彈正，而議者多竊笑之。

　　[1]太常卿：官名。西漢置太常，南朝梁始置太常卿。太常寺長官。掌宗廟祭祀禮樂及教育等。正三品。　崔居儉：人名。清河（今河北清河縣）人。五代後梁至後晉官員。傳見本書本卷。　禮儀使：官名。有重大禮儀事務則臨時置使，掌禮儀事務，事畢即停。品秩不詳。　蠡：人名。即崔蠡。清河（今河北清河縣）人。崔居儉之祖。唐朝官員。傳見《舊唐書》卷一一七、《新唐書》卷一四四。

　　[2]祕書監：官名。秘書省長官。東漢始置，掌圖書秘記等。從三品。

　　[3]中書舍人：官名。中書省屬官，掌起草文書、呈遞奏章、傳宣詔命等。正五品上。　李詳：人名。籍貫不詳。五代後唐至後周官員，歷任左補闕、中書舍人、尚書右丞、吏部侍郎。事見《舊五代史》卷四二、卷七七、卷八四、卷一一一。

　　[4]班：班次、班序。官員參與朝會時所在班列次序。　御史

臺：官署名。秦漢始置。爲古代國家的監察機構。掌糾察官吏違法，肅正朝廷綱紀。大事廷辨，小事奏彈。　中丞：官名。即御史中丞。如不置御史大夫，則爲御史臺長官。掌司法監察。正四品下。　御史：御史臺執掌監察官員的泛稱。

[5]司空：官名。與太尉、司徒並爲三公。唐後期、五代多爲大臣、勳貴加官。正一品。

[6]朝堂：朝廷百官議事之所。

晉高祖時，張從賓反，殺皇子重乂於洛陽，及以昫爲東都留守，判鹽鐵。[1]開運中，[2]拜司空、同中書門下平章事，復判三司。契丹犯京師，昫以目疾罷爲太保。[3]是歲卒，年六十。

[1]晉高祖：即後晉高祖石敬瑭。沙陀人。五代後唐將領、後晉開國皇帝。紀見《舊五代史》卷七五至卷八〇、本書卷八。　張從賓：人名。籍貫不詳。五代後唐、後晉將領。傳見《舊五代史》卷九七。　皇子重乂：人名。即石重乂。後晉高祖石敬瑭之子。傳見《舊五代史》卷八七、本書卷一七。　東都：即洛陽。　留守：官名。古代皇帝出巡或親征時指定親王或大臣留守京城，綜理國家軍事、行政、民事、財政等事務，稱京城留守。在陪都或軍事重鎮也常設留守，以地方長官兼任。品秩不詳。　鹽鐵：官署名。即鹽鐵司。唐末、五代稱鹽鐵、度支、戶部爲三司，掌管統籌國家財政之事。鹽鐵司掌管鹽、鐵、茶專賣及徵稅等事務。

[2]開運：後晉出帝石重貴年號（944—946）。

[3]契丹：古部族、政權名。公元4世紀中葉宇文部爲前燕攻破，始分離而成單獨的部落，自號契丹。唐貞觀中，置松漠都督府，以其首領爲都督。唐末彊盛，916年迭剌部耶律阿保機建立契丹國（遼）。先後與五代、北宋並立，保大五年（1125）爲金所

滅。參見張正明《契丹史略》，中華書局1979年版。　太保：官名。與太師、太傅並爲三師。唐後期、五代多爲大臣、勛貴加官。正一品。

盧文紀

盧文紀字子持，其祖簡求，爲唐太原節度使，父嗣業，官至右補闕。[1]文紀舉進士，事梁爲刑部侍郎、集賢殿學士。[2]唐明宗時，爲御史中丞。初上事，百官臺參，吏白諸道進奏官賀，[3]文紀問："當如何？"吏對曰："朝廷在長安時，進奏官見大夫、中丞如胥史。[4]自唐衰，天子微弱，諸侯彊盛，貢奉不至，朝廷姑息方鎮，假借邸吏，大夫、中丞上事，進奏官至客次通名，[5]勞以茶酒而不相見，相傳以爲故事。"文紀曰："吾雖德薄，敢隳舊制？"因遣吏諭之。進奏官奮臂誼然欲去，不得已入見，文紀據牀端笏，臺吏通名贊拜，既出，恚怒不自勝，訴於樞密使安重誨。[6]重誨曰："吾不知故事，可上訴于朝。"即相率詣閤門求見以狀訴。[7]明宗問宰相趙鳳：[8]"進奏吏比外何官？"鳳曰："州縣發遞知後之流也。"[9]明宗怒曰："乃吏卒爾，安得慢吾法官！"皆杖而遣之。文紀又請悉復中外官校考法，[10]將相天子自書之，詔雖施行，而官卒不考。歲餘，遷工部尚書。[11]

[1]簡求：人名。即盧簡求。范陽（今河北涿州市）人。唐代進士、官員。傳見《舊唐書》卷一六三、《新唐書》卷一七七。太原：府名。此處指治所在太原（今山西太原市）的方鎮河東軍。

嗣業：人名。即盧嗣業。范陽（今河北涿州市）人。唐朝官員。傳見《舊唐書》卷一六三、《新唐書》卷一七七。　右補闕：官名。唐代諫官。武則天時始置。分爲左右，左補闕隸於門下省，右補闕隸於中書省。掌規諫諷諭，大事可以廷議，小事則上封奏。從七品上。

［2］刑部侍郎：官名。尚書省刑部次官。協助刑部尚書掌天下刑法及徒隸、勾覆、關禁之政令。正四品下。　集賢殿學士：官名。唐中葉置，位在集賢殿大學士之下。掌修書之事。品秩不詳。

［3］上事：就職。　臺參：唐制，御史大夫、御史中丞新上任，在京師的京兆尹、少尹及長安、萬年二縣縣令等官員須到御史臺參謁。臺指御史臺。　諸道進奏官：官名。唐、五代藩鎮皆置邸於京師，爲駐京城的辦事機構。唐肅宗、代宗時稱上都留後院，大曆十二年（777）改稱上都進奏院。五代時，州郡不隸藩鎮者，亦置邸京師。以進奏官主其事，掌傳送文書、情報，主持本鎮、州郡進奉。品秩不詳。

［4］大夫：官名。即御史大夫。秦始置，與丞相、太尉合稱三公。至唐代，在御史中丞之上設御史大夫一人，爲御史臺長官，專掌監察、執法。正三品。

［5］客次：接待賓客的處所。　通名：通報姓名。

［6］樞密使：官名。樞密院長官。唐代宗時始以宦官掌機密，至昭宗時借朱温之力盡誅宦官，始改以士人任樞密使。備顧問，參謀議，出納詔奏，權侔宰相。品秩不詳。參見李全德《唐宋變革期樞密院研究》，北京圖書館出版社2009年版。　安重誨：人名。應州（今山西應縣）人。五代後唐大臣。傳見《舊五代史》卷六六、本書卷二四。

［7］閤門：唐代大明宮之正殿（宣政殿）、内殿（紫宸殿）以東、西上閤門相連，閤門遂爲外朝、内朝之分界。五代宮殿承唐制，亦設閤門。原作"閣門"，今據文意及殿本、南監本、北監本、元刊本改。

[8]趙鳳：人名。幽州（今北京市）人。五代後唐大臣。傳見《舊五代史》卷六七、本書卷二八。

[9]發遞：傳達文書。　知後：官名。即知後官。爲"知後典"的省稱。州縣間傳達文書的官吏。下進奏官一等。品秩不詳。

[10]校考法：即官員考課法。按一定規定考查官吏功過善惡，並分别等第以爲升降賞罰的依據。

[11]工部尚書：官名。尚書省工部長官。掌百工、屯田、山澤之政令。正三品。

文紀素與宰相崔協有隙，協除工部郎中于鄴，文紀以鄴與其父名同音，大怒，鄴赴省參上，文紀不見之，因請連假。[1]已而鄴奉使未行，文紀即出視事，鄴因醉忿自經死；文紀坐貶石州司馬。[2]

[1]崔協：人名。清河（今河北清河縣）人。唐末進士，五代後梁時仕至中書舍人，後唐時爲宰相。傳見《舊五代史》卷五八。
工部郎中：官名。尚書省屬官，位在侍郎之下、員外郎之上。主持尚書省工部工部司事務。從五品上。　于鄴：人名。籍貫不詳。五代後唐官員。事見《舊五代史》卷三九。

[2]自經：上吊自殺。經，縊死，上吊。　石州：州名。治所在今山西吕梁市離石區。　司馬：官名。州軍佐官，名義上紀綱衆務，通判列曹，品高俸厚，實際上無具體職事，多用以安置貶謫官員，或用作遷轉官階。上州從五品下，中州正六品下，下州從六品上。

久之，爲祕書監、太常卿。奉使于蜀，過鳳翔，時廢帝爲鳳翔節度使，文紀爲人形貌魁偉、語音琅然，廢帝奇之。[1]後廢帝入立，欲擇宰相，問於左右，左右皆言："文紀及姚顗有人望。"[2]廢帝因悉書清望官姓名內琉璃瓶中，夜焚香呪天，以筯挾之，首得文紀，欣然相之，乃拜中書侍郎、同中書門下平章事。

[1]蜀：即後蜀。五代十國政權之一。後唐清泰元年（934），蜀王孟知祥稱帝於成都（今四川成都市），國號蜀，史稱後蜀。轄境相當於今四川和陝西南部、甘肅東南部、湖北西南部地區。事見《舊五代史》卷一三六《僭僞列傳》、本書卷六四《後蜀世家》。鳳翔：府名。治所在今陝西鳳翔縣。亦爲方鎮鳳翔軍治所。

[2]姚顗：人名。京兆萬年（今陝西西安市）人。唐末進士，五代後梁、後唐、後晉大臣。傳見《舊五代史》卷九二、本書卷五五。

是時，天下多事，廢帝數以責文紀。文紀因請罷五日起居，復唐故事開延英，冀得從容奏議天下事。[1]廢帝以謂五日起居，明宗所以見群臣也，不可罷，而便殿論事，[2]可以從容，何必延英。因詔宰相有事，不以時詣閤門請對。

[1]五日起居：朝會禮名。又稱"內殿起居""起居"。即本書卷五四所載"群臣五日一隨宰相入見內殿"。後唐時於洛陽中興殿舉行。　開延英：朝會禮名。唐後期始有宰臣於延英奏對之禮。唐末、五代時，形成一、五、九日開延英的定制，後唐時廢止。參見《五代會要》卷六《開延英儀》。

[2]便殿：後唐以洛陽宮城之中興殿爲便殿。

晋高祖起太原，廢帝北征，過拜徽陵，休仗舍，[1]顧文紀曰："吾自鳳翔識卿，不以常人爲待，自卿爲相，詢于輿議，皆云可致太平，今日使吾至此，卿宜如何？"文紀皇恐謝罪。廢帝至河陽，[2]文紀勸帝扼橋自守，不聽。晋高祖入立，罷爲吏部尚書，累遷太子太師，致仕。[3]

[1]徽陵：五代後唐明宗李嗣源陵墓。位於今河南新安縣。後晋石敬瑭將後唐愍帝、李從榮、李重吉皆祔葬於此。　仗舍：衛士的值宿之所。

[2]河陽：縣名。治所在今河南孟州市。

[3]太子太師：官名。與太子太傅、太子太保統稱太子三師。隋唐以後多作加官或贈官。從一品。　致仕：官員告老辭官。

周太祖入立，即拜司空于家。卒，年七十六，贈司徒。

馬胤孫

馬胤孫字慶先，棣州商河人也。[1]爲人懦暗，少好學，學韓愈爲文章。[2]舉進士，爲唐潞王從珂河中觀察支使。[3]從珂爲楊彦温所逐，[4]罷居于京師里第，胤孫從而不去。從珂爲京兆尹，徙鎮鳳翔，胤孫常從之，以爲觀察判官。[5]潞王將舉兵反，與將吏韓昭胤等謀議已定，[6]召胤孫告之曰："受命移鎮，路出京師，何向爲便？"胤孫曰："君命召，不俟駕。今大王爲國宗屬，而先帝新棄天下，臨喪赴鎮，臣子之忠也。"左右皆笑其愚，然從珂心獨重之。廢帝入立，以爲户部郎中、翰林學士。[7]久之，拜中書侍郎、同中書門下平章事。

[1]棣州：州名。治所在今山東惠民縣。　商河：縣名。治所在今山東商河縣。

[2]韓愈：人名。河陽（今河南孟州市）人，祖籍昌黎（今河北昌黎縣）。唐中葉官員、文學家。傳見《舊唐書》卷一六〇、《新唐書》卷一七六。

[3]河中：方鎮名。治所在河中府（今山西永濟市）。　觀察支使：官名。唐置，爲觀察使的佐官，地位在觀察副使之下、判官之上。掌支州、支郡考績。品秩不詳。

[4]楊彦温：人名。汴州（今河南開封市）人。五代後唐將領。傳見《舊五代史》卷七四。

[5]京兆尹：官名。唐開元元年（713）改雍州置京兆府，治所在今陝西西安市。以京兆尹總其政務。從三品。　觀察判官：官名。唐肅宗以後置，五代沿置。觀察使屬官，參理田賦事，用觀察使印、署狀。品秩不詳。

[6]韓昭胤：人名。籍貫不詳。五代後唐大臣，廢帝親信。歷任鳳翔節度判官、樞密使、同平章事，官至尚書左僕射。事見《舊五代史》卷四六。

[7]户部郎中：官名。即尚書省户部户部司郎中。掌户口、土田、賦役、貢獻、優復、婚姻、繼嗣等事。從五品上。

胤孫不通世務，故事多壅塞。是時，馮道罷匡國軍節度使，[1]拜司空。司空自唐已來無特拜者，有司不知故事，朝廷議者紛然，或曰司空三公，宰相職也，當參與大政，而宰相盧文紀獨以謂司空之職，祭祀掃除而已。胤孫皆不能決。時劉昫亦罷相爲僕射，右散騎常侍孔昭序建言:[2]"常侍班當在僕射前。"胤孫責御史臺檢例,臺言:"故事無所見,據今南北班位,常侍在前。"胤孫即判臺狀施行,劉昫大怒。崔居儉揚言于朝曰:"孔昭序解語,是朝廷無解語人也!且僕射師長百寮,中丞、大夫就班脩敬,而常侍在南宮六卿之下,況僕射乎?[3]昭序癡兒,豈識事體?"朝士聞居儉言,流議稍息,胤孫臨事多不能決,當時號爲"三不開",謂其不開口以論議,不開印以行事,不開門以延士大夫也。

[1]匡國軍:方鎮名。治所在同州(今陝西大荔縣)。

[2]右散騎常侍:官名。中書省屬官。掌侍奉規諷,備顧問應對。正三品下。 孔昭序:人名。籍貫不詳。五代後唐官員。事見《舊五代史》卷一二七。

[3]南宮六卿:當即東宮六傅。即太子太師、太子太保、太子太傅、太子少師、太子少保、太子少傅的合稱。

晉兵起太原,廢帝幸河陽,是時勢已危迫,胤孫自洛來朝行在,人皆冀其有所建言,胤孫獻綾三百匹而已。晉高祖入立,罷歸田里。

胤孫既學韓愈爲文,故多斥浮屠氏之說,及罷歸,乃反學佛,撰法喜集、佛國記行于世。時人誚之曰:"佞清泰不徹,乃來佞佛。"[1]清泰,廢帝年號也。人有戲胤孫曰:"公素慕韓愈爲人,而常誦傅奕之論,今反佞佛,是佛佞公邪,公佞佛邪?"胤孫答曰:"豈知非佛佞我也?"時人傳以爲笑。

[1]清泰：五代後唐廢帝李從珂年號（934—936）。

後以太子賓客分司居于洛陽，周廣順中卒。[1]胤孫卒後，其家婢有爲胤孫語者。初，崔協爲明宗相，在位無所發明，既死，而有降語其家，胤孫又然。時人嘲之曰"生不能言，死而後語"云。

[1]太子賓客：官名。爲太子官屬。唐高宗顯慶四年（659）始置。掌侍從規諫、贊相禮儀。正三品。　分司：五代後晋至後周都開封，以洛陽爲西京，分設在洛陽的中央官署稱分司。　廣順：五代後周太祖郭威年號（951—953）。

姚顗

姚顗字百真，京兆長安人也。[1]少耄，不修容止，時人莫之知，中條山處士司空圖一見以爲奇，[2]以其女妻之。舉進士，事梁爲翰林學士、中書舍人。唐莊宗滅梁，貶復州司馬，已而以爲左散騎常侍兼吏部侍郎、尚書左丞。[3]廢帝欲擇宰相，選當時清望官知名於世者，得盧文紀及顗，乃拜顗中書侍郎、同中書門下平章事。

[1]京兆：府名。治所在今陝西西安市。　長安：縣名。治所在今陝西西安市。

[2]中條山：山名。位於今山西西南部，黄河與涑水、沁河之間。　司空圖：人名。臨淄（今山東淄博市臨淄區）人。一說河中虞鄉（今山西永濟市）人。唐末進士、官員。後隱居中條山。傳見《舊唐書》卷一九〇下、《新唐書》卷一九四。

[3]復州：州名。治所在今湖北天門市。　左散騎常侍：官名。

門下省屬官。掌侍奉規諷，備顧問應對。正三品下。　吏部侍郎：官名。尚書省吏部次官，協助吏部尚書掌文選、勛封、考課之政。正四品上。　尚書左丞：官名。尚書省佐貳官。唐中期以後，與尚書右丞實際主持尚書省日常政務，權任甚重。正四品上。

顗爲人仁恕，不知錢陌銖兩之數，御家無法，在相位齪齪無所爲。唐制吏部分爲三銓，[1]尚書一人曰尚書銓，侍郎二人曰中銓、東銓。每歲集以孟冬三旬，而選盡季春之月。天成中，[2]馮道爲相，建言"天下未一，選人歲纔數百，而吏部三銓分注，雖曰故事，其實徒繁而無益"。始詔三銓合爲一，而尚書、侍郎共行選事。至顗與盧文紀爲相，復奏分銓爲三。而循資、長定舊格，[3]歲久多舛，因增損之。選人多不便之，往往邀遮宰相，喧訴不遜，顗等無如之何，廢帝爲下詔書禁止。

[1]三銓：即吏部三銓。爲吏部尚書銓、吏部西銓（中銓）、吏部東銓的合稱。負責官員銓選。

[2]天成：後唐明宗李嗣源年號（926—930）。

[3]循資：即循資格。唐開元時制定的銓選法規。以年資爲擢用官吏的條件，與北魏的停年格性質相同。　長定：即長定選格。唐文宗朝制定的銓選法規。創置未久，即因或乖往例，頗不便人，遂被廢止。

晋高祖立，罷顗爲户部尚書。卒，年七十五。卒之日家無餘貲，尸不能斂，官爲賵贈乃能斂，聞者哀憐之。[1]

[1]斂：裝裹下葬。　賵贈：贈給喪家辦理喪事的車馬。

劉岳

劉岳字昭輔，洛陽人也。唐民部尚書政會之八代孫，崇龜、崇望其諸父也。[1]岳名家子，好學，敏於文辭，善談論。舉進士，事梁爲左拾遺、侍御史。[2]末帝時，爲翰林學士，累官至兵部侍郎。

[1]民部尚書：官名。因避唐太宗諱改吏部尚書。尚書省民部長官，與二侍郎分掌六品以下文官選授、勛封、考課之政令。正三品。　政會：人名。即劉政會。滑州胙城（今河南延津縣）人。隋末、唐初將領、官員。傳見《舊唐書》卷五八。　崇龜：人名。即劉崇龜。洛陽（今河南洛陽市）人。唐末官員。傳見《舊唐書》卷一七九、《新唐書》卷九〇。　崇望：人名。即劉崇望。洛陽（今河南洛陽市）人。唐末宰相。傳見《舊唐書》卷一七九、《新唐書》卷九〇。

[2]左拾遺：官名。唐代門下省所屬諫官。掌規諫，薦舉人才。從八品上。　侍御史：官名。秦始置。掌糾舉百官，推鞫獄訟。從六品下。

梁亡，貶均州司馬，復用爲太子詹事。[1]唐明宗時，爲吏部侍郎。故事，吏部文武官告身，皆輸朱膠紙軸錢然後給，其品高者則賜之，貧者不能輸錢，往往但得敕牒而無告身。[2]五代之亂，因以爲常，官卑者無復給告身，中書但錄其制辭，編爲敕甲。[3]岳建言，以謂"制辭或任其材能，或褒其功行，或申以訓誡，而受官者既不給告身，皆不知受命之所以然，非王言所以告詔也。

請一切賜之"。由是百官皆賜告身,自岳始也。

[1]均州:州名。治所在今湖北丹江口市。原作"筠州",中華點校本據浙江本、宗文本、《舊五代史》卷三〇及卷六八、《册府》卷一四七、《通鑑》卷二七二改,今從。　太子詹事:官名。掌領太子之詹事府,爲太子官屬之長。正三品。

[2]告身:授官的文憑。唐沿北朝之制,凡任命官員,不論流内、視品及流外,均給以告身。　輸朱膠紙軸錢:交納製作告身的工本費。　敕牒:委任官吏的任命文書。

[3]中書:官署名。"中書門下"的簡稱。唐代以來爲宰相處理政務的機構。　敕甲:五代時任官不發告身,僅由中書録其制文編號備案。其案宗謂之敕甲。

宰相馮道世本田家,狀貌質野,朝士多笑其陋。道旦入朝,兵部侍郎任贊與岳在其後,[1]道行數反顧,贊問岳:"道反顧何爲?"岳曰:"遺下兔園册爾。"兔園册者,鄉校俚儒教田夫牧子之所誦也,故岳舉以誚道。道聞之大怒,徙岳祕書監。其後李愚爲相,遷岳太常卿。

[1]任贊:人名。籍貫不詳。五代後唐官員。事見《舊五代史》卷四四。

初,鄭餘慶嘗採唐士庶吉凶書疏之式,[1]雜以當時家人之禮,爲《書儀》兩卷。明宗見其有起復、冥昏之制,[2]歎曰:"儒者所以隆孝悌而敦風俗,且無金革之事,起復可乎?婚,吉禮也,用於死者可乎?"乃詔岳選文學通知古今之士,共刪定之。岳與太常博士段顒、田敏等增損其書，[3]而其事出鄙俚，皆當時家人女子傳習所見，往往轉失其本，然猶時有禮之遺制。其後亡失，愈不可究其本末，其婚禮親迎，有女坐婿鞍合髻之説，尤爲不經。公卿之家，頗遵用之。至其久也，又益訛謬可笑，其類甚多。

[1]鄭餘慶：人名。鄭州滎陽（今河南滎陽市）人。唐德宗、憲宗朝宰相。傳見《舊唐書》卷一五八、《新唐書》卷一六五。士庶吉凶書疏之式：朝廷法令中，有關士庶吉凶禮儀、書疏格式的法定章程。

[2]起復：官吏服喪未滿而再起用。 冥昏：爲已去世的男女舉行婚禮並遷墳合葬。

[3]太常博士：官名。漢代始置。爲太常寺屬官。掌辨五禮，討論謚法，贊相導引。從七品上。 段顒：人名。籍貫不詳。五代後唐、後晋官員。事見《舊五代史》卷一四二。 田敏：人名。淄州鄒平（今山東鄒平縣）人。五代宋初大臣、學者。傳見《宋史》卷四三一。

岳卒于官，年五十六，贈吏部尚書。子，温叟。[1]

[1]温叟：人名。即劉温叟。洛陽（今河南洛陽市）人。五代後唐至宋初官員。傳見《宋史》卷二六二。

嗚呼，甚矣，人之好爲禮也！在上者不以禮示之，使人不見其本，而傳其習俗之失者，尚拳拳而行之。五代干戈之亂，不暇於禮久矣！明宗武君，出於夷狄，而不通文字，乃能有意使民知禮。而岳等皆當時儒者，卒無所發明，但因其書增損而已。然其後世士庶吉凶，皆取岳書以爲法，而十又轉失其三四也，可勝歎哉！

馬縞

馬縞，不知其世家，少舉明經，又舉宏詞。[1]事梁爲太常少卿，[2]以知禮見稱于世。唐莊宗時，累遷中書舍人、刑部侍郎、權判太常卿。明宗入立，繼唐太祖、莊宗而不立親廟。[3]縞言：“漢諸侯王入繼統者，必別立親廟，光武皇帝立四親廟于南陽，[4]請如漢故事，立廟以申孝享。”明宗下其議，禮部尚書蕭頃等請如縞議。[5]宰相鄭玨等議引漢桓、靈爲比，[6]以謂桓帝尊其祖解瀆亭侯淑爲孝元皇，父萇爲孝仁皇，[7]請下有司定諡四代祖考爲皇，置園陵如漢故事。[8]事下太常，博士王丕議漢桓帝尊祖爲孝穆皇帝，[9]父爲孝崇皇帝。縞以謂孝穆、孝崇有皇而無帝，惟吳孫皓尊其父和爲文皇帝，[10]不可以爲法。右僕射李琪等議與縞同。[11]明宗詔曰：“五帝不相襲禮，三王不相沿樂，惟皇與帝，異世殊稱。爰自嬴秦，已兼厥號，朕居九五之位，爲億兆之尊，奈何總二名於眇躬，惜一字於先世。”乃命宰臣集百官於中書，各陳所見。李琪等請尊祖禰爲皇帝，曾高爲皇。宰相鄭玨合群議奏曰：“禮非天降而本人情，可止可行，有損有益。今議者引古，以漢爲據，漢之所制，夫復何依？開元時，尊皋陶爲德明皇帝，凉武昭王爲興聖皇帝，皆立廟京師，此唐家故事也。[12]臣請四代祖考皆加帝如詔旨，而立廟京師。”詔可其加帝，而立廟應州。[13]

[1]明經：科舉考試科目之一。主要考察士人對經文的熟悉程度，也考時務策。　宏詞：即博學宏詞。科舉考試科目之一。屬制科。選拔能文之士。

[2]太常少卿：官名。太常寺次官，佐太常卿掌宗廟祭祀禮樂及教育等。正四品上。

[3]唐太祖：即五代後唐太祖李克用。沙陀人。神武川新城（一説今山西山陰縣附近，一説今山西代縣）人。唐末軍閥，後唐太祖。紀見《舊五代史》卷二五、本書卷四。　親廟：皇帝高、曾、祖、父四廟爲其親廟。

[4]光武皇帝立四親廟于南陽："親"字原闕，中華點校本據浙江本、宗文本補，今從。光武皇帝，即劉秀。南陽郡蔡陽（今湖北棗陽市）人。東漢王朝建立者。紀見《後漢書》卷一。南陽，郡名。秦、漢置。治所在今河南南陽市。

[5]禮部尚書：官名。尚書省禮部長官。掌禮儀、祭享、貢舉之政。正三品。　蕭頃：人名。京兆萬年（今陝西西安市）人。唐末進士，五代後梁宰相、後唐大臣。傳見《舊五代史》卷五八。原作"蕭武"，中華點校本據浙江本、宗文本、《舊五代史》卷一四二、《五代會要》卷二、《册府》卷五九三改，今從。

[6]鄭珏：人名。滎陽（今河南滎陽市）鄭氏族人。唐末進士，五代後梁、後唐宰相。傳見《舊五代史》卷五八、本書卷五四。　漢桓：即漢桓帝劉志。東漢皇帝。146年至167年在位。紀見《後漢書》卷七。　靈：即漢靈帝劉宏。東漢皇帝。167年至189年在位。紀見《後漢書》卷八。

[7]"以謂桓帝"至"爲孝仁皇"：中華點校本據《後漢書》卷八《靈帝紀》謂，靈帝祖淑封解瀆亭侯，追尊孝元皇；父萇追尊孝仁皇。故"桓帝"疑爲"靈帝"之誤。是。淑，人名。即劉淑。漢靈帝之祖。事見《後漢書》卷八。萇，人名。即劉萇。漢靈帝之父。事見《後漢書》卷八。

[8]園陵：帝王的墓園與陵墓。

[9]太常：官署名。即太常寺。北齊始置，掌禮樂祭祀活動之機構。隋唐兩代下設郊廟、太廟、諸陵、太樂、鼓吹、太醫、太卜、廩犧等八署，長官爲太常寺卿，正三品。唐高宗龍朔年間曾改稱奉常，武則天光宅年間又曾稱爲司禮，後均復舊。歷代沿置。王丕：人名。籍貫不詳。五代後唐官員，時任太常博士。事見《舊五代史》卷一四二。

[10]孫皓：人名。即三國吳末帝孫皓。吳郡富春（今浙江杭州市富陽區）人。孫權之孫，孫和之子。264年至280年在位。傳見《三國志》卷四八。　和：人名。即孫和。孫權之子，孫皓之父。孫皓即位後，追尊孫和爲文皇帝。傳見《三國志》卷五九。

[11]李琪：人名。河西敦煌（今甘肅敦煌市）人。五代後梁、後唐官員。傳見《舊五代史》卷五八、本書卷五四。

[12]開元：唐玄宗李隆基年號（713—740）。　皋陶：人名。傳說中東夷族的首領，虞舜的大臣。事見《史記》卷一、卷二。涼武昭王：即李暠。隴西狄道（今甘肅臨洮縣）人。十六國時期西涼國的建立者，400年至417年在位。傳見《魏書》卷九九。

[13]應州：州名。治所在今山西應縣。

劉岳脩書儀，其所增損，皆決於縞。縞又言："緦麻喪紀，所以別親疏，辨嫌疑。禮，叔嫂無服，推而遠之也。唐太宗時，有司議爲兄之妻服小功五月，今有司給假爲大功九月，非是。"[1]廢帝下其議，太常博士段顒議："嫂服給假以大功者，令文也，令與禮異者非一，而喪服之不同者五。禮，姨舅皆服小功，令皆大功。[2]妻父母婿外甥皆服緦，令皆小功。禮、令之不可同如此"。右贊善大夫趙咸乂議曰：[3]"喪，與其易也，寧戚。儀禮五服，或以名加，或因尊制，推恩引義，各有所當。據禮爲兄之子妻服大功，今爲兄之子母服小功，是輕重失其倫也。以名則兄子之妻疏，因尊則嫂非卑，嫂服大功，其來已久。令，國之典，不可減也。"[4]司封郎中曹琛，請下其議，并以禮、令之違者定議。[5]詔尚書省集百官議。[6]左僕射劉昫等議曰："令於喪服無正文，而嫂服給大功假，乃假寧附令，而敕無年月，請凡喪服皆以開元禮爲定，下太常具五服制度，附于令。"令有五服，自縞始也。

[1]縞麻：麻布所製之喪服。 小功：用稍粗的熟麻布做成喪服，服期五個月。 大功：用粗略的熟麻布製成喪服，服期九個月。

[2]令皆大功："令"，原作"今"，中華點校本據浙江本、宗文本改，今從。本卷下文"令皆小功"亦同。

[3]右贊善大夫：官名。即太子右贊善大夫。掌規諫太子過失，贊相禮儀等事。正五品。 趙咸乂：人名。籍貫不詳。五代後唐官員。事見本書本卷。原作"趙咸又"，中華點校本據浙江本、宗文本、《五代會要》卷八改，今從。

[4]不可減也："減"，原作"滅"，中華點校本據浙江本、宗文本改，今從。

[5]司封郎中：官名。尚書省吏部司封司長官。掌封爵、命婦、朝會及賜予等事。從五品上。 曹琛：人名。籍貫不詳。五代後唐官員。事見本書本卷。

[6]尚書省集百官議：集議的一種。尚書省召集百官討論相關國家政務，商定後上奏皇帝裁斷。集議是漢唐決策制度的重要組成部分。參見〔日〕渡邊信一郎《天空の玉座——中國古代帝國の朝政と儀禮》，柏書房1996年版。

縞，明宗時嘗坐覆獄不當，貶綏州司馬。[1]復爲太子賓客，遷户部、兵部侍郎。盧文紀作相，以其迂儒鄙之，改國子祭酒。[2]卒，年八十，贈兵部尚書。

[1]覆獄：對已定案的罪案進行復審。　綏州：州名。治所在今陝西綏德縣。
[2]國子祭酒：官名。古代國子學或太學長官。晉武帝司馬炎始置。掌邦國儒學訓導之政令，領太學、國子學及國子監所屬各學。從三品。

崔居儉

崔居儉，清河人也。[1]祖蠡、父蕘皆爲唐名臣。[2]居儉美文辭，風骨清秀，少舉進士。梁貞明中，爲中書舍人、翰林學士、御史中丞。[3]唐莊宗時，爲刑部侍郎、太常卿。

[1]清河：縣名。治所在今河北清河縣。
[2]蕘：人名。即崔蕘。清河（今河北清河縣）人。崔居儉之父。唐朝官員。傳見《舊唐書》卷一一七、《新唐書》卷一四四。原作"堯"，中華點校本據浙江本、宗文本、《通鑑》卷二七九改，今從。
[3]貞明：後梁末帝朱友貞年號（915—921）。

崔氏自後魏、隋、唐與盧、鄭皆爲甲族，吉凶之事，各著家禮。[1]至其後世子孫，專以門望自高，爲世所嫉。明宗崩，居儉以故事爲禮儀使，居儉以祖諱蠡，辭不受，宰相馮道即徙居儉爲祕書監。居儉歷兵、吏部侍郎、[2]尚書左丞、户部尚書。[3]晉天福四年卒，年七十，贈右僕射。[4]

[1]甲族：高門望族。亦稱"甲姓"。　家禮：門閥家族自行編著的家用禮儀。

[2]兵、吏部侍郎："兵"，原作"兼"，中華點校本據宗文本改，今從。

[3]户部尚書：官名。尚書省户部長官。掌管全國土地、户籍、賦税、財政收支諸事。正三品。

[4]天福：五代後晉高祖石敬瑭年號（936—942），出帝石重貴沿用至天福九年（944）。

居儉拙於爲生，居顯官，衣常乏，死之日貧不能葬，聞者哀之。

崔梲

崔梲字子文，深州安平人也。[1]父涿，唐末爲刑部郎中。[2]梲少好學，頗涉經史，工於文辭。遭世亂，寓居于滑臺，[3]不遊里巷者十餘年，人罕識其面。梁貞明三年，舉進士甲科，開封尹王瓚辟掌奏記。[4]

[1]深州：州名。治所在今河北深州市。　安平：縣名。治所在今河北安平縣。

[2]涿：人名。即崔涿。深州安平（今河北安平縣）人。唐末官員。事見本書本卷。　刑部郎中：官名。尚書省刑部頭司刑部司長官。掌司法及審覆大理寺及州府刑獄。從五品上。

[3]滑臺：地名。位於今河南滑縣。

[4]進士甲科：亦稱"甲第"。進士科的考試分爲詩、賦及時務策五道、帖一大經。經策全通爲甲第；策通四、帖過四以上爲乙第。　開封尹：官名。即開封府尹。五代除後唐外均都汴州，升汴州爲開封府，置開封尹或知開封府事。執掌京師政務。從三品。王瓚：人名。太原祁（今山西祁縣）人。唐河中節度使王重盈之子。五代後梁將領，官至開封尹。傳見《舊五代史》卷五九。　掌奏記：官名。即掌書記。唐五代方鎮僚屬，位在判官下。掌表奏書檄、文辭之事。品秩不詳。

　　梲性至孝，其父涿病，不肯服藥，曰："死生有命，何用藥爲？"梲屢進醫藥，不納。每賓客問疾者，梲輒迎拜門外，泣涕而告之，涿終不服藥而卒。梲居喪哀毀，服除，唐明宗以爲監察御史，[1]不拜，踰年再命，乃拜。累遷都官郎中、翰林學士。[2]

[1]監察御史：官名。唐代屬御史臺之察院，掌監察中央機構、州縣長官及祭祀、庫藏、軍旅等事。唐中期以後，亦作爲外官所帶之銜。正八品下。
[2]都官郎中：官名。尚書省刑部都官司長官。掌徒刑流放配隸等事。從五品上。

　　晋高祖時，以户部侍郎爲學士承旨，權知天福二年貢舉。[1]初，梲爲學士，嘗草制，爲宰相桑維翰所改。[2]梲以唐故事學士草制有所改者當罷職，乃引經據爭之，維翰頗不樂。而梲少專於文學，不能涖事，維翰乃命梲知貢舉，梲果不能舉職。時有進士孔英者，[3]素有醜行，爲當時所惡。梲既受命，往見維翰，維翰素貴，嚴尊而語簡，謂棁曰："孔英來矣。"棁不諭其意，以謂維翰以孔英爲言，乃考英及第，物議大以爲非，即罷學士，拜尚書左丞，遷太常卿。

［1］學士承旨：官名。即翰林學士承旨。爲翰林學士之首。掌拜免將相、號令征伐等詔令的起草。《舊唐書·職官志二·翰林院》："例置學士六人，内擇年深德重者一人爲承旨，所以獨承密令故也。"品秩不詳。　權知貢舉：官名。唐始置，爲主持禮部會試的考官。品秩不詳。

［2］草制：草擬制書。　桑維翰：人名。洛陽（今河南洛陽市）人。五代後唐進士，後晉宰相、樞密使。傳見《舊五代史》卷八九、本書卷二九。

［3］孔英：人名。籍貫不詳。五代後晉進士。事見《舊五代史》卷九三、本書本卷。

八年，[1]高祖詔太常復文武二舞，詳定正、冬朝會禮及樂章。[2]自唐末之亂，禮樂制度亡失已久，棁與御史中丞竇貞固、刑部侍郎呂琦、禮部侍郎張允等草定之。[3]其年冬至，高祖會朝崇元殿，廷設宮縣，二舞在北，登歌在上。[4]文舞郎八佾，六十有四人，冠進賢，黃紗袍，白中單，白練襠襦，白布大口袴，革帶履。[5]左執籥，右秉翟。[6]執纛引者二人。[7]武舞郎八佾，六十有四人，服平巾幘，緋絲布大袖、繡襠甲金飾，[8]白練襠，[9]錦騰蛇起梁帶，[10]豹文大口袴，烏靴。[11]左執干，右執戚。[12]執旌引者二人。[13]加鼓吹十二按，負以熊豹，以象百獸率舞。按設羽葆鼓一，大鼓一，金錞一。[14]歌、簫、笳各二人。[15]王公上壽，天子舉爵，奏《玄同》；[16]三舉，登歌奏《文同》；舉食，文舞舞《昭德》，武舞舞《成功》之曲。禮畢，高祖大悦，賜梲金帛，群臣左右睹者皆嗟歎之。然禮樂廢久，而製作簡繆，又繼以龜兹部《霓裳法曲》，[17]參亂雅音，其樂工舞郎，多教坊伶人、百工商賈、州縣避役之人，又無老師良工教習。明年正旦，復奏于廷，而登歌發聲悲離煩懣，如《薤露》《虞殯》之音，[18]舞者行列進退，皆不應節，聞者皆悲憤。其年高祖崩。梲以風痺改太子賓客分司西京以卒。[19]

[1]八年：中華點校本據本書卷八、《舊五代史》卷七九及卷一四四、《五代會要》卷六，指出復文武二舞事在天福五年，且晋高祖崩於天福七年，天福無八年。是。

[2]文武二舞：宮廷樂舞分文舞、武舞兩大類，用於祭祀天地、宗廟及朝會享宴。　正、冬朝會禮：元正、冬至日舉行的大朝會典禮。

[3]竇貞固：人名。同州白水（今陝西白水縣）人。五代後唐至宋初大臣，後唐進士，後漢宰相。傳見《宋史》卷二六二。　吕琦：人名。幽州安次（今河北廊坊市）人。五代後唐、後晋官員。傳見《舊五代史》卷九二、本書卷五六。　禮部侍郎：官名。尚書省禮部次官。協助禮部尚書掌禮儀、祭享、貢舉之政。正四品下。張允：人名。鎮州束鹿（今河北辛集市）人。五代後唐至後漢官員。傳見《舊五代史》卷一〇八、本書卷五七。

[4]會朝崇元殿：於崇元殿舉行冬至大朝會典禮。　宮縣：即"宮懸"。宮殿内懸掛鐘磬等樂器於架上，排在四面，故稱宮懸。登歌：朝廷舉行朝會、祭祀時，樂班登堂奏歌。也指其所用的樂器。

[5]舞郎：樂工名。在登歌獻舞時，舞郎位於舞頭之後、舞人之前。依文舞、武舞分爲文舞郎、武舞郎。　八佾（yì）：天子專用的樂舞規格。佾，行列。八人一行爲一佾，八佾爲八行六十四人。　進賢：即進賢冠。又稱"儒冠"。爲文官及儒者通戴之冠。紗袍：以紗羅製成的公服。　中單：又稱"中衣"。朝服、祭服的裏衣。　白練：白色熟絹。　襠襦：一種大袖上襦的服飾。參見譚蟬雪《襠襦探析》，《敦煌研究》2006年第3期。　大口袴（kù）：一種褲口寬敞的長褲。通常指褲褶之褲。　革帶：皮革製成的帶子，用來繫韡或掛佩。　履：鞋子的通稱。

[6]籥（yuè）：管型樂器。有吹籥、舞籥兩種。舞籥可執作舞具。　翟：野鷄的尾羽。古代樂舞時舞者持在手裏。

[7]纛（dào）：竿首綴有羽毛的旗幟。此處爲舞具。

[8]平巾幘：即平上幘。武官所戴一種平頂頭巾。　緋（fēi）：紅色。　絲布：蠶絲與麻、葛等紗混織的布。　大袖：一種兩袖寬博的服飾。　繡襠：中華點校本指出《舊五代史》卷一四四、《五代會要》卷六、《册府》卷五七〇作"裲襠"。裲襠，又稱"襠服""兩當"。形製與今背心相似。　甲金飾：飾作金甲。

[9]白練襠：中華點校本指出《舊五代史》卷一四四、《五代會要》卷六、《册府》卷五七〇作"白練襠襦"。

[10]錦螣蛇起梁帶：以帶鐍爲端首的革製腰帶，以錦螣蛇爲飾。"螣"，原作"勝"，中華點校本據浙江本、宗文本、《舊五代史》卷一四四、《五代會要》卷六、《册府》卷五七〇改，今從。

[11]烏靴：中華點校本指出《舊五代史》卷一四四、《五代會要》卷六、《册府》卷五七〇作"烏皮靴"。烏皮靴，省稱"烏靴"。黑色皮靴。隋唐以後穿靴之風盛行，烏靴成爲常服。

[12]干：盾。　戚：斧。

[13]旌：用牦或五色羽毛裝飾的旗子。

[14]羽葆：用雉尾等鳥羽做裝飾的像車蓋的儀仗。　金錞：即錞。銅製軍樂器。因呈金黃色，故稱。

[15]歌、簫、箎：唱歌、吹簫、吹箎的人。簫、箎皆爲古代管樂器。

[16]上壽：群臣朝見帝王祝壽之禮。爲大朝會禮儀的組成部分。　《玄同》：並下文的《文同》《昭德》《成功》之曲，皆朝會樂章名。參見《舊五代史》卷一四四《樂志上》。

[17]龜兹部：掌管龜兹樂之機構。龜兹爲古西域國名，位於今新疆庫車縣一帶。　《霓裳法曲》：即《霓裳羽衣曲》。唐代燕樂胡部新聲中的名曲。

[18]《薤露》：樂府歌曲名。相傳是齊國東部歌謡，爲出殯時挽柩人所唱。原作"薤路"，據文意及殿本改。　《虞殯》：挽歌名。送葬時所奏哀樂。

[19]風痹（bì）：病名。以疼痛游走不定爲特徵的痹症。

開運二年，太常少卿陶穀奏廢二舞。[1]明年，契丹滅晉，耶律德光入京師，太常請備法駕奉迎，樂工教習鹵簿鼓吹，都人聞者爲之流涕焉。[2]

[1]陶穀：人名。邠州新平（今陝西彬縣）人。五代、宋初文官。傳見《宋史》卷二六九。

[2]耶律德光：人名。契丹人。遼太祖耶律阿保機次子。遼朝太宗皇帝。927年至947年在位。紀見《遼史》卷三至卷四。　法駕：天子車駕。也稱"法車"。　鹵簿：指帝后出行時的儀仗隊。蔡邕《獨斷》卷下："天子出，車駕次第謂之鹵簿。"

李懌

李懌，京兆人也。少好學，頗工文辭。唐末舉進士，爲祕書省校書郎、集賢校理。[1]唐亡，事梁爲監察御史，累遷中書舍人、翰林學士。梁亡，責授懷州司馬，遇赦量移，稍遷衛尉少卿。[2]天成中，復爲中書舍人、翰林學士，累遷尚書右丞、承旨。[3]

[1]祕書省：官署名。漢代設秘書監，晋代初置秘書寺，後改秘書省。隋唐沿置。以秘書監、秘書少監爲正副長官。掌古今經籍圖書、國史實錄、天文曆數之事。　校書郎：官名。東漢始置，掌典校收藏於蘭臺的圖書典籍，亦稱校書郎中。唐秘書省及著作局皆置，正九品上；弘文館亦置，從九品上。　集賢校理：官名。唐玄宗時始置。掌校理集賢殿圖籍。品秩不詳。

[2]懷州：州名。治所在今河南沁陽市。　遇赦量移：唐宋官員因罪貶謫邊遠地方任職，遇赦可酌情改移至近地任官。　衛尉少卿：官名。北魏置，隋、唐、五代爲衛尉寺次官。協助衛尉卿掌供宮廷、祭祀、朝會之儀仗帷幕，通判本寺事務。從四品上。

[3]天成：後唐明宗李嗣源年號（926—930）。　尚書右丞：官名。尚書省佐貳官。唐中期以後，與尚書左丞實際主持尚書省日常政務，權任甚重。正四品上。　承旨：官名。即翰林學士承旨。

時右散騎常侍張文寶知貢舉，所放進士，中書有覆落者，乃請下學士院作詩賦爲貢舉格，學士竇夢徵、張礪等所作不工，[1]乃命懌爲之，懌笑曰："予少舉進士登科，[2]蓋偶然爾。後生可畏，來者未可量，假令予復就禮部試，未必不落第，安能與英俊爲准格？"聞者多其知體。後遷刑部尚書分司洛陽，卒，年七十餘。

[1]張文寶：人名。籍貫不詳。五代後唐官員。傳見《舊五代史》卷六八。　貢舉格：貢舉錄用的法定標準。　竇夢徵：人名。

同州（今陝西大荔縣）人，一作棣州（今山東惠民縣）人。唐末進士，五代後梁、後唐官員。傳見《舊五代史》卷六八。　張礪：人名。籍貫不詳。後唐翰林學士。後入契丹，爲翰林學士。傳見《舊五代史》卷九八。

［2］予少舉進士登科："予"，原作"年"，據浙江本、宗文本、《詳節》卷八改。

新五代史　卷五六

雜傳第四十四

和凝　趙瑩　馮玉　盧質　呂琦　薛融　何澤　王權
史圭　龍敏

和凝

和凝字成績，鄆州須昌人也。[1]其九世祖逢堯爲唐監察御史，[2]其後世遂不復宦學。凝父矩，[3]性嗜酒，不拘小節，然獨好禮文士，每傾貲以交之，以故凝得與之游。而凝幼聰敏，形神秀發。舉進士，梁義成軍節度使賀瓌辟爲從事。[4]瓌與唐莊宗戰于胡柳，[5]瓌戰敗，脫身走，獨凝隨之，反顧見凝，麾之使去。凝曰："大丈夫當爲知己死，[6]吾恨未得死所爾，豈可去也！"已而一騎追瓌幾及，凝叱之不止，即引弓射殺之，瓌由此得免。瓌歸，戒其諸子曰："和生，志義之士也，後必富貴，爾其謹事之！"因妻之以女。

[1]鄆州：州名。治所在今山東東平縣。　須昌：縣名。治所

在今山東東平縣。

[2]逢堯：人名。即和逢堯。岐州岐山（今陝西岐山縣）人。唐睿宗朝戶部侍郎。傳見《舊唐書》卷一八五下、《新唐書》卷一二三。　監察御史：官名。唐代屬御史臺之察院，掌監察中央機構、州縣長官及祭祀、庫藏、軍旅等事。唐中期以後，亦作爲外官所帶之銜。正八品下。

[3]矩：人名。即和矩。鄆州須昌（今山東東平縣）人。和凝之父，死後贈尚書令。事見《舊五代史》卷一二七《和凝傳》。

[4]義成軍：方鎮名。治所在滑州（今河南滑縣）。　賀瓌（guī）：人名。濮陽（今河南濮陽市）人。五代後梁將領。傳見《舊五代史》卷二三、本書卷二三。　從事：泛指一般屬官。

[5]唐莊宗：即李存勖，小字亞子，沙陀人，太原（今山西太原市）人。李克用之子，後唐開國皇帝。紀見《舊五代史》卷二七至卷三四、本書卷四至卷五。　胡柳：地名。即胡柳陂。位於今河南濮陽縣。

[6]大丈夫當爲知己死："大"字原闕，中華點校本據浙江本、宗文本補，今從。

　　天成中，[1]拜殿中侍御史，[2]累遷主客員外郎，[3]知制誥；[4]翰林學士，[5]知貢舉。[6]是時，進士多浮薄，喜爲諠譁以動主司。主司每放榜，則圍之以棘，閉省門，絕人出入以爲常。凝徹棘開門，而士皆肅然無譁，所取皆一時之秀，稱爲得人。

[1]天成：後唐明宗李嗣源年號（926—930）。

[2]殿中侍御史：官名。三國魏始置。唐前期屬御史臺之殿院，掌宮門、庫藏及糾察殿庭供奉朝會儀式，及分掌左、右巡，負責京師治安、京畿軍兵。唐後期常爲外官所帶憲銜。從七品下。

[3]主客員外郎：官名。主客郎中的副職。佐長官郎中掌接待外國使臣等事。從六品上。

[4]知制誥：官名。掌起草皇帝的詔、誥之事，原爲中書舍人之職。唐開元末置學士院，翰林學士入院一年，則加知制誥銜，專掌任免宰相、册立太子、宣布征伐等特殊詔令，稱爲内制。而中書舍人所撰擬的詔敕稱爲外制。兩種官員總稱兩制。品秩不詳。

[5]翰林學士：官名。由南北朝始設之學士發展而來，唐玄宗改翰林供奉爲翰林學士，備顧問，代王言。掌拜免將相、號令征伐等詔令的起草。品秩不詳。

[6]知貢舉：官名。唐始置，爲主持禮部會試的考官。品秩不詳。

晋初，拜端明殿學士，[1]兼判度支，[2]爲翰林學士承旨。[3]高祖數召之，問以時事，凝所對皆稱旨。天福五年，[4]拜中書侍郎、同中書門下平章事。[5]

[1]端明殿學士：官名。後唐明宗始置，以翰林學士充任，負責誦讀四方書奏。品秩不詳。

[2]度支：財政官署。掌管天下租賦物産，歲計所出而支調之，故名。安史亂後，因軍事供應浩繁，以宰相爲度支使，由户部尚書、侍郎或他官兼領度支事務，稱度支使或判度支事、知度支事，權任極重，與鹽鐵使、判户部事或户部使合稱"三司"。

[3]翰林學士承旨：官名。爲翰林學士之首。掌拜免將相、號令征伐等詔令的起草。《舊唐書》卷四三《職官志二·翰林院》："例置學士六人，内擇年深德重者一人爲承旨，所以獨承密令故也。"品秩不詳。

[4]天福：五代後晋高祖石敬瑭年號（936—942），出帝石重貴沿用至天福九年（944）。

[5]中書侍郎：官名。中書省副長官。唐後期三省長官漸爲榮銜，中書侍郎、門下侍郎却因參議朝政而職位漸重，常常用爲以"同三品"或"同平章事"任宰相者的本官。正三品。　同中書門下平章事：官名。簡稱"同平章事"。唐代高宗以後，凡實際任宰相之職者，常在其本官後加同平章事的職銜，後成爲宰相專稱。品秩不詳。

　　高祖將幸鄴，[1]而襄州安從進反跡已見。[2]凝曰："陛下幸鄴，從進必因此時反，則將奈何？"高祖曰："卿將何以待之？"凝曰："先人者，所以奪人也。請爲宣敕十餘通，授之鄭王，[3]有急則命將擊之。"高祖以爲然。是時，鄭王爲開封尹，[4]留不從幸，乃授以宣敕。[5]高祖至鄴，從進果反，鄭王即以宣敕命騎將李建崇、焦繼勳等討之。[6]從進謂高祖方幸鄴，不意晋兵之速也，行至花山，[7]遇建崇等兵，以爲神，遂敗走。出帝即位，加右僕射，[8]歲餘，罷平章事，遷左僕射。[9]

　　[1]高祖：即石敬瑭。沙陀族，太原（今山西太原市）人。五代後晋開國君主。在位期間割華北北部幽、雲諸州予契丹。紀見《舊五代史》卷七五至卷八〇、本書卷八。　鄴：地名。即鄴都。治所在今河北大名縣。五代後唐同光元年（923），改魏州爲興唐府，建號東京，三年改東京爲鄴都。
　　[2]襄州：州名。治所在今湖北襄陽市。　安從進：人名。索葛部人。五代後唐、後晋將領。傳見《舊五代史》卷九八、本書卷五一。
　　[3]授之鄭王：原作"受之鄭王"，據殿本改，中華點校本作"授"，應是。鄭王，即後晋出帝石重貴。石敬瑭從子。紀見《舊

五代史》卷八一至卷八五、本書卷九。

[4]開封尹：官名。即開封府尹。五代除後唐外均都汴州，升汴州爲開封府，置開封尹或知開封府事。執掌京師政務。從三品。

[5]授以宣敕：原作"受以宣敕"，據殿本改，中華點校本作"授"，應是。

[6]李建崇：人名。潞州（今山西長治市）人。五代將領。傳見《舊五代史》卷一二七。　焦繼勳：人名。許州長社（今河南許昌市）人。五代、宋初將領。傳見《宋史》卷二六一。

[7]花山：地名。位於今河南唐河縣南六十里。

[8]右僕射：官名。秦始置。隋、唐前期，以左、右僕射佐尚書令總理六官、綱紀庶務；如不置尚書令，則總判省事，爲宰相之職。唐後期多爲大臣加銜。從二品。

[9]左僕射：官名。秦始置。隋唐前期，以左、右僕射佐尚書令總理六官、綱紀庶務；如不置尚書令，則總判省事，爲宰相之職。唐後期多爲大臣加銜。從二品。

　　漢高祖時，[1]拜太子太傅，[2]封魯國公。顯德二年卒，[3]年五十八，贈侍中。[4]

[1]漢高祖：即後漢開國皇帝劉知遠。太原（今山西太原市）人，沙陀族。紀見《舊五代史》卷九九、卷一〇〇及本書卷一〇。

[2]太子太傅：官名。與太子太師、太子太保統稱太子三師。隋唐以後多作加官或贈官。從一品。據中華點校本校勘記，《舊五代史》卷一〇〇《漢高祖本紀下》、卷一二七《和凝傳》作"太子太保"。按《舊五代史》卷一二七《和凝傳》云其"國初，遷太子太傅"，其至後周方加太子太傅。

[3]顯德：五代後周太祖郭威年號（954）。世宗柴榮、恭帝柴宗訓沿用（954—960）。

1337

[4]侍中：官名。秦始置。隋、唐前期爲門下省長官。唐後期多爲大臣加銜，不參與政務，實際職務由門下侍郎執行。正二品。

凝好飾車服，爲文章以多爲富，有集百餘卷，嘗自鏤板以行于世，識者多非之。然性樂善，好稱道後進之士。唐故事，知貢舉者所放進士，以己及第時名次爲重。凝舉進士及第時第五，後知舉，選范質爲第五，[1]後質位至宰相，封魯國公，官至太子太傅，皆與凝同，當時以爲榮焉。

[1]范質：人名。大名宗城（今河北威縣）人。五代後周、宋初宰相。傳見《宋史》卷二四九。

趙瑩

趙瑩字玄輝，[1]華州華陰人也。[2]爲人純厚，美風儀。事梁將康延孝爲從事。[3]晉高祖爲保義軍節度使，[4]以瑩掌書記，[5]自是徙鎮常以瑩從。

[1]玄輝：據中華點校本校勘記，浙江本、宗文本、《册府》卷八九三作"玄暉"。趙瑩墓誌（拓片見《大唐西市博物館藏墓誌》）作"光圖"。
[2]華州：州名。治所在今陝西渭南市華州區。 華陰：縣名。治所在今陝西華陰市。
[3]康延孝：人名。代北（今山西代縣）人。五代後唐將領。傳見《舊五代史》卷七四、本書卷四四。
[4]保義軍：方鎮名。治所在今河南三門峽市。
[5]掌書記：官名。唐五代方鎮僚屬，位在判官下。掌表奏書

檄、文辭之事。品秩不詳。

高祖將起兵太原,[1]以問諸將吏,將吏或贊成之,瑩獨懼形于色,勸高祖毋反。高祖雖不用其言,心甚愛之。高祖即位,拜翰林學士承旨、户部侍郎、同中書門下平章事。[2]累拜中書令。[3]出爲晉昌軍節度使、開封尹。[4]是時,出帝童昏,馮玉、李彦韜等用事,[5]與桑維翰爭權,[6]乃共譖去之,以瑩柔而易制,故復引以爲相。

[1]太原:府名。治所在今山西太原市。

[2]户部侍郎:官名。尚書省户部次官。協助户部尚書掌天下田户、均輸、錢穀之政令。正四品下。

[3]中書令:官名。漢代始置,隋、唐前期爲中書省長官,屬宰相之職;唐後期多爲授予元勛大臣的虛銜。正二品。

[4]晉昌軍:方鎮名。治所在京兆府(今陝西西安市)。五代後晉改永平軍置晉昌軍,後漢改爲永興軍。

[5]馮玉:人名。定州(今河北定州市)人。五代後晉外戚、宰相。傳見《舊五代史》卷八九、本書卷五六。 李彦韜:人名。太原(今山西太原市)人。五代後晉出帝寵臣。與宦官近臣相勾結,排擠文臣。傳見《舊五代史》卷八八。

[6]桑維翰:人名。洛陽(今河南洛陽市)人。初爲石敬瑭節度掌書記,石敬瑭稱帝後出任翰林學士、知樞密院事等職。傳見《舊五代史》卷八九、本書卷二九。

契丹滅晉,[1]瑩從出帝北徙虜中,瑩事兀欲爲太子太保。[2]周太祖時,[3]與契丹通好,遣尚書左丞田敏使于契丹,[4]遇瑩于幽州,[5]瑩見敏悲不自勝。瑩子易則、易從。[6]當其徙而北也，與易從俱，而易則留事漢，官至刑部郎中。[7]後瑩病將卒，告于契丹，願以尸還中國，契丹許之。及卒，遣易從護其喪南歸。太祖憐之，贈瑩太傅，[8]葬于華陰。

[1]契丹：古部族、政權名。公元4世紀中葉宇文部爲前燕攻破，始分離而成單獨的部落，自號契丹。唐貞觀中，置松漠都督府，以其首領爲都督。唐末彊盛，916年迭刺部耶律阿保機建立契丹國（遼）。先後與五代、北宋並立，保大五年（1125）爲金所滅。參見張正明《契丹史略》，中華書局1979年版。

[2]兀欲：人名。即遼世宗耶律阮。契丹族，遼太祖耶律阿保機孫，人皇王耶律倍長子，遼朝第三代皇帝。紀見《遼史》卷五。
太子太保：官名。與太子太師、太子太傅統稱太子三師。隋唐以後多作加官或贈官。從一品。

[3]周太祖：即五代後周開國皇帝郭威。邢州堯山（今河北隆堯縣）人。紀見《舊五代史》卷一一〇至卷一一三、本書卷一一。

[4]尚書左丞：官名。尚書省佐貳官。唐中期以後，與尚書右丞實際主持尚書省日常政務，權任甚重。正四品上。　田敏：人名。鄒平（今山東鄒平縣）人。五代初學者，歷仕梁、唐、晉、漢、周，官至工部尚書。以太子少保致仕，與太常卿劉岳撰《刪定書儀》。傳見《宋史》卷四三一。

[5]幽州：州名。治所在今北京市。

[6]易則：人名。即趙易則。華州華陰（今陝西華陰市）人。趙瑩之子。五代官員。事見《舊五代史》卷八九。　易從：人名。即趙易從。華州華陰（今陝西華陰市）人。趙瑩之子。事見本書本卷。

[7]刑部郎中：官名。尚書省刑部頭司刑部司長官。掌司法及審覆大理寺及州府刑獄。從五品上。

［8］太傅：官名。與太師、太保合稱三師，唐後期、五代多爲大臣、勳貴加官。正一品。

馮玉

馮玉字璟臣，定州人也。[1]少舉進士不中。馮贇爲河東節度使，[2]辟爲推官。[3]入拜監察御史，累遷禮部郎中，[4]爲鹽鐵判官。[5]晉出帝納玉姊爲后，[6]玉以后戚知制誥，拜中書舍人。[7]玉不知書，而與殷鵬同爲舍人，[8]制誥常遣鵬代作。頃之，玉出爲潁州團練使，[9]拜端明殿學士、户部侍郎，[10]遷樞密使、中書侍郎、同中書門下平章事。[11]

［1］定州：州名。治所在今河北定州市。

［2］馮贇：人名。太原（今山西太原市）人。五代後唐明宗朝宰相、三司使。傳見本書卷二七。　河東：方鎮名。治所在太原（今山西太原市）。

［3］推官：官名。唐始置，唐代後期節度、觀察、團練、防禦等使的屬官。此外，度支、鹽鐵等使也置推官，掌推按刑獄。品秩不詳。

［4］禮部郎中：官名。尚書省禮部頭司禮部司長官。掌禮樂、學校、衣冠、符印、表疏、圖書、册命、祥瑞、鋪設，及百官、宫人喪葬贈賻之數。從五品上。

［5］鹽鐵判官：官名。掌鹽鐵政務及税收。品秩不詳。

［6］晉出帝納玉姊爲后：據中華點校本校勘記，本書卷一七《晉家人傳》、《舊五代史》卷一九《馮玉傳》、《通鑑》卷二八三，晉出帝皇后爲馮玉妹。按清人吴光耀《五代史記纂誤續補》卷五："'姊'字疑'妹'字傳寫之誤。"

［7］中書舍人：官名。中書省屬官。掌起草文書、呈遞奏章、傳宣詔命等。正五品上。

［8］殷鵬：人名。魏州大名（今河北大名縣）人。五代後晉大臣。傳見《舊五代史》卷八九。

［9］潁州：州名。治所在今安徽阜陽市。

［10］端明殿學士：官名。後唐明宗始置，以翰林學士充任，負責誦讀四方書奏。品秩不詳。　户部侍郎：官名。尚書省户部次官。協助户部尚書掌天下田户、均輸、錢穀之政令。正四品下。

［11］樞密使：官名。樞密院長官。唐代宗時始以宦官掌機密，至昭宗時借朱温之力盡誅宦官，始改以士人任樞密使。備顧問，參謀議，出納詔奏，權侔宰相。品秩不詳。參見李全德《唐宋變革期樞密院研究》，北京圖書館出版社2009年版。

是時，出帝童昏，馮皇后用事，[1]軍國大務，一決於玉。玉嘗有疾在告，自刺史已上，[2]宰相不敢除授，以俟玉決。玉除中書舍人盧價爲工部侍郎，[3]桑維翰以價資望淺爲不可，由是與維翰有隙，維翰由此罷相。

［1］馮皇后：人名。定州（今河北定州市）人。馮玉之妹。後晉出帝皇后。傳見《舊五代史》卷八六《晉后妃列傳》。

［2］刺史：官名。州一級行政長官。漢武帝時始置，總掌考核官吏、勸課農桑、地方教化等事。唐中期以後，節度使、觀察使轄州而設，刺史爲其屬官，職任漸輕。從三品至正四品下。

［3］盧價：人名。祖籍范陽（今河北涿州市）人，世居懷州河內（今河南沁陽市）。五代大臣。事見羅火金《五代時期盧價墓誌考》，《中國歷史文物》2009年第2期。　工部侍郎：官名。尚書省工部次官。協助尚書掌管百工山澤水土之政令，考其功以昭賞罰，總所統各司之事。正四品下。

玉爲相，四方賄賂，[1]積貲鉅萬。契丹滅晋，張彦澤先以兵入京師，[2]兵士争先入玉家，其貨一夕而盡。明日見彦澤，猶諂笑，自言願得持晋玉璽獻契丹，[3]以冀恩獎。彦澤不納。出帝之北，玉從入契丹，契丹以爲太子太保。[4]周廣順三年，[5]其子傑自契丹逃歸，[6]玉懼，以憂卒。

[1]四方賄賂："賂"字原闕，中華點校本據浙江本、宗文本補，今從。
[2]張彦澤：人名。突厥人，徙居太原（今山西太原市）。五代後晋將領，投降於契丹。傳見《舊五代史》卷九八、本書卷五二。
[3]玉璽：即傳國玉璽，又稱傳國寶。皇帝的印章。相傳秦始皇得藍田玉雕爲印，四周刻龍，正面刻有李斯所寫篆文"受命於天，既壽永昌"八字。秦璽已失。歷代所製玉璽，文字有別，但多有"受命於天"的意思。
[4]太子太保：據中華點校本校勘記，《舊五代史》卷八九《馮玉傳》、《遼史》卷四《太祖本紀下》作"太子少保"。
[5]廣順：五代後周太祖郭威年號（951—953）。
[6]傑：人名。即馮傑。定州（今河北定州市）人。馮玉之子。事見《舊五代史》卷八九《馮玉傳》。

盧質
盧質字子徵，[1]河南人也。[2]父望，唐司勳郎中。[3]質幼聰惠，善屬文。事唐爲祕書郎，[4]丁母憂，解職。後去遊太原，晋王以爲河東節度掌書記。[5]

[1]子徵：據中華點校本校勘記，浙江本、宗文本作"子微"。
[2]河南：府名。治所在今河南洛陽市。
[3]司勳郎中：官名。唐尚書省吏部司勳司長官。掌官吏勳級。從五品上。
[4]祕書郎：官名。魏晉始置。唐代掌經史子集四部圖書經籍。從六品上。
[5]晉王：即李克用。沙陀族，神武川新城（一說今山西山陰縣附近，一說今山西代縣）人。唐末軍閥，後唐太祖。紀見《舊五代史》卷二五。

質與張承業等定議立莊宗爲嗣。[1]莊宗將即位，以質爲大禮使，[2]拜行臺禮部尚書。[3]莊宗即位，欲以質爲相。質性疎逸，不欲任責，因固辭不受。拜太原尹、北京留守，[4]遷户部尚書、翰林學士。[5]從平梁，權判租庸，[6]遷兵部尚書，[7]後爲學士承旨，仍賜"論思匡佐功臣"。天成元年，拜匡國軍節度使。[8]三年，拜兵部尚書，判太常卿事。[9]歷鎮河陽、橫海。[10]

[1]張承業：人名。同州（今陝西大荔縣）人。唐末、五代宦官，河東監軍。傳見《舊五代史》卷七二、本書卷三八。 莊宗：即李存勖，小字亞子，沙陀人，太原（今山西太原市）人。李克用之子，後唐開國皇帝。紀見《舊五代史》卷二七至卷三四、本書卷四至卷五。
[2]大禮使：官名。非常設。帝王舉行南郊等大禮時設，參掌大禮。品秩不詳。
[3]行臺：官署名。尚書省在京城稱中臺、内臺，在外稱行臺。自魏晉至唐初，天子、大臣在外征討，或置行臺隨軍。 禮部尚

書：官名。尚書省禮部長官。掌禮儀、祭享、貢舉之政。正三品。

　　[4]太原尹：官名。唐開元十一年（723）改并州爲太原府，治所在今山西太原市。太原尹總其政務。從三品。　北京：指五代後唐的北都太原。　留守：官名。古代皇帝出巡或親征時指定親王或大臣留守京城，綜理國家軍事、行政、民事、財政的高級官員，稱京城留守。在陪都或軍事重鎮也常設留守，以地方長官兼任。品秩不詳。

　　[5]户部尚書：官名。尚書省户部長官。掌管全國土地、户籍、賦稅、財政收支諸事。正三品。

　　[6]判：官制用語。即以他官兼代某職，稱判某職或判某職事。始於北齊。唐、五代以高官兼掌低職曰判。　租庸：田租、力庸二種賦役之合稱。

　　[7]兵部尚書：官名。尚書省兵部長官。掌兵衛、武選、車輦、甲械、廄牧之政令。正三品。

　　[8]匡國軍：方鎮名。乾寧二年（895）升同州爲匡國軍節度使，治所在同州（今陝西大荔縣）。

　　[9]太常卿：官名。太常寺長官。掌宗廟禮儀。正三品。

　　[10]河陽：方鎮名。全稱"河陽三城"。治所在孟州（今河南孟州市）。　橫海：方鎮名。治所在滄州（今河北滄州市）。

　　初，梁已篡唐，封哀帝爲濟陰王，[1]既而酖殺之，瘞于曹州。[2]同光三年，[3]莊宗將議改葬，而曹太后崩，[4]乃止。因其故壟，稍廣其封，以時薦饗而已。質乃建議立廟追諡，諡曰昭宣光烈孝皇帝，[5]廟號景宗。天成四年八月戊申，明宗御文明殿，[6]遣質奉册立廟于曹州。而議者以謂輝王不幸爲賊臣所立，[7]而昭宗、何皇后皆爲梁所弒，[8]遂以亡國，而"昭宣光烈"非所宜稱，且立廟稱宗而不入太廟，[9]皆非是。共以此非質，大臣亦知其不可，乃奏去廟號。

[1]哀帝：即李柷。唐朝最後一位皇帝，904年至907年在位。紀見《舊唐書》卷二〇下、《新唐書》卷一〇。

[2]曹州：州名。治所在今山東曹縣西北。

[3]同光：後唐莊宗李存勖年號（923—926）。

[4]曹太后：指莊宗生母曹太后。太原（今山西太原市）人。傳見《舊五代史》卷四九、本書卷一四。

[5]謚曰昭宣光烈孝皇帝："謚"字原闕，中華點校本據浙江本、宗文本補，今從。

[6]明宗：即李嗣源。沙陀人，應州金城（今山西應縣）人。李克用養子，逼宮李存勖後自立爲後唐皇帝。紀見《舊五代史》卷三五至卷四〇、本書卷六。　文明殿：五代後梁開平三年（909）以貞觀殿改名，故址在今河南洛陽市。

[7]輝王：即唐哀宗李柷。

[8]昭宗：即李曄，888年至904年在位。紀見《舊唐書》卷二〇上、《新唐書》卷一〇。　何皇后：人名。梓州（今四川三臺縣）人。唐昭宗皇后。傳見《新唐書》卷七七。

[9]太廟：又稱大廟。祭祀帝王祖宗之廟，省稱祖廟。

秦王從榮坐謀反誅，[1]質以右僕射權知河南府事。[2]廢帝反鳳翔，[3]愍帝發兵誅之，[4]竭帑藏以厚賞，而兵至鳳翔皆叛降。廢帝悉將而東，事成許以重賞，而軍士皆過望。廢帝入立，有司獻籍數甚少，廢帝暴怒。自諸鎮至刺史，皆進錢帛助國用，猶不足，三司使王玫請率民財以佐用。[5]乃使質與玫等共議配率，而貧富不均，怨訟並起，囚繫滿獄。六七日間，所得不滿十萬。廢帝患之，乃命質等借民屋課五月，由是民大咨怨。

[1]從榮：人名。即李從榮。沙陀人。五代後唐明宗李嗣源之次子。傳見《舊五代史》卷五一、本書卷一五。

[2]河南府：府名。治所在今河南洛陽市。

[3]廢帝：即五代後唐廢帝李從珂。鎮州平山（今河北平山縣）人。本姓王，後唐明宗李嗣源擄其母魏氏，遂養爲己子。應順元年（934）四月，李從珂入洛陽即帝位。清泰三年（936）五月，石敬瑭謀反，以出賣燕雲十六州，自稱兒臣的條件求得契丹援助，石敬瑭攻入洛陽，廢帝自焚死，後唐亡。紀見《舊五代史》卷四六至卷四八、本書卷七。　鳳翔：方鎮名。治所在鳳翔府（今陝西鳳翔縣）。

[4]愍帝：即五代後唐愍帝李從厚。小名菩薩奴，明宗第三子。長興四年（933）十二月，李從厚即皇帝位，是爲後唐愍帝。應順元年（934）四月，李從珂入洛陽即帝位，令人毒殺愍帝。紀見《舊五代史》卷四五、本書卷七。

[5]三司使：官名。五代後唐明宗天成元年（926）將晚唐以來的户部、度支、鹽鐵三部合爲一職，設三司使統之。主管國家財政。品秩不詳。　王玫：人名。籍貫不詳。五代後晉大臣。事見《通鑑》卷二七九。

晋高祖入立，質以疾分司西京，[1]拜太子太保。卒，年七十六，贈太子太師，[2]諡曰文忠。

[1]分司：唐代職官制度之一。中央官員分在陪都執行職務的，稱爲分司。　西京：五代後晉改洛京爲西京，在今河南洛陽市。後漢、後周、北宋皆以此爲西京。

[2]太子太師：官名。與太子太傅、太子太保統稱太子三師。隋、唐以後多作加官或贈官。從一品。

呂琦

呂琦字輝山，幽州安次人也。[1]父兗，[2]爲橫海軍節度判官。[3]節度使劉守文與其弟守光以兵相攻，[4]守文敗死，其吏民立其子延祚而事之，[5]以兗爲謀主。已而延祚又爲守光所敗，兗見殺。守光怒兗，并族其家。琦年十五，見執，將就刑，兗故客趙玉紿其監者曰：[6]"此吾弟也。"監者信之，縱琦去。玉與琦得俱走，琦足弱不能行，玉負之而行，逾數百里，變姓名，乞食于道，以免。

[1]安次：縣名。治所在今河北廊坊市安次區。

[2]兗：人名。即呂兗。幽州安次（今河北廊坊市安次區）人。唐末幽州僚佐。呂琦之父。事見《通鑑》卷二六七。

[3]節度判官：官名。唐末、五代藩鎮僚佐，位行軍司馬下。品秩不詳。

[4]劉守文：人名。深州（今河北深州市）人。唐末盧龍節度使劉仁恭長子。唐末軍閥。後梁開平三年（909），被其弟劉守光殺死。事見《舊五代史》卷二、卷四、卷九八及本書卷五六、卷七二。 守光：人名。即劉守光。深州樂壽（今河北獻縣）人。幽州節度使劉仁恭之子。唐末、五代軍閥。後自稱大燕皇帝，年號應天。被後唐莊宗擊敗，俘後被斬。傳見《舊五代史》卷一三五、本書卷三九。

[5]延祚：人名。即劉延祚。深州（今河北深州市）人。劉守文之子。事見本書卷三九。

[6]趙玉：人名。薊州漁陽（今天津薊州區）人。吕兖故交，趙文度之父。事見本書本卷。

琦爲人美風儀，重節概，少喪其家，游學汾晋之間。唐莊宗鎮太原，以爲代州軍事推官。[1]後爲橫海趙德鈞節度推官，[2]入爲殿中侍御史。

[1]代州：州名。治所在今山西代縣。　軍事推官：官名。唐玄宗天寶（742—756）以後，節度、觀察、團練、防禦諸使皆置爲幕職，掌助理軍政。品秩不詳。據中華點校本校勘記，"推官"，《舊五代史》卷九二《吕琦傳》作"判官"。

[2]趙德鈞：人名。幽州（今北京市）人。初爲幽州節度使劉守光部將，再爲五代後唐將領，後投降遼國。傳見《舊五代史》卷九八。　節度推官：官名。唐末、五代爲藩鎮幕職官，多由藩鎮自辟置。品秩不詳。

明宗時，爲駕部員外郎，[1]兼侍御史知雜事。[2]河陽主藏吏盜所監物，下軍巡獄，[3]獄吏尹訓納賂反其獄，[4]其冤家訴于朝，下御史臺按驗，[5]得訓贓狀，奏攝訓赴臺。訓爲安重誨所庇，[6]不與，琦請不已，訓懼自殺，獄乃辨，蒙活者甚衆。歲餘，遷禮部郎中、史館脩撰。[7]

[1]駕部員外郎：官名。唐代駕部郎中的副職。協助長官掌輿輦、車乘、傳驛、廐牧等事。從六品上。

[2]侍御史知雜事：官名。唐置，以資深御史充任，總管御史臺庶務。五代沿置。品秩不詳。

[3]軍巡獄：監獄名。五代於都城設左右軍巡院，掌巡警捕盜諸事。下設左右軍巡獄，羈押所屬範圍内之囚犯。

[4]尹訓：人名。籍貫不詳。五代獄吏。事見《舊五代史》卷九二《呂琦傳》。

[5]御史臺：官署名。秦漢始置。古代國家的監察機構。掌糾察官吏違法，肅正朝廷綱紀。大事廷辯，小事奏彈。

[6]安重誨：人名。應州（今山西應縣）人。五代後唐大臣。傳見《舊五代史》卷六六、本書卷二四。

[7]史館脩撰：官名。唐天寶以後，他官兼領史職者，稱史館修撰。品秩不詳。

長興中，[1]廢帝失守河中，[2]罷居清化坊，[3]與琦同巷，琦數往過之。後廢帝入立，待琦甚厚，拜知制誥、給事中、樞密院直學士、端明殿學士。[4]是時，晉高祖鎮河東，有二志，廢帝患之，琦與李崧俱備顧問，[5]多所裨畫。琦言："太原之患，必引契丹爲助，不如先事制之。"自明宗時王都反定州，[6]契丹遣秃餒、荝刺等助都，[7]而爲趙德鈞、王晏球所敗，[8]秃餒見殺，荝刺等皆送京師。其後契丹數遣使者求荝刺等，其辭甚卑恭，明宗輒斬其使者不報。而東丹王又亡入中國，[9]契丹由此數欲求和。琦因言："方今之勢，不如與契丹通和，如漢故事，歲給金帛，妻之以女，使彊藩大鎮顧外無所引援，可弭其亂心。"崧以琦語語三司使張延朗，[10]延朗欣然曰："苟能紓國患，歲費縣官十數萬緡，責吾取足可也！"因共建其事。廢帝大喜，佗日以琦等語問樞密直學士薛文遇，[11]文遇大以爲非，因誦戎昱"社稷依明主，安危託婦人"之詩，[12]以誚琦等。廢帝大怒，急召崧、琦等問和戎計如何？琦等察帝色怒，亟曰："臣等爲國計，非與契丹求利於中國也。"帝即發怒曰："卿等佐朕欲致太平而若是邪？朕一女尚幼，欲棄之夷狄，金帛所以養士而扞國也，又輸以資虜，可乎？"崧等惶恐拜謝，拜無數，琦足力乏不能拜而先止。帝曰："呂琦彊項，肯以人主視我邪！"琦曰："臣素病羸，拜多而乏，容臣少息。"頃之喘定，奏曰："陛下以臣等言非，罪之可也，雖拜何益？"[13]帝意稍解，[14]曰："勿拜。"賜酒一卮而遣之，其議遂寢。因遷琦御史中丞，[15]居數月，復爲端明殿學士。其後晉高祖起太原，果引契丹爲助，遂以亡唐。

[1]長興：後唐明宗李嗣源年號（930—933）。

[2]河中：方鎮名。治所在河中府（今山西永濟市）。

[3]清化坊：坊巷名。位於今河南洛陽市。

[4]給事中：官名。秦始置。隋、唐以來，爲門下省屬官。掌讀署奏抄，駁正違失。正五品上。 樞密院直學士：官名。五代後唐同光元年（923），改直崇政院置，選有政術文學者充任。充皇帝侍從，備顧問應對。品秩不詳。

[5]李崧：人名。深州饒陽（今河北饒陽縣）人。五代後晉宰相，歷仕後唐至後漢。傳見《舊五代史》卷一〇八、本書卷四五。

[6]王都：人名。原名"劉雲郎"。中山陘邑（今河北定州市）人。妖人李應之養子，又被送與王處直爲養子，遂改姓名爲王都。後爲義武軍節度使。傳見《舊五代史》卷五四、本書卷三九。 定州：州名。治所在今河北定州市。

[7]禿餒：人名。奚人。契丹將領。事見《通鑑》卷二七六。

剌剌：人名。契丹將領。事見《通鑑》卷二七七、卷二八〇。

[8]王晏球：人名。洛陽（今河南洛陽市）人。五代將領。傳見《舊五代史》卷六四、《新五代史》卷四六。

[9]東丹王：即突欲李贊華。本名耶律倍，小名突欲。遼太祖耶律阿保機長子，封東丹王。其弟耶律德光即位，是爲遼太宗。突欲憤而降後唐，明宗賜名李贊華。傳見《遼史》卷七二。

[10]張延朗：人名。汴州開封（今河南開封市）人。後唐三司使。傳見《舊五代史》卷六九、本書卷二六。

[11]薛文遇：人名。籍貫不詳。五代後唐大臣。事見《舊五代史》卷四八《唐末帝本紀下》及《通鑑》卷二七九、卷二八〇。

[12]戎昱：人名。荊南（今湖北荊州市）人。唐肅宗時詩人。傳見《唐才子傳》卷三。

[13]雖拜何益：據中華點校本校勘記，"雖"，浙江本、宗文本作"屢"。《通鑑》卷二八〇叙其事作"多拜何爲"。

[14]帝意稍解："意"字原闕，中華點校本據浙江本、宗文本補，今從。

[15]御史中丞：官名。如不置御史大夫，則爲御史臺長官。掌司法監察。正四品下。

琦事晉爲祕書監，累遷兵部侍郎。[1]天福八年卒。

[1]兵部侍郎：官名。尚書省兵部次官。協助兵部尚書掌武官銓選、勳階、考課之政。正四品下。

趙玉仕至職方員外郎，[1]琦事之如父，玉疾，親嘗藥扶侍，及卒，爲其家主辦喪葬。玉子文度幼孤，[2]琦教以學，如己子，後舉進士及第云。

［1］職方員外郎：官名。尚書省兵部職方司副長官。協助郎中掌天下地圖、城隍、鎮戍、烽候等事。從六品上。

［2］文度：人名。即趙文度。薊州漁陽（今天津薊州區）人。趙玉之子。五代、宋初大臣。傳見《宋史》卷四八二。

琦有子餘慶、端。[1]

［1］餘慶：人名。即吕餘慶。幽州安次（今河北廊坊市安次區）人。五代、宋初大臣。傳見《宋史》卷二六三。　端：人名。即吕端。幽州安次（今河北廊坊市安次區）人。宋太宗朝宰相。傳見《宋史》卷二八一。

薛融

薛融，汾州平遥人也。[1]少以儒學知名，唐明宗時爲右補闕、直弘文館。[2]晋高祖鎮太原，融爲觀察判官，[3]高祖徙鄆，[4]欲據太原拒命，延見賓佐，問以可否，而坐中或贊成之，或恐懼不敢言，融獨從容對曰："融本儒生爾，軍旅之事，未嘗學也，進退存亡之理，豈易言哉！"高祖不之責也。

［1］汾州：州名。治所在今山西汾陽市。　平遥：縣名。治所在今山西平遥縣。

［2］唐明宗：原作"唐莊宗"，中華點校本據浙江本、宗文本改，今從。　右補闕：官名。唐武則天時始置。分爲左右，左補闕隸於門下省，右補闕隸於中書省。掌規諫諷諭，大事可以廷議，小事則上封奏。從七品上。　弘文館：官署名。弘文館爲唐代中央官學之一。設館主一人，總領館務；判館事一人，管理日常事務。學

士無員限,掌校正圖籍,教授生徒,並參議政事。五品以上稱爲學士,六品以下稱爲直學士,又有文學直館學士,均以他官兼領。

[3]觀察判官:官名。唐肅宗以後置,五代沿置。觀察使屬官,參理田賦事,用觀察使印、署狀。品秩不詳。

[4]鄆:州名。治所在今山東東平縣。

高祖入立,拜吏部郎中,[1]兼侍御史知雜事。累拜左諫議大夫,[2]遷中書舍人。融曰:"文辭非臣所長也。"遂辭不拜。時詔修洛陽大内,[3]融上疏切諫,高祖褒納其言,即詔罷其役。遷御史中丞,改尚書右丞,[4]分司西京。卒,年六十。[5]

[1]吏部郎中:官名。尚書省吏部頭司吏部司長官。掌文官階品、朝集、禄賜,給其告身、假使以及選補流外官等事。從五品上。

[2]左諫議大夫:官名。隸門下省。唐代置左、右諫議大夫各四人,分隸門下省、中書省。掌諫諭得失,侍從贊相。正四品下。

[3]大内:即皇宫。

[4]尚書右丞:官名。尚書省佐貳官。唐中期以後,與尚書左丞實際主持尚書省日常政務,權任甚重。正四品上。

[5]年六十:據中華點校本校勘記,《舊五代史》卷九三《薛融傳》作"年六十餘"。

何澤

何澤,廣州人也。[1]父鼎,[2]唐末爲容管經略使。[3]澤少好學,長於歌詩。舉進士,爲洛陽令。唐莊宗好畋獵,數踐民田,澤乃潛身伏草間伺莊宗,當馬諫曰:

"陛下未能一天下以休兵，而暴斂疲民以給軍食。今田將熟，奈何恣畋游以害多稼？使民何以出租賦，吏以何督民耕？陛下不聽臣言，願賜臣死於馬前，使後世知陛下之過。"莊宗大笑，爲之止獵。拜倉部郎中。[4]

[1]廣州：州名。治所在今廣東廣州市。
[2]鼎：人名。即何鼎。廣州（今廣東廣州市）人。唐末將領。何澤之父。本書僅此一見。
[3]容管：方鎭名。治所在容州（今廣西容縣）。 經略使：官名。唐代置。爲邊防軍事長官。此處即容州管內經略使。主掌容州一帶諸州政令。品秩不詳。
[4]倉部郎中：官名。尚書省户部倉部司長官。掌天下軍儲，出納租税、禄糧、倉廩之事，以木契百，合諸司出給之數，以義倉、常平倉備凶年，平穀價。從五品上。

明宗時，數上書言事。明宗幸汴州，[1]又欲幸鄴，而人情不便，大臣屢言不聽；澤伏閣切諫，明宗嘉之，拜吏部郎中、史館脩撰。澤外雖直言，而内實邪佞，嘗於内殿起居，[2]班退，獨留，以笏叩顙，北望而呼曰："明主，明主！"聞者皆哂之。

[1]汴州：州名。治所在今河南開封市。
[2]起居：指每五日臣子隨宰相入内殿朝見皇帝。

五代之際，民苦於兵，往往因親疾以割股，或既喪而割乳廬墓，以規免州縣賦役。户部歲給蠲符，[1]不可勝數，而課州縣出紙，號爲"蠲紙"。澤上書言其敝，明宗下詔悉廢户部蠲紙。

[1]户部：官署名。主管全國田户、均輸、錢穀之政令。 蠲符：唐代免除徭役的文告，詳列免除徭役的物件、期限和方法，以便地方執行。

澤與宰相趙鳳有舊，[1]數私于鳳，求爲給諫。[2]鳳薄其爲人，以爲太常少卿。[3]敕未出而澤先知之，即稱新官上章自訴。章下中書，[4]鳳等言："澤未拜命而稱新官，輕侮朝廷，請坐以法。"乃以太僕少卿致仕，[5]居于河陽。澤時年已七十，尚希仕進，即遣婢宜子詣匭上章言事，請立秦王爲皇太子。[6]秦王素驕，多不軌，遂成其禍，由澤而始。

[1]趙鳳：人名。幽州（今北京市）人。後唐明宗朝宰相。傳見《舊五代史》卷六七、本書卷二八。
[2]給諫：給事中與諫議大夫的合稱。
[3]太常少卿：官名。太常寺次官。佐太常卿掌宗廟祭祀禮樂及教育等。正四品上。
[4]中書：官署名。"中書門下"的簡稱。唐代以來爲宰相處理政務的機構。參見劉後濱《唐代中書門下體制研究——公文形態·政務運行與制度變遷》，齊魯書社2004年版。
[5]太僕少卿：官名。太僕寺次官。協助太僕卿管理車輿廄牧，審計籍帳，通判本寺事務。從四品上。
[6]秦王：即李從曮。深州博野（今河北蠡縣）人。李茂貞之子，後晉時封秦王。傳見《舊五代史》卷一三二《世襲列傳·李茂貞》。

晉高祖入立，召爲太常少卿，以疾卒于家。

王權

王權字秀山，太原人也。唐左僕射起之曾孫。[1]父薨，[2]官至右司郎中。[3]權舉進士，爲右補闕。唐亡，事梁爲職方員外郎、知制誥、翰林學士，累遷御史中丞。唐莊宗滅梁，貶權隨州司馬。[4]起爲右庶子，[5]累遷戶部尚書。[6]晉高祖時爲兵部尚書。[7]是時，高祖以父事契丹，權當奉使，歎曰："我雖不才，安能稽顙於穹廬乎？"因辭不行，坐是停任。踰年以太子少傅致仕。[8]卒，年七十八，贈左僕射。

[1]起：人名。即王起。太原（今山西太原市）人。唐文宗、武宗朝宰相。傳見《舊唐書》卷一六四、《新唐書》卷一六七。

[2]薨：人名。即王薨。太原（今山西太原市）人。王龜之子。唐代官員。事見《册府》卷七二九。

[3]右司郎中：官名。尚書右丞副貳，協掌尚書都省事務，監管兵、刑、工部諸司政務，舉稽違，署符目，知直宿，位在諸司郎中上。從五品上。據中華點校本校勘記，《舊五代史》卷九二《王權傳》、《舊唐書》卷一六四《王薨傳》、《新唐書》卷七二中《宰相世系表二中》、卷一六七《王薨傳》作"右司員外郎"。

[4]隨州：州名。治所在今湖北隨州市。　司馬：官名。州軍佐官。名義上紀綱衆務，通判列曹，品高俸厚，實際上無具體職事，多用以安置貶謫官員，或用作遷轉官階。上州從五品下，中州正六品下，下州從六品上。

[5]右庶子：官名。亦稱太子右庶子。太子府屬官。掌侍從太子左右，獻納啓奏，宣傳令言。正四品下。

[6]户部尚書：官名。尚書省户部長官。掌管全國土地、户籍、賦税、財政收支諸事。正三品。

[7]兵部尚書：官名。尚書省兵部長官。掌兵衛、武選、車輦、甲械、厩牧之政令。正三品。

[8]太子少傅：官名。與太子少保、太子少師合稱"三少"，唐後期、五代多爲大臣、勳貴加官。從二品。

史圭

史圭，常山石邑人也。[1]爲人明敏好學。爲寧晉、樂壽縣令，[2]有善政，縣人立碑以頌之。郭崇韜鎮成德，[3]辟爲從事。明宗時，爲尚書郎。[4]安重誨爲樞密使，薦圭直學士。故事，直學士職雖清，而承領文書，參掌庶務，與判官無異。重誨素不知書，倚圭以備顧問，始白許圭升殿侍立。樞密直學士升殿自圭始。改尚書右丞，判吏部銓事。[5]重誨敗死，圭出爲貝州刺史。[6]罷歸常山，閉門絶人事，[7]出入閭里乘輜軿車。

[1]常山：古郡名。治所在今河北正定縣。　石邑：縣名。治所在今河北石家莊市。

[2]寧晋：縣名。治所在今河北寧晋縣。　樂壽：縣名。治所在今河北獻縣。

[3]郭崇韜：人名。代州雁門（今山西代縣）人。五代後唐大臣。傳見《舊五代史》卷五七、本書卷二四。　成德：方鎮名。治所在鎮州（今河北正定縣）。

[4]尚書郎：官名。即郎中。尚書省屬官。分曹處理政事。吏部郎中正五品下，餘司郎中皆從五品上。

[5]吏部銓：吏部三銓（吏部尚書銓、吏部西銓、吏部東銓）

的省稱。負責官員銓選。

[6]貝州：州名。治所在今河北清河縣。

[7]閉門絕人事："門"字原闕,中華點校本據浙江本、宗文本、《諸史提要》卷一五引《五代史》、《舊五代史》卷九二《史圭傳》補,今從。

晋高祖立,召拜刑部侍郎、鹽鐵副使,[1]遷吏部侍郎,[2]分知銓事,有能名。以疾罷,卒于常山。

[1]刑部侍郎：官名。尚書省刑部次官。協助刑部尚書掌天下刑法及徒隸、勾覆、關禁之政令。正四品下。　鹽鐵副使：官名。鹽鐵司副長官。協助鹽鐵使掌食鹽專賣、金銀銅鐵錫的采冶等事。品秩不詳。

[2]吏部侍郎：官名。尚書省吏部次官。協助吏部尚書掌文選、勳封、考課之政。正四品上。

龍敏

龍敏字欲訥,幽州永清人也。[1]少仕州,攝參軍。[2]劉守光亂,敏避之滄州,[3]遂客於梁,久不調。敏素善馮道,[4]道爲唐莊宗從事,乃潛往依之。監軍張承業謂道曰：[5]"聞子有客,可與俱來。"道以敏見承業,承業辟敏監軍巡官,[6]使掌奏記。莊宗即位,召拜司門員外郎。[7]

[1]永清：縣名。治所在今河北永清縣。

[2]參軍：官名。唐於府稱士曹參軍,州稱司士參軍,縣稱司士佐。掌河津及營造橋梁、廨宇等事。品秩不詳。

[3]滄州：州名。治所在今河北滄州市。

[4]馮道：人名。瀛州景城（今河北滄州市）人。五代時官拜宰相，歷仕後唐、後晉、後漢、後周，亦曾臣服於契丹。傳見《舊五代史》卷一二六、本書卷五四。

[5]監軍：官名。爲臨時差遣，代表朝廷協理軍務、督察將帥。唐、五代時常以宦官爲監軍。品秩不詳。

[6]承業辟敏監軍巡官：原闕"承業"二字，據殿本、南監本、北監本、汪本、元刊本補。中華點校本有"承業"二字，應是。監軍巡官，官名。此處指張承業之屬官。掌巡察等事。品秩不詳。

[7]司門員外郎：官名。尚書省刑部司門司副官。協助長官掌本司之賬籍。從六品上。

敏父咸式，[1]年七十餘，而其王父年九十餘，皆在鄴，敏乃求爲興唐尹，[2]事祖、父以孝聞。丁母憂，去職。趙在禮反，[3]逼敏起視事。明宗即位，在禮鎮滄州，敏乃復得居喪。服除，累拜兵部侍郎。

[1]咸式：人名。即龐咸式。幽州永清（今河北永清縣）人。龐敏之父。事見《舊五代史》卷一〇八《龐敏傳》。

[2]興唐尹：官名。五代後唐同光元年（923），改魏州爲興唐府。以興唐尹總其政務。從三品。據中華點校本校勘記，《舊五代史》卷一〇八《龐敏傳》、《册府》卷一一四作"興唐少尹"。

[3]趙在禮：人名。涿州（今河北涿州市）人。五代後唐、後晉將領。傳見《舊五代史》卷九〇、本書卷四六。

馮贇留守北京，[1]辟敏副留守。贇入爲樞密使，敏拜吏部侍郎。是時，晉高祖起太原，乞兵契丹。唐廢帝在懷州，[2]趙德鈞父子有異志，張敬達屯于晉安，[3]勢甚危急。廢帝問計從臣，敏曰："晉所恃者契丹也。東丹王失國之君，今在京師，若以兵送東丹自幽州而入西樓，契丹且有内顧之憂，何暇助晉？晉失契丹，大事去矣。"[4]又謂李懿曰：[5]"敏，燕人也，能知德鈞。德鈞爲將，守城嬰壍，篤勵健兒而已。使其當大敵，奮不顧身，非其能也。況有異志乎？今聞駕前之馬，猶有五千，願得壯者千匹，健兵千人，與勇將郎萬金，自平遥沿山冒虜中而趨官砦，且戰且行，得其半達，則事濟矣！"懿爲言之廢帝，廢帝莫能用。然人皆壯其大言。

[1]馮贇：人名。太原（今山西太原市）人。五代後唐明宗朝宰相、三司使。傳見本書卷二七。

[2]懷州：州名。治所在今河南沁陽市。

[3]張敬達：人名。代州（今山西代縣）人。五代後唐將領。傳見《舊五代史》卷七〇、本書卷三三。

[4]西樓：地名。泛指遼朝上京（皇都、臨潢府），參見陳曉偉《捺鉢與行國政治中心論——遼初"四樓"問題真相發覆》《歷史研究》2016年第6期。

[5]李懿：人名。籍貫不詳。五代大臣。事見《舊五代史》卷一〇八《龐敏傳》、《通鑑》卷二八〇。

歷晉爲太常卿，使于吴越。是時，使吴越者，見吴越王皆下拜，敏獨揖之。還，遷工部侍郎。[1]乾祐元年，[2]瘍發於首卒，[3]贈右僕射。

[1]工部侍郎：據中華點校本校勘記，《舊五代史》卷八四《晉少帝紀四》、卷一〇一《漢隱帝本紀上》、卷一〇八《龐敏傳》作"工部尚書"。工部侍郎爲尚書省工部次官。協助尚書掌管百工山澤水土之政令，考其功以昭賞罰，總所統各司之事。正四品下。

[2]乾祐：後漢高祖劉知遠及隱帝劉承祐年號（948—950）。

[3]瘍發於首卒："首"字據中華點校本校勘記，《舊五代史》卷一〇八《龐敏傳》作"背"。

新五代史　卷五七

雜傳第四十五

李崧　李鱗　賈緯　段希堯　張允　王松　裴皞
王仁裕　裴羽　王延　馬重績　趙延乂

李崧

李崧，深州饒陽人也。[1]崧幼聰敏，能文章，爲鎮州參軍。[2]唐魏王繼岌爲興聖宮使，[3]領鎮州節度使，以推官李蕘掌書記。[4]崧謂掌書呂柔曰：[5]"魏王皇子，天下之望，書奏之職，非蕘所當。"柔私使崧代爲之，以示盧質、馮道，[6]道等皆以爲善。乃以崧爲興聖宮巡官，[7]拜協律郎。[8]

[1]深州：州名。治所在今河北深州市。　饒陽：縣名。治所在今河北饒陽縣。

[2]鎮州：州名。治所在今河北正定縣。　參軍：官名。唐於府稱士曹參軍，州稱司士參軍，縣稱司士佐。掌河津及營造橋梁、廨宇等事。從七品至從九品不等。

[3]繼岌：人名。即李繼岌。五代後唐莊宗長子。傳見《舊五代史》卷五一、本書卷一四。　興聖宮：宮殿名。位於今河南洛陽市。

[4]推官：官名。唐肅宗以後置，五代沿置。爲節度、觀察、團練、防禦等使的屬官。度支、鹽鐵等使也置推官掌理刑案之事。品秩不詳。　李蕘：人名。籍貫不詳。後唐莊宗長子李繼岌僚佐。事見《舊五代史》卷一〇八《李崧傳》。　掌書記：官名。唐五代方鎮僚屬，位在判官下。掌表奏書檄、文辭之事。品秩不詳。

[5]掌書：据中華點校本校勘記，《舊五代史》卷一〇八《李崧傳》作"掌事"。　呂柔：人名。即呂知柔，係避後漢高祖諱省。五代後唐宦官。事見本書卷一〇《唐太祖家人傳》。

[6]盧質：人名。河南（今河南洛陽市）人。五代大臣。傳見《舊五代史》卷九三、本書卷五六。　馮道：人名。瀛州景城（今河北滄州市）人。五代時官拜宰相，歷仕後唐、後晉、後漢、後周，亦曾臣服於契丹。傳見《舊五代史》卷一二六、本書卷五四。

[7]巡官：官名。興聖宮使屬官。地位在判官、推官之下，掌巡察及有關事務。品秩不詳。

[8]協律郎：官名。太常寺屬官。掌協調、校正樂律。正八品上。

繼岌與郭崇韜伐蜀，[1]以崧掌書記。繼岌已破蜀，劉皇后聽讒者言，[2]陰遣人之蜀，教繼岌殺崇韜，人情不安。崧入見繼岌曰："王何爲作此危事？誠不能容崇韜，至洛誅之何晚？今遠軍五千里，不見咫尺之詔而殺大臣，[3]動搖人情，是召亂也。"繼岌曰："吾亦悔之，奈何？"崧乃召書吏三四人，登樓去梯，夜以黃紙作詔書，倒用都統印，[4]明旦告諭諸軍，人心乃定。

[1]郭崇韜：人名。代州雁門（今山西代縣）人。五代後唐大臣。傳見《舊五代史》卷五七、本書卷二四。

[2]劉皇后：指後唐莊宗劉皇后。魏州成安（今河北成安縣）人。傳見《舊五代史》卷四九、本書卷一四。

[3]不見咫尺之詔而殺大臣："而"字原闕，中華點校本據浙江本、宗文本補，今從。

[4]都統：官名。此處指諸道行營都統。唐末設此職，作爲各道出征兵士的統帥。品秩不詳。

師還，繼岌死於道。崧至京師，任圜判三司，[1]用崧爲鹽鐵判官，[2]以內憂去職還鄉里。服除，范延光居鎮州，[3]辟崧掌書記。延光爲樞密使，[4]崧拜拾遺，[5]直樞密院。[6]累遷户部侍郎、端明殿學士。[7]長興中，[8]明宗春秋高，[9]秦王從榮多不法，[10]晋高祖爲六軍副使，[11]懼禍及，求出外藩。是時，契丹入雁門，[12]明宗選將以捍太原，[13]晋高祖欲之。樞密使范延光、趙延壽等議將，[14]久不決，明宗怒甚，責延壽等，延壽等惶恐，欲以康義誠應選，[15]崧獨曰："太原，國之北門，宜得重臣，非石敬瑭不可也！"由是從崧議。晋高祖深德之，陰遣人謝崧曰："爲浮屠者，必合其尖。"蓋欲使崧終始成己事也。其後晋高祖以兵入京師，崧竄匿伊闕民家，[16]晋高祖召爲户部侍郎，拜中書侍郎、同中書門下平章事兼樞密使。[17]丁內艱，起復。

[1]任圜：京兆三原（今陝西三原縣）人。五代後唐明宗時拜同中書門下平章事，後與權臣安重誨失和，被誣與叛臣朱守殷通謀而見殺。傳見《舊五代史》卷六七、本書卷二八。　判：官制用

語。即以他官兼代某職，稱判某職或判某職事。始於北齊，唐、五代以高官兼掌低職曰判。　三司：官署名。五代後唐明宗天成元年（926）合鹽鐵、度支、戶部爲一職，始稱三司，爲中央最高之理財機構。

［2］鹽鐵判官：官名。掌鹽鐵政務及稅收。品秩不詳。

［3］范延光：人名。相州臨漳（今河北臨漳縣）人。五代後唐、後晉將領。傳見《舊五代史》卷九七。

［4］樞密使：官名。樞密院長官。唐代宗時始以宦官掌機密，至昭宗時借朱溫之力盡誅宦官，始改以士人任樞密使。備顧問，參謀議，出納詔奏，權侔宰相。品秩不詳。參見李全德《唐宋變革期樞密院研究》，北京圖書館出版社2009年版。

［5］拾遺：官名。唐武則天於垂拱元年（685）置拾遺，分左右。左拾遺隸門下省，右拾遺隸中書省，與左、右補闕共掌諷諫，大事廷議，小事則上封事。從八品上。

［6］直樞密院：官名。五代後唐置，莊宗同光二年（924）將崇政院復舊爲樞密院，以宰臣兼樞密使，置直樞密院一人，主持日常事務。品秩不詳。

［7］戶部侍郎：官名。尚書省戶部次官。協助戶部尚書掌天下田戶、均輸、錢穀之政令。正四品下。　端明殿學士：官名。五代後唐明宗始置，以翰林學士充任，負責誦讀四方書奏。品秩不詳。

［8］長興：五代後唐明宗李嗣源年號（930—933）。

［9］明宗：即李嗣源。沙陀人。原名邈佶烈，李克用養子。五代後唐明宗，926年至933年在位。紀見《舊五代史》卷三五至卷四四、本書卷六。

［10］從榮：人名。即李從榮。沙陀人。五代後唐明宗李嗣源次子。傳見《舊五代史》卷五一、本書卷一五。

［11］晉高祖：即後晉高祖石敬瑭。沙陀人。五代後唐將領、後晉開國皇帝。紀見《舊五代史》卷七五至八〇、本書卷八。　六軍副使：官名。協助六軍使總領左右羽林、左右龍武、左右神武六部

皇宫禁军。品秩不详。

［12］契丹：古部族、政權名。公元4世紀中葉宇文部爲前燕攻破，始分離而成單獨的部落，自號契丹。唐貞觀中，置松漠都督府，以其首領爲都督。唐末彊盛，916年迭剌部耶律阿保機建立契丹國（遼）。先後與五代、北宋並立，保大五年（1125）爲金所滅。參見張正明《契丹史略》，中華書局1979年版。　雁門：方鎮名。治所在代州（今山西代縣）。

［13］太原：府名。治所在今山西太原市。

［14］趙延壽：人名。常山（今河北正定縣）人。本姓劉，爲趙德鈞養子。五代將領。曾任後唐樞密使，鎮守徐州。後與德鈞降契丹，爲幽州節度使，封燕王，進大丞相，導契丹南下攻後晉，企圖代晉稱帝。契丹滅晉後，任爲中京留守。契丹主死，自稱權知南朝軍國事。不久爲契丹永康王耶律阮所執，死於契丹。傳見《舊五代史》卷九八。

［15］康義誠：人名。沙陀人。五代後唐將領。傳見《舊五代史》卷六六、本書卷二七。

［16］伊闕：一爲山名。又名闕塞山、龍門山，位於今河南洛陽市。一爲縣名。治所在今河南伊川縣西南。

［17］中書侍郎：官名。中書省副長官。唐後期三省長官漸爲榮銜，中書侍郎、門下侍郎却因參議朝政而職位漸重，常常用爲以"同三品"或"同平章事"任宰相者的本官。正三品。　同中書門下平章事：官名。簡稱"同平章事"。唐高宗以後，凡實際任宰相之職者，常在其本官後加同平章事的職銜。後成爲宰相專稱。品秩不詳。

高祖崩，出帝即位，[1]以崧兼判三司，與馮玉對掌樞密。[2]是時，晉兵敗契丹於陽城，[3]趙延壽在幽州，[4]詐言思歸以誘晉兵，崧等信之。初，漢高祖在晉，[5]掌親軍，爲侍衛都指揮使，[6]與杜重威同制加平章事，[7]漢高祖恥之。怒不肯謝，晉高祖遣和凝諭之，[8]乃謝。其後漢高祖出居太原，重威代爲侍衛使，崧亦數稱重威之材，於是漢高祖以崧爲排己，深恨之。崧又信延壽之詐以爲然，卒以重威將大兵，其後敗于中渡，[9]晉遂以亡。

[1]出帝：即五代後晉少帝石重貴。石敬瑭從子。紀見《舊五代史》卷八一至卷八五、本書卷九。

[2]馮玉：人名。定州（今河北定州市）人。五代後晉外戚、宰相。傳見《舊五代史》卷八九、本書卷五六。

[3]陽城：地名。位於今河北保定市清苑區陽城鎮。五代營壘之地。《通鑑》卷二八四載："晉軍至陽城，庚申，契丹大至。晉軍與戰，逐北十餘里，契丹逾白溝而去。"

[4]幽州：州名。治所在今北京市。

[5]漢高祖：即後漢開國皇帝劉知遠，太原（今山西太原市）人，沙陀族。紀見《舊五代史》卷九九、卷一〇〇及本書卷一〇。

[6]侍衛都指揮使：官名。即侍衛親軍都指揮使。五代時侍衛親軍之長官，多爲皇帝親信。品秩不詳。

[7]杜重威：人名。五代後晉將領。朔州（今山西朔州市）人。石敬瑭妹婿。傳見《舊五代史》卷一〇九、本書卷五二。

[8]和凝：人名。鄆州須昌（今山東東平縣）人。五代後晉宰相。傳見《舊五代史》卷一二七、本書卷五六。

[9]中渡：地名。滹沱河渡口。位於今河北正定縣。

契丹耶律德光犯京師，[1]德光素聞延壽等稱崧爲人，及入京師，謂人曰："吾破南朝，得崧一人而已！"乃拜崧太子太師。[2]契丹北還，命崧以族俱行，留之鎮州。

其後麻答棄鎮州,[3]崧與馮道等得還。高祖素不悅崧,又爲怨者譖之,言崧爲契丹所厚,故崧遇漢權臣,常惕惕爲謙謹,莫敢有所忤。

[1]耶律德光:人名。契丹人,遼太祖耶律阿保機次子。遼朝皇帝,謚號太宗。927年至947年在位。紀見《遼史》卷三至卷四。

[2]太子太師:官名。與太子太傅、太子太保統稱太子三師。隋唐以後多作加官或贈官。從一品。

[3]麻答:人名。即耶律拔里得。契丹人。遼初皇室,遼太宗耶律德光堂弟。傳見《遼史》卷七六。參見鄧廣銘(署名酈又銘)《遼史兵衛志"御帳親軍""大首領部族軍"兩事目考源》,《北京大學學報》(人文科學)1956年第2期。

初,[1]漢高祖入京師,以崧第賜蘇逢吉,[2]崧家遭亂,多埋金寶,逢吉悉有之。而崧弟嶼、巘與逢吉子弟同舍,[3]酒酣,出怨言,以爲奪我第。崧又以宅券獻逢吉,逢吉尤不喜。漢法素嚴,楊邠、史弘肇多濫刑法。[4]嶼僕葛延遇爲嶼商賈,[5]多乾沒其貨,嶼笞責之。延遇夜宿逢吉部曲李澄家,[6]以情告澄。是時,高祖將葬睿陵,[7]河中李守貞反。[8]澄乃教延遇告變,言崧與其甥王凝謀因山陵放火焚京師,[9]又以蠟丸書通守貞。逢吉遣人召崧至第,從容告之,崧知不免,乃以幼女託逢吉。逢吉送崧侍衛獄。崧出乘馬,從者去,無一人,崧恚曰:"自古豈有不死之人,然亦豈有不亡之國乎!"乃自誣伏,族誅。

[1]初:原闕,中華點校本據浙江本、宗文本補,今從。

[2]蘇逢吉:人名。京兆長安(今陝西西安市)人。五代後漢宰相。傳見《舊五代史》卷一〇八、本書卷三〇。

[3]嶼:人名。即李嶼。深州饒陽(今河北饒陽縣)人。李崧之弟。五代後漢司封員外郎。事見《舊五代史》卷一〇一《漢隱帝本紀上》、卷一〇八《李崧傳》。 嶬:人名。即李嶬。深州饒陽(今河北饒陽縣)人。李崧之弟。五代後漢國子博士。事見《舊五代史》卷一〇一《漢隱帝本紀上》、卷一〇八《李崧傳》。

[4]楊邠:人名。魏州冠氏(今山東冠縣)人。五代後漢時任樞密使、宰相。傳見《舊五代史》卷一〇七、本書卷三〇。 史弘肇:人名。鄭州滎澤(今河南鄭州市)人。五代時後漢將領。傳見《舊五代史》卷一〇七、本書卷三〇。

[5]葛延遇:人名。籍貫不詳。李嶼僕從。事見《舊五代史》卷一〇八《李崧傳》。

[6]部曲:遼對奴隸的稱謂。 李澄:人名。籍貫不詳。蘇逢吉下屬。本書僅此一見。

[7]睿陵:五代後漢高祖劉知遠之陵,位於今河南登封市告成鎮。

[8]河中:方鎮名。治所在河中府(今山西永濟市)。 李守貞:人名。河陽(今河南孟州市)人。五代將領。傳見《舊五代史》卷一〇九、本書卷五二。

[9]王凝:人名。籍貫不詳。李崧外甥。本書僅此一見。

崧素與翰林學士徐台符相善,[1]後周太祖入立,[2]台符告宰相馮道,請誅葛延遇,道以延遇數經赦宥,難之。樞密使王峻聞之,[3]多台符有義,乃奏誅延遇。

[1]翰林學士:官名。由南北朝始設之學士發展而來,唐玄宗

改翰林供奉爲翰林學士，備顧問，代王言。掌拜免將相、號令征伐等詔令的起草。品秩不詳。　徐台符：人名。鎮州獲鹿（今河北石家莊市鹿泉區）人。五代大臣。事見《舊五代史》卷七六《晉高祖本紀》、卷一一五《周世宗本紀》。

[2]周太祖：即郭威。邢州堯山（今河北隆堯縣）人。五代後周王朝的建立者。紀見《舊五代史》卷一一〇至卷一一三、本書卷一一。

[3]王峻：人名。相州安陽（今河南安陽市）人。五代將領，後周時任樞密使兼宰相。傳見《舊五代史》卷一三〇、本書卷五〇。

李鏻

李鏻，唐宗室子也。其伯父陽事唐，[1]咸通間爲給事中。[2]鏻少舉進士，累不中，客河朔間，自稱清海軍掌書記，[3]謁定州王處直，[4]處直不爲禮。乃易其綠衣，更爲緋衣，謁常山李弘規，[5]弘規進之趙王王鎔，[6]鎔留爲從事。其後張文禮弑鎔自立，[7]遣鏻聘唐莊宗於太原。[8]鏻爲人利口敢言，乃陰爲莊宗畫文禮可破之策。[9]後文禮敗，莊宗以鏻爲支使。[10]

[1]陽：據中華點校本校勘記，《舊五代史》卷一〇八《李鏻傳》作"湯"。

[2]咸通：唐懿宗李漼年號（860—874）。　給事中：官名。秦始置。隋唐以來，爲門下省屬官。掌讀署奏抄，駁正違失。正五品上。

[3]清海軍：方鎮名。治所在廣州（今廣東廣州市）。

[4]定州：州名。治所在今河北定州市。　王處直：人名。京

兆萬年（今陝西西安市）人。唐末、五代軍閥。傳見《舊五代史》卷五四、本書卷三九。

［5］常山：地名。位於今河北正定縣東北。　李弘規：人名。籍貫不詳。唐末、五代宦官。事見本書卷三九。

［6］王鎔：人名。回鶻人。唐末、五代軍閥，朱温後封趙王。傳見《舊五代史》卷五四、本書卷三九。

［7］張文禮：人名。燕（今河北北部）人。五代後唐將領。王鎔養子，號王德明。傳見《舊五代史》卷六二、《新五代史》卷三九。

［8］莊宗：即五代後唐莊宗李存勖。五代後唐王朝的建立者。紀見《舊五代史》卷二七至卷三四、本書卷五。

［9］乃陰爲莊宗畫文禮可破之策：“畫”字後原有“一”字，中華點校本據浙江本、宗文本刪，今從。

［10］支使：官名。唐代節度使、觀察使等屬官，位副使、判官之下，推官之上。掌表奏書檄等。品秩不詳。

　　莊宗即位，拜鏻宗正卿，[1]以李瓊爲少卿。[2]獻祖、懿祖墓在趙州昭慶縣，[3]唐國初建，鏻、瓊上言：“獻祖宣皇帝建初陵，懿祖光皇帝啓運陵，請置臺令。”縣中無賴子自稱宗子者百餘人，宗正無譜牒，莫能考按。有民詣寺自言世爲丹陽竟陵臺令，[4]厚賂宗正吏，鏻、瓊不復詳考，遂補爲令。民即持絳幡招置部曲，侵奪民田百餘頃，以謂陵園墻地。民訴于官，不能決，以聞。莊宗下公卿博士，問故唐諸帝陵寢所在。公卿博士言：“丹陽在今潤州，而竟陵非唐事。鏻不學無知，不足以備九卿。”坐貶司農少卿，[5]出爲河中節度副使。[6]

［1］宗正卿：官名。秦始置宗正，南朝梁始有宗正卿之官。由宗室充任。掌皇族外戚屬籍。正三品。

［2］少卿：官名。即宗正少卿。唐、五代宗正寺次官，通判本寺事務。從四品上。

［3］獻祖：即李國昌，又名朱邪赤心。沙陀部首領。唐末軍閥。李克用之父。其孫五代後唐莊宗李存勖即帝位後，追謚其爲文皇，廟號獻祖。事見《舊唐書》卷一九上《懿宗本紀》、卷一九下《僖宗本紀》。　懿祖：即朱邪執宜。沙陀部首領。朱邪赤心之父。事見《新唐書》卷二一八《沙陀》、本書卷四《唐本紀》。　趙州：州名。治所在今河北趙縣。　昭慶：縣名。治所在今河北隆堯縣。

［4］丹陽竟陵臺：《册府》卷九五四載："後唐李鏻爲宗正卿……時有僞稱宗子，言世爲丹陽竟陵臺令，投詣宗寺，請爲聞喜令……下公卿，訪丹陽竟陵故事，是何帝陵寢。遂檢列聖陵園及追封録太子、諸王尊號者，皆無丹陽竟陵之號……丹陽之地，比在南方，竟陵之名，六朝故事，鏻等不知書故也。"

［5］司農少卿：官名。唐司農寺次官。佐司農卿掌管倉廩、籍田、苑囿諸事。從四品。

［6］節度副使：官名。唐五代方鎮屬官。位於行軍司馬之下、判官之上。品秩不詳。

　　明宗即位，以鏻故人，召還，累遷户部尚書。[1]鏻意頗希大用，嘗謂馮道、趙鳳曰：[2]"唐家故事，宗室皆爲宰相。今天祚中興。宜按舊典，鏻雖不才，嘗事莊宗霸府，識今天子於藩邸，論才較業，何後衆人？而久寘班行，於諸君安乎？"道等惡其言。後楊溥諜者見鏻言事，[3]鏻謂安重誨曰："楊溥欲歸國久矣，若朝廷遣使諭之，可以召也。"重誨信之，以玉帶與諜者使爲信，久而無效，由是貶鏻兗州行軍司馬。[4]

[1]户部尚書：官名。尚書省户部長官。掌管全國土地、户籍、賦税、財政收支諸事。正三品。

[2]趙鳳：人名。幽州（今北京市）人。五代後唐大臣。傳見《舊五代史》卷六七、本書卷二八。

[3]楊溥：五代十國吳國皇帝，後禪位於徐知誥。傳見本書卷六一。

[4]兗州：州名。治所在今山東濟寧市兗州區。　行軍司馬：官名。出征將領及節度使的屬官。掌軍籍符伍、號令印信，是藩鎮重要的軍政官員。品秩不詳。

鏻與廢帝有舊，[1]愍帝時，[2]爲兵部尚書，[3]奉使湖南，聞廢帝立，喜，以謂必用己爲相。還過荆南，[4]謂高從誨曰：[5]"士固有否泰，吾不爲時用久矣。今新天子即位，我將用矣！"乃就從誨求寶貨入獻以爲賀，從誨與馬紅裝拂二，獌㺅皮一，因爲鏻置酒，問其副使馬承翰："今朝廷之臣，孰有公輔之望？"[6]承翰曰："尚書崔居儉、左丞姚顗，其次太常盧文紀也。"[7]從誨笑顧左右，取進奏官報狀示鏻，[8]顗與文紀皆拜平章事矣。鏻憮失色。還，遂獻其皮、拂，廢帝終不用。

[1]廢帝：即五代後唐廢帝李從珂。鎮州平山（今河北平山縣）人。本姓王，後唐明宗李嗣源擄其母魏氏，遂養爲己子。應順元年（934）四月，李從珂入洛陽即帝位。清泰三年（936）五月，石敬瑭謀反，以出賣燕雲十六州，自稱兒臣的條件求得契丹援助，石敬瑭攻入洛陽，廢帝自焚死，後唐亡。紀見《舊五代史》卷四六

至卷四八、本書卷七。

[2]愍帝：即五代後唐愍帝李從厚。小名菩薩奴，明宗第三子。長興四年（933）十二月，李從厚即皇帝位。應順元年（934）四月，李從珂入洛陽即帝位，令人毒殺愍帝。紀見《舊五代史》卷四五、本書卷七。

[3]兵部尚書：官名。尚書省兵部長官。掌兵衛、武選、車輦、甲械、廐牧之政令。正三品。

[4]荆南：方鎮名。治所在荆州（今湖北荆州市）。

[5]高從誨：人名。陝州硤石（今河南三門峽市陝州區）人，五代十國南平國主高季興長子。傳見《舊五代史》卷一三三、本書卷六九。

[6]馬承翰：人名。籍貫不詳。五代大臣，官至刑部、兵部郎中。事見《册府》卷四八一、卷六一三、卷六六四及《舊五代史》卷一〇一《漢隱帝本紀上》。

[7]尚書：官名。此處指工部尚書。官名。尚書省工部長官。掌百工、屯田、山澤之政令。正三品。　崔居儉：清河（今河北清河縣）人。崔蕘之子。五代大臣。傳見本書卷五五。　左丞：官名。尚書省佐貳官。唐中期以後，與尚書右丞實際主持尚書省日常政務，權任甚重。正四品上。　姚顗：人名。京兆萬年（今陝西西安市）人。唐末進士，五代後梁、後唐、後晋大臣。傳見《舊五代史》卷九二、本書卷五五。　太常：官名。太常寺長官，掌宗廟禮儀。正三品。　盧文紀：人名。京兆萬年（今陝西西安市）人。唐末進士，五代大臣。傳見《舊五代史》卷一二七、本書卷五五。

[8]進奏官：州郡在京師置進奏院，置進奏官吏，掌文書投遞承傳。

　　初，李愚自太常卿作相，[1]而盧文紀代之，及文紀作相，鱗乃求爲太常卿。及拜命，中謝曰："臣叨入相之資。"朝士傳以爲笑。

[1]李愚：人名。渤海無棣（今山東慶雲縣）人。唐末進士，五代大臣。傳見《舊五代史》卷六七、本書卷五四。

鏻事晋累遷太子太保。[1]漢高祖即位，[2]拜鏻司徒，[3]居數月卒，年八十八，贈太傅。

[1]太子太保：官名。與太子太師、太子太傅統稱太子三師。隋唐以後多作加官或贈官。從一品。
[2]漢高祖：五代後漢開國皇帝劉知遠，太原（今山西太原市）人，沙陀族。紀見《舊五代史》卷九九、卷一〇〇及本書卷一〇。
[3]司徒：官名。與太尉、司空並爲三公，唐後期、五代多爲大臣、勛貴加官。正一品。

賈緯

賈緯，鎮州獲鹿人也。[1]少舉進士不中，州辟參軍。唐天成中，[2]范延光鎮成德，[3]辟趙州軍事判官，[4]遷石邑令。[5]

[1]鎮州：州名。治所在今河北正定縣。　獲鹿：縣名。治所在今河北石家莊市鹿泉區。
[2]天成：五代後唐明宗李嗣源年號（926—930）。
[3]成德：方鎮名。治所在鎮州（今河北正定縣）。
[4]軍事判官：官名。唐中期節度使、觀察使及設團練使、防禦使之州皆置爲幕職，由各使自行辟舉。五代後唐明宗時設刺史之

州亦改防禦判官而置，不得兼錄事參軍。品秩不詳。

［5］石邑：縣名。治所在今河北石家莊市。

緯長於史學。唐自武宗已後無實錄，[1]史官之職廢，緯采次傳聞，爲《唐年補錄》六十五卷。[2]當唐之末，王室微弱，諸侯彊盛，征伐擅出，天下多事，故緯所論次多所闕誤。而喪亂之際，事迹粗存，亦有補於史氏。

［1］武宗：即唐武宗李炎，又名李瀍。840年至846年在位。紀見《舊唐書》卷一八上、《新唐書》卷八。 實錄：編年體史書的一種形式，是詳記一朝皇帝史實的編年史長編。唐初設史館，每一新皇帝繼位，都要詔令史官根據前代皇帝的起居注、時政記、目錄等材料重新彙總，修成前朝皇帝的實錄，以便爲日後修正史積累資料。後成爲定制。從唐至清，歷代都有實錄。

［2］《唐年補錄》：書名。一作《唐朝補遺錄》，六十五卷。後晉天福六年（941），賈緯奏稱唐武宗以下諸朝未撰實錄，因搜訪遺文和耆舊傳說，撰成本書，以備異日史官修撰唐史參取。已佚。

晉天福中。[1]爲太常博士，[2]非其好也，數求爲史職，改屯田員外郎、起居郎、史館脩撰，[3]與脩《唐書》。[4]丁內艱，服除，知制誥。[5]累遷中書舍人、諫議大夫、給事中，[6]復爲修撰。

［1］天福：五代後晉高祖石敬瑭年號（936—942），出帝石重貴沿用至天福九年（944）。

［2］太常博士：官名。掌撰五禮儀注。大禮時，導引乘輿，贊相祭祀，定諡謚以及守陵廟等。從七品上。

[3]屯田員外郎：官名。屯田郎中的副職。與郎中共掌屯田政令等。從六品上。　起居郎：官名。唐代始置，屬門下省。與中書省起居舍人同掌起居注，記皇帝言行。從六品上。　史館脩撰：官名。唐天寶以後，他官兼領史職者，稱史館修撰。品秩不詳。

[4]《唐書》：即《舊唐書》。五代後晉時官修的一部紀傳體唐史，二百卷。此書先後由趙瑩、桑維翰、劉昫等人監修，張昭遠、賈緯等人擔任修撰工作。書中所録内容從唐武德元年（618）起，到天祐四年（907）止，記載了唐代290年的歷史。

[5]知制誥：官名。掌起草皇帝的詔、誥之事，原爲中書舍人之職。唐開元末置學士院，翰林學士入院一年，則加知制誥銜，專掌任免宰相、册立太子、宣布征伐等特殊詔令，稱爲内制。而中書舍人所撰擬的詔敕稱爲外制。兩種官員總稱兩制。品秩不詳。

[6]中書舍人：官名。中書省屬官。掌起草文書、呈遞奏章、傳宣詔命等。正五品上。　諫議大夫：官名。秦始置，掌朝政議論。隋唐仍置，有左、右諫議大夫各四人，分屬門下、中書二省。掌諫諭得失，侍從贊相。唐後期、五代多以本官領他職。正四品下。　給事中：官名。秦始置。隋唐以來，爲門下省屬官。掌讀署奏抄，駁正違失。正五品上。

漢隱帝時，[1]詔與王伸、竇儼等同修晉高祖、出帝、漢高祖實録。[2]初，桑維翰爲相，[3]常惡緯爲人，待之甚薄。緯爲維翰傳，言"維翰死，有銀八千鋌"。翰林學士徐台符以爲不可，數以非緯，緯不得已，更爲數千鋌。

[1]漢隱帝：即五代後漢隱帝劉承祐。後漢高祖劉知遠次子。紀見《舊五代史》卷一〇一至一〇三、本書卷一〇。

[2]王伸：人名。籍貫不詳。五代大臣，史官。事見《舊五代

史》卷一〇二、卷一一三、卷一三一。　　賓儀：人名。薊州漁陽（今天津薊州區）人。五代、宋初大臣。傳見《宋史》卷二六三。

　　[3]桑維翰：人名。洛陽（今河南洛陽市）人。初爲石敬瑭節度掌書記，石敬瑭稱帝後出任翰林學士、知樞密院事等職。傳見《舊五代史》卷八九、本書卷二九。

　　廣順元年實錄成，[1]緯求遷官不得，由是怨望。是時，宰相王峻監修國史，[2]緯書日曆，多言當時大臣過失，峻見之，怒曰："賈給事子弟仕宦亦要門閥，奈何歷詆當朝之士，使其子孫何以仕進？"言之高祖，[3]貶平盧軍行軍司馬。[4]明年卒于青州。[5]

　　[1]廣順：五代後周太祖郭威年號（951—953）。
　　[2]王峻：人名。相州安陽（今河南安陽市）人。五代將領，後周時任樞密使兼宰相。傳見《舊五代史》卷一三〇、本書卷五〇。　　監修國史：官名。北齊始置於史館，以宰相爲之。唐宋史館沿置，爲宰相兼職。唐制，宰相四人中，首相兼太清宮使，次三相依次兼弘文館大學士、監修國史、集賢殿大學士。品秩不詳。
　　[3]高祖：當爲"太祖"之誤。據中華點校本校勘記，《舊五代史》卷一三一《賈緯傳》作"太祖"。按宋人吳縝《五代史纂誤》卷下："今按王峻爲相，正周太祖時，今呼爲'高祖'者，誤也。"
　　[4]平盧軍：方鎮名。治所在青州（今山東青州市）。
　　[5]青州：州名。治所在今山東青州市。

段希堯

　　段希堯，河內人也。[1]晉高祖爲河東節度使，[2]以希堯爲判官。[3]高祖軍屯忻州,[4]軍中有擁高祖呼萬歲者,高祖惶惑,不知所爲。希堯勸高祖斬其亂首,乃止。高祖將舉兵太原,與其賓佐謀,希堯以爲不可,高祖雖不聽,然重其爲人,不之責也。[5]

[1]河內:縣名。治所在今河南沁陽市。
[2]河東:方鎮名。治所在太原(今山西太原市)。
[3]判官:官名。唐五代方鎮僚屬,位在行軍司馬下。分掌使衙內各曹事,並協助使職官員通判衙事。品秩不詳。
[4]忻州:州名。治所在今山西忻州市。
[5]之責:原作"責之",中華點校本據浙江本、宗文本改,今從。

高祖入立,希堯比諸將吏,恩澤最薄。久之,稍遷諫議大夫,使于吳越。[1]是時,江、淮不通,凡使吳越者皆泛海,而多風波之患。希堯過海,遭大風,左右皆恐懼,希堯曰:"吾平生不欺,汝等恃吾,可無恐也!"已而風亦止。歷萊、懷、棣三州刺史。[2]出帝時,爲吏部侍郎,[3]判東、西銓事,[4]累遷禮部尚書。[5]卒,年七十九,贈太子少保。[6]

[1]吳越:五代時十國之一。後梁開平元年(907),封鎮海節度使錢鏐爲吳越王,領有今浙江之地及江蘇的一部分。北宋太平興國三年(978),錢俶向北宋納土,吳越亡。
[2]萊:州名。治所在今山東萊州市。　懷:州名。治所在今河南沁陽市。　棣:州名。治所在今山東惠民縣。　刺史:官名。州一級行政長官。漢武帝時始置,總掌考核官吏、勸課農桑、地方

教化等事。唐中期以後，節度使、觀察使轄州而設，刺史爲其屬官，職任漸輕。從三品至正四品下。

[3]吏部侍郎：官名。尚書省吏部次官，協助吏部尚書掌文選、勛封、考課之政。正四品上。

[4]東、西銓：吏部分吏部尚書銓、吏部西銓、吏部東銓三銓，負責官員銓選。

[5]禮部尚書：官名。尚書省禮部長官。掌禮儀、祭享、貢舉之政。正三品。

[6]太子少保：官名。與太子少傅、太子少師合稱"三少"，唐後期、五代多爲大臣、勳貴加官。從二品。

張允

張允，鎮州人也。少事州爲張文禮參軍。唐莊宗討張文禮，允脱身降，莊宗繫之獄，文禮敗，乃出之爲魏州功曹。[1]趙在禮辟節度推官，[2]歷滄、兗二鎮掌書記。[3]入爲監察御史，[4]累遷水部員外郎，[5]知制誥。廢帝皇子重美爲河南尹，[6]掌六軍，以允剛介，乃拜允給事中，爲六軍判官。罷，遷左散騎常侍。[7]

[1]魏州：州名。治所在今河北大名縣。　功曹：官名。即司功參軍事。掌官吏考課、選舉、祭祀、佛道、學校及表疏、書啓等事。正七品下至從八品下不等。

[2]趙在禮：人名。涿州（今河北涿州市）人。五代後唐、後晉將領。傳見《舊五代史》卷九〇、本書卷四六。　節度推官：官名。唐末、五代爲藩鎮幕職官，多由藩鎮自辟置。品秩不詳。

[3]滄：州名。治所在今河北滄州市。

[4]監察御史：官名。唐代屬御史臺之察院，掌監察中央機構、

州縣長官及祭祀、庫藏、軍旅等事。唐中期以後，亦作爲外官所帶之銜。正八品下。

[5]水部員外郎：官名。水部郎中的副職。從六品上。

[6]重美：人名。即李重美。後唐廢帝李從珂之子。傳見《舊五代史》卷五一、本書卷一六。　河南尹：官名。唐開元元年（713）改洛州爲河南府，治所在今河南洛陽市，河南府尹總其政務。從三品。

[7]左散騎常侍：官名。門下省屬官。掌侍奉規諷，備顧問應對。正三品下。

　　晋高祖即位，屢赦天下，允爲《駁赦論》以獻曰："管子曰：[1]'凡赦者小利而大害，久而不勝其禍；無赦者小害而大利，久而不勝其福。'又漢之吴漢疾篤，[2]帝問漢所欲言。漢曰：'惟願陛下無赦爾！'蓋行赦不以爲恩，不行赦不以爲無恩，罰有罪故也。自古皆以水旱則降德音而宥過，開狴牢而出囚，冀感天心以救其灾者，非也。假有二人之訟者，一有罪而一無罪，若有罪者見捨，則無罪者嗛冤。此乃致灾之道，非救灾之術也。至使小人遇天灾，則皆喜而相勸以爲惡，曰：'國將赦矣，必捨我以救灾。'如此，則是教民爲惡也。夫天之爲道，福善而禍淫。若捨惡人而變灾爲福，則是天又喜人爲惡也。凡天之降灾，所以警戒人主節嗜欲，務勤儉，恤鰥寡，正刑罰而已。"是時，晋高祖方好臣下有言，覽之大喜。

[1]管子：人名。即管仲。潁上（今安徽潁上縣）人。春秋時期政治家。輔佐齊桓公成爲春秋五霸之一。現存《管子》一書，爲

戰國法家假托管仲之名而作。傳見《史記》卷六二。

[2]吳漢：人名。南陽宛（今河南南陽市）人。東漢初名將。傳見《後漢書》卷一八。

允事漢爲吏部侍郎，隱帝誅戮大臣，京師皆恐，允常退朝不敢還家，止于相國寺。[1]周太祖以兵入京師，允匿于佛殿承塵，墜而卒，年六十五。

[1]相國寺：一名大相國寺。著名的佛教寺院。位於今河南開封市內。

王松

王松，父徹，[1]爲唐僖宗宰相。[2]松舉進士，後唐時，歷刑部郎中，[3]唐末，從事方鎮。晉高祖鎮太原，辟松節度判官。晉高祖即位，拜右諫議大夫，[4]累拜工部尚書。出帝北遷，蕭翰立許王從益於京師，[5]以松爲左丞相。[6]漢高祖入洛，先遣人馳詔東京百官嘗授僞命者皆焚之，使勿自疑，由是御史臺悉斂百官僞敕焚之。松以手指其胸，引郭子儀自誚，[7]以語人曰："此乃二十四考中書令也。"[8]聞者笑之。後松子仁寶爲李守貞河中支使，[9]守貞反，松以子故上書自陳，高祖憐之，[10]但使解職而已。松有田城東，歲時往來京師，以疾卒。

[1]徹：人名。即王徹。京兆杜陵（今陝西西安市）人。王松之父。唐僖宗朝宰相。傳見《舊唐書》卷一七八、《新唐書》卷一八五。

[2]唐僖宗：即李儇。873年至888年在位。紀見《舊唐書》

卷一九下、《新唐書》卷九。

[3]刑部郎中：官名。尚書省刑部頭司刑部司長官。掌司法及審覆大理寺及州府刑獄。從五品上。

[4]右：據中華點校本校勘記，浙江本、宗文本作"左"。

[5]蕭翰：人名。契丹人。遼朝宰相蕭敵魯之子，述律太后之侄，太宗皇后之兄。遼初將領。傳見《舊五代史》卷九八、《遼史》卷一一三。 從益：人名。即李從益。五代後唐明宗幼子，封許王。947年，契丹滅後晉，立從益爲中原皇帝，國號梁。旋即爲後漢高祖所殺。傳見《舊五代史》卷五一、本書卷一五。

[6]左丞相：官名。秦漢始置，爲百官之長，輔佐皇帝綜理全國事務。品秩不詳。

[7]郭子儀：人名。華州鄭縣（今陝西渭南市華州區）人。唐代大將，平定安史之亂的功臣。傳見《舊唐書》卷一二〇。

[8]中書令：官名。漢代始置，隋、唐前期爲中書省長官，屬宰相之職；唐後期多爲授予元勳大臣的虛銜。正二品。

[9]李守貞：人名。河陽（今河南孟州市）人。五代將領。傳見《舊五代史》卷一〇九、本書卷五二。 河中：方鎮名。治所在河中府（今山西永濟市）。

[10]高祖：據中華點校本校勘記，本書卷一〇《漢本紀》、《舊五代史》卷一〇一《漢隱帝本紀上》皆繫李守貞反於乾祐元年（948）三月，時高祖已去世。另《册府》卷九二五存《赦王松敕》，繫於隱帝乾祐二年，"高祖"疑爲"隱帝"之誤。

裴皞

裴皞字司東，河東人也。[1]裴氏自晉、魏以來，世爲名族，居燕者號"東眷"，居涼者號"西眷"，居河東者號"中眷"。皞出於名家，而容止端秀，性剛急，直而無隱。少好學，唐光化中舉進士，[2]拜校書郎、拾遺、補闕。[3]事梁爲翰林學士、中書舍人。事後唐爲禮部侍郎。皡喜論議，每陳朝廷闕失，多斥權臣。改太子賓客，[4]以老拜兵部尚書致仕。晉高祖起爲工部尚書，復以老告，拜右僕射致仕。[5]卒，年八十五，贈太子太保。

[1]河東：縣名。治所在今山西永濟市。
[2]光化：唐昭宗李曄年號（898—901）。
[3]校書郎：官名。東漢始置，掌典校收藏於蘭臺的圖書典籍，亦稱校書郎中。唐秘書省及著作局皆置，正九品上；弘文館亦置，從九品上。　拾遺：官名。唐武則天於垂拱元年（685）置拾遺，分左右。左拾遺隸門下省，右拾遺隸中書省，與左、右補闕共掌諷諫，大事可以廷議，小事則上封事。從八品上。　補闕：官名。唐代諫官。武則天時始置。分爲左右，左補闕隸於門下省，右補闕隸於中書省。掌規諫諷諭，大事可以廷議，小事則上封奏。從七品上。
[4]太子賓客：官名。爲太子官屬。唐高宗顯慶四年（659）始置。掌侍從規諫、贊相禮儀。正三品。
[5]右僕射：官名。即尚書右僕射。秦始置。隋、唐前期以左、右僕射佐尚書令總理六官，綱紀庶務；如不置尚書令，則總判省事，爲宰相之職。唐後期多爲大臣加銜。從二品。

皡以文學在朝廷久，宰相馬胤孫、桑維翰，[1]皆皡禮部所放進士也。後胤孫知舉，放牓，引新進士詣皡，皡喜作詩曰："門生門下見門生。"世傳以爲榮。維翰已作相，嘗過皡，皡不迎不送。人或問之，皡曰："我見桑公於中書，庶寮也；桑公見我於私第，門生也。何送迎之有？"[2]人亦以爲當。

[1]馬胤孫：人名。《舊五代史》作"馬裔孫"，或避宋太祖諱改"胤"爲"裔"。中華修訂本《舊五代史》從《輯本舊五代史》作"馬裔孫"。棣州滴河（今山東商河縣）人。五代後唐進士、宰相。傳見《舊五代史》卷一二七、《新五代史》卷五五。

[2]中書：官署名。"中書門下"的簡稱。唐代以來爲宰相處理政務的機構。參見劉後濱《唐代中書門下體制研究——公文形態·政務運行與制度變遷》，齊魯書社2004年版。

王仁裕

王仁裕字德輦，天水人也。[1]少不知書，以狗馬彈射爲樂，年二十五始就學，而爲人儁秀，以文辭知名秦隴間。[2]撫本有此三字。秦帥辟爲秦州節度判官。[3]秦州入于蜀，[4]仁裕因事蜀爲中書舍人、翰林學士。

[1]天水：地名。位於今甘肅天水市。
[2]秦隴間：據中華點校本校勘記，浙江本、宗文本無此三字。
[3]秦州：州名。治所在今甘肅天水市。
[4]秦州入：原闕，中華點校本據浙江本、宗文本補，今從。

唐莊宗平蜀，仁裕事唐，復爲秦州節度判官。王思同鎮興元，[1]辟爲從事。思同留守西京，[2]以爲判官。廢帝舉兵鳳翔，[3]思同戰敗，廢帝得仁裕，聞其名不殺，寘之軍中。自廢帝起事，至其入立，馳檄諸鎮，詔書、告命皆仁裕爲之。久之，以都官郎中充翰林學士。[4]晉高祖入立，罷職爲郎中，歷司封左司郎中、諫議大夫。[5]漢高祖時，復爲翰林學士承旨，[6]累遷户部尚書，罷爲兵部尚書、太子少保。顯德三年卒，[7]年七十七，贈太子少師。[8]

[1]王思同：人名。幽州（今北京市）人。五代後唐將領。傳見《舊五代史》卷六五、本書卷三三。　興元：府名。治所在今陝西漢中市。

[2]留守：官名。在都城、陪都或軍事重鎮所設留守，由地方行政長官兼任。品秩不詳。　西京：地名。位於今河南洛陽市。

[3]鳳翔：方鎮名。治所在鳳翔府（今陝西鳳翔縣）。

[4]都官郎中：官名。尚書省刑部都官司的長官。掌監獄事務。從五品上。

[5]司封：官名。即司封郎中。尚書省吏部司封司長官。掌封爵、命婦、朝會及賜予等政。從五品上。　左司郎中：官名。爲尚書左丞副貳。協掌尚書都省事務，監管吏部、户部、禮部諸司政務，舉稽違，署符目，知直宿，位在諸司郎中上。從五品上。

[6]翰林學士承旨：官名。爲翰林學士之首。掌拜免將相、號令征伐等詔令的起草。《舊唐書》卷四三《職官志二·翰林院》："例置學士六人，内擇年深德重者一人爲承旨，所以獨承密令故也。"品秩不詳。

[7]顯德：五代後周太祖郭威年號（954）。世宗柴榮、恭帝柴宗訓沿用（954—960）。

[8]太子少師：官名。與太子少傅、太子少保合稱"三少"，唐後期、五代多爲大臣、勛貴加官。從二品。

仁裕性曉音律，晋高祖初定雅樂，宴群臣於永福殿，[1]奏黄鐘，[2]仁裕聞之曰："音不純肅而無和聲，當有争者起於禁中。"已而兩軍校鬭昇龍門外，[3]聲聞于内，人以爲神。喜爲詩。其少也，嘗夢剖其腸胃，以西江水滌之，[4]顧見江中沙石皆爲篆籀之文，由是文思益進。乃集其平生所作詩萬餘首爲百卷，號《西江集》。[5]

[1]永福殿：五代宫殿名。位於今河南開封市。
[2]黄鐘：十二樂律之一。在宫、商、角、徵、羽五音之中，宫屬於中央黄鐘，五音十二律由此而分。
[3]昇龍門：五代城門。位於今河南開封市。
[4]西江：水名。
[5]《西江集》：書名。一百卷。王仁裕詩歌彙集，已佚。

仁裕與和凝於五代時皆以文章知名，[1]又嘗知貢舉，仁裕門生王溥，[2]凝門生范質，[3]皆至宰相，時稱其得人。

[1]和凝：人名。鄆州須昌（今山東東平縣）人。五代後晋宰相。傳見《舊五代史》卷一二七、本書卷五六。
[2]王溥：人名。籍貫不詳。唐昭宗朝宰相。傳見《新唐書》卷一八二。
[3]范質：人名。大名宗城（今河北威縣）人。五代後周至北宋初年宰相。傳見《宋史》卷二四九。

裴羽

裴羽字用化，其父贄，相唐僖宗，官至司空。[1]羽以一品子爲河南壽安尉。[2]事梁爲御史臺主簿，[3]改監察御史。

[1]司空：官名。與太尉、司徒並爲三公，唐後期、五代多爲大臣、勛貴加官。正一品。

[2]河南：府名。治所在今河南洛陽市。　壽安：縣名。治所在今河南宜陽縣。　尉：官名。即縣尉。掌管一縣緝捕盜賊、按察奸宄之事。從八品下至從九品下不等。

[3]御史臺主簿：官名。御史臺屬官。掌印及受事發辰，監察臺中官員過失，兼掌官厨及黄卷。從七品下。原文無"主"字。中華點校本據浙江本、宗文本補，今從。

唐明宗時，爲吏部郎中，[1]與右散騎常侍陸崇使于闐，[2]爲海風所飄至錢塘。[3]是時，吴越王錢鏐與安重誨有隙，[4]唐方絶鏐朝貢，羽等被留經歲，而崇以疾卒。後鏐遣羽還，羽求載崇尸與俱歸。鏐初不許，羽以語感動鏐，鏐惻然許之，因附羽表自歸。明宗得鏐表大喜，由是吴越復通於中國。羽護崇喪至京師，及其橐裝還其家，士人皆多羽之義。

[1]吏部郎中：官名。尚書省吏部頭司吏部司長官。掌文官階品、朝集、禄賜，給其告身、假使以及選補流外官等事。從五品上。

[2]右散騎常侍：官名。中書省屬官。掌侍從規諫，顧問應對等事。正三品下。　陸崇：人名。籍貫不詳。五代大臣。事見《舊五代史》卷三〇《唐莊宗本紀》、卷三六《唐明宗本紀》、卷一二八《裴羽傳》。

[3]錢塘：縣名。治所在今浙江杭州市。

[4]錢鏐：人名。杭州臨安（今浙江杭州市臨安區）人。五代時期吴越國的建立者。傳見《舊五代史》卷一三三、本書卷六七。　安重誨：人名。應州（今山西應縣）人。五代後唐大臣。傳見

《舊五代史》卷六六、本書卷二四。

羽，周太祖時爲左散騎常侍，[1]卒，贈户部尚書。

[1]左散騎常侍：官名。門下省屬官。掌侍奉規諷，備顧問應對。正三品下。

王延

王延字世美，鄭州長豐人也。[1]少好學，嘗以賦謁梁相李琪，[2]琪爲之稱譽，薦爲即墨縣令。[3]馮道作相，與延故人，召拜左補闕。遷水部員外郎，知制誥。拜中書舍人，權知貢舉。吏部尚書盧文紀與故相崔協有隙。[4]是時，協子頎方舉進士，[5]文紀謂延曰："吾嘗譽子于朝，貢舉選士，當求實效，無以虛名取人。昔有越人善泅，生子方晬，其母浮之水上。人怪而問之，則曰：'其父善泅，子必能之。'若是可乎？"延退而笑曰："盧公之言，爲崔協也，恨其父遂及其子邪！"明年，選頎甲科，人皆稱其公。累遷刑部尚書，[6]以太子少保致仕。卒，年七十三。

[1]鄭州：州名。治所在今河北任丘市鄚州鎮。原作"鄭州"。中華點校本據浙江本、宗文本改，今從。　長豐：縣名。治所在今河北任丘市長豐鎮。

[2]李琪：人名。河西敦煌（今甘肅敦煌市）人。五代後梁、後唐官員。傳見《舊五代史》卷五八、本書卷五四。

[3]即墨：縣名。治所在今山東青島市即墨區。

[4]崔協：人名。清河（今河北清河縣）人。五代後唐宰相。

傳見《舊五代史》卷五八。

［5］頏：人名。即崔頏。清河（今河北清河縣）人。崔協之子。事見《舊五代史》卷一三一《王延傳》。

［6］刑部尚書：官名。尚書省刑部長官。掌天下刑法及徒隸、勾覆、關禁之政令。正三品。

延爲人重然諾，與其弟規相友愛，五代之際，稱其家法焉。

馬重績

馬重績字洞微，其先出於北狄，而世事軍中。重績少學數術，明太一、五紀、八象、《三統大曆》，[1]居于太原。唐莊宗鎭太原，每用兵征伐，必以問之，重績所言無不中，拜大理司直。[2]明宗時，廢不用。

［1］太一：星名。一星，在天一星南。星占家認爲係天帝神，主使十六神，知風雨水旱、兵革饑饉、疾病災害。　五紀：五種記時方法。即年、月、日、星辰、曆數。　八象：《周易》八卦所代表的物象。如乾爲天，坤爲地，坎爲水，離爲火，艮爲山，兌爲澤，巽爲風，震爲雷一類。　《三統大曆》：即《三統曆》。中國史書上第一部較完整的曆法。西漢末年劉歆根據《太初曆》修訂而成。規定孟春正月爲每年第一個月，一年有二十四個節氣，以沒有中氣的月份爲閏月。

［2］大理司直：官名。大理寺屬官。掌出使推按，凡承制推訊長吏，當停務禁錮者，請魚書以往。從六品上。

晉高祖以太原拒命，廢帝遣兵圍之，勢甚危急，命重績筮之，遇《同人》，[1]曰："天火之象，乾健而離明。健者君之德也，明者南面而嚮之，所以治天下也。同人者人所同也，必有同我者焉。《易》曰：'戰乎《乾》。'[2]乾，西北也。又曰：'相見乎《離》。'[3]離，南方也。其同我者自北而南乎？乾，西北也，戰而勝，其九月十月之交乎？"是歲九月，契丹助晉擊敗唐軍，晉遂有天下。拜重績太子右贊善大夫，[4]遷司天監。[5]明年，張從賓反，[6]命重績筮之，遇《隨》，曰："南瞻析木，木不自續，虛而動之，動隨其覆。歲將秋矣，無能爲也！"七月而從賓敗。高祖大喜，賜以良馬、器幣。

[1]《同人》：《易經》六十四卦之一。離下乾上。其象爲火在天下。天在上，火炎上，故名同人，卦形爲☰。《象》曰："同人。柔得位、得中，而應乎乾。"孔穎達《周易正義》："此釋所以能同於人之義，柔得位、得中者，六二也，上應九五，是應於乾也。"

[2]《乾》：《易經》六十四卦之一。由八卦之乾重疊而成，卦形爲☰。《易·乾》："元亨，利貞。"《象》曰："大哉乾元，萬物資始，乃統天。"《易·卦序》："有天地，然後萬物生焉。"所以《乾》卦居六十四卦之首。

[3]《離》：《易經》六十四卦之一。由八卦之離重疊而成。卦形爲☰。《易·離》："利貞。亨，畜牝牛吉。"《象》曰："離，麗也。日月麗乎天，百穀草木麗乎土。重明以麗乎正，乃化成天下，柔麗乎中正，故'亨'，是以'畜牝牛吉'也。"《易·序卦》："陷必有所麗，故受之以《離》。《離》者麗也。"人遇坎坷，遭險難，必附麗他人以爲援，所以《坎》卦之後爲《離》卦。

[4]太子右贊善大夫：官名。掌規諫太子過失，贊禮儀等事。

正五品。"右",《舊五代史》卷九六《馬重績傳》同,《舊五代史》卷七六《晋高祖本紀二》敘其事作"左"。

[5]司天監:官署名。其長官亦稱司天監,掌天文、曆法以及占候等事。品秩不詳。參見趙貞《唐宋天文星占與帝王政治》,北京師範大學出版社2016年版。

[6]張從賓:人名。籍貫不詳。五代後唐、後晋將領。傳見《舊五代史》卷九七。

天福三年,[1]重績上言:"曆象,王者所以正一氣之元,宣萬邦之命。而古今所紀,考審多差,《宣明》氣朔正而星度不驗,[2]《崇玄》五星得而歲差一日,[3]以《宣明》之氣朔,合《崇玄》之五星,二曆相參,然後符合。自前世諸曆,皆起天正十一月爲歲首,用太古甲子爲上元,積歲愈多,差闊愈甚。臣輒合二曆,創爲新法,以唐天寶十四載乙未爲上元,雨水正月中氣爲氣首。"詔下司天監趙仁錡、張文皓等考覈得失。[4]仁錡等言:"明年庚子正月朔,用重績曆考之,皆合無舛。"乃下詔班行之,號《調元曆》。[5]行之數歲輒差,遂不用。

[1]三年:據中華點校本校勘記,本書卷八《晋本紀》、《舊五代史》卷七八《晋高祖本紀四》、《五代會要》卷一〇皆繫其事於天福四年(939)。按,本卷下文云"明年庚子正月朔","庚子"爲天福五年。

[2]《宣明》:即《長慶宣明曆》,三十四卷,唐穆宗長慶年間撰成。此曆創日食三差(時差、氣差、刻差)法。

[3]《崇玄》:即《景福崇玄曆》,四十卷,唐昭宗時詔令邊岡

等據《長慶宣明曆》改治新曆，昭宗景福元年（892）成。

［4］趙仁錡：人名。籍貫不詳。五代後唐清泰中官司天少監。清泰三年（936）十一月奉命前往汴州，取渾天儀。後晉天福四年（939），仍官司天少監，受晉高祖之命參修新曆，號《調元曆》。事見《舊五代史》卷一四〇《曆志》、《五代會要》卷一〇《曆》《渾天儀》。　張文皓：人名。籍貫不詳。五代後唐司天監官。與馬重績、趙仁錡等修成《調元曆》。事見《舊五代史》卷一四〇《曆志》。

［5］《調元曆》：後晉高祖時，司天監馬重績始造新曆，以雨水正月朔爲歲首。晉高祖賜名爲《調元曆》，命翰林學士承旨和凝撰序，於天福四年（939）三月頒行。

重績又言："漏刻之法，以中星考晝夜爲一百刻，八刻六十分刻之二十爲一時，[1]時以四刻十分爲正，此自古所用也。今失其傳，以午正爲時始，下侵未四刻十分而爲午。由是晝夜昏曉，皆失其正，請依古改正。"從之。

［1］八刻：二字原闕，中華點校本據浙江本、宗文本補，今從。

重績卒年六十四。

趙延乂

趙延乂字子英，[1]秦州人也。曾祖省躬，[2]通數術，避亂于蜀。父溫珪，[3]事蜀王建爲司天監，[4]每爲建占吉凶，小不中，輒加詰責。溫珪臨卒，戒其子孫曰："數術，吾世業，然吾仕亂國，得罪而幾死者數矣！子孫能以佗道仕進者，不必爲也。"然延乂少亦以此仕蜀爲司天監。蜀亡，仕唐爲星官。[5]

[1]乂：原作"義"，中華點校本據宋人吴縝《五代史纂誤》卷中引《雜傳》、本書卷三〇《李業傳》改。本書下文同。按，《舊五代史》卷一三一有《趙延乂傳》。

[2]省躬：人名。即趙省躬。秦州（今甘肅天水市）人。趙延乂曾祖。本書僅此一見。

[3]温珪：人名。即趙温珪。秦州（今甘肅天水市）人。趙延乂之父。五代十國時期司天監官。事見《舊五代史》卷一三一《趙延乂傳》、《通鑑》卷二六八。

[4]王建：人名。許州舞陽（今河南舞陽縣）人。唐末軍閥、五代十國前蜀開國皇帝。傳見《舊五代史》卷一三六、本書卷六三。

[5]星官：官名。唐、五代司天監官或以星曆技術待詔官别稱。品秩不詳。

延乂兼通三式，[1]頗善相人。契丹滅晋，延乂隨虜至鎮州。李筠、白再榮謀逐麻答歸漢，[2]猶豫未决，延乂假述數術贊成之。

[1]三式：星占術語。指太一式、遁甲式和六壬式。《唐六典》卷一四："太卜令掌卜筮之法，以占邦家動用之事……凡式，占辨三式之同異。"注："一曰雷公（遁甲）式；二曰太乙式，並禁私家畜；三曰六壬式，士庶通用之。"

[2]李筠：人名。籍貫不詳。唐末侍衛軍將領。事見《舊唐書》卷二〇上《昭宗本紀》。　白再榮：人名。蕃部（北方少數民族）人。五代將領。傳見《舊五代史》卷一〇六、本書卷四八。

周太祖自魏以兵入京師，太祖召延義問："漢祚短促者，天數邪？"延義言："王者撫天下，當以仁恩德澤，而漢法深酷，刑罰枉濫，天下稱冤，此其所以亡也！"是時，太祖方以兵圍蘇逢吉、劉銖第，[1]欲誅其族，聞延義言悚然，因貸其族，二家獲全。延義事周爲太府卿、判司天監，[2]以疾卒。

[1]蘇逢吉：人名。京兆長安（今陝西西安市）人。劉知遠爲河東節度時的屬官，五代後漢初任宰相。傳見《舊五代史》卷一〇八、本書卷三〇。　劉銖：人名。陝州（今河南三門峽市陝州區）人。時權知開封府事。傳見《舊五代史》卷一〇七、本書卷三〇。

[2]太府卿：官名。南朝梁始置。太府寺長官。掌國家財帛庫藏出納、關市稅收等務。從三品。

新五代史　卷五八

嗚呼，五代禮樂文章，吾無取焉。其後世有欲知之者，不可以遺也。作司天、職方考。

司天考第一[1]

司天掌日、月、星辰之象。周天一歲，四時，二十四氣，七十二候，行一日，十二辰，[2]以爲曆。而謹察其變者，以爲占。占者，非常之兆也，以驗吉凶，以求天意，以覺人事，其術藏於有司。曆者，有常之數也，以推寒暑，以先天道，以勉人事，其法信於天下。[3]術有時而用，法不可一日而差。差之毫釐，則亂天人之序，乖百事之時，蓋有國之所重也。然自堯命羲、和見於《書》，中星、閏餘略存其大法。而三代中間千有餘歲，遺文曠廢，《六經》無所述。而孔子之徒，亦未嘗道也。至於後世，其學一出於陰陽之家，其事則重，其學則末。

夫天人之際，遠哉微矣。而使一藝之士，布算積分，上求數千萬歲之前，必得甲子、朔旦、夜半、冬至，而日、月、五星皆會于子，謂之上元，以爲曆始。蓋自漢而後，其說始詳見於世，其源流所自止於如此。是果堯、舜、三代之法歟？皆不可得而考矣。然自是以來，曆家之術，雖世多不同，而未始不本於此。

[1]司天考第一：此"司天考第一"（簡稱"新考一"）記載了五代時期的曆法沿革，相關內容參見《舊五代史·曆志》（簡稱"舊志"）注。

[2]行一日，十二辰：原作"行十日十二辰"，以前文"周天一歲，四時，二十四氣，七十二候"例此，應爲"一日，十二辰"，依文意當校改。

[3]"占者，非常之兆也"至"其法信於天下"："求"，探求，猜測；"先"，預推。曆法正是爲了推算未來天象。此言占之術藏於有司，而曆之法信於天下，足見古人對曆法的信心。

五代之初，因唐之故，用《崇玄曆》。至晉高祖時，司天監馬重績，始更造新曆，不復推古上元甲子冬至七曜之會，而起唐天寶十四載乙未爲上元，用正月雨水爲氣首。初，唐建中時，術者曹士蒍始變古法，以顯慶五年爲上元，雨水爲歲首，號《符天曆》。然世謂之小曆，祇行於民間。而重績乃用以爲法，遂施于朝廷，賜號《調元曆》。然行之五年，輒差不可用，而復用《崇玄曆》。

周廣順中，國子博士王處訥私撰《明玄曆》于家。民間又有《萬分曆》，而蜀有《永昌曆》《正象曆》，南唐有《齊政曆》。五代之際，曆家可考見者，止於此。而《調元曆》法既非古，《明玄》又止藏其家，《萬分》止行於民間，其法皆不足紀。而《永昌》《正象》《齊政》曆，皆止用於其國，今亦亡，不復見。

世宗即位，外伐僭叛，內修法度。端明殿學士王朴，通於曆數，乃詔朴撰定。歲餘，朴奏曰：[1]

臣聞聖人之作也，在乎知天人之變者也。[2]人情之動，則可以言知之；天道之動，則當以數知之。數之爲用也，聖人以之觀天道焉。歲月日時，由斯而成；陰陽寒暑，由斯而節；四方之政，由斯而行。夫爲國家者，履端立極，必體其元；布政考績，必因其歲；禮動樂舉，必正其朔；三農百工，必順其時；五刑九伐，必順其氣；庶務有爲，必從其日月。是以聖人受命，必治曆數。故五紀有常度，庶徵有常應，正朔行之於天下也。

自唐之季，凡歷數朝。亂日失天，垂將百載。天之曆數，汨陳而已。陛下順考古道，寅畏上天，咨詢庶官，振舉墜典。臣雖非能者，敢不奉詔。乃包萬象以爲法，齊七政以立元，測圭箭以候氣，審朓朒以定朔，明九道以步月，校遲疾以推星，考黃道之斜正，辨天勢之昇降，而交蝕詳焉。

夫立天之道，曰陰與陽。陰陽各有數，合則化成矣。陽之策三十六，陰之策二十四。奇偶相命，兩陽三陰，同得七十二。同則陰陽之數合。[3]七十二者，化成之數也。化成則謂之五行之數。五之，得期數。[4]過之者，謂之氣盈；不及者，謂之朔虛。[5]至於應變分用，無所不通，故以七十二爲經法。經者，常用之法也。百者，數之節也，隨法進退，不失舊位，故謂之通法。以通法進經法，得七千二百，謂之統法。自元入經，先用此法，統曆之諸法也。以通法進統法，得七十二萬。氣朔之下，收分必盡，謂之全率。以通法進全率，得七千二百萬，謂之大率，而元紀生焉。元者，歲、月、日、時皆甲子，日、月、五星合在子，當盈縮、先後之中，所謂七政齊矣。

古者，植圭於陽城，以其近洛也，蓋尚慊其中，乃在洛之東偏。開元十二年，遣使天下候影，南距林邑，北距橫野，中得浚儀之岳臺，應南北弦，居地之中。大周建國，定都於汴。樹圭置箭，[6]測岳臺晷漏，以爲中數。晷漏正，則日之所至，氣之所應，得之矣。

[1]朴奏曰：以下王朴的奏表，舊志中亦有記述，但文字互有細微差異，具體情況參見新考、舊志的相關注釋。

王朴在這篇奏表中對於曆法的功能有十分精彩的論述。從"夫爲國家者，履端立極，必體其元"，到"五紀有常度，庶徵有常應，正朔行之於天下也"，將曆法對於政權的象徵意義，對於統治者政務的實施、禮樂刑罰的安排，對於老百姓生產生活的指導等方面，作了十分全面的概述。關於《欽天曆》的制定，王朴稱："乃包萬象以爲法，齊七政以立元，測圭箭以候氣，審朒朓以定朔，明九道以步月，校遲疾以推星，考黃道之斜正，辨天勢之昇降，而交食詳焉。"這是關於曆法應建立在實測的基礎上，並正確地反映日、月、五星運動的真實狀況的精當論述。王朴還十分強調日、月、五星的運動是有數可推的："天道之動則當以數知之。數之爲用也，聖人以之觀天道焉。"他所說的"數"，是建立在實測基礎上的。總之，王朴的這篇表文可謂是《欽天曆》的一篇出色的序論。

[2]在乎知天人之變者也：原本脫"人"字。下文分"人情之動"和"天道之動"作進一步闡釋，則此處當作"天人之變"。

又，舊史也有相應文字，有此"人"字。故當補。

［3］同則陰陽之數合："同"，原作"何"，中華點校本據浙江本、宗文本改，今從。

［4］五之，得期數："五之"，原作"五行之"，"行"字當爲衍文，應删。舊志作"五之，得期之數"。又，此"期數"即三百六十，72×5＝360。

［5］過之者，謂之氣盈；不及者，謂之朔虛：此句舊志作"過者，謂之氣盈；不及，謂之朔虛。"新考此處文字更工整。氣盈、朔虛，這兩個曆法常數傳本《欽天曆》僅在此提及，但没有給出具體數值。新考《欽天曆》第四章"步發斂術"中有推没術與推滅術，其中分別用到了這兩個數據，這當是新考的一個漏失。所幸，我們不難根據傳本《欽天曆》的回歸年和朔望月常數推導出這兩個數據：設回歸年爲 T/A（$T=2629760.4$，即歲率，$A=7200$，即統法），令 $T/A=360+R/A$。由 $\frac{2629760.4}{7200}=360+\frac{37760.4}{7200}$，則 $R=37760.4$ 即爲氣盈。設朔望月爲 B/A（$B=212620.28$，即朔率），令 $30-B/A=l/A$，由 $30-\frac{212620.28}{7200}=\frac{3379.72}{7200}$，得 $l=3379.72$ 即爲朔虛。

［6］樹圭置箭：圭，指圭表，也常作測影解；箭，指漏刻，常作測時解。"樹"字前舊志有一"今"字，對仗前文的"古者"。

　　日月皆有盈縮。日盈月縮，則後中而朔；月盈日縮，則先中而朔。[1]自古朓朒之法，率皆平行之數，入曆既有前次，而又衰稍不倫。《皇極》舊術，則迂迴而難用，[2]降及諸曆，則疏遠而多失。今以月離朓朒，隨曆校定，日躔朓朒，臨用加減。所得者入離定日也。一日之中，分爲九限，每限損益，衰稍有倫。朓朒之法，可謂審矣。[3]

赤道者，天之紘帶也。其勢圜而平，紀宿度之常數焉。黃道者，日軌也。其半在赤道內，半在赤道外，去極二十四度。[4]當與赤道近，則其勢斜；當與赤道遠，則其勢直。當斜，則日行宜遲；當直，則日行宜速。故二分前後加其度，二至前後減其度。九道者，月軌也。[5]其半在黃道內，半在黃道外，去極遠六度。[6]出黃道，謂之正交；入黃道，謂之中交。若正交在秋分之宿，中交在春分之宿，則比黃道益斜。若正交在春分之宿，中交在秋分之宿，則比黃道反直。若正交、中交在二至之宿，則其勢差斜。故校去二至、二分遠近，以考斜正，乃得加減之數。自古雖有九道之説，蓋亦知而未詳，徒有祖述之文，而無推步之用。今以黃道一周，分爲八節。一節之中，分爲九道，盡七十二道，而使日月無所隱其斜正之勢焉。九道之法，可謂明矣。[7]

星之行也，近日而疾，遠日而遲，去日極遠，勢盡而留。自古諸曆，分段失實，隆降無準，今日行分尚多，次日便留。自留而退，惟用平行，仍以入段行度爲入曆之數，皆非本理，遂至乖戾。[8]今校逐日行分，積以爲變段。然後自疾而漸遲，勢盡而留。自留而行，亦積微而後多。別立諸段變曆，以推變差，俾諸段變差，際會相合。星之遲疾，可得而知之矣。[9]

自古相傳，皆謂去交十五度以下，則日月有蝕。殊不知日月之相掩，與闇虛之所射，其理有異。今以日月徑度之大小，校去交之遠近，以黄道之斜正，天勢之昇降，度仰視、旁視之分數，則交虧得其實矣。[10]

　　臣考前世，無食神首尾之文。近自司天卜祝小術，不能舉其大體，遂爲等接之法。蓋從假用，以求徑捷，於是乎交有逆行之數。後學者不能詳知，因言曆有九曜，以爲注曆之常式。今並削而去之。謹以《步日》《步月》《步星》《步發斂》爲四篇，合爲《曆經》一卷，《曆》十一卷，《草》三卷，《顯德三年七政細行曆》一卷，以爲《欽天曆》。

　　昔在帝堯，欽若昊天。陛下考曆象日月星辰，唐堯之道也。天道玄遠，非微臣之所盡知。

　　世宗嘉之。詔司天監用之，以明年正月朔旦爲始。

[1]"日盈月縮"至"則先中而朔"：此言"日盈月縮"與"月盈日縮"兩種情形對合朔的影響。由於月亮運行的速度比太陽快，一般都是月亮合朔前追趕太陽，合朔後超過太陽。所以，對於合朔時刻來說，月縮則朔必後，月盈則朔必先。

[2]迂迴而難用："迴"字原闕，中華點校本據宗文本補，今從。

[3]"日月皆有盈縮"至"朓朒之法，可謂審矣"：王朴在此段説明了自己在日月不均匀運動改正算法方面的創作，特別是在月離表方面的創新。《欽天曆》的月離表則是將"一日之中，分爲九限"，其遲疾曆長度取值爲27.5546日，每日分爲九限，則一遲疾曆共有248限，其月離表的間距爲0.1111日。這比前代月離表以日

爲間距，精細了很多。顯然，王朴不可能用實測方法直接得到以0.1111日爲間距的月離表，他應該是運用了獨創的新算法。

［4］去極二十四度：舊志作"去赤道極遠二十四度"，舊志表述爲妥。因古曆有專門術語"去極度"，而此"二十四度"是黄赤大距值，不是去極度數值。

［5］九道者，月軌也：前言"黄道者，日軌也"，此言"九道者，月軌也"，則此"九道"即爲月行軌道"白道"。

［6］去極遠六度：舊志作"去黄道極遠六度"，舊志表述爲妥。

［7］"赤道者"至"九道之法，可謂明矣"：此段的重點是王朴論述自己把月道分爲七十二道，對"九道術"有新發揮。

［8］仍以入段行度爲入曆之數，皆非本理，遂至乖戾："入段行度"當爲行星處在某會合週期各段中的位置。由平合經改正得定合，從定合開始又將各段日改正爲各定段日，再推算某一時刻行星處在某定段的某具體位置。"入曆之數"當爲計算五星盈縮曆改正（即盈縮差）的自變量。王朴在此批評了以往曆家將"入段行度"與"入曆之數"混爲一談。

［9］從"星之行也"到"星之遲疾，可得而知之矣"：王朴在此段説明了其關於五星在一個會合週期内的動態之新描述。他指出："自古諸曆，分段失實，隆降無准，今日行分尚多，次日便留，自留而退，唯用平行，仍以入段行度爲入曆之數，皆非本理，遂至乖戾"，其對前代諸曆關於五星在留前後運動狀况描述不夠合理的批評是很恰當的。其實，五星在留之前數日，其運動速度應日漸減小，留後數日，其速度應日漸增大。王朴正確地校定了五星的逐日行分，並參考了劉焯的二次内插算式，給出逐日行分累積值。得出"自疾漸而遲，勢盡而留；自留而行，積微而後多"。對五星動態的描述，自此更趨合理。

［10］從"自古相傳"到"則交虧得其實矣"：王朴在此段表彰自己的交食算法"得其實矣"。通過對《欽天曆》交食算法的仔細解讀，研究者發現王朴關於交食算法最重要的貢獻在其日食起訖算

法中。其中所使用的二次分段函數方法，與其前代各曆完全不同。《欽天曆》日食起訖算法包括四個步驟：其一，求泛用分；其二，求定用分；其三，利用定用分，由朔望定分分別求出真初虧和復圓時刻，稱爲虧初和復末加時常分；其四，利用日食時差算法，由日食真食甚推算視食甚，求出視虧初和視復圓時刻，稱爲虧初和復末定分。《欽天曆》的日食起訖時刻計算原理和理論算法基本一致。根據已知的史料，在中國古代曆法史中，《欽天曆》首創將視差理論應用於日食起訖算法，解決了由日食的視食甚時刻推算視初虧和復圓時刻的難題。

《顯德欽天曆》[1]

演紀上元甲子，距今顯德三年丙辰，積七千二百六十九萬八千四百五十三，算外。[2]

《欽天》統法：七千二百。

《欽天》經法：七十二。

《欽天》通法：一百。

《欽天步日躔術》

歲率：二百六十二萬九千七百六十，四十。

軌率：二百六十二萬九千八百四十四，八十。

朔率：二十一萬二千六百二十，二十八。

歲策：三百六十五，一千七百六十，四十。

軌策：三百六十五，一千八百四十四，八十。

歲中：一百八十二，四千四百八十，二十。

軌中：一百八十二，四千五百二十二，四十。

朔策：二十九，三千八百二十，二十八。

氣策：一十五，一千五百七十三，三十五。

象策：七，二千七百五十五，七。
周紀：六十。
歲差：八十四，四十。
辰則：六百，八刻二十四分。[3]

［1］《顯德欽天曆》：王朴《欽天曆》是五代時期乃至中國古代曆法史上重要的曆法之一。它擁有一系列超越其前代曆法的重要創新成果，除了以上表文中王朴自己申明的四個方面外，至少還有以下兩條十分重要的成就：一是關於晷影及漏刻算法。王朴利用了後晉趙延乂所製造的圭表進行了卓有成效的晷影測量工作，他在晷影測算方面所做出的突出貢獻，其影響一直持續到北宋皇祐年間。周琮在皇祐年間的新測成果，《宋史·曆志九》有專門章節記載，其中就把新測值與王朴的晷影數值進行比較，認爲優於"王朴算"乃是取得了新成就的標志。另外，在《大衍曆》相關工作基礎上，王朴創立了新的九服晷長和九服刻漏算法，《欽天曆》應用了一行、南宮説當年的天文大地測量成果，首先給出了一個計算北極出地高度（即地理緯度）的獨特的函數算式，從而得到了中國天文學史上第一個"九服晷長"和"九服漏刻"計算公式，從中還可以推導出中國天文學史上第一個正切函數算式。二是關於算法公式化，王朴也有重要發明。一般認爲王朴繼承並發展了曹士蔿、邊岡的二次函數算法，在"相減相乘"法的基礎上，運用了"自相乘"法，實質上將二次函數算法拓展到了四次多項式的高次函數算法。王朴還把"先相減後相乘"算法規範地表述爲：列某某於上，置某某於下，以下減上，餘以乘之。這一表述方法被後世曆家廣泛采用，成爲"相減相乘"法的經典表述方式。但傳本《欽天曆》的編次結構與以《大衍曆》爲代表的古曆結構不同，內容則差異不大。其"步日"篇含步氣朔、步日躔、步軌漏三項；"步月"篇含步月離、步交會兩項；"步星"篇和"步發斂"篇則與《大衍曆》同。王朴

的這種編次方法條理不够清晰，後世曆家因此仍以一行《大衍曆》爲圭臬。

[2]積七千二百六十九萬八千四百五十三，算外：算外，意思就是"不算在内"。五十三，中華點校本誤作"五十二"，且未注明原因。舊志雖作"五十二"，但無"算外"二字，"算外"本應使積年數多出一，故舊志、新考原本皆不誤。此段是説《欽天曆》的上元是甲子年，上元刻顯德三年共計72698453年，所求年爲顯德二年（955）。顯德二年爲乙卯年，其甲子序號爲52，從而有：（72698453－1）－52＝72698400＝60×1211640。中國古曆習慣把所求年之前一年的十一月冬至叫作"所求年天正冬至"，並以"天正冬至"作爲所求年相關曆法項目的推算起點，即曆元。

[3]"歲率"至"辰則"：給出了《欽天曆》"步日躔術"所要用到的基本數據，相關數據的含義參見舊志的注釋。另外，新考中基本常數的小分數值原不像舊史用小號字（古書中常見的夾注），中華點校本則用逗號與整數值分開，今注從中華本。但數表中的數字新考、舊志都是用夾注形式的小號字，今注也都采用小號字表示，在此一并説明。

赤道宿次[1]

斗二十六度，牛八度，女十二度，虚一十度少，危十七度，室十六度，壁九度。

北方七宿九十八度少。

奎十六度，婁十二度，胃十四度，昴十一度，畢十七度，觜一度，參一十度。

西方七宿八十一度。

井三十三度，鬼三度，柳十五度，星七度，張十八度，翼十八度，軫十七度。

南方七宿一百一十一度。

角十二度，亢九度，氐十五度，房五度，心五度，尾十八度，箕十一度。

東方七宿七十五度。

中節[2]

置歲率，以演紀上元距所求積年乘之，爲氣積。統法而一，爲日。盈周紀去之，命甲子算外，[3]即天正中氣日辰及分秒也。以氣策累加之，秒盈通法從分，分盈統法從日，日盈周紀去之，即各得次氣日辰及分秒也。

朔弦望[4]

置氣積，以朔率去之，不盡爲閏餘。用減氣積，爲朔積。統法而一，爲日。盈周紀去之，命甲子算外，即天正常朔日辰及分秒也。以象策累加之，即各得弦、望及次朔也。

日躔入曆[5]

置歲率，以閏餘減之，統法而一，爲日。歲中以下，爲盈；以上，減去歲中，爲縮。即天正常朔加時所入也。累加象策，滿歲中去之，盈縮互命，即四象所入也。

日躔朓朒[6]

置加時入曆分秒，以其日損益率乘之，統法而一，損益其日朓朒數，爲日躔朓朒定數。

[1]赤道宿次：《欽天曆》的"赤道宿次"度數值與《大衍曆》相同。

[2]中節：即中氣和節氣的合稱。古曆將1個回歸年劃分爲24

個節氣，包含12個中氣、12個節氣。於是，此術就是關於回歸年及其所包含"中節"的推算（推求它們的干支序號及所在辰刻）。古曆一般從上元起算，用上元積年乘以回歸年長度的分值（《欽天曆》稱爲"歲率"），得上元以來的日分數，叫作氣積。氣積除以通法，再用甲子周期60"盈（滿）去之"（即是用所謂的同餘式算法，取模數爲60），得天正冬至（即所求年曆元）干支。記 T 爲歲率，A 爲統法，回歸年 $t = T/A$，上元到所求年（公元 n 年）積年數爲 N_n，從而有：氣積 $= N_n \cdot T$，$t \cdot N_n \equiv r_1 \pmod{60}$，則 r_1 即爲天正冬至日辰及分秒。記 $[r_1]$ 爲對 r_1 取整所得之整數，(r_1) 爲對 r_1 取餘，即取整後所餘的餘分，有 $(r_1) = r_1 - [r_1]$。這種取整、取餘運算是傳統古曆最常用的算法，本注以下將分別用方括號和圓括號表示。

[3] 命甲子算外：其中"算外"的意思和前注一致。而"命某某算外"則是古曆的又一個慣用算法語句，意思是"以這個某某爲起點進行相當於同餘式推算，此起點處取值爲0"。"命甲子算外"，即記"甲子 = 1，乙丑 = 2，……癸亥 = 60"，解 $x \equiv r_1 \pmod{60}$，$[r_1] = 1, 2, 3……$即爲所求的"算外"甲子序號。

[4] 朔弦望：本術即是推算朔、弦、望的干支序號及其所在辰刻的方法。其中有三個關鍵詞：氣積、閏餘及朔積。"氣積"已見上"中節"術，"閏餘""朔積"與"氣積"的關係見圖1，即：閏餘 = 氣積 - 朔積。

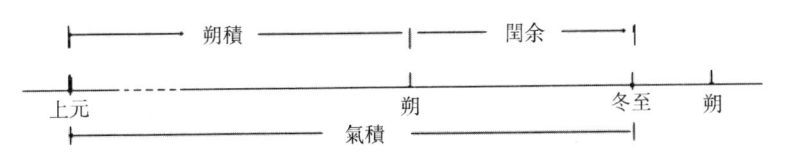

圖1 氣積、閏餘及朔積關係示意圖

［5］日躔入曆：歲率，回歸年的日分值。"以閏餘減之，統法而一，爲日"，即求所求年天正朔到天正冬至的時間長度值（以日爲單位）。"入曆"在傳統曆法裏是最常見的算法術語，推算"入曆"一般就是計算日、月或五星到所求年天正冬至或朔的時距或相距的度數（一般即作爲下一步算法公式的自變量）。記 $h = \frac{歲率 - 閏餘}{統法}$，若 $h \leq 182.6222$（歲中），h 爲在盈曆；若 $h > 182.6222$，取 $h' = h - 182.6222$，h' 爲在縮曆。這樣定義的日躔入曆（h、h'）顯然就是所求朔（累加象策則得弦、望）到天正冬至的時間距離，目的是下一步把它們代入"日躔朓朒"算法，計算太陽平運動與真運動的差（即太陽改正，相當於"太陽中心差"，記爲 C）。

［6］日躔朓朒：此術是在上術求得之日躔入曆 h、h' 基礎上，推算太陽平運動與真運動的差。若記 h（或 h'）$= n + m$，n、m 分別表示日躔入曆的日數和餘分，Δ、δ 分別表示所求日整日部分和餘分部分的太陽改正。但是，術文祇相當於這樣的算式：$C = \Delta \mp \frac{m \times \delta}{A}$。其中，$\frac{m \times \delta}{A}$ 就是按比例計算所求日奇零部分的日躔朓朒（就是所謂的綫性内插法）。式中的 Δ、δ 必須是給定的，也就是説新考記述的《欽天曆》此處有缺陷，這裏應當有一個類似《符天曆》以日數爲引數的"日躔立成"數表。當然，這應該是新考作者記述的疏漏，並非王朴《欽天曆》原本有缺陷，因爲《欽天曆》除"曆經"之外，還另有"《曆》十一卷、《草》三卷"等。同類的缺失情況傳本《欽天曆》以下還有很多處。

赤道日度[1]

置氣積，以軌率去之，餘統法而一，爲度。命赤道虛八算外，即天正中氣加時日躔赤道宿度及分秒也。加歲中，以次命之，即夏至之宿也。

黃道宿次[2]

置二至日躔赤道宿度，距前後每五度爲限。初率八，每限減一，盡九限，末率空。乃一度少彊，亦限率空，其半當四立之宿。自後亦五度爲限，初率空，每限增一，盡九限，末率八，殷二分之宿。自二分至二至，亦如之。各以限率乘所入限度，爲分。經法而一，爲度。二至前後各九限以減、二分前後各九限以加赤道宿，[3]爲黃道宿及分。就其分爲少、太、半之數。

黃道日度[4]

置天正中氣加時日躔赤道宿度，各與所入限率相乘，皆以統法通之，所入限率乘其分，以從之。經法而一，爲分。盈統法爲度。用減赤道所躔，即天正中氣加時日躔黃道宿度及分也。加歲中，以黃道宿次命之，即夏至加時日度及分也。

午中日躔[5]

置二至分，減去半法，爲午後分；不足，反減，爲午前分。以乘初日躔分，經法而一，午前以加、午後以減加時黃道日度，爲午中日度及分也。各以次日躔分加之，滿統法從度。依宿次命之，即次日午中日躔也。

午中日躔入曆[6]

置天正中氣午前分，便爲午中入盈曆日分。其在午後者，以午後分減歲中，爲午中入縮曆日分。累加一日，滿歲中即去之，盈縮互命，爲每日午中入曆也。

[1]赤道日度：這裏的《欽天曆》按照古曆傳統，在前文"赤

道宿次"之常數項基礎之上用赤道二十八宿給出了赤道坐標基準，而且，中國古曆習慣上不是把赤道的一周分爲360°，而是按太陽1日行1度，分圓周爲365度多。有了歲差概念之後，歲差就是周天與回歸年的差。此"赤道日度"術即先確定天正冬至時的太陽位置，再依太陽1日行1度逐日推算太陽在赤道坐標系中的位置。"命赤道虛八算外"則是把虛宿八度作爲赤道坐標系起點，若把起點命爲0，記：周天 $p = P/A$（度），P 爲軌率，算式 $N_n \cdot T \equiv \beta$ $(\bmod p)$，β 即"命赤道虛八算外"所求的結果。

[2]黃道宿次：此術構造了一個黃赤道差的"差分表"，從而用表中給出的差數加減赤道度求得相應的黃道度。"黃道宿次"即爲黃道坐標。當然，中國古曆的赤道坐標系和黃道坐標系一般衹考慮沿赤道、黃道量的經度，而不考慮緯度。特別地，黃道坐標系還沒有黃極，其黃經值則是沿赤經圈度量的，被稱作極黃經（參見《隋書·律曆志下》的相關注釋，以下凡用"極黃經"者皆同此，不再一一說明）。根據本術術文，《欽天曆》將周天用二至、二分、四立8個節氣等分成8個區間，每個區間內再劃分9限，每限爲5度，另有一個約1度多點的"末尾限"。在這8個區間上，每個區間的黃赤道差都是對稱的，因此衹要考察其中1個區間的黃赤道差即可。其中的末尾限"乃一度少彊"是指用二分二至將周天分成4象限（每象限即1/4周天），有：365.2562/4 - 90 = 1.3141。而8個區間的每區間則是：365.2562/8 - 45 = 0.6571 = 1.3141/2，所以說"其半當四立之宿"。按照術文可以編制如下冬至到立春區間的黃赤道差數表：

《欽天曆》冬至到立春區間的黃赤道差

赤道度	5	10	15	20	25	30	35	40	45	46.3141
限率	8	7	6	5	4	3	2	1	0	0
差分	40	150	315	520	750	990	1400	1440	1620	1667.31
差度	0.06	0.21	0.44	0.72	1.04	1.38	1.94	2.00	2.25	2.32

［3］赤道宿：原作"赤道"，闕"宿"字，中華點校本據宗文本補，今從。

［4］黃道日度：此術之目的是在上文求出的"黃赤道差"基礎上，將天正冬至時刻太陽的赤道坐標换算成黃道度，再加歲中即得夏至。

［5］午中日躔：此術是求冬至或夏至時刻到其日正午的距離。而本術後半段的"午中日度及分"則是求冬至日的正午時刻太陽的黃道經度（極黃經值），是爲下一術的基礎。

［6］午中日躔入曆：其中"入曆"的意思已見前注，"午中日躔入曆"就是要把前術求出的"午中日躔"值變換成下一步求晷影的函數公式的自變量。午中日躔入曆 = $N + n/7200$，N 爲整日數，n 爲午前後分，$n = \dfrac{7200}{2} - r$（r 爲冬至小餘）。其中"午前、午後、盈曆、縮曆"等的含義見圖2。

圖2　午中入曆日分示意圖

岳臺中晷[1]

置午中入曆分，以其日損益率乘之，如統法而一，爲分。分十爲寸，用損益其下中晷數，爲定數也。

晨昏分

各置入曆分，以其日損益率乘之，如統法而一，用損益其下晨分，即所求晨定分也。用損加、益減其下昏分，即所求昏定分也。

日出入辰刻

置晨、昏分，以一百八十加晨、減昏，爲日出、入分。各以辰則除，[2] 爲辰數。餘滿經法，爲刻。命辰數子正算外，則日出入辰刻也。

晝夜刻

置日入分，以日出分減之，爲晝分。用減統法，爲夜分。各滿經法，爲晝夜刻。

五夜辰刻[3]

置昏分，以辰則除，爲辰數。經法除，爲刻數。命辰數子正算外，即甲夜辰刻也。倍晨分，五約之，爲更用分。又五約之，爲籌用分。用累加甲夜，滿辰則爲辰，滿經法爲刻，即各得五夜辰刻也。

昏曉中星

置昏分，減去半統，用乘軌率，統法除之，爲距中分。盈統法，爲度。加午中日躔，爲昏中星；減之，爲曉中星。

赤道內外數[4]

置入曆分，以其日損益率乘之，如統法而一，用損益其下內外數，如不足損，則反損之。內外互命，即得所求赤道內外定數也。

[1] 岳臺中晷：此術給出了《欽天曆》的晷影算法，其中"午中入曆分"即前術求出的 n，記 Δ_N 爲二至後第 N 日的損益率，本術所給算法即爲：$h(N+\frac{n}{7200}) = h(N) + \frac{n}{7200}\Delta_N$。其中，設 $h(N)$ 爲《欽天曆》的晷影函數，$\Delta_N = h(N+1) - h(N)$，$\frac{n}{7200}\Delta_N$ 則是用綫性內插法求餘分時段晷影變化量。《欽天曆》此算法也

應有一張以日爲間隔的晷影立成數表，但上式中的晷影函數 h（N）以及晷影立成數表傳本《欽天曆》都缺失了，且在新志、舊志《欽天曆》中連二至晷影常數都找不到。關於《欽天曆》的晷影算法，宋代曆法名家周琮和劉羲叟等都給予過很高的評價。注者曾通過《宋史·曆志·皇祐圭表》等資料，對《欽天曆》的晷影算法進行過專題研究，給出了《欽天曆》二至晷影常數：$h_{冬至}$ = 12.86 尺，$h_{夏至}$ = 1.51 尺。參見 Wang Rongbin, A Reversion Study on SSA of Qintian Calendar, *Proceeding of the Ninth International Conference on Science Technology and Medicine of Eastern Asia*, Singapore, 2003, pp. 376–386.

[2] 各以辰則除：原闕"則"字，中華點校本據宗文本補，今從。

[3] 五夜辰刻：此術是把前術每日夜刻再分成五更，每更又分五籌。關於晝夜辰刻和更籌劃分的細節，參見郭盛熾《中國古代的計時科學》，科學出版社 1988 年版。

[4] 赤道內外數：即太陽的視赤緯，古曆又有計算所謂"赤道（或黃道）去極度"，"內外數"與"去極度"互爲餘角，所以求其中任意一個即可。此術又僅是一個在立成數表基礎上的綫性內插算式，而數表缺失。值得指出的是，此術之前是晷漏算法，此術後面則又是所謂的九服晷漏算法，提示此"赤道內外數"當與晷漏相關。記 $δ$、$φ$、z 分別爲太陽視赤緯、觀測點的地理緯度、正午時分太陽的天頂距，圭表長度爲 b 尺（一般取 $b=8$ 尺），並設 $h(z)$ 爲晷影函數，有 $z = φ - δ$，$h(z) = b \cdot tanz = b \cdot tan(φ - δ)$。由於觀測點地理緯度是給定的，因此，晷影長度 $h(z)$ 僅由太陽的視赤緯 $δ$ 決定。其實，早在一行編製《大衍曆》時就已經清楚地廓清了晷影及漏刻算法中所涉及的相關變量之間的彼此關聯，《大衍曆議》指出："今推黃道去極，與晷景、漏刻、昏距中星四術返覆相求，消息同率，旋相爲中，以合九服之變。"周琮在其《明天曆議》則進一步指出："其黃道去極度數，與日景、漏刻、昏晚中星反覆相

求，消息用率，步日景而稽黄道，因黄道而生漏刻、而正中星。四術旋相爲中，以合九服之變，約而易知，簡而易從。"

九服距軌數[1]

置距岳臺南北里數，以三百六十通之，爲步。一千七百五十六除之，用北加、南減二千五百一十三，爲其地戴中數。以赤道內外定數，內減、外加之，即九服距軌數也。

九服中晷[2]

置距軌數，二十五乘之，一百三十七除，爲天用分。置之，以二十二乘，六約之，用減四千，爲晷法。又以天用分自相乘，如晷法而一，爲地用分。相從爲晷分，分十爲寸，即得其地中晷也。

九服刻漏[3]

經法通軌中而半之，用自相乘，如其地戴中數而一，以乘二百六十三，經法除之，爲漏法。通軌中於上，置赤道內外數於下，以下減上，餘用乘之。盈漏法，爲漏分。赤道內以減、赤道外以加一千六百二十，爲其地晨分。減統法，爲昏分。置晨、昏分，各如岳臺術入之，即得其地日出入辰刻、五夜辰刻、昏曉中星也。

[1] 九服距軌數：此術是爲了求所謂的"九服"距軌數（天頂距）與晷影觀測地的地理緯度。所謂"九服"，據《周禮》記載，天子所在之地方圓千里稱爲王畿，王畿之外每隔500里爲一服，依次爲侯服、甸服、男服、采服、衛服、蠻服、夷服、鎮服、藩服。

九服之地，泛指王畿以外的地區。"其地戴中數"就是九服之地的地理緯度。依本術術文，設 x 爲距離岳臺南北的里數，則其地戴中數 $\varphi = 2513 \pm \dfrac{360 \cdot x}{1756}$（分）（在岳臺北取 +，在岳臺南取 -）。從而，$\varphi = \dfrac{2513 \pm \dfrac{360x}{1756}}{72} = 34.9 \pm \dfrac{x}{351.2}$（度）。其中，$\varphi_0 = 34.9$（度）正是岳臺的地理緯度，常數 351.2（里/度）則是一行和南宮説等在唐代開元年間大地測量給出的 1 度子午綫長的數值。顯然，$\dfrac{x}{351.2}$ 是把距岳臺南北的"里數"化爲地理緯度數。九服之地正午時刻太陽的天頂距 $z = \varphi - \delta = \left(34.9 \pm \dfrac{x}{351.2}\right) - \delta$。

[2] 九服中晷：此術相當於給出了如下晷影公式：

$$h(z) = \dfrac{25z}{137} + \dfrac{\left(\dfrac{25z}{137}\right)^2}{4000 - \dfrac{25z}{137} \cdot \dfrac{22}{6}}（分）= \dfrac{25 \times 72 \times Z}{13700} + \dfrac{\left(\dfrac{25 \times 72 \times Z}{13700}\right)^2}{40 - \dfrac{22}{6} \cdot \dfrac{25 \times 72 \times Z}{13700}}$$

（尺）。其中，如果把"天用分"（記爲 y）視爲對天頂距 z 進行單位換算的話，即 y，由於 $\dfrac{25 \times 72}{13700} = \dfrac{48}{365.25} = \dfrac{2\pi}{p} \times 8$（其中取圓周率 $\pi = 3$，周天度 $p = 365.25$），則此晷影公式即爲 $h(z) = 8\tan y$，有：$\tan y = y + \dfrac{y^2}{5 - 22y/6}$。此式可看作《欽天曆》給出的正切函數式，被認爲是繼一行在《大衍曆》中給出第一張正切函數表的又一重大創新。參見曲安京《中國數理天文學》，科學出版社 2008 年版，第 287 至 289 頁。

[3] 九服刻漏：對應上述"九服中晷"，此"九服刻漏"即計算九服之地的漏刻。這是一個十分複雜的算法。首先，術文中的"漏法"與"漏分"是不見於其他古曆的兩個術語，應該是本術計算公式的兩個子公式，它們是古曆在没有符號表達情形下用於表述

複雜公式的特別的表達方法。仍記戴中數（地理緯度）爲 φ，由前術，觀測地岳臺的戴中數 $\varphi_0 = 34.9$ 度，周天 $p = 365.25$ 度，黃赤大距 $\varepsilon = 23.9$ 度，δ 爲赤道內外數。依本術文有：漏法 $l' = \dfrac{\left(\dfrac{72p}{4}\right)^2 \times 263}{72 \times 72 \times \varphi} = \dfrac{263p^2}{16\varphi} = \dfrac{\varphi_0}{\varphi} \times \dfrac{72\varepsilon p}{10}$。其中數字 263 的由來是：

$\dfrac{16}{263 \times 100} = \dfrac{365.25}{72 \times 23.9 \varphi_0 \times 10} = \dfrac{p}{10 \times 72\varepsilon\varphi_0}$。漏分 $l = \dfrac{\delta \left(\dfrac{72p}{2} - \delta\right)}{l'} = \dfrac{\varphi}{\varphi_0}$

$\times \dfrac{10 \times \delta \left(\dfrac{72p}{2} - \delta\right)}{72\varepsilon p} = \dfrac{\varphi}{\varphi_0} \dfrac{\delta}{p}\left(5 - \dfrac{10\delta}{72p}\right)$（刻）。可見，漏分 l 是一個關於 φ 與 δ 的二元二次函數。晨分是指夜半到平旦時刻的時距（以分爲單位），也就是夜半定漏（記爲 L）。則 $L = \dfrac{1620 \pm 72\, l}{72} = 22.5 \pm l$（刻）（春分後取 $-$，秋分後取 $+$）。雖然研究者分析清楚了這個複雜公式的結構，但王朴是怎麼構造出這個算法的，還不清楚。

《欽天步月離術》[1]

離率：一十九萬八千三百九十三，九。

交率：一十九萬五千九百二十七，九十七，五十六。

離策：二十七，三千九百九十三，九。

交策：二十七，一千五百二十七，九十七，五十六。

望策：一十四，五千五百一十，一十四。

交中：一十三，四千三百六十三，九十八，七十八。

離朔：一，七千二十七，一十九。

交朔：二，二千二百九十二，三十，四十四。

中準：一千七百三十六。

中限：四千七百八十。

平離：九百六十三。

程節：八百。[2]

月離入曆[3]

置朔積，以離率去之，餘滿統法爲日，即天正常朔加時入曆也。累加象策，盈離策去之，即弦望及次朔入曆也。

月離朓朒[4]

置入曆分，以日躔朓朒定數，朓減、朒加之，程節除之，爲限數。餘乘所入限損益率，程節而一，用損益其限朓朒爲定數。

朔弦望定日[5]

各以日躔、月離朓朒定數，朓減、朒加朔弦望常分，爲定日。定朔加時日入後，則進一日。有交見初則不進。弦望加時日未出，則退一日。日雖出，有交見初亦如之。元日有交，則消息定之。定朔與後朔干同者，大；不同者，小；無中氣者，爲閏。

朔望加時日度[6]

各置日躔入曆，以日躔、月離朓朒定數，朓減、朒加之，爲定朔加時入曆。以入曆分乘其日損益率，[7]統法而一，損益其下盈縮數，爲定數。置定朔曆分，通法約之，以定數盈加、縮減之。各命以冬夏至之宿算外，即所求也。

[１]《欽天步月離術》：《欽天曆》的步月離術給出了月亮不均勻運動改正的計算方法，包括定朔、遲疾曆或叫盈縮曆（相當於近點月）、交會曆（交點月）和日月食計算等。《欽天曆》的"步月離術"則相當於《大衍曆》以來傳統曆法結構中的"步月離術"和"步交會術"的綜合。

　　[２]"離率"至"程節"：所給出的是關於《欽天曆》盈縮曆和交會曆的各種曆法常數，各項數據的含義見舊史的相關注釋。"交率"條，"一十九萬五千九百二十七"，原作"一十九萬五千九百三十七"，據中華點校本改。"交朔"條，"三十"原作"三十二"，中華點校本據浙江本、宗文本改，今從。

　　[３]月離入曆：此術的目的是求所求年的天正平朔位置，此算法就是前注介紹過的傳統曆算的同餘算法，不再詳解。

　　[４]月離朓朒：此術是求月亮的不均勻運動改正，大意是分一日爲九限，每月共二百四十八限（月亮改正以遲疾曆爲周期），先構建一個以限爲單位的月亮改正數表（即二百四十八行的月離表），再以此數表爲基礎，用綫性内插法求任意時刻的月亮改正。傳統曆法的月離表一般都是以日爲單位，即月離表爲二十八行，早期用月離表加綫性内插法，隋代劉焯《皇極曆》以後用二次内插法，求不足整日部分的任意時刻的月亮改正。由於月亮每日平均運行速度爲十三度有餘，以日爲單位構造月離表，並輔以一次或二次内插的算法，總體來説比較粗疏，而王朴以限爲單位的月離表顯然更加精密，如果王朴的月離表精度很好的話，他的月亮改正的精度也會是出類拔萃的。由此可見，王朴《欽天曆》在月亮改正算法上確有重要的創新，王朴在奏表中也專門指出了這項工作的創新性。可惜的是，新考《欽天曆》缺失了王朴的月離表。

　　[５]朔弦望定日：在前面兩術已經求出的平朔和月亮改正基礎上，本術給出：定朔＝平朔±太陽改正±月亮改正，其中的太陽改正算法已經在步日躔篇中給出了。從"定朔加時日入後，則進一日"以下，乃傳統曆法采用定朔以後，爲避免曆月出現過多的連大

或連小而進朔或退朔，其進退的方法《麟德曆》和《大衍曆》以來已經成定式。

[6]朔望加時日度：合朔時刻日月同度，所以，"朔望加時日度"即"日月同度"時所在位置（以度爲單位的坐標），可以由合朔時刻太陽的宿度確定。首先，在"日躔入曆"基礎上，將之換算成相應的定朔加時入曆定數，是爲天正冬至以來的"定數"，再將這個"定數"與"定朔曆分"相加減，所得"命以冬夏至之宿算外"，即爲合朔時刻的太陽所在宿度。

[7]以入曆分乘其日損益率："入曆分"原脫一"入"字，依算理當補。

月離入交[1]

置朔積，以交率去之，餘滿統法爲日，即天正常朔入交泛日也。以望策累加之，盈交策去之，即望及次朔所入也。各以日躔朓朒定數，朓減、朒加之，爲入交常日。置月離朓朒定數，經法乘之，平離而一，朓減、朒加常分，即入交定日也。

黃道正交月度[2]

統法通朔交定日，[3]以二百五十四乘之，十九而一，復以統法除，爲入交度。用減其朔加時日度，即朔前月離正交黃道宿度也。

九道宿次[4]

月離出入黃道六度，變從八節，斜正不同，[5]故月有九道。黃道八節，各有九限。若正交起，八節後第一限之宿，爲月行其節第一道。起第二限之宿，[6]爲月行其節第二道，即以所起限爲正交後第一限。初率八，每限減一，盡九限，末率空。又九限，初率空，每限增一，末率八，殷半交之宿。自後亦九限，初率八，每限減一，末率空。又九限，初率空，每限增一，末率八，復與黃道相會，謂之中交。自中交至正交，亦如之。各置所入限度，以限率乘之，爲泛差。其正交、中交前後各九限，以距二至之宿限數乘之；半交前後各九限，以距二分之宿限數乘之。皆如經法而一，爲黃道差。[7]在冬至之宿後，正交前後各九限爲減，中交前後各九限爲加；在夏至之宿後，正交前後各九限爲加，中交前後各九限爲減。凡月正交後出黃道外，中交後入黃道內。其半交前後各九限，在春分之宿後，出黃道外，秋分之宿後，入黃道內，皆以差爲加；在春分之宿後，入黃道內，秋分之宿後，出黃道外，皆以差爲減。四約泛差，以黃道差減之，爲赤道差。正交、中交前後各九限，皆以差爲加；半交前後各九限，皆以差爲減。以黃赤二差加減黃道，爲九道宿次。就其分爲少、太、半之數。八節各九道，七十二道周焉。

九道正交月度[8]

置月離正交黃道宿度，各以所入限率乘之，亦乘其分，經法約之，爲泛差。用求黃赤二差，以加減之，即月離正交九道宿度也。

九道朔月度[9]

置月離正交九道宿度，以入交度加之，命以九道宿次，即其朔加時月離九道宿度也。

九道望月度

置朔望加時日相距之度，以軌中加之，爲加時象積。用加其朔九道月度，命以其道宿次，即所求也。自望推朔，亦如之。

［１］月離入交：此術旨在計算朔或望時月亮到黃道與白道交點（其中正交爲升交點，交中即降交點）的距離。依本術推算過程，是爲先求入平交，再改正爲"定數"的定交。

［２］黃道正交月度：此術是要把前術求得的合朔時刻到黃白交點距離換算成合朔時月亮所在的周天度數。其中，254/19 ≈ 平離/經法，即月亮的平均運行速度，時間乘以速度即得所行度數。

［３］統法通朔交定日："統法"二字之前，原有一"經"字，依文意當爲衍文，今刪。

［４］九道宿次：此術先構造黃白道差算法，然後由月亮的黃道度加減黃白道差而得白道度。月離出入黃道六度，是説白道與黃道交角最大值約爲六度。八節，是以冬夏二至、春秋二分和四立爲節點，將黃道分成八段，每段又包含九限，共七十二限，在各限内構造等差數列而設計出黃白道差算法。此黃白道差算法的原理和構造方法和《皇極曆》《大衍曆》的相應算法是一樣的，不再贅述。

值得特別指出，本術的後半段用了很多的篇幅交待黃白差、黃赤差在不同情形下如何取正負號，加減而得白道度。之所以情況這麼複雜，是因爲黃白交點不斷退行，白道與黃道和赤道的相對位置不斷變化。針對這種複雜變化，唐代一行在其《大衍曆》中開創了新的"九道術"（名稱借用了漢代的九道術）。一行的九道術算法，包含了兩个方面的内容，其一是月亮及其軌道與黃道的相對位置，其二是黃白道差的計算。關於一行的九道術，可參見曲安京《中國數理天文學》，科學出版社 2008 年版，第 337 至 347 頁。一行的新九道術因此成爲月亮運動理論的一个基本算法，被唐宋時期曆家尊用，直到 1280 年纔被《授時曆》的"白道交周"算法所取代。

《欽天曆》這裏所用算法也是一行的九道術。

[5]斜正不同："斜"，原作"叙"，形近之誤。

[6]起第二限之宿："二"，原作"一"，中華點校本據浙江本、宗文本改，今從。

[7]爲黄道差："差"，原作"産"，形近之誤。

[8]九道正交月度：九道，此處即指月道（白道）。月離正交黄道宿度，即黄白交點的正交點入遲疾曆（近點月）的黄道度（極黄經）。將之乘以"限率"除以"經法"，再加減以上九道術所得的黄赤二差，所得即爲正交點白道經度。

[9]九道朔月度：本術中的"入交度"指合朔時刻入交點月的度數，以這"入交度"加上術求出的正交點入近點月（即距離近地點）的度數，所得就是合朔時刻到近地點的度數，即"朔加時的月離度"。

月離午中入曆[1]

置朔望月離入曆，加半統，減去定分，各以日躔月離朓朒定數，朓減、朒加之，即所求也。

晨昏月度

置其日晨昏分，以定分減之，爲前；不足，返減，爲後。用乘其日離程，統法而一，[2]滿經法爲度，爲晨昏前後度。前加、後減加時月，爲晨昏月度。

晨昏象積

置加時象積，以前象前後度，前減、後加，又以後象前後度，前加、後減之，即所求也。

每日晨昏月度

累計距後象離度，[3]以減晨昏象積，爲加；不足，反減之，爲減。以距後象日數除之，用加減每日離度，爲定度。累加晨昏月度，命以九道宿次，即所求。

月去黃道度[4]

置入交定日，交中以下，月行陽道；以上，去之，月行陰道。皆以經法通之，用減九百八十，餘以乘之，五百五十六而一，爲分，滿經法爲度。行陽道，在黃道外，行陰道，在黃道内，即所求月去黃道内外度也。

[1]月離午中入曆：所謂"朔望月離入曆"，即朔望時刻距離近地點的時間長度；"定分"，即定朔和定望時刻的分值；"各以日躔月離朓朒定數，朓減、朒加之"即是進行太陽和月亮改正；"半統"，在此處是指半日的日分值。本術算法的核心是經過太陽和月亮改正而得朔望時刻，特別是對不足整日的餘也進行日、月改正得其定餘分，記爲 x。另記統法爲 d，則半日分爲 $d/2$，即夜半到正午的分值，又叫午中分。從而，$r = \left| \frac{d}{2} - x \right|$ 即爲朔望時刻到午中的時距——距午分或午前後分，這"距午分或午前後分"就是本術所求的"月離午中入曆"。若 $x < \frac{d}{2}$，$r = \frac{d}{2} - x$，r 爲午前分；若 $x > \frac{d}{2}$，$r = x - \frac{d}{2}$，r 爲午後分。其實，距午分大小對月亮視差的大小有重要影響，因此，距午分將是下面計算月亮視差算法公式的自變量。

[2]統法而一："而一"，原作"一而"，中華點校本據宗文本改，今從。

[3]累計距後象離度："後"字原闕，中華點校本據宗文本補，今從。

[4]月去黃道度：月亮在白道上距離黃道的度數就是月亮的極黃緯，它與月亮距離交點的經度值一樣，也可以作爲是否發生交食的判斷依據——食限。"置入交定日，交中以下，月行陽道；以上，

去之,月行陰道"。這是首先確定月亮出於黃道的上方(陽道、外)還是下方(陰道、内),由於視差對日食的影響,月亮在陽道或陰道其食限值是不同的,所以首先要搞清楚月亮是在黃道的内或外。設入交定日爲x',半個交點月值(交中)爲$2a$(a爲一個象限值),月亮極黃緯爲β,依術文有 $x = \begin{cases} x', & (x' \leq 2a) \\ x' - 2a, & (x' > 2a) \end{cases}$,$\beta = \frac{(980-72x)}{556 \times 72} \frac{72x}{1} = \frac{(13.61-x)}{7.72} \frac{x}{1} = \frac{(2a-x)}{7.72} \frac{x}{1}$(度)。這個算式傳統曆法一般稱之爲"相減相乘"法,首先由邊岡在《崇玄曆》中創立,《崇玄曆》的月亮極黃緯算式爲 $\beta = \frac{(2a-x)}{7.3} \frac{x}{1}$(度)。

日月食限[1]

置定交行陰陽道日,半交中以下,爲交後;以上,用減交中,爲交前。皆以統法通之,爲距交分。朔,視距交分,陽道四千二百一十九、陰道一萬三百八十三以下,日入食限。望,視距交分,陰、陽道皆六千九百九十五以下,月入蝕限。

日月食甚加時定分[2]

置朔定分,半統以上,以半統減之,半統以下,用減半統,爲距午分。十一乘之,經法而一。半統以下,以減半統,以上,以加朔定分,而爲日食加時定分。[3]望,以其日晨分與一千六百二十相減,餘以二百四十五乘之,三百一十三而一。用減二百四十五,餘以損益望定分,爲月食加時定分。

日食常準[4]

置中準,與其日赤道内外數相乘,二千五百一十三除，爲黃道出入食差。以距午分減半晝分，以乘之，半晝分而一。赤道内以減、赤道外以加中準，爲日食常準。

日食定準[5]

置日躔入曆，以經法通之，三千二百八十七以下，用減三千二百八十七，爲二至後。以上，減去三千二百八十七，爲二分前。六千五百七十四以上，用減九千八百六十一，爲二分後。以上，減去九千八百六十一，爲二至前。各三約之，二至前後用減、二分前後用加二千七百七十二，[6]爲黃道斜正食差。以距午分乘之，半晝分而一，以加常準，爲定準。

[1]日月食限：此術前一部分給出了"交前後"或"距交分"，類似前術的午前後分或距午分，"半交中"即一個象限值 a。設距交分爲 α，日食的食限分別爲 $\alpha < 4219$（陽道），或 $\alpha < 10383$（陰道）。月食的食限爲 $\alpha < 6995$，月食的食限陰陽道相同，這是因爲月食不受視差影響。傳統古曆中主要考慮兩種月食食限，不偏食限與必全食限，而日食的食限一般祇考慮是否發生交食的食限（即偏食食限）。按理來説，考慮了視差對日食的影響（古曆分"日食三差"計算其影響的量，見下注）之後，若分別在視黄白交點 Q' 前後取日食食限值，則陰陽曆日食食限應該是一樣的。但中國古代曆法均在真黄白交點 Q 前後按"距交分"之值，分"陰曆食限"和"陽曆食限"分别給出不同的日食食限值，且陰曆食限的數值總是大於陽曆食限。原因有待深入研究。

[2]日月食甚加時定分：由於視差的影響，日食的食甚時刻並不在定朔時刻，二者之間的差被稱爲日食時差（記爲 Δt），此術即爲時差算法。術文中的"朔定分"即定朔時刻不足整日的餘分，記

爲 r'，1日包含統法分（d），距午分 $r = \left|\dfrac{d}{2} - r'\right|$ 的意義已經在"月離午中入曆"術注中説明。依術文有日食時差 $\Delta t =$
$$\begin{cases} \dfrac{d}{2} - \dfrac{11}{72}r, & (r' \leq \dfrac{d}{2}) \\ \dfrac{d}{2} + \left(\dfrac{11}{72} + 1\right)r, & (r' > \dfrac{d}{2}) \end{cases}$$
（分）。時差算法最早由《皇極曆》創立，到《宣明曆》基本完善。時差祇存在於日食，月食没有時差，但從《皇極曆》直到《授時曆》皆有月食時差計算。按理説，古代曆家已經在月食食限問題上正確地不分陰陽道，或許是古代曆家對時差原理還存在模糊認識。又，設《欽天曆》望日的餘分 n，其日的晨分爲 x，則月食時差 $= n \pm 245\left(1 - \dfrac{1620 - x}{313}\right)$。

[3]以加朔定分，而爲日食加時定分："以加朔定分"，原脱"分"，依算理當補。中華點校本這句爲"以加朔定分，爲日食加時定分"，不脱"分"字，但"分"字後又少一"而"字。

[4]日食常準：此術目的是求視差對日食影響的另一個因素——氣差。關於視差對日食影響的算法，《宣明曆》始將視差分爲時差（Δt）與食差（Δe），食差又爲氣差（Δq）與刻差（Δk）之和。"日食三差"一經《宣明曆》優化確立後，即爲之後的曆家所遵從。時差的含義已見前注。食差則是視差所導致的月亮距離黄白道交點的變化值。如圖3所示，S、M 分別表示日食食甚時刻的太陽、月亮所在，Z 表示天頂方向，Q 表示黄白道交點，M' 爲視月亮的位置，$M'Q'$ 表示視白道，Q' 表示黄白道視交點。QQ' 爲月亮的視差所導致的黄白道交點的位移。當月亮在黄道北側時（下方、陰道），視差使得視月亮到黄白道交點的距離增大，$M'Q' > MQ$；當月亮在黄道南側時（上方、陽道），情況正好相反。由點 M 作平行於黄道的弧段 AM，交視白道於點 A，則月亮視差所導致的月亮距離黄白道交點的修正值就是 $M'Q' - MQ = AM'$。《宣明曆》所設計的日食食差算法就是求 AM'，AM 也是《欽天曆》此術"日食常準"術

和下術"日食定準"術所求。

記"赤道内外數"爲 x，"半晝分"爲 $n/2$，"距午分"爲 r（見前注），"中準"（1736）在步月離篇的常數中已經給出，它在《欽天曆》中即爲必全食食限。依術文有，日食常準 = 1736 $\left[1 \pm \left(1 - \dfrac{r}{\frac{n}{2}}\right) \times \dfrac{x}{2513}\right]$。《欽天曆》又稱日食常準（氣差 Δq）爲内外差，古曆也有稱氣差爲南北差。

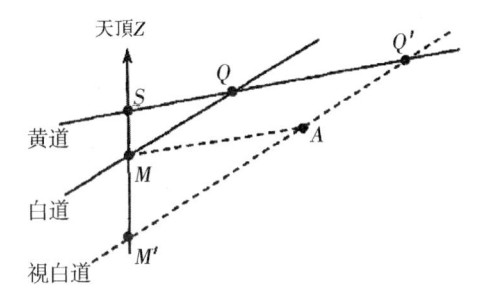

圖3 食差示意圖

[5]日食定準：本術包含兩個層次即兩個計算，第一個是求食差的刻差 Δk（刻差的意義見前注）。記日躔入曆爲 y，距午分和半晝分同前術，按本術術文，則刻差（日食斜正差）爲：

$$\Delta k = \begin{cases} \left(2772 \pm \dfrac{|9861 - 72y|}{3}\right) \cdot r / \dfrac{n}{2} \\ \left(2772 \pm \dfrac{|3287 - 72y|}{3}\right) \cdot r / \dfrac{n}{2} \end{cases}$$

，其中"±"爲"二至前後用減、二分前後用加"。"日食斜正差"在傳統曆法中也稱爲"東西差"。本術的第二個計算就是，由已經得到的内外差和斜正差求和而得日食食差（日食定準）：$\Delta e = \Delta q \pm \Delta k$。特別要指出，本術及前術在給出食差算法的相關公式時，涉及了古曆的這樣一個特點：即在叙述算法公式或其公式項（或者叫函數式及其函數項）時，古代曆家總是保證它們的取值爲正，然後再另給出符號法則。因此，我們在注文中用代數式翻譯古曆的算式時，常在公式項中用"±"。嚴格來説，用了符號"±"，就必須給出相應的符號法則，但注文中還是時常省略了。

[6]二至前後用減、二分前後用加二千七百七十二：原作"二至前後用加二千七百七十二"，脱"減二分前後用"六字，依算理當補。

日食分[1]

以定準加中限，爲陰道定限；[2]減中限，爲陽道定限。不足減者，反減之，爲限外分。視陰道距交分，定準以上，定限以下，爲陰道食。即置定限，以距交分減之，爲距食分。定準以下，雖曰陰道，亦爲陽道食，即加陽道定限，爲距食分。其有限外分者，即減去限外分，爲距食分。不足減者，不食。其陽道距交分，[3]定限以下，爲入定食限。即用減陽道定限，爲距食分。各置距食分，皆以四百七十八除，爲日食之大分，餘爲小分。命大分以十爲限，命小分以半及彊弱。

月食分[4]

視距交分，中準以下，皆既；以上，用減食限，爲距食分。置之，以五百二十六除，爲月食之大分，餘爲小分。命大分以十爲限，命小分以半及彊弱。

日食泛用分[5]

置距食分，一千九百一十二以上，用減四千七百八十，餘自相乘，六萬三千二百七十二除之，以減六百四十七，爲泛用分。九百五十六以上，用減一千九百一十二，餘以通法乘之，七百三十五而一，以減五百一十七，爲泛用分。九百五十六以下，[6]以距食分自相乘，二千三百六十二除之，用減三百八十七，爲泛用分。

月食泛用分[7]

置距食分，二千一百四以上，用減五千二百六十，餘自相乘，六萬九千一百六十九除之，以減七百一十一，爲泛用分。一千五十二以上，用減二千一百四，[8]餘七除之，以減五百六十七，爲泛用分。一千五十二以下，以距食分減之，餘自相乘，二千六百五十四而一，用減四百一十七，爲泛用分。

日月初末加時定分[9]

各置泛用分，以平離乘之，其日離程而一，爲定用分。以減朔望定分，爲虧初。加之，爲復末。加時常分，如食甚術推之，得虧初、復末定分。置初、甚、末定分，各以辰則除之，爲辰。經法除之，爲刻。即初、甚、末之辰刻也。

[1]日食分：所謂日食分是指食甚時刻太陽的視直徑被月亮視直徑遮掩的比率。記日食分爲g，太陽圓面視直徑爲m，被遮掩部分爲n，則$g = \frac{n}{m} \times c$，《欽天曆》取$c = 10$。如圖4，O爲視黃白交點，OCD爲視白道，OAB爲黃道，C和A分別表示食甚時視月亮和視太陽的中心，D和B則表示視月亮和視太陽剛相切時（即虧初時刻）的中心，二者相切於H，E和G、F和H、C和K爲三組極黃緯值相等的點。圖4中$AC = BK$，$EF = HG$，$AC + EF = BD$，可得$DK = EF$。由於太陽和月亮的視直徑近似相等，故據日食分的定義，有：

$g = \frac{n}{m} = \frac{EF}{2BH} \approx \frac{EF}{BD}$。又由於 ΔDCK 和 ΔDOB 相似，則 $\frac{DK}{DB} = \frac{CK}{OB} = \frac{CD}{OD}$。從而，$\frac{EF}{BD} = \frac{OB - OA}{OB} = \frac{OD - OC}{OD} = \frac{BD - BK}{BD}$。若記白道食限爲 α，黄道食限爲 λ，極黄緯食限爲 β，食甚時視月亮到視黄白交點的距離（本術即距食分）爲 α'，太陽到視黄白交點的距離爲 λ'，月亮的視極黄緯爲 β'，有 $g = \frac{\alpha - \alpha'}{\alpha} = \frac{\lambda - \lambda'}{\lambda} = \frac{\beta - \beta'}{\beta}$，此式正好展示了日食食分和三種日食食限之間的關係。本術所給出的日食分公式則是白道食限與食分的關係式，即 $g = \frac{\alpha - \alpha'}{\alpha} \times c$。"命大分以十爲限，命小分以半及彊弱"的意思，請參見下面的月食分術注。

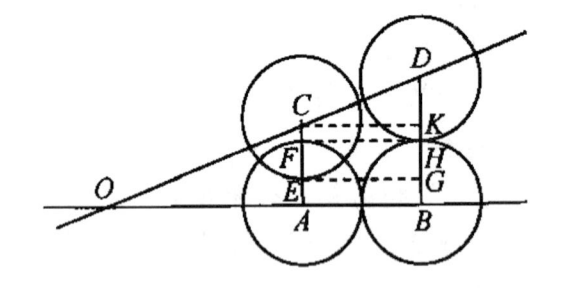

圖4 日月食食分示意圖

[2]爲陰道定限："限"，原誤作"準"，依算理當改正。因爲此處是在用中限加減定準而求得"陰道定限"與"陽道定限"的。

[3]其陽道距交分："陽道"，原誤爲"陰道"，依算理改正。

[4]月食分：距交分的定義見前注，記距交分爲 α，《欽天曆》的月食不偏食限爲 6995 分（6995/7200 = 12°.75，誤差僅 0°.4），必全食限爲 1735 分（1735/7200 = 3°.16，誤差僅 0°.7）。依術月食分爲：$E = \frac{6995 - \alpha}{526} = \frac{6995 - \alpha}{6995 - 1735} \times 10$。通常，日月食的最大食分取 15 分，《崇玄曆》開始改爲 10 分。命大分以十爲限，命小分以半

及强弱,其意思就是,E 取 10 分爲最大。分以下的"小分"最後需要進行"四捨五入",若用了"捨",則所得結果爲"强";若用了"入",則所得結果即爲"弱"。

[5]日食泛用分:交食的"泛用分"指交食過程所延續的時間,日食泛用分即日食的食延時間。仍記距交分爲 α,依術文有:

$$日食泛用分 = \begin{cases} \dfrac{(4780-\alpha)^2}{63272} - 647, & (\alpha > 1912) \\ \dfrac{(1912-\alpha) \times 100}{735} - 517, & (956 < \alpha \leq 1912) \\ 387 - \dfrac{\alpha^2}{2362}, & (\alpha \leq 956) \end{cases}$$

[6]九百五十六以下:原作"九百五十六以上",依算理當改正。因爲祇有當 $\alpha \leq 956$ 時(九百五十六以下),$\left(387 - \dfrac{\alpha^2}{2362}\right) > 0$。中華點校本此處仍爲"九百五十六以上",而上面一處則爲"九百五十六以下",其上下顛倒,且未出校勘記。

[7]月食泛用分:與前術同理,月食泛用分即月食的食延時間。依術文有:

$$月食泛用分 = \begin{cases} \dfrac{(5260-\alpha)^2}{69169} - 711, & (\alpha > 2104) \\ \dfrac{(2104-\alpha)}{7} - 567, & (1052 < \alpha \leq 2104) \\ 417 - \dfrac{(1052-\alpha)^2}{2654}, & (\alpha \leq 1052) \end{cases}$$

[8]用減二千一百四:原誤作"用減二千一百四十",依算理當改正。中華點校本仍誤。

[9]日月初末加時定分:此術在前日月食泛用分術基礎上,求日月食的初虧、食甚、復圓時刻,即所謂的"日月食三限"。其中,

$$定用分 = \dfrac{泛用分 \times 平離}{定離}$$,定離即"其日離程"。初虧 = 食甚 - 定用

分，復圓＝食甚＋定用分。王朴在《欽天曆》中創造性地構造了日月食泛用分算法，再用泛用分求日月食三限，被現代研究者視爲重要的創新。

虧食所起[1]

日食起虧自西，月食起虧自東。其食分少者，月行陽道，則日食偏南，月食偏北；陰道，則日食偏北，月食偏南。此常數也。立春後、立夏前，食分多，則日食偏南，月食偏北；立秋後、立冬前，食分多，則日食偏北，月食偏南。此黃道斜正也。陽道交前、陰道交後，食分多，則日食偏南，月食偏北；陽道交後、陰道交前，食分多，則日食偏北，月食偏南。此九道斜正也。黃道比常數所偏差少，九道比黃道所偏又四分之一，皆據午而言之。若午前午後，一理偏南，一理偏北，及消息所食分數多少，以定初、甚、末之方，即各得所求也。

帶食出入分[2]

視其日出入分，在虧初定分已上，復末定分已下，即帶食出入。食甚在出入分已下者，以出入分減復末定分，爲帶食差。食甚在出入分已上者，以虧初定分減出入分，爲帶食差。各置帶食差，以距食分乘之，定用分而一，日以四百七十八、月以五百二十六除，爲帶食之大分，餘爲小分。

食入更籌

各置初、甚、末定分。晨分已下，以昏分加之；昏分已上，以昏分減之。皆更用分而一，爲更數。餘籌用分而一，爲籌數。

[1]虧食所起：簡稱虧起，即交食所起方位，和發生交食時黃白道相對位置和日月相對位置有關。《大衍曆》以後，各曆基本上都采用一行的做法，僅給出交食發生在正南方的情形。

[2]帶食出入分：如果日出入分大於初虧加時定分、小於復末加時定分，即太陽出入時刻在初虧和復圓之間，就叫帶食出入。本術先給出"帶食差"，帶食差＝復末定分－出入分，或，帶食差＝出入分－初虧定分，再令 $k = \dfrac{帶食差 \times 距食分}{定用分}$，則所求帶食分，對於日食爲 $k/478$，對於月食爲 $k/526$。

《欽天步五星術》[1]

歲星

周率：二百八十七萬一千九百七十六，六。

變率：二十四萬二千二百一十五，六十六。

曆率：二百六十二萬九千七百六十一，[2]七十八。

周策：三百九十八，六千三百七十六，六。

曆中：一百八十二，四千四百八十，八十九。

變段[3]	變日	變度	變曆
晨見	一十七	三 三十七	二 二十四
順疾	九十	一十六 六十三	一十一 一十三
順遲	二十五	二 九	一 二十九
前留	二十六 三十二		
退遲	一十四	一 一十二	空 二十八

退疾	二十七	四 三十八	一 三十七
退疾	二十七	四 三十八	一 三十七
退遲	一十四	一 一十二	空 二十八
後留	二十六 三十二		
順遲	二十五	二 九	一 二十九
順疾	九十	一十六 六十三	一十一 一十三
夕伏	一十七	三 三十七	二 二十四

[1]《欽天步五星術》：傳統古曆關於行星算法的主要內容就是對行星視運動過程的推算，行星視運動是由行星繞太陽的公轉和地球繞太陽的公轉兩個不同的子運動疊加而成。但在中國古代曆家心目中，還沒有日心説概念，也不會有兩種公轉運動疊加的思想。又，推算行星運動狀態及其所到達的位置時，他們不考慮行星的緯度的計算（無論是黄緯或是赤緯），因此，古曆行星視運動算法要解决的基本問題就是求任意給定時刻行星的"真"視黄經。其算法構造的思路是：第一步，通過長期實測，給出行星運動的基本常數及其在某一個會合周期内的視運動動態表（或稱會合周期表）；第二步，推算行星與太陽會合時刻的平黄經；第三步，計算任意給定時刻行星的真黄經。爲此，要對任意給定時刻行星的平黄經進行修正，從而得到相應的真黄經。《欽天曆》的行星運動修正算法又分爲兩部分，一是行星自身不均匀運動的盈縮差（Δp），二是太陽不均匀運動的盈縮差（Δs）。由 Δp 和 Δs 修正後，最終得到所謂的"定日定星"，即爲定合。定合，是指太陽與行星的真黄經重合的時刻；定日，是定合的時間值，以日爲單位；定星，是定合的位置值，以度爲單位。確定了行星與太陽的定合狀態，就可以利用這個基點，根據行星的會合周期動態表，推求任意時刻行星的運行情况。

關於古代曆家對行星視運動認識的情況和背景，在隋唐曆法的注釋已經做過說明，不再重複。又，《欽天曆》五星的基本常數的意義和各自會合周期表的結構，我們已經在舊志中予以說明，新考也不再重複。

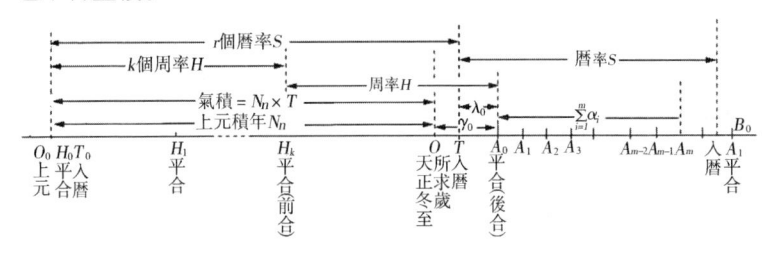

圖5　行星推步算法原理示意圖

爲便於以下注釋中更好地説明曆術的算法構建原理，本注也將以現代符號代數語言叙述其算法。《欽天曆》爲了推求行星視運動過程中的合、伏、見等的時刻與真黄經，不僅給出了五星的會合周期表，緊接着還給出了十二個推步之術。以下統一記曆元（曆法推算的起點）爲 O_0，回歸年長度（歲實）爲 $T = 365.2425$ 日，周天度數（曆度）爲 $C = 365.2575$ 度，行星與太陽的會合周期（周率）爲 H，行星公轉周期（曆率）爲 S，行星盈縮曆的起算點（盈初或縮初）爲 T_0，行星盈縮差爲 Δp，其計算公式自變量稱爲入曆（λ），太陽盈縮差爲 Δs。行星推步算法的原理見圖5。

[2]二百六十二萬九千七百六十一：其中"六十一"原訛作"六十六"，舊史作"六十一"不誤。依算理當改正。

[3]變段：新考此歲星會合周期表（動態表）的變段項目及其順序和相關數據都是正確的，但舊志此表有嚴重的錯亂，具體情況可參見舊志的相應注釋。

熒惑

周率：五百六十一萬五千四百二十二，一十一。

變率：二百九十八萬五千六百六十一，七十一。
曆率：二百六十二萬九千七百六十，空。
周策：七百七十九，六千六百二十二，一十一。
曆中：一百八十二，四千四百八十，空。

變段	變日	變度	變曆
晨見	七十三	五十三 六十八	五十 五十八
順疾	七十三	五十一 一	四十八 三
次疾	七十一	四十六 六十九	四十四 一十七
次遲	七十一	四十五 三十三	四十二 五十八
順遲	六十二	一十九 二十九	一十八 二十
前留	八 六十九		
退遲	一十	一 五十八	空 四十四
退疾	二十一	七 四十六	二 四十
退疾	二十一	七 四十六	二 四十
退遲	一十	一 五十八	空 四十四
後留	八 六十九		
順遲	六十二	一十九 二十九	一十八 二十
次遲	七十一	四十五 三十三	四十二 五十八
次疾	七十一	四十六 六十九	四十四 一十七
順疾	七十三	五十一 一	四十八 三
夕伏	七十三	五十三 六十八[1]	五十 五十八

鎮星

周率：二百七十二萬二千一百七十六，九十。

變率：九萬二千四百一十六，五十。

曆率：二百六十二萬九千七百五十九，八十。

周策：三百七十八，五百七十六，九十。

曆中：一百八十二，四千四百七十九，九十。

變段	變日	變度	變曆
晨見	一十九	二 七	一 一十四
順疾	六十五	六 三十八	三 五十一
順遲	一十九	空 六十三	空 三十五
前留	三十七 三		
退遲	一十六	空 四十三	空 一十四
退疾	三十三	二 三十五	空 六十
退疾	三十三	二 三十五	空 六十
退遲	一十六	空 四十三	空 一十四
後留	三十七 三		
順遲	一十九	空 六十三	空 三十五
順疾	六十五	六 三十八	三 五十一
夕伏	一十九	二 七	一 一十四

太白

周率：四百二十萬四千一百四十三，九十六。

變率：四百二十萬四千一百四十三，九十六。

曆率：二百六十二萬九千七百五十，五十六。

周策：五百八十三，六千五百四十三，九十六。

曆中：一百八十二，四千四百七十五，二十八。

變段	變日	變度	變曆
夕見	四十二	五十三 四十	五十一 一十七
順疾	九十六	一百二十一 五十七	一百一十六 三十九
次疾	七十三	八十 三十七	七十七 二[2]
次遲	三十三	三十四 一	三十二 四十
順遲	二十四	一十一 六十一	一十一 二十四
前留	六 六十九		
退遲	四	一 二十二	空 三十一
退疾	六	三 六十五	一 二十二
夕伏	七	四 四十	一 三十七
晨見	七	四 四十	一 三十七
退疾	六	三 六十五	一 二十二
退遲	四	一 二十二	空 三十一
後留	六 六十九		
順遲	二十四	一十一 六十一	一十一 二十四
次遲	三十三	三十四 一	三十二 四十
次疾	七十三	八十 三十七	七十七 二[3]
順疾	九十六	一百二十一 五十七	一百一十六 三十九
晨伏	四十二	五十三 四十	五十一 一十七

辰星

周率：八十三萬四千三百三十五，五十二。

變率：八十三萬四千三百三十五，五十二。

曆率：二百六十二萬九千七百六十，四十四。

周策：一百一十五，六千三百三十五，五十二。

曆中：一百八十二，四千四百八十，二十二。

變段	變日	變度	變曆
夕見	一十七	三十四 一	二十九 五十四[4]
順疾	一十一	一十八 二十四	一十六 四
順遲	一十六 四十三[5]	一十一 四十三	一十 一十
前留	二 六十八		
夕伏	一十一	六	二
晨見	一十一	六	二
後留	二 六十八		
順遲	一十六 四十三[6]	一十一 四十三	一十 一十
順疾	一十一	一十八 二十四	一十六 四
晨伏	一十七	三十四 一	二十九 五十四

[1]六十八：原誤作"六十六"，殿本不誤。據算理當改正。

[2]七十七　二：舊志百衲本、殿本、劉本皆作"七十七　一"，《永樂大典》卷七八五六作"七十七　三"。

[3]七十七　二：舊志百衲本、殿本、劉本皆作"七十七　一"，《永樂大典》卷七八五六作"七十七　三"。

[4]五十四：原誤作"三十四"，舊志作"五十四"不誤。據算理當改正。

[5]四十三：此三字舊志無。
[6]四十三：此三字舊志無。

中日中星[1]
置氣積，以其星周率除之，爲周數。不盡，爲天正中氣前合。[2]用減周率，[3]爲前年天正中氣後合。如不足減，則加歲率以減之，爲次前年天正中氣後合。各以統法約之，爲日、爲度。即所求平合中日、中星也。置中日，以逐段變日累加之，即逐段中日也。置中星，以逐段變度順加、退減之，即得逐段中星。金水夕伏、晨見，皆退變也。

入曆[4]
置變率，以周數乘之，以曆率去之，餘滿統法爲度。曆中以下，爲先；以上，減去曆中，爲後。即所求平合入曆。以逐段變曆累加之，得逐段入曆也。

先後定數[5]
置入曆分，以其度損益率乘之，經法而一，用損益其下先後數，即所求也。

[1]中日中星：《欽天曆》此處所謂的"中日"指行星與日的平合的時間（日及日餘），"中星"則是平合時行星所在的平黃經。按照上文"步五星術"注中的符號記法並參見圖5，依術文有：周數 = [氣積/周率] = $\left[\frac{N_n T}{H}\right]$，前合 H_k 的分值 $h_k = \left(\frac{N_n T}{H}\right)$，後合 A_0（即 H_{k+1}）的分值 $h_{k+1} = H - h_k$。將前後合之分值 h_k、h_{k+1} 分別除以統法，換算成以日爲單位的時間值和以度爲單位的黃經值。由於此時行星和日會合，所以可以用太陽所在的時間值和黃經值即作爲所

求的行星位置。最後再按照行星會合周期表中的各段"變日""變度"逐段加減（順加退減），各得行星的逐段位置，即圖5中的A_i，$i=1,2\cdots m$。若令x_i表示諸段常日，β_i表示諸段常度。則，A_i的分值換算成時間值即中日γ_i，將換算成黃經值即中星ω_i，有：

$$\gamma_i = \gamma_0 + \sum_{i=1}^{m} x_i$$

$$\omega_i = \gamma_0 + \sum_{i=1}^{m} \beta_i$$

其中，"金水夕伏、晨見，皆退變也"，是指金水二地內行星的視運動更複雜，它們的會合周期表中夕伏、晨見段數據和其他段相比有"退變"現象。傳統古曆的地內行星的視運動算法和地外行星的方法有區別，其構造原理還有待深入研究。

[2]天正中氣前合：原作"天正中氣積前合"，衍一"積"字，以下文"天正中氣後合"例，此"積"應爲衍文，當刪。

[3]用減周率：原訛作"用減歲率"，依算理此處應爲"周率"（見圖5），當改正。

[4]入曆：此術所謂"入曆"是指行星位於其自身不均勻運動周期"曆率"（行星盈縮曆）中的位置，亦即行星到其盈縮曆的盈初之距離，見圖5。關於行星盈縮差算法曾被研究者視爲行星的中心差改正，但新近的研究對此提出了質疑。參見曲安京《中國古代的行星運動理論》，《自然科學史研究》2006年第1期；唐泉《再論中國古代的五星盈縮差算法》，《自然科學史研究》2011年第4期。所以，本注對古曆日、月、五星的不均勻改正算法，皆用"類似於中心差算法"來表述（如月亮不均勻改正算法中的遲疾曆，稱之爲"相當於近點月"）。"變率"乃周率與盈縮曆的差，對於外行星有：曆率＝周率－變率，但對內行星則有：周率＝變率。

[5]先後定數：此術不難理解，是用上術求得之"入曆分"爲引數查表，從而求出行星的不均勻運動改正值，記爲Δp。其數表當爲以度爲間隔的行星盈縮曆數表，類似於日躔表或月離表。但《欽天曆》的五星盈縮表傳本皆未收錄。

常日定星[1]

置中日、中星，各以先後定數，先加、後減之。留，用前段先後數。太白，順、伏、見，及前順、疾、次疾，後次遲、次疾、疾；辰星，順、伏、見，及前疾、後遲；並先減、後加之，即各爲其段常日定星。置定星，以其年天正中氣日躔黄道宿次加而命之，得逐段末日加時宿度也。

盈縮定數[2]

置常日，如歲中以下，爲在盈；以上，減去歲中，餘爲在縮。即常日入盈縮曆也。[3] 置曆分，以其日損益率乘之，經法而一，用損益其下盈縮數，即得所求也。

定日

置常日，以盈縮定數盈減、縮加之，爲定日。以其年天正中氣加而命之，即逐段末日加時日辰也。

入中節

置定日，以氣策除之，命起冬至，即所入氣日數也。

[1] 常日定星：本術所謂"常日定星"是在前術"先後定數"（行星的盈縮改正 Δp）基礎上，進行第一次行星改正，即加減 Δp 而求出改正後的行星位於各段的真黄經值。由於傳統古曆的行星算法接下來還要進行太陽不均匀運動的改正，所以，這第一次改正後的結果叫作常日定星。據此，我們可以認爲古代曆家在構建他們的行星改正算法時，是分"行星不均匀運動而太陽均匀運動"和"太陽不均匀運動而行星均匀運動"兩步假設來設計的。這是十分重要的算法設計思想。

[2]盈縮定數：此術的盈縮是指太陽的不均勻運動改正，以上術中的"常日"爲引數，查日躔表，並進行綫性內插，所得即太陽的盈縮定數（Δs）。下術的求"定日"就是以常日之值加減本術的太陽盈縮差 Δs 而得。

[3]即常日入盈縮曆也："入"字原闕，中華點校本據浙江本、宗文本補，今從。

平行分[1]

置定日，以前段定日減之，爲日率。定星與前段定星相減，爲度率。通度率，以經法乘之，通日率而一，爲平行分。

初末行分[2]

近伏段與伏段平行分，合而半之，爲其段近伏行分。以平行分減之，餘減平行分，爲其段遠伏行分。近留段近留行分空。倍平行分爲其段遠留行分。其不近伏、留段，皆以順行二段平行分，合而半之，爲前段末日、後段初日行分。各與其段平行分相加減，[3]平行分多，則加平行分；平行分少，則減平行分。即前段初日、後段末日行分。其不近伏、留段，退行，則以遲段近疾行分，爲疾段近遲行分，所得與平行分相加減，[4]平行分多則加之，少則減之。皆爲遠遲行分也。

初行夜半宿次[5]

置經法，以前段末日加時分減之，餘乘前段末日行分，經法而一。用順加、退減前段末日加時宿度，爲其段初行昏後夜半宿度也。

每日行分[6]

初末行分相減，爲差率。累計其段初行昏後夜半距後段初行昏後夜半日數除之，爲日差。半日差，以減多、加少，爲其段初末定行分。置初定行分，用日差末多則累加，[7]末少則累減，爲每日行分。以每日行分順加、退減初行昏後夜半宿度，爲每日昏後夜半星所至宿度也。

先定日昏後夜半宿次[8]

自初日累計距所求日數，以乘其段日差，末多用加、末少用減初日行分，爲其日行分。合初日而半之，以所累計日乘之，用順加、退減其段初行昏後夜半宿次，即所求也。

[1] 平行分：顧名思義就是行星在各"變段"的平均運行速度的分值。用經過以上兩步改正後的各段所運行的黃經度數除以期間所用的時間即得。

[2] 初末行分：本術的目的是求行星在每段的初日和末日的運行速度，其構造方法和《皇極曆》日月不均勻運動的每日速度的構造方法一樣，就是構造出一個等差數列。本術分別考慮了順行、逆行段的疾行、遲行，以及伏、留段等的特殊情況，看似很複雜，其實就是加速度的正負變化問題，明白了加速度的原理就不難理解了。

[3] 各與其段平行分相加減："相加減"，原作"相減"，依算理，下文將進一步根據"平行分"之多少，或加或減，故底本應是脫漏了一"加"字，當補。

[4] 所得與平行分相加減："相加減"，原作"相減"，因接續文字有"多則加之，少則減之"之語，按文意和算理，當補。

[5] 初行夜半宿次：本術則是在前術求出的運行速度基礎上，

求各段初末日夜半時刻的行星的真黃經。

[6]每日行分：本術又是在前面構造的每日運行速度基礎上，求每日的運行距離的分值，所以叫作"每日行分"。對每日行分進行求和運算，所得即下術的"先定日昏後夜半宿次"。

[7]用日差末多則累加："用"上原衍一"分"字，中華點校本據宗文本刪，今從。

[8]先定日昏後夜半宿次：本術實質上是給出了對"每日行分"進行求和運算而得到的"求和公式"，所得算式乃以初日行分和日差爲係數，以所求日數爲自變量的二次多項式，其算理和《皇極曆》的二次插值法的構造原理如出一轍。

《欽天步發斂術》[1]

候策：五，五百二十四，四十五。
卦策：六，六百二十九，三十四。
外策：三，三百一十四，六十七。
維策：一十二，一千二百五十八，六十八。
氣盈：一千五百七十三，三十五。
朔虛：三千三百九十九，七十二。

[1]《欽天步發斂術》：自從《大衍曆》之後，傳統古曆一般都分成"步中朔術""步發斂術""步日躔術"等七個部分，傳本《欽天曆》在新考中僅有《日躔》《月離》《五星》和《步發斂》四章（篇），舊志還未著錄此《步發斂》一章。雖然新考著錄了"步發斂術"篇，但這篇卻被十分蹊蹺地放在了"步五星術"之後，不過所包含的內容和傳統的"步發斂術"基本相同。

氣候圖

冬至	十一月中	蚯蚓結	麋角解	水泉動
小寒	十二月節	鴈北鄉	鵲始巢	雉始雊
大寒	十二月中	雞始乳	鷙鳥厲疾	水澤腹堅
立春	正月節	東風解凍	蟄蟲始振	魚上冰
雨水	正月中	獺祭魚	鴻鴈來	草木萌動
驚蟄	二月節	桃始華	倉庚鳴	鷹化爲鳩
春分	二月中	玄鳥至	雷乃發聲	始電
清明	三月節	桐始華	田鼠化爲鴽	虹始見
穀雨	三月中	萍始生	鳴鳩拂其羽	戴勝降于桑
立夏	四月節	螻蟈鳴	蚯蚓出	王瓜生
小滿	四月中	苦菜秀	靡草死	小暑至
芒種	五月節	螳螂生	鵙始鳴	反舌無聲
夏至	五月中	鹿角解	蜩始鳴	半夏生
小暑	六月節	溫風至	蟋蟀居壁	鷹乃學習
大暑	六月中	腐草爲螢	土潤溽暑	大雨時行
立秋	七月節	涼風至	白露降	寒蟬鳴
處暑	七月中	鷹祭鳥	天地始肅	禾乃登
白露	八月節	鴻鴈來	玄鳥歸	群鳥養羞
秋分	八月中	雷乃收聲	蟄蟲坏戶	水始涸
寒露	九月節	鴻鴈來賓	雀入水爲蛤	菊有黃華
霜降	九月中	豺祭獸	草木黃落	蟄蟲咸俯
立冬	十月節	水始冰	地始凍	雉入水爲蜃

小雪	十月中	虹藏不見	天氣上騰	氣下降閉塞成冬
大雪	十一月節	鶡鳥不鳴	虎始交	荔挺出

爻象圖

冬至	坎初六	公	中孚	辟	復	侯	屯內
小寒	坎九二	侯	屯外	大夫	謙	卿	睽
大寒	坎六三	公	升	辟	臨	侯	小過內
立春	坎六四	侯	小過外	大夫	蒙	卿	益
雨水	坎九五	公	漸	辟	泰	侯	需內
驚蟄	坎上六	侯	需外	大夫	隨	卿	晉
春分	震初九	公	解	辟	大壯	侯	豫內
清明	震六二	侯	豫外	大夫	訟	卿	蠱
穀雨	震六三	公	革	辟	夬	侯	旅內
立夏	震九四	侯	旅外	大夫	師	卿	比
小滿	震六五	公	小畜	辟	乾	侯	大有內
芒種	震上六	侯	大有外	大夫	家人	卿	井
夏至	離初九	公	咸	辟	姤	侯	鼎內
小暑	離六二	侯	鼎外	大夫	豐	卿	渙
大暑	離九三	公	履	辟	遯	侯	恒內
立秋	離九四	侯	恒外	大夫	節	卿	同人
處暑	離六五	公	損	辟	否	侯	巽內
白露	離上九	侯	巽外	大夫	萃	卿	大畜

秋分	兌初九	公	賁	辟	觀侯	歸	妹内
寒露	兌九二	侯	歸妹外	大夫	无妄	卿	明夷
霜降	兌六三	公	困	辟	剥	侯	艮内
立冬	兌九四	侯	艮外	大夫	既濟	卿	噬嗑
小雪	兌九五	公	大過	辟	坤	侯	未濟内
大雪	兌上六	侯	未濟外	大夫	蹇	卿	頤

七十二候

各置中節，即初候也。以候策累加之，即次候也。

六十四卦

置中氣，即公卦也。以卦策累加之，即次卦也。置候卦，以外策加之，即外卦也。

五行用事

置四立之節而命之，即春木、夏火、秋金、冬水用事之初也。置四季之節，各以維策加之，即土用事也。[1]

没日[2]

中節分五千六百二十六秒六十五已上者，用減統法，爲有没分。通氣策以乘之，氣盈而一，滿統法爲日；用加其氣而命之，即所求没日也。

滅日[3]

常朔分朔虚已下者，爲滅分。以朔率乘之，朔虚而一，盈統法爲日；用加其朔而命之，即所求滅日也。

[1]即土用事也："也"字原闕，中華點校本據浙江本、宗文本

補，今從。

[2]没日：中國古代曆法推没滅術由後漢《四分曆》始創，先是從上元起，推算所求年冬至後没日的位置。祖沖之《大明曆》第一次變法，直接從所求年冬至起算，其方法較之前方便直接。從張胄玄《大業曆》開始，又有改進，改爲直接從有没之氣起算，這種方法需要判定某氣有無没日的條件，叫作没限。傳統推没滅算法規定，没分盡時即爲滅，則滅是比没更大的周期。記 1 滅 = m 没 = M 日，M 即没分，m 即没法。設上元到所求年冬至的積日數爲 $N \cdot \dfrac{T}{A}$ = $N \cdot \left(360 + \dfrac{R}{A}\right)$，古曆氣朔等皆用干支命名，所以，求冬至日干支祇需考慮 $N \cdot \dfrac{R}{A}$ 之值。R 即爲氣盈，《欽天曆》的氣盈 R = 37760.4。于是，曆法家將回歸年中不滿甲子周期的日數 $\dfrac{R}{A}$ 定義爲 1 年内所包含的"没"數，令 $k = \dfrac{T - t \cdot 360 \cdot n}{R}$ 日（$0 \leqslant n < \dfrac{R}{24}$），$k$ + 氣小餘（n）即爲所求没日。$n < \dfrac{R}{24}$ 或 $n > A - \dfrac{R}{24}$ 即爲"没限"。此段術文也包括了兩部分内容，一是推没日位置的算法，二是没限之值（$n > 5626.65$）。

[3]滅日：一行在《大衍曆》中定義 1 滅 = $\dfrac{B}{A} \cdot \dfrac{2l}{2l-r}$ 日，其中朔望月 $\dfrac{B}{A} = 29\dfrac{r}{A}$，取 $l = A - r = 3379.72$，叫朔虚。使得推没、滅分别與推氣、朔相互配套，爲以後各曆所繼承，直至《授時曆》不廢。《大衍曆》的推滅術亦包括兩部分：滅日距朔日的距離 $k = \dfrac{30w}{l}$（w 爲朔小餘），以及判定何時有滅日的判據 $w < l$。其中 30 也可以换爲朔望月 $\dfrac{B}{A}$，《欽天曆》此術正是如此。

右朴所撰《欽天曆經》四篇，《舊史》亡其《步發斂》一篇，而在者三篇，簡略不完，不足爲法。朴曆世既罕傳，予嘗問於著作佐郎劉義叟，義叟爲予求得其本經，然後朴之曆大備。義叟好學，知書史，尤通於星曆。嘗謂予曰："前世造曆者，其法不同而多差。至唐一行始以天地之中數作《大衍曆》，最爲精密。後世善治曆者，皆用其法，惟寫分擬數而已。至朴亦能自爲一家。朴之曆法，總日躔差爲盈縮二曆，分月離爲遲疾二百四十八限，以考衰殺之漸，以審朓朒，而朔望正矣。校赤道九限，更其率數，以步黃道，使日躔有常度。分黃道八節，辨其內外，以揆九道，使月行如循環，而二曜協矣。觀天勢之升降，察軌道之斜正，以制食差，而交會密矣。測岳臺之中晷，以辨二至之日夜，而軌漏實矣。推星行之逆、順、伏、留，使舒亟有漸，而五緯齊矣。然不能宏深簡易，而徑急是取。至其所長，雖聖人出不能廢也。"義叟之言蓋如此，覽者得以考焉。[1]

[1]"右朴所撰《欽天曆經》四篇"至"覽者得以考焉"：這最後一段實際上是歐陽脩關於新考"司天考一"的跋，交待了王朴《欽天曆》的來歷。其中，從"前世造曆者"到"雖聖人出不能廢也"這段引文則是劉義叟對王朴《欽天曆》的評價，劉氏在此指出了王朴五個方面的突出貢獻。特別地，其第四條關於岳臺中晷的創新，王朴本人在其表文中沒有提及。值得注意的是，宋代曆法名家周琮在其《皇祐圭表》中對王朴晷影算法也予以了褒獎，並把王朴的晷影測算值稱作"王朴算"，以與他自己的測算值進行比較。

新五代史　卷五九

司天考第二[1]

昔孔子作《春秋》而天人備。予述本紀，書人而不書天，予何敢異於聖人哉！其文雖異，其意一也。[2]

自堯、舜、三代以來，莫不稱天以舉事，孔子刪《詩》《書》不去也。[3]蓋聖人不絕天於人，亦不以天參人。絕天於人則天道廢，以天參人則人事惑，故常存而不究也。[4]春秋雖書日食、星變之類，孔子未嘗道其所以然者，故其弟子之徒，莫得有所述於後世也。[5]

然則天果與於人乎？果不與乎？曰：天，吾不知，質諸聖人之言可也。[6]《易》曰："天道虧盈而益謙，地道變盈而流謙，鬼神害盈而福謙，人道惡盈而好謙。"此聖人極論天人之際，最詳而明者也。其於天地鬼神，以不可知為言；其可知者，人而已。[7]夫日中則昃，盛衰必復。天，吾不知，吾見其虧益於物者矣。草木之成者，變而衰落之；物之下者，進而流行之。地，吾不知，吾見其變流於物者矣。人之貪滿者多禍，其守約者多福。鬼神，吾不知，吾見人之禍福者矣。[8]天地鬼神，不可知其心，則因其著於物者以測之。故據其迹之可見者以為言，曰虧益，曰變流，曰害福。若人，則可知者，故直言其情曰好惡。其知與不知，異辭也，參而會之，與人無以異也。其果與於人乎，不與於人乎？則所不知也。以其不可知，故常尊而遠之；以其與人無所異也，則修吾人事而已。人事者，天意也。《書》曰："天視自我民視，天聽自我民聽。"未有人心悅於下，而天意怒於上者；未有人理逆於下，而天道順於上者。[9]

然則王者君天下，子生民，布德行政，以順人心，是之謂奉天。[10]至於三辰五星常動而不息，不能無盈縮差忒之變，而占之有中有不中，不可以爲常者，有司之事也。[11]本紀所述人君行事詳矣，其興亡治亂可以見。至於三辰五星逆順變見，有司之所占者，故以其官誌之，以備司天之所考。

嗚呼，聖人既没而異端起。自秦、漢以來，學者惑於災異矣，天文五行之説，不勝其繁也。予之所述，不得不異乎《春秋》也，考者可以知焉。[12]

[1]司天考：《新五代史》中的《司天考》由歐陽脩（1007—1072）撰於景祐三年（1036）至皇祐五年（1053）。歐陽脩是宋代著名的文學家和史學家，在文學上，是著名的唐宋八大家之一，在史學上，還主持多人參與編修《新唐書》等。歐陽脩雖算不上天文學家，但其所撰《司天考》，與《舊五代史》之《天文志》《曆志》相比，也有許多可取之處。與此同時，在《司天考一》中，歐陽脩曾明確交待了在編寫時得到天文學家劉羲叟的幫助，後者甚至可以算作作者之一。關於劉羲叟，《唐志》中已有介紹。

《司天考二》記載了自後梁太祖開平二年（908）至後周世宗顯德三年（956）間的各類天象，以年代先後爲序，不分天象門類，綜而述之。由於五代所涉年代較短，天象記錄爲數不多，這種記述方式還是切實可行的。《舊五代史·天文志》開篇未載天象記錄的目的，而《司天考》則載有編撰天象記錄的目的和理由，並對前代一些天文志涉及占驗、機祥采取批評態度，指出："自秦漢以來，學者惑於灾異矣，天文、五行之説，不勝其繁也。"故在其所述天象記錄中，一律不涉占律、機祥。幾乎不涉大氣現象，但却有地震等自然災害記録。所載天象，包括日月食、月掩犯恒星、行星、五星掩犯守恒星、太白晝見、流、彗、新星等。與《舊五代史·天文志》內容大致相當，並間有補充。

[2]自"昔孔子"至"其意一也"：言孔子作《春秋》，天人齊備，已述本紀，僅書人而不書天象，文雖然不同，其用意是共同的。

[3]以天舉事，孔子删《詩》《書》不去：言自有古史記載以來，都是以天象與人事相聯繫。

[4]常存而不究：言孔子在論述人事時，常載出現的天象而不探究二者之間的關係。

[5]故其弟子之徒，莫得有所述於後世也：正是孔子未述其所以然，其後世弟子才各自有所異見。

[6]天，吾不知，質諸聖人之言可也：天象的道理，我不了解，祇需依據聖人之言就可以了。

[7]其於天地鬼神，以不可知爲言；其可知者，人而已：對於天地鬼神之事，我們只能説不知道。我們所知道的，只是人事而已。

[8]自"人之貪滿者"至"人之禍福者矣"：貪滿多禍，守約多福，這是作者通過觀察人類社會變遷盛衰而得出的一條基本規律，也符合有德者昌、失德者亡的古訓。

[9]自"人事者天意"至"天道順於上者"：言天意與人心是共通的，未有人理與天道相逆之理。

[10]自"然則王者"至"謂奉天"：言君天下者，生養子民，布德行政，以順民心爲正務，是奉天的根本所在。

[11]自"至於三辰五星"至"有司之事":言星辰盈縮差忒之變,占之有中或不中,皆爲有司占卜之事,故作官志以備司天之考。

[12]自"嗚呼"至"考者可以知焉":言以往的天文志,作者惑於灾異五行之説,導致應驗之説不勝其繁。這是聖人没而異端興起的原因,如今在《司天考》中不列機祥應驗之辭,將本紀與天象紀録分開,也是一種異端。這是與《春秋》體例不同之處,讀者讀後便能明白。這篇導言,是作者編撰天象記録的指導思想,是人們對待在天文志中編撰天象記録觀念的一種革新。自此以後的史學家,在編寫天文志時,也都沿用這種體例。

開平二年夏四月辛丑,熒惑犯上將。[1]甲寅,地震。[2]四年十二月庚午,月有食之。

乾化元年春正月丙戌朔,日有食之。五月,客星犯帝坐。二年正月丙申,熒惑犯房第二星。[3]戊申,月犯心大星。[4]四月甲寅,月掩心大星。壬申,彗出於張;甲戌,彗出靈臺。[5]

同光元年十月辛未朔,日有食之。二年六月甲申,衆星交流;丙戌,衆星交流。[6]八月戊子,熒惑犯星。十一月丁巳,地震。三年三月丙申,熒惑犯上相。[7]戊申,月有食之。四月癸亥朔,日有食之。甲子,熒惑犯左執法。六月甲子,太白晝見。丙寅,歲犯右執法。[8]己巳,太白晝見。[9]庚寅,衆星流,自二更盡三更而止。[10]辛卯,衆小星流于西南。九月甲辰,月有食之。丁未,天狗墮,有聲如雷,野雉皆雊。[11]丙辰,太白、歲相犯。十一月甲寅,地震。

天成元年三月，惡星入天庫，[12]流星犯天棓。四月庚戌，金犯積尸。六月乙未，衆小星交流。[13]七月己未，月犯太白。庚申，太白晝見。乙丑，月入南斗魁。八月乙酉朔，日有食之。癸卯，太白犯心大星。乙巳，月犯五諸侯。辛亥，熒惑犯上將。九月丁巳，月犯心大星。己巳，月犯昴。庚午，熒惑犯右執法；己卯，熒惑犯左執法。十月戊子，熒惑犯上相。己丑至于庚子，日月赤而無光。丙午，月掩左執法。十一月丁丑，月暈匝火、木，[14]戊寅，月犯金、木、土。十二月戊戌，熒惑犯氐。乙巳，月掩庶子。[15]二年正月甲戌，熒惑、歲相犯。二月辛卯，熒惑犯鍵閉。三月戊午，月掩鬼。庚申，衆小星流于西北。己巳，熒惑犯上相。乙亥，月入羽林。四月丁亥，月犯右執法；癸卯，月入羽林。六月辛丑，熒惑犯房。八月己卯朔，日有食之。庚子，月犯五諸侯。九月壬子，歲犯房。庚申，月入羽林；壬申，月犯上將。十月壬午，月犯五諸侯。癸未，地震。十一月乙卯，月入羽林。辛未，地震；壬申，地震。十二月癸未，地震。三年春正月壬申，金、火合于奎。二月丁丑朔，日有食之。四月丁酉，月犯五諸侯；五月丁巳，月掩房距星；六月乙酉，月掩心庶子；癸巳，月入羽林。自正月至于是月，宗人、宗正搖不止。[16]七月乙卯，月入南斗魁。閏八月癸卯朔，熒感犯上將。戊申，月犯南斗。乙卯，熒惑犯右執法。庚戌，太白犯右執法。九月庚辰，土、木合于箕。辛巳，金、火合于軫。十月庚午，彗出西南。十一月戊子，月掩軒轅大星。[17]

乙未，太白犯鎮，月掩房。十二月壬寅朔，熒惑犯房，金、木相犯于斗。乙卯，月有食之。四年正月癸巳，月入南斗魁。二月辛酉，月及火、土合于斗。三月壬辰，歲犯牛。六月癸丑，月有食之，既。七月丁丑，月入南斗。九月丙子，熒惑入哭星。[18]十二庚戌，月有食之，既。

[1]熒惑犯上將：即熒惑犯西上將。上將有東西之分，東上將遠離黃道，故熒惑祇可能犯西上將。

[2]甲寅地震：地震不是天象記錄，但作爲自然災異，記之亦可。

[3]房第二星：指自北向南數第二星，即房宿三。其距黃道近，熒惑能犯之。

[4]月犯心大星：即月犯心宿二，又稱爲大火星。

[5]彗出靈台：靈台三星，在西上相西。

[6]衆星交流：爲農曆六月流星雨。

[7]熒惑犯上相：即熒惑犯東上相。西上相遠離黃道，故熒惑只可能犯東上相。

[8]執法：分爲左、右，在太微垣南近黃道。《春秋元命色》曰："左執法，廷尉之象；右執法，御史大夫之象也。"

[9]太白晝見：白天見到金星。金星爲日月以外星空最亮的天體，達負4.3等。日出後，日落前，也可見到其出現在天空。

[10]二更盡三更而止：二更快要結束與三更之交時流星方纔停止。

[11]天狗墜：墜地的隕星，狀類狗。

[12]惡星：妖星。

[13]六月乙未，衆小星交流：爲六月出現的一次流星雨。此前已有同光二年（924）六月甲申衆星交流、丙戌衆星交流，當是同

一流星雨在不同年代的再現，這與《新唐書·天文志二》流星注所述六月寶瓶座流星雨相一致。

[14]月暈匝火、木：月亮周圍出現月暈，其光環將火星和木星也包圍在内。

[15]月掩庶子：月亮掩蓋庶子星。庶子星，爲心宿三。《天官書》曰："心三星，上爲太子星"，"下爲庶子星"。

[16]宗人、宗正搖不止：宗人星、宗正星搖動不止。此二星座，皆在天市垣内東側。星體搖動，實屬大氣現象。

[17]月掩軒轅大星：月亮掩蓋軒轅十四星。星占家認爲軒轅大星爲女主的象徵。

[18]熒惑入哭星：熒惑入犯哭星，哭星在虚、危二宿之南。星占家認爲，熒惑爲灾星，犯哭星，必有死喪之事。

長興元年六月癸巳朔，日有食之。乙卯，太白犯天罇。[1]八月己亥，月犯南斗。乙卯，月犯積尸。九月辛酉朔，衆小星交流而殞。[2]十一月壬戌，熒惑犯氐。十二月丙辰，熒惑犯天江。二年正月乙亥，太白犯羽林。庚辰，月犯心距星；二月丁未，月犯房。四月甲寅，熒惑犯羽林。[3]五月癸亥，太白晝見。閏五月乙巳，歲晝見。[4]六月壬午，地震。八月丁巳，辰犯端門。[5]九月丙戌，衆星交流；丁亥，衆星交流而殞。[6]戊子，太白晝見。丁未，雷。十一月甲申朔，日有食之。丙戌，太白犯鍵。[7]三年四月庚辰，熒惑犯積尸。[8]九月庚寅，太白犯哭星。十月壬申，太白晝見。十一月己亥，太白犯壁壘。[9]四年五月癸卯，太白晝見。六月庚午，衆星交流。[10]七月乙亥朔，衆星交流。九月辛巳，太白犯右執法。乙未，雷。

應順元年二月丁酉，衆星流于西北。四月戊寅，白虹貫日。是月改元。[11]

　　[1]天罇：罇是一種三隻脚的酒器，故由三顆星組成，分布於井宿之北的黄道上。
　　[2]九月辛酉朔，衆小星交流而殞：《舊五代史·天文志》也有此記録，並且更爲詳盡。疑爲金牛座流星雨記録。
　　[3]熒惑犯羽林：火星侵犯羽林軍星。羽林軍星在危宿内壘壁陣南，羽林軍爲皇家禁衛軍，熒惑犯之，必有軍事發生。
　　[4]歲晝見：在白天見到歲星出現於天空。歲星即木星，是僅次於金星的全天第二亮星，亮度可達負2.4等，比最亮的恒星天狼星還要亮，故可能呈現歲星晝見的天象。
　　[5]辰犯端門：水星凌犯端門。太微垣的左右執法之間稱爲端門，這是皇家最高行政機關的正門，端門受到侵犯，等於政府政權受到威脅。
　　[6]九月丙戌，衆星交流；丁亥，衆星交流而隕：與同光三年（925）九月丁未天狗墜相類，它當是同一流星雨即金牛座流星雨的再現。這個流星雨記録，在唐志中也多次出現。
　　[7]太白犯鍵：金星犯鍵閉星，在衆多的凌犯記録中，常見有犯房、犯鈎鈐、犯鍵閉、犯罰星、犯東咸、西咸的記録，不熟悉星空者不易分辨，今一并加以闡釋。這些星座均分布於房宿之内。房宿四顆星，自下而上爲房宿二、一、三、四。於房宿四斜向東南處，爲兩顆鈎鈐星，它們與房組成彎鈎狀，故有此名。在鈎鈐星的正上方，爲一顆鍵閉星，在鍵閉星的東面，爲四顆罰星，在鍵閉和罰星的左右各有四顆東咸、西咸星。這些星座，均分布於黄道不遠處，故常有星象凌犯發生。房宿《步天歌》曰："四星直下主明堂，鍵閉一黄斜向上，鈎鈐兩個近其旁，罰有三黄直鍵土，兩咸夾罰似房狀。"

[8]熒惑犯積尸：在衆多的天象記錄中，常見有犯積尸、犯積尸氣，犯嗅鬼中星、犯鑽星、犯鬼宿等。鬼宿四星，成四邊形，分布於黄道之上，故常有星象凌犯。在鬼宿四邊形的中間，還有一團似星非星、似雲非雲、呈粉絮狀的星體，中國古代的天文學家稱爲鑽星，又寫作質，這顆質星由於呈粉絮狀分布，與衆星不同，故又稱之爲積尸氣，義爲由尸體積聚起來的鬼氣。故人們常將其看作一團氣體而非星體。經近代用望遠鏡觀測，發現它其實是一個疏散星團，稱之爲鬼星團。石氏曰："此四星有變，則占其所主也。中央色白，如粉絮者，所謂積尸氣也。一曰天尸，故主死喪，主祠事也。一曰鈇鑕，故主法，主誅斬。"

[9]太白犯壁壘：太白犯壘壁陣星。壘壁陣星，組成似堅固營壘的由兵士駐防的營房，分布於營室之内的黄道上，其南爲羽林星。

[10]六月庚午，衆星交流：這是又一次六月流星雨記録。

[11]白虹貫日，是月改元：時人很迷信，見到白虹貫日，以爲是對帝皇不利的天象，故有改元禳灾之舉。《晋書·天文志》論雜氣説："凡白虹者，百殃之本，衆亂所基。霧者，衆邪之氣，陰來冒陽。凡白虹霧，奸臣謀君，擅權立威。晝霧夜明，臣志得申。凡夜霧白虹見，臣有憂。晝霧白虹見，君有憂。虹頭尾至地，流血之象。"故這裏作爲改元的理由。

清泰元年五月己未，太白晝見。六月甲戌，太白犯右執法。九月辛丑，衆星交流。[1]壬寅，雨雹于京師。冬十一月丁未，彗出虚、危，掃天壘及哭星。

天福元年三月壬子，熒惑犯積尸。二年正月乙卯朔，日有食之。七月丙寅，月有食之。十二月己卯朔，日有白虹二。三年三月壬子，日有白虹二。五月壬子，月犯上將。四年四月辛巳，太白犯東井北河；[2]甲午，太白犯五諸侯；五月丁未，太白犯輿鬼中星。七月庚子朔，日有食之。九月癸未，月掩畢。五年十一月丁丑，月有食之。六年八月辛卯，太白犯軒轅。九月己卯，熒惑犯上將。壬子，彗出于西，掃天市垣。八年四月戊申朔，日有食之。八月丙子，熒惑犯右掖。[3]十月庚戌，彗出東方。丙辰，熒惑犯進賢。[4]十一月庚子，月犯房。

開運元年二月辛亥，日有白虹二。壬戌，太白犯昴。己巳。熒惑犯天鑰。[5]三月戊子，月有食之。四月丁巳，太白犯五諸侯。七月庚辰，月犯熒惑；壬午，月入南斗。甲申，太白犯東井。八月甲辰，熒惑入南斗。九月庚午朔，日有食之。丙子，月入南斗；乙酉，月食昴。丙戌，月有食之。庚寅，月犯五諸侯；十月癸卯，月入南斗；十一月辛巳，月犯昴。十二月癸丑，太白犯辰。二年七月乙未朔，月犯角；壬寅，月犯心前大星。庚戌，歲犯井鉞。[6]八月甲子朔，日有食之。甲戌，歲犯東井。九月己酉，月犯昴。甲寅，太白犯南斗魁。十一月甲午朔，太白犯哭星。癸丑，月掩角距星；[7]戊午，月犯心後星。三年二月壬戌朔，日有食之。

[1]九月辛丑，衆星交流：這是又一次九月流星雨的記錄，發生於清泰元年（934）。

[2]太白犯東井北河："北河"，諸本作"北轅"。在《舊唐書・天文志》《新唐書・天文志》和《舊五代史・天文志》中，均有犯東井北轅、南轅的說法，但這種表述文理不通。在有關之處已對北轅之名做了論述和考證，指出有多重證據可以證明北轅、南轅均是北河、南河之誤，今做出改正。從常理推斷即可明白，一夜之

間太白熒惑不可能同時掩犯東井、軒轅二星，且軒轅北星距黃道太遠，非五星可以凌犯，故本處記錄的本義，爲星掩犯東井宿内的北河星或南河星，決非既掩犯東井星，又掩犯軒轅星。

　　[3]熒惑犯右掖：即熒惑侵犯太微垣中的右掖門。右執法與西上將間爲右掖門。

　　[4]熒惑犯進賢：進賢一星，在太微垣東南。進賢爲推舉賢良之官員。現進賢星受到侵犯，意味賢路受阻，社會政治黑暗。

　　[5]犯天鑰：熒惑侵犯天鑰星。天鑰星，近南斗西，爲主管庫藏之鑰匙。

　　[6]歲犯井鉞：歲星凌犯了井宿和鉞星。鉞星，在東井西北角，鉞爲鈇鉞之義，爲兵器，主斬殺之用。

　　[7]月掩角距星：月亮掩蓋了角宿距星，即角宿一。凡二十八宿，各宿都有距星，通過入宿和去極度，用以測定全天星象的坐標。故距星是測定天體位置的基點。這便是歷代天文學家都注重精測二十八宿距度的原因所在。

　　天福十二年四月丙子，太白晝見。十月己丑，太白犯亢距星。[1]十一月壬子，雨木冰。辛酉，雨木冰。壬戌，月犯昴。癸酉，雨木冰。[2]乙亥，月掩心大星；己卯，月犯南斗。十二月乙未，月有食之。

　　乾祐元年四月甲午，月犯南斗。六月戊寅朔，日有食之。乙未，月入南斗。七月甲寅，月掩心庶子星。八月己丑，鎮犯太微西垣。[3]戊戌，歲犯右執法。九月丁卯，月掩鬼。十月丁丑，歲犯左執法。二年四月壬午，太白晝見。六月癸酉朔，日有食之。壬午，月犯心；丙戌，月犯天關；[4]八月乙亥，月犯房次將。[5]九月壬寅，太白犯右執法。庚戌，太白犯鎮。辛酉，鎮犯右執法。

丁卯，太白犯歲。鎮自元年八月己丑入太微垣，犯上將、執法、內屏、謁者，勾巳往來，至是歲十一月辛亥而出。四百四十三日。甲寅，[6]月犯昴。三年二月甲戌，月犯昴。六月乙卯，鎮犯左掖。七月甲申，熒惑犯司怪。八月癸卯，太白犯房；庚戌，太白犯心大星。十月辛酉，月犯心大星，太白犯木。十一月甲子朔，日有食之。

[1]太白犯亢距星：即太白星凌犯亢宿距星，即亢宿一。亢宿四星的位置，自下向上爲亢四、一、二、三。

[2]雨木冰：天下冰，並夾雜有樹木。

[3]八月己丑，鎮星犯太微西垣："己丑"，原作"乙酉"。《舊五代史·天文志》有相同記載，但干支爲己丑。本來兩個干支日期僅差四天，與鎮星犯太微的緩慢運動影響不大，但由於其下還載"自元年八月己丑入太微"，二説自相矛盾，故知其干支有誤，今改正。

[4]月犯天關：月亮凌犯了天關星。天關一星，近黃道，在觜宿北。它爲黃道自西方七宿進入南方七宿的必經之路，故稱天關。北宋至和元年（1054），史書記載了天關客星（超新星）爆發，這顆天關星因而著稱於世，被各國天文學家稱爲中國星。

[5]房次將：《海中占》曰："房上第一星上相，次星次相，下第一星上將，次星次將也。"此處次將，即房南第二星。

[6]自"鎮自元年八月己丑入太微垣"至"十一月辛亥而出，四百四十三日"：這條自乾祐元年（948）八月己丑至二年十一月辛亥，鎮星在太微垣中詳細的凌犯記録，在新舊《五代史志》中均有記載，僅文字和內容略有出入。可以互證和相互補充。然本志最後六個字"四百四十三日"，諸本均以小字標出，可能是作者自作注釋。中華點校本將其引爲小注，不倫不類，實屬不妥，今恢復原

樣，按普通字型排出。其内容上也與舊志對應。

廣順元年二月丁巳，歲犯咸池。[1]己未，熒惑犯五諸侯。三月甲子，歲守心。己卯，熒惑犯鬼；壬午，熒惑犯天尸。[2]四月甲午，歲犯鉤鈐。二年二月庚寅，太白經天。[3]四月丙戌朔，日有食之。七月乙丑，熒惑犯井鉞；八月乙未，熒惑犯天鐏。九月辛酉，熒惑犯鬼。庚辰，太白掩右執法。十月壬辰，太白犯進賢。三年四月乙丑，熒惑犯靈臺；[4]五月辛巳，熒惑犯上將；丙申，熒惑犯右執法。七月乙酉，月犯房。十二月戊申，雨木冰。

顯德元年正月庚寅，有大星墜，有聲如雷，牛馬皆逸，京城以爲曉鼓，皆伐鼓以應之。[5]三年正月壬戌，有星孛于參。十二月庚午，[6]白虹貫日。癸酉，月有食之。

[1]歲犯咸池：歲星凌犯咸池星。咸池，星名，位於五車星之中。星名源自神話故事。《離騷》曰："飲余馬於咸池兮。"又《淮南子·天文訓》曰："日出於暘谷，浴於咸池。"是人們想象中太陽落入西方的水池。經過一夜之後，太陽又回到東方從暘谷中升起。

[2]天尸："尸"，原作"户"，據中華點校本改。天尸即積尸。

[3]太白經天：除日月外，衆星都只能出現祇於日落後日光隱没之時。金星水星是内行星，水星祇能在太陽前後30度的範圍内見到，金星也祇能在太陽前後48度的範圍内見到。由此看來，無論是金星還是水星，永遠都不可能在中天的地方見到。但是，也有異常情況出現，那就是如果日出後、日落前見到金星，例如日出後距地平30度以上、日落前距地平30度以上見到金星，便有可能出

現於南方中天的範圍，這便是太白經天的天象。由於太白是除日月外最明亮的天體，白天是有可能見到它的。但經天和晝見是兩種不同的概念，祇有當日出後金星在太陽以西40度以上，日落前金星在太陽以東40度以上時，纔會出現金星既晝見又經天的現象，故十分少見。正因爲十分少見，星占家纔將它看作亂紀、天下大亂、民更主的象徵。

［4］熒惑犯靈臺：熒惑星凌犯靈臺星。靈臺三星，位於太微垣東南黃道附近。靈臺爲觀看天象風雨之處。

［5］"有大星墜"至"皆伐鼓以應之"：是説顯德元年（954）正月墜於京城的這次隕星，下落時發出聲響如雷，人們還錯誤地以爲是曉鼓響了，都跟着敲鼓報告黎明到了。

［6］十二月：原作"十一月"，據中華點校本校勘記云，當年十一月己丑朔，無庚午，十二月己未朔，庚午爲十二日。從改。

五代亂世，文字不完，[1]而史官所記亦有詳略，[2]其日、月、五星之變，大者如此。至於氣祲之象，出没銷散不常，尤難占據。[3]而五代之際，日有冠珥、環暈、纓紐、負抱、戴履、背氣，[4]十日之中常七八，其繁不可以勝書，而背氣尤多。[5]天福八年正月丙戌，黃霧四塞。九年正月乙未，大霧中二白虹相偶。四月庚戌，大霧中有蒼白二虹。廣順元年十一月甲子，白虹竟天。此其尤異者也。[6]至於吳火出楊林江水中、閩天雨豆之類，皆非中國耳目所及者，[7]不可得而悉書矣。

［1］文字不完：五代亂世，歷史文獻記載不完備。
［2］史官所記亦有詳略：史官所記官方文獻檔案，也有缺失不詳之處。

［3］自"至於氣祲"至"尤難占據"：至於陰陽二氣互相侵擾之事，由於消散没有一定之規，就更難用以爲占了。

［4］日有冠珥、環暈、纓紐、負抱、戴履、背氣：在五代之際，有關太陽氣祲的記載，就有日冠、日珥、環暈、纓紐、日負、日抱、戴履、背氣等。

［5］自"十日之中"至"而背氣尤多"：此處文字表述不够完善，言有關太陽灾異的記録中，十之七八爲雲氣，而背氣尤多。背氣，背叛之氣。

［6］自"天福八年"至"尤異者也"：除以上籠統介紹五代氣祲之象外，還記述了天福八年（943）正月的黄霧四塞和九年正月、四月、廣順元年（951）十一月的白虹出現，爲"尤異者"。

［7］自"吴火出"至"耳目所及者"：此處還記載了遠離中原的傳聞：楊林江中出現的吴火和閩天的雨豆。"類"，原作"數"，中華點校本據浙江本、宗文本改，今從。

新五代史　卷六〇

職方考第三

嗚呼，自三代以上莫不分土而治也。後世鑒古矯失，始郡縣天下。而自秦、漢以來，爲國孰與三代長短？及其亡也，未始不分，至或無地以自存焉。蓋得其要，則雖萬國而治，失其所守，則雖一天下不能以容，豈非一本於道德哉！唐之盛時，雖名天下爲十道，而其勢未分。既其衰也，置軍節度，號爲方鎮，鎮之大者連州十餘，小者猶兼三四，故其兵驕則逐帥，帥彊則叛上，土地爲其世有，干戈起而相侵，天下之勢，自茲而分。然唐自中世多故矣，其興衰救難，常倚鎮兵扶持，而侵凌亂亡，亦終以此。豈其利害之理然歟？自僖、昭以來，[1]日益割裂。梁初，天下別爲十一國，南有吳、浙、荊、湖、閩、漢，西有岐、蜀，北有燕、晉，而朱氏所有七十八州以爲梁。[2]莊宗初起并、代，[3]取幽、滄，[4]有州三十五，其後又取梁魏、博等十有六州，[5]合五十一州以滅梁。岐王稱臣，[6]又得其州七。同光破蜀，[7]已而復失，惟得秦、鳳、階、成四州，[8]而營、平二州陷于契丹，[9]其增置之州一，合一百二十三州以爲唐。石氏入立，獻十有六州于契丹，而得蜀金州，[10]又增置之州一，合一百九州以爲晉。[11]劉氏之初，[12]秦、鳳、階、成復入于蜀，隱帝時增置之州一，[13]合一百六州以爲漢。郭氏代漢，[14]十州入于劉旻，[15]世宗取秦、鳳、階、成、瀛、莫及淮南十四州，[16]又增置之州五而廢者三，合一百一十八州以爲周。宋興因之。此中國之大略也。其餘外屬者，彊弱相并，不常其得失。至於周末，閩已先亡，而在者七國。自江以南二十一州爲南唐，自劍以南及山南西道四十六州爲蜀，自湖南北十州爲楚，自浙東西十三州爲吳越，自嶺南北四十七州爲南漢，自太原以北十州爲東漢，而荊、歸、峽三州爲南平。合中國所有，二百六十八州，而軍不在焉。唐之封疆遠矣，前史備載，而羈縻寄治虛名之州在其間。五代亂世，文字不完，而時有廢省，又或陷于夷狄，不可考究其詳。其可見者，具之如譜。

[1]僖：即唐僖宗李儇，873年至888年在位。紀見《舊唐書》卷一九下、《新唐書》卷九。　昭：即唐昭宗李曄，888年至904年在位。紀見《舊唐書》卷二〇上、《新唐書》卷一〇。

[2]朱氏：即五代後梁太祖朱溫。宋州碭山（今安徽碭山縣）人。紀見《舊五代史》卷一、本書卷一。

[3]莊宗：即李存勖，小字亞子，沙陀人，太原（今山西太原市）人。李克用之子，五代後唐開國皇帝。紀見《舊五代史》卷二七至卷三四、本書卷四至卷五。　并：州名。治所在今山西太原市。　代：州名。治所在今山西代縣。

[4]幽：州名。治所在今北京市。　滄：州名。治所在今河北滄州市。

[5]魏：州名。治所在今河北大名縣。　博：州名。治所在今

山東聊城市。

［6］岐王：即鳳翔節度使李茂貞。深州博野（今河北蠡縣）人。唐末、五代軍閥。傳見《舊五代史》卷一三二、本書卷四〇。

［7］同光：五代後唐莊宗李存勖年號（923—926）。

［8］秦：州名。治所在今甘肅天水市。　鳳：州名。治所在今陝西鳳縣。　階：州名。治所在今甘肅康縣西，五代後唐長興三年（932）移治今甘肅隴南市武都區。　成：州名。治所在今甘肅成縣。

［9］營：州名。治所在今遼寧朝陽市。　平：州名。治所在今河北盧龍縣。　契丹：古部族、政權名。公元4世紀中葉宇文部爲前燕攻破，始分離而成單獨的部落，自號契丹。唐貞觀中，置松漠都督府，以其首領爲都督。唐末彊盛，916年迭剌部耶律阿保機建立契丹國（遼）。先後與五代、北宋並立，保大五年（1125）爲金所滅。參見張正明《契丹史略》，中華書局1979年版。

［10］金州：州名。治所在今陝西安康市

［11］合一百九州以爲晋："一"字原闕，中華點校本據浙江本、宗文本及本卷上下文補，今從。

［12］劉氏：即五代後漢高祖劉知遠。西突厥沙陀部人，後世居於太原。紀見《舊五代史》卷九九至卷一〇〇、本書卷一〇。

［13］隱帝：即五代後漢皇帝劉承祐，劉知遠之子，沙陀人。因郭威反叛被部下所殺，後漢由是滅亡。紀見《舊五代史》卷一〇一至卷一〇三、本書卷一〇。

［14］郭氏：即後周太祖郭威。邢州堯山（今河北隆堯縣）人。紀見《舊五代史》卷一一〇至卷一一三、本書卷一一。

［15］劉旻：人名。初名崇，西突厥沙陀部人。後漢高祖劉知遠從弟，五代十國時期北漢國的建立者。傳見《舊五代史》卷一三五、本書卷七〇。

［16］世宗：即五代後周世宗柴榮。邢州堯山（今河北隆堯縣）人。後周太祖郭威養子。以英武著稱，爲日後北宋統一戰爭的推進

奠定了基礎。紀見《舊五代史》卷一一四至卷一一九、本書卷一一二。　瀛：州名。治所在今河北河間市。　莫：州名。治所在今河北任丘市。

州	梁	唐	晉	漢	周
汴	都	有宣武。	都	都	都
洛	都	都	都	都	都
雍	有永平。	都	有晉昌。	有永興。	有
兗	有泰寧。[1]	有	有	有	有罷。
沂	有	有	有	有	有
密	有	有	有	有	有
青	有平盧。	有	有罷。	有平盧。	有
淄	有	有	有	有	有
齊	有	有	有	有	有
棣	有	有	有	有	有
登	有	有	有	有	有
萊	有	有	有	有	有
徐	有武寧。	有	有	有	有
宿	有	有	有	有	有
鄆	有天平。	有	有	有	有
曹	有	有	有威信。	有罷。	有彰信。
濮	有	有	有	有	有
濟					有太祖置。

宋	有宣武。	有歸德。	有	有	有
亳	有	有	有	有	有
單	有輝州。	有改曰單州。	有	有	有
穎	有	有	有	有	有
陳	有	有	有鎮安。	有軍廢。	有復。
蔡	有	有	有	有	有
許	有匡國。	有忠武。	有	有	有
汝	有	有	有	有	有
鄭	有	有	有	有	有
滑	有宣義。	有義城。	有	有	有
襄	有初曰忠義，後復爲山南東道。	有[2]	有	有	有
均	有	有	有	有	有
房	有	有	有	有	有
金	有蜀武雄。[3]	有蜀	有懷德。尋罷。	有	有
鄧	有宣化。	有威勝。	有	有	有武勝。[4]
隨	有	有	有	有	有
郢	有	有	有	有	有
唐	有	有	有	有	有
復	有	有	有	有	有
安	有宣威。	有安遠。	有罷軍。[5]	有復。	有罷。

申	有	有	有	有	有
蒲	有護國。	有	有	有	有
孟	有河陽三城。	有	有	有	有
懷	有	有	有	有	有
晉	有初曰定昌。後曰建寧。	有建雄。	有	有	有
絳	有	有	有	有	有
陝	有鎮國。	有保義。	有	有	有
虢	有	有	有	有	有
華	有感化。	有鎮國。	有	有	有罷軍。
商	有	有	有	有	有
同	有忠武。[6]	有匡國。	有	有	有[7]
耀	岐義勝。有崇州靜勝。	有復曰耀州。改順義。[8]	有	有	有
解				有隱帝置。	有
邠	岐靜難。有	有	有	有	有
寧	岐有	有	有	有	有
慶	岐有	有	有	有	有
衍	岐有	有	有	有	廢

威			有高祖置。	有	有改曰環州。
鄜	岐保大。有	有	有	有	有
坊	岐　有	有	有	有	有
丹	岐　有	有	有	有	有
延	岐忠義。有[9]	有彰武。	有	有	有
夏	有定難。	有	有	有	有
銀	有	有	有	有	有
綏	有	有	有	有	有
宥	有	有	有	有	有
靈	有朔方。	有	有	有	有
鹽	有	有	有	有	有
岐	岐鳳翔。	有	有	有	有
隴	岐	有	有	有	有
涇	岐彰義。	有	有	有	有
原	岐	有	有	有	有
渭	岐	有	有	有	有
武	岐	有	有	有	有[10]
秦	岐雄武。蜀天雄。	有	有	蜀	有
成	岐　蜀	有	有	蜀	有

階	岐蜀	有	有	蜀	有	
鳳	岐蜀武興。[11]	有	有	蜀	有	
乾	岐李茂貞置。	有	有	有	有	
魏	有天雄。唐	有鄴都。	有鄴都。	有鄴都。	有罷都。	
博	有 唐	有	有	有	有	
貝	有 唐	有	有永清。	有	有[12]	
衛	有 唐	有	有	有	有	
澶	有 唐	有	有鎮寧。	有	有	
相	有昭德。唐	有	有彰德。	有	有	
邢	有保義。唐	有安國。	有	有	有	
洺	有 唐[13]	有	有	有	有	
磁	有改曰惠州。唐	有復曰磁州。	有	有	有	
鎮	有武順。唐	有成德。	有順德。[14]	有成德。	有	
冀	有 唐	有	有	有	有	
深	有 唐	有	有	有	有	
趙	有 唐	有	有	有	有	
易	有 唐	有	有	有	有	

祁	有 唐	有	有	有	有
定	有義武。唐	有	有	有	有
滄	唐橫海。	有	有	有	有
景	唐	有	有	有	有廢
德	唐	有	有	有	有
濱					有世宗置。
瀛	唐	有	契丹	契丹	有
莫	唐	有	契丹	契丹	有
雄					有世宗置。
霸					有世宗置。
幽	唐盧龍。	有	契丹	契丹	契丹
涿	唐	有	契丹	契丹	契丹
檀	唐	有	契丹	契丹	契丹
薊	唐	有	契丹	契丹	契丹
順	唐	有	契丹	契丹	契丹
營	唐	有 契丹	契丹	契丹	契丹
平	唐	有 契丹	契丹	契丹	契丹
蔚	唐	有	契丹	契丹	契丹
朔	唐振武。	有	契丹	契丹	契丹
雲	唐大同。	有	契丹	契丹	契丹

應	唐	有彰國。	契丹	契丹	契丹
新	唐	有威塞。	契丹	契丹	契丹
媯	唐	有	契丹	契丹	契丹
儒	唐	有	契丹	契丹	契丹
武	唐	有	契丹	契丹	契丹
寰		有明宗置。	契丹	契丹	契丹
忻	唐	有	有	有	東漢
代	唐雁門。	有	有	有	東漢
嵐	唐	有	有	有	東漢
石	唐	有	有	有	東漢
憲	唐	有	有	有	東漢
麟	唐	有	有	有	東漢
府	唐	有	有永安。[15]	有罷軍。	有永安。
并	唐河東。	有北都。	有	有	東漢
汾	唐	有	有	有	東漢
慈	唐	有	有	有	有
隰	唐	有	有	有	有
澤	唐	有	有	有	有
潞	唐昭義。	有安義。昭義。	有	有	有
沁	唐	有	有	有	東漢
遼	唐	有	有	有	東漢

揚	吳淮南。	吳	南唐	南唐	有
楚	吳	吳	南唐	南唐	有
泗	吳	吳	南唐	南唐	有
滁	吳	吳	南唐	南唐	有
和	吳	吳	南唐	南唐	有
光	吳	吳	南唐	南唐	有
黃	吳	吳	南唐	南唐	有
舒	吳	吳	南唐	南唐	有
蘄	吳	吳	南唐	南唐	有
廬	吳	吳	南唐	南唐	有保信。
壽	吳忠正。[16]	吳	南唐[17]	南唐	有忠正。
海	吳	吳	南唐	南唐	有
泰	吳	吳	南唐	南唐	有
濠	吳	吳	南唐	南唐	有
通					有世宗置。
潤	吳	吳	南唐	南唐	南唐
常	吳	吳	南唐	南唐	南唐
宣	吳寧國。	吳	南唐	南唐	南唐
歙	吳	吳	南唐	南唐	南唐
鄂	吳武昌。	吳	南唐	南唐	南唐
昇	吳	吳	南唐	南唐	南唐
池	吳	吳	南唐	南唐	南唐

饒	吳	吳	南唐	南唐	南唐
信	吳	吳	南唐	南唐	南唐
江	吳	吳	南唐	南唐	南唐
洪	吳鎮南。	吳	南唐	南唐	南唐
撫	吳	吳	南唐	南唐	南唐
袁	吳	吳	南唐	南唐	南唐
吉	吳	吳	南唐	南唐	南唐
虔	有吳	吳	南唐	南唐	南唐
筠[18]			南唐李景置。[19]	南唐	南唐
建	閩	閩	南唐	南唐	南唐
汀	閩	閩	南唐	南唐	南唐
劍			南唐李景置。[20]	南唐	南唐
漳	閩	閩	南唐留從效。	南唐留從效。	南唐留從效。
泉	閩	閩	南唐留從效。	南唐留從效。	南唐留從效。
福	閩武威。[21]	閩	吳越	吳越	吳越
杭	吳越鎮海。	吳越	吳越	吳越	吳越
越	吳越鎮東。	吳越	吳越	吳越	吳越

蘇	吳越	吳越	吳越	吳越	吳越
湖	吳越	吳越	吳越	吳越	吳越宣德。
溫	吳越	吳越	吳越靜海。	吳越	吳越
台	吳越	吳越	吳越	吳越	吳越
明	吳越	吳越	吳越	吳越	吳越
處	吳越	吳越	吳越	吳越	吳越
衢	吳越	吳越	吳越	吳越	吳越
婺	吳越	吳越	吳越	吳越	吳越
睦	吳越	吳越	吳越	吳越	吳越
秀			吳越元瓘置。	吳越	吳越
荊	南平荊南。	南平	南平	南平	南平
歸	蜀	南平	南平	南平	南平
峽	蜀	南平	南平	南平	南平
益	蜀成都。	有後蜀	蜀	蜀	蜀
漢	蜀	有後蜀	蜀	蜀	蜀
彭	蜀	有後蜀	蜀	蜀	蜀

蜀	蜀	有後蜀	蜀	蜀	蜀
綿	蜀	有後蜀	蜀	蜀	蜀
眉	蜀	有後蜀	蜀	蜀	蜀
嘉	蜀	有後蜀	蜀	蜀	蜀
劍	蜀	有後蜀	蜀	蜀	蜀
梓	蜀劍南東川。	有後蜀	蜀	蜀	蜀
遂	蜀武信。	有後蜀	蜀	蜀	蜀
果	蜀	有後蜀	蜀	蜀	蜀
閬	蜀	有後蜀保寧。	蜀	蜀	蜀
普	蜀	有後蜀	蜀	蜀	蜀
陵	蜀	有後蜀	蜀	蜀	蜀
資	蜀	有後蜀	蜀	蜀	蜀

榮	蜀	有後蜀	蜀	蜀	蜀
簡	蜀	有後蜀	蜀	蜀	蜀
邛	蜀	有後蜀	蜀	蜀	蜀
黎	蜀	有後蜀	蜀	蜀	蜀
雅	蜀永平。	有後蜀	蜀	蜀	蜀
維	蜀	有後蜀	蜀	蜀	蜀
茂	蜀	有後蜀	蜀	蜀	蜀
文	蜀	有後蜀	蜀	蜀	蜀
龍	蜀	有後蜀	蜀	蜀	蜀
黔	蜀武泰。	有後蜀	蜀	蜀	蜀
施	蜀	有後蜀	蜀	蜀	蜀
夔	蜀鎮江。	有後蜀	蜀	蜀	蜀

忠	蜀	有後蜀	蜀	蜀	蜀
萬	蜀	有後蜀	蜀	蜀	蜀
興	蜀	有後蜀	蜀	蜀	蜀
利	蜀昭武。	有後蜀	蜀	蜀	蜀
開	蜀	有後蜀	蜀	蜀	蜀
通	蜀	有後蜀	蜀	蜀	蜀
涪	蜀	有後蜀	蜀	蜀	蜀
渝	蜀	有後蜀	蜀	蜀	蜀
瀘	蜀	有後蜀	蜀	蜀	蜀
合	蜀	有後蜀	蜀	蜀	蜀
昌	蜀	有後蜀	蜀	蜀	蜀
巴	蜀	有後蜀	蜀	蜀	蜀

蓬	蜀	有後蜀	蜀	蜀	蜀	
集	蜀	有後蜀	蜀	蜀	蜀	
壁	蜀	有後蜀	蜀	蜀	蜀	
渠	蜀	有後蜀	蜀	蜀	蜀	
戎	蜀	有後蜀	蜀	蜀	蜀	
梁	蜀山南西道。	有後蜀	蜀	蜀	蜀	
洋	蜀武定。	有後蜀	蜀	蜀	蜀	
潭	楚武安。	楚	楚	楚	周行逢	
衡	楚	楚	楚	楚	周行逢	
澧	楚	楚	楚	楚	周行逢	
朗	楚[22]	楚武平。	楚	楚	周行逢	
岳	楚	楚	楚	楚	周行逢	
道	楚	楚	楚	楚	周行逢	
永	楚	楚	楚	楚	周行逢	
邵	楚	楚	楚	楚	周行逢	

全			楚 馬希範置。	楚	周行逢
辰	楚	楚	楚	楚	周行逢
融	楚	楚	楚	南漢	南漢
郴	楚	楚	楚	南漢	南漢
連	楚	楚	楚	南漢	南漢
昭	楚	楚	楚	南漢	南漢
宜	楚	楚	楚	南漢	南漢
桂	楚 靜江。	楚	楚	南漢[23]	南漢
賀	楚	楚	楚	南漢	南漢
梧	楚	楚	楚	南漢	南漢
蒙	楚	楚	楚	南漢	南漢
嚴	楚	楚	楚	南漢	南漢
富	楚	楚	楚	南漢	南漢
柳	楚	楚	楚	南漢	南漢
象	楚	楚	楚	南漢	南漢
容	南漢 寧遠。	南漢	南漢	南漢	南漢
邕	南漢 建武。	南漢	南漢	南漢	南漢
端	南漢	南漢	南漢	南漢	南漢
康	南漢	南漢	南漢	南漢	南漢
封	南漢	南漢	南漢	南漢	南漢

恩	南漢	南漢	南漢	南漢	南漢
春	南漢	南漢	南漢	南漢	南漢
新	南漢	南漢	南漢	南漢	南漢
高	南漢	南漢	南漢	南漢	南漢
竇	南漢	南漢	南漢	南漢	南漢
雷	南漢	南漢	南漢	南漢	南漢
化[24]	南漢	南漢	南漢	南漢	南漢
韶	南漢[25]	南漢	南漢	南漢	南漢
藤	南漢	南漢	南漢	南漢	南漢
白	南漢	南漢	南漢	南漢	南漢
廉	南漢	南漢	南漢	南漢	南漢
欽	南漢	南漢	南漢	南漢	南漢
廣	南漢 清海。	南漢	南漢	南漢	南漢
橫	南漢	南漢	南漢	南漢	南漢
賓	南漢	南漢	南漢	南漢	南漢
潯	南漢	南漢	南漢	南漢	南漢
惠	南漢	南漢	南漢	南漢	南漢
鬱林	南漢	南漢	南漢	南漢	南漢
英		南漢 劉龑置。	南漢	南漢	南漢
雄		南漢 劉龑置。	南漢	南漢	南漢

瓊	南漢	南漢	南漢	南漢	南漢
崖	南漢	南漢	南漢	南漢	南漢
儋	南漢	南漢	南漢	南漢	南漢
萬安	南漢	南漢	南漢	南漢	南漢
羅	南漢	南漢	南漢	南漢	南漢
潘	南漢	南漢	南漢	南漢	南漢
勤	南漢	南漢	南漢	南漢	南漢
瀧	南漢	南漢	南漢	南漢	南漢
辯[26]	南漢	南漢	南漢	南漢	南漢

[1]泰寧：原作"太甯"，中華點校本據浙江本、宗文本改，今從。

[2]有：據中華點校本校勘記，《五代會要》："晋天福七年，降爲防禦州，直屬京，所管均、房二州割隷鄧州，以安從進叛命初平故也。至漢天福十二年六月，復舊爲山南東道使。"據本卷體例，"有"下當有"罷軍"二字。

[3]武雄：據中華點校本校勘記，《輿地紀勝》卷一八九："金州，五代前蜀王建改雄武軍，《圖經》在梁開平二年。"《通鑑》卷二七一："蜀雄武節度使兼中書令王宗朗有罪，削奪官爵，復其姓名曰全師朗，命武定節度使兼中書令桑弘志討之。"同卷下文："蜀桑弘志克金州，執全師朗。"亦可證金州置雄武軍，"武雄"二字疑爲"雄武"二字之訛。

[4]武勝：原作"威勝"，中華點校本據浙江本、宗文本改，今從。按《五代會要》卷二四："後唐同光元年改爲威勝軍，周廣順二年三月改爲武勝軍，避諱也。"《太平寰宇記》卷一四二略同。又本卷下文："周改爲武勝。"

［5］罷軍：原作"威勝"，中華點校本據浙江本、宗文本改，今從。按《舊五代史》卷七九《晋高祖本紀五》："（天福五年七月甲子）降安州爲防禦使額，以申州隸許州。"

［6］忠武：二字原闕，中華點校本據浙江本、宗文本補，今從。按《通鑑》卷二六六："（開平二年五月壬申）同州匡國軍爲忠武軍。"

［7］有：據中華點校本校勘記，《舊五代史》卷一一八《周世宗本紀五》："（顯德五年正月乙酉）降同州爲郡。"據本卷體例，"有"下當有"罷軍"二字。

［8］改順義：據中華點校本校勘記，《舊五代史》卷三二《唐莊宗本紀六》："（同光三年四月戊寅）以耀州爲團練州，其順義軍額宜停。"據本卷體例，句下當有"尋罷"二字。

［9］忠義有：據中華點校本校勘記，本卷下文："延州，故屬保大軍節度。梁置忠義軍，唐改曰彰武。"據本卷體例，"忠義"二字當移於"有"下。

［10］有：《舊五代史》卷一一八《周世宗本紀五》："（顯德五年閏七月壬子）廢武州爲潘原縣。"據本卷體例，"有"下當有"廢"字。

［11］武興：二字原闕，中華點校本據浙江本、宗文本補，今從。按《通鑑》卷二六九："蜀……置武興軍於鳳州，割文、興二州隸之。"

［12］有：《舊五代史》卷一一四《周世宗本紀一》："（顯德元年十月丙午）詔安、貝二州依舊爲防禦州，其軍額並停。"據本卷體例，"有"下當有"罷軍"二字。

［13］唐：此字原闕，中華點校本據南監本及本卷上下文補，今從。

［14］順德：據中華點校本校勘記，《太平寰宇記》卷六一同，《舊五代史》卷八〇《晋高祖本紀六》、《通鑑》卷二八三："（天福七年正月癸亥）改鎮州爲恒州，成德軍爲順國軍。"《五代會要》

卷二四亦云："鎮州，天福七年正月改爲順國軍節度。"本卷下文"晋又改曰順德"同。

［15］永安：據中華點校本校勘記，《舊五代史》卷九九《漢高祖本紀上》："（天福十二年四月甲子）升府州爲節鎮，加永安軍額，以振武節度使、府州團練使折從阮爲永安軍節度使，行府州刺史、檢校太尉。"則永安軍爲後漢所置，"永安"二字當下移一格。本卷下文"府州，晋永安軍置"同。

［16］吴忠正：據中華點校本校勘記，《舊五代史》卷三九《唐明宗本紀五》："（天成三年十月甲子）詔升壽州爲忠正軍。戊辰，以雲州節度使索自通領壽州節度使。"本卷下文"壽州，唐故曰忠正"，則忠正軍乃後唐所遥置。

［17］南唐：據本卷下文"壽州……南唐改曰清淮"，則"南唐"後當加"清淮"二字。南唐爲五代十國時期李昇建立的政權。都城在今江蘇南京市，曾遷都今江西南昌市。後爲北宋所滅。吴天祚三年（937），南唐代吴，以壽州置清淮節度使。

［18］筠：據中華點校本校勘記，本書卷六二《南唐世家》記保大十年（952）置筠州。按保大十年，即周廣順二年，則筠州非始置於晋。

［19］李景置："李景"，原作"李煜"，中華點校本據南監本及本卷下文改。按本書卷六二《南唐世家》："（保大十年）分洪州高安、清江、萬載、上高四縣，置筠州。"

［20］李景置："李景"，原作"李煜"，中華點校本據南監本及本卷下文改。本書卷六二《南唐世家》："（保大四年）景分延平、劍浦、富沙三縣，置劍州。"本卷下文"劍州，南唐李景置"同。

［21］武威：據中華點校本校勘記，《通鑑》卷二六〇："（乾寧三年九月庚辰）升福建爲威武軍。"《新唐書》卷六八《方鎮表》繫其事於乾寧四年，《元豐九域志》卷九："唐威武軍節度，周改彰武軍，皇朝太平興國二年復舊。"本書卷六八《閩世家》、《舊五代史》卷一三四《王審知傳》、《金石萃編》卷一一八唐天祐三年王

審知德政碑,皆稱"威武軍"。按錢大昕《考異》卷六五:"'武威'當作'威武'。"

[22]楚:據中華點校本校勘記,本書卷六六《楚世家》記梁太祖時,馬殷"請升朗州爲永順軍,表張佶節度使"。據本卷體例,"楚"字下當有"永順"二字。

[23]南漢:據中華點校本校勘記,《通鑑》卷二九〇:"(廣順元年十一月丙寅)吴懷恩引兵奄至城下,希隱、可瓊帥其衆,夜斬關奔全州,桂州遂潰。懷恩因以兵略定宜、連、梧、嚴、富、昭、柳、龔、象等州,南漢始盡有嶺南之地。"則桂州至周初方爲南漢所并,本卷上下文所記連、昭、宜、梧、嚴、富、柳、象諸州同。

[24]化:據中華點校本校勘記,《太平寰宇記》卷一六七:"(化州)唐貞觀九年……爲辯州……皇朝太平興國五年改爲化州。"則南漢時未嘗有化州。本卷辯、化並列,疑誤。

[25]南漢:"南漢"前原有"有"字,據中華點校本刪。

[26]辯:原作"辨",中華點校本據《太平御覽》卷一七二引《十道志》、《通典》卷一八四、《舊唐書》卷四一《地理志四》、《新唐書》卷四三上《地理志七上》改。

汴州,[1]唐故曰宣武軍。[2]梁以汴州爲開封府,建爲東都。後唐滅梁,復爲宣武軍。晋天福三年升爲東京。[3]漢、周因之。

[1]汴州:州名。治所在今河南開封市。
[2]唐故曰宣武軍:"故",原作"改",據中華點校本改。
[3]天福:五代後晋高祖石敬瑭年號(936—942),出帝石重貴沿用至天福九年(944)。

洛陽,[1]梁、唐、晋、漢、周常以爲都。唐故爲東都。梁爲西都。後唐爲洛京。晉爲西京，漢、周因之。

[1]洛陽：地名。治所在今河南洛陽市。

雍州，[1]唐故上都，昭宗遷洛，[2]廢爲佑國軍。梁初改京兆府曰大安，佑國軍曰永平。唐滅梁，復爲西京。晉廢爲晉昌軍。漢改曰永興，周因之。

[1]雍州：州名。治所在今陝西西安市。
[2]昭宗：即唐昭宗李曄，888年至904年在位。紀見《舊唐書》卷二〇上、《新唐書》卷一〇。

曹州，[1]故屬宣武軍節度。晉開運二年置威信軍。[2]漢初，軍廢。周廣順二年復置彰信軍。[3]

[1]曹州：州名。治所在今山東曹縣西北。
[2]開運：五代後晉出帝石重貴年號（944—946）。
[3]廣順：五代後周太祖郭威年號（951—953）。

宋州，[1]故屬宣武軍節度。梁初徙置宣武軍。唐滅梁，改曰歸德。

[1]宋州：州名。治所在今河南商丘市睢陽區。

陳州，[1]故屬忠武軍節度。晉開運二年置鎮安軍。漢初，軍廢。周廣順二年復之。

[1]陳州：州名。治所在今河南淮陽縣。

許州，[1]唐故曰忠武。梁改曰匡國。唐滅梁，復曰忠武。

[1]許州：州名。治所在今河南許昌市。

滑州，[1]唐故曰義成。以避梁王父諱改曰宣義。[2]唐滅梁，復其故。

[1]滑州：州名。治所在今河南滑縣。
[2]梁王父：即朱溫之父朱誠，爲村塾先生。事見本書卷一《梁本紀》。

襄州，[1]唐故曰山南東道。唐、梁之際改曰忠義軍。後以延州爲忠義，[2]襄州復曰山南東道。

[1]襄州：州名。治所在今湖北襄陽市。
[2]延州：州名。治所在今陝西延安市。

鄧州，[1]故屬山南東道節度。梁破趙匡凝，[2]分鄧州置宣化軍。唐改曰威勝。周改曰武勝。

[1]鄧州：州名。治所在今河南鄧州市。
[2]趙匡凝：人名。蔡州（今河南汝南縣）人。趙德諲之子，唐末將領。傳見《舊五代史》卷一七、本書卷四一。

安州，[1]梁置宣威軍。唐改曰安遠，晉罷，漢復曰安遠，周又罷。

[1]安州：州名。治所在今湖北安陸市。

晉州，[1]故屬護國軍節度。梁開平四年置定昌軍，[2]貞明三年改曰建寧。[3]唐改曰建雄。

[1]晉州：州名。治所在今山西臨汾市。
[2]開平：後梁太祖朱溫年號（907—911）。
[3]貞明：後梁末帝朱友貞年號（915—921）。

金州，[1]故屬山南東道節度。唐末置戎昭軍，已而廢之，遂入于蜀。至晉高祖時，[2]又置懷德軍，尋罷。

[1]金州：州名。治所在今陝西安康市。
[2]晉高祖：即五代後晉高祖石敬瑭。後晉的建立者。紀見《舊五代史》卷七五至卷八一、本書卷八。

陝州，[1]唐故曰保義，梁改曰鎮國，後唐復曰保義。

[1]陝州：州名。治所在今河南三門峽市陝州區。

華州，[1]唐故曰鎮國，梁改曰感化，後唐復曰鎮國。

[1]華州：州名。治所在今陝西渭南市華州區。

同州，[1]唐故曰匡國，梁改曰忠武，後唐復曰匡國。

[1]同州：州名。治所在今陝西大荔縣。

耀州，[1]本華原縣，唐末屬李茂貞，建爲耀州，置義勝軍。梁末帝時，[2]茂貞養子溫韜以州降梁，[3]梁改耀州爲崇州，義勝曰靜勝。後唐復爲耀州，改曰順義。

[1]耀州：州名。治所在今陝西銅川市耀州區。
[2]梁末帝：即後梁末帝朱友貞，朱溫第四子，殺其兄朱友珪而自立。爲李存勖大軍包圍後自殺身死，後梁由是滅亡。紀見《舊五代史》卷八至卷一〇、本書卷三。
[3]溫韜：人名。京兆華原（今陝西銅川市耀州區）人。唐末李茂貞部將，五代後梁、後唐將領。傳見《舊五代史》卷七三、本書卷四〇。

延州，[1]故屬保大軍節度。梁置忠義軍，唐改曰彰武。

[1]延州：州名。治所在今陝西延安市。

魏州，[1]唐故曰大名府，置天雄軍，五代皆因之。後唐建鄴都，晉、漢因之，至周罷。大名府，後唐曰興唐，晉曰廣晉，漢、周復曰大名。

[1]魏州：州名。治所在今河北大名縣。

澶州，[1]故屬天雄軍節度。晋天福九年置鎮寧軍。

[1]澶州：州名。唐、五代初，治所在今河南清豐縣。後晋天福四年（939），移治於今河南濮陽縣。

相州，[1]故屬天雄軍節度。梁末帝分置昭德軍，而天雄軍亂，遂入于晋。莊宗滅梁，復屬天雄。晋高祖置彰德軍。

[1]相州：州名。治所在今河南安陽市。

邢州，[1]故屬昭義軍節度。昭義所統澤、潞、邢、洺、磁五州。[2]唐末孟方立爲昭義軍節度使，[3]徙其軍額于邢州，而澤、潞二州入于晋。方立但有邢、洺、磁三州。故當唐末有兩昭義軍。梁、晋之争，或入于梁，或入于晋。梁以邢、洺、磁三州爲保義軍。莊宗滅梁，改曰安國。

[1]邢州：州名。治所在今河北邢臺市。
[2]澤：州名。治所在今山西澤州縣。　潞：州名。治所在今山西長治市。　洺：州名。治所在今河北邯鄲市永年區。　磁：州名。治所在今河北磁縣。
[3]孟方立：人名。邢州（今河北邢臺市）人。唐末將領。傳見《新唐書》卷一八七、《舊五代史》卷六二、本書卷四二。

鎮州，[1]故曰成德軍。梁初以成音犯廟諱，改曰武順。唐復曰成德，晋又改曰順德，漢復曰成德。

[1]鎮州：州名。治所在今河北正定縣。

應州，[1]故屬大同軍節度。唐明宗即位，[2]以其應州人也，乃置彰國軍。

[1]應州：州名。治所在今山西應縣。　渾元：縣名。治所在今山西渾源縣。
[2]唐明宗：即五代後唐明宗李嗣源。沙陀人。原名邈佶烈，李克用養子。926年至933年在位。紀見《舊五代史》卷三五至卷四四、本書卷六。

新州，[1]唐同光元年置威塞軍。[2]

[1]新州：州名。治所在今河北涿鹿縣。
[2]唐同光元年置威塞軍：據中華點校本校勘記，《舊五代史》卷三二《唐莊宗本紀六》："（同光二年七月庚申）升新州爲威塞軍節度使，以嬀、儒、武等州爲屬郡。"《通鑑》卷二七三："（同光二年七月）庚申，置威塞軍於新州。"

府州，[1]晋置永安軍，漢罷之，周復。

[1]府州：州名。治所在今陝西府谷縣。

并州，[1]後唐建北都，其軍仍曰河東。

[1]并州：州名。治所在今山西太原市。

潞州，唐故曰昭義。梁末帝時屬梁，改曰匡義，歲餘，唐滅梁，改曰安義。晉復曰昭義。
　　廬州，[1]周世宗克淮南，[2]置保信軍。

[1]廬州：州名。治所在今安徽合肥市。
[2]周世宗：即五代後周皇帝柴榮，954年至959年在位。紀見《舊五代史》卷一一四至卷一一九、本書卷一二。

　　壽州，[1]唐故曰忠正，南唐改曰清淮。周世宗平淮南，復曰忠正。

[1]壽州：州名。治所在今安徽壽縣。

　　五代之際，外屬之州，揚州曰淮南，[1]宣州曰寧國，[2]鄂州曰武昌，[3]洪州曰鎮南，[4]福州曰武威，[5]杭州曰鎮海，[6]越州曰鎮東，[7]江陵府曰荊南，[8]益州、梓州曰劍南東、西州，[9]遂州曰武信，[10]興元府曰山南西道，[11]洋州曰武定，[12]黔州曰黔南，[13]潭州曰武安，[14]桂州曰靜江，[15]容州曰寧遠，[16]邕州曰建武，[17]廣州曰清海，[18]皆唐故號，更五代無所易，而今因之者也。其餘僭偽改置之名，[19]不可悉考，而不足道，其因著于今者，略注于譜。

[1]揚州：州名。治所在今江蘇揚州市。原作"楊州"，據中華點校本改。
[2]宣州：州名。治所在今安徽宣城市。

1498

［３］鄂州：州名。治所在今湖北武漢市。

［４］洪州：州名。治所在今江西南昌市。

［５］福州：州名。治所在今福建福州市。原作"復州"，據中華點校本改。

［６］杭州：州名。治所在今浙江杭州市。

［７］越州：州名。治所在今浙江紹興市。

［８］江陵府：府名。治所在今湖北荆州市。

［９］益州：州名。治所在今四川成都市。　梓州：州名。治所在今四川三臺縣。

［１０］遂州：州名。治所在今四川遂寧市。

［１１］興元府：府名。治所在今陝西漢中市。

［１２］洋州：州名。治所在今陝西洋縣。

［１３］黔州：州名。治所在今重慶彭水縣。

［１４］潭州：州名。治所在今湖南長沙市。

［１５］桂州：州名。治所在今廣西桂林市。

［１６］容州：州名。治所在今廣西北流市。

［１７］邕州：州名。治所在今廣西南寧市。

［１８］廣州：州名。治所在今廣東廣州市。

［１９］僭僞：原作"僭位"，中華點校本據宗文本、《通鑑》卷二七〇胡注引《歐史·職方考》改，今從。

濟州，[１]周廣順二年置，割鄆州之鉅野、鄆城，[２]兗州之任城，[３]單州之金鄉爲屬縣而治鉅野。[４]

［１］濟州：州名。治所在今山東巨野縣。

［２］鄆州：州名。治所在今山東東平縣。　鉅野：縣名。治所在今山東巨野縣。　鄆城：縣名。治所在今山東鄆城縣。

［３］兗州：州名。治所在今山東濟寧市兗州區。　任城：縣名。

治所在今山東濟寧市。

［4］單州：州名。治所在今山東單縣。　金鄉：縣名。治所在今山東金鄉縣。

單州，唐末以宋州之碭山，[1]梁太祖鄉里也，爲置輝州，已而徙治單父。後唐滅梁，改輝州爲單州。其屬縣置徙，傳記不同，今領單父、碭山、成武、魚臺四縣。[2]

［1］宋州：州名。治所在今河南商丘市睢陽區。　碭山：縣名。治所在今安徽碭山縣。
［2］成武：縣名。治所在今山東成武縣。　魚臺：縣名。治所在今山東魚臺縣。

耀州，[1]李茂貞置，治華原縣。梁初改曰崇州，唐同光元年復爲耀州。

［1］耀州：州名。治所在今陝西銅川市耀州區。

解州，[1]漢乾祐元年九月置，[2]割河中之聞喜、安邑、解三縣爲屬而治解。[3]

［1］解州：州名。治所在今山西運城市。
［2］乾祐：後漢高祖劉知遠、隱帝劉承祐年號（948—950）。
［3］河中：府名。治所在今山西永濟市。　聞喜：縣名。治所在今山西聞喜縣。　安邑：縣名。治所在今山西運城市。　三：原闕，中華點校本據宗文本、《舊五代史》卷一五〇《郡縣志》、《五

代會要》卷二〇補。今從。

　　威州,[1]晉天福四年置,割靈州之方渠,[2]寧州之木波、馬嶺三鎮爲屬而治方渠。[3]周廣順二年改曰環州,顯德四年廢爲通遠軍。[4]五代置軍六,皆寄治於縣,隸於州,故不別出。監者,物務之名爾,故不載於地理。皇朝軍監始自置屬縣,與州府並列矣。

　　[1]威州:州名。治所在今甘肅環縣。
　　[2]靈州:州名。治所在今寧夏吳忠市。　方渠:縣名。治所在今甘肅環縣。
　　[3]寧州:州名。治所在今甘肅寧縣。　木波:地名。即木波堡,位於今甘肅環縣東南木缽村。　馬嶺:地名。位於今甘肅慶城縣馬嶺鎮。原作"烏嶺",中華點校本據《舊五代史》卷一五〇《郡縣志》、《五代會要》卷二〇改,今從。
　　[4]顯德:五代後周太祖郭威年號(954)。世宗柴榮、恭帝柴宗訓沿用(954—960)。

　　乾州,[1]李茂貞置,治奉先縣。[2]

　　[1]乾州:州名。治所在今陝西乾縣。
　　[2]奉先縣:據中華點校本校勘記,《太平寰宇記》卷三一:"乾州,本京兆奉天縣,唐末李茂貞建爲乾州。"《新唐書》卷三七《地理志一》記京兆奉天縣,文明元年析醴泉等縣置,以奉乾陵……乾寧二年以縣置乾州。按錢大昕《考異》卷六五:"'奉先'當作'奉天'。"

磁州，[1]梁改曰惠州，唐復曰磁州。

[1]磁州：州名。治所在今河北磁縣。

景州，[1]唐故治弓高。[2]周顯德二年廢爲定遠軍，[3]割其屬安陵縣屬德州，[4]廢弓高縣入東光縣，爲定遠軍治所。

[1]景州：州名。治所在今河北東光縣。
[2]治：原作"置"，據文意改。　弓高：縣名。治所在今河北阜城縣。
[3]二年：原作"三年"，中華點校本據浙江本、宗文本改，今從。
[4]安陵：縣名。治所在今河北景縣。　德州：州名。治所在今山東陵縣。

濱州，[1]周顯德三年置，以其濱海爲名。初，五代之際，置榷鹽務於海傍，後爲贍國軍，周因置州，割棣州之渤海、蒲臺爲屬縣而治渤海。[2]

[1]濱州：州名。治所在今山東濱州市。
[2]棣州：州名。治所在今山東惠民縣。　蒲臺：縣名。治所在今山東濱州市。

雄州，[1]周顯德六年克瓦橋關置，[2]治歸義；割易州之容城爲屬，[3]尋廢。

［1］雄州：州名。治所在今河北雄縣。
［2］瓦橋關：唐置。位於今河北雄縣。五代後晉初地入契丹。後周顯德六年（959）收復，建爲雄州。與益津關、淤口關合稱三關。
［3］易州：州名。治所在今河北易縣。　容城：縣名。治所在今河北容城縣。

霸州，[1]周顯德六年克益津關置,[2]治永清，割莫州之文安、[3]瀛州之大城爲屬。[4]

［1］霸州：州名。遼置。治所在今河北霸州市。
［2］益津關：唐置，位於今河北霸州市。五代後晉初地入契丹，後周顯德六年（959）收復其地，置霸州。此關與瓦橋關、淤口關合稱三關，爲五代時邊防重鎮。
［3］文安：縣名。治所在今河北文安縣。
［4］大城：縣名。治所在今河北大城縣。

通州，[1]本海陵之東境,[2]南唐置静海制置院，周世宗克淮南，升爲静海軍，後置通州，分其地置静海、海門二縣爲屬而治静海。[3]

［1］通州：州名。治所在今江蘇南通市。
［2］海陵：縣名。治所在今江蘇泰州市。
［3］海門：縣名。治所在今江蘇啓東市。

筠州，[1]南唐李景置。[2]割洪州之高安、上高、萬載、清江四縣爲屬而治高安。[3]

[1]筠州：州名。治所在今江西高安市。
[2]李景：即五代十國南唐元宗李璟。徐州（今江蘇徐州市）人。南唐烈祖李昪長子，南唐第二位皇帝。後削去帝號，改稱國主。
[3]洪州：州名。治所在今江西南昌市。　高安：縣名。治所在今江西高安市。　上高：縣名。治所在今江西上高縣。　萬載：縣名。治所在今江西萬載縣。　清江：縣名。治所在今江西樟樹市。

劍州，[1]南唐李景置，[2]割建州之延平、劍浦、富沙三縣爲屬而治延平。[3]

[1]劍州：州名。治所在今福建南平市。
[2]李景：原作"李煜"，中華點校本據浙江本、宗文本改，今從。
[3]建州：地名。治所在今福建建甌市。　延平：縣名。治所在今福建南平市。　富沙：縣名。治所在今福建南平市。

全州，[1]楚王馬希範置，[2]以潭州之湘川縣爲清湘縣，又割灌陽縣爲屬而治清湘。[3]

[1]全州：州名。治所在今廣西全州縣。
[2]馬希範：人名。許州鄢陵（今河南鄢陵縣）人，一説扶溝（今河南扶溝縣）人。五代十國南楚國主馬殷子。後唐明宗長興三年（932）至後晋開運四年（947）在位。傳見《舊五代史》卷一三三、本書卷六六。
[3]灌陽：縣名。治所在今廣西灌陽縣。

秀州，[1]吳越王錢元瓘置，[2]割杭州之嘉興縣爲屬而治之。

[1]秀州：州名。治所在今浙江嘉興市。
[2]錢元瓘：人名。祖籍臨安（今浙江杭州市臨安區）。錢鏐之子。五代十國吳越國國主，932年至941年在位。傳見《舊五代史》卷一三三、本書卷六七。

雄州，南漢劉龑割韶州之保昌置，[1]治保昌。

[1]劉龑：人名。初名劉陟，五代十國南漢建立者。傳見《舊五代史》卷一三五、本書卷六五。　韶州：州名。治所在今廣東韶關市。

英州，[1]南漢劉龑割廣州之湞陽置，治湞陽。

[1]英州：州名。治所在今廣東英德市。

開封府故統六縣。梁開平元年，[1]割滑州之酸棗、長垣，[2]鄭州之中牟、陽武，[3]宋州之襄邑，[4]曹州之考城更曰戴邑，[5]許州之扶溝、鄢陵，[6]陳州之太康隸焉。[7]唐分酸棗、中牟、襄邑、鄢陵、太康五縣還其故，晋升汴州爲東京，復割五縣隸焉。

[1]元年：據中華點校本校勘記，《册府》卷一九六、《五代會要》卷二〇皆繫其事於開平三年。
[2]酸棗：縣名。治所在今河南延津縣。　長垣：縣名。治所

在今河南長垣縣。

[3]鄭州：州名。治所在今河南鄭州市。　中牟：縣名。治所在今河南中牟縣。　陽武：縣名。治所在今河南原陽縣。

[4]襄邑：縣名。治所在今河南睢縣。

[5]考城：縣名。治所在今河南民權縣。

[6]扶溝：縣名。治所在今河南扶溝縣。　鄢陵：縣名。治所在今河南鄢陵縣。

[7]太康：縣名。治所在今河南太康縣。

雍丘，[1]晉改曰杞，漢復其故。

[1]雍丘：縣名。治所在今河南杞縣。

長垣，唐改曰匡城。
黎陽，[1]故屬滑州，晉割隸衛州。[2]

[1]黎陽：縣名。治所在今河南浚縣。
[2]衛州：州名。治所在今河南衛輝市。

葉、襄城，[1]故屬許州，唐割隸汝州。[2]

[1]葉：縣名。治所在今河南葉縣。　襄城：縣名。治所在今河南襄城縣。

[2]汝州：州名。治所在今河南汝州市。

楚丘，[1]故屬單州，梁割隸宋州。

[1]楚丘：縣名。治所在今山東曹縣。

密州膠西，[1]故曰輔唐，梁改曰安丘，唐復其故，晉改曰膠西。

[1]密州：州名。治所在今山東諸城市。　膠西：縣名。治所在今山東膠州市。

渭南，[1]故屬京兆，周改隸華州。

[1]渭南：縣名。治所在今陝西渭南市。

同官，[1]故屬京兆府，梁割隸同州，唐割隸耀州。

[1]同官：縣名。治所在今陝西銅川市。

美原，[1]故屬同州，李茂貞置鼎州而治之。梁改爲裕州，屬順義軍節度。後不見其廢時，唐同光三年，割隸耀州。

[1]美原：縣名。治所在今陝西富平縣。

平涼，[1]故屬涇州。[2]唐末渭州陷吐蕃，[3]權於平涼置渭州而縣廢。後唐清泰三年，[4]以故平涼之安國、耀武兩鎮置平涼縣，[5]屬涇州。

［1］平涼：縣名。治所在今甘肅平涼市。
［2］涇州：州名。治所在今甘肅涇川縣。
［3］渭州：州名。治所在今甘肅隴西縣。　吐蕃：青藏高原地區的藏族部落政權。自7至9世紀，共歷九主，二百餘年。參見才讓《吐蕃史稿》，甘肅人民出版社2010年版。
［4］清泰：五代後唐廢帝李從珂年號（934—936）。
［5］安國：地名。位於今甘肅平涼市。　耀武：地名。位於今甘肅平涼市。

　　臨涇，[1]故屬涇州。唐末原州陷吐蕃，[2]權於臨涇置原州而涇州兼治其民。後唐清泰三年割隸原州。

［1］臨涇：縣名。治所在今甘肅鎮原縣。
［2］原州：州名。治所在今甘肅鎮原縣。

　　鄜州咸寧，[1]周廢。

［1］鄜州：州名。治所在今陝西富縣。　咸寧：縣名。治所在今陝西宜川縣。

　　稷山，[1]故屬河中，唐割隸絳州。[2]

［1］稷山：縣名。治所在今山西稷山縣。
［2］絳州：州名。治所在今山西新絳縣。

　　慈州仵城、吕香，[1]周廢。

［1］慈州：州名。治所在今山西吉縣。　仵城：縣名。治所在今山西吉縣。　呂香：縣名。治所在今山西鄉寧縣。

大名府大名，[1]故曰貴鄉。後唐改曰廣晉，漢改曰大名。

［1］大名：地名。治所在今河北大名縣。

滄州長蘆、乾符，[1]周廢入清池；[2]無棣，[3]周置保順軍。

［1］長蘆：縣名。治所在今河北滄州市。　乾符：唐僖宗李儇年號（874—879）。
［2］清池：縣名。治所在今河北滄州市。
［3］無棣：縣名。治所在今山東慶雲縣。

安陵，故屬景州，周割隸德州。
澶州頓丘，[1]晉置德清軍。

［1］頓丘：縣名。治所在今河南清豐縣。

博州武水，[1]周廢入聊城。

［1］博州：州名。治所在今山東聊城市。　武水：縣名。治所在今山東聊城市。

博野，[1]故屬深州，[2]周割隸定州。[3]

[1]博野：縣名。治所在今河北蠡縣。
[2]深州：州名。治所在今河北深州市。
[3]定州：州名。治所在今河北定州市。

武康，[1]故屬湖州，[2]梁割隸杭州。

[1]武康：縣名。治所在今浙江德清縣。
[2]湖州：州名。治所在今浙江湖州市。

福州閩清，[1]梁乾化元年，[2]王審知於梅溪場置。[3]

[1]閩清：縣名。治所在今福建閩清縣。
[2]乾化：五代後梁太祖朱溫年號（911—912），末帝朱友貞沿用（913—915）。
[3]王審知：人名。光州固始（今河南固始縣）人。五代十國閩國建立者。909年至925年在位。傳見《舊五代史》卷一三四、本書卷六八。　梅溪場：地名。位於今福建閩清縣。

蘇州吳江，[1]梁開平三年，錢鏐置。

[1]蘇州：州名。治所在今江蘇蘇州市。　吳江：縣名。治所在今江蘇蘇州市吳江區。

明州望海，[1]梁開平三年，錢鏐置。

[1]明州：州名。治所在今浙江寧波市。　望海：縣名。治所在今浙江寧波市鎮海區。

處州長松,[1]故曰松陽,梁改曰長松。

[1]處州:州名。治所在今浙江麗水市。　長松:縣名。治所在今浙江松陽縣。

潭州龍喜,[1]漢乾祐三年,[2]馬希範置。

[1]龍喜:縣名。治所在今湖南長沙市。
[2]漢乾祐三年:據中華點校本校勘記,《舊五代史》卷一〇二《漢隱帝本紀中》:"(乾祐二年七月辛亥)湖南奏,析長沙縣東界爲龍喜縣。"

天長、六合,[1]故屬揚州。南唐以天長爲軍,六合爲雄州,周復故。

[1]天長:縣名。治所在今安徽天長市。　六合:縣名。治所在今江蘇南京市六合區。

漢陽,[1]故屬鄂州,周置漢陽軍。

[1]漢陽:縣名。治所在今湖北武漢市漢陽區。

汉川,[1]故屬沔州,[2]周割隸安州。[3]

[1]汉川:縣名。治所在今湖北漢川縣劉家隔鎮。
[2]沔州:州名。治所在今湖北武漢市漢陽區。
[3]安州:州名。治所在今湖北安陸市。

襄州樂鄉,[1]周廢入宜城。[2]

[1]樂鄉：縣名。治所在今湖北鍾祥市。
[2]宜城：縣名。治所在今湖北宜城市。

鄧州臨湍,[1]漢改曰臨瀨；菊潭、向城,[2]周廢。

[1]臨湍：縣名。治所在今河南鄧州市。
[2]菊潭：縣名。治所在今河南內鄉縣。　向城：縣名。治所在今河南南召縣。

復州竟陵,[1]晉改曰景陵。

[1]復州：州名。治所在今湖北天門市。　竟陵：縣名。治所在今湖北天門市。

監利,[1]故屬復州，梁割隸江陵。

[1]監利：縣名。治所在今湖北監利縣。

唐州慈丘,[1]周廢。

[1]唐州：州名。治所在今河南唐河縣。　慈丘：縣名。治所在今河南泌陽縣。

商州乾元,[1]漢改曰乾祐，割隸京兆。

[1]商州：州名。治所在今陝西商洛市商州區。　乾元：縣名。治所在今陝西柞水縣。

洛南，[1]故屬華州，周割隸商州。

[1]洛南：縣名。治所在今陝西洛南縣。

隨州唐城，[1]梁改曰漢東，後唐復舊，晋又改漢東，漢復舊。

[1]隨州：州名。治所在今湖北隨州市。　唐城：縣名。治所在今湖北隨州市唐縣鎮。

雄勝軍，[1]本鳳州固鎮，[2]周置軍。

[1]雄勝軍：地名。位於今甘肅徽縣。
[2]鳳州：州名。治所在今陝西鳳縣。　固鎮：地名。位於今甘肅徽縣。

秦州天水、隴城，[1]唐末廢，後唐復置。

[1]秦州：州名。治所在今甘肅天水市。　天水：縣名。治所在今甘肅天水市。　隴城：縣名。治所在今甘肅秦安縣隴城鄉。

成州栗亭，[1]後唐置。

[1]栗亭：縣名。治所在今甘肅徽縣伏家鎮。

自唐有方鎮，而史官不録於地理之書，以謂方鎮兵戎之事，非職方所掌故也。然而後世因習，以軍目地，[1]而没其州名。若今永興，本節度軍名，而今命守臣遂曰知永興軍府事，而不言雍州京兆，是也。又今置軍者，徒以虚名升建爲州府之重，此不可以不書也。州、縣，凡唐故而廢於五代，若五代所置而見於今者，及縣之割隸今因之者，皆宜列以備職方之考。其餘嘗置而復廢，嘗改割而復舊者，皆不足書。山川物俗，職方之掌也，五代短世，無所遷變，故亦不復録，而録其方鎮軍名，以與前史互見之云。

　　[1]以軍目地："目"，原作"自"，中華點校本據浙江本改，今從。

新五代史　卷六一

吳世家第一

楊行密　子渥　隆演　溥　徐温

嗚呼！自唐失其政，天下乘時，黥髡盜販，袞冕峨巍。[1]吳暨南唐，姦豪竊攘。蜀險而富，漢險而貧，貧能自彊，富者先亡。閩陋荆蹙，楚開蠻服。剝剽弗堪，吳越其尤。牢牲視人，嶺蜑遭劉。[2]百年之間，並起爭雄，山川亦絶，風氣不通。語曰：清風興，群陰伏；日月出，爝火息。[3]故真人作而天下同。作十國世家。[4]

[1]黥（qíng）：古代的一種刑罰。刺字於面而塗之以墨，多用於標識犯人或兵卒。　髡（kūn）：古代的一種刑罰。將犯人剃髮。袞冕：皇帝在正式祭祀禮儀場合穿着的禮服及冠戴，具體形制各代多有更革。詳見戴欽祥等《中國古代服飾》，商務印書館1998年版；朱和平《中國服飾史稿》，中州古籍出版社2001年版；沈從文《中國古代服飾研究》，上海書店出版社2005年版。

[2]牢牲：古代祭祀用的豬、牛、羊等牲畜，亦稱"犧牲"。因此類牲畜在獻祭之前飼養於"牢"，故有牢牲之稱。　嶺蜑

(dàn): 古代居住於嶺南地區的少數民族。詳見詹堅固《試論蜑名變遷與蜑民族屬》,《民族研究》2012 年第 1 期。

[3]爝火: 火把,小的火焰。

[4]世家: 指西漢司馬遷作《史記》而創設的一種文體。主要記述世襲封國諸侯的事迹。

楊行密　子渥　隆演　溥

楊行密,字化源,廬州合淝人也。[1]爲人長大有力,能手舉百斤。唐乾符中,江淮群盜起,行密以爲盜見獲,刺史鄭棨奇其狀貌,[2]釋縛縱之。後應募爲州兵,戍朔方,[3]遷隊長。歲滿戍還,而軍吏惡之,復使出戍。行密將行,過軍吏舍,軍吏陽爲好言,問行密行何所欲。行密奮然曰:"惟少公頭爾!"即斬其首,携之而出,因起兵爲亂,自號八營都知兵馬使。[4]刺史郎幼復棄城走,行密遂據廬州。

[1]廬州: 州名。治所在今安徽合肥市。

[2]乾符: 唐僖宗李儇年號(874—879)。　刺史: 官名。州一級行政長官。漢武帝時始置,總掌考核官吏、勸課農桑、地方教化等事。唐中期以後,節度使、觀察使轄州而設,刺史爲其屬官,職任漸輕。從三品至正四品下。　鄭棨: 人名。鄭州滎陽(今河南滎陽市)人。唐末官員,官至禮部侍郎、同中書門下平章事。傳見《舊唐書》卷一七九、《新唐書》卷一八三。原作"鄭棨",中華點校本據《新唐書》卷一八八《楊行密傳》、卷一八三本傳、《舊唐書》卷一七九本傳及錢大昕《廿二史考異》卷六六改爲"鄭棨",今從。

[3]朔方: 方鎮名。治所在靈州(今寧夏吴忠市)。

[4]都知兵馬使：官名。唐、五代方鎮自置之部隊統率官，稱兵馬使，其權尤重者稱兵馬大使或都知兵馬使。掌兵馬訓練、指揮。品秩不詳。

中和三年，[1]唐即拜行密廬州刺史。淮南節度使高駢爲畢師鐸所攻，駢表行密行軍司馬，行密率兵數千赴之，行至天長，師鐸已囚駢，召宣州秦彦入楊州，行密不得入，屯于蜀岡。[2]師鐸兵衆數萬擊行密，行密陽敗，棄營走，師鐸兵飢，乘勝争入營收軍實，行密反兵擊之，師鐸大敗，單騎走入城，遂殺高駢。行密聞駢死，縞軍向城哭三日，攻其西門，彦及師鐸奔于東塘，[3]行密遂入楊州。

[1]中和：唐僖宗李儇年號（881—885）。

[2]淮南：方鎮名。治所在揚州（今江蘇揚州市）。　節度使：官名。唐時在重要地區所設掌握一州或數州軍事、民事、財政的長官。品秩不詳。　高駢：人名。幽州（今北京市）人。唐末軍閥。傳見《舊唐書》卷一八二、《新唐書》卷二二四下。　畢師鐸：人名。曹州冤句（今山東菏澤市）人。唐末將領。傳見《舊唐書》卷一八二。　行軍司馬：官名。出征將領及節度使的屬官。掌軍籍符伍、號令印信，是藩鎮重要的軍政官員。品秩不詳。　秦彦：人名。彭城徐州（今江蘇徐州市）人。唐末藩鎮將領。傳見《舊唐書》卷一八二。　楊州：州名。即揚州，治所在今江蘇揚州市。蜀岡：地名。位於今江蘇揚州市北郊。詳見錢宗武、楊飛《蜀岡得名新解》，《揚州大學學報》（人文社會科學版）2006年第3期。

[3]東塘：地名。位於今湖南湘陰縣北。

是時，城中倉廩空虛，飢民相殺而食，其夫婦、父子自相牽，就屠賣之，屠者刲剔如羊豕。[1]行密不能守，欲走。而蔡州秦宗權遣其弟宗衡掠地淮南，彥及師鐸還自東塘，與宗衡合，行密閉城不敢出。[2]已而宗衡爲偏將孫儒所殺，儒攻高郵破之，行密益懼。[3]其客袁襲曰：[4]"吾以新集之衆守空城，而諸將多駢舊人，非有厚恩素信力制而心服之也。今儒兵方盛，所攻必克，此諸將持兩端、因強弱、擇嚮背之時也。海陵鎮使高霸，[5]駢之舊將，必不爲吾用。"行密乃以軍令召霸，霸率其兵入廣陵。[6]行密欲使霸守天長，[7]襲曰："吾以疑霸而召之，其可復用乎？且吾能勝儒，無所用霸；不幸不勝，天長豈吾有哉！不如殺之，以并其衆。"行密因犒軍擒霸，族之，得其兵數千。已而孫儒殺秦彥、畢師鐸，并其兵以攻行密，行密欲走海陵，襲曰："海陵難守，而廬州吾舊治也，城廩完實，可爲後圖。"行密乃走廬州。久之，未知所嚮，問襲曰："吾欲卷甲倍道，西取洪州，[8]可乎？"襲曰："鍾傳新得江西，[9]勢未可圖，而秦彥之入廣陵也，召池州刺史趙鍠委以宣州。[10]今彥且死，鍠失所恃，而守宣州非其本志，且其爲人非公敵，此可取也。"行密乃引兵攻鍠，戰于曷山，[11]大敗之。進圍宣州，鍠棄城走，追及殺之，行密遂入宣州。

[1]刲（kuī）：割、刺。

[2]蔡州：州名。治所在今河南汝南縣。　秦宗權：人名。許州（今河南許昌市）人。唐末軍閥。傳見《舊唐書》卷二〇〇下、

《新唐書》卷二二五下。　宗衡：人名。即秦宗衡。蔡州上蔡（今河南上蔡縣）人。唐末軍閥。事見本書本卷及卷六六。

[3]孫儒：人名。河南府（今河南洛陽市）人。唐末軍閥。傳見《新唐書》卷一八八。　高郵：縣名。治所在今江蘇高郵市。

[4]袁襲：人名。籍貫不詳。楊行密麾下幕僚。本書僅此一見。

[5]海陵：縣名。治所在今江蘇泰州市。　高霸：人名。籍貫不詳。高駢麾下部將。本書僅此一見。

[6]廣陵：縣名。治所在今江蘇揚州市。

[7]天長：縣名。治所在今安徽天長市。

[8]洪州：州名。治所在今江西南昌市。

[9]鍾傳：人名。洪州高安（今江西高安市）人。唐末軍閥。傳見《新唐書》卷一九〇、《舊五代史》卷一七、本書卷四一。

[10]池州：州名。治所在今安徽池州市。　趙鍠：人名。籍貫不詳。唐末軍閥。事見本書本卷。　宣州：州名。治所在今安徽宣城市。

[11]曷山：山名。即褐山、四褐山。位於今安徽蕪湖市北長江南岸。

　　龍紀元年，唐拜行密宣州觀察使。[1]行密遣田頵、安仁義、李神福等攻浙西，[2]取蘇、常、潤州。[3]二年，取滁、和州。[4]景福元年，取楚州。[5]孫儒自逐行密，入廣陵，久之亦不能守，乃焚其城。殺民老疾以餉軍，驅其衆渡江，號五十萬以攻行密。諸將田頵、劉威等遇之輒敗，行密欲走銅官。[6]其客戴友規曰：[7]"儒來氣銳而兵多，蓋其鋒不可當而可以挫，其衆不可敵而可久以敝之。若避而走，是就擒也。"劉威亦曰："背城堅柵，可以不戰疲之。"行密以爲然。久之，儒兵飢，又大疫，行密悉兵擊之，儒敗被擒，將死，仰顧見威曰："聞公爲此策以敗我，使我有將如公者，其可敗邪？"行密收儒餘兵數千，以皂衣蒙甲，號"黑雲都"，常以爲親軍。

[1]龍紀：唐昭宗李曄年號（889）。 觀察使：官名。唐代後期出現的地方軍政長官。唐玄宗開元二十一年（733）置十五道采訪使，唐肅宗乾元元年（758）改爲觀察使。無旌節，地位低於節度使。掌一道州縣官的考績及民政。品秩不詳。

[2]田頵（jūn）：人名。廬州合淝（今安徽合肥市）人。楊行密麾下將領，後因反叛爲其所殺。傳見《新唐書》卷一八九、《舊五代史》卷一七。 安仁義：人名。籍貫不詳。楊行密麾下將領，後爲其所殺。事見本書本卷、卷六七。 李神福：人名。河北洺州（今河北邯鄲市）人。楊行密麾下將領。事見本書本卷。

[3]蘇州：州名。治所在今江蘇蘇州市。 常州：州名。治所在今江蘇常州市。 潤州：州名。治所在今江蘇鎮江市。

[4]二年：龍紀僅一年，次年正月即改元大順。中華點校本據《新唐書》卷一〇《昭宗紀》、《通鑑》卷二五八繫楊行密取滁、和州事於大順二年。當是。 滁州：州名。治所在今安徽滁州市。 和州：州名。治所在今安徽和縣。

[5]景福：唐昭宗李曄年號（892—893）。 楚州：州名。治所在今江蘇淮安市。

[6]劉威：人名。廬州合淝（今安徽合肥市）人。楊行密麾下將領。事見本書本卷。 銅官：地名。位於今安徽銅陵市東順安鎮。

[7]戴友規：人名。籍貫不詳。楊行密門客。本書僅此一見。

是歲，復入楊州，唐拜行密淮南節度使。乾寧二年，加檢校太傅、同中書門下平章事。[1]行密以田頵守宣州，安仁義守潤州。昇州刺史馮弘鐸來附。[2]分遣顥等攻掠，自淮以南、江以東諸州皆下之。進攻蘇州，擒其刺史成及。[3]四年，兗州朱瑾奔于行密。[4]初，瑾爲梁所攻，求救于晉，晉遣李承嗣將勁騎數千助瑾，[5]瑾敗，因與俱奔行密。行密兵皆江淮人，淮人輕弱，得瑾勁騎，而兵益振。是歲，梁太祖遣葛從周、龐師古攻行密壽州，[6]行密擊敗梁兵清口，[7]殺師古，而從周收兵走，追至淠河，[8]又大敗之。五年，錢鏐攻蘇州，及周本戰于白方湖，[9]本敗，蘇州復入于越。天復元年，遣李神福攻越，戰臨安，大敗之，擒其將顧全武以歸。[10]二年，馮弘鐸叛，襲宣州，及田頵戰于曷山，弘鐸敗，將入于海，行密自至東塘邀之，使人謂弘鐸曰："勝敗，用兵常事也，一戰之衂，何苦自棄于海島？吾府雖小，猶足容君。"弘鐸感泣。行密從十餘騎，馳入其軍，以弘鐸歸，[11]爲節度副使，以李神福代弘鐸爲昇州刺史。

[1]乾寧：唐昭宗李曄年號（894—898）。　檢校太傅：官名。爲散官或加官，以示恩寵，無實際執掌。品秩不詳。　同中書門下平章事：官名。簡稱"同平章事"。唐高宗以後，凡實際任宰相之職者，常在其本官後加同平章事的職銜。後成爲宰相專稱。品秩不詳。

[2]昇州：州名。治所在今江蘇南京市。　馮弘鐸：人名。泗州漣水（今江蘇漣水縣）人。唐末軍閥。事見本書本卷。

[3]成及：人名。籍貫不詳。錢鏐麾下將領。事見本書卷六七。

[4]兗州：州名。治所在今山東濟寧市兗州區。　朱瑾：人名。宋州下邑（今河南夏邑縣）人。唐末軍閥。傳見本書卷四二。

[5]李承嗣：人名。代州雁門（今山西代縣）人。唐末、五代

將領。傳見《舊五代史》卷五五。

[6]葛從周：人名。濮州鄄城（今山東鄄城縣）人。唐末、五代後梁將領。傳見《舊五代史》卷一六、本書卷二一。　龐師古：人名。曹州（今山東曹縣西北）人。唐末將領。傳見《舊五代史》卷二一、本書卷二一。　壽州：州名。治所在今安徽壽縣。

[7]清口：地名。原爲泗水入淮之口，位於今江蘇淮安市淮陰區。

[8]淠（pài）河：水名。流經今安徽六安、壽縣一帶，注入淮河。

[9]周本：人名。舒州宿松（今安徽宿松縣）人。唐末、五代將領。事見本書卷六二、卷六七。　白方湖：水名。位於今江蘇蘇州市。

[10]天復：唐昭宗李曄年號（901—904）。　顧全武：人名。越州余姚（今浙江余姚市）人。錢鏐麾下將領。事見本書卷六七。

[11]以弘鐸歸："歸"字原闕，中華點校本據宗文本補，今從。

　　是歲，唐昭宗在岐，遣江淮宣諭使李儼拜行密東面諸道行營都統、檢校太師、中書令，封吳王。[1]三年，以李神福爲鄂岳招討使以攻杜洪，[2]荆南成汭救洪，神福敗之于君山。[3]梁兵攻青州，王師範來求救，遣王茂章救之，大敗梁兵，殺朱友寧。[4]友寧，梁太祖子也。太祖大怒，自將以擊茂章，兵號二十萬，復爲茂章所敗。

[1]唐昭宗：即唐昭宗李曄，888年至904年在位。紀見《舊唐書》卷二〇上、《新唐書》卷一〇。　岐：封國名。時鳳翔節度使李茂貞爲岐王，劫持唐昭宗至其所在，故稱。　宣諭使：官名。

掌奉使宣諭朝廷旨意。品秩不詳。 李儼：人名。籍貫不詳。後爲徐知誥所殺。事見本書本卷。 諸道行營都統：官名。唐末設諸道行營都統，作爲各道出征兵士的統帥。品秩不詳。 檢校太師：官名。爲散官或加官，以示恩寵，無實際執掌。品秩不詳。 中書令：官名。漢代始置，隋、唐前期爲中書省長官，屬宰相之職，唐後期多爲授予元勳大臣的虛銜。正二品。

[2]招討使：官名。唐貞元始置。戰時任命，兵罷則省。常以大臣、將帥或地方軍政長官兼任。掌招撫、討伐等事務。品秩不詳。 杜洪：人名。江夏（今湖北武漢市）人。伶人出身，唐末軍閥。傳見《新唐書》卷一九〇、《舊五代史》卷一七。

[3]成汭：人名。淮西（今安徽江淮地區）人，一説青州（今山東青州市）人。唐末、五代軍閥。傳見《新唐書》卷一九〇、《舊五代史》卷一七。 君山：地名。位於今江蘇江陰市，地處江陰北郊、黄田港東岸。

[4]青州：州名。治所在今山東青州市。 王師範：人名。青州人。唐末、五代軍閥。傳見《舊五代史》卷一三、本書卷四二。 王茂章：人名。廬州合淝（今安徽合肥市）人。唐末、五代將領。事見本書本卷。 朱友寧：中華點校本云本書卷一三《梁家人傳》記友寧爲梁太祖兄朱存之子，《五代會要》卷一一記梁開平二年"追封皇從子友寧爲安王"。

　　田頵叛，襲昇州，執李神福妻子歸于宣州。行密召神福以討頵，頵遣其將王壇逆之，[1]又遣神福書，以其妻子招之。神福曰："吾以一卒從吴王起事，今爲大將，忍背德而顧妻子乎？"立斬其使以自絶，軍士聞之皆感奮。行至吉陽磯，[2]頵執神福子承鼎以招之，神福叱左右射之，遂敗壇兵于吉陽。行密别遣臺濛擊頵，[3]頵敗死。

1523

［1］王壇：人名。籍貫不詳。唐末藩鎮將領。事見《新唐書》卷一〇、卷一八九。

［2］吉陽磯：地名。位於今安徽東至縣長江邊。

［3］臺濛：人名。籍貫不詳。楊行密麾下將領。事見《新唐書》卷一八八。

初，顥及安仁義、朱延壽等皆從行密起微賤，[1]及江淮甫定，思漸休息，而三人者皆猛悍難制，頗欲除之，未有以發。天復二年，錢鏐爲其將許再思等叛而圍之，再思召顥攻鏐杭州，垂克，而行密納鏐賂，命顥解兵，顥恨之。顥嘗計事廣陵，行密諸將多就顥求賂，而獄吏亦有所求。顥怒曰："吏欲我下獄也！"歸而遂謀反。

［1］朱延壽：人名。廬州舒城（今安徽舒城縣）人。傳見《新唐書》卷一八九、《舊五代史》卷一七。

仁義聞之亦反，焚東塘以襲常州。常州刺史李遇出戰，[1]望見仁義大罵之。仁義止其軍曰："李遇乃敢辱我如此，其必有伏兵。"遂引軍却，而伏兵果發，追至夾岡，[2]仁義植幟解甲而食，遇兵不敢追，仁義復入潤州。行密遣王茂章、李德誠、米志誠等圍之。[3]吳之軍中推朱瑾善槊，[4]志誠善射，皆爲第一。而仁義嘗以射自負，曰："志誠之弓十，不當瑾槊之一；瑾槊之十，不當仁義弓之一。"每與茂章等戰，必命中而後發，以此吳軍畏之，不敢近。行密亦欲招降之，仁義猶豫未決。茂章乘其怠，穴地道而入，執仁義，斬于廣陵。

［1］李遇：人名。廬州合淝（今安徽合肥市）人。唐末、五代將領。事見本書本卷。

［2］夾岡：地名。位於今江蘇丹陽市北。

［3］李德誠：人名。廣陵（今江蘇揚州市）人。唐末、五代將領。在南唐建立過程中發揮過重要作用。事見《新唐書》卷一八八、卷一八九。　米志誠：人名。籍貫不詳。唐末、五代將領。事見《新唐書》卷一八九。原作"米至誠"，中華點校本據宗文本及本書本卷上文改。且《九國志》卷二有《米志誠傳》。今從。

［4］槊：中國古代冷兵器，形似矛而更長更重，多裝備騎兵，可做刺、挑、掃、劈之用。

　　延壽者，行密夫人朱氏之弟也。頭及仁義之將叛也，行密疑之，乃陽爲目疾，每接延壽使者，必錯亂其所見以示之。嘗行，故觸柱而仆，朱夫人扶之，良久乃蘇。泣曰："吾業成而喪其目，是天廢我也！吾兒子皆不足以任事，得延壽付之，吾無恨矣。"夫人喜，急召延壽，延壽至，行密迎之寢門，刺殺之，出朱夫人以嫁之。

　　天祐二年，遣劉存攻鄂州。[1]焚其城，城中兵突圍而出，諸將請急擊之，[2]存曰："擊之復入，則城愈固，聽其去，城可取也。"是日城破，執杜洪，斬于廣陵。九月，梁兵攻破襄州，趙匡凝奔于行密。[3]十一月，行密卒，年五十四，謚曰武忠。子渥立。溥僭號，追尊行密爲太祖武皇帝，陵曰興陵。

[1]天祐：唐昭宗李曄開始使用的年號（904—907）。唐哀帝李柷沿用。唐亡後，河東李克用、李存勖仍稱天祐，沿用至天祐二十年（923）。五代十國其他政權亦有行此年號者，如南吳、吳越等。　劉存：人名。籍貫不詳。唐末、五代將領。事見《舊五代史》卷二〇。

[2]諸將請急擊之："請"字原闕，中華點校本據宗文本補，今從。

[3]趙匡凝：人名。蔡州（今河南汝南縣）人。唐末、五代軍閥。傳見《舊五代史》卷一七、本書卷四一。

渥，字承天，行密長子也。行密病，出渥爲宣州觀察使。右衙指揮使徐温私謂渥曰：[1]"今王有疾而出嫡嗣，必有姦臣之謀。若它日召子，非温使者慎無應命。"渥涕泣謝温而去。行密病甚，命判官周隱作符召渥，[2]隱慮渥幼弱不任事，勸行密用舊將有威望者代主軍政，乃薦大將劉威，[3]行密未許。温與嚴可求入問疾，[4]行密以隱議告之，温等大驚，遽詣隱所計事。隱未出，而温見隱作召符猶在案上，急取遣之。渥見温使，乃行。行密卒，渥嗣立，召周隱罵曰："汝欲賣吾國者，復何面目見楊氏乎？"遂殺之。以王茂章爲宣州觀察使。渥之入也，多輦宣州庫物以歸廣陵，茂章惜而不與，渥怒，命李簡以兵五千圍之，[5]茂章奔于錢塘。

[1]右衙指揮使：官名。唐、五代時期衙内指揮使爲節度使府衙内之牙將，統最親近衛兵，高一級的稱衙内都指揮使。品秩不詳。

[2]周隱：人名。籍貫不詳。楊行密麾下官員。本書僅此一見。

［3］劉威：人名。廬州合淝（今安徽合肥市）人。楊行密麾下將領。事見《新唐書》卷一八八。

［4］嚴可求：人名。同州（今陝西大荔縣）人。徐溫麾下官員，以熟知軍旅事，多參與重大決策。事見本書本卷。

［5］李簡：人名。上蔡（今河南上蔡縣）人。唐末、五代藩鎮將領。事見《新唐書》卷一八八。

天祐三年二月，劉存取岳州。[1]四月，江西鍾傳卒，其子匡時代立，傳養子延規怨不得立，[2]以兵攻匡時。渥遣秦裴率兵攻之。[3]九月，克洪州，執匡時及司馬陳象以歸，[4]斬象於市，赦匡時。以秦裴爲江西制置使。[5]

［1］岳州：州名。治所在今湖南岳陽市。

［2］延規：人名。籍貫不詳。唐末、五代軍閥。事見《舊五代史》卷一七、卷一二〇。

［3］秦裴：人名。慎縣（今安徽合肥市肥東縣）人。唐末藩鎮將領。事見本書本卷。

［4］陳象：人名。袁州新喻（今江西新餘市）人。本書僅此一見。

［5］制置使：官名。唐後期臨時差遣官，爲地方用兵時控制當地秩序而設。品秩不詳。

梁太祖代唐，改元開平，[1]渥仍稱天祐。鄂州劉存、岳州陳知新以舟師伐楚，[2]敗于瀏陽，楚人執存及知新以歸。楚王馬殷素聞其名，[3]皆欲活之，存等大罵殷曰："昔歲宣城脫吾刃下，今日之敗，乃天亡我，我肯事汝以求活耶？我豈負楊氏者！"殷知不可屈，乃殺之，岳州復入于楚。

[1]開平：五代後梁太祖朱温年號（907—911）。
[2]陳知新：人名。籍貫不詳。唐末、五代藩鎮將領。事見本書本卷。
[3]馬殷：人名。許州鄢陵（今河南許昌市）人，一説上蔡（今河南上蔡縣）人。五代十國南楚開國君主。傳見《舊五代史》卷一三三、本書卷六六。

初，渥之入廣陵也，留帳下兵三千於宣州，以其腹心陳璠、范遇將之。[1]既入立，惡徐温典牙兵，召璠等爲東院馬軍以自衛。[2]而温與左衙都指揮使張顥皆行密時舊將，[3]又有立渥之功，共惡璠等侵其權。四年正月，渥視事，璠等侍側，温、顥擁牙兵入，拽璠等下，斬之，渥不能止，由是失政，而心憤未能發，[4]温等益不自安。五年五月，[5]温、顥共遣盗入寢中殺渥，渥説群盗能反殺温等者皆爲刺史。群盗皆諾，惟紀祥不從，[6]執渥縊殺之，時年二十三，謚曰景。弟隆演立。溥僭號，追尊渥爲烈宗景皇帝，陵曰紹陵。

[1]陳璠：人名。籍貫不詳。五代十國吳國將領。事見《舊五代史》卷一三、卷一六、卷五九。　范遇：人名。籍貫不詳。唐末、五代藩鎮將領。事見本書本卷。
[2]東院馬軍：楊渥新設之禁衛部隊，以期制衡徐温所控之牙兵。
[3]左衙都指揮使：官名。唐、五代衙内指揮使爲節度使府衙内之牙將，統最親近衛兵，高一級的稱衙内都指揮使。品秩不詳。

[4]心憤未能發："憤"字原闕，中華點校本據宗文本補，今從。

[5]五年五月："五月"，原作"三月"，中華點校本據宗文本改。又《通鑑》卷二六六繫其事於開平二年（908）五月，開平二年即天祐五年。今從。

[6]紀祥：人名。籍貫不詳。本書僅此一見。

　　隆演，字鴻源，行密第二子也。初名瀛，又名渭。初，溫、顥之弒渥也，約分其地以臣於梁，及渥死，顥欲背約自立。溫患之，問其客嚴可求，可求曰："顥雖剛愎，而闇於成事，此易爲也。"明日，顥列劍戟府中，召諸將議事，自大將朱瑾而下，皆去衛從然後入。顥問諸將誰當立者，諸將莫敢對。顥三問，可求前密啓曰："方今四境多虞，非公主之不可，然恐爲之太速。且今外有劉威、陶雅、李簡、李遇，皆先王一等人也。公雖自立，未知此輩能降心以事公否？不若輔立幼主，漸以歲時，待其歸心，然後可也。"顥不能對。可求因趨出，書一教内袖中，率諸將入賀，諸將莫知所爲。及出教宣之，乃渥母史氏教，言楊氏創業艱難，而嗣王不幸，隆演以次當立，告諸將以無負楊氏而善事之。辭旨激切，聞者感動。顥氣色皆沮，卒無能爲，隆演乃得立。

　　顥由此與溫有隙，諷隆演出溫潤州。可求謂溫曰："今捨衙兵而出外郡，禍行至矣。"溫患之。可求因說顥曰："公與徐溫同受顧託，議者謂公奪其衙兵，是將殺之於外，信乎？"顥曰："事已行矣，安可止乎？"可求曰："甚易也。"明日，從顥與諸將造溫，可求陽責溫曰："古人不忘一飯之恩，[1]況公楊氏三世之將，今幼嗣新立，多事之時，乃求居外以苟安乎？"溫亦陽謝曰："公等見留，不願去也。"由是不行。行軍副使李承嗣與張顥善，[2]覺可求有附溫意，諷顥使客夜刺殺之，客刺可求不能中。明日，可求詣溫，謀先殺顥，陰遣鍾章選壯士三十人，[3]就衙堂斬顥，因以弑渥之罪歸之。溫由是專政，隆演備位而已。

[1]一飯之恩：典出《史記》卷九二《淮陰侯列傳》。據載，韓信於潦倒飢困之時，得到洗衣婦人施贈的一碗飯食。韓信受封齊王後，回饋其黃金千兩。

[2]行軍副使：官名。當爲執掌部隊調度、作戰之軍事副官。品秩不詳。

[3]鍾章：中華點校本校勘記稱，《通鑑》卷二六六作"鍾泰章"，《通鑑考異》云《吳錄》作"鍾章"，《十國紀年》作"鍾泰章"。又本書卷六二《南唐世家》云"（李煜）母鍾氏，父名泰章"，即其人。當是。

六月，撫州危全諷叛，[1]攻洪州，袁州彭彦章、吉州彭玕、信州危仔倡皆起兵叛。[2]隆演召嚴可求問誰可用者，可求薦周本。時本方攻蘇州敗歸，憨不肯出，可求彊起之。本曰："蘇州之敗，非怯也，乃上將權輕，而下多專命爾。若必見任，願無用偏裨。"乃請兵七千。戰于象牙潭，[3]敗之，執全諷、彦章，而玕奔于楚，仔倡奔于錢塘。全諷至廣陵，諸將議曰："昔先王攻趙鍠，全諷屢饢給吳軍。"乃釋不殺。初，全諷欲舉兵也，錢鏐送王茂章于梁，道過全諷，謂曰："聞公欲大舉，願見公兵，以知濟否。"全諷陣兵，與茂章登城望之，茂章曰："我素事吳，吳兵三等，如公此衆，可當其下將爾，非得益兵十萬不可。"而全諷卒以此敗。

[1]六月：中華點校本校勘記云："本卷上文叙天祐五年事，《通鑑》卷二六七繫其事於開平三年六月，按開平三年即天祐六年。吳光耀《纂誤續補》卷六：此'月'字疑'年'字傳寫之誤。"危全諷：人名。撫州（今江西撫州市）人。唐末、五代地方豪强。事見本書本卷。

[2]袁州：州名。治所在今江西宜春市袁州區。 彭彦章：人名。籍貫不詳。唐末軍閥。本書僅此一見。 吉州：州名。治所在今江西吉安市吉州區。 彭玕：人名。吉州廬陵（今江西吉安市）人。唐末、五代地方豪强。事見《新唐書》卷一九〇。 信州：州名。治所在今江西上饒市信州區。 危仔倡：人名。南城（今江西南城縣）人。唐末、五代軍閥。事見本書本卷、卷六七。

[3]象牙潭：地名。位於今江西南昌市西南。

八年，徐温領昇州刺史，治舟師於金陵。宣州李遇自行密時爲大將，勳位已高，憤温用事，嘗曰："徐温何人？吾猶未識，而驟至於此。"温聞之，怒，遣柴再用以兵送王壇代遇，[1]且召之。遇疑不受命，再用圍之，隆演使客將何蕘諭遇使自歸。[2]蕘因説曰："公若欲反，可殺蕘以示衆，若本無心，何不隨蕘以出？"遇自以無反心，乃隨蕘出，温諷再用伺其出，殺之，并族其家。

[1]柴再用：人名。蔡州汝南（今河南汝南縣）人。楊行密麾

下將領。事見本書本卷、卷六二。

　　[2]何蕘：人名。籍貫不詳。本書僅此一見。

　　九年，溫率將吏進隆演位太師、中書令、吳王。溫爲行軍司馬、鎮海軍節度使、同中書門下平章事。[1]陳章攻楚，取岳州，執其刺史苑玫。[2]

　　[1]節度使：官名。唐時在重要地區所設掌握一州或數州軍事、民事、財政的長官。

　　[2]陳章：中華點校本云《通鑑》卷二六八、《九國志》卷一《陳璋傳》作"陳璋"。　苑玫：人名。籍貫不詳。本書僅此一見。

　　十年，越人攻常州，徐溫敗之于無錫。梁遣王茂章攻壽春，溫敗之霍丘。[1]

　　[1]霍丘：縣名。治所在今安徽霍邱縣。

　　十二年，封徐溫齊國公、兩浙都招討使，始鎮潤州。留其子知訓爲行軍副使，秉政，而大事溫遥决之。冬，濬楊林江，[1]水中出火，可以燃。

　　[1]楊林江：水名。位於今江蘇揚州市東。

　　十三年，宿衛將李球、馬謙挾隆演登樓，取庫兵以誅知訓，陣于門橋。知訓與戰，頻却，朱瑾適自外來，以一騎前視其陣，曰："此不足爲也。"因反顧一麾，外兵争進，遂斬球、謙，而亂兵皆潰。

十四年，徐溫徙治金陵。

十五年，遣王祺會洪、袁、信三州兵攻虔、韶，久之不克。祺病，以劉信代之。[1]夏四月，[2]副都統朱瑾殺徐知訓，瑾自殺。潤州徐知誥聞亂，率兵入，殺唐宣諭使李儼以止亂，遂秉政。

[1]劉信：人名。籍貫不詳。唐末、五代軍閥。事見《舊五代史》卷一〇〇至卷一〇三。　虔州：州名。治所在今江西贛州市。韶州：州名。治所在今廣東韶關市。

[2]夏四月："夏"字原闕，中華點校本據宗文本補。今從。

徐氏之專政也，隆演幼懦，不能自持，而知訓尤凌侮之。嘗飲酒樓上，命優人高貴卿侍酒，[1]知訓爲參軍，隆演鶉衣髽髻爲蒼鶻。[2]知訓嘗使酒罵坐，語侵隆演，隆演愧恥涕泣，而知訓愈辱之。左右扶隆演起去，知訓殺吏一人，乃止。吳人皆仄目。知訓又與朱瑾有隙，瑾已殺知訓，携其首馳府中示隆演曰："今日爲吳除患矣！"隆演曰："此事非吾敢知。"遽起入內。瑾忿然，以首擊柱，提劍而出，府門已闔，踰垣，折其足，遂自刎死。米志誠聞瑾殺知訓，被甲率其家兵至天興門，問瑾所在，聞瑾死，乃還。徐溫疑志誠助瑾，遣使殺之。嚴可求懼事不克，使人僞從湖南境上來告軍捷，召諸將入賀，擒志誠斬之。劉信克虔州，執譚全播以歸。[3]

[1]高貴卿：人名。籍貫不詳。本書僅此一見。　鶉衣：因鶉

鶉羽毛短雜，常用以形容衣裳破爛。

[2]髽（zhuā）髻（jì）：多指頭頂兩側或腦後所梳之髮髻。蒼鶻：唐宋時期"參軍戲"角色名，係"參軍"角色的配角，又有"參軍蒼鶻"之稱。詳見楊智《參軍戲探源》，《社科縱橫》1991年第6期；朱東根《唐參軍戲蒼鶻角色考論》，《戲曲藝術》2003年第3期；黎國韜《唐五代參軍戲演出形態轉變考》，《民族藝術》2008年第4期。

[3]譚全播：人名。南康（今江西贛州市南康區）人。唐末、五代地方豪强。傳見本書卷四一。

　　十六年春二月，溫率將吏請隆演即天子位，不許。夏四月，溫奉玉册、寶綬尊隆演即吳王位。建宗廟、社稷，設百官如天子之制，改天祐十六年爲武義元年，[1]大赦境内。追尊行密孝武王，廟號太祖；渥景王，廟號烈祖。拜溫大丞相、都督中外諸軍事，封東海郡王，以徐知誥爲左僕射、參知政事，嚴可求爲門下侍郎，駱知祥爲中書侍郎，殷文圭、沈顔爲翰林學士，盧擇爲吏部尚書，李宗、陳章爲左、右雄武統軍，柴再用、錢鏢爲左、右龍武統軍，王令謀爲内樞使。[2]江西劉信征南大將軍，鄂州李簡鎮西大將軍，撫州李德誠平南大將軍，廬州張崇安西大將軍，海州王綰鎮東大將軍，文武以次進位。[3]封宗室皆郡公。

[1]武義：五代十國南吳高祖楊隆演年號（919—921）。

[2]左僕射：官名。秦始置。隋、唐前期以左、右僕射佐尚書令總理六官，綱紀庶務，如不置尚書令，則總判省事，爲宰相之職。唐後期多爲大臣加銜。從二品。　參知政事：官名。唐代以中

書令、侍中、尚書令共議國政爲宰相。而以他官居宰相職位的，則加"參知政事"之類的名目。唐高宗以後，以同中書門下平章事爲宰相，另設置參知政事，爲宰相的副職，是最高政務長官之一。
門下侍郎：官名。門下省副長官。唐後期三省長官漸爲榮銜，中書侍郎、門下侍郎却因參議朝政而職位漸重，常常用爲以"同三品"或"同平章事"任宰相者的本官。正三品。　駱知祥：人名。廬州合淝（今安徽合肥市）人。徐溫麾下幕僚，以熟知財政事務而多參與重大決策。事見本書本卷、卷六二。　中書侍郎：官名。中書省副長官。唐後期三省長官漸爲榮銜，中書侍郎、門下侍郎却因參議朝政而職位漸重，常常用爲以"同三品"或"同平章事"任宰相者的本官。正三品。　殷文圭：人名。池州青陽（今安徽池州市）人。唐末藩鎮幕僚。本書僅此一見。　沈顔：人名。吳郡（今江蘇蘇州市）人。唐末藩鎮幕僚。本書僅此一見。　翰林學士：官名。由南北朝始設之學士發展而來，唐玄宗改翰林供奉爲翰林學士，備顧問，代王言，掌拜免將相、號令征伐等詔令的起草。品秩不詳。
盧擇：人名。籍貫不詳。本書僅此一見。　吏部尚書：官名。尚書省吏部長官，與二侍郎分掌六品以下文官選授、勛封、考課之政令。正三品。　李宗：人名。籍貫不詳。唐末藩鎮將領。本書僅此一見。　陳章：人名。一作陳璋。潁川（今河南許昌市）人。唐末藩鎮將領。事見《新唐書》卷一〇、卷一八九。　左、右雄武統軍，左、右龍武統軍：均爲官名。唐置六軍，分左、右羽林，左、右龍武，左、右神武等，即"北衙六軍"。興元元年（784），六軍各置統軍，以寵功勳臣。其品秩，《唐會要》卷七一、《舊唐書》卷一二記載爲"從二品"，《通鑑》卷二二九記載爲"從三品"。
王令謀：人名。籍貫不詳。唐末藩鎮官員。事見本書本卷、卷六二。　内樞使：原作"内樞密使"，中華點校本據宗文本、《通鑑》卷二七〇改。今從。又《通鑑》卷二七七胡三省注："内樞使，即内樞密使之職。"按周廣業《經史避名彙考》卷一八載："時以樞密爲内樞者，猶避吳武皇諱也……按歐史隆演稱帝，以王令謀爲内樞密使……必衍'密'字'。"當是。

［3］撫州：州名。治所在今江西撫州市臨川區。　張崇：人名。廬州慎縣（今安徽合肥市肥東縣）人。唐末藩鎮將領。本書僅此一見。　海州：州名。治所在今江蘇連雲港市海州區。　王綰：人名。廬江（今安徽廬江縣）人。唐末藩鎮將領。本書僅此一見。

温之徙鎮金陵也，以其養子知誥守潤州。嚴可求嘗謂温曰："二郎君非徐氏子，而推賢下士，人望頗歸，若不去之，恐爲後患。"温不能用其言。及知誥秉政，其語泄，知誥出可求於楚州。可求懼，詣金陵見温謀曰："唐亡於今十二年，而吴猶不敢改天祐，可謂不負唐矣。然吴所以征伐四方，而建基業者，常以興復爲辭。今聞河上之戰，梁兵屢絀，若李氏復興，其能屈節乎？宜於此時先建國以自立。"温深然之，因留可求不遣，方謀迫隆演僭號。

二年五月，隆演卒。隆演少年嗣位，權在徐氏，及建國稱制，非其意，常怏怏，酣飲，稀復進食，遂至疾卒，年二十四，謚曰宣。弟溥立，僭號，追尊爲高祖宣皇帝，陵曰肅陵。

溥，行密第四子也，隆演建國，封丹陽郡公。隆演卒，弟廬江公濛次當立，而徐氏秉政，不欲長君，乃立溥。七月，改昇州大都督府爲金陵府，拜徐温金陵尹。明年二月，改元順義，[1] 赦境内。冬十一月，祀天於南郊，[2] 御天興樓，大赦。拜徐温太師，嚴可求右僕射。

[1]順義：五代十國南吳睿帝楊溥年號（921—927）。

[2]南郊：意爲都城南面之郊。代指南面郊區之祭天場所（圜丘），亦指祭天之禮（郊天）。古人用"郊""南郊""有事於南郊"指代在南郊之圜丘舉行的祭天典禮。

三年，唐莊宗滅梁。遣司農卿盧蘋使于唐，嚴可求密條數事授蘋以行。蘋見洛陽，莊宗問之，蘋次第以對，皆如所授。

四年，溥至白沙閱舟師，徐溫來見，以白沙爲迎鑾鎮。

五年，唐遣諫議大夫薛昭文使福州，假道江西，劉信出勞之，謂曰："亞次聞有信否？"[1]昭文曰："天子新有河南，未熟公名也。"信曰："漢有韓信，吳有劉信，君還，其語亞次，當來較射於淮上也。"乃酌大卮，望牙旗鎗首百步，[2]謂昭文曰："一發而中，願以此卮爲壽，否則亦以自罰。"言訖，而箭已穿矣。

[1]諫議大夫：官名。秦始置，掌朝政議論。隋、唐仍置，有左、右諫議大夫各四人，分屬門下、中書二省。掌諫諭得失，侍從贊相。唐後期、五代多以本官領他職。正四品下。　薛昭文：人名。籍貫不詳。本書僅此一見。　亞次：人名。後唐莊宗李存勖別號。據本書卷三七載："莊宗既好俳優，又知音，能度曲……其小字亞子，當時人或謂之亞次。"

[2]卮：古時盛酒的器皿。　牙旗：古時一種有特殊標識的旗幟。詳見揚之水《幡與牙旗》，《中國歷史文物》2002年第1期。鎗首：旗杆頂端的裝飾物。

六年，追爵大丞相徐溫四代祖考，立廟於金陵。左僕射徐知誥爲侍中，右僕射嚴可求同平章事。[1]是歲，莊宗崩，五月丁卯，詔爲同光主輟朝七日。[2]

[1]侍中：官名。秦始置。隋、唐前期爲門下省長官。唐後期多爲大臣加銜，不參與政務，實際職務由門下侍郎執行。正二品。
[2]同光主：五代後唐莊宗李存勖代稱，同光爲李存勖年號。

七年，大丞相徐溫率吳文武上表勸溥即皇帝位，溥未許而溫病。十月，溫卒。[1]十一月庚戌，溥御文明殿即皇帝位，改元曰乾貞，[2]大赦境内。追尊行密武皇帝，渥景皇帝，隆演宣皇帝。以徐知誥爲太尉兼侍中，拜溫子知詢輔國大將軍、金陵尹，治溫舊鎮。諸子皆封王。

[1]十月，溫卒："十月溫"三字原闕，中華點校本據宗文本補；又《通鑑》卷二七六繫其事於天成二年（927）十月，天成二年即順義七年。今從。
[2]乾貞：五代十國南吳君主楊溥年號（927—929）。中華點校本校勘記引《容齋隨筆》卷一〇載鄂州南樓摩崖："其文曰'乾正元年，荆襄寇亂，大吳將軍出陣武昌，詔太守楊公出鎮。'……案楊行密之子溥嗣吳王位，是歲唐明宗天成二年，溥以十一月僭帝，改元乾貞。宋莒公《紀年通譜》書爲'乾正'，云避仁宗嫌名。《通鑑》亦同，而此直以爲乾正，一時所立，不應有誤也。"當是。

二年正月，封東海爲廣德王、江瀆廣源王、淮瀆長源王、馬當上水府寧江王、采石中水府定江王、金山下水府鎮江王。[1]六月，荊南高季興來附，封季興秦王。[2]九月，季興敗楚師於白田，[3]獲其將吏三十四人來獻。

[1]江瀆、淮瀆：中國古代水神體系中的信仰祭祀對象。詳見徐三見《江瀆、淮瀆封號考》，《社會科學戰綫》1989年第2期；黃純艷《宋代水上信仰的神靈體系及其新變》，《史學集刊》2016年第6期。　馬當：地名。位於今江西彭澤縣境内，北臨長江。采石：地名。位於今安徽馬鞍山市西南，地處長江東岸。　金山：地名。位於今江蘇鎮江市西北，原爲長江中一島嶼，後因流水沉積作用漸與陸地相接。

[2]高季興：人名。原名高季昌。陝州硤石（今河南三門峽市陝州區硤石鄉）人。五代十國南平（即荊南）開國君主。傳見《舊五代史》卷一三三、本書卷六九。

[3]白田：地名。位於今湖南岳陽市北。

三年十一月，金陵尹徐知詢來朝，知誥誣其有反狀，留之不遣，以爲左統軍，斬其客將周廷望。[1]以徐知諤爲金陵尹。[2]溥加尊號睿聖文明孝皇帝，大赦境内，改元大和，[3]以徐知誥爲中書令。

[1]周廷望：原作"周延望"，中華點校本據宗文本、本書卷六二《南唐世家》、《通鑑》卷二七六、《南唐書》卷八改，今從。

[2]徐知諤：人名。徐溫第六子。與徐知證同爲宋代以降福建民間信仰"二徐真君"（又稱徐仙、靈濟真人、洪恩真君）的人物原型。

[3]大和：五代十國南吴睿帝楊溥年號（929—935）。

二年，册其子江都王璉爲太子。

三年，以徐知誥爲金陵尹，以其子景通爲司徒，及左僕射王令謀、右僕射宋齊丘皆平章事。[1]

[1]宋齊丘：人名。豫章（今江西南昌市）人，一説廬陵（今江西吉安市吉州區）人。久仕於南吳、南唐，官至宰執，後以政争失勢，爲李璟餓死於九華山中。事見本書卷六二。

四年，封知誥東海王。

五年，建都於金陵。

六年閏正月，金陵火，罷建都。廢臨川王濛爲歷陽公，知誥遣親信王宏以兵守之。[1]拜王令謀司徒，宋齊丘司空。[2]知誥召景通還金陵，爲鎮海軍節度副使，以其子景遷爲太保、平章事，與令謀等執政。

[1]王宏：人名。籍貫不詳。本書僅此一見。
[2]王令謀："王"字原闕，中華點校本據宗文本補，今從。司徒、司空：官名。與太尉並爲三公，唐後期、五代多爲大臣、勳貴加官。正一品。

七年九月，溥加尊號曰睿聖文明光孝應天弘道廣德皇帝，大赦，改元天祚。[1]知誥進位太師、天下兵馬大元帥，封齊王。

[1]天祚：五代十國南吳睿帝楊溥年號（935—937）。

二年，景遷病，以次子景遂爲門下侍郎、參政事。

三年，知誥建齊國，立宗廟、社稷，置左、右丞相已下，以金陵爲西都，廣陵爲東都。冬十月，溥遣江夏王璘奉册禪位於齊王。十二月，溥卒於丹陽，[1]年三十八，謚曰睿。

[1]溥卒於丹陽：中華點校本校勘記云，本書卷六二《南唐世家》、《通鑑》卷二八一皆繫楊溥禪位事於吴天祚三年冬十月，徐知誥改元昇元，次年十一月，溥卒。故疑此處叙事恐有脱誤。當是。

昇元六年，李昪遷其子孫於海陵，號永寧宫，嚴兵守之，絶不通人。[1]久而男女自爲匹偶，吴人多哀憐之。顯德三年，[2]世宗征淮南，下詔撫安楊氏子孫，而李景聞之，遣人盡殺其族。[3]周先鋒都部署劉重進得其玉硯、馬腦椀、翡翠瓶以獻，[4]楊氏遂絶。

[1]昇元：五代十國南唐烈祖李昪年號（937—943）。

[2]顯德：五代後周太祖郭威年號（954）。世宗柴榮、恭帝柴宗訓沿用（954—960）。　世宗：即後周世宗柴榮。邢州龍岡（今河北邢臺市）人。後周太祖郭威養子。以英武著稱，爲日後北宋統一戰争的推進奠定了基礎。紀見《舊五代史》卷一一四至卷一一九、本書卷一二。

[3]李景：即南唐元宗李璟，徐州彭城（今江蘇徐州市）人。南唐烈祖李昪長子，南唐第二位皇帝。後因受後周威脅，削去帝號，改稱國主。傳見《舊五代史》卷一三四、本書卷六二。

[4]先鋒都部署：官名。行軍作戰之前綫將領。

徐溫

　　徐溫，字敦美，海州朐山人也。[1]少以販鹽爲盜，行密起合淝，隸帳下。行密所與起事劉威、陶雅之徒，號三十六英雄，獨溫未嘗有戰功。及行密欲殺朱延壽等，溫用其客嚴可求謀，教行密陽爲目疾，事成，以功遷右衙指揮使，始預謀議。

　　[1]海州：州名。治所在今江蘇連雲港市海州區。　朐山：縣名。治所在今江蘇連雲港市海州區。

　　及行密病，平生舊將皆以戰守在外，而溫居帳下，遂預立渥之功。及弒渥，又與張顥有隙，使鍾章殺之。章許諾，選壯士三十人，椎牛享之，刺血爲盟。溫猶疑章不果，夜半使人探其意，陽謂曰："溫有老母，懼事不成，不如且止。"章曰："言已出口，寧可已乎？"溫乃安。明日，鍾章殺顥，溫因盡殺紀祥等，歸弒渥之罪於顥，以其事入白渥母史氏。史氏悸而泣曰：[1]"吾兒年幼，禍亂若此，得保百口以歸合淝，公之惠也。"

　　[1]史氏悸而泣曰："氏"字原闕，中華點校本據宗文本補，今從。

　　隆演立，溫遂專政，遷昇州刺史，治舟師於金陵。大將李遇怒溫用事，出嫚言，溫使柴再用族遇於宣州。行密舊將，人人皆自疑，溫因僞下之，恭謹如見行密，諸將乃安。

八年，溫遷行軍司馬、潤州刺史、鎮海軍節度使、同平章事。十年，遣招討使李濤攻越，[1]戰于臨安，裨將曹筠奔于越，[2]濤敗被執。溫聞遣人語筠曰："吾用汝爲將，汝軍有求，吾不能給，是吾過也。"赦筠妻子不誅，厚遇之。秋，越人攻毗陵，[3]溫戰于無錫，筠感溫前言，臨戰奔歸，遂敗越兵。

[1]李濤：人名。籍貫不詳。唐末、五代藩鎮將領。本書僅此一見。
[2]曹筠：人名。籍貫不詳。唐末、五代藩鎮將領。本書僅此一見。
[3]毗陵：古縣名。治所在今江蘇常州市。

十二年，封溫齊國公，兼兩浙招討使，始就鎮潤州，以昇、潤、宣、常、池、黄六州爲齊國。溫城昇州，建大都督府。十四年，徙治之，以其子知訓輔隆演於廣陵，而大事溫遙決之。知訓爲朱瑾所殺，溫養子知誥自潤州先入，遂得政。

溫雖姦詐多疑，而善用將吏。江西劉信圍虔州，久不克，使人説譚全播出降，遣使報溫。溫怒曰："信以十倍之衆，攻一城不下，而反用説客降之，何以威敵國？"笞其使者而遣之，曰："吾以笞信也。"因命濟師，遂破全播。人有誣信逗留陰縱全播，言信將反者，信聞之，因自獻捷至金陵見溫。溫與信博，信斂骰子厲聲祝曰："劉信欲背吳，願爲惡彩，苟無二心，當成渾花。"[1]溫遽止之，一擲，六子皆赤，溫慙，自以巵酒飲信，然終疑之。及唐師伐王衍，[2]溫急召信至廣陵，以爲左統軍，託以內備，遂奪其地。

[1]惡彩、渾花：當指古代擲骰子游戲中出現的惡、利兩種花色。"渾花"，原作"渾化"，今據中華點校本改。
[2]王衍：人名。許州舞陽（今河南舞陽縣）人。五代十國前蜀君主，後爲後唐莊宗李存勖所殺。傳見《舊五代史》卷一三六、本書卷六三。

溫客尤見信者，惟駱知祥、嚴可求。可求善籌畫，知祥長於財利，溫嘗以軍旅問可求，國用問知祥，吳人謂之"嚴駱"。溫亦自喜爲智詐，尤得吳人之心。初隨行密破趙鍠，諸將皆爭取金帛，溫獨據餘囷，[1]作粥以食餓者。十六年，溫請隆演即皇帝位，不許，又請即吳王位，乃許，遂建國改元，拜溫大丞相，都督中外諸軍事，封東海郡王。隆演卒，溫越次立其弟溥。順義七年，溫又請溥即皇帝位，溥未許而溫病卒，年六十六，追封齊王，謚曰忠武。[2]李昪僭號，號溫爲義祖。

[1]囷（qūn）：古代一種圓形的糧倉。
[2]忠武："忠"字原闕，中華點校本據宗文本、本書卷六二《南唐世家》、《舊五代史》卷一三四《李昪傳》、《通鑑》卷二七六、《九國志》卷三補。今從。

嗚呼，盜亦有道，信哉！行密之書，稱行密爲人，寬仁雅信，能得士心。其將蔡儔叛於廬州，[1]悉毀行密墳墓，及儔敗，而諸將皆請毀其墓以報之。行密歎曰："儔以此爲惡，吾豈復爲邪？"嘗使從者張洪負劍而侍，洪拔劍擊行密，不中，洪死，復用洪所善陳紹負劍，不疑。又嘗罵其將劉信，信忿，奔孫儒，行密戒左右勿追，曰："信豈負我者邪？"[2]其醉而去，醒必復來。"明日，果來。行密起於盜賊，其下皆驍武雄暴，而樂爲之用者，以此也。故二世四主，垂五十年。及渥已下，政在徐溫。於此之時，天下大亂，中國之禍，篡弒相尋，而徐氏父子，區區詐力，裴回三主，不敢輕取之，何也？豈其恩威亦有在人者歟！據《吳錄》《運歷圖》《九國志》皆云行密以唐景福元年，再入楊州，至晋天福二年，爲李昇所篡，實四十六年。而《舊唐書》、《舊五代史》皆云：大順二年入楊州，至被篡，四十七年。《吳錄》徐鉉等撰，《運歷圖》龔穎撰，二人皆江南故臣，所記宜得實。而唐末喪亂，中朝文字多差失，故今以鉉、穎所記爲定。

[1]蔡儔：人名。籍貫不詳。唐末藩鎮將領。事見《新唐書》卷一〇、卷一八八及本書本卷。
[2]信豈負我者邪："豈"字原闕，中華點校本據宗文本補。今從。

新五代史　卷六二

南唐世家第二

李昇　子景　景子煜

李昇，字正倫，徐州人也。[1]世本微賤，父榮，遇唐末之亂，不知其所終。昇少孤，流寓濠、泗間，楊行密攻濠州，[2]得之，奇其狀貌，養以爲子。而楊氏諸子不能容，行密以乞徐溫，[3]乃冒姓徐氏，名知誥。及壯，身長七尺，廣顙隆準。[4]爲人溫厚有謀。爲吳樓船軍使，以舟兵屯金陵。[5]柴再用攻宣州，用其兵殺李遇，昇以功拜昇州刺史。[6]時江淮初定，州縣吏多武夫，務賦斂爲戰守，昇獨好學，接禮儒者，能自勵爲勤儉，以寬仁爲政，民稍譽之。徐溫鎮潤州，以昇、池等六州爲屬，溫聞昇理昇州有善政，往視之，見其府庫充實，城壁修整，乃徙治之，而遷昇潤州刺史。[7]昇初不欲往，屢求宣州，溫不與。既而徐知訓爲朱瑾所殺，[8]溫居金陵，未及聞。昇居潤州，近廣陵，[9]得先聞，即日以州兵渡江定亂，遂得政。

[1]徐州：州名。治所在今江蘇徐州市。

[2]濠：州名。治所在今安徽鳳陽縣。　泗：州名。治所在今江蘇盱眙縣。　楊行密：人名。廬州合淝（今安徽合肥市）人。唐末軍閥，五代十國南吴政權奠基者，後被追尊爲吴國太祖。傳見《新唐書》卷一八八、《舊五代史》卷一三四、本書卷六一。

[3]徐温：人名。海州朐山（今江蘇連雲港市海州區）人。五代十國南吴大臣，南唐政權的奠基者。傳見本書卷六一。

[4]廣顙隆準：形容人相貌端莊。"廣顙"指額頭寬闊，"隆準"指鼻梁高挺。

[5]樓船軍使：官名。水軍部隊將領。　金陵：地名。今江蘇南京市古稱。

[6]宣州：州名。治所在今安徽宣城市。　昇州：州名。治所在今江蘇南京市。

[7]潤州：州名。治所在今江蘇鎮江市。　刺史：官名。州一級行政長官。漢武帝時始置，總掌考核官吏、勸課農桑、地方教化等事。唐中期以後，節度使、觀察使轄州而設，刺史爲其屬官，職任漸輕。從三品至正四品下。

[8]徐知訓：人名。海州朐山（今江蘇連雲港市海州區）人。徐温之子。曾藉徐温專權之勢欺侮吴主楊隆演，後爲朱瑾所殺。事見本書卷六一。　朱瑾：人名。宋州下邑（今河南夏邑縣）人。傳見《舊五代史》卷一三、本書卷四二。

[9]廣陵：縣名。治所在今江蘇揚州市。

昇事徐温甚孝謹，温嘗駡其諸子不如昇，諸子頗不能容，而知訓尤甚，嘗召昇飲酒，伏劍士欲害之。行酒吏刁彦能覺之，[1]酒至昇，以手爪掐之，昇悟起走，乃免。後昇自潤州入覲，知訓與飲於山光寺，[2]又欲害之，徐知諫以其謀告昇，昇起遁去。知訓以劍授刁彦能，使追殺之，及於中塗而還，給以不及，由是得免。後昪貴，以彥能爲撫州節度使。[3]

[1]刁彥能：人名。上蔡（今河南上蔡縣）人。五代十國南唐大臣。事見本書本卷。

[2]山光寺：地名。位於今江蘇揚州市東北灣頭鎮，隋代始建。徐知諫：人名。南吳權臣徐溫第四子，與李昪相友善。事見本書本卷。

[3]撫州：州名。治所在今江西撫州市。　節度使：官名。唐時在重要地區所設掌握一州或數州軍事、民事、財政的長官。品秩不詳。

知訓之用事也，嘗凌弱楊氏而驕侮諸將，遂以見殺。及昪秉政，欲收人心，乃寬刑法、推恩信，起延賓亭以待四方之士，引宋齊丘、駱知祥、王令謀等爲謀客，[1]士有羇旅於吳者，皆齒用之。嘗陰使人察視民間有婚喪匱乏者，往往賙給之。盛暑未嘗張蓋操扇，左右進蓋，必却之，曰："士衆尚多暴露，我何用此？"以故溫雖遙秉大政，而吳人頗已歸昪。

[1]宋齊丘：人名。豫章（今江西南昌市）人，一説廬陵（今江西吉安市吉州區）人。久仕於五代十國南吳、南唐，官至宰執，後以政争失勢，爲李璟餓死於九華山中。事見本書本卷。　駱知祥：人名。廬州合淝（今安徽合肥市）人。徐温麾下幕僚，以熟知財用事，多參與重大決策。事見本書本卷。　王令謀：人名。唐末藩鎮官員。事見《新唐書》卷一八八、本書卷六一。

武義元年，拜左僕射、參知政事。[1]溫行軍司馬徐玠數勸溫以己子代昇，[2]溫遣子知詢入廣陵，謀代昇秉政。會溫病卒，知詢奔還金陵，玠反爲昇謀，誣知詢以罪，斬其客將周廷望，[3]以知詢爲右統軍。[4]楊溥僭號，拜昇太尉、中書令。[5]大和三年，出鎮金陵，如溫之制，留其子景通爲司徒、同平章事，以王令謀、宋齊丘爲左、右僕射，同平章事。[6]四年，封昇東海郡王。

[1]武義：五代十國南吳高祖楊隆演年號（919—921）。　左僕射：官名。秦始置。隋、唐前期以左、右僕射佐尚書令總理六官，綱紀庶務，如不置尚書令，則總判省事，爲宰相之職。唐後期多爲大臣加銜。從二品。　參知政事：官名。唐代以中書令、侍中、尚書令共議國政爲宰相。而以他官居宰相職位的，則加"參知政事"之類的名目。唐高宗以後，以同中書門下平章事爲宰相，另設置參知政事，爲宰相的副職，是最高政務長官之一。

[2]行軍司馬：官名。出征將領及節度使的屬官。掌軍籍符伍、號令印信，是藩鎮重要的軍政官員。品秩不詳。　徐玠：人名。彭城（今江蘇徐州市）人。五代十國時期南吳、南唐官員，官拜右丞相。事見本書本卷。

[3]客將：官名。唐末五代藩鎮中負責對外聯絡、接待賓客的將領。　周廷望：人名。籍貫不詳。五代十國南吳官員。本書僅此一見。

[4]以知詢爲右統軍："右"，本書卷六一《吳世家》、《南唐書》卷八作"左"。

[5]楊溥：五代十國南吳睿帝，後禪位於徐知誥。傳見本書卷六一。　太尉：官名。與司徒、司空並爲三公，唐後期、五代多爲大臣、勛貴加官。正一品。　中書令：官名。漢代始置，隋、唐前期爲中書省長官，屬宰相之職，唐後期多爲授予元勛大臣的虛銜。

正二品。

[6]大和：五代十國南吳睿帝楊溥年號（929—935）。　司徒：官名。與太尉、司空並爲三公，唐後期、五代多爲大臣、勛貴加官。正一品。　同平章事：官名。"同中書門下平章事"之簡稱。唐高宗以後，凡實際任宰相之職者，常在其本官後加同平章事的職銜。後成爲宰相專稱。

昇照鑑見白鬚，顧其吏周宗嘆曰："功業已就，而吾老矣，奈何？"[1]宗知其意，馳詣廣陵見宋齊丘，謀禪代。齊丘以爲未可，請斬宗以謝吳人，昇黜宗爲池州刺史。[2]

[1]周宗：人名。廣陵（今江蘇揚州市）人。初侍從李昇，南唐建國後官至宰相，後一度被排擠出朝廷，李璟時復出。其二女皆嫁於南唐後主李煜爲后。事見陸游《南唐書》卷五。

[2]池州：州名。治所在今安徽池州市。

吳臨江王濛者，[1]怨徐氏捨己而立溥，心嘗不平，及昇將謀篡國，先廢濛爲歷陽公，使吏以兵守之。濛殺守者，奔廬州節度使周本。[2]本，吳舊將也，聞濛至，欲納之，爲其子祚所止。[3]本曰："此吾故主家郎君也，何忍拒之！"遽自出迎，祚閉門遮本不得出，縛濛送金陵，見殺。

[1]臨江王：本書卷六一《吳世家》、《通鑑》卷二七九、《南唐書》卷九作"臨川王"。　濛：人名。即楊濛。五代十國南吳君主楊行密第三子。

［2］廬州：州名。治所在今安徽合肥市。　周本：人名。舒州宿松（今安徽宿松縣）人。五代十國南吳將領。事見本書卷四一、卷六一及本卷。

［3］祚：人名。即周祚。周本之子，五代十國南唐將領，後降於後周。事見本書卷三二及本卷。

五年，昪封齊王。已而閩、越諸國皆遣使勸進，昪謂人望已歸。天祚三年，建齊國，置宗廟、社稷，以宋齊丘、徐玠爲左、右丞相。[1]十月，溥遣攝太尉楊璘傳位於昪，[2]國號齊，改元昇元。昪以册尊溥曰："受禪老臣知誥，謹上册皇帝爲高尚思玄弘古讓皇帝。"追尊徐温爲忠武皇帝，封子景爲吳王，封徐氏子知證江王，知諤饒王。[3]周本與諸將至金陵勸進，歸而嘆曰："吾不能誅簒國者以報楊氏，[4]今老矣，豈能事二姓乎！"憤惋而死。

[1]天祚三年，建齊國：天祚，五代十國南吳睿帝楊溥年號（935—937）。《舊五代史》卷一三四《李昪傳》載："至清泰二年改天祚元年，其年以金陵爲齊國。"

[2]楊璘：人名。籍貫不詳。五代十國南吳大臣。本書僅此一見。

[3]知證、知諤：人名。即徐知證、徐知諤。分別爲徐温第五子、第六子，宋代以降福建民間信仰中"二徐真君"（又稱徐仙、靈濟真人、洪恩真君）的人物原型。

[4]吾不能誅簒國者以報楊氏："能"字原闕，中華點校本據宗文本補，今從。

二年四月，遷楊溥於潤州丹陽宮。以王輿爲浙西節度使、馬思讓爲丹陽宮使，以嚴兵守之。[1]

[1]王輿：人名。合淝（今安徽合肥市）人。五代十國南唐官員。本書僅此一見。　馬思讓：人名。籍貫不詳。五代十國南唐官員。本書僅此一見。

徐氏諸子請昪復姓，昪謙抑不敢忘徐氏恩，下其議百官，百官皆請，然後復姓李氏，改名曰昪。自言唐憲宗子建王恪生超，超生志，爲徐州判司，志生榮。[1]乃自以爲建王四世孫，改國號曰唐。立唐高祖、太宗廟，追尊四代祖恪爲孝靜皇帝，廟號定宗；曾祖超爲孝平皇帝，廟號成宗；祖志孝安皇帝，廟號惠宗；考榮孝德皇帝，廟號慶宗。[2]奉徐温爲義祖，[3]徐氏子孫皆封王、公，女封郡、縣主。以門下侍郎張居詠、中書侍郎李建勳、右僕射張延翰同平章事。[4]十一月，以步騎八萬講武於銅橋。[5]

[1]唐憲宗：即李純，805 年至 820 年在位。紀見《舊唐書》卷一五、《新唐書》卷七。　李恪：人名。唐憲宗第十子（一説七子），封建王。傳見《舊唐書》卷一七五、《新唐書》卷八二。　判司：官名。唐代節度使、州郡等均置有判官，以分曹判事，稱"判司"。也用"判司"之名通稱州郡的佐官。品秩不詳。

[2]廟號：中國古代皇帝去世後被供奉於太廟時所使用的名號，起源於商代，秦代一度廢止，漢代恢復，清代滅亡時隨之終結。

[3]奉徐温爲義祖："義祖"，原作"義父"，中華點校本據浙江本、宗文本、本書卷六一《吴世家》、《舊五代史》卷一三四

《李昇傳》、《通鑑》卷二八二、《南唐書》卷八改，今從。

[4]門下侍郎：官名。門下省副長官。唐後期三省長官漸爲榮銜，中書侍郎、門下侍郎却因參議朝政而職位漸重，常常用爲以"同三品"或"同平章事"任宰相者的本官。正三品。　張居詠：人名。籍貫不詳。五代十國南唐大臣。本書僅此一見。　中書侍郎：官名。中書省副長官。唐後期三省長官漸爲榮銜，中書侍郎、門下侍郎却因參議朝政而職位漸重，常常用爲以"同三品"或"同平章事"任宰相者的本官。正三品官名。中書省副長官。唐後期三省長官漸爲榮銜，中書侍郎、門下侍郎却因參議朝政而職位漸重，常常用爲以"同三品"或"同平章事"任宰相者的本官。正三品。　李建勳：人名。廣陵（今江蘇揚州市）人。五代十國南唐詩人、大臣。事見馬令《南唐書》卷一〇。　右僕射：官名。唐後期多爲大臣加銜。從二品。　張延翰：人名。宋州睢陽（今河南商丘市睢陽區）人，五代十國南唐大臣。事見本書本卷。

[5]銅橋：地名。位於今江蘇南京市。

楊溥卒於丹陽宫。溥子璉爲吴太子時，[1]昇以女妻之，及昇篡國，封其女永興公主。女聞人呼公主，則嗚咽流涕而辭，[2]宫中皆憐之。溥卒，以璉爲康化軍節度使，已而以疾卒。

[1]璉：人名。即楊璉。五代十國南吴睿帝楊溥長子。
[2]則嗚咽流涕而辭：浙江本、宗文本作"必悲咽流涕而辭"。

三年四月，昇郊祀昊天上帝於圓丘，[1]禮畢，群臣請上尊號。昇曰："尊號，非古也。"不許。州縣言民孝悌五代同居者七家，皆表門閭，復其繇役。其尤盛者江州陳氏，[2]宗族七百口，每食設廣席，長幼以次坐而共食，有畜犬百餘，共一牢食，一犬不至，諸犬爲之不食。

[1]郊祀：中國古代帝王祭天之禮。因祭天之圜丘位於都城南面之郊外，故名。　昊天上帝：昊天爲天之總神。上帝爲南郊所祭受命帝。《周禮·春官·大宗伯》載："以禋祀祀昊天上帝。"鄭玄注："昊天上帝，冬至於圜丘所祀天皇大帝。"　圓丘：又名圜丘。古代帝王祭天的祭壇。《周禮·春官·大司樂》載："冬日至，於地上之圜丘奏之。"賈公彦疏："案《爾雅》：土之高者曰丘。取自然之丘。圜者，象天圜。"

[2]江州：州名。治所在今江西九江市。

四年六月，晋安州節度使李金全叛，送款于昇，昇遣鄂州屯營使李承裕迎之。[1]承裕與晋將馬全節、安審暉戰安陸南，[2]三戰皆敗，承裕與裨將段處恭皆死，都監杜光鄴及其兵五百人被執送于京師，高祖厚賜之，遣還。[3]昇致書高祖，復送光鄴等，請以敗軍行法，高祖又遣之，昇以甲士臨淮拒之，乃止。

[1]安州：州名。治所在今湖北安陸市。　李金全：人名。吐谷渾族，早年爲五代後唐明宗李嗣源奴僕，驍勇善戰，因功升遷。後晋時封安遠軍節度使，後投奔南唐。傳見《舊五代史》卷九七、本書卷四八。　鄂州：州名。治所在今湖北武漢市。　屯營使：官名。掌軍事屯戍、軍營建設諸事。品秩不詳。　李承裕：人名。籍貫不詳。五代十國南唐將領。事見《舊五代史》卷七九、卷九七。

[2]馬全節：人名。大名元城（今河北大名縣）人。五代後晋

將領。傳見《舊五代史》卷九〇、本書卷四七。　安審暉：人名。籍貫不詳。五代後晉將領。傳見《舊五代史》卷一二三。　安陸：縣名。治所在今湖北安陸市。

[3]段處恭：人名。籍貫不詳。五代後唐將領。本書僅此一見。　都監：官名。唐代中葉命將出征，常以宦官爲監軍、都監。後爲臨時委任的統兵官，稱都監、兵馬都監。掌屯戍、邊防、訓練之政令。品秩不詳。　杜光鄴：人名。籍貫不詳。五代十國南唐將領。事見《舊五代史》卷七九。

六年，吴越國火，焚其宫室、府庫、甲兵皆盡，群臣請乘其弊攻之，昪不許，遣使弔問，厚賙其乏。錢氏自吴時素爲敵國，昪見天下亂久，常厭用兵，及將篡國，先與錢氏約和，歸其所執將士，錢氏亦歸吴敗將，遂通好不絶。

昪客馮延巳好論兵、大言，[1]嘗誚昪曰："田舍翁安能成大事！"而昪志在守吴舊地而已，無復經營之略也，然吴人亦賴以休息。

[1]馮延巳：人名。江都府（今江蘇揚州市）人。五代十國南唐詩人、大臣。事見本書本卷。

七年，昪卒，年五十六，謚曰光文肅武孝高皇帝，廟號烈祖，陵曰永陵。子景立。

景，初名景通，昪長子也。既立，又改名璟。徐溫死，昪專政，以爲兵部尚書、參知政事。[1]明年，昪鎮金陵，留景爲司徒、同平章事，與宋齊丘、王令謀居廣陵，輔楊溥。昇將篡國，召景歸金陵爲副都統。[2]昇立，封齊王。昇卒，嗣位，改元保大。[3]尊母宋氏爲皇太后，妃鍾氏爲皇后。封弟壽王景遂爲燕王，[4]宣城王景達爲鄂王，[5]景遏前未王，爲保寧王。[6]秋，改封景遂齊王、諸道兵馬元帥、太尉、中書令，景達爲燕王、副元帥，盟於昇柩前，約兄弟世世繼立。封其子冀南昌王、江都尹。

[1]兵部尚書：官名。尚書省兵部長官。掌兵衛、武選、車輦、甲械、厩牧之政令。正三品。

[2]副都統：官名。掌轄下兵馬戰事之軍事副官。品秩不詳。

[3]保大：五代十國南唐中主李璟年號（943—957）。

[4]李景遂：人名。五代十國南唐烈祖李昇第三子。在南吳時爲門下侍郎，南唐建立後曾被其兄李璟立爲太弟，後出爲洪州節度使。事見本書本卷。

[5]宣城王景達爲鄂王："爲"字原闕，中華點校本據宗文本及本卷上文補，今從。

[6]李景遏：人名。五代十國南唐烈祖李昇第五子。事見本書本卷。

冬十月，破虔州妖賊張遇賢。[1]遇賢，循州羅縣小吏也。[2]初，有神降羅縣民家，與人言禍福輒中。遇賢禱之，神曰："遇賢是羅漢，可留事我。"是時，南海劉龑死，子玢初立，[3]嶺南盜賊起，群盜千餘人，未有所統，問神當爲主者，神言遇賢，遂共推爲帥。遇賢自號"中天八國王"，改元永樂，置官屬，群賊盜皆絳衣，攻剽嶺外，問神所嚮，神曰："當過嶺取虔州。"遂襲南康，節度賈浩不能禦。[4]遇賢據白雲洞，造宮室，有衆十餘萬，連陷諸縣。景遣洪州營屯虞候嚴思、通事舍人邊鎬率兵攻之。[5]遇賢問神，神不復語，群盜皆懼，遂執遇賢以降。

[1]虔州：州名。治所在今江西贛州市。　張遇賢：人名。籍貫不詳。五代十國南唐境內的農民軍領袖。本書僅此一見。

[2]循州：州名。治所在今廣東惠州市。　羅縣：中華點校本校勘記云《通鑑》卷二八三叙其事作"博羅縣"，且按《舊唐書》卷四一《地理志四》、《新唐書》卷四三上《地理志七》循州有博羅縣而無羅縣。

[3]劉龑：人名。初名劉陟，五代十國南漢建立者。傳見《舊五代史》卷一三五、本書卷六五。　劉玢：人名。劉龑之子，五代十國南漢殤帝。傳見《舊五代史》卷一三五、本書卷六五。

[4]南康：縣名。治所在今江西贛州市南康區。　賈浩：人名。五代十國時期藩鎮將領。

[5]洪州：州名。治所在今江西南昌市。　營屯虞候：官名。即營屯都虞候。掌軍事屯戍、軍營建設諸事。品秩不詳。　嚴思：《南唐書》卷二作"嚴思禮"，《通鑑》卷二八三作"嚴恩"。　通事舍人：官名。東晉始置。唐代爲中書省屬官，全稱中書通事舍人。掌殿前承宣通奏。從六品上。　邊鎬：人名。籍貫不詳。五代十國南唐將領。能征善戰，後周世宗南征時被俘。事見《舊五代史》卷一一二、本書本卷。

景以馮延巳、常夢錫爲翰林學士，馮延魯爲中書舍人，陳覺爲樞密使，魏岑、查文徽爲副使。[1]夢錫直宣政殿，專掌密命，而延巳等皆以邪佞用事，吳人謂之"五鬼"。夢錫屢言五人者不可用，景不納。十二月，景下令中外庶政委齊王景遂參決，惟陳覺、查文徽得奏事，群臣非召見者，皆不得入。[2]給事中蕭儼上疏切諫，不報。[3]侍衛軍都虞候賈崇詣閣求見景，[4]曰："臣事先朝三十年，見先帝所以成功業者，皆用衆賢之謀，故延接疏遠，未嘗壅隔，然下情猶有不達者。今陛下新即位，所信用者何人？奈何頓與臣下隔絕！臣老即死，恐無復一見顔色。"因泣下嗚咽，景爲之動容，引與坐，賜食而慰之，遂寢所下令。

[1]常夢錫：人名。扶風（今陝西扶風縣）人，一説京兆萬年（今陝西西安市）人。初仕五代後唐，後投奔徐知誥。南唐建立後一度官居機要，後被排擠出朝廷。事見本書本卷。　翰林學士：官名。由南北朝始設之學士發展而來，唐玄宗時改翰林供奉爲翰林學士，備顧問，代王言，掌拜免將相、號令征伐等詔令的起草。品秩不詳。　馮延魯：人名。壽春（今安徽壽縣）人，五代十國南唐大臣。後周世宗南征時被俘，後放歸南唐。事見本書卷三二及本卷。　中書舍人：官名。中書省屬官。掌起草文書、呈遞奏章、傳宣詔命等。正五品上。　陳覺：人名。揚州海陵（今江蘇泰州市）人。五代十國南唐大臣，率軍與後周交戰而敗，後爲李璟所殺。事見本書本卷及《舊五代史》卷一一八、卷一三四。　樞密使：官名。樞密院長官。唐代宗時始以宦官掌機密，至昭宗時借朱温之力盡誅宦官，始改以士人任樞密使。備顧問，參謀議，出納詔奏，權侔宰相。品秩不詳。參見李全德《唐宋變革期樞密院研究》，北京圖書館出版社2009年版。　魏岑：人名。鄆州（今山東東平縣）人。五代十國南唐大臣。後以朋黨宋齊丘而受貶。事見本書本卷。　查

文徽：人名。歙州休寧（今安徽休寧縣）人。五代十國南唐大臣。後以朋黨宋齊丘而受貶。事見本書本卷。

[2]皆不得入："皆"字原闕，中華點校本據宗文本補，今從。

[3]給事中：官名。秦始置。隋、唐以來，爲門下省屬官。掌讀署奏抄，駁正違失。正五品上。　蕭儼：人名。五代十國南唐大臣。事見本書本卷。

[4]侍衛軍都虞候：武官名。五代侍衛親軍的高級統率官，判六軍諸衛事。品秩不詳。　賈崇：人名。籍貫不詳。五代十國南唐將領。本書僅此一見。

初，宋齊丘爲昇謀篡楊氏最有力，及事成，乃陽入九華山，昇屢招之，乃出。[1]昇僭號，未幾，齊丘以病罷相，出爲洪州節度使。景立，復召爲相，而陳覺、魏岑等皆爲齊丘所引用。而岑與覺有隙，譖覺於景，左遷少府監。[2]齊丘亦罷相爲浙西節度使。齊丘不得意，願復歸九華山，賜號"九華先生"，封青陽公，食青陽一縣。

[1]九華山：地名。位於今安徽九華山市，中國佛教四大名山之一。

[2]少府監：官名。少府監長官。隋初置，唐初廢，太宗時復置。掌百工技巧之事。從三品。

二年二月，閩人連重遇、朱文進弑其君王延羲，文進自立。[1]是時，延羲弟延政亦自立於建州，國號殷。[2]王氏兄弟連兵累年，閩大亂，景因其亂遣查文徽及待詔臧循發兵攻建州。[3]延政聞唐且攻之，遣人給福州曰：

"唐兵助我討賊矣。"福州信之，共殺文進等以降，延政遣其從子繼昌守福州。文徽軍屯建陽，福州將李仁達殺王繼昌自稱留後，泉州將留從劾亦殺其刺史黃紹頗，皆送款於文徽。[4]

[1]連重遇：人名。籍貫不詳。五代十國閩國將領。與朱文進先後殺閩康宗王繼鵬、閩景宗王延羲，繼而擁立朱文進，後被部將林仁翰所殺。事見本書本卷、卷六八。　朱文進：人名。五代十國閩國將領。與連重遇先後殺閩康宗王繼鵬、閩景宗王延羲而自立，曾爲後晉出帝册爲閩國王，後被部將林仁翰所殺。事見本書本卷、卷六七、卷六八。　王延羲：人名。五代十國閩國景宗，性嗜酒殘暴，後爲部將連重遇、朱文進所殺。事見本書本卷。

[2]建州：州名。治所在今福建建甌市。

[3]待詔：官名。唐初置翰林院，凡文學之士及學有專長者，均待詔値日於翰林院。唐玄宗時稱翰林待詔，掌批答表疏等事。品秩不詳。　臧循：人名。籍貫不詳。五代十國南唐官員。本書僅此一見。

[4]李仁達、王繼昌、留從劾、黃紹頗：人名。皆爲五代十國時期地方軍閥，本書皆僅此一見。

四年八月，文徽乘勝克建、汀、泉、漳四州，景分延平、劍浦、富沙三縣，置劍州，遷王延政之族于金陵。以延政爲饒州節度使、李仁達爲福州節度使、留從劾爲清源軍節度使。[1]景遂欲罷兵，而查文徽、陳覺等皆言："仁達等餘孽猶在，不若乘勝盡取之。"陳覺自言可不用尺兵致仁達等。景以覺爲宣諭使，[2]召仁達朝金陵，仁達不從。覺慙，還至建州，矯命發汀、建、信、撫州兵攻仁達。時魏岑安撫漳、泉，聞覺起兵，亦擅發兵會覺。景大怒，馮延巳等爲言："兵業行，不可止。"乃以王崇文爲招討使、王建封爲副使，[3]益兵以會之，以延魯、魏岑、陳覺皆爲監軍使，[4]仁達送款於吳越，吳越以兵三萬應仁達。覺等爭功，進退不相應，延魯與吳越兵先戰，大敗而走，諸軍皆潰歸。景怒，遣使者鎖覺、延魯至金陵。而馮延巳方爲宰相，宋齊丘復自九華召爲太傅，爲稍解之，乃流覺蘄州、延魯舒州。[5]韓熙載上書切諫，請誅覺等，齊丘惡之，貶熙載和州司馬。[6]是歲，契丹陷京師，中國無主，而景方以覺等疲兵東南，不暇北顧。御史中丞江文蔚劾奏宰相馮延巳、諫議大夫魏岑亂政，與覺等同罪而不見貶黜，言甚切直。[7]景大怒，自答其疏，貶文蔚江州司士參軍，亦罷延巳爲少傅、岑爲太子洗馬。[8]

[1]饒州：州名。治所在今江西鄱陽縣。

[2]宣諭使：官名。掌奉使宣諭朝廷旨意。品秩不詳。

[3]王崇文：人名。籍貫不詳。五代十國南唐官員。事見本書本卷。　招討使：官名。唐貞元始置。戰時任命，兵罷則省。常以大臣、將帥或地方軍政長官兼任。掌招撫、討伐等事務。品秩不詳。

[4]監軍使：官名。爲臨時差遣，代表朝廷協理軍務，督察將帥。五代時常以宦官爲監軍。

[5]蘄州：州名。治所在今湖北蘄春縣。　舒州：州名。治所在今安徽潛山縣。

[6]韓熙載：人名。濰州北海（今山東濰坊市）人。五代十國南唐文人、大臣。以學識、樂律、書畫聞名於世，有名士之風。南

唐畫家顧閎中作《韓熙載夜宴圖》，描繪其夜設家宴、小酌盡歡之景。現存宋摹本，絹本設色，藏於故宮博物院。　司馬：官名。州郡佐官，名義上紀綱衆務，通判列曹，品高俸厚，實際上無具體職事，多用以安置貶謫官員，或用作遷轉官階。上州從五品下，中州正六品下，下州從六品上。

[7]御史中丞：官名。如不置御史大夫，則爲御史臺長官。掌司法監察。正四品下。　江文蔚：人名。許（今河南許昌市）人，一説建安（今福建建甌市）人。五代十國南唐官員。本書僅此一見。　諫議大夫：官名。秦始置，掌朝政議論。隋、唐仍置，有左、右諫議大夫各四人，分屬門下、中書二省。掌諫諭得失，侍從贊相。唐後期、五代多以本官領他職。正四品下。

[8]司士參軍：官名。即司士參軍事。唐於府稱士曹參軍，州稱司士參軍，縣稱司士佐。掌河津及營造橋樑、廨宇等事。上州從七品下、中州從八品下。　少傅：官名。即太子少傅，與少師、少保合稱"三少"，唐後期、五代多爲大臣、勳貴加官。從二品。太子洗馬：官名。太子屬官。掌經籍，出入侍從。從五品。

五年，以景遂爲太弟；景達爲元帥，封齊王；南昌王冀爲副元帥，封燕王。契丹遣使來聘，以兵部尚書賈潭報聘。[1]

[1]賈潭：人名。籍貫不詳。五代十國南唐官員。本書僅此一見。

六年，漢李守貞反河中，遣其客將朱元來求援，[1]景以潤州節度使李金全爲北面行營招撫使，[2]兵攻沭陽，聞守貞已敗，乃還。[3]是時，漢隱帝少，[4]中國衰弱，淮北群盜多送款於景，景遣皇甫暉出海、泗諸州招納之。[5]

[1]李守貞：人名。河陽（今河南孟州市）人。五代藩鎮軍閥。傳見《舊五代史》卷一〇九、本書卷五二。　朱元：人名。穎州沈丘（今安徽臨泉縣）人。李守貞麾下官員。事見本書本卷。

[2]北面行營招撫使：官名。掌招撫征伐之事。係臨時設置之統兵官。品秩不詳。

[3]沭陽：縣名。治所在今江蘇沭陽縣。

[4]漢隱帝：五代後漢皇帝劉承祐，沙陀族。因郭威反叛被部下所殺，後漢由是滅亡。紀見《舊五代史》卷一〇一至卷一〇三、本書卷一〇。

[5]皇甫暉：人名。魏州（今河北大名縣）人，五代藩鎮將領。傳見本書卷四九。

八年，福州詐言吳越戍兵亂，殺李仁達而遯，遣人請建州節度使查文徽，文徽與劍州刺史陳誨下舟閩江趨應之。[1]福州以兵出迎。誨曰："閩人多詐難信，宜駐江岸徐圖之。"文徽曰："久則生變，乘其未定，亟取之。"留誨屯江口，進至西門，伏兵發，文徽被擒。誨與越人戰，大敗之，獲其將馬先進。[2]景送先進還越，越亦歸景文徽。是歲，楚王馬希廣爲其弟希萼所弒，希萼自立。[3]

[1]陳誨：人名。建州建安（今福建建甌市）人。五代十國時期藩鎮將領。以長於水戰而聞名。本書僅此一見。

[2]馬先進：人名。籍貫不詳。五代十國閩國將領。事見本書

本卷。

［3］馬希廣：人名。五代十國南楚君主，南楚武穆王馬殷之子。南楚文昭王馬希范去世後被擁立爲王，後爲馬希萼篡位所殺。傳見本書卷六六。　馬希萼：人名。五代十國南楚君主，南楚武穆王馬殷之子，弑殺馬希廣後自立爲王，不恤政事，後爲馬希崇所代，終被南唐所俘。事見本書卷六六。中華點校本校勘記云本書卷六六《楚世家》、《舊五代史》卷一〇三《漢隱帝紀下》、《通鑑》卷二八七，以爲希萼乃希廣之兄。

九年秋，楚人囚希萼於衡山，立其弟希崇，[1]附于景，楚國大亂。景遣信州刺史邊鎬攻楚，破潭州，[2]盡遷馬氏之族于金陵。景以希萼爲洪州節度使，希崇舒州節度使，[3]以邊鎬爲湖南節度使。

［1］馬希崇：人名。五代十國南楚君主，南楚武穆王馬殷之子。因馬希萼不恤政事，爲衆將擁立取而代之，後以國政紊亂降於南唐。事見本書卷六六。
［2］潭州：州名。治所在今湖南長沙市。
［3］希崇舒州節度使：此七字原闕，中華點校本據浙江本、宗文本補，今從。

十年，分洪州高安、清江、萬載、上高四縣，置筠州。[1]以馮延巳、孫忌爲左右僕射、同平章事。[2]廣州劉晟乘楚之亂，取桂管，景遣將軍張巒出兵爭之，不克。[3]楚地新定，其府庫空虛，宰相馮延巳以克楚爲功，不欲取費於國，乃重斂其民以給軍，楚人皆怨而叛，其將劉言攻邊鎬，鎬不能守，遯歸。

［1］筠州：州名。治所在今江西高安市。

［2］孫忌：人名。又名孫晟、孫鳳。高密（今山東高密市）人，一說齊郡（今山東濟南市）人。五代十國南唐大臣。傳見《舊五代史》卷一三一。

［3］劉晟：人名。原名劉弘熙，五代十國南漢中宗，殺其兄殤帝劉玢而自立。傳見《舊五代史》卷一三五、本書卷六五。　桂管：方鎮名。即嶺南西道桂管經略觀察使。治所在桂州（今廣西桂林市）。　張巒：人名。籍貫不詳。五代十國南唐將領。本書僅此一見。

十一年，金陵大火踰月。

十二年，大飢，民多疫死。

十三年十一月，周師南征，詔曰："蠢爾淮甸，敢拒大邦，盜據一方，僭稱僞號。晉、漢之代，寰海未寧，而乃招納叛亡，朋助兇逆。金全之據安陸，守貞之叛河中，大起師徒，來爲應援。迫奪閩、越，塗炭湘、潭，至於應接慕容，憑陵徐部，沭陽之役，曲直可知。勾誘契丹，入爲邊患，結連并壘，實我世讎。罪惡難名，人神共憤。"乃拜李穀爲行營都部署，攻自壽州始。[1]是時，宋齊丘爲洪州節度使，景召齊丘還金陵，以劉彥貞爲神武統軍，劉仁贍爲清淮軍節度使，以距周師。[2]李穀曰："吾無水戰之具，而使淮兵斷正陽浮橋，則我背腹受敵。"乃焚其芻糧，退屯正陽。是時世宗親征，行至圉鎮，聞穀退軍，曰："吾軍却，唐兵必追之。"遣李重進急趨正陽，[3]曰："唐兵且至，宜急擊之。"劉彥貞等聞穀退軍，果以爲怯，急追之。比及正陽，而重進先至，軍未及食而戰，彥貞等遂敗。彥貞之兵施利刃於拒馬，維以鐵索；又刻木爲獸，號"捷馬牌"；[4]以皮囊布鐵蒺藜于地。周兵見而知其怯，一鼓敗之。世宗營于淝水之陽，徙浮橋于下蔡。[5]景遣林仁肇等爭之不得，而周師取滁州。[6]景懼，遣泗州牙將王知朗至徐州，[7]稱唐皇帝奉書，願効貢賦，陳兄事之禮，世宗不答。景東都副留守馮延魯、光州刺史張紹、舒州刺史周祚、泰州刺史方訥皆棄城走，[8]延魯削髮爲僧，爲周兵所獲。蘄州裨將李福殺其刺史王承雋降周。[9]景益懼，始改名景以避周廟諱；遣其翰林學士鍾謨、文理院學士李德明奉表稱臣，[10]獻犒軍牛五百頭、酒二千石、金銀羅綺數千，請割壽、濠、泗、楚、光、海六州，以求罷兵。世宗不報，分兵襲下揚、泰。景遣人懷蠟丸書走契丹求救，[11]爲邊將所執。光州刺史張承翰降周。[12]

[1]李穀：人名。潁州汝陰（今安徽阜陽市）人。五代後周宰相。傳見《宋史》卷二六二。　行營都部署：官名。凡行軍征討，掛帥率軍戰鬥，總管行營事務。品秩不詳。　壽州：地名。治所在今安徽壽縣。

[2]劉彥貞：人名。兖州中都（今山東汶上縣）人。五代十國南唐將領。事見本書本卷。　劉仁贍：人名。彭城（今江蘇徐州市）人。五代十國南唐將領。傳見《舊五代史》卷一二九、本書卷三二。

[3]正陽：地名。位於今安徽壽縣。　李重進：人名。滄州（今河北滄州市）人。五代後周將領。北宋建立後起兵反叛，兵敗身死。傳見《宋史》卷四八四。

[4]拒馬：古代戰争中使用的一種軍械，多將木材削尖交叉捆綁成人字型，設於交通要隘或城防工事前，因主要用以防禦騎兵，故而得名。　捷馬牌：中華點校本校勘記云，《宋史》卷四八四《李重進傳》作"捷馬牌"。且《西溪叢語》卷下載："《南唐世家》'號捷馬牌'。按《南唐史》亦作'捷'字。舉世以爲'捷'字，非也。《説文》'捷'字，從建。音紀偃切，馬行不利也。"當是。

[5]下蔡：縣名。治所在今安徽鳳臺縣。

[6]林仁肇：人名。建陽（今福建南平市建陽區）人，五代十國南唐將領。本書僅此一見。　滁州：州名。治所在今安徽滁州市。

[7]牙將：官名。古代軍隊中的中低級軍官。品秩不詳。　王知朗：人名。五代十國南唐官員。事見本書卷三二及本卷。　徐州：中華點校本校勘記云，《舊五代史》卷一一六《周世宗紀三》，《南唐書》卷三、卷一六作"滁州"。且據本書卷一二《周本紀》、《舊五代史》卷一一六《周世宗紀三》及本卷上文所載，時世宗親征，方克滁州，故王知朗赴滁州奉書。當是。

[8]副留守：官名。古代皇帝出巡或親征時指定親王或大臣留守京城，綜理國家軍事、行政、民事、財政等事務，稱京城留守。在陪都或軍事重鎮也常設留守，以地方長官兼任。副留守即其副貳。品秩不詳。　光州：州名。治所在今河南潢川縣。　張紹：人名。籍貫不詳。五代十國南唐將領。事見本書本卷。　泰州：州名。治所在今江蘇泰州市。　方訥：人名。籍貫不詳。五代十國南唐將領。事見本書本卷。

[9]裨將：指副將。　李福、王承儁：皆人名。籍貫不詳。五代十國南唐官員。本書皆僅此一見。

[10]鍾謨：人名。會稽（今浙江紹興市）人。五代十國南唐官員。事見本書本卷。　文理院學士：官名。文理院官員。五代十國南唐設，具體執掌、品秩不詳。　李德明：人名。籍貫不詳。五代十國南唐官員。事見本書本卷。

[11]蠟丸書：古代一種用於情報交換或傳遞的秘密工具。詳見孫方圓《兵道尚詭：試說宋代的軍用蠟丸》，《軍事歷史》2018年第2期。

[12]張承翰：人名。籍貫不詳。五代十國南唐官員。本書僅此一見。

十四年三月，景又遣司空孫晟、禮部尚書王崇質奉表，[1]辭益卑服，世宗猶不答，前遣鍾謨等并晟、崇質皆留行在。而謨等請歸取景表，盡獻江北地，世宗許之，遣崇質、德明等還，始賜景書，曰："自有唐失御，天步方艱，六紀于兹，瓜分鼎峙。自爲聲教，各擅蒸黎，交結四夷，憑凌上國。華風不競，否運所鍾，凡百有心，孰不興憤？朕擅一百州之富庶，握三十萬之甲兵，農戰交修，士卒樂用，苟不能恢復内地，申畫邊疆，便議班旋，真同戲劇。至於削去尊稱，願輸臣節，孫權事魏，蕭詧奉周，[2]古也雖然，今則不取。但存帝號，何爽歲寒？儻堅事大之心，必不迫人于險。"德明等還，盛稱世宗英武，景不悦。宋齊丘、陳覺等皆以割地無益，而德明賣國以圖利。景怒，斬德明。遣元帥、齊王景達與陳覺、邊鎬、許文縝率兵趣壽春，[3]景達將朱元等復得舒、蘄、泰三州。夏，大雨，周師在楊、滁、和者皆却，諸將請要其險隘擊之。宋齊丘曰："擊之怨深，不如縱之以爲德。"誡諸將閉壁，無得要戰，故周師皆集於壽州。世宗屯於渦口，[4]欲再幸楊州，宰相范質以師老泣諫，[5]乃班師，以李重進攻廬、壽，向訓守楊州。[6]訓請棄楊州，并力以攻壽春，乃封府庫付主者，遣景舊將按巡城中，秋毫不犯而去。淮人大悅，皆負糗糧，以送周師。

[1]司空：官名。與太尉、司徒並爲三公，唐後期、五代多爲大臣、勛貴加官。正一品。　孫晟：即上文孫忌。　禮部尚書：官名。尚書省禮部長官。掌禮儀、祭享、貢舉之政。正三品。　王崇質：人名。籍貫不詳。五代十國南唐大臣。事見本書卷三三及本卷。

[2]孫權：人名。吳郡富春（今浙江杭州市富陽區）人。三國孫吳政權建立者。傳見《三國志》卷四七。　蕭詧：人名。亦作蕭察。蘭陵武進（今江蘇丹陽市）人。南北朝時梁武帝蕭衍之孫，西梁政權建立者。傳見《周書》卷四八。

[3]許文縝：人名。籍貫不詳。五代十國南唐將領。事見《舊五代史》卷一一七。　壽春：縣名。治所在今安徽壽縣。

[4]渦口：地名。渦水入淮河之處。位於今安徽懷遠縣東北。

[5]范質：人名。大名宗城（今河北威縣）人。五代後周、北宋初宰相。傳見《宋史》卷二四九。

[6]向訓：人名。懷州河內（今河南沁陽市）人。五代、宋初將領。避後周恭帝諱改名向拱。傳見《宋史》卷二五五。

十五年，景達遣朱元等屯紫金山，築甬道以餉壽州。二月，世宗復南征，徙下蔡浮橋于渦口，爲鎮淮軍，築二城以夾淮。周師連破紫金諸寨。景達雖爲元帥，兵事皆决於陳覺。覺與朱元素有隙，以元李守貞客，反覆難信，景遣大將楊守忠代元，[1]且召之。元憤怒，叛降于周，諸軍皆潰，許文縝、邊鎬皆被執，景達以舟兵奔還金陵。劉仁贍病且死，其副使孫羽等以壽州降于周。[2]世宗班師。景遣人焚楊州，驅其士庶而去。冬十月，世宗復南征，遂圍濠州，刺史郭廷謂告于周曰：[3]"臣不能守一州以抗王師，然願請命于唐而後降。"世宗爲之緩攻，廷謂遣人請命于景，景許其降，乃降。又取泗州。周師步騎數萬，水陸齊進，軍士作檀來之歌，聲聞數十里。十二月，屯于楚州之北門。[4]

[1]楊守忠：人名。籍貫不詳。五代十國南唐將領。本書僅此一見。

[2]孫羽：人名。籍貫不詳。五代十國南唐官員。事見本書卷三二及本卷。

[3]郭廷謂：人名。彭城（今江蘇徐州市）人。五代十國南唐官員。後入仕北宋。傳見《宋史》卷二七一。

[4]楚州：州名。治所在今江蘇淮安市。

交泰元年正月，[1]大赦改元。周師攻楚州，守將張彥卿、鄭昭業城守甚堅，[2]攻四十日不可破。世宗親督兵以洞屋穴城而焚之，[3]城壞，彥卿、昭業戰死，周兵怒甚，殺戮殆盡。周師復取海、泰、楊州。世宗幸迎鑾以臨大江，景知不能支，而恥自屈身去其名號，乃遣陳覺奉表，請傳國與其世子而聽命。

[1]交泰：五代十國南唐元宗李璟年號（958）。

[2]張彥卿、鄭昭業：人名。籍貫不詳。皆爲五代十國南唐將領。本書僅此一見。

[3]洞屋：古代一種攻城器械。內撑木架，外蒙牛皮，以保護其中破墻挖洞的攻城士兵免於城上守軍攻擊。

初，周師南征，無水戰之具，已而屢敗景兵，獲水戰卒，乃造戰艦數百艘，使降卒教之水戰，命王環將以下淮。[1]景之水軍多敗，長淮之舟，皆爲周師所得。又造齊雲船數百艘，世宗至楚州北神堰，[2]齊雲舟大，不能過，乃開老鸛河以通之，遂至大江。景初自恃水戰，以周兵非敵，且未能至江。及覺奉使，見舟師列于江次甚盛，以爲自天而下，乃請曰："臣願還國取景表，盡獻江北諸州，如約。"世宗許之，始賜景書，曰"皇帝恭問江南國主"，勞其良苦而已。是時揚、泰、滁、和、壽、濠、泗、楚、光、海等州，已爲周得，景遂獻廬、舒、蘄、黃，畫江以爲界。五月，景下令去帝號，稱國主，奉周正朔，時顯德五年也。[3]

[1]王環：人名。真定（今河北正定縣）人。初仕後蜀，後降於後周。傳見《舊五代史》卷一二九、本書卷五〇。

[2]北神堰：地名。位於今江蘇淮安市北五里古邗溝入淮處。老鸛河："鸛"，原作"鵲"，中華點校本據《輿地紀勝》卷三九注引《五代史》、《册府》卷四五改。《舊五代史》卷一一八《周世宗紀》作"鸛河"。今從。

[3]顯德：五代後周太祖郭威年號（954）。世宗柴榮、恭帝柴宗訓沿用（954—960）。

初，孫晟使于周，留不遣，而世宗問晟江南虛實，不對，世宗怒，殺晟。周已罷兵，景乃贈劉仁贍太師，追封晟魯國公。[1]世宗遣鍾謨、馮延魯歸國。景復遣謨等朝京師，手自書表，稱天地父母之恩不可報；又請降詔書同藩鎮，遣謨面陳願傳位世子。世宗遣謨等還國，優詔以勞安之。景以謨爲禮部侍郎、延魯户部侍郎。[2]

[1]太師：官名。與太師、太保合稱三師，唐後期、五代多爲大臣、勛貴加官。正一品。

[2]禮部侍郎：官名。尚書省禮部次官。協助禮部尚書掌禮儀、祭享、貢舉之政。正四品下。　户部侍郎：官名。尚書省户部次官。協助户部尚書掌天下田户、均輸、錢穀之政。正四品下。

景爲太子時，延魯等皆出入東宮，禮部尚書常夢錫自昪世屢言不可使延魯等近太子，及景立，延魯用事，夢錫每排斥之。景既割地稱臣，有語及朝廷爲大朝者，夢錫大笑曰："君等嘗欲致君如堯、舜，今日自爲小朝邪？"鍾謨素善李德明，既歸，而聞德明由宋齊丘等見殺，欲報其冤，未能發。陳覺，齊丘黨也，與景相嚴續素有隙。[1]覺嘗奉使周，[2]還言世宗以江南不即聽命者，嚴續之謀，勸景誅續以謝罪。景疑之，謨因請使于周，驗其事。景已割地稱臣，乃遣謨入朝謝罪，言不即割地者，非續謀，願赦之。世宗大驚，曰："續能爲謀，是忠其主也，朕豈殺忠臣乎？"謨還，言覺姦詐，景怒，流覺饒州，殺之，宋齊丘坐覺黨與，放還青陽，[3]賜死。以太弟景遂爲洪州節度使，燕王冀爲太子。

[1]與景相嚴續素有隙："景相"二字原闕，中華點校本據宗文本補。且按《通鑑》卷二九二載："（顯德二年二月）唐主以中書侍郎、知尚書省嚴續爲門下侍郎、同平章事。"同書卷二九四載：

"（顯德五年五月）門下侍郎、同平章事嚴續罷爲少傅。"可知當時嚴續爲李景相。今從。

[2]覺嘗奉使周："嘗"，原作"常"，今據中華點校本改。

[3]青陽：縣名。治所在今安徽青陽縣。

　　景困於用兵，鍾謨請鑄大錢以一當十，文曰"永通泉貨"。謨嘗得罪，而大錢廢。韓熙載又鑄鐵錢，以一當二。

　　九月，[1]太子冀卒，次子從嘉封吳王，居東宮。鍾謨言從嘉輕肆，請立紀國公從善，景怒，貶謨國子司業，[2]立從嘉爲太子。世宗使人謂景曰："吾與江南，大義已定，然慮後世不能容汝，可及吾世修城隍、治要害，爲子孫計。"景因營緝諸城，謀遷其都于洪州，群臣皆不欲遷，惟樞密使唐鎬贊之，[3]乃升洪州爲南昌，建南都。建隆二年，[4]留太子從嘉監國，景遷于南都。而洪州迫隘，宮府營廨，皆不能容，群臣日夕思歸，景悔怒不已。唐鎬慙懼，發疾卒。

[1]九月：中華點校本校勘記云，本卷上文叙顯德五年事，《通鑑》卷二九四、《南唐書》卷四皆繫其事於顯德六年九月。清人吳光耀《五代史記纂誤續補》卷六："上止有'五年'，脱書'六年'。"

[2]國子司業：官名。隋始置。國子監次官，佐祭酒掌監事。從四品下。

[3]唐鎬：人名。籍貫不詳。五代十國南唐官員。事見本書本卷。　樞密使：中華點校本校勘記云，《通鑑》卷二九四作"樞密副使"。樞密使爲樞密院長官。唐代宗時始以宦官掌機密，至昭宗

時借朱溫之力盡誅宦官，始改以士人任樞密使。備顧問，參謀議，出納詔奏，權侔宰相。品秩不詳。

[4]建隆：宋太祖趙匡胤年號（960—963）。

六月，景卒，年四十六。[1]從嘉嗣立，以喪歸金陵，遣使入朝，願復景帝號，太祖皇帝許之，乃謚曰明道崇德文宣孝皇帝，廟號元宗，陵曰順陵。

[1]四十六：原作"六十四"，中華點校本據宗文本、《舊五代史》卷一三四《李景傳》、《九國志》卷四、《南唐書》卷四改。今從。

煜，字重光，初名從嘉，景第六子也。煜爲人仁孝，善屬文，工書畫，而豐額駢齒，一目重瞳子。[1]自太子冀已上，五子皆早亡，煜以次封吳王。建隆二年，景遷南都，立煜爲太子，留監國。景卒，煜嗣立於金陵。母鍾氏，父名泰章。煜尊母曰聖尊后，立妃周氏爲國后，封弟從善韓王、從益鄭王、從謙宜春王、從度昭平郡公、從信文陽郡公。[2]大赦境內。遣中書侍郎馮延魯修貢于朝廷。令諸司四品已下無職事者，日二員待制於內殿。

[1]豐額駢齒："豐額"指額頭飽滿，"駢齒"指牙齒整齊突出，多形容相貌富貴、異於常人。　重瞳子：一隻眼睛中有兩個瞳孔，古人認爲是異於常人之相，現代醫學則認爲是瞳孔發生黏連畸變，是早期白內障表現。

[2]從善韓王、從益鄭王：中華點校本校勘記云，《長編》卷

二叙其事云："莒公從鎰爲鄧王。"清人吳蘭庭《五代史記纂誤補》卷四載："謹案徐鼎臣《騎省集》有《太尉中書令鄭王從善詩》，又有《鄭王加元帥江寧尹制詞》。又馬令《南唐書》作鄧王從益，紀、傳並同。後主又有《送鄧王二十弟從益詩》，則是從善鄭王而從益鄧王也。《陸氏書》亦作'鄧王'而'益'作'鎰'。"當是。

三年，泉州留從効卒。[1]景之稱臣於周也，從効亦奉表貢獻于京師，世宗以景故，不納。從効聞景遷洪州，懼以爲襲己，遣其子紹基納貢于金陵，而從効病卒，泉人因并送其族于金陵，推立副使張漢思。[2]漢思老不任事，州人陳洪進逐之，[3]自稱留後，煜即以洪進爲節度使。乾德二年，[4]始用鐵錢，民間多藏匿舊錢，舊錢益少，商賈多以十鐵錢易一銅錢出境，官不可禁，煜因下令以一當十。拜韓熙載中書侍郎、勤政殿學士。封長子仲遇清源公，次子仲儀宣城公。[5]

[1]三年：原作"五年"，中華點校本據浙江本、宗文本、《長編》卷三改，今從。

[2]留紹基：中華點校本校勘記云，《長編》卷三、《宋史》卷四八三《留從効傳》作"紹鎡"。且按《宋史》卷四八三《留從効傳》載："從効無嗣，以兄從願之子紹鎡、紹鎰爲子。"其子名皆從"金"。

[3]陳洪進：人名。泉州（今福建泉州市）人。五代十國末期割據泉、漳二州，先後臣服於南唐、北宋。傳見《宋史》卷四八三。

[4]乾德：宋太祖趙匡胤年號（963—968）。 十鐵錢：原作"一鐵錢"，中華點校本據浙江本、宗文本改。今從。

[5]韓仲遇：中華點校本校勘記云，《長編》卷五、《宋史》卷四七八《南唐李氏傳》作"仲寓"，《隆平集》卷一二、《東都事略》卷二三作"仲寓"。　韓仲儀：中華點校本校勘記云，《長編》卷五作"仲宜"，《南唐書》卷五作"仲宣"，卷七有《宣城公仲宣傳》。

五年，命兩省侍郎、給事中、中書舍人，集賢、勤政殿學士，分夕於光政殿宿直，煜引與談論。煜嘗以熙載盡忠，能直言，欲用爲相，而熙載後房妓妾數十人，多出外舍私侍賓客，煜以此難之，左授熙載右庶子，分司南都。[1]熙載盡斥諸妓，單車上道，煜喜留之，復其位。已而諸妓稍稍復還，煜曰："吾無如之何矣！"是歲，熙載卒，煜嘆曰："吾終不得熙載爲相也。"欲以平章事贈之，問前世有此比否？群臣對曰："昔劉穆之贈開府儀同三司。"[2]遂贈熙載平章事。熙載，北海將家子也，初與李穀相善。明宗時，熙載南奔吳，穀送至正陽，酒酣臨訣，熙載謂穀曰："江左用吾爲相，當長驅以定中原。"穀曰："中國用吾爲相，取江南如探囊中物爾。"及周師之征淮也，命穀爲將，以取淮南，而熙載不能有所爲也。

[1]左授：多含貶官、降職之意。　右庶子：官名。亦稱太子右庶子。隋始置，爲太子典書坊長官。掌侍從太子左右，獻納啓奏，宣傳令言。正四品下。

[2]開府儀同三司：官名。曹魏始置，隋、唐時爲散官之最高官階，多授功勳重臣。從一品。

開寶四年,[1]煜遣其弟韓王從善朝京師，遂留不遣。煜手疏求從善還國，太祖皇帝不許。煜嘗怏怏以國蹙爲憂，日與臣下酣宴，愁思悲歌不已。

[1]開寶：宋太祖趙匡胤年號（968—976）。

五年，煜下令貶損制度。下書稱教，改中書、門下省爲左、右內史府，尚書省爲司會府，御史臺爲司憲府，翰林爲文館，樞密院爲光政院，諸王皆爲國公，以尊朝廷。煜性驕侈，好聲色，又喜浮圖,[1]爲高談，不恤政事。

[1]浮圖：亦稱浮屠，佛陀之異譯。可代指佛教、僧侶、佛塔等。

六年，內史舍人潘佑上書極諫,[1]煜收下獄，佑自縊死。

[1]潘佑：人名。幽州（今北京市）人。五代十國南唐官員。本書僅此一見。

七年，太祖皇帝遣使詔煜赴闕，煜稱疾不行。王師南征，煜遣徐鉉、周惟簡等奉表朝廷求緩師,[1]不答。八年十二月，王師克金陵。九年，煜俘至京師，太祖赦之，封煜違命侯，拜左千牛衛將軍。[2]其後事具國史。

[1]徐鉉：人名。揚州廣陵（今江蘇揚州市）人。五代十國南唐官員，後入仕北宋。傳見《宋史》卷四四一。　周惟簡：人名。鄱陽（今江西鄱陽縣）人。五代十國南唐官員。傳見《宋史》卷四七八。

[2]左千牛衛將軍：官名。唐置，掌宫禁宿衛。唐代置十六衛，即左右衛、左右驍衛、左右武衛、左右威衛、左右領軍衛、左右金吾衛、左右監門衛、左右千牛衛，各置上將軍，從二品；大將軍，正三品；將軍，從三品。

予世家江南，其故老多能言李氏時事，云太祖皇帝之出師南征也，煜遣其臣徐鉉朝于京師。鉉居江南，以名臣自負，其來也，欲以口舌馳説存其國，其日夜計謀思慮言語應對之際詳矣。及其將見也，大臣亦先入請，言鉉博學有材辯，宜有以待之。太祖笑曰："第去，非爾所知也。"明日，鉉朝于廷，仰而言曰："李煜無罪，陛下師出無名。"太祖徐召之升，使畢其説。鉉曰："煜以小事大，如子事父，未有過失，奈何見伐？"其説累數百言。太祖曰："爾謂父子者爲兩家，可乎？"鉉無以對而退。嗚呼，大哉，何其言之簡也！蓋王者之興，天下必歸于一統。其可來者，來之；不可者，伐之。僭僞假竊，期於掃蕩一平而後已。予讀周世宗征淮南詔，怪其區區攦攧前事，務較曲直以爲辭，何其小也！然世宗之英武有足喜者，豈爲其辭者之過歟？

據湯悦所撰《江南録》云："景以保大十五年正月，改元交泰，是歲盡獻淮南十四州，畫江爲界。"保大十五年，乃周顯德四年也。案《五代舊史》及《世宗實録》，顯德四年十月壬申，世宗方復南征，五年正月丙午，始克楚州。二月己亥，景始盡獻淮南諸州，畫江爲界,當是保大十六年也。悦等南唐故臣,記其目見之事,何其差繆?而《九國志》《紀年通譜》之類,但以悦書爲正,不復參校,遂皆差一年。至於景滅閩國,是保大四年,江南錄書於三年,亦差一年,已具《閩世家》注。或疑景立踰年而改元,則滅閩國當爲三年,周取淮南當爲十五年不差,但《江南錄》誤於景立之年改元保大,所以常差一年也。今知不然者,以諸書參較,閩人殺王延羲當晋開運元年,周師始伐南唐當顯德二年。據景以初立之年即改元,則開運元年爲保大二年,顯德二年爲保大十三年。今《江南錄》書延羲被殺於二年,周師始伐於十三年,則是景立之年改元,不誤,而悦等書滅王氏、割淮南自各差一年爾。昇自晋天福二年建國,至皇朝開寶八年國滅,凡三十九年。

:: 中華文化促進會主持編纂

:: 國家"十一五"重點圖書出版規劃項目

:: 中國社會科學院哲學社會科學創新工程學術出版資助項目

出品人　王石　段先念

今注本二十四史

新五代史 六 世家〔二〕四夷附錄

宋 歐陽脩 撰　宋 徐無黨 注
紀雪娟 主持校注
陳智超 審訂

中國社會科學出版社

新五代史　卷六三

前蜀世家第三

王建 子衍

　　王建，字光圖，許州舞陽人也。[1]隆眉廣顙，狀貌偉然。[2]少無賴，以屠牛、盜驢、販私鹽爲事，里人謂之"賊王八"。後爲忠武軍卒，稍遷隊將。[3]

　　[1]許州：州名。治所在今河南許昌市。　舞陽：縣名。治所在今河南舞陽縣。
　　[2]廣顙：額頭寬闊，多形容氣質不凡。
　　[3]忠武軍：方鎮名。治所在許州（今河南許昌市）。

　　黃巢陷長安，僖宗在蜀，忠武軍將鹿晏弘以兵八千屬楊復光討賊，巢敗走，復光以其兵爲八都，都將千人，建與晏弘皆爲一都頭。[1]復光死，晏弘率八都西迎僖宗于蜀，所過剽略，行至興元，逐節度使牛叢，自稱留後。[2]僖宗即以晏弘爲節度使，晏弘以建等八都頭皆領屬州刺史。[3]已而晏弘擁衆東歸，陷陳許，建與晉暉、韓建、張造、李師泰等各率一都，西奔于蜀。[4]僖宗得之大喜，號"隨駕五都"，以屬十軍觀軍容使田令孜，令孜以建等爲養子。[5]僖宗還長安，使建與晉暉等將神策軍宿衛。[6]

[1]黃巢：人名。曹州冤句（今山東菏澤市）人。唐末農民起義領袖。傳見《舊唐書》卷二〇〇下、《新唐書》卷二二五下。　僖宗：即李儇。唐朝皇帝，873年至888年在位。紀見《舊唐書》卷一九下、《新唐書》卷九。　鹿晏弘：人名。籍貫不詳。唐末、五代軍閥。事見《舊唐書》卷一九下、《新唐書》卷九。　楊復光：人名。閩（今福建）人。唐末、五代軍閥。傳見《舊唐書》卷一八四、《新唐書》卷二〇七。

[2]興元：府名。治所在今陝西漢中市。　節度使：官名。唐時在重要地區所設掌握一州或數州軍事、民事、財政的長官。品秩不詳。　牛叢：中華點校本校勘記云，《舊五代史》卷一三六《王建傳》、《册府》卷二二三作"牛叢"。《新唐書》卷九《僖宗紀》、《册府》卷一七八、《通鑑》卷二五五作"牛勗"。　留後：官名。原非正式命官，唐朝節度使入朝或宰相、親王遥領節度使不臨鎮則置。安史之亂後，節度使多以子弟或親信爲留後，以代行節度使職務，亦有軍士、叛將自立爲留後者。掌一州或數州軍政。北宋始爲朝廷正式命官。

[3]刺史：官名。州一級行政長官。漢武帝時始置，總掌考核官吏、勸課農桑、地方教化等事。唐中期以後，節度使、觀察使轄州而設，刺史爲其屬官，職任漸輕。從三品至正四品下。

[4]陳許：方鎮名。治所在許州（今河南許昌市）。　晉暉：人名。許州（今河南許昌市）人。五代十國藩鎮將領。事見《舊唐書》卷一九下及本書本卷。　韓建：人名。許州長社（今河南許

昌市）人。唐末、五代軍閥。傳見《舊五代史》卷一五、《新五代史》卷四〇。　張造：人名。龍州（今四川平武縣）人。唐末、五代軍閥。曾扈從唐僖宗入蜀，後投於王建麾下。　李師泰：人名。籍貫不詳。唐末、五代軍閥。本書僅此一見。

[5]觀軍容使：官名。唐朝始設，負責監視出征將帥之高級軍職，多以掌權宦官擔任。品秩不詳。　田令孜：人名。蜀（今四川）人。唐末宦官首領。傳見《舊唐書》卷一八四、《新唐書》卷二〇八。

[6]神策軍：部隊番號。唐後期禁軍之一，以宦官爲統帥，並由其控制的軍隊。天寶十三年（754），唐王朝爲防吐蕃內擾而設。唐朝末年，神策軍大都捲入宦官集團與朝官的鬥爭，唐亡即廢。

　　光啓元年，河中王重榮與令孜爭鹽池，重榮召晉兵犯京師，僖宗幸鳳翔。[1]二年三月，移幸興元，以建爲清道使，負玉璽以從。[2]行至當塗驛，李昌符焚棧道，棧道幾斷，建控僖宗馬，冒煙燄中過，宿坂下，僖宗枕建膝寢，既覺，涕泣，解御衣賜之。[3]

　　[1]光啓：唐僖宗李儇年號（885—888）。　河中：府名。唐開元八年（720）改蒲州爲河中府，因地處黃河中游而得名，其後名稱屢有改易。治所在今山西永濟市。　王重榮：人名。太原祁（今山西祁縣）人。唐末、五代軍閥。傳見《舊唐書》卷一八二、《新唐書》卷一八七。　鹽池：地名。位於今山西運城市。　鳳翔：方鎮名。治所在鳳翔府（今陝西鳳翔縣）。

　　[2]清道使：官名。中國古代皇帝出巡時的侍從官，多掌禮儀之職。品秩不詳。

　　[3]當塗驛：地名。今地不詳。　李昌符：人名。籍貫不詳。唐末、五代軍閥。事見《舊唐書》卷一九下、《舊五代史》卷二

五。　煙餤：烟霧火焰。

僖宗已至興元，令孜以謂天子播越，由己致之，懼且得罪，西川節度使陳敬瑄，令孜同母弟也，令孜因求爲西川監軍，楊復恭代爲軍容使。[1]復恭出建爲壁州刺史，建乃招集亡命及谿洞夷落，有衆八千，以攻閬州，執其刺史楊行遷，又攻利州，利州刺史王珙棄城走。[2]敬瑄患之，以問令孜，令孜曰："王八吾兒也，以一介召之，可置麾下。"乃使人招建。

[1]播越：意爲逃亡。　西川：方鎮名。治所在成都（今四川成都市）。　陳敬瑄：人名。蜀（今四川）人。傳見《新唐書》卷二二四下。　監軍：官名。爲臨時差遣，代表朝廷協理軍務、督察將帥。唐、五代時常以宦官爲監軍。品秩不詳。　楊復恭：人名。閩（今福建）人。唐末宦官首領。傳見《舊唐書》卷一八四、《新唐書》卷二〇八。

[2]壁州：州名。治所在今四川通江縣。　谿洞：亦作"溪峒"。中國古代對南方少數民族聚居地的泛稱。　閬州：州名。治所在今四川閬中市。　楊行遷：人名。籍貫不詳。唐末、五代軍閥。本書僅此一見。　利州：州名。治所在今四川廣元市利州區。　王珙：人名。太原祁縣（今山西祁縣）人。唐末、五代軍閥。傳見《新唐書》卷一八七。

東川顧彥朗與建有舊，建聞令孜召己，大喜，因至梓州，謂彥朗曰："十軍阿父召我，我欲至成都見陳公，以求一鎮。"[1]即以其家屬託彥朗，選精兵二千，馳之成都。行至鹿頭關，敬瑄悔召建，使人止之。[2]建大怒，擊破鹿頭關，取漢州。[3]彥朗聞之，出兵助建，軍于學射。[4]敬瑄遣將句惟立逆建，建擊敗之，遂攻彭州。[5]敬瑄遣眉州刺史山行章將兵五萬屯新繁，建又擊敗之，虜獲萬餘人，橫屍四十里。[6]敬瑄發兵七萬益行章，與建相持濛陽、新都百餘日。[7]昭宗遣左諫議大夫李洵爲兩川宣諭和協使，詔彥朗等罷兵。[8]彥朗請以大臣鎮蜀，因爲建求旌節。文德元年六月，以宰相韋昭度爲西川節度使。[9]分邛、蜀、黎、雅爲永平軍，拜建節度使。[10]

　　[1]東川：方鎮名。治所在梓州（今四川三臺縣）。　顧彥朗：人名。豐州（今内蒙古五原縣）人。唐末、五代軍閥。傳見《新唐書》卷一八六。　梓州：州名。治所在今四川三臺縣。

　　[2]選精兵二千：中華點校本校勘記云，《通鑑》卷二五七作"二千"，《舊五代史》卷一三六《王建傳》、《册府》卷二二三作"三千"。　鹿頭關：地名。位於今四川德陽市。

　　[3]漢州：州名。治所在今四川廣漢市。

　　[4]學射：即學射山。位於今四川新都縣。

　　[5]句惟立：人名。籍貫不詳。唐末、五代藩鎮將領。本書僅此一見。　彭州：州名。治所在今四川彭州市。

　　[6]眉州：州名。治所在今四川眉山市。　山行章：人名。籍貫不詳。唐末、五代軍閥。事見本書本卷。　新繁：縣名。治所在今四川成都市新都區。

　　[7]濛陽：縣名。位於今四川彭州市。　新都：縣名。治所在今四川成都市新都區。

　　[8]左諫議大夫：官名。秦始置，掌朝政議論。隋唐仍置，有左、右諫議大夫各四人，分屬門下、中書二省。掌諫諭得失，侍從贊相。唐後期、五代多以本官領他職。正四品下。　李洵：人名。

籍貫不詳。唐末官員。事見本書本卷。　兩川宣諭和協使：官名。臨時設立之使職，代表中央安撫、協調四川地區軍閥紛爭。品秩不詳。

[9]文德：唐僖宗李儇年號（888）。　韋昭度：人名。京兆杜陵（今陝西西安市）人。唐末大臣，官拜宰相。傳見《舊唐書》卷一七九、《新唐書》卷一八五。

[10]邛州：州名。治所在今四川邛崍市。　蜀州：州名。治所在今四川崇州市。　黎州：州名。治所在今四川漢源縣。　雅州：州名。治所在今四川雅安市。　永平軍：方鎮名。治所在邛州（今四川邛崍市）。

敬瑄不受代，昭宗即命昭度將彥朗等兵討之。昭宗以建爲招討牙內都指揮使。[1]久之，不克，建謂昭度曰："公以數萬之衆，困兩川之人，而師久無功，奈何？且唐室多故，東方諸鎮，兵接都畿，公當歸相天子，静中原以固根本，此蠻夷之國，不足以留公！"昭度遲疑未決，建遣軍士擒昭度親吏於軍門，臠而食之，建入白曰："軍士飢，須此爲食爾！"昭度大恐，即留符節與建而東。昭度已去，建即以兵扼劍門，兩川由是阻絕。[2]

[1]招討牙內都指揮使：官名。"牙內"亦作"衙內"。唐、五代時期招討使府衙內之牙將，統最親近衛兵。品秩不詳。

[2]劍門：地名。即劍門關。位於今四川劍閣縣。素爲出入四川盆地之咽喉要道。

山行章屯廣都，建擊敗之，行章走眉州，以州降建。[1]建引兵攻成都，而資、簡、戎、茂、嘉、邛諸州皆殺刺史降建。[2]

[1]廣都：縣名。治所在今四川成都市。
[2]資州：州名。治所在今四川資中縣。　簡州：州名。治所在今四川簡陽市。　戎州：州名。治所在今四川宜賓市。　茂州：州名。治所在今四川茂縣。　嘉州：州名。治所在今四川樂山市市中區。

建攻成都甚急，田令孜登城呼建曰："老夫與公相厚，何嫌而至此！"建曰："軍容父子之恩，心何可忘！然兵討不受代者，天子命也。"令孜夜入建軍，以節度觀察牌印授建。明日，敬瑄開門迎建。建將入城，以張勍爲都虞候，戒其軍士曰："吾以張勍爲虞候矣，汝等無犯其令，幸勍執而見我，我尚活汝，使其殺而後白，吾亦不能詰也。"[1]建入城，軍士剽略，勍殺百人而止。後建遷敬瑄于雅州，使人殺之；復以令孜爲監軍，既而亦殺之。

[1]張勍：人名。籍貫不詳。唐末、五代藩鎮將領。本書僅此一見。　都虞候：官名。唐、五代方鎮高級軍官。品秩不詳。

大順二年十月，唐以建爲檢校司徒、成都尹、劍南西川節度副大使、知節度事、管內觀察處置雲南八國招撫等使。[1]

[1]大順：唐昭宗李曄年號（890—891）。　檢校司徒：官名。

爲散官或加官，以示恩寵，無實際執掌。品秩不詳。　成都尹：官名。成都地方最高行政長官。品秩不詳。　節度副大使：官名。方鎮中僅次於節度使之使職，如持節，則位同於節度使。品秩不詳。　觀察處置：官名。即觀察處置使。唐玄宗以後，采訪、觀察、都統等使加"處置"，賦予處理、決斷權。開元二十二年（734）初置采訪處置使，以御史中丞盧絢等爲之，乾元元年（758）改爲觀察處置使。品秩不詳。　雲南八國：即"雲南"和"西山八國"的合稱，泛指西川南邊和西邊的少數民族諸部。詳見劉復生《"雲南八國"辨析——兼談北宋與大理國的關係》，《四川大學學報》（哲學社會科學版）2002年第6期。　招撫使：官名。掌招撫征伐之事。係臨時設置之統兵官。品秩不詳。

　　東川顧彥朗卒，其弟彥暉立。[1]唐遣宦者宗道弼賜彥暉東川旌節，綿州刺史常厚執道弼以攻梓州，建遣李簡、王宗滌等討厚。[2]自彥朗死，建欲圖并東川而未有以發，及李簡等討厚，戒曰："兵已破厚，彥暉必出犒師，即與俱來，無煩吾再舉也。"簡等擊厚，敗之鍾陽，厚走還綿州，以唐旌節還道弼而出之。[3]彥暉已得節，辭疾不出犒軍。乾寧二年，建遣王宗滌攻之。[4]十二月，宗滌敗彥暉於楸林，斬其將羅璋，遂圍梓州。[5]三年五月，昭宗遣宦者袁易簡詔建罷兵，建收兵還成都。[6]黔南節度使王肇以其地降于建。[7]

　　[1]顧彥暉：人名。顧彥朗之弟，丰州（今内蒙古五原縣）人。唐末、五代軍閥。事見本書本卷。
　　[2]宗道弼：中華點校本校勘記云，《通鑑》卷二五八作"宋道弼"，且《舊唐書》《新唐書》《通鑑》《册府》數見"宋道弼"，

其曾任神策右軍中尉。另《唐重修内侍省碑》（拓片刊《考古與文物》1983年第4期）記"内樞密使廣平宋公道弼"。　綿州：州名。治所在今四川綿陽市。　常厚：人名。籍貫不詳。唐末、五代軍閥。本書僅此一見。　李簡：人名。籍貫不詳。唐末、五代軍閥。事見本書本卷。　王宗滌：人名。本名華洪。籍貫不詳。唐末、五代藩鎮將領。事見《通鑑》卷二六一及本書本卷。

[3]簡等擊厚：中華點校本校勘記云，"厚"字原闕，據宗文本補。今從。　鍾陽：地名。位於今四川綿陽市東北。

[4]乾寧：唐昭宗李曄年號（894—898）。

[5]楸林：地名。位於今四川三臺縣東北。　羅璋：人名。籍貫不詳。唐末、五代藩鎮將領。本書僅此一見。

[6]袁易簡：人名。籍貫不詳。唐末宦官。官至樞密使，後爲李茂貞所殺。

[7]黔南：方鎮名。治所在黔州（今重慶彭水縣）。　王肇：人名。籍貫不詳。唐末、五代軍閥。本書僅此一見。

　　四年，宗滌復攻東川，別遣王宗侃、宗阮等出峽，取渝、瀘州。[1]五月，建自將攻東川，昭宗遣諫議大夫李洵、判官韋莊宣諭兩川，詔建罷兵。[2]建不奉詔，乃責授建南州刺史，以郯王爲鳳翔節度使，徙李茂貞代建爲西川節度使。[3]茂貞拒命，乃復建官爵。冬十月，建攻破梓州，彦暉自殺。彦暉將顧彦瑶顧城已危，謂諸將吏曰："事公當生死以之！"[4]指其所佩賓鐵劍曰："事急而有叛者，當齒此劍！"及城將破，彦瑶與彦暉召集將吏飲酒，遂與之俱死。建以王宗滌爲東川留後，唐即以宗滌爲節度使，於是并有兩川之地。

［1］王宗侃：人名。許州（今河南許昌市）人，一説雅州（今四川雅安市）人。王建養子，唐末、五代藩鎮將領。事見本書本卷。　王宗阮：人名。僰道（今四川宜賓市）人。王建養子，唐末、五代藩鎮將領。事見本書本卷。　渝州：州名。治所在今重慶市。　瀘州：州名。治所在今四川瀘州市江陽區。

［2］判官：官名。唐五代方鎮僚屬，位在行軍司馬下。分掌使衙内各曹事，並協助使職官員通判衙事。品秩不詳。　韋莊：人名。長安杜陵（今陝西西安市）人。唐末、五代知名文人、高級官員。事見本書本卷。

［3］南州：州名。治所在今重慶南川區。　徙李茂貞：中華點校本校勘記云，"徙"字原闕，據宗文本補。今從。

［4］顧彥瑶：中華點校本校勘記云，《通鑑》卷二六一作"顧瑶"。錢大昕《考異》卷六六載："按《唐書·顧彥暉傳》，瑶爲彥暉養子，且單名瑶，無'彥'字。"

是時，鳳翔李茂貞兼據梁、洋、秦、隴，數以兵侵建。[1]天復元年，梁太祖兵誅宦者，宦者韓全誨等劫天子幸鳳翔，梁兵圍之，茂貞閉城拒守經年，力窘，求與梁和。[2]建間遣人聘茂貞，許以出兵爲援，勸其堅壁勿和。遣王宗滌將兵五萬，聲言迎駕，以攻興元，執其節度使李繼業，而武定節度使拓拔思敬遂以其地降于建，於是并有山南西道。[3]是時，荆南成汭死，襄州趙匡凝遣其弟匡明襲據之，建乘其間，攻下夔、施、忠、萬四州。[4]三年八月，唐封建蜀王。四年，唐遷都洛陽，改元天祐，建與唐隔絶而不知，故仍稱天復。[5]六年，又取歸州，於是并有三峽。[6]

[1]梁州：州名。治所在今陝西漢中市。　洋州：州名。治所在今陝西洋縣。　秦州：州名。治所在今甘肅天水市。　隴州：州名。治所在今陝西隴縣。

[2]天復：唐昭宗李曄年號（901—904）。　梁太祖：即朱温。宋州碭山（今安徽碭山縣）人。五代後梁開國皇帝。紀見《舊五代史》卷一至卷七、本書卷一至卷二。　韓全誨：人名。籍貫不詳。唐末、五代宦官。傳見《新唐書》卷二〇八。

[3]李繼業：中華點校本校勘記云，《通鑑》卷二六三作"李繼密"。　武定：方鎮名。治所在洋州（今陝西洋縣）。　拓拔思敬：人名。党項族。定難軍節度使拓跋思恭之弟，唐末、五代軍閥。事見本書本卷。　山南西道：方鎮名。治所在梁州（今陝西漢中市）。

[4]荊南：又稱南平。五代十國之一。五代後梁開平元年（907）朱温命高季興為荊南節度使，梁末帝時封其為渤海王。同光二年（924）受後唐封為南平王。　成汭：人名。淮西（今安徽江淮地區）人。唐末、五代軍閥。傳見《新唐書》卷一九〇、《舊五代史》卷一七。　襄州：州名。治所在今湖北襄陽市。　趙匡凝：人名。蔡州（今河南汝南縣）人，唐末、五代藩鎮軍閥。傳見《舊五代史》卷一七、本書卷四一。　趙匡明：人名。趙匡凝之弟，蔡州人。唐末、五代藩鎮將領。傳見《舊五代史》卷一七。　夔州：州名。治所在今重慶奉節縣。　施州：州名。治所在今湖北恩施土家族苗族自治州。　忠州：州名。治所在今重慶忠縣。　萬州：州名。治所在今重慶萬州區。

[5]天祐：唐昭宗李曄開始使用的年號（904—907）。唐哀帝李柷沿用。唐亡後，河東李克用、李存勗仍稱天祐，沿用至天祐二十年（923）。五代十國其他政權亦有行此年號者，如南吳、吳越等。

[6]歸州：州名。治所在今湖北秭歸縣。

七年，梁滅唐，遣使者諭建，建拒而不納。建因馳檄四方，會兵討梁，四方知其非誠實，皆不應。

是歲正月，巨人見青城山。[1]六月，鳳凰見萬歲縣，黃龍見嘉陽江，而諸州皆言甘露、白鹿、白雀、龜、龍之瑞。[2]秋九月己亥，建乃即皇帝位。封其諸子爲王，以王宗佶爲中書令，韋莊爲左散騎常侍、判中書門下之事，唐襲爲樞密使，鄭騫爲御史中丞，張格、王鍇皆爲翰林學士，周博雅爲成都尹。[3]蜀恃險而富，當唐之末，士人多欲依建以避亂。建雖起盜賊，而爲人多智詐，善待士，故其僭號，所用皆唐名臣世族：莊，見素之孫；格，濬之子也。[4]建謂左右曰："吾爲神策軍將時，宿衛禁中，見天子夜召學士，出入無間，恩禮親厚如寮友，非將相可比也。"故建待格等恩禮尤異，其餘宋玭等百餘人，並見信用。[5]

[1]青城山：地名。位於今四川都江堰市。

[2]萬歲縣：縣名。治所在今重慶開州區。　嘉陽江：水名。今地不詳。

[3]王宗佶：人名。籍貫不詳。王建養子。唐末、五代軍閥。事見本書本卷。　中書令：官名。漢代始置，隋、唐前期爲中書省長官，屬宰相之職；唐後期多爲授予元勳大臣的虛銜。正二品。　左散騎常侍：官名。門下省屬官。掌侍奉規諷，備顧問應對。正三品下。　中書門下：官署名。唐代以來爲宰相處理政務的機構。參見劉後濱《唐代中書門下體制研究——公文形態·政務運行與制度變遷》，齊魯書社2004年版。　唐襲：人名。閬州（今四川閬中市）人，王建親信、五代十國前蜀高級官員。後爲王元膺所殺。事見本書本卷。　樞密使：官名。樞密院長官。唐代宗時始以宦官掌

機密，至昭宗時借朱温之力盡誅宦官，始改以士人任樞密使。備顧問，參謀議，出納詔奏，權侔宰相。品秩不詳。參見李全德《唐宋變革期樞密院研究》，北京圖書館出版社 2009 年版。　鄭騫：人名。籍貫不詳。五代十國前蜀高級官員。事見本書本卷。　御史中丞：官名。如不置御史大夫，則爲御史臺長官。掌司法監察。正四品下。　張格：人名。宿州符离（今安徽宿州市埇橋區）人。五代十國前蜀高級官員。傳見《舊五代史》卷七一。　王鍇：人名。籍貫不詳。五代十國前蜀高級官員。事見本書本卷。　翰林學士：官名。由南北朝始設之學士發展而來，唐玄宗改翰林供奉爲翰林學士，備顧問，代王言，掌拜免將相、號令征伐等詔令的起草。品秩不詳。　周博雅：人名。籍貫不詳。五代十國前蜀官員。本書僅此一見。

[4]韋見素：人名。京兆萬年（今陝西西安市）人。唐末高級官員，官拜宰相。傳見《舊唐書》卷一〇八。　張濬：人名。籍貫不詳。唐末高級官員。事見《舊唐書》卷二〇上。

[5]宋玭：人名。籍貫不詳。五代十國前蜀官員。本書僅此一見。

　　武成元年正月，祀天南郊，大赦，改元，以王宗佶爲太師。[1]宗佶本姓甘氏，建爲忠武軍卒時掠得之，養以爲子，後以軍功累遷武信軍節度使。[2]後建所生子元懿等稍長，宗佶以養子心不自安，與鄭騫等謀，求爲大司馬，總六軍，開元帥府，凡軍事便宜行而後聞。[3]建以宗佶創業功多，優容之。唐襲本以舞僮見幸於建，宗佶尤易之，後爲樞密使，猶名呼襲，襲雖内恨，而外奉宗佶愈謹。建聞之，怒曰："宗佶名呼我樞密使，是將反也。"宗佶求大司馬，章三上，建以問襲，襲因激怒建曰："宗佶功臣，其威望可以服人心，陛下宜即與之。"建心益疑。宗佶入奏事，自請不已，建叱衛士撲殺之，并賜鴆死。六月，以遂王宗懿爲皇太子。[4]建加尊號英武睿聖皇帝。七月，騶虞見武定。[5]

[1]武成：五代十國前蜀高祖王建年號（908—910）。 太師：官名。與太傅、太保合稱三師，唐後期、五代多爲大臣、勛貴加官。正一品。

[2]武信軍：方鎮名。治所在遂州（今四川遂寧市船山區）。

[3]大司馬：官名。相傳西周始設，西漢武帝時罷太尉而置大司馬，掌軍政。後屢有廢設，漸成高級武將之加官，以示尊崇。正一品。

[4]宗懿：人名。後更名元膺。王建次子，曾獲封太子，因與唐襲政争引發兵亂而被殺。事見本書本卷。

[5]騶虞：中國古代神話傳說中的一種靈獸，以性情"仁""義"而著稱。其現身常被視爲祥瑞之兆。詳見嚴國榮、劉昌安《"騶虞"考辨》，《西北大學學報》（哲學社會科學版）2004年第6期；王春陽、周國林《"騶虞"考》，《古籍整理研究學刊》2014年第1期。

二年，頒《永昌曆》。[1]廣都嘉禾合穗。

[1]《永昌曆》：又名《武成永昌曆》。五代十國前蜀武成二年（909）頒行於其境內之曆法。前蜀亡而旋廢。

三年八月，有龍五十見洵陽水中。[1]十月，麟見壁州。十二月，大赦，改明年爲永平元年。[2]岐王李茂貞自爲梁所圍，而山南入于蜀，地狹勢孤，遂與建和，以其子娶建女，因求山南故地。建怒，不與，以王宗侃爲北路都統，宗佑、宗賀、唐襲爲三面招討使以攻岐。[3]戰于青泥，宗侃敗績，退保西縣，爲茂貞兵所圍。[4]建自將擊之，岐兵敗，解去，建至興元而還。加尊號曰英武睿聖光孝皇帝。

[1]洵陽：縣名。治所在今陝西旬陽縣。
[2]永平：五代十國前蜀高祖王建年號（911—915）。
[3]都統：官名。南北朝時期前秦始設之武官，掌領兵作戰。品秩不詳。　王宗佑：人名。當爲王建之子，五代十國前蜀將領。本書僅此一見。　王宗賀：人名。當爲王建之子，五代十國前蜀將領。本書僅此一見。　招討使：官名。唐貞元時始置。戰時任命，兵罷則省。常以大臣、將帥或地方軍政長官兼任。掌招撫、討伐等事務。品秩不詳。
[4]青泥：地名。位於今甘肅徽縣。　西縣：縣名。治所在今陝西勉縣。

二年，又加號曰英武睿聖神功文德光孝皇帝。初，田令孜之爲監軍也，盜唐傳國璽入于蜀而埋之，二月，尚食使歐陽柔治令孜故第，穿地而得之，以獻。[1]五月，梁遣光祿卿盧玭來聘，推建爲兄，其印文曰"大梁入蜀之印"。[2]宰相張格曰："唐故事，奉使四夷，其印曰'大唐入某國之印'，今梁已兄事陛下，奈何卑我如夷狄？"建怒，欲殺梁使者，格曰："此梁有司之過爾，不可以絶兩國之懽。"已而梁太祖崩，建遣將作監李紘弔之，遂刻其印文曰"大蜀入梁之印"。[3]劍州木連理。[4]

六月，麟見文州。[5]十二月，黃龍見富義江。

　　[1]尚食使：官名。唐始置，以宦官充任，掌供皇帝膳食。品秩不詳。　歐陽柔：人名。籍貫不詳。五代十國前蜀官員。本書僅此一見。

　　[2]光祿卿：官名。南朝梁天監七年（508）改光祿勛置，隋唐沿置。掌宮殿門戶、帳幕器物、百官朝會膳食等。從三品。　盧玼：人名。籍貫不詳。唐末、五代官員。事見本書本卷。

　　[3]將作監：官名。秦代設將作少府，唐代改將作監，其長官即為將作監。掌宮廷器物置辦及宮室修建事宜。從三品。　李紘：人名。籍貫不詳。五代十國前蜀官員。本書僅此一見。

　　[4]劍州：州名。治所在今四川劍閣縣。　木連理：不同樹木的樹枝長在一起，常被視為祥瑞之兆。

　　[5]文州：州名。治所在今甘肅文縣。

　　三年正月，麟見永泰。[1]五月，騶虞見壁山，有二鹿隨之。[2]秋七月，皇太子元膺殺太子少保唐襲。[3]元膺，建次子也，初名宗懿，後更名宗坦，建得銅牌子于什仿，有文二十餘字，建以為符讖，因取之以名諸子，故又更曰元膺。元膺為人猥喙齲齒，多材藝，能射錢中孔，嘗自抱畫毬擲馬上，馳而射之，無不中。[4]年十七，為皇太子，判六軍，創天武神機營，開永和府，置官屬。[5]建以元膺年少任重，以記事戒之，令"一切學朕所為，則可以保國"。又命道士廣成先生杜光庭為之師。[6]唐襲，建之嬖也，元膺惡之，屢譖于朝，建懼其交惡，乃罷襲樞密使，出為興元節度使。已而襲罷歸，元膺廷疏其過失，建益不悅。是月七夕，元膺召諸王、大臣置酒，而集王宗翰、樞密使潘峭、翰林學士毛文錫不至，元膺怒曰："集王不來，峭與文錫教之耳！"[7]明日，元膺白建峭及文錫離間語。[8]建怒，將罪之。元膺出而襲入，建以問之，襲曰："太子謀作亂，欲召諸將、諸王以兵錮之，然後舉事爾！"建疑之，襲請召營兵入衛。[9]元膺初不爲備，聞襲召兵，以爲誅己，乃與伶人安悉香、軍將喻全殊率天武兵自衛，遣人擒峭及文錫而笞之，幽於其家；召大將徐瑤、常謙率兵出拒襲，與襲戰神武門，襲中流矢，墜馬死。[10]建遣王宗賀以兵討之，元膺兵敗，皆潰去。元膺匿躍龍池檻中，明日，出而丐食，蜀人識之，以告，建遣宗翰招諭之，宗翰未至，爲衛兵所殺。[11]建乃立其幼子鄭王宗衍爲太子。白龍見邛州江。

[1]永泰：縣名。治所在今四川鹽亭縣。

[2]璧山：縣名。治所在今重慶璧山區。

[3]太子少保：官名。與太子少師、太子少傅統稱太子三少。隋唐以後多作加官或贈官。從二品。

[4]猳喙齲齒：形容牙齒外露。中華點校本校勘記云，《通鑑》卷二六八"齲齒"作"齙齒"。

[5]判六軍：官名。即判六軍諸衛事。沿唐代舊制，置六軍諸衛，以判六軍諸衛事爲禁軍六軍與諸衛的最高統帥。品秩不詳。

天武神機營：部隊番號。本書僅此一見。

[6]杜光庭：人名。處州縉云（今浙江縉雲縣）人，一説長安（今陝西西安）人。唐末、五代道士、官員。事見《舊五代史》卷一三六。

[7]王宗翰：人名。籍貫不詳。王建養子，五代十國前蜀將領。

事見本書本卷。　潘峭：人名。籍貫不詳。五代十國前蜀官員。本書僅此一見。　毛文錫：人名。高陽（今河北高陽縣）人，一作南陽（今河南南陽市）人。五代十國官員、文人。事見本書本卷。

[8]元膺白建峭及文錫離間語：中華點校本校勘記云，"離間語"浙江本作"離諸王"，宗文本作"離間諸王"。

[9]襲請召營兵入衛：中華點校本校勘記云，"營兵"宗文本作"屯營軍"，《通鑑》卷二六八作"屯營兵"。

[10]伶人：古代對戲曲藝人的稱呼。　安悉香：人名。籍貫不詳。五代十國前蜀宮廷藝人。本書僅此一見。　喻全殊：人名。籍貫不詳。五代十國前蜀軍官。本書僅此一見。　徐瑤：人名。籍貫不詳。五代十國前蜀軍官。本書僅此一見。　常謙：人名。籍貫不詳。五代十國前蜀軍官。本書僅此一見。

[11]元膺匿躍龍池檻中：中華點校本校勘記云，《通鑑》卷二六八"躍龍池"作"龍躍池"。按《蜀檮杌》卷上載："摩訶池爲龍躍池"。

　　四年，荊南高季昌侵蜀巫山，遣嘉王宗壽敗之于瞿唐。[1]八月，殺黔南節度使王宗訓。[2]冬，南蠻攻掠界上，建遣夔王宗範擊敗之于大渡河。[3]麟見昌州。[4]

[1]高季昌：人名。陝州硤石（今河南三門峽市陝州區）人。五代十國南平（荊南）開國君主。傳見《舊五代史》卷一三三、本書卷六九。　巫山：縣名。治所在今重慶巫山縣。　王宗壽：人名。許州（今河南許昌市）人。王建養子。事見本書本卷。　瞿唐：地名。位於今重慶巫山縣。

[2]王宗訓：人名。王建養子，五代十國前蜀官員。事見本書本卷。

[3]王宗範：人名。王建養子，五代十國前蜀官員。事見本書

本卷。　大渡河：原作"大河渡"，中華點校本據宗文本改爲"大渡河"，《通鑑》卷二六九亦作"大渡河"。今從。

[4]昌州：州名。治所在今重慶大足區。

五年，起壽昌殿於龍興宮，畫建像於壁；又起扶天閣，畫諸功臣像。[1]十一月，大火，焚其宮室。遣王宗儔等攻岐，取其秦、鳳、階、成四州，至大散關。[2]梁叛將劉知俊在岐，於是特以其族來。[3]

[1]壽昌殿：宫殿名。位於今四川成都市。　龍興宫：宫殿名。位於今四川成都市。　扶天閣：宫殿名。位於今四川成都市。

[2]大散關：地名。位於今陝西寶雞市秦嶺山脉。

[3]劉知俊：人名。徐州沛縣（今江蘇沛縣）人。唐末、五代將領。先後隸時溥、朱温、李茂貞、王建。傳見《舊五代史》卷一三、本書卷四四。

通正元年，遣王宗綰等率兵十二萬出大散關攻岐，取隴州。[1]八月，起文思殿，以清資五品正員官購群書以實之，以内樞密使毛文錫爲文思殿大學士。[2]黄龍見大昌池。十月，大赦。改元。十二月，又改明年元曰天漢，國號漢。[3]

[1]通正：五代十國前蜀高祖王建年號（916）。　王宗綰：人名。籍貫不詳。王建養子，五代十國前蜀官員。本書僅此一見。

[2]文思殿：宫殿名。位於今四川成都市。　清資：泛指中古時期"清流"士族所任之清貴官職。　正員官：即"職有常守""位有常員"之職事官的别稱。　内樞密使：官名。唐玄宗時以宦

官爲中使，掌上傳下達，憲宗時正式稱樞密使。品秩不詳。
　　[3]改元十二月又：此六字原闕，中華點校本據宗文本補。今從。　天漢：五代十國前蜀高祖王建年號（917）。

天漢元年，殺劉知俊。十二月，大赦，改明年元曰光天，復國號蜀。[1]

　　[1]光天：五代十國前蜀高祖王建年號（918）。

光天元年六月，建卒，年七十二。建晚年多內寵，賢妃徐氏與妹淑妃，皆以色進，專房用事，交結宦者唐文扆等干與外政。[1]建年老昏耄，文扆判六軍，事無大小，皆決文扆。及建疾，以兵入宿衛，謀盡去建故將。故將聞建疾，皆不得入見，久之，宗弼等排闥入，言文扆欲爲變，乃殺之。[2]建因以老將大臣多許昌故人，必不爲太子用，思擇人未得而疾亟，乃以宦者宋光嗣爲樞密使判六軍而建卒。[3]太子立，去"宗"名"衍"。

　　[1]唐文扆：人名。籍貫不詳。五代十國前蜀宮廷宦官，趁王建年老神衰而干預朝政。事見本書本卷。
　　[2]王宗弼：人名。籍貫不詳。王建養子，五代十國前蜀高級官員。事見《舊五代史》卷三三、卷五七及本書本卷。
　　[3]許昌：地名。位於今河南許昌市。　宋光嗣：人名。籍貫不詳。五代十國前蜀宮廷宦官。王衍時一度大權在握，後爲王衍所殺。事見《舊五代史》卷三三及本書本卷。

衍，字化源。建十一子，曰衛王宗仁，簡王元膺，趙王宗紀，幽王宗輅，韓王宗智，莒王宗特，信王宗傑，魯王宗鼎，興王宗澤，薛王宗平。而鄭王宗衍最幼，其母徐賢妃也，以母寵得立爲皇太子，開崇賢府，置官屬，後更曰天策府。[1]衍爲人方頤大口，垂手過膝，顧目見耳，頗知學問，能爲浮艷之辭。元膺死，建以幽王宗輅貌類己，而信王宗傑於諸子最材賢，欲於兩人擇立之。而徐妃專寵，建老昏耄，妃與宦者唐文扆教相者上言衍相最貴，又諷宰相張格贊成之，衍由是得爲太子。

[1]崇賢府：宮殿名。位於今四川成都市。五代十國前蜀太子官署。　天策府：宮殿名。位於今四川成都市。五代十國前蜀太子官署。

建卒，衍立，諡建曰神武聖文孝德明惠皇帝，廟號高祖，陵曰永陵。建正室周氏號昭聖皇后，後建數日而卒，衍因尊其母徐氏爲皇太后，后妹淑妃爲皇太妃。太后、太妃以教令賣官，自刺史以下，每一官闕，必數人並争，而入錢多者得之；通都大邑起邸店，以奪民利。[1]

[1]邸店：古代存放貨物、供人旅宿的商業場所。詳見侯旭東《从朝宿之舍到商鋪——漢代郡國邸與六朝邸店考論》，《清華大學學報》2011年第5期。

衍年少荒淫，委其政於宦者宋光嗣、光葆、景潤澄、王承休、歐陽晃、田魯儔等；以韓昭、潘在迎、顧在珣、嚴旭等爲狎客。起宣華苑，有重光、太清、延昌、會真之殿，清和、迎仙之宫，降真、蓬萊、丹霞之亭，飛鸞之閣，瑞獸之門；又作怡神亭，與諸狎客、婦人日夜酣飲其中。[1]嘗以九日宴宣華苑，嘉王宗壽以社稷爲言，言發泣涕。韓昭等曰："嘉王酒悲爾！"諸狎客共以慢言謔嘲之，坐上誼然。衍不能省也。

[1]光葆：人名。即宋光葆。籍貫不詳。五代十國前蜀宦官。事見本書本卷。　景潤澄：人名。籍貫不詳。五代十國前蜀宦官。事見本書本卷。　王承休：人名。籍貫不詳。五代十國前蜀宦官。事見本書本卷。　歐陽晃：人名。籍貫不詳。五代十國前蜀宦官。事見本書本卷。　田魯儔：人名。籍貫不詳。五代十國前蜀宦官。事見本書本卷。　韓昭：人名。籍貫不詳。五代十國前蜀官員。事見本書本卷。　潘在迎：人名。籍貫不詳。五代十國前蜀官員。事見本書本卷。　顧在珣：人名。籍貫不詳。五代十國前蜀官員。事見本書本卷。　嚴旭：人名。籍貫不詳。五代十國前蜀官員。事見本書本卷。　怡神亭：原作"悦神亭"，中華點校本據浙江本、宗文本、《舊五代史》卷一三六《王衍傳》改。今從。

蜀人富而喜遨，當王氏晚年，俗競爲小帽，僅覆其頂，俛首即墮，謂之"危腦帽"。衍以爲不祥，禁之。而衍好戴大帽，每微服出遊民間，民間以大帽識之，因令國中皆戴大帽。又好裹尖巾，其狀如錐。而後宮皆戴金蓮花冠，衣道士服，酒酣免冠，其髻鬌然，更施朱粉，號"醉粧"，國中之人皆效之。[1]嘗與太后、太妃游青城山，宫人衣服，皆畫雲霞，飄然望之若仙。衍自作

《甘州曲》，述其仙狀，上下山谷，衍常自歌，而使宮人皆和之。衍立之明年，改元乾德。[2]

[1]髻（jì）鬟（zhuā）：古代中國人梳在頭兩旁的髮髻。
[2]乾德：五代十國前蜀後主王衍年號（919—924）。

乾德元年正月，祀天南郊，大赦，加尊號爲聖德明孝皇帝。

二年冬，北巡，至于西縣，旌旗戈甲，連亘百餘里。其還也，自閬州浮江而上，龍舟畫舸，照耀江水，所在供億，人不堪命。

三年正月，還成都。

五年，起上清宮，塑王子晉像，尊以爲聖祖至道玉宸皇帝，又塑建及衍像，侍立於其左右；又於正殿塑玄元皇帝及唐諸帝，備法駕而朝之。[1]

[1]王子晉：人名。即姬晉，東周靈王太子。被後世奉爲王氏祖先、道教仙人之一，以德行聞名。

六年，以王承休爲天雄節度使。天雄軍，秦州也。承休以宦者得幸，爲宣徽使，承休妻嚴氏，有絶色，衍通之。[1]是時，唐莊宗滅梁，蜀人皆懼。莊宗遣李嚴聘蜀，衍與俱朝上清，而蜀都士庶，簾帷珠翠，夾道不絶。[2]嚴見其人物富盛，而衍驕淫，歸乃獻策伐蜀。明年，唐魏王繼岌、郭崇韜伐蜀。[3]是歲，衍改元曰咸康。[4]衍自立，歲常獵于子來山。[5]是歲，又幸彭州陽平化、漢州三學山。[6]以王承休妻嚴氏故，十月，幸秦州，群臣切諫，衍不聽。行至梓潼，大風發屋拔木，太史曰："此貪狼風也，當有敗軍殺將者。"[7]衍不省。[8]衍至緜谷而唐師入其境，衍懼，遽還。[9]唐師所至，州縣皆迎降。衍留王宗弼守緜谷，遣王宗勳、宗儼、宗昱率兵以拒唐師。[10]宗勳等至三泉，望風退走。[11]衍詔宗弼誅宗勳等，宗弼反與宗勳等合謀，送款於唐師。衍自緜谷還成都，百官及後宮迎謁七里亭，衍雜宮人作回鶻隊以入。[12]明日，御文明殿，與其群臣相對涕泣。而宗弼亦自緜谷馳歸，登太玄門，收成都尹韓昭、宦者宋光嗣、景潤澄、歐陽晃等殺之，函首送于繼岌。[13]衍即上表乞降，宗弼遷衍于天啓宮。魏王繼岌至成都，衍君臣面縛輿櫬，出降于七里亭。[14]

[1]宣徽使：官名。唐後期置。宣徽院長官，初用宦官，五代以後改用士人。掌內諸司及三班內侍之名籍，郊祀、朝會、宴享供帳之儀，應內外進奉，悉檢視名物，用其印。品秩不詳。

[2]唐莊宗：即李存勖，小字亞子，沙陀族，太原（今山西太原市）人。李克用之子，五代後唐開國皇帝。紀見《舊五代史》卷二七至卷三四、本書卷四至卷五。　李嚴：人名。幽州（今北京）人。五代後唐官員。後爲孟知祥所殺。傳見《舊五代史》卷七〇、本書卷二六。

[3]繼岌：人名。即李繼岌。五代後唐莊宗長子。傳見《舊五代史》卷五一、本書卷一四。　郭崇韜：人名。代州雁門（今山西代縣）人。五代後唐大臣。傳見《舊五代史》卷五七、本書卷二四。

[4]咸康：五代十國前蜀後主王衍年號（925）。

［5］子來山：地名。今地不詳。

［6］陽平化：地名。位於今四川彭州市。　三學山：地名。位於今四川德陽市、廣漢市。

［7］梓潼：縣名。治所在今四川梓潼縣。　太史：官名。西周始設，初掌起草文書，修撰史籍，校訂曆法。後職位漸低，事權漸分，隋唐時專掌天文曆法。

［8］衍不省：此三字原闕，中華點校本據宗文本補。今從。

［9］緜谷：縣名。治所在今四川廣元市利州區。

［10］王宗勳：人名。籍貫不詳。王建養子，五代十國前蜀高級官員。事見本書本卷。　王宗儼：人名。籍貫不詳。王建養子，五代十國前蜀高級官員。事見本書本卷。　王宗昱：人名。籍貫不詳。王建養子，五代十國前蜀高級官員。事見本書本卷。

［11］三泉：地名。位於今重慶南川區。

［12］七里亭：地名。位於今四川成都市郊。　回鶻：古部族名。原係突厥鐵勒部的一支。唐天寶三載（744）建立回鶻汗國，9世紀中葉，回鶻汗國瓦解。其中一支爲甘州回鶻。11世紀初，甘州回鶻爲西夏所滅。參見楊蕤《回鶻時代：10—13世紀陸上絲綢之路貿易研究》，中國社會科學出版社2015年版。

［13］太玄門：城門名。位於今四川成都市。

［14］面縛輿櫬：古代一國統治者自己反綁雙手，車載空棺，主動向前來征討者投降，表示放棄抵抗。

莊宗召衍入洛，賜衍詔曰："固當列土而封，必不薄人于險，三辰在上，一言不欺！"[1]衍捧詔忻然就道，率其宗族及偽宰相王鍇、張格、庾傳素、許寂，翰林學士李昊等，及諸將佐家族數千人以東。[2]同光四年四月，行至秦川驛，莊宗用伶人景進計，遣宦者向延嗣誅其族。[3]衍母徐氏臨刑呼曰："吾兒以一國迎降，反以爲戮，信義俱棄，吾知其禍不旋踵矣！"衍妾劉氏，鬒髮如雲而有色，行刑者將免之，劉氏曰："家國喪亡，義不受辱！"遂就死。[4]

[1]三辰：中國古代對日、月、星的稱謂。
[2]庾傳素：人名。籍貫不詳。五代十國前蜀官員。事見本書本卷。　許寂：人名。籍貫不詳。五代十國前蜀官員。傳見《舊五代史》卷七一。　李昊：原作"李旲"，中華點校本據南監本、《通鑑》卷二七四、本書卷六四《後蜀世家》、《蜀檮杌》卷下改。今從。
[3]同光：五代後唐莊宗李存勖年號（923—926）。　景進：人名。籍貫不詳。五代後唐莊宗朝伶官。傳見本書卷三七。　向延嗣：人名。籍貫不詳。五代後唐宦官。事見《通鑑》卷二七四。
[4]鬒髮如雲：長髮秀美，形容人物美麗。

宗弼，本姓魏，名弘夫，建錄爲養子。建攻顧彥暉，宗弼常以建語泄之彥暉者，彥暉敗，建待之如初。建病且卒，宗弼守太師兼中書令、判六軍，輔政。衍已降，宗弼以蜀珍寶奉魏王及郭崇韜，求爲西川節度使。魏王曰："此我家物也，何用獻爲？"居數日，爲崇韜所殺。

宗壽，許州民家子也。建以同姓，錄之爲子。宗壽好學，工琴弈，爲人恬退，喜道家之術，事建時爲鎮江軍節度使。[1]衍既立，宗壽爲太子太保奉朝請，以鍊丹養氣自娛。[2]衍爲淫亂，獨宗壽常切諫之，後爲武信軍節度使。

[1]鎮江軍：方鎮名。治所在夔州（今重慶奉節縣）。
[2]太子太保：官名。與太子太師、太子太傅統稱太子三師。隋唐以後多作加官或贈官。從一品。　奉朝請：指赴朝立班。

唐師伐蜀，所在迎降，魏王嘗以書招之，獨宗壽不降。聞衍已銜璧，大慟，從衍東遷，至岐陽，以賂賂守者，得入見衍。[1]衍泣下霑襟，曰："早從王言，豈有今日！"衍死，宗壽走澠池，聞莊宗遇弒，亡入熊耳山。[2]天成二年，出詣京師，上書求衍宗族葬之。[3]明宗嘉其忠，以爲保義軍行軍司馬，封衍順正公，許以諸侯禮葬之。[4]宗壽得王氏十八喪，葬之長安南三趙村。[5]

[1]銜璧：中國古代一國統治者主動投降之稱。　岐陽：縣名。治所在今陝西岐山縣。
[2]澠池：縣名。治所在今河南澠池縣。　熊耳山：山名。位於今河南西北部、秦嶺東段。
[3]天成：五代後唐明宗李嗣源年號（926—930）。
[4]明宗：即五代後唐明宗李嗣源。沙陀部人。原名邈佶烈，李克用養子。926年至933年在位。紀見《舊五代史》卷三五至卷四四、本書卷六。　保義軍：方鎮名。治所在陝州（今河南三門峽市陝州區）。　行軍司馬：官名。出征將領及節度使的屬官。掌軍籍符伍、號令印信，是藩鎮重要的軍政官員。品秩不詳。
[5]三趙村：地名。位於今陝西西安市郊。

嗚呼，自秦漢以來，學者多言祥瑞，雖有善辨之士，不能祛其惑也！予讀蜀書，至於龜、龍、麟、鳳、騶虞之類世所謂王者之嘉瑞，莫不畢出於其國，異哉！

然考王氏之所以興亡成敗者，可以知之矣。或以爲一王氏不足以當之，則視時天下治亂，可以知之矣。

龍之爲物也，以不見爲神，以升雲行天爲得志。今偃然暴露其形，是不神也；不上于天而下見於水中，是失職也。然其一何多歟，可以爲妖矣！鳳凰，鳥之遠人者也。昔舜治天下，政成而民悦，命夔作樂，樂聲和，鳥獸聞之皆鼓舞。[1]當是之時，鳳凰適至，舜之史因并記以爲美，後世因以鳳來爲有道之應。其後鳳凰數至，或出於庸君繆政之時，或出於危亡大亂之際，是果爲瑞哉？麟，獸之遠人者也。昔魯哀公出獵，得之而不識，蓋索而獲之，非其自出也。[2]故孔子書於《春秋》曰"西狩獲麟"者，譏之也。[3]"西狩"，非其遠也；"獲麟"，惡其盡取也。狩必書地，而哀公馳騁所涉地多，不可徧以名舉，故書"西"以包衆地，謂其舉國之西皆至也。麟，人罕識之獸也，以見公之窮山竭澤而盡取，至於不識之獸，皆搜索而獲之，故曰"譏之也"。聖人已没，而異端之説興，乃以麟爲王者之瑞，而附以符命、讖緯、詭怪之言。鳳嘗出於舜，以爲瑞，猶有説也，及其後出於亂世，則可以知其非瑞矣。若麟者，前有治世如堯、舜、禹、湯、文、武、周公之世，未嘗一出，其一出而當亂世，然則孰知其爲瑞哉？[4]龜，玄物也，污泥川澤，不可勝數，其死而貴於卜官者，用適有宜爾。而《戴氏禮》以其在宫沼爲王者難致之瑞，《戴禮》雜出於諸家，其失亦以多矣！[5]騶虞，吾不知其何物也。《詩》曰："吁嗟乎騶虞！"[6]賈誼以謂騶者，文王之囿；虞，虞官也。[7]當誼之時，其説如此，然則以之爲獸者，其出於近世之説乎？

[1]夔：相傳爲上古舜帝時代主掌舞樂的樂師，其所作樂律能引發鳥獸相和。

[2]魯哀公：人名。春秋時期魯國君主。事見《史記》卷三三。

[3]《春秋》：即《春秋經》。中國古代儒家經典之一，也是中國第一部編年體史書，記魯隱公元年（前722）至魯哀公十六年（前479）魯國國史。現存版本由孔子修訂而成。

[4]舜："舜"字原闕，中華點校本據宗文本補。今從。

[5]《戴氏禮》：即《大戴禮記》，中國古代儒家典籍。歷史上曾認爲其出於西漢禮學家戴德，後經學界討論認爲其成書時間應在東漢中期。

[6]《詩》：即《詩經》，中國古代儒家經典之一，也是中國最早的詩歌總集。反映了西周時代的社會面貌。内容上分"風""雅""頌"三部分，"風"是各地歌謡，"雅"是宮廷雅樂，"頌"是貴族祭祀之樂。

[7]賈誼：人名。洛陽（今河南洛陽市）人，西漢著名政治家、文學家。傳見《史記》卷八四。

夫破人之惑者，難與爭於篤信之時，待其有所疑焉，然後從而攻之可也。麟、鳳、龜、龍，王者之瑞，而出於五代之際，又皆萃于蜀，此雖好爲祥瑞之説者亦可疑也。因其可疑者而攻之，庶幾惑者有以思焉。據《前蜀書》《運曆圖》《九國志》皆云建以唐大順二年入成都爲西川節度使，天復七年九月建號，[1]明年正月改元武成，今以爲定。惟《舊五代史》云"龍紀元年入成都，天祐五年建號改元"者繆也。

至後唐同光三年蜀滅，則諸書皆同。自大順二年至同光三年，凡三十五年。

[1]天復：唐昭宗李曄年號（901—904）。原作"天祐"，中華點校本據宗文本改，今從。

新五代史　卷六四

後蜀世家第四

孟知祥　子昶

　　孟知祥，字保胤，邢州龍岡人也。[1]其叔父遷，當唐之末，據邢、洺、磁三州，爲晋所虜。[2]晋王以遷守澤潞，梁兵攻晋，遷以澤潞降梁。[3]知祥父道，獨留事晋而不顯。及知祥壯，晋王以其弟克讓女妻之，以爲左教練使。[4]莊宗爲晋王，以知祥爲中門使。[5]前此爲中門使者多以罪誅，知祥懼，求佗職，莊宗命知祥薦可代己者，知祥因薦郭崇韜自代，崇韜德之，知祥遷馬步軍都虞候。[6]莊宗建號，以太原爲北京，以知祥爲太原尹、北京留守。[7]

[1]邢州：州名。治所在今河北邢臺市。　龍岡：地名。位於今河北邢臺市。

[2]洺州：州名。治所在今河北邯鄲市永年區。　磁州：州名。治所在今河北磁縣。

[3]晋王：即李克用。沙陀族。神武川新城（一説今山西山陰

縣附近，一説今山西代縣）人。唐末軍閥，五代後唐太祖。紀見《舊五代史》卷二五、本書卷四。　澤潞：方鎮名。治所在潞州（今山西長治市）。

　　[4]李克讓：人名。李克用之弟，沙陀族。唐末與黃巢軍作戰時敗死。　左教練使：官名。唐末、五代方鎮軍將。分左、右兩員，多選善兵法武藝者，掌軍事訓練。品秩不詳。

　　[5]莊宗：即李存勖，小字亞子，沙陀族，太原（今山西太原市）人。李克用之子，五代後唐開國皇帝。紀見《舊五代史》卷二七至卷三四、本書卷四至卷五。　中門使：官名。五代時晉王李存勖所置，爲節度使屬官，執掌同於朝廷之樞密使。品秩不詳。

　　[6]前此爲中門使者多以罪誅：原本"此"字下有"人"字，中華點校本據宗文本删，今從。　郭崇韜：人名。代州雁門（今山西代縣）人。五代後唐大臣。傳見《舊五代史》卷五七、本書卷二四。　馬步軍都虞候：官名。五代、北宋侍衛親軍馬步軍統兵官，僅次於馬步軍都指揮使、副都指揮使。品秩不詳。

　　[7]太原尹：官名。太原地方最高行政長官。品秩不詳。　留守：官名。古代皇帝出巡或親征時指定親王或大臣留守京城，綜理國家軍事、行政、民事、財政等事務，稱京城留守。在陪都或軍事重鎮也常設留守，以地方長官兼任。品秩不詳。另據中華點校本考，《舊五代史》卷三二、卷三三作"北京副留守"。

　　魏王繼岌伐蜀，郭崇韜爲招討使，崇韜臨訣，白曰："即臣等平蜀，陛下擇帥以守西川，無如孟知祥者。"[1]已而唐兵破蜀，莊宗遂以知祥爲成都尹、劍南西川節度副大使。[2]知祥馳至京師，莊宗戒有司盛供帳，多出内府珍奇諸物以宴勞之。酒酣，語及平昔，以爲笑樂，歎曰："繼岌前日乳臭兒爾，乃能爲吾平定兩川，吾徒老矣，孺子可喜，然益令人悲爾！吾憶先帝棄世時，疆土侵削，僅保一隅，豈知今日奄有天下，九州四海，珍奇異產，充牣吾府！"因指以示知祥，曰："吾聞蜀土之富，無異於此，以卿親賢，故以相付。"

[1]繼岌：人名。即李繼岌。五代後唐莊宗長子。傳見《舊五代史》卷五一、本書卷一四。 招討使：官名。唐貞元時始置。戰時任命，兵罷則省。常以大臣、將帥或地方軍政長官兼任。掌招撫、討伐等事務。品秩不詳。 西川：方鎮名。治所在成都（今四川成都市）。

[2]成都尹：官名。成都地方最高行政長官。品秩不詳。 節度副大使：官名。方鎮中僅次於節度使之使職，如持節，則位同於節度使。品秩不詳。

同光四年正月戊辰，知祥至成都，而崇韜已死。[1]魏王繼岌引軍東歸，先鋒康延孝反，攻破漢州。[2]知祥遣大將李仁罕會任圜、董璋等兵擊破延孝，知祥得其將李肇、侯弘實及其兵數千以歸。[3]而莊宗崩，魏王繼岌死，明宗入立。[4]知祥乃訓練兵甲，陰有王蜀之志。益置義勝、定遠、驍銳、義寧、飛棹等軍七萬餘人，命李仁罕、趙廷隱、張業等分將之。[5]

[1]同光：五代後唐莊宗李存勖年號（923—926）。

[2]先鋒：官名。中國古代軍隊將領。負有領軍作戰、突擊敵軍之職。品秩不詳。 康延孝：人名。代北（今山西代縣）人。五代後唐將領。傳見《舊五代史》卷七四、本書卷四四。 漢州：州名。治所在今四川廣漢市。

[3]李仁罕：人名。陳留（今河南開封市陳留鎮）人。五代十

國後蜀將領。後爲孟昶所殺。事見本書本卷。　任圜：人名。京兆三原（今陝西三原縣）人。五代後唐將領、大臣。傳見《舊五代史》卷六七、本書卷二八。　董璋：人名。籍貫不詳。五代後梁、後唐將領。傳見《舊五代史》卷六二、本書卷五一。　李肇：人名。汝陰（今安徽阜陽市）人。五代後唐、後蜀將領。事見本書本卷。　侯弘實：人名。蒲坂（今山西永濟市）人。五代後唐、後蜀將領。事見本書本卷。

［4］明宗：即李嗣源。沙陀人。原名邈佶烈，李克用養子。五代後唐明宗，926年至933年在位。紀見《舊五代史》卷三五至卷四四、本書卷六。

［5］義勝、定遠、驍銳、義寧、飛棹：部隊番號。孟知祥麾下軍隊。　趙廷隱：人名。天水（今甘肅天水市）人。五代十國後蜀將領。事見本書本卷。

初，魏王之班師也，知祥率成都富人及王氏故臣家，得錢六百萬緡以犒軍，其餘者猶二百萬。任圜自蜀入爲相，兼判三司，素知蜀所餘錢。[1]是冬，知祥拜侍中，乃以太僕卿趙季良賣官告賜之，因以爲三川制置使，督蜀犒軍餘錢送京師，且制置兩川征賦，知祥怒，不奉詔。[2]然知祥與季良有舊，遂留之。

［1］三司：官署名。五代後唐明宗天成元年（926）合鹽鐵、度支、戶部爲一職，始稱三司，爲中央最高之理財機構。

［2］侍中：官名。秦始置。隋、唐前期爲門下省長官。唐後期多爲大臣加銜，不參與政務，實際職務由門下侍郎執行。正二品。

　太僕卿：官名。漢代始置，太僕寺長官，掌御用車馬及國家畜牧事宜。從三品。　趙季良：人名。濟陰（今山東曹縣西北）人，五代十國後蜀孟知祥親信大臣，後擁立孟昶繼位。事見本書本卷。

制置使：官名。唐後期臨時差遣官，爲地方用兵時控制當地秩序而設。品秩不詳。

樞密使安重誨頗疑知祥有異志，思有以制之。[1]初，知祥鎭蜀，莊宗以宦者焦彥賓爲監軍，明宗入立，悉誅宦者，罷諸道監軍。[2]彥賓已罷，重誨復以客省使李嚴爲監軍。[3]嚴前使蜀，既歸而獻策伐蜀，蜀人皆惡之，而知祥亦怒曰："焦彥賓以例罷，而諸道皆廢監軍，獨吾軍置之，是嚴欲以蜀再爲功也。"掌書記毋昭裔及諸將吏皆請止嚴而無内，知祥曰："吾將有以待其來！"[4]嚴至境上，遣人持書候知祥，知祥盛兵見之，冀嚴懼而不來，嚴聞之自若。天成二年正月，嚴至成都，知祥置酒召嚴。[5]是時，焦彥賓雖罷，猶在蜀，嚴於懷中出詔示知祥以誅彥賓，知祥不聽，因責嚴曰："今諸方鎮已罷監軍，公何得來此？"目客將王彥銖執嚴下，斬之。[6]明宗不能詰。

[1]樞密使：官名。樞密院長官。唐代宗時始以宦官掌機密，至昭宗時借朱温之力盡誅宦官，始改以士人任樞密使。備顧問，參謀議，出納詔奏，權侔宰相。品秩不詳。參見李全德《唐宋變革期樞密院研究》，北京圖書館出版社2009年版。　安重誨：人名。應州（今山西應縣）人。五代後唐大臣。傳見《舊五代史》卷六六、本書卷二四。

[2]焦彥賓：人名。籍貫不詳。五代後唐宦官。事見《舊五代史》卷二九及本書本卷。　監軍：官名。爲臨時差遣，代表朝廷協理軍務、督察將帥。唐、五代時常以宦官爲監軍。品秩不詳。

[3]客省使：官名。客省長官。唐代宗時始置，五代沿置。掌

接待四方奏計及外族使者。品秩不詳。　李嚴：人名。幽州（今北京）人。五代後唐官員。後爲孟知祥所殺。傳見《舊五代史》卷七〇、本書卷二六。

[4]掌書記：官名。唐五代方鎮僚屬，位在判官下。掌表奏書檄等文辭之事。品秩不詳。　毋昭裔：人名。河中龍門（今山西河津市）人。五代十國後蜀大臣。事見本書本卷。

[5]天成：後唐明宗李嗣源年號（926—930）。

[6]客將：官名。亦稱典客。唐末、五代藩鎮負責接待使節、賓客、出使等外交職責的武官。品秩不詳。詳見吳麗娱《試論晚唐五代的客將、客司與客省》，《中國史研究》2002年第4期。　王彥銖：人名。籍貫不詳。五代十國後蜀將領。本書僅此一見。

初，知祥鎮蜀，遣人迎其家屬于太原，行至鳳翔，鳳翔節度使李從曮聞知祥殺李嚴，以爲知祥反矣，遂留之。[1]明宗既不能詰，而欲以恩信懷之，乃遣客省使李仁矩慰諭知祥，并送瓊華公主及其子昶等歸之。[2]

[1]鳳翔：方鎮名。治所在鳳翔府（今陝西鳳翔縣）。　節度使：官名。唐時在重要地區所設掌握一州或數州軍事、民事、財政的長官。品秩不詳。　李從曮：人名。深州博野（今河北蠡縣）人。李茂貞長子，唐末、五代軍閥。傳見《舊五代史》卷一三二。

[2]李仁矩：人名。籍貫不詳。五代後唐明宗舊將。傳見《舊五代史》卷七〇、本書卷二六。

知祥因請趙季良爲節度副使，事無大小，皆與參決。[1]三年，唐徙季良爲果州團練使，以何瓚爲節度副使。[2]知祥得制書匿之，表留季良，不許。乃遣其將雷廷魯至京師論請，明宗不得已而從之。[3]是時，瓚行至緜谷，懼不敢進，知祥乃奏瓚爲行軍司馬。[4]

[1]節度副使：官名。唐五代方鎮屬官。位在行軍司馬之下、判官之上。品秩不詳。

[2]果州：州名。治所在今四川巴中市恩陽區。　團練使：官名。唐代中期以後，於不設節度使的地區設團練使，掌本區各州軍事。品秩不詳。　何瓚：人名。閩（今福建）人。五代後唐官員。傳見本書卷二八。

[3]雷廷魯：人名。籍貫不詳。五代十國後蜀將領。本書僅此一見。

[4]緜谷：縣名。治所在今四川廣元市利州區。　行軍司馬：官名。出征將領及節度使的屬官。掌軍籍符伍、號令印信，是藩鎮重要的軍政官員。品秩不詳。

是歲，唐師伐荆南，詔知祥以兵下峽，知祥遣毛重威率兵三千戍夔州。[1]已而荆南高季興死，其子從誨請命，知祥請罷戍兵，不許。[2]知祥諷重威以兵鼓譟，潰而歸，唐以詔書劾重威，知祥奏請無劾，由是唐大臣益以知祥爲必反。

[1]荆南：又稱南平。五代十國之一。後梁開平元年（907）朱温命高季興爲荆南節度使，梁末帝時封其爲渤海王。同光二年（924）受後唐封爲南平王。　毛重威：人名。籍貫不詳。五代十國後蜀將領。本書僅此一見。　夔州：州名。治所在今重慶奉節縣。

[2]高季興：人名。原名高季昌，陝州硤石（今河南三門峽市）人。南平（即荆南）開國君主。傳見《舊五代史》卷一三三、

本書卷六九。　從誨：即五代十國南平國君高從誨。陝州硤石（今河南三門峽市）人。高季興之子。傳見《舊五代史》卷一三三、本書卷六九。

四年，明宗將有事于南郊，遣李仁矩責知祥助禮錢一百萬緡，知祥覺唐謀欲困己，辭不肯出。久之，請獻五十萬而已。初，魏王繼岌東歸，留精兵五千戍蜀。自安重誨疑知祥有異志，聽言事者，用己所親信分守兩川管内諸州，每除守將，則以精兵爲其牙隊，多者二三千，少者不下五百人，以備緩急。是歲，以夏魯奇爲武信軍節度使；分東川之閬州爲保寧軍，以李仁矩爲節度使；又以武虔裕爲綿州刺史。[1]仁矩與東川董璋有隙，而虔裕，重誨表兄，由是璋與知祥皆懼，以謂唐將致討。[2]自璋鎮東川，未嘗與知祥通問，於是璋始遣人求婚以自結。而知祥心恨璋，欲不許，以問趙季良，季良以爲宜合從以拒唐，知祥乃許。於是連表請罷還唐所遣節度使、刺史等。明宗優詔慰諭之。

[1]夏魯奇：人名。青州（今山東青州市）人。五代後唐將領。傳見《舊五代史》卷七〇、本書卷三三。　武信軍：方鎮名。治所在遂州（今四川遂寧市船山區）。　閬州：州名。治所在今四川閬中市。　保寧軍：方鎮名。治所在閬州（今四川閬中市）　武虔裕：人名。籍貫不詳。五代後唐將領。事見本書本卷。　綿州：州名。治所在今四川綿陽市。　刺史：官名。州一級行政長官。漢武帝時始置，總掌考核官吏、勸課農桑、地方教化等事。唐中期以後，節度使、觀察使轄州而設，刺史爲其屬官，職任漸輕。從三品至正四品下。

[2]東川：方鎮名。治所在梓州（今四川三臺縣）。

長興元年二月，明宗有事于南郊，加拜知祥中書令。[1]初，知祥與璋俱有異志，而重誨信言事者，以璋盡忠於國，獨知祥可疑，重誨猶欲倚璋以圖知祥。是歲九月，董璋先反，攻破閬州，擒李仁矩殺之。是月應聖節，知祥開宴，東北望再拜，俯伏嗚咽，泣下沾襟，士卒皆爲之歔欷。明日遂舉兵反。

[1]長興：五代後唐明宗李嗣源年號（930—933）。 中書令：官名。漢代始置，隋、唐前期爲中書省長官，屬宰相之職；唐後期多爲授予元勛大臣的虛銜。正二品。

是秋，明宗改封瓊華公主爲福慶長公主，有司言前世公主受封，皆未出降，無遣使就藩册命之儀。詔有司草具新儀，乃遣祕書監劉岳爲册使。[1]岳行至鳳翔，聞知祥反，乃旋。明宗下詔削奪知祥官爵，命天雄軍節度使石敬瑭爲都招討使，夏魯奇爲副。[2]知祥遣李仁罕、張業、趙廷隱將兵三萬人會璋攻遂州，別遣侯弘實將四千人助璋守東川，又遣張武下峽取渝州。[3]唐師攻劍門，殺璋守兵三千人，遂入劍門。璋來告急，知祥大駭，遣廷隱分兵萬人以東，已而聞唐軍止劍州不進，喜曰："使唐軍急趨東川，則遂州解圍，吾勢沮而兩川摇矣。今其不進，吾知易與爾。"[4]十二月，敬瑭及廷隱戰于劍門，唐師大敗。張武已取渝州，武病卒，其副將袁彦超代將其軍，又取黔州。[5]二年正月，李仁罕克遂州，夏魯奇死之，知祥以仁罕爲武信軍留後，遣人馳魯奇首示敬瑭軍，敬瑭乃班師。[6]利州李彦珂聞唐軍敗，東歸，乃棄城走，知祥以趙廷隱爲昭武軍留後。[7]李仁罕進攻夔州，刺史安崇阮棄城走，以趙季良爲留後。[8]

[1]明宗改封瓊華公主爲福慶長公主：據中華點校本考，《通鑑》卷二七七胡三省注引本書、《舊五代史》卷三九《唐明宗紀五》、《福慶長公主墓誌》（拓片刊《成都出土歷代墓銘券文圖録綜釋》）皆作"瓊華長公主"。　祕書監：官名。秘書省長官。東漢始置，掌圖書秘記等。從三品。　劉岳：人名。洛陽（今河南洛陽市）人。五代後唐官員。傳見《舊五代史》卷六八、本書卷五五。

[2]天雄軍：方鎮名。亦稱"魏博軍"。治所在魏州（今河北大名縣）。　石敬瑭：人名。沙陀族，晉陽（今山西太原市）人。五代後晉開國君主。在位期間割華北北部幽、雲諸州予契丹。紀見《舊五代史》卷七五至卷八〇、本書卷八。

[3]遂州：州名。治所在今四川遂寧市。　張武：人名。籍貫不詳。五代十國後蜀將領。事見本書本卷。　渝州：州名。治所在今重慶市。

[4]劍州：州名。治所在今四川劍閣縣。

[5]袁彦超：人名。籍貫不詳。五代十國後蜀將領。本書僅此一見。　黔州：州名。治所在今重慶彭水苗族土家族自治縣。

[6]留後：官名。原非正式命官，唐朝節度使入朝或宰相、親王遥領節度使不臨鎮則置。安史之亂後，節度使多以子弟或親信爲留後，以代行節度使職務，亦有軍士、叛將自立爲留後者。掌一州或數州軍政。北宋始爲朝廷正式命官。

[7]利州：州名。治所在今四川廣元市利州區。　李彦珂：據中華點校本考，《通鑑》卷二七七作"李彦琦"。　昭武軍：方鎮名。治所在利州（今四川廣元市利州區）。

[8]安崇阮：人名。潞州上黨（今山西長治市）人。五代後唐、後晉將領。傳見《舊五代史》卷九〇。

是時，唐軍涉險，以餉道爲艱，自潼關以西，民苦轉饋，每費一石不能致一斗，[1]道路嗟怨，而敬瑭軍既旋，所在守將又皆棄城走。[2]明宗憂之，以責安重誨。重誨懼，遽自請行。而重誨亦以被讒得罪死。明宗謂致知祥等反由重誨失策，及重誨死，乃遣西川進奏官蘇愿、進奉軍將杜紹本西歸招諭知祥，具言知祥家屬在京師者皆無恙。[3]

[1]不能致一斗："致"，原作"置"，從中華點校本改。
[2]潼關：關隘名。位於今陝西潼關縣東北。 而敬瑭軍既旋："既"，原作"亦"，中華點校本據宋文本改，今從。
[3]進奏官：官名。進奏院長官，爲節度使、觀察使派駐京師負責傳送文書的官員。品秩不詳。 蘇愿：人名。籍貫不詳。五代後蜀官員。本書僅此一見。 進奉軍將：官員。當爲進奏官之副職。品秩不詳。 杜紹本：人名。籍貫不詳。五代十國後蜀官員。本書僅此一見。

知祥聞重誨誅死，而唐厚待其家屬，乃邀璋欲同謝罪，璋曰："孟公家屬皆存，而我子孫獨見殺，我何謝爲！"知祥三遣使往見璋，璋不聽，乃遣觀察判官李昊說璋，璋益疑知祥賣己，因發怒，以語侵昊。[1]昊乃勸知祥攻之。而璋先襲破知祥漢州，知祥遣趙廷隱率兵三萬，自將擊之，陣雞距橋。[2]知祥得璋降卒，衣以錦袍，使持書招降璋，璋曰："事已及此，不可悔也！"璋軍士皆譟曰："徒曝我於日中，何不速戰？"璋即麾軍以戰。兵始交，璋偏將張守進來降，知祥乘之，璋遂大敗，走。[3]過金雁橋，麾其子光嗣使降，以保家族，光嗣哭曰："自古豈有殺父以求生者乎！寧俱就死。"[4]因與璋俱走。知祥遣趙廷隱追之，不及，璋走至梓州見殺，光嗣自縊死，知祥遂并有東川。[5]然自璋死，知祥卒不遣使謝唐。

[1]觀察判官：官名。觀察使屬官。唐中期始設，與諸幕職官分治案事、佐理府政。從八品。　李昊：人名。籍貫不詳。五代十國前蜀、後蜀官員。事見本書本卷。

[2]鷄距橋：據中華點校本考，《通鑑》卷二七七、《九國志》卷七作"鷄蹤橋"。

[3]偏將：官名。唐末、五代軍中將領。品秩不詳。　張守進：人名。籍貫不詳。五代十國軍閥。事見本書本卷。

[4]金雁橋：亦名"雁橋"。位於今四川廣漢市北鴨子河上。光嗣：董璋之子。籍貫不詳。事見本書本卷。

[5]梓州：州名。治所在今四川三臺縣。

唐樞密使范延光曰："知祥雖已破璋，必借朝廷之勢，以爲兩川之重，自非屈意招之，彼亦不能自歸也。"[1]明宗曰："知祥，吾故人也，本因間諜致此危疑，撫吾故人，何屈意之有？"先是，克寧妻孟氏，知祥妹也。莊宗已殺克寧，孟氏歸于知祥，其子璨，留事唐爲供奉官。[2]明宗即遣璨歸省其母，因賜知祥詔書招慰之。知祥兼據兩川，以趙季良爲武泰軍留後、李仁罕武信軍留後、趙廷隱保寧軍留後、張業寧江軍留後、李肇昭武軍留後。[3]季良等因請知祥稱王，以墨制行事，議未決而瓌至蜀。知祥見瓌倨慢。九月，瓌自蜀還，得知祥表，請除趙季良等爲五鎮節度，其餘刺史已下，得自除授。又請封蜀王，且言福慶公主已卒。明宗爲之發哀，遣閤門使劉政恩爲宣諭使。[4]政恩復命，知祥始遣其將朱滉來朝。[5]

[1]范延光：人名。鄴郡臨漳（今河北臨漳縣）人。五代後唐、後晉將領。傳見《舊五代史》卷九七。

[2]克寧：即李克寧。沙陀族，五代後唐李克用之弟。爲李存勖所殺。傳見《舊五代史》卷五〇及本書卷一四。　供奉官：官名。泛指侍奉皇帝左右的臣僚，亦爲東、西頭供奉官通稱。品秩不詳。

[3]武泰軍：方鎮名。治所在黔州（今重慶彭水苗族土家族自治縣）。　張業：據中華點校本考，浙江本作"張鄴"，《舊五代史》卷四四《唐明宗紀十》作"張知業"，《冊府》卷一七八作"張知鄴"。本卷各處同。　寧江軍：方鎮名。治所在夔州（今重慶奉節縣）。

[4]閤門使：官名。唐代始設，掌扈從乘輿、朝會禮儀、大宴引贊、引接朝見等事務。品秩不詳。　劉政恩：人名。籍貫不詳。五代後唐官員。本書僅此一見。　宣諭使：官名。掌奉使宣諭朝廷旨意。品秩不詳。

[5]朱滉：原作"朱晃"，據宗文本、本書卷六《唐本紀》、《冊府》卷一七八改。今從。

四年二月癸亥，制以知祥檢校太尉兼中書令、行成都尹、劍南東西兩川節度、管内觀察處置、統押近界諸蠻兼西山八國雲南安撫制置等使。[1]遣工部尚書盧文紀册封知祥爲蜀王，而趙季良等五人皆拜節度使。[2]唐兵先在蜀者數萬人，知祥皆厚給其衣食，因請送其家屬，明宗詔諭不許。十一月，明宗崩。明年閏正月，知祥乃即皇帝位，國號蜀。以趙季良爲司空、同中書門下平章事，中門使王處回爲樞密使，李昊爲翰林學士。[3]

[1]觀察處置使：官名。即觀察使之全稱。唐代後期初設的地方軍政長官。唐玄宗開元二十一年（733）置十五道采訪使，唐肅宗乾元元年（758）改爲觀察使。無旌節，地位低於節度使。掌一道州縣官的考績及民政。品秩不詳。　統押近界諸蠻使：官名。負責羈縻西南地區邊地部族。品秩不詳。　西山八國雲南：即"雲南"和"西山八國"的合稱，泛指西川南邊和西邊的少數民族諸部。詳見劉復生《"雲南八國"辨析——兼談北宋與大理國的關係》，《四川大學學報》（哲學社會科學版）2002年第6期。　安撫制置使：官名。唐後期臨時差遣官，爲地方用兵時控制當地秩序而設。品秩不詳。

[2]工部尚書：官名。尚書省工部長官。掌百工、屯田、山澤之政令。正三品。　盧文紀：人名。京兆萬年（今陝西西安市）人。唐末進士，五代宰相。傳見《舊五代史》卷一二七、本書卷五五。

[3]明年閏正月："閏"字原闕，中華點校本據宗文本補，《通鑑》卷二七八亦記其事於閏正月。今從。　司空：官名。與太尉、司徒並爲三公，唐後期、五代多爲大臣、勛貴加官。正一品。　同中書門下平章事：官名。簡稱"同平章事"。唐高宗以後，凡實際任宰相之職者，常在其本官後加同平章事的職銜。後成爲宰相專稱。品秩不詳。　中門使：官名。五代時晉王李存勖所置。爲節度使屬官，執掌同朝廷之樞密使。品秩不詳。　王處回：人名。籍貫

不詳。五代十國後蜀大臣。事見本書本卷。　翰林學士：官名。由南北朝始設之學士發展而來，唐玄宗改翰林供奉爲翰林學士，備顧問，代王言，掌拜免將相、號令征伐等詔令的起草。品秩不詳。

三月，唐潞王舉兵於鳳翔，愍帝遣王思同等討之，思同兵潰，山南西道節度使張虔釗、武定軍節度使孫漢韶皆以其地附于蜀。[1]四月，知祥改元曰明德。[2]六月，虔釗等至成都，知祥宴勞之，虔釗奉觴起爲壽，知祥手緩不能舉觴，遂病，以其子昶爲皇太子監國。[3]知祥卒，諡爲文武聖德英烈明孝皇帝，廟號高祖，陵曰和陵。

[1]潞王：即李從珂。鎮州平山（今河北平山縣）人。本姓王，後唐明宗李嗣源擄其母魏氏，遂養爲己子。應順元年（934）四月，李從珂入洛陽即帝位。清泰三年（936）五月，石敬瑭謀反，廢帝自焚死，五代後唐亡。紀見《舊五代史》卷四六至卷四八、本書卷七。　愍帝：即五代後唐愍帝李從厚。小名菩薩奴，明宗第三子。長興四年（933）十二月，李從厚即皇帝位，是爲後唐愍帝。應順元年（934）四月，李從珂入洛陽即帝位，令人毒殺閔帝。紀見《舊五代史》卷四五、本書卷七。　王思同：人名。幽州（今北京市）人。五代後唐將領。傳見《舊五代史》卷六五、本書卷三三。　山南西道：方鎮名。治所在梁州（今陝西漢中市）。　張虔釗：人名。遼州（今山西左權縣）人。五代後唐、後蜀將領。傳見《舊五代史》卷七四。　武定軍：方鎮名。治所在洋州（今陝西洋縣）。　孫漢韶：人名。太原（今山西太原市）人。後唐、後蜀將領。事見本書本卷。又傳見孫漢韶墓誌（拓片刊《成都出土歷代墓銘券文圖録綜釋》，文物出版社2012年版）。

[2]明德：五代十國後蜀高祖孟知祥年號（934—937）。

[3]觴（shāng）：古代的一種酒器。　監國：古代皇帝外出或

因其他緣故，由太子、諸王或其他宗室、重臣留守京師，處理國政，稱爲監國。

昶，知祥第三子也。知祥爲兩川節度使，昶爲行軍司馬。[1]知祥僭號，以昶爲東川節度使、同中書門下平章事。知祥病，昶監國。知祥已卒而祕未發喪，王處回夜過趙季良，相對泣涕不已。[2]季良正色曰："今疆侯握兵，專伺時變，當速立嗣君以絕非望，泣無益也。"處回遂與季良立昶，而後發喪。昶立，不改元，仍稱明德，至五年始改元曰廣政。[3]

[1]兩川節度使：據中華點校本考，《宋史》卷四七九《西蜀孟氏世家》與此同，然宗文本作"西川節度使"。
[2]知祥已卒而祕未發喪："喪"字原闕，中華點校本據宗文本、《通鑑》卷二七九補。今從。
[3]廣政：五代十國後蜀後主孟昶年號（938—965）。

明德三年三月，熒惑犯積尸，昶以謂積尸蜀分也，懼，欲禳之，以問司天少監胡韞。[1]韞曰："按十二次，起井五度至柳八度，爲鶉首之次，鶉首，秦分也，蜀雖屬秦，乃極南之表爾。前世火入鬼，其應在秦。[2]晉咸和九年三月，火犯積尸，四月，雍州刺史郭權見殺。[3]義熙十四年，火犯鬼，明年，雍州刺史朱齡石見殺。[4]而蜀皆無事。"乃止。

[1]熒惑：中國古代對火星的稱呼。　積尸：中國古代對位於

巨蟹座之特定星團的稱呼。　司天少監：官名。司天臺副長官，佐長官司天監掌天象觀測、曆法測繪相關事宜。正四品上。　胡韞：人名。籍貫不詳。五代十國後蜀官員。本書僅此一見。

[2]十二次：中國古代天文學中對天體星辰的劃分，即將黃赤道附近的一周天由西向東分爲十二等分。　鶉首：即"井宿"的別稱。井宿係中國古代天文學中二十八宿之一，爲南方"朱雀"七宿之首，轄有八星。　火入鬼：星象之一。指熒惑入守鬼宿。占星家認爲是有喪之兆。《漢書·天文志》載："（孝武建元）六年，熒惑守輿鬼。占曰：'爲火變，有喪。'"唐李淳風《乙巳占》載："熒惑犯輿鬼，皇后憂失勢，其執法者戮。火入鬼有兵喪……火入鬼，火賊在大人之側。"

[3]咸和：東晉成帝司馬衍年號（326—334）。　雍州：州名。治所在今陝西西安市。東晉時設僑置郡縣，治所在今湖北襄陽市。　郭權：人名。五胡十六國時期後趙軍閥。後歸降東晉，封鎮西將軍、雍州刺史。後爲豪族所殺。

[4]義熙：東晉安帝司馬德宗年號（405—418）。　十四年：原作"四年"，中華點校本據宗文本、《晉書》卷一三《天文志》改。今從。　朱齡石：人名。沛郡沛縣（今江蘇沛縣）人。東晉將領。後兵敗於胡夏而被殺。傳見《宋書》卷四八。

　　昶好打毬走馬，又爲方士房中之術，多採良家子以充後宮。[1]樞密副使韓保貞切諫，昶大悟，即日出之，賜保貞金數斤。[2]有上書者，言臺省官當擇清流，昶歎曰："何不言擇其人而任之？"[3]左右請以其言詰上書者，昶曰："吾見唐太宗初即位，獄吏孫伏伽上書言事，皆見加納，奈何勸我拒諫耶！"[4]

　　[1]房中之術：中國古代對男女性愛之相關經驗知識、實踐技

巧、文化禁忌等事宜的泛稱，與道家學說關係密切。

[2]樞密副使：官名。樞密院副長官。品秩不詳。　韓保貞：人名。籍貫不詳。五代十國後蜀官員。本書僅此一見。

[3]臺省官：泛指御史臺、尚書省、中書省、門下省的官員。

[4]唐太宗：即李世民，隴西成紀（今甘肅秦安縣）人。626年至649年在位。通過"玄武門之變"掌權，開創史稱"貞觀之治"的歷史時期。紀見《舊唐書》卷二、卷三及《新唐書》卷二。孫伏伽：人名。貝州武城（今河北清河縣）人。唐代官員。傳見《舊唐書》卷七五、《新唐書》卷一〇三。

然昶年少不親政事，而將相大臣皆知祥故人，知祥寬厚，多優縱之。及其事昶，益驕蹇，多踰法度，務廣第宅，奪人良田，發其墳墓，而李仁罕、張業尤甚。昶即位數月，執仁罕殺之，并族其家。是時，李肇自鎮來朝，杖而入見，稱疾不拜，及聞仁罕死，遽釋杖而拜。

廣政九年，趙季良卒，張業益用事。業，仁罕甥也。仁罕被誅時，業方掌禁兵，昶懼其反，乃用以爲相，業兼判度支，置獄于家，務以酷法厚斂蜀人，蜀人大怨。十一年，昶與匡聖指揮使安思謙謀，執而殺之。[1]王處回、趙廷隱相次致仕，由是故將舊臣殆盡[2]。昶始親政事，於朝堂置匭以通下情。

[1]匡聖指揮使：官名。所部統兵將領。匡聖爲部隊番號。品秩不詳。　安思謙：人名。籍貫不詳。五代十國後蜀將領。事見本書本卷。

[2]由是故將舊臣殆盡："殆"，原作"迨"，從中華點校本改。

是時，契丹滅晉，漢高祖起於太原，中國多故，雄武軍節度使何建以秦、成、階三州附于蜀，昶因遣孫漢韶攻下鳳州，於是悉有王衍故地。[1]漢將趙思綰據永興、王景崇據鳳翔反，皆送款于昶。[2]昶遣張虔釗出大散關，何建出隴右，李廷珪出子午谷，以應思綰。[3]昶相毋昭裔切諫，以爲不可，然昶志欲窺關中甚銳，乃遣安思謙益兵以東。已而漢誅思綰、景崇，虔釗等皆罷歸，而思謙恥於無功，多殺士卒以威衆。昶與翰林使王藻謀殺思謙，而邊吏有急奏，藻不以時聞，輒啓其封，昶怒之。[4]其殺思謙也，藻方侍側，因并擒藻斬之。

[1]契丹：古部族、政權名。公元4世紀中葉宇文部爲前燕攻破，始分離而成單獨的部落，自號契丹。唐貞觀中，置松漠都督府，以其首領爲都督。唐末彊盛，916年迭剌部耶律阿保機建立契丹國（遼）。先後與五代、北宋並立，保大五年（1125）爲金所滅。參見張正明《契丹史略》，中華書局1979年版。　漢高祖：五代後漢開國皇帝劉知遠，太原（今山西太原市）人，沙陀族。紀見《舊五代史》卷九九、卷一〇〇及本書卷一〇。　雄武軍：方鎮名。治所在秦州（今甘肅天水市）。　秦州：州名。治所在今甘肅天水市。　成州：州名。治所在今甘肅成縣。　階州：州名。治所在今甘肅隴南市武都區。　鳳州：州名。治所在今陝西鳳縣。　王衍：人名。許州舞陽（今河南舞陽縣）人。五代十國前蜀君主，後爲後唐莊宗李存勖所殺。事見《舊五代史》卷一三六、本書卷六三。

[2]趙思綰：人名。魏州（今河北大名縣）人。五代將領。傳見《舊五代史》卷一〇九、本書卷五三。　永興：方鎮名。治所在京兆府（今陝西西安市）。　王景崇：人名。邢州（今河北邢臺市）人。五代後唐、後漢軍閥。傳見本書卷五三。

[3]大散關：地名。位於今陝西寶雞市秦嶺山脉。　隴右：地名。隴山（今六盤山）以西、黃河以東甘、陝各地。　李廷珪：人名。太原（今山西太原市）人。五代十國後蜀將領。事見本書本卷。　子午谷：地名。位於今陝西西安市南，古代連通關中與漢中的軍事通道。

[4]翰林使：官名。唐代以宦官二員充任，掌領在翰林院待詔的文學侍從、伎藝之士。品秩不詳。　王藻：人名。籍貫不詳。五代十國後蜀官員。本書僅此一見。

十二年，置吏部三銓、禮部貢舉。

十三年，昶加號睿文英武仁聖明孝皇帝。封子玄喆秦王，判六軍事；次子玄珏褒王；弟仁毅夔王、仁贄雅王、仁裕嘉王。[1]

[1]玄喆：人名。孟昶之子。事見本書本卷。　玄珏：人名。孟昶之子。事見本書本卷。　仁裕：據中華點校本考，《蜀檮杌》卷下載"仁裕爲彭王，仁操爲嘉王"，《東都事略》卷二三載"仁祐彭王，仁操嘉王"。

十八年，周世宗伐蜀，攻自秦州。昶以韓繼勳爲雄武軍節度，聞周師來伐，歎曰："繼勳豈足以當周兵邪！"[1]客省使趙季札請行，乃以季札爲秦州監軍使。[2]季札行至德陽，聞周兵至，遽馳還奏事。[3]昶問之，季札惶懼不能道一言，昶怒殺之，乃遣高彥儔、李廷珪出堂倉以拒周師。[4]彥儔大敗，走青泥，於是秦、成、階、鳳復入于周。[5]昶懼，分遣使者聘於南唐、東漢，以張形勢。[6]

[1]周世宗：即柴榮。邢州龍岡（今河北邢臺市）人。五代後周太祖郭威養子，顯德元年（954）繼郭威爲帝，廟號世宗。紀見《舊五代史》卷一一四、本書卷一二。　韓繼勳：人名。籍貫不詳。五代十國後蜀官員。事見本書本卷。

[2]客省使：官名。客省長官。唐代宗時始置，五代沿置。掌接待四方奏計及外族使者。品秩不詳。　趙季札：人名。籍貫不詳。五代十國後蜀官員。本書僅此一見。

[3]德陽：縣名。治所在今四川德陽市。

[4]高彦儔：人名。太原（今山西太原市）人。五代十國後蜀將領。傳見《宋史》卷四七九。　堂倉：地名。即堂倉鎮。位於今陝西鳳縣北。

[5]青泥：地名。又作青泥坂、泥公山，位於今陝西略陽縣。

[6]南唐：五代十國李昇建立的政權。都城在今江蘇南京市，曾遷都今江西南昌市，後爲北宋所滅。事見《舊五代史》卷一三四、本書卷六二。　東漢：即北漢，五代十國劉崇建立的政權，都城在今山西太原市，後爲北宋所滅。事見《舊五代史》卷一三五、本書卷七〇。

二十年，世宗以所得蜀俘歸之，昶亦歸所獲周將胡立于京師，因寓書于世宗，世宗怒昶無臣禮，不答。[1]

[1]胡立：人名。五代後周將領。本書僅此一見。

二十一年，周兵伐南唐，取淮南十四州，諸國皆懼。荆南高保融以書招昶使歸周，昶以前嘗致書世宗不答，乃止。[1]昶幼子玄寶，生七歲而卒，太常言無服殤無贈典，昶問李昊，昊曰：“昔唐德宗皇子評，生四歲而卒，贈楊州大都督，封肅王，此故事也。"昶乃贈玄寶青州大都督，追封遂王。[2]

[1]高保融：人名。陝州硤石（今河南三門峽市）人。五代十國南平（荊南）君主。傳見《舊五代史》卷一三三、本書卷六九。

[2]太常：官名。周稱宗伯，漢改太常。掌禮樂郊廟等儀制，兼選試博士。九卿之一。正三品。　唐德宗：即李适，唐代宗李豫長子，779年至805年在位。紀見《舊唐書》卷一二、卷一三及《新唐書》卷七。　楊州：州名。即揚州，治所在今江蘇揚州市。青州：州名。治所在今山東青州市。　大都督：官名。三國時始設，戰時統領地方軍政大權，後漸成常設，位高而權重。正二品。

二十五年，立秦王玄喆爲皇太子。昶幸晉、漢之際，中國多故，而據險一方，君臣務爲奢侈以自娛，至於溺器，皆以七寶裝之。宋興，已下荆、潭，昶益懼，遣大程官孫遇以蠟丸書間行東漢，約出兵以撓中國，遇爲邊吏所得。[1]太祖皇帝遂詔伐蜀，遣王全斌、崔彥進等出鳳州，劉光乂、曹彬等出歸州；詔八作司度右掖門南，臨汴水爲昶治第一區，凡五百餘間，供帳什物皆具，以待昶。[2]

[1]大程官：官名。隸樞密院承旨司。聽樞密院、中書省、宣徽院調遣，供外差發送文書等事。品秩不詳。　孫遇：人名。五代十國後蜀官員。事見本書本卷。　蠟丸書：古代一種用於情報交換或傳遞的秘密工具。詳見孫方圓《兵道尚詭：試說宋代的軍用蠟丸》，《軍事歷史》2018年第2期。

[2]太祖皇帝：即趙匡胤。涿郡（今河北涿州市）人。北宋開

國皇帝。通過"陳橋兵變"而奪取後周政權，在位期間基本統一中原和南方大部地區。紀見《宋史》卷一至卷三。　王全斌：人名。并州太原（今山西太原市）人。五代、北宋將領。傳見《宋史》卷二五五。　崔彥進：人名。大名（今河北大名縣）人。五代、北宋將領。傳見《宋史》卷二五九。　劉光乂：人名。即劉廷讓，初名光義，後避宋太宗諱而改。涿州范陽（今河北涿州市）人。五代、北宋將領。傳見《宋史》卷二五九。　曹彬：人名。真定靈壽（今河北靈壽縣）人。五代、北宋將領。傳見《宋史》卷二五八。　歸州：州名。治所在今湖北秭歸縣。　八作司：官署名。宋置，屬將作監。掌京城內外修繕事務。　汴水：水名。隋開通濟渠，因其自滎陽至開封一段即原來的汴水，故唐、宋人將出自河至入淮之通濟渠東段全流統稱爲汴水或汴渠。

　　昶遣王昭遠、趙彥韜等拒命。[1]昭遠，成都人也，年十三，事東郭禪師智諲爲童子。[2]知祥嘗飯僧於府，昭遠執巾履從智諲以入，知祥見之，愛其惠黠。[3]時昶方就學，即命昭遠給事左右，而見親狎。昶立，以爲捲簾使。[4]樞密使王處回致仕，昶以樞密使權重難制，乃以昭遠爲通奏使、知樞密使事，然事無大小，一以委之，府庫金帛恣其所取不問。[5]昶母李太后常爲昶言昭遠不可用，昶不聽。昭遠好讀兵書，以方略自許。兵始發成都，昶遣李昊等餞之，昭遠手執鐵如意，指揮軍事，自比諸葛亮，酒酣，謂昊曰："吾之是行，何止克敵，當領此二三萬雕面惡少兒，取中原如反掌爾！"[6]昶又遣子玄喆率精兵數萬守劍門。玄喆輦其愛姬，攜樂器、伶人數十以從，蜀人見者皆竊笑。[7]全斌至三泉，遇昭遠，擊敗之。昭遠焚吉柏江浮橋，退守劍門。[8]軍頭向韜得蜀降卒，言來蘇小路，出劍門南清彊店，與大路合。[9]全斌遣偏將史延德分兵出來蘇，北擊劍門，與全斌夾攻之，昭遠、彥韜敗走，皆見擒。[10]玄喆聞昭遠等敗，亦逃歸。

[1]王昭遠：人名。成都（今四川成都市）人。五代十國後蜀大臣。事見本書本卷。　趙彥韜：人名。籍貫不詳。後蜀官員。事見本書本卷。

[2]東郭禪師智諲：人名。或爲唐末、五代四川地區僧人。

[3]飯僧：中國古代佛教信徒善舉的一種，通過向僧侶提供齋飯以祈福。

[4]捲簾使：官名。五代十國後蜀宮廷近侍職官。品秩不詳。

[5]致仕：指古代高級官員退休。　通奏使：官名。五代十國後蜀宮廷近侍職官。品秩不詳。

[6]指揮軍事："軍"字原闕，中華點校本據宗文本、《諸史提要》卷一五引《五代史》、《長編》卷五、《東都事略》卷二三、《隆平集》卷一二補。今從。　諸葛亮：字孔明，號臥龍。徐州瑯琊郡陽都（今山東沂南縣）人。三國時期著名政治家、軍事家。輔佐劉備在四川地區建立蜀漢政權。後積勞成疾而病逝。傳見《三國志》卷三五。　雕面惡少兒：中國古代軍中有紋身習俗，故而此處代指麾下軍隊。詳見邱志誠《國家、身體、社會：宋代身體史研究》，科學出版社2018年版。

[7]伶人：古代對戲曲藝人的稱呼。

[8]三泉：地名。位於今重慶南川區以東，因其地有三處水溫迥異之泉水而得名。　吉柏江：水名。即今四川廣元市西南昭化鎮北之嘉陵江。

[9]軍頭：官名。統兵官。品秩不詳。　向韜：人名。籍貫不詳。北宋將領。本書僅此一見。　來蘇：地名。位於今重慶永川

區。　清彊店：地名。位於今四川劍閣縣東北約五十里處。

[10]史延德：人名。籍貫不詳。北宋將領。事見本書本卷。

　　劉光乂攻夔州，守將高彥儔戰敗，閉牙城拒守，判官羅濟勸其走，彥儔曰：“吾昔不能守秦川，今又奔北，雖人主不殺我，我何面目見蜀人乎！”[1]又勸其降，彥儔不許，乃自焚死。而蜀兵所在奔潰，將帥多被擒獲。昶問計於左右，老將石頵以謂東兵遠來，勢不能久，宜聚兵堅守以敝之。[2]昶歎曰：“吾與先君以温衣美食養士四十年，一旦臨敵，不能爲吾東向放一箭，雖欲堅壁，誰與吾守者邪！”乃命李昊草表以降，時乾德三年正月也。[3]自興師至昶降，凡六十六日。初，昊事王衍爲翰林學士，衍之亡也，昊爲草降表。至是又草焉，蜀人夜表其門曰“世脩降表李家”，當時傳以爲笑。

[1]判官：官名。唐五代方鎮僚屬，位在行軍司馬下。分掌使衙内各曹事，並協助使職官員通判衙事。品秩不詳。　羅濟：人名。籍貫不詳。五代十國後蜀官員。本書僅此一見。

[2]石頵：據中華點校本考，《長編》卷六、《太平治迹統類》卷一作“石奉頵”，《宋史》卷四七九《西蜀孟氏世家》、《宋朝事實》卷一七作“石斌”。

[3]乾德：宋太祖趙匡胤年號（963—968）。

　　昶至京師，拜檢校太師兼中書令，封秦國公，七日而卒，追封楚王。[1]其母李氏，爲人明辯，甚見優禮，詔書呼爲“國母”，嘗召見勞之曰：“母善自愛，無戚戚思蜀，佗日當送母歸。"李氏曰："妾家本太原，儻得歸老故鄉，不勝大願。"是時劉鈞尚在。[2] 太祖大喜曰："俟平劉鈞，當如母願。"昶之卒也，李氏不哭，以酒酹地祝曰："汝不能死社稷，苟生以取羞。吾所以忍死者，以汝在也。吾今何用生爲！"因不食而卒。其餘事具國史。知祥興滅年數甚明，諸書皆同，蓋自同光三年乙酉入蜀，至皇朝乾德三年乙丑國滅，凡四十一年。惟《舊五代史》云同光三年丙戌至乾德三年乙丑四十年者，繆也。

[1] 檢校太師：官名。爲散官或加官，以示恩寵，無實際執掌。品秩不詳。

[2] 劉鈞：人名。原名劉承鈞，太原（今山西太原市）人。沙陀族。五代十國北漢世祖劉旻次子，北漢第二任君主。傳見本書卷七〇。

新五代史　卷六五

南漢世家第五

劉隱　弟龑　龑子玢　玢弟晟　晟子鋹

劉隱，其祖安仁，[1]上蔡人也，[2]後徙閩中，商賈南海，因家焉。父謙，[3]爲廣州牙將。[4]唐乾符五年，[5]黃巢攻破廣州，[6]去略湖、湘間，廣州表謙封州刺史、賀江鎮遏使，[7]以禦梧、桂以西。[8]歲餘，有兵萬人，戰艦百餘艘。謙三子，曰隱、台、巖。

[1]其祖安仁：據中華點校本考，《通鑑》卷二七〇、《九國志》卷九、《東都事略》卷二三作"安仁"，《舊五代史》卷一三五《劉陟傳》、《册府》卷二一九、《宋史》卷四八一、《隆平集》卷一二作"仁安"。劉隱女劉華墓誌（拓片刊《文物》1975年第1期）作"曾祖諱安"。

[2]上蔡：縣名。治所在今河南上蔡縣。

[3]謙：即劉隱之父劉謙。事見本書本卷。

[4]牙將：官名。古代軍隊中的中低級軍官。品秩不詳。

[5]乾符：唐僖宗李儇年號（874—879）。

[6]黄巢：人名。曹州冤句（今山東菏澤市）人。唐末農民起義領袖。傳見《舊唐書》卷二〇〇下、《新唐書》卷二二五下。

[7]封州：州名。治所在今廣東封開縣。　刺史：官名。州一級行政長官。漢武帝時始置，總掌考核官吏、勸課農桑、地方教化等事。唐中期以後，節度使、觀察使轄州而設，刺史爲其屬官，職任漸輕。從三品至正四品下。　賀江：水名。一名封溪水，又曰開江，爲西江支流。在今廣東封開縣入西江。　鎮遏使：官名。軍鎮長官，掌軍鎮防守工作。品秩不詳。

[8]梧：州名。治所在今廣西梧州市。　桂：州名。治所在今廣西桂林市。

謙卒，廣州表隱代謙封州刺史。乾寧中，[1]節度使劉崇龜死，[2]嗣薛王知柔代爲帥，[3]行至湖南，廣州將盧琚、覃玘作亂，[4]知柔不敢進。隱以封州兵攻殺琚、玘，迎知柔，知柔辟隱行軍司馬。[5]其後徐彥若代知柔，[6]表隱節度副使，[7]委以軍政。彥若卒，軍中推隱爲留後。[8]天祐二年，[9]拜隱節度使。梁開平元年，[10]加檢校太尉、兼侍中。[11]二年，兼靜海軍節度、安南都護。[12]三年，加檢校太師、兼中書令，[13]封南平王。

[1]乾寧：唐昭宗李曄年號（894—898）。

[2]節度使：官名。唐時在重要地區所設掌握一州或數州軍事、民事、財政的長官。品秩不詳。　劉崇龜：人名。滑州胙（今河南延津縣）人。唐末官員、藝術家。事見本書本卷。

[3]知柔：人名。即李知柔。唐朝宗室。傳見《新唐書》卷八一。

[4]盧琚：人名。唐末、五代藩鎮軍閥。本書僅此一見。　覃

玘：據中華點校本考，《舊五代史》卷一三五《劉陟傳》、《冊府》卷二二三作"譚玘"，《通鑑》卷二六〇作"譚弘玘"。

[5]行軍司馬：官名。出征將領及節度使的屬官。掌軍籍符伍、號令印信，是藩鎮重要的軍政官員。品秩不詳。

[6]徐彥若：人名。唐末、五代官員，藩鎮軍閥。傳見《舊唐書》卷一七九。

[7]節度副使：官名。唐、五代方鎮屬官。位在行軍司馬之下、判官之上。品秩不詳。

[8]留後：官名。原非正式命官，唐朝節度使入朝或宰相、親王遥領節度使不臨鎮則置。安史之亂後，節度使多以子弟或親信爲留後，以代行節度使職務，亦有軍士、叛將自立爲留後者。掌一州或數州軍政。北宋始爲朝廷正式命官。

[9]天祐：唐昭宗李曄開始使用的年號（904—907）。唐哀帝李柷沿用。唐亡後，河東李克用、李存勗仍稱天祐，沿用至天祐二十年（923）。五代十國其他政權亦有行此年號者，如南吴、吴越等。

[10]開平：後梁太祖朱温年號（907—911）。

[11]檢校太尉：官名。爲散官或加官，以示恩寵，無實際執掌。品秩不詳。　侍中：官名。秦始置。隋、唐前期爲門下省長官。唐後期多爲大臣加銜，不參與政務，實際職務由門下侍郎執行。正二品。

[12]静海軍：方鎮名。五代時期有三"静海軍"。一是，後晋天福四年（939）吴越置。治所在温州（今浙江温州市）。北宋太平興國三年（978）廢。二是，後周顯德五年（958）升静海鎮置。治静海縣（今江蘇南通市）。尋改爲崇州，又改爲通州。三是，唐時舊鎮。咸通七年（866）升安南都護府置，治交州（治今越南河内市）。　安南都護：官名。唐代所設安南都護府長官，負責管理今中國南疆及中南半島北部部分地區之軍民政務。品秩不詳。

[13]檢校太師：官名。爲散官或加官，以示恩寵，無實際執

掌。品秩不詳。　中書令：官名。漢代始置，隋、唐前期爲中書省長官，屬宰相之職；唐後期多爲授予元勳大臣的虛銜。正二品。

隱父子起封州，遭世多故，數有功於嶺南，遂有南海。隱復好賢士。是時，天下已亂，中朝士人以嶺外最遠，可以避地，多遊焉。唐世名臣謫死南方者往往有子孫，或當時仕宦遭亂不得還者，皆客嶺表。王定保、倪曙、劉濬、李衡、周傑、楊洞潛、趙光胤之徒，[1]隱皆招禮之。定保，容管巡官；[2]曙，唐太學博士；[3]濬，崇望之子，以避亂往；衡，德裕之孫，唐右補闕，[4]以奉使往。皆辟置幕府，待以賓客。傑，善星曆，唐司農少卿，[5]因避亂往，隱數問以災變，傑恥以星術事人，常稱疾不起，隱亦客之。洞潛，初爲邕管巡官，[6]秩滿客南海，隱常師事之，後以爲節度副使，及龑僭號，爲陳吉凶禮法。爲國制度，略有次序，皆用此數人焉。

[1]王定保：人名。南昌（今江西南昌市）人。五代十國南漢官員。事見本書本卷。　倪曙：人名。閩侯（今福建閩侯縣）人。五代十國南漢官員。事見本書本卷。　劉濬：人名。洛陽（今河南洛陽市）人。唐末、五代大臣劉崇望之子。五代十國南漢官員。事見本書本卷。　李衡：人名。趙郡贊皇（今河北贊皇縣）人。唐代宰相李德裕之孫。五代十國南漢官員。事見本書本卷。　周傑：人名。籍貫不詳。五代十國南漢官員。事見本書本卷。　楊洞潛：人名。始興（今廣東始興縣）人。五代十國南漢官員。事見本書本卷。　趙光胤：據中華點校本考，《舊唐書》卷一七八《趙隱傳》，《通鑑》卷二六七、卷二七〇、卷二八二皆載仕劉隱者爲趙光裔，趙光胤乃其弟，仕五代後梁爲相。

［2］容管：方鎮名。容州管内經略使簡稱。治所在容州（今廣西容縣）。　巡官：官名。唐代節度、觀察、團練、防禦諸使屬官。掌巡察事務，地位在判官、推官之次。品秩不詳。

［3］太學博士：官名。漢武帝設立太學而分置五經博士，東晋時不再分經教授而統稱太學博士，隋、唐時掌教文武官五品以上及郡縣公子孫、從三品之曾孫爲太學生者，位次國子博士。正六品上。

［4］右補闕：官名。唐代諫官。武則天時始置。分爲左右，左補闕隸於門下省，右補闕隸於中書省。掌規諫諷諭，大事可以廷議，小事則上封奏。從七品上。

［5］司農少卿：官名。北齊設司農寺。隋唐宋沿置。長官爲司農卿，以司農少卿佐之，掌倉廩、籍田、苑囿諸事。從四品。

［6］邕管：方鎮名。邕管經略使簡稱。治所在邕州（今廣西南寧市）。

乾化元年，[1]進封隱南海王。是歲卒，年三十八。弟龑立。

［1］乾化：五代後梁太祖朱温年號（911—912）。末帝朱友貞沿用（913—915）。

龑，初名巖，謙庶子也。其母段氏生龑於外舍，謙妻韋氏素妬，聞之怒，拔劍而出，命持龑至，將殺之，及見而悸，劍輒墮地，良久曰："此非常兒也！"後三日，卒殺段氏，養龑爲己子。及長，善騎射，身長七尺，垂手過膝。

隱爲行軍司馬，龑亦辟薛王府諮議參軍。[1]隱鎮南海，襲爲副使。隱卒，襲代立。乾化二年，除清海節度使，[2]檢校太保、同平章事。[3]三年，加檢校太傅。[4]末帝即位，[5]悉以隱官爵授襲，襲封南海王。

[1]諮議參軍：官名。也稱諮議參軍事。晉代始置。掌陪侍左右，參謀庶事。品秩不詳。

[2]清海：方鎮名。即清海軍節度使。治所在廣州（今廣東廣州市）。

[3]檢校太保：官名。爲散官或加官，以示恩寵，無實際執掌。品秩不詳。 同平章事：即同中書門下平章事的簡稱。唐高宗以後，凡實際任宰相之職者，常在其本官後加同平章事的職銜。後成爲宰相專稱。品秩不詳。

[4]檢校太傅：官名。爲散官或加官，以示恩寵，無實際執掌。品秩不詳。

[5]末帝：即後梁末帝朱友貞，朱溫第四子，殺其兄朱友珪而自立。爲李存勖大軍包圍後自殺身死，後梁由是滅亡。紀見《舊五代史》卷八至卷一〇、本書卷三。

唐末，南海最後亂，僖宗以後，[1]大臣出鎮者，天下皆亂，無所之，惟除南海而已，自隱始亦自立。是時，交州曲顥、桂州劉士政、邕州葉廣略、容州龐巨昭，[2]分據諸管；盧光稠據虔州以攻嶺上，[3]其弟光睦據潮州，[4]子延昌據韶州；[5]高州刺史劉昌魯、新州刺史劉潛及江東七十餘寨，[6]皆不能制。隱攻韶州，襲曰："韶州所賴者光稠，擊之，虔人必應，應則首尾受敵，此不宜直攻而可以計取。"隱不聽，果敗而歸，因盡以兵事付襲。襲悉平諸寨，遂殺昌魯等，更置刺史，卒出兵攻敗盧氏，取潮、韶。又西與馬殷爭容、桂，[7]殷取桂管，虜士政；龔取容管，逐巨昭，又取邕管。隱、龔自梁初受封爵，稟正朔而已。

[1]僖宗：即李儇。唐朝皇帝，873年至888年在位。紀見《舊唐書》卷一九下、《新唐書》卷九。

[2]交州：州名。治所在今廣東廣州市番禺區。　曲顥：人名。安南鴻州（今越南海陽宁江縣）人。五代十國藩鎮軍閥。事見本書本卷。　劉士政：人名。籍貫不詳。五代十國藩鎮軍閥。事見本書本卷。　邕州：州名。治所在今廣西南寧市。　容州：州名。治所在今廣西容縣。　龐巨昭：據中華點校本考，《通鑑》卷二六五、卷二六七，《東都事略》卷二三作"龐巨昭"，《舊五代史》卷一三五《劉陟傳》、《隆平集》卷一二作"龐巨源"，《通鑑》卷二六七《考異》引《湖湘故事》、《新唐書》卷一九〇《劉建鋒傳》作"龐巨曦"。

[3]盧光稠：人名。南康（今江西贛州市南康區）人。五代十國藩鎮軍閥。傳見《新唐書》卷一九〇、本書卷四一。　虔州：州名。治所在今江西贛州市。

[4]光睦：人名。盧光稠之弟。事見本書卷四一。　潮州：州名。治所在今廣東潮州市。

[5]延昌：人名。盧光稠之子。後爲叛將所殺。事見本書卷四一。　韶州：州名。治所在今廣東韶關市。

[6]高州：州名。治所在今廣東高州市。　劉昌魯：人名。籍貫不詳。五代十國藩鎮軍閥。本書僅此一見。　新州：州名。治所在今廣州新興縣。　劉潛：人名。籍貫不詳。五代十國藩鎮軍閥。本書僅此一見。

[7]馬殷：人名。許州鄢陵（今河南鄢陵縣）人。五代十國南楚開國君主。傳見《舊五代史》卷一三三、本書卷六六。

貞明三年，[1]龑即皇帝位，國號大越，改元曰乾亨。[2]追尊安仁文皇帝，謙聖武皇帝，隱襄皇帝，立三廟。置百官，以楊洞潛爲兵部侍郎，[3]李衡禮部侍郎，[4]倪曙工部侍郎，[5]趙光胤兵部尚書，[6]皆平章事。光胤自以唐甲族，恥事僞國，常怏怏思歸。龑乃習爲光胤手書，遣使間道至洛陽，召其二子損、益并其家屬皆至。光胤驚喜，爲盡心焉。

[1]貞明：五代後梁末帝朱友貞年號（915—921）。
[2]乾亨：五代十國南漢高祖劉龑年號（917—925）。
[3]兵部侍郎：官名。尚書省兵部次官。協助兵部尚書掌武官銓選、勛階、考課之政。正四品下。
[4]禮部侍郎：官名。尚書省禮部次官。協助禮部尚書掌禮儀、祭享、貢舉之政。正四品下。
[5]工部侍郎：官名。尚書省工部次官。協助尚書掌管百工山澤水土之政令，考其功以昭賞罰，總所統各司之事。正四品下。
[6]兵部尚書：官名。尚書省兵部長官。掌兵衛、武選、車輦、甲械、厩牧之政令。正三品。

龑性聰悟而苛酷，爲刀鋸、支解、刳剔之刑，每視殺人，則不勝其喜，不覺朵頤，垂涎呀呷，人以爲真蛟蜃也。又好奢侈，悉聚南海珍寶，以爲玉堂珠殿。

二年，祀天南郊，大赦境内，改國號漢。龑初欲僭號，憚王定保不從，遣定保使荊南，[1]及還，懼其非己，使倪曙勞之，告以建國。定保曰："建國當有制度，吾入南門，清海軍額猶在，四方其不取笑乎！"龑笑曰："吾備定保久矣，而不思此，宜其譏也！"

[1]荆南：又稱南平。五代十國之一。後梁開平元年（907）朱温命高季興爲荆南節度使，梁末帝時封其爲渤海王。同光二年（924）受後唐封爲南平王。

三年，册越國夫人馬氏爲皇后。馬氏，楚王殷女也。

四年春，置選部貢舉，放進士、明經十餘人，[1]如唐故事，歲以爲常。

[1]進士：古代科舉殿試及第即爲進士。隋煬帝大業年間始置進士科，唐亦設此科，中試者皆稱進士。 明經：唐代明經與進士二科爲科舉之基本科目，旨在考察學子對儒家經典的熟悉情況。

七年，唐莊宗入汴，[1]龑懼，遣宫苑使何詞入詢中國虚實，[2]稱大漢國主致書大唐皇帝。詞還，言唐必亂，不足憂，龑大喜。又性好夸大，嶺北商賈至南海者，多召之，使升宫殿，示以珠玉之富。自言家本咸秦，恥王蠻夷，呼唐天子爲"洛州刺史"。是歲，雲南驃信鄭旻遣使致朱鬃白馬以求婚，[3]使者自稱皇親母弟、清容布燮兼理、賜金錦袍虎綾紋攀金裝刀、封歸仁慶侯、食邑一千户、持節鄭昭淳。[4]昭淳好學有文辭，龑與游宴賦詩，龑及群臣皆不能逮，遂以隱女增城縣主妻旻。[5]

[1]七年：據中華點校本考，《舊五代史》卷三二《唐莊宗紀六》、《吴越備史》卷一繫其事於同光三年（925），即南漢乾亨九年。 唐莊宗：即李存勗，小字亞子，沙陀族，太原（今山西太原市）人。李克用之子，五代後唐開國皇帝。紀見《舊五代史》卷

二七至卷三四、本書卷四至卷五。　　汴：開封代稱。

[2] 宮苑使：官名。唐始置，以宦官充，五代改用士人。掌管京師地區宮苑和宮苑所屬的莊田管理事務。品秩不詳。　　何詞：人名。籍貫不詳。五代十國南漢官員。事見本書本卷。

[3] 是歲：據中華點校本考，《通鑑》卷二七四繫其事於同光三年（925），即南漢白龍元年。　　鄭旻：人名。亦作鄭仁旻、鄭仁明。白蠻族。五代十國大長和國（位於今雲南）國王。

[4] 鄭昭淳：人名。白蠻族。五代十國大長和國（位於今雲南）宗室、大臣。事見本書本卷。

[5] 增城縣主：據中華點校本考，《通鑑》卷二七四作"增城公主"。

八年，作南宫，王定保獻南宫七奇賦以美之。龑初名巖，又更曰陟。

九年，白龍見南宫三清殿，改元曰白龍，又更名龑，以應龍見之祥。[1] 有胡僧言："讖書：'滅劉氏者龑也。'"龑乃採《周易》"飛龍在天"之義爲"龑"字，音"儼"，以名焉。

[1] 又更名龑："龑"，原作"龔"，據中華點校本考，《諸史提要》卷一五引《五代史》、《舊五代史》卷一三五《劉陟傳》、《通鑑》卷二七四、《五國故事》卷下、《隆平集》卷一二、《宋史》卷四八一皆作"龑"。今從改。　　白龍：五代十國南漢高祖劉龑年號（925—927）。

四年，楚人以舟師攻封州，封州兵敗於賀江，[1] 龑懼，以《周易》筮之，遇大有，遂赦境内，改元曰大有。[2]遣將蘇章以神弩軍三千救封州,[3]章以兩鐵索沈賀江中,爲巨輪於岸上,築隉以隱之,因輕舟迎戰,陽敗而奔,楚人逐之,章舉巨輪挽索鎖楚舟,以彊弩夾江射之,盡殺楚人。

[1]賀江:水名。亦作封溪水、臨賀江。位於今廣西賀州市南。
[2]大有:五代十國南漢高祖劉龑年號(927—942)。
[3]蘇章:人名。籍貫不詳。五代十國南漢將領。本書僅此一見。

三年,遣將李守鄘、梁克貞攻交趾,[1]擒曲承美等。[2]承美至南海,龑登儀鳳樓受俘,謂承美曰:"公常以我爲僞廷,今反面縛,何也?"承美頓首伏罪,乃赦之。承美,顥子也。克貞又攻占城,[3]掠其寶貨而歸。

[1]李守鄘:人名。籍貫不詳。五代十國南漢將領。事見本書本卷。 梁克貞:人名。籍貫不詳。五代十國南漢將領。事見本書本卷。 交趾:古郡名。位於今越南北方地區。
[2]曲承美:人名。曲顥之子。事見本書本卷。
[3]占城:古國名。亦稱占婆。位於今越南南方地區。

四年,愛州楊廷藝叛,[1]攻交州刺史李進,進遯歸。龑遣承旨程寶攻廷藝,[2]寶戰死。

[1]愛州:州名。治所在今越南清化市。 楊廷藝:人名。愛州人。交趾將領。事見本書本卷。
[2]李進:人名。籍貫不詳。五代十國南漢將領。事見本書本

卷。　承旨：官名。或爲"樞密承旨"之簡稱。官名。五代設樞密院承旨和樞密院副承旨，以各衛將軍擔任。主管樞密院承旨司之事。品秩不詳。　程寶：人名。籍貫不詳。五代十國南漢將領。事見本書本卷。

五年，封子耀樞邕王，龜圖康王，洪度秦王，洪熙晋王，洪昌越王，洪弼齊王，洪雅韶王，洪澤鎮王，洪操萬王，洪杲循王，洪暐息王，洪邈高王，洪簡同王，洪建益王，洪濟辨王，洪道貴王，洪昭宜王，洪政通王，洪益定王。[1]

[1]洪暐息王：據中華點校本考，《通鑑》卷二七八"息王"作"思王"。　洪昭宜王：據中華點校本考，浙江本、宗文本"洪昭"作"洪照"，"宜王"，原作"宣王"，中華點校本據浙江本、宗文本及《通鑑》卷二七八改。今從。

九年，遣將軍孫德晟攻蒙州，[1]不克。

[1]孫德晟：據中華點校本考，浙江本、宗文本作"孫德成"，《通鑑》卷二八〇作"孫德威"。　蒙州：原作"象州"，中華點校本據浙江本、宗文本改。今從。

十年，交州牙將皎公羨殺楊廷藝自立，[1]廷藝故將吳權攻交州，[2]公羨來乞師。龑封洪操交王，出兵白藤以攻之。龑以兵駐海門，[3]權已殺公羨，逆戰海口，植鐵橛海中，權兵乘潮而進，洪操逐之，潮退舟還，轢橛者皆覆，洪操戰死，龑收餘衆而還。

[1]皎公羨：人名。亦作矯公羨。交趾峰州（今越南富壽省越池東南）人。交趾將領。事見本書本卷。

[2]吳權：人名。唐林州（今越南義靜省東南）人，一說愛州（今越南清化市）人。交趾將領。事見本書本卷。

[3]海門：地名。即海門鎮。位於今廣西博白縣。

十五年，龑卒，年五十四，諡天皇大帝，廟號高祖，陵曰康陵。子玢立。

玢，初名洪度，封秦王。龑子耀樞、龜圖皆早死，玢次當立。龑病臥寢中，召右僕射王翷與語，[1]呼洪度、洪熙小字曰："壽、儔雖長，然皆不足任吾事，惟洪昌類我，吾欲立之。奈何吾子孫不肖，後世如鼠入牛角，勢當漸小爾！"因泣下歔欷。翷爲龑謀，出洪度以邕州，洪熙容州，然後立洪昌爲太子。議已定，崇文使蕭益入問疾，[2]龑以告之，益諫曰："少者得立，長者爭之，禍始此矣！"由是洪度卒得立。更名玢，改元曰光天，[3]尊母趙昭儀爲皇太妃，[4]以晉王洪熙輔政。

[1]右僕射：官名。秦始置。隋、唐前期以左、右僕射佐尚書令總理六官，綱紀庶務，如不置尚書令，則總判省事，爲宰相之職。唐後期多爲大臣加銜。從二品。　王翷：原作"王翻"，中華點校本據浙江本、宗文本、《諸史提要》卷一五引《五代史》、《通鑑》卷二八三改。今從。

[2]崇文使：官名。南漢政權官職。具體執掌不詳。　蕭益：人名。籍貫不詳。南漢官員。事見本書本卷。

[3]光天：五代十國南漢殤帝劉玢年號（942—943）。

[4]昭儀：妃嬪稱號。西漢元帝時期始置，唐代昭儀爲九嬪之一。正二品。

玢立，果不能任事。龑在殯，召伶人作樂，飲酒宮中，裸男女以爲樂，或衣墨縗與倡女夜行，[1]出入民家。由是山海間盜賊競起。妖人張遇賢，[2]自稱中天八國王，攻陷循州。[3]玢遣越王洪昌、循王洪杲攻之，遇賢圍洪昌等於錢帛館，裨將萬景忻、陳道庠力戰，[4]挾二王潰圍而走。玢莫能省，嶺東皆亂。

[1]墨縗（cuī）：黑色的喪服。
[2]張遇賢：人名。籍貫不詳。五代十國南唐境內的農民軍領袖。事見本書卷六二。
[3]循州：州名。治所在今廣東惠州市。
[4]裨將：指副將。　萬景忻：人名。籍貫不詳。五代十國南漢將領。事見本書本卷。　陳道庠：人名。籍貫不詳。五代十國南漢將領。事見本書本卷。

洪熙日益進聲妓誘玢爲荒恣。玢亦頗疑諸弟圖己，敕宦官守宮門，入者皆露索。洪熙、洪杲、洪昌陰遣陳道庠養勇士劉思潮、譚令禋、林少彊少良、何昌廷等，[1]習爲角觝以獻玢。[2]玢宴長春宮以閱之，玢醉起，道庠與思潮等隨至寢門拉殺之，盡殺其左右。玢立二年，年二十四，諡曰殤。弟晟立。

[1]劉思潮：人名。籍貫不詳。刺殺劉玢之刺客。事見本書本卷。　譚令禋：人名。籍貫不詳。刺殺劉玢之刺客。事見本書本

卷。　林少彊：人名。籍貫不詳。刺殺劉玢之刺客。事見本書本
卷。　少良：人名。籍貫不詳。刺殺劉玢之刺客。事見本書本卷。
何昌廷：人名。籍貫不詳。刺殺劉玢之刺客。事見本書本卷。
　　[2]角觝：中國古代的一種摔跤運動。

　　晟，初名洪熙，封晉王。既弑玢，遂自立，改元曰
應乾，[1]以洪昌爲兵馬元帥，知政事，洪杲副元帥，劉
思潮等封功臣。晟既殺兄，立不順，懼衆不伏，乃益峻
刑法以威衆。已而洪杲屢請討賊，陰勸晟誅思潮等以止
外議。晟大怒，使使者夜召洪杲。洪杲知不免，乃留使
者，入具沐浴，詣佛前祝曰："洪杲誤念，來生王宫，
今見殺矣！後世當生民家，以免屠害。"涕泣與家人訣
別，然後赴召，至則殺之。冬，晟祀天南郊，改元曰乾
和，[2]群臣上尊號曰大聖文武大明至道大光孝皇帝。

　　[1]應乾：五代十國南漢中宗劉晟年號（943）。
　　[2]乾和：五代十國南漢中宗劉晟年號（943—958）。

　　二年夏，遣洪昌祠襄帝陵於海曲，[1]至昌華宫，晟
使盜刺殺之。晟自殺洪杲，由是與諸弟有隙，而洪昌最
賢，龔素所欲立者，晟尤忌之，故先及害。鎮王洪澤居
邕州，有善政，是歲鳳皇見邕州，晟怒，使人酖殺之。
而諸弟相次見殺。

　　[1]襄帝陵：即劉龑建國後所追尊之南漢烈祖劉隱墓。　海曲：
泛指沿海偏僻之地。

三年，殺其弟洪雅，又殺劉思潮等五人。思潮等死，陳道庠懼，不自安，其友鄧伸以荀悦《漢紀》遺之，[1]道庠莫能曉，伸罵曰："憨獠！韓信誅而彭越醢，[2]皆在此書矣！"道庠悟，益懼。晟聞之大怒，以道庠、伸下獄，皆斬之於市，夷其族。以右僕射王翺爲英州刺史，[3]使人殺之於路。

[1]鄧伸：人名。籍貫不詳。本書僅此一見。 荀悦：人名。潁川潁陰（今河南許昌市）人。東漢史學家、政治家。傳見《後漢書》卷六二。 《漢紀》：荀悦所作之編年體史書。記西漢之史實，以言簡意賅、便於閱讀而著稱。

[2]韓信：人名。淮陰（今江蘇淮安市淮陰區）人。西漢開國功臣、軍事統帥。後爲吕后所殺。傳見《史記》卷九二。

[3]彭越：人名。碭郡昌邑（今山東巨野縣）人。西漢開國功臣。後爲吕后所殺。傳見《史記》卷九〇。 英州：州名。治所在今廣東英德市。

五年，晟弟洪弼、洪道、洪益、洪濟、洪簡、洪建、洪暐、洪昭，同日皆見殺。

六年，遣工部郎中、知制誥鍾允章聘楚以求婚，[1]楚不許。允章還，晟曰："馬公復能經略南土乎？"是時，馬希廣新立，[2]希萼起兵武陵，[3]湖南大亂，允章具言楚可攻之狀。晟乃遣巨象指揮使吴珣、内侍吴懷恩攻賀州，[4]已克之，楚人來救，珣鑿大穽於城下，覆箔於上，以土傳之，楚兵迫城，悉陷穽中，死者數千，楚人皆走。珣等攻桂州及連、宜、嚴、梧、蒙五州，[5]皆克之。掠全州而還。

　　[1]工部郎中：官名。尚書省屬官，位在侍郎之下、員外郎之上。六部的郎中主持各司事務。從五品上。　知制誥：官名。掌起草皇帝的詔、誥之事，原爲中書舍人之職。唐開元末置學士院，翰林學士入院一年，則加知制誥銜，專掌任免宰相、册立太子、宣布征伐等特殊詔令，稱爲内制。而中書舍人所撰擬的詔敕稱爲外制。兩種官員總稱兩制。品秩不詳。　鍾允章：人名。邕寧（今廣西南寧市邕寧區）人。五代十國南漢官員。後爲劉鋹所殺。事見本書本卷。

　　[2]馬希廣：人名。五代十國時期南楚君主，楚武穆王馬殷之子。楚文昭王馬希范去世後被擁立爲王，後爲馬希萼篡位所殺。傳見本書卷六六。

　　[3]希萼：人名。五代十國時期南楚君主，楚武穆王馬殷之子，弑殺馬希廣後自立爲王，不恤政事，後爲馬希崇所代，終被南唐所俘。事見本書卷六六。另據中華點校本考，本書卷六六《楚世家》、《舊五代史》卷一〇三《漢隱帝紀下》、《通鑑》卷二八七，希萼乃希廣之兄。　武陵：縣名。治所在今湖南常德市武陵區。

　　[4]巨象指揮使：官名。所部統兵將領。"巨象"或爲象騎兵部隊。品秩不詳。　吳珣：人名。籍貫不詳。五代十國南漢將領。事見本書本卷。　内侍：對宦官的泛稱。　吳懷恩：人名。籍貫不詳。南漢宦官。事見本書本卷。　賀州：州名。治所在今廣西賀州市。

　　[5]連：州名。治所在今廣東連州市。　宜：州名。治所在今廣西河池市宜州區。　嚴：州名。治所在今廣西來賓市興賓區。　蒙：州名。治所在今廣西蒙山縣。

九年冬，又遣内侍潘崇徹攻郴州，[1]李景兵亦在，[2]

與崇徹等遇，[3]戰，大敗景兵於宜章，[4]遂取郴州。晟益得志，遣巨艦指揮使暨彥贇以兵入海，[5]掠商人金帛作離官遊獵，[6]故時劉氏有南宮、大明、昌華、甘泉、玩華、秀華、玉清、太微諸宮，凡數百，不可悉紀。宦者林延遇、官人盧瓊仙，[7]內外專恣爲殺戮，晟不復省。常夜飲大醉，以瓜置伶人尚玉樓項，拔劍斬之以試劍，因并斬其首。明日酒醒，復召玉樓侍飲，左右白已殺之，晟歎息而已。

[1]潘崇徹：人名。籍貫不詳。五代十國南漢宦官。事見本書本卷。　郴州：州名。治所在今湖南郴州市。

[2]李景：即五代十國南唐元宗李璟。徐州（今江蘇徐州市）人。南唐烈祖李昪長子，南唐第二位皇帝。後削去帝號，改稱國主。傳見《舊五代史》卷一三四、本書卷六二。

[3]與崇徹等遇：“等”字原闕，中華點校本據宗文本補，並按《通鑑》卷二九〇記當時攻郴州者除潘崇徹外，尚有將軍謝貴。今從。

[4]宜章：縣名。治所在今湖南宜章縣。

[5]巨艦指揮使：官名。所部統兵將領。“巨艦”或爲水軍部隊。品秩不詳。　暨彥贇：人名。籍貫不詳。五代十國南漢將領。事見本書本卷。

[6]掠商人金帛作離官遊獵：“掠”，原作“採”，中華點校本據宗文本改。今從。

[7]林延遇：人名。籍貫不詳。五代十國南漢宦官。事見本書本卷。　盧瓊仙：人名。籍貫不詳。南漢術士。事見本書本卷。

十年，湖南王進逵以兵五萬率谿洞蠻攻郴州，潘崇徹敗進逵於蠔石，斬首萬餘級。[1]

[1]王進逵：人名。即王逵。武陵（今湖南常德市）人，五代十國武平節度使。事見《舊五代史》卷一三三、本書卷六六。　谿洞蠻：亦作"溪峒"。中國古代對南方少數民族的泛稱。　蠔石：地名。位於今湖南郴州市。

十一年，晟病甚，封其子繼興衛王，璇興桂王，慶興荊王，保興祥王，崇興梅王。[1]

[1]璇興桂王：據中華點校本考，《通鑑》卷二九一作"璇興"，宗文本、《長編》卷一作"旋興"。

十二年，晟親耕藉田。交州吳昌濬遣使稱臣，[1]求節鉞。昌濬者，權子也。權自襲時據交州，龑遣洪操攻之，洪操戰死，遂棄不復攻。權死，子昌岌立，[2]昌岌卒，弟昌濬立，始稱臣於晟。晟遣給事中李璵以旌節招之，[3]璵至白州，昌濬使人止璵曰："海賊爲亂，道路不通。"[4]璵不果行。晟殺其弟洪邈。

[1]吳昌濬：人名。吳權之子。事見本書本卷。
[2]昌岌：人名。吳權之子。本書僅此一見。
[3]給事中：官名。秦始置。隋唐以來，爲門下省屬官。掌讀署奏抄，駁正違失。正五品上。　李璵：人名。籍貫不詳。五代十國南漢官員。事見本書本卷。
[4]白州：州名。治所在今廣西博白縣。　昌濬：原作"濬"，中華點校本據宗文本及本卷上文補。今從。

1655

十三年，又殺其弟洪政，於是龔之諸子盡矣！顯德三年，[1]世宗平江北[2]，晟始惶恐，遣使脩貢於京師，爲楚人所隔，使者不得行，晟憂形於色。又嘗自言知星，末年，月食牛女間，出書占之，歎曰："吾當之矣！"因爲長夜之飲。

[1]顯德：五代後周太祖郭威年號（954），此後世宗柴榮、恭帝柴宗訓繼位均未改元（954—960）。據中華點校本考，本書卷一二《周本紀》、《舊五代史》卷一一八《周世宗紀五》載周平江北在顯德五年（958），又《通鑑》卷二九三繫南漢欲通使於周在顯德四年。

[2]世宗：即柴榮。邢州龍岡（今河北邢臺市）人。五代後周太祖郭威養子，顯德元年（954）繼郭威爲帝，廟號世宗。紀見《舊五代史》卷一一四、本書卷一二。

十六年，卜葬域於城北，運甓爲壙，晟親臨視之。是秋卒。年三十九，諡曰文武光聖明孝皇帝，廟號中宗，陵曰昭陵。子鋹立。

鋹，初名繼興，封衛王。晟卒，以長子立，改元曰大寶。[1]晟性剛忌，不能任臣下，而獨任其嬖倖宦官、宮婢延遇、瓊仙等。至鋹尤愚，以謂群臣皆自有家室，顧子孫，不能盡忠，惟宦者親近可任，遂委其政於宦者龔澄樞、陳延壽等，[2]至其群臣有欲用者，皆閹然後用。澄樞等既專政，鋹乃與宮婢波斯女等淫戲後宮，不復出省事。延壽又引女巫樊胡子，[3]自言玉皇降胡子身。鋹於內殿設帳幄，陳寶貝，胡子冠遠遊冠，衣紫霞裾，坐帳中宣禍福，呼鋹爲太子皇帝，國事皆決於胡子，盧瓊仙、龔澄樞等爭附之。胡子乃爲鋹言："澄樞等皆上天使來輔太子，有罪不可問。"尚書左丞鍾允章參政事,[4]深嫉之，數請誅宦官，宦官皆仄目。

[1]大寶：南漢後主劉鋹年號（958—971）。
[2]龔澄樞：人名。籍貫不詳。五代十國南漢宦官。事見本書本卷。　陳延壽：人名。籍貫不詳。南漢宦官。事見本書本卷。
[3]樊胡子：人名。籍貫不詳。五代十國南漢巫女。事見本書本卷。
[4]尚書左丞：官名。尚書省佐貳官。唐中期以後，與尚書右丞實際主持尚書省日常政務，權任甚重。正四品上。

二年，鋹祀天南郊，前三日，允章與禮官登壇，四顧指麾，宦者許彥真望見之曰："此謀反爾！"[1]乃拔劍升壇，允章迎叱之，彥真馳走，告允章反。鋹下允章獄，遣禮部尚書薛用丕治之。[2]允章與用丕有舊，因泣下曰："吾今無罪，自誣以死固無恨，然吾二子皆幼，不知父冤，俟其長，公可告之。"彥真聞之，罵曰："反賊欲使而子報仇邪！"復入白鋹，并捕二子繫獄，遂族誅之。陳延壽謂鋹曰："先帝所以得傳陛下者，由盡殺群弟也。"勸鋹稍誅去諸王，鋹以爲然，殺其弟桂王璇興。是歲，建隆元年也。[3]鋹將邵廷琄言於鋹曰：[4]"漢乘唐亂，居此五十年，幸中國有故，干戈不及，而漢益驕於無事，今兵不識旗鼓，而人主不知存亡。夫天下亂久矣，亂久而治，自然之勢也。今聞真主已出，必將盡有海內，其勢非一天下不能已。"勸鋹修兵爲備，不然，悉珍寶奉中國，遣使以通好。鋹憒然莫以爲慮，惡廷琄言直，深恨之。

[1]許彥真：人名。籍貫不詳。五代十國南漢宦官。事見本書本卷。

[2]禮部尚書：官名。尚書省禮部長官，掌禮儀、祭享、貢舉之政。正三品。　薛用丕：人名。籍貫不詳。五代十國南漢官員。本書僅此一見。

[3]建隆：宋太祖趙匡胤年號（960—963）。

[4]邵廷琄：人名。籍貫不詳。五代十國南漢將領。本書僅此一見。

四年，芝菌生宮中，野獸觸寢門，苑中羊吐珠，井旁石自立，行百餘步而仆，樊胡子皆以符瑞諷群臣入賀。

五年，鋹以宦者李托養女爲貴妃，[1]專寵。托爲内太師，[2]居中專政。許彥真既殺鍾允章，惡龔澄樞等居己上，謀殺之。澄樞使人告彥真反，族誅之。

[1]李托：人名。籍貫不詳。南漢宦官。事見本書本卷。

[2]内太師：官名。五代十國南漢所設官職。執掌不詳。

七年，王師南伐，克郴州，晟所遣將暨彥贇與其刺史陸光圖皆戰死，[1]餘衆退保韶州。鋹始思廷琄言，遣廷琄以舟兵出洸口抗王師。[2]會王師退舍，廷琄訓士卒，脩戰備，嶺人倚以爲良將。有譖者投無名書言廷珺反，鋹遣使者賜死；士卒排軍門見使者，訴廷珺無反狀，不能救，爲立祠於洸口。

［1］陸光圖：人名。籍貫不詳。五代十國南漢將領。本書僅此一見。

［2］洸口：地名。位於今廣東英德市西南連江與北江交匯處。

八年，交州吳昌文卒，[1]其佐吕處玶與峰州刺史喬知祐争立，[2]交趾大亂，驩州丁璉舉兵擊破之，[3]鋹授璉交州節度。

［1］吳昌文：人名。吳權之子。本書僅此一見。
［2］吕處玶：據中華點校本考，《宋史》卷四八八《交趾傳》、《長編》卷四、《宋會要輯稿·蕃夷四之二〇》作"吳處玶"。據劉橋考證，清人吳蘭修《南漢紀》卷五言及此事，稱"是歲静海節度使吳昌文卒，其參謀吳處玶……等争立，管内十二州大亂。"作"吳處玶"，並作《考異》云："《長編》同歐《史》，作吕處玶，《九朝編年》作吳處坪，皆傳寫之異。"覆按《長編》卷四："静海節度使吳昌文卒，其參謀吳處玶、峰州刺史橋知佑……等争立，交趾十二州大亂，寇盗群起。"正作"吳處玶"。根據其他多種傳世文獻，可知"吕處玶"非傳寫之異，而系傳寫之誤。參見劉橋《〈新五代史〉勘誤一則》，《中國史研究》2014年第2期。　峰州：州名。治所在今越南富壽省越池東南。　喬知祐：據中華點校本考，浙江本作"矯知祐"，《長編》卷四作"橋知佑"，《安南志略》卷一一作"喬知佐"，《宋史》卷四八八《交趾傳》作"矯知護"。

［3］驩州：州名。治所在今越南義静省榮市。　丁璉：人名。越南丁朝國王。

九年，南海民妻生子兩首四臂。是時，太祖皇帝詔李煜諭鋹使稱臣，[1]鋹怒，囚煜使者龔慎儀。[2]

[1]太祖皇帝：即趙匡胤。涿郡（今河北涿州市）人。北宋開國皇帝。通過"陳橋兵變"而奪取後周政權，在位期間基本統一中原和南方大部地區。紀見《宋史》卷一至卷三。
[2]龔慎儀：人名。籍貫不詳。五代十國南唐官員。事見本書本卷。

十三年，詔潭州防禦使潘美出師，[1]師次白霞。[2]鋹遣龔澄樞守賀州、郭崇岳守桂州、李托守韶州以備。是歲秋，潘美平賀州，十月平昭州，又平桂州，十一月平連州。鋹喜曰："昭、桂、連、賀，本屬湖南，今北師取之，足矣，其不復南也。"其愚如此！十二月平韶州。開寶四年正月，[3]平英、雄二州，[4]鋹將潘崇徹先降。師次瀧頭，[5]鋹遣使請和，求緩師。二月，師度馬逕，[6]鋹遣其右僕射蕭漼奉表降。[7]漼行，鋹惶迫，復令整兵拒命。美等進師，鋹遣其弟祥王保興率文武詣美軍降，不納。龔澄樞、李托等謀曰："北師之來，利吾國寶貨爾，焚爲空城，師不能駐，當自還也。"乃盡焚其府庫、宮殿。鋹以海舶十餘，悉載珍寶、嬪御，將入海，宦官樂範竊其舟以逃歸。師次白田，鋹素衣白馬以降。獻俘京師，赦鋹爲左千牛衛大將軍，[8]封恩赦侯。其後事具國史。隱興滅年世，諸書皆同。蓋自唐天祐二年隱爲廣州節度使，至皇朝開寶四年國滅，凡六十七年。《舊五代史》以梁貞明三年龔僭號爲始，故曰五十五年爾。

[1]潭州：州名。治所在今湖南長沙市。　防禦使：官名。唐代始置，設有都防禦使、州防禦使兩種。常由刺史或觀察使兼任，實際上爲唐代後期州或方鎮的軍政長官。品秩不詳。　潘美：人名。大名（今河北大名縣）人。五代、北宋將領。傳見《宋史》卷二五八。

[2]白霞：地名。位於今湖南江永縣。

[3]開寶：宋太祖趙匡胤年號（968—976）。

[4]雄：州名。治所位於今廣東南雄市。

[5]瀧頭：地名。位於今廣東英德市南。

[6]馬逕：地名。位於今廣東廣州市西北。

[7]蕭漼：人名。籍貫不詳。五代十國南漢官員。本書僅此一見。

[8]左千牛衛大將軍：官名。唐置，掌宮禁宿衛。唐代置十六衛，即左右衛、左右驍衛、左右武衛、左右威衛、左右領軍衛、左右金吾衛、左右監門衛、左右千牛衛，各置上將軍，從二品；大將軍，正三品；將軍，從三品。

新五代史　卷六六

楚世家第六

馬殷　子希聲　希範　希廣　　劉言　周行逢　子保權

　　馬殷字霸圖，許州鄢陵人也。[1]唐中和三年，[2]蔡州秦宗權遣孫儒、劉建峰將兵萬人屬其弟宗衡，[3]略地淮南，[4]殷初爲儒裨將。[5]宗衡等攻楊行密於楊州，[6]未克，梁兵方急攻宗權，宗權數召儒等，儒不欲還，宗衡屢趨之，儒怒，殺宗衡，自將其兵取高郵，[7]遂逐行密。行密據宣州，[8]儒以兵圍之，久不克，遣殷與建峰掠食旁縣。儒戰敗死，殷等無所歸，乃推建峰爲帥，殷爲先鋒，轉攻豫章，[9]略虔、吉，[10]有衆數萬。乾寧元年，[11]入湖南，次澧陵。[12]潭州刺史鄧處訥發邵州兵戍龍回關，[13]建峰等至關，降其戍將蔣勳。[14]建峰取勳鎧甲被先鋒兵，張其旗幟，直趨潭州，至東門，東門守者以爲關兵戍還，開門內之，遂殺處訥，建峰自稱留後。[15]僖宗授建峰湖南節度使、殷爲馬步軍都指揮使。[16]蔣勳求爲邵州刺史，建峰不與，勳率兵攻湘鄉，[17]建峰遣殷擊勳於邵州。

[1]許州：州名。治所在今河南許昌市。　鄢陵：縣名。治所在今河南鄢陵縣。

[2]中和：唐僖宗李儇年號（881—885）。

[3]蔡州：州名。治所在今河南汝南縣。　秦宗權：人名。許州（今河南許昌市）人。唐末軍閥。傳見《舊唐書》卷二〇〇下、《新唐書》卷二二五下。　孫儒：人名。河南府（今河南洛陽市）人。唐末軍閥。傳見《新唐書》卷一八八。　劉建峰：據中華點校本考，《舊五代史》卷一三三《馬殷傳》作"劉建峰"，《新唐書》卷一九〇《劉建鋒傳》作"劉建鋒"，並云以其字"銳端"推之，當以"鋒"爲是。

[4]略地：攻打、搶掠之意。

[5]裨將：指副將。

[6]楊行密：人名。廬州合淝（今安徽合肥市）人。唐末軍閥，五代十國吳國政權奠基者，後被追尊爲吳國太祖。傳見《新唐書》卷一八八、《舊五代史》卷一三四、本書卷六一。　楊州：州名。即揚州，治所在今江蘇揚州市。

[7]高郵：縣名。治所在今江蘇高郵市。

[8]宣州：州名。治所在今安徽宣城市。

[9]豫章：地名。今江西南昌市別稱。

[10]虔：州名。治所在今江西贛州市。　吉：州名。治所在今江西吉安市吉州區。

[11]乾寧：唐昭宗李曄年號（894—898）。

[12]澧陵：據中華點校本考，《新唐書》卷一八六《鄧處訥傳》、《通鑑》卷二五九作"澧陵"，胡三省注曰："'澧'當作'醴'，醴陵在漢臨湘縣界"。

[13]潭州：州名。治所在今湖南長沙市。　刺史：官名。州一

級行政長官。漢武帝時始置，總掌考核官吏、勸課農桑、地方教化等事。唐中期以後，節度使、觀察使轄州而設，刺史爲其屬官，職任漸輕。從三品至正四品下。　鄧處訥：人名。邵州（今湖南邵陽市）人。唐末、五代藩鎮軍閥。傳見《新唐書》卷一八六。　邵州：州名。治所在今湖南邵陽市。　龍回關：地名。位於今湖南長沙縣東。

　　[14]蔣勛：人名。籍貫不詳。唐末、五代藩鎮將領。事見本書本卷。

　　[15]留後：官名。原非正式命官，唐朝節度使入朝或宰相、親王遥領節度使不臨鎮則置。安史之亂後，節度使多以子弟或親信爲留後，以代行節度使職務，亦有軍士、叛將自立爲留後者。掌一州或數州軍政。北宋始爲朝廷正式命官。

　　[16]僖宗：即唐僖宗李儇。873年至888年在位。紀見《舊唐書》卷一九下、《新唐書》卷九。據中華點校本考，《新唐書》卷一九〇《劉建鋒傳》、《通鑑》卷二五九及本卷上文，劉建峰入湖南在乾寧元年（894），疑當爲"昭宗"。　節度使：官名。唐時在重要地區所設掌握一州或數州軍事、民事、財政的長官。品秩不詳。　馬步軍都指揮使：官名。五代時侍衛親軍之長官。多爲皇帝親信。品秩不詳。

　　[17]湘鄉：縣名。治所在今湖南湘鄉市。

　　建峰庸人，不能帥其下，常與部曲飲酒謹呼。[1]軍卒陳瞻妻有色，[2]建峰私之，瞻怒，以鐵撾擊殺建峰。軍中推行軍司馬張佶爲帥，[3]佶將入府，乘馬輒踶囓，傷佶髀。佶卧病，語諸將曰："吾非汝主也，馬公英勇，可共立之。"諸將乃共殺瞻，磔其尸，遣姚彦章迎殷於邵州。[4]殷至，佶乘肩輿入府，殷拜謁於廷中，佶召殷上，乃率將吏下，北面再拜，以位與之，時乾寧三年也。

[1]部曲：遼對奴隸的稱謂。

[2]陳贍：人名。籍貫不詳。五代十國楚國兵卒。本書僅此一見。

[3]行軍司馬：官名。出征將領及節度使的屬官。掌軍籍符伍、號令印信，是藩鎮重要的軍政官員。品秩不詳。

[4]姚彥章：人名。汝南（今河南汝南縣）人。五代十國楚國官員。事見本書本卷。

唐拜殷潭州刺史。殷遣其將秦彥暉、李瓊等攻連、邵、郴、衡、道、永六州，[1]皆下之。桂管劉士政懼，[2]遣其將陳可璠、王建武等率兵守全義嶺。[3]殷遣使聘于士政，使者至境上，可璠等不納。殷怒，遣瓊等以兵七千攻之，擒可璠等及其兵二千餘人，悉坑之，遂圍桂管，虜士政，盡取其屬州。殷表瓊桂管觀察使。[4]四年，拜殷武安軍節度使。[5]

[1]秦彥暉：人名。許州（今河南許昌市）人。五代十國藩鎮將領。事見本書本卷。　李瓊：人名。籍貫不詳。五代十國藩鎮將領。事見本書本卷。　連：州名。治所在今廣東連州市。　郴：州名。治所在今湖南郴州市。　衡：州名。治所在今湖南衡陽市。　道：州名。治所在今湖南道縣。　永：治所在今湖南永州市。

[2]桂管：方鎮名。治所在桂州（今廣西桂林市）。　劉士政：人名。籍貫不詳。五代十國藩鎮軍閥。事見本書卷六五及本卷。

[3]陳可璠：人名。籍貫不詳。唐末、五代藩鎮將領。本書僅此一見。　王建武：人名。籍貫不詳。唐末、五代藩鎮將領。本書

僅此一見。　全義嶺：山名。又稱越城嶺、始安嶺、臨源嶺。五嶺之一。位於今廣西全州縣、資源縣一帶。

[4]觀察使：官名。唐代後期出現的地方軍政長官。唐玄宗開元二十一年（733）置十五道采訪使，唐肅宗乾元元年（758）改爲觀察使。無旌節，地位低於節度使。掌一道州縣官的考績及民政。品秩不詳。

[5]武安軍：方鎮名。治所在潭州（今湖南長沙市）。

　　初，孫儒敗於宣州，殷弟賨爲楊行密所執，行密收儒餘兵爲"黑雲都"，以賨爲指揮使。[1]賨從行密攻戰，數有功，爲人質重，未嘗自矜，行密愛之，問賨誰家子，賨曰："馬殷弟也。"行密大驚曰："汝兄貴矣，吾今歸汝，可乎？"賨不對。他日又問之，賨謝曰："臣，孫儒敗卒也，幸公待以不死，非殺身不足報。湖南鄰境，朝夕聞殷動静足矣，不願去也。"行密歎曰："昔吾愛子之貌，今吾得子之心矣。然勉爲吾合二國之懽，通商賈、易有無以相資，亦所以報我也！"乃厚禮遣賨歸。殷大喜，表賨節度副使。[2]

　　[1]指揮使：官名。唐末、五代軍隊多置都指揮使、指揮使，爲統兵將領。品秩不詳。

　　[2]節度副使：官名。唐、五代方鎮屬官。位在行軍司馬之下、判官之上。品秩不詳。

　　行密遣將劉存等攻杜洪，圍鄂州，[1]殷遣秦彦暉、許德勳以舟兵救之，[2]已而杜洪敗死，存等遂攻殷。殷遣彦暉拒於上流，偏將黄璠以舟三百伏瀏陽口。[3]存等屢戰不勝，乃致書於殷以求和，殷欲許之，彥暉曰："淮人多詐，將怠我師，不可信。"急擊之，存等退走，黃璠以瀏陽舟截江合擊，大敗之，劉存及陳知新戰死，[4]彥暉取岳州。[5]

[1]劉存：人名。籍貫不詳。唐末、五代藩鎮將領。事見《舊五代史》卷二〇。　杜洪：人名。江夏（今湖北武漢市）人。伶人出身，唐末、五代軍閥。傳見《新唐書》卷一九〇、《舊五代史》卷一七。　鄂州：州名。治所在今湖北武漢市。

[2]許德勳：人名。籍貫不詳。五代十國楚國將領。事見本書本卷。

[3]黃璠：人名。籍貫不詳。五代十國楚國將領。事見本書本卷。　瀏陽口：地名。又作瀏口。位於今湖南長沙市北瀏陽河入湘江口之地。

[4]陳知新：人名。籍貫不詳。唐末、五代藩鎮將領。事見本書本卷。據中華點校本考，本書卷六一、《通鑑》卷二六六載二人皆戰敗被俘而遭處死。

[5]岳州：州名。治所在今湖南岳陽市。

梁太祖即位，[1]殷遣使脩貢，太祖拜殷侍中兼中書令，[2]封楚王。

[1]梁太祖：即朱溫。宋州碭山（今安徽碭山縣）人。五代後梁開國皇帝。紀見《舊五代史》卷一至卷七、本書卷一至卷二。

[2]侍中：官名。秦始置。隋、唐前期爲門下省長官；唐後期多爲大臣加銜，不參與政務，實際職務由門下侍郎執行。正二品。　中書令：官名。漢代始置，隋、唐前期爲中書省長官，屬宰相之職；唐後期多爲授予元勛大臣的虛銜。正二品。

荆南高季昌以兵斷漢口，[1]邀殷貢使，殷遣許德勳攻其沙頭，季昌求和，乃止。楊行密袁州刺史吕師周來奔。[2]師周，勇健豪俠，頗通緯候、兵書，自言三世將家，懼不能免，常與酒徒聚飲，醉則起舞，悲歌慷慨泣下。[3]行密聞之，疑其有異志，使人察其動靜。師周益懼，謂其裨將綦毋章曰："吾與楚人爲敵境，吾常望其營上雲氣甚佳，未易敗也。吾聞馬公仁者，待士有禮，吾欲逃死於楚，可乎？"[4]章曰："公自圖之，章舌可斷，語不泄也。"師周以兵獵境上，乃奔於楚，綦毋章縱其家屬隨之。殷聞師周至，大喜曰："吾方南圖嶺表，而得此人足矣。"以爲馬步軍都指揮使，率兵攻嶺南，取昭、賀、梧、蒙、龔、富等州。[5]殷表師周昭州刺史。

　　[1]高季昌：人名。後改高季興。陝州硤石（今河南三門峽市）人。五代十國南平（荆南）開國君主。傳見《舊五代史》卷一三三、本書卷六九。　漢口：地名。位於今湖北武漢市。
　　[2]袁州：州名。治所在今江西宜春市袁州區。　吕師周：人名。揚州（今江蘇揚州市）人。五代十國藩鎮將領。事見本書本卷。
　　[3]自言三世將家："三世"，原作"五世"，中華點校本據浙江本、宗文本改。今從。
　　[4]綦毋章：人名。籍貫不詳。五代十國藩鎮將領。本書僅此一見。
　　[5]昭：州名。治所在今廣西平樂縣。　賀：州名。治所在今廣西賀州市。　梧：州名。治所在今廣西梧州市。　蒙：州名。治所在今廣西蒙山縣。　龔：州名。治所在今廣西平南縣。　富：州名。治所在今廣西昭平縣。

朗州雷彥恭召吳人攻平江，[1]許德勳擊敗之。殷遣秦彥暉攻朗州，彥恭奔於吳，執其弟彥雄等七人送于梁。於是澧州向瓌、辰州宋鄴、漵州昌師益等率溪洞諸蠻皆附于殷。[2]殷請升朗州爲永順軍，[3]表張佶節度使。[4]殷乃請依唐太宗故事，開天册府，置官屬。[5]太祖拜殷天册上將軍，殷以其弟賓爲左相，存爲右相，廖光圖等十八人爲學士。末帝時，[6]加殷武安、武昌、静江、寧遠等軍節度使，[7]洪鄂四面行營都統。[8]

[1]朗州：州名。治所在今湖南常德市。　雷彥恭：人名。朗州武陵（今湖南常德市）洞蠻後裔，唐末、五代軍閥。事見《舊五代史》卷一三三。　平江：水名。又稱平固江、平川。位於今贛江上游貢水右岸之支流。

[2]澧州：州名。治所在今湖南澧縣。　向瓌：人名。籍貫不詳。五代十國藩鎮軍閥。事見本書本卷。　辰州：州名。治所在今湖南沅陵縣。　宋鄴：人名。辰州部族首領。本書僅此一見。　漵州：據中華點校本考，《通鑑》卷二六七《考異》引《湖湘故事》作"叙州"。朱孝誠墓碑（拓片刊《北京圖書館藏中國歷代石刻拓本匯編》第三十册）亦作"叙州"。叙州治所在今湖南懷化市洪江區。　昌師益：人名。籍貫不詳。五代十國藩鎮軍閥。本書僅此一見。

[3]永順軍：方鎮名。治所在朗州（今湖南常德市）。

[4]張佶：人名。長安（今陝西西安市）人。五代十國藩鎮將領。傳見《舊五代史》卷一七。

[5]唐太宗：即李世民，隴西成紀（今甘肅秦安縣）人。626年至649年在位。通過"玄武門之變"掌權，開創史稱"貞觀之治"的歷史時期。紀見《舊唐書》卷二、卷三及《新唐書》卷二。

天册府：官署名。即"天策府"。唐武德四年（621）唐高祖李淵因李世民功高而爲其專設，位在王公之上，可自置官署。武德九年（626）廢。

[6]末帝：即後梁末帝朱友貞，朱温第四子，殺其兄朱友珪而自立。爲李存勖大軍包圍後自殺身死，後梁由是滅亡。紀見《舊五代史》卷八至卷一〇、本書卷三。

[7]武安：方鎮名。治所在潭州（今湖南長沙市）。按，底本原闕"武安"，中華點校本據南監本、《通鑑》卷二六八補。宗文本作"民安"，當爲"武安"之誤。今從。另《通鑑》卷二六八繫其事於乾化二年（912）四月。　武昌：方鎮名。治所在鄂州（今湖北武漢市）。　静江：方鎮名。治所在桂州（今廣西桂林市）。　寧遠：方鎮名。治所在容州（今廣西北流市）。

[8]行營都統：官名。唐末設諸道行營都統，作爲各道出征兵士的統帥。品秩不詳。

　　唐莊宗滅梁，[1]殷遣其子希範脩貢京師，上梁所授都統印。莊宗問洞廷廣狹，希範對曰："車駕南巡，才堪飲馬爾。"莊宗嘉之。莊宗平蜀，殷大懼，表求致仕，莊宗下璽書慰勞之。明宗即位，[2]遣使脩貢，并賀明年正月，荆南高季昌執其貢使史光憲。[3]殷遣袁詮、王環等攻之，[4]至其城下，季昌求和，乃止。

[1]唐莊宗：即李存勖，小字亞子，沙陀族，太原（今山西太原市）人。李克用之子，五代後唐開國皇帝。紀見《舊五代史》卷二七至卷三四、本書卷四至卷五。

[2]明宗：即五代後唐明宗李嗣源。沙陀族。原名邈佶烈，李克用養子。926年至933年在位。紀見《舊五代史》卷三五至卷四四、本書卷六。

[3]史光憲：人名。籍貫不詳。五代十國藩鎮官員。本書僅此一見。

　　[4]袁詮：人名。籍貫不詳。五代十國藩鎮將領。本書僅此一見。　王環：人名。籍貫不詳。五代十國藩鎮將領。本書僅此一見。

　　殷初兵力尚寡，與楊行密、成汭、劉龑等爲敵國，[1]殷患之，問策於其將高郁，[2]郁曰："成汭地狹兵寡，不足爲吾患，而劉龑志在五管而已，楊行密、孫儒之仇，雖以萬金交之，不能得其懽心。然尊王仗順，霸者之業也，今宜内奉朝廷以求封爵而外誇鄰敵，然後退脩兵農，畜力而有待爾。"於是殷始修貢京師，然歲貢不過所產茶茗而已。乃自京師至襄、唐、郢、復等州置邸務以賣茶，[3]其利十倍。郁又諷殷鑄鉛鐵錢，以十當銅錢一。又令民自造茶以通商旅，而收其算，歲入萬計。由是地大力完，數邀封爵。

　　[1]成汭：人名。淮西（今安徽江淮地區）人。唐末、五代軍閥。傳見《新唐書》卷一九〇、《舊五代史》卷一七。　劉龑：初名劉陟。上蔡（今河南上蔡縣）人。五代十國南漢君主。傳見《舊五代史》卷一三五、本書卷六五。

　　[2]高郁：人名。揚州（今江蘇揚州市）人。五代十國楚國大臣。善於理財，深爲馬殷所重。後爲馬希聲所殺。事見《舊五代史》卷一三三及本書本卷。

　　[3]襄：州名。治所在今湖北襄陽市。　唐：州名。治所在今河南唐河縣。　郢：州名。治所在今湖北鍾祥市。　復：州名。治所在今湖北天門市。

天成二年，[1]請建行臺。明宗封殷楚國王，有司言無封國王禮，請如三公用竹册，乃遣尚書右丞李序持節以竹册封之。[2]殷以潭州爲長沙府，建國承制，自置官屬，以其弟賨爲静江軍節度使，子希振武順軍節度使，次子希聲判内外諸軍事，姚彦章爲左相，許德勳爲右相，李鐸爲司徒，[3]崔穎爲司空，[4]拓拔常爲僕射，[5]馬珙爲尚書，[6]文武皆進位。謚其曾祖筠曰文肅、祖正曰莊穆、父元豐曰景莊，立三廟于長沙。長興元年，[7]殷卒，年七十九，詔曰"馬殷官爵俱高，無以爲贈，謚曰武穆"而已。子希聲立。

[1]天成：五代後唐明宗李嗣源年號（926—930）。

[2]尚書右丞：官名。尚書省佐貳官。唐中期以後，與尚書左丞實際主持尚書省日常政務，權任甚重。正四品上。　李序：人名。籍貫不詳。五代大臣。本書僅此一見。

[3]李鐸：人名。籍貫不詳。五代十國楚國官員。事見本書本卷。　司徒：官名。與太尉、司空並爲三公，唐後期、五代多爲大臣、勳貴加官。正一品。

[4]崔穎：人名。籍貫不詳。五代十國楚國官員。事見本書本卷。　司空：官名。與司徒、太尉並爲三公，唐後期、五代多爲大臣、勳貴加官。正一品。

[5]拓拔常：人名。籍貫不詳。五代十國楚國官員。沉毅有謀，直言敢諫。事見本書本卷。　僕射：官名。秦始置。隋、唐前期以左、右僕射佐尚書令總理六官，綱紀庶務，如不置尚書令，則總判省事，爲宰相之職。唐後期多爲大臣加銜。從二品。

[6]馬珙：人名。籍貫不詳。五代十國楚國官員。事見本書本卷。　尚書：官名。戰國始設，歷代相沿，至隋唐時六部長官皆稱

尚書。正三品。

[7]長興：五代後唐明宗李嗣源年號（930—933）。

希聲，字若訥，殷次子也。殷建國，以希聲判內外諸軍事。荆南高季昌聞殷將高郁素教殷以計策而楚以彊，患之，嘗使諜者行間於殷，殷不聽。希聲用事，諜者語希聲曰："季昌聞楚用高郁，大喜，以爲亡馬氏者必郁也。"希聲素愚，以爲然，遽奪郁兵職，郁怒曰："吾事君王久矣，亟營西山，將老焉，犬子漸大，能咋人矣！"希聲聞之，矯殷令殺郁。殷老不復省事，莫知郁死，是日大霧四塞，殷怪之，語左右曰："吾嘗從孫儒，每殺不辜，天必大霧，豈馬步獄有冤死乎？"[1]明日，吏以狀白，殷拊膺大哭曰："吾荒耄如此，而殺吾勳舊！"顧左右曰："吾亦不久於此矣！"明年殷薨。

[1]馬步獄：刑獄名。五代諸州設馬步獄，又稱馬步院。負責司法審判，量刑定罪。

希聲立，授武安、靜江等軍節度使。希聲嘗聞梁太祖好食雞，慕之，乃日烹五十雞以供膳。葬殷上潢，[1]希聲不哭泣，頓食雞肉數器而起，其禮部侍郎潘起譏之曰："昔阮籍居喪而食蒸豚，世豈乏賢邪！"[2]長興三年，希聲卒，追封衡陽王。弟希範立。

[1]上潢：地名。位於今湖南衡陽市。
[2]禮部侍郎：官名。尚書省禮部次官。協助禮部尚書掌禮儀、

祭享、貢舉之政。正四品下。　潘起：人名。籍貫不詳。五代十國楚國官員。本書僅此一見。　阮籍：人名。字嗣宗，陳留（今河南開封市陳留鎮）人。三國魏國詩人，竹林七賢之一。哲學上崇尚老莊，政治上明哲保身，生活上不拘常節。傳見《晉書》卷四九。

希範，字寶規，殷第四子也。殷子十餘人，嫡子希振長而賢，其次希聲與希範同日生，而希聲母袁夫人有美色，希聲以母寵得立，而希振棄官爲道士，居于家。希聲卒，而希範以次立，襲殷官爵，封楚王。清泰二年，[1]賜以弓矢冠劍。天福四年，[2]加希範天册上將軍，開府承制如殷故事。

[1]清泰：五代後唐末帝李從珂年號（934—936）。
[2]天福：五代後晉高祖石敬瑭年號（936—942），出帝石重貴沿用至天福九年（944）。

希範好學，善詩，文士廖光圖、徐仲雅、李皋、拓拔常等十八人皆故殷時學士，[1]希範性奢侈，光圖等皆薄徒，飲博懽呼，獨常沉厚長者，上書切諫，光圖等惡之。

[1]廖光圖：人名。籍貫不詳。五代十國楚國官員。事見本書本卷。　徐仲雅：人名。長沙（今湖南長沙市）人。五代十國楚國官員。事見《宋史》卷四八三。　李皋：人名。籍貫不詳。五代十國楚國官員。事見本書本卷。

襄州安從進、安州李金全叛，[1]晉高祖詔希範出兵。[2]希範遣張少敵以舟兵趨漢陽,[3]漕米五萬斛以饋軍,金全等敗,少敵乃旋。

[1]安從進：人名。五代藩鎮軍閥。傳見《舊五代史》卷九八、本書卷五一。　安州：州名。治所在今湖北安陸市。　李金全：人名。吐谷渾族，早年爲李嗣源奴僕，驍勇善戰，因功升遷。後晉時封安遠軍節度使，後投奔南唐。傳見《舊五代史》卷九七、本書卷四八。

[2]晉高祖：即石敬瑭。沙陀族。太原（今山西太原市）人。五代後晉開國君主。紀見《舊五代史》卷七五至卷八〇、本書卷八。

[3]張少敵：人名。籍貫不詳。五代十國藩鎮將領。本書僅此一見。　漢陽：縣名。治所在今湖北武漢市漢陽區。

溪州刺史彭士然率錦、獎諸蠻攻澧州,[1]希範遣劉勍、劉全明等以步卒五千擊之，士然大敗。勍等攻溪州，士然走獎州，遣其子師暠率諸蠻酋降于勍。[2]溪州西接牂柯、兩林,[3]南通桂林、象郡,[4]希範乃立銅柱以爲表，命學士李皋銘之。於是，南寧州酋長莫彦殊率其本部十八州、都雲酋長尹懷昌率其昆明等十二部、牂柯張萬濬率其夷、播等七州皆附於希範。[5]

[1]溪州：州名。治所在今湖南永順縣。　彭士然：據中華點校本考，《舊五代史》卷七八《晉高祖紀四》、卷七九《晉高祖紀五》、卷一三三《馬希范傳》、《宋史》卷四九三《西南溪峒諸蠻傳上》、《通鑑》卷二八二、溪州銅柱銘文（拓片藏上海博物館）皆作"彭士愁"。　錦：州名。治所在今湖南麻陽縣。　獎：州名。

治所在今湖南新晃縣。

［2］劉勍：人名。籍貫不詳。五代十國藩鎮將領。事見本書本卷。　劉全明：人名。籍貫不詳。五代十國藩鎮將領。事見本書本卷。　師晷：據中華點校本考，溪州銅柱銘文作"師杲"。

［3］牂柯：古部族名。一作牂牁、牂舸。分布於今貴州東部地區。事見《新唐書》卷四三下、卷二二二下。　兩林：古部族名。分布於今四川西昌市一帶。

［4］桂林：地名。位於今廣西桂林市。　象郡：古郡名。治所在今廣西崇左縣，一説在今越南廣南濰川南茶蕎地方。

［5］南寧州：州名。治所在今雲南曲靖市。　莫彦殊：人名。籍貫不詳。五代十國南方少數民族首領。本書僅此一見。　都雲：或爲五代西南少數民族部族名。　尹懷昌：人名。籍貫不詳。五代十國南方少數民族首領。本書僅此一見。　張萬濬：人名。籍貫不詳。五代十國南方少數民族首領。本書僅此一見。

　　希範作會春園、嘉宴堂，其費鉅萬，始加賦於國中，拓拔常切諫以爲不可。希範又作九龍殿，以八龍繞柱，自言身一龍也。是時，契丹滅晋，[1]中國大亂，希範牙將丁思覲廷諫希範曰：[2]"先王起卒伍，以攻戰而得此州，倚朝廷以制鄰敵，傳國三世，有地數千里，養兵十萬人。今天子囚辱，中國無主，真霸者立功之時。誠能悉國之兵出荆、襄以趨京師，倡義於天下，此桓、文之業也。[3]奈何耗國用而窮土木，爲兒女之樂乎？"希範謝之，思覲瞋目視希範曰："孺子終不可教也！"乃扼喉而死。開運四年，[4]希範卒，年四十九，謚曰文昭。希廣立。

[1]契丹：古部族、政權名。公元4世紀中葉宇文部爲前燕攻破，始分離而成單獨的部落，自號契丹。唐貞觀中，置松漠都督府，以其首領爲都督。唐末彊盛，916年迭剌部耶律阿保機建立契丹國（遼）。先後與五代、北宋並立，保大五年（1125）爲金所滅。參見張正明《契丹史略》，中華書局1979年版。

[2]丁思覲：據中華點校本考，《通鑑》卷二八五作"丁思瑾"，《五代史補》卷三作"丁思僅"。

[3]今天子囚辱："今"字原闕，中華點校本據浙江本、宗文本補。今從。

[4]開運：五代後晉出帝石重貴年號（944—946）。

希廣，字德丕，希範同母弟也。希範平生惡拓拔常諫諍，常入謁，希範呼閽者指常曰："吾不欲見此人，勿復内也。"乃謝絶之。及卧病，始思常言，以爲忠，召之託以希廣。希範卒，常數勸希廣以位奉其兄希萼，希廣不從。

希萼爲朗州節度使，希範之卒，希萼自朗州來奔喪。希廣將劉彦瑫謀曰：[1]"武陵之來，[2]其意不善，宜出兵迎之，以備非常，使其解甲釋兵而後入。"張少敵、周廷誨曰：[3]"王能與之則已，不然宜早除之。"希廣泣曰："吾兄也，焉忍殺之，分國而治可也。"乃以兵迎希萼於硪石，[4]止之於碧湘宫，厚賂以遣之。希萼憤然而去，乃遣使詣京師求封爵，請置邸稱藩。漢隱帝不許，[5]降璽書慰勞講解之。希萼怒，送款於李景，[6]舉兵攻長沙。希廣遣劉彦瑫、許可瓊等禦之。[7]

[1]劉彦瑫：人名。籍貫不詳。五代十國藩鎮將領。事見本書

本卷。

[2]武陵：縣名。治所在今湖南常德市武陵區。

[3]周廷誨：人名。籍貫不詳。五代十國藩鎮將領。事見本書本卷。

[4]砆（fū）石：地名。位於今湖南岳陽市。

[5]漢隱帝：即劉承祐。沙陀族。五代後漢末代君主。紀見《舊五代史》卷一〇一至卷一〇三、本書卷一〇。

[6]李景：即南唐元宗李璟。徐州（今江蘇徐州市）人。南唐烈祖李昇長子，南唐第二位皇帝。後削去帝號，改稱國主。傳見《舊五代史》卷一三四、本書卷六二。

[7]許可瓊：人名。蔡州朗山（今河南確山縣）人。五代十國藩鎮將領。事見本書本傳。

彥瑫敗希萼於僕射洲。[1]希萼去，誘溪洞諸蠻寇益陽。[2]希廣遣崔洪璉以步卒七千屯湘鄉玉潭以遏諸蠻。[3]劉彥瑫以舟兵趨武陵，攻希萼。彥瑫敗於湄洲，[4]希廣大懼，遣使請兵於京師，漢隱帝不能出師。希萼舟兵沿江而上，自號"順天將軍"，攻岳州，刺史王贇堅城不戰，[5]希萼呼贇曰："吾昔約君同行，今何異心乎？"贇曰："君王兄弟不相容，而責將吏異心乎？願君王入長沙，不傷同氣，臣不敢不盡節。"希萼引兵去，下湘鄉，止長沙，屯水西。劉彥瑫、許可瓊屯水東。

[1]僕射洲：地名。位於今湖南長沙市西湘江中。

[2]溪洞：亦作"溪峒"。中國古代對南方少數民族的泛稱。

益陽：縣名。治所在今湖南益陽市。

[3]崔洪璉：原作"崔琪璉"，中華點校本據浙江本、宗文本、

《通鑑》卷二八九、馬令《南唐書》卷二九改。今從。

[4]湄洲：地名。亦作眉洲。位於今湖南漢壽縣西。

[5]王贇：人名。籍貫不詳。五代十國藩鎮將領。本書僅此一見。

　　彭師暠登城望水西軍，[1]入白希廣曰："武陵兵驕，雜以蠻蜑，其勢易破。請令可瓊等陣山前，臣以步兵三千自巴溪渡江趨岳麓，[2]候夜擊之。"希廣以爲可，而可瓊已陰送款於希萼，遂沮其議。明日，師暠詣可瓊計事，瞋目叱之曰："視汝反文在面，豈欲投賊乎！"[3]拂衣而出，急白希廣，請殺之，希廣不聽。希萼攻長樂門，牙將吳宏、楊滌戰于門中，[4]希萼少衄，已而許可瓊奔于希萼，宏、滌聞之皆潰。

[1]彭師暠：人名。籍貫不詳。五代十國藩鎮將領。事見本書本卷。

[2]巴溪：水名。位於今湖南長沙市西南。　岳麓：山名。位於今湖南長沙市西。

[3]反文在面：原作"文不在面"，中華點校本據浙江本、宗文本、《九國志》卷一一改。今從。

[4]吳宏：人名。籍貫不詳。五代十國藩鎮將領。本書僅此一見。　楊滌：人名。籍貫不詳。五代十國藩鎮將領。本書僅此一見。

　　希廣率妻子匿于慈堂。明日，擒之。希萼見之惻然，曰："此鈍夫也，豈能爲惡？左右惑之爾。"顧其下曰："吾欲活之，如何？"其下皆不對，遂縊死之。

乾祐三年,[1]希萼自立。明年,漢隱帝崩,京師大亂,希萼遂臣於李景,景册封希萼楚王,希萼悉以軍政事任其弟希崇。希崇與楚舊將徐威、陸孟俊、魯綰等謀作亂。[2]希萼置酒端陽門,希崇辭以疾,威等縱惡馬十餘匹,以壯士執樞隨之,突入其府,劫庫兵,縛希萼,迎希崇以立。[3]希崇遣彭師暠、廖偃囚希萼於衡山,[4]師暠奉希萼爲衡山王,臣於李景。希崇懼,亦請命於景。景遣邊鎬入楚,[5]盡遷馬氏之族于金陵,時周廣順元年也。[6]封希萼楚王,居洪州;希崇領舒州節度使,居楊州。[7]

[1]乾祐:五代後漢高祖劉知遠及隱帝劉承祐年號(948—950)。

[2]徐威:人名。籍貫不詳。五代十國藩鎮將領。本書僅此一見。　陸孟俊:人名。籍貫不詳。五代十國藩鎮將領。本書僅此一見。　魯綰:人名。籍貫不詳。五代十國藩鎮將領。本書僅此一見。

[3]劫庫兵:"庫",原作"軍",中華點校本據浙江本、宗文本改。今從。

[4]廖偃:人名。籍貫不詳。五代十國藩鎮將領。本書僅此一見。　衡山:山名。即中國"五嶽"之一的"南嶽"衡山。

[5]邊鎬:人名。升州(今江蘇南京市江寧區)人。五代十國藩鎮將領。事見本書卷六二及本卷。

[6]廣順:後周太祖郭威年號(951—953)。

[7]洪州:州名。治所在今江西南昌市。　舒州:州名。治所在今安徽潛山縣。

顯德三年，[1]世宗征淮，[2]下楊州，下詔撫安馬氏子孫。已而楊州復入于景，希崇率其兄弟十七人歸京師，拜右羽林統軍，[3]希能左屯衛大將軍，[4]希貫右千牛衛大將軍，[5]希隱、希濬、希知、希朗皆爲節度行軍司馬。

［１］顯德：五代後周太祖郭威年號（954）。世宗柴榮、恭帝柴宗訓沿用（954—960）。

［２］世宗：即柴榮。邢州龍岡（今河北邢臺市）人。郭威養子，五代後周君主。紀見《舊五代史》卷一一四、本書卷一二。

［３］右羽林統軍：據中華點校本考，《舊五代史》卷一一六《周世宗紀三》、《册府》卷一六七作"左羽林統軍"。右羽林統軍，官名。唐代右羽林軍統兵官。唐置六軍，分左、右羽林，左、右龍武，左、右神武等，即"北衙六軍"。興元元年（784），六軍各置統軍，以寵功勳臣。其品秩，《唐會要》卷七一、《舊唐書》卷一二記載爲"從二品"，《通鑑》卷二二九記載爲"從三品"。

［４］左屯衛大將軍：官名。唐代置十六衛，至五代後周避郭威諱，左右威衛改左右屯衛。掌宮禁宿衛。正三品。

［５］右千牛衛大將軍：官名。有左右千牛衛大將軍。掌宮禁宿衛。正三品。

劉言

劉言，吉州廬陵人也。[1]王進逵，[2]武陵人也。言，初事刺史彭玕，[3]從玕奔楚，言事希範爲辰州刺史。進逵少爲靜江軍卒，事希萼爲指揮使。

［１］廬陵：縣名。治所在今江西吉安市。

［２］王進逵：人名。即王逵。武陵（今湖南常德市）人，五代

十國武平節度使。事見《舊五代史》卷一三三、本書卷六六。

[3]彭玕：人名。今江西吉水縣人。唐末、五代地方豪强。信州：州名。治所在今江西上饒市信州區。

希萼攻希廣，以進逵爲先鋒，陷長沙。長沙遭亂殘毀，希萼使進逵以靜江兵營緝之，兵皆愁怨，進逵因擁之，夜以長柯巨斧斫關，奔歸武陵。希萼方醉，不能省，明日遣將唐翥追之，[1]及于武陵，翥戰大敗而還。進逵乃逐出留後馬光惠，[2]迎言於辰州以爲帥，進逵自爲副。已而希萼將徐威等作亂，縛希萼，而立希崇，湖南大亂。李景遣邊鎬入楚，遷馬氏于金陵，因并召言。言不從，遣進逵與行軍司馬何景真等攻鎬於長沙，[3]鎬敗走。

[1]唐翥：人名。籍貫不詳。五代十國藩鎮將領。事見本書本卷。

[2]馬光惠：人名。籍貫不詳。五代十國藩鎮將領。事見本書本卷。

[3]何景真：人名。籍貫不詳。五代十國藩鎮將領。事見本書本卷。

周廣順三年，言奉表京師，以邀封爵。又言長沙殘破，不可居，請移治所於武陵。周太祖皆從之，乃升朗州爲武平軍，[1]在武安軍上，以言爲節度使，因以武安授進逵，進逵自以言己所迎立，不爲之下。言患之，二人始有隙，欲相圖。進逵謀曰："言將可用者不過何景真、朱全琇爾,[2]召而殺之,言可取也。"是時,劉晟取楚梧、桂、宜、蒙等州,進逵因白言召景真等會兵攻晟。言信之,遣景真、全琇往,至皆見殺,乃舉兵襲武陵,執言殺之,奉表京師,周太祖即以進逵爲武平軍節度使。

[1]武平軍:方鎮名。治所在朗州(今湖南常德市)。
[2]朱全琇:人名。籍貫不詳。五代十國藩鎮將領。事見本書本卷。

世宗征淮南,授進逵南面行營都統。進逵攻鄂州,過岳州,岳州刺史潘叔嗣,[1]進逵故時同列,待進逵甚謹。進逵左右就叔嗣求賂,叔嗣不與,左右讒其短,進逵面罵之,叔嗣慙恨,語其下曰:"進逵戰勝而還,吾無遺類矣。"進逵入鄂州,方攻下長山,[2]叔嗣以兵襲武陵。進逵聞之,輕舟而歸,與叔嗣戰武陵城外,進逵敗,見殺。

[1]潘叔嗣:人名。籍貫不詳。五代十國藩鎮軍閥。後爲周行逢所殺。事見《舊五代史》卷一一六及本書本卷。
[2]長山:地名。位於今湖北丹江口市西南。

周行逢　子保權

周行逢,武陵人也。與王進逵俱爲静江軍卒,事希萼爲軍校。進逵攻邊鎬,行逢別破益陽,殺李景兵二千餘人,擒其將李建期。[1]進逵爲武安軍節度使,拜行逢集州刺史，[2]爲進逵行軍司馬。進逵與劉言有隙，行逢爲畫謀策襲殺言。進逵據武陵，行逢據潭州。

[1]李建期：人名。籍貫不詳。五代十國藩鎮將領。本書僅此一見。

[2]集州：州名。治所在今四川南江縣。

顯德元年，拜行逢武清軍節度使，權知潭州軍府事。潘叔嗣殺進逵，或勸其入武陵，叔嗣曰："吾殺進逵，救死而已，武陵非吾利也。"乃還岳州，遣其客將李簡率武陵人迎行逢於潭州。[1]行逢入武陵，或請以潭州與叔嗣，行逢曰："叔嗣殺主帥，罪當死，以其迎我，未忍殺爾。若與武安，是吾使之殺王公也。"召以爲行軍司馬。叔嗣怒，稱疾不至，行逢怒曰："是又欲殺我矣！"乃陽以武安與之，召使至府受命，至則殺之。

[1]客將：官名。亦稱典客。唐末、五代藩鎮負責接待使節、賓客、出使等外交職責的武官。品秩不詳。詳見吳麗娛《試論晚唐五代的客將、客司與客省》，《中國史研究》2002年第4期。　李簡：人名。籍貫不詳。唐末、五代軍閥。事見本書本卷。

行逢，故武陵農家子，少貧賤，無行，多慷慨大言。及居武陵，能儉約自勉勵，而性勇敢，果於殺戮，麾下將吏素恃功驕慢者，一以法繩之。大將十餘人謀爲亂，行逢召宴諸將，酒半，以壯士擒下斬之，一境皆畏服。民過無大小皆死，夫人嚴氏諫曰："人情有善惡，安得一概殺之乎！"行逢怒曰："此外事，婦人何知！"嚴氏不悦，紿曰："家田佃户，以公貴，頗不力農，多恃勢以侵民，請往視之。"至則營居以老，歲時衣青裙押佃户送租入城。行逢往就見之，勞曰："吾貴矣，夫人何自苦邪！"嚴氏曰："公思作户長時乎？民租後時，常苦鞭扑，今貴矣，宜先期以率衆，安得遂忘壠畝間乎！"行逢彊邀之，以羣妾擁升肩輿，嚴氏卒無留意，因曰："公用法太嚴而失人心，所以不欲留者，一旦禍起，田野間易爲逃死爾。"行逢爲少損。

建隆三年，[1]行逢病，召其將吏，以其子保權屬之曰："吾起隴畝爲團兵，同時十人，皆以誅死，惟衡州刺史張文表獨存，[2]然常怏怏不得行軍司馬。吾死，文表必叛，當以楊師璠討之。如其不能，則嬰城勿戰，自歸於朝廷。"

[1]建隆：宋太祖趙匡胤年號（960—963）。
[2]張文表：人名。朗州武陵（今湖南常德市武陵區）人。五代藩鎮軍閥。事見《宋史》卷四八三。

行逢卒，子保權立。文表聞之，怒曰："行逢與我起微賤而立功名，今日安能北面事小兒乎！"遂舉兵叛，攻下潭州。保權乞師於朝廷，亦命楊師璠討文表，[1]告以先人之言，感激涕泣，師璠亦泣，顧其軍曰："汝見郎君乎？年未成人而賢若此。"軍士奮然，皆思自效。師璠至平津亭，文表出戰，大敗之。初，保權之乞師也，太祖皇帝遣慕容延釗討文表，[2]未至而文表爲師璠所執。延釗兵入朗州，保權舉族朝于京師，其後事具國史。殷自唐乾寧三年入湖南，至周廣順元年，凡五十七年，餘具《年譜》注。

　　[1]楊師璠：人名。籍貫不詳。五代十國藩鎮將領。事見本書本卷。
　　[2]慕容延釗：人名。太原（今山西太原市）人。五代、北宋將領。傳見《宋史》卷二五一。

新五代史　卷六七

吴越世家第七

錢鏐　子元瓘　元瓘子佐　佐弟俶

　　錢鏐，字具美，杭州臨安人也。臨安里中有大木，鏐幼時與群兒戲木下，鏐坐大石指麾群兒爲隊伍，號令頗有法，群兒皆憚之。及壯，無賴，不喜事生業，以販鹽爲盜。

　　縣録事鍾起有子數人，與鏐飲博，起從嘗禁其諸子，諸子多竊從之遊。[1]豫章人有善術者，望牛斗間有王氣。牛斗，錢塘分也，因遊錢塘。[2]占之在臨安，乃之臨安，以相法隱市中，陰求其人。起與術者善，術者私謂起曰："占君縣有貴人，求之市中不可得，視君之相貴矣，然不足當之。"起乃爲置酒，悉召賢豪爲會，陰令術者遍視之，皆不足當。術者過起家，鏐適從外來，見起，反走，術者望見之，大驚曰："此真貴人也！"起笑曰："此吾旁舍錢生爾。"術者召鏐至，熟視之，顧起曰："君之貴者，因此人也。"乃慰鏐曰："子骨法非常，願自愛！"因與起訣曰："吾求其人者，非有所欲也，直欲質吾術爾。"明日乃去。起始縱其子等與鏐遊，時時貸其窮乏。

［1］縣録事：官名。漢代始設，唐代復於縣主簿下置。品秩不詳。　鍾起：人名。籍貫不詳。五代十國地方官吏。事見本書本卷。

［2］豫章：地名。今江西南昌市别稱。　牛斗：指中國古代天文學"二十八宿"中的牛宿和斗宿。牛宿，有六星，亦稱"牽牛"；斗宿，有六星，亦稱"南斗"。

鏐善射與槊，稍通圖緯諸書。唐乾符二年，浙西裨將王郢作亂，石鑑鎮將董昌募鄉兵討賊，表鏐偏將，擊郢破之。[1]是時，黄巢衆已數千，攻掠浙東，至臨安，鏐曰："今鎮兵少而賊兵多，難以力禦，宜出奇兵邀之。"[2]乃與勁卒二十人伏山谷中，巢先鋒度險皆單騎，鏐伏弩射殺其將，巢兵亂，鏐引勁卒蹂之，斬首數百級。鏐曰："此可一用爾，大衆至何可敵邪！"乃引兵趨八百里，八百里，地名也，告道旁嫗曰："後有問者，告曰：'臨安兵屯八百里矣'"。巢衆至，聞嫗語，不知其地名，曰："嚮十餘卒不可敵，況八百里乎！"遂急引兵過。都統高駢聞巢不敢犯臨安，壯之，召董昌與鏐俱至廣陵。[3]久之，駢無討賊意，昌等不見用，辭還，駢表昌杭州刺史。[4]是時，天下已亂，昌乃團諸縣兵爲八都，以鏐爲都指揮使，成及爲靖江都將。[5]

[1]乾符：唐僖宗李儇年號（874—879）。 裨將：指副將。王郢：人名。籍貫不詳。五代十國方鎮將領。事見本書本卷。 石鑑：即石境山。在今浙江臨安市南。宋避太祖之祖趙敬諱，改稱石鑑山。 董昌：人名。杭州臨安（今浙江杭州市）人。五代十國方鎮將領。傳見《新唐書》卷二二五下。 偏將：官名。唐末、五代軍中將領。品秩不詳。

[2]黄巢：人名。曹州冤句（今山東菏澤市）人。唐末農民起義領袖。傳見《舊唐書》卷二〇〇下、《新唐書》卷二二五下。

[3]都統：官名。南北朝時期前秦始設之武官，掌領兵作戰。品秩不詳。 高駢：人名。幽州（今北京）人。唐末軍閥。傳見《舊唐書》卷一八二、《新唐書》卷二二四下。 廣陵：縣名。在今江蘇揚州市。

[4]刺史：官名。州一級行政長官。漢武帝時始置，總掌考核官吏、勸課農桑、地方教化等事。唐中期以後，節度使、觀察使轄州而設，刺史爲其屬官，職任漸輕。從三品至正四品下。

[5]都指揮使：官名。唐末五代軍隊多置都指揮使、指揮使，爲統兵將領。品秩不詳。 成及：人名。籍貫不詳。錢鏐麾下將領。事見本書本卷。 靖江：地名。位於今江蘇靖江市。 都將：官名。唐五代時節度使屬將。品秩不詳。

中和二年，越州觀察使劉漢宏與昌有隙，漢宏遣其弟漢宥、都虞候辛約屯兵西陵。[1]鏐率八都兵渡江，竊敵軍號，[2]斫其營，營中驚擾，因焚之，漢宥等皆走。漢宏復遣將黄珪、何肅屯諸暨、蕭山，[3]鏐皆攻破之。與漢宏遇，戰，大敗之，殺何肅、辛約。漢宏易服持膾刀以遯，追者及之，漢宏曰：“我宰夫也。”舉刀示之，乃免。

[1]中和：唐僖宗李儇年號（881—885）。　越州：州名。治所在今浙江紹興市。　觀察使：官名。唐代後期出現的地方軍政長官。唐玄宗開元二十一年（733）置十五道采訪使，唐肅宗乾元元年（758）改爲觀察使。無旌節，地位低於節度使。掌一道州縣官的考績及民政。品秩不詳。　劉漢宏：人名。籍貫不詳。五代十國藩鎮軍閥。傳見《新唐書》卷一九〇。　漢宥：人名。劉漢宏之弟。本書僅此一見。　都虞候：官名。唐五代方鎮高級軍官。品秩不詳。　辛約：人名。籍貫不詳。五代十國藩鎮將領。本書僅此一見。

[2]竊敵軍號："敵"，原作"取"，中華點校本據宗文本改，今從。

[3]黄珪：人名。籍貫不詳。五代十國藩鎮將領。本書僅此一見。　何肅：人名。籍貫不詳。五代十國藩鎮將領。本書僅此一見。　諸暨：縣名。治所在今浙江諸暨市。　蕭山：縣名。治所在今浙江杭州市蕭山區。

　　四年，僖宗遣中使焦居璠爲杭、越通和使，詔昌及漢宏罷兵，皆不奉詔。[1]漢宏遣其將朱褒、韓公玫、施堅實等以舟兵屯望海。[2]鏐出平水，成及夜率奇兵破褒等於曹娥埭，進屯豐山，施堅實等降，遂攻破越州。[3]漢宏走台州，台州刺史執漢宏送於鏐，斬于會稽，族其家。[4]鏐乃奏昌代漢宏，而自居杭州。

[1]僖宗：即李儇。唐朝皇帝，873年至888年在位。紀見《舊唐書》卷一九下、《新唐書》卷九。　中使：官名。泛指朝廷派出的使臣。多由宦官擔任。品秩不詳。　焦居璠：人名。籍貫不詳。唐末宦官。本書僅此一見。

[2]朱褒：人名。籍貫不詳。五代十國藩鎮將領。本書僅此一

見。　韓公玫：據中華點校本考，宗文本、《新唐書》卷一九〇《劉漢宏傳》、《吳越備史》（《四部叢刊》本）卷一皆作"韓公汶"。《吳越備史》卷一作"韓公玫"。　施堅實：人名。德清（今浙江德清縣）人。五代十國藩鎮將領。本書僅此一見。

[3]平水：地名。位於今浙江紹興市東南。　曹娥埭：地名。位於今浙江紹興市上虞區曹娥江西岸。　豐山：地名。位於今浙江紹興市西北，地近曹娥江。

[4]台州：州名。治所在今浙江臨海市。　會稽：縣名。治所在今浙江紹興市越城區。

光啓三年，拜鏐左衛大將軍、杭州刺史，昌越州觀察使。[1]是歲，畢師鐸囚高駢，淮南大亂，六合鎮將徐約攻取蘇州。[2]潤州牙將劉浩逐其帥周寶，寶奔常州，浩推度支催勘官薛朗爲帥。[3]鏐遣都將成及、杜稜等攻常州，取周寶以歸，鏐具軍禮郊迎，館寶於樟亭，寶病卒。稜等進攻潤州，逐劉浩，執薛朗，剖其心以祭寶。然後遣其弟銶攻徐約，約敗走入海，追殺之。

[1]光啓：唐僖宗李儇年號（885—888）。　左衛大將軍：官名。唐置，掌宮禁宿衛。唐代置十六衛，即左右衛、左右驍衛、左右武衛、左右威衛、左右領軍衛、左右金吾衛、左右監門衛、左右千牛衛，各置上將軍，從二品；大將軍，正三品；將軍，從三品。

[2]畢師鐸：人名。廬州合淝（今安徽合肥市）人。唐末軍閥，後追爲吳國太祖。傳見本書卷六一。　徐約：人名。籍貫不詳。五代十國藩鎮將領。事見本書本卷。

[3]潤州：州名。治所在今江蘇鎮江市。　牙將：官名。古代軍隊中的中低級軍官。品秩不詳。　劉浩：人名。籍貫不詳。五代十國藩鎮將領。事見本書本卷。　周寶：人名。平州盧龍（今河北

盧龍縣）人。五代十國藩鎮軍閥。傳見《新唐書》卷一八六。　常州：州名。治所在今江蘇常州市。　度支催勘官：官名。唐末、五代財政官員。品秩不詳。　薛朗：人名。籍貫不詳。五代十國藩鎮將領。事見本書本卷。

昭宗拜鏐杭州防禦使。[1]是時，楊行密、孫儒争淮南，與鏐戰蘇、常間。[2]久之，儒爲行密所殺，行密據淮南，取潤州，鏐亦取蘇、常。唐升越州威勝軍，以董昌爲節度使，封隴西郡王；杭州武威軍，拜鏐都團練使，以成及爲副使。[3]及字弘濟，與鏐同事攻討，謀多出於及，而鏐以女妻及子仁琇。鏐乃以杜稜、阮結、顧全武等爲將校，沈崧、皮光業、林鼎、羅隱爲賓客。[4]

[1]昭宗：即唐昭宗李曄，888年至904年在位。紀見《舊唐書》卷二〇上、《新唐書》卷一〇。　防禦使：官名。唐代始置，設有都防禦使、州防禦使兩種。常由刺史或觀察使兼任，實際上爲唐代後期州或方鎮的軍政長官。品秩不詳。

[2]楊行密：人名。廬州合淝（今安徽合肥市）人。唐末軍閥，五代十國吳國政權奠基者，後被追尊爲吳國太祖。傳見《新唐書》卷一八八、《舊五代史》卷一三四、本書卷六一。　孫儒：人名。河南府（今河南洛陽市）人。唐末軍閥。傳見《新唐書》卷一八八。

[3]威勝軍：方鎮名。治所在越州（今浙江紹興市）。　節度使：官名。唐時在重要地區所設掌握一州或數州軍事、民事、財政的長官。品秩不詳。　武威軍：據中華點校本考，《新唐書》卷六八《方鎮表五》、《通鑑》卷二五九、《吳越備史》卷一作"武勝軍"。

都團練使：官名。唐代中期以後，於不設節度使的地區設團練使，掌本區各州軍事。品秩不詳。

[4]仁琇：人名。成及之子。本書僅此一見。　杜稜：人名。新城（今浙江杭州市富陽區）人。五代十國方鎮將領。事見本書本卷。　阮結："阮"，原作"陽"，中華點校本據浙江本、宗文本改。今從。　顧全武：人名。越州余姚（今浙江余姚市）人。五代十國方鎮將領。事見本書本卷。　沈崧：人名。閩縣（今福建閩侯縣）人。五代十國吳越官員。事見本書本傳。　皮光業：人名。襄陽（今湖北襄陽市）人。皮日休之子。五代十國吳越官員。事見本書本卷。　林鼎：人名。閩縣（今福建閩侯縣）人。五代十國吳越官員。事見本書本傳。　羅隱：人名。新城（今浙江杭州市富陽區）人。五代十國吳越官員。事見本書本傳。

　　景福二年，拜鏐鎮海軍節度使、潤州刺史。乾寧元年，加同中書門下平章事。[1]二年，越州董昌反。昌素愚，不能決事，臨民訟，以骰子擲之，而勝者爲直。妖人應智、王温、巫韓媪等，以妖言惑昌，獻鳥獸爲符瑞。[2]牙將倪德儒謂昌曰："曩時謡言有羅平鳥主越人禍福，民間多圖其形禱祠之，視王書名與圖類。"[3]因出圖以示昌，昌大悅，乃自稱皇帝，國號羅平，改元順天，分其兵爲兩軍，中軍衣黄，外軍衣白，銘其衣曰"歸我"。副使黄竭切戒昌以爲不可，昌大怒，使人斬竭，持其首至，駡曰："此賊負我好聖，明時三公不肯作，乃自求死邪！"投之圊中。[4]昌乃以書告鏐，鏐以昌反狀聞。

　　[1]景福：唐昭宗李曄年號（892—893）。　鎮海軍：方鎮名。

治所在潤州（今江蘇鎮江市）。　同中書門下平章事：官名。簡稱"同平章事"。唐高宗以後，凡實際任宰相之職者，常在其本官後加同平章事的職銜。後成爲宰相專稱。品秩不詳。

　　[2]應智：人名。籍貫不詳。五代十國地方術士。事見本書本卷。　王温：人名。籍貫不詳。五代十國地方術士。事見本書本卷。　韓媪：人名。籍貫不詳。五代十國地方術士。事見本書本卷。

　　[3]倪德儒：人名。籍貫不詳。五代十國方鎮將領。本書僅此一見。　羅平鳥：唐末、五代吳越地區傳説中的一種怪鳥，四目而三足。事見《新唐書》卷二二五下。

　　[4]黄竭：據中華點校本考，《新唐書》卷二二五下《董昌傳》、《通鑑》卷二六〇、《吳越備史》卷一作"黄碣"。《新唐書》卷一九三有《黄碣傳》。　圊（qīng）：古代厠所的代稱。

　　昭宗下詔削昌官爵，封鏐彭城郡王、浙江東道招討使。[1]鏐曰："董氏於吾有恩，不可遽伐。"以兵三萬屯迎恩門，遣其客沈滂諭昌使改過。[2]昌以錢二百萬犒軍，執應智等送軍中，自請待罪，鏐乃還兵。昌復拒命，遣其將陳郁、崔温等屯香嚴、石侯，乞兵於楊行密，行密遣安仁義救昌。[3]鏐遣顧全武攻昌，斬崔温。昌所用諸將徐珣、湯臼、袁邠皆庸人，不知兵，遇全武輒敗。[4]昌兄子真，驍勇善戰，全武等攻之，逾年不能克。真與其裨將剌羽有隙，羽譖之，昌殺真，兵乃敗。[5]全武執昌歸杭州，行至西小江，昌顧左右曰："吾與錢公俱起鄉里，吾嘗爲大將，今何面目復見之乎！"[6]左右相對泣下，因瞑目大呼，投水死。

[1]招討使：官名。唐貞元時始置。戰時任命，兵罷則省。常以大臣、將帥或地方軍政長官兼任。掌招撫、討伐等事務。品秩不詳。

　　[2]迎恩門：唐越州會稽城西門，位於今浙江紹興市。　沈滂：人名。籍貫不詳。五代十國藩鎮官員。本書僅此一見。

　　[3]陳郁：人名。籍貫不詳。五代十國藩鎮將領。本書僅此一見。　崔溫：人名。籍貫不詳。五代十國藩鎮將領。本書僅此一見。　香嚴寺：地名。今地不詳。　石侯：地名。今地不詳。　安仁義：人名。籍貫不詳。楊行密麾下將領，後爲其所殺。事見本書卷六一及本卷。

　　[4]徐珣：人名。籍貫不詳。五代十國藩鎮將領。本書僅此一見。　湯臼：人名。籍貫不詳。五代十國藩鎮將領。本書僅此一見。　袁邠：人名。籍貫不詳。五代十國藩鎮將領。本書僅此一見。

　　[5]刺羽：人名。籍貫不詳。五代十國藩鎮將領。本書僅此一見。

　　[6]西小江：水名。即錢清江。位於今浙江杭州市蕭山區東南、紹興市西北。　今何面目復見之乎：據中華點校本考，"目"字原闕，據宗文本補。今從。

　　昭宗以宰相王摶鎮越州，摶請授鏐，乃改威勝軍爲鎮東軍，拜鏐鎮海、鎮東軍節度使、加檢校太尉、中書令，賜鐵券，恕九死。[1]鏐如越州受命，還治錢塘，號越州爲"東府"。光化元年，移鎮海軍於杭州，加鏐檢校太師，改鏐鄉里曰廣義鄉勳貴里，鏐素所居營曰衣錦營。[2]婺州刺史王壇叛附于淮南，楊行密遣其將康儒應壇，因攻睦州。[3]鏐遣其弟鍫敗儒於軒渚，壇奔宣州。[4]

昭宗詔鏐圖形凌煙閣，升衣錦營爲衣錦城，石鑑山曰衣錦山，大官山曰功臣山。[5]鏐遊衣錦城，宴故老，山林皆覆以錦，號其幼所嘗戲大木曰"衣錦將軍"。

［1］王摶："摶"，原作"溥"，中華點校本據宗文本、《新唐書》卷一〇《昭宗紀》、卷六三《宰相表下》、卷一一六《王摶傳》、《通鑑》卷二六〇改，今從。　檢校太尉：官名。爲散官或加官，以示恩寵，無實際執掌。品秩不詳。　中書令：官名。漢代始置，隋、唐前期爲中書省長官，屬宰相之職；唐後期多爲授予元勳大臣的虛銜。正二品。　鐵券：皇帝頒賜給功臣的鐵製詔令文書，功臣本人及後世如有犯罪，以此券爲證，即可推念其功而予以赦減。

［2］光化：唐昭宗李曄年號（898—901）。　檢校太師：官名。爲散官或加官，以示恩寵，無實際執掌。品秩不詳。

［3］婺州：州名。治所在今浙江金華市婺城區。　王壇：人名。籍貫不詳。五代十國藩鎮軍閥。事見本書本傳。　康儒：人名。籍貫不詳。五代十國藩鎮將領。事見《新唐書》卷一八九。　睦州：州名。治所在今浙江建德市。

［4］軒渚：地名。今地不詳。

［5］凌煙閣：唐都長安宮城內閣名，位於今陝西西安市。唐太宗貞觀年間於太極宮中凌煙閣圖畫長孫無忌、魏徵等二十四位功臣畫像，以示褒彰。唐代宗時亦曾圖畫功臣之像於凌煙閣。

天復二年，封鏐越王。[1]鏐巡衣錦城，武勇右都指揮使徐綰與左都指揮使許再思叛，焚掠城郭，攻內城，鏐子傳瑛及其將馬綽、陳爲等閉門拒之。[2]鏐歸，至北郭門不得入。成及代鏐與綰戰，斬首百餘級，綰屯龍興寺。鏐微服踰城而入，遣馬綽、王榮、杜建徽等分屯諸門，使顧全武備東府。全武曰："東府不足慮，可慮者淮南爾。綰急，必召淮兵至，患不細矣。楊公大丈夫，今以難告，必能閔我。"鏐以爲然。全武曰："獨行，事必不濟，請擇諸公子可行者。"鏐曰："吾嘗欲以元璙婚楊氏。"乃使隨全武如廣陵。[3]綰果召田頵於宣州。[4]全武等至廣陵，行密以女妻元璙，亟召頵還。頵取鏐錢百萬，質鏐子元瓘而歸。

[1]天復：唐昭宗李曄年號（901—904）。

[2]武勇右都指揮使：官名。所部統兵將領。武勇右都爲部隊番號。品秩不詳。　徐綰：人名。籍貫不詳。五代十國藩鎮將領。事見本書本卷。　許再思：人名。籍貫不詳。五代十國藩鎮將領。事見本書本卷。　馬綽：人名。余杭（今浙江杭州市）人。五代十國藩鎮將領。事見本書本卷。　陳爲：人名。籍貫不詳。五代十國藩鎮將領。事見本書本卷。

[3]事必不濟：原作"事不必濟"，中華點校本據宗文本、《吳越備史》卷一改，今從。

[4]田頵：人名。廬州合淝（今安徽合肥市）人。五代十國藩鎮軍閥，後爲楊行密所殺。傳見《新唐書》卷一八九、《舊五代史》卷一七。

天祐元年，封鏐吳王。[1]鏐建功臣堂，立碑紀功，列賓佐將校名氏於碑陰者五百人。四年，升衣錦城爲安國衣錦軍。

[1]天祐：唐昭宗李曄開始使用的年號（904—907）。唐哀帝

李柷沿用。唐亡後，河東李克用、李存勖仍稱天祐，沿用至天祐二十年（923）。五代十國其他政權亦有行此年號者，如南吳、吳越等。

　　梁太祖即位，封鏐吳越王兼淮南節度使。[1]客有勸鏐拒梁命者，鏐笑曰："吾豈失爲孫仲謀邪！"遂受之。[2]太祖嘗問吳越進奏吏曰："錢鏐平生有所好乎？"吏曰："好玉帶、名馬。"太祖笑曰："真英雄也。"乃以玉帶一匣、打毬御馬十匹賜之。江西危全諷等爲楊渥所敗，信州危仔倡奔於鏐，鏐惡其姓，改曰元。[3]開平二年，加鏐守中書令，改臨安縣爲安國縣，廣義鄉爲衣錦鄉。三年，加守太保。[4]

　　[1]梁太祖：即朱溫。宋州碭山（今安徽碭山縣）人。五代後梁開國皇帝。紀見《舊五代史》卷一至卷七、本書卷一至卷二。
　　[2]孫仲謀：即孫權。字仲謀。吳郡富春縣（今浙江杭州市富陽區）人。三國孫吳建立者，229年至252年在位。傳見《三國志》卷四七。
　　[3]危全諷：人名。撫州（今江西撫州市）人。唐末、五代地方豪強。事見本書卷六一。　楊渥：人名。楊行密長子，五代十國楊吳君主。後爲大臣徐溫所殺。傳見《舊五代史》卷一三四、本書卷六一。　信州：州名。治所在今江西上饒市信州區。　危仔倡：人名。南城（今江西南城縣）人。唐末、五代軍閥。事見本書卷六一。
　　[4]開平：五代後梁太祖朱溫年號（907—911）。

　　楊渥將周本、陳章圍蘇州，鏐遣其弟鋸、鏢救之。[1]淮兵爲水柵環城，以銅鈴繫網沈水中，斷潛行者。水軍卒司馬福，多智而善水行，乃先以巨竹觸網，淮人聞鈴聲遂舉網，福乃過。[2]入城中，其出也亦然。乃取其軍號，內外夾攻，號令相應，淮人以爲神，遂大敗之，本等走，擒其將閭丘直、何明等。[3]

[1]周本：人名。舒州宿松（今安徽宿松縣）人。唐末、五代將領。事見本書卷六二及本卷。　陳章：據中華點校本考，《通鑑》卷二六七、《吳越備史》卷二作"陳璋"，《九國志》卷一有《陳璋傳》。

[2]司馬福：人名。籍貫不詳。吳越水軍兵卒。本書僅此一見。

[3]閭丘直：人名。籍貫不詳。五代十國藩鎮將領。本書僅此一見。　何明：據中華點校本考，《通鑑》卷二六七、《吳越備史》卷一作"何朗"。

四年，鏐游衣錦軍，作《還鄉歌》曰："三節還鄉兮掛錦衣，父老遠來相追隨。牛斗無字人無欺，吳越一王馴馬歸。"乾化元年，加鏐守尚書令，兼淮南、宣潤等道四面行營都統。[1]立生祠於衣錦軍。鏐弟鏢居湖州，擅殺戍將潘長，懼罪奔于淮南。[2]二年，梁郢王友珪立，冊尊鏐尚父。末帝貞明三年，加鏐天下兵馬都元帥，開府置官屬。[3]四年，楊隆演取虔州，鏐始由海路入貢京師。龍德元年，賜鏐詔書不名。

[1]乾化：五代後梁太祖朱溫年號（911—912）。末帝朱友貞沿用（913—915）。　四面行營都統：官名。唐末設諸道行營都統，作爲各道出征兵士的統帥。品秩不詳。

[2]湖州：州名。治所在今浙江湖州市。　潘長：人名。籍貫不詳。五代十國藩鎮將領。本書僅此一見。

[3]友珪：即朱友珪。後梁太祖朱温次子，殺朱温自立。後追廢爲庶人。事見《舊五代史》卷八、本書卷三。　尚父：初爲周武王對吕尚（即世所謂姜子牙）的尊稱。後多用於尊禮元勛大臣的稱號。　末帝：即朱友貞，朱温第四子，殺其兄朱友珪而自立。爲李存勖大軍包圍後自殺身死，後梁由是滅亡。紀見《舊五代史》卷八至卷一〇、本書卷三。　貞明：五代後梁末帝朱友貞年號（915—921）。　天下兵馬都元帥：據中華點校本考，《吴越備史》卷一同，《舊五代史》卷九《梁末帝紀中》、《通鑑》卷二七〇作"天下兵馬元帥"。

唐莊宗入洛，鏐遣使貢獻，求玉册。莊宗下其議於有司，群臣皆以謂非天子不得用玉册，郭崇韜尤爲不可，既而許之，乃賜鏐玉册、金印。[1]鏐因以鎮海等軍節度授其子元瓘，自稱吴越國王，更名所居曰宫殿、府曰朝，官屬皆稱臣，起玉册、金券、詔書三樓於衣錦軍，遣使册新羅、渤海王，海中諸國，皆封拜其君長。[2]

[1]唐莊宗：即李存勖，小字亞子，沙陀族，太原（今山西太原市）人。李克用之子，五代後唐開國皇帝。紀見《舊五代史》卷二七至卷三四、本書卷四至卷五。　郭崇韜：人名。代州雁門（今山西代縣）人。五代後唐大臣。傳見《舊五代史》卷五七、本書卷二四。

[2]新羅：朝鮮古國。4世紀以後逐漸强大。935年爲王氏高麗所取代。傳見《舊五代史》卷一三八、本書卷七四。　渤海：古國名。武周聖曆元年（698），粟末靺鞨首領大祚榮建立政權。先天二

年（713），唐朝册封大祚榮爲渤海郡王，其國遂以渤海爲名。傳見《舊五代史》卷一三八、本書卷七四。

明宗即位，安重誨用事，鏐致書重誨，書辭嫚，重誨大怒。[1]是時，供奉官烏昭遇、韓玫使吴越，既還，玫誣昭遇稱臣舞蹈，重誨乃奏削鏐王爵、元帥、尚父，以太師致仕。[2]元瓘等遣人以絹表間道自陳。安重誨死，明宗乃復鏐官爵。長興三年，鏐卒，年八十一，謚曰武肅。子元瓘立。

[1]明宗：即五代後唐明宗李嗣源。沙陀部人。原名邈佶烈，李克用養子。926年至933年在位。紀見《舊五代史》卷三五至卷四四、本書卷六。　安重誨：人名。應州（今山西應縣）人。五代後唐大臣。傳見《舊五代史》卷六六、本書卷二四。

[2]供奉官：官名。泛指侍奉皇帝左右的臣僚，亦爲東、西頭供奉官通稱。品秩不詳。　烏昭遇：人名。籍貫不詳。五代後唐官員。事見《舊五代史》卷四〇。　韓玫：人名。籍貫不詳。五代後唐官員。事見本書本卷。　舞蹈：臣僚對君主的朝參禮儀。典儀官贊"舞蹈"，臣僚做出有節奏的動作，司樂官以樂伴之。

元瓘，字明寶，少爲質於田頵。[1]頵叛於吴，楊行密會越兵攻之，頵每戰敗歸，即欲殺元瓘，頵母嘗蔽護之。後頵將出，語左右曰："今日不勝，必斬錢郎。"是日頵戰死，元瓘得歸。

[1]字明寶：據中華點校本考，《通曆》卷一五、《吴越備史》卷二、《九國志》卷五同，《全唐文》卷八五九《吴越文穆王錢元

瓘碑銘》作"文寶"。

鏐卧病，召諸大將告之曰："吾子皆愚懦，不足任後事，吾死，公等自擇之。"諸將泣下，皆曰："元瓘從王征伐最有功，諸子莫及，請立之。"鏐乃出筊鑰數篋，召元瓘與之曰："諸將許爾矣。"鏐卒，元瓘立，襲封吳越國王，玉册、金印皆如鏐故事。

王延政自立於建州，閩中大亂，元瓘遣其將仰詮、薛萬忠等攻之，逾年，大敗而歸。[1]元瓘亦善撫將士，好儒學，善爲詩，使其國相沈崧置擇能院，選吳中文士錄用之。然性尤奢僭，好治宫室。天福六年，杭州大火，燒其宫室迨盡，元瓘避之，火輒隨發，元瓘大懼，因病狂，是歲卒，年五十五，謚曰文穆。子佐立。

[1]王延政：人名。五代十國閩太祖王審知之子，閩國末代君主。後爲南唐滅國俘獲。傳見本書卷六八。　建州：州名。治所在今福建建甌市。　仰詮：人名。籍貫不詳。五代十國藩鎮將領。本書僅此一見。　薛萬忠：人名。籍貫不詳。五代十國藩鎮將領。本書僅此一見。

佐，字祐。立時年十三，諸將皆少佐，佐初優容之，諸將稍不法，佐乃黜其大將章德安於明州、李文慶於睦州，殺内都監杜昭達、統軍使闞璠，由是國中皆畏恐。[1]

[1]章德安：人名。處州（今浙江麗水市）人。五代十國藩鎮

將領。本書僅此一見。　明州：據中華點校本考，《吳越備史》卷三、《通鑑》卷二八三作"處州"。　李文慶：人名。籍貫不詳。五代十國藩鎮將領。本書僅此一見。　內都監：官名。唐代中葉命將出征，常以宦官爲監軍、都監。後爲臨時委任的統兵官。　杜昭達：人名。籍貫不詳。五代十國藩鎮將領。本書僅此一見。　統軍使：官名。部隊軍事長官。品秩不詳。　闞璠：人名。籍貫不詳。五代十國藩鎮將領。本書僅此一見。

　　王延羲、延政兄弟相攻，卓儼明、朱文進、李仁達等自相篡殺，連兵不解者數年。[1]仁達附于李景，已而又叛，景兵攻之，仁達求救於佐。[2]佐召諸將計事，諸將皆不欲行，佐奮然曰："吾爲元帥，而不能舉兵邪？諸將吾家素畜養，獨不肯以身先我乎？有異吾議者斬！"乃遣其統軍使張筠、趙承泰等率兵三萬，水陸赴之。[3]遣將誓軍，號令齊整。筠等大敗景兵，俘馘萬計，獲其將楊業、蔡遇等，遂取福州而還，由是諸將皆服。[4]

　　[1]王延羲：人名。五代十國閩國景宗，性嗜酒殘暴，後爲部將連重遇、朱文進所殺。事見本書卷六二。　卓儼明：人名。籍貫不詳。五代十國藩鎮軍閥。一度爲李仁達扶立爲閩國王，後又爲其所殺。事見本書卷六八。　朱文進：人名。五代十國閩國將領。與連重遇先後殺閩康宗王繼鵬、閩景宗王延羲而自立，曾爲後晉出帝册爲閩國王，後被部將林仁翰所殺。事見本書卷六二。　李仁達：人名。光州（今河南潢川縣）人。五代十國藩鎮軍閥。事見本書卷六二、卷六八。

　　[2]李景：即五代十國南唐元宗李璟。徐州（今江蘇徐州市）人。南唐烈祖李昪長子，南唐第二位皇帝。後削去帝號，改稱國

主。傳見《舊五代史》卷一三四、本書卷六二。

　　[3] 張筠：人名。籍貫不詳。五代十國藩鎮軍閥。本書僅此一見。　趙承泰：人名。籍貫不詳。五代十國藩鎮軍閥。本書僅此一見。

　　[4] 楊業：人名。籍貫不詳。五代十國藩鎮將領。本書僅此一見。　蔡遇：人名。籍貫不詳。五代十國藩鎮將領。本書僅此一見。　福州：州名。治所在今福建福州市。

　　佐立七年，襲封吳越國王，玉册、金印，皆如元瓘。開運四年，佐卒，年二十，諡曰忠獻。[1]弟俶立。

　　[1] 開運：五代後晉出帝石重貴年號（944—946）。

　　俶，字文德。佐卒，弟俶以次立。初，元瓘質於宣州，以胡進思、戴惲等自隨，元瓘立，用進思等爲大將。[1]佐既年少，進思以舊將自待，甚見尊禮，及俶立，頗卑侮之，進思不能平。俶大閱兵於碧波亭，方第賞，進思前諫以賞太厚，俶怒，擲筆水中曰："以物與軍士，吾豈私之？何見咎也！"進思大懼。歲除，畫工獻《鍾馗擊鬼圖》，俶以詩題圖上，進思見之大悟，知俶將殺己。是夕擁衛兵廢俶，因於義和院，迎俶立之，遷俶于東府。俶歷漢、周，襲封吳越國王，賜玉册、金印。

　　[1] 胡進思：人名。湖州（今浙江湖州市）人。五代十國吳越大臣、將領。廢錢俶而立錢俶。事見本書本卷。　戴惲：人名。籍貫不詳。五代十國藩鎮將領。本書僅此一見。

世宗征淮南，詔俶攻常、宣二州以牽李景，俶治國中兵以待。景聞周師將大舉，乃遣使安撫，境上皆戒嚴。[1]蘇州候吏陳滿不知景使，以謂朝廷已克諸州，遣使安撫矣，亟言於俶，請舉兵以應。[2]俶相國吳程遽調兵以出，相國元德昭以爲王師必未渡淮，與程爭於俶前，不可奪。[3]程等攻常州，果爲景將柴克宏所敗，程裨將邵可遷力戰，可遷子死馬前，猶戰不顧，程等僅以身免。[4]周師渡淮，俶乃盡括國中丁民益兵，使邵可遷等以戰船四百艘、水軍萬七千人至于通州以會期。

[1]世宗：即柴榮。邢州龍岡（今河北邢臺市）人。五代後周太祖郭威養子，顯德元年（954）繼郭威爲帝。紀見《舊五代史》卷一一四、本書卷一二。

[2]陳滿：人名。籍貫不詳。五代十國吳越官吏。事見本書本卷。

[3]吳程：人名。山陰（今山西山陰縣）人。五代十國吳越大臣。事見本書本卷。　元德昭：人名。危仔昌之子。五代十國吳越大臣。事見本書本卷。

[4]柴克宏：人名。汝陽（今河南汝陽縣）人。五代十國南唐將領。事見本書本卷。　邵可遷：人名。籍貫不詳。五代十國吳越將領。事見本書本卷。

吳越自唐末有國，而楊行密、李昇據有江淮。吳越貢賦、朝廷遣使，皆由登、萊泛海，歲常飄溺其使。[1]顯德四年，詔遣左諫議大夫尹日就、吏部郎中崔頌等使于俶，世宗諭之曰："朕此行決平江北，卿等還當陸來也。"[2]五年，王師征淮，正月克静海軍，而日就等果陸還。世宗已平淮南，遣使賜俶兵甲旗幟、橐駝羊馬。

［1］登：州名。治所在今山東蓬萊市。　萊：州名。治所在今山東萊州市。

［2］顯德：五代後周太祖郭威年號（954）。後世宗柴榮、恭帝柴宗訓繼位均未改元（954—960）。　左諫議大夫：官名。隸門下省。唐代置左、右諫議大夫各四人，分隸門下省、中書省。掌諫諭得失，侍從贊相。正四品下。　尹日就：人名。籍貫不詳。五代後周官員。本書僅此一見。　吏部郎中：官名。尚書省吏部頭司禮部司長官。掌文官階品、朝集、禄賜、給其告身、假使以及選補流外官等事。從五品上。　崔頌：人名。偃師（今河南偃師市）人。五代、北宋官員。傳見《宋史》卷四三一。

錢氏兼有兩浙幾百年，其人比諸國號爲怯弱，而俗喜淫侈，偷生工巧，自鏐世常重斂其民以事奢僭，下至鷄魚卵鷇，必家至而日取。每笞一人以責其負，則諸案吏各持其簿列于庭，凡一簿所負，唱其多少，量爲笞數，以次唱而笞之，少者猶積數十，多者至笞百餘，人尤不勝其苦。[1]又多掠得嶺海商賈寶貨。當五代時，常貢奉中國不絕，及世宗平淮南，宋興，荆、楚諸國相次歸命，俶勢益孤，始傾其國以事貢獻。太祖皇帝時，俶嘗來朝，厚禮遣還國，俶喜，益以器服珍奇爲獻，不可勝數。太祖曰："此吾帑中物爾，何用獻爲！"太平興國三年，詔俶來朝，俶舉族歸于京師，國除。[2]其後事具國史。

［1］則諸案吏各持其簿列于庭："吏"，原作"史"，"庭"，原

作"廷",中華點校本據宗文本、《長編》卷一九改。今從。

[2]太祖：即趙匡胤。涿郡（今河北涿州市）人。北宋開國皇帝。通過"陳橋兵變"而奪取後周政權，在位期間基本統一中原和南方大部地區。廟號太祖。紀見《宋史》卷一至卷三。 太平興國：北宋太宗趙炅年號（976—984）。

嗚呼！天人之際，爲難言也。非徒自古術者好奇而幸中，至於英豪草竊亦多自託於妖祥，豈其欺惑愚衆，有以用之歟？蓋其興也，非有功德漸積之勤，而黥髠盜販倔起於王侯，而人亦樂爲之傳歟？考錢氏之始終，非有德澤施其一方，百年之際，虐用其人甚矣，其動於氣象者，豈非其孽歟？是時四海分裂，不勝其暴，又豈皆然歟？是皆無所得而推歟？術者之言，不中者多而中者少，而人特喜道其中者歟？鏐世興滅，諸書皆同，蓋自唐乾寧二年爲鎮海、鎮東軍節度使兼有兩浙，至皇朝太平興國三年國除，凡八十四年。[1]

[1]凡八十四年：原闕"年"字，從中華點校本補。

新五代史　卷六八

閩世家第八

王審知　子延翰　子鏻　鏻子繼鵬　延羲　延政

　　王審知，字信通，光州固始人也。[1]父恁，世爲農。兄潮，爲縣史。[2]

　　[1]光州：州名。治所在今河南潢川縣。　固始：縣名。治所在今河南固始縣。
　　[2]潮：人名。即王潮。光州固始（今河南固始縣）人。唐末軍閥。傳見《新唐書》卷一九〇。　縣史：泛指縣官屬吏。

　　唐末群盜起，壽州人王緒攻陷固始，[1]緒聞潮兄弟材勇，召置軍中，以潮爲軍校。是時，蔡州秦宗權方募士以益兵，[2]乃以緒爲光州刺史，[3]召其兵會擊黃巢。[4]緒遲留不行，宗權發兵攻緒。緒率衆南奔，所至剽掠，自南康入臨汀，[5]陷漳浦，[6]有衆數萬。緒性猜忌，部將有材能者，多因事殺之，潮頗自懼。軍次南安，[7]潮說其前鋒將曰："吾屬棄墳墓、妻子而爲盜者，爲緒所脅爾，豈其本心哉！今緒雄猜，將吏之材能者必死，吾屬不自保朝夕，況欲圖成事哉！」前鋒將大悟，與潮相持而泣。乃選壯士數十人，伏篁竹間，伺緒至，躍出擒之，囚之軍中，緒後自殺。

[1]壽州：州名。治所在今安徽壽縣。　王緒：人名。壽州（今安徽壽縣）人。唐末軍閥。事見本書本卷。

[2]蔡州：州名。治所在今河南汝南縣。　秦宗權：人名。許州（今河南許昌市）人。唐末軍閥。傳見《舊唐書》卷二〇〇下、《新唐書》卷二二五下。

[3]刺史：官名。州一級行政長官。漢武帝時始置，總掌考核官吏、勸課農桑、地方教化等事。唐中期以後，節度使、觀察使轄州而設，刺史爲其屬官，職任漸輕。從三品至正四品下。

[4]黃巢：人名。曹州冤句（今山東菏澤市）人。唐末農民起義領袖。傳見《舊唐書》卷二〇〇下、《新唐書》卷二二五下。

[5]南康：縣名。治所在今江西贛州市南康區。　臨汀：地名。即汀州。治所在今福建長汀縣。

[6]漳浦：縣名。治所在今福建漳浦縣。

[7]南安：縣名。治所在今福建南安市。

緒已見廢，前鋒將曰：「生我者潮也。」乃推潮爲主。是時，泉州刺史廖彥若爲政貪暴，[1]泉人苦之，聞潮略地至其境，而軍行整肅，其耆老相率遮道留之，潮即引兵圍彥若，逾年克之。光啓二年，[2]福建觀察使陳巖表潮泉州刺史。[3]景福元年巖卒，[4]其壻范暉自稱留後。[5]潮遣審知攻暉，久不克，士卒傷死甚衆，審知請班師，潮不許。又請潮自臨軍，且益兵，潮報曰：「兵與將俱盡，吾當自往。"審知乃親督士卒攻破之，暉見殺。唐即以潮爲福建觀察使，潮以審知爲副使。

［1］泉州：州名。治所在今福建泉州市。　廖彦若：人名。籍貫不詳。唐末藩鎮軍閥。本書僅此一見。

［2］光啓：唐僖宗李儇年號（885—888）。

［3］觀察使：官名。唐代後期出現的地方軍政長官。唐玄宗開元二十一年（733）置十五道采訪使，唐肅宗乾元元年（758）改爲觀察使。無旌節，地位低於節度使。掌一道州縣官的考績及民政。品秩不詳。　陳巖：人名。汀州（今福建長汀縣）人。唐末藩鎮軍閥。事見《舊五代史》卷一三四。

［4］景福：唐昭宗李曄年號（892—893）。

［5］其壻范暉自稱留後："壻"，據中華點校本考，《新唐書》卷一九〇《王潮傳》、《舊五代史》卷一三四《王審知傳》皆作"壻"，《通鑑》卷二五八作"妻弟"。范暉，人名。籍貫不詳。唐末藩鎮軍閥。事見本書本卷。　留後：官名。原非正式命官，唐朝節度使入朝或宰相、親王遥領節度使不臨鎮則置。安史之亂後，節度使多以子弟或親信爲留後，以代行節度使職務，亦有軍士、叛將自立爲留後者。掌一州或數州軍政。北宋始爲朝廷正式命官。

審知爲人狀貌雄偉，隆準方口，常乘白馬，軍中號"白馬三郎"。乾寧四年，[1]潮卒，審知代立。唐以福州爲威武軍，[2]拜審知節度使，累遷同中書門下平章事，[3]封琅琊王。唐亡，梁太祖加拜審知中書令，[4]封閩王，升福州爲大都督府。是時，楊行密據有江淮，[5]審知歲遣使泛海，自登、萊朝貢于梁，[6]使者入海，覆溺常十三四。

［1］乾寧：唐昭宗李曄年號（894—898）。

［2］威武軍：方鎮名。治所在福州（今福建福州市）。

［3］同中書門下平章事：官名。簡稱"同平章事"。唐高宗以後，凡實際任宰相之職者，常在其本官後加同平章事的職銜。後成爲宰相專稱。品秩不詳。

［4］梁太祖：即朱温。宋州碭山（今安徽碭山縣）人。五代後梁開國皇帝。紀見《舊五代史》卷一至卷七、本書卷一至卷二。
中書令：官名。漢代始置，隋、唐前期爲中書省長官，屬宰相之職；唐後期多爲授予元勛大臣的虛銜。正二品。

［5］楊行密：人名。廬州合淝（今安徽合肥市）人。唐末軍閥，五代十國吴國政權奠基者，後被追尊爲吴國太祖。傳見《新唐書》卷一八八、《舊五代史》卷一三四、本書卷六一。

［6］審知歲遣使泛海："遣"字原闕，中華點校本據浙江本、宗文本、馬令《南唐書》補。今從。　登：州名。治所在今山東蓬萊市。　萊：州名。治所在今山東萊州市。

　　審知雖起盜賊，而爲人儉約，好禮下士。王倓，[1]唐相摶之子；[2]楊沂，[3]唐相涉從弟；[4]徐寅，[5]唐時知名進士，皆依審知仕宦。又建學四門，以教閩士之秀者。招來海中蠻夷商賈。海上黄崎，[6]波濤爲阻，一夕風雨雷電震擊，開以爲港，閩人以爲審知德政所致，號爲甘棠港。[7]

　　［1］王倓：原作"淡"，中華點校本據下文及馬令《南唐書》卷二八改。今從。王倓仕閩，王昶時，累官至同平章事。

　　［2］唐相摶之子："摶"，原作"溥"，中華點校本據宗文本、《新唐書》卷一〇《昭宗紀》、卷六三《宰相表下》、卷一一六《王摶傳》改，今從。

[3]楊沂：人名。楊涉之弟。唐末、五代藩鎮官員。事見本書本卷。

[4]涉：人名。即楊涉。籍貫不詳。唐末、五代大臣。傳見本書卷三五。

[5]徐寅：人名。莆田（今福建莆田市）人。唐末、五代藩鎮官員。事見《舊五代史》卷一三四。

[6]黃崎：地名。位於今福建惠安縣。

[7]甘棠港：地名。位於今福建惠安縣。

審知同光三年卒，[1]年六十四，謚曰忠懿。子延翰立。

[1]同光：五代後唐莊宗李存勖年號（923—926）。

延翰字子逸，審知長子也。同光四年，唐拜延翰節度使。是歲，莊宗遇弒，[1]中國多故，延翰乃取司馬遷《史記・閩越王無諸傳》示其將吏曰："閩，自古王國也，吾今不王，何待之有？"[2]於是軍府將吏上書勸進。十月，延翰建國稱王，而猶禀唐正朔。

[1]莊宗：即五代後唐莊宗李存勖，小字亞子，沙陀族，太原（今山西太原市）人。李克用之子，後唐開國皇帝。紀見《舊五代史》卷二七至卷三四、本書卷四至卷五。

[2]司馬遷：人名。夏陽（今陝西韓城）人。西漢史學家，《史記》作者。傳見《漢書》卷六二。　《史記》：史書。西漢史學家司馬遷所作，記上古時代至漢武帝時之事，開中國古代紀傳體通史著作之先河，被譽爲"史家之絕唱，無韻之離騷"。

延翰爲人長大，美皙如玉，其妻崔氏陋而淫，延翰不能制。審知喪未期，徹其几筵，又多選良家子爲妾。崔氏性妬，良家子之美者，輒幽之別室，繫以大械，刻木爲人手以擊頰，又以鐵錐刺之，一歲中死者八十四人。崔氏後病，見以爲祟而卒。

審知養子建州刺史延稟，[1]本姓周氏，自審知時與延翰不叶。延翰立，以其弟延鈞爲泉州刺史，延鈞怒。二人因謀作亂。十二月，延稟、延鈞皆以兵入，執延翰殺之。而延鈞立，更名鏻。

[1]建州：州名。治所在今福建建甌市。　延稟：人名。籍貫不詳。王審知養子。事見本書本卷。

鏻，審知次子也。唐即拜鏻節度使，累加檢校太師、中書令，[1]封閩王。

[1]檢校太師：官名。爲散官或加官，以示恩寵，無實際執掌。品秩不詳。

初，延稟與鏻之謀殺延翰也，延稟之兵先至，已執延翰而殺之，明日鏻兵始至，延稟自以養子，推鏻而立之。延稟還建州，鏻餞于郊，延稟臨訣謂鏻曰：“善繼先志，毋煩老兄復來！”鏻銜之。長興二年，[1]延稟率兵擊鏻，攻其西門，使其子繼雄轉海攻其南門，[2]鏻遣王仁達拒之。[3]仁達伏甲舟中，僞立白幟請降，繼雄信之，登舟，伏兵發，刺殺之，梟其首西門，其兵見之皆潰去,延稟見執。鏻誚之曰:"予不能繼先志,果煩老兄復來!"延稟不能對,遂殺之。延稟子繼昇守建州,[4]聞敗,奔于錢塘。[5]

[1]長興:五代後唐明宗李嗣源年號(930—933)。
[2]繼雄:人名。王延稟之子。事見本書本卷。　南門:據中華點校本考,《通鑑》卷二七七作"東門"。
[3]王仁達:人名。籍貫不詳。五代十國藩鎮將領。事見本書本卷。
[4]繼昇:人名。王延稟之子。事見本書本卷。
[5]錢塘:代指吳越政權。

長興三年,鏻上書言:"楚王馬殷、吳越王錢鏐皆爲尚書令,今皆已薨,請授臣尚書令。"[1]唐不報,鏻遂絕朝貢。

[1]馬殷:人名。許州鄢陵(今河南鄢陵縣)人。五代十國南楚開國君主。傳見《舊五代史》卷一三三、本書卷六六。　錢鏐:人名。臨安(今浙江杭州市)人。五代十國吳越開國君主。傳見《舊五代史》卷一三三、本書卷六七。　尚書令:官名。秦始置。隋、唐前期爲尚書省長官,與中書令、侍中並爲宰相。唐後期多爲大臣加銜,不參與政務。正二品。

鏻好鬼神、道家之説,道士陳守元以左道見信,[1]建寶皇宮以居之。守元謂鏻曰:"寶皇命王少避其位,後當爲六十年天子。"鏻欣然遜位,命其子繼鵬權主府事。既而復位,遣守元問寶皇:"六十年後將安歸?"守元傳寶皇語曰："六十年後，當爲大羅仙人。"鏻乃即皇帝位，受册於寶皇，以黃龍見真封宅，改元爲龍啓，國號閩。追謚審知爲昭武皇帝，廟號太祖，立五廟，置百官，以福州爲長樂府。[2]而閩地狹，國用不足，以中軍使薛文傑爲國計使。[3]文傑多察民間陰事，致富人以罪，而籍没其貲以佐用，閩人皆怨。又薦妖巫徐彥，曰：[4]"陛下左右多姦臣，不質諸鬼神，將爲亂。"鏻使彥視鬼於宮中。

[1]陳守元：人名。閩縣（今福建福州市）人。五代十國閩國術士。事見本書本卷。

[2]龍啓：五代十國閩惠宗王延鈞年號（933—934）。 追謚審知爲昭武皇帝："孝"字原闕，中華點校本據浙江本、宗文本、《九國志》卷一〇、馬令《南唐書》卷二八補。今從。 以福州爲長樂府："福"字原闕，中華點校本據宗文本、《通鑑》卷二七八補。

[3]中軍使：官名。五代始置，供職於各州軍之胥吏。品秩不詳。 薛文傑：人名。籍貫不詳。五代十國閩國官吏。事見本書本卷。 國計使：官名。五代始置，後梁、後唐及閩國皆有設置，掌財賦税收、錢穀用度。品秩不詳。

[4]徐彥：人名。籍貫不詳。五代十國閩國術士。事見本書本卷。

文傑與內樞密使吳英有隙，[1]英病在告，文傑謂英曰："上以公居近密，而屢以疾告，將罷公。"英曰："奈何？"文傑因教英曰："即上遣人問公疾，當言'頭痛而已，無佗苦也。'"英以爲然。明日，諷鏻使巫視英疾，巫言："入北廟，見英爲崇順王所訊，[2]曰：'汝何敢謀反？'以金槌擊其首。"鏻以語文傑，文傑曰："未可信也，宜問其疾如何。"鏻遣人問之，英曰："頭痛。"鏻以爲然，即以英下獄，命文傑劾之，英自誣伏，見殺。英嘗主閩兵，得其軍士心，軍士聞英死，皆怒。是歲，吳人攻建州，鏻遣其將王延宗救之，[3]兵士在道不肯進，曰："得文傑乃進。"鏻惜之不與，其子繼鵬請與之以紓難，乃以檻車送文傑軍中。文傑善數術，自占云："過三日可無患。"送者聞之，疾馳二日而至，軍士踴躍，磔文傑於市，閩人爭以瓦石投之，臠食立盡。明日，鏻使者至，赦之，已不及。初，文傑爲鏻造檻車，以謂古制疏闊，乃更其制，令上下通，中以鐵芒內嚮，動輒觸之，既成，首被其毒。

[1] 内樞密使：官名。唐玄宗時以宦官爲中使，掌上傳下達，憲宗時正式稱樞密使。品秩不詳。　吳英：據中華點校本考，《通鑑》卷二七八作"吳勗"。

[2] 崇順王：唐乾寧四年（897）封劉行全"武寧侯"，後累封"昭感王""崇順王"。於今福建福州市北建北廟以供奉，至今香火不絕。

[3] 王延宗：人名。籍貫不詳。五代十國閩國將領。本書僅此一見。

龍啓三年，改元永和。[1]王仁達爲鏻殺延稟有功，而典親兵，鏻心忌之，嘗問仁達曰："趙高指鹿爲馬，以愚二世，果有之邪？"[2]仁達曰："秦二世愚，故高指鹿爲馬，非高能愚二世也。今陛下聰明，朝廷官不滿百，起居動靜，陛下皆知之，敢有作威福者，族滅之而已。"鏻憖，賜與金帛慰安之。退而謂人曰："仁達智略，在吾世可用，不可遺後世患。"卒誣以罪殺之。

[1]永和：五代十國閩惠宗王延鈞年號（935—936）。
[2]趙高：人名。籍貫不詳。秦朝宦官。秦始皇去世後與丞相李斯合謀，害死長子扶蘇而改立次子胡亥。秦末農民戰爭爆發後又逼殺胡亥而立子嬰，後爲子嬰所殺。事見《史記》卷六、卷八七、卷八八。 二世：即秦二世胡亥。秦始皇次子，秦朝第二代皇帝。事見《史記》卷六。

鏻妻早卒，繼室金氏賢而不見答。審知婢金鳳，姓陳氏，鏻嬖之，遂立以爲后。初，鏻有嬖吏歸守明者，[1]以色見倖，號歸郎，鏻後得風疾，陳氏與歸郎奸。又有百工院使李可殷，[2]因歸郎以通陳氏。鏻命錦工作九龍帳，國人歌曰："誰謂九龍帳，惟貯一歸郎？"

[1]歸守明：人名。籍貫不詳。五代十國閩國男寵。事見本書本卷。
[2]百工院使：官名。或爲宮廷負責器物造作之官員。品秩不詳。 李可殷：人名。籍貫不詳。五代十國閩國官吏。事見本書本卷。

鏻婢春鶯有色，其子繼鵬烝之，鏻已病，繼鵬因陳氏以求春鶯，鏻怏怏與之。其次子繼韜怒，謀殺繼鵬，繼鵬懼，與皇城使李倣圖之。[1]是歲十月，鏻饗軍于大醐殿，坐中昏然，言見延禀來，倣以爲鏻病已甚，乃令壯士先殺李可殷于家。明日晨朝，鏻無恙，問倣殺可殷何罪，倣懼而出，與繼鵬率皇城衛士而入。鏻聞鼓噪聲，走匿九龍帳中，衛士刺之不殂，宮人不忍其苦，爲絕之。繼韜及陳后、歸郎皆爲倣所殺。鏻立十年見殺，謚曰惠皇帝，廟號太宗。[2]

[1]皇城使：官名。唐末始置，爲皇城司長官，一般由君主的親信充任，以拱衛皇城。品秩不詳。 李倣：人名。籍貫不詳。五代十國閩國官員。後爲王昶所殺。事見本書本卷。

[2]謚曰惠皇帝：據中華點校本考，《通鑑》卷二七九、《九國志》卷一〇作"齊肅明孝皇帝"。 廟號太宗：據中華點校本考，《通鑑》卷二七九、《五國故事》卷下、《九國志》卷一〇作"惠宗"。

繼鵬，鏻長子也。[1]既立，更名昶，改元通文，[2]以李倣判六軍諸衛事。[3]

[1]長子：據中華點校本考，王延鈞妻劉華墓誌（拓片刊《文物》1975年第1期）記其四子：長繼嚴、次繼鵬、次繼韜、次繼恭。繼鵬爲延鈞次子。

[2]通文：五代十國閩康宗王繼鵬年號（936—939）。

[3]判六軍諸衛事：官名。唐代置六軍諸衛，以判六軍諸衛事爲禁軍六軍與諸衛的最高統帥。品秩不詳。

倣有弒君之罪，既立昶，而心常自疑，多養死士以爲備。昶患之，因大享軍，伏甲擒倣殺之，梟其首于市。傲部曲千人叛，[1]燒啓聖門，奪傲首，奔於錢塘。

[1]部曲：遼對奴隸的稱謂。

晋天福二年，[1]昶遣使朝貢京師，高祖遣散騎常侍盧損册昶閩王，[2]拜其子繼恭臨海郡王。[3]損至閩，昶稱疾不見，令繼恭主之。又遣中書舍人劉乙勞損于館，[4]乙衣冠偉然，騶僮甚盛。佗日損遇乙于塗，布衣芒屩而已，損使人誚之曰："鳳閣舍人，何偪下之甚也！"乙羞愧，以手掩面而走。昶聞之，怒損侵辱之，損還，昶無所答。而其子繼恭遣其佐鄭元弼隨損至京師貢方物，[5]致書晋大臣，述昶意求以敵國禮相往來，高祖怒其不遜，下詔暴其罪，歸其貢物不納。兵部員外郎李知損上書請籍没其物而禁錮使者，[6]於是以元弼下獄。獄具引見，元弼俯伏曰："昶，夷貊之君，不知禮義，陛下方示大信，以來遠人，臣將命無狀，願伏斧鑕，以贖昶罪。"高祖乃赦元弼，遣歸。

[1]天福：五代後晋高祖石敬瑭年號（936—942），出帝石重貴沿用至天福九年（944）。
[2]散騎常侍：官名。門下省屬官。掌侍奉規諷，備顧問應對。正三品下。　盧損：人名。范陽（今河北涿州市）人。唐末、五代官員。傳見《舊五代史》卷一二八、本書卷五五。
[3]拜其子繼恭臨海郡王：據中華點校本考，《舊五代史》卷一三四《王審知傳》、《册府》卷二三二與此同，《通鑑》卷二八一載繼恭係其弟。按前引劉華墓誌載繼恭亦係繼鵬弟。
[4]中書舍人：官名。中書省屬官。掌起草文書、呈遞奏章、

傳宣詔命等。正五品上。　劉乙：人名。籍貫不詳。五代十國閩國官員。本書僅此一見。

[5]鄭元弼：人名。仙游（今福建仙游縣）人。五代十國閩國官員。事見本書本卷。

[6]兵部員外郎：官名。兵部郎中之副職，協理諸項軍務。從六品上。　李知損：人名。大梁（今河南開封市北）人。五代後晉官員。傳見《舊五代史》卷一三一。

　　昶亦好巫，拜道士譚紫霄爲正一先生，[1]又拜陳守元爲天師，而妖人林興以巫見幸，[2]事無大小，興輒以寶皇語命之而後行。守元教昶起三清臺三層，以黃金數千斤鑄寶皇及元始天尊、太上老君像，[3]日焚龍腦、薰陸諸香數斤，作樂于臺下，晝夜聲不輟，云如此可求大還丹。三年夏，虹見其宮中，林興傳神言："此宗室將爲亂之兆也。"乃命興率壯士殺審知子延武、延望及其子五人。後興事敗，亦被殺。而昶愈惑亂，立父婢春鶯爲淑妃，後立以爲皇后。又遣醫人陳究以空名堂牒賣官。[4]

[1]譚紫霄：人名。泉州（今福建泉州市）人。五代十國閩國術士。事見本書本卷。

[2]林興：人名。籍貫不詳。五代十國閩國術士。事見本書本卷。

[3]元始天尊：道教神話體系中的三清神之一。　太上老君：道教神話體系中的至高神。

[4]陳究：人名。籍貫不詳。五代十國閩國官員。本書僅此一見。

昶弟繼嚴判六軍諸衛事,[1]昶疑而罷之,代以季弟繼鏞,而募勇士爲宸衛都以自衛,其賜予給賞,獨厚於佗軍。控鶴都將連重遇、拱宸都將朱文進,[2]皆以此怒激其軍。是歲夏,術者言昶宮中當有災,昶徙南宮避災,而宮中火,昶疑重遇軍士縱火。內學士陳郯素以便佞爲昶所親信,[3]昶以火事語之,郯反以告重遇。重遇懼,夜率衛士縱火焚南宮,昶挾愛姬、子弟、黃門衛士斬關而出,宿于野次。

[1]昶弟繼嚴判六軍諸衛事：據中華點校本考,前引劉華墓誌載繼嚴係繼鵬兄。

[2]都將：官名。唐、五代時節度使屬將。品秩不詳。　連重遇：人名。永泰（今福建永泰縣）人。五代十國閩國將領。與朱文進先後殺閩康宗王繼鵬、閩景宗王延羲,繼而擁立朱文進,後被部將林仁翰所殺。事見本書卷六二及本卷。　朱文進：人名。永泰（今福建永泰縣）人。五代十國閩國將領。與連重遇先後殺閩康宗王繼鵬、閩景宗王延羲而自立,曾爲後晉出帝冊爲閩國王,後被部將林仁翰所殺。事見本書本卷。

[3]內學士：官名。五代十國閩國官職,隸屬中書省。品秩不詳。　陳郯：人名。泉州莆田（今福建莆田市）人。五代十國閩國官員。事見本書本卷。

重遇迎延羲立之。[1]延羲令其子繼業率兵襲昶,及之；射殺數人,昶知不免,擲弓于地,繼業執而殺之,及其妻、子皆死無遺類。延羲立,諡昶曰康宗。

[1]延羲令其子繼業率兵襲昶：據中華點校本考,《通鑑》卷

二八二記繼業爲延義兄子。

延羲，審知少子也。既立，更名曦，遣使者朝貢于晋，改元永隆。[1]鑄大鐵錢，以一當十。

[1]永隆：閩景宗王延羲年號（939—943）。

曦自昶世倔彊難制，昶相王倓每抑折之，[1]曦亦憚倓，不敢有所發。新羅遣使聘閩以寶劍，[2]昶舉以示倓曰："此將何爲？"倓曰："不忠不孝者，斬之。"曦居旁色變。曦既立，而新羅復獻劍，曦思倓前言，而倓已死，命發冢戮其尸，倓面如生，血流被體。

[1]王倓：人名。籍貫不詳。五代十國閩國大臣。事見本書本卷。
[2]新羅：朝鮮古國。4世紀以後逐漸强大。935年爲王氏高麗所取代。傳見《舊五代史》卷一三八、本書卷七四。

泉州刺史余廷英嘗矯曦命掠取良家子，[1]曦怒，召下御史劾之。廷英進買宴錢千萬，曦曰："皇后土貢何在？"廷英又獻皇后錢千萬，乃得不劾。曦嘗嫁女，朝士有不賀者笞之。御史中丞劉贊坐不糾舉，[2]將加笞，諫議大夫鄭元弼切諫，曦謂元弼曰："卿何如魏鄭公，乃敢彊諫！"[3]元弼曰："陛下似唐太宗，臣爲魏鄭公可矣。"[4]曦喜，乃釋贊不笞。

[1]余廷英：人名。籍貫不詳。五代十國藩鎮軍閥。本書僅此一見。

[2]御史中丞：官名。如不置御史大夫，則爲御史臺長官。掌司法監察。正四品下。　劉贊：人名。籍貫不詳。五代十國閩國官員。本書僅此一見。

[3]魏鄭公：即魏徵。一説曲陽（今河北曲陽縣）人，一説館陶（今河北館陶縣）人。唐朝大臣，以直言敢諫而聞名，襄助唐太宗締造"貞觀之治"。傳見《舊唐書》卷七一。

[4]唐太宗：即李世民，隴西成紀（今甘肅秦安縣）人。626年至649年在位。通過"玄武門之變"掌權，開創史稱"貞觀之治"的歷史時期。紀見《舊唐書》卷二、卷三及《新唐書》卷二。

曦弟延政爲建州節度使，封富沙王，自曦立，不叶，數舉兵相攻，曦由此惡其宗室，多以事誅之。諫議大夫黃峻舁櫬詣朝堂極諫，[1]曦怒，貶峻漳州司户參軍。[2]校書郎陳光逸上書疏曦過惡五十餘事，[3]曦命衛士鞭之百而不死，以繩係頸，掛于木，久而乃絕。國計使陳匡範增算商之法以獻，[4]曦曰："匡範人中寶也。"已而歲入不登其數，乃借於民以足之，匡範以憂死。其後知其借於民也，剖棺斷尸，棄之水中。

[1]黃峻：人名。籍貫不詳。五代十國閩國官員。事見本書本卷。

[2]司户參軍：官名。簡稱"司户"。州級政府僚佐。掌本州屬縣之户籍、賦稅、倉庫受納等事。品秩不詳。

[3]校書郎：官名。漢代始置，初掌圖書典籍。唐代於秘書省及弘文、崇文二館均置校書郎數人，掌校勘典籍、訂正訛誤。正九

品或從九品。　陳光逸：人名。籍貫不詳。五代十國閩國官員。事見本書本卷。

［4］陳匡範：人名。籍貫不詳。五代十國閩國官員。事見本書本卷。

曦性既淫虐，而妻李氏悍而酗酒，賢妃尚氏有色而寵。李仁遇曦甥也，以色嬖之，用以爲相。曦常爲牛飲，群臣侍酒，醉而不勝，有訴及私棄酒者輒殺之。諸子繼柔棄酒，并殺其贊者一人。連重遇殺昶，懼爲國人所討，與朱文進連姻以自固。曦心疑之，常以語誚重遇等，重遇等流涕自辨。李氏妬尚妃之寵，欲圖曦而立其子亞澄，乃使人謂重遇等曰："上心不平於二公，奈何？"重遇等懼。六年三月，曦出遊，醉歸，重遇等遣壯士拉於馬上而殺之，謚曰景宗。

延政，審知子也。曦立，爲淫虐，延政數貽書諫之。曦怒，遣杜建崇監其軍，[1]延政逐之，曦乃舉兵攻延政，爲延政所敗。延政乃以建州建國稱殷，改元天德。[2]

［1］杜建崇：人名。籍貫不詳。五代十國閩國官員。本書僅此一見。

［2］天德：五代十國閩末王王延政年號（943—945）。

明年，連重遇已殺曦，集閩群臣告曰："昔太祖武皇帝親冒矢石，[1]遂啓有閩，及其子孫，淫虐不道。今天厭王氏，百姓與能，當求有德，以安此土。"群臣皆莫敢議，乃掖朱文進升殿，率百官北面而臣之。文進以重遇判六軍諸衛事，王氏子弟在福州者無少長皆殺之。以黃紹頗守泉州，[2]程贇守漳州，[3]許文縝守汀州，[4]稱晉年號，時開運元年也。[5]泉州軍將留從效詐其州人曰[6]："富沙王兵收福州矣，吾屬世爲王氏臣，安能交臂而事賊乎？"州人共殺紹頗，迎王繼勳爲刺史，漳州聞之，亦殺贇，迎王繼成爲刺史，皆王氏之諸子也。文縝懼，以汀州降于延政。延政已得三州，重遇亦殺文進，傳首建州以自歸。福州裨將林仁翰又殺重遇，[7]謀迎延政都福州。

[1]太祖武皇帝：代指五代十國閩國奠基者王審知。

[2]黃紹頗：人名。籍貫不詳。五代十國閩國官員。事見《宋史》卷四八三。

[3]程贇：人名。籍貫不詳。五代十國閩國官員。本書僅此一見。　漳州：州名。治所在今福建漳州市。

[4]許文縝：人名。籍貫不詳。五代十國閩國官員。事見《舊五代史》卷一一七。　汀州：州名。治所在今福建長汀縣。

[5]開運：五代後晉出帝石重貴年號（944—946）。

[6]留從效：人名。泉州永春（今福建永春縣）人。五代十國藩鎮軍閥。閩國動亂之際割據泉、漳諸地，至北宋建立後歸降。傳見《宋史》卷四八三。

[7]林仁翰：人名。建陽人（今福建南平市建陽區）人。五代十國閩國將領。事見本書本卷。

是時，南唐李景聞閩亂，[1]發兵攻之，延政遣其從子繼昌守福州，而南唐兵方急攻延政，福州將李仁達謂其徒曰："唐兵攻建州，富沙王不能自保，其能有此土也？"[2]乃擒繼昌殺之。欲自立，懼衆不附，以雪峰寺僧卓儼明示衆曰："此非常人也。"[3]被以衮冕，率諸將吏北面而臣之。已而又殺儼明，乃自立，送款于李景，景以仁達爲威武軍節度使，更其名曰弘義。而景兵攻破建州，遷延政族於金陵，[4]封鄱陽王。是歲，景保大四年也。[5]

[1]李景：即五代十國南唐元宗李璟。徐州（今江蘇徐州市）人。南唐烈祖李昇長子，南唐第二位皇帝。後削去帝號，改稱國主。傳見《舊五代史》卷一三四、本書卷六二。

[2]李仁達：人名。光州（今河南潢川縣）人。五代十國藩鎮軍閥。事見本書卷六二及本卷。

[3]卓儼明：人名。籍貫不詳。五代十國藩鎮軍閥。一度爲李仁達扶立爲閩國王，後又爲其所殺。事見本書本卷。

[4]金陵：地名。中國古代對今江蘇南京市的代稱。

[5]保大：五代十國南唐元宗李璟年號（943—957）。

留從效聞延政降唐，執王繼勳送于金陵，李景以泉州爲清源軍，[1]以從效爲節度使。景已破延政，遣人召李仁達入朝，仁達不從，遂降于吴越。而留從效亦逐景守兵，據泉、漳二州，景猶封從效晉江王。周世宗時，[2]從效遣牙將蔡仲興爲商人，[3]間道至京師，求置邸內屬。是時，世宗與李景畫江爲界，遂不納，從效仍臣于南唐。其後事具國史。晋開運三年丙午，南唐保大四年也。是歲，李景兵破建州，王氏滅。《江南録》云："保大三年，虜王氏之族，遷于金陵。"謬也。據王潮實以唐景福元年入福州，拜觀察使，而後人紀録者，乃用"騎馬來、騎馬去"之讖以爲據，遂以王潮光啓二年歲在丙午拜泉州刺史爲始年，至保大四年，歲復在丙午而滅，故爲六十一年。然其奄有閩國，則當自景福元年爲始，實五十五年也。今諸家記其國滅丙午是也。其始年則牽於讖書，繆矣。惟《江南録》又差其末年也。

［1］清源軍：方鎮名。治所在泉州（今福建泉州市）。

［2］周世宗：即柴榮。邢州龍岡（今河北邢臺市）人。五代後周太祖郭威養子，後周第二位皇帝。紀見《舊五代史》卷一一四、本書卷一二。

［3］蔡仲興：據中華點校本考，《册府》卷一六七、《九國志》卷一〇作"興"，《册府》卷二三二、《通鑑》卷二九四、《宋史》卷四八三《留從效》傳作"賫"。

新五代史　卷六九

南平世家第九

高季興　子從誨　從誨子保融　保勗　保融子繼沖

　　高季興，字貽孫，陝州硤石人也。[1]本名季昌，避後唐獻祖廟諱，更名季興。[2]季興少爲汴州富人李讓家僮，梁太祖初鎮宣武，[3]讓以入貲得幸，養爲子，易其姓名曰朱友讓。季興以友讓故得進見，太祖奇其材，命友讓以子畜之，因冒姓朱氏，補制勝軍使，遷毅勇指揮使。[4]

　　[1]陝州：州名。治所在今河南三門峽市陝州區。　硤石：縣名。治所在今河南三門峽市陝州區東硤石城遺址。
　　[2]後唐獻祖：李國昌，唐末沙陀首領，李克用之父、李存勖祖父。同光元年（923）四月李存勖建立後唐，追尊其爲獻祖皇帝。
　　[3]汴州：州名。治所在今河南開封市。　宣武：方鎮名。治所在汴州。　李讓：人名。籍貫、事迹不詳。
　　[4]制勝軍使：官名。制勝爲部隊番號，制勝軍使爲其統兵將領。品秩不詳。　毅勇指揮使：官名。毅勇爲部隊番號，毅勇指揮

使爲其統兵將領。品秩不詳。

　　天復二年，梁兵攻鳳翔，李茂貞堅壁不出。[1]太祖議欲收軍還河中，季興獨進曰："天下豪傑窺此舉者一歲矣，今岐人已備，破在旦夕，而大王之所慮者，閉壁以老我師，此可以誘致之也。"[2]太祖壯其言，命季興募勇敢士，得騎士馬景，季興授以計，[3]引見太祖。景曰："此行無還理，願録其後嗣。"太祖惻然止之，景固請，乃行。景以數騎馳叩城門告曰："梁兵將東，前鋒去矣。"岐人以爲然，開門出追梁軍，梁兵隨景後以進，殺其九千餘人，景死之。茂貞後與梁和，昭宗出，贈景官，諡曰忠壯。季興由是知名。明年，拜宋州刺史。[4]從破青州，徙潁州防禦使，復姓高氏。[5]

　　[1]天復：原作"天福"，中華點校本據宗文本、《舊五代史》卷一三三《高季興傳》改，今從。天復，唐昭宗李曄年號（901—904）。　鳳翔：方鎮名。治所在鳳翔府（今陝西鳳翔縣）。　李茂貞：人名。深州博野（今河北蠡縣）人。唐末、五代軍閥。傳見《舊五代史》卷一三二、本書卷四〇。
　　[2]河中：府名。唐開元八年（720）改蒲州爲河中府，因地處黃河中游而得名，其後名稱屢有改易。治所在今山西永濟市。　岐人：指鳳翔節度使、岐王李茂貞所部。
　　[3]季興授以計："授"，原作"受"，據中華點校本改。
　　[4]宋州：州名。治所在今河南商丘市睢陽區。　刺史：官名。州一級行政長官。漢武帝時始置，總掌考核官吏、勸課農桑、地方教化等事。唐中期以後，節度使、觀察使轄州而設，刺史爲其屬官，職任漸輕。從三品至正四品下。

[5]青州：州名。治所在今山東青州市。　潁州：州名。治所在今安徽阜陽市潁州區。　防禦使：官名。唐代始置，設有都防禦使、州防禦使兩種。常由刺史或觀察使兼任，實際上爲唐代後期州或方鎮的軍政長官。

　　當唐之末，襄州趙匡凝襲破雷彥恭于荆南，以其弟匡明爲留後。[1]梁兵攻破襄州，匡凝奔于吳，匡明奔于蜀，乃以季興爲荆南節度觀察留後。[2]開平元年，拜季興節度使。[3]二年，加同中書門下平章事。[4]荆南節度十州，當唐之末，爲諸道所侵，季興始至，江陵一城而已，[5]兵火之後，井邑凋零。季興招緝綏撫，人士歸之，乃以倪可福、鮑唐爲將帥，梁震、司空薰、王保義等爲賓客。[6]

　　[1]襄州：州名。治所在今湖北襄陽市。　趙匡凝：人名。蔡州（今河南汝南縣）人，唐末、五代軍閥。傳見《舊五代史》卷一七、本書卷四一。　雷彥恭：人名。朗州武陵（今湖南常德市）洞蠻後裔，唐末軍閥。事見《舊五代史》卷一三三。　趙匡明：人名。趙匡凝之弟，唐末、五代將領。傳見《舊五代史》卷一七。
　　[2]節度觀察留後：官名。唐、五代時，代行方鎮長官之職者稱留後。代行觀察使之職者，即爲觀察留後。掌一州或數州軍政。品秩不詳。
　　[3]開平：五代後梁太祖朱溫年號（907—911）。　節度使：官名。唐時在重要地區所設掌握一州或數州軍事、民事、財政的長官。
　　[4]同中書門下平章事：官名。簡稱"同平章事"。唐高宗以後，凡實際任宰相之職者，常在其本官後加同平章事的職銜。後成

爲宰相專稱。

［5］江陵：縣名。治所在今湖北荆州市。

［6］倪可福、鮑唐、梁震、司空薰、王保義：人名。籍貫不詳。皆爲南平高季興部下。

太祖崩，季興見梁日以衰弱，乃謀阻兵自固，治城隍，設樓櫓。以兵攻歸、峽，爲蜀將王宗壽所敗。[1] 又發兵聲言助梁擊晋，以侵襄州，爲孔勍所敗，[2] 乃絶貢賦累年。梁末帝優容之，[3] 封季興渤海王，賜以衮冕劍佩。貞明三年，始復修貢。[4]

［1］歸州：州名。治所在今湖北秭歸縣。　峽州：州名。即硤州。治所在今湖北宜昌市夷陵區。　王宗壽：人名。許州（今河南許昌市）人。五代十國前蜀高祖王建養子，封嘉王。事見本書卷六三及本卷。

［2］孔勍：人名。兗州（今山東濟寧市兗州區）人。唐末、五代藩鎮軍閥。傳見《舊五代史》卷六四。

［3］梁末帝：即朱温第四子朱友貞，殺其兄朱友珪而自立。爲李存勗大軍包圍後自殺身死，後梁由是滅亡。紀見《舊五代史》卷八至卷一〇、本書卷三。

［4］貞明：五代後梁末帝朱友貞年號（915—921）。

梁亡，唐莊宗入洛，[1] 下詔慰諭季興，司空薰等皆勸季興入朝京師，梁震以爲不可，曰："梁、唐世爲仇敵，夾河血戰垂二十年，今主上新滅梁，而大王梁室故臣，握彊兵，居重鎮，以身入朝，行爲虜爾。"季興不聽，留其二子，以騎士三百爲衛，朝于洛陽。莊宗果欲留之，郭崇韜諫曰：[2]"唐新滅梁得天下，方以大信示人，今四方諸侯相繼入貢，不過遣子弟將吏，而季興以身述職，爲諸侯率，宜加恩禮，以諷動來者；而反縻之，示天下以不廣，且絶四方内向之意，不可。"莊宗乃止，厚禮而遣之。莊宗嘗問季興曰："吾已滅梁，欲征吴、蜀，何者爲先？"季興曰："宜先蜀，臣請以本道兵先進。"莊宗大悦，以手拊其背，季興因命工繡其手迹於衣，歸以爲榮耀。季興已去，莊宗心悔遣之，密詔襄州劉訓圖之。[3]季興行至襄州，心動，夜斬關而出，已去，而詔書夜至。季興歸而謂梁震曰："不聽子言，幾不免。"因曰："吾行有二失：來朝一失，放還一失。且主上百戰以取河南，對功臣誇手抄春秋，又曰：'我於手指上得天下。'其自矜伐如此。而荒于遊畋，政事多廢，吾可無慮矣。"同光三年，封南平王。[4]魏王繼岌已破蜀，[5]得蜀金帛四十餘萬，自峽而下，而莊宗之難作。季興聞京師有變，乃悉邀留蜀物，而殺其使者韓珙等十餘人。[6]

[1]唐莊宗：即李存勖，小字亞子，沙陀族，太原（今山西太原市）人。李克用之子，五代後唐開國皇帝。紀見《舊五代史》卷二七至卷三四、本書卷四及卷五。

[2]郭崇韜：人名。代州雁門（今山西代縣）人。五代後唐大臣。傳見《舊五代史》卷五七、本書卷二四。

[3]劉訓：人名。隰州永和（今山西永和縣）人。五代後唐將領。傳見《舊五代史》卷六一。

[4]同光：五代後唐莊宗李存勖年號（923—926）。

［5］李繼岌：人名。沙陀族，代州雁門（今山西代縣）人。五代後唐莊宗李存勖長子。曾率部攻滅前蜀，聞其父爲兵亂所殺後自縊身亡。事見《舊五代史》卷三〇、卷七二。

［6］韓珙：人名。籍貫不詳。本書僅此一見。

初，唐兵伐蜀，季興請以本道兵自取夔、忠、萬、歸、峽等州，乃以季興爲峽路東南面招討使，而季興未嘗出兵。[1]魏王已破蜀，而明宗入立，[2]季興因請夔、忠等州爲屬郡，唐大臣以爲季興請自取之，而兵出無功，不與。季興屢請，雖不得已而與之，而唐猶自除刺史，季興拒而不納。明宗乃以襄州劉訓爲招討使，攻之不克，而唐別將西方鄴克其夔、忠、萬三州，[3]季興遂以荆、歸、峽三州臣于吴，吴册季興秦王。

［1］夔：州名。治所在今重慶奉節縣。 忠：州名。治所在今重慶忠縣。 萬：州名。治所在今重慶萬州區。 招討使：官名。掌招撫、討伐等事務。唐貞元始置。戰時任命，兵罷則省。常以大臣、將帥或地方軍政長官兼任。品秩不詳。

［2］明宗：李嗣源，沙陀族，應州金城（今山西應縣）人。李克用養子，逼宫李存勖後自立爲後唐皇帝。紀見《舊五代史》卷三五至卷四〇、本書卷六。

［3］別將：官名。一般也作偏將代稱。唐軍設有別將一職，各折衝府亦設別將。 西方鄴：人名。定州滿城（今河北保定市滿城區）人。五代後唐將領。傳見《舊五代史》卷六一、本書卷二五。

天成三年冬，[1]卒，年七十一，謚曰武信。季興子九人，長子從誨立。

[1]天成：五代後唐明宗李嗣源年號（926—930）。

從誨，字遵聖。季興時入梁爲供奉官，累遷鞍轡庫使，賜告歸寧，季興遂留爲馬步軍都指揮使、行軍司馬。[1]季興卒，吳以從誨爲荆南節度使。從誨以父自絶于唐，懼復見討，乃遣使者聘于楚，楚王馬殷爲之請命于唐，而從誨亦遣押衙劉知謙奉表自歸，進贖罪銀三千兩，明宗納之。[2]長興元年正月，[3]拜從誨節度使，追封季興楚王，謚曰武信。三年，封從誨渤海王。應順元年，[4]封南平王。

[1]供奉官：官名。泛指侍奉皇帝左右的臣僚，亦爲東、西頭供奉官通稱。品秩不詳。　鞍轡庫使：官名。掌御馬鞍轡。唐後期神策軍中置御鞍轡庫，五代置鞍轡庫使。品秩不詳。《舊五代史》卷一三三《高從誨傳》作"鞍轡庫副使"。　歸寧：古代禮儀。其含義包括出嫁女子回家省親、男子回家探望父母、諸侯朝覲後返回、已婚女子爲夫家遺棄後返回娘家以及治辦喪事。詳見楊連民、馬曉雪《"歸寧父母"與"歸寧"制度考略》，《聊城大學學報》（社會科學版）2003年第6期。　馬步軍都指揮使：官名。五代時侍衛親軍長官，多爲皇帝親信。品秩不詳。　行軍司馬：官名。出征將領及節度使的屬官。掌軍籍符伍、號令印信，是藩鎮重要的軍政官員。品秩不詳。

[2]馬殷：人名。許州鄢陵（今河南鄢陵縣）人。五代十國南楚開國君主。傳見《舊五代史》卷一三三、本書卷六六。　押衙：官名。亦稱"押牙"。唐、五代時期節度使辟署的屬官，掌領方鎮儀仗侍衛、統率軍隊。品秩不詳。參見劉安志《唐五代押牙（衙）考略》，《魏晋南北朝隋唐史資料》第16輯，1998年。　劉知謙：

人名。壽州上蔡（今河南上蔡縣）人。五代藩鎮將領。傳見《新唐書》卷一九〇。

［3］長興：五代後唐明宗李嗣源年號（930—933）。荊南、南楚等政權亦行此年號。

［4］應順：五代後唐閔帝李從厚年號（934）。荊南、南楚等政權亦行此年號。

從誨爲人明敏，多權詐。晋高祖遣翰林學士陶穀爲從誨生辰國信使，[1]從誨宴穀望沙樓，大陳戰艦于樓下，謂穀曰："吴、蜀不賓久矣，願修武備，習水戰，以待師期。"穀還，具道其語，晋高祖大喜，復遣使賜以甲馬百匹。襄州安從進反，[2]結從誨爲援，從誨外爲拒絶，陰與之通。晋師致討，從誨遣將李端以舟師爲應，[3]從進誅，從誨求郢州爲屬郡，高祖不許。[4]

［1］晋高祖：即石敬瑭。沙陀族，太原（今山西太原市）人。五代後晋開國皇帝。在位期間割華北北部幽、雲諸州予契丹。紀見《舊五代史》卷七五至卷八〇、本書卷八。　翰林學士：官名。由南北朝始設之學士發展而來，唐玄宗改翰林供奉爲翰林學士，備顧問，代王言，掌拜免將相、號令征伐等詔令的起草。品秩不詳。
陶穀：人名。邠州新平（今陝西彬縣）人。五代、宋初文官。傳見《宋史》卷二六九。　國信使：官名。古代負責出使外邦的使臣，多因相應事件或節日而派遣。品秩不詳。

［2］安從進：人名。粟特人。五代軍閥。傳見《舊五代史》卷九八、本書卷五一。

［3］李端：人名。籍貫不詳。五代藩鎮將領。本書僅此一見。

［4］郢州：州名。治所在今湖北鍾祥市。

契丹滅晉，漢高祖起太原，[1]從誨遣人間道奉表勸進，且言漢得天下，願乞郢州爲屬，漢高祖陽諾之。高祖入汴，從誨遣使朝貢，因求郢州，高祖不與。從誨怒，發兵攻郢州，爲刺史尹實所敗。[2]漢遣國子祭酒田敏使于楚，[3]假道荊南，從誨問敏中國虛實，以爲契丹之後兵食皆殫，意欲以誚敏。敏爲言："杜重威悉以晉戈甲降虜，[4]虜置之鎭州，未嘗以北，而晉兵皆漢有也。"從誨不悦。敏以印本五經遺從誨，從誨謝曰："予之所識，不過《孝經》十八章爾。"敏曰："至德要道，於此足矣。"敏因誦諸侯章曰："在上不驕，高而不危，制節謹度，滿而不溢。"從誨以爲譏己，即以大卮罰敏。

[1]漢高祖：即劉知遠，沙陀族，太原（今山西太原市）人。五代後漢開國皇帝。紀見《舊五代史》卷九九、卷一〇〇及本書卷一〇。

[2]尹實：人名。籍貫不詳。唐末、五代藩鎭軍閥。事見《舊五代史》卷一〇一、卷一三三。

[3]國子祭酒：官名。古代國子學或太學長官。晉武帝司馬炎始置。掌邦國儒學訓導之政令，領太學、國子學及國子監所屬各學。從三品。　田敏：人名。淄州鄒平（今山東鄒平縣）人。五代、宋初官員、學者。傳見《宋史》卷四三一。

[4]杜重威：人名。朔州（今山西朔州市）人。五代後晉重要軍政官員。傳見《舊五代史》卷一〇九、本書卷五二。　鎭州：州名。治所在今河北正定縣。

荊南地狹兵弱，介於吳、楚，爲小國。自吳稱帝，而南漢、閩、楚皆奉梁正朔，歲時貢奉，皆假道荊南。

季興、從誨常邀留其使者，掠取其物，而諸道以書責誚，或發兵加討，即復還之而無愧。其後南漢與閩、蜀皆稱帝，從誨所嚮稱臣，蓋利其賜予。俚俗語謂奪攘苟得無愧恥者爲"賴子"，猶言無賴也，故諸國皆目爲"高賴子"。

從誨自求郢州不得，遂自絕於漢。逾年，復通朝貢。乾祐元年十月，卒，年五十八，贈尚書令，謚曰文獻。[1]子保融立。從誨十五子，長曰保勳，次保正，保融第三子也，不知其得立之因。

[1]乾祐：五代後漢高祖劉知遠及隱帝劉承祐年號（948—950）。　尚書令：官名。秦始置。隋、唐前期爲尚書省長官，與中書令、侍中並爲宰相。唐後期多爲大臣加銜，不參與政務。正二品。

保融，字德長。從誨時爲節度副使，兼峽州刺史。從誨卒，拜節度使。廣順元年，封渤海郡王。顯德元年，進封南平王。[1]世宗征淮，保融遣指揮使魏璘率兵三千，[2]出夏口以爲應。[3]又遣客將劉扶奉牋南唐，[4]勸其內附。李景稱臣，[5]世宗得保融所與牋，大喜，賜以絹萬匹。[6]荆南自後唐以來，常數歲一貢京師，而中間兩絕。及世宗時，無歲不貢矣。保融以謂器械金帛皆土地常産，不足以劾誠節，乃遣其弟保紳來朝，[7]世宗益嘉之。

[1]廣順：五代後周太祖郭威年號（951—953）。　顯德：五

代後周太祖郭威年號（954）。世宗柴榮、恭帝柴宗訓沿用（954—960）。

［2］世宗：五代後周皇帝柴榮，邢州龍岡（今河北邢臺市）人。後周太祖郭威養子。紀見《舊五代史》卷一一四至卷一一九、本書卷一二。　魏璘：人名。籍貫不詳。五代藩鎮將領。本書僅此一見。

［3］夏口：地名。位於今湖北武漢市漢水下游長江口地區，因古時漢水自沔陽（今湖北仙桃市）以下稱夏水，故而得名。

［4］客將：官名。唐末、五代藩鎮中負責出使外邦或接待使節的武將。詳見吴麗娱《試論晚唐五代的客將、客司與客省》，《中國史研究》2002年第4期。　劉扶：人名。籍貫不詳。五代藩鎮將領。本書僅此一見。

［5］李景：即五代十國南唐元宗李璟。徐州彭城（今江蘇徐州市）人。南唐烈祖李昇長子，南唐第二位皇帝。後因受後周威脅，削去帝號，改稱國主。傳見《舊五代史》卷一三四、本書卷六二。

［6］萬匹：原作"百匹"，宗文本、《通鑑》卷二九四、《宋史》卷四八三《荆南高氏世家》皆作"萬匹"，中華點校本據改，今從。

［7］保紳：人名。高從誨十五子之一，高保融之弟。本書僅此一見。

　　初，季興之鎮，梁以兵五千爲牙兵，[1]衣食皆給於梁。至明宗時，歲給以鹽萬三千石，後不復給。及世宗平淮，故命泰州給之。[2]

［1］牙兵：五代時期藩鎮親兵。參見來可泓《五代十國牙兵制度初探》，《學術月刊》1995年第11期。

［2］泰州：州名。治所在今江蘇泰州市。

保融性迂緩，無材能，而事無大小，皆委其弟保勖。其從叔從義謀爲亂，爲其徒高知訓所告，[1]徙之松滋而殺之。

[1]高知訓：人名。籍貫不詳。本書僅此一見。　松滋：縣名。治所在今湖北松滋市。

宋興，保融懼，一歲之間三入貢。建隆元年，以疾卒，年四十一，贈太尉，諡曰貞懿。[1]弟保勖立。

[1]建隆：宋太祖趙匡胤年號（960—963）。

保勖，字省躬，從誨第十子也。保融卒，拜節度使。三年，保勖疾，謂其將梁延嗣曰：[1]"我疾遂不起，兄弟孰可付之後事者？"延嗣曰："公不念貞懿王乎？[2]先王寢疾，以軍府付公，今先王子繼沖長矣。"保勖曰："子言是也。"即以繼沖判内外兵馬。十一月，保勖卒，年三十九，贈侍中。[3]保融之子繼沖立。

[1]梁延嗣：人名。京兆長安（今陝西西安市）人。五代藩鎮將領。傳見《宋史》卷四九六。
[2]貞懿王：高保融諡號。
[3]侍中：官名。秦始置。隋、唐前期爲門下省長官。唐後期多爲大臣加銜，不參與政務，實際職務由門下侍郎執行。正二品。

繼沖，字成和。保勖卒，拜節度使。湖南周行逢卒,[1]子保權立,其將張文表作亂,[2]建隆四年,太祖命慕容延釗等討之。[3]延釗假道荆南,約以兵過城外。繼冲大將李景威曰:[4]"兵尚權譎,城外之約,不可信也。[5]宜嚴兵以待之!"判官孫光憲叱之曰:[6]"汝峽江一民爾,安識成敗!且中國自周世宗時,已有混一天下之志,況聖宋受命,真主出邪!王師豈易當也!"因勸繼冲去斥候、封府庫以待,[7]繼冲以爲然。景威出而歎曰:"吾言不用,大事去矣,何用生爲!"因扼吭而死。延釗軍至,繼冲出逆于郊,而前鋒遽入其城。繼冲亟歸,見旌旗甲馬布列衢巷,大懼,即詣延釗納牌印,太祖優詔復命繼冲爲節度使。

[1]周行逢:人名。朗州武陵（今湖南常德市武陵區）人。五代藩鎮軍閥。傳見本書卷六六。

[2]張文表:人名。朗州武陵人。五代藩鎮軍閥。傳見《宋史》卷四八三。

[3]慕容延釗:人名。太原（今山西太原市）人。五代、北宋初將領。傳見《宋史》卷二五一。

[4]李景威:人名。籍貫不詳。五代十國南平將領。本書僅此一見。

[5]不可信也:據中華點校本考,宗文本作"其可信乎",《東都事略》卷二四作"可信乎"。

[6]判官:官名。唐、五代方鎮僚屬,位在行軍司馬下。分掌使衙内各曹事,並協助使職官員通判衙事。品秩不詳。　孫光憲:人名。陵州貴平（今四川仁壽縣）人。五代、北宋初官員。傳見《宋史》卷四八三。

[7]斥候:兵種。古代軍隊中的偵察兵。

乾德元年，有事于南郊，[1]繼沖上書願陪祠。九月，具文告三廟，率其將吏、宗族五百餘人朝于京師，拜武寧軍節度使以卒。[2]光憲拜黃州刺史，其後事具國史。[3]季興興滅年世甚明，諸書皆同，蓋自梁開平元年鎮荆南，至皇朝乾德元年國除，凡五十七年。

[1]乾德：宋太祖趙匡胤年號（963—968）。　南郊：意爲都城南面之郊。代指南面郊區之祭天場所（圜丘），亦指祭天之禮（郊天）。古人用"郊""南郊""有事於南郊"指代在南郊之圜丘舉行的祭天典禮。

[2]武寧軍：方鎮名。治所在徐州（今江蘇徐州市）。

[3]黃州：州名。治所在今湖北黃岡市黃州區。

新五代史　卷七〇

東漢世家第十

劉旻　子承鈞　承鈞子繼恩　繼元

　　劉旻，漢高祖母弟也。[1]初名崇，爲人美鬚髯，目重瞳子。少無賴，嗜酒好博，嘗黥爲卒。高祖事晋爲河東節度使，以旻爲都指揮使。[2]高祖即帝位，以爲太原尹、北京留守、同中書門下平章事。[3]隱帝時，累加中書令。[4]

　　[1]漢高祖：五代後漢開國皇帝劉知遠，沙陀族，太原（今山西太原市）人。紀見《舊五代史》卷九九、卷一〇〇及本書卷一〇。中華點校本校勘記云，《舊五代史》卷一三五《劉崇傳》作漢高祖"從弟"。
　　[2]節度使：官名。唐時在重要地區所設掌握一州或數州軍事、民事、財政的長官。品秩不詳。　都指揮使：官名。唐末、五代軍隊多置都指揮使、指揮使，爲統兵將領。品秩不詳。
　　[3]太原尹：官名。唐代太原地方行政長官。品秩不詳。　北京：唐代太原城別稱，與長安、洛陽並稱"三都""三京"。　留守：官

名。古代皇帝出巡或親征時指定親王或大臣留守京城，綜理國家軍事、行政、民事、財政等事務，稱京城留守。在陪都或軍事重鎮也常設留守。品秩不詳。　同中書門下平章事：官名。簡稱"同平章事"。唐高宗以後，凡實際任宰相之職者，常在其本官後加同平章事的職銜。後成爲宰相專稱。品秩不詳。

[4]隱帝：五代後漢皇帝劉承祐，沙陀族。因郭威反叛被部下所殺，後漢由是滅亡。紀見《舊五代史》卷一〇一至卷一〇三、本書卷一〇。　中書令：官名。漢代始置，隋、唐前期爲中書省長官，屬宰相之職；唐後期多爲授予元勳大臣的虛銜。正二品。

隱帝少，政在大臣。周太祖爲樞密使，[1]新討三叛，立大功，而與旻素有隙，旻頗不自安，謂判官鄭珙曰：[2]"主上幼弱，政在權臣，而吾與郭公不叶，時事如何？"珙曰："漢政將亂矣。晋陽兵雄天下，[3]而地形險固，十州征賦足以自給。公爲宗室，不以此時爲計，後必爲人所制。"旻曰："子言，乃吾意也。"乃罷上供征賦，收豪傑，籍丁民以益兵。三年，周太祖起魏，隱帝遇弑，旻乃謀舉兵。

[1]周太祖：五代後周開國皇帝郭威。邢州堯山（今河北隆堯縣）人。紀見《舊五代史》卷一一〇至卷一一三、本書卷一一。樞密使：官名。樞密院長官。唐代宗時始以宦官掌機密，至昭宗時借朱溫之力盡誅宦官，始改以士人任樞密使。備顧問，參謀議，出納詔奏，權侔宰相。品秩不詳。參見李全德《唐宋變革期樞密院研究》，北京圖書館出版社2009年版。

[2]判官：官名。唐末、五代藩鎮幕僚，參與軍政事務。　鄭珙：人名。籍貫不詳。官至後漢宰相，後出使契丹飲酒而亡。事見

本書本卷。

[3]晉陽：地名。太原故城別稱，爲宋太宗火燒、水淹而毀。城址位於今山西太原市晉源區。

周太祖之自魏入也，反狀已白，而漢大臣不即推尊之，故未敢即立，乃白漢太后，立贇子贇爲漢嗣，遣宰相馮道迎贇于徐州。[1]當是時，人皆知太祖之非實意也，旻獨喜曰："吾兒爲帝矣，何患！"乃罷兵，遣人至京師。周太祖少賤，黥其頸上爲飛雀，世謂之郭雀兒。太祖見旻使者，具道所以立贇之意，因自指其頸以示使者曰："自古豈有雕青天子？幸公無以我爲疑。"旻喜，益信以爲然。太原少尹李驤曰：[2]"郭公舉兵犯順，其勢不能爲漢臣，必不爲劉氏立後。"因勸旻以兵下太行，控孟津以俟變，[3]庶幾贇得立，贇立而罷兵可也。旻大罵曰："驤腐儒，欲離間我父子！"命左右牽出斬之。驤臨刑歎曰："吾爲愚人畫計，死誠宜矣！然吾妻病，不可獨存，願與之俱死。"旻聞之，即並戮其妻于市，以其事白漢，以明無佗。已而周太祖果代漢，降封贇湘陰公。旻遣牙將李晉奉書周太祖，[4]求贇歸太原，而贇已死。旻慟哭，爲李驤立祠，歲時祠之。

[1]馮道：人名。瀛州景城（今河北滄州市）人。五代時官拜宰相，歷仕後唐、後晉、後漢、後周，亦曾臣事契丹。傳見《舊五代史》卷一二六、本書卷五四。　徐州：州名。治所在今江蘇徐州市。

[2]少尹：官名。唐、五代於三京、鳳翔等府均置少尹，爲尹

的副職。協助尹通判列曹諸務。從四品下。　李驤：人名。籍貫不詳。事見本書本卷。

[3]孟津：地名。位於今河南洛陽市孟津縣會盟鎮，黃河中下游分界綫、重要渡口。

[4]牙將：官名。古代軍隊中的掌兵將官。

乃以周廣順元年正月戊寅即皇帝位于太原，以子承鈞爲太原尹，判官鄭珙、趙華爲宰相，都押衙陳光裕爲宣徽使，遣通事舍人李晉間行使于契丹。[1]契丹永康王兀欲與旻約爲父子之國，旻乃遣宰相鄭珙致書兀欲，稱姪皇帝，以叔父事之而已。兀欲遣燕王述軋、政事令高勳以册尊旻爲大漢神武皇帝，並册旻妻爲皇后。[2]兀欲性豪儁，漢使者至，輒以酒肉困之，珙素有疾，兀欲彊之飲，一夕而以醉卒。然兀欲聞旻自立，頗幸中國多故，乃遣其貴臣述軋、高勳以自愛黃騮、九龍十二稻玉帶報聘。

[1]廣順：五代後周太祖郭威年號（951—953）。　趙華：人名。籍貫不詳。五代十國北漢官員。事見本書本卷。　都押衙：官名。"押衙"即"押牙"。唐、五代時期節度使辟署的屬官，有稱左、右都押衙或都押衙者。掌領方鎮儀仗侍衛、統率軍隊。品秩不詳。參見劉安志《唐五代押牙（衙）考略》，《魏晋南北朝隋唐史資料》第16輯，1998年。　陳光裕：人名。籍貫不詳。五代十國北漢官員。本書僅此一見。　宣徽使：官名。唐始置。宣徽南院使、北院使通稱宣徽使。初用宦官，五代以後改用士人。通掌内諸司及三班内侍之名籍，郊祀、朝會、宴享供帳之儀，檢視内外進奉名物。品秩不詳。參見王永平《論唐代宣徽使》，《中國史研究》

1995年第1期；王孫盈政《再論唐代的宣徽使》，《中華文史論叢》2018年第3期。　通事舍人：官名。東晉始置。唐代爲中書省屬官，全稱中書通事舍人。掌殿前承宣通奏。從六品上。

［2］兀欲：人名。即遼世宗耶律阮，遼朝第三位皇帝。遼太祖耶律阿保機長孫，遼太宗耶律德光之侄。紀見《遼史》卷五。詳見林鵠《遼世宗朝史事考》，《中華文史論叢》2012年第4期。　述軋：人名。即耶律察割。遼國宗室。後因叛弒遼世宗爲遼穆宗耶律璟所殺。傳見《遼史》卷一一二。　高勳：人名。五代、遼朝軍政官員。由後晉叛投契丹，官至南樞密使，總領漢軍事。傳見《遼史》卷八五。

已而兀欲爲述軋所弒，述律代立。[1]旻遣樞密直學士王得中聘于述律，[2]求兵以攻周。述律遣蕭禹厥率兵五萬助旻。[3]旻出陰地攻晉州，爲王峻所敗。[4]是歲大寒，旻軍凍餒，亡失過半。明年，又攻府州，爲折德扆所敗，[5]德扆因取岢嵐軍。[6]

［1］述律：人名。即遼穆宗耶律璟，951年至969年在位。遼太宗耶律德光之子。紀見《遼史》卷六。

［2］樞密院直學士：官名。五代後唐同光元年（923）改崇政院直學士置，選有政術文學者充任。爲皇帝侍從，備顧問應對。品秩不詳。　王得中：人名。籍貫不詳。五代十國北漢官員。本書僅此一見。

［3］蕭禹厥：人名。籍貫不詳。遼朝將領。本書僅此一見。

［4］陰地：關隘名。位於今山西靈石縣西南。　晉州：州名。治所在今山西臨汾市。　王峻：人名。相州安陽（今河南安陽市）人。五代將領，後周時任樞密使兼宰相。傳見《舊五代史》卷一三〇、本書卷五〇。

［5］府州：州名。治所在今陝西府谷縣。　折德扆（yǐ）：人名。府州（今陝西府谷縣）人。其家世居雲中，是控扼西北邊陲的地方豪强。傳見《宋史》卷二五三。

［6］岢嵐軍：軍（政區單位）名。治所在今山西岢嵐縣。

周太祖崩，旻聞之喜。遣使乞兵于契丹。契丹遣楊衮將鐵馬萬騎及奚諸部兵五六萬人，[1]號稱十萬以助旻。旻以張元徽爲先鋒，自將騎兵三萬攻潞州。[2]潞州李筠遣穆令鈞以步騎二千拒元徽于太平驛，[3]元徽擊敗之，遂圍潞州。

［1］楊衮：人名。籍貫不詳。遼朝武將。事見本書本卷。　奚：中古時代居住在今中國東北地區的少數民族。傳見《舊唐書》卷一九九下、《新唐書》卷二一九。詳見王凱《20世紀80年代以來奚族研究綜述》，《東北史地》2011年第1期；畢德廣《唐代奚族居地的變遷》，《中國歷史地理論叢》2014年第1期；畢德廣《遼代奚境變遷考論》，《中國邊疆史地研究》2014年第3期；王麗娟《奚族文獻史料探究》，《宋史研究論叢》2015年第2期。

［2］張元徽：人名。邢州武安（今河北武安市）人。五代藩鎮將領。事見本書本卷。　潞州：州名。治所在今山西長治市。

［3］李筠遣穆令鈞以步騎二千拒元徽于太平驛：李筠，人名。太原（今山西太原市）人。五代後周將領，北宋建立後聯合北漢反叛，終爲趙匡胤所滅。傳見《宋史》卷四八四。"二千"，原作"三千"，中華點校本據宗文本、《通鑑》卷二九一、《宋史》卷四八四《李筠傳》改，今從；"穆令鈞"，《册府》卷五七、卷四四三及《通鑑》卷二九一、《宋史》卷四八四《李筠傳》作"穆令均"。

是時，世宗新即位，以謂旻幸周有大喪而天子新立，必不能出兵，宜自將以擊其不意。自宰相馮道等多言不可，世宗意甚鋭。[1]顯德元年三月親征，甲午，戰于高平，李重進、白重贊將左，樊愛能、何徽將右，向訓、史彦超居中軍，張永德以禁兵衛蹕。[2]旻亦列爲三陣，張元徽居東偏，楊袞居西偏，旻居其中。袞望周師，謂旻曰："勍敵也，未可輕動！"旻奮髯曰："時不可失，無妄言也！"袞怒而去。旻號令東偏先進，王得中叩馬諫曰："南風甚急，非北軍之利也，宜少待之。"旻怒曰："老措大，毋妄沮吾軍！"[3]即麾元徽。元徽擊周右軍，兵始交，愛能、徽退走，其騎軍亂，步卒數千棄甲叛降元徽，呼萬歲，聲振川谷。世宗大駭，躬督戰士，士皆奮命争先，而風勢愈盛，旻自麾赤幟收軍，軍不可遏，旻遂敗。日暮，旻收餘兵萬人阻澗而止。

[1]世宗：五代後周皇帝柴榮，邢州龍岡（今河北邢臺市）人。後周太祖郭威養子。紀見《舊五代史》卷一一四至卷一一九、本書卷一二。

[2]顯德：五代後周太祖郭威年號（954）。世宗柴榮、恭帝柴宗訓沿用（954—960）。　高平：縣名。治所在今山西高平市。李重進：人名。滄州（今河北滄州市）人。五代後周將領。北宋建立後起兵反叛，兵敗身死。傳見《宋史》卷四八四。　白重贊：人名。沙陀族，憲州樓煩（今山西婁煩縣）人。五代、宋初將領。傳見《宋史》卷二六一。　樊愛能、何徽：人名。高平之戰中不戰而逃，後被周世宗處死，以正軍法。事見《通鑑》卷二九一。　向訓：人名。懷州河内（今河南沁陽市）人。五代、宋初將領。避後周恭帝諱改名向拱。傳見《宋史》卷二五五。　史彦超：人名。雲

州（今山西大同市）人。五代後周武將。傳見《舊五代史》卷一二四、本書卷三三。　張永德：人名。并州陽曲（今山西陽曲縣）人。五代、宋初大將，頗受宋太祖、宋太宗信用。傳見《宋史》卷二五五。

[3]措大：亦曰"醋大"，舊時對讀書人的蔑稱。

　　是時，周之後軍，劉詞將之，[1]在後未至，而世宗銳於速戰。戰已勝，詞軍繼至，因乘勝追擊之，旻又大敗，輜重器甲、乘輿服禦物皆爲周師所獲。旻獨乘契丹黃騮自鵰窠嶺間道馳去，[2]夜失道山谷間，得村民爲鄉導，誤趨平陽，[3]得佗道以歸，而張元徽戰歿于陣。楊袞怒旻，按兵西偏不戰，故獨全軍而返。旻歸，爲黃騮治廐，飾以金銀，食以三品料，號"自在將軍"。

[1]劉詞：人名。元城（今河北大名縣）人。五代將領。傳見《舊五代史》卷一二四、本書卷五〇。

[2]鵰窠嶺：地名。位於今山西高平市西北。

[3]平陽：地名。位於今山西臨汾市。

　　世宗休軍潞州，大宴將士，斬敗將樊愛能、何徽等七十餘人，軍威大振。進攻太原，遣符彥卿、史彥超北控忻口，[1]以斷契丹援路。太原城方四十里，周師去城三百步，圍之匝，自四月至於六月，攻之不克；而彥卿等爲契丹所敗，彥超戰歿，世宗遽班師。

[1]符彥卿：人名。陳州宛丘（今河南淮陽縣）人。五代後周、宋初將領。周世宗宣懿皇后、宋太宗懿德皇后，皆符彥卿之

女。傳見《宋史》卷二五一。　忻口：地名。位於今山西忻州市北忻口村，兩山相夾，滹沱河流經其間。

初，周師之圍城也，[1]旻遣王得中送楊衮以歸，因乞援兵於契丹，契丹發數萬騎助旻，遣得中先還。至代州，代州將桑珪殺防禦使鄭處謙，[2]以城降周，並送得中于周。世宗召問得中虜助兵多少，得中言送衮歸，無所求也，世宗信之。已而契丹敗符彥卿於忻口，得中遂見殺。

[1]周師之圍城："之"字原闕，中華點校本據宗文本補，今從。

[2]代州：州名。治所在今山西代縣。　桑珪：人名。五代將領。籍貫不詳。本書僅此一見。　防禦使：官名。唐代始置，設有都防禦使、州防禦使兩種。常由刺史或觀察使兼任，實際上爲唐代後期州或方鎮的軍政長官。品秩不詳。　鄭處謙：人名。北漢防禦使，投降後周被授予靜塞軍節度使。事見《舊五代史》卷一一四、《通鑑》卷二九二。

旻自敗於高平，已而被圍，以憂得疾，明年十一月，[1]卒，年六十。子承鈞立。

[1]明年：即顯德二年（755）。中華點校本校勘記云，《舊五代史》卷一一四《周世宗紀一》、卷一三五《劉崇傳》同；然本書卷七一《十國世家年譜》、《宋史》卷四八二《北漢劉氏世家》、《通鑑》卷二九〇皆記劉崇卒於顯德元年。

承鈞，旻次子也。少頗好學，工書。旻卒，承鈞遣人奉表契丹，自稱男。述律荅之以詔，呼承鈞爲兒，許其嗣位。初，旻常謂張元徽等曰：「吾以高祖之業，贇之冤，義不爲郭公屈爾，期與公等勉力以復家國之讎。至於稱帝一方，豈獲已也。顧我是何天子？爾亦是何節度使？」故其僭號仍稱乾祐，[1]不改元，不立宗廟，四時之祭用家人禮。承鈞既立，始赦境內，改乾祐十年曰天會元年，立七廟於顯聖宮。[2]

[1]乾祐：五代後漢高祖劉知遠及隱帝劉承祐年號（948—950）。

[2]天會：五代十國北漢君主劉承鈞年號（957—973）。 七廟：帝王宗廟。中國古代禮制中"四親"之廟、"二祧"之廟以及"始祖"之廟；《禮記·王制》亦有"天子七廟，三昭三穆，與太祖之廟而七"之說。後泛指王朝社稷。

契丹遣高勳以兵助承鈞，[1]承鈞遣李存瓌與勳攻上黨，[2]無所得而還。明年，世宗北伐契丹，下三關，[3]契丹使來告急，承鈞將發兵，而世宗班師，乃已。

[1]契丹遣高勳以兵助承鈞："以兵"原闕，中華點校本據宗文本補，今從。

[2]李存瓌：人名。籍貫不詳。五代藩鎮將領。本書僅此一見。 上黨：地名。古時對今山西東南部地區稱謂，以今山西長治市爲中心。

[3]三關：後周與遼朝之間邊地要隘，即高陽關（位於今河北高陽縣）、瓦橋關（位於今河北雄縣）、益津關（位於今河北霸州

市）或淤口關（位於今河北霸州市）。

　　宋興，昭義節度使李筠叛命，遣其將劉繼冲、判官孫孚奉表稱臣，執其監軍周光遜、李廷玉送于太原，乞兵爲援。[1]承鈞欲謀於契丹，繼冲道筠意，請無用契丹兵。承鈞即率其國兵自將出團柏谷，群臣餞之汾水。[2]僕射趙華曰：[3]"李筠舉事輕易，陛下不圖成敗，空國興師，臣實憂之。"承鈞至太平驛，[4]封筠隴西郡王。筠見承鈞儀衛不備，非如王者，悔臣之，筠因自陳受周氏恩，不忍背德。而承鈞與周世仇也，聞筠言亦不悦。遣宣徽使盧贊監其軍，[5]筠心益不平，與贊多不叶，承鈞遣宰相衛融和解之。[6]

　　[1]劉繼冲：人名。籍貫不詳。本書僅此一見。　孫孚：人名。籍貫不詳。事見本書本卷、《宋史》卷四八四。　監軍：官名。爲臨時差遣，代表朝廷協理軍務、督察將帥。唐、五代時常以宦官爲監軍。品秩不詳。　周光遜：人名。籍貫不詳。事見《舊五代史》卷一〇二、卷一〇九、卷一〇〇。　李廷玉：人名。籍貫不詳。本書僅此一見。

　　[2]團柏谷：地名。位於今山西祁縣，太原與上黨地區間交通要道。　汾水：水名。即今汾河。位於山西中部，源於山西忻州市寧武縣，全長約716公里，係黃河第二大支流。

　　[3]僕射：官名。秦始置。隋、唐前期以左、右僕射佐尚書令總理六官，綱紀庶務，如不置尚書令，則總判省事，爲宰相之職。唐後期多爲大臣加銜。從二品。

　　[4]太平驛：地名。位於今山西長治市西北約八十里。據《册府》卷四四三《將帥部・敗衄第三》、《宋史》卷四八四《李筠傳》

載，"驛東南距潞八十里"。

［5］盧贊：人名。籍貫不詳。五代十國北漢官員。事見本書本卷。

［6］衛融：人名。青州博興（今山東博興縣）人。五代十國北漢宰相。傳見《宋史》卷四八二。

已而筠敗死，衛融被執至京師，太祖皇帝問融承鈞所以助筠反狀，融言不遜，太祖命以鐵檛擊其首，流血被面，融呼曰："臣得死所矣！"太祖顧左右曰："此忠臣也。"釋之，命以良藥傅其瘡。遣融致書于承鈞，求周光遜等，約亦歸融太原，承鈞不報，融遂留京師。承鈞謂趙華曰："不聽公言，幾至於敗。然失衛融、盧贊，吾以爲恨爾。"

承鈞由此益重儒者，以抱腹山人郭無爲參議國政。[1]無爲，棣州人，[2]方顙鳥喙，好學多聞，善談辯。嘗衣褐爲道士，居武當山。周太祖討李守貞于河中，[3]無爲詣軍門上謁，詢以當世之務，太祖奇之。或謂太祖曰："公爲漢大臣，握重兵居外，而延縱橫之士，非所以防微慮遠之道也。"由是太祖不納，無爲去，隱抱腹山。承鈞內樞密使段常識之，[4]薦其材，承鈞以諫議大夫召之，遂以爲相。[5]五年，宿衛殿直行首王隱、劉紹、趙鸞等謀作亂，[6]事覺被誅，其詞連段常，乃罷常樞密爲汾州刺史，縊殺之。[7]

［1］抱腹山：地名。位於今山西介休市綿山。　郭無爲：人名。青州千乘（今山東廣饒縣）人。曾以道士身份隱居山中，後爲五代

十國北漢宰相，因欲投降宋軍而終爲劉繼元所殺。傳見《宋史》卷四八二。

［2］棣州：州名。治所在今山東惠民縣。

［3］李守貞：人名。河陽（今河南孟州市）人。五代藩鎮軍閥。傳見《舊五代史》卷一〇九、本書卷五二。

［4］内樞密使：官名。唐玄宗時以宦官爲中使，掌上傳下達，憲宗時正式稱樞密使。品秩不詳。　段常：人名。籍貫不詳。五代十國北漢大臣。事見《宋史》卷四八二。

［5］諫議大夫：官名。秦始置，掌朝政議論。隋、唐仍置，有左、右諫議大夫各四人，分屬門下、中書二省。掌諫諭得失，侍從贊相。唐後期、五代多以本官領他職。正四品下。

［6］宿衛殿直行首：官名。北漢置，掌宫廷宿衛。品秩不詳。王隱：人名。籍貫不詳。本書僅此一見。　劉紹：人名。籍貫不詳。本書僅此一見。中華點校本校勘記云，《長編》卷四作"劉詔"。　趙鸞：人名。籍貫不詳。本書僅此一見。中華點校本校勘記云，《長編》卷四作"趙巒"。

［7］汾州：州名。治所在今山西汾陽市。

　　自旻世凡舉事必稟契丹，而承鈞之立多略。契丹遣使者責承鈞改元、援李筠、殺段常不以告，承鈞惶恐謝罪。使者至契丹輒見留，承鈞奉之愈謹，而契丹待承鈞益薄。承鈞自李筠敗而失契丹之援，無復南侵之意。地狹産薄，以歲輸契丹，故國用日削，乃拜五臺山僧繼顒爲鴻臚卿。[1]

［1］鴻臚卿：官名。秦稱典客，漢初改大行令，漢武帝時改大鴻臚，北齊置鴻臚寺，以鴻臚寺卿爲長官，後代沿置。掌四夷朝貢、宴飲賞賜、送迎外使等禮儀活動。從三品。

繼顒，故燕王劉守光之子，[1]守光之死，以孽子得不殺，削髮爲浮圖，[2]後居五臺山。爲人多智，善商財利，自旻世頗以賴之。繼顒能講《華嚴經》，[3]四方供施，多積畜以佐國用。五臺當契丹界上，繼顒常得其馬以獻，號添都馬，歲率數百匹。又於柏谷置銀冶，募民鑿山取鑛，烹銀以輸，劉氏仰以足用，即其冶建寶興軍。繼顒後累官至太師、中書令，[4]以老病卒，追封定王。

[1]劉守光：人名。深州樂壽（今河北獻縣）人。唐末、五代軍閥。曾割據稱帝，後爲李存勖所殺。傳見《舊五代史》卷一三五、本書卷三九。

[2]浮圖：亦稱浮屠，佛陀之異譯。可代指佛教、僧侶、佛塔等。

[3]《華嚴經》：全稱《大方廣佛華嚴經》，另稱《雜華經》。中國佛教華嚴宗所依的根本經典。

[4]太師：官名。與太傅、太保合稱三師，唐後期、五代多爲大臣、勳貴加官。正一品。　中書令：官名。漢代始置，隋、唐前期爲中書省長官，屬宰相之職；唐後期多爲授予元勳大臣的虛銜。正二品。

太祖皇帝嘗因界上諜者謂承鈞曰："君家與周氏爲世讎，宜其不屈，今我與爾無所間，何爲困此一方之人也？若有志於中國，宜下太行以決勝負。"承鈞遣諜者復命曰："河東土地兵甲，不足以當中國之十一；然承鈞家世非叛者，區區守此，蓋懼漢氏之不血食也。"[1]太祖哀其言，笑謂諜者曰："爲我語承鈞，開爾一路以爲生。"故終其世不加兵。

[1]血食：宗廟、社稷之神主享受犧牲爲血食，後可藉由有無祭祀指代國家政權能否延續。

承鈞立十三年，病卒。其養子繼恩立。

繼恩，本姓薛氏，父釗爲卒，旻以女妻之，生繼恩。漢高祖以釗壻也，除其軍籍，置之門下。釗無材能，高祖衣食之而無所用。妻以旻女常居中，釗罕得見。釗常怏怏，因醉拔佩刀刺之，傷而不死，釗即自裁。旻女後適何氏，生子繼元，而何氏及旻女皆卒。旻以其子承鈞無子，乃以二子命承鈞養爲子。

承鈞立，以繼恩爲太原尹。承鈞嘗謂郭無爲曰："繼恩純孝，然非濟世之才，恐不能了我家事。"無爲不對。承鈞病臥勤政閣，召無爲，執手以後事付之。

承鈞卒，繼恩告哀於契丹而後立。繼恩服縗裳視事，寢處皆居勤政閣，而承鈞故執事百司宿衛者皆在太原府廨。九月，繼恩置酒會諸大臣宗子，飲罷，臥閣中。供奉官侯霸榮率十餘人挺刃入閣，[1]閉户而殺之。郭無爲遣人以梯登屋入，殺霸榮並其黨。初，承鈞之語郭無爲也，繼恩怨無爲不助己，及立，欲逐之而未果。故霸榮之亂，人皆以謂無爲之謀，霸榮死，口滅而無知者。無爲迎繼元而立之。

[1]供奉官：官名。泛指侍奉皇帝左右的臣僚，亦爲東、西頭

供奉官通稱。品秩不詳。　侯霸榮：人名。邢州龍岡（今河北邢臺市）人。於北漢、北宋間首鼠兩端。事見《宋史》卷四八二。

繼元爲人忍。旻子十餘人，皆無可稱者。當繼元時，有鎬、鍇、錡、錫、銑，於繼元爲諸父，皆爲繼元所殺，獨銑以佯愚獲免。承鈞妻郭氏，繼元兄弟自少母之。繼元妻段氏，嘗以小過爲郭氏所責，既而以它疾而卒，繼元疑其殺之。及立，遣嬖者范超圖殺郭氏，[1]郭氏方縗服哭承鈞于柩前，超執而縊殺之，於是劉氏之子孫無遺類矣。

[1]范超圖：人名。籍貫不詳。五代十國北漢宮廷內侍。本書僅此一見。

繼元立，改元曰廣運。[1]王師北征，繼元閉城拒守，太祖皇帝以詔書招繼元出降，許以平盧軍節度使，[2]郭無爲安國軍節度使。無爲捧詔色動，而并人及繼元左右皆欲堅守以拒命。無爲仰天慟哭，拔佩刀欲自裁，爲左右所持。繼元自下，執其手，延之上坐。無爲曰："奈何以孤城拒百萬之王師？"蓋欲搖動并人，而并人守意益堅。宦者衛德貴察無爲有異志，[3]以告繼元，繼元遣人縊殺之。

[1]廣運：五代十國北漢英武帝劉繼元年號（974—979）。
[2]平盧軍：方鎮名。治所在青州（今山東青州市）。
[3]衛德貴：人名。籍貫不詳。北漢宮廷宦官。本書僅此一見。

初，太祖皇帝命引汾水浸其城，水自城門入，而有積草自城中飄出塞之。是時，王師頓兵甘草地中，會歲暑雨，軍士多疾，乃班師。王師已去，繼元決城下水注之臺駘澤，[1]水已落而城多摧圮。契丹使者韓知璠時在太原，[2]歎曰："王師之引水浸城也，知其一而不知其二，若先浸而後涸，則并人無類矣！"

[1]臺駘澤：地名。故太原城近郊湖泊，現已湮滅不存。
[2]韓知璠：人名。《遼史》卷七作"韓知範"。遼朝官員。本書僅此一見。

太平興國四年，[1]王師復北征，繼元窮窘，而并人猶欲堅守。其樞密副使馬峰老疾居于家，[2]昇入見繼元，流涕以興亡諭之，繼元乃降。太宗皇帝御城北高臺受降，以繼元爲右衛上將軍，封彭城公。[3]其後事具國史。旻年世興滅，諸書皆同。自周廣順元年建號，至皇朝太平興國四年滅，凡二十八年，餘具年譜注。

[1]太平興國：宋太宗趙炅（光義）年號（976—984）。
[2]樞密副使：官名。五代後唐莊宗同光元年（923）置，樞密院副長官。品秩不詳。　馬峰：人名。太原（今山西太原市）人。五代十國北漢大臣。傳見《宋史》卷四八二。
[3]右衛上將軍：官名。唐置，掌宮禁宿衛。唐代置十六衛，即左右衛、左右驍衛、左右武衛、左右威衛、左右領軍衛、左右金吾衛、左右監門衛、左右千牛衛，各置上將軍，從二品；大將軍，正三品；將軍，從三品。

新五代史　卷七一

十國世家年譜第十一

嗚呼，堯、舜盛矣！三代之王，功有餘而德不足，故皆更始以自新，由是改正朔矣，至於後世，遂名年以建元。及僭竊交興，而稱號紛雜，則不可以不別也。五代十國，稱帝改元者七。吳越、荆、楚，常行中國年號。然予聞於故老，謂吳越亦嘗稱帝改元，而求其事迹不可得，頗疑吳越後自諱之。及旁采閩、楚、南漢諸國之書，與吳越往來者多矣，皆無稱帝之事。獨得其封落星石爲寶石山制書，稱"寶正六年辛卯"，則知其嘗改元矣。辛卯，長興二年，乃鏐之末世也，然不見其終始所因，故不得而備列。錢氏訖五代，嘗外尊中國，豈其張軌之比乎？十國皆非中國有也，其稱帝改元與不，未足較其得失，故並列之。作《十國世家年譜》。

		晉	吳	蜀	南漢	楚	吳越	閩	南平
丁卯	梁太祖開平元年[1]	李克用天祐四年[2]	楊渥天祐四年[3]	王建天復七年是歲,即位。[4]	劉隱開平[5]	馬殷開平[6]	錢鏐開平[7]	王審知開平[8]	高季興開平[9]
戊辰	二	五正月,克用卒,子存勖立。[10]	五是歲,隆演立。[11]	武成[12]					
己巳	三	六	六	二					
庚午	四	七	七	三					
辛未	乾化元年[13]	八	八	永平[14]	乾化是歲,龑立。[15]	乾化		乾化	乾化
壬申	二	九	九	二					
癸酉	三末帝二月即位。[16]	十	十	三					
甲戌	四	十一	十一	四					

乙亥	貞明元年[17]	十二	十二	五	貞明	貞明		貞明	貞明
丙子	二	十三	十三	通正[18]					
丁丑	三	十四	十四	天漢[19]	乾亨是歲，龔僭帝號，改元。[20]				
戊寅	四	十五	十五	光天是歲，衍立。[21]	二				
己卯	五	十六	武義是歲，吳王稱制，改元。[22]	乾德[23]	三				
庚辰	六	十七	二是歲，溥立。[24]	二	四				
辛巳	龍德元年[25]	十八	順義[26]	三	五	龍德		龍德	龍德
壬午	二	十九	二	四	六				

癸未	唐莊宗同光元年[27]	是歲，四月改元同光。	三	五	七	同光	同光	同光
甲申	二		四	六	八			
乙酉	三		五	咸康是歲，蜀亡。[28]	白龍[29]		是歲，延翰立。[30]	
丙戌	明宗天成元年[31]		六		二	天成	寶正[32]	天成是歲，鏻立。[33]	天成
丁亥	二		乾貞是歲，溥僭帝號，改元。[34]		三		二		
戊子	三		二		大有[35]		三	是歲，從誨立。[36]	
己丑	四		大和[37]		二		四		
庚寅	長興元年[38]		二		三		長興是歲，希聲立。[39]	五	長興	長興

辛卯	二	三	四	六 錢氏唯見一號六年,其餘皆闕不見。		
壬辰	三	四	五	是歲,希範立。[40]	是歲,元瓘立。[41]	
癸巳	四 十二月,愍帝即位。[42]	五	六		龍啓[43]	
甲午	應順元年廢帝清泰元年[44]	六	後蜀明德 孟知祥立。是歲,卒。昶立。[45]	七	應順清泰	二	應順清泰
乙未	二	天祚[46]	二	八		永和 是歲,昶立。[47]	

丙申	高祖天福元年[48]	二	三	九	天福	通文[49]	天福
丁酉	二	南唐昇元是歲，李昇立。[50]	四	十		二	
戊戌	三	二	廣政[51]	十一		三	
己亥	四	三	二	十二		永隆是歲，曦立。[52]	
庚子	五	四	三	十三		二	
辛丑	六	五	四	十四	是歲，佐立。[53]	三	
壬寅	七 出帝六月即位。[54]	六	五	光天是歲，玢立。[55]		四	

癸卯	八	保大是歲,景立。[56]	六	應乾乾和是歲,晟立。[57]		五是歲,延政以建州稱殷,改元天德。[58]	
甲辰	開運元年[59]	二	七	二	開運	六是歲,曦亡。天德二	開運
乙巳	二	三	八	三		天德三	
丙午	三	四	九	四		四是歲,延政爲南唐所虜,王氏滅。	
丁未	漢高祖天福十二年[60]	五	十	五	是歲,希廣立。[61]	是歲,倧立,見廢。[62]	

戊申	乾祐元年隱帝二月即位。[63]		六	十一	六	乾祐	是歲,俶立。[64]	乾祐是歲,保融立。[66]
己酉	二		七	十二	七			
庚戌	三		八	十三	八	是歲,希萼立。[66]		
辛亥	周太祖廣順元年[67]	乾祐四年東漢劉旻立。[68]	九	十四	九	廣順是歲,希萼等遷于金陵,馬氏絕。		廣順
壬子	二	五	十	十五	十			
癸丑	三	六	十一	十六	十一	是歲,劉言立,見殺。王進逵立。[69]		

甲寅	顯德元年世宗正月即位。[70]	七是歲，承鈞立。[71]	十二	十七	十二	顯德		顯德
乙卯	二	八	十三	十八	十三			
丙辰	三	九	十四	十九	十四	是歲，周行逢立。[72]		
丁巳	四	天會	十五	二十	十五			
戊午	五	二	交泰顯德[73]	二十一	大寶是歲，鋹立。[74]			
己未	六恭帝六月即位。明年正月遜位。[75]	三		二十二	二			

[1]梁太祖：即朱溫。宋州碭山（今安徽碭山縣）人。五代後梁開國皇帝。紀見《舊五代史》卷一至卷七、本書卷一至卷二。開平：後梁太祖朱溫年號（907—911）。

[2]李克用：人名。沙陀族，神武川新城（一説今山西山陰縣，一説今山西代縣）人。五代後唐奠基者。紀見《舊五代史》卷二五至卷二六。　天祐：唐昭宗李曄開始使用的年號（904—907）。唐哀帝李柷沿用。唐亡後，河東李克用、李存勖仍稱天祐，沿用至天祐二十年（923）。五代十國其他政權亦有行此年號者，如南吴、吴越等。

[3]楊渥：人名。楊行密長子，五代十國吴國君主。傳見《舊五代史》卷一三四、本書卷六一。

[4]王建：人名。許州舞陽（今河南舞陽縣）人。五代十國前蜀開國君主。傳見《舊五代史》卷一三六、本書卷六三。　天復：唐昭宗李曄年號（901—904）。

[5]劉隱：人名。上蔡（今河南上蔡縣）人。五代十國南漢實際奠基者。傳見《舊五代史》卷一三五、本書卷六五。

[6]馬殷：人名。許州鄢陵（今河南鄢陵縣）人。五代十國南楚開國君主。傳見《舊五代史》卷一三三、本書卷六六。

[7]錢鏐：人名。臨安（今浙江杭州市）人。五代十國吴越開國君主。傳見《舊五代史》卷一三三、本書卷六七。

[8]王審知：人名。光州固始（今河南固始縣）人。五代十國閩國開國君主。傳見《舊五代史》卷一三四、本書卷六八。

[9]高季興：人名。原名高季昌，陝州硤石（今河南三門峽市）人。五代十國南平（荆南）開國君主。傳見《舊五代史》卷一三三、本書卷六九。

[10]存勖：人名。即李存勖。小字亞子，沙陀族。太原（今山西太原市）人。李克用之子，五代後唐開國君主。紀見《舊五代史》卷二七至卷三四、本書卷四至卷五。

[11]隆演：人名。即楊隆演。廬州合淝（今安徽合肥市）人。

楊行密之子。五代十國吳國君主。傳見本書卷六一。

［12］武成：前蜀高祖王建年號（908—910）。

［13］乾化：五代後梁太祖朱温年號（911—912）。末帝朱友貞沿用（913—915）。

［14］永平：五代十國前蜀高祖王建年號（911—915）。

［15］龑：人名。即劉龑。初名劉陟。上蔡（今河南上蔡縣）人。五代十國南漢君主。傳見《舊五代史》卷一三五、本書卷六五。

［16］末帝：即朱友貞。朱温第四子，五代後梁君主。紀見《舊五代史》卷八至卷一〇、本書卷三。

［17］貞明：五代後梁末帝朱友貞年號（915—921）。

［18］通正：五代十國前蜀高祖王建年號（916）。

［19］天漢：五代十國前蜀高祖王建年號（917）。

［20］乾亨：五代十國南漢高祖劉龑年號（917—925）。

［21］光天：五代十國前蜀高祖王建年號（918）。 衍：人名。即王衍。王建之子，五代十國前蜀君主。傳見《舊五代史》卷一三六、本書卷六三。

［22］武義：五代十國吳國高祖楊隆演及睿帝楊溥年號（919—921）。

［23］乾德：五代十國前蜀後主王衍年號（919—924）。

［24］溥：人名。即楊溥。楊行密第四子，五代十國吳國君主。傳見《舊五代史》卷一三四、本書卷六一。

［25］龍德：五代後梁末帝朱友貞年號（921—923）。

［26］順義：五代十國吳國睿帝楊溥年號（921—927）。

［27］同光：五代後唐莊宗李存勖年號（923—926）。

［28］咸康：五代十國前蜀後主王衍年號（925）。

［29］白龍：五代十國南漢高祖劉龑年號（925—927）。

［30］延翰：人名。即王延翰。五代十國閩太祖王審知長子，閩國國君。傳見《舊五代史》卷一三四、本書卷六八。

［31］明宗：即李嗣源。原名邈佶烈，沙陀族。李克用養子，五代後唐君主。紀見《舊五代史》卷三五至卷四四、本書卷六。　天成：後唐明宗李嗣源年號（926—930）。

［32］寶正：五代十國吳越國王錢鏐年號（926—931）。

［33］鏻：人名。即王鏻。初名延鈞，王審知次子，五代十國閩國君主。傳見《舊五代史》卷一三四、本書卷六八。

［34］乾貞：五代十國吳國睿帝楊溥年號（927—929）。

［35］大有：五代十國南漢高祖劉龑年號（927—942）。

［36］從誨：人名。即高從誨。高季興之子，五代十國南平君主。傳見《舊五代史》卷一三三、本書卷六九。

［37］大和：五代十國吳國睿帝楊溥年號（929—935）。

［38］長興：五代十國後唐明宗李嗣源年號（930—933）。

［39］希聲。人名。即馬希聲。馬殷之子，五代十國南楚君主。傳見《舊五代史》卷一三三、本書卷六六。

［40］希範：人名。即馬希範。馬殷第四子，五代十國南楚君主。傳見《舊五代史》卷一三三、本書卷六六。

［41］元瓘：人名。即錢元瓘。錢鏐第五子，五代十國吳越君主。傳見《舊五代史》卷一三三、本書卷六七。

［42］愍帝：即李從厚。小字菩薩奴，五代後唐明宗李嗣源第三子，後唐君主。紀見《舊五代史》卷四五、本書卷七。

［43］龍啓：五代十國閩惠宗王延鈞年號（933—934）。

［44］應順：五代後唐愍帝李從厚年號（934）。　廢帝：即五代後唐廢帝李從珂。鎮州平山（今河北平山縣）人。本姓王，後唐明宗李嗣源擄其母魏氏，遂養爲己子。應順元年（934）四月，李從珂入洛陽即帝位。清泰三年（936）五月，石敬瑭謀反，以出賣燕雲十六州，自稱兒臣的條件求得契丹援助，石敬瑭攻入洛陽，廢帝自焚死，後唐亡。紀見《舊五代史》卷四六至卷四八、本書卷七。　清泰：五代後唐末帝李從珂年號（934—936）。

［45］明德：五代十國後蜀高祖孟知祥年號（934—937）。　孟

知祥：人名。邢州龍岡（今河北邢臺市）人。李克用女婿。五代十國後蜀開國君主。傳見《舊五代史》卷一三六、本書卷六四。

昶：人名。即孟昶。孟知祥子。五代十國後蜀末代君主。傳見《舊五代史》卷一三六、本書卷六四。

［46］天祚：五代十國吳睿帝楊溥年號（935—937）。

［47］永和：五代十國閩惠宗王延鈞年號（935—936）。　昶：人名。即王昶，原名王繼鵬。五代十國閩國國君。傳見《舊五代史》卷一三四、本書卷六八。

［48］晉高祖：即石敬瑭。沙陀族。太原（今山西太原市）人。五代後晉開國君主。紀見《舊五代史》卷七五至卷八〇、本書卷八。　天福：五代後晉高祖石敬瑭年號（936—942），出帝石重貴沿用至天福九年（944）。

［49］通文：五代十國閩康宗王繼鵬年號（936—939）。

［50］昇元：五代十國南唐烈祖李昇年號（937—943）。　李昇：人名。徐州（今江蘇徐州市）人。五代十國南唐君主。事見《舊五代史》卷一三四、本書卷六二。

［51］廣政：五代十國後蜀後主孟昶年號（938—965）。

［52］永隆：五代十國閩景宗王延曦年號（939—943）。　曦：人名。即王曦。本名王延羲，后改王延義、王曦。王審知之子。五代十國閩國君主。傳見《舊五代史》卷一三四、本書卷六八。

［53］佐：人名。原名錢弘佐，錢元瓘第六子，五代十國吳越君主。傳見《舊五代史》卷一三三、本書卷六七。

［54］出帝：即石重貴。石敬瑭從子。五代後晉末帝。紀見《舊五代史》卷八一至卷八五、本書卷九。

［55］光天：五代十國南漢殤帝劉玢年號（942—943）。　玢：人名。即劉玢。原名劉弘度，劉龑第三子，五代十國南漢君主。傳見《舊五代史》卷一三五、本書卷六五。

［56］保大：五代十國南唐中主李璟年號（943—957）。　景：人名。即李璟。李昇長子，五代十國南唐君主。傳見《舊五代史》

卷一三四、本書卷六二。

[57]應乾：五代十國南漢中宗劉晟年號（943）。　乾和：五代十國南漢中宗劉晟年號（943—958）。　晟：人名。即劉晟。原名劉弘熙，劉龑第四子，五代十國南漢君主。傳見《舊五代史》卷一三五、本書卷六五。

[58]天德：五代十國閩末王王延政年號（943—945）。　延政：人名。即王延政。王審知子，五代十國閩國末代君主。傳見《舊五代史》卷一三四、本書卷六八。

[59]開運：五代後晉出帝石重貴年號（944—947）。

[60]漢高祖：即劉知遠。太原（今山西太原市）人，沙陀族。五代後漢開國君主。紀見《舊五代史》卷九九至卷一〇〇、本書卷一〇。　天福：此處指後漢劉知遠開國延用天福年號（947）。

[61]希廣：人名。即馬希廣。馬殷之子，五代十國南楚君主。傳見《舊五代史》卷一三三、本書卷六六。

[62]倧：人名。即錢倧。原名錢弘倧，錢元瓘第七子，五代十國吳越君主。傳見《舊五代史》卷一三三、本書卷六七。

[63]乾祐：五代後漢高祖劉知遠及隱帝劉承祐年號（948—950）。　隱帝：即劉承祐。沙陀族。五代後漢末代君主。紀見《舊五代史》卷一〇一至卷一〇三、本書卷一〇。

[64]俶：人名。即錢俶。原名錢弘俶，錢元瓘第九子，五代十國吳越末代君主。傳見《舊五代史》卷一三三、本書卷六七。

[65]保融：人名。即高保融。高從誨第三子，五代十國南平（荊南）君主。傳見《舊五代史》卷一三三、本書卷六九。

[66]希萼：人名。即馬希萼。馬殷之子，五代十國南楚君主。傳見《舊五代史》卷一三三、本書卷六六。

[67]周太祖：即郭威。邢州堯山（今河北隆堯縣）人。五代後周開國君主。紀見《舊五代史》卷一一〇至卷一一三、本書卷一一。　廣順：後周太祖郭威年號（951—953）。

[68]劉旻：人名。原名劉崇。沙陀族。劉知遠之弟，五代十國

北漢開國君主。傳見《舊五代史》卷一三五、本書卷七〇。

［69］劉言：人名。吉州廬陵（今江西吉安市）人，五代十國武平軍節度使。傳見《舊五代史》卷一三三、本書卷六六。　王進逵：人名。亦作王逵。武陵（今湖南常德市武陵區）人，五代十國武平軍節度使。事見《舊五代史》卷一三三、本書卷六六。

［70］顯德：五代後周太祖郭威年號（954）。世宗柴榮、恭帝柴宗訓沿用（954—960）。　世宗：即柴榮。邢州龍岡（今河北邢臺市）人。郭威養子，五代後周君主。紀見《舊五代史》卷一一四至卷一一九、本書卷一二。

［71］承鈞：人名。即劉承鈞。劉旻次子，五代十國北漢君主。傳見《舊五代史》卷一三五、本書卷七〇。

［72］周行逢：人名。朗州武陵（今湖南常德市武陵區）人。五代藩鎮軍閥。傳見本書卷六六。

［73］交泰：五代十國南唐元宗李璟年號（958）。

［74］大寶：五代十國南漢後主劉鋹年號（958—971）。　鋹：人名。即劉鋹。原名劉繼興，劉晟長子，五代十國南漢末代君主。傳見《舊五代史》卷一三五、本書卷六五。

［75］恭帝：即柴宗訓。柴榮第四子，五代後周末代君主。紀見《舊五代史》卷一二〇、本書卷一一。

或問：十國固非中國有也，然猶命以封爵，而稱中國年號來朝貢者，亦有之矣，《本紀》之不書，何也？曰：封爵之不書，所以見其非中國有也。其朝貢之來如夷狄，以夷狄書之則甚矣。問者曰：四夷、十國，皆非中國之有也，四夷之封爵朝貢則書，而十國之不書，何也？曰：以中國而視夷狄，夷狄之可也。以五代之君而視十國，夷狄之則未可也。故十國之封爵、朝貢，不如夷狄，則無以書之。書如夷狄，則五代之君未可以夷狄之也。是以外而不書，見其自絕於中國焉爾。問者曰：外而不書，則東漢之立何以書？曰：吾於東漢，常異其辭於九國也。《春秋》因亂世而立治法，《本紀》以治法而正亂君。世亂則疑難之事多，正疑處難，敢不慎也？周、漢之事，可謂難矣哉！或謂：劉旻嘗致書于周，求其子贇不得而後自立，然則旻之志不以忘漢爲讎，而以失子爲讎也。曰：漢嘗詔立贇爲嗣，則贇爲漢之國君，不獨爲旻子也。旻之大義，宜不爲周屈，其立雖未必是，而義當不屈于周，此其可以異乎九國矣。終旻之世，猶稱乾祐，至承鈞立，然後改元，則旻之志豈不可哀也哉！

十國年世，惟楚、閩、東漢三國，諸家之説不同，而互有得失，最難考正。今略其諸説而正其是者，庶幾博覽者不惑，而一以《年譜》爲正也。馬氏，據《湖湘故事》《九國志》《運曆圖》並云，[1]殷以長興元年卒，是歲，子希聲立，長興三年卒。而《五代舊史·殷列傳》云，殷長興二年卒，享年七十八，子希聲立，不周歲而卒；《明宗本紀》長興元年，書希聲除節度使，起復，三年八月，又書希聲卒。今據《九國志》，殷以大中六年歲在壬申生，享年七十九。蓋自大中壬申至長興元年庚寅，實七十九年，爲得其實。而希聲，據《湖湘故事》《九國志》《運曆圖》皆以三年卒，與《明宗本紀》皆合，不疑。惟《舊史》書殷卒二年，及年七十八，希聲立不周歲卒爲繆爾。希萼、希崇之亂，南唐盡遷馬氏之族歸于金陵。《五代舊史》云，時廣順元年也。而《運曆圖》云乾祐二年馬氏滅者，繆也。初，殷入湖南，掘地得石，讖云："龍起頭，豬掉尾。"蓋殷以乾寧三年歲在丙辰，自立於湖南，至廣順元年辛亥而滅。《九國志》以乾祐三年爲辛亥，《湖湘故事》以顯德元年爲辛亥者，皆繆也。惟《五代舊史》得其實。王氏世次，曰潮、曰審知、曰延翰、曰鏻、曰昶、曰曦、曰延政，凡七主。而潮以唐景福元年歲在壬子始入福州，至開運三年丙午而滅，實五十五年。當云七主五十五年，爲得其實。而《運曆圖》云五十六年，《九國志》《五代舊史》《紀年通譜》《閩中實錄》《閩王列傳》皆云七主六十年者，[2]皆繆也。審知，《五代舊史》本傳云，同光元年十二月卒，《九國志》亦云同光元年卒，《運曆圖》同光三年卒。今檢《五代舊史・莊宗本紀》，同光二年五月丙午，審知加檢校太師、守中書令，豈得卒於元年也？又至四年二月庚子，福建副使王延翰奏稱權知軍府事，三月辛亥，遂除延翰威武軍節度使。以此推之，審知卒當在同光三年十二月，蓋閩去京師遠，明年二月延翰之奏始至京師，理當然也。又據《閩王列傳》《九國志》，皆云審知在位二十九年。審知以唐乾寧四年嗣位，是歲丁巳，至同光三年乙酉，實二十九年。則《運曆圖》爲是，而《舊史》《九國志》云元年卒者，則繆也。鏻本名延鈞，《五代舊史》本傳云在位十二年。《九國志》云在位十一年。《閩王列傳》《紀年通譜》皆云在位十年。蓋鏻以天成元年殺延翰自立，是歲丙戌，至清泰二年乙未，實十年而卒，與《閩王列傳》合，而《舊史》《九國志》皆繆也。鏻以清泰二年改元永和，是歲見殺，而《舊史》《九國志》《運曆圖》皆無永和之號，又《運曆圖》書鏻見殺在天福元年丙申者，皆繆也。劉旻，《九國志》云，乾祐七年十一月旻卒，享年六十，子承鈞立，時年二十九。乾祐七年，乃顯德元年也。而《五代舊史》《周世宗實錄》《運曆圖》《紀年通譜》皆云顯德二年冬，旻卒。又有旻僞中書舍人王保衡《晉陽見聞要錄》云，旻乙卯生，卒年六十一，子承鈞立。承鈞丙戌生，立時年二十九。保衡是旻之臣，其親所見聞，所得最實，然而頗爲轉寫差誤爾。按保衡書旻乙卯生，若享年六十一，當於乙卯歲卒，則是顯德二年也。又書承鈞丙戌生，立時年二十九，則當是顯德元年甲寅歲也。豈有旻卒於二年，承鈞以元年嗣位，理必不然。以《九國志》參較，旻享年六十，顯德元年卒，承鈞以是歲嗣位，時年二十九，爲得其實，但《見聞要録》衍"一"字爾。其云二年卒者，皆繆也。《九國志》又云，承鈞立，服喪三年，至乾祐九年服除，改十年爲天會元年，當是顯德四年。而《紀年通譜》以顯德三年爲天會元年者，繆也。晉與梁爲敵國，自稱天祐者二十年，故首列於《年譜》，其後遂滅梁而爲唐，故不列於《世家》。

［1］《湖湘故事》：宋陶岳撰。一卷。今有清宛委山堂本、四庫全書本。　《九國志》：宋路振撰。十二卷附拾遺一卷。記五代時吳、南唐、吳越、前蜀、後蜀、東漢（即北漢）、南漢、閩、楚九國史事，有世家、列傳之目。其後張唐英補撰北楚（南平）二卷，雖足十國，仍因舊名。原本久佚，清人邵晉涵自《永樂大典》輯出。今有宛委別藏本、守山閣叢書本等。　《運曆圖》：宋龔穎撰。六卷。全書自秦昭襄王五十一年（前256）至宋太宗雍熙四年（987），凡1243年。上列甲子，下附歷代興亡之事。《宋史·藝文志》著録。今已佚。

［2］《紀年通譜》：宋宋庠撰。十二卷。爲記載歷史年代之工具書，取十七史及衆家雜說所載年號而成。全書自漢文帝後元元年（前163）至宋仁宗慶曆元年（1041），計1204年，分爲十卷，號稱統元，以甲子貫之。其號有五，稱正、閏、僞、賊、蠻夷。以正爲主，餘則附列其下。其餘兩卷，舉字爲類，各以部分，號稱類元。

新五代史　卷七二

四夷附錄第一

嗚呼，夷狄居處飲食，隨水草寒暑徙遷，有君長部號而無世族、文字記別，至於弦弓毒矢，彊弱相并，國地大小，興滅不常，是皆烏足以考述哉！惟其服叛去來，能爲中國利害者，此不可以不知也。自古夷狄之於中國，有道未必服，無道未必不來，蓋自因其衰盛。雖嘗置之治外，而羈縻制馭恩威之際，不可失也。其得之未必爲利，失之有足爲患，可不慎哉！作《四夷附錄》。

夷狄，種號多矣。其大者，自以名通中國，其次小遠者附見，又其次微不足錄者，不可勝數。其地環列九州之外，而西北常彊，爲中國患。三代獫狁，見於《詩》《書》。秦、漢以來，匈奴著矣。[1]隋、唐之間，突厥爲大。[2]其後有吐蕃、回鶻之彊。[3]五代之際，以名見中國者十七八，而契丹最盛。[4]

[1]匈奴：部族、政權名。西周、春秋時稱獫狁、戎狄。戰國時游牧於燕、趙、秦以北地區。秦漢之際，匈奴冒頓單于統一各部，擊敗東胡、月氏，勢力强盛，建立起匈奴政權。漢和帝時，遣大將軍竇憲率軍擊敗北匈奴，迫使其部分西遷，越過中亞後到達歐

洲，留居漠北的餘部匯入鮮卑部落。南匈奴屯居朔方、五原、雲中（今内蒙古自治區境内）等郡，東漢末分爲五部。兩晉十六國時匈奴族先後在黄河流域建立漢（前趙）、夏、北凉等國，經過南北朝時代北方的民族大融合，逐漸在歷史上消失。參見陳序經《匈奴史稿》，中國人民大學出版社2007年版。

　　[2]突厥：部族、政權名。公元6至8世紀活躍於北亞和中亞，稱雄於漠北、西域。西魏廢帝元年（552），首領土門大破柔然，自號伊利可汗，建立突厥汗國，置汗庭於鬱督軍山（今蒙古國杭愛山東段）。隋文帝開皇二年（582），突厥汗國分裂爲東、西突厥。唐中期以後西突厥、東突厥均已衰落。參見吳玉貴《突厥汗國與隋唐關係史研究》，中國社會科學出版社2007年版。

　　[3]吐蕃：部族、政權名。隋初，勢力漸盛。唐貞觀三年（629）松贊干布即贊普位，先後統一蘇毗、羊同、白蘭、党項諸部，建立吐蕃王朝。會昌二年（842），吐蕃贊普達磨遇刺死，王室内部紛爭，統一王朝從此瓦解。共歷九世贊普，二百餘年。參見才讓《吐蕃史稿》，人民出版社2010年版。　回鶻：部族、政權名。又作回紇。原係突厥鐵勒部的一支。唐天寶三載（744）建立回鶻汗國，8世紀末9世紀初，回鶻與吐蕃争奪北庭和安西並最終取勝，統治西域。9世紀中葉，回鶻汗國瓦解。參見楊蕤《回鶻時代：10—13世紀陸上絲綢之路貿易研究》，中國社會科學出版社2015年版。

　　[4]契丹：部族、政權名。公元4世紀中葉宇文部爲前燕攻破，始分離而成單獨的部落，自號契丹。唐貞觀中，置松漠都督府，以其首領爲都督。唐末强盛，916年迭剌部耶律阿保機建立契丹國（遼）。先後與五代、北宋並立，保大五年（1125）爲金所滅。參見張正明《契丹史略》，中華書局1979年版。

契丹自後魏以來，名見中國。或曰與庫莫奚同類而

異種。[1]其居曰梟羅箇没里。没里者，河也。是謂黃水之南，黃龍之北，[2]得鮮卑之故地，[3]故又以爲鮮卑之遺種。當唐之世，其地北接室韋，[4]東鄰高麗，[5]西界奚國，[6]而南至營州。[7]其部族之大者曰大賀氏，後分爲八部，其一曰但皆利部，[8]二曰乙室活部，三曰實活部，四曰納尾部，五曰頻没部，六曰内會鷄部，七曰集解部，八曰奚嗢部。部之長號大人，而常推一大人建旗鼓以統八部。至其歲久，或其國有災疾而畜牧衰，則八部聚議，以旗鼓立其次而代之。被代者以爲約本如此，不敢争。某部大人遙輦次立，[9]時劉仁恭據有幽州，[10]數出兵摘星嶺攻之，[11]每歲秋霜落，則燒其野草，契丹馬多飢死，即以良馬賂仁恭求市牧地，請聽盟約甚謹。八部之人以爲遥輦不任事，選於其衆，以阿保機代之。[12]

[1]庫莫奚：部族名。源出鮮卑宇文部。隋代以後簡稱"奚"。先後附屬唐朝、後突厥汗國、回鶻汗國。唐末爲契丹所役屬，部分奚人西遷媯州（今河北懷來縣）北山，遂有東、西奚之分。遼建國後，以奚王府治理奚人，奚六部各設節度使。參見畢德廣《奚族文化研究》，科學出版社 2016 年版。

[2]黃水：即潢河。今内蒙古西遼河支流西拉木倫河。 黃龍：地名。位於今遼寧開原市西北。

[3]鮮卑：部族名。東胡的一支。秦漢時，游牧於今内蒙古西拉木倫河及洮兒河之間，附於匈奴。東漢永元元年（89），北匈奴西遷，鮮卑各部漸入據匈奴故地。東漢桓帝時，首領檀石槐在漠南北建立部落大聯盟，分爲東、中、西三部。魏晉南北朝時，其分支段、慕容、乞伏、宇文、拓跋等部，曾先後在東北、華北、西北建立政權。原居今内蒙古呼倫貝爾市的拓跋部建立北魏王朝，統一北

方。內遷的鮮卑人漸與漢人及其他族人相融合。參見田餘慶《拓跋史探》（修訂本），生活・讀書・新知三聯書店 2011 年版。

[4]室韋：古族名。又作失韋、失圍，一説即鮮卑的別譯。北魏時始見記載。源出東胡，與契丹同類，在南爲契丹，在北號室韋。南北朝時分爲五部，至隋唐時漸分爲三十餘部。曾附屬於突厥汗國，唐代東突厥汗國、後突厥汗國、回鶻汗國衰亡後，大量室韋人遷入蒙古高原，遼金時遍佈大漠南北。中唐以後，文獻上又把室韋稱作"達怛"。參見張久和《原蒙古人的歷史：室韋—達怛研究》，高等教育出版社 1998 年版。

[5]高麗：古國名。一爲高句麗。故地位於今中國東北地區及朝鮮半島北部。一爲王氏高麗。公元 918 年，後三國（即朝鮮新羅、後百濟、泰封）之一泰封國武將王建推翻其統治者弓裔，稱王，改國號高麗，都開京（今朝鮮開城）。漸合并新羅、後百濟，重新統一朝鮮半島。參見朝鮮王朝鄭麟趾等著《高麗史》，西南師範大學出版社 2014 年；楊軍《高句麗民族與國家的形成和演變》，中國社會科學出版社 2006 年版。

[6]奚國：唐末奚人居住於琵琶川，即今遼寧喀喇沁左翼蒙古族自治縣北大凌河支流牤牛河。傳見本書卷七四。

[7]營州：州名。治所在今遼寧朝陽市。

[8]怛皆利：中華點校本引宗文本、《通鑑》卷二六六胡三省注改爲"但利皆"。

[9]遥輦：契丹氏族。契丹八部在唐初形成部落聯盟，初期歷任聯盟首領均在大賀氏貴族中選舉產生。唐開元十八年（730）大賀氏聯盟内亂，遥輦氏首領遥輦阻午可汗任聯盟長。此後的聯盟長均由遥輦氏族中選充，稱可汗。遥輦可汗凡九世。阿保機建國後，遥輦九可汗的後裔各有斡魯朶，稱遥輦九帳，與皇族后族諸帳並立。參見劉浦江《松漠之間——遼金契丹女真史研究》，中華書局 2008 年版。

[10]劉仁恭：人名。深州（今河北深州市）人。唐末、五代

軍閥。傳見《新唐書》卷二一二。　幽州：州名。治所在今北京市。

[11]摘星嶺：地名。又名思鄉嶺、辭鄉嶺、德勝嶺、望雲嶺。即今河北灤平縣西南十八盤嶺。爲遼時出古北口赴中京驛路必經之地。

[12]阿保機：人名。姓耶律。契丹迭剌部人。唐末契丹族首領、遼開國太祖。紀見《遼史》卷一、卷二。

　　阿保機，亦不知其何部人也，爲人多智勇而善騎射。是時，劉守光暴虐，[1]幽、涿之人多亡入契丹。[2]阿保機乘間入塞，攻陷城邑，俘其人民，依唐州縣置城以居之。漢人教阿保機曰："中國之王無代立者。"由是阿保機益以威制諸部而不肯代。其立九年，諸部以其久不代，共責誚之。阿保機不得已，傳其旗鼓，而謂諸部曰："吾立九年，所得漢人多矣，吾欲自爲一部以治漢城，可乎？"諸部許之。漢城在炭山東南灤河上，[3]有鹽鐵之利，乃後魏滑鹽縣也。[4]其地可植五穀，阿保機率漢人耕種，爲治城郭邑屋廛市如幽州制度，漢人安之，不復思歸。阿保機知衆可用，用其妻述律策，[5]使人告諸部大人曰："我有鹽池，諸部所食。然諸部知食鹽之利，而不知鹽有主人，可乎？當來犒我。"諸部以爲然，共以牛酒會鹽池。阿保機伏兵其旁，酒酣伏發，盡殺諸部大人，遂立，不復代。

[1]劉守光：人名。深州樂壽（今河北獻縣）人。唐末幽州節度使劉仁恭之子。劉守光囚父自立，後號大燕皇帝，爲晉王李存勗俘殺。傳見《舊五代史》卷一三五、本書卷三九。

［2］涿：州名。治所在今河北涿州市。

［3］炭山：地名。又名陘頭、凉陘。爲遼國夏捺鉢目的地。位於今河北赤城縣獨石口外灤河上游。　灤河：水名。即今河北東北部灤河。上源爲河北豐寧滿族自治縣境内閃電河，經内蒙古多倫縣北折向東南流始稱灤河。中游穿流燕山山地，下游在河北樂亭、昌黎兩縣間入渤海。

［4］後魏：即北魏。　滑鹽縣：古縣名。西漢置，屬漁陽郡。東漢時廢。北魏復設。治所在今河北灤平縣南。

［5］述律：人名。指耶律阿保機皇后述律氏。傳見《遼史》卷七一。

梁將篡唐，晋王李克用使人聘于契丹，[1]阿保機以兵三十萬會克用於雲州東城。[2]置酒，酒酣，握手約爲兄弟。克用贈以金帛甚厚，期共舉兵擊梁。阿保機遺晋馬千匹。[3]既歸而背約，遣使者袍笏梅老聘梁。[4]梁遣太府卿高頎、軍將郎公遠等報聘。[5]逾年，頎還，阿保機遣使者解里隨頎，[6]以良馬、貂裘、朝霞錦聘梁，奉表稱臣，以求封册。梁復遣公遠及司農卿渾特以詔書報勞，[7]別以記事賜之，約共舉兵滅晋，然後封册爲甥舅之國，又使以子弟三百騎入衛京師。克用聞之，大恨。是歲克用病，臨卒，以一箭屬莊宗，[8]期必滅契丹。渾特等至契丹，阿保機不能如約，梁亦未嘗封册。而終梁之世，契丹使者四至。

［1］李克用：人名。沙陀族，神武川新城（一説今山西山陰縣附近，一説今山西代縣）人。唐末軍閥，五代後唐奠基者。紀見《舊五代史》卷二五。

〔2〕雲州：州名。治所在今山西大同市。

〔3〕阿保機遺晋馬千匹：中華點校本校勘記云，《舊五代史》卷一三七、《通鑑》卷二六六、《契丹國志》卷一作"三千匹"。

〔4〕袍笏梅老：人名。契丹使者。事見本書卷四二、《契丹國志》卷一、《通鑑》卷二六六、《册府》卷九七二。梅老，官名。遥輦時有官稱"梅録"，也作"梅落""梅老"，此即回鶻的"媚禄""密禄"，不同時期不同民族轉寫方式不同，職掌也有變化，或總兵爲指揮官，或爲"皇家總管"。品秩不詳。參見李桂芝《遼金簡史》，福建人民出版社1996年版，第19至20頁。

〔5〕太府卿：官名。南朝梁始置。太府寺長官。掌國家財帛庫藏出納、關市税收等務。從三品。　高頔：人名。籍貫不詳。五代後梁大臣。本書僅此一見。"太府卿高頔"，中華點校本云《通鑑》卷二六六、《契丹國志》卷一作"太府少卿高頔"。　軍將：官名。即都將。唐、五代時節度使屬將。品秩不詳。　郎公遠：人名。籍貫不詳。五代後梁將領。事見《舊五代史》卷一〇、本書卷七二。

〔6〕解里：人名。契丹使者。本書此人僅此一見。原作"解俚"，中華點校本據浙江本、宗文本及本卷下文改，今從。

〔7〕司農卿：官名。司農寺長官。佐司農卿掌管倉廪、籍田、苑囿諸事。從三品上。　渾特：人名。五代後梁大臣，曾出使契丹。其餘事迹不詳。

〔8〕莊宗：即李存勖。沙陀人，五代後唐開國皇帝。923年至926年在位。紀見《舊五代史》卷二七至卷三四、本書卷四至卷五。

莊宗天祐十三年，[1]阿保機攻晋蔚州，[2]執其振武節度使李嗣本。[3]是時，莊宗已得魏博，[4]方南向與梁争天下，遣李存矩發山北兵。[5]存矩至祁溝關，[6]兵叛，擁偏將盧文進擊殺存矩，[7]亡入契丹。契丹攻破新州，[8]以文進部將劉殷守之。[9]莊宗遣周德威擊殷，[10]而文進引契丹數十萬大至，德威懼，引軍去，爲契丹追及，大敗之。德威走幽州，契丹圍之。幽、薊之間，[11]虜騎遍滿山谷，所得漢人，以長繩連頭繫之於木，漢人夜多自解逃去。文進又教契丹爲火車、地道、起土山以攻城。城中鎔銅鐵汁揮之，中者輒爛墮。德威拒守百餘日，莊宗遣李嗣源、閻寶、李存審等救之。[12]契丹數爲嗣源等所敗，乃解去。

[1]天祐：唐昭宗李曄開始使用的年號（904—907）。唐哀帝李柷沿用。唐亡後，河東李克用、李存勖仍稱天祐，沿用至天祐二十年（923）。五代十國其他政權亦有行此年號者，如南吳、吳越等。

[2]晉：州名。治所在今山西臨汾市。　蔚州：州名。治所在今河北蔚縣。

[3]振武：方鎮名。後梁貞明二年（916）以前，治所位於單于都護府城（今内蒙古和林格爾縣）。貞明二年，單于都護府城爲契丹占據。此後至後唐清泰三年（936），治所位於朔州（今山西朔州市）。後漢隨燕雲十六州割予契丹，改名順義軍。　節度使：官名。唐時在重要地區所設掌握一州或數州軍事、民事、財政的長官。品秩不詳。　李嗣本：人名。雁門（今山西代縣）人。李克用義子，本姓張。五代後唐將領。傳見《舊五代史》卷五二、本書卷三六。

[4]魏博：方鎮名。治所在魏州貴鄉縣（今河北大名縣）。

[5]李存矩：人名。後唐莊宗李存勖之弟。事見《舊五代史》卷九七。

［6］祁溝關：關隘名。又名岐溝關。在今河北涿州市西南三十里岐溝村。

［7］盧文進：人名。范陽（今河北涿州市）人。五代後唐、後晉、吳國、南唐將領。傳見《舊五代史》卷九七、本書卷四八。

［8］新州：州名。治所在今河北涿鹿縣。

［9］劉殷：人名。籍貫不詳。盧文進部將。本書僅此一見。

［10］周德威：人名。馬邑（今山西朔州市朔城區）人。五代後唐大將。傳見《舊五代史》卷五六、本書卷二五。

［11］薊：州名。治所在今天津薊州區。

［12］李嗣源：人名。即五代後唐明宗。926年至933年在位。紀見《舊五代史》卷三五、本書卷六。　閻寶：人名。鄆州（今山東東平縣）人。五代後梁、後唐將領。傳見《舊五代史》卷五九、本書卷四四。　李存審：人名。陳州宛丘（今河南淮陽縣）人。原姓符名存。李克用義子，五代後唐將領。傳見《舊五代史》卷五六、本書卷二五。

契丹比佗夷狄尤頑傲，父母死，以不哭爲勇，載其尸深山，置大木上，後三歲往取其骨焚之，酹而呪曰："夏時向陽食，冬時嚮陰食，使我射獵，猪鹿多得。"其風俗與奚、靺鞨頗同。[1]至阿保機，稍并服旁諸小國，而多用漢人，漢人教之以隸書之半增損之，作文字數千，以代刻木之約。又制婚嫁，置官號。乃僭稱皇帝，自號天皇王。以其所居橫帳地名爲姓，曰世里。世里，譯者謂之耶律。名年曰天贊。以其所居爲上京，起樓其間，號西樓，又於其東千里起東樓，北三百里起北樓，南木葉山起南樓，往來射獵四樓之間。契丹好鬼而貴日，每月朔旦，[2]東向而拜日，其大會聚、視國事，皆以東向爲尊，四樓門屋皆東向。

［1］靺鞨：古族名。源出肅慎、挹婁。北魏時稱勿吉，隋唐時稱靺鞨。分布在今吉林長白山以北，松花江、牡丹江流域及黑龍江中下游，東至海。《隋書·東夷傳·靺鞨》記，凡七種，粟末、伯咄、安車骨、拂涅、號室、黑水、白山七部。黑水部尤爲勁健。唐時黑水靺鞨分十六部，開元十年（722）黑水靺鞨酋長倪屬利稽入朝，唐玄宗命爲勃利州刺史。開元十三年置黑水軍，次年置黑水府，仍以其首領爲都督。粟末靺鞨自萬歲通天以後改稱渤海。參見馬一虹《靺鞨、渤海與周邊國家、部族關係史研究》，中國社會科學出版社2011年版。

［2］朔旦：原作"朔日"，中華點校本據浙江本、宗文本改，今從。

莊宗討張文禮，[1]圍鎮州。[2]定州王處直懼且亡，[3]晉兵必并擊己，遣其子郁説契丹，[4]使入塞以牽晉兵，郁謂阿保機曰："臣父處直使布愚款曰：[5]故趙王王鎔，[6]王趙六世，鎮州金城湯池，金帛山積，燕姬趙女，羅綺盈廷。張文禮得之而爲晉所攻，懼死不暇，故皆留以待皇帝。"阿保機大喜。其妻述律不肯，曰："我有羊馬之富，西樓足以娛樂，今捨此而遠赴人之急，我聞晉兵彊天下，且戰有勝敗，後悔何追？"阿保機躍然曰："張文禮有金玉百萬，留待皇后，可共取之。"於是空國入寇。郁之召契丹也，定人皆以爲後患，不可召，[7]而處直不聽。郁已去，處直爲其子都所廢，[8]阿保機攻幽州不克，又攻涿州，陷之。聞處直廢而都立，遂攻中山，[9]渡沙河。[10]都告急於莊宗。莊宗自將鐵騎五千，遇契丹前鋒於新城，晉兵自桑林馳出，人馬精甲，光明燭日，虜騎愕然，稍却，晉軍乘之，虜遂散走，而沙河冰薄，虜皆陷沒。阿保機退保望都。會天大雪，契丹人馬飢寒，多死，阿保機顧盧文進以手指天曰："天未使我至此。"乃引兵去。莊宗躡其後，見其宿處，環秸在地，方隅整然，雖去而不亂，歎曰："虜法令嚴，蓋如此也！"

[1] 張文禮：人名。燕（今河北北部）人。後唐將領。傳見《舊五代史》卷六二。

[2] 鎮州：州名。治所在今河北正定縣。

[3] 定州：州名。治所在今河北定州市。　王處直：人名。京兆萬年（今陝西西安市）人。唐末、五代軍閥。傳見《舊五代史》卷五四、本書卷三九。中華點校本據宗文本補"鎮"，作"定州王處直懼鎮且亡"。

[4] 郁：人名。即王郁。京兆萬年（今陝西西安市）人。唐義武軍節度使王處直之子，李克用之婿。五代、遼將領。傳見《遼史》卷七五。

[5] 愚款：謙指自己的誠意。

[6] 趙王王鎔：人名。回鶻人。唐末、五代軍閥，朱溫後封趙王。傳見《舊五代史》卷五四、本書卷三九。

[7] 後患：中華點校本云，宗文本作"契丹必爲患"。

[8] 都：人名。即王都。中山陘邑（今河北定州市）人。本姓劉，後爲義武軍節度使王處直養子。五代軍閥。後唐莊宗時以爲義武軍節度使。傳見《舊五代史》卷五四。

[9] 中山：地名。此處代指唐末河北方鎮義武軍（治所在定州）。

[10] 沙河：水名。源於今山西靈丘縣太白山南麓，流經河北阜

平、曲陽、新樂、定州、安國等地,在安國市與磁河匯合。

　　契丹雖無所得而歸,然自此頗有窺中國之志,患女真、渤海等在其後,[1]欲擊渤海,懼中國乘其虛,乃遣使聘唐以通好。同光之間,[2]使者再至。莊宗崩,明宗遣供奉官姚坤告哀於契丹。[3]坤至西樓而阿保機方東攻渤海,坤追至慎州見之。[4]阿保機錦袍大帶垂後,與其妻對坐穹廬中,延坤入謁。阿保機問曰:"聞爾河南、北有兩天子,信乎?"坤曰:"天子以魏州軍亂,[5]命總管令公將兵討之,[6]而變起洛陽,[7]凶問今至矣。總管返兵河北,赴難京師,爲衆所推,已副人望。"阿保機仰天大哭曰:"晋王與我約爲兄弟,河南天子,即吾兒也。昨聞中國亂,欲以甲馬五萬往助我兒,而渤海未除,志願不遂。"又曰:"我兒既没,理當取我商量,新天子安得自立?"坤曰:"新天子將兵二十年,位至大總管,所領精兵三十萬,天時人事,其可得違?"其子突欲在側曰:[8]"使者無多言,蹊田奪牛,豈不爲過!"坤曰:"應天順人,豈比匹夫之事。至如天皇王得國而不代,豈彊取之邪?"阿保機即慰勞坤曰:"理正當如是爾!"又曰:"吾聞此兒有宫婢二千人,樂官千人,放鷹走狗,嗜酒好色,任用不肖,不惜人民,此其所以敗也。我自聞其禍,即舉家斷酒,解放鷹犬,罷散樂官。我亦有諸部樂官千人,非公宴不用。我若所爲類吾兒,則亦安能長久?"又謂坤曰:"吾能漢語,然絶口不道於部人,懼其效漢而怯弱也。"因戒坤曰:"爾當先歸,吾以甲馬三萬會新天子幽、鎮之間，共爲盟約，與我幽州，則不復侵汝矣。"阿保機攻渤海，取其扶餘一城，以爲東丹國，[9]以其長子人皇王突欲爲東丹王。[10]已而阿保機病死，述律護其喪歸西樓，立其次子元帥太子耀屈之。[11]坤從至西樓而還。

[1]渤海：古國名。武周聖曆元年（698）粟末靺鞨首領大祚榮建立政權。先天二年（713），唐朝册封大祚榮爲渤海郡王，其國遂以渤海爲名。

[2]同光：五代後唐莊宗李存勖年號（923—926）。

[3]明宗：即五代後唐明宗李嗣源。926年至933年在位。原名邈佶烈，沙陀部人，爲李克用養子。紀見《舊五代史》卷三五、本書卷六。　供奉官：官名。泛指侍奉皇帝左右的臣僚，亦爲東、西頭供奉官通稱。品秩不詳。　姚坤：人名。籍貫不詳。五代後唐官員。事見《舊五代史》卷一三七。

[4]慎州：羈縻州。唐朝始置。隸於營州，領粟末靺鞨烏素固部落。萬歲通天年間，營州陷於契丹，因以南遷淄、青州之境，神龍初僑治良鄉之都鄉城（今北京房山區西南）。後廢。

[5]魏州：州名。治所在今河北大名縣。

[6]總管：官名。即"蕃漢内外馬步軍總管"。五代後唐置，爲蕃漢馬步軍總指揮官。品秩不詳。後唐明宗曾爲總管，此處指代後唐明宗。

[7]洛陽：五代後唐都城。位於今河南洛陽市。

[8]突欲：人名。本名耶律倍，小名突欲。遼太祖耶律阿保機長子，封東丹王。其弟耶律德光即位，是爲遼太宗。突欲憤而降五代後唐，明宗賜名李贊華。傳見《遼史》卷七二。

[9]東丹國：國名。遼太祖耶律阿保機滅渤海後所封之國。都天福城（在今黑龍江寧安市西南渤海鎮）。

［10］人皇王：耶律倍封號。

［11］元帥太子：耶律德光封號。　耀屈之：耶律德光本名。

當阿保機時，有韓延徽者，[1]幽州人也，爲劉守光參軍，[2]守光遣延徽聘于契丹。延徽見阿保機不拜，阿保機怒，留之不遣，使牧羊馬。久之，知其材，召與語，奇之，遂用以爲謀主。阿保機攻党項、室韋，[3]服諸小國，皆延徽謀也。延徽後逃歸，事莊宗，莊宗客將王緘譖之，[4]延徽懼，求歸幽州省其母。行過常山，[5]匿王德明家。[6]居數月，德明問其所向，延徽曰："吾欲復走契丹。"德明以爲不可，延徽曰："阿保機失我，如喪兩目而折手足，今復得我，必喜。"乃復走契丹。阿保機見之，果大喜，以謂自天而下。阿保機僭號，以延徽爲相，號"政事令"，[7]契丹謂之"崇文令公"，後卒于虜。

［1］韓延徽：人名。幽州安次（今河北廊坊市安次區）人。遼大臣。傳見《遼史》卷七四。

［2］參軍：官名。掌參謀軍務。品秩不詳。

［3］党項：部族名。源出羌族，唐代活躍於今甘肅東部、寧夏、陝西北部一帶。唐末，平夏部首領拓跋思恭助唐圍攻黃巢軍，唐廷特授予定難節度使稱號，賜姓李，封夏國公。參見湯開建《党項西夏史探微》，商務印書館2013年版。

［4］客將：亦稱典客。唐末、五代藩鎮負責接待使節、賓客、出使等外交職責的武官。品秩不詳。詳見吴麗娛《試論晚唐五代的客將、客司與客省》，《中國史研究》2002年第4期。　王緘：人名。籍貫不詳。幽州劉仁恭故吏，後歷任五代後唐掌書記、檢校司

空、魏博節度副使。傳見《舊五代史》卷六〇。

［5］常山：山名。位於今河北正定縣東北。

［6］王德明：人名。即張文禮。張文禮被王鎔收爲義子後，賜姓王，名德明。

［7］政事令：官名。遼置，初屬漢兒司，後爲南面官最高行政機構政事省長官。掌參議大政。品秩不詳。

耀屈之後更名德光。葬阿保機木葉山，[1]諡曰大聖皇帝，後更其名曰億。德光立三年，改元曰天顯，[2]遣使者以名馬聘唐，并求碑石爲阿保機刻銘。明宗厚禮之，遣飛勝指揮使安念德報聘。[3]定州王都反，唐遣王晏球討之。[4]都以蠟丸書走契丹求援，德光遣禿餒、蓟刺等以騎五千救都，[5]都及禿餒擊晏球於曲陽，[6]爲晏球所敗。德光又遣惕隱赫邈益禿餒以騎七千，[7]晏球又敗之于唐河。[8]赫邈與數騎返走，至幽州，爲趙德鈞所執，[9]而晏球攻破定州，擒禿餒、蓟刺，皆送京師。明宗斬禿餒等六百餘人，而赦赫邈，選其壯健者五十餘人爲"契丹直"。[10]

［1］木葉山：山名。關於木葉山的具體地址目前學界尚有爭議。詳見劉浦江先生《契丹族的歷史記憶——以"青牛白馬"説爲中心》，原刊《漆俠先生紀念文集》，河北大學出版社2002年版。關於木葉山的地望問題，長期以來存在著很大爭議。迄今爲止，大致有以下四種觀點：（1）主張應在今西剌木倫河與老哈河匯流處去尋找木葉山；（2）認爲木葉山是西剌木倫河與少冷河匯流處的海金山（今屬内蒙古翁牛特旗白音他拉鄉）；（3）認爲木葉山即遼祖州祖陵所在之山；（4）認爲木葉山即内蒙古阿魯科爾沁旗南面的天山。

［2］天顯：遼太祖耶律阿保機年號（926—927），耶律德光即位後沿用（927—938）。

［3］飛勝指揮使：官名。所部統兵將領。"飛勝"爲部隊番號。品秩不詳。　安念德：人名。籍貫不詳。後唐官員。事見《册府》卷九七六。

［4］王晏球：人名。洛陽（今河南洛陽市）人。五代將領。傳見《舊五代史》卷六四、《新五代史》卷四六。

［5］禿餒：人名。奚人。契丹將領。事見《通鑑》卷二七六。　蒯（cè）刺：人名。籍貫不詳。契丹將領。事見本書卷五一、卷五六。

［6］曲陽：縣名。治所在今河北曲陽縣。

［7］惕隱：官名。出自契丹語。遼朝惕隱主要分爲兩類。中央惕隱掌管皇族教化和皇族户籍；地方惕隱，即遼朝在各部族及屬國屬部設置的惕隱，各部族的惕隱配合部族節度使管理部族事務，屬國屬部惕隱一般爲該部酋長。品秩不詳。參見鞠賀《遼朝惕隱研究》，《西北民族大學學報》2019年第1期。　赫邈：人名。契丹使者，遼國大臣。事見《遼史》卷三《太宗紀上》。

［8］唐河：水名。源自今河北唐縣北，南流經唐縣東，至今定州市北入滱水。

［9］趙德鈞：人名。幽州（今北京市）人。初爲幽州節度使劉守光部將，再爲五代後唐將領，後投降遼國。傳見《舊五代史》卷九八。

［10］五十：原作"五千"，中華點校本據宗文本改。今從。

初，阿保機死，長子東丹王突欲當立，其母述律遣其幼子安端少君之扶餘代之，[1]將立以爲嗣。然述律尤愛德光。德光有智勇，素已服其諸部，安端已去，而諸部希述律意，共立德光。突欲不得立，長興元年，[2]自扶餘泛海奔于唐。明宗因賜其姓爲東丹，而更其名曰慕華。以其來自遼東，乃以瑞州爲懷化軍，[3]拜慕華懷化軍節度、瑞慎等州觀察處置等使。[4]其部曲五人皆賜姓名，[5]罕只曰罕友通，穆葛曰穆順義，撒羅曰羅賓德，易密曰易師仁，蓋禮曰蓋來賓，以爲歸化、歸德將軍郎將。[6]又賜前所獲赫邈姓名曰狄懷惠，担列曰列知恩，[7]萠刺曰原知感，福郎曰服懷造，竭失記曰乙懷宥。[8]其餘爲"契丹直"者，皆賜姓名。二年，更賜突欲姓李，更其名曰贊華。三年，以贊華爲義成軍節度使。[9]

[1]安端少君：人名。即耶律安端。耶律阿保機之弟。遼大同元年（947）四月，太宗耶律德光卒，耶律安端擁耶律阮繼位，與淳欽皇太后兵戰泰德泉，大勝。九月，封"明王"，或作"偉王"，主持東丹國。事見《遼史》卷六四《皇子表》。本書言"母述律"，誤。　扶餘：代指東丹國。

[2]長興：五代後唐明宗李嗣源年號（930—933）。

[3]瑞州：羈縻州。唐貞觀十年（636）於營州界置，隸營州都督。處突厥烏突汗達幹部落。神龍初隸幽州都督。治所爲來遠縣，後移治於良鄉縣之廣陽城（今北京房山區良鄉鎮東北廣陽城村）。　懷化軍：方鎮名。五代後唐置，治所在今北京房山區良鄉鎮。

[4]觀察處置：官名。即觀察處置使。唐玄宗以後，采訪、觀察、都統等使加"處置"，賦予處理、決斷權。開元二十二年（734）初置采訪處置使，以御史中丞盧絢等爲之，乾元元年（758）改爲觀察處置使。品秩不詳。

[5]部曲：遼對奴隸、農奴的稱謂。

[6]歸化：官名。即歸化將軍。唐高宗顯慶三年（658）置，

授歸唐少數民族政權首領，分隸諸衛。從三品。　歸德將軍：官名。唐高宗顯慶三年（658）置，授歸唐少數民族政權首領，分隸諸衛。從三品。　郎將：官名。將軍、大將軍屬官。品秩不詳。

[7]扭列：中華點校本云宗文作"捏列"。

[8]竭失記：中華點校本據宗文本、《舊五代史》卷四二、《册府》卷一七〇改爲"竭失訖"。

[9]義成軍：方鎮名。亦稱永平軍。治所在滑州（今河南滑縣）。

契丹自阿保機時侵滅諸國，稱雄北方。及救王都，爲王晏球所敗，喪其萬騎，又失赫邈等，皆名將，而述律尤思念突欲，由是卑辭厚幣數遣使聘中國，因求歸赫邈、菊剌等，唐輒斬其使而不報。當此之時，中國之威幾振。

距幽州北七百里有榆關，[1]東臨海，[2]北有兔耳、覆舟山。[3]山皆斗絶，並海東北，僅通車，[4]其旁地可耕植。唐時置東西狹石、渌疇、米磚、長揚、黃花、紫蒙、白狼等戍，[5]以扼契丹於此。戍兵常自耕食，惟衣絮歲給幽州，久之皆有田宅，養子孫，以堅守爲己利。自唐末幽、薊割據，戍兵廢散，契丹因得出陷平、營，[6]而幽、薊之人歲苦寇鈔。自涿州至幽州百里，人迹斷絶，轉餉常以兵護送，契丹多伏兵鹽溝以擊奪之。莊宗之末，趙德鈞鎮幽州，於鹽溝置良鄉縣，[7]又於幽州東五十里築城，皆戍以兵。及破赫邈等，又於其東置三河縣。[8]由是幽、薊之人，始得耕牧，而輸餉可通。德光乃西徙橫帳居揆剌泊，[9]出寇雲、朔之間。[10]明宗患之，以石敬瑭鎮河東，[11]總大同、彰國、振武、威塞等軍禦之。[12]應順、清泰之間，[13]調發饋餉，遠近勞敝。

[1]榆關：關隘名。即今山海關。位於今河北秦皇島市。

[2]東臨海：中華點校本據宗文本補"關"，作"關東臨海"。

[3]兔耳：山名。位於今河北秦皇島市撫寧區西。　覆舟山：山名。位於今河北昌黎縣。

[4]僅通車：中華點校本據浙江本、宗文本、《通鑑》卷二六九胡三省注補，作"有路狹僅通車"。

[5]東西狹石、淥疇、米磚、長揚、黃花、紫蒙、白狼：以上皆爲戍所。"東西狹石"，原作"東西狹西"，中華點校本據宗文本、《通鑑》卷二六六胡三省注、《新唐書》卷三九改，今從。

[6]平：州名。治所在今河北盧龍縣。

[7]良鄉縣：縣名。治所在今北京房山區東南。

[8]三河縣：縣名。治所在今河北三河市東。

[9]撲剌泊：水名。中華點校本引《舊五代史》卷四三、《冊府》卷九七〇、《通鑑》卷二七八作"捺剌泊"。賈敬顏指出，捺剌泊或爲後日所稱之羊城灤，在今河北沽源縣東北。參見賈敬顏《五代宋金元人邊疆行記十三種疏證稿》，中華書局2004年版。

[10]朔：州名。治所在今山西朔州市朔城區。

[11]石敬瑭：人名。沙陀人。五代後唐將領，後晉開國皇帝。紀見《舊五代史》卷七五至卷八〇、本書卷八。　河東：方鎮名。治所在太原（今山西太原市）。

[12]大同：方鎮名。治所在雲州（今山西大同市）。　彰國：方鎮名。治所在應州（今山西應縣）。　振武：方鎮名。後梁貞明二年（916）以前，治所位於單于都護府城（今內蒙古和林格爾縣）。貞明二年，單于都護府城爲契丹占據。此後至後唐清泰三年（936），治所位於朔州（今山西朔州市）。後漢隨燕雲十六州割予

1799

契丹，改名順義軍。　威塞：方鎮名。治所在新州（治今河北涿鹿縣）。

[13]應順：五代後唐愍帝李從厚年號（934）。　清泰：五代後唐廢帝李從珂年號（934—936）。

德光事其母甚謹，常侍立其側，國事必告而後行。石敬瑭反，唐遣張敬達等討之。[1]敬瑭遣使求救於德光。德光白其母曰："吾嘗夢石郎召我，[2]而使者果至，豈非天邪！"母召胡巫問吉凶，巫言吉，乃許。是歲九月，契丹出雁門，[3]車騎連亘數十里，將至太原，遣人謂敬瑭曰："吾爲爾今日破敵可乎？"敬瑭報曰："皇帝赴難，要在成功，不在速，大兵遠來，而唐軍甚盛，願少待之。"使者未至，而兵已交。敬達大敗。敬瑭夜出北門見德光，約爲父子，問曰："大兵遠來，戰速而勝者，何也？"德光曰："吾謂唐兵能守雁門而扼諸險要，則事未可知。今兵長驅深入而無阻，吾知大事必濟。且吾兵多難久，宜以神速破之。此其所以勝也。"敬達敗，退保晉安寨，[4]德光圍之。唐遣趙德鈞、延壽救敬達，[5]而德鈞父子按兵團柏谷不救。[6]德光謂敬瑭曰："吾三千里赴義，義當徹頭。"乃築壇晉城南，立敬瑭爲皇帝，自解衣冠被之，册曰："咨爾子晉王，予視爾猶子，爾視予猶父。"已而，楊光遠殺張敬達降晉。[7]晉高祖自太原入洛陽，德光送至潞州，[8]趙德鈞、延壽出降。德光謂晉高祖曰："大事已成。吾命大相溫從爾渡河，[9]吾亦留此，俟爾入洛而後北。"臨訣，執手嘘欷，脫白貂裘以衣高祖，遺以良馬二十匹，戰馬千二百匹，戒曰："子子孫孫無相忘！"時天顯九年也。

　　[1]張敬達：人名。代州（今山西代縣）人。五代後唐將領。傳見《舊五代史》卷七〇、本書卷三三。
　　[2]石郎：即石敬瑭。
　　[3]雁門：方鎮名。治所在代州（今山西代縣）。
　　[4]晉安寨：地名。位於今山西太原市。
　　[5]延壽：人名。即趙延壽。常山（今河北正定縣）人，本姓劉，爲五代後唐將領趙德鈞養子。仕至後唐樞密使，遼朝幽州節度使、燕王。傳見《舊五代史》卷九八。
　　[6]柏谷：地名。位於今河南靈寶市西南朱陽鎮。
　　[7]楊光遠：人名。沙陀人。五代後唐、後晉將領。傳見《舊五代史》卷九七、本書卷五一。
　　[8]潞州：州名。治所在今山西長治市。
　　[9]相溫：又譯作廝溫、撒溫、索溫、左溫、詳穩，其原音爲sagun，爲回紇汗國統率兵馬的軍官稱號，實際上是漢文"將軍"的突厥文和回鶻文音譯。參見楊若薇《契丹王朝政治軍事制度研究》，中國社會科學出版社1991年版。

　　高祖已入洛，德光乃北，執趙德鈞、延壽以歸。德鈞，幽州人也，事劉守光、守文爲軍校，[1]莊宗伐燕得之，賜姓名曰李紹斌。其子延壽，本姓劉氏，常山人也，其父邡爲蓨縣令，[2]劉守文攻破蓨縣，德鈞得延壽并其母种氏而納之，[3]因以延壽爲子。延壽爲人，姿質妍柔，稍涉書史，明宗以女妻之，號興平公主。[4]莊、明之世，德鈞鎮幽州十餘年，以延壽故尤見信任。延壽，明宗時爲樞密使，[5]罷。至廢帝立，[6]復以爲樞密使。晋高祖起太原，廢帝遣延壽將兵討之。而德鈞亦請以鎮兵討賊，廢帝察其有異志，使自飛狐出擊其後，[7]而德鈞南出吳兒，[8]會延壽於西唐，[9]延壽因以兵屬之。廢帝以德鈞爲諸道行營都統，[10]延壽爲太原南面招討使。[11]德鈞爲延壽求鎮州節度使。廢帝怒曰："德鈞父子握彊兵，求大鎮，苟能敗契丹而破太原，雖代予亦可。若翫寇要君，[12]但恐犬兔俱斃。"因遣使者趣德鈞等進軍。德鈞陰遣人聘德光，求立己爲帝。德光指穹廬前巨石謂德鈞使者曰："吾已許石郎矣。石爛，可改也。"德光至潞州，鑕德鈞父子而去。德光母述律見之，問曰："汝父子自求爲天子何邪？"德鈞慙不能對，悉以田宅之籍獻之。述律問何在。曰："幽州。"述律曰："幽州屬我矣，何獻之爲？"明年，德鈞死，德光以延壽爲幽州節度使，封燕王。

[1]守文：人名。即劉守文。深州（今河北深州市）人。唐末盧龍節度使劉仁恭長子。唐末軍閥。後梁開平三年（909），被其弟劉守光殺死。事見《舊五代史》卷二、卷四、卷九八及本書卷五六、卷七二。

[2]祁：人名。即趙祁。趙延壽父親。本書僅此一見。中華點校本云，《遼史》卷七六、《通鑑》卷二七五作"邟"，《通曆》卷一五作"邠"。　蓚（tiáo）縣令：官名。蓚縣縣令。蓚縣治所在今河北景縣。

[3]种氏：人名。趙延壽母親。本書僅此一見。

[4]興平公主：五代後唐明宗李嗣源之女，趙延壽之妻。事見《舊五代史》卷九八。

[5]樞密使：官名。樞密院長官。唐代宗時始以宦官掌機密，

至昭宗時借朱溫之力盡誅宦官，始改以士人任樞密使。備顧問，參謀議，出納詔奏，權侔宰相。品秩不詳。參見李全德《唐宋變革期樞密院研究》，北京圖書館出版社 2009 年版。

［6］廢帝：即五代後唐廢帝李從珂。鎮州平山（今河北平山縣）人。本姓王，後唐明宗李嗣源擄其母魏氏，遂養爲己子。應順元年（934）四月，李從珂入洛陽即帝位。清泰三年（936）五月，石敬瑭謀反，以出賣燕雲十六州，自稱兒臣的條件求得契丹援助，石敬瑭攻入洛陽，廢帝自焚死，後唐亡。紀見《舊五代史》卷四六至卷四八、本書卷七。

［7］飛狐：縣名。治所在今河北淶源縣。

［8］吴兒：地名。即吾兒峪。位於今山西黎城縣東北太行山口。

［9］西唐：地名。即西唐店。位於今山西沁縣西北四十里西湯鄉。

［10］行營都統：官名。唐末設諸道行營都統，作爲各道出征兵士的統帥。品秩不詳。

［11］太原南面招討使：官名。不常置，爲太原地區統兵官。掌招撫、討伐等事務。兵罷則省。品秩不詳。

［12］翫（wán）寇：輕視敵寇。

契丹當莊宗、明宗時攻陷營、平二州，及已立晋，又得雁門以北幽州節度管内，[1]合一十六州。乃以幽州爲燕京，改天顯十一年爲會同元年，[2]更其國號大遼，置百官，皆依中國，參用中國之人。晋高祖每遣使聘問，[3]奉表稱臣，歲輸絹三十萬匹，其餘寶玉珍異，下至中國飲食諸物，使者相屬於道，無虛日。德光約高祖不稱臣，更表爲書，稱"兒皇帝"，如家人禮。德光遣中書令韓頴奉册高祖爲英武明義皇帝。[4]高祖復遣趙瑩、馮道等以太常鹵簿奉册德光及其母尊號。[5]終其世，奉之甚謹。

[1]管内：轄區。

[2]會同：遼太宗耶律德光年號（938—947）。

[3]晉高祖：即石敬瑭。

[4]中書令：官名。遼國初置政事省，興宗重熙十三年（1044）改中書省。五代後晉天福三年（938）時尚無中書令，此當爲政事令。《遼史》卷七四《韓延徽傳》載，"太宗朝封魯國公，仍爲政事令。使晉還，改南京三司使"。政事令爲政事省長官，爲宰相之職。品秩不詳。　韓頴：人名。即韓延徽。幽州安次（今河北安次縣）人。初仕於劉仁恭、劉守光父子。出使契丹時爲遼太祖所留，歷任遼國左僕射、政事令等官。傳見《遼史》卷七四。"頴"，原作"頰"，中華點校本據浙江本、宗文本、本書卷七二改，今從。有關"韓頴"考證，參見齊心《金代韓詠墓誌考》，《考古》1984年第8期。

[5]趙瑩：人名。華州華陰（今陝西華陰市）人。五代後晉宰相。傳見《舊五代史》卷八九、本書卷五六。　馮道：人名。瀛州景城（今河北滄州市）人。五代時官拜宰相，歷仕後唐、後晉、後漢、後周，亦曾臣事契丹。傳見《舊五代史》卷一二六、本書卷五四。　太常鹵簿：太常，即太常寺，掌宗廟祭祀禮樂及教育等。鹵簿，指帝后出行時的儀仗隊。蔡邕《獨斷》卷下載："天子出，車駕次第謂之鹵簿。"

高祖崩，出帝即位，[1]德光怒其不先以告，而又不奉表，不稱臣而稱孫，數遣使者責晉。晉大臣皆恐，而景延廣對契丹使者語，[2]獨不遜。德光益怒。楊光遠反青州，[3]招之。開運元年春，[4]德光傾國南寇，分其衆爲三：西出雁門，攻并、代，[5]劉知遠擊敗之于秀容；[6]東至于河，陷博州，[7]以應光遠；德光與延壽南，攻陷貝州。[8]德光屯元城，[9]兵及黎陽。[10]晉出帝親征，遣李守貞等東馳馬家渡，[11]擊敗契丹。而德光與晉相距于河，月餘，聞馬家渡兵敗，乃引衆擊晉，戰于戚城。德光臨陣，望見晉軍旗幟光明，而士馬嚴整，有懼色，謂其左右曰："楊光遠言晉家兵馬半已餓死，何其盛也！"兵既交，殺傷相半，陣間斷箭遺鏃，布厚寸餘。日暮，德光引去，分其兵爲二，一出滄州，[12]一出深州以歸。[13]二年正月，德光復傾國入寇，圍鎮州，分兵攻下鼓城等九縣。[14]杜重威守鎮州，[15]閉壁不敢出。契丹南掠邢、洺、磁，[16]至于安陽河，[17]千里之内，焚剽殆盡。契丹見大桑木，罵曰："吾知紫披襖出自汝身，吾豈容汝活邪！"束薪於木而焚之。是時，出帝病，不能出征，遣張從恩、安審琦、皇甫遇等禦之。[18]遇前渡漳水，[19]遇契丹，戰于榆林，[20]幾爲所虜。審琦從後救之，契丹望見塵起，謂救兵至，引去。而從恩畏怯，不敢追，亦引兵南走黎陽。契丹已北，而出帝疾少間，乃下詔親征，軍于澶州，[21]遣杜重威等北伐。契丹歸至古北，[22]聞晉軍且至，即復引而南，及重威戰于陽城、衛村。[23]晉軍飢渴，鑿井輒壞，絞泥汁而飲。德光坐奚車中，呼其衆曰："晉軍盡在此矣，可生擒之，然後平定天下。"會天大風，晉軍奮死擊之，契丹大敗。德光喪車，騎一白橐駝而走。至幽州，其首領大將各笞數百，獨趙延壽免焉。是時，天下旱蝗，晉人苦兵，乃遣開封府軍將張暉假供奉官聘于契丹，[24]奉表稱臣，以脩和好。德光語不遜。然契丹亦自猒兵。德光母述律嘗謂晉人曰："南朝漢兒爭得一向卧邪？自古聞漢來和蕃，不聞蕃去和漢，若漢兒實有回心，則我亦何惜通好！"晉亦不復遣使，然數以書招趙延壽。

[1]出帝：即後晉出帝石重貴。沙陀人。石敬瑭之侄。942年至946年在位。天福七年（942），石敬瑭卒，石重貴被侍衛親軍都指揮使景延廣及宰臣馮道擁立爲帝。開運三年（946），契丹兵第三次攻後晉，入開封被虜，後死於建州（今遼寧朝陽市西南）。紀見《舊五代史》卷八一至卷八五、本書卷九。

[2]景延廣：人名。陝州（今河南三門峽市陝州區）人。五代後晉將領。傳見《舊五代史》卷八八、本書卷二九。

[3]青州：州名。治所在今山東青州市。

[4]開運：五代後晉出帝石重貴年號（944—946）。

[5]并：州名。治所在今山西太原市。　代：州名。治所在今山西代縣。

[6]秀容：縣名。治所在今山西忻州市。

[7]博州：州名。治所在今山東聊城市。

[8]貝州：州名。治所在今河北清河縣。

[9]元城：縣名。治所在今河北大名縣。

[10]黎陽：縣名。治所在今河南浚縣。

[11]李守貞：人名。河陽（今河南孟州市）人。五代後晉、後漢將領。傳見《舊五代史》卷一〇九、本書卷五二。　馬家渡：地名。五代黃河渡口。位於今山東鄆城縣一帶。

[12]滄州：州名。治所在今河北滄州市。

[13]深州：州名。治所在今河北深州市。

[14]鼓城：縣名。治所在今河北晉州市。

［15］杜重威：人名。其先朔州（今山西朔州市）人，後徙居太原（今山西太原市）。五代後晉、後漢將領。傳見《舊五代史》卷一〇九、本書卷五二。

［16］邢：州名。治所在今河北邢臺市。　洺：州名。治所在今河北邯鄲市永年區。　磁：州名。治所在今河北磁縣。

［17］安陽河：水名。即洹水。位於今河南安陽市北。

［18］張從恩：人名。太原人。五代後晉外戚、將領。仕至宋初。傳見《宋史》卷二五四。　安審琦：人名。沙陀人。五代將領。歷仕後唐、後晉、後漢、後周。傳見《舊五代史》卷一二三。　皇甫遇：人名。常山（今河北正定縣）人。五代後唐、後晉將領。傳見《舊五代史》卷九五、本書卷四七。

［19］漳水：水名。有清漳水、濁漳水二源，均出今山西東南部，在今河北南部邊境匯合後稱漳河。

［20］榆林：地名。即榆林店。位於今河北臨漳縣西南四十里。

［21］澶州：州名。唐大曆七年（772）移治今河南清豐縣，後晉天福四年（939）移治今河南濮陽縣。

［22］古北：地名。又名北口、虎北口。即今北京密雲區東北古北口。爲長城重要關口之一。

［23］陽城：地名。位於今河北保定市清苑區陽城鎮。五代營壘之地。《通鑑》卷二八四載："晉軍至陽城，庚申，契丹大至。晉軍與戰，逐北十餘里，契丹逾白溝而去。"　衛村：地名。位於今河北保定市清苑區。

［24］張暉：人名。幽州大城（今河北大城縣）人。五代、宋初將領。歷仕後唐、後晉、後漢、後周、宋。傳見《宋史》卷二七二。

延壽見晉衰而天下亂，嘗有意窺中國，而德光亦嘗許延壽滅晉而立之。延壽得晉書，僞爲好辭報晉，言身陷虜思歸，約晉發兵爲應。而德光將高牟翰亦詐以瀛州降晉，[1]晉君臣皆喜。三年七月，遣杜重威、李守貞、張彥澤等出兵，[2]爲延壽應，兵趨瀛州，牟翰空城而去。晉軍至城下，見城門皆啓，疑有伏兵，不敢入。遣梁漢璋追牟翰及之，[3]漢璋戰死。重威等軍屯武強。德光聞晉出兵，乃入寇鎮州。重威西屯中渡，與德光夾水而軍。德光分兵，並西山出晉軍後，攻破欒城縣，[4]縣有騎軍千人，皆降於虜。德光每獲晉人，刺其面，文曰"奉敕不殺"，縱以南歸。重威等被圍糧絕，遂舉軍降。德光喜，謂趙延壽曰："所得漢兒皆與爾。"因以龍鳳赭袍賜之，使衣以撫晉軍，亦以赭袍賜重威。遣傅住兒監張彥澤將騎二千，先入京師。晉出帝與太后爲降表，自陳過咎。德光遣解里以手詔賜帝曰："孫兒但勿憂，管取一喫飯處。"德光將至京師，有司請以法駕奉迎，德光曰："吾躬擐甲冑，以定中原，太常之儀，不暇顧也。"止而不用。出帝與太后出郊奉迎，德光辭不見，曰："豈有兩天子相見于道路邪！"四年正月丁亥朔旦，晉文武百官，班于都城北，望帝拜辭，素服紗帽以待。德光被甲衣貂帽，[5]立馬于高岡，百官俯伏待罪。德光入自封丘門，登城樓，遣通事宣言諭衆曰："我亦人也，可無懼。我本無心至此，漢兵引我來爾。"遂入晉宮，宮中嬪妓迎謁，皆不顧，夕出宿于赤岡。[6]封出帝負義侯，遷于黃龍府。[7]癸巳，入居晉宮，以契丹守諸門，門廡殿廷皆磔犬掛皮，以爲猒勝。甲午，德光胡服視朝于廣政殿。[8]乙未，被中國冠服，百官常參，起居如晉儀，而氎裘左袵，胡馬奚車，羅列階陛，晋人俛首不敢仰視。二月丁巳朔，[9]金吾六軍、殿中省仗、太常樂舞陳于廷，[10]德光冠通天冠，服絳紗袍，執大珪以視朝，[11]大赦，改晋國爲大遼國，開運四年爲會同十年。[12]

[1]高牟翰：人名。《遼史》作"高模翰"。渤海族人。遼朝將領。傳見《遼史》卷七六。　瀛州：州名。治所在今河北河間市。

[2]張彥澤：人名。突厥人，後徙居太原。五代後晋將領，後投降於契丹。傳見《舊五代史》卷九八、本書卷五二。

[3]梁漢璋：人名。應州（今山西應縣）人。五代後唐、後晋將領。傳見《舊五代史》卷九五。

[4]欒城縣：縣名。治所在今河北欒城縣。

[5]德光被甲衣貂帽：中華點校本據宗文本、《通鑑》卷二八六補，作"德光被甲衣貂裘貂帽"。

[6]赤岡：地名。今名霍赤岡。位於今河南開封市東北。

[7]黄龍府：府名。治所在今吉林農安縣。

[8]廣政殿：殿名。後周顯德四年（957）以新修永福殿改名。故址在今河南開封市。

[9]二月丁巳朔：原作"丁丑"，中華點校本據宗文本改，今從。《舊五代史》卷九九、《通鑑》卷二八六繫其事於二月丁巳。

[10]金吾六軍：此處代指天子禁衛軍。唐代宿衛體制分南北衙。北衙有左、右神武，左、右羽林，左、右龍武六軍以及神策、飛龍等軍。南衙主要指金吾軍，也包括威遠營和皇城將士。五代、宋、遼因襲之。　殿中省：官署名。唐改隋殿內省爲殿中省。五代沿置。掌皇帝服御之事。

[11]大珪：古代天子所執玉器。

[12]會同：遼太宗耶律德光年號（938—947）。

德光嘗許趙延壽滅晉而立以爲帝，故契丹擊晉，延壽常爲先鋒，虜掠所得，悉以奉德光及其母述律。德光已滅晉而無立延壽意，延壽不敢自言，因李崧以求爲皇太子。[1]德光曰："吾於燕王無所愛惜，雖我皮肉，可爲燕王用者，吾可割也。吾聞皇太子是天子之子，燕王豈得爲之？"乃命與之遷秩。翰林學士張礪進擬延壽中京留守、大丞相、録尚書事、都督中外諸軍事。[2]德光索筆，塗其録尚書事、都督中外諸軍事，止以爲中京留守、大丞相，而延壽前爲樞密使、封燕王皆如故。又以礪爲右僕射兼門下侍郎、同中書門下平章事，[3]與故晉相和凝並爲宰相。[4]礪，明宗時翰林學士，晉高祖起太原，唐廢帝遣礪督趙延壽進軍於團柏谷，已而延壽爲德光所鑠，并礪遷于契丹。德光重其文學，仍以爲翰林學士。礪常思歸，逃至境上，爲追者所得，德光責之，礪曰："臣本漢人，衣服飲食言語不同，今思歸而不得，生不如死。"德光顧其通事高唐英曰：[5]"吾戒爾輩善待此人，致其逃去，過在爾也。"因笞唐英一百而待礪如故，其愛之如此。德光將視朝，有司給延壽貂蟬冠，[6]礪三品冠服，延壽與礪皆不肯服。而延壽別爲王者冠以自異。礪曰："吾在上國時，晉遣馮道奉册北朝，道賫二貂冠，其一宰相韓延徽冠之，其一命我冠之。今其可降服邪！"卒冠貂蟬以朝。三月丙戌朔，德光服靴、袍，御崇元殿，[7]百官入閣，德光大悅，顧其左右曰："漢家儀物，其盛如此。我得於此殿坐，豈非真天子邪！"其母述律遣人齎書及阿保機明殿書賜德光。明殿，若中國陵寢下宮之制，其國君死，葬，則於其墓側起屋，謂之明殿，置官屬職司，歲時奉表起居如事生，置明殿學士一人掌答書詔，每國有大慶弔，學士以先君之命爲書以賜國君，其書常曰報兒皇帝云。

[1]李崧：人名。深州饒陽（今河北饒陽縣）人。五代後晉宰相，歷仕後唐至後漢。傳見《舊五代史》卷一〇八、本書卷四五。

[2]張礪：人名。籍貫不詳。五代後唐翰林學士。後入契丹，爲翰林學士。傳見《舊五代史》卷九八。　留守：官名。在都城、陪都或軍事重鎭設留守，由地方行政長官兼任。品秩不詳。　大丞相：官名。遼授予功勳卓著者，非定制。品秩不詳。此事詳見《遼史》卷七六《趙延壽傳》。

[3]右僕射：官名。秦始置。隋、唐前期以左、右僕射佐尚書令總理六官、綱紀庶務；如不置尚書令，則總判省事，爲宰相之職。唐後期多爲大臣加銜。從二品。　門下侍郎：官名。門下省副長官。唐後期三省長官漸爲榮銜，中書侍郎、門下侍郎却因參議朝政而職位漸重，常常用爲以"同三品"或"同平章事"任宰相者的本官。正三品。　同中書門下平章事：官名。簡稱"同平章事"。唐高宗以後，凡實際任宰相之職者，常在其本官後加同平章事的職銜。後成爲宰相專稱。品秩不詳。

[4]和凝：人名。鄆州須昌（今山東東平縣）人。歷仕後梁至後周，五代官員、詞人。傳見《舊五代史》卷一二七、本書卷五六。

[5]高唐英：人名。籍貫不詳。遼官員，後曾任相州節度使。事見《舊五代史》卷九九。

[6]貂蟬冠：古代冠帽之一種。以貂尾爲飾，附蟬爲紋，故名。古時高官顯貴服之。

[7]崇元殿：殿名。五代後梁開平元年（907）改汴京正殿爲

崇元殿。位於今河南開封市。

　　德光已滅晋，遣其部族酋豪及其通事爲諸州鎮刺史、節度使，括借天下錢帛以賞軍。胡兵人馬不給糧草，遣數千騎分出四野，[1]劫掠人民，號爲"打草穀"，東西二三千里之間，民被其毒，遠近怨嗟。漢高祖起太原，[2]所在州鎮多殺契丹守將歸漢，德光大懼。又時已熱，乃以蕭翰爲宣武軍節度使。[3]翰，契丹之大族，其號阿鉢，翰之妹亦嫁德光，而阿鉢本無姓氏，契丹呼翰爲國舅，及將以爲節度使，李崧爲製姓名曰蕭翰，於是始姓蕭。德光已留翰守汴，乃北歸，以晋内諸司伎術、宫女、諸軍將卒數千人從。自黎陽渡河，行至湯陰，[4]登愁死岡，[5]謂其宣徽使高勳曰：[6]"我在上國，以打圍食肉爲樂，自入中國，心常不快，若得復吾本土，死亦無恨。"勳退而謂人曰："虜將死矣。"相州梁暉殺契丹守將，[7]閉城距守。德光引兵破之，[8]城中男子無少長皆屠之，婦女悉驅以北。後漢以王繼弘鎮相州，[9]得髑髏十數萬枚，爲大冢葬之。德光至臨洺，[10]見其井邑荒殘，笑謂晋人曰："致中國至此，皆燕王爲罪首。"又顧張礪曰："爾亦有力焉。"德光行至欒城，得疾，卒于殺胡林。[11]契丹破其腹，去其腸胃，實之以鹽，載而北，晋人謂之"帝羓"焉。永康王兀欲立，[12]謚德光爲嗣聖皇帝，號阿保機爲太祖，德光爲太宗。

　　[1]遣數千騎分出四野：中華點校本據宗文本、《遼史》卷三四補，作"日遣數千騎分出四野"。

[2]漢高祖：即五代後漢高祖劉知遠。沙陀人，後世居於太原。917年至948年在位。紀見《舊五代史》卷九九至卷一〇〇、本書卷一〇。

　　[3]蕭翰：人名。契丹人。遼朝宰相蕭敵魯之子，述律太后之侄，太宗皇后之兄。遼初將領。傳見《舊五代史》卷九八、《遼史》卷一一三。　宣武軍：方鎮名。唐舊鎮，治所在汴州（今河南開封市）。後梁開平元年（907）升汴州爲東京開封府。開平三年（909）置宣武軍於宋州（今河南商丘市睢陽區）。後唐同光元年（924）改宋州宣武軍爲歸德軍。廢東京開封府，重建宣武軍於汴州。後晉天福三年（938），改爲東京開封府。除天福十二年（947）、十三年（948）短暫改爲宣武軍外，汴京均爲東京開封府。

　　[4]湯陰：縣名。治所在今河南湯陰縣東。

　　[5]愁死岡：地名。位於今河南安陽市西南。

　　[6]宣徽使：官名。唐始置。宣徽南院使、北院使通稱宣徽使。初用宦官，五代以後改用士人。通掌内諸司及三班内侍之名籍，郊祀、朝會、宴享供帳之儀，檢視内外進奉名物。品秩不詳。參見王永平《論唐代宣徽使》，《中國史研究》1995年第1期；王孫盈政《再論唐代的宣徽使》，《中華文史論叢》2018年第3期。　高勳：人名。河南（今河南洛陽市）人。五代後晉北平王高信韜之子。原爲後晉閤門使，會同九年（947）與杜重威降遼。傳見《遼史》卷八五。

　　[7]相州：州名。治所在今河南安陽市。　梁暉：人名。磁州滏陽（今河北磁縣）人。五代河朔地區酋豪。曾率兵奪相州，後爲契丹主耶律德光攻滅。事見《舊五代史》卷九九。

　　[8]德光引兵破之：中華點校本據宗文本補，作"德光引兵攻破之"。

　　[9]王繼弘：人名。南宫（今河北南宫市）人。五代將領。傳見《舊五代史》卷一二五。

　　[10]臨洺：縣名。治所在今河北邯鄲市永年區。

［11］殺胡林：地名。又名殺虎林。在今河北石家莊市欒城區西北乏馬鋪。

［12］兀欲：人名。即遼世宗耶律阮。契丹族，遼太祖耶律阿保機孫，人皇王耶律倍長子，遼朝第三代皇帝。紀見《遼史》卷五。

新五代史　卷七三

四夷附録第二

兀欲，東丹王突欲子也。[1]突欲奔于唐，兀欲留不從，號永康王。契丹好飲人血，突欲左右姬妾，多刺其臂吮之，其小過輒挑目、刲灼，不勝其毒。然喜賓客，好飲酒，工畫，頗知書。其自契丹歸中國，載書數千卷，樞密使趙延壽每假其異書、醫經，[2]皆中國所無者。明宗時，[3]自滑州朝京師，[4]遥領武信軍節度使，[5]食其俸，賜甲第一區，宮女數人。契丹兵助晋于太原，[6]唐廢帝遣宦者秦繼旻、皇城使李彦紳殺突欲于其第。[7]晋高祖追封突欲爲燕王。

[1]東丹王突欲：人名。本名耶律倍，小名突欲。遼太祖耶律阿保機長子，封東丹王。其弟耶律德光即位，是爲遼太宗。突欲憤而降五代後唐，明宗賜名李贊華。傳見《遼史》卷七二。

[2]樞密使：官名。樞密院長官。唐代宗時始以宦官掌機密，至昭宗時借朱温之力盡誅宦官，始改以士人任樞密使。備顧問，參謀議，出納詔奏，權侔宰相。品秩不詳。參見李全德《唐宋變革期樞密院研究》，北京圖書館出版社2009年版。　趙延壽：人名。常山（今河北正定縣）人，本姓劉，爲五代後唐將領趙德鈞養子。仕至後唐樞密使，遼朝幽州節度使、燕王。傳見《舊五代史》卷

［3］明宗：即五代後唐明宗李嗣源。原名邈佶烈，沙陀人，爲李克用養子。926年至933年在位。紀見《舊五代史》卷三五、本書卷六。

［4］滑州：州名。治所在今河南滑縣。

［5］武信軍：方鎮名。治所在遂州（今四川遂寧市）。中華點校本云，《通鑑》卷二七八"武信"作"昭信"。　節度使：官名。唐時在重要地區所設掌握一州或數州軍事、民事、財政的長官。品秩不詳。

［6］太原：府名。治所在今山西太原市。

［7］唐廢帝：即五代後唐廢帝李從珂。鎮州平山（今河北平山縣）人。本姓王，後唐明宗李嗣源擄其母魏氏，遂養爲己子。應順元年（934）四月，李從珂入洛陽即帝位。清泰三年（936）五月，石敬瑭謀反，以出賣燕雲十六州，自稱兒臣的條件求得契丹援助，石敬瑭攻入洛陽，廢帝自焚死，後唐亡。紀見《舊五代史》卷四六至卷四八、本書卷七。　秦繼旻：人名。籍貫不詳。五代後唐宦官。本書僅此一見。　皇城使：官名。唐末始置，爲皇城司的長官，一般由君主的親信充任，以拱衛皇城。品秩不詳。　李彥紳：人名。籍貫不詳。五代後唐官員。本書僅此一見。

德光滅晉，[1]兀欲從至京師。德光殺繼旻、彥紳，籍其家貲，悉以賜兀欲。德光死欒城，[2]兀欲與趙延壽及諸大將等俱入鎮州。[3]延壽自稱權知軍國事，遣人求鎮州管鑰于兀欲，兀欲不與。延壽左右曰："契丹大人聚而謀者訩訩，必有變，宜備之。今中國之兵，猶有萬人，可以擊虜；不然，事必不成。"延壽猶豫不決。兀欲妻，延壽以爲妹，五月朔旦，兀欲召延壽及張礪、李崧、馮道等置酒，[4]酒數行，兀欲謂延壽曰："妹自上國來，當一見之。"延壽欣然與兀欲俱入。食頃，兀欲出坐，笑謂礪等曰："燕王謀反，鎖之矣。諸君可無慮也。"又曰："先帝在汴州與我算子一莖，[5]許我知南朝軍國事，昨聞寢疾，無遺命，燕王安得自擅邪？"礪等罷去。兀欲召延壽廷立而詰之，延壽不能對。乃遣人監之，而籍其家貲。兀欲宣德光遺制曰："永康王，大聖皇帝之嫡孫，人皇王之長子，[6]可於中京即皇帝位。"中京，契丹謂鎮州也。遣使者告哀於諸鎮。蕭翰聞德光死，[7]棄汴州而北，至鎮州，兀欲已去。翰以騎圍張礪宅，執礪而責曰："汝教先帝勿用胡人爲節度使，何也？"礪對不屈，翰鏁之。是夕，礪卒。

[1] 德光：人名。即遼太宗耶律德光。契丹族。遼太祖耶律阿保機次子。927年至947年在位。紀見《遼史》卷三至卷四。

[2] 欒城：縣名。治所在今河北石家莊市欒城區。

[3] 鎮州：州名。治所在今河北正定縣。

[4] 張礪：人名。籍貫不詳。五代後唐翰林學士。後入契丹，爲翰林學士。傳見《舊五代史》卷九八。　李崧：人名。深州饒陽（今河北饒陽縣）人。五代後晉宰相，歷仕後唐至後漢。傳見《舊五代史》卷一〇八、本書卷四五。　馮道：人名。瀛州景城（今河北滄州市）人。五代時官拜宰相，歷仕後唐、後晉、後漢、後周，亦曾臣事契丹。傳見《舊五代史》卷一二六、本書卷五四。

[5] 汴州：州名。治所在今河南開封市。

[6] 人皇王：人名。即耶律倍。

[7] 蕭翰：人名。契丹人。遼朝宰相蕭敵魯之子，述律太后之侄，太宗皇后之兄。遼初將領。傳見《舊五代史》卷九八、《遼

史》卷一一三。

兀欲爲人儁偉，亦工畫，能飲酒，好禮士，德光嘗賜以絹數千匹，兀欲散之，一日而盡。兀欲已立，先遣人報其祖母述律。[1]述律怒曰："我兒平晋取天下，有大功業，其子在我側者當立，而人皇王背我歸中國，其子豈得立邪？"乃率兵逆兀欲，將廢之。兀欲留其將麻荅守鎮州，[2]晋諸將相隨德光在鎮州者皆留之而去。以翰林學士徐台符、李澣從行，[3]與其祖母述律相距于石橋。[4]述律所將兵多亡歸兀欲。兀欲乃幽述律於祖州。[5]祖州，阿保機墓所也。

［1］述律：人名。即遼太宗耶律德光之母述律太后。傳見《遼史》卷七一。

［2］麻荅：人名。即耶律拔里得。契丹人。遼初皇室，遼太宗耶律德光堂弟。傳見《遼史》卷七六。參見鄧廣銘（署名酈又銘）《遼史兵衛志"御帳親軍""大首領部族軍"兩事目考源》，《北京大學學報》（人文科學）1956年第2期。

［3］翰林學士：官名。由南北朝始設之學士發展而來，唐玄宗改翰林供奉爲翰林學士，備顧問，代王言，掌拜免將相、號令征伐等詔令的起草。品秩不詳。　徐台符：人名。真定獲鹿（今河北石家莊市鹿泉區）人。歷仕五代後唐、後晋，後被契丹挾而北行。後漢隱帝時自幽州逃歸，又仕後周。事見《舊五代史》卷一一五、本書卷五七。　李澣：人名。京兆萬年（今陝西西安市）人。歷仕五代後唐、後晋，後與徐台符被契丹挾而北行，在遼任宣政殿學士、禮部尚書等職。事見《遼史》卷一〇三、《宋史》卷二六二。

［4］石橋：地名。又名沙河石橋。位於今内蒙古巴林左旗西南。

[5]祖州：州名。治所在長霸縣（今内蒙古巴林左旗西南石房子村古城）。

述律爲人多智而忍。阿保機死，悉召從行大將等妻，謂曰："我今爲寡婦矣，汝等豈宜有夫。"乃殺其大將百餘人，曰："可往從先帝。"左右有過者，多送木葉山，[1]殺於阿保機墓隧中，曰："爲我見先帝于地下。"大將趙思温，[2]本中國人也，以材勇爲阿保機所寵，述律後以事怒之，使送木葉山，思温辭不肯行。述律曰："爾，先帝親信，安得不往見之？"思温對曰："親莫如后，后何不行？"述律曰："我本欲從先帝于地下，以子幼，國中多故，未能也。然可斷吾一臂以送之。"左右切諫之，乃斷其一腕，而釋思温不殺。初，德光之擊晋也，述律常非之，曰："吾國用一漢人爲主可乎？"德光曰"不可也。"述律曰："然則汝得中國不能有，後必有禍，悔無及矣。"德光死，載其尸歸，述律不哭而撫其尸曰："待我國中人畜如故，然後葬汝。"已而，兀欲囚之，後死于木葉山。

[1]木葉山：山名。關於木葉山的具體地址目前學界尚有爭議。詳見劉浦江先生《契丹族的歷史記憶——以"青牛白馬"説爲中心》，原刊《漆俠先生紀念文集》，河北大學出版社，2002年10月。關於木葉山的地望問題，長期以來存在著很大爭議。迄今爲止，大致有以下四種觀點：（1）主張應在今西剌木倫河與老哈河匯流處去尋找木葉山；（2）認爲木葉山是西剌木倫河與少冷河匯流處的海金山（今屬内蒙古翁牛特旗白音他拉鄉）；（3）認爲木葉山即遼祖州祖陵所在之山；（4）認爲木葉山即内蒙古阿魯科爾沁旗南面

［2］趙思溫：人名。盧龍（今河北盧龍縣）人。原爲五代後唐將領，官至平州刺史，兼平、營、薊三州都指揮使。後降遼，從伐渤海，爲漢軍團練使。遼太宗時，以功擢檢校太保，歷任保静、盧龍、臨海軍節度使。傳見《遼史》卷七六。

　　兀欲更名阮，號天授皇帝，改元曰天禄。[1]是歲八月，葬德光於木葉山，遣人至鎮州召馮道、和凝等會葬。[2]使者至鎮州，鎮州軍亂，大將白再榮等逐出麻荅。[3]據定州，[4]已而悉其衆以北。麻荅者，德光之從弟也。德光滅晉，以爲邢州節度使，[5]兀欲立，命守鎮州。麻荅尤酷虐，多略中國人，剥面、抉目、拔髮、斷腕而殺之，出入常以鉗鑿挑割之具自隨，寢處前後掛人肝、脛、手、足，言笑自若，鎮、定之人不勝其毒。[6]麻荅已去，馮道等乃南歸。

　　［1］天禄：遼世宗耶律阮年號（947—951）。
　　［2］和凝：人名。鄆州須昌（今山東東平縣西）人。歷仕後梁至後周，五代官員、詞人。傳見《舊五代史》卷一二七、本書卷五六。
　　［3］白再榮：籍貫不詳。五代節度使、將領。傳見《舊五代史》卷一〇六、本書卷四八。原作"白再筠"，中華點校本據宗文本、本書卷四八改，今從。
　　［4］據定州：中華點校本校勘記云："《舊五代史》卷一〇〇《漢高祖紀下》叙其事云：'麻荅與河陽節度使崔廷勳、洛京留守劉晞，並奔定州。'《通鑑》卷二八七略同。'據'上疑有脱字。"
　　［5］邢州：州名。治所在今河北邢臺市。

[6]定：州名。治所在今河北定州市。

　　漢乾祐元年，[1]兀欲率萬騎攻邢州，陷内丘。[2]契丹入寇，常以馬嘶爲候。其來也，馬不嘶鳴，[3]而矛戟夜有光，又月食，虜衆皆懼，以爲凶，雖破内丘而人馬傷死者太半。兀欲立五年，會諸部酋長，復謀入寇，諸部大人皆不欲，兀欲彊之。燕王述軋與太寧王嘔里僧等率兵殺兀欲於火神淀。[4]德光子齊王述律聞亂，[5]走南山。[6]契丹擊殺述軋、嘔里僧，而迎述律以立。

　　[1]乾祐：五代後漢高祖劉知遠及隱帝劉承祐年號（948—950）。中華點校本云，《舊五代史》卷一〇三、《五代會要》卷二九、《通鑑》卷二八九繫其事於乾祐三年。
　　[2]内丘：縣名。治所在今河北内丘縣。
　　[3]馬不嘶鳴：中華點校本據宗文本、《類要》卷三六補，作"馬不甚嘶鳴"。
　　[4]述軋：人名。又作耶律牒蠟。遼將領。傳見《遼史》卷一一三。　太寧王嘔里僧：人名。又名漚僧、額哩森、烏辛、耶律察割。契丹族。耶律安端之子。傳見《遼史》卷一一二。　火神淀：地名。位於今河北涿鹿縣西。原作"大神淀"，中華點校本據浙江本、宗文本、《通鑑》卷二九〇、《契丹國志》改，今從。
　　[5]齊王述律：人名。即遼穆宗耶律璟，951年至969年在位。遼太宗耶律德光之子。紀見《遼史》卷六。
　　[6]南山：山名。位於今河北霸州市東。

　　述律立，改元應曆，[1]號天順皇帝，後更名璟。述律有疾，不能近婦人，左右給事，多以宦者。然畋獵好飲酒，不恤國事，每酣飲，自夜至旦，晝則常睡，國人謂之"睡王"。

[1]應曆：遼穆宗耶律璟年號（951—969）。

初，兀欲常遣使聘漢，使者至中國而周太祖入立。[1]太祖復遣將軍朱憲報聘，[2]憲還而兀欲死。述律立，遂不復南寇。顯德六年夏，[3]世宗北伐，[4]以保大軍節度使田景咸爲淤口關部署，[5]右神武統軍李洪信爲合流口部署，[6]前鳳翔節度使王晏爲益津關部署，[7]侍衛親軍馬步都虞候韓通爲陸路都部署。[8]世宗自乾寧軍御龍舟，[9]艫船戰艦，首尾數十里，至益津關，降其守將，而河路漸狹，舟不能進，乃捨舟陸行。瓦橋淤口關、瀛莫州守將，[10]皆迎降。方下令進攻幽州，[11]世宗遇疾，乃置雄州於瓦橋關、霸州於益津關而還。[12]周師下三關、瀛、莫，[13]兵不血刃。述律聞之，謂其國人曰："此本漢地，今以還漢，又何惜耶？"述律後爲庖者因其醉而殺之。

[1]周太祖：即五代後周太祖郭威。邢州堯山（今河北隆堯縣）人。後周建立者。951年至954年在位。紀見《舊五代史》卷一一〇至卷一一三、本書卷一一。

[2]朱憲：人名。籍貫不詳。五代後周將領。事見《舊五代史》卷一一〇、卷一一一。

[3]顯德：五代後周太祖郭威年號（954）。世宗柴榮、恭帝柴宗訓沿用（954—960）。

[4]世宗：即五代後周世宗柴榮。邢州龍岡（今河北邢臺市）

人。後周太祖郭威養子，顯德元年（954）繼郭威爲帝。954年至959年在位。紀見《舊五代史》卷一一四、本書卷一二。

［5］保大軍：方鎮名。治所在鄜州（今陝西富縣）。　田景咸：人名。太原（今山西太原市）人。歷仕五代後漢、後周、宋。傳見《宋史》卷二六一。　淤口關：關隘名。位於今河北霸州市。

［6］右神武統軍：官名。唐代右神武軍統兵官。唐置六軍，分左、右羽林，左、右龍武，左、右神武等，即"北衙六軍"。興元元年（784），六軍各置統軍，以寵功勳臣。其品秩，《唐會要》卷七一、《舊唐書》卷一二記載爲"從二品"，《通鑑》卷二二九記載爲"從三品"。　李洪信：人名。并州晉陽（今山西太原市）人。五代、宋初將領。傳見《宋史》卷二五二。　合流口：地名。當位於今河北北部、天津一帶。

［7］鳳翔：方鎮名。治所在鳳翔府（今陝西鳳翔縣）。　節度使：官名。唐時在重要地區所設掌握一州或數州軍事、民事、財政的長官。品秩不詳。　王晏：人名。徐州滕（今山東滕州市）人。五代、宋初將領。傳見《宋史》卷二五二。　益津關：關隘名。位於今河北霸州市。

［8］侍衛親軍馬步都虞候：官名。唐、五代方鎮高級軍官。品秩不詳。　韓通：人名。太原（今山西太原市）人。五代後漢、後周、宋初將領。傳見《宋史》卷四八四。　陸路都部署：官名。凡行軍征討，總管陸路戰爭事務。品秩不詳。

［9］乾寧軍：方鎮名。治所在永安縣（今河北青縣）。

［10］瓦橋：關隘名。位於今河北雄縣。　瀛：州名。治所在今河北河間市。　莫：州名。唐開元十三年（725）置，原名"漠州"，隨即又改名爲莫州。治所在今河北任丘市鄚州鎮。"莫"，原作"漠"，今據中華點校本改，下同。

［11］幽州：州名。治所在今北京市。

［12］雄州：州名。治所在今河北雄縣。　霸州：州名。治所在河北霸州市。

[13]三關：五代後周與遼朝之間邊地要隘，即高陽關（在今河北高陽縣）、瓦橋關（在今河北雄縣）、益津關（在今河北霸州市）或淤口關（在今河北霸州市）。

嗚呼！自古夷狄服叛，雖不繫中國之盛衰，而中國之制夷狄則必因其彊弱。予讀周日曆，見世宗取瀛、莫、定三關，兵不血刃，而史官譏其以王者之師，馳千里而襲人，輕萬乘之重於萑葦之間，以僥倖一勝。夫兵法，決機因勢，有不可失之時。世宗南平淮甸，[1]北伐契丹，乘其勝威，擊其昏殆，世徒見周師之出何速，而不知述律有可取之機也。是時，述律以謂周之所取，皆漢故地，不足顧也。然則十四州之故地，皆可指麾而取矣。不幸世宗遇疾，功志不就。然瀛、莫、三關，遂得復爲中國之人，而十四州之俗，至今陷於夷狄。彼其爲志豈不可惜，而其功不亦壯哉！夫兵之變化屈伸，豈區區守常談者所可識也！

[1]淮甸：後周世宗三次親征南唐，取江淮十四州。

初，蕭翰聞德光死，北歸，有同州郃陽縣令胡嶠爲翰掌書記，[1]隨入契丹。而翰妻爭妬，告翰謀反，翰見殺，嶠無所依，居虜中七年。當周廣順三年，[2]亡歸中國，略能道其所見。云："自幽州西北入居庸關，[3]明日，又西北入石門關，[4]關路崖狹，一夫可以當百，此中國控扼契丹之險也。又三日，至可汗州，[5]南望五臺山，[6]其一峰最高者，東臺也。又三日，至新武州，[7]西北行五十里有雞鳴山，[8]云唐太宗北伐聞雞鳴于此，[9]因之名山。明日，入永定關北，[10]此唐故關也。又四日，至歸化州。[11]又三日，登天嶺，[12]嶺東西連亙，有路北下，四顧冥然，黃雲白草，不可窮極。契丹謂嶠曰：'此辭鄉嶺也，可一南望而爲永訣。'同行者皆慟哭，往往絕而復蘇。又行三四日，至黑榆林，[13]時七月，寒如深冬。又明日，入斜谷，[14]谷長五十里，高崖峻谷，仰不見日，而寒尤甚。已出谷，得平地，氣稍溫。又行二日，渡湟水。[15]又明日，渡黑水。[16]又二日，至湯城淀，[17]地氣最溫，契丹若大寒，則就溫于此。其水泉清冷，草軟如茸，可藉以寢。而多異花，記其二種：一曰旱金，大如掌，金色爍人；一曰青囊，如中國金燈，而色類藍可愛。又二日，至儀坤州，[18]渡麝香河。[19]自幽州至此無里候，其所向不知爲南北。又二日，至赤崖，[20]翰與兀欲相及，遂及述律戰于沙河。[21]述律兵敗而北，兀欲追至獨樹渡，[22]遂囚述律于撲馬山。[23]又行三日，遂至上京，[24]所謂西樓也。西樓有邑屋市肆，交易無錢而用布。有綾錦諸工作、宦者、翰林、伎術、教坊、角觝、秀才、僧、尼、道士等，皆中國人，而并、汾、幽、薊之人尤多。[25]自上京東去四十里，至真珠寨，[26]始食菜。明日，東行，地勢漸高，西望平地松林鬱然數十里。遂入平川，[27]多草木，始食西瓜，云契丹破回紇得此種，[28]以牛糞覆棚而種，大如中國冬瓜而味甘。又東行，至裹潭，[29]始有柳，而水草豐美，有息雞草尤美，而本大，馬食不過十本而飽。自裹潭入大山，行十餘日而出，過一大林，長二三里，皆蕪荑，枝葉有芒刺如箭羽，其地皆無草。兀欲時卓帳于此，會諸部人葬德光。自此西南行，日六十里，行七日，至大山門，兩高山相去一里，而長松豐草，珍禽野卉，有屋室碑石，曰'陵所也。'兀欲入祭，諸部大人惟執祭器者得入。入而門闔。明日開門，曰'拋盞'，禮畢。問其禮，皆祕不肯言。"嶠所目見囚述律、葬德光等事，與中國所記差異。

[1]同州：州名。治所在今陝西大荔縣。 郃陽縣：縣名。治所在今陝西合陽縣東南。 胡嶠：人名。籍貫不詳。五代後晋官員。後爲遼蕭翰掌書記。隨其入契丹，居復州（今遼寧瓦房店市）。後歸故里，著《陷虜記》。事見《宋史》卷二○三。 掌書記：官名。唐制，唐、五代節度、觀察等使所屬均有掌書記一職，位在副使、判官之下，掌表奏書檄。遼節度使亦置。品秩不詳。

[2]廣順：五代後周太祖郭威年號（951—953）。

[3]居庸關：關隘名。位於今北京昌平區。

[4]石門關：關隘名。位於今北京延慶區東南八達嶺。

[5]可汗州：州名。五代時契丹改媯州置，治所在懷來縣（今河北懷來縣東南舊懷來）。

[6]五臺山：山名。位於今山西五臺縣東北。

[7]新武州：州名。簡稱新州，遼改稱奉聖州，位於今河北涿鹿縣西南。

[8]鷄鳴山：山名。位於今河北張家口市東南鷄鳴山。

[9]唐太宗：即李世民。626年至649年在位。紀見《舊唐書》卷二至卷三、《新唐書》卷二。

[10]入永定關北：中華點校本云宗文本作"入永定關"。永定關，關隘名。位於今河北懷來縣。

［11］歸化州：州名。唐光啓中置，治所在文德縣（今河北張家口市宣化區）。後改名毅州，五代後唐復名武州。後晋割與契丹，改名歸化州。

［12］天嶺：地名。位於今河北赤城縣獨石城北四十五里之偏嶺。

［13］黑榆林：地名。位於獨石口北百六十里元上都故址（今内蒙古錫林郭勒盟正藍旗召乃門蘇木）以西之榆木山。參見賈敬顔《五代宋金元人邊疆行記十三種疏證稿》，中華書局2004年版。

［14］斜谷：地名。當爲今閃電河（即上都河，灤河上游）與吐力根河（閃電河支流）中間之某一峽谷區。

［15］湟水：水名。即"潢河"異書，今之西拉木倫河。此似指其上源。

［16］黑水：水名。即今之查幹木倫河（即遼慶州境内之黑河，慶州遺址在今内蒙古赤峰市巴林右旗白塔子）。此似指其下游。

［17］湯城淀：地名。位於黑河以西、潢河源頭諸山之地。

［18］儀坤州：州名。遼初置，屬上京道。治所在廣義縣（今内蒙古克什克騰旗東南土城子鎮古城）。

［19］麝香河：水名。今地不詳。賈敬顔認爲，或以今之廣興元河爲麝香河。參見賈敬顔《五代宋金元人邊疆行記十三種疏證稿》，中華書局2004年版。

［20］赤崖：地名。赤崖當在赤崖館附近，當位於今内蒙古巴林左旗附近。

［21］沙河：地名。位於今内蒙古巴林左旗西南。

［22］獨樹渡：渡口名。當位於今内蒙古巴林左旗附近。

［23］撲馬山：山名。即今内蒙古巴林左旗西南石房子村西南阿保機陵山。

［24］上京：京名。契丹會同元年（938）改皇都爲上京臨潢府，位於今内蒙古巴林左旗（林東鎮）南波羅城（上京城遺址）。

［25］幷：州名。治所在今山西太原市。　汾：州名。治所在今

山西汾陽市。　薊：州名。治所在今天津薊州區。

［26］真珠寨：地名。當位於今內蒙古巴林左旗東南。

［27］平川：賈敬顔考證當屬今烏力吉木倫河與西拉木倫河中間之曠野。參見賈敬顔《五代宋金元人邊疆行記十三種疏證稿》，中華書局2004年版。

［28］回紇：部族、政權名。又作回鶻。原係突厥鐵勒部的一支。唐天寶三載（744）建立回鶻汗國，8世紀末9世紀初，回鶻與吐蕃爭奪北庭和安西並最終取勝，統治西域。9世紀中葉，回鶻汗國瓦解。參見楊蕤《回鶻時代：10—13世紀陸上絲綢之路貿易研究》，中國社會科學出版社2015年版。

［29］裊潭：水名。位於今內蒙古開魯縣西北之塔拉干泡子。

　　已而，翰得罪被鏁，嶠與部曲東之福州。[1]福州，翰所治也。嶠等東行，過一山，名十三山，[2]云此西南去幽州二千里。又東行，數日，過衛州，[3]有居人三十餘家，蓋契丹所虜中國衛州人，築城而居之。嶠至福州而契丹多憐嶠，教其逃歸，嶠因得其諸國種類遠近。云：“距契丹國東至于海，有鐵甸，[4]其族野居皮帳，而人剛勇。其地少草木，水鹹濁，色如血，澄之久而後可飲。又東，女真，[5]善射，多牛、鹿、野狗。其人無定居，行以牛負物，遇雨則張革爲屋。常作鹿鳴，呼鹿而射之，食其生肉。能釀糜爲酒，醉則縛之而睡，醒而後解，不然，則殺人。又東南，渤海，[6]又東，遼國，皆與契丹略同。[7]其南，海曲，[8]有魚鹽之利。又南，奚，[9]與契丹略同，而人好殺戮。又南，至于榆關矣，[10]西南至儒州，[11]皆故漢地。西則突厥、回紇。[12]西北至嫗厥律，[13]其人長大，髡頭，酋長全其髮，盛以紫囊。地苦寒，水出大魚，契丹仰食。又多黑、白、黃貂鼠皮，北方諸國皆仰足。其人最勇，隣國不敢侵。又其西，轄戛，[14]又其北，單于突厥，皆與嫗厥律略同。又北，黑車子，[15]善作車帳，其人知孝義，地貧無所產。云契丹之先，常役回紇，後背之走黑車子，始學作車帳。又北，牛蹄突厥，[16]人身牛足，其地尤寒，水曰瓠䗶河，[17]夏秋冰厚二尺，春冬冰徹底，常燒器銷冰乃得飲。東北，至韈劫子，[18]其人髦首，披布爲衣，不鞍而騎，大弓長箭，尤善射，遇人輒殺而生食其肉，契丹等國皆畏之。契丹五騎遇一韈劫子，則皆散走。其國三面皆室韋，[19]一曰室韋，二曰黃頭室韋，三曰獸室韋。其地多銅、鐵、金、銀，其人工巧，銅鐵諸器皆精好，善織毛錦。地尤寒，馬溺至地成冰堆。又北，狗國，[20]人身狗首，長毛不衣，手搏猛獸，語爲犬嗥，其妻皆人，能漢語，生男爲狗，女爲人，自相婚嫁，穴居食生，而妻女人食。云嘗有中國人至其國，其妻憐之使逃歸，與其箸十餘隻，教其每走十餘里遺一箸，狗夫追之，見其家物，必銜而歸，則不能追矣。"其說如此。又曰："契丹嘗選百里馬二十匹，遣十人齎乾餱北行，窮其所見。其人自黑車子，歷牛蹄國以北，行一年，經四十三城，居人多以木皮爲屋，其語言無譯者，不知其國地、山川、部族、名號。其地氣，遇平地則溫和，山林則寒冽。至三十三城，得一人，能鐵甸語，其言頗可解，云地名頡利烏于邪堰。云'自此以北，龍蛇猛獸、魑魅群行，不可往矣'。其人乃還。此北荒之極也。"

[1]部曲：遼對奴隸、農奴的稱謂。　福州：州名。治所在今內蒙古科爾沁左翼後旗東北。

[2]十三山：山名。位於今遼寧凌海市東。

[3]衛州：州名。治所在今遼寧北鎮市北部。

[4]鐵甸：部族名。又作鐵離、鐵驪。原爲黑水靺鞨之鐵利部，後被渤海兼并。遼天顯元年（926）渤海亡後，遣使向遼納貢，始稱鐵驪。後逐漸成爲金代女真的一部分。

[5]女真：部族名。源自肅慎部，五代時始稱女真。分布於今松花江、黑龍江下游，東至海。參見孫進己、孫泓《女真民族史》，廣西師範大學出版社2010年。

[6]渤海：古國名。武周聖曆元年（698）粟末靺鞨首領大祚榮建立政權。先天二年（713），唐朝册封大祚榮爲渤海郡王，其國遂以渤海爲名。參見馬一虹《靺鞨、渤海與周邊國家、部族關係史研究》，中國社會科學出版社2011年版。

[7]契丹：部族、政權名。公元4世紀中葉宇文部爲前燕攻破，始分離而成單獨的部落，自號契丹。唐貞觀中，置松漠都督府，以其首領爲都督。唐末彊盛，916年迭剌部耶律阿保機建立契丹國（遼）。先後與五代、北宋並立，保大五年（1125）爲金所滅。參見張正明《契丹史略》，中華書局1979年版。

[8]海曲：地名。當爲今之遼東灣與渤海灣。

[9]奚：部族名。又稱"庫莫奚"。源出鮮卑宇文部。隋代以後簡稱"奚"。先後附屬唐朝、後突厥汗國、回鶻汗國。唐末爲契丹所役屬，部分奚人西遷媯州（今河北懷來縣）北山，遂有東、西奚之分。遼建國後，以奚王府治理奚人，奚六部各設節度使。參見畢德廣《奚族文化研究》，科學出版社2016年版。

[10]榆關：關隘名。即今山海關。位於今河北秦皇島市。

[11]儒州：州名。治所在今北京延慶區。

[12]突厥：部族、政權名。公元6至8世紀活躍於北亞和中亞，稱雄於漠北、西域。西魏廢帝元年（552），首領土門大破柔

然，自號伊利可汗，建立突厥汗國，置汗庭於郁督軍山（今蒙古國杭愛山東段）。隋文帝開皇二年（582），突厥汗國分裂爲東、西突厥。唐中期以後西突厥、東突厥均已衰落。參見吳玉貴《突厥汗國與隋唐關係史研究》，中國社會科學出版社 2007 年版。

[13]嫗厥律：古族名。又作烏古、烏古里、烏骨里、烏虎里、於厥、於厥里、於骨里、羽厥、羽厥里等。與敵烈同爲遼代兩大强部。遼保大四年（金天會二年，1124）降金。參見《遼代烏古敵烈考》，〔日〕津田左右吉著，王國維譯《觀堂譯稿》下，《王國維遺書》（14），上海古籍書店 1983 年版。

[14]轄戛：古族名。漢稱堅昆、鬲昆，南北朝稱結骨，唐稱黠戛斯，突厥碑文作 Qïrqïz。居於今葉尼塞河上流流域，以畜牧農耕爲生。文字與突厥同。唐貞觀二十二年（648）遣使內附，唐朝以其地置堅昆都督府，隸燕然都護府。乾元中爲回鶻所破，然常與大食、吐蕃、葛邏祿相依仗。開成五年（840）擊敗回鶻，迫其西遷。大中元年（847）唐朝册封其首領爲英武誠明可汗。大順元年（890）發兵助唐平李克用之亂。13 世紀降於蒙古。參見岑仲勉《突厥集史》，中華書局 2004 年版。

[15]黑車子：古代東北民族。即"黑車子室韋"。爲室韋諸部之一。

[16]牛蹄突厥：古代北方民族。當與突厥人有某種聯繫。活動地區當在大興安嶺以北。

[17]瓠瓡河：水名。當位於大興安嶺地區。

[18]韈（wà）劫子：中國古代北方部落名。又作梅里急、密兒紀、蔑里乞、梅里吉、滅里吉、默而吉、邁而吉、邁禮吉等。遼、金時分布於薛良格河（今色楞格河）下游一帶。參見賈敬顔《五代宋金元人邊疆行記十三種疏證稿》，中華書局 2004 年版。

[19]室韋：古族名。又作失韋、失圍，一說即鮮卑的別譯。北魏時始見記載。源出東胡，與契丹同類，在南爲契丹，在北號室

韋。南北朝時分爲五部，至隋唐時漸分爲三十餘部。曾附屬於突厥汗國，唐代東突厥汗國、後突厥汗國、回鶻汗國衰亡後，大量室韋人遷入蒙古高原，遼金時遍佈大漠南北。中唐以後，文獻上又把室韋稱作"達怛"。參見張久和《原蒙古人的歷史：室韋—達怛研究》，高等教育出版社1998年版。

[20]狗國：此所指乃東西伯利亞、黑龍江下游極邊之地與韃靼海峽及鄂霍次克海東西瀕海區域，猶有母權遺風，且以狗爲駕挽之土著部落、部族（詳見伯希和《馬可·波羅游記校注》Femeles island of woman 一條，對中國西北、東北兩項女人國之解說）。下牛蹄國亦同。

契丹謂嶠曰："夷狄之人豈能勝中國？然晋所以敗者，主暗而臣不忠。"因具道諸國事，曰："子歸悉以語漢人，使漢人努力事其主，無爲夷狄所虜，吾國非人境也。"嶠歸，錄以爲《陷虜記》云。[1]契丹年號，諸家所記，舛謬非一，莫可考正，惟嘗見於中國者可據也。據耶律德光《立晋高祖册文》云："惟天顯九年，歲次丙申。"[2]是歲，乃晋天福元年。推而上之，得唐天成三年戊子，爲天顯元年。按《契丹附錄》，[3]德光與唐明宗同年而立，立三年改元天顯，與此正合矣。又據開運四年德光滅晋入汴，肆赦，稱會同十年，推而上之，得天福三年爲會同元年，是天顯盡十年，而十一年改爲會同矣。惟此二者，[4]其據甚明。餘皆不足考也。《附錄》所載夷狄年號，多略不書，蓋無所用，故不必備也。

[1]《陷虜記》：書名。又名《陷北記》。五代胡嶠撰。一卷。原書佚，有明代宛委山堂刊刻《說郛》本，民國年間鉛印《舊小說》本，民國二十六年（1937）北平文殿閣書莊鉛印《契丹交通史料七種》等本。

〔2〕據耶律德光《立晋高祖册文》云:"云",原作"據",中華點校本據浙江本、宗文本改,今從。　惟天顯九年:"惟",原作"推",中華點校本據浙江本、宗文本改,今從。

〔3〕按《契丹附録》:"按",原作"云",中華點校本據浙江本、宗文本改,今從。

〔4〕惟此二者:"惟",原作"推",中華點校本據浙江本、宗文本改,今從。

新五代史　卷七四

四夷附録第三

　　奚，本匈奴之別種。當唐之末，居陰涼川，[1]在營府之西，[2]幽州之西南，[3]皆數百里。有人馬二萬騎。分爲五部：一曰阿薈部，二曰啜米部，三曰粵質部，四曰奴皆部，五曰黑訖支部。[4]後徙居琵琶川，[5]在幽州東北數百里。地多黑羊，馬趫前，蹄堅善走，其登山逐獸，下上如飛。

　　[1]陰涼川：水名。即今內蒙古赤峰市西南錫伯河。
　　[2]營府：北魏及唐代所置營州，治所在今遼寧朝陽市區。遼置興中府。故名。
　　[3]幽州：州名。治所在今北京市。　西南：中華點校本據《通鑑》卷二六六胡三省注改爲"西北"。按，陰涼川應位於幽州之東北。
　　[4]黑訖支部：中華點校本云浙江本、宗文本作"墨訖支部"。
　　[5]琵琶川：水名。即今遼寧省喀喇沁左翼蒙古族自治縣北大凌河支流牤牛河。

　　契丹阿保機彊盛，[1]室韋、奚、霫皆服屬之。[2]奚人常爲契丹守界上，而苦其苛虐，奚王去諸怨叛，[3]以別部西徙嬀州，[4]依北山射獵，常採北山麝香、仁參賂劉守光以自託。[5]其族至數千帳，始分爲東、西奚。去諸之族，頗知耕種，歲借邊民荒地種稷，秋熟則來穫，窖之山下，人莫知其處。饗以平底瓦鼎，[6]煮稷爲粥，以寒水解之而飲。

[1]契丹：古部族、政權名。公元4世紀中葉宇文部爲前燕攻破，始分離而成單獨的部落，自號契丹。唐貞觀中，置松漠都督府，以其首領爲都督。唐末强盛，916年迭剌部耶律阿保機建立契丹國（遼）。先後與五代、北宋並立，保大五年（1125）爲金所滅。參見張正明《契丹史略》，中華書局1979年版。　阿保機：人名。即遼太祖耶律阿保機。姓耶律。契丹迭剌部人。唐末契丹族首領、遼開國皇帝。紀見《遼史》卷一、卷二。

[2]室韋：古族名。又作失韋、失圍，一說即鮮卑的別譯。北魏時始見記載。源出東胡，與契丹同類，在南爲契丹，在北號室韋。南北朝時分爲五部，至隋唐時漸分爲三十餘部。曾附屬於突厥汗國，唐代東突厥汗國、後突厥汗國、回鶻汗國衰亡後，大量室韋人遷入蒙古高原，遼金時遍佈大漠南北。中唐以後，文獻上又把室韋稱作"達怛"。參見張久和《原蒙古人的歷史：室韋—達怛研究》，高等教育出版社1998年版。　奚（xī）：古代北方民族名。又名白霫，匈奴別種。隋、唐時居於今内蒙古西拉木倫河以北。後遷至潢水以南，并於奚。唐末霫、奚皆附契丹，後漸融合。

[3]去諸：人名。唐末奚族部落首領。原附契丹。天祐初年率部分奚人背契丹附唐，徙於嬀州（今河北懷來縣東南），遂爲東、西奚。事見本書本卷。

[4]嬀州：州名。治所在今河北懷來縣。

[5]劉守光：人名。深州樂壽（今河北獻縣）人。唐末五代幽州節度使劉仁恭之子。劉守光囚父自立，後號大燕皇帝，爲晉王李

存勖俘殺。傳見《舊五代史》卷一三五、本書卷三九。

[6]爨（cuàn）：燒火做飯。

去諸卒，子掃剌立。[1]莊宗破劉守光，[2]賜掃剌姓李，更其名紹威。紹威卒，子拽剌立。[3]同光以後，[4]紹威父子數遣使朝貢。初，紹威娶契丹女舍利逐不魯之姊爲妻，[5]後逐不魯叛亡入西奚，紹威納之。晋高祖入立，[6]割幽州雁門以北入于契丹，[7]是時紹威與逐不魯皆已死，耶律德光已立晋北歸，[8]拽剌迎謁馬前，德光曰："非爾罪也。負我者，掃剌與逐不魯爾。"乃發其墓，粉其骨而颺之。後德光滅晋，拽剌常以兵從。其後不復見於中國。

[1]掃剌：人名。五代奚族部落聯盟首領。前首領去諸之子。後唐莊宗賜姓名李紹威。事見《通鑑》卷二八一。

[2]莊宗：即李存勖。代北沙陀人，五代後唐開國皇帝。紀見《舊五代史》卷二七至卷三四、本書卷四至卷五。

[3]拽剌：人名。又名素姑。五代奚族部落聯盟首領。前首領掃剌之子。後唐明宗天成四年（929），父死代立。清泰二年（936），欲背後唐投契丹，得後唐末帝李從珂撫慰。年底，後唐亡。次年二月，降契丹。事見《舊五代史》卷九〇。

[4]同光：五代後唐莊宗李存勖年號（923—926）。

[5]舍利逐不魯：人名。契丹族。姐姐嫁給掃剌。本書僅此一見。

[6]晋高祖：沙陀族。五代後唐將領，後晋開國皇帝。紀見《舊五代史》卷七五至卷八〇、本書卷八。

[7]雁門：方鎮名。治所在代州（今山西代縣）。

[8]耶律德光：人名。即遼太宗。契丹族。遼太祖耶律阿保機次子。927年至947年在位。紀見《遼史》卷三至卷四。

自去諸徙嬀州，自別爲西奚，而東奚在琵琶川者，亦爲契丹所并，不復能自見云。

吐渾，本號吐谷渾，或曰乞伏乾歸之苗裔。[1]自後魏以來，[2]名見中國，居於青海之上。當唐至德中，[3]爲吐蕃所攻，[4]部族分散，其內附者，唐處之河西。其大姓有慕容、拓拔、赫連等族。懿宗時，[5]首領赫連鐸爲陰山府都督，[6]與討龐勛，[7]以功拜大同軍節度使。[8]爲晉王所破，[9]其部族益微，散處蔚州界中。[10]

[1]乞伏乾歸：人名。鮮卑族。十六國時西秦國君。乞伏國仁之弟。388年至412年在位。傳見《晉書》卷一二五。

[2]後魏：即北魏。統治時期爲386年至534年，鮮卑人拓跋珪建立，後分裂爲東魏和西魏。

[3]至德：唐肅宗李亨年號（756—758）。

[4]吐蕃：部族、政權名。隋初，勢力漸盛。唐貞觀三年（629）松贊干布即贊普位，先後統一蘇毗、羊同、白蘭、党項諸部，建立吐蕃王朝。會昌二年（842），吐蕃贊普達磨遇刺死，王室內部紛爭，統一王朝從此瓦解。共歷九世贊普，二百餘年。參見才讓《吐蕃史稿》，人民出版社2010年版。

[5]懿宗：即唐懿宗李漼。859年至873年在位。紀見《舊唐書》卷一九上、《新唐書》卷九。

[6]赫連鐸：人名。唐末代北吐谷渾首領。咸通九年（868）隨唐軍鎮壓龐勛起義，勢力漸强。乾符五年（878），襲占沙陀李國昌父子所據之振武（治今內蒙古和林格爾縣西北）、雲州（今山西

大同市)。與李國昌父子争奪代北，官至雲州刺史、大同軍防禦使，守雲州十餘年。後爲李克用擒殺。事見《舊唐書》卷一九下、《舊五代史》卷二五、本書卷四。　陰山府：唐羈縻府名。唐憲宗元和三年（808）置，位於今内蒙古境内。　都督：官名。唐前期在邊疆地區和戰略要地設置都督府，管理地方軍政。掌管數州兵馬、甲械、城隍、鎮戍、糧廩，總判府事，一般兼任所在州刺史，兼理民政。到唐玄宗以後，都督逐漸爲節度使所取代。大都督爲從二品，中都督爲正三品，下都督爲從三品。

［7］龐勛：人名。籍貫不詳。唐末桂州（今廣西桂林市）戍卒起義軍首領。唐懿宗咸通九年（868），率久戍不歸的桂州戍卒起義北歸，十年兵敗死。事見《舊唐書》卷一九上、《新唐書》卷九。

［8］大同軍：方鎮名。治所在雲州（今山西大同市）。　節度使：官名。唐時在重要地區所設掌握一州或數州軍事、民事、財政的長官。品秩不詳。

［9］晋王：即李克用。沙陀族，神武川新城（一説今山西山陰縣附近，一説今山西代縣）人。唐末軍閥，後唐太祖。紀見《舊五代史》卷二五。

［10］蔚州：州名。治所在今河北蔚縣。

莊宗時，有首領白承福者，[1]依中山北石門爲柵，[2]莊宗爲置寧朔、奉化兩府，[3]以承福爲都督，賜其姓名爲李紹魯。終唐時，常遣使朝貢中國。

［1］白承福：五代時北吐谷渾首領。事見本書卷七四《四夷附録・吐渾》。

［2］中山北石門：地名。位於今河北蔚縣南。

［3］寧朔：府名。治所在今河北保定市。　奉化：府名。治所在今河北保定市。

晋高祖立，割雁門以北入于契丹，於是吐渾爲契丹役屬，而苦其苛暴。是時，安重榮鎮成德，[1]有異志，陰遣人招吐渾入塞，承福等乃自五臺入處中國。[2]契丹耶律德光大怒，遣使者責誚高祖，高祖恐懼，遣供奉官張澄率兵搜索并、鎮、忻、代等州山谷中吐渾驅出之。[3]然晋亦苦契丹，思得吐渾爲緩急之用，陰遣劉知遠鎮太原慰撫之。[4]終高祖時，承福數遣使者朝貢。後出帝與契丹絕盟，[5]召承福入朝，拜大同軍節度使，待之甚厚。契丹與晋相距于河，承福以其兵從出帝禦虜。是歲大熱，吐渾多疾死，乃遣承福歸太原，居之嵐、石之間。[6]劉知遠稍侵辱之，承福謀復亡出塞，知遠以兵圍其族，殺承福及其大姓赫連海龍、白可久、白鐵匱等，[7]其羊馬貲財鉅萬計，皆籍没之，其餘衆以其別部王義宗主之。[8]吐渾遂微，不復見。

[1]安重榮：人名。朔州（今山西朔州市）人。五代後唐、後晋將領。傳見《舊五代史》卷九八、本書卷五一。　成德：方鎮名。治所在鎮州（今河北正定縣）。

[2]五臺：山名。位於今山西五臺縣。

[3]供奉官：官名。泛指侍奉皇帝左右的臣僚，亦爲東、西頭供奉官通稱。品秩不詳。　張澄：人名。籍貫不詳。五代後晋官員。事見《通鑑》卷二八二。　并：州名。治所在今山西太原市。　鎮：州名。治所在今河北正定縣。　忻：州名。治所在今山西忻州市。　代：州名。治所在今山西代縣。

[4]劉知遠：人名。太原（今山西太原市）人。其先西突厥沙陀人。後唐、後晋將領，後漢開國皇帝。947年至948年在位。紀見《舊五代史》卷九九至卷一〇〇、本書卷一〇。　太原：府名。

治所在今山西太原市。

[5]出帝：即五代後晉出帝石重貴。沙陀人。石敬瑭之侄。942年至946年在位。天福七年（942），石敬瑭卒，石重貴被侍衛親軍都指揮使景延廣及宰臣馮道擁立爲帝。開運三年（946），契丹兵第三次攻後晉，入開封被虜，後死於建州（今遼寧朝陽市西南）。紀見《舊五代史》卷八一至卷八五、本書卷九。

[6]嵐：州名。治所在今山西嵐縣。　石：州名。治所在今山西呂梁市離石區。

[7]赫連海龍、白可久、白鐵匱：以上皆爲白承福部下將領。

[8]王義宗：人名。五代吐谷渾別部首領。後晉開運三年（946），官吐谷渾節度使。後漢天福十二年（947），加封檢校太尉、沁州刺史。事見《舊五代史》卷九九、卷一〇〇。

　　初，唐以承福之族爲熟吐渾。長興中，[1]又有生吐渾杜每兒來朝貢。[2]每兒，不知其國地、部族。至漢乾祐二年，[3]又有吐渾何戛剌來朝貢，[4]不知爲生、熟吐渾，蓋皆微，不足考録。

[1]長興：五代後唐明宗李嗣源年號（930—933）。

[2]杜每兒：人名。籍貫不詳。五代生吐谷渾朝貢使者。本書僅此一見。

[3]乾祐：五代後漢高祖劉知遠及隱帝劉承祐年號（948—950）。

[4]何戛剌：人名。籍貫不詳。五代吐谷渾朝貢使者。本書僅此一見。

　　達靼，靺鞨之遺種，[1]本在奚、契丹之東北，後爲契丹所攻，[2]而部族分散，或屬契丹，或屬渤海，別部散居陰山者，[3]自號達靼。當唐末，以名見中國。有每相溫、于越相溫，[4]咸通中，[5]從朱邪赤心討龐勛。[6]其後李國昌、克用父子爲赫連鐸等所敗，[7]嘗亡入達靼。後從克用入關破黃巢，[8]由是居雲、代之間。[9]其俗善騎射，畜多駝、馬。其君長、部族名字，不可究見，惟其嘗通於中國者可見云。

[1]靺鞨：古族名。源出肅慎、挹婁。北魏時稱勿吉，隋唐時稱靺鞨。分布在今吉林長白山以北，松花江、牡丹江流域及黑龍江中下游，東至海。《隋書·東夷傳·靺鞨》記，凡七種，粟末、伯咄、安車骨、拂涅、號室、黑水、白山七部。黑水部尤爲勁健。唐時黑水靺鞨分十六部，開元十年（722）黑水靺鞨酋長倪屬利稽入朝，唐玄宗命爲勃利州刺史。開元十三年置黑水軍，次年置黑水府，仍以其首領爲都督。粟末靺鞨自萬歲通天以後改稱渤海。參見馬一虹《靺鞨、渤海與周邊國家、部族關係史研究》，中國社會科學出版社2011年版。

[2]後爲契丹所攻：中華點校本據宗文本補，作"後爲奚契丹所攻"。

[3]陰山：山名。即今内蒙古河套西北之陰山山脈。中華點校本據宗文本補，作"其別部散居陰山者"。

[4]每相溫、于越相溫：相溫，又譯作厮溫、撒溫、索溫、左溫，其原音爲sagun，爲回紇汗國統率兵馬的軍官稱號，實際上是漢文"將軍"的突厥文和回鶻文音譯。

[5]咸通：唐懿宗李漼年號（860—874）。

[6]朱邪赤心：人名。唐沙陀部首領。繼其父朱邪執宜爲朔州刺史。咸通十年（869），任太原行營招討、沙陀三部落軍使。從康承訓擊敗龐勛起義軍，因戰功升單于大都護、振武軍節度使，賜姓名爲李國昌。咸通十三年，徙雲州刺史、大同防禦使，稱疾拒命。

唐軍來討，戰敗，與其子李克用逃入韃靼。後李克用參加與黃巢起義軍作戰，攻破長安，被任爲代北節度使。事見《舊唐書》卷一九上、本書卷四。原作"朱耶赤心"，從中華點校本改。

［7］李國昌：即朱邪赤心。

［8］黃巢：人名。曹州冤句（今山東菏澤市）人。唐末農民起義領袖。傳見《舊唐書》卷二〇〇下、《新唐書》卷二二五下。

［9］雲：州名。治所在今山西大同市。

同光中，都督折文逋，[1]數自河西來貢駝、馬。明宗討王都於定州，[2]都誘契丹入寇，明宗詔達靼入契丹界，以張軍勢，遣宿州刺史薛敬忠以所獲契丹團牌二百五十及弓箭數百賜雲州生界達靼，[3]蓋唐常役屬之。長興三年，首領頡哥率其族四百餘人來附。[4]訖于顯德，[5]常來不絶。

［1］折文逋：人名。籍貫、事迹不詳。本書僅此一見。

［2］明宗：即五代後唐明宗李嗣源。926年至933年在位。原名邈佶烈，沙陀人，爲李克用養子。紀見《舊五代史》卷三五、本書卷六。　王都：人名。中山陘邑（今河北定州市）人。本姓劉，後爲義武軍節度使王處直養子。五代軍閥。傳見《舊五代史》卷五四。　定州：州名。治所在今河北定州市。

［3］宿州：州名。治所在今安徽宿州市。　刺史：官名。州一級行政長官。漢武帝時始置，總掌考核官吏、勸課農桑、地方教化等事。唐中期以後，節度使、觀察使轄州而設，刺史爲其屬官，職任漸輕。從三品至正四品下。　薛敬忠：人名。籍貫不詳。五代後唐將領。本書僅此一見。　團牌：盾牌。

［4］頡哥：人名。達靼首領。事見本書卷七四。

［5］顯德：五代後周太祖郭威年號（954）。世宗柴榮、恭帝柴

宗訓沿用（954—960）。

党項，西羌之遺種。其國在禹貢析支之地，[1]東至松州，[2]西接葉護，[3]南界春桑，[4]北隣吐渾，有地三千餘里。無城邑而有室屋，以毛罽覆之。[5]其人喜盜竊而多壽，往往百五六十歲。其大姓有細封氏、費聽氏、折氏、[6]野利氏、[7]拓拔氏爲最彊。唐德宗時，[8]党項諸部相率內附，居慶州者號東山部落，[9]居夏州者號平夏部落。[10]部有大姓而無君長，不相統一，散處邠寧、鄜延、靈武、河西，東至麟、府之間。[11]自同光以後，大姓之彊者各自來朝貢。

[1]禹貢：即《尚書·禹貢》篇。大約成書於周秦之際。篇中把當時中國分爲九州，記述各區域的山川分布、交通、物產狀況以及貢賦等級等內容，是我國現存最早的地理著作。　析支：古西戎國名。位於今青海海南藏族自治州和果洛藏族自治州的黃河流域。

[2]松州：州名。唐武德元年（618）置，治所在嘉誠縣（今四川松潘縣）。盛時轄境相當於今四川阿壩藏族自治州大部分地區及青海久治、瑪曲一帶。廣德元年（763）以地屬吐蕃。

[3]葉護：突厥、回鶻等汗國官名。突厥語音譯。來源甚古，匈奴、大月氏、烏孫之屬，皆用之。漢時作"翕侯"。其職世襲，多由可汗弟子擔任，通常有繼承可汗地位的法定權利。因時代不同，職位高低亦略有差別。

[4]春桑：古西南部落。爲羌人的一支。約活動在今青海東南部至四川西部一帶。與党項最初活動的黃河河曲相近。原作"舂桑"，中華點校本據浙江本、《舊唐書》卷一九八、《新唐書》卷二二一、《通典》卷一九〇、《唐會要》卷九八、《五代會要》卷二九

改，今從。

[5]毛罽（jì）：毛織物。

[6]折氏：中華點校本云《五代會要》卷二九作"折利氏"，《舊唐書》卷一九八、《新唐書》卷二二一、《宋史》卷四九一、《通典》卷一九〇、《唐會要》卷九八、《通鑑》卷一九三、《太平寰宇記》卷一八四作"往利氏"。

[7]野利氏：中華點校本云《舊唐書》卷一九八、《新唐書》卷二二一、《通典》卷一九〇、《唐會要》卷九八、《五代會要》卷二九、《通鑑》卷一九三、《太平寰宇記》卷一八四作"野辭氏"。

[8]唐德宗：即李适。779年至805年在位。唐代宗長子。建中四年（783）涇原兵變，朱泚占長安，唐德宗一度逃往奉天（今陝西乾縣），此後對藩鎮姑息讓步。紀見《舊唐書》卷一二至一三、《新唐書》卷七。

[9]慶州：州名。治所在今甘肅慶城縣。

[10]夏州：州名。治所在今陝西靖邊縣。

[11]邠寧：方鎮名。治所在邠州（今陝西彬縣）。　鄜延：方鎮名。治所在鄜州（今陝西富縣）。　靈武：郡名。治所在今寧夏吳忠市。乾元元年（758），改名靈州。此處代指治所在靈州的方鎮朔方軍。　河西：方鎮名。治所在涼州（今甘肅武威市）。　麟：州名。治所在今陝西神木縣。　府：州名。治所在今陝西府谷縣。

明宗時，詔沿邊置場市馬，諸夷皆入市中國，而回鶻、党項馬最多。[1]明宗招懷遠人，馬來無駑壯皆售，而所饋常過直，往來館給，道路倍費。其每至京師，明宗爲御殿見之，勞以酒食，既醉，連袂歌呼，道其土風以爲樂，去又厚以賜賚，歲耗百萬計。唐大臣皆患之，數以爲言。乃詔吏就邊場售馬給直，止其來朝，而党項利其所得，來不可止。其在靈、慶之間者，[2]數犯邊爲盜。自河西回鶻朝貢中國，道其部落，輒邀劫之，執其使者，賣之佗族，以易牛馬。明宗遣靈武康福、邠州藥彥稠等出兵討之。[3]福等擊破阿埋、韋悉、褒勒、彊賴、埋廝骨尾，及其大首領連香、李八薩王、都統悉那、埋摩、侍御乞埋、嵬悉逋等族，[4]殺數千人，獲其牛羊鉅萬計，及其所劫外國寶玉等，悉以賜軍士。由是党項之患稍息。

[1]回鶻：部族、政權名。又作回紇。原係突厥鐵勒部的一支。唐天寶三載（744）建立回鶻汗國，8世紀末9世紀初，回鶻與吐蕃爭奪北庭和安西並最終取勝，統治西域。9世紀中葉，回鶻汗國瓦解。參見楊蕤《回鶻時代：10—13世紀陸上絲綢之路貿易研究》，中國社會科學出版社2015年版。　党項：部族名。源出羌族，唐代活躍於今甘肅東部、寧夏、陝西北部一帶。唐末，平夏部首領拓跋思恭助唐圍攻黃巢軍，唐廷特授予定難節度使稱號，賜姓李，封夏國公。參見湯開建《党項西夏史探微》，商務印書館2013年版。

[2]靈：州名。治所在今寧夏吳忠市。　慶：州名。治所在今甘肅慶城縣。

[3]康福：人名。蔚（今河北蔚縣）人。五代後唐、後晉將領。傳見《舊五代史》卷九一、本書卷四六。　邠州：州名。治所在今陝西彬縣。　藥彥稠：人名。沙陀部人。五代後唐將領。傳見《舊五代史》卷六六、本書卷二七。

[4]阿埋、韋悉、褒勒、彊賴、埋廝骨尾：名稱亦見於《册府元龜》卷九八七《外臣部三二·征討第六》："誅党項河埋三族，韋悉褒勒彊賴埋廝骨尾各一族，屈悉堡三族，計十族，得七百餘人。"以及《五代會要》卷二九："誅党項阿埋三族，韋悉褒勒彊賴埋廝骨尾屈悉保等七族，七百餘人。"名稱屬性係族姓或人名，

不很清晰。蘇乾英《〈舊五代史・党項傳〉族性蕃名考》(《復旦學報》1985年第1期)一文嘗作考證,阿埋,蕃名;韋悉,羌族姓,除指該族首領外,亦指該族其他成員;褒勒爲人名,褒氏係高車姓氏;彊賴爲人名,彊氏係氏族姓氏;埋厮骨尾,蕃人名。　連香、李八薩王:蕃人名。其中,連氏係鮮卑族姓氏。李氏爲唐朝賜予拓跋氏的姓氏。參見蘇乾英《〈舊五代史・党項傳〉族性蕃名考》。
　　都統:党項官名。品秩不詳。　悉那、埋摩:人名。党項將領。本書僅此一見。　侍御:党項官名。品秩不詳。　乞埋、嵬悉逋:蕃人名。其中,乞氏與嵬氏皆爲羌族姓氏。蕃部首領。本書僅此一見。參見蘇乾英《〈舊五代史・党項傳〉族性蕃名考》。　等族:中華點校本云《五代會要》卷二九作"六人",《册府》卷三九八叙其事作"六十人"。

　　至周太祖時,[1]府州党項尼也六泥香王子、拓拔山等皆來朝貢。[2]廣順三年,[3]慶州刺史郭彥欽貪其羊馬,[4]侵擾諸部,獨野雞族彊不可近,[5]乃誣其族犯邊。太祖遣使招慰之。野雞族苦彥欽,不肯聽命,太祖遣邠州折從阮、寧州刺史張建武等討之。[6]建武勇於立功,不能通夷情,馳軍擊野雞族,殺數百人。而喜玉、折思、殺牛三族聞建武擊破野雞族,[7]各以牛酒犒軍,軍士利其物,反劫掠之。三族共誘建武軍至包山,[8]度險,三族共擊之,軍投崖谷,死傷甚衆。太祖怒,罪建武等,選良吏爲慶州刺史以招撫之。

　　[1]周太祖:即五代後周太祖郭威。邢州堯山(今河北隆堯縣)人。後周建立者。951年至954年在位。紀見《舊五代史》卷一一〇至卷一一三、本書卷一一一。

[2]尼也六泥香王子：人名。党項人。本書僅此一見。 拓拔山：人名。党項人。本書僅此一見。

[3]廣順：五代後周太祖郭威年號（951—953）。

[4]郭彥欽：人名。籍貫不詳。慶州刺史。本書僅此一見。

[5]野雞族：古西北部落。爲党項部落之一。五代時活動於慶州境內，居地中心爲慶陽以北的寡婦山，與殺牛族相近。牲畜較多，因遭後周官吏盤剥，遂反。

[6]折從阮：人名。雲中（今山西大同市）人，羌族折掘氏。五代後唐、後晋、後漢、後周將領。傳見本書卷五〇。 張建武：人名。籍貫不詳。五代後周將領。事見《舊五代史》卷一一二、卷一一三。

[7]喜玉、折思、殺牛：古代西北部落。爲党項部落之一。五代時活動於慶州境內，與野雞族相近。後周時因與野雞族有隙，後周軍討野雞族，遂迎奉後周軍。然因周軍抄掠，復與野雞族合，反後周。事見《舊五代史》卷一一三。喜玉，中華點校本云《五代會要》卷二九作"喜王"。

[8]包山：山名。位於今甘肅慶陽市北。

其佗諸族，散處沿邊界上者甚衆，然其無國地、君長，故莫得而紀次云。

突厥，國地、君世、部族、名號、物俗，見於唐著矣。至唐之末，爲諸夷所侵，部族微散。五代之際，嘗來朝貢。同光三年，渾解樓來。[1]天成二年，[2]首領張慕晋來。[3]長興二年，首領杜阿熟來。[4]天福六年，[5]遣使者薛同海等來。[6]凡四至，其後不復來。然突厥於時最微，又來不數，故其君長史皆失不能紀。

[1]渾解樓：人名。突厥部族首領。事見本書本卷。
[2]天成：五代後唐明宗李嗣源年號（926—930）。
[3]張慕晋：人名。突厥部族首領。事見本書本卷。
[4]杜阿熟：人名。突厥部族首領。事見本書本卷。
[5]天福：五代後晋高祖石敬瑭年號（936—942），出帝石重貴沿用至天福九年（944）。
[6]薛同海：人名。突厥使者。事見本書本卷。

吐蕃，國地、君世、部族、名號、物俗，見於唐著矣。當唐之盛時，河西、隴右三十三州，[1]涼州最大，[2]土沃物繁而人富樂。其地宜馬，唐置八監，[3]牧馬三十萬匹。以安西都護府羈縻西域三十六國。[4]唐之軍、鎮、監、務，三百餘城，常以中國兵更戍，而涼州置使節度之。安禄山之亂，[5]肅宗起靈武，[6]悉召河西兵赴難，而吐蕃乘虛攻陷河西、隴右，華人百萬皆陷于虜。文宗時，[7]嘗遣使者至西域，見甘、涼、瓜、沙等州城邑如故，[8]而陷虜之人見唐使者，夾道迎呼。涕泣曰："皇帝猶念陷蕃人民否？"其人皆天寶時陷虜者子孫，[9]其語言稍變，而衣服猶不改。

[1]隴右：古地區名。泛指隴山以西地區。
[2]涼州：州名。治所在今甘肅武威市。
[3]八監：唐初爲鞏固邊防，在西北地方發展養馬事業，由太僕張萬歲掌管，自貞觀至麟德，馬由三千匹蕃息至七十萬匹，分爲八坊、四十八監，各置使以管領之。八坊爲保樂、甘露、南普閏、岐陽、太平、宜禄、安定等。募民耕種坊内之田，以供芻秣。八坊之馬分爲四十八監，每監的馬數不等，凡馬五千匹以上爲上監，三

千匹以上五千匹以下爲中監，一千匹以上爲下監。《舊五代史》卷一三八言，"天寶置八監"。

[4] 安西都護府：唐六都護府之一。貞觀十四年（640）置，治所在西州（今新疆吐魯番市東四十餘里高昌故城）。二十二年徙治龜茲（今新疆庫車縣東郊皮朗舊城）。永徽二年（651）還治西州。顯慶三年（658）又徙治龜茲。咸亨元年（670）移治碎葉鎮（今吉爾吉斯斯坦楚河南岸托克馬克西南阿克·貝希姆廢墟）。長壽元年（692）還治龜茲。轄境約當今阿爾泰山以西、鹹海以東及阿姆河流域、葱嶺東西、塔里木盆地大部地區。至德二年（757）更名鎮西都護府。後復名安西都護府。貞元六年（790）地入吐蕃，廢。

[5] 安禄山：人名。原名軋犖山。唐營州柳城（今遼寧朝陽市）雜胡。幽州節度使張守珪以其驍勇善戰，養爲義子，因功任平盧兵馬使、營州都督等職。後取得玄宗、楊貴妃重視，身兼平盧、范陽、河東三節度使。天寶十四年（755），以討楊國忠爲名，發動叛亂。南下攻陷洛陽，次年正月稱帝，國號燕，改元聖武。至德二年（757）春，爲其子慶緒殺死。傳見《舊唐書》卷二〇〇上、《新唐書》卷二二五上。

[6] 肅宗：即唐肅宗李亨。唐玄宗之子。756年至761年在位。天寶十四年（755）爆發安史之亂，次年叛軍攻占潼關，唐玄宗逃往四川，其在靈武即皇帝位，遥尊唐玄宗爲太上皇。爲收復長安、洛陽，平定藩鎮的叛亂，肅宗借兵回紇。至德二年（757）收復長安、洛陽，三年迎玄宗歸長安。寶應元年（762），李輔國、程元振發動事變，殺死張皇后和越王係等，擁立太子李豫，肅宗憂驚而死。紀見《舊唐書》卷一〇、《新唐書》卷六。

[7] 文宗：即唐文宗李昂。唐穆宗之子。827年至840年在位。被宦官王守澄等擁立即位，後欲剷除宦官，任用李訓、鄭注，利用宦官間的派別鬥爭，殺死王守澄。大和九年（835），發動甘露之變，事敗，宦官大肆誅殺朝官，他亦被宦官鉗制。紀見《舊唐書》

卷一七上至卷一七下、《新唐書》卷八。

[8]甘：州名。治所在今甘肅張掖市。　瓜：州名。治所在今甘肅瓜州縣東南鎮陽城。　沙：州名。治所在今甘肅敦煌市。

[9]天寶：唐玄宗李隆基年號（742—756）。

至五代時，吐蕃已微弱，回鶻、党項諸羌夷分侵其地，而不有其人民。值中國衰亂，不能撫有，惟甘、涼、瓜、沙四州常自通于中國。甘州爲回鶻牙，而涼、瓜、沙三州將吏，猶稱唐官。數來請命。自梁太祖時，[1]嘗以靈武節度使兼領河西節度，而觀察甘、肅、威等州。[2]然雖有其名，而涼州自立守將。唐長興四年，涼州留後孫超遣大將拓拔承謙及僧、道士、耆老楊通信等至京師求旌節，[3]明宗問孫超世家，承謙曰："吐蕃陷涼州，張掖人張義朝募兵擊走吐蕃，[4]唐因以義朝爲節度使，發鄆州兵二千五百人戍之。[5]唐亡，天下亂，涼州以東爲突厥、党項所隔，鄆兵遂留不得返。今涼州漢人皆其戍人子孫也。"明宗乃拜孫超節度使。清泰元年，[6]留後李文謙來請命。[7]後數年，涼州人逐出文謙，靈武馮暉遣牙將吳繼勳代文謙爲留後，[8]是時天福七年。[9]明年，晉高祖遣涇州押牙陳延暉齎詔書安撫涼州，[10]涼州人共劫留延暉，立以爲刺史。至漢隱帝時，[11]涼州留後折逋嘉施來請命，[12]漢即以爲節度使。嘉施，土豪也。周廣順二年，[13]嘉施遣人市馬京師，因來請命帥。是時，樞密使王峻用事。[14]峻故人申師厚者，[15]少起盜賊，爲兗州牙將，[16]與峻相友善，後峻貴，師厚敝衣蓬首，日候峻出，拜馬前，訴以饑寒，峻未有以發。而嘉施等來請帥，峻即建言："涼州深入夷狄，中國未嘗命吏。請募率府率、供奉官能往者。"月餘，無應募者，乃奏起師厚爲左衛將軍，[17]已而拜河西節度使。師厚至涼州，奏薦押蕃副使崔虎心、陽妃谷首領沈念般等及中國留人子孫王廷翰、溫崇樂、劉少英爲將吏。[18]又自安國鎮至涼州，[19]立三州以控扼諸羌，用其酋豪爲刺史。然涼州夷夏雜處，師厚小人，不能撫有。至世宗時，[20]師厚留其子而逃歸，涼州遂絶於中國。獨瓜、沙二州，終五代常來。沙州，梁開平中有節度使張奉，[21]自號"金山白衣天子"。至唐莊宗時，回鶻來朝，沙州留後曹義金亦遣使附回鶻以來，[22]莊宗拜義金爲歸義軍節度使、瓜沙等州觀察處置等使。[23]晉天福五年，義金卒，子元德立。[24]至七年，沙州曹元忠、瓜州曹元深皆遣使來。[25]周世宗時，又以元忠爲歸義軍節度使，元恭爲瓜州團練使。[26]其所貢：硇砂、羚羊角、波斯錦、安西白氎、金星礬、胡桐律、大鵬砂、毦褐、玉團。皆因其來者以名見，而其卒立、世次，史皆失其紀。

　　[1]梁太祖：即五代後梁太祖朱溫。907年至912年在位。紀見《舊五代史》卷一至卷七、本書卷一至卷二。
　　[2]肅：州名。治所在今甘肅酒泉市。　威：州名。治所在今甘肅環縣。
　　[3]留後：官名。原非正式命官，唐朝節度使入朝或宰相、親王遙領節度使不臨鎮則置。安史之亂後，節度使多以子弟或親信爲留後，以代行節度使職務，亦有軍士、叛將自立爲留後者。掌一州

或數州軍政。北宋始爲朝廷正式命官。　孫超：人名。涼州留後。事見《舊五代史》卷一三八。　拓拔承謙：人名。籍貫不詳。孫超部將。事見《舊五代史》卷一三八。　楊通信：人名。籍貫、事迹不詳。事見《舊五代史》卷一三八。

[4]張掖：古郡名、縣名。治所在今甘肅張掖市。　張義朝：人名。又作張義潮。唐沙州敦煌（今甘肅敦煌市）人。大中二年（848）張議潮率領沙州人民起義，驅逐吐蕃守將，自攝州事，並修治兵甲，且耕且戰，逐漸收復瓜、伊、西、甘、肅、蘭、鄯、河、岷、廓十州地。五年，遣使長安告捷，受命爲沙州防禦使。同年，再獻十一州圖籍，被任爲歸義軍節度使。咸通八年（867）入朝，留居長安。咸通十三年，卒。事見《舊唐書》卷一八下、卷一九上及《新唐書》卷八、卷九，敦煌文書 S. 6161A＋S. 3329＋S. 11564＋S. 6161B＋S. 6973＋P. 2762《敕河西節度兵部尚書張公功德記抄》。

[5]鄆州：州名。治所在今山東東平縣。

[6]清泰：五代後唐廢帝李從珂年號（934—936）。

[7]李文謙：人名。籍貫不詳。西涼府留後。事見《舊五代史》卷八〇。

[8]馮暉：人名。魏州（今河北大名縣）人。五代後唐至後周將領。傳見《舊五代史》卷一二五、本書卷四九。　牙將：官名。古代軍隊中的中低級軍官。品秩不詳。　吳繼勳：人名。籍貫不詳。本書僅此一見。中華點校本云《舊五代史》卷一三八作"吳繼興"。

[9]是時天福七年：中華點校本云《舊五代史》卷八〇、《冊府》卷九八〇、《通鑑》卷二八二，繫李文謙自焚於天福六年二月。

[10]涇州：州名。治所在今甘肅涇川縣。　押牙：官名。即"押衙"。唐五代時期節度使辟署的屬官。掌領方鎮儀仗侍衛。品秩不詳。參見劉安志《唐五代押牙（衙）考略》，《魏晉南北朝隋唐

史資料》第16輯，1998年。　陳延暉：人名。籍貫不詳。本書僅此一見。

［11］漢隱帝：即後漢隱帝劉承祐。後漢高祖劉知遠次子。948年至950年在位。紀見《舊五代史》卷一〇一至卷一〇三、本書卷一〇。

［12］折逋嘉施：人名。涼州留後。事見《舊五代史》卷一〇二。

［13］廣順：五代後周太祖郭威年號（951—953）。

［14］樞密使：官名。樞密院長官。唐代宗時始以宦官掌機密，至昭宗時借朱溫之力盡誅宦官，始改以士人任樞密使。備顧問，參謀議，出納詔奏，權侔宰相。品秩不詳。參見李全德《唐宋變革期樞密院研究》，北京圖書館出版社2009年版。　王峻：人名。相州安陽（今河南安陽市）人。五代後漢、後周將領。傳見《舊五代史》卷一三〇、本書卷五〇。

［15］申師厚：人名。籍貫不詳。曾任左衛將軍、河西軍節度使、檢校太保。事見《舊五代史》卷一一二、卷一一五。

［16］兗州：州名。治所在今山東濟寧市兗州區。

［17］左衛將軍：官名。爲左衛副長官，佐左衛大將軍統領宮廷禁衛法令，以督其屬隊仗，而總諸曹之事。從三品。

［18］押蕃副使：官名。押蕃使副長官。唐開元二十年（732）以朔方節度使增領押諸蕃部落使。五代後唐、後晉沿置。監管轄區內少數民族政權事。品秩不詳。原作"押衛副使"，中華點校本據浙江本改，今從。　崔虎心：人名。籍貫不詳。本書僅此一見。陽妃谷：地名。又作陽暉谷。即今甘肅武威青嘴喇嘛灣。唐屬涼州。　沈念般：人名。籍貫不詳。本書僅此一見。　王廷翰、溫崇樂、劉少英：中國留人子孫。

［19］又自安國鎮至涼州："鎮"字原闕，中華點校本據宗文本、《舊五代史》卷一三八、《五代會要》卷二九、《册府》卷一七〇補，今從。

[20]世宗：即五代後周世宗柴榮。邢州龍岡（今河北邢臺市）人。後周太祖郭威養子，顯德元年（954）繼郭威爲帝。954年至959年在位。紀見《舊五代史》卷一一四、本書卷一二。

[21]開平：五代後梁太祖朱溫年號（907—911）。張奉：人名。即張承奉。沙州（今甘肅敦煌市西）人。張議潮之孫。乾寧元年（894）被扶立爲歸義軍節度使。光化三年（900）得到唐廷的正式任命。後梁開平年間建西漢金山國，自號"西漢金山國白帝""聖文神武白帝""聖文神武天子""白衣王""白衣天子""拓西金山王"。後降格改制，由天子之國降爲侯郡國，建敦煌國。自號聖文神武王、敦煌國天王。約於後梁乾化四年（914）卒。事見《舊五代史》卷二〇上。

[22]曹義金：人名。又作曹議金。沙州（今甘肅敦煌市西）人，歸義軍節度使索勳婿，張議潮外孫婿。五代後梁乾化四年（914）後掌政瓜、沙，自稱節度兵馬留後。後唐莊宗授爲沙州刺史、歸義軍節度使、瓜沙等州觀察處置使、檢校司空。在位時，於莫高窟西千佛洞、安西榆林窟多有增修。事見敦煌文書P.4638、S.4276、P.3805、P.2047、P.4291、P.3556、P.2074、P.2838。

[23]歸義軍：唐晚期至北宋前期以沙州爲中心的地方政權。唐廷封張議潮爲歸義軍節度使。子孫相繼傳至張承奉，自稱"白衣天子"，建號"西漢金山國。至五代後梁乾化三年（914），曹議金取代張承奉掌握瓜沙政權，重新恢復了歸義軍藩鎮的建置。曹氏子孫相承，傳至曹賢順，至宋仁宗天聖八年（1030），曹賢順被沙州回鶻人所殺，其弟瓜州王曹賢惠東奔投降西夏，歸義軍政權徹底覆亡。　觀察處置：官名。即觀察處置使。唐玄宗以後，采訪、觀察、都統等使加"處置"，賦予處理、決斷權。開元二十二年（734）初置采訪處置使，以御史中丞盧絢等爲之，乾元元年（758）改爲觀察處置使。品秩不詳。

[24]元德：人名。即曹元德。沙州（今甘肅敦煌市西）人。歸義軍節度使曹議金長子。五代時期歸義軍節度使。改變歸義軍政

1855

權對甘州回鶻政權的依附地位，由"父子之國"而爲"兄弟之邦"。事見敦煌文書 P. 3556、P. 4291、P. 2992、P. 2033、S. 4245。

[25]曹元忠：人名。沙州（今甘肅敦煌市西）人。曹議金第三子，元德、元深之弟。五代時期歸義軍節度使。事見敦煌文書 P. 3388、S. 4398、S. 2687、P. 3879。　曹元深：人名。沙州（今甘肅敦煌市西）人。曹議金次子，元德之弟。五代時期歸義軍節度使。事見敦煌文書 P. 4046。歸義軍史事另參見榮新江《歸義軍史研究——唐宋時代敦煌歷史考索》，上海古籍出版社 2015 年版；馮培紅《敦煌的歸義軍時代》，甘肅教育出版社 2013 年版。

[26]元恭：人名。中華點校本云《長編》卷三"元忠子延敬爲瓜州防禦使，賜名延恭"。延恭，本名延敬，乃曹元忠之侄，宋太祖賜名"延恭"，在曹元忠卒後繼任歸義軍節度使。事見《舊五代史》卷一三八、《長編》卷三、《宋史》卷四九〇、敦煌文書 P. 3827 + P. 3660。　團練使：官名。唐代中期以後，於不設節度使的地區設團練使，掌本區各州軍事。品秩不詳。

而吐蕃不見於梁世。唐天成三年，回鶻王仁喻來朝，[1]吐蕃亦遣使附以來，自此數至中國。明宗嘗御端明殿見其使者，[2]問其牙帳所居，[3]曰："西去涇州二千里。"[4]明宗賜以虎皮，人一張，皆披以拜，委身宛轉，落其氈帽，亂髮如蓬，明宗及左右皆大笑。至漢隱帝時猶來朝，後遂不復至，史亦失其君世云。

[1]仁喻：人名。又作仁裕。五代甘州回鶻可汗。本名阿咄欲，仁美之弟。後唐同光二年（924），兄仁美卒後，權知國事，稱權知可汗。天成三年（928）被後唐明宗册封爲順化可汗。後晉天福四年（939），被後晉高祖册封爲奉化可汗。事見《舊五代史》卷三九。

[2]端明殿：五代後唐都城（今河南洛陽市）宮殿。

[3]牙帳：將帥營帳。

[4]涇州：州名。治所在今甘肅涇川縣。

　　回鶻，爲唐患尤甚。其國地、君世、物俗，見於唐著矣。唐嘗以女妻之，故其世以中國爲舅。其國本在娑陵水上，[1]後爲黠戛斯所侵，[2]徙天德、振武之間，[3]又爲石雄、張仲武所破，[4]其餘衆西徙，役屬吐蕃。是時吐蕃已陷河西、隴右，乃以回鶻散處之。

[1]娑陵水：水名。又作仙俄河、仙萼河。突厥文碑作 Salanga。即今蒙古國境之色楞格河。

[2]黠戛斯：古族名。又作紇扢斯。鐵勒諸部之一。貞觀二十二年（648），黠戛斯首領失缽屈阿棧入唐，唐以其部爲堅昆都督府。9 世紀 30 年代末，乘回鶻汗國遭受自然灾害、發生內亂之際，一舉滅之。回鶻西遷，代之統有漠北。大順元年（890），派兵助朝廷討李克用。契丹稱之爲轄戛斯，設轄戛斯大王府於其地。

[3]天德：方鎮名。治所在永濟柵（今內蒙古烏拉特前旗）。振武：方鎮名。後梁貞明二年（916）以前，治所位於單于都護府城（今內蒙古和林格爾縣）。貞明二年，單于都護府城爲契丹占據。此後至後唐清泰三年（936），治所位於朔州（今山西朔州市）。後漢隨燕雲十六州割予契丹，改名順義軍。

[4]石雄：人名。徐州（今江蘇徐州市）人。唐代將領。傳見《舊唐書》卷一六一、《新唐書》卷一七一。　張仲武：人名。范陽（今河北涿州市）人。唐代將領。傳見《舊唐書》卷一八〇、《新唐書》卷二一二。

　　當五代之際，有居甘州、西州者嘗見中國，[1]而甘州回鶻數至，猶呼中國爲舅，中國答以詔書亦呼爲甥。梁乾化元年，[2]遣都督周易言等來，[3]而史不見其君長名號，梁拜易言等官爵，遣左監門衛上將軍楊沼押領還蕃。[4]至唐莊宗時，王仁美遣使者來，[5]貢玉、馬，自稱"權知可汗"，莊宗遣司農卿鄭續持節册仁美爲英義可汗。[6]是歲，仁美卒，其弟狄銀立，[7]遣都督安千想等來。[8]同光四年，狄銀卒，阿咄欲立。[9]天成二年，[10]權知國事王仁裕遣李阿山等來朝，[11]明宗遣使者册仁裕爲順化可汗。晋高祖時又册爲奉化可汗。[12]阿咄欲，不知其爲狄銀親疏，亦不知其立卒；而仁裕，訖五代常來朝貢，史亦失其紀。其地出玉、氂牛、[13]綠野馬、獨峰駝、白貂鼠、羚羊角、硇砂、膃肭臍、金剛鑽、紅鹽、黿鼊、駒騄之革。其地宜白麥、青穬麥、黃麻、葱韭、胡荽，以橐駝耕而種。其可汗常樓居，妻號天公主，其國相號媚禄都督。[14]見可汗，則去帽被髮而入以爲禮。婦人總髮爲髻，高五六寸，以紅絹囊之；既嫁，則加氎帽。又有別族號龍家，其俗與回紇小異。長興四年，回鶻來獻白鶻一聯，明宗命解縧放之。自明宗時，常以馬市中國，其所齎寶玉皆屬縣官，[15]而民犯禁爲市者輒罪之。周太祖時除其禁，民得與回鶻私市，玉價由此倍賤。顯德中，來獻玉，世宗曰："玉雖寶而無益。"却之。

[1] 西州：地名。唐貞觀十四年（640）滅麴氏高昌以其地置。治所在高昌（今新疆吐魯番市東南）。貞觀十四年至顯慶三年（658）曾在此設立安西都護府。貞元七年（791）後地屬吐蕃。9

世紀中期，回鶻的一支曾在此建國，史稱"西州回鶻"。

〔2〕乾化：五代後梁太祖朱溫年號（911—912）。後梁末帝朱友貞沿用（913—915）。

〔3〕周易言：人名。籍貫不詳。甘州回鶻都督。事見《舊五代史》卷一三八。

〔4〕左監門衛上將軍：官名。唐置，掌宮禁宿衛。唐代置十六衛，即左右衛、左右驍衛、左右武衛、左右威衛、左右領軍衛、左右金吾衛、左右監門衛、左右千牛衛，各置上將軍，從二品；大將軍，正三品；將軍，從三品。　楊沼：人名。籍貫不詳。事見《舊五代史》卷一三八。

〔5〕仁美：人名。即藥羅葛仁美。甘州回鶻首任可汗，尊號烏母主可汗，五代後唐封賜英義可汗。事見本書卷五。

〔6〕司農卿：官名。司農寺長官。佐司農卿掌管倉廩、籍田、苑囿諸事。從三品上。　鄭績：人名。籍貫不詳。本書僅此一見。中華點校本云《舊五代史》卷一三八作"鄭績"，《五代會要》卷二八作"鄭質"。

〔7〕狄銀：人名。唐末、五代甘州回鶻人。仁美之弟。約920年前後，天睦可汗死，仁美可汗繼位。但狄銀勢力強盛，甘州內亂爭權，狄銀終在後唐同光二年（924）十一月繼仁美爲甘州可汗。

〔8〕安千想：人名。回鶻都督、使者。事見本書卷五。中華點校本云《舊五代史》卷一三八、《五代會要》卷二八作"安千"。

〔9〕天成二年：中華點校本云本書卷六、《舊五代史》卷一三八、《五代會要》卷二八、《册府》卷九七二繫其事於天成三年。

〔10〕阿咄欲：人名。即仁裕。

〔11〕李阿山：人名。回鶻使者。事見《舊五代史》卷一三八、本書卷六。

〔12〕晉高祖：沙陀人。五代後唐將領、後晉開國皇帝。紀見《舊五代史》卷七五至卷八〇、本書卷八。

〔13〕犛牛："牛"字原闕，中華點校本據浙江本、宗文本、《通

考》卷三四七補，今從。

[14]娟祿都督：封號。

[15]其所齎寶玉皆屬縣官："屬"，中華點校本據浙江本、宗文本、《通考》卷三四七改爲"鬻"。

于闐，國地、君世、物俗見於唐。五代亂世，中國多故，不能撫來四夷。其嘗自通於中國者僅以名見，其君世、終始，皆不可知。而于闐尤遠，去京師萬里外。其國，西南近葱嶺，[1]與婆羅門爲鄰國，[2]而相去猶三千餘里，南接吐蕃，西北至疏勒二千餘里。[3]

[1]葱嶺：古代爲帕米爾高原和昆侖山、喀喇昆侖山西部諸山的總稱。位於今新疆西南。

[2]婆羅門：古印度的別稱。

[3]疏勒：古西域城國名。位於今新疆喀什市一帶。兩漢時先後屬西域都護和西域長史。三國時屬魏，晉册封其王。南北朝時屬北魏。唐時稱佉沙，伽師衹離，屬安西都護府，爲安西四鎮之一。

晉天福三年，于闐國王李聖天遣使者馬繼榮來貢紅鹽、鬱金、氂牛尾、玉氎等，[1]晉遣供奉官張匡鄴假鴻臚卿，[2]彰武軍節度判官高居誨爲判官，[3]册聖天爲大寶于闐國王。是歲冬十二月，匡鄴等自靈州行二歲至于闐，至七年冬乃還。而居誨頗記其往復所見山川諸國，而不能道聖天世次也。

[1]李聖天：人名。出身於于闐王族尉遲氏。于闐國王。事見本書卷八。參見張廣達、榮新江《于闐史叢考》（增訂本），中國

人民大學出版社2008年版。　馬繼榮：人名。于闐使者。事見本書卷八。

［2］張匡鄴：人名。籍貫不詳。本書僅此一見。　鴻臚卿：官名。南朝梁武帝天監七年（508）改大鴻臚置，爲十二卿之一，掌接待周邊少數民族賓客，朝會禮儀贊導等。唐朝加掌喪葬禮儀。五代沿置。從三品。

［3］彰武軍：方鎮名。治所在延州（今陝西延安市）。　節度判官：官名。唐五代方鎮僚屬，位在行軍司馬下。分掌使衙內各曹事，並協助使職官員通判衙事。品秩不詳。　高居誨：人名。籍貫不詳。五代後晉出使西域的使者。天福三年（938），奉命與供奉官張匡鄴册封于闐王李聖天，往返歷時四年。歸朝後寫有《使于闐記》，詳記靈州至于闐的沿途見聞，爲研究絲綢之路的重要文獻。

居誨記曰："自靈州過黃河，行三十里，始涉沙入党項界，曰細腰沙、神點沙。[1]至三公沙，[2]宿月支都督帳。[3]自此沙行四百餘里，至黑堡沙，[4]沙尤廣，遂登沙嶺。[5]沙嶺，党項牙也，其酋曰捻崖天子。渡白亭河至涼州，[6]自涼州西行五百里至甘州。甘州，回鶻牙也。其南，山百餘里，漢小月支之故地也，有別族號鹿角山沙陀，云朱耶氏之遺族也。[7]自甘州西，始涉磧，磧無水，載水以行。甘州人教晋使者作馬蹄木澁，木澁四竅，馬蹄亦鑿四竅而綴之，駝蹄則包以氂皮乃可行。西北五百里至肅州，渡金河，西百里出天門關，[8]又西百里出玉門關，[9]經吐蕃界。吐蕃男子冠中國帽，婦人辮髮，戴瑟瑟珠，云珠之好者，一珠易一良馬。西至瓜州、沙州，二州多中國人，聞晋使者來，其刺史曹元深等郊迎，問使者天子起居。瓜州南十里鳴沙山，[10]云冬夏殷殷有聲如雷，云禹貢流沙也。又東南十里三危山，[11]云三苗之所竄也。其西，渡都鄉河曰陽關。[12]沙州西曰仲雲，[13]其牙帳居胡盧磧。[14]云仲雲者，小月支之遺種也，其人勇而好戰，瓜、沙之人皆憚之。胡盧磧，漢明帝時征匈奴，[15]屯田於吾盧，蓋其地也。地無水而嘗寒多雪，每天暖雪銷，乃得水。匡鄴等西行入仲雲界，至大屯城，[16]仲雲遣宰相四人、都督三十七人候晉使者，匡鄴等以詔書慰諭之，皆東向拜。自仲雲界西，始涉醎磧，無水，掘地得濕沙，人置之胸以止渴。又西，渡陷河，伐檉置冰中乃渡，不然則陷。又西，至紺州，[17]紺州，于闐所置也，在沙州西南，云去京師九千五百里矣。又行二日至安軍州，[18]遂至于闐。聖天衣冠如中國，其殿皆東向，曰金册殿，有樓曰七鳳樓。以蒲桃爲酒，又有紫酒、青酒，不知其所釀，而味尤美。其食，粳沃以蜜，粟沃以酪。其衣，布帛。有園囿花木。俗喜鬼神而好佛。聖天居處，嘗以紫衣僧五十人列侍，其年號同慶二十九年。[19]其國東南曰銀州、盧州、湄州，[20]其南千三百里曰玉州，[21]云漢張騫所窮河源出于闐，[22]而山多玉者，此山也。其河源所出，至于闐分爲三：東曰白玉河，西曰綠玉河，又西曰烏玉河。三河皆有玉而色異，每歲秋水涸，國王撈玉于河，然後國人得撈玉。"

[1]細腰沙：古沙漠名。位於今内蒙古阿拉善盟騰格里沙漠内，爲五代北宋初絲路東段靈州道所經沙磧之一。　神點沙：古沙漠名。位於今内蒙古阿拉善盟騰格里沙漠内，爲五代北宋初絲路東段

靈州道所經沙磧之一。中華點校本云浙江本、《書蔡氏傳旁通》卷二引《五代史》、《通考》卷三三七作"神樹沙"。

[2]三公沙：古沙漠名。位於今内蒙古阿拉善盟騰格里沙漠内，爲五代北宋初絲路東段靈州道所經沙磧之一。

[3]月支：古西域國名，又作月氏。其衆先居今甘肅敦煌市與青海祁連山之間。漢文帝時被匈奴驅趕，遷至今新疆伊犁河上游，稱大月氏；其餘不能去者入祁連山區，稱小月氏。唐龍朔元年（661）置月支都督府，治所在阿緩城（今阿富汗東北部之昆都士）。8世紀廢。

[4]黑堡沙：古沙漠名。位於今内蒙古阿拉善盟騰格里沙漠内，爲五代北宋初絲路東段靈州道所經沙磧之一。

[5]沙嶺：古沙漠名。位於今内蒙古阿拉善盟騰格里沙漠内，爲五代北宋初絲路東段靈州道所經沙磧之一。

[6]白亭河：水名。位於今甘肅民勤縣東北。

[7]朱耶氏：沙陀部族姓氏。

[8]天門關：關隘名。位於今甘肅嘉峪關西黑山下，爲古代肅州至瓜州道關隘之一。

[9]玉門關：關隘名。位於今甘肅敦煌市西北的戈壁灘。

[10]鳴沙山：地名。位於今甘肅敦煌市。

[11]三危山：山名。位於今甘肅敦煌市東南。

[12]陽關：關隘名。故址在今甘肅敦煌市西南古董灘附近。

[13]仲雲：古代西北民族名。又譯作衆熨、種榅、重雲。一説爲西突厥處月部落發展而成的，一説爲小月氏的一支。原闕"族"字，中華點校本據浙江本、宗文本、《通考》卷三三七補，作"仲雲族"。

[14]胡盧磧：地名。位於今新疆若羌縣東北。

[15]漢明帝：即東漢明帝劉莊。57年至75年在位。光武帝劉秀之子。其在位期間，於永平十六年（73），派遣竇固、耿忠等分四路出擊侵擾北邊的北匈奴勢力，並於次年復置西域都護。紀見

《後漢書》卷二。

　　［16］大屯城：西域古城名。又作伊循城。位於今新疆若羌縣米蘭鎮東。

　　［17］紺州：地名。又作"扜彌"。位於今新疆于田縣克里雅河東古拘彌城遺址。

　　［18］安軍州：地名。五代時于闐國置，治所在今新疆于田縣東北。

　　［19］同慶：于闐王李聖天年號（912—940）。

　　［20］銀州：西域地名。五代于闐國置。治所在今新疆和田市南庫馬提古城。　盧州：地名。五代于闐國置。治所在今新疆民豐縣南沙吾則克鄉。　湄州：五代于闐國置。治所在今新疆于田縣南。

　　［21］玉州：地名。五代于闐國置。治所在今新疆和田市西二十里約特干遺址。

　　［22］張騫：人名。西漢漢中成固（今陝西城固縣）人。二次出使西域，使西域諸國與漢通好。傳見《漢書》卷六一。

　　自靈州渡黃河至于闐，往往見吐蕃族帳，而于闐常與吐蕃相攻劫。匡鄴等至于闐，聖天頗責誚之，以邀誓約，匡鄴等還，聖天又遣都督劉再昇獻玉千斤及玉印、降魔杵等。[1]漢乾祐元年，又遣使者王知鐸來。[2]

　　［1］劉再昇：人名。于闐使者。事見本書卷九。
　　［2］王知鐸：人名。于闐使者。本書僅此一見。

　　高麗，本扶餘人之別種也。[1]其國地、君世見於唐，比佗夷狄有姓氏，而其官號略可曉其義。當唐之末，其王姓高氏。同光元年，[2]遣使廣評侍郎韓申一、副使春部少卿朴巖來，[3]而其國王姓名，史失不紀。至長興三年，權知國事王建遣使者來，[4]明宗乃拜建玄菟州都督，[5]充大義軍使，[6]封高麗國王。建，高麗大族也。開運二年，建卒，子武立。[7]乾祐四年，武卒，子昭立。[8]王氏三世，終五代常來朝貢，其立也必請命中國，中國常優答之。其地産銅、銀，周世宗時，遣尚書水部員外郎韓彦卿以帛數千匹市銅於高麗以鑄錢。[9]六年，昭遣使者貢黃銅五萬斤。高麗俗知文字，喜讀書，昭進《別叙孝經》一卷、《越王新義》八卷、《皇靈孝經》一卷、《孝經雌圖》一卷。[10]《別叙》，叙孔子所生及弟子事迹；《越王新義》，以"越王"爲問目，[11]若今"正義"；《皇靈》，述延年辟穀；《雌圖》，載日食、星變。皆不經之説。

[1]扶餘：古族名。亦作夫余、鳧餘、不與、符婁。西漢時亦稱其所建政權爲夫餘。位於今松花江中游平原上，南至遼寧北境，北至松花江中游，東至吉林市，西至吉林洮南縣。漢時强盛，把婁受其役屬。晉至南北朝時，屢遭鮮卑慕容氏和高句麗襲擊，漸衰。北魏太和年間，居地爲勿吉人所占，部民分散遷徙無常。原作"扶餘人"，中華點校本據宗文本、《舊五代史》卷一三八、《五代會要》卷三〇改作"扶餘"。

[2]同光元年：中華點校本云，《五代會要》卷三〇繫其事於同光三年。

[3]廣評侍郎：高麗王朝官名。廣評省（仿唐尚書省）副長官，協助廣評侍中總領百官。品秩不詳。詳見龔延明《高麗國初與唐宋官制之比較——關於唐宋官制對高麗官制影響研究之一》，《韓國研究》第1輯，杭州大學出版社1994年版，第124頁。　韓申

一：人名。高麗官員。本書僅此一見。　副使春部少卿：高麗王朝官名。執掌、品秩不詳。　朴巖：人名。高麗官員。本書僅此一見。

[4]王建：人名。朝鮮王氏高麗開國國王，廟號太祖。

[5]玄菟州：唐渤海國置，屬新城州都督府。治所在玄菟城（今遼寧瀋陽市東上柏官屯）。

[6]大義軍使：官名。掌領本軍軍務，兼理地方政務。品秩不詳。

[7]武：人名。即王武。朝鮮王氏高麗國王，王建之子，廟號惠宗。

[8]昭：人名。即王昭。朝鮮王氏高麗國王，王武之子，廟號光宗。

[9]尚書水部員外郎：高麗王朝官名。協助水部郎中處理水部事務。正六品。　韓彥卿：人名。高麗官員。事見本書卷一二。

[10]《孝經雌圖》一卷："一卷"中華點校本云《舊五代史》卷一二〇、《五代會要》卷三〇、《册府》卷九七二作"三卷"。

[11]以"越王"爲問目："越王"原闕，中華點校本據宗文本、《五代會要》卷三〇、《文昌雜錄》卷六、《玉海》卷四一、《通考》卷三二五補，今從。

渤海，本號靺鞨，高麗之別種也。唐高宗滅高麗，[1]徙其人散處中國，置安東都護府於平壤以統治之。[2]武后時，契丹攻北邊，[3]高麗別種大乞乞仲象與靺鞨酋長乞四比羽走遼東，[4]分王高麗故地，武后遣將擊殺乞四比羽，而乞乞仲象亦病死。仲象子祚榮立，[5]因并有比羽之衆，其衆四十萬人，據挹婁，[6]臣于唐。至中宗時，[7]置忽汗州，以祚榮爲都督，封渤海郡王，其後世遂號渤海。其貴族姓大氏，開平元年，國王大諲譔遣使者來，[8]訖顯德常來朝貢。其國土物產，與高麗同。諲譔世次、立卒，史失其紀。

[1]唐高宗：即李治。649年至683年在位。唐太宗之子。紀見《舊唐書》卷四至卷五、《新唐書》卷三。

[2]安東都護府：唐六大都護府之一。總章元年（668）置，治所在平壤城（今朝鮮平壤市）。

[3]武后：即唐高宗皇后、武周皇帝武曌（武則天）。并州文水（今山西文水縣東）人。690年至705年在位。紀見《舊唐書》卷六、《新唐書》卷四。

[4]大乞乞仲象：人名。又作舍利乞乞仲象、乞乞仲象。唐代營州（今遼寧朝陽市）地區粟末靺鞨酋長。渤海始祖大祚榮之父，一說與大祚榮爲一人。因不堪唐營州都督趙翽欺壓，隨契丹首領李盡忠於萬歲通天元年（696）舉兵殺趙翽。遭唐軍鎮壓，遂與另一靺鞨首領乞四比羽各率衆渡今遼河東逃。唐武后爲促兩人歸順，以共擊李盡忠，封比羽爲許國公，封其爲震國公。比羽不受命，被唐軍追斬；仲象在亡奔中亦死。子祚榮代統其衆，旋又并比羽餘部，於聖曆元年（698）在以今吉林省敦化市爲中心的牡丹江中上游一帶，建立震國（後改渤海國）。事見《新唐書》卷二一九。 乞四比羽：人名。又作乞昆羽。唐代靺鞨首領。武后萬歲通天元年（696），乘契丹首領松漠都督李盡忠舉兵反唐之機，同粟末靺鞨首領大乞乞仲象起兵響應，率衆東度遼水，保太白山之東北，阻奧婁河，樹壁自固。拒受武后所封許國公。後被唐右玉鈐衛大將軍李楷固等擊殺。事見《新唐書》卷二一九。

[5]祚榮：人名。即大祚榮。唐渤海國國王。698年至719年在位。原爲粟末靺鞨首領，驍勇善用兵。高宗時，徙居營州（今遼寧朝陽市）。後契丹破營州，他率部衆東奔至今牡丹江上游一帶。

聖曆元年（698）建立政權，稱"振國"（亦稱震國）。開元元年（713）玄宗以其部置忽汗州，以其爲都督，封渤海郡王，從此其轄區便以"渤海"爲號。事見《舊唐書》卷一九九下、《新唐書》卷二一九。

[6]挹婁：古族名。周至西漢稱肅慎，東漢稱挹婁，北魏時稱勿吉，隋唐時稱靺鞨。挹婁分布在長白山北，松花江、黑龍江中下游，東濱大海。

[7]中宗：即唐中宗李顯。唐高宗之子。683年至684年及705年至710年在位。高宗死後即位，武則天臨朝稱制。次年，被廢爲廬陵王。神龍元年（705），宰相張柬之等率羽林軍入宮，迫武則天退位，中宗復辟。在位期間，寵任韋后及安樂公主，政事腐敗，生活淫靡。後爲韋后毒死。紀見《舊唐書》卷七、《新唐書》卷四。

[8]大諲譔：人名。唐渤海第十五代王（即末王）。906年至926年在位。曾多次遣使朝五代後梁、後唐，並遣使朝契丹、日本。天顯元年（926），契丹攻克扶餘，進圍渤海上京，大諲譔出降，其國被改爲東丹，凡百有三城皆被占，渤海亡。事見本書卷五。

　　新羅，弁韓之遺種也。[1]其國地、君世、物俗見於唐。其大族曰金氏、朴氏，自唐高祖時封金真爲樂浪郡王，[2]其後世常爲君長。同光元年，新羅國王金朴英遣使者來朝貢。[3]長興四年，權知國事金溥遣使來。[4]朴英、溥世次、卒立，史皆失其紀。自晉已後不復至。

　　[1]弁韓：古代朝鮮民族。自公元前就分布於朝鮮半島南部。爲今朝鮮民族先民之一。

　　[2]唐高祖：即李淵。唐朝建立者。618年至626年在位。紀見《舊唐書》卷一、《新唐書》卷一。　金真：人名。新羅國王。本書僅此一見。

［3］金朴英：人名。新羅國王。事見本書卷五。

［4］金溥：人名。新羅國王。事見《舊五代史》卷四三。

　　黑水靺鞨，本號勿吉。當後魏時見中國。其國，東至海，南界高麗，西接突厥，北鄰室韋，蓋肅慎氏之地也。其衆分爲數十部，而黑水靺鞨最處其北，尤勁悍，無文字之記。其兵，角弓、楛矢。[1]同光二年，黑水兀兒遣使者來，[2]其後常來朝貢，自登州泛海出青州。[3]明年，黑水胡獨鹿亦遣使來。[4]兀兒、胡獨鹿若其兩部酋長，各以使來。而其部族、世次、立卒，史皆失其紀。至長興三年，胡獨鹿卒，子桃李花立，[5]嘗請命中國，後遂不復見云。

［1］楛矢：古代的一種兵器，以楛木爲杆，故名。

［2］兀兒：人名。黑水靺鞨某部首領。漢籍中有時以此爲部名。五代後唐同光二年（924）、長興元年（930）遣使或親自來朝。事見本書卷六。

［3］登州：州名。治所在今山東蓬萊市。　青州：州名。治所在今山東青州市。

［4］胡獨鹿：人名。黑水靺鞨某部首領。事見本書本卷。

［5］桃李花：人名。黑水靺鞨某部首領。胡獨鹿之子。事見本書本卷。

　　南詔蠻，見於唐。其國在漢故永昌郡之東、姚州之西。[1]僖宗幸蜀，[2]募能使南詔者，得宗室子李龜年及徐虎、虎姪藹，[3]乃以龜年爲使，虎爲副，藹爲判官，使南詔。南詔所居曰苴咩城，[4]龜年等不至苴咩，至善闡，[5]得其要約與唐爲甥舅。僖宗許以安化公主妻之，[6]南詔大喜，遣人隨龜年求公主，已而，黃巢敗，收復長安，[7]僖宗東還乃止。

[1]永昌郡：漢置郡名。東漢永平十二年（69）置，治所在今雲南雲龍縣西南。　姚州：州名。治所在今雲南姚安縣西北。

[2]僖宗：即唐僖宗李儇。873年至888年在位。黃巢起義後，於廣明元年（880）占據長安，唐僖宗被迫奔蜀。紀見《舊唐書》卷一九下、《新唐書》卷九。

[3]李龜年：人名。唐宗室子，出使南詔。本書僅此一見。徐虎：人名。出使南詔。本書僅此一見。中華點校本云《册府》卷三九七作"徐虔"。　藹：人名。即徐藹。出使南詔。本書僅此一見。

[4]苴咩城：古城名。位於今雲南大理市西北。

[5]善闡：方鎮名。唐南詔國置，治所在善闡府（即今雲南昆明市）。

[6]安化公主：人名。唐懿宗之女。本書僅此一見。

[7]長安：地名。即今陝西西安市。

同光三年，魏王繼岌及郭崇韜等破蜀，[1]得王衍時所俘南詔蠻數十人，[2]又得徐藹，自言嘗使南詔，乃矯詔還其所俘，遣藹等持金帛招撫南詔，諭以威德，南詔不納。至明宗時，巂州山後兩林百蠻都鬼主、右武衛大將軍李卑晚，[3]遣大鬼主傅能何華來朝貢，[4]明宗拜卑晚寧遠將軍，又以大渡河南山前邛州六姓都鬼主懷安郡王勿鄧標莎爲定遠將軍。[5]明年遣左金吾衛將軍烏昭遠爲入蠻國信使，[6]昭遠不能達而還。

[1]繼岌：人名。即李繼岌。五代後唐莊宗長子。傳見《舊五代史》卷五一、本書卷一四。　郭崇韜：人名。代州雁門（今山西代縣）人。五代後唐大臣。傳見《舊五代史》卷五七、本書卷二四。

[2]王衍：人名。許州舞陽（今河南舞陽縣）人。王建幼子，五代十國前蜀皇帝。傳見《舊五代史》卷一三六、本書卷六三。

[3]嶲州：州名。隋開皇十八年（598）改西寧州置，治所在越嶲縣（今四川西昌市）。咸通二年（861）爲南詔所據，改置建昌府。　都鬼主：少數民族酋長的稱號。其俗尚鬼，祭祀爲大事，稱主祭者爲鬼主，酋長稱都鬼主。　右武衛大將軍：官名。唐置十六衛之一，掌宮禁宿衛。正三品。　李卑晚：人名。嶲州（今四川西昌市）蠻族首領。事見《舊五代史》卷三七。

[4]傅能何華：人名。嶲州（今四川西昌市）蠻族首領、赴中原朝貢的使者。事見本書卷六。中華點校本云，《舊五代史》卷三七、《册府》卷九六二、卷九七二作"傅能阿花"，《五代會要》卷三〇作"傅能阿花"。

[5]大渡河：水名。古名㳂水、涐水、沫水、羊山江（陽山江）、銅河、中鎮水。位於今四川西部，爲岷江最大支流。　邛州：州名。南朝梁置，治所在今四川邛崍市。"邛"，原作"卬"，中華點校本據浙江本、《舊五代史》卷三七、《五代會要》卷三〇改，今從。　勿定摽莎：人名。嶲州（今四川西昌市）蠻族首領。本書僅此一見。

[6]左金吾衛將軍：官名。唐置十六衛之一。從三品。　烏昭遠：人名。五代後唐將領。事見《舊五代史》卷三八、卷四六。"烏"，原作"馬"，中華點校本據浙江本、《舊五代史》卷三八、《五代會要》卷三〇、《册府》卷六六二改，今從。

　　牂牁蠻，在辰州西千五百里，[1]以耕植爲生，而無城郭聚落，有所攻擊，則相屯聚。刻木爲契。其首領姓謝氏，其名見於唐。至天成二年嘗一至，其使者曰清州八郡刺史宋朝化，[2]冠帶如中國，貢草豆蔻二萬箇、朱砂五百兩、蠟二百斤。

[1]辰州：州名。治所在今湖南沅陵縣。　千五百里：中華點校本云《五代會要》卷三〇敘其事作"東至辰州二千四百里，南至交州一千五百里"。

[2]宋朝化：人名。牂牁使者。事見本書卷六。

昆明，在黔州西南三千里外，地產羊馬。其人椎髻、跣足、披氈，其首領披虎皮。天成二年，嘗一至，其首領號昆明大鬼主，羅殿王、普露靜王九部落，[1]各遣使者來，使者號若土，附牂牁以來。

[1]羅殿王：人名。或作羅甸王。貴州水西地區彝族酋邦首領被賜或自稱之封號。蜀漢建興三年（225）貴州水西彝族酋首火濟（亦作濟火，妥阿哲）被諸葛亮封爲羅甸王，並於慕俄格（今貴州大方縣）建立政權。唐代又因其故地而封爲羅甸王，治今貴州貞豐縣羅王亭。本書僅此一見。　普露靜王：人名。貴州水西地區彝族酋邦首領被賜或自稱之封號。本書僅此一見。

占城，在西南海上。其地方千里，東至海，西至雲南，南鄰真臘，[1]北抵驩州。[2]其人，俗與大食同。[3]其乘，象、馬；其食，稻米、水兕、山羊。鳥獸之奇，犀、孔雀。自前世未嘗通中國。顯德五年，其國王因德漫遣使者莆訶散來，[4]貢猛火油八十四瓶、薔薇水十五瓶，其表以貝多葉書之，以香木爲函。猛火油以灑物，得水則出火。薔薇水，云得自西域，以灑衣，雖敝而香不滅。

［1］真臘：古國名。又稱吉蔑。本扶南屬國。唐貞觀初，滅扶南。都伊奢那城。至聖曆中，數遣使通好於唐。神龍後，分爲水真臘與陸真臘兩部。後臣屬於室利佛逝的夏連特拉王朝。貞元十八年（802）獨立，重新統一，定都吳哥，史稱吳哥王朝。

［2］驩州：州名。隋開皇十八年（598）改德州置，治所在九德縣（今越南義静省榮市）。

［3］大食：古國名。唐以來對阿拉伯帝國的稱呼。唐永徽二年（651），滅波斯薩珊王朝。遣使來唐。龍朔元年（661）建立阿拉伯帝國倭馬亞王朝，都城在今叙利亞首都大馬士革，唐稱爲白衣大食。先後破波斯、拂菻、西域康、石等國皆臣之。天寶九載（750），阿布・阿拔斯推翻白衣大食，都巴格達，唐稱爲黑衣大食（即阿拔斯王朝），中亞諸國爲其所攻。次年，唐將高仙芝率軍與之戰於怛邏斯城（今哈薩克斯坦江布爾城），唐軍大敗。後唐與大食往來不絶。

［4］因德漫：人名。占城國王。《舊五代史》卷一一八作"釋利因德漫"。事見本書本卷。　莆訶散：人名。占城使者。事見本書卷一二。

五代，四夷見中國者，遠不過于闐、占城。史之所紀，其西北頗詳，而東南尤略，蓋其遠而罕至，且不爲中國利害云。

附　錄

五代史記序[1]

建安陳師錫[2]

孟子曰："三代之得天下也以仁，其失天下也以不仁。"自生民已來，一治一亂，旋相消長，未有去仁而興、積仁而亡者。甚哉，五代不仁之極也！其禍敗之復，殄滅剝喪之威，亦其效耳。夫國之所以存者以有民，民之所以生者以有君。方是時，上之人以慘烈自任，刑戮相高，兵革不休，夷滅構禍，置君猶易吏，變國若傳舍，生民膏血塗草野，骸骼暴原隰，君民相際如髦蠻草木，幾何其不胥爲夷也！逮皇天悔禍，真人出寧，易暴以仁，轉禍以德，民咸保其首領，收其族屬，各正性命，豈非天邪！方夷夏相蹂，兵連亂結，非無忠良豪傑之士竭謀單智，以緩民之死，乃堙沒而無聞矣。否閉極而泰道升，聖人作而萬物覩，指揮中原，兵不頓刃，向之滔天巨猾，搖毒煽禍以害斯人者，蹈鼎鑊斧鑕之不暇，豈非人邪！天與人相爲表裏，和同於無間。聖人知天之所助，人之所歸，國之所恃以爲固者，仁而已，非特三代然也。堯舜之盛、唐漢之興、秦隋之暴、魏晉之亡、南北之亂，莫不由此也。

五代鉅今百有餘年，故老遺俗往往垂絶，無能道説者，史官秉筆之士，或文采不足以耀無窮，道學不足以繼述作，使五十有餘年間，廢興存亡之迹、姦臣賊子之罪、忠臣義士之節，不傳於後世，來者無所攷焉。惟廬陵歐陽公慨然以此自任，蓋潛心累年而後成書，其事迹實録，詳於舊記而褒貶義例，仰師《春秋》，由遷、固而來，未之有也。至於論朋黨宦女、忠孝兩全、義子降服，豈小補哉，豈小補哉！

[1] 此序原在百衲本卷首，今附於此。

[2] 陳師錫：建州建陽（今福建南平市建陽區）人。宋神宗熙寧九年（1076）進士。嘗爲監察御史、秘書省校書郎、殿中侍御史，歷知宣州、蘇州事。《宋史》卷三四六有傳。